Pahlke
Grunderwerbsteuergesetz

Grunderwerbsteuer-gesetz

Kommentar

Erläutert von

Dr. Armin Pahlke
Richter am Bundesfinanzhof a. D.

8., überarbeitete Auflage 2025

C.H.BECK

Zitiervorschlag:
Pahlke GrEStG § 1 Rn. 1

beck.de

ISBN 978 3 406 82539 2

Wilhelmstraße 9, 80801 München
info@beck.de
Druck und Bindung: Friedrich Pustet GmbH & Co. KG
Gutenbergstraße 8, 93051 Regensburg

Satz: Meta Systems Publishing & Printservices GmbH, Wustermark
Umschlag: Druckerei C.H.Beck Nördlingen

myclimate
shape our future

chbeck.de/nachhaltig
produktsicherheit.beck.de

Gedruckt auf säurefreiem, alterungsbeständigem Papier
(hergestellt aus chlorfrei gebleichtem Zellstoff)

Vorwort zur 8. Auflage

Die Grunderwerbsteuer hat in den letzten Jahren erheblich an Fahrt gewonnen: Aufgrund des am 1.1.2024 in Kraft getretenen **Personengesellschaftsrechtsmodernisierungsgesetzes (MoPeG)** hat der Gesetzgeber die grunderwerbsteuerlichen Folgen durch § 24 für eine Übergangszeit bis 31.12.2026 beseitigt. Welche Folgen ab 1.1.2027 eintreten, ist noch ungewiss. Durch das Jahressteuergesetz 2024 ist § 1 IVa eingeführt worden, der die nicht vollständig gelöste Frage der Grundstückszurechnung – zumindest – einer teilweisen Lösung zuführen will. Außerdem sind durch das JStG 2024 weitere kleinere Änderungen der GrEStG eingetreten.

Insgesamt bedarf das Grunderwerbsteuergesetz einer grundlegenden Neufassung. Ob alle Beteiligten dazu die nötige Kraft aufbringen, ist fraglich. Wenn nur kleine Lösungen gefunden werden, sind nicht weitere Verfahren beim BFH, sondern Verfahren beim BVerfG (etwa bezüglich der Absenkung auf 90% der Anteile bei § 1 IIa, IIb, III und IIIa oder der Zulässigkeit einer Doppelbesteuerung) zu erwarten. Die Grunderwerbsteuer bleibt in jedem Fall eine sehr spannende Materie.

Ein besonderer Dank geht an Frau Juliane Schmalfuß. Sie hat das Werk, redaktionell unterstützt durch Frau Katharina Pohlmann, wie immer mit Umsicht und Beständigkeit bis zur Drucklegung betreut. Dafür danke ich von Herzen.

Gehrden, im Juni 2025 *Dr. Armin Pahlke*

Vorwort zur 1. Auflage

Das Grunderwerbsteuerrecht hat aufgrund seiner grundlegenden Reform durch das zum 1.1.1983 in Kraft getretene GrEStG eine vorbildhafte Vereinfachung erfahren. Die praktische Rechtsanwendung des GrEStG steht gleichwohl vor vielfältigen alten und neuen Problemfragen. Von der erheblichen Dynamik dieser Rechtsmaterie legt die seit dem Inkrafttreten des GrEStG ergangene umfangreiche Judikatur ein beredtes Zeugnis ab. Durch die Wiedervereinigung Deutschlands sind weitere neue Rechtsentwicklungen und Fragestellungen hinzugekommen.

Mit dem hiermit vorgelegten Kommentar möchten wir für die Praxis den Stand der Rechtsentwicklung aufzeigen und insbesondere einen Beitrag zur Lösung der vielfältigen offenen Fragen liefern. Das Werk wendet sich nicht nur an diejenigen, die ständig mit dem GrEStG arbeiten. Es soll gerade auch denjenigen Hilfestellung leisten, die – zB als Angehörige der steuerberatenden Berufe, der Gerichtsbarkeit, Verwaltung und Wirtschaft sowie als Notare – nur gelegentlich mit grunderwerbsteuerrechtlichen Fragen befasst sind. Wir haben deshalb versucht, im nötigen Umfang auch die vielfältigen Verflechtungen des Grunderwerbsteuerrechts mit anderen Rechtsmaterien aufzuzeigen. Die Kommentierung konzentriert sich auf das Wesentliche. Verwaltungsanweisungen sind nur abgedruckt, soweit sie für die Praxis besondere Bedeutung haben.

Für Hinweise und Anregungen aus der Leserschaft sind wir stets dankbar.

Dem Verlag C. H. Beck, insbesondere Frau Berendt, danken wir für die vielfältige Unterstützung und sorgfältige Drucklegung.

Die Anfertigung dieses Kommentars geht auf eine Anregung von Dr. Johann Bunjes, vormals Vorsitzender Richter des für Grunderwerbsteuer zuständigen III. Senats des Niedersächsischen Finanzgerichts, zurück. Herr Dr. Bunjes ist am 2.8.1993 verstorben; er konnte seinen Plan zur Mitarbeit an diesem Kommentar nicht mehr verwirklichen. Seinem Andenken widmen wir dieses Werk.

Hannover, im Juli 1995 *Die Verfasser*

Inhaltsverzeichnis

Abkürzungs- und Literaturverzeichnis

aA	anderer Ansicht
aaO	am angegebenen Ort
Abt.	Abteilung
abl.	ablehnend
abgedr.	abgedruckt
Abs.	Absatz
Abschn.	Abschnitt
AdoptG	Adoptionsgesetz
aE	am Ende
AEAO	Anwendungserlass zur Abgabenordnung
3. ÄndGVwVfV	Drittes Gesetz zur Änderung verwaltungsverfahrensrechtlicher Vorschriften v. 21.8.2002 (BGBl. 2002 I 3322)
aF	alte Fassung
AG	Aktiengesellschaft; Die Aktiengesellschaft (Zeitschrift)
AktG	Aktiengesetz
Alt.	Alternative
aM	anderer Meinung
AmtshilfeRL-UmsG	Amtshilferichtlinie-Umsetzungsgesetz v. 26.6.2013 (BGBl. 2013 I 1809)
Anders/Gehle	Anders/Gehle, Zivilprozessordnung, 83. Aufl. München 2025 (bis 79. Aufl.: Baumbach/Lauterbach/Albers/Hartmann)
AnfG	Gesetz über die Anfechtung von Rechtshandlungen eines Schuldners außerhalb des Insolvenzverfahrens (Anfechtungsgesetz)
Anh.	Anhang
Anl.	Anlage
Anm.	Anmerkung
AO	Abgabenordnung
AO-StB	AO-Steuerberater (Zeitschrift)
Art.	Artikel
Aufl.	Auflage
AusglLeistG	Ausgleichsleistungsgesetz
ausschl.	ausschließlich
BAnz.	Bundesanzeiger
BKL	Battis/Krautzberger/Löhr, Baugesetzbuch, 15. Aufl. München 2022
BB	Der Betriebs-Berater (Zeitschrift)
BauGB	Baugesetzbuch
Baumbach/Hopt	Baumbach/Hopt, Handelsgesetzbuch, 40. Aufl. München 2020 (ab 41. Aufl.: Hopt)
Baumbach/Hueck	Baumbach/Hueck, GmbH-Gesetz, 22. Aufl. München 2019 (ab 23. Aufl.: Noack/Servatius/Haas)
BayObLG	Bayerisches Oberste Landesgericht
BLAH	Baumbach/Lauterbach/Albers/Hartmann, Zivilprozessordnung, 79. Aufl. 2021 (ab 80. Aufl.: Anders/Gehle)
BW	Baden-Württemberg
Bay	Bayern
BBergG	Bundesberggesetz

Abkürzungs- und Literaturverzeichnis

BBodSchG	Bundesbodenschutzgesetz
Bd.	Band
Bbg	Brandenburg
Begr. GrEStG 1940	Begründung zum GrEStG 1940, RStBl. 1940, 387
Behrens/Wachter	Behrens/Wachter, Grunderwerbsteuergesetz, 2. Aufl. Köln 2022
Beil.	Beilage
Bem.	Bemerkung
ber.	berichtigt
Bln	Berlin
Beschl.	Beschluss
BetrAVG	Gesetz zur Verbesserung der betrieblichen Altersversorgung
BeurkG	Beurkundungsgesetz
BewDV	Durchführungsverordnung zum BewG
BewG	Bewertungsgesetz
BezG	Bezirksgericht
BFH	Bundesfinanzhof
BFHE	Sammlung der Entscheidungen des BFH
BFH/NV	Sammlung der amtlich nicht veröffentlichten Entscheidungen des BFH
BFStrG	Bundesfernstraßengesetz
BGB	Bürgerliches Gesetzbuch
BGBl.	Bundesgesetzblatt
BGH	Bundesgerichtshof
BGHZ	Entscheidungen des BGH in Zivilsachen (zitiert nach Band und Seite)
BJagdG	Bundesjagdgesetz
BLänder	Bundesländer
BMF	Bundesminister(ium) der Finanzen
BNotO	Bundesnotarordnung
Böttcher	Böttcher, ZVG, 7. Aufl. München 2022
BoSoG	Bodensonderungsgesetz
BReg	Bundesregierung
Brem.	Freie und Hansestadt Bremen
Brügelmann	Brügelmann, Kommentar zum BauGB, Loseblatt, Stuttgart
BStBl.	Bundessteuerblatt
BT	Bundestag
Buchst.	Buchstabe
Bunjes	Bunjes, Umsatzsteuergesetz, 23. Aufl. München 2024
BVerfG	Bundesverfassungsgericht
BVerfGE	Entscheidungen des BVerfG, hrsg. von Mitgliedern des Gerichts, Tübingen (seit 1952)
BVerwG	Bundesverwaltungsgericht
BVerwGE	Entscheidungen des BVerwG, hrsg. von Mitgliedern des Gerichts, Berlin (seit 1955)
BWNotZ	Zeitschrift für das Notariat in Baden-Württemberg
bzw.	beziehungsweise
CIC	Codex des kanonischen Rechts
DB	Der Betrieb (Zeitschrift)
D spezial	NWB Deutschland Spezial Ost (Zeitschrift)
dh	das heißt
DNotI-Report	Informationsdienst des Deutschen Notarinstituts (Zeitschrift)
DNotZ	Deutsche Notar-Zeitschrift

Drs.	Drucksache
DStR	Deutsches Steuerrecht (Zeitschrift)
DStRE	Deutsches Steuerrecht Entscheidungsdienst
DStZ/A	Deutsche Steuerzeitung
DtZ	Deutsch-Deutsche Rechts-Zeitschrift
DVR	Deutsche Verkehrsteuer-Rundschau (Zeitschrift, bis 1988, dann UVR)
EFG	Entscheidungen der Finanzgerichte
eG	eingetragene Genossenschaft
EG	Einführungsgesetz; Europäische Gemeinschaft
EGAO	Einführungsgesetz zur Abgabenordnung
EGBGB	Einführungsgesetz zum Bürgerlichen Gesetzbuch
EGInsO	Einführungsgesetz zur Insolvenzordnung
EGV	Vertrag zur Gründung der Europäischen Gemeinschaft
EGZVG	Einführungsgesetz zum Gesetz über die Zwangsversteigerung und die Zwangsverwaltung
EheG	Ehegesetz
EigZulG	Eigenheimzulagengesetz
EinfErl GrEStG	Einführungserlass zum Grunderwerbsteuergesetz 1983 v. 21.12.1982 (BStBl. I 1982, 968)
EinfSchr	Einführungsschreiben
EinigVertr	Vertrag zwischen der Bundesrepublik Deutschland und der Deutschen Demokratischen Republik über die Herstellung der Einheit Deutschlands – Einigungsvertrag – v. 31.8.1990 (BGBl. 1990 II 889)
Einl.	Einleitung
einschr.	einschränkend
ENeuOG	Gesetz zur Neuordnung des Eisenbahnwesens (Eisenbahnneuordnungsgesetz) v. 27.12.1993 (BGBl. 1993 I 2378)
entspr.	entsprechend
ErbbauRG	Gesetz über das Erbbaurecht
ErbGleichG	Erbrechtsgleichstellungsgesetz
ErbSt	Erbschaftsteuer
ErbStH 2011	Amtliche Hinweise zu den ErbStR 2011
ErbStR 2011	Erbschaftsteuer-Richtlinien – ErbStR 2011
ErbStRG	Gesetz zur Reform des Erbschaftsteuer- und Bewertungsrechts (Erbschaftsteuerreformgesetz – ErbStRG) v. 24.12.2008 (BGBl. 2008 I 3018)
ErbStG	Erbschaftsteuer- und Schenkungsteuergesetz
Erl.	Erläuterung(en)
ESt	Einkommensteuer
EStG	Einkommensteuergesetz
EU	Europäische Union
EuGH	Europäischer Gerichtshof
EURLUmsG	Gesetz zur Umsetzung von EU-Richtlinien in nationales Steuerrecht und zur Änderung weiterer Vorschriften (Richtlinien-Umsetzungsgesetz – EURLUmsG) v. 9.12.2004 (BGBl. 2004 I 3310, ber. BGBl. 2004 I 3843)
EW	Einheitswert
EWIV	Europäische Wirtschaftliche Interessenvereinigung
EWIV-AusführungsG	Gesetz zur Ausführung der EWG-Verordnung über die Europäische wirtschaftliche Interessenvereinigung
EZBK	Ernst/Zinkahn/Bielenberg/Krautzberger, Kommentar zum BauGB, München (Loseblatt)

Abkürzungs- und Literaturverzeichnis

f., ff.	folgend, folgende
FA, FÄ	Finanzamt, Finanzämter
FAG	Finanzausgleichsgesetz
FG	Finanzgericht
FG BW	Finanzgericht Baden-Württemberg
FG Bln	Finanzgericht Berlin
FG Bln-Bbg	Finanzgericht Berlin-Brandenburg
FG Bbg	Finanzgericht Brandenburg
FG Brem	Finanzgericht Bremen
FG Düsseldorf	Finanzgericht Düsseldorf
FG Freiburg	Finanzgericht Freiburg
FG Hmb	Finanzgericht Hamburg
FG Leipzig	Finanzgericht Leipzig
FG München	Finanzgericht München
FG Münster	Finanzgericht Münster
FG MV	Finanzgericht Mecklenburg-Vorpommern
FG Nürnberg	Finanzgericht Nürnberg
FG RhPf	Finanzgericht Rheinland-Pfalz
FG Saarl	Finanzgericht des Saarlandes
SchlHFG	Schleswig-Holsteinisches Finanzgericht
FGO	Finanzgerichtsordnung
FBeh	Finanzbehörde(n)
FSen	Finanzsenator
FVerw	Finanzverwaltung
FlurbG	Flurbereinigungsgesetz
FM	Finanzministerium
Fn.	Fußnote
FördergebietsG ...	Fördergebietsgesetz
FR	Finanz-Rundschau/Deutsches Steuerblatt
FStrG	Bundesfernstraßengesetz
FVG	Finanzverwaltungsgesetz idF v. 4.4.2006 (BGBl. 2006 I 846, ber. 1202)
G	Gesetz
GBl.	Gesetzblatt
GBO	Grundbuchordnung
GbR	Gesellschaft bürgerlichen Rechts
gem.	gemäß
GenG	Genossenschaftsgesetz
GesO	Gesamtvollstreckungsordnung idF v. 23.5.1991 (BGBl. 1991 I 1185), aufgehoben mit Wirkung ab 1.1.1999
GG	Grundgesetz
ggf.	gegebenenfalls
GlA, glA	gleicher Ansicht
GLE	gleichlautende Erlasse der Länder
GmbH	Gesellschaft mit beschränkter Haftung
GmbHG	Gesetz betreffend die GmbH
Gr, gr	Grundstück(e), grundstücks-
grbesitzend	grundstücksbesitzend
Gräber	Gräber, Finanzgerichtsordnung, 9. Aufl. München 2019
grds.	grundsätzlich
GrESt	Grunderwerbsteuer
grestfrei	grunderwerbsteuerfrei
GrEStG	Grunderwerbsteuergesetz in der Fassung der Bekanntmachung v. 26.2.1997 (BGBl. 1997 I 418, ber. 1804)

GrEStG 1940	Grunderwerbsteuergesetz v. 29.3.1940 (RGBl. I 1940, 585)
GrEStG Berlin	Grunderwerbsteuergesetz v. 18.7.1969 (Gesetz- und Verordnungsblatt für Berlin – GVBl. S. 1034)
GrEStG DDR	Grunderwerbsteuergesetz der Deutschen Demokratischen Republik idF v. 18.9.1970 (GVBl. DDR Sonderdruck Nr. 677)
GrEStGÄndG	Gesetz zur Änderung des Grunderwerbsteuergesetzes v. 12.5.2021 (BGBl. 2021 I 986)
grestpflichtig	grunderwerbsteuerpflichtig
grestrechtlich	grunderwerbsteuerrechtlich
grgleich	grundstücksgleich
GrS	Großer Senat
GrStG	Grundsteuergesetz
GrdstVG	Grundstücksverkehrsgesetz
Grüneberg	Grüneberg, Bürgerliches Gesetzbuch, 84. Aufl. München 2025
Gürsching/Stenger	Gürsching/Stenger, Bewertungsrecht, Köln (Loseblatt) (jetzt: Stenger/Loose)
Günkel/Lieber Organschaft	Günkel/Lieber, Grunderwerbsteuerliche Organschaft, in Herzig (Hrsg.), Organschaft, Stuttgart 2003, S. 353 ff.
GVBl.	Gesetz- und Verordnungsblatt
hA	herrschende Auffassung
Hs.	Halbsatz
HEB	Handbuch Erbschaftsteuer und Bewertung, Schriften des Deutschen wissenschaftlichen Steuerinstituts der Steuerberater e. V., München
Hmb	Freie und Hansestadt Hamburg
HessFG	Hessisches Finanzgericht
HFR	Höchstrichterliche Finanzrechtsprechung
HGB	Handelsgesetzbuch
HHS	Hübschmann/Hepp/Spitaler, Kommentar zur AO und FGO, Loseblatt, Köln
hM	herrschende Meinung
HöfeO	Höfeordnung
Hofmann	Hofmann, Kommentar zum Grunderwerbsteuergesetz, 12. Aufl. Herne/Berlin 2025
Hopt	Hopt, Handelsgesetzbuch: HGB, 44. Aufl. München 2025 (bis 40. Aufl.: Baumbach/Hopt)
Hrsg., hrsg.	Herausgeber, herausgegeben
iA	im Aufbau
ID	Identifikationsnummer
idF	in der Fassung
idR	in der Regel
idS	in diesem Sinne
IDW	Institut der Wirtschaftsprüfer in Deutschland e. V., Düsseldorf
ieS	im engeren Sinne
ImmoWertV	Verordnung über die Grundsätze für die Ermittlung der Verkehrswerte von Grundstücken (Immobilienwertermittlungsverordnung) v. 19.5.2010 (BGBl. 2010 I 639)
INF	Die Information über Steuer und Wirtschaft (Zeitschrift)
insb.	insbesondere
InsO	Insolvenzordnung
InvG	Investmentgesetz

IStR	Internationales Steuerrecht (Zeitschrift)
iS(v)	im Sinne (von)
iVm	in Verbindung mit
Jahndorf/Kister	Jahndorf/Kister, Grunderwerbsteuer in der Beratungspraxis, 2. Aufl. München 2022
jew.	jeweils
JStG	Jahressteuergesetz
JStG 2022	Jahressteuergesetz 2022 v. 16.12.2022 (BGBl. 2022 I 2294)
jPdöR	juristische Person des öffentlichen Rechts
Kallmeyer	Kallmeyer, Umwandlungsgesetz, Kommentar, 8. Aufl. Köln 2024
KAGB	Kapitalgesetzbuch
KAGG	Gesetz über Kapitalanlagegesellschaften
Kap.	Kapitel
KapGes	Kapitalgesellschaft
KBV	Kleinbetragsverordnung
KFR	Kommentierte Finanzrechtsprechung
KG	Kommanditgesellschaft
KGaA	Kommanditgesellschaft auf Aktien
Isensee/Kirchhof StaatsR-HdB	Isensee/Kirchhof, Handbuch des Staatsrechts, Bd. IV, 3. Aufl. Heidelberg 2006
KKK KonzernStR	Kessler/Kröner/Köhler, Konzernsteuerrecht, 3. Aufl. München 2018
Klein	Klein, Abgabenordnung, 18. Aufl. München 2024
KO	Konkursordnung
Koenig	Koenig, Abgabenordnung, Kommentar, 5. Aufl. München 2024
KöMoG	Gesetz zur Modernisierung des Körperschaftsteuerrechts v. 25.6.2021 (BGBl. 2021 I 2050)
kösdi	Kölner Steuerdialog (Zeitschrift)
koord.	koordiniert, dh im Einvernehmen mit den obersten Finanzbehörden der anderen Länder
Kruse	Kruse, Lehrbuch des Steuerrechts, Band I Allgemeiner Teil, München 1991
krit.	kritisch
KroatienAnpG	Gesetz zur Anpassung des nationalen Steuerrechts an den Beitritt Kroatiens zur EU und zur Änderung weiterer steuerlicher Vorschriften v. 25.7.2014 (BGBl. 2014 I 1266)
KSS	Kreutziger/Schaffner/Stephany, Bewertungsgesetz, 6. Aufl. München 2024
LBG	Landbeschaffungsgesetz
LBM	Loose/Broemel/Mörwald, Grunderwerbsteuer im Unternehmen, Düsseldorf 2023
Lit.	Literatur
LPartG	Gesetz zur Beendigung der Diskriminierung gleichgeschlechtlicher Gemeinschaften (Lebenspartnerschaftsgesetz)
LPG	Landwirtschaftliche Produktionsgenossenschaft
Ls.	Leitsatz
Lutter UmwG	Lutter, Umwandlungsgesetz, 7. Aufl. Köln 2023
Lutter/Hommelhoff	Lutter/Hommelhoff, GmbH-Gesetz, 21. Aufl. Köln 2023

LwAnpG	Gesetz über die strukturelle Anpassung der Landwirtschaft an die soziale und ökologische Marktwirtschaft in der Deutschen Demokratischen Republik (Landwirtschaftsanpassungsgesetz)
MaBV	Makler- und Bauträgerverordnung
mAnm	mit Anmerkung
MauerG	Gesetz über den Verkauf von Mauer- und Grenzgrundstücken an die früheren Eigentümer v. 15.7.1996 (BGBl. I 980)
Maurer/Waldhoff AllgVerwR	Maurer/Waldhoff, Allgemeines Verwaltungsrecht, 21. Aufl. München 2024
MDR	Monatszeitschrift für Deutsches Recht
MHH	Meincke/Hannes/Holtz, Erbschaftsteuer- und Schenkungsteuergesetz, 18. Aufl. München 2021
MV	Mecklenburg-Vorpommern
mwN	mit weiteren Nachweisen
mWv	mit Wirkung vom
MüKoBGB	Säcker/Rixecker/Oetker/Limperg, Münchener Kommentar zum Bürgerlichen Gesetzbuch, 9. Aufl. München 2021 f.
MDL	Müller/Detmering/Lieber, Die Organschaft, 12. Aufl. Herne 2022
MHdB GesR I	Münchener Handbuch Gesellschaftsrecht Bd. 1, 6. Aufl. München 2024
NdsFG	Niedersächsisches Finanzgericht
NEhelG	Gesetz über die rechtliche Stellung der nichtehelichen Kinder
nF	neue Fassung
NJW	Neue Juristische Wochenschrift
NJW-RR	Neue Juristische Wochenschrift Rechtsprechungs-Report
NKomVG	Niedersächsisches Kommunalverfassungsgesetz
NSH	Noack/Servatius/Haas, GmbH-Gesetz, 24. Aufl. München 2025 (bis 22. Aufl.: Baumbach/Hueck)
NotBZ	Zeitschrift für die notarielle Beratungs- und Beurkundungspraxis
Nr.	Nummer
nrkr	nicht rechtskräftig
NRW	Nordrhein-Westfalen
nv	nicht veröffentlicht
NWB	Neue Wirtschafts-Briefe
NWB-EV	Neue Wirtschafts-Briefe Erben und Vermögen (Zeitschrift)
NZB	Nichtzulassungsbeschwerde
NZG	Neue Zeitschrift für Gesellschaftsrecht
OGAW-IV-UmsG	OGAW-IV-Umsetzungsgesetz v. 22.6.2011 (BGBl. 2011 I 453)
ÖPP-BeschlG	Gesetz zur Beschleunigung der Umsetzung von Öffentlich Privaten Partnerschaften und zur Verbesserung gesetzlicher Rahmenbedingungen für Öffentlich Private Partnerschaften v. 1.9.2005 (BGBI. 2005 I 2676)
OFD	Oberfinanzdirektion
OHG	Offene Handelsgesellschaft
OLG	Oberlandesgericht
Padberg	Padberg, Klaus, Grunderwerbsteuerrecht, Loseblatt-Kommentar München/Münster (Erscheinen eingestellt)
PrKlG	Preisklauselgesetz
PartGes	Partnerschaftsgesellschaft

PartGG	Gesetz über Partnerschaftsgesellschaften Angehöriger Freier Berufe (Partnerschaftsgesellschaftsgesetz)
PersGes	Personengesellschaft
PTNeuOG	Gesetz zur Neuordnung des Postwesens und der Telekommunikation (Postneuordnungsgesetz) v. 14.9.1994 (BGBl. 1994 I 2325)
RAO	Reichsabgabenordnung
RdL	Recht der Landwirtschaft (Zeitschrift)
RegVBG	Registerverfahrensbeschleunigungsgesetz
Rev	Revision eingelegt
RFH	Reichsfinanzhof
RFHE	Entscheidungen des RFH
RG	Reichsgericht
RGBl.	Reichsgesetzblatt
RGZ	Entscheidungen des RG in Zivilsachen
Rhld	Rheinland
RhPf	Rheinland-Pfalz
RIW	Recht der internationalen Wirtschaft (Zeitschrift)
RL	Richtlinie
RNotZ	Rheinische Notar-Zeitschrift
RHL	Rödder/Herlinghaus/van Lishaut, Umwandlungsteuergesetz, 3. Aufl. Köln 2019
rkr.	rechtskräftig
Rössler/Troll	Rössler/Troll, Bewertungsgesetz, München (Loseblatt)
Rpfl	Der Rechtspfleger (Zeitschrift)
Rspr.	Rechtsprechung
RStBl.	Reichssteuerblatt
Rn.	Randnummer
s.	siehe
S.	Satz, Seite
Saarl	Saarland
Sachs	Sachsen
Sachs GG	Sachs, Kommentar zum Grundgesetz, 9. Aufl. München 2021
SächsFG	Sächsisches Finanzgericht
LSA	Sachsen-Anhalt
SachRBerG	Sachenrechtsbereinigungsgesetz v. 21.9.1994 (BGBl. I S. 2457)
SchlHFG	Schleswig-Holsteinisches Finanzgericht
Schöner/Stöber GrundbuchR	Schöner/Stöber, Grundbuchrecht, 16. Aufl. München 2020
Schmidt GesR	Schmidt, Gesellschaftsrecht, 4. Aufl. Köln/Berlin/Bonn/München 2002
Schmitt/Hörtnagl	Schmitt/Hörtnagl, Umwandlungsgesetz Umwandlungssteuergesetz, 10. Aufl. München 2024
SchSt	Schenkungsteuer
schstrechtl.	schenkungsteuerrechtlich
SchuldRAnpG	Schuldrechtsanpassungsgesetz v. 21.9.1994 (BGBl. 1994 I 2538)
SE	Europäische Aktiengesellschaft
Schwantag/ Wingerter	Wingerter/Mayr, Flurbereinigungsgesetz, 10. Aufl. Hildesheim 2018
Semler/Stengel	Semler/Stengel, Umwandlungsgesetz, 5. Aufl. München 2021
sog.	sogenannt
StAbwG	Gesetz zur Abwehr von Steuervermeidung und unfairem Steuerwettbewerb (Steueroasen-Abwehrgesetz) v. 25.6.2021 (BGBl. 2021 I 2056)

StÄndG 2001	Gesetz zur Änderung steuerlicher Vorschriften (Steueränderungsgesetz 2001) v. 20.12.2001 (BGBl. 2001 I 3794)
StÄndG 2015	Steueränderungsgesetz 2015 v. 2.11.2015 (BGBl. 2015 I 1834)
5. StAG	Fünftes Gesetz zur Änderung des Steuerbeamten-Ausbildungsgesetzes und zur Änderung von Steuergesetzen v. 23.7.2002 (BGBl. 2002 I 2715)
Staudinger	von Staudinger, J. von Staudingers Kommentar zum Bürgerlichen Gesetzbuch mit Einführungsgesetz und Nebengesetzen, 18. Aufl. Berlin 2018
StB	Der Steuerberater (Zeitschrift)
StBFG	Städtebauförderungsgesetz
Stbg	Die Steuerberatung (Zeitschrift)
StbJb	Steuerberater-Jahrbuch
std.	ständig
StED	Steuer-Eildienst (Zeitschrift)
StEK	Steuererlass-Kartei
Stenger/Loose	Stenger/Loose, Bewertungsrecht, Köln (Loseblatt) (ehemals: Gürsching/Stenger)
StEntlG 1999 ff. ..	Steuerentlastungsgesetz 1999/2000/2002 v. 24.3.1999 (BGBl. 1999 I 402)
StEuglG	Gesetz zur Umrechnung und Glättung steuerlicher Euro-Beträge (Steuer-Euroglättungsgesetz – StEuglG) v. 19.12.2000 (BGBl. 2000 I 1790)
StModG	Gesetz zur Modernisierung des Besteuerungsverfahrens v. 18.7.2016 (BGBl. 2016 I 1679)
StVj	Steuerliche Vierteljahresschrift
StraBEG	Gesetz über die strafbefreiende Erklärung – Strafbefreiungserklärungsgesetz v. 23.12.2003 (BGBl. 2003 I 2928)
StRK	Steuerrechtsprechung in Karteiform
StRK Anm.	Anmerkungen zur Steuerrechtsprechung in Karteiform
StuW	Steuer und Wirtschaft
TGJG	Troll/Gebel/Jülicher/Gottschalk, Erbschaftsteuer- und Schenkungsteuergesetz (Loseblatt)
Tipke/Kruse	Tipke/Kruse, Kommentar zur Abgabenordnung/Finanzgerichtsordnung (Loseblatt)
Tipke/Lang	Tipke/Lang, Steuerrecht, 25. Aufl. Köln 2024
ThürFG	Thüringer Finanzgericht
Tipke StRO II	Tipke, Klaus, Die Steuerrechtsordnung, Bd. II, 2. Aufl. Köln 2003
Tz.	Textziffer
ua	unter anderem
UB	Unbedenklichkeitsbescheinigung
Ubg	Die Unternehmensbesteuerung (Zeitschrift)
UmwG	Umwandlungsgesetz
UmwStG	Umwandlungssteuergesetz
UR	Umsatzsteuer-Rundschau (Zeitschrift)
Urt.	Urteil
USt	Umsatzsteuer
UStAE	Anwendungserlass zur Umsatzsteuer
UStG	Umsatzsteuergesetz
ustrechtl.	umsatzsteuerrechtlich
UVR	Umsatzsteuer- und Verkehrsteuer-Recht (Zeitschrift, ab 1989, vorher DVR)

Abkürzungs- und Literaturverzeichnis

v.	von, vom
VermG	Gesetz zur Regelung offener Vermögensfragen (Vermögensgesetz)
vGA	verdeckte Gewinnausschüttung
vgl.	vergleiche
vH	vom Hundert
Viskorf	Viskorf, Grunderwerbsteuergesetz, 21. Aufl. München 2024
VIZ	Zeitschrift für Vermögens- und Investitionsrecht
VO	Verordnung
von Oefele/ Winkler	von Oefele/Winkler, Handbuch des Erbenrechts, 4. Aufl. München 2008 (ab 7. Aufl.: Winkler/Schlögel)
Voraufl.	Vorauflage
Vorb.	Vorbemerkung
VStG	Vermögensteuergesetz
VStR	Vermögensteuer-Richtlinien
VSW	Viskorf/Schuck/Wälzholz, Erbschaftsteuer- und Schenkungsteuergesetz, Bewertungsgesetz, 7. Aufl. Herne/Berlin 2023
VVaG	Versicherungsverein auf Gegenseitigkeit
VwGO	Verwaltungsgerichtsordnung
VwVfG	Verwaltungsverfahrensgesetz
VwZG	Verwaltungszustellungsgesetz
VZOG	Vermögenszuordnungsgesetz
WachstBeschlG	Gesetz zur Beschleunigung des Wirtschaftswachstums (Wachstumsbeschleunigungsgesetz) v. 22.12.2009 (BGBl. 2009 I 3950)
WE	Wohnungseigentum
WEG	Gesetz über das Wohnungseigentum und Dauerwohnrecht (Wohnungseigentumsgesetz)
Weilbach	Weilbach, Kommentar zum Grunderwerbsteuergesetz, Freiburg (Loseblatt)
Widmann/Mayer	Widmann/Mayer, Umwandlungsrecht, Berlin (Loseblatt)
Wilms/Jochum	Wilms/Jochum, Erbschaft- und Schenkungsteuergesetz (mit Kommentierung GrEStG), Loseblatt
Winkler/Schlögel	Winkler/Schlögel, Erbbaurecht, 8. Aufl. 2025 (bis 6. Aufl.: von Oefele/Winkler)
WM	Wertpapier-Mitteilungen (Zeitschrift)
WoGen	Wohnungsgenossenschaft
WohngenVermG	Wohnungsgenossenschafts-Vermögensgesetz
WPg	Die Wirtschaftsprüfung (Zeitschrift)
zB	zum Beispiel
ZEV	Zeitschrift für Erbrecht und Vermögensnachfolge
ZfIR	Zeitschrift für Immobilienrecht
ZGB	Zivilgesetzbuch der DDR v. 19.6.1975 (GBl. DDR I S. 465)
ZHR	Zeitschrift für das gesamte Handels- und Wirtschaftsrecht
ZIP	Zeitschrift für Wirtschaftsrecht
zit.	zitiert
Zöller	Zöller, Zivilprozessordnung, 35. Aufl. Köln 2024
ZPO	Zivilprozessordnung
zutr.	zutreffend
zust.	zustimmend
ZVG	Gesetz über die Zwangsversteigerung und die Zwangsverwaltung

Einleitung

Übersicht

I. Rechtsgrundlagen

Die GrESt besteuert den Umsatz von Gr. Rechtsgrundlage ist das in seiner **1** ursprünglichen Fassung am 1.1.1983 in Kraft getretene GrEStG vom 17.12.1982 (BGBl. 1982 I 1777). Seitdem ist das GrEStG mehrfach, zunächst vornehmlich bedingt durch die Wiedervereinigung Deutschlands, geändert worden (vgl. die Bekanntmachung der Neufassung des GrEStG v 26.2.1997, BGBl. 1997 I 418, ber. 1804). Größere Einschnitte brachte das **JStG 1997** (Gesetzesbegr: BT-Drs. 13/4839, 6151, 6539), vor allem durch Erhöhung des Steuersatzes auf 3,5 %, Einfügung des § 1 IIa (mit Folgeänderungen) als neuen Steuertatbestand sowie Anpassung des § 8 II an die neue Bedarfsbewertung des Grundbesitzes.

Durch das **StEntlG 1999 ff.** (Gesetzesbegr: BT-Drs. 14/265, 204 f.; 14/44, 42 ff.) wurden insb. § 1 IIa und III geändert sowie §§ 5 III, 8 II 2 eingefügt. Die Umstellung der Betragsgrenzen des § 3 Nr. 1, § 11 II und § 17 IV 1 Nr. 2 auf den Euro erfolgte durch das StEuglG. Das **StÄndG 2001** brachte die Aufhebung des § 1 VII, die erneute Änderung des § 1 IIa in Satz 1 und 3 und ferner Änderungen bzw. Ergänzungen der §§ 1 III, 2 I 2, 6 III, 16 IV sowie der §§ 17, 19. Durch das **5. StAG** wurde § 16 III Nr. 2 geändert. Durch das **3. ÄndGVwVfV** die §§ 18 I, 19 V und 22 II wurden geändert bzw. ergänzt. Schließlich wurde durch das **EURLUmsG** der § 4 Nr. 8 (in Kraft getreten 1.12.2004) eingefügt. Durch das **ÖPPBeschlG** v. 1.9.2005 (BGBl. 2005 I 2676) wurde der Titel des GrEStG neu in „Grunderwerbsteuergesetz (GrEStG)" gefasst; ferner wurden zur Verbesserung der Rahmenbedingungen für ÖPP § 4 Nr. 9 sowie § 19 II Nr. 4 eingefügt. Durch das **JStG 2008** wurden § 8 II 1, 2 jeweils redaktionell (Ersetzung der Angabe „138 Abs. 2 und 3 BewG" durch „§ 138 Abs. 2 bis 4" bzw. § 138 I 2 durch § 138 I 1 BewG) geändert. Eine entsprechende redaktionelle Änderung hat das **JStG 2009** im Hinblick auf § 17 IIIa vorgenommenen und dort den bisherigen Verweis auf § 138 II und III BewG durch den auf „§ 138 Abs. 2 bis 4" ersetzt. Durch das **JStG 2010** wurden – durch Änderung von § 3 Nr. 3 S. 2 und 3, Nr. 4, und Nr. 7 S. 2 sowie die Einfügung des § 3 Nr. 5a – Lebenspartner den Ehepartnern gleichgestellt. Ferner wurde die Befreiung nach § 3 Nr. 6 auf Personen ausgedehnt, deren Verwandtschaft durch die Annahme an Kindes statt bürgerlich-rechtlich erloschen ist (zum zeitlichen Anwendungsbereich § 23 IX). Ferner wurden § 20 I Nr. 1 und II Nr. 1 dahingehend geändert, dass Anzeigen auch die steuerliche Identifikationsnummer bzw. Wirtschafts-Identifikationsnummer enthalten müssen. Die Neufassung des § 6a S. 4 erfolgte aufgrund des **OGAW-IV-UmsG** (zum zeitlichen Anwendungsbereich § 23 X). Durch das **StVereinfG 2011** wurde § 18 I 3 aufgehoben und mit § 22a im neuen Achten Abschnitt „Durchführung“ die Ermächtigungsgrundlage zur Regelung eines Verfahrens zur elektronischen Übermittlung der Anzeige und der Abschrift der Urkunde iSd § 18 geschaffen.

Eine grundlegende Neuerung ist der durch das **AmtshilfeRLUmsG** neu eingefügte Steuertatbestand des § 1 IIIa (mit Folgeregelungen), durch den insb. sog. RETT-Blocker-Strukturen unter näheren Voraussetzungen der GrESt unterworfen werden sollen. Darüber hinaus hat das AmtshilfeRLUmsG in § 4 Nr. 4 nF einen neuen Befreiungstatbestand für GrÜbergänge als Rechtsfolge des Zusammenschlusses kommunaler Körperschaften sowie aus Anlass der Aufhebung der Kreisfreiheit einer Gemeinde geschaffen; der bisherige § 4 Nr. 4 aF sowie § 4 Nr. 5–8 wurden aufgehoben (zum zeitlichen Anwendungsbereich § 23 XI). Durch das **KroatienAnpG** (BGBl. 2014 I 1266) wurden § 6a S. 1–3 sowie § 16 V geändert. Durch das **StÄndG 2015** (BGBl. 2015 I 1834) wurden zum einen § 1 IIa 2–5 eingeführt und ferner § 21 geändert. Weiterhin wurde durch dieses Gesetz die rückwirkende Inkraftsetzung der neuen §§ 8 II, 17 IIIa auf alle nach dem 31.12.2008 liegende Erwerbsvorgänge angeordnet; die entspricht den Vorgaben des BVerfG-Beschlusses vom 23.6.2015 (1 BvL 13/11, 1 BvL 14/11, BStBl. II 2015, 871). Durch das **StModG** v. 22.7.2016 (BGBl. 2016 I 1679) wurde § 19 III 2 eingefügt. Das **Gesetz zur Vermeidung von Umsatzsteuerausfällen** (BGBl. 2018 I 2338) brachte Änderungen der §§ 1 IV, 18 II 2 und des § 20. Das **JStG 2020** (BGBl. 2020 I 3096) brachte Änderungen des § 1 I Nr. 3 Buchst. a und b und Einfügung des § 19 VI und 23 XVII; ferner wurden §§ 5 III, 6 III sowie § 23 VII ergänzt.

Zur Eindämmung von Share-Deals (dh den Erwerb von Anteilen an einer GrBesitz haltenden Gesellschaft; → § 1 Rn. 345 ff.) wurden durch das GrEStGÄndG v. 12.5.2021 (BGBl. 2021 I 986) § 1 IIb und IIc neu eingefügt und § 1 IIa, III und IIIa, §§ 5 III, 6 III, IV sowie § 7 III geändert. Geändert wurde ferner § 8 II 1 Nr. 3 und § 8 II 1 Nr. 4 wurde neu eingefügt; ebenfalls geändert wurde § 8 II 2. Geändert bzw. neu eingefügt wurden außerdem Regelungen zu §§ 13, 17 und 19 sowie § 23 XVIII–XXIV. Das Fondsstandortgesetz (FoStoG) vom 3.6.2021 (BGBl. 2021 I 1498) führte zu Änderungen in § 1 I Nr. 3 S. 2 Buchst. a und b (→ § 1 Rn. 197 ff.; zum Inkrafttreten § 23 XVII). Durch das Gesetz zur Modernisierung des Körperschaftsteuerrechts (**KöMoG,** BGBl. 2021 I 2050) wurden § 5 I, II und III geändert und § 6 III ergänzt. Durch das Gesetz zur Abwehr von Steuervermeidung (BGBl. 2021 I 2056) wurden § 5 I, II und III sowie § 6 III geändert bzw. eingefügt. Durch das JStG 2022 (BGBl 2022 I 2294) wurden §§ 5, 6, 16, 19 und 23 geändert. Durch das Kreditzweitmarktförderungsgesetz (BGBl. 2023 I Nr. 411) wurde § 24 eingefügt; die Vorschrift ist am 1.1.2024 in Kraft getreten und wird gem. Art. 36 V mit dem 1.1.2027 außer Kraft treten. Das Jahressteuergesetz 2024 (JStG 2024) v. 2.12.2024 (BGBl. 2024 I Nr. 387) hat § 1 IVa, § 4 Nr. 7 und § 18 I 2 eingefügt, § 22a 3 gestrichen und § 23 um die Abs. 25–27 erweitert.

Seiner **Konzeption** nach ist das GrEStG eine abschließende gesetzliche Regelung; der Bundesgesetzgeber hat allerdings außerhalb dieses Gesetzes einige spezielle Befreiungstatbestände (vgl. → § 4 Rn. 48 ff.) normiert.

In den **neuen Bundesländern** ist das GrEStG am 1.1.1991 in Kraft getreten. Zur befristeten Weitergeltung des vormaligen GrEStG DDR und Übergangsregelungen vgl. 4. Aufl. Einl. Rn. 2. Nach § 4 Nr. 4–7 galten für die neuen Bundesländer bis zum 31.12.1998 spezielle Befreiungstatbestände; diese Regelungen wurden aufgrund Zeitablauf durch das AmtshilfeRLUmsG aufgehoben. 2

II. Entwicklung der Grunderwerbsteuer

Historischer Vorläufer der GrESt sind die Stempelabgaben, die als Urkundensteuern für behördlich mit Siegelaufdruck versehene Grundstückskaufverträge erhoben wurden. Die erste reichsrechtliche Kodifizierung der GrESt erfolgte durch das Reichsstempelgesetz v. 15.7.1909 (RGBl. 833). Dieses Gesetz wurde nach mehrfachen Änderungen durch das GrEStG v. 12.9.1919 (RGBl. 1617) abgelöst. Bedeutsames Strukturmerkmal dieses Gesetzes war die Anknüpfung der Besteuerung an den Übergang des Eigentums. 3

Mit dem **GrEStG 1940** erfolgte eine Neuregelung der Rechtsmaterie, die insb. die primäre und bis heute (vgl. § 1 I Nr. 1; § 1 III Nr. 1 und Nr. 3) beibehaltene Anknüpfung der Besteuerung an das Verpflichtungsgeschäft mit sich brachte (vgl. im Einzelnen Begr. GrEStG 1940, 388 f.). Das GrEStG 1940 galt nach dem Inkrafttreten des GG als Landesrecht fort (Art. 123 I GG iVm Art. 30, 70 I GG). In der Folgezeit kam es – vor allem durch vielzählige Befreiungsvorschriften – zu einer starken Zersplitterung des GrESt-Rechts durch Rechtsvorschriften des Bundes und der Länder. Diese weithin als Missstand empfundene Rechtslage wurde durch das am 1.1.1983 in Kraft getretene GrEStG beseitigt.

Die mit dem GrEStG verwirklichte Reform wurde durch den im Jahre 1969 geänderten **Art. 105 II GG** ermöglicht, der dem Bund die konkurrierende Gesetzgebung über die GrESt einräumte. Ein Kernpunkt dieser Reform war die aufkommensneutrale Bereinigung und Vereinfachung des GrESt-Rechts (BT-Drs. 9/251, 15), die – im Sinne der Verbreiterung der Bemessungsgrundlage – durch den drastischen Abbau vormaliger Steuerbefreiungen und eine dadurch ermöglichte Absenkung des Steuersatzes auf einheitlich 2 % (§ 11 I aF) erreicht wurde. Ungeachtet dieser Steuersenkung kam es seit 1983 zu einem laufend höheren Steueraufkommen aus der GrESt; daraus ergibt sich selbstverständlich keine Verpflichtung der FVerw, mit dem Inkrafttreten des GrEStG weggefallene vormalige Steuerbegünstigungen durch Erlassmaßnahmen zu kompensieren (FG SchlHol EFG 1994, 534). Insgesamt wurde mit dem GrEStG 1983 das Reformziel einer Vereinheitlichung und Vereinfachung des GrESt-Rechts erreicht. Insofern hatte das GrEStG – über seine eigentliche Regelungsmaterie hinaus – durchaus Vorbildcharakter (Isensee StuW 1994, 3). 4

Der **Steuersatz** (§ 11) von vormals 2 % wurde durch das JStG 1997 auf **3,5 %** erhöht. Die reformerische Leitidee des GrEStG wurde hierdurch in einem zentralen Punkt verwässert; deren Verfassungsmäßigkeit steht indes außer Frage (vgl. → Rn. 16). Aufgrund des im Zuge der Föderalismusreform durch GG-ÄndG v 28.8.2006 (BGBl. 2006 I 2034) eingefügten **Art. 105 IIa 2 GG** haben nunmehr die Länder die Befugnis zur Bestimmung des Steuersatzes bei der GrESt. Die bundesrechtliche Steuersatzregelung des § 11 gilt als Bundesrecht fort (Art. 125a I 1 GG) und ist nicht etwa nichtig (Sachs GG Art. 125a Rn. 4 f.); die den Ländern durch Art. 125a I 2 GG zuerkannte Ersetzungsbefugnis beschränkt sich auf die Steuersatzregelung. Von dieser Befugnis haben alle Länder mit Ausnahme von Bayern Gebrauch gemacht und den Steuersatz in unterschiedlicher Höhe angeho- 5 ben (→ § 11 Rn. 4 ff.). Damit ist die Rechtsmaterie des GrESt-Rechts in den vorgenannten Ländern teils über Bundes- und teils über Landesrecht geregelt; in Bayern ist das GrESt-Recht ausschließlich Bundesrecht.

6 In **Aufbau und Inhalt** knüpft das GrEStG im Wesentlichen an das **GrEStG 1940** an. Dies ist eine bewusste Entscheidung des Gesetzgebers, die eine kontinuierliche Rechtsanwendung ermöglichen soll (BT-Drs. 9/251, 15). In wesentlichen Einzelfragen kann deshalb auch bei der Auslegung des GrEStG auf die eingehende Begründung des GrEStG 1940 (RStBl. I 1940, 387 ff.) zurückgegriffen werden. Die Gesetzesmaterialien zum GrEStG 1983 (BT-Drs. 9/251, 9/2104 und 9/2114) beschränken sich im Wesentlichen auf die Behandlung der vom GrEStG 1940 abweichenden Gesetzesvorschriften.

III. Ertrags- und Verwaltungshoheit

7 Die **Ertragshoheit** über die GrESt liegt nach Art. 106 II Nr. 3, 107 I 1 GG bei den Ländern. Die Landesgesetzgebung kann nach Art. 106 VII 2 GG darüber bestimmen, ob und inwieweit das Aufkommen der GrESt den Gemeinden (Gemeindeverbänden) zufließt. Aufgrund dieser Ermächtigung weisen einzelne Länder den Gemeinden und Gemeindeverbänden im Rahmen des Finanzausgleichs einen Teil des GrESt-Aufkommens zu; zB erhalten in Niedersachsen die Gemeinden und Landkreise 33 % der Einnahmen aus der GrESt (§ 1 I Nr. 2 NFAG idF v 14.9.2007 Nds GVBl., 446 idF v 19.12.2018 (Nds GVBl. 451).

Die **Verwaltungshoheit** über die GrESt liegt nach Art. 108 II GG ausschließlich bei den Ländern. Soweit den Gemeinden (Gemeindeverbänden) nach Art. 106 VII 2 GG das Aufkommen der GrESt allein zufließt, kann diesen durch die Länder ganz oder teilweise die Verwaltung der GrESt übertragen werden. Von dieser Möglichkeit haben einzelne Länder (zB Saarland) Gebrauch gemacht.

IV. Rechtsnatur und Rechtfertigung der Grunderwerbsteuer

8 Der GrESt unterliegen die in § 1 I–IIIa bezeichneten Rechtsvorgänge, die eine Änderung in der Zuordnung inländischer Gr (§ 2) vom Veräußerer auf den Erwerber herbeiführen. Die GrESt gehört damit zu den **Verkehrsteuern.** Diese werden allgemein dahingehend gekennzeichnet, dass sie „an Akte oder Vorgänge des Rechtsverkehrs, an einen rechtlichen oder wirtschaftlichen Akt, an die Vornahme eines Rechtsgeschäfts oder einen wirtschaftlichen Vorgang oder einen Verkehrsvorgang anknüpfen" (BVerfG 2 BvL 10/61, BVerfGE 16, 64 (74); 1 BvL 14/98, BStBl. II 1999, 152). Die GrESt im Speziellen ist, da sie an Vorgänge des Rechtsverkehrs (die allerdings in den Fällen des § 1 IIa, IIb und III auf einer gesetzlichen Fiktion beruhen) anknüpft, ihrer Natur nach eine **Rechtsverkehrsteuer** (zum bisherigen Erfordernis des Rechtsträgerwechsels → § 1 Rn. 18 ff.). Da sich die Steuertatbestände des GrEStG auf Rechtsänderungen am Gr iSd bürgerlichen Rechts beziehen, setzt deren Verwirklichung **keinen wirtschaftlichen Umsatz** voraus (Begr GrEStG 1940, 387; BFH II 142/63, BStBl. II 1969, 400; III B 31/02, BFH/NV 2002, 1495; II R 32/06, BFH/NV 2008, 1526). Deshalb unterliegen zB die Sicherungsübereignung von Gebäuden auf fremdem Grund und Boden (→ § 2 Rn. 118 ff.) und Treuhandgeschäfte (→ § 1 Rn. 121 ff., 300, 357) der GrESt. Erfasst sind insb. auch solche Rechtsträgerwechsel, die – wie im Fall der übertragenden Umwandlung – nicht Teil eines Leistungs-

austausches „Gr gegen Entgelt" sind (zB BFH II R 53/06, BStBl. II 2009, 544; II B 60/03, BFH/NV 2005, 69; II B 5/07, BFH/NV 2007, 2351; II R 32/06, BFH/NV 2008, 1526; vgl. → Rn. 11 ff.; zur übertragenden Umwandlung → § 1 Rn. 185). Die GrESt ist jedoch keine bloße Rechtsformsteuer, die unabhängig von dem durch die gewählte Rechtsgestaltung herbeigeführten wirtschaftlichen Erfolg zu erheben wäre (BFH II R 3/02, BStBl. II 2004, 1006 mwN).

Durch die Neufassung der § 1 IIa, IIb, IIc sowie der § 5 und 6 durch das GrEStGÄndG v. 12.5.2021 (BGBl. I 2021, 986 wurden die grestrechtlichen Ergänzungstatbestände **modifiziert.** Die Gesetzesänderung betrifft insb. die **Share Deals,** wobei die Regelungen nicht gezielt auf Immobiliengesellschaften zugeschnitten sind. Sie treffen vielmehr auch Unternehmen, die aus nichtsteuerlichen Gründen umstrukturieren müssen. Auch die Verlängerung der Fristen in §§ 5, 6 und 7 ist kritisch zu sehen (Joisten/Spiers/Heijnen/Ratzenhofer ifst-Schrift 528 (2019) 23). Insgesamt erscheinen die Regelungen zur Erfassung unerwünschter Steuergestaltungen als zu wenig zielgenau; auch ist offen, ob das BVerfG die Erfassung eines bloß 90%igen Anteilerwerbs – abgesehen von der nicht ausgeschlossenen Möglichkeit einer weiteren Absenkung der Quote –, als rechtlich möglich einschätzt (Happel DStR 2021, 1193 (1197 ff.) und DStR 2021, 1272 (1273 ff.); Naumann ubg 2022, 291 (286)). Vielversprechender wäre daher möglicherweise – unbeschadet der sich insoweit stellenden verfassungsrechtlichen Fragen, dazu etwa Drüen (Ubg 2018, 673), das nicht umgesetzte Länder-Reformmodell gewesen, dass bezüglich der verfassungskonformen Eindämmung steueroptimierender **Share-Deal-Gestaltungen** eine Besteuerung ab einer Mindestbesteuerung von mehr als 50 % vorsah (näher Haller DStR 2021, 1193 (1197 ff.); für Einführung einer Grenze von 75 % Wernsmann/Bering DStZ 2021, 434 (443)). Es bleibt abzuwarten, ob die neue Bundesregierung weitere Verbesserung erreicht (vgl. Koalitionsvertrag → Rn. 17). **9**

Der **Belastungsgrund** der GrESt liegt in der freiwilligen Vermögensdisposition, die sich auf dem freien (Gr-)Markt durch den Erwerb von Gr durch Hingabe von Geld oder geldwerten Gütern vollzieht (Kirchhof HdbStR V § 118 Rn. 41, 248 ff.). Eine **Rechtfertigung** der GrESt kann darin gesehen werden, dass sich in dem Erwerb eines Gr bei typisierender Betrachtung eine besondere steuerliche Leistungsfähigkeit ausdrückt (BT-Drs. 8/2555, 7; 9/251, 12). Freilich ist der Grundsatz der Besteuerung nach der **Leistungsfähigkeit** für die Verkehrssteuern weder normativ bindend (BVerfG 1 BvL 14/98, BStBl. II 1999, 152; BFH II R 68/09, BFH/NV 2012, 62; Kruse S. 51 f. mwN), noch verlangt die GrESt angesichts ihrer Verankerung in Art. 106 II Nr. 4 GG nach einer darüber hinausreichenden weiteren verfassungsrechtlichen Legitimation (vgl. BVerfG 1 BvL 14/98, BStBl. II 1999, 152; BFH II R 32/06, BFH/NV 2008, 1526; II B 95/08, BFH/NV 2009, 1148; zur entspr. Problematik zB bei der GewSt vgl. BFH X R 2/00, BStBl. II 2004, 17, 19 f.). Die Forderung, einzelne Strukturprinzipien der GrESt (und anderer Verkehrssteuern) am Grundsatz der Leistungsfähigkeit auszurichten (so zB Tipke StRO II S. 1023), ist ein nur finanzwissenschaftliches Postulat. Es kann die Auslegung und Anwendung des GrEStG ebenso wenig beeinflussen wie die Einordnung der GrESt als eine **Einkommensverwendungsteuer,** weil die – als Vielsteuersystem ausgestaltete – Finanzverfassung (Art. 104a–108 GG) die Besteuerung bewusst an ganz unterschiedlichen Besteuerungsgegenständen ausrichtet und ersichtlich eine Besteuerung sowohl der Vermögenserzielung (durch ESt) als auch seiner Verwendung (zB durch USt, GrESt oder Verbrauchsteuern) zulässt. **10**

V. Verfassungsrechtliche und steuerpolitische Problemfragen

11 Das mit dem GrEStG 1983 verfolgte Reformkonzept eines einheitlich niedrigen Steuersatzes mit wenigen Steuerbefreiungen wäre in besonderer Weise geeignet, die Gleichmäßigkeit der Besteuerung zu verwirklichen. Auch wenn dieses Reformkonzept durch laufende Steuersatzerhöhungen und manche Steuerbefreiungen jede Strahlkraft verloren hat, verlangen Forderungen nach weiteren Steuerbefreiungen oder -vergünstigungen nach wie vor einer besonders kritischen Betrachtung.

12 **1. GrESt-Belastung von Umstrukturierungen.** Dies gilt in besonderer Weise für die Kritik, die sich gegen eine GrESt-Belastung bei der **Umstrukturierung von Unternehmen** (→ § 1 Rn. 41 ff., 184 ff.) wendet. In Zweifel gezogen wird die Steuerbarkeit „bloßer" Rechtsträgerwechsel, bei dem GrESt ungeachtet eines fehlenden „entgeltlichen" Grundstücksumsatzes (dh ohne einen Leistungsaustausch „Gr gegen Geld") anfällt (vgl. → Rn. 8 sowie allg. zum Rechtsträgerwechsel → § 1 Rn. 18 ff.). Hier wird unter Berufung auf nebulöse Sachgerechtigkeitserwägungen gar ein „gleichheitsrechtliches Problem" ausgemacht. Verkannt wird, dass die Steuerbarkeit auch „bloßer Rechtsträgerwechsel" seit jeher den rechtssystematischen Grundlagen des GrEStG und seiner überkommenen gesetzlichen Ausgestaltung entspricht (vgl. auch BFH II B 60/03, BFH/NV 2005, 69; II R 32/06, BFH/NV 2008, 1526; II B 95/08, BFH/NV 2009, 1148; II B 90/11, BFH/NV 2012, 998). Verfehlt sind auch Forderungen nach einer Absenkung der sich aus § 8 II Nr. 2 und 3 ergebenden Bemessungsgrundlage für diese Erwerbsvorgänge. Die Besteuerung – auch – von Umstrukturierungsvorgängen nach gegenwartsnahen (Grundbesitz-) Werten gehört zu den Grundentscheidungen des GrEStG. Insbesondere verbietet sich aus Gründen des Folgerichtigkeitsgebots und der Gleichheit im Belastungserfolg (BVerfG 1 BvL 10/02, BStBl. II 2007, 192 (201 ff.)) die steuerliche Privilegierung bestimmter Erwerbsvorgänge im Wege über Bewertungsregeln, die nicht auf ein verkehrswertnahes Bewertungsniveau abzielen (BVerfG 23.6.2015, 1 BvL 13/11, 1 BvL 14/11, BStBl. II 2015, 871).

13 Den Vorgaben hat der Gesetzgeber bei der Ausgestaltung des **§ 6a** im Grundsatz beachtet. Frühere Versuche, grbezogene Rechtsvorgänge zwischen Konzernunternehmen durch Einfügung eines neuen § 1 VII als nicht steuerbar zu behandeln (Entwurf des UntStFG, BT-Drs. 14/6882, 44 f. – dazu die dezidiert abl. Stellungnahme des Bundesrats in BR-Drs. 638/01, 12 f. – sowie der spätere Vorstoß des Landes Hessen, BR-Drs. 104/05), haben sich endgültig erledigt.

14 Ob das GrEStG – wie nunmehr § 6a – für Umstrukturierungsvorgänge überhaupt spezielle Befreiungstatbestände enthalten sollte, ist eine im Kern steuerpolitische Frage. Gemessen an der dem GrEStG 1983 zugrunde liegenden Grundkonzeption eines gleichmäßig niedrigen Steuersatzes mit einem – im Vergleich zum früheren Recht – drastisch beschränkten Katalog von Steuerbefreiungen sind derartige Befreiungen systematisch verfehlt (vgl. bereits BT-Drs. 8/2555, 7; vgl. auch BFH II B 108/98, BFH/NV 2000, 1136; II R 32/06, BFH/NV 2008, 1526). Doch steht es dem Gesetzgeber aufgrund seiner weitreichenden Gestaltungsfreiheit frei, aufgrund finanzpolitischer, volkswirtschaftlicher oder sozialpolitischer Erwägungen in den Grenzen des Art. 3 GG auf der Grundlage ausreichender Gemeinwohlgründe außerfiskalische Förderungs- und Lenkungsziele – etwa durch Verschonungsregelungen – verfolgen (vgl. BVerfG 2 BvL 37/91, BStBl. II

1995, 655 (660); 2 BvR 552/91, BStBl. II 1995 671 (675); 1 BvL 10/02, BStBl. II 2007, 192 (202, 204)).

2. Verschonung persönlichen Gebrauchsvermögens? Grundstücke, die zum sog. **persönlichen Gebrauchsvermögen** gezählt werden können, sind nicht aus Verfassungsgründen von der Besteuerung nach dem GrEStG ausgenommen. Der nach der BVerfG-Rspr zur VSt bzw. ErbSt (BStBl. II 1995, 655 und 671) dem sog. **persönlichen Gebrauchsvermögen** zugesagte Schutz vor steuerlicher Belastung gilt nicht für die bei einem GrErwerb anfallende GrESt-Belastung. Die gegenteilige Auffassung des Nds FG (Vorlagebeschluss VII (III) 306/97, EFG 1999, 37) hat das BVerfG 1 BvL 14/98 (BStBl. II 1999, 152 = UVR 1999, 162 mAnm Pahlke) zutr. verworfen. Der behauptete Schutz von GrErwerben zum persönlichen Gebrauchsvermögen – zumal angesichts des nunmehr in einzelnen Bundesländern auf bis zu 5 % angehobenen Steuersatzes nicht ohne steuer- und sozialpolitischen Charme – entbehrt einer tragfähigen verfassungskräftigen Absicherung; auch aus der Abschaffung der Eigenheimzulage ergibt sich insoweit kein Verfassungsverstoß (eingehend BFH II R 4/09, BFH/NV 2010, 1661). Die in den BVerfG-Beschl. zur VSt/ErbSt (BVerfG 1 BvL 14/98, BStBl. II 1999, 152) herausgestellten Verfassungsgrenzen betreffen ausschließlich die Besteuerung des Vermögensbestands bzw. -zuwachses kraft Bereicherung durch Erbschaft bzw. Schenkung und können auf die Besteuerung des Vermögenserwerbs (dh die Vermögensverwendung im Zuge einer freiwilligen Disposition über private Wirtschaftsgüter) zB mit GrESt oder USt – weil hier lediglich die rechtlichen Bedingungen der Marktteilhabe betroffen sind – nicht übertragen werden (BFH II R 4/09, BFH/NV 2010, 1661; NdsFG III 188/97, EFG 1997, 1324). Andernfalls dürfte zB (ganz abgesehen von den gravierenden Konsequenzen etwa für die USt) auch der dem Betriebsvermögen aufgrund seiner Gemeinwohlbezogenheit vom BVerfG 2 BvR 552/91 (BStBl. II 1995, 671/674) zugesagte Schutz dem Erwerb von BetriebsGr nicht vorenthalten werden. Die verfassungsrechtliche Diskussion erscheint abgeschlossen (vgl. auch BFH II B 34/02, BFH/NV 2003, 941; II B 152/02, BFH/NV 2004, 533; II B 37/05, BFH/NV 2006, 122; II R 4/09, BFH/NV 2010, 1661). Der sog. **Halbteilungsgrundsatz** (BVerfG 2 BvL 37/91, BStBl. II 1995, 655) kann keine Geltung außerhalb der VSt beanspruchen (BVerfG 2 BvR 2194/99, BVerfGE 115, 97, 108; 1 BvR 1334/07, DB 2009, 773) und gilt nicht für das GrEStG (BFH II B 22/06, BFH/NV 2007, 274). 15

3. Steuersatz. Verfassungsgemäß sind – auch bezüglich des Erwerbs selbstgenutzten WohnGr – sowohl die auf dem JStG 1997 beruhende **Erhöhung des Steuersatzes** auf 3,5 % als auch die weiteren Steuersatzanhebungen durch die meisten Bundesländer (→ § 11 Rn. 4 ff.). Zwar mag man diese Steuersatzerhöhungen mit guten Gründen als steuer-, vermögens- und sozialpolitisch verfehlt ansehen. Verfassungsrechtlicher Maßstab kann aufgrund des weitreichenden Entscheidungsspielraums des Gesetzgebers bei der Bestimmung des Steuersatzes (vgl. nur BVerfG 2 BvL 37/91, BStBl. II 1995, 655 (660)) nur eine etwaige **erdrosselnde Wirkung** der GrESt sein (BFH II B 33/98, BFH/NV 1999, 76 unter Hinweis auf BVerfG 1 BvR 48, 94, BVerfGE 95, 267). Bei bereichsspezifischer Präzisierung dieses Prüfungsmaßstabs dürfte insb. eine durch das GrEStG bewirkte Behinderung des GrVerkehrs von Bedeutung sein (vgl. auch BT-Drs. 8/2555, 5 ff.). Derartige Wirkungen sind auch bei den derzeitigen Steuersätzen wohl noch auszuschließen (ebenso FG Hmb 3 V 129/12, EFG 2013, 140). 16

Gleichwohl beschädigen die unablässig steigenden landesgesetzlichen Steuersätze das Reformanliegen des GrEStG 1983 im Kern. Dabei wird man den Ländern zugute halten müssen, dass ihnen keine anderweitigen auskömmlichen Steuergesetzgebungskompetenzen zur Verfügung stehen. Die Schaffung des § 1 IIb, IIIa einerseits und die Ausweitung des § 6a führen aber zu der bedrückenden Erkenntnis, dass sich das GrEStG letztlich wieder den Zuständen vor der Reform des Jahres 1983 annähert (vgl. auch Hey FR 2012, 994 (998 f.); Schanko UVR 2011, 316).

17 Eine gewisse Erleichterung für den **Ersterwerb selbstgenutzten Eigentums** könnte eintreten, wenn insoweit ein gewisser Freibetrag (etwa von 250.000 EUR) gewährt würde. Ein solcher Ansatz wäre finanzverfassungsrechtlich ohne Weiteres zulässig und könnte auch teleologisch sinnvoll sein (vgl. auch Bach/Eichsfelder DStR 2021, 2938; Weilbach § 11 Rn. 3; Jahndorf/Kister Rn. 13 ff.). Ein Erfolg entsprechender Versuche bleibt abzuwarten. Immerhin hat die Ampelkoalition im Jahre 2021 angekündet: „Wir wollen den Ländern eine flexiblere Gestaltung der Grunderwerbsteuer ermöglichen, um den Erwerb selbst genutzten Wohneigentums zu erleichtern. Zur Gegenfinanzierung nutzen wir das Schließen von steuerlichen Schlupflöchern beim Immobilienerwerb von Konzernen (Share Deals).“ (Koalitionsvertrag Ampelkoalition S. 165). Ein messbarer Erfolg ist noch nicht eingetreten.

18 **4. Vollzugsdefizite.** Verstärkte Aufmerksamkeit finden Fragen eines etwaigen Vollzugsdefizits bei der Erhebung der GrESt. Die Problematik stellt sich mit besonderer Deutlichkeit – allerdings nicht nur – im Zusammenhang mit **Beteiligungen ausländischer Unternehmen** (Hofmann/Keßeler § 1 Rn. 125; Heine INF 2005, 580; Sedemund/Fischenich BB 2008, 535; Pirner/Könemann IStR 2013, 423; → § 17 Rn. 26). Während das GrEStG für Grundbucheintragungen mit der UB (§ 22) ein wirksames Vollzugsinstrument geschaffen hat, ist die Kenntniserlangung der FVerw hinsichtlich der von einer Grundbucheintragung unabhängigen Erwerbsvorgänge (§ 1 I Nr. 5 bis 7, § 1 II, IIa, IIb, III und IIIa) vielfach von den entspr. Anzeigen nach §§ 18, 19 abhängig (zu Vollzugsdefiziten des § 1 IIa vgl. Micker DStZ 2009, 285, 290; für § 1 IIa–IIc Hofmann/Keßert § 1 Rn. 115; zu Defiziten des § 1 IIb vgl. Behrens/Wachter/Behrens § 1 Rn. 517 ff., der allerdings die Möglichkeiten der Anzeigepflicht vernachlässigt, → § 19 Rn. 6 ff.). Bei ausländischen Beteiligten bzw. Notaren wird es häufig entweder an der Kenntnis der Anzeigepflicht oder an der Anzeigebereitschaft fehlen. Dieser durchaus unbefriedigende Rechtszustand bewirkt jedoch aufgrund der nur durch den Auslandsbezug bedingten empirischen Ineffizienz keinen Verstoß gegen Art. 3 I GG (BFH II B 23/05, BFH/NV 2006, 612; II R 39/06, BFH/NV 2008, 1529). Die Diskussion rund um den neu geschaffenen § 24 hat die Diskussion um eine grundlegenden Novellierung des GrEStG weiter befeuert. Die geringen Chancen für eine solche Reform dürften mittelfristig eine **Entscheidung des BVerfG** erfordern (Hofmann/Keßeler § 1 Rn. 115).

VI. Gemeinschaftsrecht; Verhältnis zur Kapitalverkehrsteuer

19 Die Vereinbarkeit des GrEStG mit dem Gemeinschaftsrecht ist in den letzten Jahren verstärkt in den Blickpunkt geraten, jedoch von der Rspr. bislang durchgängig bejaht worden.

20 Soweit – praktisch bedeutsam vor allem bei der Anwendung des § 1 III – Gesellschaften mit Sitz im Ausland beteiligt sind, liegt **kein Verstoß gegen EG-**

Recht, insb. nicht gegen die Niederlassungsfreiheit und das Diskriminierungsverbot, vor (BFH II R 23/00, BFH/NV 2003, 505; Hofmann/Dorn § 1 Rn. 230; Drüen Ubg 2018, 605 (616); Wissenschaftliche Dienste Deutscher Bundestag WD 4–300-108/16, PE 6–3000-122/16, 12 f.).

Für den Steuertatbestand des § 1 III hat die Rspr. (BFH II R 65/06, BStBl. II 2008, 489; II B 23/05, BFH/NV 2006, 612) ferner die Vereinbarkeit mit der Kapitalverkehrsteuerrichtlinie (RL 69/335/EWG) bejaht. Die Erhebung der GrESt ist von dieser Richtlinie nicht erfasst. Der Entstehungstatbestand der GrESt ergibt sich nicht aus einem gesellschaftsrechtlichen Vorgang, sondern aus einer grestrechtl. veränderten Zuordnung von Gr der Gesellschaft. Europarechtlichen Bedenken gegen eine Steuerbefreiung konzerninterner Umwandlungsvorgänge (vgl. § 6a) begegnet § 6a S. 2.

Neuerdings wird die Vereinbarkeit von § 1, soweit kein Eigentumswechsel vorliegt (§ 1 II, IIa, IIb, IIIa), als zweifelhaft angesehen; für diese Fälle wird eine Klärung durch den EuGH befürwortet (Behrens/Sparr UVR 2024, 235). Die Anwendbarkeit des § 1 III Nr. 4 auf die Verschmelzung einer KapGes auf eine AG österreichischen Rechts ist nicht verfassungs- oder unionsrechtswidrig (FG München 4 K 1671/20, DStRE 2024, 94, Rev. BFH II R 8/23).

VII. Verhältnis zur Umsatzsteuer

Die GrESt ist eine gegenüber der USt selbstständige Verkehrsteuer mit eigenen **21**
Strukturprinzipien. Aufgrund der EU-rechtlichen Vorgaben für die USt gibt es allerdings vielfältige Berührungspunkte zwischen beiden Steuern.

Die Lieferung von Gr ist nach der Mehrwertsteuersystemrichtlinie – **MwStSystRL** – v. 28.11.2006 (ABl. 2006 L 347, 1 idF v 12.2.2008, ABl. 2008 L 44, 11), vormals 6. EG-Richtlinie v. 17.5.1977 (ABl. EG 1977 L 145, 1) in differenzierter Weise in die USt einbezogen (vgl. auch BFH V R 42/05, BStBl. II 2008, 697). Die MwStSystRL unterscheidet zwischen Neubauten und BauGr einerseits (Art. 12 MwStSystRL) sowie Altbauten und sonstigen Gr andererseits. Die Lieferung von **Neubauten** und **BauGr** durch Steuerpflichtige (Art. 9 I 1, 2 MwStSystRL) unterliegt stets der USt (Art. 135 I Buchst. j und k). Die entspr. Lieferungen durch Nichtunternehmer sind nur dann umsatzsteuerpflichtig, wenn der einzelne Mitgliedstaat diese Umsätze nach Art. 12 MwStSystRL ausdrücklich der USt unterwirft. Die Lieferungen von **Altbauten** und **sonstigen Gr** sind nach Art. 9 I 1, 2 MwStSystRL steuerbar, jedoch aufgrund Art. 135 I Buchst. j und k nicht steuerpflichtig. Die Mitgliedstaaten können allerdings nach Art. 137 MwStSystRL ein – ggf. modifiziertes – Optionsrecht einräumen. Die entspr. Umsätze von Privatpersonen sind nicht steuerbar.

Für das **Verhältnis der USt zur GrESt** ist bedeutsam, dass die Mitgliedstaaten durch **Art. 401 MwStSystRL** nicht gehindert sind, „Grunderwerbsteuern beizubehalten oder einzuführen". Hiernach ist die Besteuerung nach Maßgabe des GrEStG durch die EU-rechtlichen Vorgaben gedeckt und zulässig (zuletzt BFH II R 7/12, BStBl. II 2013, 86, Verfassungsbeschwerde nicht zur Entscheidung angenommen). Die GrESt hat insb. nicht den Charakter einer Umsatzsteuer, so dass von einer Gleichartigkeit beider Steuern keine Rede sein kann (dazu zuletzt EuGH Beschl. v 27.11.2008, C-156/08, DStR 2009, 223 mwN; BFH II R 53/06, BStBl. II 2009, 544 mwN; II R 53/06, BFH/NV 2010, 838; Viskorf/Loose Vorb. Rn. 182 ff; aA Tipke StRO II S. 1017 ff.).

22 Das **UStG** entspricht den Maßgaben der MwStSystRL bzw. 6. EG-RL insofern, als die Lieferung von Altbauten und sonstigen Gr durch Unternehmer nach §§ 1, 2 UStG steuerbar ist. Diese Lieferungen sind jedoch nach § 4 Nr. 9 Buchst. a UStG mit Optionsmöglichkeit (§ 9 I UStG) befreit. Die Lieferung von Altbauten und sonstigen Gr sowie Neubauten und BauGr durch Nichtunternehmer ist nach dem UStG – in Übereinstimmung mit der MwStSystRL – nicht steuerbar. Abweichend von diesen EU-rechtlichen Vorgaben sind allerdings nach § 4 Nr. 9 Buchst. a UStG Neubauten und BauGr betr. GrUmsätze, soweit sie durch einen Unternehmer ausgeführt werden, von der USt befreit. Die MwStSystRL sieht eine solche Befreiung an sich nicht vor. Art. 371 iVm Anhang X Teil B Nr. 9 MwStSystRL gestattet den Mitgliedstaaten jedoch, die Lieferung von Gebäuden oder Gebäudeteilen und den dazugehörigen Grund und Boden vor dem Erstbezug sowie die Lieferung von BauGr iSd Art. 12 weiterhin zu befreien. Diese Übergangszeit ist nach Art. 28 IV der Richtlinie nicht befristet. Mit § 4 Nr. 9 Buchst. a UStG hat der deutsche USt-Gesetzgeber von der vorgenannten Übergangsregelung Gebrauch gemacht. Die deutsche Gesetzgebung sah die volle Umsetzung schon der vormaligen 6. EG-RL in diesem Punkt schon bei den Gesetzesberatungen zum GrEStG nur bei völliger Abschaffung der GrESt als vertretbar an (BT-Drs. 9/251, 14). Sie hat jedoch die Beseitigung der GrESt aufgrund der einerseits eintretenden ustrechtl. Mehrbelastungen für Erwerber von BauGr mit Neubauten und unbebauten BauGr sowie der andererseits eintretenden Einnahmeausfälle aus der GrESt verworfen. Es ist davon auszugehen, dass die Ausnahmeregelung des § 4 Nr. 9 Buchst. a UStG längerfristig beibehalten wird (vgl. Antwort der BReg auf eine Kleine Anfrage, BT-Drs. 11/7632). Die Aufhebung des § 4 Nr. 9 Buchst. a UStG und die Besteuerung der Lieferung von Neubauten und BauGr mit USt würde angesichts des im Vergleich zur GrESt weit höheren Steuersatzes des USt für Endabnehmer zu einer beträchtlichen Steuermehrbelastung führen.

23 § 4 Nr. 9 Buchst. a UStG lässt sich zwar im Hinblick auf das Verhältnis der USt zur GrESt entnehmen, dass eine **Doppelbelastung** mit beiden Steuern ausgeschlossen sein soll (Bunjes/Heidner UStG § 4 Nr. 9 Rn. 1). Von einer Gleichartigkeit der beiden Steuerarten kann jedoch im Hinblick auf das von **Art. 401 MwStSystRL** vorausgesetzte Nebeneinander beider Steuern nicht gesprochen werden (→ Rn. 21). Vielmehr liegen § 4 Nr. 9 Buchst. a UStG in erster Linie die angeführten finanzpolitischen Zweckmäßigkeitserwägungen zugrunde. Ein entspr. rechtliches Gebot zum Ausschluss einer Doppelbelastung mit USt und GrESt besteht vor dem Hintergrund der durch Art. 401 MwStSystRL eindeutig zugelassenen Kumulierung von GrESt und USt in keinem Fall. Zur Problematik der Doppelbelastung mit USt und GrESt im Zusammenhang mit dem Erwerb noch zu bebauender Gr vgl. → § 9 Rn. 63 f. Leistungen Dritter, die umsatzsteuerrechtlich als eigenständige Leistungen neben dem steuerfreien Umsatz zu betrachten sind, sind nicht gem. § 4 Nr. 9 Buchst. a UStG steuerfrei (BFH XI B 73/23, BFH/NV 2024, 797).

24 Ungeachtet der Berührungspunkte zwischen GrESt und USt ist die rechtspolitische Forderung verfehlt, die GrESt als **„Sonderumsatzsteuer“** in die Strukturprinzipien des UStG einzupassen (so Tipke StRO S. 1017 ff.). Eine Verkürzung der grestrechtl. Steuertatbestände auf die „Lieferung von Gr“ erscheint in höchstem Maße unpraktikabel und wäre – unter dem rechtsstaatlichen Blickwinkel der Bestimmtheit des steuergesetzlichen Belastungstatbestandes – im Vergleich zum derzeit geltenden GrEStG ein Rückschritt. Zudem würde, da die USt erst mit dem Erfüllungsgeschäft entsteht, die in § 1 I Nr. 1 GrEStG bewusst gewählte

Anknüpfung bereits an das Verpflichtungsgeschäft ohne erkennbaren Rechtsfortschritt preisgegeben. Völlig zu Recht ist deshalb schon bei der Schaffung des GrEStG 1940 der Anknüpfung an Vorgänge des Rechtsverkehrs der Vorzug gegeben worden, weil der wirtschaftliche Vorgang des Umsatzes wegen der Vielgestaltigkeit der wirtschaftlichen Zwecke oft schwer zu bestimmen ist (Begr GrEStG 1940, 387). Auch für den Fall einer vollen Umsetzung der MwStSystRL besteht daher für die Erfassung der GrUmsätze weiterer Definitionsbedarf.

Im Einzelnen ist § 4 Nr. 9 Buchst. a UStG auf den Umsatz von **inländischen** 25 **Gr** iSd § 2 beschränkt. Die sich aus der grestrechtl. Legaldefinition des § 2 ergebenden Folgerungen für den gegenständlichen Umfang der GrESt sind auch für den Umfang der Umsatzsteuerbefreiung maßgebend. Da zB der Erwerb von Maschinen und sonstigen Vorrichtungen aller Art, die zu einer Betriebsanlage gehören, sowie von Mineralgewinnungsrechten und sonstigen Gewerbeberechtigungen nach § 2 I 2 nicht zum Gr gehören, unterliegt ihr Erwerb auch der USt.

Zur Bemessungsgrundlage der GrESt bezüglich der gesondert in Rechnung gestellten USt → § 9 Rn. 97 f.

VIII. Verhältnis zur Erbschaft- und Schenkungsteuer

Beim Erwerb von Gr durch Erwerb von Todes wegen oder durch Zuwendun- 26 gen unter Lebenden besteht aufgrund § 3 Nr. 2 ErbStG ein gesetzessystematischer **Vorrang der ErbSt** vor der GrESt (BVerfG BStBl. II 1984, 608/614; vgl. auch → § 3 Rn. 35). Im Anwendungsbereich dieser Vorschrift kann es allerdings zur Erhebung der GrESt nach Maßgabe des Werts kommen, zu dem der Beschenkte bei der gemischten Schenkung zur Gegenleistung verpflichtet ist. Insoweit hat die GrESt, nachdem § 25 ErbStG durch das ErbStRG aufgehoben worden ist, zusätzlich an Bedeutung gewonnen (vgl. → § 3 Rn. 1; → § 9 Rn. 197 f.). Darüber hinaus befreit § 3 Nr. 3 den Erwerb von Gr im Wege der Nachlassverteilung. Zur Problematik einer wirtschaftlichen Doppelbelastung mit GrESt und ErbSt Halaczinsky ZEV 2003, 97.

IX. Auslegung des GrEStG; Verhältnis zum Zivilrecht

Die **Auslegung des GrEStG** erfolgt nach den für Steuergesetze allgemein 27 geltenden **Auslegungsregeln** (Tipke/Kruse/Drüen AO § 4 Rn. 200 ff.; Koenig/Koenig AO § 4 Rn. 85 ff.). Besonderheiten ergeben sich aus der engen Anbindung vieler Normen an das **Zivilrecht.** Insbesondere § 1 I Nr. 1–Nr. 5 knüpfen im Grundsatz an die durch formelle Akte des Rechtsverkehrs bewirkten Rechtsvorgänge nach bürgerlichem Recht an. Enge Verbindungen des GrEStG zum Zivilrecht bestehen auch hinsichtlich des GrBegriffs (§ 2 I 1), der Steuerbefreiungen (insb. §§ 3, 4), der Steuerentstehung (§ 14) und der Rückgängigmachung von Erwerbsvorgängen (§ 16). Neben unmittelbaren Bezugnahmen auf das bürgerliche Recht enthält das GrEStG allerdings auch eigenständige Begriffsbildungen (so das dem bürgerlichen Recht unbekannte „Kaufangebot“ in § 1 I Nr. 6 oder die Befugnis, ein inländisches Gr „auf eigene Rechnung zu verwerten“, § 1 II).

Das **Zivilrecht** ist im Verhältnis zum **Steuerrecht gleichrangig** – derselbe 28 Sachverhalt wird aus einer jeweils anderen Perspektive und unter verschiedenartigen Wertungsgesichtspunkten beurteilt (BVerfG 2 BvR 72/90, BStBl. II 1992, 212 mwN; 1 BvR 583/86, NJW 1993, 1189). Auch wenn das Steuerrecht an Begriffe des Zivilrechts anknüpft, ist jeweils durch Auslegung zu ermitteln, ob und inwieweit es die aufgenommenen Tatbestände im gleichen Sinne wie das

Steuerrecht versteht (Kirchhof Stbg 1993, 508). Es besteht keine Vermutung für die Gleichheit von Zivilrecht und Steuerrecht (vgl. auch Mörwald Ubg 2023, 567). Für die Auslegung der aus einem anderen Rechtsgebiet entnommenen steuerrechtlichen Tatbestandsmerkmale ist deshalb auf den steuerrechtlichen Bedeutungszusammenhang sowie den Sinn und Zweck der jeweiligen Einzelregelung abzustellen. Auch bei einer inhaltlichen Gleichheit von Begriffen besteht weder eine Vermutung für ein übereinstimmendes noch für ein abweichendes Verständnis von Begriffen, die Steuergesetze aus dem Zivilrecht entnehmen (BVerfG 2 BvR 72/90, BStBl. II 1992, 212 mwN; Tipke/Kruse/Drüen AO § 4 Rn. 324). Dies gilt auch für die in §§ 5, 6 und 7 II angelegte wirtschaftliche Betrachtung (Mörwald Ubg 2023, 567).

29 Jeder gesetzliche Tatbestand des **GrEStG** ist nach seiner **eigenen, spezifischen Teleologie** auszulegen (BVerfG 2 BvR 72/90, BStBl. II 1992, 212 mwN; ebenso BFH II R 59/92, BStBl. II 1994, 366 betr. § 7 I Nr. 1 ErbStG). Die Erforderlichkeit dieser autonomen steuerrechtlichen Beurteilung liegt für das GrEStG ohne weiteres auf der Hand, soweit dessen Steuertatbestände **spezifisch grestrechtl. Begriffe** (zB „Kaufangebot", § 1 I Nr. 6) verwenden. Nichts anderes kann im Grundsatz dann gelten, wenn das GrEStG an Rechtsformen des Zivilrechts (zB „Kaufvertrag", § 1 I Nr. 1) anknüpft. Zwar hat der BFH (BFH II R 82/67, BStBl. II 1968, 781) in Anknüpfung an frühe BVerfG-Rspr. (BVerfG 1 BvR 845/58, BVerfGE 13, 331 (340)) eine Identität des zivil- und steuerrechtlichen Begriffsinhalts bejaht, wenn ein Rechtsbegriff des Zivilrechts durch Aufnahme in ein Steuergesetz Tatbestandsmerkmal für die Besteuerung geworden ist. Diese Betrachtungsweise ist aufgrund der durch den BVerfG-Beschluss v. 27.12.1991 (BVerfG 2 BvR 72/90, BStBl. II 1992, 212; ebenso 1 BvL 14/98, BStBl. II 1999, 152) eingeleiteten Wende überholt. Es ist vielmehr auch bei der Auslegung des GrEStG zu berücksichtigen, dass seine Steuertatbestände an ein durch die zivilrechtliche Gestaltung bewirktes **wirtschaftliches Ergebnis** anknüpfen (BVerfG 2 BvR 72/90, BStBl. II 1992, 212; BFH II R 3/02, BFH/NV 2004, 1439). Deshalb kann für das GrEStG eine prinzipielle Vermutung für den vorgeprägten zivilrechtlichen Begriffsinhalt nicht anerkannt werden (Tipke/Kruse/Drüen AO § 4 Rn. 324 ff.; aA Meincke StuW 1992, 188 (190)). Für das GrEStG gilt allenfalls eine Vorherigkeit für die Anwendung des Zivilrechts, nicht jedoch ein Vorrang (Kirchhof Stbg 1993, 508/512; Hallerbach DStR 1999, 2125). Insbesondere die Rspr. zum grestrechtl. einheitlichen Erwerbsgegenstand (→ § 9 Rn. 3 ff.) ist ein Musterbeispiel für eine auf die Erfassung des wirtschaftlichen Erfolgs und über das Zivilrecht hinausgreifende Auslegungsmaxime (vgl. BFH II R 94/87, BStBl. II 1990, 590). Die Berücksichtigung auch des wirtschaftlichen Ergebnisses verlangt allerdings stets den Rückbezug zu der jeweiligen zivilrechtlichen Gestaltung. Das begrenzt die Auslegung nach wirtschaftlicher Betrachtungsweise hinsichtlich solcher Tatbestandsmerkmale der Ergänzungstatbestände (§ 1 II, IIa, IIb, III und IIIa), die einen schon vom Gesetzgeber selbst definierten wirtschaftlichen Erfolg besteuern. Diese Tatbestandsmerkmale sind deshalb aufgrund des gesetzlichen Bestimmtheitsgebots keiner über den Wortsinn hinausgehenden Auslegung zugänglich (zur Problematik des § 1 IIa → § 1 Rn. 315, 368 ff.; für § 1 IIb → § 1 Rn. 439, 445 ff.).

30 Bei der **Auslegung der Steuertatbestände** des § 1 ist weiter zu beachten, dass diese sehr viel **enger gefasst sind** als die weit ausgreifenden Tatbestände anderer Steuerarten (BFH II 186/65, BStBl. II 1974, 643; Tipke/Kruse/Drüen AO § 4 Rn. 327). Dementsprechend enger sind auch die durch das GrEStG eröff-

neten Auslegungsspielräume (allg. Tipke/Kruse/Drüen AO § 4 Rn. 200 ff.; Koenig/Koenig AO § 4 Rn. 85 ff.). Möglich ist jedoch die erweiternde Auslegung einer Gesetzesvorschrift zugunsten des Steuerpflichtigen (BFH II 25/61, BStBl. II 1969, 550 sowie – betr. die Auslegung des § 2 I 2 Nr. 2 – BFH II 42/65, BStBl. II 1972, 190). Bei der Auslegung der Steuertatbestände des § 1 verbietet sich im Regelfall ein Rückgriff auf Steuervergünstigungsvorschriften (zB §§ 5 bis 7), die ihrerseits keine steuerbegründende Funktion haben (BFH II R 68/92, BStBl. II 1995, 736; II B 116/96, BStBl. II 1997, 661). Zur Auslegung der Befreiungsvorschriften vgl. → Vorb § 3 Rn. 6 ff. Rechtlich unbedenklich ist eine dynamische Verweisung des GrEStG (so zB in § 4 Nr. 4 S. 1) auf anderweitige Regelungen des Bundesrechts (BFH II R 28/03, BFH/NV 2004, 812).

Anwendung des § 39 AO. Die durch **§ 39 AO** normierte steuerrechtliche 31
Zurechnung eines Wirtschaftsguts in persönlicher Hinsicht (BFH X R 148/88, BStBl. II 1992, 211) ist Ausdruck der wirtschaftlichen Betrachtungsweise. Da das GrEStG jedoch im Kern an bürgerlich-rechtliche Vorgänge anknüpft, kommt eine Zurechnung von Gr nach Maßgabe einer wirtschaftlichen Betrachtungsweise nur in Einzelfällen in Betracht.

Im Grundsatz ist **§ 39 II Nr. 1 AO** ist daher auf das GrEStG **nicht anwendbar** (BFH II 186/65, BStBl. II 1974, 643; II R 61/80, BStBl. II 1983, 179; II R 14/02, BStBl. II 2005, 148; III R 109/95, BFH/NV 2001, 66; XI R 41/99, BFH/NV 2003, 381; Koenig/Koenig AO § 39 Rn. 2; aA Fischer BB 1978, 1772); dies ist verfassungsrechtlich nicht zu beanstanden (BVerfG 1 BvR 801/82, HFR 1983, 532). Dieser Ausschluss der wirtschaftlichen Betrachtungsweise kommt zB bei der grestrechtl. Beurteilung von Treuhandgeschäften zum Tragen (→ § 1 Rn. 128). Ebenso ist die Sicherungsübereignung von Gr auf fremdem Grund und Boden grds. steuerbar (→ § 2 Rn. 118 ff.). Das Merkmal „gehört" in § 1 IIa ist wegen seiner grestrechtl. Zuordnung einer Zuordnung nach § 39 AO nicht zugänglich (BFH II R 44/18, DStR 2022, 1375; zur Problematik näher → § 1 Rn. 320); ebenso ist die „wirtschaftliche Beteiligung" iSd § 39 AO bei § 1 IIIa unanwendbar (vgl. auch → § 1 Rn. 664). Ein Treuhandverhältnis reicht nicht aus, einem Treugeber im Rahmen des § 5 oder § 6 einen Anteil am Vermögen zuzurechnen (BFH II R 16/20, DStR 2022, 1379; zur Problematik näher → § 6 Rn. 9).

Aufgrund der vom GrEStG anerkannten besonderen Rechtsträgerschaft von Gesamthandsgemeinschaften ist auch **§ 39 II Nr. 2 AO** auf die Steuertatbestände des § 1 grds. **nicht anwendbar;** ausnahmsweise kann allerdings eine anteilige Zurechnung bei der wirtschaftlichen Zurechnung nach § 1 IIa und im Zusammenhang mit §§ 5 und 6 erforderlich sein (BFH II 53/62 U, BStBl. III 1966, 41). Für die GrESt wird auch die zivilrechtliche Selbstständigkeit der juristischen Personen nicht durch das Rechtsinstitut der **Organschaft** beiseitegeschoben. Die Anerkennung einer wirtschaftlichen Einheit zivilrechtlich selbstständiger Unternehmen ist mit den Strukturprinzipien der als Rechtsverkehrsteuer ausgestalteten GrESt unvereinbar (BFH II 100/64, BStBl. III 1967, 346). Dem steht § 1 III Nr. 1 iVm IV Nr. 2 nicht entgegen, weil diese Vorschrift das Organschaftsverhältnis ausschließlich als Tatbestandsmerkmal für diesen Steuertatbestand behandelt und § 13 Nr. 5 Buchst. b den Organträger nur für den Fall seiner eigenen Beteiligung als Steuerschuldner betrachtet. Daher sind auch Erwerbsvorgänge zwischen Mutter- und Tochtergesellschaften sowie zwischen Schwestergesellschaften der GrESt unterworfen (BFH II 100/64, BStBl. III 1967, 346).

Besondere Auslegungsprobleme werfen die **Ergänzungstatbestände** des § 1 32
IIa, IIb, III und IIIa auf. Sie **fingieren** aus Gründen der Missbrauchsabwehr

auf der Grundlage eines vom Gesetzgeber ins Auge gefassten wirtschaftlichen Ergebnisses jeweils – zivilrechtlich als solche nicht vorhandene – **GrErwerbe.** Dabei greifen diese Steuertatbestände – so zB im Fall der unmittelbaren bzw. mittelbaren Änderung des Gesellschafterbestands iSd § 1 IIa 1 (→ § 1 Rn. 341 ff.) – auf eine Kombination von Tatbestandsmerkmalen zurück, die sich teils nach zivilrechtlichen und teils nach wirtschaftlichen Gesichtspunkten bestimmen. Damit werden die steuerbegründenden Merkmale innerhalb dieser Ergänzungstatbestände uU nach disparaten Auslegungsgrundsätzen beurteilt. Die damit verbundenen Rechtsanwendungsprobleme werden auf eindringliche Weise durch die Auslegungsfragen der „unmittelbaren" oder „mittelbaren" Änderung des Gesellschafterbestands iSd § 1 IIa veranschaulicht (vgl. auch → § 1 Rn. 341 ff.). Eine zusätzliche Verschärfung ergibt sich aus der für eine Verkehrsteuer misslichen Gemengelage unterschiedlicher Fiktionen (so für § 1 IIa einerseits und § 1 III Nr. 3 andererseits) und neuerdings aus der „Hintereinanderschaltung" von Fiktionen (so jetzt § 1 IIIa, → § 1 Rn. 657 f.). In erster Linie verlangt eine solche Gesetzestechnik vom Gesetzgeber ein – verglichen mit den an zivilrechtliche Rechtsvorgänge anknüpfenden grestrechtl. Tatbestandsmerkmalen – erhöhtes Maß an Gesetzesklarheit und -bestimmtheit. Diesen Anforderungen trägt die Gesetzgebung nicht hinreichend Rechnung. Dies zeigen zB die mehrmaligen Änderungen des § 1 IIa. An sich vermeidbare Auslegungsschwierigkeiten bereitet auch der mehrfach geänderte § 6a. Von dem als Ideal anzustrebenden „geschlossenen System des Grunderwerbsteuerrechts" (so zB BFH II 142/63, BStBl. II 1969, 400) ist das GrEStG aufgrund der Einfügung von § 1 IIa und IIIa jedenfalls weiter denn je entfernt.

33 Auch kann auch im Anwendungsbereich des GrEStG unter Beachtung der insoweit geltenden Besonderheiten eine Zurechnung nach Maßgabe des § 39 II AO in Betracht kommen (zu Einzelheiten → § 1 Rn. 300 bei § 1 III).

Soweit § 39 II AO anwendbar ist, darf dieser aber nicht die systemtragenden Prinzipien des GrEStG überspielen. In keinem Fall kann die wirtschaftliche Betrachtungsweise das Fehlen eines gesetzlichen Steuertatbestands oder Tatbestandsmerkmals ersetzen (BFH II B 70/02, BStBl. II 1970, 279 (283); Tipke/Kruse/Drüen AO § 4 Rn. 334). Ein Lehrstück für die einer wirtschaftlichen Betrachtungsweise gezogenen Grenzen bietet die ursprüngliche Fassung des § 1 IIa 1 (→ § 1 Rn. 268 mwN). Die **„wirtschaftliche Beteiligung" iSd § 1 IIIa** überschreitet den vornehmlich durch das Gebot der Bestimmtheit des Besteuerungstatbestands gezogenen Rahmen hingegen nicht (vgl. → § 1 Rn. 665, 675 ff.). Verschiedene Erwerbsvorgänge können nicht zu einem „wirtschaftlich betrachtet" einzigen Erwerbsvorgang zusammengefasst werden (BFH II B 70/02, BFH/NV 2003, 1448 betr. Auftragserwerb).

34 **Vorfragenkompetenz.** Für die bei der Anwendung des GrEStG häufig auftretenden zivilrechtlichen (Vor-)Fragen besteht grds. eine Entscheidungsbefugnis von FVerw und Finanzgerichten. Dies ergibt sich aus ihrer **Vorfragenkompetenz** (allg. Gräber/Herbert FGO § 33 Rn. 5). Liegt zu einer präjudiziellen **zivilrechtlichen** Vorfrage die Entscheidung eines Zivilgerichts vor, ergibt sich daraus für die Anwendung des GrEStG grds. weder eine Tatbestands- noch eine Feststellungswirkung. Eine Ausnahme gilt nur für gestaltende zivilgerichtliche Urteile (zB Ehescheidung); zu Einzelheiten vgl. Zöller ZPO Vorb § 322 Rn. 11.

Grunderwerbsteuergesetz (GrEStG)

In der Fassung der Bekanntmachung vom 26.2.1997
(BGBl. 1997 I 418, ber. 1804)

Geändert durch Steuerentlastungsgesetz 1999/2000/2002 v. 24.3.1999 (BGBl. 1999 I 402), Steuer-Euroglättungsgesetz v. 19.12.2000 (BGBl. 2000 I 1790), Steueränderungsgesetz 2001 v. 20.12.2001 (BGBl. 2001 I 3794), Fünftes Gesetz zur Änderung des Steuerbeamten-Ausbildungsgesetzes und zur Änderung von Steuergesetzen v. 23.7.2002 (BGBl. 2002 I 2715), Drittes Gesetz zur Änderung verwaltungsverfahrensrechtlicher Vorschriften v. 21.8.2002 (BGBl. 2002 I 3322), EU-Richtlinien-Umsetzungsgesetz v. 9.12.2004 (BGBl. 2004 I 3310), Gesetz zur Beschleunigung der Umsetzung von Öffentlich Privaten Partnerschaften und zur Verbesserung gesetzlicher Rahmenbedingungen für Öffentlich Private Partnerschaften v. 1.9.2005 (BGBl. 2005 I 2676), Jahressteuergesetz 2008 v. 20.12.2007 (BGBl. 2008 I 3150), Jahressteuergesetz 2009 v. 19.12.2008 (BGBl. 2008 I 2794), Wachstumsbeschleunigungsgesetz v. 22.12.2009 (BGBl. 2009 I 3950), Jahressteuergesetz 2010 v. 8.12.2010 (BGBl. 2010 I 1768), OGAW-IV-Umsetzungsgesetz v. 22.6.2011 (BGBl. 2011 I 1126), Steuervereinfachungsgesetz 2011 v. 1.11.2011 (BGBl. 2011 I 2131) und Amtshilferichtlinie-Umsetzungsgesetz v. 26.6.2013 (BGBl. 2013 I 1809), Gesetz zur Anpassung des nationalen Steuerrechts an den Beitritt Kroatiens zur EU und zur Änderung weiterer steuerlicher Vorschriften v. 25.7.2014 (BGBl. 2014 I 1266), Beschluss des Bundesverfassungsgerichts v. 23.6.2015 1 BvL 13/11, 1 BvL 14/11 (BGBl. 2015 I 1423), Steueränderungsgesetz 2015 v. 2.11.2015 (BGBl. 2015 I 1834), Gesetz zur Modernisierung des Besteuerungsverfahrens v. 18.7.2016 (BGBl. 2016 I 1679), Gesetz zur Vermeidung von Umsatzsteuerausfällen beim Handel mit Waren im Internet und zur Änderung weiterer steuerlicher Vorschriften v. 11.12.2018 (BGBl. 2018 I 2338), Brexit-Steuerbegleitgesetz v. 25.3.2019 (BGBl. 2019 I 357), Elfte Zuständigkeitsanpassungsverordnung v. 19.6.2019 (BGBl. 2019 I 1328), Wohnungseigentumsmodernisierungsgesetz v. 16.10.2020 (BGBl. 2020 I 2187), Jahressteuergesetz 2020 v. 21.12.2020 (BGBl. 2020 I 3096), Gesetz zur Änderung des Grunderwerbsteuergesetzes v. 12.5.2021 (BGBl. 2021 I 986), Fondsstandortgesetz v. 3.6.2021 (BGBl. 2021 I 2050), Gesetz zur Modernisierung des Körperschaftsteuerrechts v. 25.6.2021 (BGBl. 2021 I 2050), Gesetz zur Abwehr von Steuervermeidung und unfairem Steuerwettbewerb und zur Änderung weiterer Gesetze v. 25.6.2021 (BGBl. 2021 I 2056), Jahressteuergesetz 2022 v. 16.12.2022 (BGBl. 2022 I 2294), Kreditzweitmarktförderungsgesetz v. 22.12.2023 (BGBl. 2023 I Nr. 411) und Jahressteuergesetz 2024 (BGBl. 2024 I Nr. 387)

Erster Abschnitt. Gegenstand der Steuer

§ 1 Erwerbsvorgänge

(1) **Der Grunderwerbsteuer unterliegen die folgenden Rechtsvorgänge, soweit sie sich auf inländische Grundstücke beziehen:**

1. **ein Kaufvertrag oder ein anderes Rechtsgeschäft, das den Anspruch auf Übereignung begründet;**
2. **die Auflassung, wenn kein Rechtsgeschäft vorausgegangen ist, das den Anspruch auf Übereignung begründet;**
3. **der Übergang des Eigentums, wenn kein den Anspruch auf Übereignung begründendes Rechtsgeschäft vorausgegangen ist und es auch keiner Auflassung bedarf. [2]Ausgenommen sind**

a) der Übergang des Eigentums durch die Abfindung in Land und die unentgeltliche Zuteilung von Land für gemeinschaftliche Anlagen im Flurbereinigungsverfahren sowie durch die entsprechenden Rechtsvorgänge im beschleunigten Zusammenlegungsverfahren und im Landtauschverfahren nach dem Flurbereinigungsgesetz in seiner jeweils geltenden Fassung bis zur Höhe des Sollanspruchs, wenn der neue Eigentümer in diesem Verfahren als Eigentümer eines im Flurbereinigungsgebiet gelegenen Grundstücks Beteiligter ist; in diesen Fällen ist auch der den Sollanspruch auf Zuteilung übersteigende Teil der Zuteilung (Mehrzuteilung) ausgenommen, wenn der Wert des dem neuen Eigentümer zugeteilten Grundstücks seinen sich aus dem Wert des eingebrachten Grundstücks ergebenden Sollanspruch auf Zuteilung nicht um mehr als 20 vom Hundert übersteigt,

b) der Übergang des Eigentums im Umlegungsverfahren nach dem Baugesetzbuch in seiner jeweils geltenden Fassung bis zur Höhe des Sollanspruchs, wenn der neue Eigentümer in diesem Verfahren als Eigentümer eines im Umlegungsgebiet gelegenen Grundstücks Beteiligter ist; in diesen Fällen ist auch der den Sollanspruch auf Zuteilung übersteigende Teil der Zuteilung (Mehrzuteilung) ausgenommen, wenn der Wert des dem neuen Eigentümer zugeteilten Grundstücks seinen sich aus dem Wert des eingebrachten Grundstücks ergebenden Sollanspruch auf Zuteilung nicht um mehr als 20 vom Hundert übersteigt,

c) der Übergang des Eigentums im Zwangsversteigerungsverfahren;

4. das Meistgebot im Zwangsversteigerungsverfahren;
5. ein Rechtsgeschäft, das den Anspruch auf Abtretung eines Übereignungsanspruchs oder der Rechte aus einem Meistgebot begründet;
6. ein Rechtsgeschäft, das den Anspruch auf Abtretung der Rechte aus einem Kaufangebot begründet. [2]Dem Kaufangebot steht ein Angebot zum Abschluß eines anderen Vertrags gleich, kraft dessen die Übereignung verlangt werden kann;
7. die Abtretung eines der in den Nummern 5 und 6 bezeichneten Rechte, wenn kein Rechtsgeschäft vorausgegangen ist, das den Anspruch auf Abtretung der Rechte begründet.

(2) Der Grunderwerbsteuer unterliegen auch Rechtsvorgänge, die es ohne Begründung eines Anspruchs auf Übereignung einem anderen rechtlich oder wirtschaftlich ermöglichen, ein inländisches Grundstück auf eigene Rechnung zu verwerten.

(2a) [1]Gehört zum Vermögen einer Personengesellschaft ein inländisches Grundstück und ändert sich innerhalb von zehn Jahren der Gesellschafterbestand unmittelbar oder mittelbar dergestalt, daß mindestens 90 vom Hundert der Anteile am Gesellschaftsvermögen auf neue Gesellschafter übergehen, gilt dies als ein auf die Übereignung eines Grundstücks auf eine neue Personengesellschaft gerichtetes Rechtsgeschäft. [2]Mittelbare Änderungen im Gesellschafterbestand von den an einer Personengesellschaft beteiligten Personengesellschaften werden durch Multiplikation der Vomhundertsätze der Anteile am Gesellschaftsvermögen anteilig berücksichtigt. [3]Ist eine Kapitalgesellschaft an einer Personengesellschaft unmittelbar oder mittelbar beteiligt, gelten die Sätze 4 und 5. [4]Eine unmittelbar beteiligte Kapitalgesellschaft gilt in vollem Umfang als neue Gesellschafterin, wenn an ihr mindestens 90 vom Hundert der Anteile auf neue Gesellschafter übergehen. [5]Bei mehrstufigen Beteiligungen gilt Satz 4 auf der Ebene jeder mittelbar beteiligten Kapitalgesellschaft entsprechend. [6]Bei der Ermittlung des Vomhundertsatzes bleibt der Erwerb von Anteilen von Todes wegen außer Betracht. [7]Hat die Personengesellschaft vor dem Wechsel des Gesellschafterbestandes ein Grundstück von einem Gesellschafter oder einer anderen Gesamthand erworben, ist auf die nach § 8 Abs. 2 Satz 1 Nr. 3 ermittelte Bemessungsgrundlage die Bemessungsgrundlage für den Erwerbsvorgang, für den auf Grund des § 5 Abs. 3 oder des § 6 Abs. 3 Satz 2 die Steuervergünstigung zu versagen ist, mit dem entsprechenden Betrag anzurechnen.

(2b) [1]Gehört zum Vermögen einer Kapitalgesellschaft ein inländisches Grundstück und ändert sich innerhalb von zehn Jahren der Gesellschafterbestand unmittelbar oder mittelbar dergestalt, dass mindestens 90 vom Hundert der Anteile der Gesellschaft auf neue Gesellschafter übergehen, gilt dies als ein auf die Übereignung eines Grundstücks auf eine neue Kapitalgesellschaft gerichtetes Rechtsgeschäft. [2]Mittelbare Änderungen im Gesellschafterbestand von den an einer Kapitalgesellschaft beteiligten Personengesellschaften werden durch Multiplikation der Vomhundertsätze der Anteile der Gesellschaft anteilig berücksichtigt. [3]Ist eine Kapitalgesellschaft an einer Kapitalgesellschaft unmittelbar oder mittelbar beteiligt, gelten die Sätze 4 und 5. [4]Eine unmittelbar beteiligte Kapitalgesellschaft gilt in vollem Umfang als neue Gesellschafterin, wenn an ihr mindestens 90 vom Hundert der Anteile auf neue Gesellschafter übergehen. [5]Bei mehrstufigen Beteiligungen gilt Satz 4 auf der Ebene jeder mittelbar beteiligten Kapitalgesellschaft entsprechend. [6]Bei der Ermittlung des Vomhundertsatzes bleibt der Erwerb von Anteilen von Todes wegen außer Betracht.

(2c) Bei der Ermittlung des Vomhundertsatzes im Sinne von Absatz 2a Satz 1 und Absatz 2b Satz 1 bleiben Übergänge von Anteilen an Kapitalgesellschaften außer Betracht, die zum Handel an einem im Inland, in einem anderen Mitgliedstaat der Europäischen Union oder einem anderen Vertragsstaat des Abkommens über den Europäischen Wirtschaftsraum betriebenen organisierten Markt nach § 2 Absatz 11 des Wertpapierhandelsgesetzes oder einem Drittlandhandelsplatz, der gemäß Artikel 25 Absatz 4 Buchstabe a der Richtlinie 2014/65/EU von der Europäischen Kommission als gleichwertig erklärt wurde, zugelassen sind, soweit der Anteilsübergang auf Grund eines Geschäfts an diesem Markt oder Drittlandhandelsplatz oder einem multilateralen Handelssystem im Sinne des Artikels 2 Absatz 1 Nummer 14 der Verordnung (EU) Nr. 600/2014 erfolgt.

(3) Gehört zum Vermögen einer Gesellschaft ein inländisches Grundstück, so unterliegen der Steuer, soweit eine Besteuerung nach den Absätzen 2a und 2b nicht in Betracht kommt, außerdem:

1. ein Rechtsgeschäft, das den Anspruch auf Übertragung eines oder mehrerer Anteile der Gesellschaft begründet, wenn durch die Übertragung unmittelbar oder mittelbar mindestens 90 vom Hundert der

Anteile der Gesellschaft in der Hand des Erwerbers oder in der Hand von herrschenden und abhängigen Unternehmen oder abhängigen Personen oder in der Hand von abhängigen Unternehmen oder abhängigen Personen allein vereinigt werden würden;
2. die Vereinigung unmittelbar oder mittelbar von mindestens 90 vom Hundert der Anteile der Gesellschaft, wenn kein schuldrechtliches Geschäft im Sinne der Nummer 1 vorausgegangen ist;
3. ein Rechtsgeschäft, das den Anspruch auf Übertragung unmittelbar oder mittelbar von mindestens 90 vom Hundert der Anteile der Gesellschaft begründet;
4. der Übergang unmittelbar oder mittelbar von mindestens 90 vom Hundert der Anteile der Gesellschaft auf einen anderen, wenn kein schuldrechtliches Geschäft im Sinne der Nummer 3 vorausgegangen ist.

(3a) [1]Soweit eine Besteuerung nach den Absätzen 2a, 2b und 3 nicht in Betracht kommt, gilt als Rechtsvorgang im Sinne des Absatzes 3 auch ein solcher, aufgrund dessen ein Rechtsträger unmittelbar oder mittelbar oder teils unmittelbar, teils mittelbar eine wirtschaftliche Beteiligung in Höhe von mindestens 90 vom Hundert an einer Gesellschaft, zu deren Vermögen ein inländisches Grundstück gehört, innehat. [2]Die wirtschaftliche Beteiligung ergibt sich aus der Summe der unmittelbaren und mittelbaren Beteiligungen am Kapital oder am Vermögen der Gesellschaft. [3]Für die Ermittlung der mittelbaren Beteiligungen sind die Vomhundertsätze am Kapital oder am Vermögen der Gesellschaften zu multiplizieren.

(4) Im Sinne des Absatzes 3 gelten als abhängig
1. natürliche Personen, soweit sie einzeln oder zusammengeschlossen einem Unternehmen so eingegliedert sind, dass sie den Weisungen des Unternehmers in Bezug auf die Anteile zu folgen verpflichtet sind;
2. juristische Personen, die nach dem Gesamtbild der tatsächlichen Verhältnisse finanziell, wirtschaftlich und organisatorisch in ein Unternehmen eingegliedert sind.

(4a) [1]Ein Grundstück gehört zum Vermögen einer Gesellschaft im Sinne des § 1 Absatz 2a bis 3a, wenn sie es aufgrund eines Rechtsvorgangs nach § 1 Absatz 1 erworben hat. [2]Die Zugehörigkeit nach Satz 1 endet, wenn ein anderer Rechtsträger das Grundstück auf Grund eines Rechtsvorgangs nach § 1 Absatz 1 erworben hat oder wenn die Voraussetzungen nicht mehr vorliegen, die zur Zugehörigkeit nach Satz 1 geführt haben. [3]Die Sätze 1 und 2 finden keine Anwendung auf Rechtsvorgänge, die nach § 16 Absatz 1 rückgängig gemacht wurden, und auf Grundstücke, die nach § 16 Absatz 2 zurückerworben wurden, soweit dies dazu führt, dass ein Erwerbsvorgang nach § 1 Absatz 2a bis 3a vermieden wird; die Rückgängigmachung und der Rückerwerb gelten für die Zugehörigkeit eines Grundstücks nach den Sätzen 1 und 2 als rückwirkendes Ereignis im Sinne des § 175 Absatz 1 Satz 1 Nummer 2 der Abgabenordnung. [4]Ein Grundstück gehört auch zum Vermögen einer Gesellschaft, wenn diese an dem Grundstück die Verwertungsbefugnis nach § 1 Absatz 2 innehat. [5]Die Zugehörigkeit nach Satz 4 endet, wenn die Voraussetzungen nicht mehr vorliegen, die zur Zugehörigkeit nach Satz 4 geführt haben.

(5) **Bei einem Tauschvertrag, der für beide Vertragsteile den Anspruch auf Übereignung eines Grundstücks begründet, unterliegt der Steuer sowohl die Vereinbarung über die Leistung des einen als auch die Vereinbarung über die Leistung des anderen Vertragsteils.**

(6) [1]**Ein in Absatz 1, 2, 3 oder Absatz 3a bezeichneter Rechtsvorgang unterliegt der Steuer auch dann, wenn ihm ein in einem anderen dieser Absätze bezeichneter Rechtsvorgang vorausgegangen ist.** [2]**Die Steuer wird jedoch nur insoweit erhoben, als die Bemessungsgrundlage für den späteren Rechtsvorgang den Betrag übersteigt, von dem beim vorausgegangenen Rechtsvorgang die Steuer berechnet worden ist.**

(7) ***(aufgehoben)***

Übersicht

A. Bedeutung

1 **Rechtsentwicklung.** § 1 entspricht – mit zahlreichen Änderungen – § 1 GrEStG 1940. § 1 IIa wurde durch das JStG 1997 als neuer Steuertatbestand eingefügt und – ebenso wie § 1 III – durch das StEntlG 1999 ff. mit Wirkung ab 1.1.2000 (§ 23 VI 2) geändert. In **§ 1 IIa 1** wurden durch das **StÄndG 2001** die Worte „am Gesellschaftsvermögen" eingefügt und § 1 IIa 3 neu gefasst (zum zeitlichen Anwendungsbereich vgl. § 23 VII). Durch das **AmtshilfeRLUmsG** wurde ua **§ 1 IIIa** eingefügt (zur erstmaligen Anwendung § 23 XI). § 1 I Nr. 3 S. 2 Buchst. a und b wurden durch das **JStG 2020,** mit weiterer Änderung durch das FoStoG v. 3.6.2021, geändert.

§ 1 IIa, III und IIIa wurden durch durch das **GrEStGÄndG** v. 12.5.2021 (BGBl. 2021 I 986) geändert, **§ 1 IIb sowie § 1 IIc** eingefügt und ferner §§ 5, 6, 6a, 7, 8, 13, 17, 19 sowie 23 geändert. §§ 5 und 6 wurden durch das **Gesetz zur Modernisierung des Körperschaftsteuerrechts** vom 25.6.2021 (BGBl. 2021 I 2050) geändert. Weitere Änderungen des §§ 5 und 6 erfolgten durch das **Gesetz zur Abwehr von Steuervermeidung und unfairem Steuerwettbewerb und zur Änderung weiterer Gesetze** v. 25.6.2021 (BGBl. 2021 I 2056). Durch das **JStG 2022** (BGBl. 2022 I 2294) wurden §§ 5, 6, 16, 19, 23 geändert. § 24 wurde durch das **Kreditzweitmarktförderungsgesetz** (BGBl. 2023 I Nr. 411) wurde § 24 eingefügt. Durch das **JStG 2024** (BGBl. 2023 I Nr. 387) wurde § 1 IVa eingefügt, ferner wurden §§ 4, 18, 22a und 23 – zu diesen Änderungen vgl. dort – geändert.

2 **Steuertatbestände.** § 1 I–IIIa enthalten die steuerlichen Tatbestände, die als auf den Erwerb inländischer Gr (dazu § 2) gerichtete Rechtsvorgänge der GrESt unterliegen. In diesen Steuertatbeständen spiegelt sich das Ziel des GrEStG, den Übergang von Gr zu besteuern (Begr. GrEStG 1940, 388). Die einzelnen Steuertatbestände

bezeichnet das GrEStG einheitlich als „Erwerbsvorgänge" (→ Rn. 10 ff.). Sämtliche Steuertatbestände knüpfen die Steuerpflicht an einen Rechtsträgerwechsel in Bezug auf Gr (→ Rn. 18 ff.).

Grundtatbestand sind die in § 1 I Nr. 1 aufgeführten Verpflichtungsgeschäfte, wobei der Kaufvertrag als das praktisch wichtigste schuldrechtliche Geschäft besonders herausgestellt ist. Für die ebenfalls zu den Verpflichtungsgeschäften iSd § 1 I Nr. 1 zählenden GrTauschverträge stellt § 1 V klar, dass insoweit zwei GrUmsätze vorliegen. Die Anknüpfung des § 1 Nr. 1 bereits an das schuldrechtliche Geschäft dient der Vereinfachung des Besteuerungsverfahrens. Schon dem Verpflichtungsgeschäft kann regelmäßig die Bemessungsgrundlage der GrESt entnommen werden. Zudem bewirkt die Vorverlagerung der Besteuerung auf das Verpflichtungsgeschäft im Zusammenhang mit der UB (dazu § 22) die Sicherung des Steueraufkommens. **3**

Nebentatbestände sind zunächst die in § 1 Nr. 2–4 aufgeführten Rechtsvorgänge, in denen sich der Eigentumsübergang am Gr ohne vorausgehendes Verpflichtungsgeschäft unmittelbar durch die Auflassung (§ 1 I Nr. 2) oder außerhalb des Grundbuchs (§ 1 I Nr. 3) vollzieht. Für den Erwerb im Zwangsversteigerungsverfahren knüpft § 1 I Nr. 4 bereits an das Meistgebot an, weil dieses einen Anspruch auf den Zuschlag begründet. Zu den Nebentatbeständen zählen ferner die auf die steuerliche Erfassung der Zwischengeschäfte gerichteten § 1 I Nr. 5–7. **4**

Die **Ergänzungstatbestände** des § 1 II, IIa, IIb, III und IIIa erfassen Rechtsvorgänge, die im wirtschaftlichen Ergebnis einem auf den Erwerb des GrEigentums gerichteten Geschäft gleichkommen. Die hier erfassten Rechtsvorgänge besteuern Wechsel in der Grundstückszuordnung unterhalb der Ebene eines Eigentümerwechsels und ergänzen die Regelungen des § 1 I insofern, als sie den Erwerb einer wirtschaftlichen Stellung ähnlich der eines Eigentümers der GrESt unterwerfen. Damit sollen § 1 II, IIa, IIb, III und IIIa Umgehungen der Steuerpflicht aus § 1 I entgegenwirken. Dabei sind § 1 IIa und IIb völlig selbstständige Tatbestände. Beide gehen aber den Regelungen des § 1 III und IIIa vor, wie sich aus den Regelungen der § 1 III und IIIa ergibt. Zu den Egänzungstabeständen gehören auch § 1 IVa und § 23 XXV. Die Bezeichnung dieser Regeln als „Nichtanwendungsgesetz" (so BeckOK GrEStG/Christian Joisten § 1 IVa Rn. 2427) ist zumindest missverständlich. Es handelt sich um die erstmalige **gesetzliche Definition** der **Zugehörigkeit** bei den **Ergänzungstatbeständen des § 1 IIa–IIIa** (Einzelheiten → Rn. 711 ff.). Zu den Ergänzungstatbeständen gehört wohl auch § 24. **5**

Bei einer **Aufeinanderfolge** von Tatbeständen des § 1 I, II, III und IIIa soll durch § 1 VI sichergestellt werden, dass die GrESt nur einmal von der höchstzulässigen Bemessungsgrundlage erhoben wird. Damit wird einerseits der ganze Wert der Gegenleistung (§ 8 I) der GrESt unterworfen, andererseits stellt § 1 VI sicher, dass diese Ergänzungstatbestände trotz ihrer Selbstständigkeit zum Haupttatbestand des § 1 I nicht zu einer Doppelbelastung mit GrESt führen. Auf diesem Rechtsgedanken beruhte auch der durch das StÄndG 2001 aufgehobene § 1 VII (zur letztmaligen Anwendung § 23 VII 2; → Rn. 748). § 5 III 3 und § 6 III 3 sind erstmals auf Erwerbsvorgänge nach dem 31.1.2020 anzuwenden (§ 23 VII 3). Die Vermeidung einer Doppelbesteuerung soll auch durch § 1 IVa, der durch JStG 2024 (BGBl. 2024 I Nr. 387) mWv 6.12.2024 eingefügt wurde, erreicht werden (→ Rn. 711 ff.). **6**

einstweilen frei **7–9**

B. Allgemeines

I. Erwerbsvorgänge und Erwerb

10 **1. Begriffliches.** Gegenstand der GrESt sind die in § 1 umschriebenen **„Erwerbsvorgänge“,** die sich auf inländische Gr (dazu § 2) beziehen. Erwerbsvorgänge sind die in den Besteuerungstatbeständen des § 1 bezeichneten **Rechtsvorgänge,** die auf den GrWechsel zwischen verschiedenen Rechtsträgern (dazu → Rn. 14) abzielen und gleichermaßen zivilrechtliche wie öffentlich-rechtliche Vorgänge sein können (BFH II R 71/96, BStBl. II 1999, 796; im Einzelnen vgl. → Rn. 150 ff.). Ohne Erwerbsvorgang wird keine GrESt ausgelöst (BFH II R 134/66, BFHE 91, 447). Das gilt zB für die einseitige Verpflichtung zum Erwerb eines Gr ohne entspr. Verpflichtung des „Verkäufers“ zur Übereignung des Gr (FG München EFG 1982, 260) oder die Übertragung eines Nacherbenanwartschaftsrechts (FG München EFG 1969, 96; FM Bay 11.2.1983, HEB 2024 § 1 Rn. 27).

11 Vom Erwerbsvorgang ist der **Erwerb** zu unterscheiden. Er bezeichnet den auf der Erwerberseite eintretenden Erfolg der Rechtsvorgänge iSd § 1 I–IIIa (BFH II 146/61 U, BStBl. III 1962, 162; II 165/64, BStBl. II 1968, 416; II R 136/84, BStBl. II 1987, 35) und ist durch die Änderung der Zuordnung des Gr gekennzeichnet. Die Trennung zwischen Erwerbsvorgang und Erwerb liegt insb. bei dem bereits an das schuldrechtliche Geschäft anknüpfenden Steuertatbestand des § 1 I Nr. 1 auf der Hand. In den Fällen des § 1 I Nr. 3, IIa, IIb, III Nr. 2 und 4 und IIIa fallen hingegen Erwerbsvorgang und Erwerb in **einem** Rechtsakt zusammen (BFH II R 23/04, BStBl. II 2006, 137; II B 42/05, BFH/NV 2007, 77; vgl. auch → § 23 Rn. 5); hier gehen die der Eintragung vorausgehenden Umwandlungsverträge und Umwandlungsbeschlüsse dem Erwerbsvorgang voraus und fallen mit dem – erst durch die Eintragung bewirkten – Erwerb zeitlich zusammen.

12 Wie der die Entstehung der GrESt betreffende § 14 zeigt, will die GrESt nicht den Erwerbsvorgang als solchen besteuern. **Besteuerungsgrund** ist vielmehr der auf den Tatbeständen des § 1 beruhende **Erwerb,** dh der durch die zivilrechtliche Gestaltung objektiv bewirkte wirtschaftliche Erfolg (BVerfG 2 BvR 72/90, BStBl. II 1992, 212). Folgerichtig knüpfen auch die Steuerbefreiungen nach §§ 3 und 4 an den Erwerb und nicht an den vorausgehenden Erwerbsvorgang an. Es entspricht dieser in Terminologie und Zweck des GrEStG angelegten Unterscheidung zwischen Erwerbsvorgang und Erwerb, dass bei dem Kauf eines Gr durch mehrere Personen zu ideellen Bruchteilen jeder Käufer nur die GrESt für seinen Erwerb (→ § 13 Rn. 7 ff.) schuldet, obwohl sich der Kauf (Erwerbsvorgang) iSd § 1 I Nr. 1 auf das ganze Gr bezieht.

13 Mit der **Verwirklichung des Erwerbsvorgangs** zieht die Übergangsvorschrift des § 23 die Trennungslinie zwischen dem jeweiligen zeitlichen Anwendungsbereich des GrEStG 1983 (dazu § 23 I und II) bzw. seiner späteren gesetzlichen Änderungen (dazu § 23 III, → Rn. 3 ff). Der Zeitpunkt der Verwirklichung darf weder mit dem Zeitpunkt des Erwerbs noch mit dem der Entstehung des Steueranspruchs verwechselt werden (zur Verwirklichung des Erwerbsvorgangs vgl. → § 23 Rn. 3 ff.; zur Abgrenzung von der Entstehung der GrESt vgl. → § 14 Rn. 3).

14 **2. Rechtsfolgen für die Besteuerung.** Das GrEStG behandelt – wie sich insb. aus § 1 VI 1 ergibt – jeden auf das einzelne Gr iSd § 2 bezogenen Erwerbsvor-

gang als einen in sich **abgeschlossenen Steuerfall,** der **je für sich** zu besteuern ist und dessen gesetzliche Tatbestandsmerkmale auch im Übrigen je für sich zu beurteilen sind (BFH II R 59/85, BStBl. II 1987, 133; II R 23/10, BStBl. II 2011, 932; II R 45/08, BStBl. II 2012, 292; II R 45/02, BFH/NV 2005, 1137; zur Steuerfestsetzung vgl. → Vorb § 15 Rn. 5). In diesem Grundsatz verwirklicht sich ein das GrEStG tragendes Strukturprinzip, grds. jeden GrWechsel zwischen verschiedenen Rechtsträgern der GrESt zu unterwerfen (BVerfG 1 BvR 801/82, HFR 1983, 532). Dies gilt für sämtliche Steuertatbestände des § 1 und insb. auch für die Ergänzungstatbestände des § 1 II, IIa, IIb, III und IIIa. Eine **„Zusammenschau" mehrerer** selbstständig nacheinander verwirklichter **Erwerbsvorgänge** zu einem einheitlichen Erwerb kraft wirtschaftlicher Betrachtung („Gesamtplan") bzw. eines „einheitlichen Vertragswerks" ist **nicht möglich** (BFH II R 23/10, BStBl. II 2011, 932; II R 45/08, BStBl. II 2012, 292 mAnm Pahlke DB 2011, 459).

Aufgrund der Ausgestaltung der GrESt als **Stichtagsteuer** sind jeweils die tatsächlichen Verhältnisse im Zeitpunkt der Steuerentstehung maßgebend (vgl. → § 14 Rn. 2). Ebenso ist auch bei den Befreiungsvorschriften (§§ 3 ff.) und bei der Anwendung des § 16 (vgl. → § 16 Rn. 5) der jeweilige Erwerbsvorgang je für sich zu beurteilen. **15**

Das GrEStG knüpft – dem Wesen der GrESt als Rechtsverkehrsteuer entspr. – bei den Steuertatbeständen des § 1 I–IIIa formal an die **tatsächlich gewählte Gestaltung** an (BFH II R 145/85, BStBl. II 1988, 547). Für die Steuerbarkeit eines Rechtsvorgangs ist es – wie schon § 1 VI zeigt – deshalb ohne Bedeutung, ob diesem in Bezug auf dasselbe Gr ein anderer Rechtsvorgang vorausgegangen ist und ob für diesen GrESt angefallen ist. Übernimmt zB der bei Abschluss eines GrKaufvertrags (§ 1 I Nr. 1) als Vertreter des Erwerbers Aufgetretene später die Rechte und Pflichten aus dem GrKaufvertrag, so bleibt es bei der einmal entstandenen Steuerpflicht des ursprünglichen Rechtsvorgangs (BFH II B 118/91, BFH/NV 1993, 326). Ebenso unterliegen Erwerbsvorgänge, die sich als bloße **Zwischenerwerbe** darstellen, der GrESt. Wird zB ein Gr nach dem Kauf noch am gleichen Tag weiterveräußert, ändert dies an der Steuerpflicht des Zwischenerwerbs aus § 1 I Nr. 1 nichts. Ein Erlass der GrESt aus sachlichen Billigkeitsgründen (§§ 163, 227 AO) kommt hier nicht in Betracht (vgl. auch OFD Chemnitz 25.11.1991, StEK GrEStG § 1 Nr. 39). **16**

Es liegt ferner im Wesen der GrESt als Rechtsverkehrsteuer, dass die steuerbegründenden Merkmale des § 1 I–IIIa **objektiver** Natur sind. Ihre Anwendung ist **unabhängig von subjektiven Motiven und wirtschaftlichen Erwartungen** der Beteiligten. Insbesondere ist ein von den Betroffenen **erwarteter wirtschaftlicher Erfolg ohne Bedeutung** (BFH II R 119/71, BStBl. II 1977, 807; II B 53/86, BStBl. II 1986, 858; II R 135/86, BStBl. II 1989, 984; II R 86/90, BStBl. II 1994, 413; II B 38/07, BStBl. II 2008, 927). Tritt der mit einem Erwerbsvorgang erhoffte wirtschaftliche Erfolg nicht ein, lässt dies die einmal entstandene GrESt unberührt (zum Billigkeitserlass → Vorb § 15 Rn. 20 ff.). Ebenso ändert die Nichterfüllung oder ein sonstiges Scheitern des (schuldrechtlichen) Geschäfts nichts an der einmal entstandenen GrESt. Aus der strikten Anknüpfung der Besteuerung an die steuerbegründenden Merkmale des § 1 I–IIIa folgt auch, dass ein – ggf. zu entschädigender – Wertzufluss für sich allein keinen steuerbaren Vorgang auslösen kann (BFH II R 51/92, BStBl. II 1995, 334 betr. Übergang des Eigentums an dem auf dem Erbbaurecht vom Erbbauberech- **17** tigten errichteten Gebäude beim Erlöschen des Erbbaurechts). Zu den Möglichkeiten → § 16 Rn. 98.

II. Rechtsträgerschaft und Rechtsträgerwechsel

18 **1. Allgemeines.** Die GrESt erfasst als Rechtsverkehrsteuer (→ Einl. Rn. 8) den Erwerb des Eigentums am Gr. Damit beschränkt sich das GrEStG nach gängigem Verständnis auf die Besteuerung solcher Rechtsvorgänge, in denen der **Übergang von Gr** von einem auf einen anderen Rechtsinhaber stattfindet (BFH II R 87/78, BStBl. II 1981, 488). Die Steuertatbestände des § 1 setzen mithin einen **Rechtsträgerwechsel,** dh den Übergang eines Gr (§ 2) von einem Rechtsträger auf einen anderen voraus (zB BFH II R 53/98, BStBl. II 2000, 357; II R 43/99, 2002, 210; II R 32/06, BFH/NV 2008, 1526). In den Fällen des § 1 I Nr. 1–4 ist das Erfordernis des Rechtsträgerwechsels bereits aus dem vorausgesetzten Eigentumsübergang abzuleiten. Nichts anderes gilt für die durch § 1 I Nr. 5–7 erfassten Zwischengeschäfte. Zwar setzt § 1 Nr. 6 keinen Erwerb durch den das Kaufangebot Abtretenden voraus; gleichwohl ist auch diese Vorschrift tatbestandlich nur bei einem Erwerb des Gr durch den Abtretungsempfänger erfüllt (→ Rn. 240).

19 **§ 1 II** verzichtet zwar auf eine Übertragung des Eigentums, setzt jedoch gleichfalls den Übergang der wirtschaftlichen Verwertungsbefugnis auf einen anderen Rechtsträger voraus. Auch § 1 IIa, IIb, III und IIIa liegt jeweils die Annahme zugrunde, dass eine näher quantifizierte Änderung im Gesellschafterbestand der PersGes oder KapGes bzw. die Anteilsvereinigung oder -übertragung einen Rechtsträgerwechsel herbeiführt. Hierbei erreichen § 1 IIa, IIb, III und IIIa die Besteuerung dadurch, dass jeweils ein Wechsel des Rechtsträgers fingiert wird. Die Vorschriften beruhen damit auf der Erwägung, dass das zum Vermögen der Gesellschaft gehörende Gr wirtschaftlich auf eine neue PersGes bzw. auf den Erwerber eines näher bestimmten Quantums von Gesellschaftsanteilen übergeht und mithin ein „wirtschaftlicher Eigentumsübergang" gegeben ist. Steuerbar sind auch **„bloße" Rechtsträgerwechsel,** bei denen – wie etwa bei der übertragenden Umwandlung – es an einem entgeltlichen GrUmsatz „Gr gegen Entgelt" fehlt (zB BFH II R 32/06, BFH/NV 2008, 1526; II B 90/11, BFH/NV 2012, 998 mwN; vgl. auch → Einl. Rn. 8, 19). **Ohne** (ggf. vom GrEStG fingierten, so § 1 IIa, IIb, III und IIIa) **Rechtsträgerwechsel** kann nach herkömmlichem Verständnis **kein Steuertatbestand** nach dem GrEStG erfüllt sein.

20 **Rechtsträger** iSd GrEStG sind zunächst die natürlichen und ebenso die juristischen Personen des privaten und öffentlichen Rechts. Aus der rechtlichen Selbstständigkeit der juristischen Person folgt zwingend, dass zB GrÜbertragungen von einer natürlichen auf eine juristische Person auch dann steuerbar sind, wenn diese natürliche Person alle Anteile der juristischen Person innehat. Gleiches gilt für GrÜbertragungen in umgekehrter Richtung. Das GrEStG erweitert darüber hinaus den Kreis der selbstständigen Rechtsträger um einige **Gesamthandsgemeinschaften** (dazu näher → Rn. 52 ff. sowie die Erl. zu § 1 IIa).

Auch **ausländische Rechtsträger** unterliegen der GrESt, soweit von dem jeweiligen Erwerbsvorgang inländische Gr betroffen sind (zB BFH II R 23/00 BFH/NV 2003, 505; II R 23/05, BFH/NV 2006, 2306; II R 39/06, BFH/NV 2008, 1529; II R 41/15, BStBl. II 2018, 667; II R 11/22, BFH/NV 2025, 213). **Ausländische juristische Personen** können durch die mögliche Rechtswidrigkeit eines GrESt-Bescheids auch in eigenen Rechten verletzt sein; Art. 19 III GG ist insoweit ohne Bedeutung (BFH II R 23/10, BStBl. II 2011, 932). Zu beachten ist **§ 14b I 1AO** (in Kraft getreten am 1.1.2024, BGBl. 2023 I Nr. 411), der für Körperschaften mit Sitz im Ausland (sowohl in einem Mitgliedsland der EU oder in einem Drittstaat) und Ort der Geschäftsleitung im Inland die Sitztheorie folgt. Verwaltungsakte sind an diese zu richten, soweit sie nach den Steuergesetzen Steuerschuldner ist (§ 14b I 1). Dies gilt auch dann, wenn sie nach inländischem Gesellschaftsrecht mangels Rechtsfähigkeit nicht als juristische Person zu behandeln sind (§ 14b I 2). Zu Vollzugsdefiziten vgl. → Einl. Rn. 18, zur Anzeigepflicht → § 19 Rn. 2.

Ein noch **nicht existenter Rechtsträger** (natürliche Person oder Gesellschaft) 21
kann **nicht Inhaber von Rechten** sein, so dass vor Entstehung des Rechtsträgers auch kein steuerbarer GrUmsatz vorliegen kann (zur Vorgesellschaft und Vorgründungsgesellschaft → Rn. 34 ff.). Möglich ist allerdings die Vertretung einer noch nicht existenten natürlichen oder juristischen Person; ein in ihrem Namen geschlossener Vertrag ist bis zur Genehmigung (§ 177 I BGB) schwebend unwirksam (BFH II R 18/69, BStBl. II 1975, 242; II R 57/98, BStBl. II 2001, 587; FG Hmb II 334/97, EFG 1999, 135). Insbesondere kann im Namen einer noch nicht entstandenen KapGes mit der Maßgabe gehandelt werden, dass erst die entstandene KapGes aus dem Vertrag berechtigt und verpflichtet sein soll (BFH II R 76/01, BFH/NV 2003, 1137 mwN = ZEV 2003, 335 mAnm Eichinger). In Betracht kommt auch, dass der Vertreter mit dem zugunsten der noch nicht existierenden Person abgeschlossenen Rechtsgeschäft selbst die Verwertungsbefugnis (§ 1 II) am Gr erwirbt oder in seiner Person ein nach § 1 I Nr. 6 und Nr. 7 steuerbares Zwischengeschäft tätigt (BFH II R 76/01, BFH/NV 2003, 1137). Es bedarf im Einzelfall näherer Ermittlung, wer Zurechnungsobjekt der vom Vertreter abgegebenen rechtsgeschäftlichen Erklärungen ist und ob der Vertreter eine grestrechtl. relevante Rechtsposition erlangt (vgl. auch → Rn. 99 ff.). Kein eigenständiger Rechtsträger ist der Organkreis iSd § 1 III iVm IV, vgl. zu § 1 III iVm IV GLE 5.3.2024, BStBl. I 2024, 393 Tz. 2). Zu Vorgründungsgesellschaft und Vorgesellschaft → Rn. 34 ff.

2. Einzelfälle fehlenden Rechtsträgerwechsels. An einem Rechtsträger- 22
wechsel fehlt es im Fall

- des Übergangs eines Gr von einer **Vorgesellschaft** auf eine KapGes bzw. – bei PersGes – von der Gründergesellschaft auf die spätere PersGes (→ Rn. 34 ff.);
- des Übergang eines Gr im Zusammenhang mit einer formwechselnden Umwandlung bzw. **Formwechsel** (→ Rn. 41 ff.);
- des – vorbehaltlich einer Besteuerung aus § 1 IIa, III oder IIIa – **Wechsels im Personenstand einer PersGes** (→ Rn. 52 ff.);
- des Wechsels im Gesellschafterbestand einer KapGes – vorbehaltlich des § 1 IIb;
- der Abgabe des **Meistgebots** durch den Vollstreckungsschuldner auf sein eigenes Gr (→ Rn. 215);
- der **Änderung der Firma** (dh des Handelsnamens des Kaufmanns, § 17 HGB). Auch bei Überführung eines Gr aus dem Privatvermögen eines Einzelkaufmanns in sein Betriebsvermögen fehlt es an einem Rechtsträgerwechsel. Hingegen liegt bei Erwerb eines Handelsgeschäfts trotz Fortführung der Firma durch den Erwerber (§ 22 HGB) ein Rechtsträgerwechsel vor;
- der Begründung und Aufhebung eines **Erbbaurechts** am eigenen Gr (SchlHFG 3 K 67/01, EFG 2002, 1629; vgl. auch → § 2 Rn. 75);

– der Begründung von **Wohnungseigentum** durch den Eigentümer eines Gr aufgrund Teilungserklärung (§ 8 WEG). Steuerbar ist erst die Übertragung des Wohnungseigentums auf einen anderen Wohnungseigentümer. Gleiches gilt für die Teilung eines Eigentümer-Erbbaurechts in Wohnungs- bzw. Teilerbbaurechte (§§ 30 II, 8 WEG);
– der **Buchersitzung** (§ 900 BGB). Durch diese erlangt der bisher nur buchmäßig legitimierte Eigenbesitzer das Eigentum am Gr insoweit, als sich Eigenbesitz und Eintragung decken. Es handelt sich bei § 900 BGB um einen originären Erwerbstatbestand, der im Grundsatz gem. § 1 I Nr. 3 steuerbar ist. Da jedoch die Buchersitzung auch ein herrenloses und an sich dem Aneignungsrecht des Staates (§ 928 BGB) unterliegendes Gr erfasst (Staudinger/Gursky BGB § 900 Rn. 10, 17) und schon die Vermutung des § 891 BGB für den eingetragenen Nichteigentümer spricht, ist die Verneinung eines Rechtsträgerwechsels sachgerecht (ebenso Viskorf/Meßbacher-Hönsch § 1 Rn. 106);
– des **Erwerbs eines herrenlosen Gr.** Wird das Eigentum an einem Gr aufgegeben (§ 928 I BGB), wird das Gr mangels Rechtsträger herrenlos. Seine Aneignung (§ 928 II BGB) durch den Fiskus führt daher nicht zu einem Übergang auf einen anderen Rechtsinhaber und ist deshalb nicht steuerbar (vgl. auch Saenger MDR 2001, 134). Ebenso unterliegt die Abtretung des Aneignungsrechts durch den Fiskus an einen Dritten nicht der GrESt (BFH II R 87/78, BStBl. II 1981, 488);
– der Ausschließung des Eigentümers eines Gr durch **Ausschlussurteil** (§ 927 I BGB). Durch dieses wird ein Gr herrenlos (BGH NJW 1980, 1521). Derjenige, der das Ausschlussurteil erwirkt hat, erwirbt das Eigentum am Gr durch Aneignung (§ 927 II BGB; vgl. auch Saenger MDR 2001, 134). Schon diese Parallele zur Aneignung eines herrenlosen Gr rechtfertigt die Verneinung eines Rechtsträgerwechsels (ebenso Viskorf/Meßbacher-Hönsch § 1 Rn. 107; aA RFHE 50, 1);
– der **Grundbuchberichtigung** (§ 894 BGB; §§ 19, 22 GBO), weil diese nur die Übereinstimmung des Grundbuchinhalts mit der wahren Rechtslage herstellt und nicht den Erwerb eines Gr herbeiführt (HessFG EFG 1958, 14). Zur Beseitigung einer unrichtigen Grundbucheintragung durch Auflassung → Rn. 17;
– der **Sitzverlegung** einer grbesitzenden Gesellschaft im Inland, weil diese die Rechtsträgerschaft am Gr unberührt lässt; zur grenzüberschreitenden Sitzverlegung vgl. → Rn. 23 ff.

23 **3. Ausländische Gesellschaften. a) Rechtsfähigkeit.** GrGeschäfte mit **ausländischen Gesellschaften** sind wirksam, wenn die Gesellschaft nach ihrem Gesellschaftsstatut (dem auf sie anwendbaren Recht) im Inland rechtsfähig ist. Fehlt es daran, kann das auf Eigentumsverschaffung an einem inländischen Gr gerichtete Rechtsgeschäft mangels Rechtsfähigkeit unwirksam sein (zu Einzelfragen Schöner/Stöber GrundbuchR Rn. 3636a ff.).

24 Grundsätzlich keine Probleme bereiten ausländische **PersG oder KapGes,** die der Struktur nach **inländischen PersGes oder KapGes entsprechen.** Diese können ohne Weiteres ein Gr oder Anteile iSd § 1 IIa, IIb, III oder IIIa erwerben. Ein steuerbarer Erwerbsvorgang liegt aber nur vor, wenn der Erwerber in Deutschland **rechtsfähig** ist. Eine Besteuerung nach § 1 IIa oder IIb scheidet aus, wenn eine Briefkastengesellschaft im Inland weder als KapGes noch als PersGes rechtsfähig ist (BFH II B 62/18, BFH/NV 2019, 293).

Die Sitzverlegung einer grbesitzenden **Gesellschaft** mit inländischen Gr (§ 1 I 1) über die Grenze (dh **Sitzverlegung vom Inland ins Ausland oder umgekehrt**) kann in Deutschland nur GrESt auslösen, soweit die Gesellschaft durch die Sitzverlegung ihre rechtliche Identität verliert und damit für die Gr der Gesellschaft ein **Rechtsträgerwechsel** ausgelöst wird. 25

Die Frage nach der Rechtsfähigkeit der **im Ausland gegründeten juristischen Person** beurteilt sich grundsätzlichen nach dem Ort ihres tatsächlichen Verwaltungssitzes (**Sitztheorie,** vgl. BFH II B 62/18, BFH/NV 2019, 293 betr. § 1 IIa; BFH II S 9/95, BStBl. II 1995, 605; BGHZ 97, 269; 151, 204; Grüneberg/Thorn EGBGB Anh Art. 12 EGBGB Rn. 3 ff.; Ege/Klett DStR 2012, 2442 (2446)). Abweichend hiervon richtet sich die Frage der Rechtsfähigkeit nach der **Gründungstheorie,** wenn die Gesellschaft in einem **Vertragsstaat der EU oder der EWR** oder einem kraft **Staatsvertrag gleichgestellten Staat** wirksam gegründet worden ist (BFH II B 62/18, BFH/NV 2019, 293; BGH VII ZR 370/98, BGHZ 154, 185). 26

Die grenzüberschreitende Umwandlung (Verschmelzung, Spaltung, Formwechsel) ist seit dem 1.3.2023 (Art. 25 I des Gesetzes zur Umsetzung der Umwandlungsrichtlinie usw., BGBl. 2023 I Nr. 51) in § 305 ff. UmwG geregelt. Zu beachten ist die Übergangsvorschrift des § 355 UmwG.

b) Zuzug (Inbound). Für die **Sitzverlegung einer KapGes/PersGes aus** einem **EU-Ausland (Zuzug)** bestimmt sich das Statut der Gesellschaft ist nach der **Gründungstheorie;** die Sitztheorie insoweit gegenstandslos. Der zuziehenden Gesellschaft verbleibt die ihr nach dem **Recht ihres Gründungsstaats zuerkannte Rechtsfähigkei**t (BFH II B 62/18, BFH/NV 2019, 293; BFH II R 14/12, BFH/NV 2017, 1; Schmitt/Hörtnagl/Hörtnagl § 1 UmwG Rn. 49 ff.; Grüneberg/Thorn EGBGB Anh Art. 12 Rn. 4 mwN), so dass der Zuzug für die inländischen Gr mangels Rechtsträgerwechsel grestrechtl. ohne Bedeutung ist. An einem Rechtsträgerwechsel fehlt es auch bei einem **identitätswahrenden grenzüberschreitenden Hinein-Formwechsel** – jetzt gem. § 333 UmwG – (dazu Schmitt/Hörtnagl/Hörtnagl UmwG § 1 Rn. 52 mwN und § 333 Rn. 1 ff.). Dies gilt auch, wenn sich der tatsächliche Verwaltungssitz der ausländischen KapGes im Inland befindet. 27

Bei einem **Zuzug** einer ausländischen KapGes/PersGes **aus** einem **Drittstaat außerhalb der EU/EWR** in die **Bundesrepublik** gilt hingegen weiterhin die **Sitztheorie** (BFH II B 62/18, BFH/NV 2019, 293; BGHZ 178, 192; Schmitt/Hörtnagl/Hörtnagl UmwG § 1 Rn. 53; Lutter/Hommelhoff/Bayer GmbH § 4a Rn. 10; Ege/Klett DStR 2012, 2442 (2447) mwN). Eine ausländische KapGes kann daher nicht nach dem Gründungsstatut auch im deutschen Recht als KapGes behandelt werden. Sie ist jedoch nach deutschem Recht jedenfalls eine rechtsfähige PersGes (BGHZ 151, 204; 171, 192), so dass auch insoweit – vergleichbar einem Formwechsel (Viskorf/Meßbacher-Hönsch § 1 Rn. 62) – aufgrund fortbestehender Rechtsidentität **kein Rechtsträgerwechsel** vorliegt. Hat die Gesellschaft nur einen Gesellschafter, tritt dieser an die Stelle der Gesellschaft; eine Anwendung des § 1 IIa ist insoweit ausgeschlossen (BFH II B 62/18, BFH/NV 2019, 293). 28

c) Wegzug (Outbound). Die **Sitzverlegung** einer **KapGes ins Ausland (Wegzug)** beurteilt sich danach, ob das Ausland diese Verlegung als zulässig betrachtet. Die Neufassung des § 4a GmbH erlaubt eine grenzüberschreitende Verlegung des tatsächlichen Sitzes innerhalb der EU (Altmeppen GmbHG § 4a 29

Rn. 15). Seit den EuGH-Entscheidungen (EuGH C-378/10, NJW 2021, 2715 – Vale und C-106/16, DStR 2017, 2684 – Polbud) gilt, dass Mitgliedstaaten, die ihren nationalen Gesellschaften den Formwechsel in eine andere nationale Rechtsform ermöglichen, diese Möglichkeit auch ausländischen Gesellschaften anbieten müssen, und dass Mitgliedstaaten Gesellschaften, die ihren satzungsmäßigen Sitz in einen anderen Mitgliedstaat verlegen wollen, nicht zur Liquidation verpflichtet werden dürfen. Für andere Länder ist die Lage je nach der Rechtsstatus des Drittlands zu beurteilen (zB Altmeppen GmbHG § 4a Rn. 14). Für deutsche PersGes führt Sitzverlegung ins Ausland stets zu deren Auflösung als Liquidationsgesellschaft (Widmann/Schließ/Weiler Anh. 7 Rn. 74, 107 f.; Ege/Klett DStR 2012, 2442 (2447).

30 **d) Unbedenklichkeitsbescheinigung.** Die FVerw darf die Erteilung der UB nicht mangels von ihr angenommener mangelnder Rechtsfähigkeit der ausländischen Gesellschaft versagen (vgl. → § 22 Rn. 10 mwN). Die UB-Erteilung hat andererseits nicht die Bedeutung einer Entscheidung über das Bestehen oder Nichtbestehen eines GrESt-Anspruchs (zB BFH II S 9/95, BStBl. II 1995, 605; Wachter NotBZ 2019, 205 (211 f.)).

31 **4. EWIV, SE, SCE.** Für die **EWIV** sehen §§ 13, 14 der VO (EWG) 2137/85 des Rates vom 25.7.1985 über die Schaffung einer Europäischen Wirtschaftlichen Interessenvereinigung (EWIV), ABl. EG 1985 L 199, 1, eine erleichterte Sitzverlegung vor. Diese kann – ohne Veränderung des gem. Art. 2 EWIV-VO anwendbaren nationalen Rechts – ohne weitere Formvorschriften nach den entsprechenden Regelungen des Gründungsvertrages von den Mitgliedern beschlossen werden. Führt die Verlegung zu einer Änderung des auf die EWIV anwendbaren Rechts, zeigt sich der supranationale Charakter der EWIV, da die Verlegung ohne Auflösung und Neugründung durchgeführt werden kann.

32 Die Europäische AG (Societas Europaea (SE)– VO (EG) 2157/2001, ABl. EG 2001 L 294, 1) –, ist ein Zusammenschluss von nationalen Gesellschaften zu einer AG mit übernationaler Rechtsform. Die Sitzverlegung einer SE innerhalb der EG erfolgt identitätswahrend (Manz/Mayer/Schröder Art. 8 SE-VO Rn. 1). Auch die Umwandlung einer AG in eine SE sowie die Umwandlung einer SE in eine AG erfolgt identitätswahrend.

33 Die Verordnung über das Statut der **Europäischen Genossenschaft (SCE)** – VO EG Nr. 1435/2003, ABl. EG 2003 L 207, 1 – lässt eine Genossenschaft im Gebiet der Gemeinschaft zu. Der Sitz der Gesellschaft muss in der Gemeinschaft liegen (Lutter/Hommelhoff SE-VO Art. 8 Rn. 1). Auch Umwandlungen nach Art. 19 SCE-VO dürften von der Begünstigung nach § 6a erfasst sein.

34 **5. Vorgesellschaft und Vorgründungsgesellschaft.** Rechtsträger iSd GrEStG ist auch die sog. „echte“ Vorgesellschaft einer **KapGes.** Ihre Rechtsfähigkeit erlangen KapGes erst durch die Eintragung in das Handelsregister (§ 11 GmbHG; § 41 AktG). Für das Gründungsstadium einer KapGes zwischen dem Abschluss des Gründungsvertrags und der Entstehung durch Eintragung im Handelsregister wird die Vorgesellschaft dem Recht der zu gründenden Gesellschaft unterstellt, wenn und solange die Gesellschafter der Vorgesellschaft die Geschäftstätigkeit einverständlich aufgenommen haben und mit dem Ziel der Eintragung der Gesellschaft in das Handelsregister betreiben (zB BFH VII R 82/97, BStBl. II 1998, 531; IV R 8/09, 2012, 183; Schmidt GesR § 11 IV 2b; MüKoBGB/Schäfer vor § 705 Rn. 25). Die **„echte“ Vorgesellschaft** ist als solche Trägerin von

Rechten und Pflichten (Bayer/Lutter/Hommelhoff GmbHG § 11 Rn. 5 ff.) und insb. grundbuchfähig (BGH II ZR 219/63, BGHZ 45, 338 (348)). Sie geht mit der durch die Eintragung im Handelsregister zur Entstehung gelangten GmbH (§ 11 I GmbHG) oder AG (§ 41 I 1 AktG) in dieser auf und fällt damit als eigener Vermögensträger weg (BGH II ZR 54/80, BGHZ 80, 129; II ZR 123/94, NJW 1996, 1210). Insoweit besteht eine **rechtliche Identität** von Vorgesellschaft und KapGes.

Grestrechtlich ist die **GrÜbertragung auf** die **Vorgesellschaft** ein steuerbarer Erwerbsvorgang; diese Übertragung ist **nicht** nach **§§ 5 und 6** begünstigt (Viskorf/Meßbacher-Hönsch § 1 Rn. 42; Hofmann/Eiling § 1 Rn. 7). Beim Übergang eines von der Vorgesellschaft erworbenen Gr auf die KapGes nach deren Eintragung tritt – vergleichbar einer formwechselnden Umwandlung – kein Rechtsträgerwechsel ein (BFH II 71/56 U, BStBl. III 1957, 28; II R 43/99, BStBl. II 2002, 210). Dies gilt auch für den Übergang eines von einer **Einmann-GmbH in Gründung** erworbenen Gr auf die Einmann-GmbH nach ihrer Eintragung (BFH II R 43/99, BStBl. II 2002, 210). Mit dem Wegfall der Vorgesellschaft kommt diese auch als **Steuerschuldnerin** (§ 13) nicht mehr in Betracht; der Steuerbescheid ist vielmehr an die zur Entstehung gelangte KapGes zu richten (BFH II 71/56 U, BStBl. III 1957, 28). Die Frage eines Rechtsträgerwechsels stellt sich im Übrigen ohnehin nur, sofern ein Gr nach dem Parteiwillen auch schon **für** die **Vorgesellschaft erworben** wird und das GrGeschäft nicht erst nach Eintragung der KapGes wirksam werden soll (zur Abgrenzung Schmidt GesR § 34 III 3b mwN). Zivilrechtlich ist ein Handeln im Namen einer noch nicht entstandenen KapGes mit der Maßgabe, dass erst die entstandene Gesellschaft aus dem Vertrag berechtigt und verpflichtet sein soll, möglich (BFH II R 76/01, BFH/NV 2003, 1137). Wird hingegen das Gr nicht von der Vorgesellschaft (sondern zB von einer GbR) erworben und erst später in eine KapGes eingebracht, ist jeweils ein Rechtsträgerwechsel gegeben. Hier fällt mithin zweimal GrESt an (FG Bln 1492/96, EFG 1998, 228). Die Grundsätze zur **fehlerhaften Gesellschaft** gelten nicht bei fehlerhaftem Gesellschafterwechsel in der Vorgesellschaft (BGH II ZR 409/02, DStR 2005, 388). 35

Auf eine **„unechte“** Vorgesellschaft findet das Recht der Vorgesellschaft hingegen keine Anwendung. Eine solche liegt vor, wenn die Gründer trotz formgerechten Gesellschaftsvertrags von vornherein nicht die Absicht zur **Eintragung als KapGes** haben oder wenn die **Eintragungsabsicht** später **aufgegeben** worden ist (BFH VII R 82/97, BStBl. II 1998, 531). Auf die „unechte“ Vorgesellschaft wird, soweit sie von Gesellschaftern fortgeführt wird, das Recht der **PersGes** angewendet (zB BGH II ZR 308/06, DStR 2008, 1249; MüKoHGB/Schmidt § 105 Rn. 93). Die GrÜbertragung auf die unechte Vorgesellschaft ist ein steuerbarer Erwerbsvorgang; insoweit gelten auch die Vergünstigungen aus §§ 5 und 6 iVm § 24 (Viskorf/Meßbacher-Hönsch § 1 Rn. 46). 36

Scheitert die **Eintragung der KapGes** und geht das Gr mit Auflösung der Vorgesellschaft auf ihre(n) Gründer zurück, liegt darin ein weiterer (nach § 1 I Nr. 3) steuerbarer Erwerbsvorgang (BFH II R 43/99, BStBl. II 2002, 210 für gescheiterte Gründung einer Einmann-GmbH; für die gescheiterte GmbH-Gründung durch mehrere Personen kann nichts anderes gelten). Der GrÜbergang auf den oder die Gründer ist mangels Vorliegen einer Gesamthand nicht nach § 6 II begünstigt (BFH II R 43/99, BStBl. II 2002, 210; Viskorf/Meßbacher-Hönsch § 1 Rn. 44). 37

38 Das Vorstehende gilt entspr. auch für die **Vor-Genossenschaft** (dazu BGH II ZR 89/01, BGHZ 149, 273) und den **Vor-Verein** (näher MüKoBGB/Leuschner § 22 Rn. 123 ff; eingehend zur werdenden juristischen Person Schmidt GesR § 11 II 1). Ob auch eine **Vor-Stiftung** als juristische Person anzuerkennen ist, ist str. (abl. MüKoBGB/Weitemeyer § 81 Rn. 62 ff.; Viskorf/Meßbacher-Hönsch § 1 Rn. 49; offen BFH II R 11/12, BFH/NV 2014, 579). Wird dies mit der wohl hM verneint und erfolgt zunächst eine GrÜbertragung auf eine nichtrechtsfähige Stiftung und sodann auf die rechtsfähige Stiftung nach deren Anerkennung (dazu Hüttemann GemeinnützigkeitsR Rn. 7.395; vgl. auch Wachter ZEV 2003, 445), löst erst die schuldrechtliche Übertragung des Gr mit Auflassung und Eigentumsumschreibung GrESt aus.

39 Keine Anwendung findet das Recht der Vorgesellschaft auf eine **Vorgründungsgesellschaft.** Eine solche liegt vor, wenn sich Personen vor Abschluss des Gesellschaftsvertrags zum Zweck der Gründung einer KapGes zusammenschließen (Bayer/Lutter/Hommelhoff § 11 Rn. 2 mwN). Die Vorgründungsgesellschaft ist nicht mit der späteren KapGes und auch nicht mit der Vorgesellschaft identisch, sondern GbR oder OHG. Zum Übergang der Aktiva und Passiva der Vorgründungsgesellschaft auf die Vorgesellschaft oder die KapGes bedarf es der Einzelübertragung (BFH I R 174/86, BStBl. II 1990, 91; BGH NJW-RR 2001, 1042 mwN; Bayer/Lutter/Hommelhoff GmbHG § 11 Rn. 2 mwN). Grestrechtlich ist daher sowohl der GrErwerb der Vorgründungsgesellschaft als auch die Übertragung dieses Gr auf die Vorgesellschaft als Rechtsträgerwechsel steuerbar.

40 Auch bei einer **PersGes** besteht eine Identität zwischen der Gründergesellschaft und der nachfolgenden PersGes; ihr kann hingegen keine Vorgründungsgesellschaft oder Vorgesellschaft vorausgehen (BFH V R 22/99, BStBl. II 2000, 241). Die Entstehung der Gesellschaft als grestrechtl. selbstständiger Rechtsträger hängt nicht von den Merkmalen des § 123 HGB ab. Vielmehr kann die PersGes Trägerin von Rechten und Pflichten sein, sobald die Gesellschafter durch Vertrag eine Gesamthand begründet haben.

41 **6. Umwandlungsvorgänge. a) Allgemeines.** Große praktische Bedeutung hat die GrESt im Zusammenhang mit **Umwandlungen (Verschmelzung, Spaltung, Vermögensübertragung und Formwechsel, § 1 Abs. 1 UmwG).** Zur grestrechtl. Behandlung enthält das UmwStG keine Vorschriften, so dass ausschließlich das GrEStG maßgebend ist.

42 **Rechtstechnische Instrumente** des UmwG sind in Bezug auf die beteiligten Rechtsträger und das durch die Umwandlung betroffene Vermögen die **Identität des Rechtsträgers** (so im Falle des Formwechsels, vgl. § 202 I Nr. 1 UmwG), die **Gesamtrechtsnachfolge** (so zB bei der Verschmelzung oder Vollübertragung, §§ 20 I Nr. 1, 176 I UmwG) sowie die **partielle Gesamtrechtsnachfolge** (insb. bei Abspaltung und Ausgliederung, vgl. § 131 I Nr. 1 UmwG). Diese rechtstechnische Ausgestaltung führt, soweit Gr von der Umwandlung betroffen sind, zu unterschiedlichen grestrechtl. Folgen. Während der (identitätswahrende) **Formwechsel nicht steuerbar** ist – dazu → Rn. 44 –, kommt es im Fall des GrÜbergangs aufgrund (partieller) Gesamtrechtsnachfolge (Verschmelzung, Spaltung, Vermögensübertragung) zu einem Eigentumsübergang kraft Gesetzes, der gem. § 1 I Nr. 3 der GrESt unterliegt (→ Rn. 184 ff.).

Seit dem 1.3.2023 sind nach §§ 305 ff. UmwG auch grenzüberschreitende Umwandlungen möglich (→ Rn. 24). Die §§ 122a, 122b UmwG sind aufgehoben. Zur Anwendung des § 6a vgl. dort.

43 Diese **unterschiedlichen grestrechtlichen Folgen** der verschiedenen Umwandlungsarten sind **verfassungsgemäß** (BFH II B 108/98, BFH/NV 2000, 1136; II B 53/00, BFH/NV 2001, 817; II R 3/02, BFH/NV 2004, 1439; II R 32/06, BFH/NV 2008, 1526; II B 95/08, BFH/NV 2009, 1148; vgl. auch BFH II B 8/18, BFH/NV 2019, 166; Widmann/Mayer/Heckschen § 1 UmwG Rn. 21.1), weil sie den für die GrESt als Rechtsverkehrsteuer maßgebenden zivilrechtlichen Vorgaben entsprechen und nicht auf Willkür des (Umwandlungsrechts-) Gesetzgebers beruhen: Während eine übertragende Umwandlung einen Rechtsträgerwechsel bewirkt, wahrt der Formwechsel die **Identität des Rechtsträgers.** Diese zivilrechtlichen Unterschiede gebieten und rechtfertigen die grestrechtl. unterschiedliche Behandlung dieser Umwandlungsarten. Versuche zur Neuorientierung der Umwandlungsrechtsdogmatik können, solange die Umwandlungsrechtsgesetzgebung dem nicht Rechnung trägt, eine grestrechtl. andere Beurteilung nicht rechtfertigen.

44 **b) Formwechsel.** Kennzeichnend für den Formwechsel (§§ 1 I Nr. 4, 190 ff. UmwG) ist das **Prinzip der Identität** des Rechtsträgers, der **Kontinuität** seines Vermögens und der **Diskontinuität** seiner Verfassung (BFH II B 116/96, BStBl. II 1997, 661; II R 66/05, BStBl. II 2007, 621; III R 6/02, BFH/NV 2004, 293). Aufgrund der zivilrechtlichen Kontinuität (§ 202 I Nr. 1 UmwG) werden die dem formwechselnden Rechtsträger gehörenden Gegenstände im Zeitpunkt der **Eintragung** des Formwechsels in das Register (§ 202 II UmwG; eine im Umwandlungsbeschluss bestimmte Rückwirkung des Formwechsels ist unzulässig, zutr. FG Hmb II 334/97, EFG 1999, 135 mwN) unmittelbar dinglich dem **neuen Rechtsträger zugeordnet.** Die Eintragung des neuen Rechtsträgers im Grundbuch erfolgt durch die Richtigstellung tatsächlicher Angaben, nicht durch Grundbuchberichtigung iSd § 22 GBO (vgl. Widmann/Mayer UmwG § 202 Rn. 38). Ein **grenzüberschreitender Formwechsel** innerhalb der EU-/EWR-Mitgliedsstaaten (Verlegung des Satzungssitzes mit gleichzeitigem identitätswahrenden Rechtsformwechsel der Gesellschaft in eine Rechtsform des Zuzugsstaates) ist zulässig. Insoweit sind jetzt auch §§ 333 ff. UmwG zu beachten; GrEStG fällt hier nicht an.

45 **Hinsichtlich** der grestrechtl. Folgen des Formwechsels muss zwischen den Rechtswirkungen für den formwechselnden Rechtsträger eines Gr **(Ebene der Gesellschaft)** und denjenigen für die Beteiligung an der Gesellschaft **(Ebene der Gesellschafter)** unterschieden werden (vgl. Hofmann UVR 2007, 222; Behrens/Schmitt UVR 2008, 16 und 53; Meining GmbHR 2011, 916; Widmann/Mayer/Pahlke Anh. 12 Rn. 10 ff.).

46 Auf der **Ebene der Gesellschaft** bewirkt der identitätswahrende Formwechsel **keinen Rechtsträgerwechsel;** die unmittelbare dingliche Zuordnung eines Gr des formwechselnden Rechtsträgers zum neuen Rechtsträger ist daher **nicht steuerbar** (BFH II B 116/96, BStBl. II 1997, 661; II R 3/02, BStBl. II 2004, 1006; II B 108/98, BFH/NV 2000, 1136; II B 53/00, BFH/NV 2001, 817; II B 5/07, 2007, 2351; FG Köln 5 V 3782/96, EFG 1997, 252; NdsFG III 573/96, EFG 1997, 1404; Hettler DStR 1997, 1596; Gleiches galt bereits für die formwechselnde Umwandlung vor Inkrafttreten des UmwG, vgl. zB BFH II 48/54 S, BStBl. III 1954, 349; ebenso die FVerw, vgl. die bei → Rn. 185 abgedr. GrESt-Erlasse Umwandlung unter IV).

Das gilt auch in Fällen des **§ 1 IIa** (zu § 1 IIa GLE 10.5.2022, BStBl. I 2022, 801 Rn. 5.2.5 und – für Mitgliedsstaaten der EU – Rn. 5.2.5.3; der Unterschied bei der formwechselnden Umwandlung der grbesitzenden Gesellschaft bzw. einer unmittelbar oder mittelbar beteiligten Gesellschaft ist zu beachten). Das Gleiche gilt in Fällen des **§ 1 IIb** (zu § 1 IIb GLE 10.5.2022, BStBl. I 2022, 821; der Unterschied bei der formwechselnden Umwandlung der grbesitzenden Gesellschaft bzw. einer unmittelbar oder mittelbar beteiligten Gesellschaft ist zu beachten).

Nicht steuerbar ist mangels Rechtsträgerwechsel auch ein sog. **„kreuzender" (heterogener) Formwechsel,** wie ihn §§ 214 ff., 225a ff., 228 ff. UmwG durch den Wechsel einer PersonenhandelsGes oder Partnerschaft in eine KapGes bzw. von der KapGes in eine PersGes zulassen (zB BFH II B 116/96, BStBl. II 1997, 661). Der Formwechsel ist nach hier vertretener Auffassung gem. § 18 I Nr. 1 anzeigepflichtig (vgl. → § 18 Rn. 6); die Grundbuchberichtigung bedarf keiner UB (vgl. → § 22 Rn. 4). **Umwandlungsrechtlich** ist zu beachten, dass der Formwechsel grds. die Identität der Anteilsinhaber verlangt (§ 194 I Nr. 3 UmwG); allerdings ist str., ob es sich insoweit um ein materiellrechtliches Wertungsprinzip handelt (so Kallmeyer UmwG § 194 Rn. 22 ff.; vgl. auch Hofmann UVR 2007, 222). In jedem Fall fehlt es auch bei einem **nicht verhältniswahrenden Formwechsel,** bei dem der Umfang der Anteile bzw. der Mitgliedschaft einzelner Anteilsinhaber vor und nach dem Formwechsel voneinander abweicht (vgl. zB Lutter/Hoger UmwG § 202 Rn. 14 f.; Schmitt/Hörtnagl/Winter UmwG § 202 Rn. 7 und Schmitt/Hörtnagl/Keuthen Verkehrsteuern Rn. 109 f.), **an einem Rechtsträgerwechsel.** Der Annahme, unter Berücksichtigung der Quotenverschiebung könne ggf. ein Erwerb iSd § 1 III Nr. 2 vorliegen (OFD RhPf 5.9.2012 Tz. 2.5.3, GrESt-Kartei NW § 1 Abs. 1 Karte 8; FG Münster 8 K 1785/03 GrE, EFG 2006, 1034, durch II R 31/06, BFH/NV 2008, 1435 aus anderen Gründen aufgehoben), ist nicht zu folgen (vgl. auch Hofmann UVR 2007, 222; Behrens/Schmitt UVR 2008, 16 und 53; Jüptner UVR 2009, 62; Meining GmbHR 2011, 916). In der Nichtsteuerbarkeit des Formwechsels liegt auch der Rechtsgrund für die tatbestandliche Nichterfassung dieser Umwandlungsart durch § 6a (vgl. → § 6a Rn. 37 ff.).

47 Auf der **Gesellschafterebene** ergeben sich bei einem **verhältniswahrenden Formwechsel** einer grundbesitzenden PersGes in eine KapGes keine grestrechtl. Folgen; insb. ist insoweit mangels Rechtsträgerwechsel der Tatbestand des § 1 III Nr. 2 nicht erfüllt (eingehend Behrens/Schmitt UVR 2008, 53). Der verhältniswahrende Formwechsel einer an einer PersGes beteiligten Gesellschaft löst im Hinblick auf § 1 IIa wegen Identität des Rechtsträgers keine Änderung im Gesellschafterbestand aus (vgl. → Rn. 348). Ebenso bewirkt der verhältniswahrende Formwechsel des an einer Gesellschaft beteiligten Rechtsträgers keinen Erwerbsvorgang iSd § 1 III (vgl. → Rn. 415).

48 **Nicht abschließend geklärt** sind die grestrechtl. Folgen eines **nicht verhältniswahrenden** Formwechsels auf der **Gesellschafterebene.** Soweit aufgrund der Quotenverschiebung die Anteilsgrenze von § 1 III von bisher 95 % (ab 90 %) überschritten wird, soll ein nach § 1 III Nr. 2 steuerbarer Rechtsvorgang vorliegen (OFD RhPf 5.9.2012 Tz. 2.5.3, GrESt-Kartei NW § 1 Abs. 1 Karte 8; Behrens/Schmitt UVR 2008, 53, 56; ähnlich Jüptner UVR 2009, 52). Insoweit ist allerdings fraglich, ob ein Anteilsübergang nicht lediglich im Umfang der Quotenverschiebung – weil insoweit ein vom Formwechsel zu trennender selbstständiger Rechtsakt gegeben ist (vgl. Kallmeyer § 194 Rn. 25) – vorliegt.

Fraglich geworden sind im Anschluss an das Urteil des FG Münster (8 K 1785/03 GrE, EFG 2006, 1034) auch die grestrechtl. Folgen auf der Gesellschafterebene für den Fall, dass es im Zuge des **Formwechsels einer zweigliedrigen PersGes**

in eine KapGes zum Austritt des am Gesellschaftsvermögen nicht beteiligten Gesellschafters kommt. Scheidet dieser Gesellschafter bereits vor Eintragung des Formwechsels aus, liegt ein nach § 1 I Nr. 3 steuerbarer Erwerbsvorgang (Anwachsung) vor (vgl. → Rn. 190; unklar insoweit Hofmann UVR 2007, 222). Wird dieser Gesellschafter hingegen zunächst an der formgewechselten KapGes mit einem Geschäftsanteil beteiligt und dieser Geschäftsanteil sodann auf den verbleibenden Gesellschafter übertragen, liegt (wegen des insoweit neben dem Formwechsel stehenden eigenständigen Rechtsgeschäfts) ein nach § 1 III Nr. 1 oder Nr. 2 steuerbarer Rechtsvorgang vor (Schmitt/Hörtnagl/Keuthen Verkehrsteuern Rn. 110; Hofmann UVR 2007, 222; Jüptner UVR 2009, 62; aA Behrens/Schmitt UVR 2008, 16).

Zu den grunderwerblichen Folgen des Formwechsels einer Gesellschaft mit Anteilen an Gesellschaften mit Grundbesitz im Hinblick auf § 1 IIa, IIb, III und IIIa → Rn. 357 ff., 448, 461, 544 und 681.

Es ergeben sich ferner mittelbare grunderwerbsteuerliche **Folgen des Formwechsels.** Die Vergünstigungen der **§§ 5 und 6** gehen bei einem heterogenen Formwechsel einer PersGes in eine KapGes infolge der entfallenden Gesamthandsberechtigung (§ 24) der Gesellschafter verloren. Bezüglich eines bereits vor dem Formwechsel von einem Gesellschafter in die PersGes eingebrachten Gr ist § 5 III zu beachten. Bei einem GrÜbergang von einer Gesamthand auf eine andere Gesamthand und anschließendem Formwechsel der erwerbenden Gesamthand ergeben sich bei der Anwendung des § 6 III Einschränkungen aus § 6 IV. Eine KapGes wächst mit ihrem Formwechsel in eine PersGes erstmals in die Anwendungsbereiche der §§ 5 und 6 hinein. Zu Einzelheiten vgl. → § 5 Rn. 108 ff. und → § 6 Rn. 88 ff. 49

Von den **Umwandlungsarten des UmwG zu unterscheiden** ist die nach allgemeinem Recht eintretende **„formwechselnde Umwandlung" einer PersGes in die Rechtsform einer anderen PersGes** (zB einer GbR in OHG oder KG), wenn das betriebene Unternehmen der GbR zum Betrieb eines vollkaufmännischen Unternehmens wird. Gleiches gilt für die durch Änderung des Gesellschaftsvertrags eintretende Umwandlung einer **OHG in** eine **KG.** All diese Umwandlungen – und ebensolche in umgekehrter Richtung – begründen keinen Rechtsträgerwechsel; eine Vermögensübertragung findet nicht statt. Hinsichtlich der zum Gesamthandsvermögen (§ 24) gehörenden Gr bedarf es keiner Grundbuchberichtigung iSd § 22 GBO, sondern lediglich der **Richtigstellung tatsächlicher Angaben** (zB BayObLG DB 1998, 1402 mwN). Da dieser gesetzliche Rechtsformwechsel die Identität der Gesellschaft nicht berührt (vgl. BFH II R 199/72, BStBl. II 1974, 724; MüKoBGB/Schäfer vor § 705 Rn. 16 f., § 705 Rn. 11 ff. mwN), ist **kein steuerbarer Vorgang** gegeben. Dies gilt ebenso für die „Umwandlung" einer GbR in eine – als OHG geltende, vgl. §§ 1 I, 2 II PartGG – PartGes (unter Beachtung des § 228 II UmwG, vgl. Widmann/Mayer UmwG § 191 Rn. 7) sowie den Übergang von der PartGG auf eine KapGes oder eG (unter Beachtung des § 225a UmwG, vgl. Widmann/Mayer UmwG § 191 Rn. 14.1). 50

Ein identitätswahrender gesetzlicher Rechtsformwechsel der PersGes im vorstehenden Sinne tritt hingegen nicht bei der durch **An- und Abwachsung** (§ 738 BGB) herbeigeführten Rechtsformänderung der PersGes ein. Sofern alle Anteile an der PersGes in einer Hand zusammenfallen oder alle Gesellschafter bis auf einen aus der Gesellschaft ausscheiden, erlischt die PersGes; das Gesamthandsvermögen geht im Wege der Gesamtrechtsnachfolge auf den „Alleingesellschafter" 51 über. Hier tritt hinsichtlich der zum Gesamthandsvermögen gehörenden Gr ein **gem § 1 I Nr. 3 steuerbarer Rechtsträgerwechsel** ein (vgl. → Rn. 190 f.), der ggf. nach § 6 oder § 6a begünstigt ist. In Ausnutzung des Prinzips der An- und Abwachsung sind damit zB Verschmelzungen außerhalb des Umwandlungsrechts möglich (dazu zB Krüger DStZ 1986, 382; Schmidt GesR § 12 I 4d und § 13 I 4a; Ley kösdi 2018, 20750; zur grenzüberschreitenden Anwachsung zB Widmann/Mayer/Heckschen vor § 305 UmwG Rn. 180).

51a **c) Bekanntgabe des GrESt-Bescheids.** Die **Bekanntgabe des Formwechsels** (§§ 122, 157 AO) kann noch an den **alten Rechtsträger** erfolgen. Ein nach einem Formwechsel iSd §§ 190 ff., 214 ff. des UmwG noch an den formwechselnden Rechtsträger und nicht bereits an den Rechtsträger neuer Rechtsform adressierter Bescheid ist **wirksam.** Nach einer formwechselnden Umwandlung steht der Rechtswirksamkeit eines Bescheids daher nicht entgegen, wenn dieser noch an die Gesellschaft unter dem Namen der alten Rechtsform gerichtet ist (BFH II R 33/22, BStBl. II 2024, 589 mwN)

52 **7. Gesamthandsgemeinschaften als grunderwerbsteuerrechtlich selbstständige Rechtsträger.** Zu den Besonderheiten des GrESt-Rechts gehörte bislang die Behandlung bestimmter Gesamthandsgemeinschaften als selbstständige Rechtsträger. Hiervon ausgehend bewirkt ein **Wechsel im Personenstand** einer **grbesitzenden Gesamthand** dem Grundsatz nach keinen Rechtsträgerwechsel und unterliegt daher nicht der GrESt (vgl. → Rn. 52). Diese Eigenheit der Gesamthandsgemeinschaften eröffnet die – freilich durch § 1 IIa und § 1 IIb deutlich beschnittene – grds. Möglichkeit zur grestfreien Übertragung von Gr durch Übertragung von Gesellschaftsanteilen an Gesamthandsgemeinschaften (→ Rn. 54 ff. sowie zu § 1 IIa GLE 10.5.2022, BStBl. I 2022, 801; zu § 1 IIb GLE 10.5.2022, BStBl. I 2022, 821, jew. Tz. 7.5.2.5 ff.).

53 Nach dem am 1.1.2024 in Kraft getretenen **Personengesellschaftsrechtsmodernisierungsgesetz – MoPeG –** v. 10.8.2021 (BGBl. 2021 I 3436) wird künftig nicht mehr vom Fortbestand eines gesamthänderischen Gesellschaftvermögens ausgegangen. Trägerin des Gesellschaftsvermögen ist künftig die Gesellschaft selbst (§ 705 II, 713 BGB nF). Eine Ausnahme gilt nur für die Innen-GbR (§ 740 iVm § 705 II BGB).

54 Für die **§§ 5, 6 und 7 II** ergeben sich – bis 31.12.2026 – keine Probleme, weil gem. **§ 24** die rechtsfähigen PersGes (§ 14a II Nr. 2 AO) für die GrEStG weiterhin als Gesamthand und deren Vermögen als Gesamthandvermögen gilt. In der Gesetzesbegründung (BT-Drs. 20/9782, 207) ist ausgeführt:

„Wenngleich mit der Prüfung eines etwaigen Anpassungsbedarfs des Grunderwerbsteuergesetzes zeitnah begonnen worden ist, konnte diese nicht rechtzeitig abgeschlossen werden. Dabei ist zu berücksichtigen, dass die Auswirkungen des MoPeG auf die Grunderwerbsteuer als Rechtsverkehrsteuer nicht einhellig beurteilt werden.

Im Hinblick auf die unterschiedliche Beurteilung wird der Status quo im Grunderwerbsteuergesetz mit der Einführung des neuen § 24 GrEStG zunächst für drei Jahre befristet fortgeführt, indem Personengesellschaften weiterhin für Zwecke der Grunderwerbsteuer als Gesamthand fingiert werden. Die hierdurch gewonnene Zeit muss dafür genutzt werden, dass die Bundesregierung gemeinsam mit den Ländern die Prüfung des Anpassungsbedarfs des Grunderwerbsteuergesetzes intensiv fortsetzt. Es soll eine rechtssichere gesetzliche Regelung geschaffen wer den, die auch in einer Neugestaltung münden kann. Hierdurch können die Belange der Länder – denen die Verwaltungs- und Ertragskompetenz der Grunderwerb-

steuer obliegen – berücksichtigt werden. Gleichzeitig wird Rechtssicherheit für die Wirtschaft und die Finanzverwaltung herbeigeführt.

Da die Prüfung bereits begonnen hat, wird davon ausgegangen, dass innerhalb des vorgesehenen Zeitraums Ergebnisse erzielt werden. Aus steuerfachlichen Gründen wird die befristete Regelung nicht in § 39 der Abgabenordnung verortet, sondern im Grunderwerbsteuergesetz. Nach ständiger Rechtsprechung des Bundesfinanzhofs und der Auffassung der Finanzverwaltung ist § 39 der Abgabenordnung im Grunderwerbsteuerrecht nicht anwendbar. Diese gefestigte Rechtsansicht sollte durch eine Verortung der Regelung zur Beibehaltung des Status quo in § 39 AO nicht in Frage gestellt werden.

Die laufenden Nachbehaltensfristen der §§ 5 und 6 werden nicht alleine durch Inkrafttreten des MoPeG verletzt.

Die Regelung wird durch **§ 23 Abs. 27** (→ § 23 Rn. 83) ergänzt.

Ausgehend von für §§ 5, 6 und 7 II ausschlaggebenden wirtschaftliche Erwägungen (zur Bedeutung schon → Einl. Rn. 28) ist **§§ 5, 6 und 7 II** iVm § 24 über den **31.12.2023–31.12.2026 hinaus** weiter **anzuwenden** (Heckschen, ZPG 2024, 18; Mörwald Ubg 2023, 567; Behrens/Spar BB 2023, 1687 (1692); Viskorf/Viskorf § 5 Rn. 6; aA etwa Desens GmbHR 2023, 772 unter Hinweis – so nicht existierendes- zivilrechtsakzessorisches Prinzip; offen Heidel/Hirte/Kilincsoy Das neue Personengesellschaftsrecht 2024, S. 459 f.). In diesem Rahmen sind für grunderwerbsteuerliche Zwecke auch die § 705 ff. aF BGB analog weiter anzuwenden; die § 705 ff. nF BGB gelten nur für sonstige zivilrechtliche Fragen (missverständl. Viskorf/Meßbacher-Hönsch § 3 Rn. 41). Wer kein Vertrauen auf den Fortbestand des § 24 und § 23 XXVII über den 31.12.2026 hinaus hat, sollte eine Übertragung unter Ausnutzung des §§ 5, 6 und 7 II in Erwägung ziehen. **54a**

Vielleicht werden §§ 5 und 6 aber auch benutzt, um diese Vergünstigungsvorschriften rechtsformübergreifend auch auf KapGes anzuwenden (dazu etwa Happel DStR 2021, 1272 (1278 f.); Kruse DStR 2025, 240; offen Viskorf/Viskorf § 5 Rn. 26). Die weitere Entwicklung muss abgewartet werden.

a) Zivilrechtliche Unterschiede der Rechtszuordnung bei der Gesamthands- und Bruchteilsgemeinschaft. Der Anteil am Vermögen der Gesamthand ist unter Berücksichtigung des § 24 bis zum 31.12.2026 – wie bei §§ 5 und 6 – die wertmäßige Beteiligung des einzelnen Gesamthänders am Gesamthandsvermögen (BFH II R 4/20, BStBl. II 2022, 521 Rn. 17; II R 20/21, BFH/NV 2024, 287). Die frühere Rechtsprechung, die noch an die „dingliche Mitberechtigung der Gesamthänder am Gesellschaftsvermögen" angeknüpft hatte, ist wegen der von der Rechtsprechung angenommen Teilrechtsfähigkeit der GbR (vgl. nur BGH II ZR 331/00, BGHZ 146, 341) aufgegeben worden (BFH II R 57/09, BStBl. II 2012, 917; II R 24/13, BStBl. II 2015, 504; BFH II R 4/20, BStBl. II 2022, 521 Rn. 18). Für §§ 5 und 6 geht man zwar von einem steuerbaren Rechtsträgerwechsel aus. Es wird aber von der Erhebung der Steuer ab, soweit der Gesamthänder als Veräußerer zunächst Eigentümer des Grundstücks war und dann anteilsmäßig über das Vermögen der Gesamthand beteiligt ist (vgl. BFH II R 9/17, BStBl. II 2020, 658). Dem liegt der Gedanke zugrunde, dass aufgrund der gesamthänderischen Verbundenheit der Gesellschafter das Grundstück trotz Rechtsträgerwechsels in demselben grunderwerbsteuerrechtlichen Zurechnungsbereich verbleibt (vgl. etwa BFH II R 57/98, BStBl. II 2001, 587). **55**

Das Innehaben eines Gesellschaftsanteils unter Anwendung des § 24 begründet auch die gesamthänderische Mitberechtigung eines **Gesellschafters ohne Kapitalanteil,** der am Gesellschaftsvermögen wertmäßig nicht beteiligt ist. Auch wenn **56** einem solchen Gesellschafter kraft gesellschaftsvertraglicher Abrede bei seinem Ausscheiden (oder der Auflösung der Gesellschaft) kein Auseinandersetzungsguthaben zusteht, bleibt er gleichwohl im Verbund mit den anderen Gesellschaftern **sachenrechtlich** (§§ 903, 718 BGB) **„Eigentümer" des Gesellschaftsvermögens** (BFH II R 149/73, BStBl. II 1978, 422; II R 68/92, BStBl. II 1995, 736; MüKoBGB/Schäfer § 718 BGB Rn. 6). Diesen Gegebenheiten des Gesamthandseigentums wird dadurch Rechnung getragen, dass eine GrÜbertragung gem. §§ 873, 925 BGB der Auflassung und Eintragung bedarf (Grüneberg/Herrler BGB § 873 Rn. 5). OHG und KG sind grundbuchfähig. Nunmehr hat der BGH (BGHZ 179, 102; BGH MDR 2011, 1368) auch die **GbR** als **grundbuchfähig** anerkannt; diese kann unter der Bezeichnung eingetragen werden, die ihre Gesellschafter im Gesellschaftsvertrag für sie vorgesehen haben (vgl. auch § 47 II GBO nF).

57, 58 *einstweilen frei*

59 **b) Gesellschafterwechsel.** Die sachenrechtliche Zuordnung des Gesamthandsvermögens zum jeweiligen Kreis der Gesamthänder zeigt sich vor allem bei einem **Gesellschafterwechsel.** Das Ausscheiden eines Gesellschafters führte bislang zum Verlust seiner gesamthänderischen Berechtigung und zu deren **„Anwachsung"** bei den verbleibenden Gesamthändern (§ 738 I BGB aF). Nunmehr führt der Austritt eines Gesellschafters zum Anwachsen des Anteils bei den übrigen Gesellschaftern (§ 712 BGB nF). Scheidet ein Gesellschafter aus der Gesellschaft aus, so wächst sein Anteil an der Gesellschaft den übrigen Gesellschaftern im Zweifel im Verhältnis ihrer Anteile zu. Umgekehrt führt der Neueintritt eines Gesellschafters zur Mitberechtigung am Gesamthandsvermögen mit deren „Abwachsung" bei den übrigen Mitberechtigten. Gehört zum Gesamthandsvermögen ein Gr, wird das Grundbuch mit der Veränderung im Personenstand der Gesamthand unrichtig (§ 22 GBO). Es bedarf daher nur der Grundberichtigung, nicht aber einer Auflassung des Gr (Grüneberg/Herrler BGB § 873 Rn. 6, § 925 Rn. 1).

60 In einer **Zweipersonengesellschaft** führt das Ausscheiden eines Gesellschafters zur Beendigung der Gesellschaft (§ 712a BGB nF). Damit verwandelt sich das Gesamthandseigentum in Alleineigentum des verbleibenden Gesellschafters. Gehört zum Gesamthandsvermögen ein Gr, so unterliegt dieser Erwerb des verbleibenden Gesellschafters gem § 1 I Nr. 3 der GrESt (vgl. → Rn. 190 f.). Die Belastung mit GrESt kann – vorbehaltlich der näheren Vorgaben der § 1 IIa–IIIa – durch die Aufnahme eines neuen Gesellschafters vor Ausscheiden des bisherigen Gesellschafters vermieden werden.

61 Vom Eintritt und Ausscheiden von Gesellschaftern zu unterscheiden ist die **Anteilsübertragung.** Hier liegt nur **ein Verfügungsgeschäft zwischen dem Alt- und Neugesellschafter** vor, kraft dessen der Altgesellschafter seine Mitgliedschaft auf den Neugesellschafter überträgt. Eine solche Anteilsübertragung zwischen ausscheidendem und neu eintretendem Gesellschafter wird nach heute allgemeiner Auffassung als zulässig angesehen, soweit sie im Gesellschaftsvertrag zugelassen ist oder alle Gesellschafter zustimmen (MüKoBGB/Schäfer § 719 Rn. 21 ff.). Eine An- oder Abwachsung ist mit der Anteilsübertragung nicht verbunden; vielmehr bleibt die Mitgliedschaft in ihrer Identität erhalten. Der Erwerber tritt mithin anstelle des Veräußerers in den grds. unverändert fortbestehenden Gesellschaftsvertrag ein. Darüber hinaus wird auch die **gleichzeitige Auswechslung aller Gesellschafter** unter Wahrung der Identität der PersGes und Aufrechterhaltung des ihr zugeordneten Gesamthandsvermögens zugelassen (BGH II ZR 223/64, BGHZ 44, 229; BFH II R 61/93, BStBl. II 1997, 299 mwN; MüKoBGB/Schäfer § 719 Rn. 26).

Im **Unterschied zur Gesamthand** kennt die **Bruchteilsgemeinschaft** 62 (§§ 741 ff., 1008 ff. BGB) kein zweckgebundenes und organisiertes Sondervermögen (MüKoBGB/Schäfer vor § 705 Rn. 15). Das Miteigentum nach Bruchteilen gehört den Teilhabern zu ideellen Bruchteilen. Jeder Miteigentümer kann über seinen ideellen Bruchteil selbstständig verfügen (§ 747 S. 1 BGB). Der Anteil des einzelnen Miteigentümers ist Eigentum, auf das – abgesehen von §§ 741 ff., 1009 ff. BGB – alle Vorschriften über das **Alleineigentum** anzuwenden sind (Grüneberg/Retzlaff BGB § 747 Rn. 2; Grüneberg/Herrler BGB § 1008 Rn. 1, 4 ff.). Zur Begründung und Übertragung des Miteigentums an einem Gr sind Auflassung und Grundbucheintragung (§§ 873, 925 BGB) erforderlich; die Verpflichtung hierzu ist gem. § 311b BGB beurkundungspflichtig. Als bürgerlichrechtliches Alleineigentum ist das **Miteigentum selbst Gr** (§ 2 I 1; vgl. → § 2 Rn. 7).

c) Gesamthandsgemeinschaften als selbstständige Rechtsträger iSd 63 **GrEStG.** Grestrechtlich findet die Rechtsfigur des Gesamthandsvermögens – nunmehr aufgrund der Anordnung des § 24 – ihren Niederschlag darin, dass die Gesamthand **als „selbstständiger Rechtsträger" selbst steuerrechtsfähig** und ein von ihren Gesellschaftern verschiedenes Rechtssubjekt ist (seit RFHE 12, 76 stRspr; zB BFH II B 116/96, BStBl. II 1997, 661; II R 17/10, BStBl. II 2013, 833). Das GrEStG **folgt** insoweit den vorstehend dargestellten **Vorgegebenheiten des Zivilrechts** (BFH II 142/63, BStBl. II 1969, 400; Hailer UVR 1989, 163/169): Die selbstständige Rechtsträgerschaft der Gesamthand im GrESt-Recht ist das Pendant zu dem nach zivilrechtlichen Grundsätzen dinglich gebundenen Sondervermögen der Gesamthand der Gesellschafter. Im GrEStG fehlt zwar eine ausdrückliche gesetzliche Bestimmung darüber, ob und welche Gesamthandsgemeinschaften als selbstständige Rechtsträger anzuerkennen sind. Von einer selbstständigen Rechtsträgerschaft der Gesamthand gehen jedenfalls § 1 IIa (insoweit ist die PersGes selbst Steuerschuldner, § 13 Nr. 6), jetzt auch § 1 IIIa und schon seit jeher § 1 III aus, der nur die Vereinigung von 90% – und nicht den bloßen Wechsel im Personenstand – der GrESt unterwirft. Auch §§ 5–7 iVm § 24 setzen die selbstständige Rechtsträgerschaft der Gesamthand, indem sie diese selbst als Veräußerin bzw. Erwerberin des Gr betrachten, voraus. Damit ist anerkannt, dass die Beteiligung des Gesamthänders am Gesamthandsvermögen eine solche an dem einheitlichen Sondervermögen und nicht eine an den einzelnen Vermögensgegenständen des Gesamthandsvermögens ist.

Darüber hinaus können PersGes ihrerseits auch **Gesellschafter anderer Gesellschaften** sein. Dabei sind die Gesellschafter der PersGes allerdings nicht zugleich Gesellschafter der Beteiligungsgesellschaft (BFH II R 17/10, BStBl. II R 2013, 833 mwN); zur Problematik eines Gleichbehandlungsgebots von PersGes und KapGes in Bezug auf ihre Beteiligung an einer grbesitzenden PersGes vgl. → Rn. 60.

Die selbstständige Rechtsträgerschaft der Gesamthand führt grestrechtl. zu einer 64 gewissen **Annäherung** der PersGes an den Rechtsstatus der **KapGes** (BFH II R 141/74, BStBl. II 1976, 159). Eine volle Gleichstellung von PersGes und KapGes erfolgt allerdings nicht und ist auch nicht verfassungsgeboten (vgl. auch → Rn. 534; jetzt auch § 1 IIb). Denn die selbstständige Rechtsträgerschaft der

Gesamthand wird durch §§ 5 und 6 iVm § 24 – die ihrerseits auf KapGes nicht anwendbar sind, vgl. → § 5 Rn. 6 f. – insofern korrigiert, als sie wirtschaftliche Gesichtspunkte berücksichtigen (Begr GrEStG 1940, 398). Dem tragen §§ 5 und 6 iVm § 24 Rechnung und berücksichtigen zur Vermeidung unbilliger Härten bewusst wirtschaftliche Gesichtspunkte. Sie beruhen auf der Vorstellung, dass die Änderung der Rechtszuständigkeit am Gr wirtschaftlich insoweit zu keiner Veränderung führt, als der veräußernde Gesellschafter über seine Gesamthandsberechtigung weiterhin am Gr (bzw. seinem Wert) beteiligt bleibt (zB BFH II R 62/68, BStBl. II 1975, 150; II R 13/01, BStBl. II 2003, 358). Die auf die Gesamthand anzuwendenden Befreiungsvorschriften ziehen daher die zutr. Konsequenz aus dem Umstand, dass die Gesamthandsgemeinschaft als „Personenverband" anders als die juristische Person nicht völlig gegenüber ihren Mitgliedern verselbstständigt ist (BFH II 142/63, BStBl. II 1969, 400).

65 **d) Erfasste Gesamthandsgemeinschaften.** Im **Einzelnen** sind **„selbstständige Rechtsträger"** im grestrechtl. Sinn unter Berücksichtigung des § 24 (zu Einzelheiten → § 24 Rn. 2 f.) die **OHG** (zB BFH II 68/51 S, BStBl. III 1951, 116), die **KG** (zB BFH II 46/56 U, BStBl. III 1957, 19; II R 61/03, BStBl. II 2005, 649), die **rechtsfähige GbR** (§ 14a Abs. 2 Nr. 2 AO, zB BFH II 294/55 U, BStBl. III 1956, 285; II R 118/84, BStBl. II 1987, 183; II R 28/15, BStBl. II 2015, 343), die – als OHG geltende – **PartGes** (§§ 1, 2 II PartGG, vgl. auch zu § 1 IIa GLE 10.5.2022, BStBl. I 2018, 1314) sowie hinsichtlich ihrer Außengeschäfte die **Erbengemeinschaft** (→ Rn. 69). Ebenfalls selbstständiger Rechtsträger sind die **Stiftung & Co. KG** (Schmidt GesR § 56 VII 3; Schulze zur Wiesche WPg 1988, 128; Hennerkes/Binz/Sorg DB 1968, 2217 und 2269; Hennerkes/Schiffer DB 1992, 1940), die **Partenreederei** (§ 489 HGB, vgl. Schmidt GesR § 65 I 3), die sog. „unechte" **Vorgesellschaft** (vgl. → Rn. 36) sowie die **EWIV.** Auf Letztere sind die für die OHG geltenden Vorschriften anzuwenden (§ 1 EWIV-AusführungsG; zu Einzelheiten Schmidt GesR § 66, Schroth NJW 1998, 2854 (2861)). Die EWIV kann Gr erwerben und unterliegt insoweit – unter Anwendung der §§ 5 und 6 iVm § 24 – der GrESt (Viskorf/Viskorf § 5 Rn. 16; zur Bekanntgabe von GrESt-Bescheiden an EWIV vgl. AEAO § 122 Nr. 2.4.1, 2.4.1.1.).

66 **e) Nicht rechtsfähige Personenvereinigungen.** Besondere Rechtsträger sind gem. § 14a Abs. 3 AO die **Gütergemeinschaft** (§§ 1415 ff. BGB) und die **fortgesetzte Gütergemeinschaft** (§§ 1483 ff. BGB). Die Anwendung der §§ 5 und 6 iVm § 24 ist unbestritten (BFH II R 141/74, BStBl. II 1976, 159); diese Vorschriften haben jedoch durch § 3 Nr. 4 und 7 weitgehend ihre Bedeutung verloren. Die Besonderheit liegt in ihren von anderen Gesamthandsgemeinschaften abweichenden Besonderheiten (BFH II 60/56 U, BStBl. III 1956, 364; II 83/64, BStBl. III 1969, 560). Für die (fortgesetzte) Gütergemeinschaft ist kennzeichnend, dass die Anteile am Gesamtgut nicht variabel und als solche nicht veräußerlich sind. Zudem erwirbt jeder Ehegatte für sich; dieser Erwerb fällt erst kraft Gesetzes (§ 1416 I 2 und II BGB) in das Gesamtgut. Bei einem Erwerb zum Gesamtgut liegt daher für jeden Ehegatten ein selbstständiger Steuerfall vor (vgl. → § 13 Rn. 8).

67 **f) Erbengemeinschaft.** Als nicht rechtsfähig gilt nach § 14a Abs. 3 Nr. 3 AO auch die Erbengemeinschaft (§§ 2032 ff. BGB). Sie ist als **Gesamthandsgemeinschaft** ausgestaltet, jedoch **weder rechts- noch parteifähig** (BGH VIII ZB 94/

05, NJW 2006, 3715). Der Nachlass bildet ein vom Privatvermögen der einzelnen Miterben getrenntes dinglich gebundenes Sondervermögen. Soweit die Miterben **nach außen hin** ein zum Nachlass gehörendes Gr veräußern oder ein Gr für den Nachlass erwerben (§§ 2040 f. BGB), ist die Erbengemeinschaft **grestrechtlich** – auch im Hinblick auf § 1 III – ein **selbstständiger Rechtsträger** (BFH II R 46/12, BStBl. II 2014, 536; II B 33/15, BFH/NV 2016, 234; Viskorf/Meßbacher-Hönsch § 1 Rn. 74). Die grunderwerbsteuerrechtliche Selbstständigkeit der Erbengemeinschaft nach außen folgt aus deren bürgerlich-rechtlicher Selbstständigkeit als Zurechnungssubjekt des gesamthänderisch gebundenen Sondervermögens (BFH II R 46/12, BStBl. II 2014, 536 Rn. 16). Auch wenn jeder Miterbe jederzeit die Auseinandersetzung der Erbengemeinschaft verlangen kann (§ 2042 Abs. 1 BGB), sind die Miterben während des Bestehens der Erbengemeinschaft zum gemeinsamen Handeln verpflichtet (§ 2038 I 1 BGB).

Die Übertragung des letzten Anteils an einen Erben oder Dritten gem. § 1 I **68**
Nr. 3 ist steuerbar (→ Rn. 192). Da sich die Übertragung des Nachlassanteils nicht unmittelbar auf das im Nachlass enthaltene Gr bezieht, scheidet die Steuerbarkeit aus § 1 I Nr. 1 oder Nr. 2 aus. Eine **entsprechende Anwendung des § 1 IIa** ist wegen der gesonderten Übertragung eines Anteils gem. § 2033 I BGB **nicht möglich** (BFH II B 28/19, BFH/NV 2020, 564). Beim Erwerb des letzten Erbteils ist mithin nicht mehr der ganze GrErwerb, sondern nur der **quotale Anteil des letzten Anteils zu versteuern.**

Zur Erbengemeinschaft als Erwerberin iSd § 1 III Nr. 1 vgl. → Rn. 548. Der Erbschaftskauf ist gem. § 1 I Nr. 1 steuerbar (→ Rn. 159).

Ebenfalls kein rechtlich selbstständiger Rechtsträger ist die **KGaA** (sie ist Kap- **69**
Ges, BFH II B 76/04, BFH/NV 2005, 1627; Viskorf/Viskorf § 5 Rn. 30), der Erwerb von Anteilen einer **Hauberggenossenschaft** (BFH II R 17/15, BStBl. II 2017, 281) sowie die **stille Gesellschaft** (§§ 230 ff. HGB). Sie ist schon ihrer Rechtsnatur nach keine Gesamthandsgemeinschaft (BFH II R 170/73, BStBl. II 1975, 363), kann als reine Innengesellschaft nicht Trägerin von Rechten und Pflichten und auch nicht Rechtsträger eines Gr sein. Die Einlage des stillen Gesellschafters geht in das Vermögen des Inhabers des Handelsgeschäfts über (§ 230 I HGB). Besteht die Einlage in einem Gr, so liegt hierin ein nach § 1 I Nr. 1 steuerbarer Erwerbsvorgang. Der stille Gesellschafter ist nur **schuldrechtlich** am Gesellschaftsvermögen beteiligt (BFH I R 50/76, BStBl. II 1980, 477). Überträgt daher der „Stille" als Vermögenseinlage ein Gr auf den Inhaber des Handelsgeschäfts in Anrechnung auf die als Stiller zu leistende Vermögenseinlage, ist **§ 5 II** mangels fortgesetzter dinglicher Beteiligung des Veräußerers am Gr **nicht anwendbar** (BFH II R 170/73, BStBl. II 1975, 363; II R 97/70, BStBl. II 1976, 697; II R 117/78, BStBl. II 1980, 357; II R 131/81, BStBl. II 1984, 160; FG Münster 8 K 5501/03 GrE, EFG 2005, 472). Umgekehrt löst auch die Beteiligung als Stiller mit einer Bareinlage keine GrESt aus, wenn zum Vermögen des Inhabers des Handelsgeschäfts ein Gr gehört (BFH II R 170/73, BStBl. II 1975, 363). Der Stille erlangt auch keine Verwertungsbefugnis (§ 1 II) an einem von dem Geschäftsinhaber erworbenen Gr (vgl. → Rn. 271).

Diese Grundsätze gelten auch für eine **atypische stille Gesellschaft,** weil diese ebenfalls kein Gesellschaftsvermögen der stillen Gesellschaft hervorbringt und die Beteiligung des atypisch Stillen rein schuldrechtlicher Natur ist (Baumbach/Hopt/Roth HGB § 230 Rn. 3). Zur Bruchteilsgemeinschaft schon → Rn. 62. Für die GrESt ist die **ertragsteuerrechtliche Behandlung ohne Belang.**

70 **g) Fehlerhafte Gesellschaft.** Soweit eine in Vollzug gesetzte PersGes nach dem Vorstehenden als selbstständiger Rechtsträger anzusehen ist, wird ihre grestrechtl. Anerkennung durch die etwaige **Fehlerhaftigkeit** eines Gesellschaftsvertrags nicht grds. ausgeschlossen. Zivilrechtlich ist eine fehlerhaft gegründete Gesellschaft aus Gründen des Verkehrsschutzes für Dritte und des Bestandsschutzes für die Gesellschafter wegen eines Nichtigkeits- oder Anfechtungsgrundes regelmäßig nicht an Anfang an unwirksam, sondern **nur** für die **Zukunft** vernichtbar (Grüneberg/Retzlaff BGB § 705 Rn. 27 ff.; Goette DStR 1996, 266; aus der Rspr. zB BGHZ 153, 214) und bis zur Geltendmachung des Fehlers voll wirksam. Die Anwendung dieser Grundsätze ist nur ausgeschlossen, soweit dem gewichtige Interessen der Allgemeinheit oder bestimmter besonders schutzwürdiger Personen entgegenstehen (BGH II R 109/01, BGHZ 153, 214). Nach den gleichen Grundsätzen sind auch **Änderungen im Gesellschafterbestand** einer PersGes zu behandeln, so dass zB auch ein fehlerhaft vollzogener **Beitritt** (ein Vollzug ist anzunehmen, wenn der Beitretende Beiträge geleistet oder gesellschaftsvertragliche Rechte ausgeübt hat) zu einer GbR idR nur mit Wirkung für die Zukunft vernichtbar und bis zur Geltendmachung des Fehlers grds. voll wirksam ist (Grüneberg/Sprau BGB § 705 Rn. 19b mwN; II R 109/01, BGHZ 153, 214 mwN). Diese Grundsätze sind auch – sofern der Vertrag nicht insgesamt nichtig ist – **grestrechtlich** (zB bei der Anwendung der § 1 IIa, IIb oder §§ 5 und 6) **zu beachten** (BFH II R 54/02, BStBl. II 2005, 299; II R 64/09, BStBl. II 2012, 355).

71 **8. Rechtsfolgen der selbstständigen Rechtsträgerschaft von Gesamthandsgemeinschaften.** Die grestrechtl. selbstständige Rechtsträgerschaft von Gesamthandsgemeinschaften iVm § 24 hat erhebliche praktische Bedeutung. Als Rechtsfolge dieser selbstständigen Rechtsträgerschaft sind GrÜbertragungen zwischen **verschiedenen Gesamthandsgemeinschaften** (§ 24) **steuerbar** (zu GrÜbertragungen bei doppelstöckigen PersGes zB zu §§ 5 und 6 GLE 5.3.2024, BStBl. I 2024, 410 Tz. 1.4). Ebenso sind – wegen der Verschiedenheit der Rechtsträger – GrÜbertragungen von einer Gesamthand **auf** eine **juristische Person** der GrESt unterworfen; das gilt auch dann, wenn die Gesamthand zu 100 % an der juristischen Person (zB GmbH) beteiligt ist.

72 Ein Rechtsträgerwechsel ist auch gegeben, wenn ein Gr von einem **Allein- oder Miteigentümer** auf die Gesamthand oder von der Gesamthand in Allein- oder Miteigentum übergeht (vgl. zB BFH II B 96/02, BFH/NV 2003, 1090; II R 28/15, BStBl. II 2019, 555). Aus der Anerkennung als selbstständiger Rechtsträger folgt, dass die als solche anerkannte Gesamthandsgemeinschaft für jeden Steuerfall als Einheit behandelt wird und **selbst** (als Veräußerer oder Erwerber) **Steuerschuldner** iSd § 13 ist (zu Einzelheiten → § 13 Rn. 31 ff.).

73 Ferner liegt ein **§ 1 I Nr. 1 unterliegender Rechtsträgerwechsel** auch vor, wenn Gesellschafter nach Abschluss des Auseinandersetzungs- und Teilungsvertrags ihren Wohnungseigentumsanteil an andere Gesellschafter oder Dritten übertragen. Gegenstand der Übereignung ist der geänderte oder neue Auseinandersetzungsvertrag (BFH II R 20/17, BFH/NV 2019, 1430; II R 64/09, BStBl. II 2012, 355 Rn. 25).

74 Zu beachten ist, dass sich die selbstständige Rechtsträgerschaft der PersGes auf deren **Sondervermögen** beschränkt. Im Eigentum eines oder mehrerer Gesellschafter stehende Gr, die der PersGes für die Zwecke des von ihr betriebenen Gewerbebetriebs überlassen werden und damit ertragsteuerlich Sonderbetriebsver-

mögen sind, sind nicht von der Rechtsträgerschaft der PersGes erfasst. Bringt allerdings ein Gesellschafter ein ihm gehörendes Gr dem Werte nach in die PersGes ein, so erlangt diese uU die **Verwertungsbefugnis** an dem Gr (§ 1 II), näher → Rn. 281 ff.

Die **grestrechtl. Selbstständigkeit** der Gesamthandsgemeinschaft **hindert** 75 **nicht** die Anwendung **personenbezogener Befreiungsvorschriften** (→ § 3 Rn. 8). Umgekehrt folgt aus der Unabhängigkeit des sachenrechtlichen Bestands des Gesellschaftsvermögens von der jeweiligen personellen Zusammensetzung der Gesamthand, dass ein **Wechsel im Personenstand der Gesamthand** – durch den Eintritt weiterer Gesamthänder oder durch den Austausch von Gesellschaftern – grds. nicht zu einem Rechtsträgerwechsel führt und deshalb **keine GrESt** auslöst (BFH II 142/63, BStBl. II 1969, 400; II R 64/09, BStBl. II 2012, 355; II R 59/01, BFH/NV 2004, 367, stRspr). Der Wechsel der Gesellschafter einer PersGes führt zwar zu einem Wechsel in der Eigentumszuordnung eines Gr. Das GrEStG hat jedoch – wie §§ 1 III, 6 IV und 7 III zeigen – ersichtlich auf eine **grestrechtliche Erfassung jedweder Veränderungen im Personenstand einer PersGes verzichtet** (vgl. Begr. GrEStG 1940, 392 (399)). Da sich das Recht des Gesamthänders an einem Gr nur mittelbar aus seinem Mitgliedschaftsrecht ableitet, liegt beim Wechsel im Personenstand kein Rechtsgeschäft vor, das iSd § 1 I Nr. 1 einen Anspruch auf Übereignung eines Gr begründet. Auch kann nach der Systematik des GrEStG die mit dem Anteil am Gesellschaftsvermögen verbundene „Berechtigung" an einem Gr keine Verwertungsbefugnis iSd § 1 II begründen (vgl. → Rn. 272).

Auch **Veränderungen im Anteilsverhältnis der Beteiligten** lösen grds. 76 keine GrESt aus (BFH II 142/63, BStBl. II 1969, 400; II 169/64, BFHE 96, 3709; II R 59/01, BFH/NV 2004, 367); **§ 1 IIa und IIb sind,** sofern sich Anteilsveränderungen lediglich im Kreis der Altgesellschafter vollziehen, **nicht anwendbar** (vgl. → Rn. 34 1 ff., 447 ff.). Die grds. Nichtsteuerbarkeit von Anteilsveränderungen entspricht praktischen Bedürfnissen, weil anderenfalls bei einer etwaigen laufenden Veränderung der Kapitalanteile jeder Geschäftsvorfall GrESt auslösen müsste.

Es liegt auf der Hand, dass Gesamthandsgemeinschaften wegen ihrer vorge- 77 nannten Besonderheiten grestrechtl. attraktive Gestaltungsmöglichkeiten bieten und zur steuergünstigen GrMobilisierung genutzt werden können. **Einschränkungen** dieser Gestaltungsspielräume im Hinblick auf die Nichtsteuerbarkeit des Wechsels im Personenstand sowie von Änderungen im Anteilsverhältnis der Beteiligten sind durch **§ 1 IIa** (zur erstmaligen Anwendung § 23 III) und § 1 IIb (zur erstmaligen Anwendung § 23 XVIII) erfolgt (zum früheren Rechtszustand vgl. 4. Aufl. § 1 Rn. 53 ff.). Soweit der Tatbestand des § 1 IIa oder § 1 IIb keine Anwendung findet, kann nunmehr der **subsidiäre Steuertatbestand des § 1 IIIa** anwendbar sein (vgl. → Rn. 666 ff.). **Weitere Einschränkungen** des § 1 IIa ergeben sich für den speziellen Fall des mit einem Gesellschaftsanteil verbundenen Grundstücksanteils aus § 42 AO (→ Rn. 80 ff.) sowie – bezogen auf die Anwendung von §§ 5 und 6 – aus § 5 III und 6 IV iVm § 24.

Die vorstehend aufgezeigten vorteilhaften Rechtsfolgen, die sich aus der Aner- 78 kennung einer selbstständigen Rechtsträgerschaft ergeben, gelten allerdings nur bei **Fortbestand einer gesamthänderischen Bindung** des Gesamthandsvermögens. Wird das Vermögen einer PersGes nach Ausscheiden der anderen Gesellschafter ohne Liquidation von dem verbleibenden Gesellschafter übernommen, so erlischt die PersGes (§ 712a I BGB). Damit tritt hinsichtlich des zu der PersGes gehörenden Gr ein **Rechtsträgerwechsel** ein, der nach § 1 I Nr. 3 der GrESt unterliegt (→ Rn. 60, → Rn. 186). Der Anwendung des § 1 III auf solche Fälle steht entgegen, dass mit einem Erlöschen der PersGes auch die Gesellschaftsanteile entfallen; auch § 1 IIa ist insoweit nicht anwendbar.

Die Auseinandersetzung der Erbengemeinschaft ist nach Maßgabe des **§ 3 Nr. 3** grestfrei. Zur Steuerschuldnerschaft der Erbengemeinschaft, soweit sie grestrechtl. selbstständiger Rechtsträger ist, vgl. → § 13 Rn. 32.

79 *einstweilen frei*

80 **9. Verknüpfung von Gesamthandsanteil und Gesellschaftsgrundstück.** Der Grundsatz des nicht steuerbaren Wechsels im Personenstand einer PersGes (vgl. → Rn. 52) gilt nicht, soweit der **Anteil an einer PersGes** mit einem dieser gehörenden **Gr** (häufig Wohnungs- und Teileigentum) **verknüpft** ist. Das Ziel dieser Konstruktionen kann darin liegen, mit der Übertragung des Gesellschaftsanteils das durch diesen repräsentierte Gr grestfrei – dh im Hinblick auf die fehlende Steuerbarkeit des Wechsels im Personenstand einer PersGes unter Ausnutzung von §§ 6 II, 7 II – an den Anteilserwerber weiterzuleiten.

81 Die Rspr. (BFH II R 86/86, BStBl. II 1989, 628; II R 82/87, BStBl. II 1991, 731; II R 46/89 BStBl. II 1992, 680; II R 51/91, BStBl. II 1993, 879; II R 84/90, BFH/NV 1994, 824; II R 35/99, BFH/NV 2001, 1144; II R 36/01, BFH/NV 2004, 366; II R 23/02, BFH/NV 2005, 721; II B 133/10, BFH/NV 2011, 1539; II R 64/09, BStBl. II 2012, 355 Rn. 13 ff.) bejaht – die Anwendung des § 1 II (→ Rn. 87) in diesem Zusammenhang ablehnend – die Steuerbarkeit aus § 1 I Nr. 1 iVm § 42 AO für die **Übertragung** eines Anteils an einer PersGes, der mit einer **besonderen Berechtigung** an einem der Gesellschaft gehörenden Gr **untrennbar verknüpft** ist. Die Übertragung eines so ausgestalteten Gesellschaftsanteils stellt sich im rechtlichen wie im wirtschaftlichen Ergebnis als GrErwerb dar. Die den wirtschaftlichen Umständen angemessene Gestaltung ist die Begründung eines vertraglichen Anspruchs auf GrÜbereignung. **§ 1 IIa** lässt diese Grundsätze, welche nicht an den Wechsel im Personenstand anknüpfen, unberührt (aA Hofmann/Eiling § 1 Rn. 27). Geht die Gesellschaft im Zusammenhang mit der Anwachsung der Anteile insgesamt unter, ergibt sich die Steuerbarkeit schon aus § 1 III 1. Zu beachten ist, dass sich ein Anspruch auf GrÜbertragung ggf. auch schon aus einem anderweitig steuerbaren Rechtsvorgang (zB nach § 1 I Nr. 7) ergeben kann (BFH II R 36/01, BFH/NV 2004, 366).

82 **Voraussetzung** für die Besteuerung aus § 1 I Nr. 1 iVm § 42 AO ist, dass dem Gesellschafter nach der gesellschaftsvertraglichen Vereinbarung aufgrund einer gesicherten Rechtsposition eine letztlich **eigentümerähnliche Dispositionsbefugnis** über ein reales Gr (bzw. einen GrTeil) eingeräumt ist. Davon ist auszugehen, wenn der Gesellschafter seine Gesellschafterstellung ohne Weiteres in einen Anspruch auf Übertragung des Eigentums an einem bestimmten Gr „umwandeln", dh einen **konkreten Übereignungsanspruch** begründen kann oder gar bereits einen solchen Übereignungsanspruch hat (BFH II R 45/08, BStBl. II 2012, 292 mwN). Dies setzt allerdings unabdingbar voraus, dass die auf Begründung eines Anspruchs auf Übereignung eines bestimmten Gr (oder einer bestimmten Wohnungseinheit) gerichteten Vereinbarungen **gem. § 311b BGB notariell beurkundet** wurden (BFH II R 45/08, BStBl. II 2012, 292; dagegen mit beachtlicher Kritik Potsch NZG 2012, 176 im Blick auf die Grundsätze der fehlerhaften Gesellschaft).

83 **Grundlage** eines konkreten Übereignungsanspruchs des Gesellschafters kann insb. in der Befugnis des Gesellschafters liegen, die Übereignung des Eigentums

am Gr durch eine entspr. **einseitige Erklärung** (zB Kündigung oder Auflösung der Gesellschaft) herbeizuführen (BFH II R 35/99, BFH/NV 2001, 1144). Im Hinblick auf die GrÜbereignung ist die Kündigung zwar das anspruchsauslösende Moment; ihr kommt jedoch nur eine formale Bedeutung zu (BFH II R 46/89, BStBl. II 1992, 680). Deshalb steht der Steuerbarkeit auch nicht entgegen, wenn die erstmalige Kündigung der Gesellschaft erst nach Ablauf eines mehrjährigen Zeitraums (der in der Praxis mit Rücksicht auf §§ 6 IV, 7 III zumeist auf fünf bzw. zehn Jahre festgelegt ist) möglich ist (BFH II R 84/90, BFH/NV 1994, 824). Das ist schon deshalb zutreffend, weil der Gesellschafter den Wert seines Gesellschaftsanteils auch ohne Weiteres bereits vorher durch Anteilsabtretung realisieren kann. Die den Übereignungsanspruch begründende Rechtsposition muss sich nicht zwingend aus dem Gesellschaftsvertrag ergeben; ausreichend ist zB auch eine entspr. außergesellschaftsvertragliche Zusage der Gesellschaft oder eine anderweitige rechtliche Bindung aller Gesellschafter (BFH II R 35/99, BFH/NV 2001, 1144).

Für die Bestimmbarkeit des **Gegenstands des Übereignungsanspruchs** (dh 84
des dem Gesellschaftsanteil zugeordneten Gr) gelten die von der Rspr. entwickelten allgemeinen Grundsätze (→ Rn. 157). Erforderlich und ausreichend ist, dass das Gr im Zeitpunkt des Erwerbs des Gesellschaftsanteils **hinreichend konkretisiert** ist (BFH II R 46/89, BStBl. II 1992, 680). Soweit diese Voraussetzungen erfüllt sind, steht eine bei Erwerb des Gesellschaftsanteils noch ausstehende Aufteilung von Gr in – den Beteiligungsquoten entspr. – EinzelGr der Steuerpflicht nicht entgegen (BFH II R 84/90, BFH/NV 1994, 824).

Maßgeblicher **Beurteilungszeitpunkt** dafür, ob sich aus einem Gesellschafts- 85
anteil ein **konkreter Übereignungsanspruch** ergibt, ist derjenige des Erwerbs des fraglichen Gesellschaftsanteils. Eine sich nach diesem Zeitpunkt ergebende Abschwächung der gesicherten Rechtsposition des Gesellschafters durch nachträgliche Änderung des Gesellschaftsvertrags ist für den einmal entstandenen Steueranspruch bedeutungslos (BFH II R 100/89, BFH/NV 1993, 563).

Sind die vorstehenden Voraussetzungen des § 1 I Nr. 1 iVm § 42 AO erfüllt, sind auch **„legitime" außersteuerliche Motive und Sachgründe** für die gewählte Gestaltung ohne Bedeutung (BFH II R 23/02, BFH/NV 2005, 721 unter Aufhebung von SächsFG 2 K 2388/99, EFG 2002, 1104 im Hinblick auf die Sicherung einer Sonderabschreibung gem. § 4 FördergebietsG). Derartige außerhalb des GrEStG liegende Umstände beseitigen nicht die nach den Wertungen des § 1 I Nr. 1 GrEStG iVm § 42 AO gebotene Beurteilung als GrErwerb (vgl. auch BFH II R 38/93, BStBl. II 1996, 377).

Eine Steuerbarkeit ist jedoch zu **verneinen,** wenn es im Zeitpunkt des Erwerbs 86
des Gesellschaftsanteils an einer **gesicherten Rechtsposition** des Gesellschafters im Hinblick auf einen konkreten Übereignungsanspruch **fehlt.** Das ist – abgesehen vom Fall einer **fehlenden notariellen Beurkundung** – zB der Fall, wenn dem Gesellschafter nach dem Gesellschaftsvertrag zunächst nur ein **Wahlrecht** zwischen einem auf Geld gerichteten Auseinandersetzungsanspruch und der Möglichkeit zusteht, über die Übertragung eines Gr zu verhandeln (BFH II R 82/87, BStBl. II 1991, 731; II R 51/91, BStBl. II 1993, 879). Ebenso liegt kein Gestaltungsmissbrauch vor, wenn einem einzelnen Gesellschafter zwar bei Auflösung (und nicht schon bei Kündigung) ein Eigentumsverschaffungsanspruch zustehet, er selbst jedoch die **Auflösung** der auf unbestimmte Zeit gegründeten Gesellschaft **nicht herbeiführen** und auch durch anderweitige Erklärung (zB

Kündigung) einen Eigentumsübertragungsanspruch nicht erlangen **kann** (BFH II R 82/87, BStBl. II 1991, 731; II R 35/99, BFH/NV 2001, 1144).

87 Eine Ableitung der Besteuerung aus **§ 1 II** hat der BFH hingegen **abgelehnt** (zuletzt BFH II R 45/08, BStBl. II 2012, 292 mwN; so auch Viskorf/Meßbacher-Hönsch § 1 Rn. 655; Potsch NZG 2012, 176), obwohl die Unterschiede der Rspr. eher theoretischer Natur sind. Die Regelungsabsicht des § 1 II, die Verschaffung einer wirtschaftlichen Stellung ähnlich der eines Eigentümers zu besteuern, trifft auch hier zu. Problematisch bliebe freilich, ob die GrESt bei Anwendung des § 1 II bereits bei Erwerb des Anspruchs auf Eigentumsübergang entstehen könnte. Da regelmäßig ein nur aufschiebend bedingter Anspruch auf Eigentumsübertragung besteht, könnte die GrESt gem. § 14 Nr. 1 auch erst bei Eintritt der Bedingung entstehen (zur Problematik vgl. BFH II R 82/87, BStBl. II 1991, 731; II R 138/87, BFH/NV 1991, 119).

88–96 *einstweilen frei*

III. Zurechnung von Grundstücken und wirtschaftliche Betrachtungsweise

97 Die Rechtsnatur der GrESt als Rechtsverkehrsteuer hat zwingend zur Folge, dass die **wirtschaftliche Betrachtungsweise nur in den vom GrEStG selbst gezogenen Grenzen** Anwendung finden kann. Hieraus ergeben sich insb. Folgerungen für die grestrechtl. Zurechnung von Gr, die in erster Linie für die Auslegung und Anwendung der **Steuertatbestände** von Bedeutung ist. Zu Einzelheiten vgl. → Einl Rn. 30 ff.

IV. Rechtsgeschäftliches Handeln bzw. Ankaufsrecht für Dritte

98 Die enge Verzahnung des GrEStG mit dem bürgerlichen Recht kommt bei den steuerlichen Folgen eines **rechtsgeschäftlichen Handelns für andere** zum Tragen. Das GrEStG verlangt schon wegen eines möglichen Rechtsmissbrauchs (§ 42 AO) eine **eindeutige Zurechnung rechtsgeschäftlichen Handelns** (BFH II 228/56 U, BStBl. III 1960, 233).

99 Die das Recht der **Stellvertretung** (§§ 164 ff. BGB) beherrschenden Grundprinzipien sind auch für das GrEStG maßgebend. Dies gilt insb. für die Bestimmung der **Vertragsteile eines Verpflichtungsgeschäfts** iSd § 1 I Nr. 1 und damit zugleich für die Steuerschuldnerschaft gem. § 13 Nr. 1. Die unmittelbare Wirkung eines Vertretergeschäfts für und gegen einen anderen tritt nur ein, wenn der Vertreter eine Willenserklärung in fremdem Namen abgibt oder empfängt (§ 164 I und III BGB) und der Vertreter im Rahmen der ihm zustehenden Vertretungsmacht handelt oder der Vertretene die Vertragserklärung gem. § 177 I BGB genehmigt. Liegen diese Voraussetzungen vor, so wirkt die vom Vertreter abgegebene Willenserklärung unmittelbar und in jeder Beziehung für und gegen den Vertretenen. In diesem Fall ist allein der Vertretene – auch sofern er noch nicht existent ist, → Rn. 21 – Vertragsteil eine GrKaufvertrags (BFH II R 18/69, BStBl. II 1975, 242). Der Vertreter selbst erlangt aus dem Vertrag bzw. Vertragsangebot keine eigenen Rechte; möglich ist allerdings, dass der Vertreter später die Rechte und Pflichten aus dem von ihm als Vertreter geschlossenen GrGeschäft übernimmt. In diesem Fall entsteht grds. zweimal GrESt in voller Höhe, da die vom Vertreter übernommene Verpflichtung nichts an der Steuerpflicht des ursprünglichen Erwerbsvorgangs ändert (BFH II R 69/89, BFH/NV 1993, 326; zur Vertragsübernahme vgl. auch → Rn. 109 f.).

Zu den grestrechtl. Auswirkungen eines gem. § 177 I BGB genehmigungsbedürftigen Rechtsgeschäfts vgl. BFH II R 18/69, BStBl. II 1975, 242 sowie → Rn. 21; zur Steuerentstehung bei genehmigungsbedürftigen Erwerbsvorgängen vgl. § 14 Nr. 2; zur Verwirklichung des Erwerbsvorgang in diesen Fällen vgl. → § 23 Rn. 8.

Tritt hingegen der **„Vertreter"** (zB Beauftragter, Geschäftsbesorger oder Treu- **100**
händer) **in eigenem Namen** auf und gibt er nicht zu erkennen, dass er für einen bestimmten Dritten handelt, so ist der „Vertreter" selbst Geschäftspartei. In diesem Fall können die rechtsgeschäftlich vereinbarten Rechte und Pflichten nicht in der Person des „Vertretenen" entstehen (vgl. § 164 II BGB). **Grestrechtlich ist** der **„Vertreter" selbst Erwerber** des Gr, so dass im Hinblick auf die Anwendbarkeit der personenbezogenen Befreiungsvorschriften auf **seine** Person abzustellen ist (vgl. → § 3 Rn. 4). Ebenso ist der „Vertreter" auch selbst Vertragsteil iSd § 13 Nr. 1 (BFH II 76/65, BStBl. II 1971, 309; II R 103/72, BStBl. II 1975, 47). Soll der „Vertretene" die Rechte aus dem geschlossenen Rechtsgeschäft erlangen, so bedarf es eines weiteren nach § 1 I Nr. 5–7 oder – bei Auflassung an den Vertretenen – nach § 1 I Nr. 2 steuerbaren Rechtsvorgangs (anders ist die Rechtslage bei einem echten Vertrag zugunsten Dritter, vgl. → Rn. 107 f.).

Ein **Kaufangebot** kann so ausgestaltet sein, dass GrErwerber oder Berechtigter **101**
aus einem Kaufangebot ein **noch zu benennender Dritter** sein soll (zur Steuerbarkeit der Einräumung eines Ankaufsrechts vgl. → Rn. 154). Fraglich ist zum einen, welche Person auf der Erwerberseite Vertragsteil ist und zum anderen, ob und unter welchen Voraussetzungen die Beteiligung der Mittelsperson („Vertreter" bzw. Angebotsempfänger) zu einem nach § 1 II steuerbaren Zwischenerwerb dieser Mittelsperson bzw. zu einem Zwischengeschäft iSd § 1 I Nr. 5–7 führt. Insoweit ist entscheidend auf die **Rechtsstellung der Mittelsperson** abzustellen.

Bei einem Kaufvertrag bzw. Kaufangebot für einen **„noch zu benennenden** **102**
Dritten" ist es grds. denkbar, dass die Mittelsperson in **unmittelbarer Stellvertretung** für den Dritten handelt. Auch die Vertretung für den zunächst unbenannten Vertretenen ist echte Stellvertretung iSd §§ 164 ff. BGB (MüKoBGB/Schubert § 164 Rn. 20; aA BFH HFR 1963, 294). Voraussetzung ist, dass die Person des Vertretenen **objektiv bestimmbar** ist und die nachträgliche Bestimmung dem Vertreter überlassen wird oder vereinbarungsgemäß aufgrund sonstiger Umstände erfolgen soll (BGH III ZR 84/87, NJW 1989, 164 mwN). Die Annahme einer unmittelbaren Stellvertretung setzt voraus, dass die **Person des Vertretenen bzw. des Angebotsempfängers** bereits im Zeitpunkt des Vertragsschlusses oder der Abgabe des Angebots **konkretisiert** ist (vgl. BFH II 228/56 U, BStBl. III 1960, 233 mwN; BFH HFR 1963, 294; FG MV 1 K 500/99, EFG 2001, 1618; Kleisl DVR 1973, 113). Liegen diese Voraussetzungen vor, so ist ebenfalls ausschließlich der Dritte als Vertragspartei anzusehen. Die Mittelsperson erlangt in diesem Fall keine eigenen grestrechtl. relevanten Rechte am Gr, so dass ein nach § 1 I Nr. 5–7 oder § 1 II steuerbarer Rechtsvorgang nicht in Betracht kommt.

Anderes gilt für Gestaltungen, in denen der Vertretene (dh der künftige **103**
Erwerber eines Gr) im Zeitpunkt des Abschlusses des GrGeschäfts oder der Abgabe eines Kaufangebots **objektiv** noch gar **nicht feststeht.** Hier ist der nach dem Kaufvertrag bzw. Kaufangebot noch zu benennende Dritte erst noch von der Mittelsperson („Vertreter" bzw. Angebotsempfänger) auszuwählen. In derartigen Fällen ist für die grestrechtl. Beurteilung entscheidend, ob nach den Gesamtumständen die Mittelsperson selbst Vertragspartner bzw. Angebotsempfänger ist.

104 Hier ist im Einzelnen zwischen **folgenden Sachverhaltsgestaltungen** zu differenzieren:

- Aus dem Kaufvertrag bzw. Kaufangebot ist **alternativ** sowohl die Mittelsperson als auch ein von ihr zu benennender Dritter berechtigt (sog. **„Oder-Geschäft“** oder **„Oder-Angebot“**): Für diese Geschäfte ist kennzeichnend, dass Vertragspartei bzw. Angebotsempfänger ausdrücklich die Mittelsperson selbst „oder ein von ihr zu benennender Dritter“ ist. In derartigen Fällen hat die Mittelsperson aufgrund der Ermächtigung zur Abtretung seiner Annahmeposition (Wagner NotBZ 2000, 69 (74)) ein **eigenes** Recht aus dem Verpflichtungsgeschäft bzw. Kaufangebot. Die Mittelsperson ist daher selbst Erwerber bzw. selbst Angebotsempfänger (BFH HFR 1963, 294; BFH II 134/57 U, BStBl. III 1959, 239; II R 103/72, BStBl. II 1975, 47; II R 30/03, BFH/NV 2005, 2050; FG MV 1 K 500/99, EFG 2001, 1618 mAnm Fumi). Ein mit diesem Inhalt zustande gekommenes Verpflichtungsgeschäft ist nach § 1 I Nr. 1 steuerbar; Vertragsteil (§ 13 Nr. 1) ist die Mittelsperson selbst (vgl. auch Hofmann/Eiling § 1 Rn. 72). Bei einem Kaufangebot ist die Benennung eines Dritten durch die Mittelsperson nach § 1 I Nr. 6 oder Nr. 7 der GrESt unterworfen (vgl. auch Begr GrEStG 1940, 391; vgl. → Rn. 231 ff.).

105 – Der Kaufvertrag bzw. das Kaufangebot bezeichnet als Berechtigten lediglich einen „noch zu benennenden Dritten“, eine **Selbstbenennung** der Mittelsperson als „Dritter“ ist **nicht** ausdrücklich **ausgeschlossen:** In derartigen Fällen kann die eigene Berechtigung der Mittelsperson aus dem Kaufvertrag bzw. Kaufangebot nicht daraus hergeleitet werden, dass diese sich uU selbst als Berechtigten (Dritten) benennen kann. Es muss vielmehr berücksichtigt werden, dass auch die Vertretung für einen zunächst unbenannten Vertretenen echte Stellvertretung ist (vgl. → Rn. 100 ff.). Die Mittelsperson ist jedoch dann selbst aus dem Kaufvertrag bzw. Kaufangebot berechtigt, wenn sie nach dem Gesamtinhalt des Vertrags erkennbar auch **für sich selbst** erwirbt (MüKoBGB/Schubert § 164 Rn. 48). Dies ist zB der Fall, wenn die Mittelsperson **eigene Verpflichtungen** (zB Kaufpreiszahlung, Beurkundungskosten oder GrESt) übernimmt oder **eigene Rechte** (zB Besitz und Nutzungen des KaufGr) erwirbt (BFH II 163/60, HFR 1963, 294). Auch aus anderen Gründen kann die Mittelsperson eine Rechtsstellung innehaben, die einen unmittelbaren Erwerb durch Dritte ausschließt.

- **Fehlen Anhaltspunkte für** eine **eigene Berechtigung** des Vertreters, kommt das Geschäft erst mit Benennung des Dritten zustande und scheidet ein eigener Erwerb des Vertreters aus. Die Benennung des Dritten durch die Mittelsperson löst in diesem Fall **kein steuerbares Zwischengeschäft** aus (Kleisl DVR 1973, 113 (116 f.)). Ergibt sich allerdings im Zusammenhang mit einem Kaufangebot für die Mittelsperson die Möglichkeit, das Gr auf **eigene Rechnung zu verwerten,** so liegt ein nach **§ 1 II** steuerbarer Zwischenerwerb vor (BFH II R 86/67, BStBl. II 1976, 27; HessFG V 132/77, EFG 1979, 407).

106 – Der Kaufvertrag bzw. das Kaufangebot schließt eine Selbstbenennung der Mittelsperson **ausdrücklich** aus: Soweit dies ernsthaft gewollt ist und mit dem Gesamtinhalt der vertraglichen Abreden in Einklang steht, kann das Rechtsgeschäft nicht für und gegen die Mittelsperson selbst wirken (BFH II R 18/69, BStBl. II 1975, 242; vgl. auch Wagner NotBZ 2000, 69 (74)). Die Mittelsperson ist daher weder Käufer noch kann sie nach § 1 I Nr. 5 und Nr. 7 einen Übereignungsanspruch abtreten. Es kann jedoch ggf. § 1 I Nr. 6 oder Nr. 7 erfüllt sein; für den durch diese Vorschriften erfassten Handel mit Kaufangeboten ist das

Selbstbenennungsrecht des Zwischenhändlers bedeutungslos (→ Rn. 243). Möglich ist schließlich auch in diesem Fall ein Erwerb der Verwertungsbefugnis (§ 1 II) durch die benennungsberechtigte Mittelsperson (zum Verhältnis von § 1 I Nr. 6 und Nr. 7 zu § 1 II vgl. → Rn. 248).

V. Vertrag zugunsten Dritter

Die für den echten Vertrag zugunsten Dritter (§ 328 BGB) geltenden **zivilrechtlichen Grundprinzipien** sind **auch für** das **GrEStG** maßgebend. Der Vertrag zugunsten Dritter unterscheidet sich nach Tatbestand und Rechtswirkungen von der Stellvertretung darin, dass der Versprechensempfänger (Gläubiger) in eigenem Namen einen Vertrag mit dem Versprechenden (Schuldner) abschließt. Der Dritte hat hingegen – soweit er nicht von seinem Zurückweisungsrecht (§ 333 BGB) Gebrauch gemacht – den Leistungsanspruch. Allerdings wird der Dritte nicht zum Vertragschließenden. Er erwirbt vielmehr – ohne selbst eine Willenserklärung abgegeben zu haben – das Recht originär in seiner Person (Grüneberg/Grüneberg Vorb § 328 BGB Rn. 6). 107

Das **GrESt-Recht** folgt dieser Betrachtung, indem es beim echten Vertrag zugunsten Dritter die **unmittelbar vertragsschließenden Parteien** (dh Versprechenden und Versprechensempfänger) als **Vertragsteile** iSd § 13 Nr. 1 (vgl. → § 13 Rn. 5) behandelt. Ungeachtet des für den Dritten begründeten Übereignungsanspruchs liegt auch insgesamt nur **ein** Erwerbsvorgang vor (BFH II 142/63, BStBl. III 1969, 558), bei dem die Rechte und Pflichten der Käuferseite von vornherein gespalten sind. 108

Der **Rechtsgrund** für die Zuwendung an den Dritten ergibt sich aus der Rechtsbeziehung zwischen diesem und dem Versprechensempfänger (sog. Zuwendungs- oder Valutaverhältnis). Bei dieser Rechtsbeziehung handelt es sich um ein vertragliches Rechtsverhältnis oder um die Erfüllung einer gesetzlichen Verpflichtung (vgl. Grüneberg/Grüneberg Vorb § 328 BGB Rn. 4). Im Verhältnis zwischen dem Versprechensempfänger und dem Dritten wird regelmäßig kein Erwerbsvorgang (denkbar ist insoweit nur ein Zwischengeschäft iSd § 1 I Nr. 5 bis Nr. 7 bzw. § 1 II) vorliegen, weil es an einem Durchgangserwerb des Versprechensempfängers fehlt.

Im Verhältnis zwischen dem Dritten und dem Versprechenden fehlt es ebenfalls an einem steuerbaren Erwerbsvorgang. Der Vollzug des echten Vertrags zugunsten Dritter durch Auflassung des Gr an diesen unterliegt nicht § 1 I Nr. 2, weil insoweit mit dem geschlossenen Vertrag zugunsten des Dritten ein Rechtsgeschäft vorausgegangen ist.

Zur Anwendung der Befreiungsvorschriften beim echten Vertrag zugunsten Dritter vgl. → § 3 Rn. 4, 97 ff.

VI. Vertragsübernahme und Vertragsbeitritt

Spezielle Abgrenzungsprobleme entstehen, wenn es **nach Verwirklichung eines Erwerbsvorgangs** (insb. GrKaufvertrags) zu einem **Wechsel auf der Erwerberseite** (etwa durch Vertragsübernahme oder Vertragsbeitritt) kommt. Hier kann fraglich sein, zwischen welchen Personen ein Rechtsträgerwechsel eintritt, nach welchen Grundsätzen die Abgrenzung zwischen einem Erwerbsvorgang iSd § 1 I Nr. 1 und einem Zwischengeschäft nach § 1 I Nr. 5 und Nr. 7 vorzunehmen ist, ob und in welchem Rechtsverhältnis eine Befreiungsvorschrift 109 anwendbar ist und ob – bezüglich des ursprünglichen Erwerbsvorgangs – die Anwendungsvoraussetzungen des § 16 vorliegen.

Zivilrechtlich ist die **Vertragsübernahme** die rechtsgeschäftliche Übertragung eines Schuldverhältnisses im Ganzen, also der Eintritt einer Vertragspartei anstelle der bisherigen (MüKoBGB/Keninger § 398 Rn. 1). Sie ist eine Verfügung über das Schuldverhältnis im Ganzen, die der Zustimmung aller Beteiligten bedarf und ist abzugrenzen von einem Neuabschluss des Vertrags zwischen dem ursprünglichen Veräußerer und dem „übernehmenden" Dritten (zur Abgrenzung BFH II R 32/01, BStBl. II 2003, 526; II S 1/01, BFH/NV 2002, 1343; II R 36/09, 2011, 304; vgl. auch BGH IX ZR 173/84, BGHZ 95, 88 (94 f.)). Es muss daher einzelfallbezogen festgestellt werden, ob sich die Vertragsübernahme als ein vom Ersterwerber **abgeleiteter Erwerb** unter Aufrechterhaltung der Identität des Vertrags oder aber als **Neuabschluss** eines Rechtsgeschäfts zwischen dem GrVeräußerer und dem neuen Erwerber darstellt. Dafür ist nach allgemeinen zivilrechtlichen Auslegungsgrundsätzen (§§ 133, 157 BGB) der tatsächliche Wille der Vertragsbeteiligten zu ermitteln (dazu eingehend FM BW 10.8.1995, DStR 1995, 1309; Hübner BB 2004, 2044). Der Neuabschluss eines Vertrags liegt vor, wenn ein GrKaufvertrag über den Austausch der Käuferseite hinaus (zB durch Änderung von Kaufgegenstand oder Kaufpreis) geändert wird (BFH II R 36/09, BFH/NV 2011, 304).

110 **Grestrechtlich** liegt beim **Neuabschluss** eines Vertrags ein nach § 1 I Nr. 1 steuerbarer **Rechtsträgerwechsel** zwischen Veräußerer und Dritten vor. Für eine personenbezogene Steuerbefreiung ist das Verhältnis zwischen Veräußerer und neuem Käufer maßgebend (BFH II R 36/09, BFH/NV 2011, 304). Bezüglich des ursprünglichen Erwerbsvorgangs (insb. bei erheblichen Änderungen von Vertragsgegenstand und -inhalt) grds. die **Anwendung des § 16** in Betracht; erforderlich ist allerdings die tatsächliche (wirtschaftliche) Rückgängigmachung (Hofmann/Märker § 16 Rn. 14, 10; vgl. → § 16 Rn. 30 ff.).

Bei einer **Vertragsübernahme** ist ein nach § 1 I Nr. 5 oder Nr. 7 steuerbarer Rechtsträgerwechsel (kraft derivativen Erwerbs) zwischen dem GrVerkäufer und dem Dritten gegeben (BFH II R 32/01, BStBl. II 2003, 526 unter Aufgabe von BFH II R 107/87, BFH/NV 1991, 482; II S 1/01, BFH/NV 2002, 1343; II R 36/09, BFH/NV 2011, 304). Die zivilrechtliche Qualifikation der Vertragsübernahme als einheitliches dreiseitiges Schuldverhältnis steht dem nicht entgegen (BFH II R 32/01, BStBl. II 2003, 526). Für eine **personenbezogene Steuerbefreiung** ist das Verhältnis zwischen ursprünglichem und neuem Käufer maßgebend (BFH II R 36/09, BFH/NV 2011, 304; Hofmann/Eiling § 1 Rn. 41).

Ebenso zu behandeln ist der **Vertragsbeitritt,** dh der Eintritt eines Zweiterwerbers in ein Schuldverhältnis neben dem Ersterwerber (Hübner BB 1994, 2044 (2046) mwN; Hofmann/Eiling § 1 Rn. 41; ebenso bereits FM BW 10.8.1995, DStR 1995, 1309; zur Problematik auch FG Hmb II 126/95, EFG 1996, 390, dazu Hardt KFR F 8 § 16 GrEStG 3/96). Insoweit liegt für den Ersterwerber eine Rechtsvorgang nach § 1 I Nr. 1 und für den Beitretenden ein Rechtsvorgang nach § 1 I Nr. 5 oder Nr. 7 vor.

Im Ergebnis kann daher der Ersterwerber neben dem nach § 1 I Nr. 1 steuerbaren GrKaufvertrag nicht auch zusätzlich als Steuerschuldner des Zwischengeschäfts in Anspruch genommen werden (zur Steuerschuldnerschaft des Zwischengeschäfts vgl. → § 13 Rn. 11 ff.). Die im Zuge der Vertragsübernahme bzw. des Vertragsbeitritts bewirkte Weiterleitung der grestrechtl. relevanten Rechtsposition an den Beitretenden berührt die Steuerbarkeit des ursprünglichen Rechtsvorgangs nicht

(BFH II R 69/89, BFH/NV 1993, 326). Die **Anwendung des § 16 ist,** weil dieser Rechtsvorgang nicht zivilrechtlich beseitigt wird (vgl. → § 16 Rn. 19), von vornherein **ausgeschlossen** (Hofmann/Eiling § 16 Rn. 14; vgl. auch bereits BFH II 87/64, BStBl. II 1969, 556).

einstweilen frei **111–120**

VII. Treuhandgeschäfte und Auftragserwerb

1. Allgemeines. Der GrESt unterliegen auch **Rechtsvorgänge im Zusammenhang mit Treuhandverhältnissen.** Der Besteuerung steht es nicht entgegen, wenn derartige Rechtsvorgänge keinen wirtschaftlichen Umsatz am Gr verwirklichen (Begr GrEStG 1940, 387). **121**

Das **Zivilrecht** kennt keinen eigenen Vertragstypus des Treuhandvertrags (Grüneberg/Grüneberg § 675 Rn. 27). Typisch für den Treuhandvertrag ist, dass der Treugeber dem Treuhänder entgeltlich oder unentgeltlich Vermögensrechte überträgt bzw. ihm eine Rechtsmacht einräumt. Der Treuhänder darf von den ihm übertragenen Rechten bzw. der ihm anvertrauten Rechtsmacht **im Innenverhältnis** (dh im Verhältnis zum Treugeber) nur nach Maßgabe der schuldrechtlichen Treuhandvereinbarung Gebrauch machen. Besonderes Merkmal des Treuhandverhältnisses ist daher die **überschießende Außenzuständigkeit des Treuhänders** (Grüneberg/Herrler BGB § 903 Rn. 33; Tipke/Kruse/Drüen AO § 39 Rn. 31; vgl. auch BFH II R 63/92, BFH/NV 1996, 433). Von der **Stellvertretung** unterscheidet sich die Treuhandschaft dadurch, dass der Treuhänder ein eigenes Recht in eigenem Namen, der Stellvertreter hingegen ein fremdes Recht in fremdem Namen ausübt.

Die Grundlagen des Treuhandverhältnisses können sich sowohl aus dem **Zivilrecht** als auch aus dem **öffentlichen Recht** (so zB im Fall der gesetzlich begründeten Treuhandschaft von Entwicklungsträgern gem. § 167 III BauGB (früher § 55 StBauFG, dazu BFH II R 244/85, BStBl. II 1989, 157) ergeben. Da es keine typische zivilrechtliche Erscheinungsform des Treuhandvertrags gibt, muss der **Inhalt der Treuhandabrede** jeweils im Einzelfall sachverhaltsbezogen festgestellt und **grestrechtlich gewürdigt** werden. **122**

Nach dem Interesse an der Treuhand ist insb. zwischen der uneigennützigen Treuhand (sog. Verwaltungstreuhand, so etwa bei der zumeist den Interessen des Treugebers dienenden Treuhand zwecks Vermögensregulierung; dazu zB BGH IX ZR 151/92, NJW 1993, 2041; Grüneberg/Herrler BGB § 903 Rn. 35) und der eigennützigen Treuhand zu unterscheiden. Letztere liegt zumeist in der Gestalt der sog. Sicherungstreuhand (zB im Zusammenhang mit einer Sicherungsübereignung) oder eigennützigen Verwaltungstreuhand im Interesse der Gläubiger des Treugebers (zur Sicherungsübereignung von Gebäuden auf fremdem Boden vgl. → § 2 Rn. 118 ff.) vor und dient hauptsächlich den Interessen des Treuhänders (Grüneberg/Herrler BGB § 903 Rn. 35). **123**

Auch der sog. **Auftragserwerb,** dh der auftragsweise GrErwerb Gr durch einen Beauftragten für den Auftraggeber aufgrund unentgeltlichen Auftrags (§ 662 BGB) oder entgeltlichen Geschäftsbesorgungsvertrags (§ 675 I BGB) kann den Treuhandgeschäften im weitesten Sinne zugerechnet werden. Schon in der Terminologie muss jedoch zwischen Treuhandgeschäften und Auftragserwerben unterschieden werden. Dies gebietet schon § 3 Nr. 8, der den Treuhandbegriff auf solche Gestaltungen beschränkt, in denen ein Gr von dem Treugeber auf den Treuhänder übertragen worden war und es anschließend zum Rückerwerb durch den Treuge- **124** ber kommt. Auf den Auftragserwerb ist diese Vorschrift nicht anwendbar (→ Rn. 141). Dem trägt jetzt auch die FVerw Rechnung (vgl. → Rn. 126, → Rn. 584 ff.).

125 Trotz der mit dem Erwerb des Treuhänders bewirkten und ohne Weiteres steuerbaren Änderung des Rechts am Gr ist der **Rückerwerb** des Gr durch den Treugeber unter den näheren Voraussetzungen des § 3 Nr. 8 steuerbefreit (→ § 3 Rn. 256 ff.). Diese Regelung reicht – von der Sache her nicht gerechtfertigt – über die durch § 16 II gewährte Begünstigung hinaus.

125a **Kein Treuhanderwerb** liegt vor, wenn der „Treuhänder" in offener Stellvertretung für den „Treugeber" erwirbt. Hier **fehlt** es, da die Rechtswirkungen des GrGeschäfts sogleich in der Person des Vertretenen eintreten, an der für die Treuhand kennzeichnenden **überschießenden Außenberechtigung** (insoweit im Ergebnis zutr. FG Münster 8 K 2332/94 GrE, EFG 1998, 1085). Das treuhänderische Halten eines **Anteils an** einer **Gesamthand** begründet grds. keine grestrechtl. relevante Beziehung zu einem im Gesellschaftsvermögen befindlichen Gr; insb. wird durch diese Treuhandschaft keine Verwertungsbefugnis an diesem Gr begründet (vgl. → Rn. 272).

126 **2. Grunderwerbsteuerrechtliche Einzelfragen der Treuhandgeschäfte.** Die grestrechtl. relevanten Treuhandgeschäften behandelt die FVerw in GLE „zu grundstücksbezogenen Treuhandgeschäften sowie zu Grundstückserwerben durch Auftragnehmer bzw. Geschäftsbesorger" v. 12.10.2007 (BStBl. I 2007, 757; HEB 2024 § 1 GrEStG Rn. 28 ff.) – hier sog. GLE **Treuhand/Auftragserwerb –;** vgl. auch zu § 1 IIa GLE 10.5.2022 (BStBl. I 2022, 801) und zu § 1 IIb GLE 10.5.2022 (BStBl. I 2022, 821); vgl. auch Stodian, Treuhandverhältnisse im Grunderwerbsteuerrecht, 2007; Behrens/Seemaier BB 2018, 1111; Geck ködi 2018, 20711; Bruschke UVR 2022, 83.

127 **a) Eigentümer überträgt das Eigentum auf Treuhänder.** Die GLE Treuhand/Auftragserwerb unterscheiden im Einzelnen **drei Sachverhaltsgestaltungen:**

- Der Eigentümer eines Gr überträgt das Eigentum auf einen Treuhänder, wobei zutr. zwischen eigennütziger und uneigennütziger Treuhand unterschieden wird (Tz. 1, → Rn. 128 ff.).
- Der Eigentümer eines Gr verschafft einem Treugeber die Verwertungsmöglichkeit (Tz. 2, → Rn. 135 f.).
- Der Auftragnehmer bzw. Geschäftsbesorger erwirbt das Eigentum für den Auftraggeber bzw. der Geschäftsherrn (Tz. 3, dazu → Rn. 137 ff.).

Die Gerichte beachten die GLE Treuhand/Auftragserwerb (BFH II B 41/20, BFH/NV 2021, 447). Diese Erlasse werden durch weitere Erlasse betr. Erwerbsvorgänge iSd § 1 III im Zusammenhang mit Treuhandgeschäften und Auftragserwerben bzw. Geschäftsbesorgungen (vgl. → Rn. 583 ff.) ergänzt.

128 Die von der (privat-) rechtsförmlichen Zurechnung abweichende Bestimmung des **§ 39 II Nr. 1 S. 2 AO** ist sowohl für die eigennützige wie auch für uneigennützige grds. **unanwendbar** (BFH II R 14/02, BStBl. II 2005, 148; II B 41/20, BFH/NV 2021, 447). Dies gilt auch für § 1 IIa (BFH II R 44/18, DStR 2022, 1375). Es ist daher nicht entscheidend, ob dem Eigentum des Treuhänders ein wirtschaftlicher Wert zukommt; die einkommensteuerliche Behandlung ist ohne Bedeutung (BFH II B 41/20, BFH/NV 2021, 447). Bei Erwerben nach §§ 5, 6 reicht ein Treuhandverhältnis zur Begründung eines Erwerbs nach § 1 I Nr. 1 nicht aus (BFH II R 16/20, DStR 2022, 1379). **§ 39 II Nr. 1 S. 2 AO** ist **aus-**

nahmsweise anzuwenden bei der **mittelbaren Änderung** des Gesellschafterbestands durch Abschluss eines Treuhandvertrags nach § 1 IIa oder IIb (dazu → Rn. 385, 462).

Bei der **Übertragung eines Gr** durch den Eigentümer auf einen Treuhänder (GLE Treuhand/Auftragserwerb Tz. 1.1) ist im Fall der **eigennützigen (Verwaltungs-)Treuhand** (zB im Zusammenhang mit einer Sicherungsübereignung) idR ein Erwerbsvorgang **iSd § 1 I Nr. 1** oder ggf. nach § 1 Abs. 1 Nr. 2 gegeben. Der Treuhänder hat einen rechtsgeschäftlichen Anspruch auf Übereignung des Volleigentums am Gr. Bei der **uneigennützigen Treuhand** (sog. Verwaltungstreuhand) liegt der Übereignung des Gr hingegen regelmäßig kein Übereignungsanspruch des Treuhänders zugrunde. Steuerbar ist daher – erst – die Auflassung des Gr an den Treuhänder gem. **§ 1 I Nr. 2** (GLE Treuhand/Auftragserwerb Tz 1.1).

Bei einer **uneigennützigen** Treuhand steht dem Treugeber gegen den Treu- **129**
händer ein **Rückübertragungsanspruch gemäß § 667 BGB** zu. Die Entstehung dieses Rückgewähranspruchs löst für sich noch keine GrESt aus (GLE Treuhand/Auftragserwerb Tz. 1.2). Vielmehr verbleibt dieser Herausgabeanspruch dem Treugeber als Ausfluss seiner (vormaligen) Eigentümerstellung. Die Entstehung des Rückübertragungsanspruchs führt daher zu keinem – der GrESt allein unterworfenen – Rechtsträgerwechsel, sondern beruht auf der trotz GrÜbertragung auf den Treuhänder fortbestehenden **Rechtsträgerschaft des Treugebers** (BFH II R 54/14, BStBl. II 2016, 715; vgl. auch NdsFG III 188/97, EFG 1997, 1325, durch BFH II R 63/97, BFH/NV 2000, 409 aus anderen Gründen bestätigt; vgl. auch Hofmann/Eiling § 1 Rn. 97). Die Begründung des Rückübertragungsanspruchs ist nicht gem. § 19 I 2 anzeigepflichtig (vgl. → § 19 Rn. 17). Bei einer **eigennützigen** Treuhand wird durch eine aufschiebend bedingte Rückübertragungsverpflichtung erst mit Bedingungseintritt GrESt ausgelöst, vgl. § 14 Nr. 1 (GLE Treuhand/Auftragserwerb Tz. 1.2.).

Die **Rückübertragung** des Gr **von dem Treuhänder auf den Treugeber** **130**
durch Rückauflassung unterliegt der GrESt bei einer aufschiebend bedingten Rückübertragungsverpflichtung nach § 1 I Nr. 1, andernfalls nach § 1 I Nr. 2 (GLE Treuhand/Auftragserwerb Tz. 1.3.1.1.). Erfolgte die GrÜbertragung auf den Treuhänder unter einer auflösenden Bedingung (→ § 14 Rn. 10), ändert dies an der Steuerbarkeit der Rückübertragung nichts. Der Rückerwerb des Gr ist nach **§ 3 Nr. 8** steuerbefreit, soweit nicht bereits die Voraussetzungen des § 16 II erfüllt sind.

Die **Auflösung** des Treuhandverhältnisses kann dadurch herbeigeführt werden, **131**
dass der Treugeber gegenüber dem Treuhänder auf seinen **Rückübertragungsanspruch (§ 667 BGB) verzichtet.** Damit erhält der Treuhänder die ihm bis dahin fehlende Möglichkeit zur Verwertung des Gr iSd § 1 II; insoweit ist § 1 VI 2 anzuwenden (vgl. GLE Treuhand/Auftragserwerb Tz 1.3.2.). Zu einer Auflösung des Treuhandverhältnisses kommt es ferner im Zusammenhang mit der Übereignung des Gr durch den Treuhänder auf einen **Dritten.** Dieser Vorgang soll nach Auffassung der GLE Treuhand/Auftragserwerb (Tz. 1.3.3.) nur insoweit GrESt auslösen, als der Dritte das Gr erwirbt (ebenso BFH II R 151/67, BStBl. II 1977, 12; II R 117/78, BStBl. II 1980, 357).

Im Verhältnis zwischen **Treugeber und Treuhänder** soll es hingegen nach Auffassung der FVerw an einem steuerbaren Erwerbsvorgang fehlen (GLE Treuhand/Auftragserwerb Tz. 1.3.3.2.). Dem ist im Grundsatz zwar zu folgen. Im Zusammenhang mit der Weiterveräußerung des Gr erscheinen jedoch auch Ausnahmefälle denkbar, in denen der **Treuhänder die Verwertungsbefugnis**

(§ 1 II) am Gr erwirbt. Die Einräumung der Verwertungsmöglichkeit zugunsten des Treuhänders kann zwar nicht allein aus dessen Befugnis zur Veräußerung des Gr an einen Dritten entnommen werden (so aber offenbar Protzen DVR 1978, 146 (147)). Jedoch kann der Treuhänder in besonders gelagerten Fällen dann verwertungsbefugt iSd § 1 II sein, wenn er nach den mit dem Treugeber getroffenen Vereinbarungen (zB aufgrund einer Beteiligung des Treuhänders am Mehrerlös bei Veräußerung des Gr an einen Dritten) ausnahmsweise auch an der Substanz des Gr beteiligt ist (zu Einzelheiten → Rn. 274 ff.).

132 Der **Treugeberwechsel** (GLE Treuhand/Auftragserwerb Tz. 1.3.4.) kommt – trotz fortbestehenden Eigentums des Treuhänders – in seiner wirtschaftlichen Bedeutung einem Eigentumswechsel gleich (Begr GrEStG 1940, 391 f.). Er unterliegt dann der GrESt nach **§ 1 II,** wenn der übertragende Treugeber lediglich aufgrund § 667 BGB und nicht kraft vertraglicher Abrede einen Anspruch auf Übereignung des Gr hat. Soweit der Treugeber gegenüber einem Dritten zur Abtretung seines Rückübertragungsanspruchs verpflichtet ist oder diesen Anspruch an einen Dritten abtritt, liegt ein nach § 1 I Nr. 5 bzw. Nr. 6 steuerbarer Erwerbsvorgang vor. Erfolgt der Treugeberwechsel unter einer aufschiebenden Bedingung, ist § 14 Nr. 1 zu beachten (missverständlich insoweit GLETreuhand/Auftragserwerb Tz. 1.3.4.).

133 Ein Treugeberwechsel tritt auch bei der Übertragung von Bruchteilen an **geschlossenen Immobilienfonds** ein (BFH II R 86/83, BStBl. II 1986, 28). Diese sind häufig in der Weise gestaltet, dass ein Treuhänder (zumeist eine Treuhandgesellschaft) als Alleineigentümer eines Gr im Grundbuch eingetragen wird und den Teilhabern (Treugebern) ein Anspruch auf Übertragung von Bruchteilen an dem Gr zusteht (zu den Rechtsgrundlagen und verschiedenen Modellen zB Görlich NWB F 18 S. 3571; Schiefer DStR 1997, 119 (164)). Es handelt sich hier um eine uneigennützige Treuhand; der Erwerber eines „Fondsanteils" erlangt die Verwertungsmöglichkeit iSd § 1 II (BFH II R 86/83, BStBl. II 1986, 28).

134 Der **Treuhänderwechsel** (GLE Treuhand/Auftragserwerb Tz. 1.3.5.) wird durch Übereignung des Gr auf den neuen Treuhänder bewirkt. Dieser Rechtsvorgang ist bei Abschluss eines Verpflichtungsgeschäfts gem. § 1 I Nr. 1 und ggf. nach § 1 I Nr. 2 steuerbar. Der Steuerbarkeit steht nicht entgegen, dass kein Wechsel in der Person des Treugebers eintritt (BFH II 186/65, BStBl. II 1974, 643). Im Verhältnis zum alten Treugeber ergeben sich keine Konsequenzen, weil insoweit ein nach § 3 Nr. 8 steuerbefreiter Vorgang vorliegt (Geck ködsi 2018, 20711 (20722); aA Behrens/Seemaier BB 2018, 1111 (1114)). Grestrechtlich bedeutsam ist eine eigennützige bzw. uneigennützige Treuhand im Hinblick auf die **Bemessungsgrundlage der GrESt** (s. auch GLE Treuhand/Auftragserwerb Tz. 4). Bei der **uneigennützigen** Treuhand ist im Regelfall der Wert nach **§ 8 II Nr. 1** (§ 151 I 1 Nr. 1 iVm § 157 I–III BewG) Bemessungsgrundlage, weil eine Gegenleistung fehlt. Bei der **eigennützigen** Treuhand kann hingegen eine **Gegenleistung iSd §§ 8 I, 9 vorliegen** (vgl. → § 9 Rn. 192).

135 **b) Eigentümer verschafft Treugeber die Verwertungsbefugnis.** Die GLE Treuhand/Auftragserwerb behandeln unter Tz. 2 Fallgestaltungen, in denen der **GrEigentümer** seine Stellung als **Treuhänder** begründet. Das Eigentum am Gr verbleibt formal beim bisherigen Eigentümer; dieser verwaltet das Gr nach Weisung des Treugebers (Dritten) zu treuen Händen. Damit erlangt der Treugeber kraft Treuhandvertrag die **Verwertungsmöglichkeit** (§ 1 II) am Gr. Ebenfalls kann auch eine **Erwerbstreuhand** vorliegen. In diesem Fall unterliegt der Erwerb

des Treuhänders der GrESt gem. § 1 I Nr. 1 oder Nr. 2. Die dem Treugeber (Auftraggeber) verliehene Befugnis, ohne Rechtsträgerwechsel der Eigentümer eine andere so weitgehende Möglichkeit zur Einflussnahme hinsichtlich des Grundstücks einräumt, kann § 1 II erfüllen. Das ist der Fall, wenn dieser über die Verwertung des Grundstücks entscheiden kann (vgl. BFH II R 41/13, BFH/NV 2015, 232; II R 22/19, BStBl. II 2021, 636). Es werden hier zwei getrennte Steuertatbestände (§ 1 I und § 1 II) erfüllt; der fiktive Leistungsweg unterliegt nicht der Besteuerung (BFH II R 22/19, BStBl. II 2021, 636 Rn. 30).

Der **Rückerwerb der Verwertungsmöglichkeit** vom Treugeber durch den Treuhänder (GrEigentümer) soll nach Auffassung der FVerw (GLE Treuhand/Auftragserwerb Tz. 2.2.1.1.) stets einen nach § 1 II steuerbarer Vorgang darstellen. Diese Beurteilung ist zu pauschal, weil der bloße Rückfall der Verwertungsbefugnis an den GrEigentümer für sich kein Rechtsvorgang iSd § 1 II ist (→ Rn. 270). Ein solcher kann jedoch je nach den für den Rückerwerb der Verwertungsmöglichkeit getroffenen Vereinbarungen (zB Entgeltzahlung des GrEigentümers für den Rückerwerb) vorliegen (vgl. → Rn. 270). Ist § 1 II erfüllt, soll **§ 3 Nr. 8** nach – unzutreffender, vgl. → § 3 Rn. 257 – Auffassung der FVerw (GLE Treuhand/Auftragserwerb Tz. 2.2.1.2) mangels GrRückerwerb nicht anwendbar sein. Sowohl der Erwerb der Verwertungsbefugnis durch den Treugeber als auch deren Rückerwerb können nach § 16 II begünstigt sein. Die spätere **GrÜbereignung auf** den **Treugeber** ist gem. § 1 I Nr. 1 oder Nr. 2 steuerbar; insoweit ist § 1 VI anzuwenden (GLE Treuhand/Auftragserwerb Tz. 2.2.2.). Dies gilt – insoweit ist allerdings § 1 VI unanwendbar – auch für die **GrÜbereignung auf** einen **Dritten** unter Auflösung des Treuhandverhältnisses (GLE Treuhand/Auftragserwerb Tz. 2.2.3). Insoweit ergibt sich aus der Auflösung des Treuhandverhältnisses kein steuerbarer Vorgang; da der Treuhänder seine Verwertungsmöglichkeit nicht zurückerlangt, kann auf die Begründung des Treuhandverhältnisses § 16 nicht angewendet werden (GLE Treuhand/Auftragserwerb Tz. 2.2.3.2 und 2.2.3.3). **136**

Zur **Bemessungsgrundlage** bei Treuhandgeschäften vgl. → § 8 Rn. 72 und → § 9 Rn. 192 ff.

c) Auftragserwerbe. Der sog. Auftragserwerb betrifft Rechtsvorgänge, bei denen ein Gr vom „Beauftragten" oder Geschäftsbesorger im eigenen Namen und für Rechnung des Auftraggebers erworben wird (dazu Tz. 3 GLE Treuhand/Auftragserwerb, vgl. → Rn. 126). **137**

Zivilrechtlich ist ein Auftrag ein unvollkommen zweiseitiger Vertrag, durch den sich der Beauftragte gegenüber dem Auftraggeber zur **unentgeltlichen Besorgung** des ihm übertragenen Geschäfts verpflichtet. Bei **entgeltlicher Besorgung** liegt ein **Geschäftsbesorgungsvertrag** (§ 675 BGB) – auf den weitgehend das Auftragsrecht Anwendung findet – vor. Die Verpflichtung des Auftragnehmers zur Weiterübertragung des Gr auf den Auftraggeber folgt schon aus § 667 BGB (ggf. iVm § 675 BGB) und nicht erst aus der hierauf gerichteten vertraglichen Abrede (vgl. BGH NJW 1993, 3346 mwN).

Der auf Beschaffung eines Gr abzielende Auftrag oder Geschäftsbesorgungsvertrag ist gem. **§ 311b BGB** formbedürftig, soweit er für den Beauftragten eine Erwerbspflicht begründet (zu Einzelheiten Grüneberg/Grüneberg BGB § 311b Rn. 18; vgl. auch BFH II R 55/98, BStBl. II 2001, 419). Bei **Nichtbeachtung der Form** verstößt die Berufung auf den Formmangel uU gegen Treu und Glauben und ist dann auch für **§ 1 II unbeachtlich** (BFH II R 55/98, BStBl. II 2001,

419). Haben die Vertragsparteien den Vertrag durchgeführt und sein wirtschaftliches Ergebnis bestehen lassen, ist **§ 41 I 1 AO** anzuwenden (BFH II R 33/98, BFH/NV 2001, 206 mwN). Die Herausgabepflicht des Auftragnehmers bedarf hingegen keiner Beurkundung (BGH NJW 1993, 3346).

Die sich an den Auftragserwerb anknüpfenden **grestrechtlichen Folgen** (dazu → Rn. 138 ff.) können nur eintreten, wenn im Einzelfall die auf einen Auftrag bzw. Geschäftsbesorgungsvertrag gerichteten **rechtsgeschäftlichen Erklärungen** festgestellt werden können. Insoweit bedarf es uU einer sorgfältigen Prüfung der rechtsgeschäftlichen Erklärungen und aller Begleitumstände. Rein gesellschaftsrechtliche, wirtschaftliche oder personelle Verflechtungen zwischen den Beteiligen reichen für die Annahme eines Auftragsverhältnisses nicht aus; auch den sich daraus ergebenden Einflussmöglichkeiten kommt keine Indizwirkung für ein Auftragsverhältnis zu (BFH II R 55/98, BStBl. II 2001, 419; dazu Philipowski DStR 2008, 1413; Heine UVR 2001, 105 (107 f.); zur Problematik bei der GrErsteigerung durch Verwertungsgesellschaften von Kreditinstituten vgl. → Rn. 222). Schon begrifflich liegt ein Auftragserwerb nicht vor, wenn der Beauftragte das Gr nicht erst in Ausführung des Auftrags erlangt, sondern entweder schon Eigentümer des herauszugebenden Gr ist oder das Gr zunächst auf eigene Rechnung erwirbt und erst später auf den Auftraggeber überträgt. Hier folgt die Herausgabepflicht hinsichtlich des Gr nicht aus § 667 BGB, sondern allein aus der jeweils getroffenen vertraglichen Abrede (BGH NJW 1993, 3346).

Bei Auftragserwerben kommen, sofern die vorstehenden Anforderungen erfüllt sind, im Einzelnen folgende **steuerbare Erwerbsvorgänge** in Betracht (vgl. auch FG Köln 1 K 637/87, EFG 1988, 647):

138 Der **Erwerb** des Gr **durch** den **Auftragnehmer bzw. Geschäftsbesorger** ist nach § 1 I Nr. 1 steuerbar (BFH II R 151/67, BStBl. II 1977, 12; II R 86/83, BStBl. II 1986, 28; GLE Treuhand/Auftragserwerb Tz. 3 – vgl. → Rn. 126). Der Beauftragte wird ggf. Volleigentümer des Gr. Der Auftraggeber („Treugeber") erlangt mit Abschluss des Rechtsgeschäfts bzw. dem Erwerb gleichzeitig einen gesetzlich (§ 667 BGB) begründeten Übereignungsanspruch (vgl. → Rn. 124). Dieser gesetzliche Anspruch begründet zwar keinen unmittelbaren rechtsgeschäftlichen Anspruch auf Übereignung des Gr, so dass die Anwendung des § 1 I Nr. 1 ausscheidet (BFH II R 151/67, BStBl. II 1977, 12; zur davon abweichenden Beurteilung der Herausgabepflicht aus § 667 BGB im Zusammenhang mit § 1 III Nr. 1 und Nr. 3 beim auftragsweisen Erwerb von Anteilen an einer Gesellschaft vgl. → Rn. 689 f.). Der Auftraggeber bzw. Geschäftsherr erlangt jedoch aufgrund seines Anspruchs aus § 667 BGB iVm § 675 BGB und der im Innenverhältnis ihm gegenüber bestehenden Bindungen des Auftragnehmers bzw. Geschäftsbesorgers die Möglichkeit, das Gr iSd **§ 1 II** auf eigene Rechnung zu verwerten (vgl. zB BFH II R 66/84, BFH/NV 1988, 390; II R 33/98, BFH/NV 2001, 206 mwN; GLE Treuhand/Auftragserwerb Tz. 3 – vgl. → Rn. 126 ff.).

139 Ein **Auftragserwerb** im vorgenannten Sinne liegt auch vor, wenn eine **GrBeschaffungs- und Erschließungsgesellschaft** nach zuvor mit einer Gemeinde geschlossenen Geschäftsbesorgungsvertrag Gr erwirbt, sodann erschließt und an Dritte zur Bebauung veräußert. Hier erlangt die Gemeinde (Auftraggeber) die Verwertungsbefugnis, wenn sie bezüglich des GrVerkaufs ein Weisungsrecht und die Befugnis zur Übernahme der Gr hat (BFH II R 33/98, BFH/NV 2001, 206). Für die Anwendung des **§ 1 II** reicht es aus, dass dem Auftragnehmer bzw. Geschäftsbesorger – aufgrund vertraglicher Absprachen – die Rechtsmacht fehlt, über das Gr frei zu verfügen (BFH II R 105/85, BFH/NV 1987, 808; II B 75/97, BFH/NV 1998, 1523). Von der Geltendmachung des Übereignungsanspruchs durch den Auftraggeber ist die Steuerbarkeit nach § 1 II nicht abhängig (BFH I B 95/94, BFH/NV 1995, 544). In Ausnahme von den ansonsten für § 1 II geltenden Grundsätzen (→ Rn. 274) setzt die Verwertungsbefugnis beim Treuhandeigentum und beim Auftragserwerb **keinen Besitz** am Gr voraus; die Steuerbarkeit tritt hier bereits mit dem Erwerb des Gr durch den Beauftragten ein (BFH II 76/65, BStBl. II 1971, 309; II R 130/81, BStBl. II 1984, 158). Der Tatbestand des § 1 II wird auch nicht dadurch ausgeschlossen, dass der Auftraggeber bzw. Geschäftsherr die Verwertung des Gr selbst durchführt, dh das Gr selbst veräußert (BFH II R 244/85, BStBl. II 1989, 157; II B 113/89, BFH/NV 1991, 118).

Im Ergebnis fällt die **GrESt** daher beim Erwerb durch den Auftragnehmer 140
bzw. Geschäftsbesorger – wegen der durch seinen Erwerb gleichzeitig begründeten Verwertungsbefugnis des Auftraggebers bzw. Geschäftsherrn – **doppelt** an (zB FG Hmb 3 K 71/07, EFG 2008, 152 mAnm Fumi). Dies entspricht den tragenden Strukturprinzipien des GrEStG und ist auch **verfassungsrechtlich unbedenklich** (BVerfG 1 BvR 801/82, HFR 1983, 532; BFH II B 70/02, BFH/NV 2003, 1448; vgl. auch → Einl. Rn. 29 ff.). Ebensolche grestrechtl. Folgerungen ergeben sich bei einem Auftragserwerb im Zwangsversteigerungsverfahren (§ 1 I Nr. 4; → Rn. 221) und bei den Zwischengeschäften (§ 1 I Nr. 5–7; → Rn. 236).

Erfüllt der Auftragnehmer bzw. Geschäftsbesorger seine gesetzliche Heraus- 141
gabepflicht (§ 667 BGB) durch die **GrÜbereignung an** den **Auftraggeber bzw. Geschäftsherrn,** unterfällt dieser Übertragungsvorgang **§ 1 I Nr. 2** (BFH II R 66/84, BFH/NV 1988, 390). Die GrESt wird jedoch gem. **§ 1 VI 2** nur insoweit erhoben, als die Gegenleistung den Betrag übersteigt, der für den Erwerb der Verwertungsbefugnis berechnet wurde (Erlasse Treuhand/Auftragserwerb Tz. 3.2.1 – vgl. → Rn. 126). Die Anwendung des **§ 3 Nr. 8** ist, da der Auftragnehmer bzw. Geschäftsbesorger das Gr nicht vom Auftraggeber bzw. Geschäftsherrn erworben hatte, **ausgeschlossen** (Viskorf/Meßbacher-Hönsch § 3 Rn. 459; aA Behrens/Seemaier BB 2018, 1111 (1115)).

Der **Verzicht** des Auftraggebers bzw. Geschäftsherrn auf seinen Übereignungsanspruch aus § 667 BGB begründet zugunsten des Beauftragten die ihm bis dahin fehlende Verwertungsmöglichkeit **(§ 1 II)** am Gr; für den Erwerb und Rückerwerb der Verwertungsbefugnis können die Voraussetzungen des § 16 II erfüllt sein. Nach Meinung der FVerw (GLE Treuhand/Auftragserwerb Tz. 3.2.2.1.) ist die Rückübertragung der Verwertungsmöglichkeit nicht gem. § 3 Nr. 8 befreit (→ § 3 Rn. 257).

Soweit der Auftragnehmer bzw. Geschäftsbesorger das Gr unmittelbar einem 142
Dritten veräußert (GLE Treuhand/Auftragserwerb Tz. 3.2.3.1 – vgl. → Rn. 126), ist der Erwerb des Dritten gem. § 1 I Nr. 1 steuerbar. Für den Auftraggeber bzw. Geschäftsherrn ergibt sich insoweit keine weitere grestrechtl. Belastung, weil er keinen Anspruch auf Übereignung des Gr iSd § 1 I Nr. 1 erlangt und der eintretende Verlust der Verwertungsbefugnis iSd § 1 II nicht der GrESt unterliegt (BFH II R 151/67, BStBl. II 1977, 12).

Zur Bemessungsgrundlage bei Auftragserwerben → § 8 Rn. 71 ff. und → § 9 Rn. 195 f.

einstweilen frei 143–149

C. Steuertatbestände (§ 1 I–VI)

I. Verpflichtungsgeschäfte (§ 1 I Nr. 1)

150 Der in der Praxis am häufigsten vorkommende Erwerbsvorgang ist die rechtsgeschäftliche – insb. kaufvertragliche – Begründung eines Anspruchs auf Übereignung (dh auf Eigentumserwerb, der bei Gr nach §§ 873, 925 BGB die Auflassung erfordert) eines inländischen Gr. Er ist nach **§ 1 I Nr. 1** steuerbar.

151 **1. Anspruch auf Übereignung.** § 1 I Nr. 1 gilt nur für Verpflichtungsgeschäfte, aus denen ein **Anspruch auf GrÜbereignung** (§§ 873, 925 BGB) entsteht. Aus dem Verpflichtungsgeschäft iSd § 1 I Nr. 1 muss dem Erwerber ein **unmittelbarer** Anspruch auf GrÜbereignung zustehen; aus dem Rechtsgeschäft muss daher unmittelbar auf Auflassung – und nicht lediglich auf Abschluss des Verpflichtungsgeschäfts – geklagt werden können (BFH II 73/65, BStBl. II 1972, 496 und II R 162/66, 828; II R 24/09, BFH/NV 2010, 2300; vgl. auch FG München EFG 1982, 260 betr. die einseitige Verpflichtung zum Erwerb eines Gr). Diese Voraussetzung erfüllt auch die schuldrechtliche Vereinbarung nach dem **AusglLeistG** (BFH II R 7/15, BStBl. II 2018, 23). Das **Verkaufsangebot** des GrEigentümers und das **Kaufangebot** des Kaufinteressenten genügen den Voraussetzungen des § 1 I Nr. 1 erst bei formwirksamer (§ 311b BGB) Annahme des Angebots; die Weiterleitung dieser Angebote durch ein Zwischengeschäft kann nach § 1 I Nr. 6 oder Nr. 7 steuerbar sein (→ Rn. 98 ff.).

Bei einem **Stiftungsgeschäft** (§§ 80 I, 81 BGB) als einseitiges Rechtsgeschäft begründet idR erst der den konkreten Übereignungsanspruch begründende Vertrag einen Eigentumsverschaffungsanspruch nach § 1 I Nr. 1 (BFH II R 11/12, BFH/NV 2014, 579; zur Problematik näher Viskorf/Meßbacher-Hönsch § 1 Rn. 328; Halaczinsky jurisPR-Steuerrecht 16/14 Anm. 5; aA Wachter DStR 2012, 1900).

Führt ein Rechtsgeschäft nur zu einer **Übereignungspflicht kraft Gesetzes** (zB im Fall der Herausgabepflicht des Beauftragten gem. § 667 BGB) oder sieht das Gesetz den Eigentumsübergang als zwingende Folge eines Rechtsgeschäfts vor, so hat es keinen Übereignungsanspruch iSd § 1 I Nr. 1 zum Inhalt. Dies gilt etwa für Rechtsgeschäfte, die die Übertragung eines Vermögens im Wege der **Gesamtrechts- oder Sonderrechtsnachfolge** zum Gegenstand haben (zB Verschmelzungs-, Spaltungs- oder Übertragungsvertrag, vgl. → Rn. 190); hier ist erst der Eigentumsübergang gem. **§ 1 I Nr. 3** steuerbar.

Erst recht kein Verpflichtungsgeschäft iSd § 1 I Nr. 1 sind Vereinbarungen, die keinen Anspruch auf GrÜbereignung begründen (zB Verträge über die Abtretung von Gesellschaftsanteilen); hier kommt jedoch ausnahmsweise die Steuerbarkeit gem. § 1 I Nr. 1 iVm § 42 AO – dazu → Rn. 80 ff. – oder aus § 1 IIa oder § 1 IIb in Betracht.

152 Ein Verpflichtungsgeschäft iSd § 1 I Nr. 1 erfordert – über den vorausgesetzten Rechtsträgerwechsel hinaus – **nicht,** dass auch die mit dem Eigentum regelmäßig verbundenen **Befugnisse** mit **auf** den **Erwerber übertragen** werden (BFH III B 145/89, BFH/NV 1991, 624 betr. Kiesausbeutevertrag mit Verpflichtung des Erwerbers zu späterer Rückauflassung des Gr an den Veräußerer). Ebenso steht der Anwendung des § 1 I Nr. 1 nicht entgegen, dass dem Erwerber nach der Gesamtheit der geschlossenen Vereinbarungen nur eingeschränkte Befugnisse übertragen werden und seine Stellung wirtschaftlich gesehen eher einem Pächter

oder Nießbrauchsberechtigten gleichkommt (BFH III B 145/89, BFH/NV 1991, 624). Hat andererseits ein Erwerber bereits einen Anspruch auf GrÜbereignung iSd § 1 I Nr. 1 und erlangt er schon vorab die Verwertungsbefugnis (§ 1 II), ist § 1 II unanwendbar (→ Rn. 264).

Auf die wirtschaftlichen Zwecke des jeweiligen Rechtsgeschäfts kommt es für § 1 I Nr. 1 ebenso wenig an wie darauf, ob eine Gegenleistung vereinbart worden ist oder nicht (Begr. GrEStG 1940, 389).

a) Vorverträge oder Optionsrechte (Ankaufsrechte). Diese (zu Terminologie und Erscheinungsformen vgl. Grüneberg/Weidenkaff BGB Vorb § 463 Rn. 10 ff.) unterliegen nur der Besteuerung gem. § 1 I Nr. 1, wenn sie **unmittelbar einen Anspruch auf Übereignung begründen,** dh aus ihnen unmittelbar auf die Erklärung der Auflassung geklagt werden kann (BFH II 73/65, BStBl. II 1972, 496 und 828; Stoschek/Peter DStR 2002, 2108; eingehend Wagner NotBZ 2000, 69; zum Ankaufs- oder Optionsrechts für Dritte vgl. → Rn. 98 ff.). Dies ist bei einem **Vorvertrag** nur in besonderen Ausnahmefällen möglich (dazu BGH NJW 1972, 1189; vgl. auch MüKoBGB/Busche vor § 145 Rn. 61 ff.). In der Regel führen daher nicht bereits der Vorvertrag oder das Optionsrecht, sondern erst der noch abzuschließende **Hauptvertrag** oder die Ausübung des Optionsrechts zu einem steuerbaren Erwerbsvorgang (BFH II R 47/93, BFH/NV 1996, 579; II R 45/02, BFH/NV 2005, 1137. Daran ändert auch eine im Zusammenhang mit der Einräumung eines Ankaufsrechts bewilligte Auflassungsvormerkung zugunsten des Ankaufsberechtigten nichts (BFH II 60/60 U, BStBl. III 1965, 265). 153

Ein **Ankaufsrecht** kann in verschiedenen Gestaltungsformen auftreten. Es kann in einen Optionsvertrag oder ein bindendes Kaufangebot gekleidet oder aber ein aufschiebend bedingter Kaufvertrag sein (vgl. Grüneberg/Weidenkaff BGB Vorb § 463 Rn. 14 ff.). In jedem Fall löst nicht schon dessen Einräumung, sondern **erst deren Ausübung GrESt aus** (BFH II R 33/09, BStBl. II 2011, 980 mwN). Eine Vereinbarung, wonach das Entstehen der Übereignungsverpflichtung an die (aufschiebende) Bedingung geknüpft ist, dass der Berechtigte sein Recht auf Eigentumsübertragung ausüben wolle, noch nicht den Tatbestand des § 1 I Nr. 1 (BFH II 60/60 U, BStBl. III 1965, 265; II R 47/93, BFH/NV 1996, 579; II R 15/01, BFH/NV 2003, 819; zu verschiedenen Fallgestaltungen der Ausübung des Ankaufsrechts bei **Immobilienleasing** vgl. Böing UVR 2010, 369 ff.). 154

Der Umstand, dass für ein Ankaufsrecht ein **Bindungsentgelt** gezahlt wird und dieses bei Nichtausübung des Angebots wirtschaftlich verloren ist, rechtfertigt für sich allein keine – auf § 42 AO iVm § 1 I Nr. 1 GrEStG gestützte – Gleichstellung mit einem steuerbaren Verpflichtungsgeschäft (aA BFH II 175/60 U, BStBl. III 1963, 46). Aus den vorstehenden Gründen unterliegt auch ein – häufig mit genossenschaftlichen Wohnungsunternehmen geschlossener – **Bewerbervertrag,** durch den nicht unmittelbar der Anspruch auf Übereignung des Gr begründet wird, nicht der Besteuerung aus § 1 I Nr. 1 (BFH II R 184/66, BStBl. II 1970, 673). Dies gilt auch dann, wenn der Bewerbervertrag notariell beurkundet und zugunsten des Bewerbers eine Auflassungsvormerkung eingetragen wurde (BFH II R 147/85, BStBl. II 1990, 188; NdsFG III 57/85, EFG 1991, 39). Zur Anzeigepflicht für Vorverträge und Optionsrechte vgl. → § 18 Rn. 5; zur Verwirklichung eines Erwerbsvorgangs bei Abschluss eines Vorvertrags vgl. → § 23 Rn. 12.

In den vorgenannten Fällen können bei Hinzutreten weiterer Abreden für den „Erwerber" die Voraussetzungen des **§ 1 II** erfüllt sein. Dies gilt zB für ein **lang-** 155

fristig bindendes Vertragsangebot, sofern dieses mit weiteren Vertragsabreden über die Nutzung und Substanzbeteiligung des „Erwerbers“ am Gr verbunden ist (BFH II R 29/69, BStBl. II 1974, 251). Das einem Kaufanwärter eingeräumte Besitz- und Nutzungsrecht an einem Gr reicht für sich zur Bejahung des § 1 II allerdings noch nicht aus (BFH II 73/65, BStBl. II 1972, 496; auch → Rn. 267 ff.). Auch bei einem **Vorvertrag oder Optionsrecht** mit Bindungsentgelt bzw. Anzahlung des Angebotsempfängers kommt eine Besteuerung aus § 1 II in Betracht. Zur Problematik des § 1 II bei **GrLeasingverträgen** → Rn. 286 ff.

156 **b) Gegenstand des Verpflichtungsgeschäfts.** Der von § 1 I Nr. 1 vorausgesetzte Anspruch auf Übereignung muss sich immer auf ein **Gr** beziehen; maßgebend ist der in **§ 2 normierte GrBegriff.** Der Anspruch auf Übereignung setzt jedoch nicht voraus, dass ein Gr iSd bürgerlichen Rechts bereits im Zeitpunkt des Abschlusses des Verpflichtungsgeschäfts besteht. Gegenstand eines nach § 1 I Nr. 1 steuerbaren Verpflichtungsgeschäfts kann auch ein bürgerlich-rechtlich **noch zu bildendes** (künftiges) Gr sein, das noch zu vermessen ist (BFH II R 42/88, BStBl. II 1991, 144; zur Erteilung der UB gem. § 22 in derartigen Fällen vgl. BFH II R 40/73, BStBl. II 1976, 32).

157 Ein von § 1 I Nr. 1 erfasster Anspruch auf Übereignung kann allerdings nur dann vorliegen, wenn das (künftige) **Gr iSd § 2 hinreichend bestimmt** ist (BFH II R 42/88, BStBl. II 1991, 144; II R 46/89, BStBl. II 1992, 680). Dies entspricht der Rechtslage nach bürgerlichem Recht (vgl. BGH V ZR 206/82, BGHZ 90, 323; V ZR 90/01, BGHZ 150, 334; siehe auch BFH II R 40/73, BStBl. II 1976, 32). Erforderlich und ausreichend ist zB die Bezugnahme im Kaufvertrag auf einen (amtlichen) Veränderungsnachweis (nach durchgeführter Vermessung) oder die Festlegung der Grenzen durch Skizze oder Lageplan, die der notariellen Urkunde beigefügt werden (BFH II R 42/88, BStBl. II 1991, 144; Möllinger DVR 1988, 166; zur zivilrechtlichen Problematik bei Abweichung des vermessenen vom verkauften Gr vgl. BGH V ZR 149/93, NJW 1995, 957). Die hinreichende Bestimmtheit kann sich ggf. auch aus den Gesamtumständen (zB Angaben in einem Angebotsprospekt) ergeben (BFH II R 46/89, BStBl. II 1992, 680). Sie fehlt, wenn die verbindliche Konkretisierung des zu übereignenden Gr erst durch nachfolgende Vereinbarung, durch den Schuldner oder aufgrund Bestimmung der Leistung durch Dritte (§ 317 BGB) erfolgt (BFH II 11/65, BStBl. II 1971, 751; II R 42/88, BStBl. II 1991, 144; II R 23/14, BStBl. II 2016, 104); hier wird § 1 I Nr. 1 erst im Zeitpunkt der Konkretisierung, die ggf. nach §§ 18, 19 anzeigepflichtig ist, verwirklicht. Es ist auch denkbar, dass das Entstehen des Gr zur aufschiebenden Bedingung des jeweiligen Verpflichtungsgeschäfts gemacht wird. Ist dies der Fall, entsteht die GrESt gem. § 14 Nr. 1 erst im Zeitpunkt des Eintritts der Bedingung.

Gegenstand des Erwerbsvorgangs kann ebenso ein erst **künftig entstehendes Sonder- oder Wohnungseigentum** (BFH II R 19/77, BStBl. II 1980, 667; → § 2 Rn. 57) oder ein noch zu bestellendes Erbbaurecht (dazu BFH II R 37/66, BStBl. II 1968, 223) sein.

158 Wird von den Beteiligten bei voller Willensübereinstimmung in einem GrKaufvertrag ein **Flurstück** versehentlich **falsch** bezeichnet, kommt der Vertrag mit dem gewollten Inhalt zustande (BFH II R 116/75, BStBl. II 1976, 168; zur zivilrechtlichen Problematik BGH V ZR 174/06, NJW 2008, 1658). Die GrESt entsteht bereits mit Abschluss dieses Vertrages und nicht erst mit Beurkundung einer

Vertragsberichtigung (NdsFG EFG 1993, 96). Zur versehentlich falschen Bezeichnung der **Beteiligten** eines Rechtsgeschäfts vgl. BFH II R 132/66, BStBl. II 1970, 22.

Gegenstand eines nach § 1 I Nr. 1 steuerbaren Verpflichtungsgeschäfts kann **159**
auch eine **Sachgesamtheit** (zB beim Erwerb eines Unternehmens, beim Erbschaftskauf oder bei Vermögensübertragungen) sein, zu der ein Gr gehört. Die Ermittlung der grestrechtl. Bemessungsgrundlage verlangt eine Aufteilung der für die Sachgesamtheit erbrachten einheitlichen Gesamtleistung (zu Einzelheiten → § 8 Rn. 40 ff.). Zur Behandlung des bei Erwerb eines GeschäftsGr gezahlten Entgelts für einen Geschäftswert vgl. → § 9 Rn. 107 „Geschäftswert".

Zu dem für die Bemessungsgrundlage der GrESt bedeutsamen **Gegenstand des Erwerbsvorgangs** – insb. bei dem Erwerb noch zu bebauender Gr – vgl. → § 9 Rn. 3 ff.

c) Rechtswirksamkeit des Verpflichtungsgeschäfts. Es entspricht dem **160**
Sinn der GrESt, nur **rechtsgültige** Verpflichtungen zur Steuer heranzuziehen (BFH II 247/58 U, BStBl. III 1960, 175; II R 23/92, BStBl. II 1993, 628). Dabei steht der Rechtsgültigkeit des Verpflichtungsgeschäfts nicht entgegen, dass sich ein Gr nicht im Eigentum des Veräußerers befindet; auch ein **fremdes** Gr kann Gegenstand eines Verpflichtungsgeschäfts sein. Deshalb unterfällt zB § 1 I Nr. 1 der Verkauf eines von Maßnahmen nach **§ 1 VermG** betroffenen Gr, das der frühere Eigentümer bereits vor Ergehen des positiven Rückübertragungsbescheids unter gleichzeitiger erfüllungshalber Abtretung seiner Ansprüche nach dem VermG verkauft (BFH II R 93/94, BStBl. II 1996, 27; die Abtretung des Restitutionsanspruchs selbst ist vor Ergehen des positiven Rückübertragungsbescheids nicht steuerbar, → Rn. 239; die Rückübertragung auf den Berechtigten nach dem VermG kraft positivem Rückübertragungsbescheid ist nach § 1 I Nr. 3 steuerbar, jedoch gem. § 34 III VermG befreit). Ebenso steht der Steuerbarkeit eines Kaufvertrags nicht entgegen, dass für das KaufGr ein **Zwangsversteigerungsvermerk** im Grundbuch eingetragen ist (FG Düsseldorf 7 K 73/88 GE, EFG 1990, 539). Für einen unter einer **Bedingung** geschlossenen Kaufvertrag ist hinsichtlich der Steuerentstehung § 14 Nr. 1 zu beachten (zum Verhältnis zu § 1 I Nr. 2 → Rn. 176). Ein **genehmigungsbedürftiges** Verpflichtungsgeschäft (zu Einzelfällen der Genehmigungsbedürftigkeit vgl. die Erlasse zu § 14 Nr. 2) ist bis zur Erteilung der Genehmigung schwebend unwirksam. Die GrESt aus diesem Geschäft entsteht erst mit Erteilung der Genehmigung (§ 14 Nr. 2). Dies gilt auch dann, wenn zB eine erforderliche behördliche Genehmigung bewusst nicht eingeholt wird; hier kommt allerdings Steuerbarkeit aus § 1 II in Betracht (BFHE 94, 395). Eine ggf. erforderliche Zustimmung zu einem GrGeschäft bedarf nach § 182 II BGB nicht der für das Rechtsgeschäft bestimmten (notariellen) Form (vgl. BFH II R 38/01, BFH/NV 2003, 1449). Ein **nichtiges** Geschäft wird vom GrEStG grds. nicht als Erwerbsvorgang erfasst. Es unterliegt allerdings dann der Besteuerung, wenn es die Beteiligten als wirksam behandeln und dessen wirtschaftliches Ergebnis eintreten lassen (§§ 40, 41 AO).

Die Frage der Rechtswirksamkeit eines Verpflichtungsgeschäfts beurteilt sich **161**
notwendig nach **zivilrechtlichen Grundsätzen.** Sie stellt sich insb. im Zusammenhang mit § 311b BGB. Nach dieser Vorschrift bedarf ein Vertrag, der eine Verpflichtung zur Übertragung oder zum Erwerb eines Gr begründet, **notarieller Beurkundung** (zum Umfang des Beurkundungserfordernisses bei Verknüpfung eines Bauvertrages mit einem GrÜbereignungsvertrag vgl. → § 9 Rn. 17; zur Auslandsbeurkundung → § 2 Rn. 9).

162 Bei einem Mangel der nach **§ 311b BGB erforderlichen notariellen Beurkundung (Form) gilt für die GrEStG:** Fehlt einem Vertrag **jegliche Beurkundung,** so ist er – unabhängig davon, ob die Parteien den Vertrag als gültig behandelt wissen wollen – nichtig (§ 125 S. 1 BGB) und damit auch wirtschaftlich wirkungslos. Der Vertrag kann keine einem Anspruch auf Übereignung vergleichbare Lage schaffen (s. auch § 925a BGB) und unterliegt **nicht** – auch nicht nach § 41 I AO – **der GrESt aus § 1 I Nr. 1** (zB BFH II R 35/69, BStBl. II 1976, 465; II R 45/08, 2012, 292 mwN, stRspr). Gegebenenfalls erfüllt die formunwirksame Vereinbarung allerdings die Voraussetzungen des § 1 II (→ Rn. 264).

Im Fall einer lediglich **unvollständigen Beurkundung** ist § 41 I 1 AO hingegen anwendbar; das nichtige Rechtsgeschäft daher der GrESt aus **§ 1 I Nr. 1.** Hier wird der Anschein eines beurkundeten (wirksamen) Rechtsgeschäfts erweckt. § 925a BGB steht der Herbeiführung der Übereignung nicht entgegen. Nach der BFH-Rspr. (BFH II R 83/85, BStBl. II 1989, 989; II R 52/90, BStBl. II 1994, 409; II R 83/88, BFH/NV 1992, 267; II R 7/93, BFH/NV 1997, 61; II R 19/02, BFH/NV 2005, 1368; II R 38/05, BFH/NV 2007, 498; II B 61/07, BFH/NV 2008, 1698; II R 1/08, BFH/NV 2009, 1666; ebenso – für § 23 EStG – BFH X R 49/91, BStBl. II 1994, 687) können die Beteiligten in diesen Fällen ungeachtet der ihnen bewussten oder unbewussten Unwirksamkeit des Rechtsgeschäfts auf dessen Erfüllung hinwirken (vgl. auch § 311b I 2 BGB) und mithin dessen wirtschaftliches Ergebnis eintreten und bestehen lassen. Dem ist zuzustimmen, weil § 41 I 1 AO Ausdruck eines auch im bürgerlichen Recht geltenden Rechtsgedankens ist (Tipke/Kruse/Drüen AO § 41 Rn. 4) und § 1 I Nr. 1 insoweit an das bürgerliche Recht anknüpft (vgl. auch Begr. GrEStG 1940, 390). § 41 I 2 AO steht dem nicht entgegen (aA Jehner DStR 1986, 634), weil § 1 I Nr. 1 eine abweichende Regelung iSd § 41 I 2 AO ist. Der GrESt-Bescheid ist unter den Voraussetzungen des § 175 I 1 Nr. 2 AO aufzuheben (→ Rn. 164).

163 In anderen Fällen der Nichtigkeit kommt unter Berücksichtigung der §§ 40, 41 AO ebenfalls eine Besteuerung in Betracht. Für die grestrechtl. Behandlung wegen fehlender **Geschäftsfähigkeit** (§§ 104 ff. BGB) nichtiger Verpflichtungsgeschäfte ist entscheidend, ob die Beteiligten das wirtschaftliche Ergebnis des Rechtsgeschäfts eintreten und bestehen lassen (§ 41 I AO). Bei **Scheingeschäften** (§ 117 BGB) ist das verdeckte Rechtsgeschäft für die Besteuerung maßgebend, § 41 II AO. **Gesetz- und sittenwidrige Rechtsgeschäfte** (§§ 134, 138 BGB) unterliegen nach § 40 AO der GrESt. Hier dürften die Voraussetzungen des § 1 I Nr. 1 allerdings regelmäßig nicht erfüllt sein, so dass GrESt allenfalls aus § 1 II entstehen kann (Viskorf/Meßbacher-Hönsch § 1 Rn. 227).

164 Der Steueranspruch aus § 1 I Nr. 1 iVm § 41 I AO **erlischt,** wenn die Vertragsbeteiligten vom Vollzug des (unwirksamen) Rechtsgeschäfts Abstand nehmen und sich gegenseitig die ausgetauschten Leistungen zurückgewähren (BFH II R 83/85, BStBl. II 1989, 989; II B 139/95, BFH/NV 1997, 61; II B 61/07, BFH/NV 2008, 1698). Ein ggf. bereits ergangener GrESt-Bescheid ist gem. **§ 175 I 1 Nr. 2 AO** (zum Verhältnis zu § 16 vgl. → § 16 Rn. 4) aufzuheben. Insoweit ist jedoch – nicht anders als im Fall des § 16 I – eine tatsächliche Rückgängigmachung (→ § 16 Rn. 19 ff.) erforderlich. Die Rückzahlung des Kaufpreises ist nicht erforderlich, wenn der Eigentümer dazu nicht in der Lage ist (BFH II R 38/95, BFH/NV 2007, 498; vgl. auch → § 16 Rn. 33).

165 Entsprechende Rechtsfolgen treten auch bei einem **anfechtbaren Rechtsgeschäft** (§§ 119 ff. BGB) ein. Dieses ist zunächst gültig und wird erst durch die Ausübung des Anfechtungsrechts von Anfang an nichtig (§ 142 I BGB). Auch in

diesem Fall ist ein ergangener GrESt-Bescheid nach § 175 I 1 Nr. 2 AO aufzuheben (vgl. → § 16 Rn. 4), sofern die Beteiligten nach bereits bewirkten Erfüllungshandlungen auch das wirtschaftliche Ergebnis des unwirksamen Rechtsgeschäfts beseitigen (§ 41 I 1 AO). Zum Rückerwerb eines Gr wegen Nichtigkeit des vorangegangenen Erwerbsvorgangs vgl. – als Spezialregelung § 175 I 1 Nr. AO vorgehend – § 16 II Nr. 2.

2. Einzelne Verpflichtungsgeschäfte. a) Kaufvertrag. § 1 I Nr. 1 stellt als **166** bedeutsamstes Verpflichtungsgeschäft den **Kaufvertrag** (§ 433 BGB) heraus. Er verpflichtet den Verkäufer, dem Käufer das Gr zu übergeben und das Eigentum an ihm zu verschaffen (§ 433 I 1 BGB). Beim Rechtskauf (§ 453 BGB, zB Kauf eines Erbbaurechts) ist der Verkäufer zur Verschaffung des Rechts und zur Übergabe der Sache (ErbbauGr) verpflichtet. Dem Käufer obliegt die Verpflichtung zur Zahlung des vereinbarten Kaufpreises und zur Abnahme der gekauften Sache (§§ 433 II, 453 BGB).

Auch der **Erbschaftskauf** ist ein schuldrechtlicher Vertrag, auf den §§ 433 ff. **167** BGB entsprechende Anwendung finden (Grüneberg/Weidlich BGB § 2371 Rn. 1). Der Erbschaftskauf wirkt nicht dinglich, sondern begründet nur einen schuldrechtlichen Anspruch auf Übertragung der zur Erbschaft gehörenden Gegenstände. Er unterfällt § 1 I Nr. 1 in den Fällen, in denen die Erbschaft von einem Alleinerben erworben wird. Soweit mit dem Erbschaftskauf – wie zumeist – eine Sachgesamtheit erworben wird, bedarf es grestrechtl. der Aufteilung der vom Erbschaftskäufer erbrachten Gesamtgegenleistung (→ § 8 Rn. 40 ff.). Wird ein **Erbteil** verkauft, so finden auf dieses Rechtsgeschäft gem. § 1922 II BGB ebenfalls die Vorschriften über den Erbschaftskauf (§§ 2371 ff. BGB) Anwendung. Soweit **alle** Erbteile an einen nicht zur Erbengemeinschaft gehörenden Dritten verkauft werden, führt dieses Rechtsgeschäft zum Übergang des zum Nachlass gehörenden Gr von der Gesamthand auf den Dritten (SchlHFG EFG 1958, 101). Erwerben mehrere Personen in rechtlich verbundenen Verträgen sämtliche Erbanteile an einem Nachlass, der nur aus Gr besteht, können diese Vereinbarungen bereits zivilrechtlich als Kauf der Miteigentumsanteile an dem Gr bei gleichzeitiger Auseinandersetzung der Erbengemeinschaft und damit als Rechtsgeschäft iSd § 1 I Nr. 1 zu qualifizieren sein (BFH II R 22/84, BStBl. II 1986, 620). Wird hingegen nur **ein** Erbteil verkauft und übertragen, handelt es sich um einen nach § 1 I Nr. 3 steuerbaren Erwerbsvorgang (vgl. → Rn. 192).

Bei einem **Kaufrechtsvermächtnis** unterliegt der entsprechende Kaufvertrag **168** der Steuer aus **§ 1 I Nr. 1** (BFH II R 7/16, BStBl. II 2019, 617). Soweit der Bedachte durch Vermächtnis unmittelbar ein Recht auf **Übertragung eines bestimmten Grundstücks** erhält, begründet dies einen – aufschiebend bedingten – Übereignungsanspruch nach **§ 1 I Nr. 2;** die Steuer entsteht im Zeitpunkt der Auflassung (BFH II R 7/16, BStBl. II 2019, 617). Ob ein Recht auf Abschluss eines Kaufvertrags (so insb. bei Fehlen eines festen Kaufpreises) oder aber ein aufschiebend bedingter Auflassungsanspruch vorliegt, ist durch Auslegung des Testaments nach §§ 133, 157 BGB zu ermitteln (BFH II R 7/16, BStBl. II 2019, 617).

In einem Kaufvertrag kann auch ein **Wiederkaufsrecht** (§ 456 ff. BGB) ver- **169** einbart sein. Die vertragliche Begründung dieses Wiederkaufsrechts enthält einen aufschiebend bedingten Kaufvertrag. Er verpflichtet den Käufer, das gekaufte Gr aufgrund einer Erklärung des Verkäufers gegen Zahlung des Wiederkaufspreises zurück zu übereignen (BFH II R 15/76, BStBl. II 1980, 162). Wird das Wiederkaufsrecht ausgeübt (zur Form vgl. § 456 I 2 BGB), liegt ein nach **§ 1 I Nr.** 1 steuerbarer (weiterer) Kaufvertrag vor. Die Nichtausübung des Wiederkaufsrechts unterliegt nicht der GrESt (BFH II R 15/76, BStBl. II 1980, 162). Hinsichtlich des ursprünglichen Kaufvertrags kann – soweit das Eigentum am Gr noch nicht übergegangen ist – § 16 I Nr. 1 bzw. – soweit das Wiederkaufsrecht wegen Nichterfüllung von Vertragsbedingungen eingeräumt war – § 16 I Nr. 2 Anwendung finden. Ist bereits der Eigentumsübergang erfolgt, kommt die Anwendung von § 16 II Nr. 1 bzw. § 16 II Nr. 3 in Betracht.

Bei einem **Vorkaufsrecht** (§§ 463 ff. BGB) unterliegt die Entstehung des Vorkaufsrechts (aufgrund Vorkaufsvereinbarung oder Gesetz, zB §§ 24 ff. BauGB) nicht der GrESt. Steuerbar ist erst der durch die **Ausübung des Vorkaufsrechts** zustande gekommene Kaufvertrag (§ 464 II BGB) zwischen dem Vorkaufsberechtigten und dem Vorkaufsverpflichteten (Verkäufer), vgl. BFH II R 13/99, BFH/NV 2001, 937; vgl. auch Behrens BB 2019, 1047. Zur Verwirklichung des Erwerbsvorgangs vgl. → § 23 Rn. 12; zum **Ankaufsrecht** (Optionsrecht) → Rn. 154.

170 Die **freiwillige Versteigerung** (§ 156 BGB) ist ein nach **§ 1 I Nr. 1** steuerbarer öffentlicher Verkauf. Der Vertrag kommt durch den Zuschlag zustande (§ 156 S. 1 BGB), der anders als der Zuschlag nach § 90 ZVG nur den Abschluss des Verpflichtungsgeschäfts zum Inhalt hat. Im Gebot des Bieters liegt der Vertragsantrag, im Zuschlag die Vertragsannahme (BGH NJW 1983, 1186). Jeder Zuschlag bildet einen gesonderten Rechtsvorgang auch dann, wenn dem Ersteher nacheinander mehrere Gr zugeschlagen werden (BFH II 169/52 S, BStBl. III 1953, 68). Der Kauf über ein Gr kommt allerdings nicht durch mündliche Erklärung, sondern nur durch **notarielle Beurkundung (§ 311b BGB)** zustande.

171 **b) Tausch.** Der Tausch ist ein **wechselseitig verpflichtender Schuldvertrag,** auf den die Vorschriften über den Kauf entspr. Anwendung finden (§ 480 BGB; eingehend zum Tausch im GrESt-Recht Steiger UVR 2004, 98 (131); zum GrTausch im Flurbereinigungs- und Umlegungsverfahren vgl. die Erl. zu § 1 → Rn. 197 ff., 205 ff.). Jede Vertragspartei wird hinsichtlich des hingegebenen Gegenstands als Verkäufer und hinsichtlich des empfangenen Gegenstands als Käufer behandelt. Ein **Ringtausch** liegt vor, wenn bei dem Tausch **Dritte eingeschaltet** werden. Von einem Ringtausch kann nur dann gesprochen werden, wenn Gr ausschließlich zwischen den Parteien des Ringtauschvertrages ausgetauscht werden (näher BFH II 177/58 U, BStBl. III 1962, 134; Steiger UVR 2004, 98 (102)). Besteuerungsgrundlage des GrTauschs ist § 1 I Nr. 1. Für die Abgrenzung des Tauschs vom **Doppelkauf** ist entscheidend, ob die unmittelbare Leistung nach dem Willen der Vertragschließenden unmittelbar in der Verschaffung der Sache besteht und die Preisangabe nur anschlagshalber beigefügt sein soll (dazu näher Steiger UVR 2004, 98 (99 f.)). Ist dies der Fall, so liegt ein Tauschgeschäft und kein Doppelkauf – bei dem jede Seite ihre Sachleistung gegen Geldzahlung hingeben will – vor (BGH BGHZ 49, 7; Grüneberg/Weidenkaff BGB § 480 Rn. 4; zur Abgrenzung vgl. auch FG BW 9 K 201/86, EFG 1998, 1149).

172 Für den **wechselseitigen Tausch von Gr** stellt **§ 1 V** (auch → Rn. 530) klar, dass die Vereinbarung über jedes der gegeneinander auszutauschenden Gr der GrESt unterliegt. Trotz des einzigen Tauschvertrags liegen mithin **zwei** steuerbare Erwerbsvorgänge – nämlich die Vereinbarung über die Leistung des einen und ferner die Vereinbarung über die Leistung des anderen Vertragsteils- vor; eine etwaige Steuerbefreiung ist für jeden einzelnen Erwerbsvorgang gesondert zu beurteilen.

Fehlt ein wechselseitiger GrTausch (zB weil nur für einen Vertragspartner ein Anspruch auf Übereignung eines Gr begründet wird und der andere Vertragspartner nur einen nicht steuerbaren Anspruch auf Errichtung eines Gebäudes auf seinem Gr hat), **gilt § 1 V nicht** (BFH II R 59/66, BStBl. II 1974, 428). Ein vermeintlicher Tauschvertrag, der die aufgrund einer Verwechslung der GrBezeichnung eingetretene Unrichtigkeit des Grundbuchs bereinigen soll, unterliegt nicht der GrESt (BFH II R 116/75, BStBl. II 1976, 168). Zur erforderlichen Bestimmtheit der TauschGr vgl. → Rn. 157 sowie Möllinger DVR 1988, 166. 173

c) Weitere Verpflichtungsgeschäfte. § 1 I Nr. 1 unterfallen **vielfältige weitere Rechtsgeschäfte,** die einen Anspruch auf GrÜbereignung begründen. Es kommen insb. in Betracht: 174

- **Auseinandersetzungsverträge** von Gesamthandsgemeinschaften (zB bei Realteilung einer PersGes, dazu zB BFH II R 29/14, BStBl. II 2016, 358; Widmann/Mayer/Pahlke Anh 12 Rn. 387 ff.; KKK KonzernStR/Fleischer § 5 Rn. 33 ff.), soweit sie einen unmittelbaren Anspruch auf Übereignung eines Gr begründen. In diesem Fall kommt eine Befreiung aus § 6 und ggf. auch nach § 6a in Betracht.
- **Einbringungsverträge,** durch die die Verpflichtung zur Übertragung der zum eingebrachten Betrieb oder Teilbetrieb gehörenden inländischen Gr begründet wird (BFH II B 151/10, BFH/NV 2011, 1395; II B 8/18, BFH/NV 2019, 166; zur erforderlichen Individualisierung der einzubringenden Gr vgl. BFH II R 25/86 BFH/NV 1989, 732; zu weiteren Einzelfragen KKK KonzernStR/Fleischer § 5 Rn. 25 ff.; Widmann/Meyer/Pahlke Anh. 12 Rn. 261 ff.). Die Einbringung eines Gr kann sowohl durch **Gesamtrechtsnachfolge** aufgrund des UmwG als auch im Wege der **Einzelrechtsübertragung** (durch Einzelübertragung aller Aktiva und Passiva) aus einer PersGes auf eine KapGes bzw. in eine PersGes oder KapGes gem. **§§ 20, 24 UmwStG** erfolgen (vgl. auch Widmann/Meyer/Pahlke Anh. 12 Rn. 261 ff.). Hier kommt § 1 I Nr. 1 allerdings **nicht** zum Tragen, soweit der Einbringung eine Umwandlung im Wege der **(partiellen) Gesamtrechtsnachfolge** (Verschmelzung, Spaltung, Vermögensübertragung) zugrunde liegt. In diesem Fall ist § 1 I Nr. 3 anzuwenden (→ Rn. 182 ff.).
- Nicht steuerbar ist die Einbringung im Wege des **Formwechsels** (→ Rn. 44 ff.). Sofern zu dem eingebrachten Betrieb oder Teilbetrieb die Beteiligung an einer grundbesitzenden PersGes gehört und nach der Einbringung die aufnehmende Gesellschaft **Alleingesellschafter** dieser grundbesitzenden PersGes ist, liegt wegen § 712a BGB ein nach § 1 I Nr. 3 steuerbarer Erwerbsvorgang vor (→ Rn. 190 f.). Soweit sich die Einbringung auf eine Beteiligung an einer grundbesitzenden KapGes oder PersGes bezieht, kann ggf. § 1 IIa, IIb, III Nr. 1 oder Nr. 2 oder IIIa erfüllt sein. Werden Gr im Wege der Einzelrechtsübertragung aus einer PersGes in eine KapGes übertragen, liegt eine unmittelbare Übertragung auf die KapGes und damit nur **ein Erwerbsvorgang** vor (BFH II 227/59 U, BStBl. III 1961, 213). Wird ein Gr lediglich dem **Wert** nach in eine PersGes eingebracht, kann dieser ggf. eine nach **§ 1 II** steuerbare Verwertungsmöglichkeit eingeräumt sein (→ Rn. 281 ff.). Zur grestrechtl. Beurteilung der Einbringung eines Gr in eine PersGes durch einen Gesamthänder und anschließendem vollständigem Gesellschafterwechsel vgl. → Rn. 76 f. sowie die Erl. zu § 1 IIa. Auf eine Einbringung im Wege der **Einzelrechtsübertragung** findet § 6a keine Anwendung (vgl. → § 6a Rn. 34 ff.).

- Den **Formwechsel** eines Einzelunternehmens bzw. eines Einzelunternehmers in eine (Ein-Mann-) GmbH sieht § 191 I UmwG nicht vor. Insoweit liegt eine **§ 1 I Nr. 1** unterfallende Einbringung vor, auf die § 6a nicht anwendbar ist (BFH II B 8/18, BFH/NV 2019, 166; zur Anwendung des § 6a vgl. → § 6a Rn. 34; zu § 23 XII vgl. → § 23 Rn. 42f.).
- Durch Vertrag begründete Verpflichtung zur Bestellung, Übertragung, Verlängerung und Aufhebung eines **Erbbaurechts** (im Einzelnen → § 2 Rn. 78 ff.).
- Verträge über die Hingabe eines Gr an **Erfüllungs statt** oder **erfüllungshalber.** Wird der Inhalt einer schuldrechtlichen Verpflichtung durch Vereinbarung mit dem Gläubiger verändert (zB Ersetzung einer Verpflichtung zur Darlehensrückzahlung durch Übereignung eines Gr), so erlischt das Schuldverhältnis mit dieser **Annahme an Erfüllungs statt** (§ 364 I BGB). Bei der Leistung **erfüllungshalber** soll hingegen das Schuldverhältnis erst erlöschen, nachdem sich der Gläubiger aus dem Geleisteten befriedigt hat; wird ein Gr nur erfüllungshalber übereignet, erhält der Gläubiger eine zusätzliche Befriedigungsmöglichkeit. Hier wird in der Regel eine treuhänderische Bindung des Gläubigers anzunehmen sein (MüKoBGB/Fetzer § 364 Rn. 12).
- **Schenkungsversprechen,** die den Beschenkten berechtigen, die versprochene Leistung (Gr) zu fordern (§§ 518 I, 311b I 1 BGB). Liegt kein beurkundetes Schenkungsversprechen vor, ist erst die Auflassung des Gr gem. § 1 I Nr. 2 steuerbar. Verträge, die einer **vorweggenommenen Erbfolge** dienen (Übergabe- und Altenteilsverträge), sind typengemischte Verträge, die regelmäßig Elemente der Schenkung aufweisen (Grüneberg/Weidlich BGB Vorb § 1922 Rn. 6 ff.). Soweit eine GrSchenkung vorliegt, ist diese nach **§ 3 Nr. 2** grestfrei. Zur grestrechtl. Behandlung von gemischten Schenkungen und Auflagenschenkungen im Einzelnen → § 3 Rn. 141 ff.; zur Gegenleistung in diesen Fällen → § 9 Rn. 197 f.
- Durch **Vergleich** (§ 779 BGB) begründete Ansprüche auf Übereignung eines Gr. Ein solcher Vergleich ist nach § 311b BGB **formbedürftig.** Der Prozessvergleich ersetzt die notarielle Beurkundung (§ 127a BGB); auch die Auflassung kann nach § 925 I 3 BGB in einem gerichtlichen Vergleich erklärt werden (BVerwG 4 A 1/92, NJW 1995, 2179 mwN). Durch Vergleich kann die einverständliche Klarstellung eines umstrittenen Rechtsverhältnisses bewirkt werden (zum Erbvergleich → § 3 Rn. 53). Soweit ein Vergleich der Beseitigung von Streitigkeiten innerhalb eines bestehenden, auf GrÜbereignung gerichteten Rechtsgeschäfts – zB durch Erhöhung des vom Erwerber zu zahlenden Kaufpreises – dient, ist das jeweilige Rechtsgeschäft iVm dem Vergleich das Verpflichtungsgeschäft iSd § 1 I Nr. 1. Der Vergleich hindert den Steuerpflichtigen nicht, sich – zB hinsichtlich der Höhe der Gegenleistung – auf die seiner Auffassung nach vor Vergleichsabschluss gegebene Rechtslage zu berufen (BFH II R 94/67, BStBl. II 1971, 597). Durch einen Vergleich kann auch ein streitiges oder ungewisses Rechtsverhältnis (zB Darlehen) durch Verpflichtung zur Übereignung eines Gr ersetzt werden (sog. **Novation**). Wird bei vergleichsweiser Auseinandersetzung einer grundbesitzenden GbR die reale Aufteilung der Gr einem **Dritten** übertragen, entsteht die GrESt erst mit Zuteilung der einzelnen Gr durch den Dritten an die einzelnen Gesellschafter (BFH II 11/65, BStBl. II 1971, 751). Zur Bemessungsgrundlage → § 9 Rn. 199.
- **Vermögensübertragungsverträge,** zB ein Vertrag iSd § 311b III BGB. Gleiches gilt für die Vermögensübertragung nach § 179a AktG. Diese betrifft – im Gegensatz zu den Vermögensübertragungen nach §§ 174 ff. UmwG;

→ Rn. 189 – weder einen Vermögensübergang im Wege der (partiellen) Gesamtrechtsnachfolge noch einen Wechsel der Rechtsform, sondern nur die schuldrechtliche Verpflichtung zur Übertragung des gesamten Gesellschaftsvermögens. Der Vertrag muss also durch Einzelübertragung erfüllt werden; auf die Übertragung von Gr ist daher § 1 I Nr. 1 anzuwenden.
- Eine **Zustiftung** löst GrESt aus, wenn der zwischen dem Übertragenden und der Stiftung abgeschlossene Vertrag die schuldrechtlichen Vereinbarungen über die Grundstücksübertragung sowie die Auflassung enthält (BFH II R 11/12, BFH/NV 2014, 579). Bei einem Träger öffentlicher Verwaltung scheidet eine freigebige Zuwendung regelmäßig aus (→ § 3 Rn. 121).

II. Auflassung (§ 1 I Nr. 2)

Die Übertragung des Eigentums an einem Gr erfolgt nach § 873 I BGB durch Einigung und Eintragung des Erwerbers im Grundbuch. Die dingliche Einigung über den Eigentumsübergang ist nach § 925 BGB in der Form der **Auflassung** zu erklären. Sie gilt ggf. bei Verurteilung zur Auflassung gem. § 894 I 1 ZPO mit Rechtskraft des Urteils als erklärt. Ein Verstoß gegen § 925a BGB führt nicht zur Nichtigkeit der Auflassung. **175**

Die **Auflassung** wird durch den praktisch wenig bedeutsamen **§ 1 I Nr. 2** nur für den Ausnahmefall der GrESt unterworfen, dass ihr **kein Verpflichtungsgeschäft iSd § 1 I Nr. 1** vorausgegangen ist und mithin das Gr nicht bereits aufgrund eines solchen Rechtsgeschäfts in den Zurechnungsbereich des Erwerbers gelangt war (BFH II R 23/14, BStBl. II 20016, 104; VIII R 52/98, BFH/NV 2000, 80; II B 115/04, BFH/NV 2005, 1139 = DStR 2005, 1857 mAnm Bünning; BFH II R 39/17, BStBl. II 2019, 627; Klass DStR 2005, 1717). Ein § 1 I Nr. 1 unterliegendes (die Anwendung des § 1 I Nr. 2 ausschließendes) Verpflichtungsgeschäft liegt vor, wenn – insb. zur Ersparnis von Notarkosten – die Auflassung bereits in einem **aufschiebend bedingten GrKaufvertrag** erklärt wird (BFH II B 115/04, BFH/NV 2005, 1139; Hofmann/Eiling § 1 Rn. 42). Eine Besteuerung schon der Auflassung für diesen Fall widerspricht insb. § 14 (→ § 14 Rn. 8 ff.). **176**

Wird allerdings vertragswidrig von der **Auflassungserklärung bereits vor Eintritt der Bedingung** Gebrauch gemacht, ist § 1 I Nr. 2 erfüllt. Die Sperrwirkung des § 1 I Nr. 1 greift nicht, weil die Auflassung nicht in Erfüllung des vorausgegangenen Verpflichtungsgeschäfts erfolgt (Klass DStR 2005, 1717; aA Bünning DStR 2005, 1858). Sofern hingegen alle Vertragsbeteiligten in Abweichung des geschlossenen Kaufvertrags einvernehmlich von der Auflassungserklärung trotz fehlenden Bedingungseintritts Gebrauch machen, ist wegen unvollständiger Beurkundung der Tatbestand des § 1 I Nr. 1 iVm § 41 AO (→ Rn. 162 f.) gegeben. § 1 I Nr. 2 ist auch dann nicht erfüllt, wenn die Auflassung gegenüber dem GrErwerber durch den Gesamtrechtsnachfolger des GrVeräußerers erklärt wird (FG Brem EFG 2003, 1323).

Von einem fehlenden vorausgegangenen – und damit die Anwendung des § 1 I Nr. 2 eröffnenden – Rechtsgeschäft ist insb. auszugehen, wenn der der Auflassung zugrunde liegende Anspruch **kraft Gesetzes** entstanden ist. Im Einzelnen ist **§ 1 I Nr. 2 anzuwenden** bei **177**
- einer im sog. Treuhandverhältnis auf gesetzlicher (§ 667 BGB) Verpflichtung beruhenden Übereignung des Gr durch einen Beauftragten an den Auftraggeber, in dessen Auftrag das Gr erworben wurde (→ Rn. 128);

– Auflassung des Gr an einen uneigennützigen Treuhänder sowie an einen neuen Treuhänder (Treuhänderwechsel), → Rn. 128, 134;
– Übereignung eines Gr aufgrund eines Schadensersatzanspruchs (§ 249 S. 1 BGB) oder ungerechtfertigter Bereicherung (§§ 812 ff. BGB);
– Auflassung eines Gr an Berechtigte oder den Landesfiskus im Zusammenhang mit der Abwicklung der Bodenreform gem. Art. 233 §§ 11 III, 12 II EGBGB (dazu Pahlke/Franz/Pahlke, 3. Aufl. 2005, § 1 Rn. 159 mwN sowie Hofmann/Eiling § 1 Rn. 43).

178 Weichen die Auflassungserklärungen hinsichtlich des Gegenstands der Auflassung vom Gewollten ab, so gelten die allgemeinen Rechtsgrundsätze über Rechtsgeschäft und Vertrag (Irrtum, Dissens; dazu sowie zu den unterschiedlichen Fallgestaltungen einer Falschbezeichnung vgl. Grüneberg/Herrler BGB § 925 Rn. 14). Bei versehentlich falscher Bezeichnung eines Gr liegt eine rechtswirksame Auflassung vor (BFH II R 116/75, BStBl. II 1976, 168); diese ist für den Vollzug richtig zu stellen (§ 29 GBO). Soweit eine unrichtige Grundbucheintragung anstelle einer Grundbuchberichtigung (§ 894 BGB) durch Auflassung beseitigt wird, erscheint **§ 1 I Nr. 2 seinem Wortlaut** nach zwar als **erfüllt.** War der Auflassungsempfänger bereits zuvor Eigentümer, fehlt es jedoch an einer Übertragung des Gr auf eine andere Person und damit an einem für die Erhebung der GrESt erforderlichen Rechtsträgerwechsel. Zur Anwendung von § 1 I Nr. 2 im Zusammenhang mit **Erbbaurechtsvorgängen** → § 2 Rn. 83 ff. Zur **Bemessungsgrundlage** in den Fällen des § 1 I Nr. 2 vgl. → § 9 Rn. 200.

179, 180 *einstweilen frei*

III. Übergang des Eigentums (§ 1 I Nr. 3)

181 **1. Allgemeines. § 1 I Nr. 3** besteuert Erwerbsvorgänge, in denen das Eigentum an einem Gr **ohne vorheriges schuldrechtliches Geschäft (§ 1 I Nr. 1)** von einem Rechtsinhaber auf einen anderen übergeht (BFH II R 87/78, BStBl. II 1981, 488; II R 68/03, BFH/NV 2006, 360) und es auch **keiner Auflassung (§ 1 I Nr. 2) bedarf.** Der vorausgesetzte Übergang des Eigentums am Gr muss auf einem **Rechtsvorgang** beruhen; der Übergang wirtschaftlichen Eigentums am Gr unterfällt § 1 I Nr. 3 nicht. Im Einzelnen erfasst **§ 1 I Nr. 3** solche Rechtsvorgänge, in denen sich der Eigentumsübergang unmittelbar **kraft Gesetzes** vollzieht (→ Rn. 182 ff.) oder die Übertragung des Eigentums **kraft behördlichen bzw. gerichtlichen Ausspruchs** (→ Rn. 195 ff.) erfolgt. In allen Fällen vollzieht sich der Eigentumsübergang außerhalb des Grundbuchs; die Eintragung als Eigentümer erfolgt im Wege der Grundbuchberichtigung (§ 894 BGB; § 22 GBO).

§ 1 I Nr. 3 S. 2 nimmt die näher bezeichneten Rechtsvorgänge von der Besteuerung aus. Daraus könnte für die **ustrechtl** Behandlung der in § 1 I Nr. 3 S. 2 Buchst. **a** und **b** bezeichneten Rechtsvorgänge geschlossen werden, dass sie – weil nicht unter das GrEStG fallend – nicht nach § 4 Nr. 9 Buchst. a UStG umsatzsteuerfrei sind. Das widerspricht jedoch dem eindeutigen Willen des Gesetzgebers, der diese Rechtsvorgänge „in Ermangelung eines Leistungsaustauschs" als umsatzsteuerfrei betrachtet (BT-Drs. 9/2114, 6). In vielen Fällen tritt dieses Ergebnis schon deshalb ein, weil es an einer umsatzsteuerbaren GrLieferung fehlt. Dieses vom Gesetzgeber erstrebte Ergebnis kann im Übrigen dadurch erreicht werden, dass man § 1 I Nr. 3 Buchst. a und b ihrem Regelungsgehalt nach den Befreiungsvorschriften (§§ 3, 4) zuordnet (so Sigloch NJW 1983, 1817, 1820). Zu § 1 I Nr. 3 S. 2 Buchst. c → Rn. 213.

2. Eigentumserwerb kraft Gesetzes. Der Tatbestand des § 1 I Nr. 3 knüpft ausschließlich an die **zivilrechtliche** (sachenrechtliche) **Eigentumsänderung** an (BFH II R 125/90, BStBl. II 1994, 866; II B 53/00, BFH/NV 2001, 817; VIII B 130/02, BFH/NV 2003, 200). Die für die Zuordnung des einer Gesellschaft „gehörenden" Gr (§ 1 IIa, IIb, III und IIIa) anzuwendenden Grundsätze gelten hier nicht. Für den Eigentumserwerb kraft Gesetzes ist kennzeichnend, dass ein Vorgang unmittelbar durch Gesetz – dh ohne Einigung über die Eigentumsänderung durch Auflassung und Eintragung (§§ 873 I, 925 BGB) – den Übergang des Eigentums herbeiführt, so zB beim gesetzlichen Vermögensübergangs gem. § 9 III BetrAVG (dazu BFH II R 1/02, BFH/NV 2004, 1120) oder der (nach § 3 Nr. 2 steuerbefreiten) gesetzlichen Erbfolge (§§ 1922 ff. BGB). Hierzu gehören auch Rechtsgeschäfte, deren Folge der Übergang kraft Gesetzes ist (zB bei der Gütergemeinschaft der Übergang des Eigentums an Gr des Ehemanns bzw. der Ehefrau in das Gesamtgut, § 1416 I und II BGB). 182

Die von § 1 I Nr. 3 S. 1 hauptsächlich erfassten Erwerbe sind die der **Gesamtrechts- sowie Sonderrechtsnachfolge,** durch die ein (Gesamt-)Vermögen durch einen Rechtsakt auf einen Rechtsnachfolger übergeht. Für die Gesamtrechts- und Sonderrechtsnachfolge ist kennzeichnend, dass das Vermögen als Ganzes bzw. Teile davon kraft Gesetzes – dh ohne Einzelübertragungsakte – übergehen (zu der mit der Gesamtrechtsnachfolge verbundenen Rechtstechnik in Bezug auf Umwandlungsvorgänge vgl. BFH II R 15/96, BStBl. II 1997, 296; zur Gesamtrechts- und Sonderrechtsnachfolge grds. SHS/Stratz UmwG § 20 Rn. 23 ff. und § 131 Rn. 4 ff.). Die Steuerbarkeit des aufgrund der im UmwG durch die Gesamtrechts- bzw. Sonderrechtsnachfolge (zB Verschmelzung, Spaltung) bewirkten Rechtsträgerwechsels hinsichtlich der davon betroffenen Gr ist **verfassungsgemäß** (vgl. → Rn. 43). Zu beachten ist die Steuerbefreiung nach § 6a. 183

Kein Eigentumsübergang kraft Gesetzes **iSd § 1 I Nr. 3 S. 1** liegt vor, wenn im Wege der Gesamt- oder Sonderrechtsnachfolge lediglich ein **Anspruch auf GrÜbertragung** – und nicht das GrEigentum selbst – übergeht (so etwa dann, wenn bei einer übertragenden Umwandlung – zB Verschmelzung – der übertragenden Rechtsträger im Zeitpunkt der Eintragung der Verschmelzung im Register aufgrund eines zuvor geschlossenen GrKaufvertrags einen schuldrechtlichen Anspruch auf GrÜbertragung hatte, vgl. BFH II B 55/04, BFH/NV 2006, 123); der Übergang dieses schuldrechtlichen Anspruchs kraft Gesamtrechts- oder Sonderrechtsnachfolge kann mangels rechtsgeschäftlicher Begründung auch nicht § 1 I Nr. 7 unterfallen (BFH II B 55/04, BFH/NV 2006, 123).

Andererseits wird eine Besteuerung nach **§ 1 I Nr. 3 S. 1 nicht dadurch ausgeschlossen,** dass ein Gr **vor** dem Eigentumsübergang kraft Gesetzes schuldrechtlich an einen Dritten **verkauft** worden war (BFH II R 125/90, BStBl. II 1994, 866; II B 53/00, BFH/NV 2001, 817). Die für § 1 IIa, IIb oder III maßgebende Zuordnung eines Gr zur Gesellschaft ist für § 1 I Nr. 3 ohne Bedeutung. Im Fall der schuldrechtlichen **Veräußerung** eines Gr **vor** Entstehung der Steuer aus § 1 I Nr. 3 (zB bei einer Verschmelzung) gewährt die FVerw einen GrESt-Erlass aus sachlichen Billigkeitsgründen (vgl. OFD Hannover 19.3.2008, BeckVerw 149527; vgl. auch Franz/Golücke DStR 2003, 1153). Steht im Zeitpunkt der Verwirklichung des Erwerbsvorgangs nach § 1 I Nr. 3 noch eine erforderliche Genehmigung für den GrKaufvertrag aus, setzt die FVerw (OFD Hannover 19.3.2008, BeckVerw 149527) die GrESt mit dem Wertansatz von 0 EUR gem. § 165 I AO vorläufig fest. Ist allerdings die Veräußerung des Gr durch den übernehmenden Rechtsträger mit **Zustimmung des übertragenden Rechtsträgers** schon vor

Eintragung der Umwandlung (Verschmelzung, Spaltung, Vermögensübertragung) im Register erfolgt, liegt letztlich ein Weiterverkauf des Gr durch den übernehmenden Rechtsträger vor. Ein solcher Weiterverkauf kann auf die Bemessungsgrundlage für die Umwandlung keinen Einfluss haben (BFH II R 125/90, BStBl. II 1994, 866).

184 **a) Umwandlungsvorgänge (ohne Formwechsel).** Grestrechtlich ist ein Umwandlungsvorgang nach **§ 1 I Nr. 3** der GrESt unterworfen, sofern Gr im Wege der (partiellen) Gesamtrechtsnachfolge durch Verschmelzung, Spaltung oder Vermögensübertragung übergehen (zum Formwechsel → Rn. 44 ff.). Soweit keine Steuerbefreiung nach **§ 6a** gegeben ist, bestimmt sich die **Bemessungsgrundlage** für diese sämtlichen Erwerbsvorgänge gem. § 8 II 1 Nr. 2 nach den Werten iSd § 151 I 1 Nr. 1 BewG iVm § 157 I–III BewG. Der GrESt unterliegt nicht schon der auf Umwandlung gerichtete Vertrag, sondern ist erst mit der Eintragung im Handelsregister vollzogen (BFH II R 23/04, BStBl. II 2006, 134; II R 59/11, BStBl. II 2014, 663; Viskorf/Meßbacher-Hönsch § 1 Rn. 364). Bei der Verschmelzung ist auf die Eintragung in das Register des übernehmenden Rechtsträgers, bei der Verschmelzung durch Aufnahme auf den Zeitpunkt der Eintragung des übernehmenden Rechtsträgers und bei der Verschmelzung durch Neugründung auf die Eintragung des neuen Rechtsträgers in das Register abzustellen. Bei der Auf- und Abspaltung ist die Eintragung in das Register des Sitzes des übertragenden Rechtsträgers maßgebend.

185 Nähere Einzelheiten zur grestrechtl. Behandlung der nach dem UmwG in Betracht kommenden Fälle (zur einschlägigen Literatur vgl. die Hinweise in → Rn. 41 ff) ergeben sich aus koord. Erlassen der FVerw betr. Übergang von Grundstücken bei Umwandlungen, Einbringungen und anderen Erwerbsvorgängen auf gesellschaftsvertraglicher Grundlage – hier sog. **GrESt-Erlasse Umwandlung** – (zB FM BW 19.12.1997, DStR 1998, 82 idF v 15.10.1999, DStR 1999, 1773 und v. 31.1.2000, DStR 2000, 284 = HEB 2024 § 1 GrEStG Rn. 56 ff.), die folgenden Wortlaut haben:

A. Umwandlungen

Nach dem Umwandlungsgesetz vom 28.10.1994 (BGBl. I, 3210, berichtigt: BGBl. I 1995, 428) – UmwG – und den nachfolgenden Änderungen dieses Gesetzes können Rechtsträger durch

1. Verschmelzung,
2. Spaltung,
3. Vermögensübertragung,
4. Formwechsel

umgewandelt werden.

Umwandlungen unterliegen mit Ausnahme des Formwechsels nach § 1 Abs. 1 Nr. 3 GrEStG der Grunderwerbsteuer, soweit das Eigentum an Grundstücken aus dem Vermögen des übertragenden Rechtsträgers auf den übernehmenden Rechtsträger übergeht.

Die Bemessungsgrundlage bei derartigen Erwerbsvorgängen wurde im Rahmen des Jahressteuergesetzes 1997 neu geregelt (§ 8 Abs. 2 Nr. 2 GrEStG). Die Grunderwerbsteuer bemisst sich danach bei Umwandlungen iS des Umwandlungsgesetzes, die nach dem 31. Dezember 1996 verwirklicht werden (§ 23 Abs. 4 GrEStG), nach den Werten iS des § 138 Abs. 2 oder 3 des BewG. Dies gilt nach Art. 15 Nr. 4 und Nr. 11 Buchst. c des Steuerentlastungsgesetzes 1999/

2000/2002 vom 24.3.1999 (BGBl. I, 402) auch für Umwandlungen auf Grund von anderen Bundesgesetzen oder Landesgesetzen, die nach dem 31.3.1999 verwirklicht werden.

Die nach dem UmwG in Betracht kommenden Fälle sind in der folgenden Zusammenstellung mit Hinweisen zur Entstehung der Steuer aufgeführt.

I. Verschmelzung (§ 2–§ 122 UmwG)

1. Verschmelzungsfähige Rechtsträger

1.1 An Verschmelzungen können
- Personenhandelsgesellschaften (OHG, KG),
- Partnerschaftsgesellschaften,
- Kapitalgesellschaften (GmbH, AG, KGaA),
- eingetragene Genossenschaften,
- eingetragene Vereine,
- genossenschaftliche Prüfungsverbände,
- Versicherungsvereine auf Gegenseitigkeit

als übertragende, übernehmende oder neue Rechtsträger beteiligt sein.

1.2 An einer Verschmelzung können ferner beteiligt sein:
- wirtschaftliche Vereine, soweit sie übertragende Rechtsträger sind,
- natürliche Personen, die als Alleingesellschafter einer Kapitalgesellschaft deren Vermögen übernehmen.

2. Entstehung der Steuer

Maßgebend ist die Eintragung der Verschmelzung in das Register des Sitzes des übernehmenden Rechtsträgers (§ 20 Abs. 1 Nr. 1 UmwG).

II. Spaltung (§ 123–§ 173 UmwG)

1. Aufspaltung

Bei einer Aufspaltung geht das Vermögen eines Rechtsträgers unter dessen Auflösung auf mindestens zwei bestehende oder dadurch gegründete neue Rechtsträger gegen Gewährung von Anteilen an diesen aufnehmenden Rechtsträgern an die bisherigen Anteilsinhaber über.

1.1 Spaltungsfähige Rechtsträger entsprechend wie zu Tz. I.1.1. Als übertragende Rechtsträger kommen auch wirtschaftliche Vereine in Betracht.

1.2 Entstehung der Steuer. Maßgebend ist die Eintragung der Spaltung in das Register des Sitzes des übertragenden Rechtsträgers (§§ 130, 131 Abs. 1 Nr. 1 UmwG).

2. Abspaltung

Bei einer Abspaltung geht ein Teil des Vermögens eines Rechtsträgers auf einen oder mehrere, schon bestehende oder neu gegründete Rechtsträger gegen Gewährung von Anteilen an den aufnehmenden Rechtsträgern an die bisherigen Anteilsinhaber über.

2.1 Spaltungsfähige Rechtsträger entsprechend wie zu Tz. II.1.1.

2.2 Entstehung der Steuer entsprechend wie zu Tz. II.1.2.

3. Ausgliederung

Bei einer Ausgliederung geht ein Teil des Vermögens eines Rechtsträgers auf einen oder mehrere, schon bestehende oder neu gegründete Rechtsträger gegen Gewährung von Anteilen an dem aufnehmenden Rechtsträger an den übertragenden Rechtsträger selbst über.

3.1 Spaltungsfähige Rechtsträger entsprechend wie zu Tz. II.1.1. Übertragende Rechtsträger können außerdem Einzelkaufleute, Stiftungen sowie Gebietskörperschaften oder Zusammenschlüsse von Gebietskörperschaften, die nicht Gebietskörperschaften sind, sein.

3.2 Entstehung der Steuer entsprechend wie zu Tz. II.1.2. Bei Ausgliederung aus dem Vermögen von Gebietskörperschaften oder Zusammenschlüssen von Gebietskörperschaften ist die Eintragung in das Register des Sitzes des übernehmenden Rechtsträgers oder die Eintragung des neuen Rechtsträgers maßgebend (§ 171 UmwG).

III. Vermögensübertragung (§ 174–§ 189 UmwG)

1. Beteiligte Rechtsträger

Eine Übertragung ist nur möglich
- von einer Kapitalgesellschaft auf den Bund, ein Land, eine Gebietskörperschaft oder einen Zusammenschluss von Gebietskörperschaften,
- von einer Versicherungs-Aktiengesellschaft auf Versicherungsvereine auf Gegenseitigkeit oder auf öffentlich-rechtliche Versicherungsunternehmen,
- von einem Versicherungsverein auf Gegenseitigkeit auf Versicherungs-Aktiengesellschaften oder auf öffentlich-rechtliche Versicherungsunternehmen,
- von einem öffentlich-rechtlichen Versicherungsunternehmen auf Versicherungs-Aktiengesellschaften oder Versicherungsvereine auf Gegenseitigkeit.

2. Entstehung der Steuer

Maßgebend ist der Zeitpunkt der Eintragung der Vermögensübertragung in das Handelsregister des Sitzes des übertragenden Rechtsträgers (§ 176 Abs. 3 UmwG).

Bei kleineren Versicherungsvereinen auf Gegenseitigkeit und bei öffentlich-rechtlichen Versicherungsunternehmen als übertragende Rechtsträger tritt an die Stelle der Registereintragung die Bekanntmachung der Übertragung und ihrer Genehmigung im Bundesanzeiger (§ 186 und § 188 Abs. 3 UmwG).

IV. Formwechsel (§ 190–§ 304 UmwG)

1. Ein Formwechsel ist möglich
- von Personenhandelsgesellschaften (KG, OHG) in Kapitalgesellschaften (GmbH, AG, KGaA) oder eingetragene Genossenschaften,
- von Partnerschaftsgesellschaften in Kapitalgesellschaften oder eingetragene Genossenschaften,
- von Kapitalgesellschaften in Gesellschaften des bürgerlichen Rechts, Personenhandelsgesellschaften, Partnerschaftsgesellschaften, andere Kapitalgesellschaften oder eingetragene Genossenschaften,
- von eingetragenen Genossenschaften in Kapitalgesellschaften,
- von rechtsfähigen Vereinen in Kapitalgesellschaften oder eingetragene Genossenschaften,
- von Versicherungsvereinen auf Gegenseitigkeit in Aktiengesellschaften,

– von Körperschaften und Anstalten des öffentlichen Rechts in Kapitalgesellschaften.

2. Formwechselnde Umwandlungen unterliegen mangels Rechtsträgerwechsels nicht der Grunderwerbsteuer (Hinweis auf BFH-Beschluss vom 4. Dezember 1996 – II B 116/96, BStBl. II 1997 S. 661).

B. Einbringung und andere Erwerbsvorgänge auf gesellschaftsvertraglicher Grundlage

Bei Einbringungen oder anderen Erwerbsvorgängen auf gesellschaftsvertraglicher Grundlage (zB Liquidationen, Anwachsungen), die nach dem 31. Dezember 1996 verwirklicht werden, bemisst sich die Grunderwerbsteuer nach den Werten im Sinne des § 138 Abs. 2 oder 3 Bewertungsgesetz.

Von Einbringungen und anderen Erwerbsvorgängen auf gesellschaftsvertraglicher Grundlage sind Grundstücksveräußerungen von Gesellschaftern an die Gesellschaft und umgekehrt gegen Kaufpreiszahlung zu unterscheiden. In diesen Fällen bemisst sich die Steuer nach dem Wert der Gegenleistung (§ 8 Abs. 1 GrEStG).

Dieser Erlass ergeht im Einvernehmen mit den obersten Finanzbehörden der anderen Länder. Er ist – bis auf folgende Ausnahmen – auf alle Umwandlungsfälle und auf entsprechende, noch nicht bestandskräftige Steuerfestsetzungen anzuwenden.

Für Umwandlungen, zu deren Vorbereitung bereits vor dem 1. Januar 1995 ein Vertrag oder eine Erklärung beurkundet oder notariell beglaubigt oder eine Versammlung der Anteilsinhaber einberufen worden ist, bleibt es bei der Anwendung der bis zu diesem Tag geltenden Vorschriften (§ 318 UmwG). Entsprechend richtet sich die grunderwerbsteuerliche Beurteilung in diesen Fällen noch nach dem Bezugserlass vom 18. Juli 1984 in der zuletzt durch Bezugserlass vom 14. September 1994 geänderten Fassung.

Die Grundbesitzwerte nach § 138 Abs. 2 oder 3 des BewG[1] sind als Bemessungsgrundlage erst Erwerbsvorgängen zugrunde zu legen, die nach dem 31. Dezember 1996 bzw. 31. März 1999 verwirklicht wurden (§ 23 Abs. 4 Satz 1 und § 23 Abs. 6 Satz 1 GrEStG nF). Für Erwerbsvorgänge, die vor dem 1. Januar 1997 verwirklicht worden sind, ist der Bezugserlass vom 8.8.1995, gegebenenfalls auch der Bezugserlass vom 18.7.1984, weiter anzuwenden.

§ 1 I Nr. 3 unterfallen auch Umwandlungsvorgänge, die auf Grund eines **Landesgesetzes** erfolgen (so etwa Vereinigungen von öffentlich-rechtlichen Versiche- 186
rungsunternehmen oder Sparkassen, vgl. zB § 2 Nds SparkassenG; § 148 NKomVG; vgl. auch → § 6a Rn. 30). Derartige Umwandlungen kraft Landesrechts sind aufgrund des durch das StEntlG 1999 ff geänderten § 8 II Nr. 2 nunmehr hinsichtlich der Bemessungsgrundlage den Umwandlungen kraft Bundesrecht gleichgestellt. Auch die Umwandlung **kommunaler Krankenhäuser** in eine Rechtsform des privaten Rechts (insb. eine GmbH) unterliegt nach § 1 I Nr. 1 oder Nr. 3 der GrESt (FM BW/Bbg 16. 8/5.9.1996, StEK GrEStG § 9 Nr. 87 und Nr. 126).

Bei diesen Umwandlungsvorgängen stellt nach allgemeinen grestrechtl. Grundsätzen jeder Erwerbsvorgang für sich einen abgeschlossener Steuerfall dar (vgl. → Rn. 14). Das führt bei **mehrstufigen Umstrukturierungsschritten** mit

[1] Jetzt: § 151 I 1 Nr. 1 BewG iVm § 157 I–III BewG.

mehrfachen Übergängen desselben Gr zu einer entspr. höheren GrESt-Belastung. Eine Anwendung des **§ 1 VI 2** bei den aufeinander folgenden Erwerbsvorgängen wird häufig an der erforderlichen **Erwerberidentität** (→ Rn. 744 f.) **scheitern.** Deshalb kann es vorteilhaft sein, das Gr durch Direktübertragung auf die Zielgesellschaft von mehrstufigen Umstrukturierungsschritten abzukoppeln (Fleischer DStR 1996, 1390; Jacobsen UVR 2009, 141 (151); zu Gestaltungsüberlegungen zur Vermeidung bzw. Verminderung von GrESt vgl. auch Widmann/Mayer/Pahlke Anh. 12 Rn. 36 ff.).

Hinsichtlich der Steuerbarkeit von Umwandlungsvorgängen ist zu beachten, dass der **Formwechsel** in den aufgezeigten Grenzen im Gegensatz zu den übrigen Umwandlungsarten des UmwG **nicht steuerbar** ist (vgl. die GrESt-Erlasse Umwandlung in → Rn. 185 unter A. IV.2 sowie → Rn. 44 f.).

187 **aa) Verschmelzung.** Bei einer **Verschmelzung** (vgl. die in → Rn. 185 abgedr GrESt-Erlasse Umwandlung unter A. I) wird das gesamte Vermögen eines oder mehrerer Rechtsträger als Ganzes entweder auf einen schon bestehenden Rechtsträger (Verschmelzung durch Aufnahme) oder auf einen neu gegründeten Rechtsträger (Verschmelzung durch Neugründung) im Wege der Gesamtrechtsnachfolge übertragen. Der **übertragende Rechtsträger erlischt;** seinen **Anteilsinhabern werden Anteile oder Mitgliedschaften des übernehmenden oder neuen Rechtsträgers gewährt** (§ 2 UmwG). Der Übergang von Gr ist nach **§ 1 I Nr. 3 steuerbar** (etwa BFH II R 13/20, BStBl. II 2023, 666; BFH II R 18/19, BStBl. II 2020, 352). Dem Übergang des Eigentums am Gr ist, weil er sich im Wege der Gesamtrechtsnachfolge unmittelbar kraft Gesetzes mit Eintragung der Verschmelzung in das Register (§ 20 I Nr. 1 UmwG) vollzieht, kein Rechtsgeschäft iSd § 1 I Nr. 1 vorausgegangen.

Ihrem sachlichen **Umfang** nach erstreckt sich die Steuerbarkeit nach § 1 I Nr. 3 bei der Verschmelzung durch **Neugründung** auf sämtliche Gr der sich verschmelzenden Gesellschaften. Hier ist es zur Reduzierung der GrESt-Belastung vorteilhaft, als aufnehmende Gesellschaft diejenige mit dem größten Grundbesitz zu bestimmen. Bei der Verschmelzung durch **Aufnahme** wird die GrESt-Belastung reduziert, wenn auf den Rechtsträger mit dem wertmäßig größten Grundbesitz verschmolzen wird. Zu Anwendungsfragen des § 5 II und III im Zusammenhang mit Verschmelzungen vgl. → § 5 Rn. 113 ff. Gehen im Zuge der Verschmelzung Anteile an einer grbesitzenden **PersGes** auf den übernehmenden Rechtsträger über, kommt die Begünstigung aus § 6 in Betracht; hier ist jedoch die Zehn- bzw. Fünfzehn-Jahresfrist des § 6 IV zu beachten (→ § 6 Rn. 66 ff.). Soweit nach Maßgabe des UmwG anstelle der Verschmelzung ein Formwechsel in Betracht kommt (zB bei Formwechsel einer KapGes in eine PersGes, vgl. §§ 228 ff. UmwG), kann durch Letzteren mangels Steuerbarkeit eine Belastung mit GrESt vermieden werden (Broemel/Mörwald DStR 2022, 1689 (1692)). Ein nach **§ 1 I Nr. 3** steuerbarer Erwerbsvorgang ist auch gegeben, wenn der Sicherungsnehmer eines Gebäudes auf fremdem Boden (§ 2 II Nr. 2) auf einen Rechtsträger verschmolzen wird und auf den neuen Rechtsträger das Sicherungseigentum und die zugrundeliegenden Forderungen übergehen (→ § 2 Rn. 119).

Zur Bemessungsgrundlage → § 8 Rn. 79.

188 **bb) Spaltung.** Die **Spaltung** (vgl. die unter → Rn. 185 abgedr. GrESt-Erlasse Umwandlung unter A. II) führt bezüglich der übergehenden Gr ebenfalls zu einem nach **§ 1 I Nr. 3** zu beurteilenden Eigentumsübergang kraft Gesetzes (vgl. nur Viskorf/Meßbacher-Hönsch § 1 Rn. 370; Wilms/Jochum/Schnitter

GrEStG § 1 Rn. 139). Zur Realteilung von PersGes im Wege der Auf- oder Abspaltung vgl. Widmann/Mayer/Pahlke Anh. 12 Rn. 52, 386 ff.; KKK KonzernStR/Fleischer § 5 Rn. 33 ff.). Der die Rechtsgrundlage für die Übertragung des Vermögens bildende Spaltungs- und Übernahmevertrag begründet keinen Anspruch auf Übereignung eines Gr iSd § 1 I Nr. 1 und unterliegt deshalb für sich nicht der GrESt. Die Wirksamkeit der Spaltung wird erst mit der Eintragung in das zuständige Register herbeigeführt. Mit der Eintragung vollzieht sich der Eigentumsübergang am Gr kraft Gesetzes (§§ 131 I Nr. 1, 135 I Nr. 1 UmwG).

Aus grestrechtl. Sicht ist die **Abspaltung der Aufspaltung vorzuziehen** (vgl. auch Heine UVR 2010, 249). Bei einer Aufspaltung fällt, da der bisherige Rechtsträger untergeht, GrESt für den Übergang sämtlicher Gr an. Hingegen werden bei einer Abspaltung nur diejenigen Gr grestrechtl. erfasst, die auf den neuen Rechtsträger übergehen (vgl. Fleischer DStR 1996, 1390). Ferner kann es bei einer geplanten Aufspaltung uU günstig sein, diese mit einer Verschmelzung zu kombinieren.

Beispiel:

Die grbesitzende X-GmbH soll in die Y-GmbH, der sämtliche Gr übertragen werden sollen, und die Z-GmbH aufgespalten werden. Die Spaltung löst GrESt bezüglich der auf die GmbH Y übergehenden Gr aus. Wird stattdessen die Z-GmbH (ohne auf diese übergehende Gr) abgespalten und sodann die Z-GmbH auf die X-GmbH verschmolzen, entsteht keine GrESt (zur Verbindung von Spaltung und Verschmelzung vgl. näher Widmann/Mayer/Weiler UmwG § 123 Rn. 182 ff.).

Auch bei einer **Ausgliederung** (§§ 123 III, 152 ff. UmwG) liegt für die übergehenden Gr – aufgrund der insoweit nach § 131 I Nr. 1 UmwG eintretenden partiellen Gesamtrechtsnachfolge (einschr. insoweit BFH I R 99/00, BStBl. II 2003, 835 mwN) – ein nach **§ 1 I Nr. 3** steuerbarer Vorgang vor (BFH II B 95/08, BFH/NV 2009, 1148). Die GrESt-Belastung wird auch hier naturgemäß gesenkt, wenn Gr bei dem übertragenden Rechtsträger verbleiben.

In Fällen der **Spaltung** (Auf- und Abspaltung, Ausgliederung) zur Aufnahme bzw. zur Neugründung auf eine schon bestehende oder im Zuge der Spaltung neu gegründete **KapGes** scheidet eine Vergünstigung aus §§ 5 oder 6 aus. Ist hingegen eine **PersGes** übernehmender oder neuer Rechtsträger, kommen §§ 5 und 6 uU zur Anwendung (vgl. → § 5 Rn. 118 ff., → § 6 Rn. 92 ff.).

cc) Vermögensübertragung. Die in §§ 174 ff. UmwG geregelte Vermögens- **189**
übertragung (vgl. die bei → Rn. 185 abgedr. GrESt-Erlasse Umwandlung unter A. III) unterscheidet zwischen der **Vollübertragung** (§§ 174 I, 176 UmwG) und der **Teilübertragung** (§§ 174 II, 177 UmwG). Im Kern entspricht die Vollübertragung der Verschmelzung und die Teilübertragung der Spaltung. Der wesentliche sachliche Unterschied zwischen der Vermögensübertragung und diesen anderen Formen der Umwandlung liegt in der Art der Gegenleistung. Bei der Vermögensübertragung werden nicht Anteile an einem übernehmenden Rechtsträger, sondern Gegenleistungen anderer Art (zB Geldleistungen) gewährt. Der Grund hierfür liegt in der Struktur der beteiligten Rechtsträger (zB Bund, Land oder öffentlich-rechtliche Versicherungsunternehmen), aufgrund derer es nicht zu einem Austausch von Anteilen kommen kann.

In allen Fällen einer Vermögensübertragung gehen Gr des übertragenden Rechtsträgers im Wege der (partiellen) Gesamtrechtsnachfolge auf den übernehmenden Rechtsträger über (§ 174 UmwG). Der Übergang der Gr unterfällt daher **§ 1 I Nr. 3.** Zu Vermögensübertragungsverträgen nach § 179a AktG vgl.

→ Rn. 175. § 6 ist auf die Vermögensübertragung nicht anwendbar, weil eine Gesamthand nicht an ihr beteiligt sein kann.

190 **b) Übernahme des Sondervermögens einer PersGes zu Alleineigentum.** Der Wechsel im Personenstand eines grestrechtl. selbstständigen Rechtsträgers ist grds. nicht steuerbar (→ Rn. 52 ff.). Hingegen führen die Übernahme des Vermögens einer PersGes durch den **verbleibenden Gesellschafter** bei Ausscheiden der übrigen Gesellschafter an der PersGes oder die Übertragung aller Gesellschaftsanteile auf einen übernehmenden Dritten hinsichtlich der zum Gesellschaftsvermögen gehörenden Gr zu einem nach **§ 1 I Nr. 3** steuerbaren Erwerb (vgl. nur BFH II R 32/05, BStBl. II 2007 323; Orth DStR 1999, 1011 (1017); KKK KonzernStR/Fleischer § 5 Rn. 30 ff.; zum Ausscheiden eines Kommanditisten aus einer zweigliedrigen GmbH & Co. KG vgl. Bachem BB 1993, 483). In diesen Fällen wird das bislang gesamthänderisch gebundene Sondervermögen zu Alleineigentum des übernehmenden Gesellschafters bzw. Dritten. Dieser Vorgang der Rechtsnachfolge in das Sondervermögen vollzog sich bisher durch **Anwachsung** (§ 738 BGB aF). Nach der nunmehr **anteilsbezogenen Betrachtung** ergibt sich diese Folgerung jetzt aus § 712a I 1 und 2 BGB nF. Das Gesellschaftsvermögen geht zum Zeitpunkt des Ausscheidens des vorletzten Gesellschafters im Wege der Gesamtrechtsnachfolge auf den verbleibenden Gesellschafter über. Mit diesem Übergang des Gesellschaftsvermögens tritt die Vollbeendigung der PersGes ein; eine Liquidation findet nicht statt (BFH II R 161/74, BStBl. II 1977, 359). Die Anwachsung bei dem Übernehmenden ist **keine „Anteilsvereinigung" (§ 1 III).** Der Steuerbarkeit nach § 1 III steht entgegen, dass die Gesellschaftsanteile mit dem Erlöschen der PersGes nicht über-, sondern untergehen und es somit an dem von § 1 III vorausgesetzten Fortbestehen der Gesellschaftsanteile fehlt (BFH II R 80/92, BStBl. II 1995, 903 unter Hinweis auf eine teleologische Reduktion des § 1 III Nr. 3; BFH II R 86/00, BFH/NV 2003, 344; II B 97/03, BFH/NV 2005, 576). Der Erwerb des Übernehmenden ist – sofern nicht durch § 6 IV ausgeschlossen – nach § 6 II begünstigt (zB BFH II R 37/05, BStBl. II 2007, 59; vgl. auch Breitenreicher DStR 2004, 1405/1408 f.); zu Einzelheiten → § 6 Rn. 22 ff.). Liegt der Anwachsung eine **freigebige Zuwendung** des Anteils eines anderen Gesellschafters zugrunde, ist § 3 Nr. 2 S. 1 anzuwenden (vgl. → § 3 Rn. 120 ff.). Gleiches gilt auch für **Anteilserwerbe von Todes wegen** (→ § 3 Rn. 83 ff.). Bei einer Anwachsung im Konzern aufgrund eines Umwandlungs- oder Einbringungsvorgangs bzw. auf gesellschaftsvertraglicher Grundlage gilt § 6a.

191 Aus der Anknüpfung des **§ 1 I Nr. 3** an den (zivilrechtlichen) Eigentumsübergang folgt für den **ausscheidenden Gesellschafter,** dass seine gesamthänderische Mitberechtigung am Gesamthandsvermögen mit der Anwachsung bei dem übernehmenden Gesellschafter bzw. Dritten endet. Damit entfällt für den ausscheidenden Gesellschafter die Vergünstigung des **§ 6,** sofern seine Abfindung in einem Gr der PersGes bestehen soll und die darauf gerichtete Übereignungsverpflichtung erst **nach** Anwachsung des Gesellschaftsvermögens bei dem Übernehmenden begründet wird. Umgekehrt tritt die Steuerbarkeit für den **übernehmenden** Gesellschafter aus § 1 I Nr. 3 auch dann ein, wenn einer beabsichtigten Fortsetzung der PersGes mit Gesellschafterwechsel ein Eigentumswechsel aufgrund Anwachsung vorausgeht (BFH II R 28/73, BStBl. II 1979, 81).

Beispiel:

A, B und C sind Gesellschafter einer OHG, zu deren Gesellschaftsvermögen Gr gehören. A übernimmt gegen Abfindung die Anteile von B und C, die zum 31. 12. 24 ausscheiden.

A gründet zum 1. 1. 25 mit D eine neue OHG, die die bisherige Firma fortführt. A hat aufgrund Anwachsung das Vermögen der OHG zu Alleineigentum erworben; der Erwerb der Gr ist nach § 1 I Nr. 3 iVm § 6 II iVm § 24 (vorbehaltlich § 6 IV iVm § 24) steuerbar. Verpflichtet sich A zur Einbringung der Gr in die neue OHG, so ist dieser Vorgang nach § 1 I Nr. 1 (allerdings nach § 5 II begünstigt) steuerbar.

Hinsichtlich der **Bemessungsgrundlage** ist danach zu unterscheiden, ob sich der Erwerb auf gesellschaftsvertraglicher Grundlage vollzieht oder ob alle Anteile auf einen Nichtgesellschafter übergehen, vgl. → § 8 Rn. 82ff. und → § 9 Rn. 184. Zur Anzeigepflicht → § 19 Rn. 17.

c) Übertragung eines Erbanteils. Mit dem Erwerb eines Anteils an einer **Erbengemeinschaft** (§ 2033 I BGB) wird der Erwerber **Gesamthänder der ungeteilten Erbengemeinschaft.** Der Erwerb vollzieht sich, auch wenn zum Nachlass nur ein Gr gehört, ohne Auflassung und ohne Eintragung im Grundbuch (MüKoBGB/Gergen § 2033 Rn. 12). Die Übertragung des Erbanteils ist Verfügung über die Mitberechtigung eines Erben an dem Gesamthandsvermögen und nicht Verfügung über ein Gr; der Erwerber des Erbanteils ist daher im Wege der Grundbuchberichtigung (§ 894 BGB; § 22 GBO) als Gesamthänder einzutragen (BFH II R 50/12, BStBl. II 2015, 399; BGH NJW 1969, 92). Da die Erbengemeinschaft nicht als selbstständiger Rechtsträger ihres Gesamthandsvermögens anerkannt wird (zur Problematik → Rn. 69 f.), ist die Übertragung eines Erbteils – sofern zu dem ungeteilten Nachlass ein Gr gehört – nach **§ 1 I Nr. 3 steuerbar** (BFH II R 50/12, BStBl. II 2015, 399 mwN; II B 28/19, BFH/NV 2020, 564; zur Abgrenzung von dem nach § 1 I Nr. 1 steuerbaren Erwerb aller Erbteile → Rn. 167). Aus dieser Rechtslage folgt zwingend, dass jede Eigentumsveränderung an einem Gr infolge Erbanteilsübertragung § 1 I Nr. 3 unterliegt; es liegen so viele GrESt-Fälle vor wie Erbanteilsübertragungen erfolgen (BFH II R 141/74, BStBl. II 1976, 159). 192

Die Erbengemeinschaft **erlischt,** wenn ein Miterbe **sämtliche Anteile** am Nachlass **erwirbt** (MüKoBGB/Gergen § 2032 Rn. 5 mwN). Auch diese Vereinigung aller Anteile einer Erbengemeinschaft in einer Hand ist nach **§ 1 I Nr. 3** steuerbar (so schon BFH II 121/59 U, BStBl. III 1961, 423; II 30/61 U, BStBl. III 1964, 486). Beim Erwerb des letzten Erbanteils ist mithin nicht mehr der ganze Erwerb, sondern nur der zuletzt erworbene quotale Anteil nach § 1 I Nr. 3 zu versteuern.

Steuerbefreiungen für Erbanteilsübertragungen kommen zB nach **§ 3 Nr. 3** (Erwerb durch Miterben) und **§ 3 Nr. 6** (Erwerb durch Verwandte) in Betracht (vgl. auch Wälzholz ZEV 2016, 369 (372)). Ein nicht schon nach § 3 befreiter Erwerb kann gem. § 6 II – vorbehaltlich § 6 IV – begünstigt sein. Zur **Bemessungsgrundlage** → § 9 Rn. 201, zum **Steuerschuldner** (§ 13 Nr. 2) → § 13 Rn. 17.

d) Weitere Einzelfälle. Steuerbar ist nach **§ 1 I Nr. 3** der gesetzliche Übergang von Gr einer betrieblichen Unterstützungskasse gem. § 9 III BetrAVG auf den Träger der Insolvenzsicherung (BFH II R 1/02, BFH/NV 2004, 1120). Die **Sicherungsübereignung** eines Gebäudes auf fremdem Boden, das Scheinbestandteil (§ 95 I BGB) ist, unterliegt nach **§ 1 I Nr. 3 iVm § 2 II Nr. 2** der GrESt (vgl. → § 2 Rn. 118). Zur Buchersitzung (§ 900 BGB) → Rn. 22. 193

In den **neuen Bundesländern** unterfällt **§ 1 I Nr. 3** der GrErwerb aufgrund eines Restitutionsbescheids nach dem **VermG,** soweit dieser unanfechtbar geworden ist und er den Eigentumsübergang herbeigeführt hat (BFH II R 27/97, 194

BStBl. II 1998, 159; II R 18/10, BFH/NV 2012, 608; dazu müssen dem Restitutionsbescheid etwa beigefügte Bedingungen erfüllt worden sein (BFH IX R 46/04, BFH/NV 2006, 261). Nach § 1 I Nr. 3 ist auch der Erwerb eines Abtretungsempfängers, dem der Berechtigte seinen Restitutionsanspruch abgetreten hatte, zu besteuern (BFH II R 55/99, BFH/NV 2001, 1377; Viskorf/Kugelmüller-Pugh § 4 Anhang 1 Rn. 5 ff.; SächsFG 5 K 106/98, EFG 1999, 307; zur Abtretung des Rückübertragungsanspruchs → Rn. 239, zur Steuerbefreiung aus § 34 III VermG → § 4 Rn. 50 ff.).

195 **3. Erwerb kraft behördlichen oder gerichtlichen Ausspruchs.** Das **öffentliche Recht** ordnet in verschiedenen Gesetzesvorschriften einen Eigentumsübergang kraft Gesetzes nach Maßgabe eines Verwaltungsakts oder einer Satzung an. Der Rechtsübergang bedarf in diesen Fällen keiner Auflassung. Durch Eintritt des neuen Rechtszustands (zB § 117 V, VII BauGB für den Enteignungsbeschluss) ist vielmehr die Grundbuchberichtigung veranlasst.

196 **a) Enteignung.** Nach Maßgabe der landesrechtlichen Enteignungsgesetze sowie einzelner bundes- oder landesgesetzlicher **Vorschriften** (zB §§ 85 ff. BauGB; § 19 FStrG sowie der entspr. Vorschriften der Landesstraßengesetze; §§ 11 ff LBG) sind Enteignungen zulässig. Für diese nach **§ 1 I Nr. 3 S. 1 steuerbaren Erwerbe** ist nach § 13 Nr. 3 Steuerschuldner nur der Erwerber. Die Steuerbarkeit enteignender, auf einem Akt der öffentlichen Gewalt beruhender Rechtsvorgänge erscheint – soweit es sich nicht um den enteignungsrechtlichen Direkterwerb Privater handelt – mangels Steuerwürdigkeit grds. verfehlt (aA Hofmann/Eiling § 1 Rn. 60; zur grds. Problematik Kirchhof HdbStR V § 118 Rn. 227 ff.). Zur Bemessungsgrundlage (§ 9 I Nr. 7) → § 9 Rn. 143 ff.

197 **b) Erwerbsvorgänge in der Flurbereinigung (§ 1 I Nr. 3 S. 2 Buchst. a).** Erwerbsvorgänge im Verfahren nach dem **FlurbG** unterliegen der GrESt, soweit sie nicht nach § 1 I Nr. 3 S. 2 Buchst. a oder § 3 Nr. 1 von der Besteuerung ausgenommen sind. Flurbereinigung ist nach § 1 FlurbG die Neuordnung des ländlichen Grundbesitzes zur Verbesserung der Produktions- und Arbeitsbedingungen in der Land- und Forstwirtschaft sowie zur Förderung der allgemeinen Landeskultur und der Landesentwicklung. **§ 1 I Nr. 3 S. 2 Buchst. a** ist ungeachtet seiner systematischen Stellung innerhalb der Steuertatbestände in der Sache eine **Steuerbefreiungsvorschrift** (BFH II R 25/98, BStBl. II 2000, 206). Die Befreiungsvorschriften des § 108 I und II FlurbG gelten aufgrund § 108 III FlurbG nicht für die GrESt.

198 Die Steuerbefreiung nach **§ 1 I Nr. 3 Buchst. a** wurde durch **Art. 32 JStG 2020** (anwendbar nach dem 28.12.2020, § 23 XVII) dahingehend präzisiert, dass „der neue Eigentümer in diesem Verfahren als Eigentümer eines im Flurbereinigungsgebiet gelegenen Grundstücks Beteiligter ist und soweit der Wert des dem neuen Eigentümer zugeteilten Grundstücks seinen sich aus dem Wert des eingebrachten Grundstücks ergebenden Sollanspruch auf Zuteilung nicht um mehr als 20 vom Hundert übersteigt". Diese Fassung wurde durch das **FoStoG** v. 3.6.2021 (BGBl. 2021 I 1498) zur Schaffung einer klarstellenden und rechtssicheren Gesetzesformulierung zur Anwendung der Nichtaufgriffsgrenze dahingehend umgesetzt, dass Befreiungen „bis zur Höhe des Sollanspruchs" ausgenommen sind. Diese Änderung ist am 2.8.2021 in Kraft getreten. Da schon **Art. 32 JStG 2020 den Regelungswillen deutlich umschreibt,** ist die weitere Änderung durch das

FoStoG **ohne Bedeutung** und enthält keine Rückwirkung (Viskorf/Meßbacher-Hönsch § 1 Rn. 419).

Zu Einzelheiten der grestrechtl. Behandlung von Erwerbsvorgängen im Flurbereinigungsverfahren **bis zum 28.12.2020** vgl. GLE v. 18.2.2020, BStBl. I 2020, 2882, für die Zeit **nach dem 28.12.2020** vgl. GLE v. 3.6.2021, BStBl. I 2021, 371 (und in HEB 2024 § 1 GrEStG Rn. 35 ff.).

aa) Erwerbsvorgänge bis 28.12.2020. Für die Steuerbefreiung des **§ 1 I** 199 **Nr. 3 S. 2 Buchst. a** maßgeblich ist der Zeitpunkt der **Ausführungsanordnung** (BFH II R 7/20, BStBl. II 2023, 402). **Steuerbefreit** (§ 1 I Nr. 3 Buchst. a S. 2) sind zunächst die wertgleichen **Landabfindungen** nach §§ 44 I, VI und VII, 48, 49 I, 50 IV, 73 FlurbG. Nicht steuerbar sind auch die entspr. Rechtsvorgänge im beschleunigten Zusammenlegungsverfahren (§§ 91 ff. FlurbG) und im Landtauschverfahren (§ 103b FlurbG). Ebenso sind auch **unvermeidbare Mehrausweisungen** nach § 44 III FlurbG bzw. – im Landtauschverfahren – nach § 103b I FlurbG grestfrei, da auch die Mehrausweisung Teil der Landabfindung ist und der klare Wortlaut des § 1 I Nr. 3 S. 2 Buchst. a eine Differenzierung nach dem Maß der Zuteilung verbietet (NdsFG 7 K 92/17, EFG 2021, 472, von BFH II R 7/20, BStBl. II 2023, 402 offen gelassen).

Der durch die Anordnung der Flurbereinigung entstehende **Anspruch** des 200 beteiligten Eigentümers **auf Landabfindung** unterliegt mangels Anspruch auf Übertragung eines bestimmten Gr nicht der GrESt; dies gilt auch für die Abtretung dieser Rechtsposition (BFH II R 47/99, BStBl. II 2000, 627). Ferner ist nach § 1 I Nr. 3 S. 2 Buchst. a die **unentgeltliche Zuteilung** von Land für gemeinschaftliche Anlagen (§ 39 I FlurbG) an die in § 42 II FlurbG bezeichneten Rechtsträger steuerfrei. Auch insoweit sind etwaige Mehrausweisungen entgegen der angeführten Verwaltungsauffassung nicht steuerbar.

Für **Landzuteilungen nach §§ 54 II, 55 I FlurbG** gelten folgende Grund- 201 sätze: Die Landabfindungsverzichtserklärung (§ 52 I FlurbG) ist als solche noch **kein Rechtsvorgang iSd § 1** und insb. nicht nach **§ 1 II** der GrESt unterworfen (Wingerter/Mayr FlurbG § 54 Rn. 12). Dies gilt unabhängig davon, ob diese Erklärung zugunsten eines Dritten abgegeben wird oder nicht. Im letzteren Fall begründet die vorausgehende Einweisung des Dritten in Besitz und Nutzungen iVm mit dem durch die Verzichtserklärung iSd § 52 I FlurbG begründeten Abfindungsanspruch für den Dritten – wegen der für ihn bis zur Unanfechtbarkeit des Flurbereinigungsplans ungesicherten Position und der damit fehlenden Substanzbeteiligung am Gr – noch **keine Verwertungsbefugnis** nach § 1 II (BFH II R 47/99, BStBl. II 2000, 627; XI R 33/04, BStBl. II 2007, 919; Tz. 5 der in → Rn. 197 zitierten Ländererlasse).

Die der **Verzichtserklärung gem. § 52 I FlurbG** nachfolgende **Eigentums-** 202 **zuweisung an** den **Teilnehmer** unterliegt der Besteuerung nach **§ 1 I Nr. 3 S. 1** (zu beachten ist die Wertgrenze des § 3 Nr. 1) und ist nicht gem. § 1 I Nr. 3 S. 2 Buchst. a steuerfrei. Insoweit handelt es sich nicht um eine „Abfindung" iSd § 1 I Nr. 3 S. 2 Buchst. a, sondern um einen über die eingebrachten und als Abfindung erlangten Gr **hinausgehenden Erwerb** (Haselhoff RdL 1983, 255; Viskorf/Meßbacher-Hönsch § 1 Rn. 422; s. auch BFH II R 59/85, BStBl. II 1987, 133). Wird diese Verzichtserklärung iSd § 52 I FlurbG zugunsten eines Dritten abgegeben und diesem sodann Eigentum zugewiesen, unterfällt auch dieser Erwerb **§ 1 I Nr. 3 S. 1.** Steuerfreiheit gem. § 1 I Nr. 3 S. 2 Buchst. a tritt aufgrund einer teleologischer Reduktion nicht ein: Diese Vorschrift gilt nicht für Eigentumszuteilungen an Dritte, die erst durch Verzichtserklärung gem. § 52 I FlurbG in das Flurbereinigungsverfahren einbezogen würden (BFH II R 41/05, BStBl. II 2006, 919; II R 10/14, BStBl. II 2015, 401). Steuerpflichtig ist auch der Eigentumserwerb kraft Zuteilung von Masseland gem. §§ 54 II, 55 FlurbG (BFH II R 7/20, BStBl. II 2023, 402).

Grundertragsteuerfrei ist jedoch eine **Landzuteilung** gem. § 1 I Nr. 3 Buchst. a, soweit der **Wert der dem Teilnehmer** im Ergebnis zugeteilten **Grundstücke nicht der Wert der von ihm eingebrachten Grundstücke übersteigt.** Das ist gilt auch dann, wenn ein Teilnehmer einerseits durch Landverzichtserklärung eines anderen Teilnehmers gem. § 52 III 2 FlurbG einen Abfindungsanspruch in Land gewinnt und zum anderen, für von ihm selbst in das Flurbereinigungsverfahren eingebrachte Grundstücke zugunsten eines Dritten auf eine Landabfindung verzichtet (BFH II R 10/14, BStBl. II 2015, 401). Die für Mehrzuteilungen im Umlegungsverfahren (§ 1 I Nr. 3 S. 2 Buchst. b) geltenden Grundsätze (→ Rn. 205 ff.) können auf § 1 I Nr. 3 S. 2 Buchst. a wegen seines abweichenden Wortlauts nicht übertragen werden. Zur Bemessungsgrundlage betr. geleisteter Abfindungszahlungen des neuen Eigentümers nach Abfindungsverzicht des Teilnehmers nach § 52 FlurbG vgl. FM Nds 17.10.2022, Nds. MBl. 2022, 1461.

203 **bb) Erwerbsvorgänge nach dem 28.12.2020. Nach dem neuen Recht (§ 23 XVII)** nicht begünstigt ist ein Erwerb durch einen Dritten, der erst durch die **Landabfindungsverzichterklärung** eines **Teilnehmers** in das Flurbereinigungsverfahren **einbezogen** wird. Ist der Teilnehmer Beteiligter des Flurbereinigungsverfahrens, so ist auch diese steuerfrei, wenn sie den Wert des eingebrachten Grundstücks (Sollanspruch auf Zuteilung) um höchstens **20 %** (= Minderzuteilung, wertgleiche Zuteilung oder unwesentliche Mehrzuteilung) überschreitet. Erfolgt dagegen eine Zuteilung, die den Sollanspruch **um mehr als 20 %** übersteigt (wesentliche Mehrzuteilung), ist diese Zuteilung in Höhe der Differenz zwischen der Zuteilung und dem Sollanspruch **grunderwerbsteuerpflichtig.** Dies gilt nach der jetzigen Rechtslage auch – abweichend von der alten Rechtslage, → Rn. 199 – für unvermeidbare Mehrausweisungen nach § 103b I bzw. § 44 III FlurbG.

204 Nicht von der Besteuerung ausgenommen ist der Ankauf (§ 1 I Nr. 1) von Gr zur Bodenbevorratung nach § 26c I FlurbG (Wingerter/Mayr FlurbG § 108 Rn. 12). Ebenfalls nach § 1 I Nr. 3 S. 1 steuerbar ist die Zuteilung von Flächen für **öffentliche Anlagen** nach **§ 40 FlurbG,** soweit sie nicht zugleich gemeinschaftliche Anlagen sind, und ferner die Zuteilung von Flächen nach § 88 Nr. 4 FlurbG. Der freihändige Erwerb von Gr im Zusammenhang mit Flurbereinigungsverfahren (zB aufgrund § 26c FlurbG) unterliegt der GrESt nach § 1 I Nr. 1.

Zur Entstehung der GrESt bei den Erwerbsvorgängen in der Flurbereinigung vgl. → § 14 Rn. 4.

Hinsichtlich der GrESt-Befreiung von Maßnahmen nach dem **BoSoG** vgl. FM Sachs 17.12.1998, StED 1999, 223.

205 **c) Erwerbsvorgänge im Umlegungsverfahren (§ 1 I Nr. 3 S. 2 Buchst. b).** Der Anwendungsbereich des § 1 I Nr. 3 S. 2 Buchst. b ist auf das **förmliche (amtliche)** Umlegungsverfahren nach §§ 45 ff. BauGB und das **vereinfachte Umlegungsverfahren** nach §§ 80–84 BauGB beschränkt (zur freiwilligen Umlegung → Rn. 212). Auch § 1 I Nr. 3 S. 2 Buchst. b enthält trotz seiner

systematischen Stellung innerhalb der Steuertatbestände eine **Steuerbefreiung** (BFH II R 25/98, BStBl. II 2000, 206).

Der Wortlaut der Vorschrift lautete bis zum 28.12.2020 dahin, dass der Übergang nach dem BauBG in seiner jeweils geltenden Fassung steuerfrei war, wenn der neue Eigentümer in diesem Verfahren als Eigentümer eines im Umlegungsgebiet gelegenen Grundstücks Beteiligter war. Der Wortlaut wurde durch das JStG 2020 und das FoStoG geändert (→ Rn. 198). Diese Neufassung ist auf ale Erwerbsvorgänge nach dem 28.12.2020 anzuwenden (→ § 23 XVII).

Ziel des Umlegungsverfahrens ist die Änderung des Zuschnitts von Gr, um **206** eine dem Bebauungsplan entspr. Bebauung und Erschließung zu erreichen. Es handelt sich im Kern um ein **GrTauschverfahren.** Eigentümer, deren Gr zur Umlegungsmasse (§ 55 I BauGB) gehören, haben hinsichtlich der (nach Ausscheiden der in § 55 II BauGB bezeichneten Flächen) verbleibenden Verteilungsmasse (§ 55 IV BauGB) gem. § 59 I BauGB grds. einen Rechtsanspruch auf Landzuteilung. Diese Zuteilung führt mit Eintritt des neuen Rechtszustandes durch den Umlegungsplan unmittelbar zum Eigentumsübergang (§§ 72, 74 I BauGB). Ist der neue Eigentümer (als Eigentümer eines im Umlegungsgebiet gelegenen Gr) **Beteiligter des Umlegungsverfahrens,** so ist sein Erwerb nach § 1 I Nr. 3 S. 2 Buchst. b von der Besteuerung ausgenommen. Ob das zugeteilte Gr innerhalb oder außerhalb des Umlegungsgebiets liegt, ist unerheblich.

Der im Umlegungsverfahren bewirkte GrÜbergang ist gem. **§ 1 I Nr. 3b steu-** **207** **erbar;** dem steht das das förmliche Umlegungsverfahren beherrschende Surrogationsprinzip nicht entgegen (BFH II R 36/95, BStBl. II 1998, 27; FG BW 5 K 209/96, EFG 1998, 229; unzutr. insoweit FG Köln 13 K 6119/93, EFG 1998, 902). Soweit Einwurfs- und ZuteilungsGr **flächen- und deckungsgleich** sind, liegt mangels Grundflächenänderung kein steuerbarer Erwerb vor (BFH II R 36/95, BStBl. II 1998, 27). Bei teilweiser Flächenidentität ist nur die auf die Flächendifferenz entfallende Gegenleistung steuerbar; eine Befreiung kann sich aus § 3 Nr. 1 und – zB bei GrZuteilung an einen Verwandten gerader Linie – aus § 3 Nr. 6 ergeben. Befreit ist auch die Teilung gemeinschaftlichen Eigentums gem. § 62 BauGB. Diese Steuerbefreiung gilt sowohl im amtlichen wie auch im vereinfachten Umlegungsverfahren.

Nach der **Altfassung bis 28.12.2020** war die grestrechtl. Behandlung von **208** **GrZuteilungen gegen Geldzahlungspflicht** des umlegungsbeteiligten neuen Eigentümers problematisch (GLE v. 18.2.2020, BStBl. I 2020, 282 Tz. 3). Dem ist im Ergebnis zustimmen (Viskorf/Meßbacher-Hönsch § 1 Rn. 449; vgl. auch näher 7. Aufl. Rn. 210). Nach der Neufassung des § 1 I Nr. 3 Buchst. b wird eine Besteuerung nach § 42 AO im Regelfall entfallen.

Nach der **Änderung der Vorschrift** durch **Art. 32 JStG 2020** (BGBl. 2020 **209** I 3096; anzuwenden nach dem 28.12.2020, § 23 XVII) wurde § 1 I Nr. 3b dahin ergänzt, dass der neue Eigentümer in diesem Verfahren als Eigentümer eines im Umlegungsgebiet gelegenen Grundstücks Beteiligter sein muss. Der Wert des dem neuen Eigentümer zugeteilten Grundstücks kann den sich aus dem Wert des eingebrachten Grundstücks ergebenden Sollanspruch auf Zuteilung um nicht mehr als 20 % übersteigen. Durch das **FoStoG** v. 3.6.2021 (BGBl. 2021 I 1498; in Kraft seit 2.8.2021) wurde die Nichtaufgriffsgrenze durch eine klarstellende und rechtssichere Gesetzesformulierung umgesetzt. Für **Erwerbsvorgänge nach dem 28.12.2020** gilt **GLE** 3.6.2021, BStBl. I 2021, 731 (HEB 2024 § 1 GrEStG Rn. 35 ff).

210 **Steuervergünstigt** sind nach der Neuregelung durch das **JStG 2020** und das **FoStoG** weiterhin (→ Rn. 197) solche Zuteilungen, die nach den Vorgaben des BauGB und dem Ermessen der Umlegungsstelle **umlegungsbedingt** erfolgen. Der Eigentumsübergang im Umlegungsverfahren ist für Beteiligte grunderwerbsteuerfrei, wenn der neue Eigentümer in diesem Verfahren als Eigentümer eines im Umlegungsgebiet gelegenen Grundstücks Beteiligter ist und soweit der Wert des dem neuen Eigentümer zugeteilten Grundstücks seinen sich aus dem Wert des eingebrachten Grundstücks ergebenden Sollanspruch auf Zuteilung nicht um mehr als 20 % übersteigt (Minderzuteilung, wertgleiche Zuteilung oder unwesentliche Mehrzuteilung).

Als **nicht umlegungsbedingt** ist es anzusehen, wenn sich jemand durch den Erwerb eines eher kleineren Grundstücks in ein künftiges Umlegungsgebiet einkauft, um damit letztlich ein gewünschtes, erheblich größeres Grundstück zugeteilt zu erhalten. So unterliegt der Übergang des Eigentums im Umlegungsverfahren nach dem Bundesbaugesetz in seiner jeweils geltenden Fassung der GrESt, wenn der neue Eigentümer in diesem Verfahren als Eigentümer eines im Umlegungsgebiet gelegenen Grundstücks Beteiligter ist und soweit der Wert des dem neuen Eigentümer zugeteilten Grundstücks seinen sich aus dem Wert des eingebrachten Grundstücks ergebenden Sollanspruch auf Zuteilung **um mehr als 20 %** übersteigt, der Grunderwerbsteuer (wesentliche Mehrzuteilung). Eine solche wesentliche Mehrzuteilung ist in Höhe der Differenz zwischen dem Wert des zugeteilten Grundstücks und dem sich aus dem Wert des eingebrachten Grundstücks ergebenden Sollanspruch auf Zuteilung grestpflichtig. Da schon **Art. 32 JStG 2020 den Regelungswillen deutlich umschreibt,** ist die weitere Änderung durch das FoStoG ohne Bedeutung und enthält keine Rückwirkung (Viskorf/Meßbacher-Hönsch § 1 Rn. 441).

211 Entsprechend der **Neufassung nach dem 28.12.2020** muss der neue Eigentümer in diesem Verfahren als Eigentümer eines im Umlegungsgebiet gelegenen Grundstücks Beteiligter sein. Auch eine **Mehrzuteilung ist ausgenommen,** wenn der Wert des zugeteilten Grundstücks den sich aus dem Wert des eingebrachten Grundstücks ergebenden Sollanspruch nicht **um mehr als 20 % übersteigt.** Nicht umlegungsbedingt und daher nicht begünstigt ist ein GrErwerb, der lediglich verfahrensmäßig in das Umlegungsverfahren eingebettet ist und sich – ohne Bindung an das gesetzliche Umlegungsverfahren und die insoweit geltenden Zuteilungsgrundsätze – als rechtsgeschäftlicher Erwerb vollzieht (FG BW EFG 2005, 891; ähnlich Heine UVR 2006, 59 (62 f.)). Auf der Grundlage der BFH-Rspr. (BFH II R 25/98, BStBl. II 2000, 206) dürften auch GrErwerbe einer umlegungsbeteiligten Gemeinde, durch die andere Umlegungsbeteiligte die der Gemeinde zustehenden Wertabschöpfungsansprüche erfüllen, nicht nach § 1 I Nr. 3 S. 2 Buchst. b befreit sein (FG BW EFG 1998, 229). Ebenfalls nicht befreit sind **GrErwerbe von Bedarfsträgern,** denen Flächen für öffentliche Zwecke gegen Einbringung von außerhalb des Umlegungsgebiets liegendem Ersatzland (§ 55 V BauGB) zugeteilt werden; in diesem Fall fehlt es an der von § 1 I Nr. 3 S. 2 Buchst. b vorausgesetzten Eigentümerstellung „eines im Umlegungsgebiet liegenden Gr“ (BFH II R 6/88, BStBl. II 1990, 1034).

Der Eigentumsübergang im Grenzregelungsverfahren ist nicht steuerbefreit (BFH II B 160/87, BStBl. II 1988, 457).

212 **d) Freiwillige Baulandumlegung.** Die rechtsgeschäftlich vereinbarte freiwillige Baulandumlegung unterfällt nicht § 1 I Nr. 3 S. 2 Buchst. b (s. auch GLE

3.6.2021, BStBl. I 2021, 731 unter 3.3). Sie ist – ohne Verstoß gegen Art. 3 I GG – nach den allgemeinen Vorschriften (bei GrTausch nach § 1 I Nr. 1 iVm § 1 V) steuerbar (eingehend BFH II R 68/09, BFH/NV 2012, 63 mwN; die dagegen eingelegte Verfassungsbeschwerde 1 BvR 2880/81, BStBl. II 2015, 622 hatte keinen Erfolg). Bei der freiwilligen Baulandumlegung unter Einschaltung einer GbR **(Umlegungsgesellschaft)** kommt allerdings eine Befreiung nach § 3 Nr. 1, §§ 5 und 7 II und ferner ggf. die Anwendung des § 16 II Nr. 1 in Betracht (vgl. GLE 18.2.2020, BStBl. I 2020, 282 bis 28.12.2020; GLE v. 3.6.2021, BStBl. I 2021, 731 für die Zeit nach dem 28.12.2020; vgl. auch § 7 Rn. 22 f.). Gleiches gilt allgemein für den Kauf von Gr im Umlegungsgebiet und insb. auch für einen Kaufvertrag zur Vermeidung einer Umlegung (BFH II R 246/85, BStBl. II 1987, 135). Ebenfalls steuerbar war der Eigentumsübergang in Grenzregelungsverfahren nach §§ 80 ff. BauGB aF (BFH II B 160/87, BStBl. II 1988, 457). An die Stelle des bisherigen Grenzregelungsverfahrens ist aufgrund Änderung der §§ 80 ff. BauGB (anwendbar auf entspr. gemeindliche Beschlüsse ab 20.7.2004, vgl. § 239 BauGB) die vereinfachte Umlegung getreten. Auf dieser Grundlage erfolgende GrErwerbe sind nach § 1 I Nr. 3 S. 2 Buchst. b begünstigt (Jäschke DStR 2006, 1349).

Die Befreiungsvorschrift des **§ 79 I BauGB** ist auf nichtsteuerliche Abgaben begrenzt und auf die im Zusammenhang mit Umlegungsverfahren entstehende GrESt nicht anwendbar (BFH II R 246/85, BStBl. II 1987, 135).

Zur **Bemessungsgrundlage** (GLE 3.6.2021, BStBl. I 2021, 731, HEB 2024 § 1 GrEStG Rn. 35 ff. und → § 9 Rn. 202, zur **Entstehung** der GrESt → § 14 Rn. 4. Die Abtretung eines Anspruchs auf GrZuteilung vor dem Zeitpunkt der Steuerentstehung ist nicht gem. § 1 I Nr. 5–7 steuerbar (→ Rn. 233).

e) Eigentumsübergang im Zwangsversteigerungsverfahren (§ 1 I Nr. 3 S. 2 Buchst. c). Der Übergang des Eigentums im Zwangsversteigerungsverfahren ist gem. § 1 I Nr. 3 S. 2 Buchst. c von der Besteuerung ausgenommen. Die Vorschrift ist im Zusammenhang mit § 1 I Nr. 4 (→ Rn. 241 ff.) zu sehen, der die Steuerpflicht für den Erwerb im Zwangsversteigerungsverfahren schon auf das Meistgebot vorverlagert und damit eine Besteuerung des nachfolgenden Eigentumsübergangs im Zwangsversteigerungsverfahren erübrigt. 213

IV. Meistgebot im Zwangsversteigerungsverfahren (§ 1 I Nr. 4); Abtretung der Rechte aus dem Meistgebot (§ 1 I Nr. 5 u. 7)

1. Allgemeines. Im Zwangsversteigerungsverfahren wird der Ersteher durch den Zuschlag Eigentümer des Gr (§ 90 I ZVG) und zugleich der Gegenstände, auf welche sich die Versteigerung erstreckt hat (§ 90 II ZVG). **Ersteher** ist der Meistbietende (§ 81 I ZVG) oder der Zessionar (§ 81 II ZVG) oder der verdeckte Vollmachtgeber (§ 81 III ZVG). Der Eigentumserwerb des Erstehers vollzieht sich mit der Verkündung des Zuschlags (§ 89 ZVG) bzw. bei der Erteilung durch den Erinnerungsrichter mit der Zustellung an den Ersteher (§ 104 ZVG). Die Zwangsvollstreckung von **Gebäuden auf fremdem Boden** bestimmt sich – weil sie nach bürgerlichem Recht bewegliche Sachen (§ 95 BGB) sind – nach den Vorschriften über die Zwangsvollstreckung in bewegliche Sachen (§§ 808 bis 827 ZPO). Der Zuschlag hat an den Meistbietenden zu erfolgen (§ 817 ZPO). Da Gebäude auf fremdem Boden gem. § 2 II Nr. 2 den Gr gleichstehen, findet auf diesen Erwerb in der Zwangsvollstreckung § 1 I Nr. 4 – und ebenso § 9 I Nr. 4 – entspr. Anwendung (Viskorf/Meßbacher-Hönsch § 1 Rn. 469; Hofmann/Eiling § 1 Rn. 70). 214

Zu dem für die GrESt-Bemessungsgrundlage maßgebenden gegenständlichen Umfang der Zwangsversteigerung → § 9 Rn. 115 ff.

215 **2. Meistgebot im Zwangsversteigerungsverfahren (§ 1 I Nr. 4).** Nach **§ 1 I Nr. 4** unterliegt nicht erst der Zuschlag, sondern bereits das **Meistgebot** (§ 81 I ZVG), dh das bis zum Schluss der Versteigerung abgegebene höchste wirksame Gebot, der GrESt. Das Meistgebot löst die Steuer unabhängig davon aus, ob der Zuschlag dem Meistbietenden selbst oder aufgrund einer Abtretung der Rechte aus dem Meistgebot (§ 82 II, III ZVG) einem anderen erteilt wird (Begr GrEStG 1940, 391; BFH II R 14/91, BStBl. II 1994, 525).

216 Der **Begriffsinhalt des Meistgebots** (§ 1 I Nr. 4) sowie des Meistbietenden (§ 13 Nr. 4) ergibt sich aus dem Zwangsversteigerungsrecht (BFH II 112/65, BStBl. II 1969, 92; nichts anderes gilt auch für die in § 1 I Nr. 4 verwendeten Begriffe, vgl. → § 9 Rn. 115). Das Meistgebot ist eine nach dem Recht der Zwangsversteigerung abgegebene verfahrensrechtliche Erklärung, die durch das Protokoll (§ 78 ZVG) festzustellen ist. Der Erwerb aufgrund **freiwilliger Versteigerung** (§ 156 BGB) unterfällt nicht § 1 I Nr. 4, sondern ist rechtsgeschäftlicher Erwerb iSd § 1 I Nr. 1 (→ Rn. 170).

217 Die mit der Anknüpfung an das Meistgebot verbundene **Vorverlagerung der Besteuerung** (mit folgerichtiger Ausnahmeregelung in § 1 I Nr. 3c hinsichtlich des Eigentumsübergangs im Zwangsversteigerungsverfahren) ist **systemgerecht.** Das Meistgebot begründet einen (öffentlich-rechtlichen) Anspruch auf den Zuschlag, mit dem der Ersteher originäres Eigentum erwirbt (§ 90 I ZVG). Es entspricht in seiner rechtlichen Wirkung einem schuldrechtlichen Verpflichtungsgeschäft (BFH II R 184/81, BStBl. II 1985, 261; II R 36/08, BFH/NV 2010, 2304). Deshalb ist es für den bereits durch die Abgabe des Meistgebots begründeten Steuertatbestand des § 1 I Nr. 4 ohne Bedeutung, aus welchen Gründen die Abgabe des Meistgebots erfolgt und welchen weiteren Verlauf das Zwangsversteigerungsverfahren nimmt. Der Steuerpflicht steht es nicht entgegen, wenn das Meistgebot nur zur Rettung von Grundpfandrechten abgegeben wird (dazu auch → Rn. 214) und der Meistbietende gar nicht in der Absicht handelt, Eigentümer des Gr zu werden (SchlHFG EFG 1994, 534). Etwaige Härten der Besteuerung werden durch **§ 16 ausgeglichen** (BFH II R 14/91, BStBl. II 1994, 525).

Ist der **Meistbietende** der schon bisher eingetragene **GrEigentümer,** so ist das Meistgebot mangels Rechtsträgerwechsels schon nicht steuerbar (Lieberwirth DStR 1972, 620; vgl. auch → § 1 Rn. 22). Ist der Meistbietende Bruchteilseigentümer des versteigerten Gr, so ist nur ein Meistgebot über den eigenen Miteigentumsanteil hinaus nach § 1 I Nr. 4 steuerbar.

218 Das Meistgebot ist auch dann Besteuerungsgrundlage, wenn die Beteiligten **außerhalb** des Meistgebots andere private Vereinbarungen treffen (BFH II R 37/68, BStBl. II 1973, 709). Ungeachtet eines für den Meistbietenden begründeten vertraglichen Anspruchs auf Übereignung oder auf Eintragung als Eigentümer im Grundbuch ist § 1 I Nr. 4 erfüllt, wenn die Zwangsversteigerung zuvor aus den dem Meistbietenden vorgehenden Rechten angeordnet worden war (BFHE 91, 58). Die GrESt ist in diesem Fall nur dem Meistgebot zu entnehmen (HessFG EFG 1977, 604).

219 **Stellvertretung** (§ 164 I BGB) bei Abgabe eines Gebots ist zulässig; aufgrund der Formerfordernisse des § 71 II ZVG bedarf es insoweit allerdings der namentlichen Benennung des Bieters. Das ZVG lässt es nicht zu, im Namen unbekannter Dritter zu bieten. Die unmittelbare (echte) Stellvertretung bewirkt, dass der Ver-

tretene selbst Bieter (vgl. § 71 II ZVG) und damit bei Abgabe des Meistgebots selbst Steuerschuldner (§ 13 Nr. 4) ist. Für das Meistgebot fällt mithin nur einmal GrESt an. Wird ein für einen anderen abgegebenes Gebot vom Versteigerungsgericht trotz Nichterfüllung der Nachweisanforderungen des § 71 II ZVG nicht zurückgewiesen, ist es ebenfalls dem Vertretenen zuzurechnen (BFHE 95, 113).

Hat der Meistbietende hingegen **im eigenen Namen** geboten, ist er gem. § 13 Nr. 4 selbst Steuerschuldner. Abweichend von § 164 I 2 BGB kann sich ein aus den Umständen herzuleitender Wille zum Handeln im Namen des Vertretenen nur aus dem Protokoll (§§ 78, 80 ZVG) ergeben (BFH II 9/65, BStBl. II 1969, 41). Daher ist § 1 I Nr. 4 in der Person des Meistbietenden auch dann erfüllt, wenn der Wille, im eigenen Namen zu bieten, fehlte, der Wille, in fremden Namen zu bieten aber nicht erkennbar geworden ist (BFH II S 14/05, BFH/NV 2006, 979). Ebenso ist es zu beurteilen, wenn der Meistbietende – ohne dass nach dem Protokoll ein Handeln in fremdem Namen ersichtlich ist – ein Handeln im Auftrag und für Rechnung des späteren Erwerbers erklärt (BFH II 142/63, BStBl. II 1969, 400) bzw. nur wegen unzureichenden Nachweises der Vollmacht (§ 71 II ZVG) im eigenen Namen geboten hat (BFH II 112/65, BStBl. II 1969, 92; II S 14/05, BFH/NV 2006, 979). Es bleibt bei der Steuerpflicht des Vertreters, wenn er die Vertretung im Versteigerungstermin oder nachträglich gem. § 81 III ZVG aufdeckt und daraufhin dem Vertretenen der Zuschlag erteilt wird (BFH II 80/62 U, BStBl. III 1965, 712). 220

Bei der **Weiterübertragung** des Meistgebots durch den Meistbietenden (Vertreter) an den Ersteher liegt hinsichtlich des Meistgebots ein gem. **§ 1 I Nr. 4** steuerbarer Zwischenerwerb und hinsichtlich des Erwerbs des Erstehers ein weiterer Erwerbsvorgang vor. Hier sind **zwei** steuerbare Erwerbsvorgänge gegeben. Die GrESt fällt in solchen Fällen mithin doppelt an (vgl. auch → Rn. 140, 236 zu den entspr. Folgen beim Erwerb durch einen Treuhänder bzw. Beauftragten und bei den Zwischengeschäften iSd § 1 I Nr. 5–7). 221

Der **Erwerb des Erstehers** unterliegt als **Zwischengeschäft § 1 I Nr. 5 oder Nr. 7,** soweit zwischen dem Meistbietenden und dem Ersteher kein Auftragsverhältnis vorliegt und der Ersteher nicht gem. § 667 BGB einen Anspruch auf Übertragung der Rechte aus dem Meistgebot nach § 81 II und III ZVG hat (zu Einzelheiten → Rn. 231 ff.). Soweit hingegen der **Meistbietende** aufgrund eines entspr. **Auftrags** für den Ersteher geboten hat und er Letzterem aufgrund einer entspr. Verpflichtung die Rechte aus dem Meistgebot zu verschaffen hatte, wird der Ersteher mit dem Meistgebot idR die **Verwertungsmöglichkeit (§ 1 II)** über das Gr (BFH II R 143/78, BStBl. II 1980, 523; vgl. auch → Rn. 139). Das Bestehen einer Verwertungsbefugnis des Erstehers ist unter Zugrundelegung der Gesamtheit der ihm eingeräumten Rechtsbefugnisse zu ermitteln (vgl. auch → Rn. 265 ff.). Der GmbH-Alleingesellschafter erlangt keine Verwertungsbefugnis hinsichtlich der durch die GmbH ersteigerten Gr; daran ändert auch ein Beherrschungs- und Gewinnabführungsvertrages der GmbH mit dem Alleingesellschafter nichts (BFH II R 53/98, BStBl. II 2000, 357). 222

Bisweilen hat der Meistbietende das ersteigerte Gr auch zu Eigentum zu übernehmen und für den Auftraggeber zu verwalten (sog. **erweiterter Auftragserwerb;** vgl. Steiger UVR 1992, 349). In diesem Fall erlangt der Auftraggeber uU die Verwertungsbefugnis **(§ 1 II)** am Gr. Auf diesen Erwerb finden die in → Rn. 137 ff.dargestellten Rechtsgrundsätze Anwendung. Soweit der Ersteher zunächst die Verwertungsbefugnis am Gr erlangt und sodann das Gr iSd § 1 I erwirbt, ist auf den nachfolgenden Erwerb **§ 1 VI** anzuwenden. Erwerben **Ver-**

wertungsgesellschaften der Kreditinstitute (insb. in ihrer Eigenschaft als Grundpfandrechtsgläubiger) Gr zur Rettung grundpfandrechtlich gesicherter (ggf. ausfallgefährdeter) Forderungen, kann zwar im Einzelfall ebenfalls eine Verwertungsbefugnis des Kreditinstituts zB aufgrund eines Auftragsverhältnisses zwischen Kreditinstitut und Verwertungsgesellschaft begründet sein. Ein solches **Auftragsverhältnis** muss jedoch **konkret festgestellt** werden können; gesellschaftsrechtliche Vereinbarungen oder wirtschaftliche bzw. personelle Verflechtungen zwischen Ersteher und Auftraggeber allein reichen nicht aus (BFH II R 55/98, BStBl. II 2001, 419; II R 34/04, BeckRS 2007 25 012 596; zur Problematik eingehend Philipowski DStR 2008, 1413; die FVerw folgt diesen Grundsätzen, vgl. OFD Karlsruhe 23.10.2007, DStR 2007, 2214).

Die **Abgrenzung der Steuertatbestände** des **§ 1 I Nr. 5 und Nr. 7 einerseits** bzw. des **§ 1 IIa und IIb andererseits** bei Abgabe des Meistgebots in verdeckter Stellvertretung kann im Einzelfall problematisch sein. Sie kann sich daran orientieren, ob (wie zumeist in den Fällen des § 81 II und III ZVG) eine echte Abtretung der Rechte aus dem Meistgebot – dann § 1 I Nr. 5 u. 7 – oder ob nur ein Auftragserwerb durch den Meistbietenden für den Ersteher – dann § 1 II – vorliegt, vgl. Steiger UVR 1992, 349 (355)).

223 Nach der **BFH-Rechtsprechung** kann die Erhebung der GrESt **sachlich unbillig** (§ 227 AO) sein, wenn der Meistbietende den GrErwerb wegen Unkenntnis der Förmlichkeiten des Zwangsversteigerungsrechts weder wirtschaftlich noch rechtlich gewollt hat und die Rechte aus dem in verdeckter Stellvertretung abgegebenen Meistgebot alsbald an denjenigen weitergibt, in dessen Namen er von Anfang an handeln wollte (BFH II 9/65, BStBl. II 1969, 41, II 112/65, BStBl. II 1969, 92; II R 123/68, BStBl. II 1969, 602; II R 143/78, BStBl. II, 1980, 523; II B 65/07, BFH/NV 2009, 214). Das betrifft insb. die Fälle, in denen die an sich beabsichtigte Abgabe des Meistgebots für einen anderen an dem fehlenden Nachweis der Vertretungsmacht durch öffentlich beglaubigte Urkunde (§ 71 II ZVG) scheiterte. Der Unkenntnis des Meistbietenden über die Förmlichkeiten des Zwangsversteigerungsverfahrens soll auch der fehlende Nachweis aufgrund „unabwendbarer Zufälle" gleichgestellt sein (BFH II R 29/66, BStBl. II 1969, 400). **Diese Grundsätze sind,** soweit nicht ein besonders gelagerter Ausnahmefall vorliegt, **abzulehnen** (ebenso Hofmann/Eiling § 1 Rn. 67; ähnlich Viskorf/Meßbacher-Hönsch § 1 Rn. 473). Denn der an objektive Merkmale anknüpfende § 1 I Nr. 4 lässt die GrESt unabhängig davon entstehen, ob aufgrund des Meistgebots dem Meistbietenden oder einem anderen der Zuschlag erteilt wird (→ Rn. 217). Der Gesetzgeber sieht die Weiterübertragung der Rechte aus dem Meistgebot gem. § 81 II und III ZVG ungeachtet der kurzen Zeitspanne zwischen Versteigerungstermin und Verkündung der Zuschlagserteilung (vgl. § 87 II 1 ZVG) als besteuerungswürdig an und hat die darin liegenden etwaigen Härten bewusst in Kauf genommen. Zudem trifft den Bieter die Verpflichtung, sich vor Abgabe des Meistgebots über die Förmlichkeiten des Zwangsversteigerungsverfahrens zu unterrichten. Die Unkenntnis des Zwangsversteigerungsrechts kann deshalb nicht als sachlicher Billigkeitsgrund anerkannt werden.

224 Eine **sachliche Unbilligkeit** liegt – auch unter Zugrundelegung der vorzitierten BFH-Rspr. – nicht vor, wenn ein Meistbietender nach dem ihm erteilten Auftrag in **verdeckter Stellvertretung** handelt (Steiger UVR 1992, 349 (356)). Ebenso kommt eine sachliche Unbilligkeit nicht in Betracht, wenn der Meistbietende seine Rechte aus dem Meistgebot gegen Entgelt an einen Dritten abtritt und damit seine aus dem Meistgebot erlangte Herrschaftsmacht wirtschaftlich

verwertet (zutr. SchlHFG EFG 1994, 534). Zum Billigkeitserlass aus persönlichen Gründen vgl. im Übrigen → Vorb § 15 Rn. 24.

Das Meistgebot **erlischt** gem. § 72 III ZVG bei einstweiliger Einstellung des Verfahrens oder Terminaufhebung (vgl. §§ 28–31, 75, 76 ZVG) sowie gem. § 86 ZVG bei rechtskräftiger **Versagung** des Zuschlags (vgl. §§ 83, 85, 85a ZVG). Damit wird der Besteuerungstatbestand durch ein rückwirkendes Ereignis vernichtet; ein im Hinblick auf das Meistgebot ergangener Steuerbescheid ist nach § 175 I 1 Nr. 2 AO aufzuheben. **225**

Durchführung der Besteuerung. Die Steuerschuld **entsteht** im Fall des § 1 I Nr. 4 mit der wirksamen Abgabe des Meistgebots (BFH II R 73/68, BStBl. II 1975, 219). Eine etwaige **Steuerbefreiung** des Meistgebots gem. §§ 3 ff bemisst sich nach dem Verhältnis des **Meistbietenden** – und nicht des von ihm Vertretenen – zum **Vollstreckungsschuldner** (BFH II 112/65, BStBl. II 1969, 92). Gehört ein Gr mehreren Vollstreckungsschuldnern zu ideellen Bruchteilen, so kann ggf. im Verhältnis zum Meistbietenden eine anteilige Steuerbefreiung eintreten. Zur **Bemessungsgrundlage** (§ 9 I Nr. 4) → § 9 Rn. 114 ff. Zum **Steuerschuldner** (§ 13 Nr. 4) → § 13 Rn. 18. **226**

§ 16 I Nr. 1 ist anzuwenden, wenn das Meistgebot vor Zuschlagserteilung an den bisherigen Eigentümer abgetreten wird (vgl. → § 16 Rn. 21). **§ 16 II** ist anzuwenden, wenn der frühere Eigentümer das Gr von dem Ersteher zurück erwirbt oder die Wiederversteigerung des Gr durchgeführt wird, → § 16 Rn. 69.

einstweilen frei **227–229**

3. Abtretung der Rechte aus dem Meistgebot (§ 1 I Nr. 5 und Nr. 7). **230**
Hat der Meistbietende im **eigenen** Namen geboten (steuerbar gem. § 1 I Nr. 4) und leitet er die Rechte aus dem Meistgebot sodann auf **einen anderen über,** liegt darin ein nach **§ 1 I Nr. 5 bzw. Nr. 7** steuerbares Zwischengeschäft oder der Erwerb der Verwertungsbefugnis nach § 1 II (→ Rn. 222) neben dem nach § 1 I Nr. 4 verwirklichten Tatbestand ein weiterer der GrESt unterliegender Erwerbsvorgang. Die Annahme zweier aufeinander folgender Erwerbsvorgänge in solchen Fällen entspricht der Systematik des GrEStG; verfassungsrechtliche Bedenken hiergegen bestehen nicht (BFH II R 14/91, BStBl. II 1994, 525; SchlHFG III 704/90, EFG 1994, 534).

Zwangsversteigerungsrechtlich stehen für die Überleitung des aus dem Meistgebot folgenden Anspruchs auf den Zuschlag zwei Wege offen. Zum einen ist unter den Voraussetzungen des **§ 81 II ZVG** die Abtretung (§ 398 BGB) der Rechte aus dem Meistgebot möglich. In diesem Fall erhält anstelle des Meistbietenden der Zessionar den Zuschlag. Liegt der Abtretung eine schuldrechtliche Verpflichtung zugrunde, folgt die Steuerbarkeit aus § 1 I Nr. 5. Fehlt es an einer derartigen schuldrechtlichen Abrede – die Abtretung des Rechts aus dem Meistgebot ist als Verfügungsgeschäft nicht von schuldrechtlichen Beziehungen zwischen dem Meistbietenden und dem Zessionar abhängig –, so folgt die Steuerbarkeit bezüglich der Abtretung der Rechte aus dem Meistgebot aus § 1 I Nr. 7. Des Weiteren kann einem anderen der Zuschlag auch gem. **§ 81 III ZVG** bei einem in verdeckter Vollmacht abgegebenen Meistgebot erteilt werden. Die nach § 81 III ZVG abgegebene Erklärung steht in ihren materiellen Voraussetzungen und Rechtswirkungen der Erklärung nach § 81 II ZVG weitgehend gleich und ist daher ebenfalls als ein steuerbares Zwischengeschäft iSd § 1 I Nr. 5 bzw. Nr. 7 zu behandeln (BFH II 80/62 U, BStBl. III 1965, 712; II 112/65, BStBl. II 1969, 92; II R 123/68, BStBl. II 1969, 602; offen gelassen in BFH II R 143/78, BStBl. II **231**

1980, 523). Da auch der Erklärung gem. § 81 III ZVG der Sache nach eine Abtretung der Rechte aus dem Meistgebot zugrunde liegt, ist sie in § 1 I Nr. 5 bzw. Nr. 7 nicht besonders erwähnt (Begr GrEStG 1940, 391; vgl. auch BFH II 163/57 U, BStBl. III 1958, 336).

232 Die Steuer **entsteht** gem. **§ 38 AO iVm § 1 I Nr. 5 u. 7** in dem Zeitpunkt, in dem der Dritte einen Anspruch auf Erteilung des **Zuschlags** erlangt. Dies ist bei der Abtretung der Rechte aus dem Meistgebot (§ 81 II ZVG) der Zeitpunkt, in dem die Abtretungserklärung des Meistbietenden sowie die Erklärung des Abtretungsempfängers, die Verpflichtungen aus dem Meistgebot zu übernehmen, in der durch § 81 II ZVG geforderten Form dem Versteigerungsgericht angezeigt ist. Im Fall der verdeckten Vertretung (§ 81 III ZVG) entsteht die GrESt in dem Zeitpunkt, in dem die Erklärung des Meistbietenden über die Abgabe des Meistgebots in fremdem Namen und ferner die Zustimmung des Vertretenen in der durch § 81 III ZVG geforderten Form dem Versteigerungsgericht angezeigt wird.

Zur **Steuerbefreiung** des Zwischengeschäfts → § 3 Rn. 6, zur **Bemessungsgrundlage** (§ 9 I Nr. 5) → § 9 Rn. 134 ff., zum **Steuerschuldner** → § 13 Rn. 11 ff.

V. Zwischengeschäfte (§ 1 I Nr. 5–7)

233 **1. Allgemeines. § 1 I Nr. 5–7** erfassen Zwischengeschäfte und zielen damit auf die steuerliche Erfassung von Umgehungsgeschäften, die eine Verwertung des Anspruchs auf GrÜbereignung **durch dessen Abtretung bzw. durch Abtretung der Rechte aus Kaufangeboten und der Ansprüche aus Meistgeboten** bewirken (Begr GrEStG 1940, 391; BFH II R 97/94, BStBl. II 1997, 411; II R 27/97, BStBl. II 1998, 159; eingehend Heine UVR 2000, 57). Eine Besteuerungslücke für derartige Zwischengeschäfte besteht aber nur insoweit, als bereits die **Begründung** der weiter übertragenen Rechtsposition auf einem **Rechtsgeschäft** beruhte und der GrESt unterlegen haben kann (BFH II R 27/97, BStBl. II 1998, 159; vgl. auch BFH II B 55/04, BFH/NV 2006, 123 betr. Übergang eines Anspruchs auf GrÜbertragung bei Verschmelzung). Ist hingegen – insb. bei der Besteuerung des Eigentumsübergangs gem. § 1 I Nr. 3 – die Begründung der auf Eigentumsänderung gerichteten Rechtsposition **nicht steuerbar,** unterfällt nach der BFH-Rspr. auch die Weiterübertragung dieser Rechtsposition **nicht § 1 I Nr. 5–7** (BFH II R 27/97, BStBl. II 1998, 159 betr. Abtretung von Rückübertragungsansprüchen nach dem VermG; BFH II R 127/82, BeckRS 1997, 23000104 betr. Anspruch auf Zuteilung eines Gr im Umlegungsverfahren). In diesen Grenzen sind mithin – im Ergebnis durchaus zweifelhaft – dem GrHandel ähnliche Erscheinungen nicht steuerbar (dazu auch → Rn. 235 ff.).

234 Innerhalb der von § 1 I Nr. 5–7 erfassten Zwischengeschäfte ist einerseits zwischen der **Abtretung** des **Übereignungsanspruchs (§ 1 I Nr. 5 u. 7)** und andererseits der **Abtretung** der **Rechte aus einem Kaufangebot (§ 1 I Nr. 6 u. 7)** zu differenzieren. Der entscheidende Unterschied zwischen diesen beiden Tatbestandsgruppen liegt darin, dass bei den Tatbeständen der § 1 I Nr. 5 u. 7 der aufgrund eines Kaufvertrags (oder eines anderen unter § 1 I Nr. 1 fallenden Vertrags) erlangte Anspruch auf Übereignung eines Gr abgetreten wird. Bei den Tatbeständen des § 1 I Nr. 6 u. 7 werden hingegen nur die Rechte aus einem Kaufangebot an einen Dritten abgetreten. Damit liegt das steuerbare Zwischengeschäft in den Fällen des § 1 I Nr. 5 u. 7 **nach,** in den Fällen des § 1 I Nr. 6 u. 7 hingegen **vor** dem jeweiligen Hauptgeschäft. Im steuerlichen Ergebnis wird durch

§ 1 I Nr. 6 u. 7 die Abtretung der Rechte aus einem Kaufangebot der Abtretung der Rechte aus einem schon entstandenen Übereignungsanspruch gleichgestellt. Durch § 1 I Nr. 6 u. 7 sollen mithin aus Gründen der Gleichmäßigkeit der Besteuerung Umgehungen der gem. § 1 I Nr. 5 u. 7 steuerbaren Abtretung eines Übereignungsanspruchs ausgeschlossen sein. Solche Umgehungen wären möglich, wenn lediglich die Rechte an einem Kaufangebot an einen Dritten abgetreten werden und der Dritte sodann den GrKaufvertrag mit dem Verkäufer abschließt.

Der Sache nach betreffen § 1 I Nr. 6 und Nr. 7 die Dritteinwirkung eines Nichteigentümers ohne Übereignungsanspruch. Die Vorschriften zielen damit auf die grestrechtl. Erfassung des GrHandels, der der Weiterveräußerung von Gr durch einen **Handel mit Kaufangeboten** ausweicht (BFH II 131/64, BStBl. II 1969, 595; II R 89/68, BStBl. II 1975, 86; II R 7/05, BStBl. II 2006, 765; Sigloch NJW 1983, 1817 (1820)). Sie gehören nach der Systematik des GrEStG eher in den Zusammenhang des § 1 II, wobei sie freilich – anders als § 1 II – die Steuerpflicht nicht von einer Substanzbeteiligung des Dritten am Gr abhängig machen. Der echte Vertrag zugunsten Dritter (→ Rn. 107 f.) unterfällt – soweit es die Rechtsstellung des Versprechensempfängers betrifft – nicht den Zwischengeschäften der § 1 I Nr. 5–7.

Die Steuertatbestände innerhalb der beiden Tatbestandsgruppen knüpfen – **235** entspr. der primären Besteuerung des schuldrechtlichen Geschäfts (§ 1 I Nr. 1) – jeweils zunächst an das zur Abtretung des Übereignungsanspruchs (§ 1 I Nr. 5) bzw. des Kaufangebots (§ 1 I Nr. 6) verpflichtende Rechtsgeschäft an. Die Abtretung des Übereignungsanspruchs bzw. der Rechte aus einem Kaufangebot ist nach dem Auffangtatbestand des § 1 I Nr. 7 steuerbar, wenn kein schuldrechtliches Geschäft vorausgegangen ist.

Bei **allen Zwischengeschäften iSv § 1 I Nr. 5–7** folgen letztlich **zwei** **236** **GrUmsätze** aufeinander, so dass die **GrESt doppelt** anfällt. Diese Rechtsfolge kann grds. vermieden werden, indem das Zwischengeschäft iSd § 16 I Nr. 1 rückgängig gemacht und sodann das Gr unmittelbar durch den Dritten vom Veräußerer erworben wird; der Anwendbarkeit des § 16 I sind allerdings enge Grenzen gesetzt (dazu insb. → § 16 Rn. 20 ff.).

Zur Anwendung von Steuerbefreiungen vgl. → § 3 Rn. 6; zum **Steuerschuldner** vgl. → § 13 Rn. 11 ff.

2. Abtretung eines Übereignungsanspruchs (§ 1 I Nr. 5 und Nr. 7). Der **237** aus einem Verpflichtungsgeschäft (zB Kaufvertrag) erworbene Übereignungsanspruch kann gem. § 398 BGB abgetreten werden. Das Verpflichtungsgeschäft unterliegt nach § 1 I Nr. 1 der GrESt; **die Verpflichtung zur Abtretung dieses Übereignungsanspruchs bzw. die Abtretung selbst** ist zusätzlich – als Zwischengeschäft – gem. **§ 1 I Nr. 5 und Nr. 7** steuerbar. Wird ein GrGeschäft (zB GrKaufvertrag) auf einen anderen Erwerber übergeleitet, kann eine nach **§ 1 I Nr. 5 oder Nr. 7** zu beurteilende Abtretung des GrÜbereignungsanspruchs vorliegen; uU ist allerdings ein Neuabschluss des GrGeschäfts gegeben, das nach § 1 I Nr. 1 steuerbar ist (zur Behandlung und **Abgrenzung von Vertragsübernahme und Vertragsbeitritt** → Rn. 109 f.). Bei der Abtretung eines Eigentumsverschaffungsanspruchs vollzieht sich der Eigentumsübergang zivilrechtlich zwischen ursprünglichem Veräußerer und dem Abtretungsempfänger; der maßgebliche Rechtsträgerwechsel nach § 1 I Nr. 7 findet jedoch zwischen ursprünglichem Käufer und Abtretungsempfänger statt (BFH II R 36/01, BFH/NV 2004, 366). Die Steuerpflicht aus § 1 I Nr. 5 u. 7 **entsteht** (§ 38 AO; § 14 GrEStG) erst, wenn der Zedent (Abtretende) tatsächlich einen wirksamen Übereignungsanspruch erlangt. In jedem Fall kann die GrESt für den Erwerbsvorgang iSd § 1 I Nr. 5 und Nr. 7 nicht früher entstehen als diejenige für den unmittelbaren Erwerb des Gr durch den Abtretenden (BFH II R 87/78, BStBl. II 1981, 488). Wird ein Anspruch auf Übereignung abgetreten, der aufschiebend bedingt oder genehmigungsbedürftig ist (§ 14), so kann die Steuer aus § 1 I Nr. 5 und Nr. 7 – auch soweit die Abtretung nicht selbst genehmigungsbedürftig oder aufschiebend bedingt ist – erst zu dem in § 14 bezeichneten Zeitpunkt entstehen. Zur **Bemessungsgrundlage** → § 9 Rn. 138; hinsichtlich des Gegenstands des Erwerbsvorgangs gelten die in → § 9 Rn. 3 ff dargestellten Grundsätze (vgl. auch BFH II R 48/08, BStBl. II 2012, 295).

238 Die **rechtsgeschäftliche Verpflichtung zur Abtretung (§ 1 I Nr. 5)** unterliegt ebenso wie die **Abtretung iSv § 1 I Nr. 7** nicht dem Formzwang nach § 311b BGB (vgl. Grüneberg/Grüneberg BGB § 311b Rn. 6). Anders ist die Rechtslage nach § 3 I 2 VermG, die seit dem 22.7.1992 notarieller Beurkundung (zur Anzeigepflicht → § 18 Rn. 5).

239 Die **Abtretung** des (öffentlich-rechtlichen) **Rückübertragungsanspruchs** (Restitutionsanspruchs) nach **§ 3 I 2 VermG** erfüllt nach der BFH-Rspr. (II R 27/97, BStBl. II 1998, 159; II R 55/99, BFH/NV 2001, 1377, 1448; eingehend zu allen GrESt-Fragen des VermG FM Bbg 19.8.1998, DB 1998, 1795) **nicht** den Tatbestand eines Zwischengeschäfts nach **§ 1 I Nr. 5 oder Nr. 7,** da diese Vorschriften ausschließlich die Abtretung rechtsgeschäftlich – und nicht auch kraft öffentlichen Rechts – begründeter Übereignungsansprüche erfassen. Damit bleibt der durch den Handel mit Restitutionsansprüchen letztlich betriebene „GrHandel“ grestfrei. Die Abtretung des Restitutionsanspruchs kann vor Ergehen des bestandskräftigen positiven Rückübertragungsbescheids – mangels eines Rechts des Berechtigten am Gr – auch nicht als Übertragung einer Verwertungsbefugnis iSd § 1 II besteuert werden (BFH II R 27/97, BStBl. II 1998, 159). Der Eigentumsübergang auf den Berechtigten bzw. Abtretungsempfänger oder Pfandgläubiger **nach** der unanfechtbaren positiven Rückübertragungsentscheidung der Ämter zur Regelung offener Vermögensfragen ist gem. § 1 I Nr. 3 steuerbar (vgl. → Rn. 194; zur Bemessungsgrundlage → § 9 Rn. 202). Eine Steuerbefreiung des Abtretungsempfängers ist durch § 34 III 2 VermG ausgeschlossen, kann sich jedoch ggf. aus anderen Vorschriften (zB § 3 Nr. 6) ergeben (zu § 34 III VermG vgl. → § 4 Rn. 50 ff.). Zur Anzeigepflicht der Erwerbe nach dem VermG → § 18 Rn. 5.

240 **3. Abtretung der Rechte aus einem Kaufangebot (§ 1 I Nr. 6 u. 7).** Die Besteuerung der **Weiterübertragung von Kaufangeboten gem. § 1 I Nr. 6 und Nr. 7** zielt auf den GrVeräußerer bindende **Zwischengeschäfte.** Beide Vorschriften erfassen besteuerungswürdigen Sachverhalte, in denen rechtlich ein GrUmsatz zwar vermieden wird, wirtschaftlich aber – kraft Dritteinwirkung – ein der GrVeräußerung vergleichbarer Vorgang vorliegt (BFH II R 89/68, BStBl. II 1975, 86). Damit soll der **GrHandel** getroffen werden, der der Weiterveräußerung von Gr durch den Handel mit Kaufangeboten ausweicht (→ Rn. 234). § 1 I Nr. 6 und Nr. 7 setzen voraus, dass der Abtretende keinen bürgerlich-rechtlichen Erwerbstatbestand verwirklicht, sondern der Abtretungsempfänger vielmehr **unmittelbar** vom Eigentümer oder von dem sonstigen Veräußerer erwirbt (BFH II 131/64, BStBl. II 1969, 595). Deshalb sind die Steuertatbestände des § 1 I Nr. 6 bzw. Nr. 7 erst und nur dann erfüllt, wenn der Kauf

zwischen dem Dritten und dem GrEigentümer auch **tatsächlich zustande kommt** (BFH II R 162/66, BStBl. II 1972, 828; II R 89/89, BStBl. II 1993, 453; II R 97/94, BStBl. II 1997, 411; zur Steuerentstehung → Rn. 249).

§ 1 I Nr. 6 bzw. Nr. 7 setzen zunächst voraus, dass der „Zwischenhändler" ein rechtswirksames **Kaufangebot** (→ Rn. 241) mit zu seinen Gunsten begründeten **eigenen Rechten** an einen Dritten abtritt (→ Rn. 242 f.). Weiteres ungeschriebenes Tatbestandsmerkmal ist, dass der Berechtigte das Kaufangebot zum Nutzen der **eigenen wirtschaftlichen Interessen** verwertet (→ Rn. 244 f.).

a) Kaufangebot. Dem Zivilrecht ist der Begriff des „Kaufangebots" fremd. 241
Da § 1 I Nr. 6 S. 2 zudem auch das „Angebot zum Abschluss eines anderen Vertrags" dem Kaufangebot gleichstellt, kann das **„Kaufangebot" nicht nur** als **einseitiger Vertragsantrag** iSd §§ 145 ff. BGB (Vertragsangebot) verstanden werden. Bei einer die die Zwecksetzung der § 1 I Nr. 6 und Nr. 7 berücksichtigenden Auslegung nach grestrechtl. Maßstäben zielen diese Vorschriften auf die Erfassung solcher Gestaltungen, die einer **GrVeräußerung im Ergebnis vergleichbar** sind. Das „Kaufangebot" umfasst daher zum einen die als Vertragsangebot (§ 145 BGB) gestaltete **Festofferte,** durch die der Mittelsperson das Recht zur Benennung des Erwerbers eingeräumt wird und zum anderen das in die Rechtsform des Vertrags (zB **Ankaufsrecht,** etwa bei Immobilien-Leasingvertrag oder **Optionsvertrag**) gekleidetes **Vertragsangebot** (BFH II R 162/66, BStBl. II 1972, 828; II R 89/68, BStBl. II 1975, 86; II R 7/05, BStBl. II 2006, 765). Zur grestrechtl. Beurteilung von Kaufangeboten mit **Benennungsrecht** vgl. schon → Rn. 109 ff. sowie Bruschke UVR 1994, 363; zu Einzelfragen der Übertragung des Ankaufsrecht bei Immobilien-Leasing vgl. Böing UVR 2010, 369.

b) „Abtretung" eigener Rechte aus dem Kaufangebot. § 1 I Nr. 6 und 242
Nr. 7 erfassen nur **Zwischengeschäfte, die den Veräußerer binden** (BFH II R 7/05, BStBl. II 2006, 765 mwN). Die bloße Benennung eines Käufers gegenüber dem Veräußerer genügt für sich allein den Anforderungen des § 1 I Nr. 6 bzw. Nr. 7 nicht (BFH II R 7/05, BStBl. II 2006, 765 mwN). Erforderlich ist vielmehr ein dem Benennungsberechtigten eingeräumtes **rechtswirksames Kaufangebot** (BFH II R 7/05, BStBl. II 2006, 765 mwN). Dem Erfordernis der Rechtswirksamkeit ist nur genügt, wenn das Kaufangebot der Form des § 311b BGB genügt (BFH II R 7/05, BStBl. II 2006, 765). Ein nur privatschriftliches oder gar nur mündliches Kaufangebot ist gegenüber dem Veräußerer nicht bindend.

Der Rechtsbegriff der **„Abtretung"** der Rechte aus dem Kaufangebot iSd **§ 1 I Nr. 6** deckt sich nicht mit dem in §§ 398 ff. BGB verwendeten **Abtretungsbegriff.** Mit § 1 I Nr. 6 ist die Verschaffung der Rechte aus dem Kaufangebot gemeint (BFH II 131/64, BStBl. II 1969, 595; II R 89/68, BStBl. II 1975, 86; II R 18/69, BStBl. II 1975, 242).

§ 1 I Nr. 6 und Nr. 7 setzen grds. die dem Berechtigten aus dem Kaufangebot 243
erwachsende **Rechtsmacht** voraus, **aus eigenem Recht** an den Dritten die Rechte aus dem Kaufangebot weiterzuleiten. Dies ist unzweifelhaft der Fall, wenn der Mittelsperson („Zwischenhändler") die Rechte aus dem rechtswirksamen Kaufangebot selbst zustehen und sie auch berechtigt ist, diese Rechte auf Dritte zu übertragen. Gleiches gilt bei einem sog. Oder-Angebot (→ Rn. 104). Die Anwendung der § 1 I Nr. 6 und Nr. 7 ist hingegen problematisch, wenn die Mittelsperson kein eigenes Recht zur Annahme des Kaufangebots hat. So kann zB

im Kaufangebot die **Selbstbenennung der Mittelsperson ausdrücklich ausgeschlossen** sein (→ Rn. 109). Nach zutr. BFH-Rspr. (BFH II R 89/68, BStBl. II 1975, 86; II R 109/80, BStBl. II 1982, 269; II R 30/98, BStBl. II 2000, 359) kommt es für die Anwendung von § 1 I Nr. 6 und Nr. 7 nicht auf ein Selbstbenennungsrecht des „Zwischenhändlers" an; entscheidend ist vielmehr die Rechtsmacht des Benennungsberechtigten, mit dem Kaufangebot zu handeln. Zwar kann bei zivilrechtlicher Betrachtung eine „Abtretung" iSd § 1 I Nr. 6 und Nr. 7 nur vorliegen, wenn ein abgeleiteter Rechtserwerb (mit entspr. ursprünglicher Rechtsstellung des Benennungsberechtigten) vorliegt (Kleisl DVR 1973, 113). Über die Anwendbarkeit des § 1 Nr. 6 und Nr. 7 kann jedoch nicht allein die zivilrechtliche Berechtigung aus dem Kaufangebot entscheiden, zumal sich schon der Begriff des „Kaufangebots" vom bürgerlichen Recht entfernt. Das Erfordernis einer grestrechtl. eigenständigen Qualifikation zwingt vielmehr dazu, auf den mit dem Zwischengeschäft bewirkten **wirtschaftlichen Erfolg** abzustellen (vgl. auch BVerfG 2 BvR 72/90, BStBl. II 1992, 212). Unter diesem Blickwinkel kann es für die bezweckte steuerliche Erfassung des Handels mit Kaufangeboten keine Bedeutung haben, ob dem „Zwischenhändler" ein Selbstbenennungsrecht eingeräumt ist oder nicht (ähnlich Bruschke UVR 1994, 363). Ein dem Benennungsberechtigten vom Käufer für die Benennung gezahltes Entgelt kann aber bei der Besteuerung des Kaufvertrags nur dann gem. § 9 II Nr. 3 gegenleistungserhöhend berücksichtigt werden, wenn der Benennungsberechtigte das Kaufangebot selbst annehmen konnte (BFH II R 57/06, BFH/NV 2008, 2059; vgl. auch → § 9 Rn. 218).

244 **c) Verfolgung wirtschaftlicher Interessen durch den Berechtigten.** Die weite tatbestandliche Fassung des **§ 1 I Nr. 6 u. 7** verlangt eine Begrenzung auf Fallgestaltungen, in denen dem aus dem Kaufangebot Berechtigten auch **tatsächlich** der Handel mit dem Kaufangebot ermöglicht ist. Besteuerungswürdig sind nur Gestaltungen, in denen der **Benennungsberechtigte wie ein Eigentümer oder Zwischenhändler verfährt** und sich einen **Vorteil aus der Weitergabe des Gr verschafft** (BFH II R 12/00, BStBl. II 2003, 356). Ungeschriebenes Tatbestandsmerkmal dieser Vorschriften ist daher, dass der Benennungsberechtigte das Kaufangebot in Verfolgung (zumeist eigener) **wirtschaftlicher Interessen** verwertet, dh bei Weitergabe des Gr unter Ausnutzung seiner Rechtsstellung als Benennungsberechtigter wirtschaftliche Vorteile aus dem Handel mit einem Gr zieht (BFH II R 28/87, BStBl. II 1989, 986; II R 89/89, BStBl. II 1993, 453; II R 97/94, BStBl. II 1997, 411; II R 30/98, BStBl. II 2000, 359; II R 12/00, BStBl. II 2003, 356; II R 30/03, BFH/NV 2005, 2050; II B 79/17, BFH/NV 2019, 415; Bruschke UVR 1994, 363). Der Benennungsberechtigte muss wie ein Eigentümer oder Zwischenhändler verfahren und sich einen Vorteil aus der Weitergabe des Gr verschaffen wollen (BFH II R 12/00, BStBl. II 2003, 356; II R 30/03, BFH/NV 2005, 2050); jedoch muss dem Benennungsberechtigten nicht die Verwertungsbefugnis (§ 1 II) am Gr zustehen (BFH II R 12/00, BStBl. II 2003, 356 mwN). Maßgebend sind insoweit die Gesamtumstände, wobei die objektiven Möglichkeiten des aus dem Kaufangebot Berechtigten zur Verfolgung seiner wirtschaftlichen Interessen sowie sein tatsächlich zum Ausdruck gebrachtes Interesse zu berücksichtigen sind (BFH II R 135/86, BStBl. II 1989, 984; II R 12/00, BStBl. II 2003, 356; NdsFG III 429/83, EFG 1988, 191). Ob der Benennungsberechtigte den erhofften wirtschaftlichen Vorteil auch tatsächlich erzielt, ist hingegen unerheblich (BFH II R 135/86, BStBl. II 1989, 984; II R

89/89, BStBl. II 1993, 453; II R 97/94, BStBl. II 1997, 411). Es bedarf jedoch der konkreten Feststellung, dass der Benennungsberechtigte derartige Zusatzgeschäfte erhofft oder angestrebt hat (BFH II R 30/03, BFH/NV 2005, 2050). Das erforderliche wirtschaftliche Eigeninteresse wird verneint, wenn der Benennungsberechtige keinen eigenen Vorteil erlangt (FG Münster 8 K 2393/21 GrE EFG 2024, 581 mAnm Dallmann, Rev. BFH II R 4/24).

Ein eigenes **wirtschaftliches Interesse** ist **gegeben,** wenn die wirtschaftliche Zielsetzung des Benennungsberechtigten aufgrund eines **bestimmten Kaufangebots** auf die Möglichkeit gerichtet ist, den zu benennenden Käufer zum Abschluss von Zusatzverträgen (zB Steuerberaterertrag oder anderer Dienstleistungsverträge) zu bestimmen (BFH II R 141/77, BStBl. II 1980, 525; II R 89/89, BStBl. II 1993, 453; II R 97/94, BStBl. II 1997, 411); dabei kann es sich auch um einen abzuschließenden Kreditvertrag mit dem zu benennenden Dritten handeln (BFH II R 30/03, BFH/NV 2005, 2050). Praktisch bedeutsam ist auch die Ausübung des Benennungsrechts im Zusammenhang mit einer noch durchzuführenden **GrBebauung.** Hier ist das wirtschaftliche Interesse zu bejahen, wenn der Benennungsberechtigte die Benennung als GrKäufer von dem Erwerb eines vom Benennungsberechtigten vertriebenen Fertighauses abhängig macht (BFH II R 109/80, BStBl. II 1982, 269) oder den Käufer zum Abschluss von Dienst- oder Baubetreuungsverträgen bewegt (BFH II R 135/86, BStBl. II 1989, 984; II R 30/03, BFH/NV 2005, 2050). In den vorgenannten Beispielsfällen werden nach hier vertretener Auffassung allerdings zumeist auch die Voraussetzungen des § 1 II erfüllt sein (→ Rn. 248, 264). **245**

Ein **wirtschaftliches Interesse** ist **zu verneinen,** wenn sich die Tätigkeit des Berechtigten in der Vermittlung des Gr oder in einer reinen Stellvertretung erschöpft. So erfüllt die Tätigkeit eines **Maklers,** dessen wirtschaftliche Interessen nicht über den Abschluss des GrKaufvertrags und des damit verdienten Maklerlohns (vgl. § 652 BGB) hinausgehen, die Steuertatbestände des § 1 I Nr. 6 und Nr. 7 nicht (BFH II R 109/80, BStBl. II 1982, 269; der reine Maklervertrag unterfällt auch nicht § 1 II, vgl. → Rn. 276). Gleiches gilt für ein Käuferbenennungsrecht, das allein im **Interesse des GrVeräußerers oder (präsumtiven) GrErwerbers** selbst eingeräumt und/oder ausgeübt wird (BFH II R 135/86, BStBl. II 1989, 984; II R 97/94, BStBl. II 1997, 411; II R 30/98, BStBl. II 2000, 359; II R 12/00, BStBl. II 2003, 356; II B 79/17, BFH/NV 2019, 415). Das Merkmal des eigenen wirtschaftlichen Interesses setzt einen **konkreten Vermögensvorteil** des Benennungsberechtigten voraus; bloß mittelbare Vorteile, zB in der Person eines an einer benennungsberechtigten Gesellschaft beteiligten Gesellschafters, reichen nicht (BFH II R 30/98, BStBl. II 2000, 359). Schon deshalb genügt nicht das Interesse eines benennungsberechtigten **Grundpfandgläubigers** bzw. der mit ihm verbundenen Bank an der Realisierung von Forderungen aus bestehenden **Darlehensverbindlichkeiten** des GrEigentümers (BFH II R 12/00, BStBl. II 2003, 356; II R 30/03, BFH/NV 2005, 2050; II R 24/07, BFH/NV 2009, 788). Dies gilt auch, wenn der Grundpfandrechtsgläubiger zur besseren Verwertung des Objekts dessen Fertigstellung mit eigenen Mitteln mit dem alleinigen Ziel veranlasst, die Chance auf Rückzahlung ausgereichter Kreditbeträge zu erhöhen (BFH II R 24/07, BFH/NV 2009, 788). Auch bei einer Beschränkung der zu benennenden Erwerber auf **Angehörige** des Benennungsberechtigten oder der Einräumung eines Benennungsrechts ausschließlich aufgrund eines – objektiv nachvollziehbaren – Gefälligkeitsverhältnisses dürfte eine Verfolgung eigener wirtschaftlicher Interessen regelmäßig ausgeschlossen sein. **246**

247 § 1 I Nr. 6 u. 7 verlangen nicht, dass der Benennungsberechtigte in Ausübung unmittelbar **eigener** wirtschaftlicher Interessen handelt. Ausreichend ist vielmehr die Verfolgung wirtschaftlicher Interessen **Dritter** (dh anderer Personen als der des GrVeräußerers oder -erwerbers), denen gegenüber der Benennungsberechtigte (zB in seiner Eigenschaft als Treuhänder im Zusammenhang mit einem Bauherrenmodell) in der Ausübung seines Benennungsrechts vertraglich gebunden ist (BFH II R 89/89, BStBl. II 1993, 453; II R 30/98, BStBl. II 2000, 359; s. auch NdsFG III 523/84, EFG 1991, 495; Bruschke UVR 1994, 363). Das gilt auch für sog. (→ Rn. 104) Oder-Angebote (BFH II R 97/94, BStBl. II 1997, 411 = UVR 1997, 179 mAnm Bruschke). Im Falle einer solchen „Drittbeteiligung" ist es ausreichend, wenn wenigstens einer der Beteiligten (dh entweder der Benennungsberechtigte selbst oder die hinter ihm stehende Person, zB – bei Treuhänderstellung des Benennungsberechtigten – der Treugeber) eigene wirtschaftliche Vorteile anstrebt (BFH II R 97/94, BStBl. II 1997, 411).

Für die **Feststellung** eines den Anforderungen des § 1 I Nr. 6 u. 7 genügenden eigenen wirtschaftlichen Interesses des Benennungsberechtigten gilt zugunsten der FVerw eine **Beweiserleichterung.** Hat der Benennungsberechtigte die uneingeschränkte Möglichkeit der Weitergabe des ihm „an die Hand" gegebenen Gr, so ist die Verfolgung eigener wirtschaftlicher Interessen **indiziert.** Für einen diese Indizwirkung ausschließenden Sachverhalt – dh dafür, dass der Benennungsberechtigte ausschließlich im Interesse des GrVeräußerers oder präsumtiven Erwerbers tätig geworden ist – trägt der Benennungsberechtigte die Feststellungslast (BFH II R 97/94, BStBl. II 1997, 411; II R 12/00, BStBl. II 2003, 356).

248 **d) Verhältnis zu § 1 II. § 1 I Nr. 6 und Nr. 7** stehen in engem sachlichen Zusammenhang mit der Verschaffung der Verwertungsbefugnis **(§ 1 II).** Jedoch sind diese Steuertatbestände nicht deckungsgleich (BFH II R 141/77, BStBl. II 1980, 525). Im Vergleich zu der von § 1 II vorausgesetzten Verwertungsmöglichkeit – dh einer Beteiligung an der Substanz des Gr – genügt für § 1 I Nr. 6 und Nr. 7 bereits ein geringeres wirtschaftliches Interesse des Benennungsberechtigten (BFH II R 141/77, BStBl. II 1980, 525; II R 109/80, BStBl. II 1982, 269; vgl. zur Abgrenzung im Einzelnen → Rn. 279 f.). Es ist allerdings denkbar, dass die angeführten Steuertatbestände – auch wenn sie sich zwischen verschiedenen Personen abspielen – durch **denselben** oder zumindest einen ähnlichen **Lebenssachverhalt** verwirklicht werden. Diese Einheitlichkeit des Lebenssachverhalts ist durch die sowohl für § 1 I Nr. 6 u. 7 als auch für § 1 II charakteristische Besteuerung der Beteiligung eines Dritten vorgegeben, der selbst weder GrEigentümer noch Erwerber des Gr ist.

Beispiel:

GrEigentümer A unterbreitet dem Bauunternehmer B oder einem von ihm zu benennenden Dritten ein befristetes notarielles Angebot zum Erwerb eines unbebauten Gr. B tritt dieses Kaufangebot an C ab, nachdem dieser dem B den Auftrag zur Bebauung des Gr erteilt hatte. In diesem Fall erlangt B im Zusammenhang mit dem Kaufangebot auch die Verwertungsbefugnis (§ 1 II) am Gr, weil er mit der Ausübung des Käuferbenennungsrechts seine wirtschaftlichen Interessen verfolgen kann. Die Abtretung der Rechte aus dem Kaufangebot ist gleichzeitig nach § 1 I Nr. 6 oder Nr. 7 steuerbar.

Bei gegebener Einheitlichkeit des Lebenssachverhalts darf der letztlich erwerbende Dritte (im Beispielsfall: C) nur einmal – und zwar wegen des Erwerbs aufgrund der Annahme des Kaufangebots – zur GrESt herangezogen werden (BFH II R 12/70, BStBl. II 1974, 772; II R 15/76, BStBl. II 1980, 162; vgl.

auch → § 13 Rn. 13). Für den aus dem Kaufangebot Berechtigten (im Beispielsfall: B) fällt ebenfalls nur eine – aus der höheren Bemessungsgrundlage festzusetzende – Steuer an (BFH II 131/64, BStBl. II 1969, 595). Unterschiedliche Bemessungsgrundlagen bestehen deshalb, weil in den Fällen des § 1 I Nr. 6 und Nr. 7 der Wert iSd § 151 I 1 Nr. 1 iVm § 157 I–III (→ § 8 Rn. 73), bei dem Erwerb der Verwertungsbefugnis hingegen die Gegenleistung maßgebend ist (→ § 9 Rn. 203 ff.).

e) Durchführung der Besteuerung. Die GrESt **entsteht** (§ 38 AO; § 14 GrEStG) nicht schon mit der Benennung des Dritten, sondern erst mit der Ausübung der abgetretenen Rechte durch diesen (dh mit Annahme des Vertragsangebots durch den Dritten; BFH II 131/64, BStBl. II 1969, 595; II R 162/66, BStBl. II 1972, 828; II R 89/68, BStBl. II 1975, 86). Auf diesen Zeitpunkt ist auch der als Bemessungsgrundlage anzusetzende Grundbesitzwert festzustellen. **249**

Auf die gem. § 1 I Nr. 6 und 7 steuerbaren Zwischengeschäfte finden die personenbezogenen **Steuerbefreiungen** (§§ 3, 5 ff.) Anwendung. Der Umstand, dass § 1 I Nr. 6 u. 7 lediglich Zwischengeschäfte und keine Zwischenerwerbe erfassen, darf sich nicht zu Lasten des aus dem Kaufangebot Berechtigten auswirken.

Steuerschuldner ist in den Fällen des § 1 I Nr. 6 und Nr. 7 allein der aus dem Kaufangebot Berechtigte, → § 13 Rn. 13. Zur Anwendung des § 16 in den Fällen des § 1 I Nr. 6 u. 7 vgl. → § 16 Rn. 5.

einstweilen frei **250–259**

VI. Verschaffung der Verwertungsbefugnis (§ 1 II)

1. Allgemeines. § 1 II ist ein selbstständiger, gegenüber § 1 I Nr. 1 subsidiärer (Ergänzungs-)Tatbestand (→ Rn. 5), der wie alle Erwerbsvorgänge iSd § 1 einen Rechtsträgerwechsel voraussetzt (BFH II R 53/98, BStBl. II 2000, 357; vgl. auch → § 1 Rn. 14). **Zweck** des § 1 II ist die Erfassung solcher Rechtsvorgänge „unterhalb der Ebene eines Eigentümerwechsels" (BFH II R 53/98, BStBl. II 2000, 357), die einem anderen ohne Begründung eines Übereignungsanspruchs eine eigentümerähnliche Rechtsposition am Gr verschaffen. Dies betrifft GrGeschäfte, mit denen der Wert des Gr für eigene Rechnung nutzbar gemacht werden kann und die – in Bezug auf die Herrschaft über ein Gr – den in § 1 I beschriebenen Tatbeständen nahekommen (BFH II R 37/68, BStBl. II 1973, 709; II R 67/91, BFH/NV 1995, 269; II R 53/98, BStBl. II 2000, 357; III R 65/96, BStBl. II 2000, 628; II R 41/13, BFH/NV 2015, 232; II R 54/14, BStBl. II 2016, 715; vgl. auch Begr GrEStG 1940, 391). **260**

Auch wenn § 1 II Umgehungen der Steuerpflicht aus § 1 I verhindern soll, setzt seine Anwendung **keine Steuerumgehungsabsicht** voraus (BFH II R 29/69, BStBl. II 1974, 251; II R 86/67, BStBl. II 1976, 27). **Ohne Bedeutung** sind auch – wie bei allen Tatbeständen des § 1 – die für den Erwerb der Verwertungsbefugnis maßgebenden (auch wirtschaftlichen) **Beweggründe und Absichten** der Beteiligten (BFH II R 33/98, BFH/NV 2001, 206). Dem Anreiz, der Besteuerung durch Nichtanzeige eines unter § 1 II fallenden Erwerbsvorgangs zu entgehen, wirkt § 16 V entgegen.

§ 1 II ist – auch gemessen am Gleichheitssatz (Art. 3 GG) – **systemgerecht.** Die grestrechtl. Erfassung von Geschäften, die im wirtschaftlichen Ergebnis dem Erwerb des Eigentums am Gr nahe kommen, liegt im Interesse einer gleichmäßigen Besteuerung und rechtfertigt insb. die Durchbrechung zivilrechtlicher Ordnungsgrundsätze (s. auch BVerfG BStBl. II 1971, 382). Die Konturenarmut der **261**

einzelnen Tatbestandsmerkmale des § 1 II lässt es nicht zu, diese Vorschrift als „eigentlichen Grundtatbestand" des GrEStG anzusprechen.

262 Den **rechtlichen Gehalt der Verwertungsbefugnis** (→ Rn. 265 ff.) umschreibt § 1 II selbst nicht (BFH II R 128/71, BStBl. II 1976, 724). Dem Zivilrecht ist das Rechtsinstitut der Verwertungsbefugnis fremd; § 1 II knüpft auch nicht an besondere Typen bürgerlich-rechtlicher Geschäfte an. Im Vergleich zu einem unbeschränkten Eigentümer ist die in der Verwertungsmöglichkeit liegende **Rechtsmacht schwächer** (BFH II R 29/69, BStBl. II 1974, 251). Denn nur der Eigentümer hat ein exklusives Verfügungs- und Nutzungsrecht am Gr (§ 903 BGB); er kann dieses besitzen, nutzen, belasten und schließlich veräußern. Demgegenüber genügt für § 1 II ein im **Vergleich zum Eigentum geringeres Maß an Einwirkungsbefugnissen;** es reicht aus, wenn dem Verwertungsberechtigten einzelne der vorgenannten Rechtspositionen eines GrEigentümers fehlen (BFH II R 128/71, BStBl. II 1976, 724; II R 55/88, BFH/NV 1991, 556; II R 67/91, BFH/NV 1995, 269). Letztlich ist für § 1 II entscheidend, ob die Gesamtheit der durch einen Rechtsvorgang begründeten Befugnisse eine **wirtschaftliche Verfügungsmacht** (zu den tatbestandlichen Voraussetzungen vgl. → Rn. 265 ff.) am Gr begründet.

Die insgesamt wenig präzise Fassung der einzelnen Tatbestandsmerkmale des § 1 II erschwert die Rechtsanwendung. Angemessene Auslegungsergebnisse lassen sich nur erzielen, wenn jeweils ein **wertender Vergleich** mit den **Haupttatbeständen** des § 1 I erfolgt.

263 **2. Verhältnis zu § 1 I. § 1 II** erfasst Rechtsvorgänge, die „ohne Begründung" eines Übereignungsanspruchs eine Verwertungsmöglichkeit eröffnen und **tritt** deshalb **hinter § 1 I Nr. 1 zurück.** Für den Erwerb der **Verwertungsbefugnis** ist kennzeichnend, dass der Erwerber – anders als bei § 1 I Nr. 1 – kein Grundeigentum, sondern **andere Rechte** (zB das der Veräußerung des Gr) erwirbt. Derartige Rechte können auch (bloße) Forderungen aus einem Treuhandvertrag sein (BFH II R 86/83, BStBl. II 1986, 28).

264 Wurde daher bereits **vor** Verschaffung der Verwertungsmöglichkeit eine Verpflichtung zur GrÜbereignung (§ 1 I Nr. 1) begründet, ist § 1 II nicht anzuwenden. Hat zB der GrKäufer schon einen Anspruch auf Übereignung des Gr und wird ihm lediglich vorab die Verwertungsbefugnis am Gr überlassen, ist schon § 1 I Nr. 1 erfüllt (BFH II 159/60 U, BStBl. III 1962, 313; II R 47/93, BFH/NV 1996, 579). § 1 II ist hingegen dann anwendbar, wenn bei Begründung eines Rechtsvorgangs iSd § 1 II die spätere Übereignung des Gr lediglich **geplant** ist (BFH II R 52/70, BStBl. II 1976, 30) oder ein nicht § 1 I Nr. 1 unterfallendes **Options- oder Ankaufsrecht** (→ Rn. 153 ff.) vorliegt. Auch bei **unwirksamen** Rechtsgeschäften kommt die Anwendung des § 1 II in Betracht. Bei einem nicht beurkundeten und daher wegen Formmangels (§ 311b I 1 BGB; → Rn. 162) unwirksamen GrKaufvertrag wird – wie es § 1 I Nr. 1 voraussetzt – kein Anspruch auf GrÜbereignung begründet. Hier kann jedoch § 1 II erfüllt sein, sofern die wirtschaftlichen Konsequenzen aus dem formnichtigen Kaufvertrag gezogen werden (BFH II 84/59 U, BStBl. III 1963, 15; II R 35/69, BStBl. II 1976, 465). Gleiches gilt für einen lediglich privatschriftlichen Gesellschaftsvertrag mit Verpflichtung zur GrEinbringung (BFH II 60/56 U, BStBl. III 1956, 364; II R 52/70, BStBl. II 1976, 30). Der Formmangel eines zum GrErwerbs verpflichtenden Auftrags ist uU auch für die Begründung einer Verwertungsbefugnis nach § 1 II unbeachtlich (BFH II R 55/98, BStBl. II 2001, 419; II R 33/98, BFH/

NV 2001, 206; → Rn. 139). Möglich ist die Anwendung des § 1 II auch bei einem notariell beurkundeten GrKaufvertrag, aus dem mangels Einholung der erforderlichen behördlichen Genehmigung die GrESt nicht entstehen konnte (BFHE 94, 359). Dies gilt jedoch nicht, sofern die Wirksamkeit eines Rechtsgeschäfts vom Eintritt einer Bedingung abhängig ist (BFH II R 82/87, BStBl. II 1991, 731; II R 138/87, BFH/NV 1991, 119). Kommt es **nach** Verwirklichung des Ergänzungstatbestandes aus § 1 II zu einer Übereignung des Gr an den Verwertungsberechtigten, liegt eine nach **§ 1 VI** zu behandelnde Aufeinanderfolge von Ergänzungs- und Haupttatbestand vor (zB BFH II R 66/84, BFH/NV 1988, 390; vgl. auch → Rn. 285).

3. Tatbestandliche Voraussetzungen. § 1 II verlangt zunächst einen **265**
Rechtsvorgang, der dem Erwerber die Rechtsmacht einer rechtlichen oder wirtschaftlichen Verwertungsbefugnis verschafft (BFH II R 26/75, BStBl. II 1980, 522; 1999, 491); diese Rechtmacht kann auf Zivilrecht oder öffentlichem Recht beruhen (BFH II R 32/11, BStBl. II 2013, 962). Der rechtliche Inhalt dieser Rechtsmacht ist in § 1 II – anders als in den Tatbeständen des § 1 I Nr. 1 bis 3 – nicht enumerativ umschrieben. Die Verwertungsbefugnis kann sich auch aus schuldrechtlichen Bindungen des Eigentümers ergeben (BFH II R 116/85, BStBl. II 1989, 52; vgl. auch → Rn. 275). Einer dinglichen Verfügungsbefugnis des Verwertungsberechtigten bedarf es nicht.

Die in § 1 II getroffene Unterscheidung der **„rechtlich“** oder **„wirtschaftlich“** ermöglichten Verwertung betrifft allein die Art und Weise der Verwertung (BFH II R 128/71, BStBl. II 1976, 724). Dadurch sollen Sachverhalte erfasst werden, bei denen es zwar nicht zu einem Rechtsträgerwechsel, dh zu einer Änderung der Rechtszuständigkeit im Außenverhältnis kommt, bei denen der Eigentümer einem anderen aber im Innenverhältnis so weitgehende Möglichkeiten zur Einflussnahme hinsichtlich des Grundstücks einräumt, dass dieser und nicht mehr der Eigentümer über die Verwertung des Grundstücks entscheiden kann (BFH II R 40/20, BStBl. 2023, 1012). **266**

Eine vorwiegend rechtliche Verwertungsbefugnis besteht zB bei der Ermächtigung zur Veräußerung eines Gr auf eigene Rechnung (näher → Rn. 279 ff.). Eine vorwiegend wirtschaftliche Verwertungsbefugnis unter Nutzung der Substanz und Teilhabe an den Wertveränderungen eines Gr kann zB bei dessen Einbringung in eine PersGes dem Wert nach (→ Rn. 281 ff.) oder bei der Verwertungsbefugnis an einem Gebäude auf fremdem Grund und Boden (→ § 2 Rn. 108 ff.) vorliegen. Denkbar ist auch die Kombination einer wirtschaftlichen bzw. rechtlichen Verwertungsbefugnis (dazu die in → Rn. 288 angeführten Einzelfälle).

Der rechtliche Gehalt der Verwertungsmöglichkeit auf eigene Rechnung besteht darin, dass der Verwertungsberechtigte eine wertmäßige **Beteiligung** an der **ganzen Substanz eines Gr** erlangt und sich den Wert des Gr für eigene Rechnung nutzbar machen kann (BFH II R 35/97, BStBl. II 1999, 491; BFH II R 32/11, BStBl. II 2013, 962; vgl. auch Anm in HFR 1999, 735). Dazu muss einem Dritten ohne Begründung eines Anspruchs auf Eigentumsübertragung rechtlich ermöglicht werden, über ein bestimmtes Grundstück wie ein Eigentümer zu verfügen, dh es besitzen, verwalten, nutzen, belasten und schließlich veräußern zu können; diese Maßnahmen müssen sich wirtschaftlich zu Gunsten oder zu Lasten des Dritten auswirken (zB BFH II R 28/04, BStBl. II 2006, 630 und 675 jew. mwN). Es reicht aus, wenn der Berechtigte jedenfalls an Wertsteigerungen und -minderungen des Gr teilhat und für ihn insoweit eine gesicherte Reali- **267** sierungsmöglichkeit besteht (BFH II R 41/13, BFH/NV 2015, 332). Der Substanzberechtigung steht nicht entgegen, dass die Verwertung für den Berechtigten auch zu etwaigen Verlusten führt oder führen kann (BFH II R 95/71, BStBl. II 1977, 166) oder der Berechtigte andererseits nach den zugrundeliegenden Vereinbarungen nicht mit Wertverlusten belastet wird. Einem Berechtigten iSd **§ 3 I VermG** steht vor Ergehen des bestandskräftigen Rückübertragungsbescheids keine Verwertungsbefugnis am Gr zu (BFH II R 27/97, BStBl. II 1998, 159; vgl. auch → Rn. 238). Ein Verwertungsbefugter muss grds. an dem Gr **Besitz- und Nutzungsrechte** haben (BFH II R 130/81, BStBl. II 1984, 158). Ausnahmsweise entbehrlich ist der Besitz als Voraussetzung der Verwertungsmacht beim Treuhandeigentum (→ Rn. 139) sowie bei der Veräußerung eines Gr auf eigene Rechnung (→ Rn. 274).

268 In jedem Fall müssen alle die Verwertungsmöglichkeit auf eigene Rechnung begründenden Einwirkungsmöglichkeiten **gleichzeitig** und in einer jeden Zweifel ausschließenden Weise gegeben sein (BFH II 60/60 U, BStBl. III 1965, 265; II R 28/04, BStBl. II 2006, 630). Daher erfüllt ein **langfristiger Mietvertrag** in Verbindung mit einem dem Mieter unterbreiteten Kaufangebot dann nicht die Voraussetzungen des § 1 II, wenn der Übergang von Nutzen und Lasten des Gr erst nach Ablauf des Mietvertrags erfolgen soll und dem Mieter eine vorzeitige Beendigung des Mietvertrags unter gleichzeitiger Annahme des Kaufangebots nicht möglich ist (FG Düsseldorf EFG 2004, 218). Ob eine Machtstellung im Hinblick auf ein Gr den Anforderungen des § 1 II genügt, ist notwendigerweise einzelfallbezogen zu ermitteln. Maßgebend ist das Gesamtbild, das sich nicht durch einen vorgegebenen Katalog bestimmter zur Verwertungsbefugnis führender Einzelbefugnisse eingrenzen lässt (zu typischen Fallgruppen → Rn. 173 ff.).

269 Für die **Verwertungsbefugnis ist kennzeichnend,** dass der Verwertungsberechtigte im **Innenverhältnis** bereits wie der Eigentümer des Gr behandelt wird (BFH II 73/65, BStBl. II 1972, 496). Die Rechtsmacht des Verwertungsberechtigten führt mithin – auch wenn sie notwendig schwächer ist als die des unbeschränkten Eigentümers – zwangsläufig zu einer **Aushöhlung** der Eigentümerrechte (BFH II R 49/74, BStBl. II 1975, 863; II R 33/98, BFH/NV 2001, 206): Der (zivilrechtlichen) Rechtszuständigkeit des GrEigentümers steht die (wirtschaftliche) Verwertungsmöglichkeit eines Dritten gegenüber. Im Außenverhältnis bleibt der GrEigentümer – trotz der einem anderen eingeräumten Verwertungsmöglichkeit – zumeist zivilrechtlich verfügungsberechtigt. Er ist jedoch im Innenverhältnis gegenüber dem Verwertungsberechtigten gebunden. Allein diese im Innenverhältnis begründete wirtschaftliche Verfügungsmacht ist für § 1 II entscheidend (BFH II R 105/85, BFH/NV 1987, 808 betr. Auftragserwerb). Daher steht der Anwendung von § 1 II nicht entgegen, dass der Eigentümer – ungeachtet dadurch etwa begründeter Gegenansprüche des Verwertungsberechtigten – zB durch Veräußerung des Gr die Verwertung durch den Verwertungsberechtigten vereiteln kann (BFH II R 109/82, BStBl. II 1985, 97; II R 116/85, BStBl. II 1989, 52). Ebenso ist die Anwendung des § 1 II nicht deshalb ausgeschlossen, weil dem Eigentümer noch einzelne Risiken oder Nachteile seines Eigentums verbleiben oder er noch in anderer Weise auf das Gr einwirken kann (BFH II R 29/69, BStBl. II 1974, 251; II R 116/85, BStBl. II 1989, 52; II R 47/93, BFH/NV 1996, 579).

270 Kommt es nach Begründung der Verwertungsbefugnis eines Dritten zum **„Rückfall" der Verwertungsbefugnis** an den GrEigentümer und wird im Zusammenhang mit diesem Rückfall nicht die Verwertungsbefugnis des Dritten ausgenutzt, wird der Tatbestand des § 1 II mangels „Rechtsvorgang" nicht (erneut) ausgelöst (zutr. Viskorf/Meßbacher-Hönsch § 1 Rn. 578). Dies trifft zB zu auf das Erlöschen der Verwertungsmöglichkeit kraft Zeitablauf, auflösender Bedingung oder aufgrund Rückgängigmachung des die Verwertungsbefugnis begründenden Rechtsvorgangs. Hingegen ist § 1 II erfüllt, wenn der Dritte seine Verwertungsbefugnis bei „Rückgabe" der Verwertungsmöglichkeit an den Eigentümer ausnutzt. Dies kann zB der Fall sein, wenn der GrEigentümer für die Rückerlangung des Substanzwerts des Gr ein besonderes Entgelt an den Verwertungsberechtigten zu zahlen hat. § 1 II ist auch anzuwenden, wenn ein Gebäude auf fremdem Grund und Boden (§ 2 II Nr. 2) auf den GrEigentümer gegen Entgelt übertragen wird (BFH II R 37/83, BStBl. II 1985, 526; vgl. näher → § 2 Rn. 117).

Keine Verwertungsbefugnis ist gegeben, wenn die Einwirkungsmöglichkeiten eines Dritten auf das Gr nicht über diejenigen eines **Mieters oder Pächters** hinausreichen (BFH II 60/60 U, BStBl. III 1965, 265; II R 29/69, BStBl. II 1974, 251). Derartige schuldrechtliche Nutzungsüberlassungsverträge verleihen keine Befugnis zur Verwertung eines Gr seiner Substanz nach, sondern erschöpfen sich in dem bloßen Nutzungsrecht; dies gilt auch im Flurbereinigungsverfahren für das Nutzungsrecht von GrFlächen eines in Besitz und Nutzungen eingewiesenen Dritten nach Landverzichtserklärung (BFH III R 65/96, BStBl. II 2000, 628; vgl. → Rn. 201 f.). Auch die **langfristige Pachtung** eines Gr erfüllt nicht die Voraussetzungen des § 1 II, sofern nicht durch zusätzliche Abreden die wirtschaftliche Verfügungsmacht über ein Gr begründet wird (FG Hmb II 296/91, EFG 1993, 734). 271

§ 1 II ist ebenfalls nicht erfüllt, wenn einem **Kaufanwärter** lediglich ein **Besitz- und Nutzungsrecht** an einem Gr eingeräumt wird (BFH II 73/65, BStBl. II 1972, 496) oder ein zweiseitiger Vorvertrag über ein Gr geschlossen wird (BFH II R 162/66, BStBl. II 1972, 828; anders uU im Zusammenhang mit anderen Abreden, vgl. BFH II R 29/69, BStBl. II 1974, 251). In diesen Fällen fehlt es an der rechtlichen Möglichkeit, ein Gr seiner Substanz nach (zB durch Veräußerung oder Belastung) zu verwerten oder an den Wertsteigerungen des Gr teilzuhaben. Der **atypisch stille Gesellschafter** erhält mangels Besitzrechten keine Verwertungsmacht an einem Gr, das der Inhaber eines Handelsgeschäfts erwirbt (BFH II R 130/81, BStBl. II 1984, 158; vgl. auch → Rn. 67).

Einwirkungsmöglichkeiten eines Gesellschafters auf Gesellschaftsebene 272 begründen keine Verwertungsbefugnis iSd § 1 II (BFH II R 32/11, BStBl. II 2013, 962; II R 54/14, BStBl. II 2016, 715). Aus einem Anteil am Vermögen einer **Gesamthand** ergibt sich keine Verwertungsbefugnis an einem der PersGes gehörenden Gr (zB BFH II R 82/87, BStBl. II 1991, 731; II R 51/91, BStBl. II 1993, 879; II R 53/98, BStBl. II 2000, 357; II B 95/00, BFH/NV 2001, 1299; II R 64/09, BStBl. II 2012, 355; BFH II R 32/11, BStBl. II 2013, 962, stRspr). Das gilt erst recht für ein bloßes Pfandrecht am Anteil einer PersGes (BFH II R 67/91, BFH/NV 1995, 269). Auch das treuhänderische Halten eines Anteils an einer Gesamthand begründet wegen der selbstständigen Rechtsträgerschaft der Gesamthandsgemeinschaften keine Verwertungsbefugnis hinsichtlich des zum Vermögen der Gesamthand gehörenden Gr (BFH II B 95/00, BFH/NV 2001, 1299). Die bloße „Berechtigung" des Gesellschafters an einem zum Gesamthandsvermögen gehörenden Gr kann grds. keine Verwertungsbefugnis iSd § 1 II vermitteln. Eine eigentümerähnliche Stellung an einem GesellschaftsGr kann Gesellschaftern einer **PersGes** nach den Wertungen des GrEStG nur zukommen, wenn alle Anteile in ihrer Hand vereinigt werden (§ 1 III; die Herabsetzung der Anteilsgrenze auf 95 % bzw. 90 % hat daran nichts geändert, vgl. → Rn. 517). Der Übergang zu einer Verwertungsbefugnis wird freilich dann fließend, wenn der Gesellschaftsanteil im Zeitpunkt seines Erwerbs einen konkreten Übereignungsanspruch auf ein bestimmtes Gr begründet. Auch in solchen Fällen verneint die Rspr. die Anwendbarkeit des § 1 II und prüft die Steuerbarkeit ausschließlich unter dem Gesichtspunkt eines Umgehungsgeschäfts (§ 1 I Nr. 1 iVm § 42 AO), vgl. näher → Rn. 80 f.). Ob sich bei der durch die Klägerin im abgekürzten Leistungsweg aus dem Gesellschaftsvermögen entnommenen Grundstück dem Sicherungs-Treuhandvertrag eine Verwertungsbefugnis ergeben kann, hat der BFH (II R 54/14, BStBl. II 2016, 715) offen gelassen, weil insoweit jedenfalls die Befreiung nach § 6 II 1 eingreift. Die FVerw (OFD Niedersachsen 19.10.2016, DStR 2017, 787) folgt dieser Beurteilung.

Die Stellung als **GmbH-Alleingesellschafter** verleiht ebenfalls nicht die Befugnis, Gr der GmbH für eigene Rechnung zu verwerten (BFH II R 53/98, BStBl. II 2000, 357; II R 32/11, BFH/NV 2013, 1884; Heine UVR 2001, 105). Daran ändert sich auch ein zwischen GmbH und Alleingesellschafter bestehender Beherrschungs- und Gewinnabführungsvertrag nichts (BFH II R 53/98, BStBl. II 2000, 357; zust. Viskorf/Meßbacher-Hönsch § 1 Rn. 659; Fuchs/Lieber DStR 2000, 1333). Ebenso dürfte auch bei der Eingliederung (§§ 319 ff AktG) eine Verwertungsbefugnis des der Hauptgesellschaft an Gr der eingegliederten Gesellschaft deshalb verneinen sein, soweit diese nicht auch die Ausgleichung von Bilanzverlusten vorsieht (Viskorf/Meßbacher-Hönsch § 1 Rn. 653).

273 **4. Fallgruppen.** In der Praxis treten immer wieder typische Sachverhalte auf, die eine Bildung von Fallgruppen erlauben. Eine Verwertungsbefugnis kann jedoch auch vorliegen, wenn ein Sachverhalt nicht alle Merkmale einer bestimmten Fallgruppe erfüllt. Es ist deshalb jeweils im Einzelfall zu prüfen, ob der gegebene Sachverhalt den Anforderungen des § 1 II genügt.

274 **a) Verkaufsermächtigung, atypischer Maklervertrag.** Die Ermächtigung zur Veräußerung eines Gr auf eigene Rechnung des Ermächtigten **(Verkaufsermächtigung)** ist die stärkste Form der Verwertungsmacht (BFH II 136/65, BStBl. II 1972, 495; II R 86/67, BStBl. II 1976, 27; II R 130/81, BStBl. II 1984, 158; II R 67/91, BFH/NV 1995, 269). Die Verwertungsbefugnis iSd § 1 II setzt zum einen – dazu nachfolgend – voraus, dass der Berechtigte iS einer Verwertung auf eigene Rechnung am wirtschaftlichen Ergebnis der Verwertung des Gr teilhat und darüber hinaus (→ Rn. 250) auch die Verwertung selbst herbeiführen, dh die Veräußerung des Gr an bestimmte Personen verlangen kann (BFH II R 35/97, BStBl. II 1999, 491). § 1 II ist nur erfüllt, wenn beide Merkmale erfüllt sind und es tatsächlich zum Verkauf des Gr auf Weisung kommt (BFH II R 35/97, BStBl. II 1999, 491, vgl. auch die Anm. in HFR 1999, 735).

Die Befugnis zur Veräußerung eines Gr auf **eigene Rechnung** verkörpert eine umfassende wertmäßige Substanzbeteiligung am Gr. Aufgrund dieser Rechtsmacht bedarf es zur Annahme einer Verwertungsbefugnis nach § 1 II keiner zusätzlichen Einräumung von Besitz- und Nutzungsbefugnissen am Gr (BFH II R 130/81, BStBl. II 1984, 158; II R 67/91, BFH/NV 1995, 269). Auf eigene Rechnung des Ermächtigten geht eine Veräußerung dann, wenn dieser in der Stellung eines typischen Zwischenerwerbers einen eigenen Mehrerlös nicht an den Eigentümer abzuführen braucht und für sich behalten darf (BFH II B 39/68, BStBl. II 1969, 170; II R 130/81, BStBl. II 1984, 158; II R 35/97, BStBl. II 1999, 491; II R 67/91, BFH/NV 1995, 269). Rechtsgrundlage hierfür kann etwa ein **Auftragser-**

werb sein, bei dem der Erwerber für ein vom Auftragsnehmer in dessen Namen erworbenes Grundstück die Rechtsmacht erlangt, die Auflassung zu verlangen (BFH II 33/98, BFH/NV 2001, 206). Die Grundlage hierfür kann auch ein **Geschäftsbesorgungsvertrag** (ggf. auch mit einer Treuhandvereinbarung) sein, ein Gr in eigenem Namen für den Treugeber zu kaufen (BFH II 33/98, BFH/NV 2001, 206; II R 41/13, BFH/NV 2015, 232). Die Erlösbeteiligung eines **Dritten** – zB aufgrund einer Innengesellschaft mit dem Ermächtigten – steht dem Merkmal „auf eigene Rechnung" nicht entgegen (BFH II R 49/74, BStBl. II 1975, 863; vgl. auch II R 55/98, BStBl. II 2001, 419 betr. Erlösbeteiligung eines Grundpfandgläubigers bei sog. erweitertem Auftragserwerb im Zwangsversteigerungsverfahren, → Rn. 222).

§ 1 II ist nicht anwendbar, wenn eine unbeschränkte Vollmacht zur Veräußerung eines Gr erteilt wird und ein erzielter Mehrerlös dem **Berechtigten zufließt** (BFH II 53/58 U, BStBl. III 1960, 254). Gleiches gilt, wenn ein **Grundpfandrechtsgläubiger** (zB Bank) die Möglichkeit hat, ein Gr bei Eintritt der Pfandreife durch Zwangsvollstreckung verwerten zu lassen und sich aus dem Versteigerungserlös wegen seiner Forderung zu befriedigen (BFH II R 67/91, BFH/NV 1995, 269; II R 30/03, BFH/NV 2005, 2050). Hier erfolgt die Veräußerung bzw. Verwertung nicht für eigene Rechnung des Ermächtigten bzw. Gläubigers. Dies gilt auch dann, wenn der Grundpfandrechtsgläubiger die Fertigstellung eines Bauobjekts mit eigenen Mitteln mit dem alleinigen Ziel betreibt, die Chance auf Rückführung der ausgereichten Kreditbeträge zu betreiben (BFH II R 24/07 B, BFH/NV 2009, 788).

Die von **§ 1 II vorausgesetzte Rechtsgrundlage** einer Verkaufsermächti- **275**
gung auf eigene Rechnung ist gegeben, wenn der Verwertungsberechtigte die Verwertung auch selbst herbeiführen, dh vom GrEigentümer die GrVeräußerung an bestimmte Personen verlangen kann (BFH II R 35/97, BStBl. II 1999, 491). Dafür genügen **schuldrechtliche** Bindungen des GrEigentümers; einer Befugnis zur dinglichen Verfügung über das Gr bedarf es nicht (BFH II R 116/85, BStBl. II 1989, 52; II R 35/97, BStBl. II 1999, 491; II R 55/88, BFH/NV 1991, 556). Im Einzelnen kann Grundlage einer Ermächtigung zur Veräußerung eines Gr eine Bevollmächtigung nach § 167 BGB sein; deren Widerruflichkeit oder Unwiderruflichkeit ist hierbei ohne Bedeutung (BFH II B 118/92, BFH/NV 1994, 123). Die Ermächtigung kann auch in der Einwilligung des Eigentümers (§ 185 I BGB) zu einer Veräußerung durch den Ermächtigten sowie in einer (zB durch atypischen Maklervertrag, → Rn. 277 ff.) Verkaufsermächtigung liegen. Eine hinreichende Rechtsgrundlage kann sich ferner aus einem Vertrag ergeben, durch den für den Eigentümer lediglich mittelbar durch Vereinbarung von Nachteilen – zB Vertragsstrafe – die Verpflichtung zur Veräußerung eines Gr begründet wird (RFHE 34, 93; BFH II R 49/74, BStBl. II 1975, 863). Denkbar ist schließlich auch die Begründung einer Dispositionsbefugnis über ein Gr durch eine Mehrheit in innerem Zusammenhang stehender Rechtsgeschäfte (BFH II 78/62 U, BStBl. III 1965, 561). Eine Verwertungsbefugnis liegt erst recht vor, wenn der GrEigentümer einem anderen eine unwiderrufliche Verkaufsvollmacht mit Vorwegabtretung der Kaufpreisansprüche erteilt und andererseits vom Bevollmächtigten ein bares, sofort fälliges unverzinsliches Darlehen erhält, zu dessen Sicherung eine Gesamtgrundschuld bestellt wird (BFH DVR 1987, 76).

Die Befugnis der GrVeräußerung kann auch vorliegen, wenn ein Dritter als **Hilfsperson** des eigentlich Verwertungsberechtigten eingeschaltet (dh der über das Gr Dispositionsbefugte und der Verwertungsbefugte verschiedene Personen sind) ist (BFH II 78/62 U, BStBl. III 1965, 561; II R 35/97, BStBl. II 1999, 491; II B 118/92, BFH/NV 1994, 123). Dies ist anzunehmen, wenn zwischen dem Verwertungsberechtigten und dem dispositionsbefugten Dritten ein entspr. schuldrechtliches (Auftrags-)Verhältnis besteht oder es sich um miteinander verflochtene, einer einheitlichen Willensbildung unterliegende Gesellschaften handelt (BFH II R 35/97, BStBl. II 1999, 491). Zur Verwertungsbefugnis einer Kommune an von einer Anlagegesellschaft erworbenen Gr vgl. FG München 15 K 2725/04, EFG 2004, 1707 mAnm Fumi.

Alle vorgenannten Vereinbarungen bringen regelmäßig eine Bindung eines Eigentümers zur GrVeräußerung mit sich und sind daher gem. **§ 311b I 1 BGB beurkundungspflichtig.** Fehlt es an der notariellen Beurkundung dieser Vereinbarungen und lassen die Beteiligten das wirtschaftliche Ergebnis des Vertrags bzw. der Mehrheit der Verträge eintreten und bestehen, ist § 1 II auch in diesem Fall erfüllt (§ 41 I AO; BFH II R 95/71, BStBl. II 1977, 166; II R 55/88, BFH/NV 1991, 556; II R 41/13, BFH/NV 2015, 232).

276 Eine Verkaufsermächtigung kann insb. Gegenstand eines sog. **atypischen Maklervertrages** sein. Der **reine** Maklervertrag ist, sofern eine taxmäßige oder übliche Vergütung (§ 653 II BGB) vereinbart ist oder der übliche Lohn als vereinbart gilt (§ 635 I BGB), nicht – insb. nicht nach § 1 II – steuerbar. Aus einem solchen Vertrag erlangt ein Makler keine Möglichkeit zur Verwertung des Gr. Das gilt auch, wenn der Makler aufgrund Vollmacht seiner Auftraggeber in deren Namen und auf deren Rechnung handelt (BFH II B 39/68, BStBl. II 1969, 170). Bei **zusätzlichen Abreden** kann hingegen eine Substanzbeteiligung des Maklers am Gr und damit eine Verwertungsbefugnis vorliegen. Für die Beurteilung ist die Gesamtheit der mit dem Eigentümer getroffenen Vereinbarungen maßgebend (BFH II R 116/85, BStBl. II 1989, 52; II B 118/92, BFH/NV 1991, 557). Entscheidend ist, ob der Ermächtigte wirtschaftlich als Zwischenhändler und sein Erwerb gedanklich als **Zwischenerwerb** betrachtet werden muss (RFHE 34, 93; BFH II B 39/68, BStBl. II 1969, 170; II R 180/83, BStBl. II 1986, 417). Eine Verwertungsbefugnis kann auch in Betracht kommen, wenn nicht sämtliche speziellen Merkmale des sog. atypischen Maklervertrags erfüllt sind (BFH II B 113/89, BFH/NV 1991, 118) und ist regelmäßig zu bejahen, wenn der Makler kraft unwiderruflicher **Veräußerungsermächtigung** zur Veräußerung eines Gr berechtigt ist und ihm ein über den mit dem Eigentümer ausbedungenen Festpreis hinausgehender **Mehrerlös** zusteht (BFH II 78/62 U, BStBl. III 1965, 561). Diese gegenüber dem Makler eingegangene Verpflichtung zur Veräußerung eines Gr ist nach § 311b I 1 BGB formbedürftig (MüKoBGB/Ruhwinkel BGB § 311b Rn. 32). Die fehlende Beurkundung der Veräußerungsermächtigung steht der Verwirklichung des § 1 II nicht entgegen, wenn der Vertrag tatsächlich durchgeführt wird (BFH II R 55/88, BFH/NV 1991, 556; II B 64/99, BFH/NV 2000, 746).

277 Auch bei **atypischen Maklerverträgen** besteht die Möglichkeit einer konkurrierenden Rechtszuständigkeit **von Eigentümer und verwertungsberechtigtem Makler.** Je nach Vertragsgestaltung ist es zB denkbar, dass der Eigentümer (etwa aufgrund vertraglichen Vorbehalts oder Widerruflichkeit der dem Makler erteilten Vollmacht) auch andere Makler einschalten oder sein Gr auch selbst veräußern kann. Für die Anwendung des § 1 II ist insoweit allein entscheidend, ob die konkrete Veräußerung eines Gr aufgrund des (atypischen) Maklervertrags und auf Rechnung des Maklers erfolgt (BFH II B 39/86, BStBl. II 1969, 169; II R 95/71, BStBl. II 1977, 166; II R 55/88, BFH/NV 1991, 556). Die GrESt aus

§ 1 II entsteht (§ 38 AO, § 14 GrEStG), soweit der Verkaufsberechtigte bzw. Makler (zunächst) aufgrund der vertraglichen Beziehungen zum Eigentümer nur eine Chance auf Substanzbeteiligung am Gr hat, erst im Zeitpunkt der Realisierung dieser Chance durch Gebrauchmachen von dieser Befugnis, dh mit Abschluss des Rechtsgeschäfts mit dem Erwerber (BFH II R 180/83, BStBl. II 1986, 417; II R 55/88, BFH/NV 1991, 556). Dies hat insb. für die **befristete** oder gleichzeitig verschiedenen voneinander unabhängigen Personen erteilte **Veräußerungsermächtigung** Bedeutung. Derartige Vereinbarungen sind dahingehend auszulegen, dass die Verwertungsbefugnis nur unter der aufschiebenden Bedingung (§ 14 Nr. 1) der herbeigeführten Veräußerung des Gr eingeräumt ist (BFH II R 95/71, BStBl. II 1977, 166).

Ob die dem Verkaufsberechtigten oder (atypischen) Makler eingeräumten rechtlichen Befugnisse deren **Verpflichtung** zur Verwertung des Gr begründen, kann für § 1 II – und ebenso wenig für die Bemessungsgrundlage der GrESt in diesen Fällen – keine Bedeutung haben (aA NdsFG III 10/75, EFG 1977, 188). Denn auch eine etwaige Verwertungspflicht ändert nichts daran, dass zunächst nur die bloße Möglichkeit zur Substanzbeteiligung am Gr eingeräumt ist. Die durch eine Verletzung der Verwertungspflicht etwa ausgelösten vermögensrechtlichen Folgen (zB eine den atypischen Makler treffende Schadensersatzpflicht oder Verpflichtung zur Zahlung einer Vertragsstrafe an den GrEigentümer) sind grestrechtl. regelmäßig nicht von Bedeutung. **278**

Die Abgrenzung des Anwendungsbereichs des **§ 1 II von § 1 I Nr. 6 und Nr. 7** (Abtretung der Rechte aus einem Kaufangebot) bereitet vielfach Schwierigkeiten (zum Konkurrenzverhältnis dieser Vorschriften → Rn. 248). In jedem Fall muss das von § 1 I Nr. 6 und Nr. 7 vorausgesetzte wirtschaftliche Interesse nicht das in § 1 II vorausgesetzte Maß erreichen (BFH II R 2/08, BFH/NV 2009, 1833). Bei atypischen Maklerverträgen werden diese Steuertatbestände häufig gleichzeitig erfüllt sein. Im Unterschied zu § 1 I Nr. 6 und Nr. 7 verlangt die Verwertungsmöglichkeit nach § 1 II eine wirtschaftliche Verfügungsmacht über das Gr; die bloße Möglichkeit zur Verfolgung eigener wirtschaftlicher Interessen (zB die Möglichkeit, den Erwerber zum Abschluss weiterer Verträge zu bestimmen) begründet für sich noch nicht die nach § 1 II erforderliche Substanzbeteiligung am Gr (BFH II R 2/08, BFH/NV 2009, 1833). In solchen Fällen können hingegen die Voraussetzungen des § 1 I Nr. 6 u. 7 erfüllt sein (→ Rn. 248). **279**

Die Abgrenzung zwischen § 1 II und § 1 I Nr. 6 und Nr. 7 ist problematisch, wenn der „Zwischenhändler" aufgrund eines **festliegenden Veräußerungspreises** von vornherein keinen ihm zufließenden Mehrerlös am Gr erzielen kann. Auch hier kommt eine Verwertung des Gr „auf eigene Rechnung" dem Grunde nach in Betracht, sofern eine zumindest mittelbare Ausnutzung der GrSubstanz vorliegt. Allein sachgerecht ist eine Abgrenzung der Steuertatbestände nach Maßgabe der **Art der Einwirkungsmöglichkeiten** des aus dem Kaufangebot bzw. der Verkaufsermächtigung Berechtigten. Eine Verwertungsbefugnis iSd § 1 II ist hiernach zu bejahen, wenn der Berechtigte zur Verfolgung seiner wirtschaftlichen Interessen auf die **Nutzung** des Gr selbst bzw. auf eine **Veränderung seines Zustandes** einwirken kann (s. auch BFH II B 47/88, BStBl. II 1989, 333). Die Nutzung eines Gr ist zB berührt, wenn eine zur Käuferbenennung hinsichtlich eines GastwirtschaftsGr berechtigte Brauerei bei der Käuferauswahl ihre den Gaststättenbetrieb betr. wirtschaftlichen Interessen (Getränkebezug) verfolgen kann (BFH II R 109/82, BStBl. II 1985, 97; ähnlich auch BFH II R 128/71, BStBl. II 1976, 724). Ebenso ist § 1 II anzuwenden, wenn ein zur Veräußerung von Gr **280** bevollmächtigter Architekt die Möglichkeit hat, die Bebauung dieser Gr betreffende Architektenaufträge zu erlangen (BFH II 136/65, BStBl. II 1972, 495; ähnlich BFH II R 109/80, BStBl. II 1982, 269) oder sogar das Gr selbst bebauen kann. Die aufgrund der Gebührenordnung für Architekten vorgegebene Bindung der Honorarhöhe steht jedoch einer wirtschaftlichen Verfügungsmacht im Regelfall entgegen. In diesem Fall und auch dann, wenn das wirtschaftliche Interesse eines „Zwischenhändlers" überhaupt nicht grbezogen ist (zB bei dem alleinigen Interesse an der Erlangung eines Steuerberatervertrags im Zusammenhang mit der Ausübung eines Käuferbenennungsrechts), sind allein § 1 I Nr. 6 und Nr. 7 anzuwenden.

281 **b) Einbringung eines Grundstücks in eine PersGes dem Wert nach.** Die Einbringung eines Gr in eine PersGes kann **gesellschaftsrechtlich** in der Weise erfolgen, dass dieser das Gr lediglich dem Wert nach **(quoad sortem)** – dh ohne formelle Rechtsänderung – zur Verfügung gestellt wird. In diesem Fall wird das Gr im Innenverhältnis als Teil des Gesellschaftsvermögens behandelt. Nutzungen und Wertsteigerungen fließen dem Gesellschaftsvermögen zu; dieses trägt andererseits auch die Lasten des Gr. Im Außenverhältnis verbleibt es beim Alleineigentum des Gesellschafters (zu Einzelheiten MüKoBGB/Schäfer BGB § 706 Rn. 12; vgl. auch Tipke/Kruse/Drüen AO § 39 Rn. 21 ff.). Ein Gesellschaftsvertrag bedarf bei dieser Art der Einbringung nicht der Form des § 311b BGB (OLG Hmb 2 U 7/93, NJW-RR 1996, 803 mwN). Eine gesellschaftsrechtlich anders zu qualifizierende Einbringung ist die der **Gebrauchsüberlassung (quoad usum).** Sie soll der Gesellschaft nicht die Substanz der Sache überlassen, sondern nur deren Gebrauch ermöglichen. Insofern hat die Gebrauchsüberlassung mietähnlichen Charakter. Der wirtschaftliche Wert des Gr wird der Gesellschaft nicht zugeführt (MüKoBGB/Schäfer BGB § 706 Rn. 13).

282 **Grunderwerbsteuerrechtlich** kann die Einbringung eines Gr in eine PersGes dem Wert nach **(quoad sortem)** mangels rechtsgeschäftlicher Verpflichtung zur Übereignung nicht gem. § 1 Nr. 1 steuerbar sein (BFH II R 35/69, BStBl. II 1976, 465). Es ist jedoch **§ 1 II** erfüllt, wenn die PersGes Einwirkungsmöglichkeiten auf den **gesamten Substanzwert** des Gr hat und sich mithin die wertmäßige Substanz des Gr durch tatsächliche Nutzung und Beteiligung am Wert des Gr zunutze machen kann (BFH II R 32/67, BStBl. II 1974, 773; II R 52/70, BStBl. II 1976, 30; OFD Hannover 3.3.2008, StEK GrEStG § 1 Nr. 184). Diese wertmäßige Beteiligung (dh die Teilhabe an allen Wertsteigerungen und -minderungen einschl. eines Veräußerungsgewinns oder -verlusts) beruht auf der gesellschaftsvertraglichen Vereinbarung. Im Innenverhältnis ist das Gr damit wie Eigentum der PersGes zu behandeln. Die Verwertungsbefugnis der Gesellschaft setzt nicht voraus, dass diese auch zur Veräußerung des Gr ermächtigt wird (Hofmann/Eiling § 1 Rn. 81; Viskorf/Meßbacher-Hönsch § 1 Rn. 596). Grundstück im vorgenannten Sinne ist ggf. auch (nur) ein Gebäude auf fremdem Boden, das gem. § 2 II Nr. 2 als Gr zu behandeln ist (BFH II R 135/68, BStBl. II 1970, 522; FG RhPf 4 K 2317/89, EFG 1995, 135); diese Auffassung scheint mit den sonstigen Anforderungen (zB Immobilienleasing, atypische Leasingverträge) nicht mehr vereinbar zu sein (Hofmann/Eiling § 1 Rn. 86)

283 Die bloße (mietähnliche) **Gebrauchsüberlassung (quoad usum)** des Gr an die PersGes genügt den vorgenannten Anforderungen des § 1 II hingegen nicht. Hier kann nichts anderes gelten als für den Mieter oder Pächter, der rechtlich auf die Nutzungsmöglichkeit des Gr beschränkt ist (→ Rn. 268, 271). Deshalb kann

die bloße Überlassung von Besitz und Nutzung eines Gr durch einen Gesellschafter an die PersGes und ferner auch die Übernahme von GrLasten durch die PersGes für die Zeit der Nutzungen keine Verwertungsbefugnis begründen (BFH II 148/62 U, BStBl. III 1966, 148). Ob das Gr in die Bilanz der PersGes aufgenommen ist oder ertragsteuerlich als Vermögen der Gesellschaft bzw. Sonderbetriebsvermögen des Gesellschafters behandelt wird, ist für § 1 II unerheblich (BFH II R 32/67, BStBl. II 1974, 773). Auch die Übernahme der AfA für ein auf dem Gr auf Rechnung der PersGes errichtetes Gebäude begründet für sich noch keine Verwertungsbefugnis (BFH II R 32/67, BStBl. II 1974, 773).

Erfüllt die Einbringung eines dem Gesellschafter gehörenden Gr in die PersGes **284** die Voraussetzungen des § 1 II, ist dieser Erwerb der PersGes ggf. nach **§ 5 II** begünstigt. Mit dem **Ausscheiden** des Gesellschafters, der der PersGes die Verwertungsmöglichkeit am Gr eingeräumt hatte, endet auch dessen Verpflichtung, der Gesellschaft das Gr zur Verfügung zu stellen (BFH II 72/65, BStBl. II 1971, 278). Der **„Rückerwerb"** der Verwertungsbefugnis am Gr durch den ausscheidenden Gesellschafter ist ggf. nach § 1 II steuerbar, sofern er die Erlangung des Substanzwerts des Gr besonders zu vergüten hat (vgl. auch → Rn. 270; zur Bemessungsgrundlage → § 8 Rn. 74).

Kommt es nach der wirtschaftlichen Einbringung des Gr in die PersGes und anschließendem Ausscheiden des einbringenden sowie Neueintritt eines anderen Gesellschafters zum **Erwerb des Gr durch die Gesellschaft,** scheidet ein steuerfreier Wechsel im Personenstand der PersGes aus. Hingegen dürfte ein nicht steuerbarer Wechsel im Personenstand der PersGes vorliegen, wenn das Gr gleichzeitig mit dem Gesellschaftsanteil vom ausscheidenden Gesellschafter (der zugleich GrEigentümer ist) auf einen neuen Gesellschafter übertragen wird und dieser wiederum der PersGes die Verwertungsbefugnis am Gr zu überlässt. Hatte eine PersGes die Verwertungsmöglichkeit an dem Gr ihres Gesellschafters erlangt, führt die Zuweisung des Gr an den Gesellschafter bei der **Auseinandersetzung** der PersGes zu einem nach § 1 II steuerbaren Rückerwerb der Verwertungsbefugnis durch den Gesellschafter (BFH II 11/65, BStBl. II 1971, 751). Insoweit ist § 6 II – vorbehaltlich § 6 IV – anzuwenden.

Hat die **PersGes bereits die Verwertungsbefugnis** (§ 1 II) am Gr erlangt **285** und wird ihr dieses anschließend **übereignet,** liegt ein nach § 1 I Nr. 1 steuerbarer weiterer Erwerbsvorgang vor. Hier ist ggf. § 1 VI anzuwenden. Ist eine Steuer für den ersten Erwerbsvorgang nicht festgesetzt worden, ist die nachfolgende Übertragung des Eigentums auf die PersGes voll steuerbar (FG RhPf IV 153/74, EFG 1976, 581; aA Heise DVR 1966, 97). Belassen es die Beteiligten für den zweiten Erwerbsvorgang bei der für die Einräumung der Verwertungsbefugnis gewährten Gegenleistung, so ist diese auch eine solche für die Übereignung des Gr und daher als Bemessungsgrundlage für den zweiten Erwerbsvorgang anzusetzen. Beruht die Übereignung an die PersGes – wie im Regelfall – auf gesellschaftsvertraglicher Grundlage, ergibt sich die Bemessungsgrundlage aus § 8 II 1 Nr. 2.

c) Immobilien-Leasing. Die grestrechtl. Beurteilung von **Immobilien-** **286** **Leasing-Verträgen** ist abhängig von der jeweiligen Ausgestaltung (zu Gestaltungsvarianten zB Schneck/Pirkl/Erhardt BB 2004, 1658; Lehr/Schäfer-Elmayer SteuK 2012, 153; Bruschke ErbStB 2020, 115). Bei der Beurteilung kann nicht auf die ertragsteuerliche Zuordnung des Leasingobjektes abgestellt werden (BFH II R 29/04, BFH/NV 2006, 1702).

Durch einen Leasingvertrag kann in Ausnahmefällen bereits ein Erwerbsvorgang iSd **§ 1 I Nr. 1** verwirklicht sein, wenn für den Leasingnehmer schon mit

Abschluss dieses Vertrags ein **Anspruch** auf Übertragung des bürgerlich-rechtlichen Eigentums **begründet** wird (BFH R 47/93, BFH/NV 1996, 579; II R 15/01, BFH/NV 2003, 818; vgl. auch Heine INF 1998, 415); in diesem Fall führt eine dem Leasingnehmer etwa schon vorab eingeräumte Verwertungsbefugnis (so häufig beim sog. Vollamortisationsleasing) nicht etwa zu einem weiteren Erwerbsvorgang nach § 1 II (→ Rn. 264). Einen Anspruch auf GrÜbereignung erlangt der Leasingnehmer bei Abschluss des Leasingvertrags zumeist noch nicht, insb. nicht aus einem ihm eingeräumten (aufschiebend bedingten) **Ankaufsrecht.** Hier ist **§ 1 I Nr. 1** erst mit dessen **Ausübung** erfüllt (BFH II 60/60 U, BStBl. III 1965, 265; II R 28/04, BStBl. II 2006, 630; II R 47/93, BFH/NV 1996, 579; II R 15/01, BFH/NV 2003, 819; Böing UVR 2010, 369; vgl. auch → Rn. 154 f.).

287 Allerdings kann der Leasingnehmer (so häufig bei **Vollamortisationsverträgen**) schon mit **Abschluss** des Leasingvertrags die **Verwertungsbefugnis (§ 1 II)** am Gr erlangen, wenn er kraft des Leasingvertrags jederzeit die GrÜbereignung herbeiführen kann, unentziehbare Nutzungsrechte am Gr sowie ein dinglich gesichertes Recht auf den späteren GrErwerb hat und sich dadurch einen etwaigen Wertzuwachs des Gr verschaffen kann (BFH II R 28/04, BStBl. II 2006, 630; II R 47/93, BFH/NV 1996, 579; II R 13/96, BFH/NV 1999, 666; II R 15/01, BFH/NV 2003, 818; differenzierend Stoschek/Sommerfeld/Mies DStR 2008, 2046; vgl. auch Hofmann/Eiling § 1 Rn. 84; Viskorf/Meßbacher-Hönsch § 1 Rn. 587 ff.; Heine INF 1998, 515; Bruschke UVR 2002, 122; Loose FS Spiegelberger 360 ff.). Auf die ertragsteuerliche Zuordnung kommt es insoweit nicht an (BFH II R 28/04, BStBl. II 2006, 630).

Bei sog. **Teilamortisationsverträgen** erlangt der Leasingnehmer keine Verwertungsbefugnis, wenn er nach den getroffenen Vereinbarungen das **Ankaufsrecht** zu einem feststehenden Kaufpreis erst zum Abschluss des Leasingvertrags **ausüben kann** (BFH II R 28/04, BStBl. II 2006, 630; II R 29/04, BFH/NV 2006, 1702; II R 11/05, BFH/NV 2006, 1704). Diese Beurteilung ist zutr, weil die eine Verwertungsbefugnis begründenden Einwirkungsmöglichkeiten nicht wie erforderlich (→ Rn. 268) gleichzeitig vorliegen, sondern erst zeitlich aufeinander folgen. Die **Verlängerung** eines **GrLeasingvertrags** führt nicht zu einer nach § 1 II steuerbaren Änderung der grestrechtl. Zuordnung (BFH II R 15/01, BFH/NV 2003, 818).

Als steuergünstige Gestaltung kann sich die Einbringung (zur Bemessungsgrundlage vgl. § 8 II 1 Nr. 2) eines Gr des Leasingnehmers in eine PersGes (Objektgesellschaft) erweisen, an der der Leasingnehmer selbst beteiligt ist (Heine INF 1998, 515). Erwirbt der Leasingnehmer zunächst die Verwertungsbefugnis am Gr und später aufgrund des Optionsrechts das zivilrechtliche Eigentum, so ist der letztere Erwerbsvorgang gem. § 1 VI begünstigt; zur Gestaltung des Leasingvertrags durch Begründung eines dinglichen Gestattungsrechts (Grunddienstbarkeit) zugunsten des Leasinggebers mit einer für ihn begründeten Verpflichtung zur Gebäudeerrichtung vgl. Heine INF 1998, 515 und Schneck/Pirkl/Erhardt BB 2004, 1658 (1661 f.); zum Immobilienleasing vgl. etwa Bruschke ErbStG 2020, 115.

288 **d) Weitere Einzelfälle.** Auch die **Kombination** von wirtschaftlicher und rechtlicher Verwertungsbefugnis kann die tatbestandlichen Voraussetzungen des **§ 1 II** erfüllen (vgl. FG Bbg EFG 1998, 1350). Dies gilt etwa für eine vertragliche Vereinbarung mit einem beurkundeten, für 24 Jahre bindenden Kaufangebot zu einem festen Kaufpreis, Auflassungsvormerkung zugunsten des „Erwerbers", Darlehensgewährung zugunsten des „Veräußerers" sowie sofortiger Nutzungsüberlassung mit der Befugnis zur Vermietung und Verpachtung (BFH II R 29/69, BStBl. II 1974, 251). Gleiches gilt für den Abschluss eines **Vertrages über ein Tonausbeutungsrecht auf 30 Jahre,** verbunden mit einem Kaufangebot des Eigentümers für dieselbe Zeit und der Vereinbarung, dass der Kaufpreis in der Gesamtvergütung für das Ausbeutungsrecht besteht (RFHE 7, 181). Auch bei unwirksamen Rechtsgeschäften kommt die Anwendung des § 1 II in Betracht.

Zur Anwendung des § 1 II im Zusammenhang mit
- dem Erwerb des mit einem realen Gr verknüpften Gesellschaftsanteils → Rn. 80 ff.;
- Vorverträgen und Optionsrechten → Rn. 153 ff.;
- Treuhandgeschäften und Auftragserwerben → Rn. 121 ff.;
- Auftragserwerben im Zwangsversteigerungsverfahren → Rn. 222;
- Landverzichtserklärungen im Flurbereinigungsverfahren mit vorläufiger Besitzeinweisung eines Dritten → Rn. 202 ff.;
- mit Gebäuden auf fremden Boden → § 2 Rn. 108 ff

Der Übergang der Verwertungsbefugnis bei Umstrukturierungen im Konzern ist unter den Voraussetzungen des **§ 6a** befreit. Unter den Voraussetzungen des **§ 16 II** kann der Rückerwerb der Verwertungsbefugnis einen Anspruch auf Nichtfestsetzung der GrESt oder Aufhebung der Steuerfestsetzung begründen (vgl. → § 16 Rn. 106 f.). Zur Bemessungsgrundlage vgl. → § 9 Rn. 203 ff.

einstweilen frei **289–299**

VII. Änderung des Gesellschafterbestands einer grundstücksbesitzenden PersGes (§ 1 IIa)

1. Allgemeines; GLE der Finanzverwaltung. Rechtsentwicklung; zeitliche Geltung. 300 § 1 IIa wurde durch das JStG 1997 als neuer Steuertatbestand eingefügt und durch weitere Neuregelungen über die Bemessungsgrundlage (§ 9 I Nr. 8 aF), die Steuerschuldnerschaft (§ 13 Nr. 6, → § 13 Rn. 20), die gesonderte Feststellung der Besteuerungsgrundlagen (§ 17 III Nr. 2, → § 17 Rn. 10) sowie die Anzeigepflicht (§ 19 I Nr. 3a, → § 19 Rn. 5) ergänzt; zur erstmaligen Anwendung dieser Vorschriften vgl. § 23 III.

Durch das **StEntlG 1999 ff.** wurde § 1 IIa (und zugleich § 13 Nr. 6 und § 19 I Nr. 3a) geändert. Anstelle der bis dahin angeordneten wirtschaftlichen Betrachtungsweise ist nunmehr für die unmittelbare oder mittelbare Änderung des Gesellschafterbestands die feste Grenze von 95% bestimmt (zur erstmaligen Anwendung vgl. § 23 VI 2). Bezüglich der Bemessungsgrundlage wurde § 9 I Nr. 8 durch das StEntlG 1999 ff. aufgehoben und § 8 II 1 Nr. 3 und S. 2 die Bemessung der GrESt nach den Werten des § 138 II und III BewG angeordnet; zur erstmaligen Anwendung § 23 VI 1.

Durch das **StÄndG 2001** (zur erstmaligen Anwendung vgl. § 23 VII S. 1) wurden in § 1 IIa 1 die Worte „am Gesellschaftsvermögen" eingefügt und die Anrechnungsregelung des § 1 IIa S. 3 neu gefasst. Zu Einzelfragen des § 1 IIa in den Zeiträumen nach dem 31.12.1996 und vor dem 1.1.2000 bzw. nach dem 31.12.1999 und vor dem 1.1.2002 s. 3. Aufl. § 1 Rn. 266 ff.

Durch das **StÄndG 2015** (BGBl. I 2015, 1834) wurden die Sätze 2 bis 5 eingefügt, die auf Erwerbe nach dem 5.11.2015 anzuwenden sind (§ 23 XIII). Nach diesen Vorschriften ist nunmehr danach zu unterscheiden, ob eine PersGes oder eine KapGes an der PersGes beteiligt ist. Bei Beteiligung einer PersGes wird gem.

§ 1 IIa 2 zur Ermittlung der Höhe der (unmittelbaren wie auch mittelbaren) Beteiligung **durchgerechnet.** Für die an einer grundbesitzenden PersGes unmittelbar oder mittelbar beteiligten KapGes gelten hingegen die § 1 IIa 3–5. Eine unmittelbar beteiligte KapGes gilt in vollem Umfang als neue Gesellschafterin, wenn an ihr mind. 95% der Anteile auf neue Gesellschafter übergehen (S. 4). Bei mehrstufigen Beteiligungen gilt S. 4 auf Ebene jeder mittelbar beteiligten KapGes entsprechend (S. 5). Durch das **GrEStÄndG** v. 12.5.2021 (BGBl. 2021 I 986) wurden in S. 1 die Frist auf zehn Jahre (bisher nur fünf Jahre) und in S. 1 und S. 4 die Anteilsgrenze auf „90 vom Hundert" statt bisher „95 vom Hundert" herabgesetzt.

300a Die Einführung der **Ergänzungstatbestände** des **§ 1 IIa, IIb** unterliegt erheblicher Kritik. Bemängelt wird, dass angesichts der Absenkung des Steuersatzes auf 90% (statt bisher 95%) nicht mehr vom Rückbehalt eines Zwerganteils gesprochen werden kann (Broemel/Mörwald DStR 2018, 1521; Wagner DB 2018, 1553; Happel DStR 2021, 1103 und 1272; für Zulässigkeit Drüen Ubg 2018, 605). Gegen § 1 IIb werden Bedenken wegen **Art. 3 I GG,** die Verfassungsmäßigkeit des Zehn-Jahres-Zeitraums sowie die nicht hinreichenden Kontrollmöglichkeiten geltend gemacht (Behrens/Wachter/Behrens § 1 Rn. 506 ff.; Broemel/Mörwald DStR 2018, 1521 (1525 f.)). Einem Verstoß gegen Art. 3 I GG steht jedoch entgegen, dass der Gesetzgeber die mit Share-Deal-Gestaltungen zusammenhängenden Fragen (v.a. die damit verbundenen Gefahren für den ordnungsgemäßen Steuervollzug) mit diesen Vorschriften im Ergebnis realitätsgerecht behandelt. Als völlig überzogen erscheint der Gedanke einer durch die Anzeigefristen herbeigeführten **„Verkrustung"** von Konzernstrukturen mit unüberlegten GrESt-Folgen (so Hofmann/Keßeler § 1 Rn. 115). Angesichts der mit Immobilien oftmals verbundenen beträchtlichen Werte kann und muss – von deutschen ebenso wie von ausländischen (vgl. auch § 19 III 2) – Beteiligten ein rechtzeitiger und genauer Umgang mit allen Fragen der Anzeigepflicht erwartet werden. Der jetzige Zustand ist vielleicht in Teilen unbefriedigend; er ist aber in keiner Hinsicht rechtswidrig.

301 **Verwaltungsanweisungen.** Bei der Anwendung des § 1 IIa folgt die FVerw jetzt den GLE 10.5.2022, BStBl. I 2022, 801; dazu etwa Broemel/Mörwald DStR 2022, 1689.

Die vorangegangen Erlasse (GLE 13.6.1997 (BStBl. I 1997, 632), 24.6.1998 (BStBl. I 1998, 925), 7.2.2000 (BStBl. I 2000, 344; dazu Heine INF 2000, 389), 26.2.2003 (BStBl. I 2003, 271) und 25.2.2010 (BStBl. I 2010, 245), die durch GLE 18.2.2014 (BStBl. I 2014, 561) und 12.11.2018 (BStBl. I 2018, 1314) ersetzt wurden, sind aufgehoben.

Die Steuer aus § 1 IIa entsteht mit dem dinglichen Verfügungsgeschäft (Closing) und nicht bereits mit dem schuldrechtlichen Verpflichtungsgeschäft (Signing), vgl. nur Viskorf/Meßbacher-Hönsch § 1 Rn. 928; zu den Auswirkungen für § 16 IVa → § 16 Rn. 103 ff.

302 **a) Zeitliche Geltung der Neuregelungen.** Durch das GrEStGÄndG (BGBl. 2022 I 801) ist in **§ 23 XVIII** bestimmt, dass § 1 IIa 1 und 4 in der ab 1.7.2021 geltenden Fassung erstmals auf Erwerbsvorgänge anzuwenden sind, die **nach dem 30.6.2021** verwirklicht werden. Unter **„Verwirklichung des Erwerbsvorgangs"** iSd § 23 XVIII ist jeder Erwerb des letzten Anteils zu verstehen, der zur Überschreitung bzw. Überschreitung der 90 %-Grenze führt (Übergangsregelungen GLE 29.6.2021, BStBl. I 2021, 1006 Tz. 1). Mit der Anwendung des neuen Rechts seit 1.7.2021 wird eine **echte Rückwirkung** dieser Regelungen – auch aus Gründen des Vertrauensschutzes – **vermieden.**

Für **§ 1 IIa 1 und 4** gilt gem. § 23 XVIII, dass sich der **Überwachungszeitraum** von nunmehr **zehn Jahren** auf jene Erwerbsvorgänge ausdehnt, die nach dem 30.6.2021 verwirklicht werden. Ein solcher Erwerbsvorgang ist verwirklicht, wenn die Grenze von 90 % erreicht bzw. überschritten wird. Die Absenkung der Beteiligung und die Fristverlängerungen hat auch Bedeutung für die Rechtsvorgänge der Vergangenheit. **303**

Nach **§ 23 XIX 1** bleiben bei Anwendung des § 1 IIa in der ab 1.7.2021 geltenden Fassung Übergänge von Anteilen am Gesellschaftsvermögen auf Gesellschafter unberücksichtigt, die **mit Ablauf des 30.6.2021** iSd § 1 IIa in der am 30.6.2021 geltenden Fassung **keine neuen Gesellschafter** mehr sind. Auf Grund dieser Regelung bleiben in einer Art **„Besitzstandswahrung"** jene Anteilsübergänge unberücksichtigt, die zum 30.6.2021 auf der Grundlage des § 1 IIa aF die Altgesellschafterstellung erreicht hatten. Wird die Stellung als Altgesellschafter erst nach dem **30.6.2021** erreicht, liegt eine Neugesellschafterstellung vor (Übergangsregelungen GLE 29.6.2021, BStBl. I 2021, 1006 Tz. 2.1 mit Beispielen 1 und 2). **304**

Der Erlass trifft keine Aussage zur Frage, ob ein Gesellschafter bei Anwendung des § 1 IIa nF **rückwirkend die Altgesellschafterstellung erlangt.** Insoweit ist aber zu berücksichtigen, dass die Eigenschaft als Neugesellschafter die Verlängerung der Frist auf zehn Jahre rechtfertigt (BT-Drs. 19/14547, 16 – so auch Übergangsregelungen GLE 29.6.2021, BStBl. I 2021, 1006 Beispiel 1; Viskorf/Meßbacher-Hönsch § 1 Rn. 693; aA Broemel/Mörwald DStR 2021, 2383 (2387); Behrens/Wachter/Behrens § 23 Rn. 52). **305**

Gemäß **§ 23 XIX 2** werden bei der Anwendung des § 1 IIa in der ab **1.7.2021 geltenden Fassung** ist für die Ermittlung, inwieweit sich der Gesellschafterbestand geändert hat, § 1 IIa 3–5 in der ab 1.7.2021 geltenden Fassung auch auf **vor** dem 1.7.2021 erfolgte **Anteilsübergänge** anzuwenden. Damit gilt eine KapGes gem. § 1 IIa 4 nach bisherigem Recht als neue Gesellschafterin, wenn an ihr mindestens 95 % der Anteile auf neue Gesellschafter übergehen. Die Übergangsregelungen sehen nun vor, dass schon vor dem 1.7.2021 die herabgesetzte 90 %-Schwelle auch auf Anteilsübergänge anzuwenden ist. Wenn eine beteiligte KapGes nach derzeitigem Recht keine Neugesellschafterin war, da an ihr weniger als 95 % auf neue Gesellschafter übergegangen sind, allerdings mind. 90 % auf neue Gesellschafter übertragen wurden, soll diese KapGes nach neuem Grunderwerbsteuerrecht rückwirkend betrachtet eine neue Gesellschafterin iSd § 1 IIa sein. Eine beteiligte KapGes, die am 30.6.2021 Altgesellschafterin ist, kann mithin allein auf Grund der Reform ab dem 1.1.2020 zur Neugesellschafterin werden. Als Rechtfertigung für die mögliche rückwirkende Einstufung einer beteiligten KapGes als Neugesellschafterin führt die Gesetzesbegründung an, dass diese Rechtsfolge unbedenklich sei, da es stets einer Vermögensdisposition nach Ablauf des 30.6.2021 bedarf, um den Tatbestand des § 1 IIa in der geltenden Fassung zu verwirklichen (BT-Drs. 19/13437, 16; Übergangsregelungen GLE 29.6.2021, BStBl. I 2021, 1006 Tz. 2.2 mit Beispielen 3 und 4). **306**

Gemäß § 23 XX 1 sind § 1 IIa und § 19 I 1 Nr. 3a in der am 30.6.2021 geltenden Fassung auf Änderungen des Gesellschafterbestands bis zum **30.6.2026** weiter anzuwenden. Mit dieser Regelung wird klargestellt, dass eine Änderung des Gesellschafterbestands nicht steuerbar ist, wenn bereits bis zum 30.6.2021 eine Änderung des Gesellschafterbestands um mehr als 90 % und weniger als 95 % erfolgte. Denn das steuerauslösende Moment von mehr als 90 % war schon dem mit 30.6.2021 erreicht worden (BT-Drs. 19/13437, 16; Übergangsregelungen GLE 29.6.2021, BStBl. I 2021, 1006 Tz. 2.3.). Für die vom neuen Recht nicht **307** erfassten Fälle gilt das alte Recht weiter (Übergangsregelungen GLE 29.6.2021, BStBl. I 2021, 1006 Beispiel 5–7).

308 Dies gilt gem. § 23 XX 2 dann nicht, wenn der Rechtsvorgang nach § 1 I, II, IIa, III oder IIIa in der ab 1.7.2021 geltenden Fassung steuerbar ist oder ein vorausgegangener Rechtsvorgang nach § 1 IIa in der ab 1.7.2021 geltenden Fassung steuerbar war. Für den Übergangszeitraum genießt damit das neue Recht ab 1.7.2021 Vorrang vor dem alten Recht (zeitliche Subsidiarität). Die **Absenkung der Beteiligungsgrenze** von 95 % auf 90 % löst ungewollt Ungleichheiten aus. Denn die mit dem Ziel der Missbrauchsverhinderung umgesetzte Gesetzesänderung erfasst diejenigen Fallkonstellationen nicht, die nach bisheriger Rechtslage (noch) keinen Erwerbstatbestand ausgelöst haben, weil zwar die 90 %-Grenze erreicht, die 95 %-Grenze aber noch nicht überschritten worden war. Unter Gleichheitsgesichtspunkten müssen aber auch diejenigen Fälle erfasst werden, bei denen durch eine Anteilsänderung auch nach bisheriger Rechtslage ein Erwerbstatbestand ausgelöst worden wäre. Zur Erreichung dieses Ziels wird die bisherige Rechtslage (95 %-Grenze, Betrachtungszeitraum von fünf Jahren) – wie in der Übergangsregel des § 23 XX 1 vorgesehen – für diejenigen Fälle weiter anzuwenden sein, bei denen es – trotz der Veränderungen im Gesellschafterbestand –, ursächlich durch die gesetzliche Absenkung der Beteiligungsgrenze, nicht mehr zu einer Besteuerung kommen würde (dazu auch Übergangsegelungen GLE 29.6.2021, BStBl. I 2021, 1006 Tz. 3.3.).

309 **b) Rechtssystematisch** gehört § 1 IIa mit § 1 IIb, § 1 III und IIIa zu den sog. **Ergänzungstatbeständen** (vgl. → Rn. 5). **Regelungsziel** ist die Eindämmung der vorteilhaften Gestaltungsmöglichkeiten, die sich aus der selbstständigen Rechtsträgerschaft von Gesamthandsgemeinschaften ableiten (allgemein → Rn. 51 ff.). Zwar hatte die frühere Rspr diese Vorteile schon dadurch begrenzt, dass der **vollständige** Wechsel im Personenstand einer lediglich grundbesitzenden Gesamthand unter näheren Voraussetzungen gem. § 1 Abs. 1 Nr. 1 iVm § 42 AO der GrESt unterworfen war; für die identitätswahrende Fortführung einer werbenden Personenhandelsgesellschaft galt dies jedoch nicht (zu Einzelheiten vgl. Pahlke/Franz/Pahlke 4. Aufl. § 1 Rn. 53 ff.). Durch § 1 IIa soll daher eine Besteuerung beim Wechsel im Personenstand der PersGes auch dann erfolgen, wenn lediglich ein Zwerganteil zurückbehalten wird oder ein Gesellschafter nur formal in der PersGes verbleibt. In solchen Gestaltungen sah die Gesetzesbegründung zum JStG 1997 (BT-Drs. 13/6151, 16) eine „Möglichkeit der missbräuchlichen Steuervermeidung". Dieses Missbrauchsverdikt lässt allerdings unberücksichtigt, dass sich die BFH-Rspr gerade an den zivilrechtlichen Vorgaben orientiert hatte (Schuhmann ZfIR 1998, 125; vgl. auch Wiese UVR 2004, 58). In seinem Kern bewirkt § 1 IIa einen **Systemwechsel** in der grestrechtl. Behandlung von Änderungen im Personenstand einer PersGes. Die durch die **frühere BFH-Rspr** entwickelten Grundsätze einer Besteuerung (nur) des vollständigen Gesellschafterwechsel einer PersGes gem. § 1 I Nr. 1 iVm § 42 AO ab 1.1.1997 (§ 23 III) sind **hinfällig.**

Der Tatbestand des § 1 IIa dürfte zwar durch Einfügung des § 1 IIa 2–5 (→ Rn. 362 ff.) entschärft sein. Verbleibende Zweifel an der hineichenden Vollzugsfähigkeit (dazu Micker DStZ 2009, 285/290; vgl. auch → Einl. Rn. 17) und des eher bescheidenen steuerlichen Mehraufkommens der Sinn dieser gesetzlichen Regelung sind ohne verfassungsrechtliche Relevanz.

310 **c) Gesetzgebungstechnisch** wird durch § 1 IIa – ungeachtet der zivilrechtlich durch den Gesellschafterwechsel nicht berührten Identität der PersGes (vgl. auch

Kroschewski GmbHR 2001, 707) – unter näheren Voraussetzungen ein auf die GrÜbereignung gerichtetes Rechtsgeschäft zwischen der bisherigen und einer „neuen“ PersGes **fingiert** (vgl. auch BFH II R 64/98, BStBl. II 2001, 422; II B 113/02, BStBl. II 2002, 777; II R 79/05, BStBl. II 2007, 409). Dabei ist **Gegenstand der Besteuerung** nicht der Gesellschafterwechsel als solcher, sondern der GrErwerb durch eine fingierte „neue“ PersGes und die insofern **grestrechtl. veränderte Zuordnung des Gr.** Darin liegt ein Unterschied zu § 1 III, der einem Erwerber von mind. 90% der Anteile der Gesellschaft deren Gr zuordnet (vgl. → Rn. 317). Grundlage der Fiktion des § 1 IIa ist die „fiktive“ Bewegung des Gr, wobei die Vorschrift die gesellschaftsrechtliche Verfügung über Gr der sachenrechtlichen Verfügung gleichsetzt (Viskorf/Meßbacher-Hönsch § 1 Rn. 738). Zivilrechtlich liegt kein Rechtsträgerwechsel vor (zu § 1 IIa GLE 10.5.2022, BStBl. I 2022, 801 Tz. 1 Abs. 3). **Modalitäten** dieser fingierten Verfügung sind **der unmittelbare oder mittelbare Übergang** von mind. 90% **(95%)** der Anteile. Durch das JStG 2015 hat der Gesetzgeber klargestellt, dass die zivilrechtlichen und gesellschaftsrechtlichen Unterschiede zwischen PersGes und KapGes eine unterschiedliche Regelung erfordern (→ Rn. 362 ff.).

d) Verhältnis zu anderen Steuertatbeständen. Bereits der Steuertatbestand **311**
des § 1 I Nr. 3 ist erfüllt, wenn das Gesellschaftsvermögen in das Alleinvermögen eines einzelnen Gesellschafters übergeht (→ Rn. 178). Da die PersGes in diesem Fall untergeht, ist § 1 IIa wegen des fehlenden **Fortbestands** der PersGes unanwendbar.

§ 1 IIa und IIb sind **gleichrangig und gleichwertig;** zwischen beiden Vorschriften besteht kein Vorrangverhältnis (so ua zu § 1 IIa GLE 10.5.2022, BStBl. I 2022, 801 Tz. 9).

Sofern die Übertragung von Anteilen einer PersGes sowohl die Voraussetzungen des § 1 IIa als auch des **§ 1 III** erfüllt, besteht wegen des in § 1 III (durch das JStG 1997) eingefügten Nebensatzes „soweit eine Besteuerung nach Absatz 2a nicht in Betracht kommt“, ein **Anwendungsvorrang des § 1 IIa** (GLE 10.5.2022, BStBl. I 2022, 801 Tz. 8.1). Dies gilt auch, wenn ein Verpflichtungsgeschäft einen Anspruch auf die Übertragung aller Anteile an einer PersGes begründet (§ 1 III Nr. 3); auch dieser schuldrechtliche Vertrag ist letztlich auf die Anteilsübertragung iSd § 1 IIa gerichtet (vgl. Kroschewski GmbHR 2001, 707 (709); Schiessl/Tschesche BB 2003, 1867 (1871)). Der Anwendungsvorrang des § 1 IIa besteht, wenn gleichzeitig die Voraussetzungen des § 1 IIa und III Nr. 2 oder 4 erfüllt sind; in diesem Fall ist § 1 III nicht verwirklicht (GLE 5.3.2024, BStBl. I 2024, 383 Tz. 30 1. Teilstrich). Fallen die Besteuerungszeitpunkte von § 1 III Nr. 1 oder 3 und § 1 IIa oder IIb auseinander, werden sowohl § 1 IIa oder IIb und § 1 III Nr. 1 oder 3 verwirklich. In diesem Fall wird der Vorrang durch § 16 IVa und V umgesetzt (zu § 1 III GLE 5.3.2024, BStBl. I 2024, 383 Tz. 30 2. Teilstrich).

Der Anwendungsvorrang des **§ 1 IIa** besteht ferner, wenn § 1 IIa 7 oder eine **Befreiungsvorschrift** (zur Anwendbarkeit der Befreiungsvorschriften vgl. → § 3 Rn. 11, 36 ff., 103, 174 f., 233, 266) die Besteuerung nach § 1 IIa ausschließt (Tz. 6 der GLE 18.2.2014, BStBl. I 2014, 561; Schmidt DStR 1997, 1345 (1348); Müller/Stoschek DStR 1997, 1197).

Auch **§ 1 IIIa** ist nur anwendbar, wenn eine Besteuerung nach § 1 IIa, § 1 IIb und § 1 III „nicht in Betracht kommt“ (§ 1 III 1; vgl. zu § 1 IIa GLE 10.5.2022, BStBl. I 2022, 801 Tz. 8; Zurechnung § 1 IIa–IIIa GLE 16.10.2023, BStBl. I

2023, 1872 Tz. 11; Viskorf/Meßbacher-Hönsch § 1 Rn. 721). § 1 IIIa ist erstmals auf Erwerbsvorgänge nach dem 6.6.2013 anzuwenden (§ 23 XI). Zu insoweit möglichen Anwendungsfällen des § 1 IIIa → Rn. 651 ff.

312 **e) Anwendung von §§ 39, 41 und 42 AO.** Überträgt ein Gesellschafter der grbesitzenden PersGes seine Gesellschafterstellung auf einen Treuhänder, liegt darin ein **unmittelbarer Gesellschafterwechsel.** Zivilrechtlich erwirbt der Erwerber der Beteiligung (Treuhänder) aufgrund der Übertragung die unmittelbare Gesellschafterstellung; auf wirtschaftliche Gesichtspunkte kommt es insoweit nicht an (aA Behrens BB 2013, 805; ders. DStR 2010, 1307 (1310)).

Nach Auffassung des BFH (II R 49/12, BStBl. II 2016, 57; II R 18/14, BStBl. II 2018, 783; vgl. auch zu § 1 IIa GLE 10.5.2022, BStBl. I 2022, 801 Tz. 5.1.2) kann für Treuhandverhältnisse bei **„mittelbarer Änderung"** iSd § 1 IIa auf **§ 39 II Nr. 1 S. 2 AO** zurückgegriffen werden, soweit es bei der GrESt auf die **wirtschaftlichen** und nicht auf die zivilrechtlichen **Merkmale** ankommt. Wirtschaftliches Eigentum liegt jedenfalls dann vor, wenn der Eigentümer aufgrund eines (bürgerlich-rechtlichen) Rechtsgeschäfts eine gegen seinen Willen nicht mehr entziehbare Rechtsposition erworben hat und die mit dem Anteil verbundenen wesentlichen Rechte sowie das Risiko einer Wertminderung und die Chance einer Werterhörung auf ihn übergegangen sind. Ebenso kann § 39 II Nr. 1 AO erfüllt sein, wenn sich ein Dritter gegenüber dem Gesellschafter einer grundbesitzenden PersGes verpflichtet, den Gesellschaftsanteil als Treuhänder für den Dritten als Treuhand (Vereinbarungstreuhand) zu halten (BFH II R 18/14, BStBl. II 2018, 783). Die bloße Einräumung einer Vollmacht zur Ausübung der Rechte aus einem Gesellschaftsverhältnis sowie zur Veräuerung und Abtretung dieses Gesellschaftsanteils reicht nicht aus (BFH II R 39/15, BStBl. II 2018, 786; zu § 1 IIa GLE 10.5.2022, BStBl. I 2022, 801 Tz. 5.1.2).

In der Literatur wird hingegen ein **dinglicher Übergang** gefordert (Behrens DStR 2016, 1526 (1531); Hartrott/Schmidt-Gorbach DStR 2014, 1210). Auch von Hofmann/Eiling § 1 Rn. 112 und 114 f. wird der Rückgriff auf § 39 II Nr. 1 AO verworfen und stattdessen für eine Lösung durch unmittelbare Anwendung des § 1 IIa befürwortet; dies ist jedoch wegen der für § 1 IIa weiterhin entscheidenden wirtschaftlichen Gesichtspunkte nicht weiterführend.

313 Überträgt ein Altgesellschafter seine Gesellschafterstellung unter der **aufschiebenden Bedingung** der Eintragung des Anteilserwerbers im Handelsregister und hält der Altgesellschafter die Beteiligung bis zur Eintragung treuhänderisch für den Erwerber, wird der Tatbestand des § 1 IIa nur einmal verwirklicht (BFH II R 18/14, BFH/NV 2016, 490; zu § 1 IIa GLE 10.5.2022, BStBl. I 2022, 801 Tz. 5.2.4; aA Behrens DStR 2010, 777 (783)). Denn die Neugesellschaftereigenschaft des Treugebers erst nach Verwirklichung des Tatbestands des § 1 IIa begründet. Eine mittelbare Änderung des Gesellschafterbestands liegt auch bei einem Treugeberwechsel vor. Gleiches gilt für die GLE 10.5.2022, BStBl. I 2022, 801 Tz. 5.2.4, Anteilsrückübertragung auf den Treugeber; in diesem Fall ist jedoch § 3 Nr. 8 analog anzuwenden (GLE 10.5.2022, BStBl. I 2022, 801 Tz. 5.2.4; vgl. auch BFH II B 157/05, BFH/NV 2006, 1341).

Eine **unmittelbare** Änderung liegt auch vor, wenn ein Gesellschafter seine Gesellschaftsbeteiligung auf einen neuen Gesellschafter überträgt, der die Beteiligung als **Treuhänder** für den früheren Gesellschafter (Treugeber) hält (BFH II B 157/05, BFH/NV 2006, 1341; II R 66/11, BFH/NV 2013, 653). Gleiches gilt für einen Wechsel des Treuhänders (zu § 1 IIa GLE 10.5.2022, BStBl. I 2022, 801

Tz. 5.2.4). Eine etwaige Steuerbefreiung (zB aus § 3 Nr. 4 im Fall der Anteilsübertragung unter Ehegatten) berührt einen tatbestandlich erfüllten unmittelbaren Gesellschafterwechsel nicht (BFH II R 66/11, BFH/NV 2013, 653; → Rn. 312).

314 Obgleich § 1 IIa Steuerumgehungen verhindern soll, setzt die Vorschrift nach ihrer tatbestandlichen Fassung **keine Steuerumgehungsabsicht** voraus (FG Münster EFG 2005, 302) und ist auch anzuwenden, wenn – insb. bei sukzessiven Änderungen im Gesellschafterbestand – die einzelnen Teilakte der Änderung im Gesellschafterbestand nicht aufeinander abgestimmt sind oder in keinem wirtschaftlichen Zusammenhang stehen (aA IDW WpG 1998, 386; Eggers/Fleischer/Wischott DStR 1998, 1903 (1906)).

315 Ein Rückgriff auf **§ 42 AO** ist im Anwendungsbereich des § 1 IIa **ausgeschlossen** (BFH II B 133/10, BFH/NV 2011, 1539; Viskorf/Meßbacher-Hönsch § 1 Rn. 731; Koenig/Koenig AO § 42 Rn. 97; Gottwald BB 2000, 69 (70); Micker DStZ 2009, 285; Heine UVR 2013, 252). § 1 IIa ist ohne Zweifel eine der Verhinderung von Steuerumgehungen dienende Regelung iSd § 42 I 2 AO; die Frage nach Anwendung dieser Vorschrift stellt sich daher nicht (AEAO § 42 Tz. 1). Unabhängig davon kann ein nach § 1 I Nr. 1 iVm § 42 AO steuerbarer Vorgang vorliegen, wenn ein mit einem Gr der PersGes verknüpfter Gesellschaftsanteil übertragen wird (vgl. → Rn. 80 ff.).

Auch Scheingeschäfte (§ 41 II AO) sind für die Anwendung des § 1 IIa unbeachtlich (→ Rn. 315).

316 **f) Steuerentstehung.** Die Steuer aus § 1 IIa entsteht (§ 38 AO) in dem Zeitpunkt, in dem durch den Erwerb des (letzten) Anteils die Voraussetzungen einer tatbestandserfüllenden Änderung des Gesellschafterbestands **dinglich** herbeigeführt werden (Viskorf/Meßbacher-Hönsch § 1 Rn. 928). Dieser Zeitpunkt ist insb. für den GrBestand, die Anwendung etwaiger Steuerbefreiungen (vgl. → § 3 Rn. 3 ff., 17) und für die Bemessungsgrundlage (§ 8 II S. 1 Nr. 3 und S. 2) maßgebend.

Für die Steuerentstehung ist auf den **Erwerb der gesamthänderischen Mitberechtigung** abzustellen (BFH II R 23/10, BStBl. II 2011, 932 mwN). Demgemäß setzt eine durch **Anteilsübertragung** bewirkte Änderung des Gesellschafterbestands die Übertragung der Mitgliedschaft an der PersGes durch **Abtretung des Gesellschaftsanteils** gem. §§ 413, 398 BGB voraus; allein der Kaufvertrag bzw. ein anderweitiges schuldrechtliches Geschäft über einen Geschäftsanteils bewirkt noch keine Änderung des Gesellschafterbestands (BFH II R 23/10, BStBl. II 2011, 932; vgl. auch FG Baden-Württemberg 5 K 2540/23, EFG 2025, 332 mAnm. Echtermann Rev. BFH II R 20/24). Unerheblich für die Steuerentstehung ist der Zeitpunkt, in dem die Leistung der Einlage erfolgt. Dies gilt ausnahmsweise nicht, wenn die Zustimmung der übrigen Gesellschafter zum Beitritt eines neuen Gesellschafters unter der aufschiebenden Bedingung erfolgt, dass dieser die Einlage tatsächlich erbringt. In diesem Fall entsteht die GrESt nach dem Rechtsgedanken des § 14 Nr. 1 erst mit Bedingungseintritt (Eggers/Fleischer/Wischott DStR 1998, 1903; Heine UVR 1999, 16/19; Behrens/Hofmann UVR 2004, 27/28; Viskorf/Meßbacher-Hönsch § 1 Rn. 929 f.).

317 Bei einer **sukzessiven Änderung** des Gesellschafterbestands (→ Rn. 316) ist auf den den Steuertatbestand erfüllenden **letzten Teilakt** abzustellen. Teilakte, die bei einer Besteuerung gem. § 1 IIa schon als (mit) tatbestandserfüllend erfasst worden sind, können nicht nochmals als tatbestandsbegründende Teile einer erneuten (fiktiven) GrÜbertragung iSd § 1 IIa berücksichtigt werden (BFH II R

59/02, BFH/NV 2005, 1369). Dies gilt auch, wenn durch bestandskräftigen Bescheid gem. § 1 IIa irrtümlich ein Übergang von weniger als 95% der Anteile der Besteuerung unterworfen worden war (BFH II R 59/02, BFH/NV 2005, 1369). Bei einem **fehlerhaften Beitritt** zur PersGes (allg. zur fehlerhaften Gesellschaft → Rn. 68) ist grds. auf den Zeitpunkt seines tatsächlichen Vollzugs abzustellen. Die spätere Geltendmachung eines Nichtigkeits- oder Anfechtungsgrunds beseitigt nicht rückwirkend die ggf. tatbestandserfüllende Wirkung des § 1 IIa, sondern ist allenfalls nach § 16 bedeutsam (→ § 16 Rn. 110).

Wird die für eine **mittelbare Änderung** des Gesellschafterbestands erforderliche vollständige Änderung des Gesellschafterbestands (→ Rn. 353) nach der **Rechtslage bis zum 5.11.2015** sukzessive vollzogen, entsteht die GrESt, wenn die vollständige Änderung insgesamt verwirklicht ist (BFH II R 17/10, BStBl. 2013, 833; zur Weitergeltung dieser Rechtsgrundsätze über den 5.11.2015 hinaus → Rn. 368 ff.). Für erstmalig **nach dem 5.11.2015** verwirklichte Rechtsänderungen gelten hingegen § 1 IIa 3–5 (vgl. zu § 1 IIa GLE 10.5.2022, BStBl. I 2022, 801 Tz. 14 und 15).

318 § 1 IIa ist jeweils auf das zum Vermögen der PersGes gehörende **einzelne Gr** bezogen. Die tatbestandserfüllende Änderung im Gesellschafterbestand der PersGes erzeugt mithin so viele der GrESt unterliegende Vorgänge wie dieser Gr gehören (zur entspr Rechtslage bei § 1 III und den sich ergebenden verfahrensrechtlichen Folgerungen → Rn. 629 mwN). Der **GrErwerb durch** die **PersGes** einerseits und die durch § 1 IIa fingierte **GrÜbereignung auf** eine **neue PersGes** andererseits sind **zwei aufeinander folgende Erwerbsvorgänge.** Hierfür kommt eine Vergünstigung nach **§ 1 VI 2** mangels Erwerberidentität (dh des Erwerbs durch dieselbe Person, vgl. → Rn. 744 f.) nicht in Betracht. Folgerichtig hat das StEntlG 1999 ff. die in § 1 VI 1 durch das JStG 1997 zunächst angeordnete Anwendung auf § 1 IIa wieder beseitigt.

319 **2. Personengesellschaften iSd § 1 IIa.** § 1 IIa gilt dem Wortlaut nach uneingeschränkt für **sämtliche** PersGes, also GbR, OHG, KG, GmbH & Co. KG, PartGes sowie die EWIV. Damit reicht der Anwendungsbereich des § 1 IIa deutlich über die frühere BFH-Rspr hinaus, wonach bei **werbenden PersGes** eine Steuerpflicht des vollständigen Gesellschafterwechsels ausschied. Eine teleologische Reduktion lehnt die Rspr ab (BFH II B 113/02, BStBl. II 2002, 777 mwN; Hofmann/Eiling § 1 Rn. 122; Viskorf/Meßbacher-Hönsch § 1 Rn. 749; aA Wiese UVR 2004, 58). § 1 IIa erfasst auch **ausländische PersGes** (sofern ihnen inländische Gr gehören), deren rechtliche Struktur den inländischen PersGes entsprechen (zu § 1 IIa GLE 10.5.2022, BStBl. I 2022, 801 Tz. 2); → § 5 Rn. 5 mwN.

Keine PersGes sind gem. § 14a III AO iVm § 24 die Bruchteilsgemeinschaften (§ 741 BGB), Gütergemeinschaften (§ 1415 BGB) und die Erbengemeinschaften (§ 2031 BGB) sowie die stillle und atypisch stille Gesellschaft.

320 **3. Inländisches Grundstück im Vermögen der Gesellschaft; Zurechnung gem. § 1 IVa. a) Allgemeines.** § 1 IIa setzt (ebenso wie § 1 IIb, III und IIIa) voraus, dass ein **Gr** im Zeitpunkt der tatbestandserfüllenden Änderung des Gesellschafterbestands der PersGes **„gehört"** (zu § 1 IIa GLE 10.5.2022, BStBl. I 2022, 801 Tz. 3). Dieses Merkmal richtet sich weder nach Zivilrecht noch nach § 39 AO. Maßgebend ist vielmehr – ebenso wie bei § 1 III – die **grunderwerbsteuerliche Zurechnung** (BFH II R 44/18, BStBl. II 2023, 1009; Viskorf/Meßbacher-Hönsch § 1 Rn. 885; zu § 1 IIa GLE 10.5.2022, BStBl. I 2022, 801

Tz. 3). Erwerbe nach **§ 1 IIa und § 1 IIb** sind nicht erfasst, weil sich hier die grestrechtliche Zustand nicht ändert (BFH II R 40/20, BStBl. II 2023, 1012). Ein Gr gehört nicht mehr zum Vermögen der Gesellschaft, wenn es **vor den Übergang der Anteile** am Gesellschaftsvermögen Gegenstand eines unter **§ 1 I, II, III oder IIIa fallenden Erwerbsvorgangs war** (BFH II R 26/12, BStBl. II 2015, 402; II R 44/18, BStBl. II 2023, 1009). Ein Gr gehört noch **nicht der Gesellschaft,** wenn es ihr im Zeitpunkt des Übergangs der Anteile am Gesellschaftsvermögen **nicht gem. § 1 I, II, III oder IIa grestlich zuzuordnen** ist (BFH II R 44/18, BStBl. II 2023, 1009).

b) Neuregelung durch § 1 IVa. Bisher hatte die FVerw auf der Grundlage des GLE betr. Zurechnung von Grundstücken für die Ergänzungstatbestände in § 1 IIa–IIIa – GLE 16.10.2023, BStBl. I 2023, 1872 – die damit zusammenhängenden Fragen und vor allem die Frage einer etwaigen Doppelbesteuerung behandelt. Dieser Erlass ist für Erwerbe nach dem 5.12.2024 durch § 1 IVa iVm § 23 XXV überholt (Einzelheiten → Rn. 711 ff.); die zur Zuordnung selbst führenden Grundsätze für die Ergänzungstatbestände (die zur Erfüllung der Ergänzungstatbestände notwendigen tatsächlichen Merkmale und die Steuerentstehung) bleiben unberührt (→ § 16 Rn. 103 ff.). Für die Änderung der Grundstückszurechnung für alle Erwerbe **nach dem 5.12.2024** ist ausschließlich auf § 1 I (unter Umständen auch auf § 1 II) abzustellen. Erwerbe nach § 1 III und IIIa haben für Erwerbsvorgänge nach dem 5.12.2024 keine Bedeutung. 321

Für Erwerbsvorgänge **bis zum 5.12.2024** bleibt es jedoch bei der bisherigen Rechtslage mit allen Schwierigkeiten, die die GLE 16.10.2023, BStBl. I 2023, 1872 aufwerfen. Diese Fragen werden **nachfolgend behandelt.**

c) Unterscheidung zwischen Erwerb nach § 1 Abs. 1 oder § 1 II oder durch Grunderwerb nach § 1 III oder IIIa. Nach der BFH-Rspr. ist ein Gr einer Gesellschaft im Zeitpunkt der Steuerschuld für den nach § 1 III liegenden Rechtsvorgang zuzurechnen, wenn sie zuvor in Bezug auf dieses Gr einen Erwerbsvorgang nach **§ 1 I oder II** verwirklicht hat. Die Zurechnung entfällt, wenn ein Dritter in Bezug auf dieses Gr einen § 1 II und II fallenden Erwerbsvorgang verwirklicht hat (BFH II R 40/20, BStBl. II 2023, 1012; II R 11/22, BFH/NV 2025, 213 Rn. 16; Viskorf/Meßbacher-Hönsch § 1 Rn. 885b). 322

Ein **Gr** ist der Gesellschaft an der grundbesitzenden Gesellschaft beteiligten Gesellschaft **zuzurechnen,** wenn er hinsichtlich dieses Gr einen unter § 1 III oder IIIa fallenden (fiktiven Erwerbsvorgang verwirklicht hat. Dies gilt für Gr, für die diese Gesellschaft 90% der Anteile erworben oder Anteile an der grbesitzenden Höhe erwerben hat. Die Zurechnung entfällt, wenn ein Dritter in Bezug auf dieses Gr einen unter § 1 III oder IIIa fallenden Erwerbsvorgang verwirklicht hat oder die Beteiligung unter 90 vH sinkt oder das Gr nicht mehr zuzurechnen ist. Ferner kann die Zugehörigkeit eines Gr zum Vermögen der Gesellschaft auch über **§ 1 III** oder **§ 1 IIIa** begründet werden, wenn eine PersGes von vornherein oder aufgrund eines unter § 1 III fallenden Anteilserwerbs mindestens 90% der Anteile an einer grbesitzenden KapGes bzw. (ganz oder teilweise mittelbar) an einer anderen grbesitzenden PersGes hält (BFH II R 40/20, BStBl. II 2023, 1012; Viskorf/Meßbacher-Hönsch § 1 Rn. 885a ff.). Aufgrund der Anwendung des § 1 IIa in solchen Fällen wird auch bezüglich der Gr derjenigen Gesellschaft, deren Anteile sich in der Hand der PersGes vereinigt haben, eine GrÜbereignung auf eine „neue" PersGes fingiert. Damit wird letztlich die durch § 1 IIa fingierte GrÜbereignung auch auf solche GrErwerbe der PersGes ausgedehnt, die – wie bei § 1 III der Fall – ihrerseits vom GrEStG nur fingiert werden. Diese „doppelte Fiktion“ ist die zwangsläufige Konsequenz der vom GrEStG sowohl in § 1 IIa als auch in § 1 III gewählten wirtschaftlichen Betrachtung. Die § 1 III zugrundeliegende Vorstellung, dass ein „Alleinherrscher“ über eine Gesellschaft auch die Herrschaft über die Gr dieser Gesellschaft erlangt (BFH II R 68/92, BStBl. II 1995, 736; II R 21/10, BStBl. II 2012, 793), verlangt daher auch im Anwendungsbereich des § 1 IIa Beachtung. Darin liegt keine unzulässige Analogie zu Lasten der gem. § 1 IIa Steuerpflichtigen (aA Sack DStR 1998, 142 (144)). Denkbar ist auch die durch **§ 1 IIIa** begründete Zurechnung eines Gr zum Vermögen der PersGes. Hat diese PersGes als Rechtsträger die wirtschaftliche Beteiligung an einer grbesitzenden Gesellschaft iSd § 1 IIIa inne, so „gehören“ diesem Rechtsträger die Gr dieser Gesellschaft.

323 Für die Anwendung des **§ 1 IIa genügt** es hingegen **nicht,** wenn lediglich ein **Erwerbsvorgang iSd § 23** verwirklicht wurde (BFH II R 26/12, BStBl. II 2015, 402). Der Tatbestand des § 1 I Nr. 1 ist erst erfüllt, wenn der Anspruch **zivilrechtlich wirksam** und **durchsetzbar** ist. Dies ist, wie sich aus § 158 I BGB und ferner aus § 1 I Nr. 1 und § 14 Nr. 1 ergibt, erst mit Eintritt der aufschiebenden Bedingung der Fall (→ § 14 Rn. 14). Auch Grundstücke, für die PersGes einem Dritten die Verwertungsmöglichkeit eingeräumt hat, gehören nicht zum Vermögen der PersGes (BFH II R 26/12, BStBl. II 2015, 402).

324 Hinsichtlich des **tatsächlichen Zustands,** in dem das Gr der PersGes zuzurechnen ist, ist § 8 II 2 zu beachten. Kauft zB die PersGes ein unbebautes Gr und ist Gegenstand dieses Erwerbsvorgangs aufgrund weiterer vertraglicher Vereinbarungen das Gr mit noch zu errichtendem Gebäude (→ § 9 Rn. 3 ff.), so ist dieser GrZustand auch für den Bedarfswert iSd § 151 I 1 Nr. 1 iVm 157 I–III BewG maßgebend (Sack DStR 1998, 142 (145); vgl. auch → § 8 Rn. 135 ff.).

325 Maßgebender **Zeitpunkt** für die **Vermögenszugehörigkeit** des Gr sind die Verhältnisse im Zeitpunkt der **Entstehung der Steuer** aus § 1 IIa, dh des Zeitpunkts der tatbestandserfüllenden Änderung des Gesellschafterbestands. Die erforderliche Vermögenszugehörigkeit des Gr steht dabei in einem spezifischen Zusammenhang mit der Zehnjahresfrist des § 1 IIa. Von einer Besteuerung sind nur Gr (und zwar jedes für sich) betroffen, die **durchgängig während** des **Zehnjahreszeitraums** zum Vermögen der PersGes gehört haben (Tz. 1.2 S. 5 der Ländererl § 1 IIa GLE 18.2.2014, BStBl. I 2014, 561; BFH II R 64/98, BStBl. II 2001, 422; Müller BB 1997, 1385 (1387)). Diese Einschränkung ist schon wegen der GrBezogenheit des Steuertatbestands sachlich geboten. Schon der Beginn der Zehnjahresfrist des § 1 IIa 1 setzt ein der PersGes gehörendes Gr voraus (Spelthann DB 1997, 2571). Daher werden Gesellschafterwechsel für § 1 IIa erst berücksichtigt, nachdem die PersGes ein Gr erworben hat. Umgekehrt sind Gesellschafterwechsel unbeachtlich, die sich nach Ausscheiden des Gr aus der PersGes vollziehen.

326 **d) Mehrstufige Beteiligungsstrukturen.** Die Beurteilung der Frage, ob ein Grundstück der Gesellschaft gehört (das ist das Merkmal der § 1 IIa–IIIa), richtet sich in **mehrstufigen Beteiligungsstrukturen** ausschließlich nach der **grestlichen Beurteilung** und weder nach Zivilrecht noch nach § 39 AO (zB BFH II R 44/18, BStBl. II 2023, 1012; Viskorf/Meßbacher-Hönsch § 1 Rn. 885 ff.). Für die grestliche Beurteilung ist lediglich die Verwirklichung der Tatbestände des § 1 I, II, III oder IIIa entscheidend. Durch Verwirklichung des § 1 IIa und IIb ändert sich die grestliche Beurteilung nicht. Diese Zurechnung ist nur für **Gesellschaf-**

ten von Bedeutung; eine Zurechnung auf natürliche Personen, juristische Personen des öffentlichen Rechts, Stiftungen oder Vereine scheidet aus (krit. Schnitger DB 2023, 2847 (2848)).

Eine Zurechnung nach § 1 IIa–IIIa erfolgt, wenn die Gesellschaft zuvor einen unter § 1 I oder II fallenden Erwerbsvorgang verwirklicht hat; mit dieser Zurechnung ist die Gesellschaft eine grundstücksbesitzende Gesellschaft. Das Grundstück ist der Gesellschaft nicht mehr zuzurechnen, wenn ein Dritter in Bezug auf dieses Grundstück einen Erwerbsvorgang nach § 1 I oder II verwirklicht hat (BFH II R 40/20, BStBl. II 2023, 1012 Rn. 25; II R 11/22, BFH/NV 2025, 213 Rn. 16). **327**

Einer **Obergesellschaft** kann auch nicht allein wegen der Beteiligung an einer **Untergesellschaft** deren Grundstück nach **§ 1 II** zugerechnet werden. Die Einwirkungsmöglichkeiten eines Gesellschafters auf Gesellschaftsebene reichen für eine Verwertungsbefugnis iSd § 1 II nicht aus. Das folgt aus der Systematik des Grunderwerbsteuerrechts, das Gesamthandsgemeinschaften und KapGes als eigene Rechtssubjekte behandelt werden (BFH II R 40/20, BStBl. II 2023, 1012). Diese Aussage weicht von der in den Erlassen zu § 1 IIa ab, wonach Grundstücke im Eigentum der PersGes stehen, stets zu deren Vermögen gehören (zu § 1 IIa GLE 10.5.2022, BStBl. I 2022, 801 Tz. 3 letzter Satz; zu § 1 IIb GLE 10.5.2022, BStBl. I 2022, 821 Tz. 3; vgl. auch Broemel/Mörwald DStR 2023, 1643; Behrens MittBayNot 2023, 83 Anm.; Broemel/Mörwald DStR 2023, 2750 (2752)). **328**

e) Doppelzurechnung. Nach früherer Ansicht der FVerw (Zurechnung GLE 16.10.2023, BStBl. I 2023, 1872 Tz. 2.2.) sind Grundstücke auch einer anderen Gesellschaft zuzurechnen, wenn einem fiktiven Grundstückserwerbe nach § 1 III oder IIIa ein unter § 1 II–IIIa fallender Erwerbsvorgang vorausgegangen war. Das bloße Halten einer Beteiligung reicht nicht aus (BFH II R 44/18, BStBl. I 2023, 1009 Rn. 25; II R 11/22, BFH/NV 2025, 213). Eine Doppelzurechnung entfällt, wenn ein Dritter für ein Grundstück einen unter § 1 III oder IIIa fallenden Erwerbsvorgang verwirklicht, ihre Beteiligungsgrenze für § 1 III oder IIIa unter 95 % oder 90 % sinkt (zu den Übergangsregelungen nach § 23 XVII–XXII vgl. zu § 1 II–IIIa Zurechnung GLE 16.10.2023, BStBl. I 2023, 1872 Tz. 3.1.) oder der Gesellschaft das Grundstück nicht mehr zuzurechnen ist (BFH II R 40/20, BStBl. II 2023, 1012 Rn. 26). Die Rückgängigmachung nach § 16 I entfaltet keine rückwirkende Bedeutung (Zurechnung GLE 16.10.2023, BStBl. I 2023, 1872 Tz. 3.3; Behrens DStR 2023, 2697). **329**

Für die Problematik des **„Signing-Closing“** (dazu auch → § 16 Rn. 103 ff.) stellt die FVerw (Zurechnung GLE 16.10.2023, BStBl. I 2023, 1872 Tz. 3.2) ebenfalls auf die Grundlagen der Zurechnung ab. Grundsätzlich haben § 1 IIa und IIb Vorrang vor den Tatbeständen des § 1 III oder IIIa. Bei **gleichzeitiger** Verwirklichung von § 1 III oder IIIa und § 1 IIa oder IIb ergibt sich Besteuerung ausschließlich aus § 1 IIa oder IIb. Gleichzeitigkeit soll auch bestehen, wenn beide Ereignisse an einem Tag verwirklicht werden (Broemel/Mörwald DStR 2023, 2750 (2752)). **Fallen** die Zeitunkte der Verwirklichung des § 1 III oder IIIa und des § 1 IIa oder IIb **auseinander,** wird der Vorgang durch § 16 IVa und V 2 umgesetzt. Trotz Anwendung des § 16 IVa verbleibt es aber bei der Besteuerung nach § 1 III Nr. 1 oder Nr. 3 oder § 1 IIIa. § 16 IVa hat insofern eine Bedeutung für die Zurechnung und nicht für das Verfahren (aA Broemel/Mörwald DStR 2023, 73 (76)). Eine Rückgängigmachung nach § 16 I führt nicht zum rückwirkenden Verfall der Zurechnung (Zurechnung GLE 16.10.2023, BStBl. I 2023, 1872 Tz. 3.3; aA Behrens DStR 2023, 2697). **330**

331 **Beispiel:**

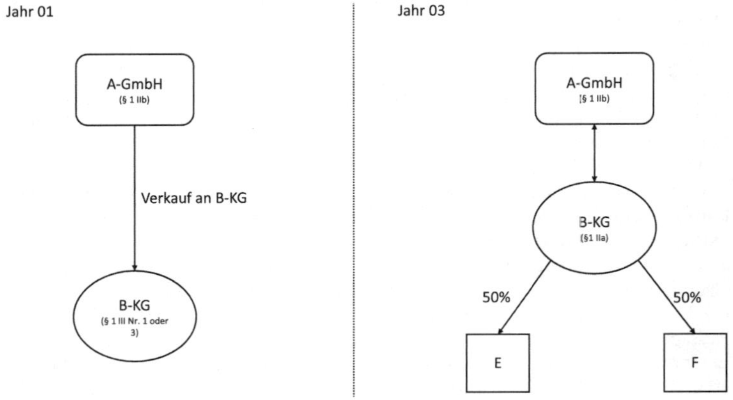

Fraglich ist, ob der BFH der Beurteilung nach § 1 IIb überhaupt zustimmen wird und ob hier nicht eine Beurteilung nach § 1 III (Schnitger DB 2023, 2847 (2851)) vorzunehmen ist.

Diese Grundsätze hat die FVerw in den Beispielen 1–4 näher erläutert. Insgesamt kommen acht Konstellationen einer Doppel- bzw. zweimaligen Besteuerung in Betracht (Behrens/Sparr DB 2023, 2839 (2840)); auch bei mehrgliedrigen Beteiligungen kommt stets nur eine doppelte (keine drei- oder vierfache) Zurechnung in Betracht.

332 Die entscheidende Frage ist schon, ob die **Doppelzurechnung** überhaupt möglich ist. Das könnte schon wegen der durch § 1 I–IIIa ausgesprochenen Wechsel der Zuordnung (nicht deren Verdoppelung) zweifelhaft sein. Auch das Übermaßverbot kann hier einschlägig sein (Saecker/Dorn Ubg 2023, 672 (673)). Zweifelhaft ist ferner auch die **Doppelbesteuerung** aufgrund der eintretenden Doppelbelastung. Dagegen können teleologische, systematische und verfassungsrechtliche (insb. auch Art. 3 GG folgende) Erwägungen sprechen (Broemel/Mörwald DStR 2023, 2750 (2753 f.); Schnitger DB 2023, 2847 (2851); Behrens/Sparr DB 2023, 2839 (2843 ff.)). Zweifelhaft ist, ob allein die Grundsätze über den Steuerschuldner (im Falle der Anteilsvereinigung nach § 1 III Nr. 1 und 2 die Erwerber gem. § 13 Nr. 5a, bei der Weiterübertragung der vereinigten Anteile die Vertragsteile gem. § 13 Nr. 1, im Falle des § 1 IIa gem. § 13 Nr. 6, im Falle des § 1 IIb gem. § 13 Nr. 7, bei wirtschaftlicher Beteiligung nach § 1 IIIa der entsprechende Rechtsträger nach § 13 Nr. 8) diese Doppelzurechnung und Doppelbesteuerung rechtfertigen können. Das ist mE der Fall (dafür auch Viskorf/Meßbacher-Hönsch § 1 Rn. 952, 1369).

333 Die Praxis muss sich schon wegen der Unklarheiten über die Anwendung des § 1 IIb und III und überhaupt in allen Fällen der Doppel- oder Mehrfachbesteuerung auf eine lange Folge von Gerichtsverfahren zur Überprüfung des jetzt eingenommen Rechtsstandpunkts der FVerw einstellen.

334–336 *einstweilen frei*

337 **4. Zehnjahreszeitraum.** Zeitlicher Bezugspunkt der tatbestandserfüllenden Änderung im Gesellschafterbestand einer PersGes ist gem. § 1 IIa 1 ein **Zeitraum**

von zehn Jahren. Die GrESt aus § 1 IIa kann damit ggf. durch zeitliche Streckung der Änderungen im Gesellschafterbestand vermieden werden. Die Zehn- bzw. Fünfjahresfrist ist für jedes Grundstück gesondert zu ermitteln (zu § 1 IIa GLE 10.5.2022, BStBl. I 2022, 801 Tz. 6) und **beginnt** (jeweils) mit dem erstmaligen Übergang eines Anteils auf einen neuen Gesellschafter. Maßgebend ist der Zeitpunkt, in dem die Anteilsübertragung bzw. der Beitritt eines neuen Gesellschafters zivilrechtlich wirksam wird. Der **Beginn** der Zehnjahresfrist setzt nach dem klaren Wortlaut des § 1 IIa 1 unabdingbar voraus, dass bereits zu diesem Zeitpunkt ein **Gr** zum Vermögen **der PersGes gehört** (vgl. → Rn. 325 ff.); die Zehnjahresfrist ist deshalb **für jedes** zum Vermögen der PersGes gehörende **Gr gesondert** zu ermitteln (zu § 1 IIa GLE 10.5.2022, BStBl. I 2022, 801 Tz. 6). Für die **Fristberechnung** gelten §§ 186 ff. BGB (Viskorf/Meßbacher-Hönsch § 1 Rn. 904; eingehend Behrens/Hofmann UVR 2004, 27 (28 f.) mwN).

Aufgrund der gesetzlichen Zehnjahresfrist ist eine zeitlich gestreckte **sukzessive Verwirklichung des Steuertatbestands** möglich, sofern sich der Gesellschafterbestand innerhalb dieses Zehnjahreszeitraums in Teilakten bis zu einem Übergang von 90% oder mehr der Anteile verändert (BFH II R 64/98, BStBl. II 2001, 422; II R 61/03, BStBl. II 2005, 649; II R 59/02, BFH/NV 2005, 1369; II R 51/11, BStBl. II 2013, 830; vgl. auch zu § 1 IIa GLE 10.5.2022, BStBl. I 2022, 801 Tz. 6). Grundsätzlich muss die tatbestandliche Änderung des Gesellschafterbestands durch Anteilsübergang auf neue Gesellschafter **für jeden Teilakt gesondert** geprüft werden. Dies gilt gleichermaßen für die unmittelbare wie auch für die mittelbare Änderung des Gesellschafterbestands. Die im Hinblick auf BFH II R 17/10, BStBl. II 2013, 833 geäußerten Zweifel (vgl. Behrens Ubg 2013, 434 (439 f.); Scheifele/Müller DStR 2013, 1805 (1809 f.)) an der Maßgeblichkeit der Zehnjahresfrist für die zu einer vollständigen Änderung der Beteiligungsverhältnisse führenden Umstände sind unbegründet. In diesen Fällen entsteht die GrESt mit dem § 1 IIa erfüllenden **letzten Teilakt.** Der Fünfjahreszeitraum gilt auch für Erwerbsvorgänge, die aufgrund § 1 IIa 2–5 (nach dem 5.11.2015) verwirklicht werden. 338

Bei einem zunächst aus der PersGes ausgeschiedenen und dieser sodann wieder beigetretenen Gesellschafter ist eine zeitraumbezogene, mehrere Teilakte übergreifende Betrachtung schon deshalb ausgeschlossen, weil andernfalls die Regelung des § 16 II überflüssig würde (BFH II R 3/11, BStBl. II 2013, 963).

Erwerber von Anteilen an der PersGes haben im Hinblick auf die Zehnjahresfrist ggf. das wirtschaftliche **Risiko** einer aus § 1 IIa folgenden **GrESt-Belastung** zu beachten. Da bereits vor diesem Erwerb vollzogene und nach § 1 IIa zu berücksichtigende Anteilserwerbe zu einzubeziehen sein können, kann sich ggf. eine Zusicherung der Anteilsverkäufer über das Fehlen entspr Anteilsänderungen empfehlen (vgl. Bornhard/Dettmeier/Fischer BB 2003, Beil. 1 S. 6). 339

5. Änderung des Gesellschafterbestands. Zentrales Tatbestandsmerkmal des § 1 IIa ist die vorausgesetzte Änderung des Gesellschafterbestands. Sie liegt nach Satz 1 der Vorschrift vor, wenn sich bei einer grundbesitzenden PersGes innerhalb von zehn Jahren der Gesellschafter unmittelbar oder mittelbar dergestalt ändert, dass mindestens 90% der Anteile am Gesellschaftsvermögen auf neue Gesellschafter übergehen. 340

§ 1 IIa 1 verlangt den Übergang von mindestens 90% der **Anteile „am Gesellschaftsvermögen“.** Dieser Anteil bezeichnet den **wertmäßigen Anteil am Vermögen** des an der Gesamthand Beteiligten, wie er auch von §§ 5 II, 6 und

7 II zugrunde gelegt wird (vgl. zB BFH II R 61/03, BFH/NV 2005, 1716 sowie → § 5 Rn. 45 ff.; → § 6 Rn. 31). Er ergibt sich aus den gesellschaftsinternen Vereinbarungen, hilfsweise aus §§ 722, 734 BGB aF iVm § 24 bzw. §§ 728 ff. BGB bzw. §§ 120122 HGB, zu § 1 IIa GLE 10.5.2022, BStBl. I 2022, 801 Tz. 4). Die Höhe des Anteils – und damit der Prozentsatz, der auf die Beteiligung eines Neugesellschafters entfällt – bestimmt sich nach den Verhältnissen im Zeitpunkt der (wirksamen) Übertragung des Anteils am Gesellschaftsvermögen. Ein als Treuhänder beteiligter Gesellschafter hat einen Anteil am Gesellschaftsvermögen; die schuldrechtlichen Verpflichtungen im Verhältnis zum Treugeber spielen keine Rolle (BFH II R 66/11, BStBl. II 2014, 266 Rn. 19). Auch ein **fehlerhafter Beitritt** zu einer PersGes (→ Rn. 47) vermittelt grds. eine Beteiligung des Beigetretenen am Gesamthandsvermögen (bzw. der Gesamthand).

341 **6. Altgesellschafter und Neugesellschafter.** Die Unterscheidung zwischen **„neuen" Gesellschaftern** und **Altgesellschaftern** ist für die Anwendung des § 1 IIa ist von grundlegender Bedeutung. Der Begriff „Altgesellschafter" wird zwar in § 1 IIa nicht verwendet; der Begriff ergibt jedoch aus der Gegenüberstellung aus der Gegenüberstellung des in § 1 IIa 1 verwendeten Begriffs „neue Gesellschafter". Schon nach dem klaren Wortlaut des § 1 IIa 1 ist daher die Änderung der Anteilsverhältnisse im Kreis der **Altgesellschafter** innerhalb des Zehnjahreszeitraums nicht steuerbar.

Kommt es daher ohne Eintritt oder Ausscheiden von Gesellschaftern lediglich zu **Anteilsverschiebungen im Kreis der Altgesellschafter,** so kann allein dadurch – auch wenn zB ein bisher mit 60% beteiligter Altgesellschafter später eine Beteiligung von 90% oder mehr der Anteile erlangt – keine Steuer aus § 1 IIa ausgelöst und auch nicht die Zehnjahresfrist des § 1 IIa 1 in Lauf gesetzt werden (zu § 1 IIa GLE 10.5.2022, BStBl. I 2022, 801 Tz. 5.2; Viskorf/Meßbacher-Hönsch § 1 Rn. 752 ff.). Dies gilt auch, wenn der Altgesellschafter Anteile ausscheidender Gesellschafter übernimmt. Ferner ist zu berücksichtigen, dass jeder Neugesellschafter mit Ablauf der Fünf- oder Zehnjahresfrist die Eigenschaft eines Altgesellschafters erlangt (BFH II R 35/15, BFH/NV 2017, 1270; vgl. auch zu § 1 IIa GLE 10.5.2022, BStBl. I 2022, 801 Tz. 5.2.1.1). Die damit nach Ablauf der Fünfjahresfrist iSd § 1 IIa 1 eintretende „Immunisierung" der PersGes gegen die Anwendung des § 1 IIa – nicht aber des § 1 IIIa, → Rn. 414 – bei späteren Anteilsverschiebungen unter Altgesellschaftern ist eine zwangsläufige Folge des auf „neue" Gesellschafter abhebenden Gesetzeswortlauts. Der Auffassung, die Fünfjahresfrist sei für die Qualifikation als Altgesellschafter ohne Bedeutung (so Fitzner ZfIR 1998, 634; Schmidt DStR 1997, 1345 (1346)), verkennt den Wortlaut des § 1 IIa.

Anteilsverschiebung im Kreis der Altgesellschafter können uU nach **§ 1 III** oder **§ 1 IIIa** steuerbar sein (→ Rn. 626, 667).

342 **a) Altgesellschafter.** Im vorgenannten Sinn sind nach derzeitiger Auffassung der FVerw (zu § 1 IIa GLE 10.5.2022, BStBl. I 2022, 801 Tz. 5.2.1.1) **unmittelbar beteiligter Altgesellschafter** unabhängig von ihrer Rechtsform, wer

- Gründungsgesellschafter ist,
- vor dem Beginn des Zehnjahreszeitraums des § 1 IIa beteiligt Gesellschafter;
- bei einer früheren Verwirklichung des § 1 IIa beteiligte Gesellschafter. Nur die KapGes selbst können Altgesellschafter sein, deren Anteilseigner jedoch nicht (zu § 1 IIa GLE 10.5.2022, BStBl. I 2022, 801 Tz. 5.2.3.1 S. 1). Dasselbe gilt bei **mehrstöckigen Personengesellschaften** auf jeder Ebene. **Mittelbar** über

eine **PersGes beteiligter Altgesellschafter** ist (zu § 1 IIa GLE 10.5.2022, BStBl. I 2022, 801 Tz. 5.2.1.2) unabhängig von seiner Rechtsform, wer
- im Zeitpunkt der Gründung der grundbesitzenden PersGes beteiligt war,
- vor dem Beginn des Zehnjahreszeitraums des § 1 IIa 1 beteiligt war,
- im Zeitpunkt des Erwerbs des jeweiligen Grundstücks beteiligt war oder
- bei einer früheren Verwirklichung des Tatbestands nach § 1 Abs. 2a S. 1 beteiligt war.

Altgesellschafter der **KapGes** ist, wer im Zeitpunkt
- der Gründung der grundbesitzenden PersGes Gesellschafter der KapGes ist, wenn die KapGes Gründungsgesellschafterin ist,
- des Erwerbs der Beteiligung am Vermögen der grundbesitzenden PersGes durch die KapGes an der KapGes beteiligt ist,
- des Grundstückserwerbs der PersGes an der KapGes beteiligt ist oder
- der nach § 1 IIa 3–5 erfolgenden Umqualifizierung der KapGes in eine Neugesellschafterin der grundbesitzenden PersGes an der KapGes beteiligt ist.

Die Gesellschafter der KapGes sind nur in Bezug auf die KapGes, an der sie unmittelbar beteiigt sind, Alt- und Neugesellschafter, nicht jedoch in Bezug auf die grundbesitzende PersGes (vgl. auch BFH II R 28/21, DStR 2024, 2894; näher → Rn. 377).

Die Eigenschaft eines bisherigen **unmittelbaren Altgesellschafters endet** 343
mit seinem Ausscheiden aus der PersGes, wenn das Mitgliedschaftsrecht und die ihm anhaftende Mitberechtigung am Gesellschaftsvermögen zivilrechtlich wirksam auf ein neues Mitglied der PersGes übertragen wird (BFH II R 3/11, BStBl. II 2013, 963; Ländererlasse § 1 IIa, BStBl. I 2014, 561 Tz. 2.1). Mit einem späteren Wiedereintritt (zB durch Anteilserwerb) wird die Stellung eines Neugesellschafters erworben; die frühere Eigenschaft als Altgesellschafter lebt nicht wieder auf. Dies gilt auch, wenn der Wiedereintritt innerhalb der Fünfjahresfrist des § 1 IIa erfolgt. Nach der Systematik des GrEStG kann diese Rechtsfolge nur nach Maßgabe des § 16 II durch Anteilsrückübertragung vom neuen Gesellschafter auf den vormaligen (Alt-) Gesellschafter (→ § 16 Rn. 108 ff.) korrigiert werden (BFH II R 3/11, BStBl. II 2013, 963). Davon zu unterscheiden ist der Fall, dass ein Altgesellschafter weitere Anteile aus dem Kreis der Altgesellschafter erwirbt (dann Anteilsverschiebung, vgl. → Rn. 341; insoweit irrig Kaiser BB 2005, 1877 (1879 f.)).

Für die Qualifikation als Altgesellschafter ist **unerheblich, ob** dieser **am Gesellschaftsvermögen wertmäßig beteiligt** ist. Dies folgt aus § 24 und der mit der Gesamthandsberechtigung verbundenen dinglichen Mitberechtigung am Gesellschaftsvermögen (→ Rn. 56, 539). Demgemäß fehlt es an einer steuerbaren Änderung im Gesellschafterbestand iSd § 1 IIa, wenn zB bei einer **GmbH & Co. KG** der bislang wertmäßig am Gesellschaftsvermögen nicht beteiligten Komplementär-GmbH ein Anteil am Gesellschaftsvermögen der KG zugewiesen wird. Auch in diesem Fall liegt daher eine für § 1 IIa unbeachtliche Anteilsverschiebung unter Altgesellschaftern vor (vgl. auch Behrens/Wachter/Behrens § 1 Rn. 382; Lange/Broemel DStR 2017, 1625).

b) Neugesellschafter sind nach (zu § 1 IIa) GLE 10.5.2022, BStBl. I 2022, 344
801 Tz. 5.2.2.2. diejenigen Rechtsträger, die erst mit dem Erwerb der Stellung als Gesellschafter (durch Beitritt, Anteilsübertragung oder Umwandlungsvorgänge) in die vermögensanteilsmäßige Mitberechtigung am Grundstück einrücken (vgl. auch Hofmann/Eiling § 1 Rn. 140). Die Eigenschaft eines neuen Gesellschafters wandelt sich spätestens nach zehn Jahren in die eines Altgesellschafters (zu § 1 IIa

GLE 10.5.2022, BStBl. I 2022, 801 Tz. 5.2.1.1.). Überträgt ein Gesellschafter seine OHG-Beteiligung innerhalb eines Zeitraums von zehn Jahren zu 90% auf einen neuen Gesellschafter, ist der Tatbestand des § 1 IIa erfüllt (Viskorf/Meßbacher-Hönsch § 1 Rn. 739).

345 **Streitig** ist, ob auch einer **KapGes kraft mittelbarer Beteiligung die Altgesellschaftereigenschaft** zukommen kann. Die FVerw (zu § 1 IIa GLE 10.5.2022, BStBl. I 2022, 801 Tz. 5.2.3.1) billigt lediglich der an der grbesitzenden PersGes unmittelbar beteiligten KapGes, nicht aber deren Gesellschaftern die Altgesellschaftereigenschaft zu (abl. zB Heine UVR 2012, 23; Behrens DStR 2010, 777). An der Richtigkeit dieser Aussage kann zwar bei zivilrechtlicher Betrachtung sowie nach dem auf „neue" Gesellschafter abstellenden Wortlaut des § 1 IIa 1 kein Zweifel bestehen (vgl. auch BFH II R 28/21, DStR 2024, 2894 Rn. 16).

Unter dem Gesichtspunkt der für eine **mittelbare Beteiligung** geforderten Gleichbehandlung von PersGes und KapGes (dazu BFH II R 17/10, BStBl. 2013, 833) dürfte es jedoch nach der Rechtslage **bis zum 5.11.2015** naheliegen, auch Gesellschaftern einer KapGes die Altgesellschaftereigenschaft zuzuerkennen und demgemäß bloße **Anteilsverschiebungen** im Kreis an der PersGes beteiligter Altgesellschafter nicht der Besteuerung nach § 1 IIa zu unterwerfen.

Damit konnte der GrESt aus § 1 IIa aufgrund der für eine tatbestandserfüllende **mittelbare Änderung** erforderlichen vollständigen Änderung des Gesellschafterbestands durch die Zurückhaltung eines – auch geringen – Zwerganteils ausgewichen werden (vgl. auch Loose DB 2013, 1687 (1690); eine vermögensmäßige Beteiligung von 0% genügt jedoch nicht, → Rn. 33). Damit nähert sich die Rechtslage partiell derjenigen vor Einführung des § 1 IIa an. Die steuerliche Erfassung derartiger Gestaltungen durch Anwendung des § 42 AO kam wegen der abschließenden Regelung des § 1 IIa nicht in Betracht (vgl. auch → Rn. 312). Die damit eröffnete Besteuerungslücke wird – teilweise – durch § 1 III 3 oder 4 oder durch § 1 IIIa geschlossen.

Beispiel:

An der A-KG, die am 1.1.2007 ein Gr erworben hat, ist zu diesem Zeitpunkt die B-GmbH mit 97% beteiligt. An der B-GmbH sind C mit 98% und D mit 2% beteiligt. Am 10.5.2013 erwirbt D von C 96% der Anteile. Mangels vollständiger Änderung der Beteiligungsverhältnisse an der B-GmbH sind die Voraussetzungen einer mittelbaren Änderung des Gesellschafterbestands iSd § 1 IIa nicht erfüllt. Die Anteilsverschiebung im Verhältnis zwischen C und D ist nicht nach § 1 IIa steuerbar. Auch § 1 IIIa ist nicht anwendbar (§ 23 XI); anders ist dies ist bei Erwerbsvorgängen nach dem 6.11.2013 (§ 23 XI).

346 Das für die mittelbare Änderung Geltende lässt sich allerdings auch auf den Fall übertragen, dass sich die **mittelbare Änderung** an einer PersGes kraft Umwandlung **zu einer unmittelbaren Beteiligung wandelt.** Auch in diesem Fall sind mit Übergang der Anteile die über eine KapGes beteiligten Personen Altgesellschafter der PersGes (BFH II R 18/17, BStBl. II 2021, 318).

347–350 *einstweilen frei*

351 **7. Unmittelbarer oder mittelbarer Übergang auf neue Gesellschafter. a) Unmittelbare Änderung.** Eine unmittelbare Änderung des Gesellschafterbestands iSd § 1 IIa 1 liegt ausschließlich dann vor, wenn mindestens 90% (früher 95%) der Anteile durch einen **zivilrechtlich** wirksamen (originären oder derivativen, vgl. → Rn. 358) Übergang des Mitgliedschaftsrechts einschließlich der anteiligen sachenrechtlichen Mitberechtigung am Gesellschaftsvermögen auf ein neues Mitglied der PersGes übergehen (BFH II R 61/03, BStBl. II 2005, 649; II R 57/

09, BStBl. II 2012, 917; II R 66/11, BFH/NV 2013, 653; II R 17/10, BStBl. II 2013, 833). Dabei kann neues Mitglied eine **natürliche oder juristische Person** und ferner auch eine **PersGes** (weil grestrechtl. selbstständiger Rechtsträger und zivilrechtlich möglicher Gesellschafter einer anderen Gesellschaft, → Rn. 63) sein.

Eine unmittelbare Änderung des Gesellschafterbestands setzt stets einen **rechtlichen Anteilsübergang** voraus. Wirtschaftliche Gesichtspunkte sind hier, im Gegensatz zur mittelbaren Änderung, **ohne Bedeutung** (BFH II R 57/09, BStBl. II 2012, 917; II R 66/11, BFH/NV 2013, 653; II R 17/10, BStBl. II 2013, 833; FG Baden-Württemberg 5 K 2540/23, EFG 2025, 332 mAnm Echtermann, Rev. BFH II R 20/24). Eine Zurechnung von Anteilen kraft wirtschaftlicher Betrachtung scheidet schon wegen des entfallenen Gebots einer „wirtschaftlichen Betrachtung" (so noch § 1 IIa 2 aF) und ferner wegen der grds. Unanwendbarkeit des § 39 AO bei der GrESt aus (zur entspr Rechtslage bei § 1 III aF vgl. BFH II R 130/67, BStBl. II 1975, 456).

Bei der für die **unmittelbare Änderung** des Gesellschafterbestands maßgeblichen **zivilrechtlichen Beurteilung** bleibt es insb. auch, wenn Altgesellschafter im Zusammenhang mit einem unmittelbaren Anteilsübergang weiterhin mittelbar an der Gesellschaft beteiligt bleiben (BFH II R 57/09, BStBl. II 2012, 917; II B 157/05, BFH/NV 2006, 1341; II R 35/15, BStBl. II 2017, 966; zur „Beteiligungsketten-Verlängerung" → Rn. 384). Damit ist der Tatbestand des § 1 IIa insb. dann erfüllt, wenn (zB bei Anteilsübertragungen zwischen Tochtergesellschaften im Konzern) Anteilsübertragungen **innerhalb derselben Gesellschaftergruppe** erfolgen und bei nur wirtschaftlicher Betrachtung (aufgrund der fortbestehenden alleinigen mittelbaren Beteiligung der Muttergesellschaft) kein Anteilsübergang auf einen „neuen" Gesellschafter vorliegt (ebenso GrEStG-eKommentar/Griesar GrEStG § 1 Rn. 250 ff.; Teiche UVR 2003, 300 (302) mit Beispielsfall; aA zB Gottwald BB 2000, 69 (71); Behrens/Hofmann UVR 2004, 27 (32); vgl. auch Beckmann GmbHR 1999, 217; zur entspr Problematik des § 1 III → Rn. 580). **352**

Bis zum **5.11.2015** konnte der Besteuerung nach § 1 IIa aufgrund der für eine tatbestandserfüllende mittelbare Änderung erforderlichen vollständigen Änderung des Gesellschafterbestands durch die **Zurückhaltung eines** – auch geringen – **Zwerganteils** ausgewichen werden (vgl. auch Loose DB 2013, 1687 (1690); eine vermögensmäßige Beteiligung von 0% genügt jedoch nicht); damit nähert sich die Rechtslage partiell derjenigen vor Einführung des § 1 IIa (vgl. → Rn. 309). Die steuerliche Erfassung derartiger Gestaltungen durch Anwendung des § 42 AO kommt wegen der abschließenden Regelung des § 1 IIa nicht in Betracht (vgl. auch → Rn. 271). Die damit eröffnete **Besteuerungslücke** wird – teilweise – durch **§ 1 IIIa** geschlossen, der auf nach dem 6.6.2013 verwirklichte Erwerbsvorgänge anzuwenden ist (§ 23 XI). **353**

Werden **nach** dem **5.11.2015** weitere Teilakte einer Änderung des Gesellschafterbestands verwirklicht, kann eine Rückbeziehung an schon vor dem 5.11.2015 verwirklichte Teilakte als steuerverschärfende Analogie nicht hingenommen werden (Viskorf/Loose § 23 Rn. 93 ff).

Neuer Gesellschafter ist auch eine neu **in** die **Gesellschafterstellung einrückende KapGes oder PersGes.** Bei der neu eintretenden PersGes ist eine etwaige Beteiligungsidentität zwischen den bisherigen Gesellschaftern der grbesitzenden PersGes und der neu eintretenden PersGes im Rahmen des § 6 III 1 zu berücksichtigen (→ § 6 Rn. 46 ff.). (Fiktiv) neuer Gesellschafter vor Einführung der § 1 IIa 3–5 **354** war auch eine an der grbesitzenden PersGes beteiligt bleibende KapGes oder PersGes, bei der sich der Gesellschafterbestand **vollständig** ändert (BFH II R 17/10, BStBl. 2013 II 833). Nach Einführung der § 1 IIa 3–5 reichte eine Änderung von 95%. Aufgrund des s GrEStGÄndG wurde für Erwerbsvorgänge nach dem 30.6.2021 die Schwelle auf 90% gesenkt und die Frist auf zehn Jahre verlängert.

355 Ein zur Vermeidung der Steuerbarkeit aus § 1 IIa erforderlicher Verbleib von Anteilen innerhalb der Zehnjahresfrist bei Altgesellschaftern liegt selbstverständlich nur vor, wenn **die Restanteile grestrechtl. nicht ebenfalls neuen Gesellschaftern zugerechnet** werden müssen. Eine solche Zurechnung kann sich aus einem die Restanteile betr **Auftrags- oder Treuhandverhältnis** ergeben (→ Rn. 385). Gegebenenfalls kann sich die (weitere) Beteiligung des Altgesellschafters auch als **Scheingeschäft** (§ 41 II AO) darstellen. Insoweit gilt auch für § 1 IIa die zum vollständigen Gesellschafterwechsel ergangene frühere Rspr (zB BFH II R 17/88, BStBl. II 1991, 891; II R 18/89, BFH/NV 1992, 338). Sind zB A zu 3% und B zu 97% am Vermögen einer PersGes beteiligt und überträgt B 94% seiner Anteile am Gesellschaftsvermögen an C, wobei B aufgrund eines Scheingeschäfts zu 3% an der PersGes beteiligt bleibt, ist der Tatbestand des § 1 IIa erfüllt. Dabei dürfte es für die Annahme eines Scheingeschäfts ausreichen, wenn dem (Zwerg-) Anteil eines in der Gesellschaft verbleibenden Altgesellschafters aufgrund anlässlich der Anteilsübernahme getroffener Absprachen **keine wirtschaftliche Bedeutung** mehr zukommt und der Altgesellschafter jederzeit aus der Gesellschaft herausgedrängt werden kann (BFH II R 49/12, BStBl. II 2016, 58; FG München UVR 1994, 214; vgl. auch FG Hmb DStRE 2000, 539). Ein unmittelbar beteiligter Gesellschafter, der das wirtschaftliche Eigentum an einen Dritten verloren hat, kann über § 39 II AO als mittelbarer Gesellschafter eingestuft werden (BFH II R 49/12, BStBl. II 2016, 58).

356 **Tatbestandserfüllend** kann ein **derivativer Erwerb** durch (unmittelbare oder mittelbare) Übertragung von Gesellschaftsanteilen auf neue Gesellschafter sein. Dazu gehören auch Änderungen im Gesellschafterbestand durch Sicherungsabtretungsvertrag (BFH II R 35/15, BFH/NV 2017, 1270). Eine (unmittelbare oder mittelbare) Änderung im Gesellschafterbestand einer PersGes kann auch im Zuge einer **Umwandlung** (Verschmelzung – zur Verschmelzung BFH II R 1/13, BStBl. II 2014, 855 –, Spaltung, Vermögensübertragung) kraft Gesamtrechts- oder Sonderrechtsnachfolge bewirkt werden (Viskorf/Meßbacher-Hönsch § 1 Rn. 833 mit Beispiel Rn. 835; zu § 1 IIa GLE 10.5.2022, BStBl. I 2022, 801 Tz. 5.3.9.

357 Dies gilt jedoch nicht, wenn der an einer PersGes beteiligte Rechtsträger durch identitätswahrenden **Formwechsel** (aufgrund §§ 1 I Nr. 4, 190 I UmwG oder außerhalb des UmwG, → Rn. 44 ff.) in eine gleichartige Gesellschaft umgewandelt wird. Das Gleiche gilt bei einer identitätswahrenden Umwandlung einer an der grbesitzenden PersGes unmittelbar oder mittelbar beteiligten PersGes oder KapGes. In diesem Fall fehlt es an einem Rechtsübergang von Anteilen auf einen anderen Rechtsträger (Hofmann/Keßeler § 1 Rn. 139; Viskorf/Meßbacher-Hönsch § 1 Rn. 785 zu § 1 IIa GLE 10.5.2022, BStBl. I 2022, 801 Tz. 5.2.5). Der einer gem. § 1 IIa steuerbaren Änderung im Gesellschafterbestand nachfolgende Formwechsel der PersGes ist nicht steuerbar (dazu – im Zusammenhang mit einem sog. postakquisitorischen Formwechsel – Winkeljohann/Steghemann DStR 2004, 544 (546)).

358 Ferner kann auch ein **originärer Erwerb** durch den Beitritt neuer Gesellschafter (dh den Erwerb zusätzlicher Gesellschaftsanteile) durch neue Gesellschafter im Zuge einer gleichzeitigen Kapitalerhöhung (vgl. auch FG Münster EFG 2005, 302) oder aufgrund rechtsgeschäftlichen Ausscheidens und Eintritts (mit der Folge

der An- bzw. Abwachsung der gesamthänderischen Berechtigung) tatbestandserfüllend sein. Möglich ist schließlich auch eine Kombination von originärem und derivativem Erwerb (zu § 1 IIa GLE 10.5.2022, BStBl. I 2022, 801 Tz. 5.3.9.).

Das für § 1 IIa entscheidende Moment ist die Veränderung des Gesellschafterbe- **359**
stands aufgrund eines unmittelbaren oder mittelbaren Übergangs von Anteilen an der grbesitzenden PersGes. Die näheren Modalitäten des Übergangs von Anteilen waren bis zum 5.11.2015 nicht durch § 1 IIa festgelegt. Zur vollständigen Vermeidung einer GrESt-Belastung aus § 1 IIa nach dem Stand bis zum 5.11.2015 durch eine doppelstöckige PersGes auf der Grundlage der vom BFH (II R 17/10, BStBl. II 2013, 833) entwickelten Grundsätze vgl. Behrens Ubg 2013, 434 (437). Die Ablehnung dieser Auffassung durch das FG Hessen (5 K 64/22, EFG 2024, 1148 mAnm Kessens, Rev. BFH II R 5/24) überzeugt – auch im Blick auf das BFH-Urteil II R 28/21, BFH/NV 2025, 216 – nicht.

b) Mittelbare Änderung. Für die **mittelbare** Änderung des Gesellschafter- **360**
bestands sind zwei gesetzgeberische Entscheidungen von Bedeutung: Seit der Neuregelung durch das StEntlG 1999 ff. erfasst § 1 IIa auch mittelbare Änderungen des Gesellschafterbestandes. Damit soll nach dem Willen des Gesetzgebers verhindert werden, dass Gesellschafter mittelbar Anteile an PersGes erwerben und dadurch die Besteuerung nach § 1 IIa umgehen (BR-Drs. 910/98, 203; vgl. auch BFH II R 57/09, BStBl. II 2012, 917). Die Regelung zielt darauf ab, auch **Rechtsänderungen hinter oder oberhalb des unmittelbar** an der grbesitzenden PersGes **beteiligten Rechtsträgers** zu erfassen und den zivilrechtlich weiterhin beteiligt bleibenden Rechtsträger fiktiv als Neugesellschafter zu behandeln (BFH II R 17/10, BStBl. II 2013, 833). Dabei bezweckt die Besteuerung auch mittelbarer Änderungen des Gesellschafterbestands eine **Erweiterung, nicht** eine **Einschränkung des Steuertatbestands.** Insbes. kann § 1 IIa nicht entnommen werden, dass eine Steuerbarkeit der unmittelbaren Änderung des Gesellschafterbestands dann entfällt, wenn die Altgesellschafter mittelbar an der PersGes beteiligt bleiben (vgl. schon → Rn. 384).

Zur Auslegung des Begriffs „mittelbare Änderung" kann weiterhin nicht auf **361**
das Zivilrecht zurückgegriffen werden. Zivilrechtlich kann ein Anteil an der Gesellschaft nicht „mittelbar" auf einen neuen Gesellschafter übergehen. Daher muss die „mittelbare Änderung" nach allein wirtschaftlichen Gesichtspunkten beurteilt werden; durch § 1 IIa 2–5 hat sich daran nichts geändert (BFH II R 17/10, BFH II 2013, 833; II R 18/14, BFH/NV 2016, 490; II R 16/22, DStR 2025, 155). Damit weichen die Maßstäbe von denen für die unmittelbare Änderung des Gesellschafterbestands geltenden zivilrechtlichen Grundsätze ab; dieses missliche Nebeneinander verschiedener Beurteilungsgrundlagen ist aber aufgrund der tatbestandlichen Fassung des § 1 IIa unvermeidbar (dies verkennen Scheifele/Müller DStR 2013, 1805 (1807 f.); krit. Behrens Ubg 2013, 434 (437 f.)).

8. Neuregelung nach § 1 IIa 2–5. a) Allgemeines. Durch das StÄndG 2015 **362**
wurden die § 1 IIa 2–5 geändert. Durch das GrEStÄndG 2021 wurde § 1 IIa 1 (Ersatz dieses Wortes „fünf" durch das Wort „zehn" und die Worte „95 vom Hundert" durch die Wörter „90 vom Hundert" ersetzt. Auch in § 1 IIa 4 wurden die Worte „95 vom Hundert" durch die Wörter „90 vom Hundert" ersetzt. Zum Inkrafttreten dieser Regelungen vgl. § 23 XVIII–XX.

b) Rechtslage bis zum 5.11.2015. Zur **Auslegung** des Begriffs **„mittelbare** **362a**
Änderung" kann weiterhin nicht auf das **Zivilrecht** zurückgegriffen werden,

weil diesem auch nach der Einfügung des § 1 IIa 2–5 im Wesentlichen nach **wirtschaftlichen Gesichtspunkten** zu beurteilen ist (→ Rn. 361). Bei den von PersGes oder KapGes gehaltenen Anteilen an der grbesitzenden PersGes stieß die **Konkretisierung** der mittelbaren Änderung nach wirtschaftlichen Gesichtspunkten nach der Rechtslage **bis zum 5.11.2015** auf grundlegende, letztlich im Steuertatbestand des § 1 IIa angelegte Schwierigkeiten. Dies hatte die Rspr (BFH II R 17/10, BStBl. II 2013, 833; zum BFH-Urteil vgl. Loose DB 2013, 1687; Behrens Ubg 2013, 434; Scheifele/Müller DStR 2013, 1805) zu einer **grundlegenden** und **auf Erwerbsvorgänge bis zum 5.11.2015 beschränkten Neubestimmung** des Normgehalts der „mittelbaren Änderung" veranlasst. Aufgrund der Aufhebung des Nichtanwendungserlasses ist von der Fortgeltung der hier entwickelten Grundsätze für Erwerbe bis zum 5.11.2015 auszugehen.

363 Ausgehend von **wirtschaftlichen Gesichtspunkten (mit Anwendung von § 39 II Nr. 1 S. 1 AO)** konnte die mittelbare Änderung der Beteiligungsverhältnisse an denjenigen KapGes oder PersGes, die hinter dem an der grbesitzenden PersGes beteiligten Rechtsträger stehen, nicht auf einzelne Beteiligungsstufen beschränkt werden. Es sollten nach Meinung des BFH (II R 17/10, BStBl. II 2013, 833) die KapGes und PersGes **auf allen Beteiligungsebenen** gleichermaßen als **transparent** behandelt werden. Bei wirtschaftlicher Betrachtung sind dabei Veränderungen in den Beteiligungsverhältnissen durch solche neu beteiligten Rechtsträger relevant, an denen keine gesellschaftsrechtlichen Beteiligungen bestehen können (dh natürliche und juristische Personen, zB Anstalt des öffentlichen Rechts, außer KapGes). Dieser Begründungsansatz des BFH (II R 17/10, BStBl. II 2013, 833) **war** allerdings, soweit hinsichtlich der zu berücksichtigenden Änderungen der Beteiligungsverhältnisse ein Gebot zur gleichmäßigen Transparenz von KapGes und PersGes angenommen wird, nicht zweifelsfrei. Denn das GrEStG verlangt **keine vollständige Gleichstellung von PersGes und KapGes** und hat diese auch unter dem Gesichtspunkt ihrer selbstständigen Rechtsträgerschaft nicht vollständig durchgeführt (zB BFH II 142/63, BStBl. II 1969, 400 (403 f.)).

364 Unabhängig von der Frage eines strikten Transparenzgebots für PersGes und KapGes sollte jedenfalls nach dem Wortlaut des § 1 IIa 1 die Besteuerung einer mittelbaren Änderung **nur zulässig** sein, wenn sich bei einer an der grbesitzenden PersGes beteiligt bleibenden **PersGes oder KapGes deren Gesellschafterbestand** unmittelbar oder mittelbar (dh auf den weiteren Beteiligungsstufen) **vollständig** – ggf. auch sukzessive in Teilakten – **geändert** hat. Nur in diesem Fall sollte das Merkmal eines „neuen" Gesellschafters erfüllt sein.

Dieser restriktiven Auslegung bedarf es wegen des **Gebots der Gesetzesbestimmtheit und -klarheit.** Der **Umfang** einer tatbestandserfüllenden mittelbaren Änderung im Gesellschafterbestand einer an der grbesitzenden beteiligten PersGes oder KapGes war aber – von der vollständigen Änderung des Gesellschafterbestands abgesehen – aus dem Wortlaut des § 1 IIa **nicht sicher erkennbar.** Insbes. kann dem Gesetzeswortlaut nicht entnommen werden, dass für die Neugesellschaftereigenschaft mittelbar Beteiligter auf die Anteilsquote von 95% abgestellt werden soll (so – für mittelbar beteiligte KapGes – Ländererl § 1 IIa, BStBl. I 2010, 245 Tz. 2.2 3. Spiegelstrich). Die **Anteilsgrenze von 95%** betrifft ausweislich des Gesetzeswortlauts **ausschließlich** die **Beteiligungsverhältnisse bei der grbesitzenden PersGes selbst** und nicht die Anteilsverhältnisse der an dieser beteiligten PersGes oder KapGes. Die Charakterisierung der mittelbaren Änderung als **grestrechtl. Zweckbegriff** ist insoweit, weil der normative Gehalt dieser Regelung nur unzureichend umschrieben ist, für die Gesetzesauslegung letztlich ohne Erkenntniswert. Diesen Bedenken trug der BFH (II R 17/10, BStBl. II 2013, 833) mit der – letztlich auf einer verfassungskonformen Auslegung des § 1 IIa beruhenden – Begrenzung der mittelbaren Änderung des Gesellschafterbestands auf den vollständigen Wechsel im Bestand der wirtschaftlich an einer grbesitzenden PersGes beteiligten PersGes oder KapGes Rechnung. Dabei kann eine **„vollständige" Änderung** im vorgenannten Sinne nur vorliegen, wenn die bislang hinter der PersGes bzw. KapGes stehenden Rechtsträger ihre **vermögensmäßige Beteiligung vollständig aufgeben.** Dies ist bei der gebotenen wirtschaftlichen Betrachtung auch der Fall, wenn ein Rechtsträger an einer PersGes unter Beibehaltung seiner mitgliedschaftlichen Beteiligung vermögensmäßig zu 0% beteiligt bleibt (Scheifele/Müller DStR 2013, 1805 (1809); aA Behrens Ubg 2013, 434 (436 f.)); zum Zehn- bzw. Fünfjahreszeitraum vgl. → Rn. 303 ff.

Diese BFH-Rspr. (II R 17/10, BStBl. II 2013, 833) hatte erhebliche **Auswirkungen auf die derzeitige Besteuerungspraxis** (dazu auch Behrens Ubg 2013, 434 (436 ff.); Scheifele/Müller DStR 2013, 1805). Aufgrund der erforderlichen vollständigen Änderung der Beteiligungsverhältnisse der an einer grbesitzenden PersGes beteiligten PersGes oder KapGes war die auf eine Anteilsquote von 95% abstellende bisherige Auffassung der FVerw **hinfällig.** Hält die PersGes oder KapGes, deren Beteiligungsverhältnisse sich vollständig ändern, weniger als 95% der Anteile an der grbesitzenden PersGes, können jedoch die Steuerbarkeitsvoraussetzungen des § 1 IIa nach wie vor bei Hinzutreten weiterer Anteilsübergänge auch durch einen kombinierten **teils unmittelbaren, teils mittelbaren Übergang** der Anteile erfüllt werden (BFH II R 17/10, BStBl. 2013, 833 Rn. 33). **365**

Die bis zum 5.11.2013 anwendbare BFH-Rspr hat naturgemäß auch **Auswirkungen auf bereits** (ggf. sukzessive) **verwirklichte Änderungen des Gesellschafterbestands.** In noch offenen Besteuerungsverfahren bzw. bei noch nicht vollständig bewirkten mittelbaren Änderungen des Gesellschafterbestands war die Berechnung der Anteilsquote bei mittelbaren Änderungen des Gesellschafterbestands der neuen BFH-Rspr anzupassen. Soweit auf der Grundlage der vom BFH nunmehr verworfenen früheren Beurteilung durch die FVerw bereits bestandskräftige GrESt-Bescheide vorliegen, scheidet deren Korrektur allein aus Gründen einer geänderten rechtlichen Beurteilung aus (vgl. auch BFH II R 59/02, BFH/NV 2005, 1369). Im Übrigen gelten die bis zum 5.11.2013 anwendbaren Grundsätze weiter; die FVerw hat ihre zunächst erlassenen Nichtanwendung (Ländererlasse 9.10.2013, BGBl. II 2013, 1278) durch Erlasse 16.9.2015 (BGBl. I 2015, 822) wieder aufgehoben, so dass die § 1 IIa 2–5 nur auf Neufälle anwendbar sind. **366**

Fraglich ist, ob die nach dem 5.11.2015 geltende Rechtslage nach § 1 IIa 2–5 auch auf Besteuerungszeitpunkte vor dem 5.11.2015 zurückwirkt. **367**

Die Finanzverwaltung folgt diesen Gründsätzen im Wesentlichen (zu § 1 IIa GLE 10.5.2022, BStBl. I 2022, 801 Tz 14 Abs. 1 mit Einschränkung in Abs. 3). Den **Nichtanwendungserlass** (GLE 9.10.2013, BStBl. I 2013, 1278) hat die FVerw wieder aufgehoben (GLE 16.9.2015, BStBl. I 2015, 822).

c) Mittelbare Änderungen im Gesellschafterbestand einer an der PersGes beteiligten PersGes nach dem 5.11.2015 (§ 1 IIa 2). Gemäß § 1 IIa 2 werden im Gesellschafterbestand von den an einer PersGes beteiligten **PersGes** durch Multiplikation der Vomhundertsätze der Anteile am Gesellschaftsvermögen berücksichtigt; insoweit gilt hier das **Tranzparenzprinzip** (vertikales Hindurchschauen; vgl. zB BFH II R 16/22, DStR 2025, 155; vgl. auch → Rn. 372). Dabei ist die Regelung in § 1 IIa 2–5 nicht als Beschränkung der hier genannten **368**

Fallgruppen zu verstehen. Bei PersGes soll voll **durchgerechnet** werden, bei KapGes soll hingegen nur auf die jeweilige Beteiligungsquote abgestellt werden (Viskorf/Meßbacher-Hönsch § 1 Rn. 858).

Der in § 1 IIa 2 fehlende Hinweis auf die **Zehn-Jahres-Zeitraum** ergebt sich schon unmittelbar auf § 1 IIa 1 (Bock/Weis GmbHR 2016, 205; anders wohl Behrens BB 2017, 1046).

369 Nach Auffassung der **FVerw** (zu § 1 IIa GLE 10.5.2022, BStBl. I 2022, 801 Tz. 5.2.1.2) erlangen auch die Mitglieder einer an der grbesitzenden PersGes beteiligten **doppel- oder mehrstöckigen PersGes** die Eigenschaft als (mittelbare) Altgesellschafter; insoweit gelten dieselben Anforderungen wie für unmittelbar beteiligte Gesellschafter. Diese Regelung hat der Gesetzgeber auch in § 1 IIa 2 übernommen, nach der zur Ermittlung der Änderungsquote durchzurechnen ist. Die Wirkungen der Altgesellschaftereigenschaft sind aber insoweit auf **Anteilsverschiebungen im Kreis der Altgesellschafter** begrenzt und lassen den Tatbestand der unmittelbaren Änderung des Gesellschafterbestands unberührt. Demgemäß kann die Altgesellschafterstellung eines (mittelbar) über eine PersGes an der grbesitzenden PersGes beteiligten Gesellschafters **keine „Abfärbewirkung"** dergestalt entfalten, dass die Altgesellschafterstellung auch bei der Übertragung des Anteils an der grbesitzenden PersGes auf einen neuen Rechtsträger erhalten bleibt (so aber Behrens/Bock DStR 2012, 1307 (1312)). Vielmehr liegt, wenn eine PersGes neu in die Gesellschafterstellung an der grbesitzenden PersGes einrückt, bei zivilrechtlicher Betrachtung ein unbeschränkt steuerbarer unmittelbarer Gesellschafterwechsel vor (BFH II R 57/09, BStBl. II 2012, 917; II B 157/05, BFH/NV 2006, 1341); zur Anwendung des § 6 III vgl. → § 6 Rn. 46 ff.

370 A ist an der grundbesitzenden B-OHG mit 80% beteiligt. Weiterer Gesellschafter ist die C-OHG mit 20%, an der C (neben einer vermögensmäßig nicht beteiligten Z-GmbH) zu 100% beteiligt ist. A verkauft seine Anteile an D und C 50% der Anteile an E.

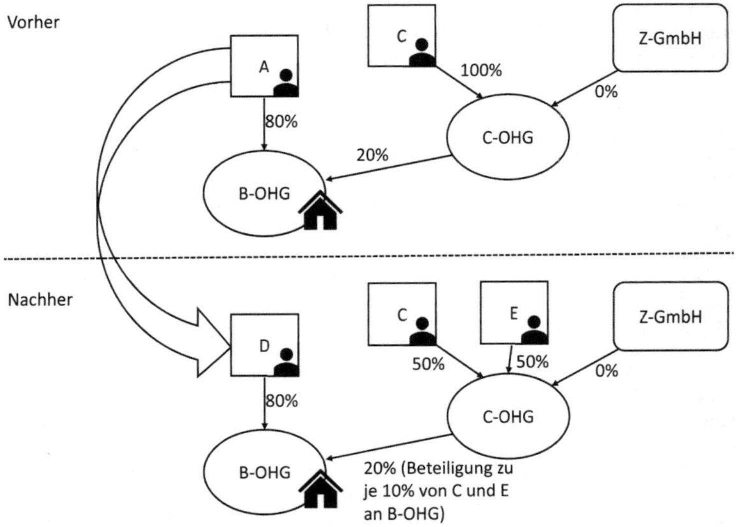

Der Vorgang ist wegen des Übergangs von 90% der Anteile nach § 1 IIa 2 zu besteuern (80 % unmittelbar, 20% mittelbar).

Vermittelnde Personengesellschaften sind auch nach dem 5.11.2015 **transparent;** vermittelnde Anteilsveränderungen auf der mittleren Beteiligungskette lösen keine Besteuerung aus.

An der grundbesitzenden C-OHG ist seit 2013 mit 50% die D-KG beteiligt, an der der X mit 100% beteiligt ist. Weiterer Gesellschafter ist Y. Im Jahre 2025 verkauft Y seine Anteile an Z. Ferner bringt X seine Beteiligung an der D-KG in die Holding-KG ein, an der der Einbringende mit 100% beteiligt ist. **371**

vorher

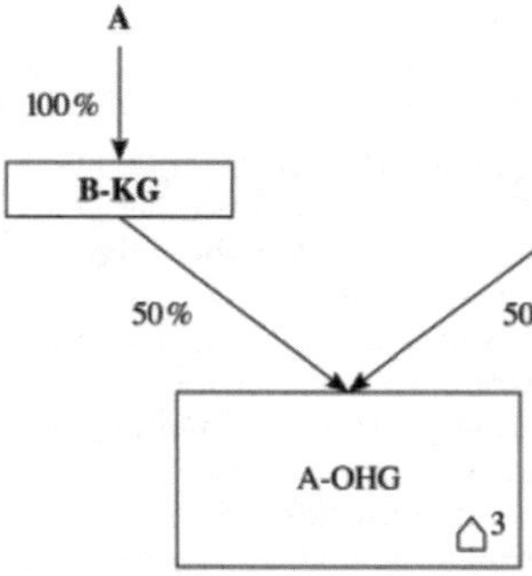

nachher

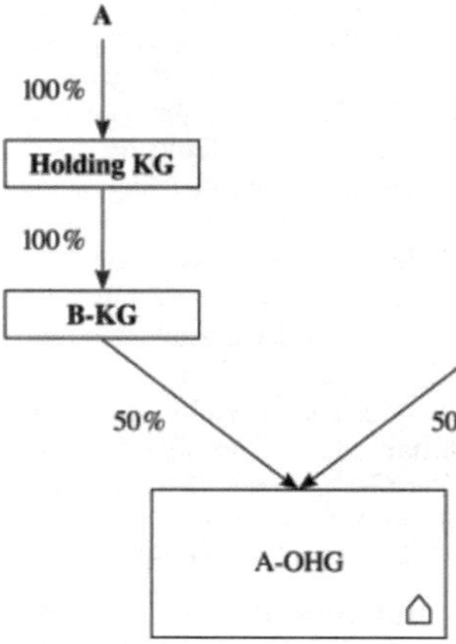

Die Übertragung des Anteils von X auf Z in Höhe von 50% ist gem. § 1 IIa 1 steuerbar. Die Übertragung des Anteils von der C-KG auf die Holding-KG löst hingegen keine Steuer aus, weil auf die beteiligten A durchzuschauen ist.

372 Unklar ist die Berechnung einer (von § 1 IIa 2 nur erfassten mittelbaren) Änderung für den Fall, dass Anteile „sowohl unmittelbar als auch mittelbar" auf neue Gesellschafter übergehen.

Eine mittelbare Änderung nach § 1 IIa 1 liegt nur vor für die Übertragung von der C-KG auf die X-GmbH und für die Übertragung der 40%- Anteile von G auf H. Der unmittelbare Übergang der Anteile von der E-KG auf die Y-GmbH wäre hingegen als auf „unmittelbare Änderung" nicht von § 1 IIa 2 erfasst (so Lange/Broemel DStR 2017, 360 (362)).

Fall:
Am Vermögen der grundbesitzenden KG sind A zu 10 % und die Z-GmbH & Co. KG zu 90 % beteiligt. Am Vermögen der Z-GmbH & Co. KG sind die AB-OHG zu 100 % und die GmbH zu 0 % beteiligt. Am Vermögen der AB-OHG sind A und B zu jeweils 50 % beteiligt. Diese Ausgangsstruktur besteht seit mehr als zehn Jahren. Die AB-OHG verkauft ihre Beteiligung an die AC-GbR, an der A und C zu jeweils 50 % beteiligt sind.

Dieser Beurteilung ist der BFH (II R 16/22, DStR 2025, 155; dazu auch Loose GmbHR 2025, 568 (570 ff.); Broemel/Saecker DStR 2025, 1255) entgegengetreten. Ist eine an der PersGes **mittelbar beteiligte PersGes** in die **Gesellschaftstruktur eingefügt** worden (ohne Änderung der Rechtsträger, an denen keine Beteiligungen bestehen können), ist **kein neuer Gesellschafter** der grbesitzenden PersGes hinzugekommen (anders (zu § 1 IIa) GLE 10.5.2022, BStBl. I 2022, 801 Tz. 5.3.2 mit Beispiel). Dem sog. **Ebenenprinzip,** das nur für **KapGes** ein Durchschauen auf hinter der KapGes stehende Personen verbietet, ist für PersGes **nicht** anzuwenden. Bei mehrstöckigen PersGes ist auf **allen Ebenen** der beteiligten PersGes **durchzuschauen** und die jeweiligen Veränderungen der **jeweiligen Beteiligungsverhältnisse** in die Betrachtung **einzubeziehen.** Die neu zwischengeschaltete, mittelbar an der grundbesitzenden PersGes beteiligte PersGes ist selbst kein „neuer Gesellschafter" iSv § 1 IIa 1. Diese Beurteilung gilt aber nur für die mittelbare Ebene; für die unmittelbare Ebene bleibt es bei der streng zivilrechtlichen Betrachtung (vgl. auch Loose juris-PRSteuer 15/2025 Anm. 4). Im Beispielsfall ist der A daher kein Neugesellschafter. Für die Heranziehung auch für § 1 IIb ist schon wegen der unterschiedlichen Ausgangslage kein Raum (aA Behrens/Sparr UVR 2025, 123; Graessner NWB 2025, 633).

373 In der Lit. wird hingegen die **Beschränkung** des § 1 IIa 2 auf **mittelbare Änderungen** als bloßes Versehen der Gesetzgeber angesehen und im Auslegungswege auch auf die **unmittelbare** Änderung über PersGes angewendet (so Viskorf/Meßbacher-Hönsch § 1 Rn. 740; Behrens/Halaczinsky UVR 2015, 371 (372); Behrens BB 2017, 1046 (1048 f.); Behrens/Wachter/Behrens § 1 Rn. 432). Erfasst werden sowohl die unmittelbare oder mittelbare Änderung im Gesellschafterbestand (zu § 1 IIa GLE 10.5.2022, BStBl. I 2022, 801 Tz. 5.1.2). Ein Änderungsbedarf besteht nicht.

374 Nicht ausdrücklich erfasst sind Sachverhalte, in denen eine **PersGes über eine KapGes mittelbar** an der **PersGes beteiligt** ist. In diesem Fall ist die zwischengeschaltete PersGes generell als transparent anzusehen. Dem entspricht die Behandlung durch die FVerw (zu § 1 IIa GLE 10.5.2022, BStBl. I 2022, 801 Tz. 5.3.5; vgl. auch Viskorf/Meßbacher-Hönsch § 1 Rn. 741).

375 **d) Unmittelbare Änderung der von einer KapGes gehaltenen Beteiligungen nach dem 5.11.2015 (§ 1 IIa 3, 4).** Nach § 1 IIa 3 gelten die Sätze 4 und 5, soweit eine KapGes an einer PersGes unmittelbar oder mittelbar beteiligt ist. Nach Satz 4 gilt eine unmittelbar beteiligte KapGes in vollem Umfang als Neugesellschafterin, wenn an ihr 90% der Anteile auf neue Gesellschafter überge-

hen. Der in § 1 IIa 4 fehlende Hinweis auf den Zehn-Jahres-Zeitraum ergibt sich schon unmittelbar aus § 1 IIa 1 (Bock/Weis GmbHR 2016, 205; anders wohl Behrens BB 2017, 1046). Der noch in den Erlassen v. 12.5.2018 (BStBl. I 2018, 1313 Tz. 5.2.3.1) enthaltene Hinweis auf die Nichtgeltung der früheren Fünfjahresfrist (sog. **Ewigkeitsbetrachtung**) ist in den neuen Erlassen (zu § 1 IIa GLE 10.5.2022, BStBl. I 2022, 801 Tz. 5.2.3.1) nicht mehr enthalten. Es gilt jetzt ein einheitlicher Zehnjahreszeitraum (Loose/Broemel/Mörwald Tz. 3.537; Viskorf/Meßbacher-Hönsch § 1 Rn. 748 auch mit Hinweis auf § 23 XIX).

Beispiel:

A ist zu 90% an der seit 2005 grundbesitzenden AB-OHG beteiligt. Weiterer Gesellschafter **376** mit 10% ist die B-GmbH, an der D und E mit je 50% beteiligt sind. A überträgt seine Beteiligung zu 88% auf B, D seine Beteiligung auf F und E 45% seiner Beteiligung auf G.

vorher

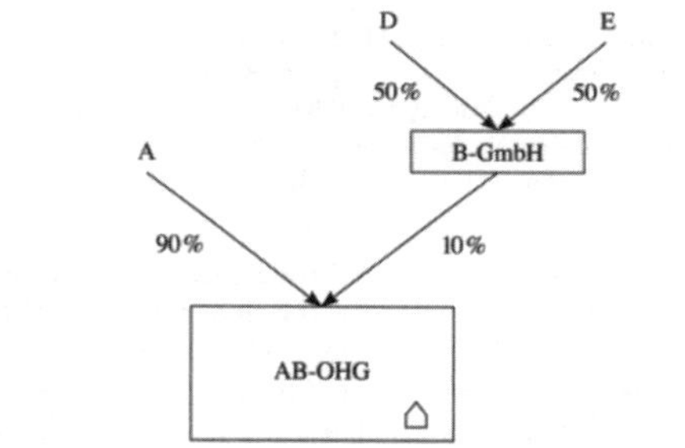

nachher

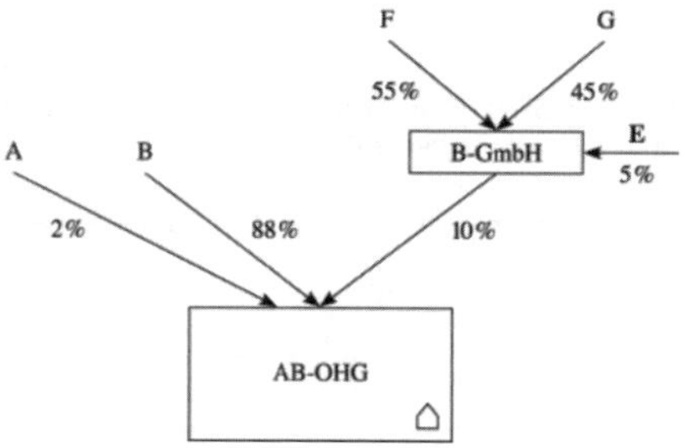

Die unmittelbare Übertragung von 88% der Anteile auf B sowie die Übertragung der Anteile von D auf F in Höhe von 5% erfüllt noch nicht die Anforderungen des § 1 IIa 4. Erfüllt sind die Anforderungen des § 1 IIa 4 jedoch mit Übergang der Anteile von 45% von E auf G. Damit entsteht die Steuer in voller Höhe und nicht nur in Höhe von 90%.

Schwierigkeiten bereitet ferner die Frage nach der **Gesellschaftereigenschaft der an der KapGes beteiligten Gesellschafter.** Hierzu hat der Gesetzgeber in § 1 IIa Satz 4 und 5 (anwendbar nach dem 5.11.2015, § 23 XIII) erstmals den Begriff **„neue Gesellschafterin“** eingeführt. Hiernach können „neue Gesell- **377** schafterin" nur Personen oder Gesellschaften sein, die vorher noch nicht **unmittelbar oder mittelbar an der KapGes beteiligt waren.**

Der **BFH** (II R 28/21, DStR 2025, 2894 mAnm Kugelmüller-Pugh; Loose GmbHR 2025, 568; Broemel/Saecker DStR 2025, 1255; aA Kraft Ubg 2025, 69; Behrens/Wachter/Behrens § 1 Rn. 448; Behrens/Sparr GmbHR 2025, 380; zweifelnd Viskorf/Meßbacher-Hönsch § 1 Rn. 772, 812 f.) hat entschieden, dass für die Frage, ob eine unmittelbar an der grbesitzenden PersGes beteiligte KapGes „neuer Geselllschafter" ist, nur auf die **Beteiligung an der KapGes** abzustellen ist. Selbst wenn der neu an der KapGes beteiligten Neugesellschafter bereits vorher an der PersGes beteiligt war, wird er nicht zum Altgesellschafter der KapGes. Damit folgt er einem strikten **horizontalen „Alles oder Nichts Prinzip".** Dem „Ebenenprinzip" mit dem Durchschauen mit Einbezug auch der PersGes hat der BFH mit eingehender Begründung eine **klare Absage** erteilt.

Beispiel:

Neuer Gesellschafter ist jedem Fall **D,** der bisher noch nicht unmittelbar oder mittelbar an der PersGes beteiligt war. Die Eigenschaft des **A** als „neue Gesellschafter" ist hingegen zu verneinen, da er schon unmittelbar an der A-KG beteiligt war und der zusätzliche Erwerb der Beteiligung an der B-GmbH an der schon vorliegenden Beteiligung nichts ändert (Viskorf/Meßbacher-Hönsch § 1 Rn. 811; Behrens BB 2017, 1046 (1051); unklar Lange/Broemel DStR 2017, 360 (364 ff.)).

378 **e) Mittelbare Änderungen auf Ebene jeder mittelbar beteiligten KapGes nach dem 5.11.2015 (§ 1 IIa 5); Rückwirkungsproblematik.** Bei mehrstufigen Beteiligungen gilt Satz 4 auf der Ebene jeder mittelbar beteiligten KapGes entsprechend. Der in § 1 IIa 5 fehlende Hinweis auf den Zehn- bzw. Fünf-Jahres-Zeitraum ergibt sich schon unmittelbar aus § 1 IIa 1 (Bock/Weis GmbHR 2016, 205; anders wohl Behrens BB 2017, 1046).

379 Gewisse Schwierigkeiten bereitet es, wenn an einer grundbesitzenden PersGes eine KapGes beteiligt ist, deren Anteile wiederum von einer PersGes gehalten werden.

Beispiel:

Seit 2024 sind an der A-KG zu jeweils 50% die X-KG und die Y-GmbH beteiligt. Alleiniger Anteilseigner der Y-GmbH ist die B-KG, an der C und D zu je 50% beteiligt sind. C und D übertragen ihre Anteile 2025 auf E und F.

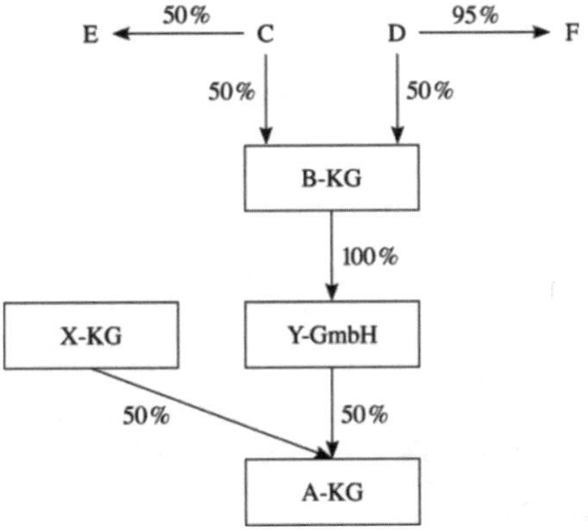

Dieser Rechtsvorgang erfüllt die Vorrausetzungen des § 1 IIa 5. Denn bei mehrstufigen Beteiligungen liegt laut S. 4 für E und F eine Neugesellschafterstellung vor.

An der A-KG ist zu 100% die B-GmbH beteiligt. An dieser ist zu 100% die A-GmbH beteiligt. Alle Beteiligungen werden zu 100% von A gehalten. Im Jahr 2016 bringt die A-GmbH ihre Beteiligung in eine Neu-GmbH ein, an der A ebenfalls zu 100% beteiligt ist. **380**

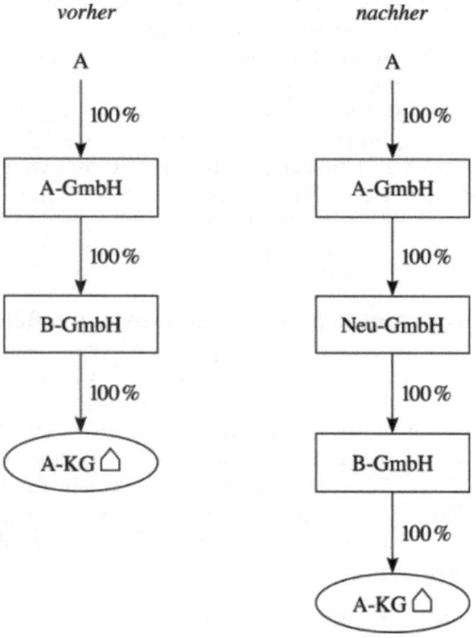

Der Vorgang ist gem. § 1 IIa 5 steuerbar, weil die A-GmbH wegen der Übertragung auf die Neu-GmbH als mittelbarer Neugesellschafter gilt (Joisten DStZ 2016, 272 (277)).

Bis zum 5.11.2015 konnte die Besteuerung nach § 1 IIa aufgrund der für eine tatbestandserfüllende mittelbare Änderung erforderlichen vollständigen Änderung des Gesellschafterbestands durch die **Zurückhaltung eines** – auch geringen – **Zwerganteils** ausgewichen werden (vgl. auch Loose DB 2013, 1687 (1690); eine vermögensmäßige Beteiligung von 0% genügt jedoch nicht); damit nähert sich die Rechtslage partiell derjenigen vor Einführung des § 1 IIa (vgl. → Rn. 309). Die steuerliche Erfassung derartiger Gestaltungen durch Anwendung des § 42 AO kommt wegen der abschließenden Regelung des § 1 IIa nicht in Betracht (vgl. auch → Rn. 271). Die damit eröffnete **Besteuerungslücke** wird – teilweise – durch **§ 1 IIIa** geschlossen, der auf nach dem 6.6.2013 verwirklichte Erwerbsvorgänge anzuwenden ist (§ 23 XI). **381**

Werden nach dem 5.11.2015 weitere Teilakte einer Änderung des Gesellschafterbestands verwirklicht, kann eine Rückbeziehung an schon vor dem 5.11.2015 verwirklichte Teilakte als steuerverschärfende Analogie nicht hingenommen werden (Viskorf/Loose § 23 Rn. 93 ff.).

9. Übertragung von Restanteilen nach tatbestandserfüllender Änderung des Gesellschafterbestands. Nach einer den Tatbestand des § 1 IIa erfül- **382**

lenden Änderung des Gesellschafterbestands durch Übergang von 90% der Anteile am Gesellschaftsvermögen kann es noch in Bezug auf dasselbe Gr zum Übergang der restlichen Anteile von maximal 10% an dieser PersGes kommen. Durch diesen Übergang der Restanteile wird unstr. der Steuertatbestand des § 1 IIa nicht erneut erfüllt. Fraglich ist allein, ob der Übergang dieser Restanteile noch dem schon verwirklichten Erwerbsvorgang iSv § 1 IIa zuzuordnen ist oder ob insoweit ein neuer Lauf der Zehn- bzw. Fünfjahresfrist beginnt. Bei einem gesamtplanmäßigen Wechsel im Gesellschafterbestand ist die nachträgliche Anteilsübertragung der vorhergehenden Verwirklichung des Tatbestands des § 1 IIa zuzurechnen (Viskorf/Meßbacher-Hönsch § 1 Rn. 919; Sack DStR 1998, 142). Liegt dem Übergang der Restanteile kein Gesamtplan zugrunde oder lässt sich ein solcher nicht zweifelsfrei feststellen, beginnt mit dem Übergang der Restanteile ein **neuer Lauf der Zehn- bzw. Fünfjahresfrist** (Viskorf/Meßbacher-Hönsch § 1 Rn. 919; BFH II R 64/98, BStBl. II 2001, 422; II R 59/02, BFH/NV 2005, 1369). Diese Grundsätze gelten auch, wenn nach dem 5.11.2015 ein Resterwerb der schon eingetretenen Änderung des Gesellschafterbestands erfolgt.

383 **10. Verstärkung der mittelbaren zur unmittelbaren Beteiligung.** Für die Steuerbarkeit nach § 1 IIa ist unerheblich, ob der Übergang von mindestens 90% der Anteile insgesamt unmittelbar oder ganz oder teilweise mittelbar erfolgt. Folgt einem steuerbaren mittelbaren Übergang von Anteilen auf eine KapGes der unmittelbare Übergang dieser Anteile auf dieselbe KapGes **(Verkürzung der Beteiligungskette),** wird keine erneute Steuer ausgelöst (zu § 1 IIa GLE 10.5.2022, BStBl. I 2022, 801 Tz. 5.2.3.1; dies entspricht der Rechtslage zu § 1 III, vgl. → Rn. 573 f.). Dies gilt jedoch nur, wenn dem nach § 1 IIa steuerbaren mittelbaren Übergang der Anteile eine Verkürzung der **Beteiligungskette** auf die KapGes nachfolgt.

384 **11. Verlängerung der Beteiligungskette.** Die Verlängerung der Beteiligungskette einer **KapGes,** die über eine KapGes mittelbar an der grundbesitzenden PersGes beteiligt ist, ist nach § 1 IIa steuerbar; eine mittelbare Beteiligung der beteiligten KapGes an der beteiligten PersGes besteht nicht (zu § 1 IIa GLE 10.5.2022, BStBl. I 2022, 801 Tz. 5.2.3.2). Ist eine KapGes über eine PersGes mittelbar an der grundbesitzenen PersGes beteiligt, kann die KapGes Altgesellschafterin sein (zu § 1 IIa GLE 10.5.2022, BStBl. I 2022, 801 Tz. 5.2.1.2). Dies gilt etwa dann, wenn beim Erwerb der unmittelbaren Beteiligung bereits der Zeitraum der unmittelbaren Beteiligung gem. § 1 IIa 1 abgelaufen war.

Die in der Lit. angenommene fehlende Steuerbarkeit des Übergangs der mittelbaren zur unmittelbaren Beteiligung (so Behrens/Wachter/Behrens § 1 Rn. 380; Scheifele/Müller DStR 2013, 1805) verbietet sich wegen der insoweit für die Abgrenzung fehlenden Beurteilungsmaßstäbe. Die hat der BFH (II R 28/21, DStR 2024, 2894) mit klaren Worten bestätigt (→ Rn. 377).

385 **12. Treuhand.** Bei PersGes kann hinsichtlich der mittelbaren Beteiligung bei Beteiligung eines Treuhänders auf **§ 39 II Nr. 1 S. 2 AO** zurückgegriffen werden. Dadurch sollen auch wirtschaftlichen Gesichtspunkten Rechnung getragen werden, weil eine Präzisierung nach zivirechtlichen Grundsätzen nicht möglich ist. Entscheidend ist danach, dass über die schuldrechtliche Vereinbarung einem anderen als dem an der grundbesitzenden PersGes unmittelbar Beteiligten eine **Wertteilhabe an den Grundstücken der PersGes** vermittelt wird (→ Rn. 361, 368 ff.). **Neugesellschafter** bei **Treuhandverhältnissen** ist:

- derjenige, der aufgrund **Vereinbarungstreuhand** mit einem Gesellschafter der grundbesitzenden PersGes nach deren Gründung bzw. nach einem Grundstückserwerb durch diese oder nach einer früheren Verwirklichung des Tatbestands des § 1 IIa dessen Treugeber wird,
- der neue Treugeber eines Gesellschafters nach **Treugeberwechsel,**
- der Treugeber, auf den die treuhänderisch gehaltenen Anteile vom Treuhänder **übertragen oder rückübertragen** werden (zur anteiligen Steuerbefreiung in Höhe der rückübertragenen Anteile auf den Treugeber vgl. § 3 Nr. 8 analog), oder
- der neue Treuhänder beim **Wechsel** des Treuhändergesellschafters.

Der Treuhänder ist unmittelbarer und der Treugeber mittelbarer Gesellschafter **386**
(vgl. BFH II R 30/13, BStBl. II 2015, 777). Danach erfüllt auch der Treuhänder den Tatbestand des § 1 III Nr. 1, wenn er Inhaber von mind. 90 % (oder 95 %) der Gesellschaftsanteile und dadurch unmittelbarer Gesellschafter der Gesellschaft wird (BFH II R 34/21, DStR 2024, 1937). Neugesellschafter nach § 1 IIa ist auch beim Wechsel des Treuhändergesellschafters derjenige, der als neuer Treuhänder fungiert (BFH II R 28/21, DStR 2024, 2894).

13. Anteilserwerb von Todes wegen (§ 1 IIa 6). Nach § 1 IIa 6 bleibt bei **387**
der **Ermittlung des Vomhundertsatzes** der Erwerb von Anteilen von Todes wegen außer Betracht; dies unterstreicht den auf Missbrauchsabwehr beschränkten Gesetzeszweck des § 1 IIa. Dem Wortlaut nach enthält § 1 IIa 6 ausschließlich eine Regelung über die Ermittlung des Vomhundertsatzes; auf den Lauf der Zehnjahresfrist hat der Anteilserwerb von Todes wegen keinen Einfluss. Begünstigt ist ausschließlich der **Erwerb von Todes** wegen, **nicht** aber die Anteilsübertragung unter Lebenden (Hofmann/Keßeler § 1 Rn. 159; ggf. greift jedoch eine Begünstigung nach § 6 III iVm § 3 Nr. 4, vgl. → § 3 Rn. 203, → § 6 Rn. 16) und auch nicht die **Schenkung** von Anteilen am Gesellschaftsvermögen (hier ist jedoch § 3 Nr. 2 anzuwenden, vgl. → § 3 Rn. 11, 37 ff.). Eine **erweiternde Auslegung** des § 1 IIa 6 auf ein Kaufrechtsvermächtnis ist **nicht möglich** (FG 5 K 2303/16, EFG 2019, 993).

Anteilserwerbe von Todes wegen bleiben unabhängig davon unberücksichtigt, **388**
ob der **Erbfall einen unmittelbaren oder** einen **mittelbaren Anteilsübergang** bewirkt. § 1 IIa 2 ist uneingeschränkt auch anzuwenden, wenn der Erbfall zu einer Änderung der Beteiligungsverhältnisse an einer KapGes führt, die ihrerseits an der grbesitzenden PersGes beteiligt ist (Hofmann/Keßeler § 1 Rn. 159).

§ 1 IIa 6 enthält keine ausdrückliche Regelung für den Fall, dass der Erwerber für den Anteilserwerb von Todes wegen eine Ausgleichsverpflichtung (Geldzahlung) an Dritte zu erbringen hat (vgl. → § 3 I Nr. 2 S. 2 ErbStG; vgl. → § 3 Rn. 85a). Im Umfang der Ausgleichsverpflichtung ist, weil es insoweit an einem Erwerb von Todes wegen fehlt, die Änderung des Gesellschafterbestands bei der Ermittlung des Vomhundertsatzes zu berücksichtigen (vgl. auch → § 3 Rn. 103). § 1 IIa 6 findet auch Anwendung, wenn der **Treuhänder- oder Treugeberwechsel** auf einem Erwerb von Todes wegen beruht (zutr. Hofmann/Keßeler § 1 Rn. 159; Viskorf/Meßbacher-Hönsch § 1 Rn. 923).

14. Vorheriger Grundstückserwerb vom Gesellschafter (§ 1 IIa 7). **§ 1** **389**
IIa 7 (zur erstmaligen Anwendung § 23 VII 1; zu den vorhergehenden Regelungen vgl. Pahlke/Franz/Pahlke GrEStG, 3. Aufl. 2005, § 1 Rn. 312 ff.) **regelt** den Fall, dass die **PersGes** vor der Änderung des Gesellschafterbestands ein **Gr von einem Gesellschafter** (auch einer als Gesellschafterin beteiligten anderen

Gesamthand) erworben hatte und insoweit die Vergünstigungen nach **§ 5 I oder II (bzw. § 6 III 1 iVm I)** gewährt wurden. Hierzu ordnet § 1 IIa 7 an, dass auf die nach § 8 II 1 Nr. 3 ermittelte Bemessungsgrundlage für den Erwerbsvorgang, für den auf Grund des § 5 III oder § 6 III 2 die Steuervergünstigung zu versagen ist, mit dem entspr Betrag anzurechnen ist. Die Vorschrift ist im Kern eine **Anrechnungsvorschrift,** die allerdings – anders als § 1 VI 2 – keine Festsetzung der Steuer voraussetzt (BFH II R 2/13, BStBl. II 2015, 557 Rn. 26; Hofmann/Keßeler § 1 Rn. 161). Sie soll eine dadurch entstehende **Doppelbelastung** ausschließen, dass einerseits der GrErwerb der „alten" PersGes unter Versagung der Vergünstigungen aus § 5 I und II gem. § 5 III besteuert und andererseits auch der fingierte GrErwerb der „neuen" (fingierten) PersGes der Besteuerung gem. § 1 IIa unterworfen und für diesen GrErwerb der „neuen" PersGes die Begünstigung des § 6 III 1 iVm I 1 gem. § 6 III 2 versagt wird.

390 Die **Anrechnung der Bemessungsgrundlage** nach § 1 IIa 7 setzt voraus, dass die PersGes ein Grundstück von einem Gesellschafter oder einer anderen Gesamthand erworben hat und im Anschluß daran in Bezug auf dieses Grundstück der Tatbestand des § 1 IIa 1 erfüllt wurde und die Voraussetzungen für die Nichterhebung der Steuer für den Grundstckserwerb der PersGes von ihrem Gesellschafter nicht erfüllt worden oder rückwirkend entfallen sind. Erforderlich ist eine innere Verknüpfung zwischen der nachträglichen Versagung der Steuerbegünstigung und dem Wechselim Gesellschafterbestand (BFH II R 2/13, BStBl. II 2015, 557 Rn. 26). Entscheidend ist allein, dass für den Grundstückserwerb bei zutreffender materiell-rechtlicher Betrachtung die Begünstigungsvoraussetzungen des § 5 III oder § 6 III entfallen waren.

391 Die tatbestandlichen Voraussetzungen des **§ 1 IIa 7** sind daher **nicht erfüllt,** wenn sich eine Änderung des Gesellschafterbestands an der grbesitzenden PersGes in Höhe von mind. 90% **in einem Rechtsakt** vor Ablauf der Zehnjahresfrist (§ 5 III, § 6 III) vollzieht (zu §§ 5 und 6 GLE 5.3.2024, BStBl. I 2024, 410 Tz. 7.8.1.1; Viskorf/Meßbacher-Hönsch § 1 Rn. 940; krit. Viskorf/Viskorf § 5 Rn. 137 ff.). In diesem Fall ist die von § 5 III bzw. § 6 III 2 vorausgesetzte Möglichkeit der **Steuerumgehung objektiv ausgeschlossen,** weil ein solcher Gesellschafterwechsel und die damit einhergehende Verminderung der Beteiligung des das Gr einbringenden Gesamthänders (bzw. der einbringenden Gesamthand) zu einem nach § 1 IIa 1 steuerbaren (fingierten) GrErwerb der „neuen" PersGes führt (vgl. auch → § 5 Rn. 75 ff., → § 6 Rn. 57 f.). Für eine Anrechnung iSd § 1 IIa 7 ist in diesen Fällen kein Raum.

§ 1 IIa 7 ist hingegen **anzuwenden,** wenn die PersGes ein Gr von einem Gesellschafter (bzw. einer anderen Gesamthand) erworben hatte und sich anschließend ein Gesellschafterwechsel sukzessive **in mehreren Teilakten** vollzieht. In diesem Fall ist § 1 IIa 7 auf alle Teilakte anzuwenden, durch die sich – ohne dass GrESt aus § 1 IIa entsteht – der Anteil des das Gr einbringenden Gesamthänders (oder der einbringenden Gesamthand) vermindert (GLE 5.3.2024, BStBl. I 2024, 410 Tz. 7.8.1.2; Viskorf/Meßbacher-Hönsch § 1 Rn. 941; Viskorf/Viskorf § 5 Rn. 138b).

392 Für die **Berechnung** des sich aus § 1 IIa 7 ergebenden Anrechnungsbetrags ist zunächst die Bemessungsgrundlage für das von der „alten" auf die „neue" PersGes übergehenden Gr iSd § 1 IIa iVm § 8 II 1 Nr. 3 (Grundbesitzwert) zu ermitteln; von diesem Wert ist eine etwaige Beteiligungsquote des in der neuen PersGes verbleibenden Altgesellschafters ebenso wie eine sich etwa aus § 6 III ergebende Vergünstigung als Kürzungsbetrag abzusetzen (Hofmann/Keßeler § 1 Rn. 163).

Von der so ermittelten Bemessungsgrundlage ist diejenige Bemessungsgrundlage abzuziehen, die sich für den GrErwerb der PersGes vom Gesellschafter wegen § 5 III bzw. § 6 III 2 ergibt. Soweit die nach vorstehender Berechnung verbleibende Differenz nicht den Betrag von 2.500 EUR übersteigt, ist gem. § 3 Nr. 1 keine GrESt zu erheben.

Bei der Ermittlung des Anrechnungsbetrags sind die **unterschiedlichen Zeitpunkte der Steuerentstehung** für den GrErwerb der Gesellschaft vom Gesellschafter einerseits und der Änderung des Gesellschafterbestands iSd § 1 IIa andererseits zu beachten. **Wertsteigerungen** des Gr, die zB auf Veränderungen des tatsächlichen GrZustands (zB zwischenzeitliche Bebauung) zurückgehen und die ggf. gem. § 8 II 2 bei der Bemessungsgrundlage der unter Anwendung des § 5 III bzw. § 6 III 2 festzusetzenden Steuer für den GrErwerb der PersGes zu berücksichtigen sind, bleiben bei der Berechnung des Anrechnungsbetrags außer Betracht. Insoweit ist nur der anteilig auf das unbebaute Gr entfallende Anrechnungsbetrag maßgebend (zutr. Hofmann/Keßeler § 1 Rn. 164). Umgekehrt sind jedoch **Wertminderungen** des Gr, die im Zeitraum zwischen dem GrErwerb der PersGes und der den Tatbestand des § 1 IIa erfüllenden Änderung ihres **Gesellschafterbestands** eintreten, bei der Ermittlung der nach § 1 IIa 7 verbleibenden Bemessungsgrundlage zu berücksichtigen. 393

Die **verfahrensrechtliche Frage** nach dem Verhältnis der Steuerfestsetzung für den GrErwerb der PersGes von einem Gesellschafter oder einer Gesellschaft zu der Steuerfestsetzung für den nachfolgenden fiktiven GrÜbergang auf die „neue" PersGes ist geklärt. Insoweit ergibt sich die Änderung zu §§ 129, 164, 165 oder 172 ff. AO. Problematisch ist jedoch, ob die Änderung der Steuerfestsetzung für den Grundstückserwerb der PersGes zugleich eine Änderung der Steuerfestsetzung für die nachfolgende steuerbare Änderung des Gesellschafterbestands ermöglicht. Dies wird man grundsätzlich verneinen müssen, weil insoweit weder ein Grundlagenbescheid noch ein rückwirkendes Ereignis vorliegt (§ 175 I Nr. 1 oder 2 AO); auch an einer widerstreitenden Steuerfestsetzung (§ 174 I oder II AO) wird es im Regelfall fehlen. 394

15. Steuervergünstigungen; Durchführung der Besteuerung. Auf die nach § 1 IIa steuerbaren Erwerbe sind die **Befreiungsvorschriften** des § 3 anwendbar (→ § 3 Rn. 9, 38 ff., 174, 231). Zur Anwendung des § 6 III, soweit ein (Alt-)Gesellschafter nach der Änderung des Gesellschafterbestands an dem Gr wertmäßig beteiligt bleibt, vgl. → § 6 Rn. 46. Für Konzernsachverhalte ist die Steuerbefreiung aus § 6a zu beachten. 395

Bemessungsgrundlage sind gem. § 8 II 1 Nr. 3 die Werte iSd § 151 I 1 iVm 157 I–III BewG. **Steuerschuldner** ist die PersGes (§ 13 Nr. 6). Unter den Voraussetzungen des § 17 III 1 Nr. 2 bedarf es einer **gesonderten Feststellung** der Besteuerungsgrundlagen. Unmittelbare oder mittelbare Änderungen im Gesellschafterbestand lösen unter den näheren Voraussetzungen des § 19 I Nr. 3a eine **Anzeigepflicht** der Beteiligten aus.

einstweilen frei 396–429

VIII. Änderung im Gesellschafterbestand einer grundbesitzenden KapGes (§ 1 IIb)

1. Allgemeines; Verwaltungsanweisungen. Durch das GrEStGÄndG v. 12.5.2021 (BGBl. I 2021, 986) wurde im Zusammengang mit der verschärften Besteuerung von Share Deals der § 1 IIb eingefügt. Die Steuer aus § 1 IIb ent- 430 steht – ebenso wie die aus § 1 IIa – erst mit dem **dinglichen jetzigen Stand** (Closing) und nicht schon mit Abschluss des schuldrechtlichen Erfüllungsgeschäfts (Signing); zu den Auswirkungen vgl. § 16 IVa (→ § 16 Rn. 103 ff.).

431 **Verwaltungsanweisungen.** Zu diesem neuen Tatbestand hat die Verwaltung GLE betr. Anwendung des § 1 IIb ab dem 1.6.2021 – GLE 10.5.2022, BStBl. I 2022, 821 – herausgeben. Bezüglich der Zurechnung von Grundstücken für die § 1 IIa–IIIa hat die Verwaltung den GLE „Zurechnung von Grundstücken für die Ergänzungstatbestände in § 1 Abs. 2a bis 3a GrEStG" – hier: Grundsätze Zurechnung – v. 16.10.2023, BStBl. I 2023, 1872 erlassen; frühere Erlasse mit gegenteiligen Ausführungen sind nicht mehr anzuwenden. Alle mit Ablauf des 30.6.2021 Beteiligten gelten als Altgesellschafter.

432 **a) Rechtssystematisch** gehört § 1 IIb (ebenso wie § 1 IIa, III und IIIa) zu den Ergänzungstatbeständen (→ Rn. 3). Die Regelung des § 1 IIb soll aus Gründen der Missbrauchsverhinderung unter den gleichen Voraussetzungen wie § 1 IIa bei grundbesitzenden Personengesellschaften Anteilseignerwechsel bei KapGes bei inländischen Grundbesitz besteuern (Viskorf/Meßbacher-Hönsch § 1 Rn. 948). Der Anwendungsbereich des § 1 IIb verkleinere zwar den Anwendungsbereich des § 1 III 3 Nr. 3. Gleichwohl behalte § 1 III Nr. 3 jedoch auf Grund seiner von § 1 IIb abweichenden Berechnungsmethode oder der Qualifizierung als Alt- oder Neugesellschafter seine Bedeutung. § 1 IIb gilt auch für ausländische KapGes mit inländischem Grundbesitz (zu den insoweit ausgelösten Verrechnungsaspekten des § 1 IIb bei multinationalen Unternehmen Andresen IStR 2023, 348).

Geändert wurde wegen des neu geschaffenen § 1 II auch § 13 Nr. 7 (→ § 13 Rn. 21), § 19 I 1 Nr. 3b (→ § 19 Rn. 12) und § 23 XVIII und XXIII (→ § 23 Rn. 51 ff. und 71 ff.) sowie § 16 IVa und V 2 (→ § 16 Rn. 103 ff.).

433 **b) Gesetzgebungstechnisch** wird durch § 1 IIb für ein zum Vermögen einer KapGes gehörendes inländisches Grundstück ein Anteilswechsel (durch unmittelbaren oder mittelbaren Gesellschafterwechsel) angenommen, wenn mindestens 90 % der Anteile der Gesellschaft (als Teilakt) auf neue Gesellschafter übergehen. Ein solcher Vorgang gilt als ein auf die Übereignung eines Grundstücks auf eine „neue" KapGes gerichtetes Rechtsgeschäft (§ 1 **IIb 1**). Es handelt sich um eine nur „fiktiv" neue KapGes; zivilrechtlich liegt keine Änderung vor (zu § 1 IIb GLE 10.5.2022, BStBl. I 2022, 821 Tz. 1). Verfassungsrechtliche Bedenken gegen diese Vorschrift bestehen nicht (dazu mwN FG Baden-Württemberg 5 K 2022/23, EFG 2025, 113 mAnm Lutter, Rev. BFH II R 24/24).

434 **c) Zeitliche Anwendung.** § 1 IIb ist erstmals auf Erwerbsvorgänge nach dem 30.6.2021 anzuwenden **(§ 23 XVIII).** Gemäß § 23 XXIII bleiben bei der Anwendung des § 1 IIb Übergänge von Anteilen der Gesellschaft, die (unmittelbar oder mittelbar) vor dem 1.7.2021 erfolgen, unberücksichtigt (Übergangsregelungen GLE 29.6.2021, BStBl. I 2021, 1006, Tz. 3; zu § 1 IIb GLE 10.5.2022, BStBl. I 2022, 821 Tz. 5.2.1). Die Regelung führt zu Problemen, wenn das Verpflichtungsgeschäft vor dem 30.6.2021 abgeschlossen wurde (Steuerbarkeit nach § 1 III Nr. 1 oder Nr. 2) und die nach dem 30.6.2021 erfolgende Abtretung § 1 IIb unterfällt (Broemel/Mörwald DStR 2021, 2383 unter 2.1). Diese Doppelversteuerung kann durch § 16 IVa 1 iVm V 2 vermieden werden (→ § 16 Rn. 103 ff.).

435 **Sukzessive Anteilsübertragungen** sind zu berücksichtigen, wenn nach dem 30.6.2021 mindestens 90 % der Anteile auf Gesellschafter übergehen, die vorher

weder unmittelbar noch mittelbar an der Gesellschaft beteiligt waren. Problematisch ist es, wenn der Anspruch auf Anteilsübertragung vor dem 1.7.2021 begründet wurde (Signing) und der dingliche Vollzug (Closing) erst unter dem neuen Recht begründet wurde.

Beispiel:

X schließt mit B am 15.6.2021 einen Kaufvertrag über 100 % der Anteile an der grundbesitzenden A-GmbH (Signing). Zum dinglichen Übergang (Closing) kommt es erst im September 2022.

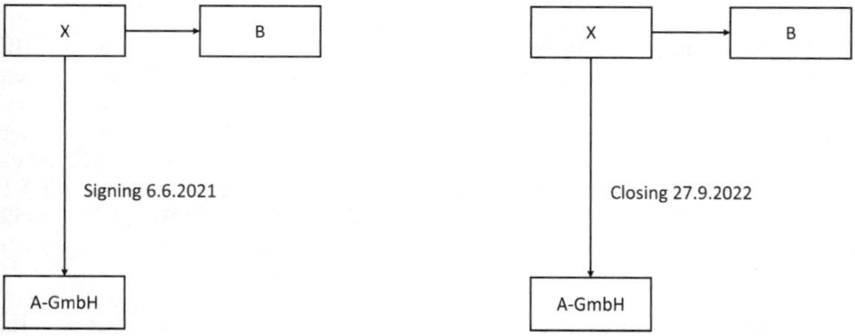

Mit Abschluss des Kaufvertrags im Juni 2021 verwirklicht B den Tatbstand des § 1 III Nr. 3. Beim Closing im September 2022 wird sodann § 1 IIb verwirklicht. § 1 VI 2 erfasst diesen Fall nicht, weil die Steuerbarkeit nach § 1 IIb nicht erfasst wird. Fraglich ist, ob hier eine Doppelbesteuerung erfolgt (zur Kritik auch schon Deutscher Bundestag Wortlautprotokoll 3. Sitzung, 44; Happel DStR 2021, 1193 (1195)). Dagegen spricht, dass bei der Anteilsvereinigung die am Erwerbsvorgang beteiligten Vertragsteile (§ 13 Nr. 1) und bei § 1 IIb die KapGes Steuerschuldner ist.

Die **FVerw** (zu § 1 IIb GLE 10.5.2022, BStBl. I 2022, 821 Tz. 8.2) löst das Problem, **436**
indem die im Falle des Closing (§ 1 IIb) erfolgende Festsetzung für das frühere Signing erfolgende Steuerfestsetzung (gem. § 1 III Nr. 1 und 3) aufzuheben oder zu ändern ist. Bei diesem Ansatz erübrigt es sich, das Problem im Billigkeitswege wegen Verstoß gegen das Übermaßverbot zu lösen (so aber Broemel/Mörwald DStR 2021, 2383; Behrens/Wachter/Behrens § 23 Rn. 77; vgl. auch Fleischer/Görnig Stbg 2022, 62 (65 f.); Böhmer/Schewe BB 2023, 472 (478); Behrens/Sparr BB 2023, 1678 (1689 f.)). In jedem Fall bleibt die Möglichkeit, bei Anwendung des § 16 eine Besteuerung nach § 1 IIb auszuschließen (Burwitz NZG 2021, 1299; vgl. Förster/Mendling DB 2021, 1974 (1978) mwN). Nach der neuen Sicht der FVerw soll bei zeitlichem Auseinanderfallen vom Signing und Closing die Zurechnung nach § 1 III Nr. 1 oder Nr. 3 oder § 1 IIIa – und damit die Dopelbesteuerung – erhalten bleiben; das Problem wird durch § 16 IVa und V 2 gelöst (→ § 16 Rn. 103 ff.).

d) Verhältnis zu anderen Steuertatbeständen. § 1 IIb und IIa sind gleich- **437**
rangig (zu § 1 IIb GLE 10.5.2022, BStBl. I 2022, 821 Tz. 2). § 1 IIb geht ebenso wie § 1 IIa der Anwendung des § 1 III und IIIa vor (zu § 1 IIb GLE 10.5.2022, BStBl. I 2022, 821 Tz. 7; zu mehrstufigen Beteiligungen Zurechnung GLE 16.10.2023, BStBl. I 2023, 1872 Tz. 3.2; ebenso zu § 1 III GLE 5.3.2024, BStBl. I 2024, 383 Rn. 7.1.

Dieser Befreiungsvorgang gilt auch, wenn die GrESt nach § 1 IIb nicht erhoben **438**
wird. Für das **Problem „Signing/Closing“** ist zu beachten, dass die Besteuerungszeitpunkte auseinanderfallen (das Signing erfüllt § 1 III Nr. 1 oder Nr. 3, das

Closing den Tatbestand des § 1 IIb). Beide Rechtsvorgänge sind je für sich steuerbar (zur Lösung dieses Konflikts → Rn. 436 vgl. auch § 16 IVa und V 2 → § 16 Rn. 103 ff.).

Die Gleichrangigkeit von § 1 IIa und IIb bedeutet nicht, dass ein Grundstück zugleich der Ober- und der Untergesellschaft zugerechnet werden kann. § 1 IIa und IIb scheiden als Grundlage für diese Zurechnung aus (BFH II R 44/18, BStBl. II 2023, 1009; II R 40/20, BStBl. II 2023, 1012; II R 33/20, BFH/NV 2023, 555; Broemel/Mörwald DStR 2022, 1977; Broemel/Mörwald DStR 2023, 1643; Meyerholz DStR 2023, 1758; Graessner/Lottermoser NWB 2023, 1701; Behrens/Sparr BB 2023, 1687).

439 **e) Anwendung der §§ 39, 42 AO.** Der Anwendungsbereich des § 1 IIb beschränkt sich beim unmittelbaren Anteilsübergang auf die zivilrechtlichen Grundsätze. Der mittelbare Gesellschafterwechsel ist keiner zivilrechtlichen Zuordnung zugänglich. Hier kann sich aus § 39 II Nr. 1 AO ein Anspruch der an der KapGes unmittelbar beteiligten Gesellschafter ergeben. Sinngemäß anzuwenden – auch für die Beurteilung von Vollmachtsgestaltungen – sind die für § 1 IIa geltenden Rechtsgrundsätze (Behrens/Wagner/Krohn DB 2022, 1987 (1990 f.)). Eine Anwendung des § 42 AO ist im Rahmen des § 1 IIb ausgeschlossen (Viskorf/Meßbacher-Hönsch § 1 Rn. 963).

440 **f) Steuerentstehung.** Die Steuer aus § 1 IIb entsteht – wie bei § 1 IIa (→ Rn. 316) – bei **umittelbarem Gesellschafterwechsel** mit dem wirksamen Übergang eines Anteils am Kapital (Verfügungsgeschäft, Closing); das schuldrechtliche Verpflichtungsgeschäft (Signing) ist nicht entscheidend (→ Rn. 430). Bei **mittelbarem Gesellschafterwechsel (zB Treuhand)** reichen schuldrechtliche Bindungen aus, wenn aus diesen unter Beachtung des § 39 II Nr. 1 AO eine Zurechnungsentscheidung vorgenommen werden kann (zu § 1 IIb GLE 10.5.2022, BStBl. I 2022, 821 Tz. 5.1 und 5.2). Die Steuer entsteht bei Erreichen der 90%-Grenze.

441 **2. KapGes.** Als **KapGes** werden die AG, GmbH, KGaA, e.G., UG (§ 5a GmbHG) angesehen; gleiches gilt für die eingetragene Genossenschaft (Wilms/Jochum/Schnitter GrEStG § 1 Rn. 290.16; zweifelnd Viskorf/Meßbacher-Hönsch § 1 Rn. 966a). AG ist auch die Reit-AG (§ 1 I, III ReitG), die – vorbehaltlich des § 1 IIc – dem § 1 IIb unterfällt. Ausländische KapGes werden von § 1 IIb erfasst, wenn deren rechtliche Struktur inländischen KapGes entspricht (zu § 1 IIb GLE 10.5.2022, BStBl. I 2022, 821 Tz. 2).

Keine KapGes sind eingetragene und nicht eingetragene Vereine, Stiftungen, stille Gesellschaften sowie Innengesellschaften.

442 **3. Inländisches Grundstück im Vermögen der KapGes. a) Neuregelung durch § 1 IVa.** Bisher hatte die FVerw auf der Grundlage des GLE betr. **Zurechnung von Grundstücken** für die Ergänzungstatbestände in § 1 IIa–IIIa (hier zitiert: Zurechnung GLE 16.10.2023, BStBl. I 2023, 1872) die damit zusammenhängenden Fragen und vor allem die Frage einer etwaigen Doppelbesteuerung behandelt. Dieser Erlass ist für Erwerbe nach dem 5.12.2024 durch **§ 1 IVa iVm § 23 XXV** überholt (Einzelheiten → Rn. 711 ff.); die zur Zuordnung zu den Ergänzungstatbeständen führenden Grundsätze (→ Rn. 321) bleiben unberührt (→ § 16 Rn. 103 ff.). Für die Änderung der Grundstückszurechnung für alle Erwerbe **nach dem 5.12.2024** ist ausschließlich auf § 1 I (unter Umständen auch

auf § 1 II) abzustellen. Erwerbe nach § 1 III und IIIa haben für Erwerbsvorgänge nach dem 5.12.2024 keine Bedeutung.

Für Erwerbsvorgänge **bis zum 5.12.2024** bleibt es jedoch bei der bisherigen Rechtslage mit allen Schwierigkeiten, die die Zurechnung GLE 16.10.2023, BStBl. I 2023, 1872 aufwerfen. Diese Fragen werden **nachfolgend behandelt.**

b) Bisherige Regelung. Der KapGes muss ein inländisches Gr **gehören.** 443
Erfasst sind diejenigen Grundstücke, die während des Zeitraums, in dem sich der Gesellschafterbestand ändert, durchgängig zum Vermögen der KapGes gehören. Dazu gehören diejenigen Grundstücke, die ihr – unabhängig von der zivil- oder bewertungsrechtlichen Zurechnung – im Zeitpunkt der Entstehung der Steuerschuld nach § 1 I, II, III oder IIIa **grunderwerbsteuerrechtlich** zuzurechnen sind (zu § 1 IIb GLE 10.5.2022, BStBl. I 2022, 821 Tz. 3: zu mehrstufigen Beteiligungen Zurechnung GLE 16.10.2023, BStBl. I 2023, 1872). Ein Grundstück gehört nicht mehr zu ihrem Vermögen, wenn es ihr zwar noch zivil- oder bewertungsrechtlich zuzurechnen ist (BFH II R 44/18, BStBl. II 2023, 1009), es aber Gegenstand eines Veräußerungsvorgangs nach § 1 I, III oder IIIa war. Grundstücke, die gem. § 1 II einem anderen die Verwertungsbefugnis zuweisen, gehören zu ihrem Vermögen.

Aus der **Zurechnungsentscheidung** nach § 1 I, II, III oder IIIa könnte abge- 444
leitet werden, dass neben der Zurechnung zur Muttergesellschaft auch die Grundstücke der **Untergesellschaft** erfasst werden. Nach der BFH-Rspr. (BFH II R 44/18, BStBl. II 2023, 1009; II R 40/20, BStBl. II 2023, 1012; II R 28/21, BFH/NV 2025, 216) „gehört" ein inländisches Grundstück der Gesellschaft jedoch nur, wenn es ihr im Zeitpunkt der Entstehung der Steuerschuld für den nach § 1 IIa (für § 1 IIb kann nichts anderes gelten) der GrESt unterliegenden Vorgang auf Grund eines unter § 1 I–IIIa fallenden **und verwirklichten** Erwerbsvorgangs grunderwerbsteuerrechtlich zuzurechnen ist. Dies ist nach den Grundsätzen zur Zurechnung in § 1 II–IIIa in bestimmten Grenzen der Fall (vgl. Zurechnung GLE 16.10.2023, BStBl. I 2023, 1872 Rn. 2.2). Der bloße Erwerb des Grundstücks durch die Untergesellschaft führt nicht zu einer automatischen Zurechnung bei der Obergesellschaft bzw. im Falle mehrstöckiger Beteiligungsketten bei den Obergesellschaften (für die Besteuerung allein der Beteiligungsgesellschaft Fleischer/Koll/Görnig Ubg 2022, 537 (539); Broemel/Mörwald DStR 2022, 1689 (1690)).

4. Anteil. Der Übergang von mindestens 90 % der „Anteile" der Gesellschaft 445
auf neue Gesellschafter (§ 1 IIb 1) meint bei einer **GmbH** die Geschäftsanteile und bei einer **AG** die Aktien (§§ 8 ff. AktG). Ausschlaggebend ist für das Quantum von 90 %, welcher Anteil am Stammkapital (GmbH) bzw. Grundkapital (AG) übergeht. Die Vermögenseinlagen der persönlich haftenden Gesellschafter einer KGaA (§ 281 II AktG) sind Teil des Grundkapitals, wenn sie darauf geleistet wurden (krit. Broemel/Mörwald DStR 2022, 1689 (1696)). Unerheblich sind die mit den Anteilen verbundenen Rechte. Stimmrechtslose Vorzugsaktien werden genauso berücksichtigt wie mit Stimmrecht ausgestattete Aktien (keine Bedeutung hat es, ob ein Gesellschafter besondere Zuzahlungen in die Kapitalrücklage geleistet hat (zu § 1 IIb GLE 10.5.2022, BStBl. I 2022, 821 Tz. 4).

Sukzessive Übertragungen unmittelbarer oder mittelbarer Beteiligungen am 446
Kapital der grundbesitzenden KapGes auf Neugesellschafter sind nunmehr innerhalb des **Zehn-Jahres-Zeitraums** zusammenzurechnen. Soweit ein Neugesellschafter einen Anteil der grundbesitzenden KapGes an einen weiteren Neugesell-

schafter oder Altgesellschafter veräußert, ist dieser bei der Ermittlung des Prozentsatzes nicht mitzuzählen (dazu mit Beispielen zu § 1 IIb GLE 10.5.2022, BStBl. I 2022, 821 Tz. 6.1–6.5.

Übertragungen von mind. 90 % der Anteile, die in einem Rechtsakt vollzogen werden, vollziehen sich in einer logischen Sekunde, also immer innerhalb eines Zeitraums von zehn Jahren. Der Zehn-Jahres-Zeitraum ist für jedes Grundstück im Vermögen der KapGes selbständig zu beurteilen (zu § 1 IIb GLE 10.5.2022, BStBl. I 2022, 821 Tz. 6; vgl. auch zu § 5 und 6 GLE 5.3.2024, BStBl. I 2024, 410 Tz. 7.8.1).

447 **5. Unmittelbare und mittelbare Änderung des Gesellschafterbestands.** Eine **Änderung des Gesellschafterbestands** iSd § 1 IIb liegt vor, wenn bei einer grundbesitzenden KapGes innerhalb von zehn Jahren ein Gesellschafterwechsel eintritt, der durch einen Neugesellschafterwechsel ausgelöst wird und sich dadurch das Verhältnis der Altgesellschafter zu den **Neugesellschaftern** verändert. Dabei sind **unmittelbare und mittelbare Gesellschafterwechsel** zu berücksichtigen (zu § 1 IIb GLE 10.5.2022, BStBl. I 2022, 821 Tz. 5 und 5.1). Nur der **unmittelbare oder mittelbare Erwerb von Neugesellschaftern** trägt zur Verwirklichung des § 1 IIb bei. Anteilsübertragungen zwischen **Altgesellschaftern** sind nicht tatbestandsmäßig und bleiben für die Berechnung der 90 %-Grenze unberücksichtigt.

448 **a) Unmittelbarer Gesellschafterwechsel. Unmittelbarer beteiligter Gesellschafterwechsel.** Ein **unmittelbarer** Gesellschafterwechsel liegt vor, wenn ein Anteil an ihrem Kapital **zivilrechtlich wirksam** auf einen neuen oder anderen Anteilseigner übergeht (zu § 1 IIb GLE 10.5.2022, BStBl. I 2022, 821 Tz. 5.1.1; dies entspricht den Voraussetzungen des § 1 IIa für Personengesellschaften, → Rn. 351). Es ist – wie bei § 1 IIa – zwischen Alt- und Neugesellschaftern zu unterscheiden (→ Rn. 341); nur der Übergang auf Neugesellschafter ist für § 1 IIb erheblich. Ein solcher unmittelbarer Gesellschafterwechsel liegt auch vor, wenn durch eine **Verlängerung der Beteiligungskette** die Beteilgungsverhältnisse identisch bleiben. Allein entscheidend ist der Anteilsübergang auf die GmbH; wirtschaftliche Erwägungen spielen hier keine Rolle (FG Baden-Württemberg 5 K 1696/23, EFG 2025, 198 mAnm Echtermann, Rev. BFH II R 16/24).

Unmittelbar beteiligter Altgesellschafter unabhängig von seiner Rechtsform ist, wer mit Ablauf des 30.6.2021 beteiligt war, **Gründungsgesellschafter** ist, vor dem Beginn des Zehnjahreszeitraums des § 1 IIb beteiligt war, im Zeitpunkt des Erwerbs des jeweiligen Grundstücks beteiligt war oder bei einer früheren Verwirklichung des Tatbestands nach § 1 IIb beteiligt war (zu § 1 IIb GLE 10.5.2022, BStBl. I 2022, 821 Tz. 5.2.1.1). Die gleiche Regelung gilt für **mittelbar über eine PersGes beteiligte Altgesellschafter** (zu § 1 IIb GLE 10.5.2022, BStBl. I 2022, 821 Tz. 5.2.1.2).

Zum Verlust der Eigenschaft als Altgesellschafter in diesen Fällen gelten die Ausführungen in → Rn. 450 entsprechend. Zum Formwechsel → Rn. 461 ff.

449 **b) Mittelbarer Gesellschafterwechsel.** Für die mittelbare Änderung scheidet eine Anknüpfung an das Zivilrecht aus. Ein **mittelbarer** Gesellschafterwechsel ist allein nach **wirtschaftlichen Gesichtspunkten** zu bestimmen (BFH II R 17/10, BStBl. II 2013, 833). Maßgeblich ist, wer hinter dem an der grundbesitzenden KapGes unmittelbar Beteiligten steht. Eine mittelbare Änderung des Gesellschafterbestands der grundbesitzenden KapGes liegt vor, wenn

- ein Mitgliedschaftsrecht an einer PersGes, die unmittelbar oder mittelbar über eine oder mehrere Personengesellschaften an der grundbesitzenden KapGes beteiligt ist, zivilrechtlich wirksam auf ein anderes oder neues Mitglied übergeht,
- eine unmittelbar oder mittelbar über eine oder mehrere Personengesellschaften an der grundbesitzenden KapGes beteiligte KapGes nach § 1 IIb 3–5 fiktiv neue Gesellschafterin der grundbesitzenden KapGes wird oder
- sie sich aus schuldrechtlichen Bindungen der an der KapGes unmittelbar beteiligten Gesellschafter ergibt (dazu Loose/Broemel/Mörwald/Krohn Rn. 3/467).

Dabei muss wie bei § 1 IIa (zu § 1 IIa GLE 10.5.2022, BStBl. I 2022, 801 Tz. 5.2; zu § 1 IIb GLE 10.5.2022, BStBl. I 2022, 821 Tz. 5.2) zwischen Alt- und Neugesellschaftern unterschieden werden.

Altgesellschafterstellung. Unmittelbar an der grundbesitzenden KapGes **beteiligter Altgesellschafter** ist unabhängig von seiner Rechtsform, wer mit Ablauf des 30.6.2021 beteiligt war, wer Gründungsgesellschafter ist, vor dem Beginn des Zehn-Jahres-Zeitraums des § 1 IIb 1 beteiligt war, im Zeitpunkt des Erwerbs des jeweiligen Grundstücks beteiligt war oder bei einer früheren Verwirklichung des Tatbestands nach § 1 IIb beteiligt war (zu § 1 IIb GLE 10.5.2022, BStBl. I 2022, 821 Tz. 5.2.1.1; dazu mit Beispielen Loose/Broemel/Mörwald/Krohn Rn. 3/478 ff.). 450

Mittelbar über eine PersGes beteiligter **Altgesellschafter** ist unabhängig von seiner Rechtsform, wer mit Ablauf des 30.6.2021 beteiligt war, im Zeitpunkt der Gründung der grundbesitzenden KapGes beteiligt war, vor dem Beginn des Zehnjahreszeitraums des § 1 IIb 1 beteiligt war, im Zeitpunkt des Erwerbs des jeweiligen Grundstücks beteiligt war oder bei einer früheren Verwirklichung des Tatbestands nach § 1 IIb 1 beteiligt war.

Ein unmittelbar beteiligter **Altgesellschafter** verliert die Eigenschaft als Altgesellschafter mit Aufgabe seiner Gesellschafterstellung. Erwirbt der ausgeschiedene (Alt-)Gesellschafter erneut einen Anteil an der KapGes, ist er Neugesellschafter iSd § 1 IIb 1. Dies gilt auch dann, wenn das Ausscheiden eines Altgesellschafters aus der KapGes und dessen Wiedereintritt innerhalb des Zehn-Jahres-Zeitraums des § 1 IIb 1 erfolgen (BFH II R 3/11, BStBl. II 2013, 963; die Regelungen zum Verlust der Altgesellschaftereigenschaft nach § 1 IIa gelten entsprechend, vgl. → Rn. 342).

Neugesellschafterstellung. Unmittelbar beteiligter Neugesellschafter ist, wer Inhaber von Gesellschaftsanteilen an der KapGes wird (zu § 1 IIb GLE 10.5.2022, BStBl. I 2022, 821 Tz. 5.2.2.1). **Mittelbar** über eine **PersGes** beteiligter **Neugesellschafter** ist, wer durch Eintritt, Abtretung eines Mitgliedschaftsrechts oder einen Vorgang nach dem UmwG einer PersGes beitritt. Dies gilt unabhängig davon, ob er unmittelbar oder mittelbar am Gesellschaftskapital der grundbesitzenden KapGes ist (zu § 1 IIb GLE 10.5.2022, BStBl. I 2022, 821 Tz. 5.2.2.2). 451

Beteiligte KapGes für § 1 IIb. Zu beachten ist, dass die FVerw eine besondere Bestimmung für **Gesellschafter** der unmittelbar oder mittelbar an der grundbesitzenden KapGes beteiligten KapGes (beteiligte KapGes) getroffen hat. Diese Gesellschafter sind nur in Bezug auf die KapGes, an der sie unmittelbar beteiligt sind, Alt- oder Neugesellschafter; an der (unmittelbar oder mittelbar beteiligten) grundbesitzenden KapGes sind sie nicht beteiligt (zu § 1 IIb GLE 10.5.2022, BStBl. 2022 I 821 Tz. 5.2.3.1 Abs. 2 und 5.2.3.2 Abs. 1). In Anerkennung dieser vorgegebenen Grundsätze liegt ein Neuerwerb vor. 452

453 **Altgesellschafter der beteiligten KapGes ist,**
- mit Ablauf des 30.6.2021 an ihr beteiligt war,
- im Zeitpunkt der Gründung der grundbesitzenden KapGes Gesellschafter der beteiligten KapGes ist, wenn die beteiligte KapGes Gründungsgesellschafterin ist,
- im Zeitpunkt des Erwerbs der Beteiligung am Kapital der grundbesitzenden KapGes durch die beteiligte KapGes bereits Gesellschafter der beteiligten KapGes ist,
- im Zeitpunkt des Grundstückserwerbs der grundbesitzenden KapGes bereits Gesellschafter der beteiligten KapGes ist oder
- im Zeitpunkt der nach § 1 IIb 3–5 erfolgenden Umqualifizierung der beteiligten KapGes in eine Neugesellschafterin der grundbesitzenden KapGes bereits Gesellschafter der beteiligten KapGes ist (zu § 1 IIb GLE 10.5.2022, BStBl. I 2022, 821 Tz. 5.2.3.2 Abs. 3).

454 Ob § 1 IIb 3–5 dazu führt, dass nur die an der **KapGes beteiligten Gesellschafter** Alt- oder Neugesellschafter grunderwerbsteuerrechtlich **beteiligt** sind und ein an der KapGes beteiligter Gesellschafter nicht (mittelbarer) Gesellschafter an der grundbesitzenden KapGes sein kann, ist zweifelhaft; die Frage ist jedoch im Ergebnis zu bejahen (vgl. das auch insoweit anzuwendende Urteil des BFH II R 28/21, DStR 2024, 2894 mAnm Kugelmüller-Pugh Rn. 371).

455 **6. Ermittlung des Vomhundertsatzes.** Für die Anwendung des § 1 IIb sind die nach dem 30.6.2021 erfolgenden Anteilsübergänge zu berücksichtigen (entspr. § 23 XXIII und zu § 1 IIb GLE 10.5.2022, BStBl. I 2022, 821 Tz. 5.3).

Änderungen bei PersGes, § 1 IIb 2. Die Berechnung der Änderungen im Gesellschafterbestand einer an der KapGes beteiligten PersGes erfolgt nach § 1 IIb 3 durch **Multiplikation der Prozentsätze.**

An der grundbesitzenden A-GmbH sind die X-GmbH und die B-KG zu je 50 % beteiligt. An der B-KG sind B zu 90 % und C zu 10 % beteiligt. Die X-GmbH überträgt am 23.6.2025 ihre Anteile auf die Y-GmbH und B überträgt 80 % der Anteile auf D. Diese Beteiligungsstruktur besteht bereits vor dem 30.6.2023.

Übertragen werden zum einen 50 % der Anteile durch die X-GmbH auf die Y-GmbH. Ferner hat B 80 % auf D übertragen, so dass weitere 40 % (80 % × 50 %) anteilig berücksichtigt werden; § 1 IIb ist damit erfüllt (vgl. auch zu § 1 IIb GLE 10.5.2022, BStBl. I 2022, 821 Tz. 5.3.1).

456 **Änderung bei KapGes, § 1 IIb 3–5.** Bei **KapGes** ist in Bezug auf die Alt- oder Neugesellschaftereigenschaft der **grundbesitzenden KapGes** zu beachten, dass **nur** die **beteiligte KapGes** selbst unmittelbare oder mittelbare Alt- oder Neugesellschafterin in Bezug auf die grundbesitzende KapGes sein kann. Die Gesellschafter der unmittelbar oder mittelbar an der grundbesitzend KapGes beteiligten KapGes erfüllen diese Voraussetzungen jedoch nicht (zu § 1 IIb GLE 10.5.2022, BStBl. I 2022, 821 Tz. 5.2.3.1). Eine als Altgesellschafterin geltende unmittelbar oder mittelbar beteiligte KapGes wird nach § 1 IIb 3–5 in vollem Umfang zur fiktiven Neugesellschafterin, wenn sich die Beteiligungsverhältnisse an ihr unmittelbar oder mittelbar oder teils unmittelbar, teils mittelbar zu mindestens 90 % ändern. Dies gilt unabhängig davon, ob die Änderung der Beteiligungsverhältnisse bei der KapGes den Tatbestand des § 1 III GrEStG erfüllen würde.

Die **Gesellschafter einer beteiligten KapGes** sind in Bezug auf die grundbesitzende KapGes keine **Neugesellschafter** (zu § 1 IIb GLE 10.5.2022, BStBl. I 2022, 821 Tz. 5.2.3.1 Abs. 2; vgl. → 342).

Unter Berücksichtigung der Entscheidung des BFH zur Änderung im Gesellschafterbestand einer grundbesitzenden PersGes (II R 28/21, BFH/NV 2025, 216) muss auch für die Frage einer **Verkürzung der Beteiligungskette** iSd § 1 IIb 1 angenommen werden, dass hier ein steuerbarer Erwerb vorliegt (insoweit ist das Urteil des FG Baden-Württemberg 5 K 2022/23, EFG 2025, 113, Rev. BFH II R 24/24). In diesem Punkt ist das Urteil richtig.

Anwendung § 1 IIb 4 und 5. Die Berechnung der beteiligten KapGes als neue Gesellschafterin erfolgt gem. § 1 IIb 4. Bei mehrstufigen Beteiligungen gilt § 1 IIb 5; diese Regelungen entsprechen denen zu § 1 IIa 4 und 5. **457**

Beispiel:

Am Kapital der grundbesitzenden A-GmbH sind A zu 85 %, B zu 10% und die C-GmbH & Co. KG zu 5 % beteiligt. Am Vermögen der C-GmbH sind die D zu 85%, E zu 10 % und F zu % 5 beteiligt.

Im Jahr 01 überträgt A seine Beteiligung an der A-GmbH auf X. Im Jahre 02 übertragen D und F ihre Anteile an der C-GmbH auf Y und Z.

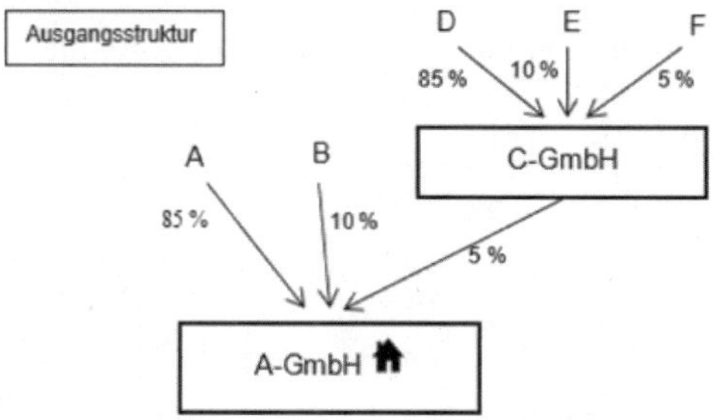

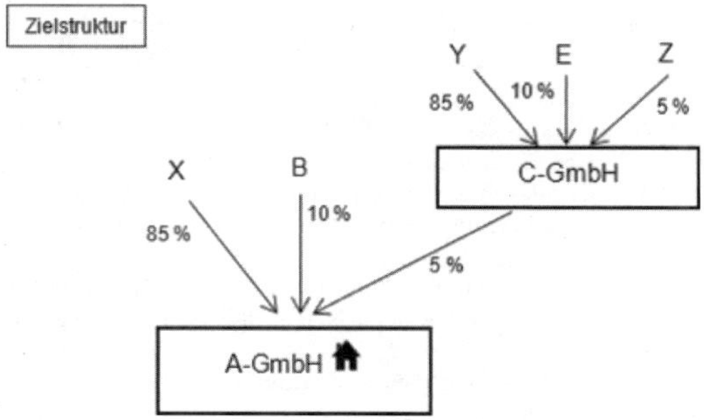

Die Übertragung der Beteiligung des A auf X führt im Jahr 01 zu einem unmittelbaren Gesellschafterwechsel iHv 85 %.

Durch die Übertragungen von D auf Y und F auf Z wird die C-GmbH fiktive Neugesellschafterin der A-GmbH nach § 1 II 4, da mind. 90 % der Anteile an der C-GmbH (85 % + 5 %) auf Neugesellschafter in Bezug auf die C-GmbH (Y und Z) übergegangen sind. Die mittelbare Anteilsänderung ist nicht anteilig (90 % von 5 %), sondern voll mit 5 % zu berücksichtigen.

Der Tatbestand des § 1 IIb ist im Jahr 02 erfüllt, da innerhalb von zehn Jahren mind. 90% der Anteile am Kapital der A-GmbH (Jahr 01: 85% + Jahr 02: 5%) auf Neugesellschafter in Bezug auf die A-GmbH (X und C-GmbH) übergegangen sind.

Auf das BFH-Urteil (II R 28/21, DStR 2024, 2894 mAnm Kugelmüller-Pugh) zu § 1 IIa wird hingewiesen (→ Rn. 377).

458 **7. Verkürzung oder Verlängerung der Beteiligungskette.** Die **Verkürzung** der Beteiligungskette führt nicht zu einem Gesellschafterwechsel. Die FVerw (zu § 1 IIb GLE 10.5.2022, BStBl. I 2022, 821 Tz. 5.3.8) nimmt eine Beteiligungskettenverkürzung aber nur an, wenn die übertragende Gesellschaft zu 90% an der übertragenden Gesellschaft beteiligt ist.

Beispiel:

Am Kapital der grundbesitzenden X-GmbH ist die M-GmbH zu 100% beteiligt. 100% der Anteile an der M-GmbH hält die Z-GmbH, deren Anteile iHv 60% von der H-GmbH gehalten werden. Nachdem die Beteiligungen seit Ablauf des 30.6.2021 unverändert geblieben waren, überträgt die Z-GmbH ihre Anteile an der M-GmbH auf die H-GmbH.

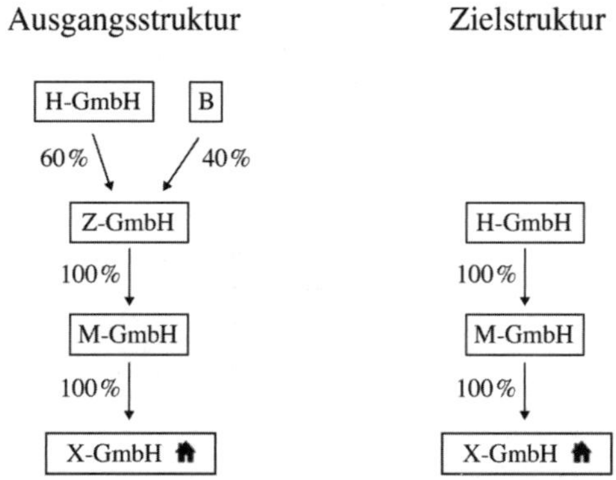

Durch die Übertragung von der Z-GmbH auf die H-GmbH wird die M-GmbH fiktive Neugesellschafterin der grundbesitzenden X-GmbH nach § 1 IIb 4, da mindestens 90% der Anteile an der M-GmbH (100%) auf die H-GmbH als Neugesellschafterin der M-GmbH übertragen wurden. Eine Verkürzung der Beteiligungskette liegt nicht vor, da die H-GmbH an der Z-GmbH nur zu 60% beteiligt war.

Der Tatbestand des § 1 IIb ist erfüllt, da innerhalb von zehn Jahren mindestens 90% der Anteile am Kapital der X-GmbH (100%) auf Neugesellschafter in Bezug auf die X-GmbH (M-GmbH) übergegangen sind.

Auf die Rspr. zu § 1 III kann in diesem Zusammenhang nicht abgestellt werden (aA Broemel/Mörwald DStR 2022, 1977 (1982)).

459 Die **Verlängerung** der Beteiligungskette soll zu einer mittelbaren Änderung des Gesellschafterbestandes der grundbesitzenden KapGes führen, da diese nicht im Kreis der Altgesellschafter erfolgt, sondern Anteile auf einen Neugesellschafter übertragen werden (zu § 1 IIb GLE 10.5.2022, BStBl. I 2022, 821 Tz. 5.3.2).

460 Bei mehrstufiger Beteiligung von KapGes ist fraglich, welche Auswirkungen die **Verlängerung** von Beteiligungsketten hat (vgl. auch Broemel/Mörwald DStR 2022, 1977 (1982)).

Beispiel:

A war Altgesellschafter der G-GmbH und hat im Jahr 02 alle Anteile an der G-GmbH in seiner Hand vereinigt (§ 1 III 3 in Bezug auf die Grundstücke der G-GmbH). Im Jahr 03 bringt A die Anteile an der G-GmbH in die B-GmbH ein (Verlängerung der Beteiligungskette).

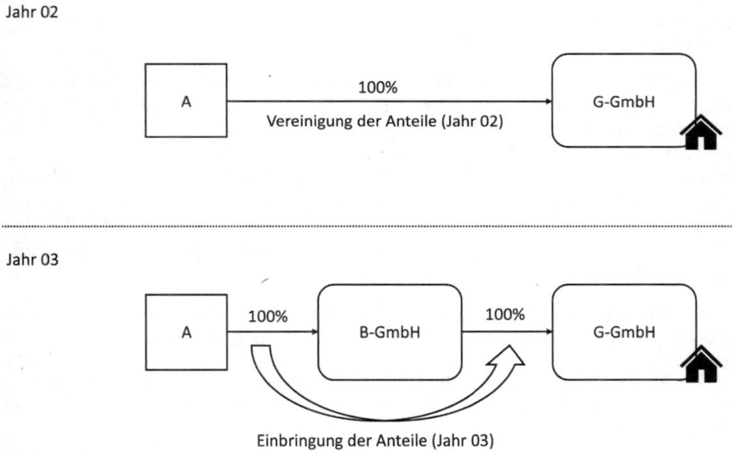

Nach der BFH-Rspr. (BFH II R 44/18, BStBl. II 2023, 1009) ist das Grundstück nicht mehr der G-GmbH, sondern (nur noch) A zuzurechnen. Fraglich ist, ob die Einbringung der Anteile an der G-GmbH der GrESt nach § 1 IIb 1 unterliegt, denn der G-GmbH „gehört" kein Grundstück mehr. Die Nichtsteuerbarkeit der Einbringung wäre sachgerecht, da sich die Grundstückszuordnung im Rahmen dieser bloßen Verlängerung der Beteiligungskette nicht ändert.

Es bleibt jedoch ebenso wie in den Weiterveräußerungsfällen abzuwarten, wie die Rspr. die Zurechnung in einer Sequenz mehrerer Anteilsübertragungen beurteilt und wann unter welchen Umständen ein „Rückfall" des Grundstücks auf den zivilrechtlichen Eigentümer erfolgt.

8. Formwechsel. Die identitätswahrende formwechselnde Umwandlung einer grundbesitzenden KapGes ist nicht steuerbar. Das Gleiche gilt für eine solche Umwandlung einer an der grundbesitzenden KapGes unmittelbar oder mittelbar beteiligten PersGes oder KapGes; die Gesellschafter führen jeweils ihre bisherige Eigenschaft als Alt- oder Neugesellschafter fort (zu § 1 IIb GLE 10.5.2022, BStBl. I 2022 821 Tz. 5.2.5.1 Abs. 2). Relevante Gesellschafterwechsel bei der grundbesitzenden PersGes werden erst ab 1.7.2021 berücksichtigt (Viskorf/Meßbacher-Hönsch § 1 Rn. 990; Behrens/Wagner/Krohn DB 2023, 1667 (1670), wobei Behrens/Wagner diese Regelung für nicht mit § 1 IIb vereinbar halten, während Krohn die Regelung als folgerichtig und rechtlich nachvollziehbar ansieht). **461**

9. Treuhandverhältnisse. Neugesellschafter ist: **462**
- derjenige, der aufgrund Vereinbarungstreuhand mit einem Gesellschafter der grundbesitzenden KapGes nach deren Gründung bzw. nach einem Grundstückserwerb durch diese oder nach einer früheren Verwirklichung des Tatbestands des § 1 IIb dessen Treugeber wird,

- der neue Treugeber eines Gesellschafters nach Treugeberwechsel,
- der Treugeber, auf den die treuhänderisch gehaltenen Anteile vom Treuhänder übertragen oder rückübertragen werden (zur anteiligen Steuerbefreiung in Höhe der rückübertragenen Anteile auf den Treugeber vgl. § 3 Nr. 8 analog), oder
- der neue Treuhänder beim Wechsel des Treuhändergesellschafters.

Die Beurteilung richtet sich nach wirtschaftlichen Gesichtspunkten (dazu eingehend Loose/Broemel/Mörwald/Krohn Kap. 3 Rn. 601 ff.).

463 **10. Zehnjahreszeitraum.** Die Änderung des Gesellschafterbestands stellt auf einen **Zeitraum von zehn Jahren** ab, wobei Änderungen vor dem 1.7.2021 unberücksichtigt bleiben (§ 23 XXIII). Die Vorschrift gilt sowohl für unmittelbare als auch für mittelbare Anteilsübergänge. Auch wirtschaftliche Anteilsübergänge werden nur berücksichtigt, wenn diese nach dem 30.6.2021 geschlossen werden. Auch Gesellschafter der KapGes, die an der grundbesitzenden KapGes beteiligt sind, gelten als Altgesellschafter (zu § 1 IIb GLE 10.5.2022, BStBl. I 2022, 821 Tz. 5.3.2.3 Abs. 3). Ihre gegenteilige Auffassung hat die FVerw aufgegeben (Viskorf/Meßbacher-Hönsch § 1 Rn. 991a).

464 **11. Erwerb von Todes wegen (§ 1 IIb 6).** Der Anteilserwerb von Todes wegen (§ 1 IIb 6) entspricht der Regelung zu § 1 IIa 6 (→ Rn. 387 f.).

465 **12. Steuervergünstigungen.** Bei der Ermittlung des Prozentsatzes bleiben Übergänge von Anteilen gem. § 1 IIc unter näheren Voraussetzungen außer Betracht (→ Rn. 391 ff.).

Nicht anwendbar sind **§ 3 Nr. 3–7.** Ebenso greifen die **§§ 5, 6 und 7** nicht (zu § 1 IIb GLE 10.5.2022, BStBl. I 2022, 821 Tz. 9). Hieraus resultiert eine erhebliche Benachteiligung von KapGes gegenüber PersGes. Die Nichtanwendung von §§ 5, 6 gilt auch dann, wenn mindestens 90 % der Anteile an der grundbesitzenden KapGes zwischen Personengesellschaften und Gesellschafter übergehen. Dies führt zu einer erheblichen Verschlechterung der Rechtslage, da Vorgänge iSd § 1 III, IIIa nach §§ 5, 6 begünstigt sind. Diese Wirkungsweise des § 1 IIb hat Ott (Stbg 2024, 56 ff.) eingehend mit Fallbeispielen erörtert.

Anwendbar ist hingegen **§ 3 Nr. 2 S. 1,** soweit der Vorgang iSd § 1 IIb auf Schenkungen beruht (zu § 1 IIb GLE 10.5.2022, BStBl. I 2022, 821 Tz. 9). Die Konzernklausel nach § 6a gilt auch für Vorgänge iSd § 1 IIb.

466 **13. Bemessungsgrundlage.** Bemessungsgrundlage ist im Falle des § 1 IIb der gem. **§ 8 II 1 Nr. 3** (anzuwenden auf Erwerbsvorgänge nach dem 30.6.2021, vgl. § 23 XVIII) volle Wert des Grundbesitzes. Bei einem vorgefassten Plan zur Bebauung eines Grundstücks ist auf den Grundbesitzwert bei Fertigstellung des Gebäudes abzustellen (zu § 1 IIb GLE 10.5.2022, BStBl. I 2022, 821 Tz. 11).

467 **14. Weitere Regelungen. Steuerschuldner** ist gem. § 13 Nr. 7 (anzuwenden auf Erwerbsvorgänge nach dem 30.6.2021, vgl. § 23 XVIII) die grundbesitzende KapGes (zu § 1 IIb GLE 10.5.2022, BStBl. I 2022, 821 Tz. 12).

468 Auch die Regelung zu **§ 16** ist anzuwenden (zu § 1 IIb GLE 10.5.2022, BStBl. I 2022, 821 Tz. 10). Sie entspricht der Regelung zu § 1 IIa (→ Rn. 169 ff.). Dies gilt auch für § 16 IVa (→ § 16 Rn. 103 ff.).

469 **Anzeigepflichtig** sind gem. § 19 I Nr. 3b (anzuwenden auf Erwerbsvorgänge nach dem 30.6.2021, vgl. § 23 XVIII) **die grundbesitzende KapGes.** Voraussetzung ist, dass sich der Gesellschafterbestand unmittelbar oder mittelbar ändert

und 90 % der Anteile innerhalb von zehn Jahren auf neue Gesellschafter übergehen. Durch diese Vorschrift soll sichergestellt werden, dass bei Verwirklichung des neuen Tatbestands nach § 1 IIb die **rechtlich neue KapGes** als Steuerschuldnerin den Erwerb beim zuständigen FA anzuzeigen hat (zu § 1 IIb GLE 10.5.2022, BStBl. I 2022, 821 Tz. 13). Die Anzeigeverpflichtung besteht erst bei **Tatbestandsverwirklichung;** bei sukzessiver Änderung der grundbesitzenden KapGes sind bei der Anzeige die zur Tatbestandverwirklichung beigetragenen früheren Gesellschafterwechsel mit anzuzeigen (zu § 1 IIb GLE 10.5.2022, BStBl. I 2022, 821 Tz. 13). Für die Anzeige gilt § 19 III. Der Inhalt der Anzeige ergibt sich aus § 20; es ist eine Beteiligungsübersicht (§ 20 II Nr. 3) beizufügen (zu § 1 IIb GLE 10.5.2022, BStBl. I 2022, 821 Tz. 13). Auch bei fehlerhaften Gesellschafterwechseln bei der KapGes besteht eine Anzeigepflicht.

einstweilen frei **470–490**

IX. Börsenklausel (§ 1 IIc)

Durch das GrEStGÄndG v. 12.5.2021 (BGBl. 2021 I 986) wurde **§ 1 IIc** **491** eingefügt. Mit dieser Regelung sollte zur Vermeidung einer übermäßigen Besteuerung aus § 1 IIa und IIb eine Ausnahmeregelung eingefügt werden, die die Wirkung der Ergänzungstatbestände des § 1 IIa und IIb ziel- und sachgerecht begrenzen soll (BT-Drs. 19/28528, 21). Danach bleiben bei der Ermittlung des Prozentsatzes iSv § 1 IIa und IIb Übergänge von Anteilen an KapGes außer Betracht, wenn die Anteile zum Handel an einem organisierten Markt nach § 2 XI WpHG oder an einem als gleichwertig anerkannten Drittlandhandelsplatz zugelassen sind und der Anteilsübergang auf Grund eines Geschäfts über einen begünstigten Wertpapierhandelsplatz erfolgt. Das Erfordernis einer Zulassung zum Handel an einem organisierten Markt oder einem äquivalenten Dritthandelsplatz soll die Gefahr einer missbräuchlichen Nutzung ausschließen.

1. Zeitlicher Anwendungsbereich. § 1 IIc ist auf alle offenen Fälle anzuwen- **492** den (zu § 1 IIc GLE 4.10.2022, BStBl. I 2022, 1451 Tz. 5) und auch **rückwirkend anwendbar.** Eine rückwirkende Anwendung **zu Ungunsten** des Steuerpflichtigen kommt aber wegen des Vertrauensschutzgebots nicht in Betracht.

Bedeutung hat § 1 IIc auch in Fällen des **§ 1 IIa,** soweit die Anteile an einer **493** **KapGes** übergehen, die an einer **grundbesitzenden Personen- oder KapGes unmittelbar oder mittelbar beteiligt** ist (§ 1 IIa 3–5). Auch insoweit ist § 1 IIc **rückwirkend anwendbar,** soweit noch keine Veranlagung erfolgt ist oder ein wirksamer Vorbehalt der Nachprüfung nach § 164 AO vorliegt. Die rückwirkende Anwendung gilt auch dann, wenn ein Erwerbsvorgang vor Einführung der Börsenklausel betroffen ist (Broemel/Mörwald DStR 2023, 127 (130)).

Dies gilt aber nicht bei einer Rückwirkung **zu Ungunsten** der Steuerpflichtigen; insoweit gilt § 1 IIc erst seit 1.7.2021. Anwendbar ist die Vorschrift auch auf Übergänge nach § 1 IIb 3–5.

2. Anteile an KapGes. Unter § 1 IIc fallende KapGes sind die **AG, KGaA** **494** **und vergleichbare ausländische KapGes,** deren Anteile an Wertpapierhandelsplätzen zugelassen werden können. Bei diesen Anteilen handelt es sich regelmäßig um Aktien (vgl. bspw. §§ 8 ff. AktG).

Keine Anteile iSd § 1 IIc sind Wertpapiere, die sich lediglich auf die Anteile an einer KapGes beziehen, ohne das Eigentum an diesen Anteilen zu vermitteln. Hierzu gehören bspw. American Depositary Receipts (ADR) (zu § 1 IIc GLE

4.10.2022, BStBl. I 2022, 1451 Tz. 5; Broemel/Mörwald DStR 2023, 127 (128 f.)). Gleiches dürfte auch für Hinterlegungs-, Vollmachts- und Verbriefungsstrukturen sowie Aktienderivate gelten (gegen die Einbeziehung wohl Broemel/Mörwald DStR 2023, 127 (128 f.); unklar Stoschek DStR 2021, 2021 (2024 f.)). Die Ausnahmeregelung gilt nur für Anteile, die eine den Voraussetzungen des § 1 IIc entsprechende Beteiligung vermitteln. § 1 IIc gilt nicht für Fonds in der Rechtsform von Sondervermögen oder Vermögensmassen (Wilms/Jochum/Schnitter GrEStG § 1 Rn. 290.27 (April 2022); Viskorf/Meßbacher-Hönsch, 20. Aufl. 2022, § 1 Rn. 1001).

Problematisch ist insb. die mangelnde Ermittelbarkeit mittelbarer Gesellschafterstellung (für Berücksichtigung Wilms/Jochum/Schnitter GrEStG § 1 Rn. 290.27 (April 2022); Viskorf/Meßbacher-Hönsch § 1 Rn. 1009). Aus der Begründung zu § 1 IIc ist zu entnehmen, dass auch der mittelbare Anteilshandel begünstigt sein soll (vgl. BT-Drs. 19/28528, 28; ebenso Broemel/Mörwald DStR 2021, 1624 (1627); Förster/Mendling DB 2021, 1974). Dem folgt jetzt auch die FVerw (zu § 1 IIc GLE 4.10.2022, BStBl. I 2022, 1451 Tz. 3).

495 **3. Zulassung an qualifiziertem Handelsplatz.** Von § 1 IIc werden nur solche Anteile an KapGes erfasst, die zugelassen sind zum Handel an einem organisierten Markt nach **§ 2 XI WpHG** oder an einem **gleichwertigen Drittlandhandelsplatz.**

Der Umfang von Anteilen an einer KapGes, die zum Handel zugelassen sind, hängt von der Entscheidung der KapGes ab sowie vom Recht, das für den Wertpapierhandelsplatz maßgebend ist. Zum Handel zugelassene Anteile lassen sich über die Wertpapierhandelsplätze, an denen eine Zulassung erfolgt ist, identifizieren. § 1 IIc greift jedoch nur dann, wenn die Anteile an mindestens einem Wertpapierhandelsplatz zum Handel zugelassen wurden.

496 **Organisierter Markt** nach § 2 XI WpHG umfasst in Deutschland die Börsen und grenzt diese von multilateralen Handelssystemen (MTF) ab; zu diesem gehört auch der Freiverkehr (§ 48 BörsenG). Dritthandelsplatz (Art. 25 IV Buchst. a RL 2014/65/EU) sind bislang nur die geregelten Märkte in den Vereinigten Staaten, Hongkong und Australien (zu § 1 IIc GLE 4.10.2022, BStBl. I 2022, 1451 Tz. 3.4). Die Börsen in der Schweiz sowie dem Vereinigten Königreich Großbritannien und Nordirland sind kein gleichwertiger Dritthandelsplatz (zu § 1 IIc GLE 4.10.2022, BStBl. I 2022, 1451 Tz. 3.5.).

Als „Übergänge von Anteilen an KapGes" iSd § 1 IIc zählen nur solche im organisierten Markt, einem gleichwertigen Dritthandelspatz und MTF. Nicht erfasst sind börsennahe Vorgänge wie das „initial public offering" (IPO), Kapitalerhöhungen und Wertpapierdarlehen oder -pensionsgeschäfte (zu § 1 IIc GLE 4.10.2022, BStBl. I 2022, 1451 Tz. 3.6.; bei Wertpapierdarlehen und -pensionsgeschäften ist schon die Anwendung des § 1 IIa und IIb fraglich (vgl. Broemel/Mörwald DStR 2023, 127 (129)).

497 **Nicht gelöst** ist die Frage, ob mittelbare Gesellschafterwechsel auf Grund **schuldrechtlicher Abreden** von § 1 IIc erfasst sind (dazu Broemel/Mörwald DStR 2023, 127 (131)). Es ist daher zumindest zweifelhaft, ob § 1 IIc nicht verfassungswidrig ist (Broemel/Mörwald DStR 2023, 127 (131); so mangels Vollziehbarkeit Behrens/Klöckner RdF 2022, 124 (130 f.)) und ob es nicht einer Beihilfeentscheidung nach § 108 AEUV bedurft hätte (dazu Broemel/Mörwald DStR 2021, 1624 (1628)).

498 **4. Keine Anzeigepflicht.** Für Anteilsübergänge nach § 1 IIc besteht, weil sie bei Ermittlung des Prozentsatzes nicht zu berücksichtigen sind, **keine Anzeige-**

pflicht; insb. gibt es keine Anzeigepflicht nach § 19 I Nr. 3a und 3b (zu § 1 IIc GLE 4.10.2022, BStBl. I 2022, 1451 Tz. 4). Die grundbesitzenden Gesellschaften müssen aber die Voraussetzungen des § 1 IIc nachweisen.

einstweilen frei **499–505**

X. Anteilsvereinigung und Übertragung vereinigter Anteile (§ 1 III und IV)

1. Bedeutung und Rechtsentwicklung; Verwaltungsanweisungen. In § 1 III idF des **JStG 1997** (§ 1 III aF) wurden durch Ergänzung des Eingangssatzes § 1 III die Fälle von der Steuerbarkeit nach dieser Vorschrift ausgenommen, in denen eine Besteuerung nach § 1 IIa in Betracht kommt (→ Rn. 506Durch das **StEntlG 1999 ff.** trat an die Stelle der bislang auf alle Anteile bezogenen Besteuerung die Vereinigung bzw. Übertragung oder der Übergang von unmittelbar oder mittelbar mindestens 95% der Anteile; diese Neuregelung gilt für nach dem 31.12.1999 verwirklichte Erwerbsvorgänge (§ 23 VI 2). Diese Herabsetzung der Anteilsgrenze findet eine gewisse Parallele in der im Zusammenhang mit dem Ausschluss von Minderheitsaktionären (sog. „Squeeze-Out", vgl. § 327a ff. AktG) getroffenen Regelung über den sog. Mehrheitsaktionär (§ 327a I AktG). Der durch das **AmtshilfeRLUmG** als neuer Steuertatbestand eingefügte **§ 1 IIIa** fingiert – sofern § 1 IIa und III nicht anwendbar sind – einen Rechtsvorgang iSd § 1 III (→ Rn. 651 ff.). **506**

Durch das **GrEStGÄndG 2021** (BGBl. I 2021, 986) wurde die maßgebliche Anteilsgrenze auf 90% herabgesetzt. Es wurde ferner der Vorgang der Besteuerung um den Hinweis auf § 1 IIb ergänzt, so dass eine Besteuerung nach § 1 IIa oder IIb die Anwendung des § 1 III ausschließt.

Zu beachten ist, dass **PersGes** iSd § 14a II Nr. 2 AO für Zwecke der GrESt als Gesamthand und dessen Vermögen als Gesamthandsvermögen gelten (**§ 24** mit Wirkung bis 31.12.2026).

Verwaltungsanweisungen. Zur Anwendung des **§ 1 III** vgl. GLE 5.3.2024, BStBl. I 2024, 383 (dazu Graessner NWB 2024, 1391; Fleischer/Brokelmann-Görnig/Eversmann Stbg 2024, 246; Behrens/Sparr BB 2024, 1495). Zur **zeitlichen Anwendung** im Hinblick auf das GrEStGÄndG vgl. Übergangsregelungen GLE 29.6.2021, BStBl. I 2021, 1006 Tz. 1–4. Zu § 1 IV vgl. Organschaft GLE 5.3.2024, BStBl. I 2024, 393. Im Hinblick auf die **Abgrenzung zu § 1 IIa und § 1 IIb** vgl. GLE 10.5.2022, BStBl. I 2022, 801 Tz. 8 und GLE 10.5.2022, BStBl. I 2022, 821 Tz. 8. Zu beachten ist ferner Zurechnung für § 1 IIa–IIIa GLE 16.10.2023, BStBl. I 2023, 1872. **507**

a) Erstmalige Anwendung des § 1 III. § 1 III idF des GrEStGÄndG (BGBl. 2021 I 986 und des JStG 2022 (BGBl. 2022 I 2294) ist erstmals auf Erwerbe nach dem 30.6.2021 anzuwenden (§ 23 XVIII; zu § 1 III GLE 5.3.2024, BStBl. I 2024, 383 Tz. 15 Abs. 1). Für Rechtsvorgänge, die dem 1.7.2021 verwirklicht werden oder die unter § 23 XXI fallen, gilt dieser Erlass mit der Maßgabe, dass die Beteiligungsgrenze von 95% anzuwenden ist. Ausführungen zu § 23 XXI enthält GLE 29.6.2021, BStBl. I 2021, 1006 (zu § 1 III GLE 5.3.2024, BStBl. I 2024, 383 Tz. 15 Abs. 2). **508**

Gemäß **§ 23 XXI 1** sind § 1 III Nr. 1 und 2 sowie § 19 I 1 Nr. 4 und 5 in der am 30.6.2021 geltenden Fassung auf **Erwerbsvorgänge,** die nach dem 30.6.2021 verwirklicht werden, **weiter anzuwenden,** wenn am 30.6.2021 unmittelbar oder mittelbar **weniger als 95 % und mindestens 90 % der Anteile der Gesellschaft** in der Hand des Erwerbers oder in der Hand von herrschenden und **509** abhängigen Unternehmen oder abhängigen Personen oder in der Hand von abhängigen Unternehmen oder abhängigen Personen allein vereinigt waren.

Hat ein Gesellschafter am 30.6.2021 noch nicht das steuerauslösende Quantum von 95 % nach altem Recht überschritten und schon ein Quantum von mindestens 90 % erreicht oder einen Anspruch auf eine Beteiligung in dieser Höhe, ist § 1 III oder IIIa nicht verwirklicht (BT-Drs. 13/13437, 17). Das gilt auch, wenn die Anteile nach der Vereinigung von mehr als 90 % und weniger als 95 % bis zum 30.6.2021 unter Geltung des neuen Rechts auf bis zu 100 % aufgestockt werden (GLE 29.6.2021, BStBl. I 2021, 1006 Beispiel 11 und 12). Die Anwendung des § 23 XXI 1 findet zeitlich unbegrenzt Anwendung (dazu krit. Viskorf/Loose § 23 GrEStG Rn. 107 f.).

510 Gemäß § 23 XXI 2 sind bei der Ermittlung der allein in einer Hand vereinigten Anteile der Gesellschaft auch solche Anteile zu berücksichtigen, über die der Erwerber oder die herrschenden und abhängigen Unternehmen oder abhängigen Personen oder die abhängigen Unternehmen oder abhängigen Personen vor dem 1.7.2021 ein Rechtsgeschäft abgeschlossen haben, das den Anspruch auf Übertragung eines oder mehrerer dieser Anteile begründet. Damit ist für die Anwendung des § 23 XXI 2 bereits auf das **Verpflichtungsgeschäft** abzustellen (BT-Drs. 19/13437, 17).

511 **Gemäß § 23 XXI 3** gilt **§ 23 XXI 1 und 2** nicht, wenn der Rechtsvorgang nach § 1 I, II, IIa, IIb, III oder IIIa in der am 1.7.2021 geltenden Fassung steuerbar ist.

Sinken die Anteile gem. **§ 23 XXI 4** nach dem 30.6.2021 unter 90 %, findet § 23 XXI 1 und 2 auf spätere Erwerbsvorgänge keine Anwendung. In diesem Fall gilt die neue Rechtslage idF nach dem 30.6.2021 (vgl. auch FG Baden-Württemberg 5 K 1503/22, EFG 2024, 60, Rev. BFH II R 13/23).

Es muss daher jeweils im Einzelfall festgestellt werden, ob § 1 III (ggf. iVm Abs. 4) überhaupt anwendbar ist oder hier noch nach § 1 IIa oder IIb zu besteuern ist (dazu näher Förster/Mendling DB 2021, 1974 (1978)).

512 **b) Verhältnis des § 1 III zu den anderen Vorschriften.** Aufgrund des GrEStGÄndG ist jetzt die Besteuerung nach § 1 III nur möglich, wenn eine Besteuerung nach § 1 IIa oder § 1 IIb ausscheidet. Durch die Einführung von § 1 IIb wird der Anwendungsbereich gegenüber § 1 III Nr. 3 (für die Fälle von grundbesitzenden KapGes) verkleinert. Dennoch werden weiterhin Fälle vom Anwendungsbereich des § 1 III Nr. 3 (aufgrund der unterschiedlichen Berechnungsmethode in § 1 IIb und § 1 **III** Nr. 3 oder der im Rahmen des § 1 IIb erforderlichen Qualifizierung als Alt- oder Neugesellschafter) erfasst.

513 **Nachrang gegen § 1 IIa und IIb.** Bei gleichzeitiger Verwirklichung des § 1 III Nr. 2 oder Nr. 4 und § 1 IIa oder IIb der Tatbestand nach § 1 III aufgrund des Vorrangs bereits auf Ebene der Steuerbarkeit durch § 1 IIa oder IIb verdrängt. Fallen die Besteuerungszeitpunkte des § 1 III Nr. 1 oder Nr. 3 und § 1 IIa oder IIb auseinanderfallen, wird der Vorrang durch § 16 IVa iVm V 2 umgesetzt (→ § 16 Rn. 103 ff.). Gleichwohl wurde der Tatbestand nach § 1 III Nr. 1 oder Nr. 3 verwirklicht (zu § 1 III GLE 5.3.2024, BStBl. I 2024, 383 Tz. 30).

Die Befreiung nach § 1 III bleibt auch erhalten, wenn die Steuer nach § 1 IIa oder IIb nicht erhoben wird (zu § 1 III GLE 5.3.2024, BStBl. I 2024, 383 Tz. 31).

Vorrang gegen § 1 IIIa. § 1 III genießt Vorrang vor der Besteuerung nach § 1 IIIa (Subsidiarität gegenüber § 1 IIa, IIb und III). Abzustellen ist auf die abstrakte Steuerbarkeit. Bereits die mögliche Steuerbarkeit nach § 1 III schließt die Besteuerung nach § 1 IIIa aus (Viskorf/Meßbacher-Hönsch § 1 Rn. 1036; Wilms/Jochum/Schnitter § 1 Rn. 414.11).

Anwendung der § 39 II Nr. 1 AO gelten die für § 1 IIa entwickelten Grundsätze (→ Rn. 312 ff.). Für § 42 AO ist kein Raum.

c) Gesetzeszweck und Regelungssystematik. § 1 III verfolgt das Ziel, **Steuerumgehungen** zu verhindern (Begr GrEStG 1940, 392). Unter dem Rechtsmantel von rechtsfähigen PersGes (→ § 24 Rn. 2 f.) und **KapGes** kann aufgrund der rechtlichen Verfügungsmacht über die Gesellschaftsanteile auch die **Sachherrschaft** über die **der Gesellschaft gehörende Gr** erlangt werden. Nach den dem GrEStG 1940 zugrundeliegenden Vorstellungen sollten durch § 1 III „nur die gröbsten Fälle der Steuerumgehung getroffen" werden; eine weitergehende Besteuerung sämtlicher Anteilsübertragungen bei grbesitzenden Gesellschaften wurde aus vornehmlich praktischen Gründen verworfen (Begr GrEStG 1940, 392). Diese praktischen Hindernisse, zB im Hinblick auf die Erfassung von Aktiengeschäften (zu den praktischen Problemen der Erfassung des Aktienhandels vgl. auch Heine UVR 2010, 28), bestehen bis heute unverändert fort und ermöglichten grds. – jetzt vorbehaltlich § 1 IIa, IIb, III und IIIa – steuergünstige Gestaltungen durch sog. **Share Deals.** **514**

Die Übertragung von Anteilen bzw. Beteiligungen an einer grbesitzenden Gesellschaft kann nicht nach den Haupttatbeständen (§ 1 I) kraft zivilrechtlicher Betrachtung (vgl. allerdings BGH DB 1998, 1958, wonach die Übernahme aller Geschäftsanteile einer grbesitzenden GmbH mit dem Abschluss eines GrKaufvertrags mit der GmbH wirtschaftlich identisch sein kann) mit der Übertragung eines Gr gleichgesetzt werden. Für solche Fälle behandelt § 1 III als **Ergänzungstatbestand** den Erwerber oder Inhaber von 90% der Anteile an einer grbesitzenden Gesellschaft – unabhängig von der zivilrechtlichen Eigentümerschaft am Gr – so, als sei ihm eine dem zivilrechtlichen Eigentum an einem Gr vergleichbare Rechtszuständigkeit am GesellschaftsGr zugewachsen (BFH II R 68/92, BStBl. II 1995, 736; II R 45/08, BStBl. II 2012, 292; II R 39/06, BFH/NV 2008, 1529; II R 64/08, BFH/NV 2011, 1009). § 1 III besteuert demgemäß die durch den Anteilserwerb begründete spezifisch **grestrechtl. veränderte Zuordnung von Gr** der Gesellschaft in einer Hand (BFH II R 92/81, BStBl. II 1982, 424; II R 92/81, BStBl. II 1994, 121; II R 66/98, BStBl. II 2002, 156; II R 86/00, BFH/NV 2003, 344; II R 23/00, BFH/NV 2003, 505; II R 65/06, BStBl. II 2008, 489; II R 53/06, BStBl. II 2009, 544; II R 65/08, BStBl. II 2011, 225; II R 45/08, BStBl. II 2012, 292; II R 52/14, BStBl. II 2017, 653), wobei es stets einer **rechtlichen Vereinigung** der Anteile in der Hand eines Rechtsträgers bedarf; eine bloß wirtschaftliche Anteilsvereinigung genügt nicht (vgl. → Rn. 547). Dabei **fingiert** § 1 III unter seinen näheren Voraussetzungen eine dem zivilrechtlichen Eigentum vergleichbare Rechtszuständigkeit der der Gesellschaft gehörenden Gr (zB BFH II R 30/04, BStBl. II 2005, 839; II R 65/06, BStBl. II 2008, 489; II R 65/08, BStBl. II 2011, 225; II R 45/08, BStBl. II 2012, 292; II R 8/13, BStBl. II 2015, 553; II R 35/14, BStBl. II 2016, 234). **515**

Gegenstand der Besteuerung nach § 1 III sind demgemäß nicht gesellschaftsrechtliche Vorgänge und insb. nicht der Anteilserwerb selbst (BFH II R 30/04, BStBl. II 2005, 839; II R 65/06, BStBl. II 2008, 489; II R 53/06, BStBl. II 2009, 544; II R 23/10, BStBl. II 2011, 932). Der Anteilserwerb ist nur der rechtstechnische Anknüpfungspunkt der Besteuerung (BFH II R 23/00, BFH/NV 2003, 505; II B 26/06, BFH/NV 2007, 500 mwN). Der mit § 1 III ggf. bewirkte Durchgriff **516**

auf einen Alleingesellschafter ist kein auf andere Steuertatbestände übertragbarer Rechtsgedanke (zutr. FG Bbg EFG 1996, 718).

517 Die **rechtstatsächliche Grundlage der Fiktion** des § 1 III ist zwar durch die Herabsetzung der Anteilsgrenze auf 90% abgeschwächt worden. Gleichwohl kann auch bei einer Anteilsgröße von mindestens 90% (typisierend) von einer **Herrschaftsmacht** über die Gr der Gesellschaft ausgegangen werden (BFH II R 65/08, BStBl. II 2011, 225; Wischott/Schönweiß/Fröhlich DStR 2009, 361). Dies zeigen für die AG zB §§ 122 I und II, 142 II, 260 I und II, 327a AktG und für die GmbH §§ 50, 61 II, 66 II GmbHG. Der Gedanke der Herrschaftsmacht wird freilich **durch § 1 IIIa,** der einen Rechtsvorgang iSd § 1 III auch bei einer lediglich wirtschaftlichen Beteiligung fingiert, weiter **verwässert** (vgl. auch → Rn. 675). Zur Berechnung der Anteilsgrenze von 90% bei mittelbaren Beteiligungen vgl. → Rn. 562.

518 Grundlage der Fiktion des § 1 III ist bei der Anteilsvereinigung einerseits und der Anteilsübertragung andererseits ein je **unterschiedlicher (fingierter) „Übertragungsweg"** des Gr: Bei der **Anteilsvereinigung (§ 1 III Nr. 1 und 2)** erfolgt der „Erwerb" des Gr **von der Gesellschaft** (BFH II 81/65, BStBl. II 1972, 913; II R 92/81, BStBl. II 1982, 424; II R 68/92, BStBl. II 1995, 736; II R 80/92, BStBl. II 1995, 903; II B 26/06, BFH/NV 2007, 500; II R 21/10, BStBl. II 2012, 793; II R 52/14, BStBl. II 2017, 653), indem die der Gesellschaft gehörenden Gr erstmals der Person zugeordnet werden, die bei sich mindestens 95% der Anteile vereint. Diese Herrschaftsmacht erlangt der Erwerber nicht schon durch den Erwerb einzelner Anteile, sondern erstmals im Zeitpunkt der Anteilsvereinigung (BFH II R 53/06, BStBl. II 2009, 544; II R 51/12, BStBl. II 2016, 356). Hingegen wird bei der **Anteilsübertragung (§ 1 III Nr. 3 und 4)** ein GrÜbergang **von dem Veräußerer** der Anteile auf dessen Erwerber fingiert (BFH II R 53/06, BStBl. II 2009, 544; II R 21/10, BStBl. II 2012, 793). Diese unterschiedlichen Bezugspunkte von § 1 III Nr. 1 und 2 einerseits und § 1 III Nr. 3 und 4 andererseits haben Bedeutung für die personenbezogenen Befreiungsvorschriften aus § 3 (vgl. → § 3 Rn. 12 ff.) sowie § 5 (vgl. → § 5 Rn. 13 ff.) und § 6 (vgl. → § 6 Rn. 11 f.).

519 § 1 III ist **verfassungsgemäß** (BVerfG BStBl. I 1963, 620; HFR 1969, 398; BFH II R 53/06, BStBl. II 2009, 544; BFH II B 55/18, BFH/NV 2019, 927). Dies gilt auch insoweit, als für den steuerauslösenden Anteilserwerb oder -übergang kein Entgelt gezahlt wird und damit ein Leistungsaustausch „Gr gegen Entgelt" fehlt (BFH II R 53/06, BStBl. II 2009, 544; vgl. auch → Einl Rn. 8 f.); auch ein Verstoß gegen EU-Recht liegt nicht vor (vgl. → Einl Rn. 20).

520 **d) Auslegung des § 1 III.** Die Auslegung des § 1 III hat die auf **Verhinderung von Steuerumgehungen** gerichtete Zielsetzung des § 1 III zu berücksichtigen (BFH II R 117/78, BStBl. II 1980, 357). Die Beweggründe und Absichten der Beteiligten im Rahmen des § 1 III sind ebenso unbeachtlich wie ein etwa fehlendes Bewusstsein der durch Anteilserwerb herbeigeführten Anteilsvereinigung (Hofmann/Eiling § 1 Rn. 225, 235). Angesichts der ausschließlich an objektive Merkmale anknüpfenden Tatbestandsfassung kommt es auf eine Steuerumgehungsabsicht der Beteiligten nicht an (BFH II 165/62, BStBl. III 1966, 554). Da § 1 III eine seinen tatbestandlichen Voraussetzungen entspr zivilrechtliche Gestaltung voraussetzt, scheidet eine (zusätzliche) Erweiterung des Besteuerungstatbestands nach Maßgabe des § 42 AO aus (BFH II B 26/06, BFH/NV 2011, 1539; Hofmann/Eiling § 1 Rn. 227). Dem Anreiz, einer Besteuerung durch Nichtanzeige (zur Anzeigepflicht vgl. § 18 II 2, § 19 I 1 Nr. 4–7) eines unter § 1 III fallenden Erwerbsvorgangs zu entgehen, wirkt § 16 V entgegen. Formaljuristisch

(im Blick auf § 23 VI 2) ist § 1 III einer **steuerverschärfenden teleologischen Auslegung** nicht zugänglich (BFH II R 44/18, BStBl. II 2023, 1009); das muss auch für § 23 XXI beachtet werden.

e) Steuerentstehung. Die GrESt aus § 1 III entsteht mit Verwirklichung der gesetzlichen Merkmale (→ § 14 Rn. 4). § 1 III kann (ebenso wie § 1 IIa und IIIa) auch durch sukzessive Rechtsakte verwirklicht werden, sofern diese in der Summe zur Anteilsvereinigung bzw. -übertragung von mindestens 90% der Anteile führen (zB BFH II B 26/06, BFH/NV 2007, 500; II R 11/22, BFH/NV 2025, 213). In diesem Fall entsteht die GrESt im Zeitpunkt der tatbestandserfüllenden Anteilsvereinigung bzw. -übertragung. Dieser Zeitpunkt entscheidet darüber, ob der Gesellschaft ein Gr iSd § 1 III „gehört" (vgl. → Rn. 524 ff.) oder eine Steuerbefreiung anzuwenden ist (→ § 3 Rn. 12 ff.). Er ist auch der maßgebende Besteuerungszeitpunkt für die Grundbesitzbewertung (vgl. → § 8 Rn. 85 ff.). 521

Nach der **tatbestandlichen Struktur des § 1 III** ist sowohl die erstmalige Vereinigung von 95% der Anteile in einer Hand (§ 1 III Nr. 1 und Nr. 2) als auch die Übertragung von 90% (bzw. 95%) der bereits vereinigten Anteile auf einen anderen Rechtsträger (§ 1 III Nr. 3 und Nr. 4) steuerbar (→ Rn. 578 ff). Diese Steuertatbestände knüpfen primär an das auf die Vereinigung bzw. den Übergang der Gesellschaftsanteile gerichtete schuldrechtliche Geschäft (§ 1 III Nr. 1 und Nr. 3) an. Ist kein schuldrechtliches Geschäft vorausgegangen, so unterliegt die Vereinigung der Anteile bzw. deren Übergang (§ 1 III Nr. 2 und Nr. 4) der Besteuerung. 522

Allgemeine Voraussetzung der Steuerbarkeit nach § 1 III ist, dass es hinsichtlich einer **Gesellschaft** (→ Rn. 524 ff.), zu deren Vermögen Gr **gehören** (→ Rn. 526 ff.), im Hinblick auf **90%** (→ Rn. 543 ff.) der Anteile zu einer **Vereinigung** (→ Rn. 547 ff.) oder **Weiterübertragung** der Anteile (→ Rn. 578 f.) kommt. Zur Steuerbefreiung gem. § 6a vgl. ausführlich dort. 523

2. Gesellschaften iSd § 1 III und IV. Gesellschaften iSd § 1 III und IV sind solche, die selbstständige Rechtsträger iSd GrEStG sein können. Dies sind – insofern ist § 1 III grds. rechtsformneutral, vgl. BFH II R 45/17, BStBl. II 2021, 315; BFH II R 39/06, BFH/NV 2008, 1529 – die **KapGes** (zB AG, SE, GmbH, KGaA), die **Unternehmergesellschaft, eingetragene Genossenschaften** (BFH II R 39/06, BFH/NV 2008, 1526), die **SE,** die **rechtsfähige GbR und eGbR** iVm § 24), die **OHG, KG** (einschl. der GmbH & Co KG), sowie der **Partnerschaftsgesellschaft.** Für die **Reit-AG** (§ 1 I und III ReitG) bleiben der Erwerb und die Veräußerung von börsennotierten Aktien (§ 2 XI WpHG) gem. § 1IIc außer Ansatz. Im Übrigen kann, soweit nicht § 1 IIa oder § 1 IIb greifen, eine Besteuerung nach § 1 III eingreifen (Viskorf/Meßbacher-Hönsch § 1 Rn. 1064). Der Erwerb von grundbesitzenden PersGes kann, soweit nicht § 1 IIa eingreift, gem. § 1 III steuerbar sein (Viskorf/Meßbacher-Hönsch § 1 Rn. 1064). 524

Es ist zu beachten, dass § 1 III die **grestrechtl. Selbstständigkeit** der jeweiligen Gesellschaft **unberührt** lässt (zu den sich daraus ergebenden Folgerungen → Rn. 526 ff.).

Keine Gesellschaft iSd § 1 III und IV sind die **eingetragenen und nicht eingetragenen Vereine,** die **stille oder atypische Gesellschaft** (→ Rn. 524), die **Stiftung** (vgl. Hennerkes/Binz/Sorg DB 1986, 2217 und 2269; Schulze zur Wiesche WPg 1988, 128) sowie die **Anstalt öffentlichen Rechts** (differenzierend Wiese/Klass DB 2004, 1009). Bei der **Erbengemeinschaft** unterliegt die Übertragung oder „Vereinigung aller Anteile" in einer Hand der Besteuerung nach § 1 I Nr. 3 (→ Rn. 180).

525 Für die Anwendung des § 1 III ist unerheblich, ob sich der **Sitz** der anteilsübertragenden und/oder -erwerbenden bzw. einer zwischengeschalteten Gesellschaft im **In- oder Ausland** befindet; allein entscheidend ist die Inlandsbelegenheit des Gr (BFH II R 23/00, BFH/NV 2003, 505; II R 39/06, BFH/NV 2008, 1529; II R 14/23, DStR 2025, 273; Voßkuhl/Hunsmann UVR 2005, 51 (55 ff.)). Ein Verstoß des § 1 III Nr. 4 bei der Verschmelzung einer KapGes auf eine AG österreichischen Rechts ist mangesls Verstoßes gegen die Richtlinie 2008/7/EG rechtmäßig (FG München 4 K 1671/20, EFG 2023, 708, Rev. BFH II R 8/23).

526 **3. Grundstücke im Vermögen der Gesellschaft.** § 1 III besteuert nicht gesellschaftsrechtliche Vorgänge, sondern die der Erlangung zivilrechtlichen Eigentums vergleichbare veränderte Rechtszuständigkeit an Gr der Gesellschaft. Alle Teiltatbestände des § 1 III setzen demgemäß voraus, dass zum Vermögen der Gesellschaft ein inländisches **Gr** (dazu § 2) **gehört.** Der Besteuerung unterliegt jeweils ein **bestimmtes** der Gesellschaft gehörendes Gr (BFH II R 82/73, BStBl. II 1979, 153; zu den Folgerungen für die Durchführung der Besteuerung vgl. → Rn. 526). Wegen der Ausrichtung des § 1 III auf das einzelne Gr kann die GrESt aus § 1 III Nr. 2 und Nr. 4 auch für solche Gr entstehen, die im Zeitpunkt der Entstehung der GrESt aus § 1 III Nr. 1 und Nr. 3 noch nicht der Gesellschaft gehörten (vgl. → Rn. 557).

527 Nach **§ 1 IVa 1 und 5** (JStG 2024 v. 2.12.2024, BGBl. 2024 I Nr. 387; anwendbar auf alle Erwerbsvorgänge nach dem 5.12.2024, vgl. § 23 XXV) kann nur der Erwerb des Grundstücks nach § 1 I oder das Innehaben einer der Verwertungsbefugnis nach § 1 II die Zurechnung des Grundstücks zum Vermögen der Gesellschaft begründen. Die Zurechnung nach § 1 III und IIIa kann nicht mehr zu einer Doppelzurechnung führen. Insoweit ist die Figur der mittelbaren Grundstückszurechnung hinfällig. Eine mögliche Doppelbelastung kann sich daher nur in Fällen des § 1 IVa 4 bei der Verwertungsbefugnis nach § 1 II ergeben. Die Regelungen des § 1 IVa sind auf Erwerbsvorgänge nach dem 5.12.2024 anzuwenden. Für die Zeit vor dem 6.12.2024 bleibt es bei der bisherigen Rechtslage; insoweit ist insb. weiterhin Zurechnung GLE 16.10.2023, BStBl. I 2023, 1872 anzuwenden. Diese bis zum 5.12.2024 geltenden Regeln werden nachfolgend dargestellt.

528 **a) Erfasste Grundstücke.** Die Zugehörigkeit eines Gr zum Vermögen der Gesellschaft bestimmt sich weder nach rein **bürgerlich-rechtlichen** noch nach allein **wirtschaftlichen Gesichtspunkten** iSd § 39 II Nr. 1 AO. Insbesondere ist unerheblich, ob sich das Gr (schon) im Eigentum der Gesellschaft befindet oder ihr bewertungsrechtlich zuzurechnen ist. Vielmehr richtet sich die Zugehörigkeit ausschließlich nach **spezifisch grestrechtl. Maßstäben des GrEStG** (BFH II R 40/20, BStBl. II 2023, 1012 mwN). Das bloße **Halten einer Beteiligung** in einer bestimmten Höhe stellt keinen grunderwerbsteuerbaren Erwerbsvorgang dar (BFH II R 44/18, BStBl. I 2023, 1009; II R 40/20, BStBl. II 2023, 1012; II R 11/22, BFH/NV 2025, 213). Von Bedeutung ist die Zuechnung nur für Gesellschaften; eine Zurechnung für natürliche Personen, jPdöR oder Vereine scheidet aus (GLE 16.10.2023, BStBl. I 2023, 1872 Rn. 8).

529 Ein Gr gehört hiernach zum Vermögen der Gesellschaft, wenn es ihr im Zeitpunkt der Steuerentstehung – dh bei Verwirklichung der in § 1 III normierten Tatbestandsmerkmale – aufgrund eines unter **§ 1 I, II oder III oder IIIa** fallenden Erwerbsvorgangs zuzurechnen ist (BFH II 26/12, BStBl. II 2015, 402 Rn. 19; II R 44/18, BStBl. II 2023, 1009; II R 11/22, BFH/NV 2025, 213; II R 14/

23, DStR 2025, 273). Dabei trennt die FVerw zwischen der Zurechnung zur grundbesitzenden Gesellschaft und der weiteren Zurechnung auf eine andere Gesellschaft (GLE 16.10.2023, BStBl. I 2023, 1872 Rn. 5–8).

Die Zurechnung zur grundbesitzenden Gesellschaft im Zeitpunkt der Steuer- **530**
entstehung erfolgt, wenn die Gesellschaft zuvor einen unter § 1 I oder § 1 II fallenden Erwerbsvorgang verwirklicht hat und damit grundbesitzende Gesellschaft ist. Diese Zurechnung entfällt, wenn ein Dritter in Bezug auf dieses Gr einen unter § 1 I oder II fallenden Erwerbsvorgang verwirklicht hat (Zurechnung GLE 16.10.2023, BStBl. I 2023, 1872 Rn. 5; BFH II R 40/20, BStBl. II 2023, 1012). Das ist zB der Fall, wenn die Gesellschaft aufgrund eines Verpflichtungsgeschäfts (§ 1 I Nr. 1) einen Anspruch auf Übereignung des Gr erworben hat (vgl. – zugleich zu Auslegungsfragen im Zusammenhang mit der in einer notariellen Urkunde erfolgenden GrEinbringung und Anteilsübertragung – BFH II R 26/99, BFH/NV 2001, 1040 mwN), ihr das Gr aufgelassen ist (§ 1 I Nr. 2) oder sie das Meistgebot im Zwangsversteigerungsverfahren abgegeben hat (§ 1 I Nr. 4). Die bloße Begründung eines Erwerbsvorgangs nach § 23 reicht für die Anwendung des § 1 III nicht aus (BFH II R 26/12, BStBl. II 2015, 402; Grieser DStR 2012, 2216). Der Tatbestand des § 1 III Nr. 1 ist erst erfüllt, wenn der Anspruch zivilrechtlich wirksam und durchsetzbar ist. Dies ist, wie sich aus § 158 I BGB und ferner aus § 1 I Nr. 1 und § 14 Nr. 1 GrEStG ergibt, erst mit Eintritt der aufschiebenden Bedingung der Fall (→ § 14 Rn. 9 ff.). **§ 1 IIa** scheidet, weil ausschließlich auf die Fiktion einer „neuen PersGes“ bezogen, im Regelungszusammenhang des § 1 III als Grundlage für eine grestrechtl. Zuordnung eines Gr zur Gesellschaft aus (Viskorf DStR 2021, 74 (76)).

Ein Grundstück **„gehört“** nicht (mehr) zum Vermögen der Gesellschaft, wenn **531**
es zwar noch in ihrem Eigentum steht, es aber vor dem Übergang der Anteile am Gesellschaftsvermögen **Gegenstand eines Veräußerungsvorgangs** iSd § 1 I–IIIa war (vgl. BFH II R 45/08, BStBl. II 2012, 292 Rn. 12; II R 26/12, BStBl. II 2015, 402 Rn. 18). Umgekehrt **„gehört“** ein Grundstück **(noch) nicht** der Gesellschaft, wenn es ihr im Zeitpunkt des Übergangs der Anteile am Gesellschaftsvermögen nicht aufgrund eines Erwerbsvorgangs nach § 1 I–IIIa grunderwerbsteuerrechtlich zuzurechnen ist.

Der Einfluss derartiger **nachträglicher Umstände** auf die Steuerpflicht aus **532**
§ 1 III kann sich – ebenso wie die Zuordnung des Gr zum Vermögen der Gesellschaft selbst – nur nach **spezifisch grestrechtl. Gesichtspunkten** bestimmen. War der Gesellschaft ein Gr aufgrund eines vor der Anteilsvereinigung bzw. der Übertragung aller Anteile liegenden Erwerbsvorgangs (zB Verkauf des Gr) nicht zuzurechnen und wird dieser Erwerbsvorgang nachträglich iSd § 16 rückgängig gemacht, so wird nachträglich auch hinsichtlich dieses Gr der Tatbestand des § 1 III erfüllt. Ein schon ergangener – den Erwerb dieses Gr nicht berücksichtigender – GrESt-Bescheid ist nach § 175 I 1 Nr. 2 AO unter Berücksichtigung des Werts des betr. Gr iSd § 8 II Nr. 3 GrEStG iVm § 151 I 1 Nr. 1–3 iVm 157 I–III BewG zu ändern. Umgekehrt entfällt die Steuerbarkeit nach § 1 III, soweit ein die Zurechnung des Gr zum Vermögen der Gesellschaft begründender Erwerbsvorgang nachträglich iSd § 16 I oder II rückgängig gemacht wird; ein Unterschied zwischen den verschiedenen Tatbeständen des § 1 III besteht nicht (Hofmann/Eiling § 1 Rn. 239 und 293; im Ergebnis auch Viskorf/Meßbacher-Hönsch § 1 Rn. 1088 ff. mwN). Eine nicht von § 16 erfasste Rückgängigmachung eines Erwerbsvorgangs lässt die Steuerbarkeit nach § 1 III unberührt (→ Rn. 725).

533 **b) Mehrstöckige Gesellschaften.** Neben der **grundbesitzenden Gesellschaft** ist das Gr auch einer **anderen Gesellschaft** zum Zeitpunkt der Entstehung der Steuerschuld für den Rechtsvorgang, der nach § 1 IIa–IIIa der Grunderwerbsteuer unterliegt, zuzurechnen, wenn diese Gesellschaft zuvor hinsichtlich dieses Grundstücks einen Erwerbsvorgang verwirklicht hat, der unter § 1 III oder IIIa fällt (Zurechnung GLE 16.10.2023, BStBl. I 2023, 1872 Rn. 7). Die Zurechnung entfällt, wenn ein in Dritter in Bezug auf dieses Grundstück einen unter § 1 III oder IIIa fallenden Erwerbsvorgang verwirklicht, ihre Beteiligung an der grundbesitzenden Gesellschaft unter die für § 1 III und IIIa maßgebende Beteiligungsgrenze sinkt oder der grundbesitzenden Gesellschaft das Grundstück nicht mehr zuzurechnen ist (Zurechnung GLE 16.10.2023, BStBl. I 2023, 1872 Rn. 8; BFH II R 40/20, BStBl. II 2023, 1012 Rn. 26).

534 Diese Grundsätze gelten auch bei **mehrstöckigen Beteiligungen,** bei denen eine Obergesellschaft an einer grundbesitzenden Gesellschaft unmittelbar oder mittelbar beteiligt ist. Ein Grundstück der Untergesellschaft ist der Obergesellschaft grunderwerbsteuerrechtlich nur zuzurechnen, wenn die Obergesellschaft selbst es aufgrund eines Erwerbsvorgangs nach **§ 1 I–IIIa** erworben hat. Der bloße Erwerb des Grundstücks durch die Untergesellschaft führt nicht zu einer automatischen Zurechnung bei der Obergesellschaft bzw. im Falle mehrstöckiger Beteiligungsketten bei den Obergesellschaften. Das bloße Halten einer Beteiligung in einer bestimmten Höhe stellt selbst keinen grestbaren Erwerbsvorgang dar (BFH II R 44/18, BStBl. II 2023, 1009; II R 40/20, BStBl. II 2023, 1012). Diese Sichtweise ist durch den Regelungszweck des § 1 IIa gedeckt. Aus § 1 IIa wie auch aus § 1 IIb–IIIa folgt, dass Grundstücke einer Gesellschaft dem Gesellschafter nicht automatisch, sondern nur dann zuzurechnen sind, wenn die jeweiligen Erwerbstatbestände aufgrund von Vorgängen des Rechtsverkehrs erfüllt sind (vgl. auch die Ausführungen bei → Rn. 542).

535 Dabei ist es wegen der selbstständigen Rechtsträgerschaft der Gesellschaften unerheblich, ob diese jeweils (mittelbar oder unmittelbar) denselben Alleingesellschafter haben (BFH II R 54/01, BStBl. II 2004, 658; IV B 57/03, BFH/NV 2005, 1265; vgl. auch → Rn. 570). Die von **Kapitalanlagegesellschaften** iSd vormaligen § 1 I KAGG (jetzt § 92 KAGB) angeschafften und in ihr GrSondermögen eingelegten Gr gehören der Kapitalanlagegesellschaft schon aufgrund der allein ihr zukommenden Verfügungsbefugnis (§ 9 I KAGG), so dass die Übertragung der Anteile dieser Gesellschaft § 1 III unterfällt (BFH II R 59/01, BStBl. II 2005, 148; II 14/02, BStBl. II 2005, 148; Hofmann/Eiling § 1 Rn. 240).

Hat die Gesellschaft als Rechtsträger iSd **§ 1 IIIa** die wirtschaftliche Beteiligung an einer grbesitzenden Gesellschaft inne, so „gehören" diesem Rechtsträger auf Grund der Fiktion eines Rechtsvorgangs iSd § 1 III auch die der anderen Gesellschaft gehörenden Gr.

536 **c) Neueste Entwicklungen.** Im Urteil des FG Münster (8 K 2744/21 GrE, EFG 2025, 411 mAnm Echtermann, Rev. BFH II R 4/25) hat das Gericht eine **doppelte Zurechnung** zur grundbesitzenden Zurechnung und zur anderen Gesellschaft (die zuvor einen Erwerbsvorgang nach § 1 III Nr. 4 verwirklicht hatte) **abgelehnt** (aA Zurechnung GLE 16.10.2023, BStBl. I 2023, 1872 Rn. 5–7; Viskorf/Meßbacher-Hönsch § 1 Rn. 1078 ff.; zum Streitstand auch Graessner NWB 2025, 1306). Die Entscheidung zeigt auf, dass Erwerbsvorgänge nach § 1 III nicht ausgeschlossen werden (vgl. BFH II R 40/20, BStBl. II 2023, 1092 Rn. 25). Erwerbsvorgänge nach § 1 III werden jedoch nicht ausgeschlossen, so

dass Erwerbsvorgänge nach § 1 III vor dem 6.12.2024 nur einem Rechtsträger in einer mehrstöckigen Beteiligungskette gehören können (vgl. auch Loose juris-PRSteuer 37/2022 Anm. 4).

Demgegenüber hat das FG Baden-Württemberg (5 K 2022/23, EFG 2025, 113 mAnm Lutter, Rev. BFH II R 24/24) eine **doppelte Zurechnung** zur Mutter-GmbH und zur Großmutter-GmbH **bejaht.** Diese doppelte Zurechnung sei – wenn kein Erwerb nach § 1 I oder II vorliege – dem GrESt-Recht immanent und hinzunehmen (BFH II R 50/00, BStBl. II 2003, 320; Viskorf/Meßbacher-Hönsch § 1 Rn. 890a). Der Rechtsprechung des FG Münster kann gefolgt werden. Ein Schaden entsteht durch diese Regelung wegen des insoweit nicht eintretenden Schadens (Festsetzung der GrESt durch den einzigen Berechtigten) nicht. Ein Leerlaufen der Ergänzungstatbestände (wie vom FG Baden-Württemberg angenommen) tritt nicht ein.

4. Anteil. a) Anteil bei KapGes. Der Begriff des „Anteils" ist in § 1 III nicht **537**
definiert. Anteile an KapGes sind die **Beteiligungen** am Gesellschaftskapital, zB bei der GmbH die Geschäftsanteile (§§ 5, 14 ff. GmbHG). Der übergehende Anteil bei der GmbH entspricht dem Anteil, den die übertragenen am Stammkapital darstellen. Bei einer AG sind dies die Aktien (§§ 1 II, VIII AktG) und der sich darin ausdrückenden Beteiligung an der Vermögenssubstanz der Gesellschaft zu verstehen (zB BFH II R 51/12, BStBl. 2016, 356 mwN; Viskorf/Meßbacher-Hönsch § 1 Rn. 1090; eingehend Voßkuhl/Hunsmann UVR 2005, 51). Auf die Stimmrechtsverhältnisse kann es schon nach dem Wortlaut des § 1 III nicht ankommen (aA Rothenöder DStZ 2010, 334).

b) Anteil bei PersGes. Bei PersGes (zB OHG, KG, GbR) ist zwischen unmit- **538**
telbarer und mittelbarer Beteiligung zu unterscheiden. Dabei kann an sich nicht von „Anteilen der Gesellschaft" gesprochen werden. Unter Berücksichtigung des → § 24 Rn. 2 f. gilt mit Wirkung bis zum Ablauf des 31.12.2026 für rechtsfähige PersGes iSd § 14a II Nr. 2 AO weiterhin die Behandlung als Gesamthand und deren Vermögen als Gesamthandsvermögen.

Unmittelbare Anteilsvereinigung bei PersGes. Der Anteil an einer PersGes ist daher bei der **unmittelbaren Anteilsvereinigung** die **gesellschaftsrechtliche** (sachenrechtliche) **„Beteiligung",** dh der Inbegriff der Mitgliedschaftsrechte des Gesellschafters der PersGes und **nicht dessen vermögensmäßige Beteiligung** (;BFH II R 51/12, BStBl. 2016, 356; II R 41/15, BStBl. II 2018, 667; II R 45/17, BStBl. II 2021, 315; Viskorf/Meßbacher-Hönsch § 1 Rn. 1130; zu § 1 III GLE 5.3.2024, BStBl. I 2024, 383 Rn. 12 sog. „Pro-Kopf-Betrachtung"). Eine solche sachenrechtliche Beteiligung als Mitinhaber des Gesamthandsvermögens hat auch der am Gesellschaftskapital nicht vermögensmäßig beteiligte Gesellschafter (BFH II R 68/92, BStBl. II 1995, 736; II R 67/92, BFH/NV 1996, 171; II R 66/98, BStBl. II 2002, 156; II R 67/92, BFH/NV 1996, 171), so dass jedem Mitglied der PersGes stets nur **eine** Beteiligung zusteht. Befand sich noch ein weiterer „Anteil" in der Hand eines anderen – wenn auch nicht wertmäßig beteiligten – Mitgesellschafters, waren nicht „alle Anteile" iSd § 1 III in einer Hand vereinigt (BFH II R 66/98, BStBl. II 2002, 156). Ob an dieser Rspr. festgehalten wird, ist zweifelhaft. Es ist zu erwarten, dass der BFH die unmittelbare Anteilsvereinigung nach der Beteiligung am Gesellschaftskapital bestimmen wird (BFH II R 45/17, BStBl. II 2021, 315 = DStR 2020, 2675 mAnm Kugelmüller-Pugh). Das FG Hessen (5 K 2326/22, BeckRS 2024, 36763) neigt dazu, diesem Weg nicht zu beschreiten.

539 **Mittelbare Anteilsvereinigung bei PersGes.** Bei einer **mittelbaren Anteilsvereinigung** scheidet eine Anknüpfung an das Zivilrecht aus. Die frühere Anknüpfung an die gesamthänderische Mitberechtigung am Gesellschaftsvermögen auch für die Zurechnung der Anteile an der anderen Gesellschaft maßgebend sein soll, hat der BFH aufgrund der Neuregelung in § 1 IIIa (vgl auch BT-Drs. 17/3033, 110) verworfen. Entscheidend ist bei PersGes – wie bei KapGes – der Beteiligung am Gesellschaftsvermögen (BFH II R 41/15, BStBl. II 2018, 667; II R 45/17, BStBl. II 2021, 315; zu § 1 III GLE 5.3.2024, BStBl. I 2024, 383 Rn. 12). An dieser Rechtslage haben sich für PersGes durch Herabsetzung der Anteilsgrenze des § 1 III auf 90% keine Änderungen ergeben.

Beispiel:

540 Am Kapital der grundbesitzenden A-KG sind eine OHG und der Altgesellschafter C zu jeweils 50 % beteiligt. Am Vermögen der OHG sind A zu 10 % und B zu 90 % beteiligt. B veräußert seine Beteiligung am Vermögen der OHG an C.
Der Tatbestand des § 1 IIa ist nicht erfüllt, da innerhalb von 10 Jahren nicht mindestens 90 % der Anteile auf neue Gesellschafter übergegangen sind. C ist Altgesellschafter der A-KG.

Durch die Übertragung der Beteiligung von B an C ist der Tatbestand des § 1 III Nr. 1 verwirklicht, da teils unmittelbar, teils mittelbar mindestens 90 % der Anteile (100 % = 50 % + 50 %) an der grundbesitzenden A-KG in der Hand des C vereinigt werden. Die sachenrechtliche Mitberechtigung der OHG am Vermögen der A-KG wird C in voller Höhe (50 %) zugerechnet, da C zu mindestens 90 % am Vermögen der OHG beteiligt ist.

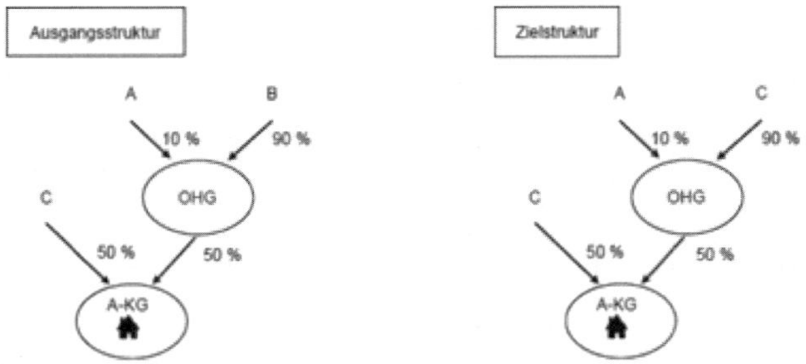

541 An dieser **Rechtslage** hat der BFH auch für einen Erwerb aus dem **Jahre 2012** festgehalten; ein nach Art. **20 III GG** schutzwürdiges Vertrauen in die frühere Rechtslage hat nicht bestanden (BFH II 7/22, DStR 2024, 1499 mAnm Kugelmüller-Pugh). Für **PersGes** ist zu beachten, dass die Beteiligungen nicht in der Weise auf einen Gesellschafter übertragen werden können, dass dieser alle Anteile in seiner Person vereinigt. Der Erwerb des letzten „Anteils" führt zur – nach § 1 I Nr. 3 steuerbaren (→ Rn. 178) – **Anwachsung** des Gesamtvermögens beim Erwerber und damit zum Erlöschen der Gesamthand. Für PersGes ist daher § 1 III nur anzuwenden, sofern die Gesellschaftsrechte nicht untergehen.

542 **c) Mehrstufige Beteiligungsstrukturen.** Bei mehrstufigen Beteiligungsstrukturen kann derselbe Erwerbsvorgang zur mehrfachen Verwirklichung des § 1 III führen. Dies kann auch nach Auffassung der FVerw nach folgendem Prinzip vermieden werden (zu § 1 III GLE 5.3.2024, BStBl. I 2024, 383 Rn. 21).

– Der Tatbestand wird grundsätzlich bei dem Rechtsträger verwirklicht, der unmittelbar Beteiligter des Rechtsgeschäfts oder des Übergangs ist, welches

bzw. welcher zur Verwirklichung des Tatbestands nach § 1 III führt (vgl. Bsp. 5 und 6 – hier nicht abgedruckt).
- Erfüllt der an diesem Rechtsgeschäft oder Übergang unmittelbar beteiligte Rechtsträger den Tatbestand des § 1 III nicht, verwirklicht diesen Tatbestand der – ausgehend von dem am Rechtsgeschäft oder Übergang unmittelbar beteiligten Rechtsträger – in der Beteiligungskette am nächsten stehende (unterste) Rechtsträger, der die Voraussetzungen nach § 1 III erfüllt (vgl. Bsp. 4 – hier nicht abgedruckt). Zu näheren Einzelheiten Graessner NWB 2024, 1391 (1393).

5. Mindestens 90% der Anteile (§ 1 III). Steuerbar ist nach der Neufassung des § 1 III (anzuwenden auf Erwerbsvorgänge nach dem 30.6.2021) die unmittelbare oder mittelbare Vereinigung bzw. Übertragung von mindestens **90%** der Anteile. Die **Neufassung des § 1 III** soll bezüglich des steuerrelevanten Anteils im Vergleich zu § 1 IIa „nicht gerechtfertigte" **Besteuerungsunterschiede ausräumen** und zugleich bislang legale Umgehungsmöglichkeiten einschränken. Die Steuerbarkeit nach § 1 III tritt mithin nur nicht ein, wenn mehr als 10% der Anteile in der Hand Außenstehender verbleiben. **543**

Für **PersGes** führt die Neuregelung des § 1 III, die nach wie vor auf den „Anteil an einer PersGes" abhebt, zu keiner sachlichen Erweiterung der Steuerpflicht. Dies würde sich ändern, wenn der BFH auch auf der unmittelbarer Ebene bei einer PersGes von der prozentualen Höhe des Anteils am Vermögen der PersGes – und nicht mehr von der auf unmittelbarer Ebene zivilrechtlich einschlägigen sachenrechtlichen Mitberechtigung am Gesamthandsvermögen – ausgehen würde (so Kugelmüller-Pugh, Anm. zu BFH II R 45/17, DStR 2020, 2675; vgl. auch → Rn. 538). **544**

Die Anteilsvereinigung bzw. der Übergang aller Anteile im Zuge eines **Formwechsels** (§ 1 I Nr. 4, §§ 190 ff. UmwG) löst **keinen Rechtsträgerwechsel** und damit keinen iSd § 1 III steuerbaren Rechtsvorgang aus (zB Viskorf/Meßbacher-Hönsch § 1 Rn. 1256 ff.; zur Problematik des nicht verhältniswahrenden Formwechsels vgl. → Rn. 48 f.). Die für § 1 IIa geltenden Einschränkungen zB im Hinblick auf Treuhandverhältnisse oder Scheingeschäfte (vgl. → Rn. 355, 385) gelten auch für § 1 III.

Keine Anteile iSd § 1 III sind die **eigenen Anteile** (§§ 33 II und III; § 71 AktG). Wenn zB zwei Gesellschafter jeweils zu 50% an einer GmbH beteiligt sind und ein Gesellschafter seinen Anteil an die GmbH abtritt, ist eine Anteilsvereinigung iSd § 1 1 III Nr. 1 verwirklicht (BFH II R 8/13, BStBl. II 2015, 553; vgl. auch Clemens/Lieber DStR 2005, 1761). Denn eine Gesellschaft kann begrifflich nicht ihr eigener Gesellschafter sein, so dass ein neben der Gesellschaft einziger Gesellschafter wahrer Inhaber sämtlicher Geschäftsanteile ist. Daran hat sich, abgesehen von der Herabsetzung der Steuerbarkeitsschwelle auf 90%, auch nach neuem Recht nichts geändert (BFH II 189/53 U, BStBl. III 1954, 83; II 26/63, BStBl. III 1966, 254; II R 21/12, BStBl. II 2014, 326; zu § 1 III GLE 5.3.2024, BStBl. 2024, 383 Rn. 9). Entsprechendes gilt auch, wenn die Anteilsquote 95% oder nur 90% beträgt (FG Münster 8 K 2516/20 GrE, EFG 2022, 1307, Rev. BFH I R 24/22). Diese Grundsätze gelten jeden Tatbestand des § 1 III Nr. 1–4 (BFH II R 52/00, BFH/NV 2002, 1053). Es ist daher **dringend zu empfehlen,** im Einzelfall strikt auf die **Einhaltung der Beteiligungsgrenze** zu achten. **545**

Im Ergebnis wie eigene Anteile ist auch eine **wechselseitige Beteiligung** zu behandeln, bei der Anteile der KapGes von einer (Tochter-)Gesellschaft gehalten **546** werden, an der die KapGes ihrerseits beteiligt ist. Dies gilt immer dann, wenn die Beteiligung an der (Tochter-)Gesellschaft **100%** beträgt (BFH II R 21/12, BStBl. II 2014, 326). Dabei ist unerheblich, dass die (Tochter-)Gesellschaft ein zivilrechtlich und grestrechtl. selbstständiger Rechtsträger ist (Clemens/Lieber DStR 2005, 1761). Entscheidend ist, dass diese Gesellschaft aufgrund der Beteiligungsverhältnisse keinen eigenen Willen entfalten kann und der Herrschaftsmacht ihres Alleingesellschafters unterliegt. Nicht anders sind Gestaltungen zu beurteilen, in denen bei Beteiligung an der (Tochter-)Gesellschaft **95%** oder nur noch 90% beträgt oder eine Mehrheitsbeteiligung in Verbindung mit einem Organschaftsverhältnis iSd § 1 IV Nr. 2 Buchst. b vorliegt (zutr. Clemens/Lieber DStR 2005, 1761 (1762); Viskorf/Meßbacher-Hönsch § 1 Rn. 1099).

547 **6. Zurechnung von Grundstücken für § 1 III.** Der Begriff der **Vereinigung** von 90% der **Anteile** ist gesetzlich nicht definiert. Insoweit ist weder das **Zivilrecht** noch **§ 39 AO** maßgebend. Erforderlich ist vielmehr die grunderwerbsteuerrechtliche Zurechnung, wenn die Gesellschaft in Bezug auf dieses Gr einen unter § 1 I, II, III oder IIIa fallenden Erwerbsvorgang verwirklicht hat (BFH II R 40/20, BStBl. II 2023, 1012; II R 14/23, DStR 2025, 273; → Rn. 528). Auch die Anteilsvereinigung mittels eines Treuhänders oder Beauftragten ist eine rechtliche Anteilsvereinigung (Treuhand GLE 19.9.2018, BStBl. I 2018, 1074 vgl. auch § 1 Rn. 121 ff.). Der Übergang der Anteile muss aus Gründen der Tatbestandsbestimmtheit im Steuerbescheid genau beschrieben sein (BFH II R 46/12, BStBl. II 2014, 536).

Eine bloß **wirtschaftliche Vereinigung** – etwa im Sinne einer Zurechnung von Gesellschaftsanteilen nach wirtschaftlichen Gesichtspunkten unter Anwendung des § 1 II oder unter Heranziehung von § 39 II AO – **genügt nicht** (BFH II R 130/67, BStBl. II 1975, 456; 1988, 959; II R 157/88, BFH/NV 1992, 57; anders – abzulehnen – BFH II B 98/17, BFH/NV 209, 412). Ebenso scheidet eine Zurechnung von Gesellschaftsanteilen unter Anwendung des § 1 I Nr. 6 oder Nr. 7 aus (BFH II R 130/67, BStBl. II 1975, 456; Hofmann/Eiling § 1 Rn. 226). Die bloße Option auf eine Anteilsübertragung unterfällt vor Ausübung des Optionsrechts nicht § 1 III (Stoschek/Peter DStR 2002, 2108 (2110)). Durch § 1 IVa kann sich für Ergänzungstatbestände nach dem 5.11.2024 die Frage einer Doppelbesteuerung wegen der Nichtanwendbarkeit des § 1 III, IIIa nicht mehr stellen.

548 Erforderlich ist ferner die Vereinigung der Anteile in **einer** Hand des Erwerbers. **Erwerber** kann jeder selbstständige Rechtsträger iSd GrEStG (dh jede natürliche oder juristische Personen sowie jede grestrechtl. als selbstständiger Rechtsträger anzuerkennende Gesamthandsgemeinschaft, → Rn. 42 ff.) sein. Erwerber kann auch eine Erbengemeinschaft sein (BFH II R 46/12, BStBl. II 2014, 536); zu den abhängigen Personen und Unternehmen → Rn. 356 ff. Ob die Anteilsvereinigung in der Hand eines inländischen oder aber eines ausländischen Gesellschafters stattfindet, ist – sofern nur der Gesellschaft ein inländisches Gr gehört – für die Steuerbarkeit nach § 1 III ohne Bedeutung.

549–555 *einstweilen frei*

556 **7. Verhältnis von § 1 III Nr. 1 zu Nr. 2.** § 1 III Nr. **2** ist gegenüber § 1 III Nr. 1 **subsidiär** (BFH II R 117/78, BStBl. II 1980, 357; II R 11/22, BFH/NV 2025, 213; II R 14/23, DStR 2025, 273). Ist der Tatbestand des § 1 III Nr. 1 durch einen Rechtsvorgang verwirklicht worden (zB bei Gründung einer KapGes unter Beteiligung eines Treuhänders, gegen den der Hauptgesellschafter nach § 667 BGB einen Anspruch auf Übertragung des Anteils hat), unterliegt die nach-

folgende Übertragung des Anteils durch den Treuhänder auf den Hauptgesellschafter nicht erneut nach § 1 III Nr. 2 der GrESt.

Zweifelhaft ist die Tragweite dieses Subsidiaritätsverhältnisses bei der Frage, ob ein etwaiger **Zuwachs im GrBestand** der Gesellschaft im Zeitraum zwischen dem vorausgegangenen schuldrechtlichen Geschäft (§ 1 III Nr. 1) und einem späteren Anteilsübergang (§ 1 III Nr. 2) eine – erstmalige – Besteuerung aus § 1 III Nr. 2 auslösen kann. Dies ist aufgrund der GrBezogenheit des § 1 III zu bejahen (BFH II 81/65, BStBl. II 1972, 913; II R 82/73, BStBl. II 1979, 153; II R 25/81, BStBl. II 1982, 336; Hofmann/Eiling § 1 Rn. 229). § 1 III Nr. 2 ist jedoch nicht dahingehend auszulegen, dass diese Vorschrift nur die Vereinigung durch Übertragung erfasst (missverständlich BFH II R 117/78, BStBl. II 1980, 357). Vielmehr unterliegen dieser Vorschrift nach ihrem klaren Wortlaut ausschließlich Anteilsvereinigungen, die nicht aufgrund eines den Anspruch auf Übertragung begründenden Rechtsgeschäfts erfolgen. Selbstverständlich meint § 1 III Nr. 2 nur schuldrechtliche Geschäfte, die sich auf Anteilsübertragungen einer Gesellschaft **mit** Gr beziehen. Gehört einer Gesellschaft erstmals ein Gr, nachdem bereits ein schuldrechtliches Geschäft iSd § 1 III Nr. 1 geschlossen war, ist eine nachfolgende Anteilsvereinigung iSd § 1 III Nr. 2 mithin erst nach dieser Vorschrift der GrESt unterworfen. 557

§ 1 III Nr. 2 unterfällt auch der Anteilsübergang **kraft Gesetzes,** zB durch den Übergang eines Anteils im **Erbwege** (BFH II R 143/86, BStBl. II 1988, 785 = HFR 1988, 637 m Anm) oder im Zuge einer **Umwandlung** (Verschmelzung, vgl. zB FG Münster EFG 2003, 256; Spaltung, Vermögensübertragung). Ebenso tritt eine Anteilsvereinigung nach § 1 III Nr. 2 ein, wenn Anteile durch **Einziehung** (§§ 34 GmbHG, 237 AktG) untergehen und die verbleibenden Anteile sich dadurch in einer Hand befinden (BFH II R 193/85, BStBl. II 1988, 959; vgl. auch Heine GmbHR 2002, 678). Insofern verlangt eine Anteilsvereinigung **keine** Anteilserhöhung bei demjenigen, in dessen Hand die Vereinigung der Anteile eintritt. Soweit die Anteilsvereinigung durch Einziehung von Anteilen nach der früheren Verwaltungspraxis über § 42 AO besteuert wurde, bestehen gegen die nunmehr aus § 1 III hergeleitete Steuerbarkeit unter Vertrauensschutzgesichtspunkten keine Bedenken (BFH II B 107/89, BStBl. II 1990, 390). Eine Anteilsvereinigung kann auch anlässlich der **Einbringung** einer PersGes, zu deren Gesamthandsvermögen Anteile an einer grundbesitzenden Gesellschaft gehören, eintreten. 558

Die **Neufassung** des § 1 III Nr. 1 und 2 durch das StEntlG 1999 ff.und das GrEStGÄndG 2021 hat an diesen Grundsätzen nichts geändert. Ähnlich der Rechtslage bei § 1 IIa (→ Rn. 315) stellt sich auch auf Grund der Neufassung des § 1 III Nr. 1 und 2 die Frage der steuerlichen Behandlung im Fall der **Aufstockung** der Beteiligung **auf 100%** bei bereits zuvor bewirkter Vereinigung von (mindestens) 95% der Anteile. Der Übergang dieser Restanteile ist nur insoweit steuerbar, als er zu einer verwirklichten erneuten Tatbestandserfüllung aus § 1 III beiträgt (Viskorf/Loose § 23 Rn. 68; Stoschek ZfIR 1999, 487; Halaczinsky NWB F 8 S. 1425/1428; Heine UVR 1999, 282 (291 f.); Rösel DStR 1999, 1845). Der Übergang der Restanteile löst (zumal der nach § 8 II 1 Nr. 3 als Bemessungsgrundlage anzusetzende Wert schon bei Erreichung der Anteilsgrenze von mindestens 90% (oder 95%) der Anteile ungekürzt anzusetzen ist) keine weiteren (nachträglichen) Rechtsfolgen hinsichtlich der bereits verwirklichten Anteilsvereinigung aus. Dies gilt auch, wenn sich der GrBestand der Gesellschaft vor Übergang der Restanteile erweitert (Viskorf/Loose § 23 Rn. 68; Ländererl § 1 559

III, BStBl. I 1999, 991 Tz. 3; vgl. auch BFH II R 18/74, BStBl. II 1977, 565 betr § 1 III GrEStG Berlin 1969; II R 82/73, BStBl. II 1979, 153).

Diese Grundsätze gelten auch bei **mehrstöckigen Beteiligungen** für die unmittelbare oder mittelbare Beteiligung an einer **Untergesellschaft** (BFH II R 44/18, BStBl. II 2023, 1009 Rn. 25; II R 40/20, BStBl. II 2023, 1012 Rn. 30; II R 33/20, BFH/NV 2023, 555 Rn. 18).

Einer Besteuerung nach § 1 III Nr. 1 steht nicht entgegen, dasss der Erwerber zu einem früheren Zeitpunkt Inhaber aller Anteile gewesen ist und später – nach Unterschreitung der Grenze von 95% (bzw. 90%) – die erneute Überschreitung dieser Grenze die Besteuerung nach § 1 III Nr. 1 auslöst. Diese Frage einer wiederholten Steuerbarkeit nach § 1 III Nr. 1 (offen geblieben im Verfahren BFH II R 11/22, BFH/NV 2025, 213) ist zu bejahen (FG Baden-Württemberg 5 K 1503/22, EFG 2024, 60, Rev. BFH II R 13/23).

560 **a) Unmittelbare und mittelbare Anteilsvereinigung.** Nach dem ausdrücklichen Wortlaut des § 1 III kann die Anteilsvereinigung und -übertragung in zwei Formen, als unmittelbare oder aber als mittelbare, verwirklicht werden.

561 Die **unmittelbare Anteilsvereinigung** tritt in der Hand des Erwerbers allein ein. Sie liegt vor, wenn sich 90% Anteile einer Gesellschaft **zivilrechtlich** in der Erwerberhand vereinigen. Dies ist zB der Fall, wenn ein zu 88 % beteiligter Erwerber weitere 2% der Anteile an einer **GmbH** erwirbt. Zur Rechtslage bei der unmittelbaren Anteilsvereinigung bei PersGes vgl. → Rn. 538.

562 Die **mittelbare** (dh über zwischengeschaltete Rechtsträger bewirkte) **Anteilsvereinigung** genügte den Anforderungen der Steuerbarkeit nach § 1 III bereits **vor** Inkrafttreten der **Neufassung** dieser Vorschrift am 1.1.2000 (BFH II R 39/06, BFH/NV 2008, 1529; zu einzelnen Anwendungsfällen vgl. zB BFH II R 38/69, BStBl. II 1975, 834; II R 76/87, BStBl. II 1988, 550; II R 92/81, BStBl. II 1994, 121; II R 130/91, BStBl. II 1994, 408; II R 86/00, BFH/NV 2003, 344; II R 39/06, BFH/NV 2008, 1529). Die jetzige Gesetzesfassung hat daher nur klarstellende Bedeutung (BFH II R 39/06, BFH/NV 2008, 1529).

563 Die **Rechtsgrundlage** der mittelbaren (über zwischengeschaltete Rechtsträger bewirkte) Anteilsvereinigung ergibt sich aus dem Merkmal „gehört" iSd § 1 III. Ein Gr gehört zum Vermögen einer Gesellschaft auch dann, wenn hinsichtlich dieses Gr ein Erwerbsvorgang iSd § 1 III verwirklicht worden ist. Da § 1 III den mittelbaren (durch die Vereinigung aller Anteile an der Gesellschaft bewirkten) Zugriff auf ein Gr zur Erfüllung des Steuertatbestandes als ausreichend ansieht, kann für den Zugriff auf ein Gr über zwischengeschaltete Rechtsträger nichts anderes gelten (BFH II R 53/06, BStBl. II 2009, 544; II R 23/00, BFH/NV 2003, 505; II R 39/06, BFH/NV 2008, 1529). **Rechtsgrundlage** der mittelbaren Anteilsvereinigung ist daher das Merkmal **„gehört"** iSd § 1 III. Danach gehört einer Gesellschaft ein Gr auch dann, wenn sie mindestens 90% der Anteile an einer zwischengeschalteten Gesellschaft hält.

Die gegen die Rechtsfigur der mittelbaren Anteilsvereinigung früher erhobene **Kritik** (zB Stahl StuW 1979, 237; Binz/Freudenberg/Sorg DStR 1990, 753) ist **unberechtigt.** Insbesondere trifft es nicht zu, dass diese Rechtsfigur gegen eine dem § 1 III vorgegebene Bindung an das Zivilrecht verstößt. § 1 III knüpft nicht an das Zivilrecht an, sondern erfasst als Ergänzungstatbestand iS einer mehrstufigen rechtlichen Betrachtungsweise (zB BFH II R 26/99, BFH/NV 2001, 1040; vgl. auch Wischott/Schönweiß/Fröhlich DStR 2009, 361) die spezifisch grestrechtl. veränderte Zuordnung von Gr. Diesem gesetzlich begründeten Vorrang der grestrechtl. Wertung vor der zivilrechtlichen Betrachtungsweise entspricht es auch, dass eine der **mittelbaren Anteilsvereinigung** nachfolgende **unmittelbare Anteilsvereinigung** keine zusätzliche GrESt auslöst (→ Rn. 581). Die für die mittelbare Änderung des Gesellschafterbestands iSd § 1 IIa entwickelten Grundsätze (→ Rn. 391 ff.) können wegen der anders gearteten Zielsetzung und Normstruktur dieser Vorschrift nicht auf § 1 III übertragen werden (BFH II R 17/10, BStBl. II 2013, 833; II R 35/14, BStBl. II 2016, 234; zu § 1 III GLE 5.3.2024, BStBl. I 2024, 383 Tz. 25).

§ 1 III Nr. 1 iVm IV Nr. 2b. Eine den Tatbestand des § 1 III erfüllende **564**
mittelbare Anteilsvereinigung kann in **verschiedenen Formen** auftreten. Ein **gesetzlich** geregelter Fall der mittelbaren Anteilsvereinigung (vgl. BFH II R 30/04, BStBl. II 2005, 839) ist die Vereinigung in der Hand von herrschenden und abhängigen Unternehmen **(§ 1 III Nr. 1 iVm IV Nr. 2 Buchst. b).**

Fallgruppen der mittelbaren Anteilsvereinigung sind – so auch bereits für § 1 III aF (zB BFH II R 38/69, BStBl. II 1975, 834; BStBl. II 1988, 550; II R 92/81, BStBl. II 1994, 121; II R 130/91, BStBl. II 1994, 408; II R 86/00, BFH/NV 2003, 344) –

- die **Vereinigung mittels** einer 90-prozentigen **Beteiligung** an einer Gesellschaft, die ihrerseits an der grundbesitzenden Gesellschaft beteiligt ist (zB BFH II R 92/81, BStBl. II 1994, 121 mwN; näher → Rn. 563). Möglich ist dabei auch eine **mehrstufige,** dh durch mehrere beherrschte Gesellschaften vermittelte Anteilsvereinigung (BFH II R 66/98, BStBl. II 2002, 156; FG Münster EFG 2003, 256);
- die Vereinigung in der Hand einer Person mittels eines **Treuhand- oder Auftragsverhältnisses** (→ Rn. 583 ff.).

Möglich sind auch **Mischformen und Kombinationen** der verschiedenen **565**
Arten der mittelbaren Anteilsvereinigung (zB die Anteilsvereinigung unter Mitwirkung einer iSd § 1 IV 2 abhängigen Gesellschaft, vgl. BFH II R 66/98, BStBl. II 2002, 156). Schließlich ist auch eine **teils mittelbare** und **teils unmittelbare** Anteilsvereinigung von § 1 III erfasst (BFH II R 78/87, BStBl. II 1988, 550; II R 92/81, BStBl. II 1994, 121; II R 66/98, BStBl. II 2002, 156; II R 30/04, BStBl. II 2005, 839; II R 8/95, BFH/NV 1998, 81; FG Münster EFG 2003, 256; vgl. auch zu § 1 III GLE 2.12.1999, BStBl. I 1999, 991 Tz. 2).

Beispiel:

C hält alle Anteile an der D-GmbH. Er erwirbt 15% der Anteile an der E-GmbH. Weitere 75% der Anteile an der E-GmbH erwirbt die D-GmbH. Mit dem letzten Erwerb werden 90% der Anteile an der E-GmbH in der Hand des C teils unmittelbar (15%), teils mittelbar (75%) aufgrund des Erwerbs der D-GmbH gem. § 1 III Nr. 1 bzw. Nr. 2 vereinigt.

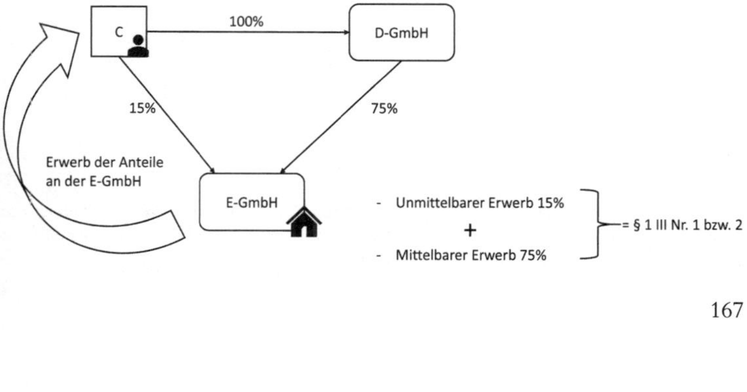

566 **Zwischengeschaltete Gesellschaften.** Eine mittelbare Anteilsvereinigung kann auch dadurch eintreten, dass die Beteiligung des Anteilserwerbers (mittelbar) über eine andere Gesellschaft vermittelt wird. Diese Beurteilung rechtfertigt sich aus dem mit § 1 III verfolgten Ziel, die durch die rechtliche Verfügungsmacht über die Gesellschaftsanteile vermittelte Sachherrschaft über GesellschaftsGr zu erfassen (vgl. BFH II R 92/81, BStBl. II 1994, 121; II R 66/98, BStBl. II 2002, 156; II R 23/00, BFH/NV 2003, 505; II R 39/06, BFH/NV 2008, 1529; II R 35/14, BStBl. II 2016, 234).

Eine mittelbare Anteilsvereinigung in der Hand einer zwischengeschalteten **KapGes** (zur mittelbaren Anteilsvereinigung über eine PersGes → Rn. 538) ist nur gegeben, wenn eine Gesellschaft zu **mindestens 90%** an der KapGes beteiligt ist; dies folgt aus den rechtssystematischen Grundlagen der mittelbaren Anteilsvereinigung (→ Rn. 563 ff.; BFH II R 65/08, BStBl. II 2011, 225; II R 21/12, BStBl. II 2014, 326; Viskorf/Meßbacher-Hönsch § 1 Rn. 1158; Hofmann/Eiling § 1 Rn. 155; Hörger/Mentel/Schulz DStR 1999, 565 (575 f.); zur mittelbaren Anteilsvereinigung in der Hand von herrschenden und abhängigen Unternehmen oder von abhängigen Unternehmen allein vgl. → Rn. 565 ff.). Bei **mehreren Beteiligungsebenen** ist die Berechnung der Beteiligungsquote von mindestens 90% in der Weise vornzunehmen, dass die Beteiligungsquote von **mindestens 90% auf jeder Beteiligungsebene** erreicht sein muss (BFH II R 65/08, BStBl. II 2011, 225; Wischott/Schönweiß/Fröhlich DStR 2009, 361; Hofmann/Eiling § 1 Rn. 245 f.; Grieser/Wirges DStR 2011, 847; zu § 1 III GLE 5.3.2024, BStBl. I 2024, 383 Rn. 14 ff.); eine „durchgerechnete", über weitere Beteiligungsstufen vermittelte Beteiligung der Obergesellschaft von mindestens 90% reicht für § 1 III (anders nunmehr § 1 IIIa) nicht aus (aA zB Behrens/Schmitt BB 2009, 426).

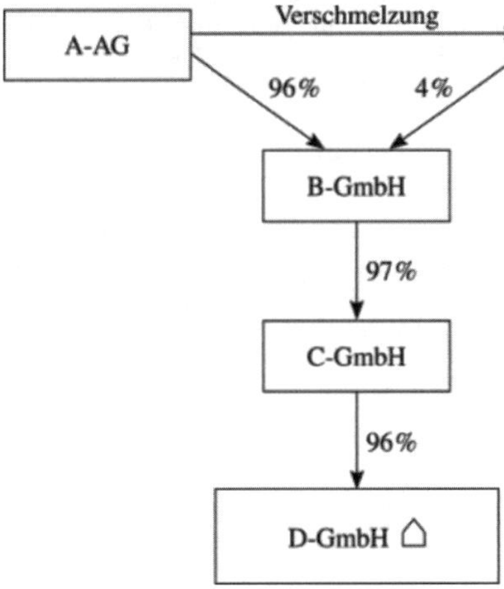

Am Kapital der grundbesitzenden A-KG sind eine OHG und der Altgesellschafter C zu jeweils 50% beteiligt. Am Vermögen der OHG sind A zu 10% und B zu 90% beteiligt. B veräußert seine Beteiligung am Vermögen der OHG an C.

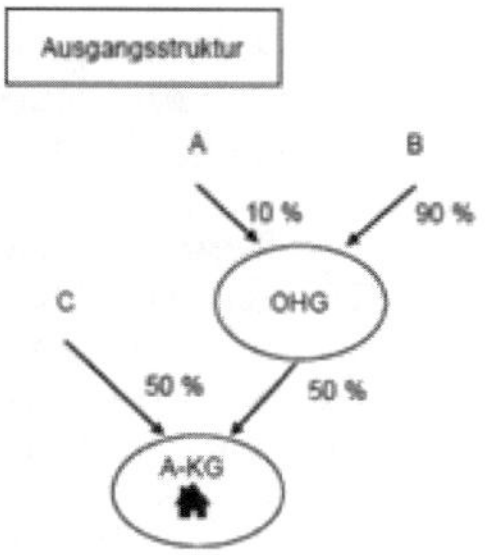

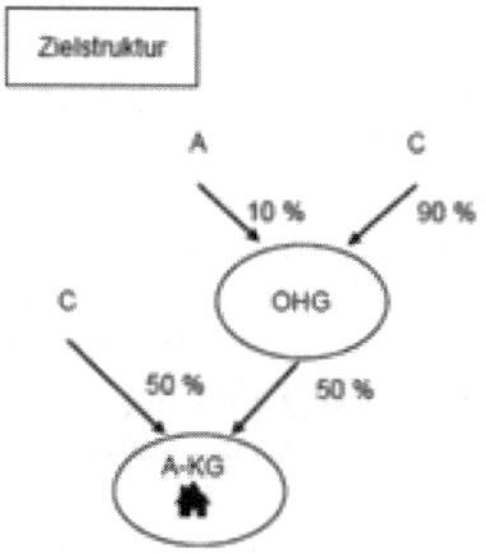

Der Tatbestand des § 1 IIa ist nicht erfüllt, da innerhalb von 10 Jahren nicht mindestens 90 % der Anteile auf neue Gesellschafter übergegangen sind. C ist Altgesellschafter der A-KG.

Durch die Übertragung der Beteiligung von B an C ist der Tatbestand des § 1 III Nr. 1 verwirklicht, da teils unmittelbar, teils mittelbar mindestens 90 % der Anteile (100 % = 50 % + 50 %) an der grundbesitzenden A-KG in der Hand des C vereinigt werden. Die sachenrechtliche Mitberechtigung der OHG am Vermögen der A-KG wird C in voller Höhe (50 %) zugerechnet, da C zu mindestens 90 % am Vermögen der OHG beteiligt ist.

Der vom BFH vorgegebenen Berechnungsweise ist zwar immanent, dass die tatsächliche Höhe der Beteiligung einer (Mutter-)Gesellschaft an einer Untergesellschaft (Enkelgesellschaft) von jeweils 90% mit der zunehmenden Zahl der Beteiligungsebenen „durchgerechnet" abnimmt (vgl. Behrens/Schmitt BB 2009, 426; Behrens BB 2011, 358). Für § 1 III ist aber entscheidend, dass der Gesetzgeber bei einer Beteiligungshöhe von (jeweils) 95% auf jeder **Beteiligungsstufe** typisierend davon ausgeht, ein Anteilserwerber habe damit die rechtliche Möglichkeit, seinen Willen bei der grbesitzenden Gesellschaft durchzusetzen und daher die **Herrschaftsmacht** über die Gr der Gesellschaft (vgl. auch → Rn. 317); auf die vermögensmäßige Beteiligung des Anteilserwerbers an der grbesitzenden Gesellschaft kommt es im Anwendungsbereich des § 1 III wegen der Unzulässigkeit einer wirtschaftlichen Betrachtung nicht an (BFH II R 65/08, BStBl. II 2011, 225). Andererseits ist bei Unterschreitung der Anteilsgrenze von 95% der Tatbestand des § 1 III auch dann nicht erfüllt, wenn die Beteiligung „durchgerechnet" 95% oder mehr beträgt (vgl. Mayer BB 2011, 873 (874 f.)). Auch die FVerw (Erlasse § 1 III/IV Organschaft 21.3.2007, BStBl. I 2007, 422, zB Tz. 2.3.4, 2.4.1; ebenso auch zu § 17 GLE 18.7.2007, BStBl. I 2007, 549, Tz. 6 Beispiel 2) berücksichtigt im Rahmen des § 1 III keine „durchgerechneten" mittelbaren Beteiligungen. Die für die mittelbare Anteilsvereinigung geforderte Beteiligungsquote von 90% (95%) auf jeder Beteiligungsstufe gilt **nicht** für die **mittelbare Änderung des Gesellschafterbestands iSd § 1 IIa** (BFH II R 17/10, BStBl. II 2013, 833). 567

Eine **veränderte Rechtslage** ist insoweit durch **§ 1 IIIa** (zur Anwendung § 23 XI, XVIII und XXII) eingetreten, der bei der Ermittlung der wirtschaftlichen Beteiligung eine „durchgerechnete" mittelbare Beteiligung berücksichtigt und damit über den – durch § 1 IIIa nicht berührten – Tatbestand des § 1 III hinausgeht. Soweit die Beteiligungshöhe bei zwischengeschalteten KapGes 90% (bzw. 95%) auf jeder Beteiligungsebene erreicht und damit § 1 III erfüllt ist, ergibt sich aus § 1 IIIa bei einer **durchgerechneten** Beteiligung von weniger als 90% (bzw. 95%) keine Erweiterung der Steuerpflicht (vgl. → Rn. 684 f.). 568

569 Für die die mittelbare Anteilsvereinigung vermittelnden **zwischengeschalteten Gesellschaften** ist zu beachten, dass diese auch im Regelungszusammenhang des § 1 III als jeweils (zivilrechtlich wie grestrechtl) **eigenständige Rechtsträger** sind. Dies macht schon die Kontrollüberlegung deutlich, dass auch eine anstelle der Anteilsvereinigung oder -übertragung erfolgende GrÜbertragung zwischen den jeweils zwischengeschalteten Gesellschaften der GrESt zB nach § 1 I Nr. 1 unterläge. Die zivilrechtliche Selbstständigkeit der zwischengeschalteten Gesellschaften hat zB Bedeutung für Fälle **mehrstufiger mittelbarer Anteilsvereinigungen** und lässt ggf. auch die gleichzeitige Zuordnung von Gr auf mehrere Rechtsträger zu (zB BFH II R 41/02, BFH/NV 2003, 507; II R 21/03, BFH/NV 2005, 1867; zur Problematik der Konzerumstrukturierung → Rn. 665).

570 Bedeutung hat die eigenständige Rechtsträgerschaft der an einer Anteilsvereinigung oder -übertragung beteiligten Gesellschaften auch im Hinblick auf eine bei ihnen ggf. vorliegende **Gesellschafteridentität.** Eine **Alleingesellschafterstellung** sowohl bei der übertragenden, der übernehmenden und/oder einer zwischengeschalteten Gesellschaft steht der Tatbestandsmäßigkeit iSd § 1 III nicht entgegen (BFH II R 81/85, BStBl. II 1988, 682; II R 54/01, BStBl. II 2004, 658; II R 87/00, BFH/NV 2002, 1494; dies gilt auch dann, wenn ein Gesellschafter zu mind. 90% an den genannten Gesellschaften beteiligt ist.

571 Bei **Umstrukturierungen im Konzern** (soweit sie sich nicht innerhalb eines Organkreises vollziehen sind die Voraussetzungen des § 1 III gegeben, wenn sich mindestens 90% der Anteile erstmalig in der Hand einer Konzerngesellschaft unmittelbar oder mittelbar vereinigen (BFH II R 41/02, BFH/NV 2003, 507; GLE 2.12.21999, BStBl. I 1999, 991 Tz. 4). Diese Voraussetzungen erfüllt die erstmalige Vereinigung von mindestens 90% der bisher von einer Muttergesellschaft gehaltenen Anteile in der Hand ihrer Tochtergesellschaft (**„down-stream“**, vgl. BFH II R 10/02, BFH/NV 2005, 1365 unter Bestätigung von FG Münster EFG 2002, 573; Widmann/Mayer/Pahlke Anh. 12 Rn. 217; Schiessl/Tschesche BB 2003, 1867 (1868 f.); KKK KonzernStR/Fleischer § 5 Rn. 90 ff.). Gleiches gilt auch für die Übertragung von einer Tochtergesellschaft gehaltener Anteile von mindestens 90% auf eine andere Tochtergesellschaft (**„side-stream“**, vgl. BFH II R 50/00, BStBl. II 2003, 320; II R 54/01, BStBl. II 2004, 658; Schiessl/Tschesche BB 2003, 1867 (1869); Salzmann/Loose DStR 2004, 1941 (1942); Widmann/Mayer/Pahlke Anh 12 Rn. 218; KKK KonzernStR/Fleischer § 5 Rn. 96 f.). Steuerbar ist insb. auch eine mehrstufige mittelbare (erstmalige) Anteilsvereinigung in der Hand einer Untergesellschaft, wenn die Alleingesellschafterin dieser Untergesellschaft bereits vor der Anteilsvereinigung mittelbar über weitere Untergesellschaften alle Anteile an der grundbesitzenden Gesellschaft hielt (BFH II R 41/02, BFH/NV 2003, 507). In derartigen Fällen ist – mit Rücksicht auf die zivilrechtliche Selbstständigkeit von Untergesellschaften – eine Zuordnung von Gr gleichzeitig auf die Obergesellschaft (infolge mittelbarer Anteilsvereinigung) und auf die erstmalig mindestens 90% Anteile erwerbende Untergesellschaft möglich. Zur Verkürzung der Anteilskette (**„up-stream“**) → Rn. 574. Zur grestrechtl. Behandlung von Ausweichgestaltungen vgl. die Erl. zu § 1 IIIa.

Bei einer **Konzerumstrukturierung in mehreren Schritten** ist zu beachten, dass auch Erwerbsvorgänge iSd § 1 III **je für sich** als **gesonderter Steuerfall** zu behandeln sind (→ Rn. 14). Eine Zusammenfassung mehrerer selbstständig steuerbarer Anteilsgeschäfte oder Umwandlungsvorgänge zu einem „einheitlichen Vertragswerk“ scheidet aus (BFH II R 45/08, BStBl. II 2012, 292 mAnm Pahlke DB 2011, 459 und Behrens BB 2011, 739).

Eine teils unmittelbare, teils mittelbare Anteilsvereinigung tritt auch bei der **Ein-Mann-GmbH & Co. KG** ein, wenn der einzige Kommanditist der KG zugleich Alleingesellschafter der Komplementär-GmbH (mit insoweit mittelbarer Beteiligung an der KG über die Komplementär-GmbH) ist (vgl. BFH II R 38/69, BStBl. II 1975, 834; II R 191/72, BStBl. II 1977, 678; Teiche DStR 2005, 49 (52)). Sofern der Erwerber an der zwischengeschalteten Gesellschaft zu 100% beteiligt ist, kommt es auf deren Abhängigkeit iSd § 1 IV Nr. 2 Buchst. b nicht an; diese Vorschrift ist nur dann bedeutsam, wenn die Beteiligung des Erwerbers weniger als 100% beträgt. Ebenso ist eine mittelbare Anteilsvereinigung zu bejahen, wenn Anteile von Beauftragten (Treuhändern) erworben werden. Hier erlangt der Auftrag- bzw. Treugeber über den zwischengeschalteten Beauftragten bzw. Treuhänder die Sachherrschaft über das GesellschaftsGr (BFH II R 237/85, BStBl. II 1987, 225; vgl. auch → Rn. 578 ff.). 572

b) Übergang von mittelbarer zu unmittelbarer Anteilsvereinigung. Der Rechtsfigur der mittelbaren Anteilsvereinigung ist zu eigen, dass ihr eine (erneute) – nunmehr unmittelbare – Anteilsvereinigung nachfolgen kann. Überträgt zB die B-GmbH ihre Anteile an der C-GmbH auf A, so liegt eine der teilweise mittelbaren Anteilsvereinigung nachfolgende unmittelbare Anteilsvereinigung vor. Der Steuerbarkeit dieser unmittelbaren Vereinigung von 90% Anteile steht entgegen, dass die unmittelbare Anteilsvereinigung – im Vergleich zu der vorherigen teilweise mittelbaren Vereinigung aller Anteile – **keine grestrechtl. erhebliche Verstärkung** der Position des Erwerbers (Alleingesellschafters) bewirkt (BFH II R 92/81, BStBl. II 1994, 121; II R 50/00, BStBl. II 2003, 320; II R 46/12, BStBl. II 2014, 536; II R 8/95, BFH/NV 1998, 81; II R 41/02, BFH/NV 2003, 507; vgl. auch Eder DStR 1994, 735 (739) mwN); dem folgt auch die FVerw (GLE 2.12.1999, BStBl. I 1999, 991 Tz. 3; zu § 1 III GLE 5.3.2024, BStBl. I 2024, 383 Tz. 25). Das gilt auch dann, wenn die Anteile an einer grundbesitzenden Gesellschaft bereits **seit** deren **Gründung** teils unmittelbar und teils mittelbar (dh über eine Gesellschaft, an der diese Person zu mind. 90% beteiligt ist) in der Hand dieser Person gehalten wurden und sodann eine unmittelbare Anteilsvereinigung in dieser Person eintritt (BFH II R 130/91, BStBl. II 1994, 408). 573

Auch die **Verkürzung einer mehrstufigen Beteiligungskette** ist nicht nach § 1 III steuerbar, wenn bei einer Muttergesellschaft schon eine unmittelbare oder mittelbare Anteilsvereinigung bezüglich der Tochter- oder Enkeltochtergesellschaft vorlag (Anteilsübertragung oder -verschiebung **„up-stream"**, vgl. FG Münster EFG 2003, 1187; Hofmann/Eiling § 1 Rn. 251; Viskorf/Meßbacher-Hönsch § 1 Rn. 1146; Widmann/Mayer/Pahlke Anh 12 Rn. 216; Schiessl/Tschesche BB 2003, 1867 (1868 ff.); KKK KonzernStR/Fleischer § 5 Rn. 86 ff.). Ob sich die nachfolgende unmittelbare Anteilsvereinigung kraft Rechtsgeschäft oder kraft Gesamtrechts- oder Sonderrechtsnachfolge (zB Verschmelzung, Spaltung) vollzieht, ist dabei ohne Bedeutung. Stets ist jedoch für den Ausschluss der Steuerbarkeit nach § 1 III erforderlich, dass die Beteiligungskette, innerhalb derer sich die (un)mittelbare Anteilsvereinigung oder -übertragung vollzieht, je für sich aus einer Beteiligung von (unmittelbar oder mittelbar) mind. 90% der Anteile besteht. 574

Beispiel:

Die DAG ist an der E-GmbH zu 90% beteiligt. Die E-GmbH hält 90% der Anteile an der F-GmbH, die ihrerseits zu 90% an der grbesitzenden Y-GmbH beteiligt ist. Überträgt die F-GmbH ihre Beteiligung an der Y-GmbH auf die D-AG, liegt bei dieser eine nicht nach § 1 III steuerbare Verstärkung der bereits gegebenen (mittelbaren) Anteilsvereinigung vor.

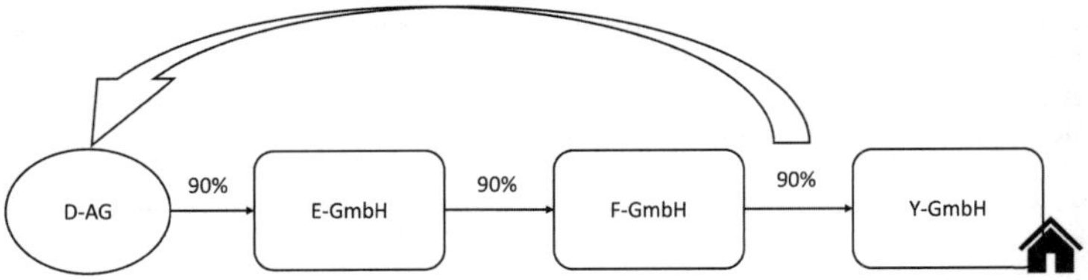

Übertragung der Beteiligung an der Y-GmbH auf die D-AG

=

Steuerbare Verstärkung der mittelbaren Anteilsvereinigung

575 Ebenso tritt keine Anteilsvereinigung nach § 1 III Nr. 1 und Nr. 2 ein, wenn bei einer schon teils unmittelbaren und teils mittelbaren (durch einen Treuhänder vermittelten) Anteilsvereinigung ein **Treuhänderwechsel** erfolgt (BFH II R 8/95, BFH/NV 1998, 81; Viskorf/Meßbacher-Hönsch § 1 Rn. 1181). Ein solcher ändert nichts an der schon tatbestandlich zuvor verwirklichten Anteilsvereinigung; dies gilt allerdings nur, wenn der Treuhänderwechsel weniger als 95% der Anteile an der Gesellschaft betrifft (→ Rn. 591). Ebenso wird der Steuertatbestand des § 1 III Nr. 1 und Nr. 2 nicht dadurch (erneut) verwirklicht, dass bislang vom Treuhänder für den Treugeber (mit der Folge einer bei ihm eingetretenen teils unmittelbaren, teils mittelbaren Anteilsvereinigung) gehaltene Anteile nunmehr unter Auflösung des Treuhandverhältnisses auf den Treugeber übertragen werden (BFH II R 8/95, BFH/NV 1998, 81). Auch hier tritt – verglichen mit der schon zuvor gegebenen Anteilsvereinigung – durch die Anteilsübertragung auf den Treugeber keine Verstärkung seiner schon zuvor gegebenen Rechtsposition ein.

576 § 1 III Nr. 1 und Nr. 2 sind schließlich auch dann nicht erfüllt, wenn die Anteile bereits vor der unmittelbaren Anteilsvereinigung einer Person aufgrund eines **Treuhandverhältnisses** zuzurechnen waren bzw. eine unmittelbare Vereinigung aller Anteile bereits in der Hand von herrschenden und abhängigen Unternehmen stattgefunden hatte und sodann eine unmittelbare Anteilsvereinigung in der Hand einer Person eintritt (ebenso Viskorf/Meßbacher-Hönsch § 1 Rn. 1229; offen gelassen von BFH II R 92/81, BStBl. II 1994, 121; II R 8/95, BFH/NV 1998, 81).

577 Aus dem Vorstehenden folgt nicht nur, dass für die der Gesellschaft bereits im Zeitpunkt der (erstmaligen) mittelbaren Anteilsvereinigung gehörenden Gr kein steuerbarer Vorgang verwirklicht wird. Gleiches muss auch für **Hinzuerwerbe von Gr** durch die Gesellschaft gelten, die nach der (erstmaligen) Anteilsvereinigung erfolgen. Dies hat der BFH (II R 92/81, BStBl. II 1994, 121) bereits für den Fall entschieden, dass einer mittelbaren Anteilsvereinigung eine unmittelbare Anteilsvereinigung nachfolgt; das Gleiche gilt, wenn das Beteiligungsverhältnis schon seit Gründung der Gesellschaft besteht (BFH II R 130/91, BStBl. II 1994, 408). Auch die FVerw (zu § 1 III GLE 5.3.2024, BStBl. I 2024, 383 Tz. 25 f.) wendet diese Grundsätze an und überträgt sie zutr. auch auf entspr Rechtsvorgänge iSd § 1 III Nr. 3 und Nr. 4. Ebenso ist es zu beurteilen, wenn unter Auflösung eines Treuhandverhältnisses ein Teil der Anteile unmittelbar auf den bisherigen Treugeber übertragen werden (BFH II R 8/95, BFH/NV 1998, 81) oder wenn die Anteile nach einer durch Treuhänder vermittelten mittelbaren Anteilsvereinigung sodann unmittelbar in der einen Hand des Treugebers vereinigt werden.

8. Anteilsübertragung oder -übergang (§ 1 III Nr. 3 und Nr. 4). Nach § 1 III Nr. 3 und Nr. 4 sind das den Anspruch auf Übertragung von mindestens 90% der Anteile der Gesellschaft begründende Rechtsgeschäft und ferner der (unmittelbare oder mittelbare) Übergang von mindestens 90% Anteile der Gesellschaft auf einen anderen der GrESt unterworfen. Damit wird der § 1 III zugrunde liegende Rechtsgedanke, indem die mit der Weiterübertragung der schon vereinigten Anteile verbundene Veränderung in der Zuordnung des Gr steuerlich erfasst wird, konsequent fortgeführt. Diese Vorschriften **fingieren** einen **GrÜbergang von** dem **Veräußerer** der Anteile **auf** dessen **Erwerber** und behandeln den Erwerber, als gehörten ihm die der Gesellschaft grestrechtl. zuzurechnenden Gr (BFH II R 26/14, BStBl. II 2016, 748; II R 14/23, DStR 2025, 273). Für die Besteuerung nach § 1 III Nr. 3 und Nr. 4 ist maßgebend, dass die vereinigten Anteile in einer Hand zusammenbleiben (BFH II 215/54 S, BStBl. III 1955, 90). § 1 III Nr. 4 unterfällt insbes der Anteilsübergang kraft Gesetzes (zB im Erbwege oder im Zuge einer Umwandlung). Der **getrennte Erwerb** der Anteile durch **verschiedene Personen** erfüllt daher nicht die Voraussetzungen der § 1 III Nr. 3 und 4 (BFH II 215/54 S, BStBl. III 1955, 90). Für das Verhältnis von § 1 III Nr. 3 und 4 zueinander gilt – ebenso wie für dasjenige des § 1 III Nr. 1 zu Nr. 2, → Rn. 330 –, dass § 1 III Nr. 4 gegenüber § 1 III Nr. 3 subsidiär ist. 578

Beispiel: 579

Schwierigkeiten bereitet der Fall, dass die D-Bank 100% der Anteile an der E-Bank hält, die ihrerseits 100% der Anteile an zwei GmbH mit Grundbesitz in Deutschland hielt. Mit Kaufvertrag vom 1.9.2006 verkaufte die D-Bank die Anteile an der E-Bank an die F-Bank. Die F-Bank war berechtigt, vor Vollzug des Vertrags eine andere Käuferin zu benennen. Von diesem Recht machte die F-Bank durch Benennung der G Gebrauch und übertrug dieser die Anteile an der B-Bank durch einen von allen Beteiligten geschlossenen Vertrag am 1.12.2006. Das FA setzte die Steuer gegenüber der F-Bank als Veräußerin und der G als Gesamtschuldner gesondert und einheitlich fest.

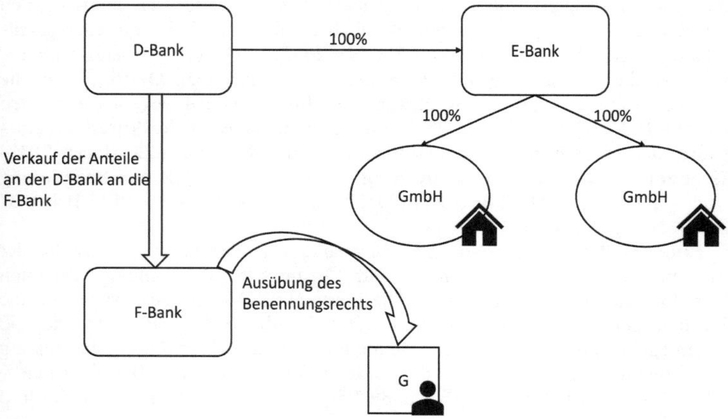

Der BFH (II R 26/14, BStBl. II 2016, 748; dazu Bron BB 2016, 1958; Mies/Greskamp DStR 2016, 2741) hat die Steuerfestsetzung aufgehoben. Einem Erwerbsvorgang nach § 1 III Nr. 3 steht entgegen, dass die Vorschrift nur die

Anspruch auf Übertragung von mind. 90% der Anteile, nicht aber die nur nach § 1 I Nr. 5 bis Nr. 7 steuerbaren Zwischengeschäfte erfasst. Eine entsprechende Anwendung des § 1 I Nr. 5 bis Nr. 7 ist nicht zulässig. Das FG durfte den Erwerbsvorgang, für den die Feststellung nach § 17 II und III erfolgte, nicht durch einen anderen Erwerber betreffenden Erwerbsvorgang ersetzen. Die Übertragung der Anteile an der B-GmbH auf die Klägerin ist nicht nach § 1 III Nr. 4 zu besteuern, weil insoweit ein schuldrechtliches Geschäft nach § 1 III Nr. 3 vorausgegangen war. Damit hatte die Klägerin keinen grestrechtl. erheblichen Sachverhalt verwirklicht.

Würde es sich um eine Abtretung in Bezug auf eine PersGes handeln, stellte sich die Frage nach der Anwendbarkeit des § 1 II.

580 Der Steuerbarkeit nach § 1 III Nr. 3 oder Nr. 4 steht es nicht entgegen, wenn der die Anteile an der Gesellschaft Übertragende **gleichzeitig Alleingesellschafter** der die Anteile erwerbenden Gesellschaft ist (BFH X R 21/00, BStBl. II 2003, 520; II R 54/01, BStBl. II 2004, 658; II R 57/09, BStBl. II 2012, 917; II R 87/00, BFH/NV 2002, 1494; II R 10/02, BFH/NV 2005, 1365; II R 64/08, BFH/NV 2011, 1009; II R 68/08, BFH/NV 2016, 420; std Rspr); dies muss auch gelten, wenn die Beteiligungshöhe des Gesellschafters bei beiden Gesellschaften mindestens 90% (95%) beträgt. Soweit Anteilsübertragungen durch **zwischengeschaltete** (ggf. verbundene) **Gesellschaften** bewirkt werden, ist deren zivilrechtliche Selbstständigkeit auch grestrechtl. zu respektieren (vgl. → Rn. 556).

581 Die **Verstärkung** einer schon gegebenen mittelbaren Anteilsvereinigung durch anschließende Übertragung von mindestens 95% der Anteile an der Gesellschaft und eine dadurch bewirkte unmittelbare Anteilsvereinigung ist – nicht anders als in den Fällen des § 1 III Nr. 1 und Nr. 2 – nicht gem. § 1 III Nr. 3 oder Nr. 4 steuerbar (zutr. GLE 2.12.1999, BStBl. I 1999, 991 Tz. 3; KKK KonzernStR/Fleischer § 5 Rn. 88; offen gelassen von BFH II R 50/00, BStBl. II 2003, 320).

Dies gilt jedoch **nicht,** wenn die Übertragung der vereinigten Anteile mit einem **Rechtsträgerwechsel** verbunden ist. Dies ist der Fall, wenn die Übertragung der vereinigten Anteile durch den Alleingesellschafter der übertragenden Gesellschaft auf eine erwerbenden Gesellschaft mit dem nämlichen Alleingesellschafter erfolgt (BFH II R 87/00, BFH/NV 2002, 1494 mwN). Ebenso zu beurteilen ist die Übertragung der vereinigten Anteile auf einen **Dritten,** dem die Anteile – mit der Folge eines Rechtsträgerwechsels – erstmals zugeordnet werden (BFH II R 10/02, BFH/NV 2005, 1365). Auch die **wiederholte Anteilsvereinigung** der Anteile nach **Unterschreitung der 95%-Grenze (jetzt 90%-Grenze)** und späterer **Überschreitung** dieser Schwelle führt zur Besteuerung nach § 1 III Nr. 1 (FG BW 5 K 1503/22, EFG 2024, 60, Rev. BFH II R 13/23).

582 **Eine** Hand sind der grestrechtl. selbstständige Rechtsträger, der Treuhänder bzw. Beauftragte oder bei der grestrechtl. Organschaft die abhängigen Personen bzw. Unternehmen (→ Rn. 615). Die grestrechtl. Organschaft lässt jedoch die Rechtsträgerschaft der Organgesellschaften unberührt (vgl. → Rn. 615); deshalb unterliegt auch die erstmalige Zuordnung im Organkreis kraft Anteilsübertragung („up-stream", „down-stream" oder „side-stream"; vgl. – mit Beispielsfällen – KKK KonzernStR/Fleischer § 5 Rn. 89, 95, 99) der Besteuerung aus § 1 III Nr. 3 oder Nr. 4.

Ein Treuhänderwechsel unterliegt auch dann § 1 III Nr. 3 und Nr. 4, wenn die Vertragschließenden als Treuhänder desselben Treugebers handeln (→ Rn. 591). Gleiches gilt für einen Wechsel des Treugebers.

Gemäß § 1 III Nr. 3 oder Nr. 4 steuerbar ist schließlich auch die Übertragung von mindestens 90% der Anteile an einer grundbesitzenden Gesellschaft zwischen einem herrschenden und einem abhängigen Unternehmen (dazu – mit Beispiel – zu § 1 III iVm IV GLE 5.3.2024, BStBl. I 2024, 393 Tz. 20 ff.), → § 13 Rn. 14.

9. Anteilsvereinigung und -übertragung im Treuhand- bzw. Auftrags- verhältnis. Die Vereinigung von 90% der Anteile in der Hand eines Treuhänders bzw. Beauftragten ist nach § 1 III Nr. 1 und Nr. 2 steuerbar. Die von diesen Tatbeständen geforderte **rechtliche** Vereinigung (→ Rn. 521) ergibt sich aus dem Herausgabeanspruch (§ 667 BGB) des Treugebers bzw. Auftraggebers (BFH II 77/64, BStBl. II 1972, 719; II R 130/67, BStBl. II 1975, 456; II R 191/72, BStBl. II 1977, 678; II R 66/98, BStBl. II 2002, 156; IV R 131/89, BFH/NV 1992, 57; II R 8/95, BFH/NV 1998, 81; II R 23/05, BFH/NV 2006, 2306). Hierbei ist zu beachten, dass derartige Erwerbsvorgänge bei dem Treugeber bzw. Auftraggeber nur zu einer mittelbaren Anteilsvereinigung führen können. So liegt zB eine durch mehrere zwischengeschaltete Gesellschaften bewirkte (mehrstufige) mittelbare Anteilsvereinigung vor, wenn die Beherrschung einer zwischengeschalteten Gesellschaft über einen Treuhänder erfolgt, der die Anteile für die herrschende Hand hält (BFH II R 66/98, BStBl. II 2002, 156 (158 f.)). Im Übrigen ist auch für § 1 III zu berücksichtigen, dass die allgemeine Zurechnungsvorschrift des § 39 II Nr. 1 S. 2 AO im Bereich des GrEStG keine Anwendung findet (→ Rn. 547). **583**

Die FVerw behandelt diese Fälle – in Ergänzung zu den Erl. Treuhand/Auftragserwerb (→ Rn. 121 ff.) – in GLE § 1 III Treuhandgeschäften und Auftragserwerben bzw. Geschäftsbesorgungen – hier zit: Treuhandgeschäfte GLE 19.9.2018, BStBl. I 2018, 1074. **584**

Die Erlasse Anteilsvereinigung Treuhand/Auftragserwerb unterscheiden im Einzelnen drei Sachverhaltsgestaltungen: **585**

- Ein Gesellschafter überträgt mindestens 90% der Anteile an einer Gesellschaft auf einen Treuhänder (Tz. 1, → Rn. 374 ff.).
- Ein Gesellschafter, der mindestens 90% der Anteile einer Gesellschaft innehat, verschafft einem Treugeber einen auf diese Anteile bezogenen Übertragungsanspruch (Tz. 2, → Rn. 381).
- Ein Auftragnehmer bzw. Geschäftsbesorger erwirbt mindestens 90% der Anteile einer Gesellschaft für den Auftraggeber bzw. Geschäftsherrn (Tz. 3, → Rn. 382 ff.).

Für die Gerichte sind die GLE Anteilsvereinigung Treuhand/Auftragserwerb nicht bindend.

Den nachfolgenden Ausführungen liegt jeweils ein Treuhandverhältnis zwischen je einem Treuhänder und -geber zugrunde. Bei mehreren Treuhändern bzw. -gebern kommen die nachfolgend behandelten steuerbaren Vorgänge nach § 1 III nur in Betracht, soweit davon jeweils 90% der Anteile der Gesellschaft betroffen sind (vgl. auch Treuhandgeschäfte GLE 19.9.2018, BStBl. I 2018, 1074 Tz. 4.3.).

a) Übertragung und Rückübertragung im Treuhandverhältnis. Die Übertragung von 90% der Anteile von einem Alleingesellschafter auf den Treuhänder (Treuhandgeschäfte GLE 19.9.2018, BStBl. I 2018, 1074 Tz. 1.1.) ist gem. § 1 III Nr. 3 steuerbar, soweit der Treuhänder einen schuldrechtlichen Anspruch auf Übertragung der Anteile hat (BFH II R 30/13, BStBl. II 2015, 777). Das ist jedoch nur bei der eigennützigen Treuhand der Fall. Bei der uneigennützigen **586**

Treuhand (zum Begriff → Rn. 102) fehlt hingegen ein solcher Anspruch, so dass sich die Steuerpflicht aus § 1 III Nr. 4 ergibt.

587 Bei der uneigennützigen Treuhand ist der dem Treugeber verbliebenen Rückübertragungsanspruch des Treugebers nicht nach § 1 III Nr. 3 steuerbar (Treuhandgeschäfte GLE 19.9.2018, BStBl. I 2018, 1074 Tz. 1.2). Bei einer eigennützigen Treuhand wird durch eine aufschiebend bedingte Rückübertragungsverpflichtung erst mit Bedingungseintritt (§ 14 Nr. 1) nach § 1 III Nr. 3 ausgelöst (Treuhandgeschäfte GLE 19.9.2018, BStBl. I 2018, 1074 Tz. 1.2).

588 Die **Rückübertragung** von 90% der Anteile vom Treuhänder auf den Treugeber ist demgemäß bei der uneigennützigen Treuhand gem. § 1 III Nr. 4 steuerbar; die Rückübertragung aufgrund aufschiebend bedingter Verpflichtung unterfällt § 1 III Nr. 3 (Treuhandgeschäfte GLE 19.9.2018, BStBl. I 2018, 1074 Tz. 1.3.1). Diese Vorgänge sind jedoch unter den Voraussetzungen des § 3 Nr. 8 bzw. § 16 II grestfrei (vgl. auch → § 3 Rn. 258). Eine Befreiung nach diesen Vorschriften scheidet jedoch aus, soweit die Gesellschaft seit Begründung des Treuhandverhältnisses Gr hinzuerworben hat (Treuhandgeschäfte GLE 19.9.2018, BStBl. I 2018, 1074 Tz. 1.3.1).

589 Der **Verzicht** des Treugebers auf Herausgabe seiner Anteile verwirklicht keinen der in § 1 III angeführten Tatbestände und ist daher grestfrei (Treuhandgeschäfte GLE 19.9.2018, BStBl. I 2018, 1074 Tz. 1.3.2. und 2.2.1.1.).

590 **b) Wechsel von Treugeber bzw. Treuhänder.** Ein **Wechsel des Treugebers** (Treuhandgeschäfte GLE 19.9.2018, BStBl. I 2018, 1074 Tz. 1.3.4.) kann in der Weise erfolgen, dass der Treugeber seinen Anspruch auf Herausgabe der Anteile (der gegen einen oder mehrere Treuhänder gerichtet sein kann) auf einen Dritten überträgt. Die Verpflichtung zur Weiterübertragung von 90% der Anteile verwirklicht den Tatbestand des § 1 III Nr. 3 (BFH II R 191/72, BStBl. II 1977, 678); die Übertragung der Anteile selbst ist gem. § 1 III Nr. 4 steuerbar.

591 Der **Wechsel des Treuhänders** ist gem. § 1 III Nr. 3 oder Nr. 4 steuerbar, soweit er 90% der Anteile betrifft (Treuhandgeschäfte GLE 19.9.2018, BStBl. I 2018, 1074 Tz. 1.3.5). Die Weiterübertragung von 90% bzw. sämtlicher Anteile auf einen anderen Treuhänder führt zu einer grestrechtl. veränderten Zuordnung der der Gesellschaft gehörenden Gr. Dass es bei wirtschaftlicher Betrachtung an einem GrUmsatz fehlt, ist unerheblich (vgl. → Einl Rn. 8 f.) Demgemäß unterfällt zB der rechtsgeschäftlich begründete Anspruch auf Übertragung von GmbH-Anteilen auch dann § 1 III Nr. 3, wenn die Vertragschließenden als verdeckte Treuhänder desselben Treugebers handeln (BFH II 186/65, BStBl. II 1974, 643; aA Protzen DVR 1978, 146 (149)). Steuerschuldner ist allein der Treuhänder, auf den die Anteile übertragen worden sind (§ 13 Nr. 5 Buchst. a).

Ein steuerbarer Erwerb liegt hingegen nicht vor, sofern der Treuhänderwechsel nur einen Teil (dh von **weniger als 90% der Anteile**) einer KapGes betrifft. In solchen Fällen fehlt es an der von § 1 III vorausgesetzten Veränderung der Zuordnung der Gesellschaftsanteile (Erl. Anteilsvereinigung Treuhand/Auftragserwerb Tz. 4.2; BFH II R 8/95, BFH/NV 1998, 81).

592 **c) Vereinbarung eines Treuhandverhältnisses mit Gesellschaftern.** Ein Treuhandverhältnis kann auch in der Weise begründet werden, dass ein Inhaber von mindestens 90% der Gesellschaftsanteile einem anderen die Rechtsstellung eines Treugebers an den Anteilen verschafft. In diesen Fällen erlangt der Treugeber einen nach § 1 III Nr. 3 steuerbaren Anspruch auf Übertragung der Anteile (Treu-

handgeschäfte GLE 19.9.2018, BStBl. I 2018, 1074 Tz. 2.1). Soweit der Treugeber bereits einen Teil der Gesellschaftsanteile (mittelbar oder unmittelbar) hält und ihm nur hinsichtlich der zur Erreichung von 90% erforderlichen **restlichen** Anteile die Rechtsposition eines Treugebers verschafft wird, liegt ein nach § 1 III Nr. 1 steuerbarer Erwerbsvorgang vor. Der spätere **Verzicht** des Treugebers auf Herausgabe seiner Anteile unterliegt nicht der GrESt (→ Rn. 589).

d) Anteilsvereinigung und -übertragung beim Auftragserwerb. Für die **593**
Anteilsvereinigung durch Auftragserwerb liegen für den Auftragsnehmer (Geschäftsbesorger) die Voraussetzungen des § 1 III Nr. 1 vor, wenn durch sukessiven Anteilserwerb von Dritten die erforderliche Quote von 90% erreicht ist.

Ein für den Auftraggeber bzw. Geschäftsherrn steuerbarer Erwerb nach § 1 III Nr. 1 ist gegeben, wenn ein Beauftragter bzw. Geschäftsbesorger für den Auftraggeber **weniger als 90%** der Anteile einer Gesellschaft hinzuerwirbt und sich dadurch 90% der Anteile in der Hand des Auftraggebers bzw. Geschäftsherrn (teils unmittelbar, teils mittelbar) vereinigen. Mit diesem Erwerb erlangt der Auftraggeber nach § 667 BGB einen Anspruch auf Übertragung der vom Beauftragten erworbenen Anteile (BFH II 77/64, BStBl. II 1972, 719; II R 117/78, BStBl. II 1980, 357; II R 237/85, BStBl. II 1987, 225; II B 52/04, BStBl. II 2005, 492). Der Beauftragte bzw. Geschäftsbesorger verwirklicht insoweit keinen nach § 1 III steuerbaren Erwerb; dies gilt ebenso dann, wenn mehrere Beauftragte bzw. Geschäftsbesorger nur zusammengerechnet 90% der Anteile der Gesellschaft erwerben (ein für den Auftraggeber bzw. Geschäftsherrn steuerbarer Erwerb nach § 1 III Nr. 1 ist gegeben, wenn ein Beauftragter bzw. Geschäftsbesorger für den Auftraggeber **weniger als 95%** der Anteile einer Gesellschaft hinzuerwirbt und sich dadurch 95% der Anteile in der Hand des Auftraggebers bzw. Geschäftsherrn (teils unmittelbar, teils mittelbar) vereinigen. Mit diesem Erwerb erlangt der Auftraggeber nach § 667 BGB einen Anspruch auf Übertragung der vom Beauftragten erworbenen Anteile (BFH II 77/64, BStBl. II 1972, 719; II R 117/78, BStBl. II 1980, 357; II R 237/85, BStBl. II 1987, 225; II B 52/04, BStBl. II 2005, 492). Der Beauftragte bzw. Geschäftsbesorger verwirklicht insoweit keinen nach § 1 III steuerbaren Erwerb; dies gilt ebenso dann, wenn mehrere Beauftragte bzw. Geschäftsbesorger nur zusammengerechnet 95% der Anteile der Gesellschaft erwerben (Treuhandgeschäfte GLE 19.9.2018, BStBl. I 2018, 1074 Tz. 4.3).

Der Erwerb des Auftaggebers (Geschäftsherrn) gem. § 667 BGB unterliegt **594**
§ 1 III Nr. 3. Mit diesem Erwerb des Beauftragten erlangt der Auftraggeber bzw. Geschäftsherr nach **§ 667 BGB** einen Anspruch auf Übertragung von mindestens 95% Anteile; damit ist § 1 III Nr. 3 erfüllt (BFH II 77/64, BStBl. II 1972, 719; II R 117/78, BStBl. II 1980, 357; II R 237/85, BStBl. II 1987, 225; Viskorf/Meßbacher-Hönsch § 1 Rn. 1188; Treuhandgeschäfte GLE 19.9.2018, BStBl. I 2018, 1074 Tz. 3.1). Dem liegt die Annahme zugrunde, dass der durch § 667 BGB begründete Herausgabeanspruch des Auftraggebers die rechtliche Vereinigung der Anteile herbeiführt. Diese Beurteilung weicht von derjenigen des auftragsweisen Erwerbs eines Gr insofern ab, als der mit Erwerb des Gr durch den Beauftragten erlangte Herausgabeanspruch des Auftraggebers aus § 667 BGB keinen iSd § 1 I Nr. 1 rechtsgeschäftlichen Anspruch auf Übereignung des Gr begründet und daher nur zur Anwendung des § 1 II führt (vgl. → Rn. 116). Die unterschiedliche Beurteilung ist jedoch deshalb

gerechtfertigt, weil sich der Herausgabeanspruch aus § 667 BGB im Fall des § 1 III auf Gesellschaftsanteile und nicht – wie bei dem auftragsweisen Erwerb eines Gr – unmittelbar auf das Gr als solches richtet (BFH II R 151/67, BStBl. II 1977, 12; BFH II B 70/02, BFH/NV 2003, 1448).

595 Bei auftragsweisem Erwerb von Anteilen einer **PersGes** ist zu beachten, dass der einen Gesellschaftsanteil erwerbende Beauftragte selbst Gesellschafter der PersGes wird; in der Person des Auftraggebers kann damit im Hinblick auf die auftragsgemäß erworbenen Anteile keine Anteilsvereinigung eintreten. Insoweit kommt bei einer PersGes für die hier behandelte Fallgestaltung nur dann eine Anteilsvereinigung in Betracht, wenn sich alle Anteile in der Person des Auftraggebers teils unmittelbar und teils mittelbar über eine KapGes, deren sämtliche Anteile dem Auftraggeber gehören, vereinigen (BFH II R 51/12, BStBl. II 2016, 356).

596 Die nachfolgende **Übertragung** einzelner (dh von weniger als 90%) – vom Beauftragten erworbener Anteile auf den Auftraggeber löst keine weitere GrESt aus. Dies folgt aus dem Subsidiaritätsverhältnis des § 1 III Nr. 1 zu Nr. 2 (→ Rn. 556). Gleiches gilt für eine Übertragung von 90% der Anteile, weil auch § 1 III Nr. 4 im Verhältnis zu § 1 III Nr. 3 subsidiär ist (s. auch Tz. 3.2.1.1. Erl. Anteilsvereinigung Treuhand/Auftragserwerb). Da Bemessungsgrundlage der GrESt der Wert iSd § 157 I 1 Nr. 1 iVm § 157 I bis III BewG) ist (§ 8 II 1 Nr. 3), ist ein etwa dem Beauftragten vom Auftraggeber gezahltes Entgelt für die Übertragung grestrechtl. irrelevant.

597 Soweit die Gesellschaft **nach** der (mittelbaren) Anteilsvereinigung und vor Übertragung der Anteile durch den Beauftragten bzw. Geschäftsbesorger weitere Gr erwirbt, sind diese Erwerbe nicht gem § 1 III Nr. 2 oder Nr. 4 steuerbar. Insoweit gilt hier das für den Übergang von mittelbarer zu unmittelbarer Anteilsvereinigung Gesagte (vgl. → Rn. 560 f.) entspr (Viskorf/Meßbacher-Hönsch § 1 Rn. 1195; aA Treuhandgeschäfte GLE 19.9.2018, BStBl. I 2018, 1074 Tz. 3.2.1.1.). Allerdings greift § 1 III Nr. 4 ein, wenn der Gesellschaft erstmals im Zeitpunkt des Anteilsübergangs – und nicht bereits schon bei Abschluss des Rechtsgeschäfts iSd § 1 III Nr. 3 – ein Gr gehört (vgl. → Rn. 330).

598 **e) Gründung einer KapGes mit Beteiligung von Treuhändern bzw. Beauftragten.** Wirkt bei der Gründung einer KapGes ein Treuhänder (Beauftragter) des Hauptgesellschafters neben diesem mit, so tritt die Anteilsvereinigung bereits mit dem Entstehen der KapGes in der Person des Hauptgesellschafters ein (BFH II 77/64, BStBl. II 1972, 719). Die nachfolgende unmittelbare Anteilsvereinigung durch Übertragung der Anteile von dem Beauftragten auf den Hauptgesellschafter ist aufgrund der Subsidiarität des § 1 III Nr. 2 nicht (erneut) steuerbar (BFH II R 117/78, BStBl. II 1980, 357). Der Besteuerung nach § 1 III Nr. 2 unterliegt die Übertragung der Anteile auf den Treugeber jedoch hinsichtlich der Gr, die die Gesellschaft nach der Entstehung der Steuer aus § 1 III Nr. 1 erworben hat (BFH II R 25/81 BStBl. II 1982, 336).

599 Die **Einmann-Gründung** einer **GmbH** (§ 1 GmbHG) unterfällt nicht dem Tatbestand des § 1 III, weil die Anteile mit der Gründung entstehen (mithin nicht iSd § 1 III Nr. 1 und Nr. 2 vereinigt werden) und daher **kein Rechtsträgerwechsel** eintritt (Hofmann/Eiling § 1 Rn. 255). Erfolgt die Einmann-Gründung durch einen Beauftragten unter gleichzeitiger Einbringung eines Gr in die KapGes, ist deren Erwerb nach § 1 I Nr. 1 zu besteuern. Der Auftraggeber verwirklicht gleichzeitig aufgrund seines Herausgabeanspruchs den Tatbestand des § 1 III Nr. 3. Gleiches gilt für die Gründung einer **Einmann-AG** (§ 2 AktG) sowie für die

Ausgliederung des von einem Einzelkaufmann betriebenen Unternehmens zur Neugründung einer KapGes (§§ 152, 158 ff. UmwG; vgl. auch Viskorf/Meßbacher-Hönsch § 1 Rn. 1197).

einstweilen frei **600–610**

10. Grunderwerbsteuerrechtliche Organschaft. a) Allgemeines. § 1 IV erhielt aufgrund des Gesetz zur Vermeidung von Umsatzsteuerausfällen beim Handel mit Waren im Internet (BGBl. 2018 I 2338) seine heutige Fassung, weil die früher erfassten bergrechtlichen Gewerkschaften spätesten zum 1.1.1994 aufgelöst wurden. Die Vorschrift ist auf alle nach dem 14.12.2018 verwirklichten Erwerbsvorgänge anzuwenden (§ 23 XVI 1). **611**

Eine Anteilsvereinigung iSv § 1 III Nr. 1 und 2 iVm § 1 IV Nr. 2 liegt vor, wenn diese in der Hand des Erwerbers oder von herrschenden und abhängigen Unternehmen oder abhängigen Personen oder von abhängigen Unternehmen oder abhängigen Personen allein vereinigt werden. Zu beachten ist die durch das GrEStGÄndG (BGBl. 2021 I 986) bewirkte Herabsetzung der Besteuerung nach § 1 III auf 90% sowie die Ausdehnung auf Gesellschaften nach § 1 IIb.

b) Verwaltungsanweisungen. Zu dieser Vorschrift hat die FVerw GLE betr. Anwendung des § 1 III in Verbindung mit IV GEStG auf Organschaftsfälle – hier: **zu § 1 III iVm IV GLE 5.3.2024, BStBl. I 2024, 393**- herausgegen (zum neuen Recht: Behrens/Sparr BB 2024, 1495 (1501 f.); zum früheren Recht Adolf GmbHR 2007, 1309; Lieber DB Beil Nr. 4/2007; Behrens/Meyer-Wirges DStR 2007, 1290; Heine UVR 2001, 349; Götz GmbHR 2001, 277; Mitsch DB 2001, 2165; Günkel/Lieber Organschaft S. 353 ff.; Brinkmann/Tschesche BB 2005, 2783). § 1 IV ist nur für § 1 III, nicht aber für § 1 IIIa anzuwenden. Für den in **§ 6a S. 4** legal definierten Abhängigkeitsbegriff ist § 1 IV **ohne Bedeutung** (vgl. → § 6a Rn. 65). **612**

c) Organschaft im GrEStG. § 1 IV iVm § 1 III normiert einen besonders geregelten Fall der **mittelbaren Anteilsvereinigung** (BFH II R 52/76, BStBl. II 1980, 360; II R 66/98, BStBl. II 2002, 156; II R 30/04, BStBl. II 2005, 839; vgl. auch → Rn. 562 ff.; krit. Müller/Stöcker Rn. 1805). Die in § 1 III Nr. 1 und IV Nr. 2 gegebenen Begriffsbestimmungen für die abhängigen Personen und Unternehmen definieren zwar eine grestrechtl. **Organschaft** (zutr. Eder DStR 1994, 735); eine eigenständige Bedeutung haben die Regelungen des § 1 IV jedoch nicht (zu § 1 III iVm IV GLE 5.3.2024, BStBl. I 2024, 393 Tz. 2). Das GrEStG hat sich bei der Begriffsbestimmung der Organschaft bewusst von der noch in § 1 III GrEStG 1940 erfolgten Verweisung auf § 2 II UStG gelöst (BT-Drs. 9/251, 16; krit Sigloch NJW 1983, 1817 (1820 f.)). § 1 IV Nr. 2 ist jedoch ersichtlich an § 2 II Nr. 1 und 2 UStG angelehnt. Dabei ist die grestrechtl. – anders als die ustrechtliche – Organschaft **nicht auf** das **Inland** beschränkt (dazu näher Haase BB 2011, 980). Ob das herrschende oder abhängige Unternehmen im In- oder Ausland ansässig ist, ist unerheblich; allein entscheidend ist die Inlandsbelegenheit eines Gr (BFH II R 33/04, BFH/NV 2006, 609); ein Verstoß gegen EU-Recht liegt insoweit nicht vor (vgl. → Einl Rn. 19). **613**

Die Einbeziehung auch der Vereinigung in der Hand von mehreren Gesellschaften eines Konzerns soll eine **Steuerumgehung** durch Anteilsvereinigung in der Hand mehrerer abhängiger Unternehmen oder in der Hand des herrschenden und eines abhängigen Unternehmens **verhindern** (Begr GrEStG 1940, 392). Im Gegensatz zu anderen Steuerarten lassen sich grestrechtl. durch ein Organschafts- **614** verhältnis also keine Steuervorteile erzielen; aus grestrechtl. Sicht muss der Gestaltungspraxis vielmehr der Verzicht auf Organschaftsverhältnisse empfohlen werden.

Aus der Organschaft kann **keine Einschränkung** des Steuertatbestands **des § 1 III** abgeleitet werden (Hofmann/Eiling § 1 Rn. 263). Insbesondere kann § 1 III iVm IV nicht entnommen werden, dass die zum Organkreis gehörenden Gesellschaften unter Verlust ihrer grestrechtl. eigenständigen Rechtsträgerschaft zu einer (grestrechtl) Einheit verschmelzen (BFH II R 81/85, BStBl. II 1988, 682; II R 45/88, BStBl. II 2012, 292; zu § 1 III iVm IV GLE 5.3.2024, BStBl. I 2024, 393 Tz. 2). Dies ist die entscheidende Weichenstellung dafür, Anteilsvereinigungen und -übertragungen im Organkreis (§ 1 III iVm IV) abweichend von den Grundsätzen zu behandeln, die für die entspr Erwerbe im nicht-organschaftlichen Anwendungsbereich des § 1 III gelten. Es unterliegen daher zB auch (erstmalige) Anteilsvereinigungen sowie -übertragungen im Organkreis der GrESt (vgl. → Rn. 628 f.). Ebenso können auch bei GrVerschiebungen im Organkreis die Steuertatbestände des § 1 I und II erfüllt werden (vgl. → Rn. 628).

615 **Organkreis als „eine" Hand.** Die in § 1 III iVm IV getroffenen Regelungen bezwecken eine **Erweiterung** des Tatbestands der Anteilsvereinigung (BFH II R 81/85, BStBl. II 1988, 682; Prinz/Witt/Schley Steuerliche Organschaft Kap. 26 Tz. 17), indem die einen Organkreis bildenden Unternehmen **eine** Hand iSd § 1 III bilden. Insofern ersetzt das Abhängigkeitsverhältnis iSd § 1 IV Nr. 2 die ansonsten für eine mittelbare Anteilsvereinigung erforderliche direkte oder indirekte Beteiligung des Erwerbers in Höhe von mindestens 95% an einer zwischengeschalteten Gesellschaft (BFH II R 66/98, BStBl. II 2002, 156). Dabei kommt eine Anteilsvereinigung im Organkreis nach Wortlaut und Zweck des § 1 III iVm IV nur in Betracht, wenn sie in der Hand **mehrerer** Unternehmen eintritt. Der Organschaft kann keine steuerbegründende Funktion zukommen, soweit mindestens 90% der Anteile in der Hand nur **eines** Erwerbers vereinigt werden; der von der Organschaft insoweit vorausgesetzte Umgehungstatbestand liegt in diesem Fall nicht vor (BFH II R 30/04, BStBl. II 2005, 839; Brinkmann/Tschesche BB 2005, 2783 (2785); Lieber/Morgenweck UVR 2006, 125 (126)). Dieser Beurteilung folgt nunmehr auch die FVerw (zu § 1 III iVm IV GLE 5.3.2024, BStBl. I 2024, 393 Tz. 1 6).

616 Die Anteilsvereinigung im Organkreis als gesetzlich besonders geregelter Fall der mittelbaren Anteilsvereinigung lässt das aus § 1 III abzuleitende Erfordernis einer ununterbrochenen Beteiligungskette von **mindestens 90%** der Anteile unberührt (BFH II R 66/98, BStBl. II 2002, 156; II R 30/04, BStBl. II 2005, 839; zu § 1 III iVm IV GLE 5.3.2024, BStBl. I 2024, 393 Tz. 1.6). Dabei ist die Zuordnung der tatbestandserfüllenden Anteilsgröße zur Hand des Organkreises ausreichend. Eine Anteilsvereinigung kann daher auch vorliegen, wenn das herrschende Unternehmen selbst nicht zu mindestens 90% an der grundbesitzenden Gesellschaft des Organkreises beteiligt ist. Demgemäß besteht eine Steuerschuldnerschaft für die Beteiligten (als Gesamtschuldner) gem. § 13 Nr. 5 Buchst. b und nicht nur des Erwerbers (§ 13 Nr. 5 Buchst. a; vgl. auch → § 13 Rn. 19).

Beispiel:

Die D-AG ist mit 100% an der E-GmbH beteiligt, die ihrerseits mit 80% an der F-GmbH beteiligt ist. Zwischen der E-GmbH und der F-GmbH besteht Organschaft. Die F-GmbH hält 60% der Anteile an der grbesitzenden Y-GmbH. Erwirbt die E-GmbH 35% der bisher von Dritten gehaltene Anteile an der Y-GmbH, tritt – unbeschadet des Umstands, dass die E-GmbH nur mit 80% an der F-GmbH beteiligt ist – Anteilsvereinigung im Organkreis ein.

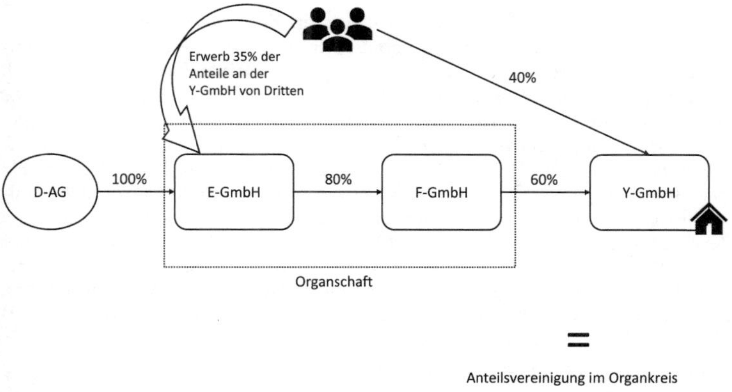

einstweilen frei **617**

d) Abhängige Personen und Unternehmen. Die Begriffsbestimmung der abhängigen Personen in § 1 IV Nr. 2 Buchst. a hat keine praktische Bedeutung. Die Vorschrift läuft leer, weil eine „abhängige" Person entweder (aufgrund Treuhand- oder Auftragsverhältnis) zur Herausgabe der Anteile verpflichtet ist – in diesem Falle sind die Anteile dem Auftrag- bzw. Treugeber ohnehin zuzurechnen, so dass eine mittelbare Anteilsvereinigung vorliegt – oder eine von § 1 IV Nr. 2 Buchst. a vorausgesetzte Weisungsgebundenheit in Bezug auf die Anteile fehlt. Die allgemeine Eingliederung einer natürlichen Person in ein Unternehmen bzw. ihre Selbstständigkeit ist im Hinblick auf die von § 1 III allein vorausgesetzte Weisungsgebundenheit in Bezug auf die Anteile ohne Bedeutung; die insoweit in anderen Steuerarten (zB § 2 II Nr. 1 UStG) aufgeworfene Abgrenzungsproblematik stellt sich daher für das GrEStG nicht. **618**

Eine **PersGes,** an der juristische Personen beteiligt sind, ist kein Zusammenschluss natürlicher Personen iSd § 1 IV Nr. 2 Buchst. a (BFH II R 66/98, BStBl. II 2002, 156; zu § 1 III iVm IV GLE 5.3.2024, BStBl. I 2024, 393 Tz. 1.4). Auf der Grundlage des § 1 III iVm IV Nr. 2 Buchst. b kann jedoch eine mittelbare Anteilsvereinigung unter Zwischenschaltung einer PersGes vorliegen, wenn ihre Gesellschafter das herrschende und/oder ein bzw. mehrere abhängige Unternehmen sind (zu § 1 III iVm IV GLE 5.3.2024, BStBl. I 2024, 393 Tz. 1.4; vgl. auch Adolf GmbHR 2007, 1309 (1310 f.); Lieber DB Beil Nr. 4/2007 S. 13). **619**

Abhängige Unternehmen. Die Begriffsbestimmung der als abhängig geltenden juristischen Person (§ 1 III Nr. 1 iVm IV Nr. 2 Buchst. b lehnt sich an die Definition des Organschaftsverhältnisses in § 2 II Nr. 2 S. 1 UStG an (vgl. auch Adolf GmbHR 2007, 1309; Behrens/Meyer-Wirges DStR 2007, 1290; Müller/Stöcker/Lieber Rn. 1781). Voraussetzung der Organschaft ist hiernach die finanzielle, wirtschaftliche und organisatorische Eingliederung einer juristischen Person in ein Unternehmen; auch ausländische Unternehmen müssen diese Eingliederungsvoraussetzungen erfüllen (Müller/Stöcker Rn. 1787). Der allein die juristische Person erfassende Wortlaut ist eindeutig; die Ausdehnung ihres Anwendungsbereichs auf PersGes scheidet aus (BFH II R 66/98, BStBl. II 2002, 156; vgl. jedoch → Rn. 538). **620**

621 Die **finanzielle** Eingliederung setzt den Besitz der Anteilsmehrheit voraus, die nach dem Gesetz oder der Satzung erforderlich ist, um die wesentlichen Entscheidungen in der Gesellschaft durchzusetzen (vgl. auch Viskorf-Meßbacher-Hönsch § 1 Rn. 1223; Prinz/Witt/Schley Steuerliche Organschaft Kap. 26 Rn. 46). Die **wirtschaftliche** Eingliederung zeigt sich idR in der Verflechtung von Organträger und Organ; es muss ein vernünftiger betriebswirtschaftlicher Zusammenhang zwischen ihnen bestehen (BFH V R 63/01, BStBl. II 2004, 434; II R 23/05, BFH/NV 2006, 2306 mwN; vgl. auch Behrens/Meyer-Wirges DStR 2007, 1290; Müller/Stöcker Rn. 1783 f.). Die **organisatorische** Eingliederung ist gegeben, wenn der Organträger seinen Willen in der Organgesellschaft aufgrund organisatorischer Verflechtungen (so zB bei personeller Verflechtung der Geschäftsführungen oder kraft Beherrschungsvertrag) sicherstellen kann (näher Müller/Stöcker Rn. 1785). Zu Einzelheiten der Organschaft iSd UStG vgl. die Kommentierungen zu § 2 II Nr. 2 UStG, zB Sölch/Ringleb/Treiber § 2 Rn. 130 ff.

622 **e) Herrschendes Unternehmen.** § 1 III Nr. 1 setzt voraus, dass die Anteilsvereinigung tatsächlich in der Hand des herrschenden Unternehmens eintritt. Dieses kann jeder Unternehmer im ustrechtl Sinne (§ 2 I UStG) sein (zu § 1 III iVm IV GLE 5.3.2024, BStBl. I 2024, 393 Tz. 1.5), wobei Träger des Unternehmens eine natürliche Person, eine PersGes oder eine juristische Person sein kann. Allerdings reicht es nicht aus, wenn die Beteiligungen an den erwerbenden Unternehmen lediglich im Privatvermögen einer natürlichen Person gehalten werden (BFH II R 185/66 BStBl. II 1974, 769). Hier tritt Steuerbarkeit aus § 1 III nur ein, wenn die tatbestandserfüllende Anteilsgröße von mindestens 90% der Anteile der beteiligten Gesellschaften in der Hand der natürlichen Person vereinigt sind. Die Organschaft ist nicht auf das Inland beschränkt; erfasst sind aber im Inland erfasste Gr. Erfasst sind auch die geschäftsleitende Holding, nicht aber die sog. **Finanzholding** (Viskorf/Meßbacher-Hönsch § 1 Rn. 1215 mwN).

623 **f) Begründung bzw. Erweiterung der Organschaft.** § 1 III setzt tatbestandlich die Anteilsvereinigung durch Erwerb oder Übertragung der Anteile voraus. Daran fehlt es – mangels eines rechtsgeschäftlich begründeten Anspruchs auf Anteilsübertragung (§ 1 III Nr. 1) bzw. Anteilsübertragung (§ 1 III Nr. 2) selbst – bei der bloßen Begründung oder Erweiterung einer Organschaft, soweit nicht gleichzeitig ein Anteilserwerb stattfindet (zu § 1 III iVm IV GLE 5.3.2024, BStBl. I 2024, 393 Tz. 1.6 und 2; Viskorf/Meßbacher-Hönsch § 1 Rn. 1228; Hofmann/Eiling § 1 Rn. 268). Bei einem Anteilserwerb ist dabei nicht nur eine die Organschaft begründende Anteilsübertragung tatbestandserfüllend (so aber KKK KonzernStR/Fleischer § 5 Rn. 67), sondern jede mit der Begründung der Organschaft zusammenhängende Anteilsvereinigung (zu § 1 III iVm IV GLE 5.3.2024, BStBl. I 2024, 393 Tz. 2.2 Beispiel 4). Dies gilt in gleicher Weise auch für die **Erweiterung** des Organschaftsverhältnisses (zu § 1 III iVm IV GLE 5.3.2024, BStBl. I 2024, 393 Tz. 3).

624 Ein **Rechtsträgerwechsel** wird durch die Begründung oder Änderung des Organschaftsverhältnisses bewirkt, wenn diese mit einem Anteilserwerb oder -übergang in einem engen zeitlichen und sachlichen Zusammenhang iS eines vorgefassten Gesamtplans steht. Ein zeitlicher Zusammenhang wird – widerleglich – vermutet, wenn zwischen der Begründung der Organschaft und dem Anteilserwerb ein Zeitraum von nicht mehr als 15 Monaten liegt (so zu § 1 III iVm IV GLE 5.3.2024, BStBl. I 2024, 393 Tz. 1.7; dagegen Viskorf/Meßbacher-Hönsch § 1 Rn. 1231; Behrens/Wachter/Behrens § 1 Rn. 853 ff.; Prinz/Witt/Schley Steuerliche Organschaft Kap. 26 Rn. 54 f.). Die Annahme einer Organ-

schaft setzt in jedem Fall voraus, dass die Voraussetzungen der Organschaft im Zeitpunkt des Vollzugs erfüllt waren. Es bleibt aber die Möglichkeit, dass ein entsprechender Gesamtplan bereits zu diesem Zeitpunkt vorlag. Nur diesem möglichen Geschehensablauf trägt die Vorschrift Rechnung.

Die **Gründung einer KapGes** durch eine KapGes des Organkreises unter gleichzeitiger Einbringung eines Gr erfüllt nicht die Voraussetzungen des § 1 III Nr. 1 (BFH II R 117/78, BStBl. II 1980, 357). Hier unterliegt allerdings die Einbringung des Gr gem. § 1 I der GrESt.

g) Anteilsvereinigungen und -verschiebungen im Organkreis. Insbesondere bei Umstrukturierungen im Organkreis ist fraglich, inwieweit – sofern die Anteile an grbesitzenden Gesellschaften in der Hand des herrschenden Unternehmens bereits vereinigt sind – eine nachfolgende erstmalige Anteilsvereinigung in der Hand einer Gliedgesellschaft bzw. der Übertragung von 90% der Anteile auf diese (und zwar „up-stream“, „down-stream“ oder „side-stream“) bei dieser einen nach § 1 III steuerbaren Erwerbsvorgang auslöst. **625**

Beispiel:

Muttergesellschaft A ist zu 90% an den Tochtergesellschaften CGmbH und D-GmbH, die ihrerseits Beteiligungen von je 50% an der grbesitzenden F-GmbH halten, beteiligt. Zwischen A, der C-GmbH und der D-GmbH besteht ein Organschaftsverhältnis. Die A-GmbH überträgt ihre Beteiligung an der C-GmbH auf die B-GmbH.

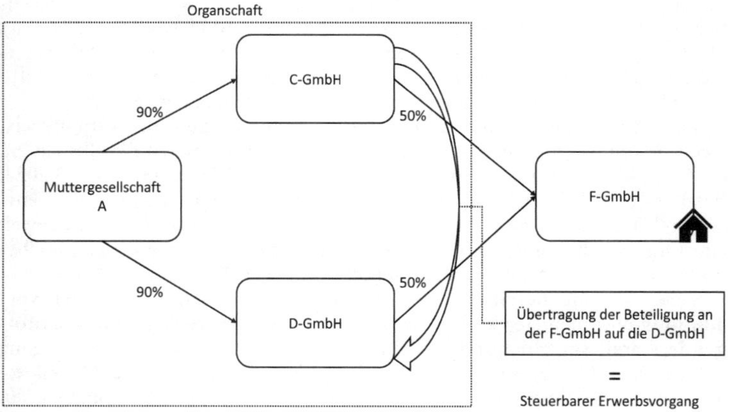

Im Beispielsfall liegt nicht etwa eine grestrechtl. unerhebliche Verstärkung einer bereits bei M schon eingetretenen Anteilsvereinigung (→ Rn. 537), sondern eine **erstmalige** Zuordnung von mindestens 90% der Anteile (im Beispielsfall der C-GmbH) zu einer nachgeordneten Gesellschaft (im Beispielsfall zur B-GmbH) vor. Da die grestrechtl. Organschaft keine Einschränkung des Steuertatbestands aus § 1 III bewirkt (→ Rn. 614), ist in diesem Fall **§ 1 III tatbestandlich** erfüllt (BFH II R 81/85, BStBl. II 1988, 682; vgl. auch II B 110/96, BFH/NV 1997, 440; FG Hbg EFG 1998, 131; FG Münster EFG 2000, 451; Hofmann/Eiling § 1 Rn. 272). Davon geht auch die FVerw aus (zu § 1 III iVm IV GLE 5.3.2024, BStBl. I 2024, 393 Tz. 2.3 Beispiel 6).

In der **Literatur** (zB Wienands DB 1997, 1362; Stoschek BB 1997, 1929; Beckmann GmbHR 1999, 217 (221 ff.); Kroschewski BB 2001, 1121; Willibald/Widmayer DB 2005, 2543; Behrens/Meyer-Wirges DStR 2007, 1290) stößt diese Beurteilung auf **Ablehnung,** weil die betr Gr bereits dem Organkreis zuzurechnen waren und die von § 1 III iVm IV vorausgesetzte wirtschaftliche Machtstellung der Obergesellschaft einer nochmaligen tatbestandserfüllenden Anteilsvereinigung auf der Ebene von Untergesellschaften entgegenstehe. In der Tat vermag die Beurteilung durch Rspr und FVerw nicht voll zu befriedigen, weil das Organschaftsverhältnis in grestrechtl. Sicht aufgrund der tatbestandlichen Erweiterung der Anteilsvereinigung durch § 1 III iVm IV zu einer erweiterten Sachherrschaft über Gr im Konzern führt und diese Sachherrschaft durch eine konzerninterne Umstrukturierung nicht qualitativ verstärkt wird. Diese Kritik lässt freilich die nach Wortlaut und Systematik des GrEStG gegebene (formal) eigenständige Rechtsträgerschaft von beherrschten Untergesellschaften unberücksichtigt; damit ist für eine teleologische Reduktion von § 1 III iVm IV bzw. eine „Subsidiarität" der grestrechtl. Organschaft (so Behrens/Meyer-Wirges DStR 2007, 1290 (1292)) kein Raum. Zu berücksichtigen ist vor allem, dass die tatbestandliche Fassung des § 1 III iVm IV die Annahme einer Steuerbarkeit nahe legt und eine Nichtbesteuerung Elemente einer steuerpolitischen Entscheidung in sich trägt, die vom Gesetzgeber zu treffen wäre (vgl. auch BFH II R 50/00, BStBl. II 2003, 320; II R 87/00, BFH/NV 2002, 1494). Damit wäre es indes noch nicht ausgeschlossen, derartige Rechtsvorgänge durch eine – sinngemäße – Anwendung des § 1 VI 2 zu begünstigen (Eder DStR 1994, 735 (738); aA Hofmann/Eiling § 1 Rn. 274). Die derzeitige Ausdeutung des § 1 VI 2 (vgl. dort) durch die BFH-Rspr lässt allerdings für diese grestrechtl. Behandlung keinen Raum (vgl. auch Viskorf/Meßbacher-Hönsch § 1 Rn. 1367). Im Übrigen hat diese Problematik mit der ab 1.1.2010 eingeführten Steuerbefreiung des § 6a erheblich an Bedeutung verloren.

626 Tatbestandserfüllend sind auch **Anteilsverschiebungen im Organkreis,** wenn sie erstmalig in der Hand einer einzelnen oder mehreren Gesellschaft(en) des Organkreises zur Anteilsvereinigung führen (zu § 1 III iVm IV GLE 5.3.2024, BStBl. I 2024, 393 Tz. 2.2 Beispiel 12; Hofmann/Eiling § 1 Rn. 271; Behrens/Meyer-Wirges DStR 2007, 1290/1293 reklamieren Billigkeitsmaßnahmen, soweit eine Organschaft ihre schon bisher gehaltenen Anteile an einer anderen grundbesitzenden Gesellschaft auf früher 95% (jetzt 90 %) der Anteile aufstockt).

Soweit allerdings **bereits** eine nach § 1 III Nr. 1 und 2 **steuerbare Anteilsvereinigung** über mehrere Gesellschaften eines Organkreises **vorlag,** lösen **nachfolgende Anteilsverschiebungen,** die nicht erstmalig zu einer Anteilsvereinigung in Hand einer Organgesellschaft führen, auf andere Gesellschaften des Organkreises mangels Rechtsträgerwechsel keine Steuer wegen Anteilsvereinigung im Organkreis aus (BFH II R 81/85, BStBl. II 1988, 682; Hofmann/Eiling § 1 Rn. 272; zu § 1 III iVm IV GLE 5.3.2024, BStBl. I 2024, 393 Tz. 5.; KKK KonzernStR/Fleischer § 5 Rn. 96 f.). Insoweit bleibt es bei der grestrechtl. schon erfassten Zurechnung der Anteile in der einen Hand des Organkreises. Dies gilt auch, wenn zB eine Muttergesellschaft als Alleingesellschafterin einer grundbesitzenden Konzerngesellschaft weniger als 90% der Anteile dieser Konzerngesellschaft auf eine andere Konzerngesellschaft überträgt (Behrens/Meyer-Wirges DStR 2007, 1290 (1292)). Ebenso ist der nach Vereinigung von 90% der Anteile in der Hand einer Organgesellschaft erfolgende Erwerb der Restanteile durch eine andere Organgesellschaft nicht steuerbar (Behrens/Meyer-Wirges DStR 2007, 1290 (1293)). Schließlich ist auch das **„Umhängen" der Beteiligung** von zwei oder mehreren Organgesellschaften in Höhe von zusammen mindestens 90% der Anteile an einer grundbesitzenden Organgesellschaft nicht steuerbar, wenn diese Beteiligungen insgesamt – jedoch weniger als 90% der Anteile – auf andere Organgesellschaften des Organkreises übertragen werden (Behrens/Meyer-Wirges DStR 2007, 1290 (1293 f.)).

h) Organträgerwechsel. Eine übertragende **Umwandlung** (insbesondere Verschmelzung) **des Organträgers** auf einen anderen Rechtsträger innerhalb oder außerhalb des Organkreises **(Organträgerwechsel)** kann eine Anteilsvereinigung nach § 1 III (ggf iVm § 1 IV) auslösen. Dazu kommt es zB, wenn der bisherige Organträger nicht nur an einer Organgesellschaft, sondern auch an einer weiteren grbesitzenden Gesellschaft außerhalb des Organkreises in der Weise beteiligt ist, dass die Beteiligung des herrschenden und des abhängigen Unternehmens zusammen mindestens 90% beträgt (vgl. den Beispielsfall der Erlasse § 1 III/IV Organschaft v. 21.3.2007, BStBl. I 2007, 422 in Tz. 4.1.3.; näher auch Wischott/Schönweiß DStR 2006, 172). Soweit der bisherige Organträger schon zu mindestens 95% an einer grbesitzenden Gesellschaft (innerhalb oder außerhalb des Organkreises) beteiligt war, liegt infolge der Verschmelzung des Organträgers auf einen anderen Rechtsträger – ohne dass § 1 IV anzuwenden wäre – schon ein nach § 1 III Nr. 4 steuerbarer Rechtsträgerwechsel vor (zu § 1 III iVm IV GLE 5.3.2024, BStBl. I 2024, 393 Tz. 4.1 Beispiel 19). Auch die **Verschmelzung** des Organträgers **auf** eine **Organgesellschaft** unter Fortführung des Organschaftsverhältnisses mit anderen Organgesellschaften kann die Voraussetzungen des § 1 III Nr. 2 iVm IV Nr. 2b erfüllen (zu § 1 III iVm IV GLE 5.3.2024, BStBl. I 2024, 393 Tz. 4.2; vgl. auch Prinz/Witt/Schley Steuerliche Organschaft Kap. 26 Rn. 26, 76 ff.). 627

i) Grundstücksverschiebungen im Organkreis. Nicht nach § 1 III steuerbar sind ebenfalls – bei einer grestrechtl. schon erfassten Anteilsvereinigung im Organkreis – **GrVerschiebungen** innerhalb des Organkreises, weil unter dem Blickwinkel des § 1 III keine Veränderung in der Zuordnung des Gr zum Organkreis eintritt. 628

Die Organschaft lässt jedoch die **eigenständige Rechtsträgerschaft der Organgesellschaften** unberührt, so dass für die GrÜbertragungen vom Organträger auf die Organgesellschaft (ebenso in umgekehrter Richtung) GrESt aus § 1 I oder II anfällt (GLE 2.12.1999, BStBl. I 1999, 991 Tz. 4b; Viskorf/Meßbacher-Hönsch § 1 Rn. 1252; für Anwendung des § 1 VI 2 in derartigen Fällen Eder DStR 1994, 735 (739)). Zur entspr Anwendung des § 1 VI beim Nacherwerb des Gr nach vorangegangener Anteilsvereinigung vgl. → Rn. 574 ff.

11. Durchführung der Besteuerung; Steuervergünstigungen. Die in § 1 III beschriebenen Vorgänge (zur Steuerentstehung → Rn. 521) beziehen sich jeweils auf das einzelne der Gesellschaft gehörende Gr und erzeugen so viele der GrESt unterliegende – fiktive – GrErwerbe, wie die Gesellschaft Gr hat (BFH II 77/64, BStBl. II 1972, 719; II R 66/98, BStBl. II 2002, 156). Soweit das FA nach Ergehen des ein einzelnes Gr betreffenden GrESt-Bescheids erkennt, dass auch hinsichtlich weiterer Gr die Voraussetzungen des § 1 III vorliegen, bedarf es zur Durchführung der Besteuerung eines weiteren Erstbescheids (§ 157 AO). Die Änderung des bisherigen Bescheids gem. § 173 I 1 Nr. 1 AO ist rechtswidrig (BFH II 53/64, BStBl. II 1974, 697). Zur erforderlichen Bestimmtheit des GrESt-Bescheids → Vorb § 15 Rn. 1 ff. Zur Anwendung des § 1 VI bei einem der Anteilsvereinigung nachfolgenden GrErwerb → Rn. 574 ff. 629

630 Erwerbe nach § 1 III können gem. **§ 3** befreit sein (vgl. → § 3 Rn. 12 ff.; zur Anwendung des § 3 Nr. 2 → § 3 Rn. 41 ff.). Zur Anwendung der Vergünstigungen aus **§ 5** vgl. → § 5 Rn. 13 ff. und aus **§ 6** vgl. → § 6 Rn. 13 f. Für Konzernsachverhalte ergibt sich eine Steuerbefreiung ggf. aus **§ 6a.** Die **Bemessungsgrundlage** der GrESt ist bei allen Tatbeständen des § 1 III der Wert iSd § 157 I 1 Nr. 1 iVm § 157 I–III BewG (§ 8 II 1 Nr. 3). Zum **Steuerschuldner** (§ 13 Nr. 1 bzw. Nr. 5) → § 13 Rn. 14, 19. Nach **§ 17 III 1 Nr. 2** bedarf es ggf. einer gesonderten Feststellung der Besteuerungsgrundlagen. Für die **Beteiligten** bestehen im Hinblick auf die Tatbestände des § 1 III **Anzeigepflichten gem. § 19 I Nr. 4 bis 7.**

631–650 *einstweilen frei*

XI. Wirtschaftliche Beteiligung (§ 1 IIIa)

651 **1. Rechtsentwicklung.** § **1 IIIa** wurde durch das **AmtshilfeRLUmsG** als neuer Steuertatbestand eingefügt und ist gem. § 23 XI erstmals auf Erwerbsvorgänge anzuwenden, die **nach dem 6.6.2013** verwirklicht werden. Die Vorschrift geht auf eine Prüfbitte des Bundesrats zurück, im Rahmen des JStG 2013 Gegenmaßnahmen gegen **RETT-Blocker-Strukturen** zu ergreifen (vgl. BT-Drs. 17/604, 41 f.). Die Beschlussempfehlung des Vermittlungsausschusses v 13.12.2012 enthielt dann einen dem jetzigen § 1 IIIa entspr Gesetzesvorschlag, der allerdings in seinem Satz 1 noch das Wort „erwirbt" anstelle des jetzt verwendeten Begriffs „innehat" enthielt. Die Gesetzesfassung des § 1 IIIa und seiner Folgeänderungen geht auf die Beschlussempfehlung des Vermittlungsausschusses (BT-Drs. 17/13722) zurück und entspricht dem Gesetzentwurf des Bundesrats (BR-Drs. 139/13, 218 ff.).

Die jetzige Fasssung des § 1 IIIa wurde aufgrund des GrEStÄndG (BGBl. 2021 I 986) dahingehend geändert, dass die Vorschrift um die Anwendung auf § 1 IIb ergänzt wurde; außerdem wurde die maßgebliche Anteilsgrenze von 95% auf 90% geändert.

652 **a) Zeitliche Anwendung.** Die Vorschrift ist gem. § 23 XVIII erstmals auf Erwerbsvorgänge nach dem 30.6.2021 anzuwenden.

Gemäß **§ 22 XXII 1** sind § 1 IIIa und § 19 I 1 Nr. 7a in der am 30.6.2021 geltenden Fassung auf Erwerbsvorgänge nach dem 30.6.2021 weiter anzuwenden, wenn der Rechtsträger am 30.6.2021 unmittelbar oder mittelbar oder teils unmittelbar, teils mittelbar eine wirtschaftliche Beteiligung von weniger als 95 % und mind. 90 % an einer Gesellschaft, zu deren Vermögen ein inländisches Grundstück gehört, innehatte. In diesem Fall bleibt für § 1 IIIa aF (Beteiligung von mind. 95 %) weiterhin maßgeblich, wenn am 30.6.2021 eine Beteiligung von mind. 90 % und weniger als 95 % besteht. Die Anwendung des § 23 II 1 ist zeitlich unbegrenzt anwendbar (dazu krit. Viskorf/Loose § 23 Rn. 107 f.).

Dies gilt gem. § 22 XXII **2** nicht, wenn der Rechtsvorgang nach § 1 I, II, IIa, IIb, III oder IIIa in der am 1.7.2021 geltenden Fassung steuerbar ist. Das Innehaben einer wirtschaftlichen Beteiligung ab 1.7.2021 wird als Verwirklichung einer wirtschaftlichen Beteiligung nach § 1 IIIa aF betrachtet. Gemäß § 22 XXII **3** findet § 22 XXII 1 keine Anwendung, wenn die wirtschaftliche Beteiligung iSd § 1 IIIa aF nach dem 30.6.2021 unter 90 % sinkt.

Zu Anwendung des § 1 IIIa das entsprechende Beispiel in Übergangsregelungen GLE 29.6.2021 (BStBl. I 2021, 1005 Tz. 4 mit Beispiel 11 und 12).

b) Verwaltungsanweisungen. Bei der Anwendung des § 1 IIIa folgt die FVerw zu § 1 IIIa GLE 19.9.2018, BStBl. I 2018, 1078 (dazu Wagner/Lieber DB 2013, 2295; Behrens BB 2013, 2839). **653**

2. Normzweck; rechtssystematische Einordnung. Normzweck des § 1 IIIa ist nach der Vorstellung des Bundesrats (BR-Drs. 139/13, 218) die Besteuerung von Erwerbsvorgängen mit sog. „**R**eal **E**state **T**ransfer **T**ax"-Blocker-Strukturen **(„RETT-Blocker").** Derartige Gestaltungen zielen darauf ab, „bei einem Rechtsträgerwechsel die grunderwerbsteuerrechtliche Zuordnung eines inländischen Grundstücks durch Zwischenschaltung einer Gesellschaft, an der ein Fremder wirtschaftlich nicht oder nur geringfügig beteiligt ist, zu verhindern" (BR-Drs. 139/13, 218). Vor diesem Hintergrund umschreibt § 1 IIIa typisierend den als missbräuchlich erkannten Besteuerungssachverhalt, ohne allerdings – dazu noch nachfolgend – die als besteuerungswürdig qualifizierten RETT-Blocker-Strukturen gesetzlich näher zu definieren. **654**

Die grundlegende **Neuerung** des § 1 IIIa 1 liegt darin, dass auch ein zum Innehaben einer „wirtschaftlichen Beteiligung" führender Rechtsvorgang der Besteuerung unterworfen wird. Dabei stellt die wirtschaftliche Beteiligung auf die „Summe der unmittelbaren und mittelbaren Beteiligungen am Kapital oder am Vermögen der Gesellschaft" (§ 1 IIIa 2), nicht aber (im Blick auf die Behandlung grbesitzender **PersGes** im Rahmen des § 1 III, vgl. → Rn. 538) auf die sachenrechtliche Beteiligung an der grbesitzenden Gesellschaft ab. Hinsichtlich der Berechnung der wirtschaftlichen Beteiligungsgröße ordnen § 1 IIIa 2, 3 die **Durchrechnungsmethode** an. Darin liegt für grbesitzende **KapGes** eine Abweichung von der zu § 1 III ergangenen Rspr, wonach bei einer mehrstufigen mittelbaren Beteiligung an einer grbesitzenden Gesellschaft auf jeder Beteiligungsstufe die Quote von 95% erreicht sein muss (vgl. → Rn. 566 f.). **655**

Beispiel:

An einer grbesitzenden A-GmbH sind A mit 90% und B mit 10% beteiligt. Würde die am Erwerb der Anteile interessierte B-GmbH die von D gehaltenen Anteile (oder noch zusätzlich die Anteile des E) erwerben, wäre § 1 III Nr. 1 oder 2 erfüllt.

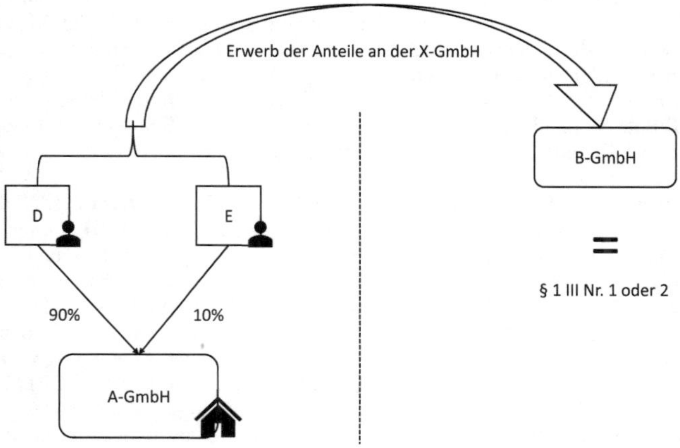

Die GrESt ließ sich nach bisheriger Praxis durch Zwischenschaltung einer PersGes („RETT-Blocker"), zB einer KG, wie folgt vermeiden: Die C-GmbH erwirbt 89,9% der Anteile an der X-GmbH von A. Die restlichen Anteile (10,1%) erwirbt die C-KG, deren Komplementärin (D-GmbH) nicht am Vermögen der KG beteiligt ist. Kommanditistin der C-KG ist die C-GmbH mit 899%; die restlichen Anteile (10,1%) hält ein Dritter (D). In diesem Fall liegt keine Anteilsvereinigung in der Hand der C-GmbH vor, weil diese lediglich mit 89,9% unmittelbar an der X-GmbH beteiligt ist. Hinsichtlich der Beteiligung der C-KG an der X-GmbH scheidet eine (mittelbare) Anteilsvereinigung in der Hand der C-GmbH aus, weil auch D an der C-KG beteiligt ist; dies würde selbst dann gelten, wenn D mit 0% an der C-KG beteiligt wäre (näher → Rn. 537 f). Weil für eine mittelbare Anteilsvereinigung über eine zwischengeschaltete Gesellschaft eine Beteiligungsquote von 89,9% auf jeder Beteiligungsebene erreicht sein muss (→ Rn. 335), ist es unbeachtlich, dass die C-GmbH „durchgerechnet" mit 89,9 + (10,1% × 89,9% =) 9,09% = 98,98% an der X-GmbH beteiligt ist.

Derartige „klassische" RETT-Blocker-Gestaltungen (vgl. zB Joisten/Liekenbrock Ubg 2013, 469; Heine UVR 2013, 152) unterwirft § 1 IIIa der GrESt, indem der Steuertatbestand auf die „durchgerechnete" Beteiligung (im Beispielsfall der C-GmbH abstellt. Die Vorschrift soll wegen seiner gleichmäßigen Anwendung auf jede grbesitzende Gesellschaft die auf der Ebene des § 1 III fehlende **Rechtsformneutralität** herstellen (BR-Drs. 139/13, 218; dazu zB Schanko UVR 2013, 215; vgl. auch zu § 1 IIIa GLE 19.9.2018, BStBl. I 2018, 1078 Tz. 1 Abs. 4). Der Wortlaut des § 1 IIIa erfasst jedoch über „klassische" RETT-Blocker-Strukturen hinaus auch Sachverhalte, die herkömmlich nicht unter dem Gesichtspunkt eines RETT-Blockers qualifiziert wurden. Auch wenn die Gesetzesbegr. eine derart weite tatbestandliche Fassung nicht nahe legt, scheidet wegen des eindeutigen Wortlauts und Sinnzusammenhangs eine teleologische Reduktion der Vorschrift auf „echte" RETT-Blocker-Strukturen aus (zutr. Illing DStZ 2013, 504 (509)). Nach den allg. Regeln der Gesetzesauslegung ist ein subjektiver Wille des Gesetzgebers, der im Gesetz keinen objektiven Niederschlag gefunden hat, unbeachtlich (vgl. zB Tipke/Kruse/Drüen AO § 4 Rn. 231 ff.).

656 Der **Normstruktur** nach ist § 1 IIIa ein **eigenständiger Steuertatbestand** (unzutr Behrens/Morgenweck BB 2013, 2839 (2845)). Wie sich aus den durch das AmtshilfeRLUmsG geänderten bzw. eingefügten § 1 VI und § 23 XI ergibt, wird § 1 IIIa als „Rechtsvorgang" bzw. „Erwerbsvorgang" behandelt und gehört neben § 1 II, IIa und III zu den Ergänzungstatbeständen (→ Rn. 5). Dabei ist, nicht anders als bei § 1 IIa und III, eine sukzessive Tatbestandserfüllung in mehreren **Teilakten** möglich (Viskorf/Meßbacher-Hönsch § 1 Rn. 1301). Im Gegensatz zu § 1 IIa enthält § 1 IIIa allerdings keine Begrenzung auf einen Fünf- oder Zehnjahreszeitraum.

657 **Fiktion eines Rechtsvorgangs iSd § 1 III.** § 1 IIIa 1 **fingiert** („gilt") unter seinen näheren Voraussetzungen einen Rechtsvorgang iSd § 1 III. Unter dem Gesichtspunkt der Gesetzestechnik ist durchaus bemerkenswert, dass auch schon § 1 III auf der Fiktion eines Rechtsträgerwechsels der der Gesellschaft gehörenden Gr beruht (vgl. → Rn. 518 f.). § 1 IIIa „verlängert" diese Fiktion iSd der eigenständigen weiteren Fiktion, dass ein Rechtsträgerwechsel iSd § 1 III auch bei einem tatbestandserfüllenden Erwerb einer wirtschaftlichen Beteiligung vorliegt.

658 Diese **Regelungstechnik und** die **Subsidiaritätsanordnung** des § 1 IIIa 1 entspricht den sachlichen Verschiedenheiten des Besteuerungstatbestandes des § 1 III einerseits und § 1 IIIa andererseits. Insbesondere wird damit dem Umstand Rech-

nung getragen, dass die die Fiktion des § 1 III tragende Annahme im Anwendungsbereich des § 1 IIIa nur unvollkommen erhalten bleibt. Der § 1 III zugrundeliegende (und aufgrund der Herabsetzung der Anteilsgrenze auf 90% ohnehin verblassende) Gedanke einer mit der Inhaberschaft von 90% der Anteile gegebenen **Herrschaftsmacht** über die Gr der Gesellschaft (vgl. → Rn. 517) rechtfertigt nicht den Schluss auf eine entspr Herrschaftsmacht bei Innehabung einer bloßen wirtschaftlichen Beteiligung iHv von 90% an der grbesitzenden Gesellschaft (vgl. auch Illing DStZ 2013, 504). Denn in die Berechnung der Beteiligungsquote von 90% sind auch – ggf. zahlreiche – Minderheitsbeteiligungen ohne nennenswerten Einfluss auf die Geschäftsführung der jeweils beteiligten Gesellschaften mit einzubeziehen. Auf der Grundlage einer solchen wirtschaftlichen Beteiligung kann idR keine Herrschaftsmacht über die Gr der Gesellschaft begründet werden (zutr. Behrens DStR 2013, 1405 (1406 f.)). Damit gehen die durch § 1 IIIa erfassten Besteuerungssachverhalte über die des § 1 III hinaus. Schon wegen dieses weitergehenden Normgehalts des § 1 IIIa ist es zutreffend, dass der Gesetzgeber den in § 1 IIIa umschriebenen Erwerbsvorgang als selbstständigen Steuertatbestand ausgestaltet und nicht in den bisherigen § 1 III integriert hat (anders zB Joisten/Liekenbrock Ubg 2013, 469 (477); vgl. auch Glutsch/Meining GmbHR 2013, 743; Wagner/Lieber DB 2013, 1387 (1390)); es kommt hinzu, dass die von § 1 III und IIIa erfassten Besteuerungssachverhalte nicht deckungsgleich sind (→ Rn. 655).

§ 1 IIIa ist mit grundlegenden Prinzipien des **GrEStG vereinbar** (aA Behrens DStR 2013, 1405 (1407)). Seit jeher waren dem Gesetzgeber die Unzulänglichkeiten bei der Besteuerung von Anteilserwerben bzw. -übertragungen bei grbesitzenden Gesellschaften bewusst (vgl. → Rn. 514 f.). Weder dem GrEStG noch dem Verfassungsrecht lässt sich eine Beschränkung des Besteuerungsrechts auf die durch § 1 III erfassten Sachverhalte entnehmen. Die Besteuerung einer qualifizierten wirtschaftlichen Beteiligung an einer grbesitzenden Gesellschaft ist jedenfalls aus Gründen einer – notwendigerweise typisierend ausgestalteten – Missbrauchsabwehr dann hinnehmbar, wenn das steuerbegründende Maß einer wirtschaftlichen Beteiligung auf 90% festlegt wird. Ohnehin war, wie die Regelung des § 1 III zeigt, die Ausgestaltung des GrEStG seit jeher auch auf die Verhinderung von Steuerumgehungen gerichtet (vgl. Begr GrEStG 1940, 392). Dem Gesetzgeber kann es nicht verwehrt sein, diese Zielsetzung durch „Nachbesserungen" nach Art des § 1 IIIa abzusichern. **659**

Dem Wortlaut nach enthält § 1 IIIa bei der Fiktion eines Rechtsvorgangs iSd § 1 III keine Differenzierung zwischen der Anteilsvereinigung (§ 1 III Nr. 1 und 2) einerseits und der Weiterübertragung der bereits vereinigten Anteile (§ 1 III Nr. 3 und 4) andererseits. Auch im Anwendungsbereich des § 1 IIIa lassen sich aber diese beiden Tatbestandsgruppen unterscheiden. Beschränkt sich die Steuerbarkeit nach § 1 IIIa wegen der vorausgesetzten Beteiligung am Kapital oder am Vermögen der Gesellschaft auf die entspr **dinglichen Beteiligungserwerbe** (→ Rn. 639), erstreckt sich die Fiktion des § 1 IIIa nur auf § 1 III Nr. 3 bzw. Nr. 4 (Viskorf/Meßbacher-Hönsch § 1 Rn. 1308 mit Diff.). Nimmt man aber an, dass schon auch der schuldrechtliche Anteilserwerb die Steuer nach § 1 IIIa auslöst (so Viskorf/Meßbacher-Hönsch § 1 Rn. 1308, 1327; zu § 1 IIIa GLE 19.9.2018, BStBl. I 2018, 1078 Tz. 1 Abs. 4), kann schon dadurch ein fiktiver Ewerbsvorgang nach § 1 III Nr. 1 und 2 ausgelöst werden; vgl. noch → Rn. 639. **660**

Gemäß § 1 IIIa steuerbar ist demgemäß sowohl die **erstmalige wirtschaftliche Beteiligung** in der Hand eines Rechtsträgers als auch die **Weiterübertragung** einer bereits gegebenen tatbestandsmäßigen wirtschaftlichen Beteiligung auf einen anderen Rechtsträger. Aufgrund der Fiktionswirkung des § 1 IIIa ist – wie bei der Anteils- **661** vereinigung (§ 1 III Nr. 2) – Gegenstand der Besteuerung nicht der Anteilserwerb bzw. der Erwerb der wirtschaftlichen Beteiligung als solcher, sondern die dadurch begründete eigenständige Zuordnung der der Gesellschaft gehörenden Gr zu dem Rechtsträger. Dabei fingiert § 1 IIIa, soweit der Rechtsträger erstmals die tatbestandserfüllende wirtschaftliche Beteiligung erlangt, einen Erwerb des der Gesellschaft gehörenden Gr durch den Rechtsträger. Überträgt der Rechtsträger die von ihm innegehabte wirtschaftliche Beteiligung auf einen anderen Rechtsträger, fingiert § 1 IIIa – nicht anders als § 1 III Nr. 4 (vgl. → § 1 Rn. 538 f.) – einen Übergang des der Gesellschaft gehörenden Gr von dem veräußernden auf den erwerbenden Rechtsträger. Zu den Folgerungen für die Anwendung der Befreiungsregelungen vgl. → § 3 Rn. 16, → § 5 Rn. 16 und → § 6 Rn. 13.

662 Entsprechend dem Ziel einer rechtsformneutralen Besteuerung (→ Rn. 656) besteuert § 1 IIIa (im Rahmen seiner nur subsidiären Geltung) auch Änderungen im Gesellschafterbestand einer grbesitzenden PersGes und nunmehr der KapGes gem. § 1 IIa und IIb. Der durch § 1 IIIa auch insoweit fingierte Rechtsvorgang iSd § 1 III weicht von der auf den GrErwerb durch eine „neue" PersGes und KapGes gerichteten Fiktion des § 1 IIa, IIb ab. Dies findet seine Rechtfertigung in der durch § 1 IIIa besteuerten wirtschaftlichen Beteiligung eines Rechtsträgers iS einer – fingierten – „wirtschaftlichen" Anteilsvereinigung oder -übertragung.

663 **Rechtsfolgenverweisung.** Die Steuerbarkeit des Innehabens einer wirtschaftlichen Beteiligung ist in § 1 IIIa nicht selbst ausgesprochen, sondern ergibt sich allein aus der hier ausgesprochenen Fiktion eines Rechtsvorgangs iSd § 1 III. Insofern erfüllt § 1 IIIa die Merkmale einer Rechtsfolgenverweisung (Hofmann/Eiling § 1 Rn. 279; Joisten/Liekenbrock Ubg 2013, 469 (472)). Gründe, die eine Qualifikation des § 1 IIIa als Rechtsgrundverweisung zuließen (so Viskorf/Meßbacher-Hönsch § 1 Rn. 1305; Behrens DStR 2013, 1405 (1408)), sind nicht ersichtlich.

664 Bei der **Auslegung** des § 1 IIIa ist zu beachten, dass die Vorschrift allein an **objektive Merkmale** anknüpft; die **subjektiven Beweggründe** für die gewählte Gestaltung und insbesondere eine etwaige Missbrauchsabsicht sind **irrelevant** (vgl. auch BR-Drs. 139/13, 218). Insbesondere ist die Anwendung des § 1 IIIa auch nicht aus verfassungsrechtlichen Gründen ausgeschlossen, wenn „der Steuerpflichtige die Tatbestandsverwirklichung selbst bei sorgfältiger Ausschöpfung aller Informationsmöglichkeiten nicht erkennen kann" (so aber RHL UmwStG Anh 9 Rn. 133). Bei der GrESt als Verkehrsteuer kann sich die Erfüllung eines Steuertatbestands allein an der objektiven Verwirklichung der steuerbegründenden Merkmale, nicht aber an Kriterien einer subjektiven Wahrnehmbarkeit für den Rechtsträger orientieren. Die Tatbestandsmerkmale des § 1 IIIa sind nach spezifisch grestrechtl. Gesichtspunkten auszulegen (zu den allg. Auslegungsgrundsätzen vgl. → Einl. Rn. 26 ff.). Dies gilt insbes für das Merkmal der „wirtschaftlichen Beteiligung", das nicht nach Maßgabe einer unbestimmten wirtschaftlichen Betrachtungsweise ausgelegt werden kann.

Sind die tatbestandlichen Voraussetzungen des § 1 IIIa nicht erfüllt, ist wegen des spezialgesetzlichen Charakters dieser Missbrauchsverhinderungsnorm die Anwendung des § 39 und **§ 42 AO ausgeschlossen** (Viskorf/Meßbacher-Hönsch § 1 Rn. 1298). Es besteht kein Anlass, dazu von § 1 IIIa abzuweichen (Widmann/Mayer/Pahlke Umwandlungsrecht Teil 12 Rn. 231.13).

665 In der **steuerpolitischen Bewertung** des § 1 IIIa reicht das Meinungsspektrum von seiner Würdigung als „Akt der Steuergerechtigkeit" zur Bekämpfung von Steuerschlupflöchern (Schanko UVR 2013, 193) bis zur Ablehnung als Hindernis wirtschaftlich sinnvoller Konzernumstrukturierungen (Schaflitzl/Schrade BB

2013, 343) und der Kritik, § 1 IIIa sei ein Akt der „Konturlosigkeit" (Behrens DStR 2013, 1405 (1407)). Auch wenn § 1 IIIa nicht gegen grundlegende Prinzipien des GrEStG verstößt, so erscheint doch die mit § 1 IIIa verbundene Komplizierung des GrESt-Rechts kritikwürdig. Letztlich ist auch § 1 IIIa eine Folge der unablässig steigenden GrESt-Steuersätze und der vornehmlich dadurch ausgelösten Ausweichgestaltungen auf dem Feld der „share deals". Die Diskussion neuer Ausweichgestaltungen zur Vermeidung einer Besteuerung aus § 1 IIIa (zB Illing DStZ 2013, 504 (513ff)) verdeutlicht und verstärkt diesen Mechanismus.

3. Anwendungsbereich; Subsidiarität gegenüber § 1 IIa und III. § 1 IIIa 666
1 setzt – als negatives Tatbestandsmerkmal – voraus, dass eine Besteuerung nach § 1 IIa, IIb oder III „nicht in Betracht kommt", dh die entspr Steuerbarkeitsvoraussetzungen nicht erfüllt sind. Daher verbleibt es bei der **Nichtanwendbarkeit** des § 1 IIIa **auch** dann, wenn für einen nach § 1 IIa, IIb oder III steuerbaren Erwerbsvorgang ganz oder teilweise (zB gem. § 1 IIa 3, §§ 3, 5 oder 6) keine GrESt zu erheben ist (zu § 1 IIIa GLE 19.9.2018, BStBl. I 2018, 1078 Tz. 3, der um § 1 IIb zu ergänzen ist; Wagner/Lieber DB 2013, 1387 (1389); Behrens DStR 2013, 1405 (1410)).

Aufgrund seiner Subsidiarität lässt § 1 IIIa die für § 1 IIa, IIb und III geltenden Besteuerungsgrundsätze unberührt. Insoweit erweist sich auch der der Vorschrift zugrundeliegende Gedanke der Rechtsformneutralität (→ Rn. 655) wegen Fortgeltung des nicht rechtsformneutral ausgestalteten § 1 III letztlich als halbherzig (krit. auch Illing DStZ 2013, 504 (507 f.)).

a) Subsidiarität gegenüber § 1 IIa und IIb. Soweit eine Änderung im 667
Gesellschafterbestand einer PersGes oder KapGes nicht gem. § 1 IIa und IIb steuerbar ist, kann § 1 IIIa dann erfüllt sein, wenn ein Rechtsträger eine wirtschaftliche Beteiligung an der grbesitzenden Gesellschaft iHv 90% erlangt.

§ 1 IIIa kann bei einer Änderung des Gesellschafterbestands einer PersGes oder KapGes anzuwenden sein, wenn der Tatbestand des § 1 IIa oder IIb allein wegen **Überschreitung des Zehnjahreszeitraums** nicht erfüllt ist. § 1 IIIa enthält keine entspr. zeitliche Begrenzung (Joisten/Liekenbrock Ubg 2013, 469 (475)). Der Anwendungsbereich des § 1 IIIa erfasst ferner Sachverhalte, in denen **Anteilsverschiebungen im Kreis der Altgesellschafter** trotz Erreichens der Quote von 90% nicht die Voraussetzungen des § 1 IIa oder IIb erfüllt sind (vgl. auch zu § 1 IIIa GLE 19.9.2018, BStBl. I 2018, 1078 Tz. 5 Beispiel 5 und 6).

Erhebliche praktische Bedeutung dürfte § 1 IIIa auch im Hinblick auf mittelbare Änderungen des Gesellschafterbestands zukommen. Da für die mittelbare Änderung iSd § 1 IIIa 1 nicht die von der BFH-Rspr (BFH II R 17/10, DStR 2013, 1280) für § 1 IIa entwickelten Einschränkungen gelten, wird in vielen Fällen eine nicht vollständige mittelbare Änderung des Gesellschafterbestands iSd § 1 IIa die Besteuerung nach § 1 IIIa auslösen.

Auch entspr. „Mischfälle", in denen zB eine unmittelbare bzw. mittelbare 668
Änderung des Gesellschafterbestands teils mangels Durchrechnungsmöglichkeit der mittelbaren Beteiligung und teils wegen Anteilsverschiebung im Kreis der Altgesellschafter nicht die Tatbestandsvoraussetzungen des § 1 IIa auslösen, können der Besteuerung nach § 1 IIIa unterliegen. Zum Erwerb der wirtschaftlichen Beteiligung führende **Anteilsschenkungen bzw. Anteilserwerbe von Todes wegen** sind gem. § 3 Nr. 2 steuerfrei (vgl. auch → § 3 Rn. 39, 41).

Es liegt auf der Hand, dass der vorstehend aufgezeigte Anwendungsbereich des § 1 IIIa weit über die nach der Gesetzesbegr. intendierte Erfassung „klassischer" RETT-Blocker-Strukturen hinausgeht. Der eindeutige Wortlaut des § 1 IIIa lässt aber eine teleologische Reduktion der Vorschrift auf „Rechtsvorgänge, die zu einem Rechtsträgerwechsel geführt haben oder mit diesem im sachlichen Zusammenhang stehen" (so Illing DStZ 2013, 504 (510 f.); ähnlich Behrens BB 2013, 2839 (2845)), nicht zu.

669 **b) Subsidiarität gegenüber § 1 III.** Im Unterschied zu § 1 III genügt für § 1 IIIa eine tatbestandserfüllende wirtschaftliche Beteiligung. Die Besteuerung nach § 1 IIIa lässt sich im Gegensatz zu § 1 III **nicht** auf den Gedanken einer durch den Anteilserwerb vermittelten **Sachherrschaft** über das Gr der Gesellschaft zurückführen (→ Rn. 516). Die Eigenständigkeit des § 1 IIIa schließt es aus, diese Vorschrift lediglich als „tatbestandliche Ausdehnung" des § 1 III zu qualifizieren (so Glutsch/Meining GmbHR 2013, 743 (745)). So greift § 1 IIIa nicht ein, wenn bei zwischengeschalteten KapGes zwar aufgrund einer **stufenweise Beteiligung** von jeweils 90% der Tatbestand des § 1 III erfüllt ist (vgl. → Rn. 556), jedoch die **durchgerechnete Beteiligung** weniger als 90% beträgt (vgl. auch Wagner/Lieber DB 2013, 1387 (1390); Joisten/Liekenbrock Ubg 2013, 469 (477)).

670 § 1 IIIa ist auch dann nicht anwendbar, wenn ein Anteilserwerb – lediglich – die Voraussetzungen einer Anteilsvereinigung im **Organkreis** (§ 1 III iVm IV Nr. 2 Buchst. b) erfüllt. Der Organkreis ist zwar „eine Hand" iSd § 1 III; er ist aber keine grestrechtl. Einheit und bewirkt nicht den Verlust der eigenständigen Rechtsträgerschaft der zum Organkreis gehörenden Gesellschaften (BFH II R 81/85, BStBl. II 1988, 682; zu § 1 III iVm IV GLE 5.3.2024, BStBl. I 2024, 393 Tz. 1; vgl. auch → Rn. 614). Damit ist der Organkreis nicht „ein" Rechtsträger iSd § 1 IIIa (Behrens DStR 2013, 1405 (1409); Joisten/Liekenbrock Ubg 2013, 469 (476 f.); Behrens/Morgenweck BB 2013, 2839 (2845)). Diese Einschränkung des § 1 IIIa erscheint mit Blick auf die Zielsetzung der Vorschrift kaum verständlich; sie ist jedoch angesichts des klaren Wortlauts unausweichlich.

Zur Aufeinanderfolge von Erwerbsvorgängen nach § 1 IIa, IIb III und IIIa vgl. → Rn. 667 ff.

671 **4. Gesellschaft mit inländischem Grundstück. Gesellschaft** iSd § 1 IIIa kann jede Gesellschaft sein, die selbstständiger Rechtsträger iSd GrEStG sein kann. Dies sind **KapGes, eingetragene Genossenschaften sowie PersGes;** für die nähere Abgrenzung gelten die für § 1 III maßgebenden Grundsätze (→ Rn. 321). Ebenso wie für die Anwendung des § 1 IIa, IIb und III ist auch für § 1 IIIa unerheblich, ob sich der Sitz der Gesellschaft im In- oder Ausland befindet; allein entscheidend ist die Inlandsbelegenheit des der Gesellschaft gehörenden Gr. Für eine teleologische Reduktion des in § 1 IIIa auf selbst wirtschaftlich aktive Gesellschaften (vgl. Illing DStZ 2013, 504 (509)) ist vor dem Hintergrund der entspr. Rechtsanwendung (vgl. → Rn. 309) kein Raum.

672 Die Anwendung des § 1 IIIa setzt ferner voraus, dass der Rechtsvorgang eine Gesellschaft betrifft, zu deren Vermögen ein **inländisches Gr gehört.** Zu den Merkmalen eines der Gesellschaft „gehörenden" Gr gelten die für das entspr Merkmal des § 1 IIa, IIb und III maßgebenden Grundsätze (vgl. → Rn. 320 ff., 526 ff.). Zu beachten ist, dass für den **Zeitpunkt der Steuerentstehung** aus § 1 IIIa der Erwerb der wirtschaftlichen Beteiligung und nicht der des dinglichen Übergangs (→ Rn. 693) maßgebend ist. Ein Gr kann bereits dann der Gesellschaft „gehören", wenn die Gesellschaft in Bezug auf ein Gr lediglich ein schuldrechtliches Verpflichtungsgeschäft iSd § 1 I Nr. 1 oder III Nr. 1 oder 3 verwirklicht hat (vgl. nur Viskorf/Meßbacher-Hönsch § 1 Rn. 1353; unzutr. insoweit Behrens/Morgenweck BB 2013, 2839 (2846)).

5. Rechtsträger iSd § 1 IIIa. § 1 IIIa 1 setzt voraus, dass **ein (einziger) Rechtsträger** die wirtschaftliche Beteiligung innehat (Joisten/Liekenbrock Ubg 2013, 469 (474); Behrens DStR 2013, 1405 (1409); unklar RHL UmwStG Anh 9 Rn. 133). 673

Der Begriff des Rechtsträgers ist ersichtlich in seinem spezifisch grestrechtl. Bedeutungsgehalt zu verstehen (vgl. auch → Rn. 18). Die Bestimmung der Rechtsträgereigenschaft nach Maßgabe einer wirtschaftlichen Betrachtungsweise, die bei mehrstufigen Beteiligungen auf ein „Primat des obersten Rechtsträgers" abstellt und dies mit der nur dem obersten Glied in der Konzernspitze zukommenden Sachherrschaft über die Gr nachgeordneter Beteiligungsgesellschaften begründet (so Joisten/Liekenbrock Ubg 2013, 469 (472)), scheidet aus. Entspr der für § 1 III geltenden Rechtslage (vgl. → Rn. 569) lässt auch die wirtschaftliche Beteiligung iSd § 1 IIIa die grestrechtl. Selbstständigkeit der zwischengeschalteten Gesellschaften unberührt; dies wird auch aus den Vorgaben des § 1 IIIa 2 zur Ermittlung der wirtschaftlichen Beteiligung deutlich. Zudem wird der Regelungsgehalt des § 1 IIIa mit dem Gedanken einer Sachherrschaft über das Gr der Gesellschaft nicht zutreffend umschrieben (→ Rn. 520). Als Rechtsträger iSd § 1 IIIa kommt demgemäß – rechtsformneutral – jede natürliche Person, Gesamthandsgemeinschaft oder juristische Person in Betracht. Kein Rechtsträger iSd § 1 IIIa ist der Organkreis (→ Rn. 613).

Bei mehrstufigen Beteiligungen ist Rechtsträger nur derjenige, der die erforder- 674
liche Beteiligungsgröße von 90% unmittelbar oder mittelbar **selbst** (in eigener Person) innehat. Nur dieser Rechtsträger ist auch Steuerschuldner (§ 13 Nr. 7) und gem. § 19 I Nr. 7a anzeigepflichtig. Ein **ausländischer** Rechtsträger erfüllt die Voraussetzungen des § 1 IIIa, sofern inländische Gr betroffen sind.

Beispiel:

Die A-AG ist alleinige Gesellschafterin der B-GmbH, die wiederum Alleingesellschafterin der C-GmbH ist. Die C-GmbH erwirbt 89% der Anteile an der grbesitzenden K-GmbH. Deren restlichen 11% der Anteile erwirbt die F-KG, an der die C-GmbH mit 89% beteiligt ist; die restlichen Anteile von 11% an der F-KG hält ein Dritter. Es liegt eine durchgerechnete wirtschaftliche Beteiligung iSd § 1 IIIa der B-GmbH (Rechtsträger) an der C-GmbH iHv 98,78% vor. Die B-GmbH ist als Rechtsträger Steuerschuldner und gem. § 19 I Nr. 7a anzeigepflichtig.

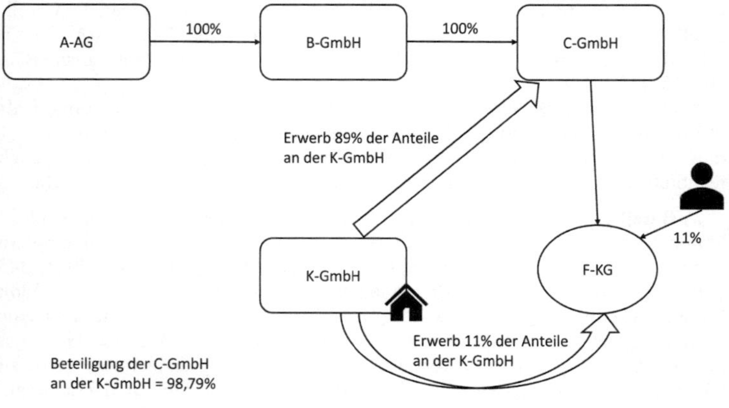

An einem die wirtschaftliche Beteiligung innehabenden Rechtsträger etwa als Alleingesellschafter (zB Muttergesellschaft), Mitgesellschafter oder sonst wirtschaftlich **Beteiligte** (im Beispielsfall Y-AG und A-GmbH) sind weder selbst Rechtsträger iSd § 1 IIIa noch Steuerschuldner iSd § 13 Nr. 7 (zweifelnd Heine UVR 2013, 152; aA Joisten/Liekenbrock Ubg 2013, 469 (472)).

675 **6. Wirtschaftliche Beteiligung.** Zentrales steuerbegründendes Merkmal des § 1 IIIa ist das Innehaben der näher definierten „wirtschaftlichen Beteiligung“ eines Rechtsträgers an einer grbesitzenden Gesellschaft iHv mind. 90%. Der Begriff der wirtschaftlichen Beteiligung ist ein in § 1 IIIa **2** als rechtliche „Vereinigung“ abschließend definierter Oberbegriff (zutr. Behrens DStR 2013, 1405 (1406)). § 1 IIIa 3 bestimmt die Berechnungsmodalitäten einer mittelbaren Beteiligung. Mit diesen Regelungen hat der Gesetzgeber dem Begriff der wirtschaftlichen Beteiligung erfreulicherweise einen hinreichend bestimmten Inhalt verliehen, so dass keine Parallele zu der schillernden „wirtschaftlichen Betrachtungsweise“ besteht, wie sie noch § 1 IIa 1 aF enthieltt. Insbesondere lässt der Begriff der „wirtschaftlichen“ Beteiligung keine vom Wortlaut des § 1 IIIa 2 gelöste Auslegung iS einer wirtschaftlichen Betrachtungsweise zu (unklar Schober/Kuhnke NWB 2013, 2225 (2231 f.)).

676 Der Erwerb der wirtschaftlichen Beteiligung muss sich nicht in einem einzigen Rechtsakt vollziehen, sondern kann auch durch Beteiligungserwerbe in mehreren **Teilakten** erfolgen, sofern diese in ihrer Summe das erforderliche Quantum von 90% ergeben (zu den sich daraus ergebenden Konsequenzen für die erstmalige Anwendung des § 1 IIIa (vgl. → § 23 Rn. 39 f.). Für die Tatbestandsverwirklichung des § 1 IIIa ist auf den letzten Teilakt abzustellen. Teilakte, die bei der Besteuerung gem. § 1 IIIa schon als (mit) tatbestandserfüllend erfasst worden sind, können nicht nochmals als tatbestandsbegründende Teile einer erneuten Verwirklichung des § 1 IIIa erfasst werden. Dies gilt auch, wenn durch bestandskräftigen Bescheid irrtümlich eine wirtschaftliche Beteiligung von weniger als 95% der Besteuerung unterworfen worden war. Für einen **fehlerhaften Beitritt** zur PersGes gelten die in → Rn. 70 dargestellten Rechtsgrundsätze.

677 Nach **§ 1 IIIa 2** ergibt sich die wirtschaftliche Beteiligung aus der **Summe der unmittelbaren und mittelbaren Beteiligungen** am Kapital und am Vermögen der Gesellschaft. Die Regelung ist rechtsformneutral (vgl. auch BR-Drs. 139/13, 218), indem sich die wirtschaftliche Beteiligung entweder (bei KapGes) aus einer Beteiligung am Kapital oder (bei PersGes) am Vermögen der Gesellschaft ergeben kann. Damit verdeutlicht die Regelung die Abkehr von der für § 1 III maßgebenden sachenrechtlichen Betrachtungsweise (vgl. auch BR-Drs. 139/13, 218).

Nicht tatbestandserfüllend ist eine wirtschaftliche Beteiligung von **weniger als 90%.** Ein die Tatbestandserfüllung ausschließendes Innehaben von mind. 10,1% durch einen anderen Rechtsträger setzt voraus, dass diesem diese Beteiligung auch rechtlich zuzuordnen ist. Die Erl. zu § 1 IIa und IIb gelten auch für § 1 IIIa.

678 **a) Beteiligung am Kapital.** Das Merkmal der „Beteiligung am Kapital“ bezieht sich, wie auch das entspr Merkmal in § 6a S. 4, auf die Beteiligung am Stamm- oder Grundkapital der KapGes (zutr. Schaflitzl/Schrade BB 2013, 343 (345); Behrens DStR 2013, 1405 (1406); Wagner/Lieber DB 2013, 1387 (1388); Joisten/Liekenbrock Ubg 2013, 469 (473)). Der Wortlaut des § 1 IIIa lässt eine Bemessung der Beteiligung nach wirtschaftlichen Gesichtspunkten (zB Höhe des Stimmrechts, Beteiligung an Verwertungserlösen, Vorzugsdividenden) nicht zu (Wischott/Keller/Graaessener/Bakeberg DB 2013, 2235 (2236); unklar Schober/

Kuhnke NWB 2013, 2225 (2231 f.)). Bei der Berechnung der Anteilsgröße bleiben – wie bei § 1 III (vgl. → Rn. 545 f.) – eigene Anteile sowie wechselseitige Beteiligungen unberücksichtigt.

b) Beteiligung am Vermögen der Gesellschaft. Das Merkmal der Beteiligung am Vermögen der Gesellschaft bezieht sich auf PersGes; bei KapGes spielt die Beteiligung am Vermögen keine Rolle. Gemeint sind die „Anteile am Gesellschaftsvermögen" (§ 1 IIa 1) bzw. der „Anteil am Vermögen der Gesamthand" (§§ 5 und 6). Die für § 1 III geltende sachenrechtliche Betrachtungsweise ist nicht anzuwenden. Maßgebend für § 1 IIIa ist damit der **wertmäßige Anteil am Vermögen** (Viskorf/Meßbacher-Hönsch § 1 Rn. 1323). Beteiligungsähnliche (schuldrechtliche) Rechtspositionen (zB partiarische Darlehen, stille Beteiligungen oder Genussrechte) begründen keine wirtschaftliche Beteiligung iSd § 1 IIIa (zutr. Viskorf/Meßbacher-Hönsch § 1 Rn. 1324; Schaflitzl/Schrade BB 2013, 343 (345 f.); Wischott/Keller/Graessner/Bakeberg DB 2013, 2235 (2236); Illing DStZ 2013, 504 (514 ff.); Joisten/Liekenbrock Ubg 2013, 469 (473); Wagner/Lieber DB 2013, 2295). **679**

7. „Innehaben" der wirtschaftlichen Beteiligung. a) Rechtsvorgang. **680**
Nach § 1 IIIa 1 „gilt" als Rechtsvorgang iSd § 1 III auch ein solcher, aufgrund dessen ein Rechtsträger unter näheren Voraussetzungen eine wirtschaftliche Beteiligung „innehat". Der Rechtsvorgang muss das Innehaben einer wirtschaftlichen Beteiligung **begründen** (zutr. Wagner/Lieber DB 2013, 1387 (1389); Illing DStZ 2013, 504 (506); ähnlich Schober/Kuhnke NWB 2013, 2225 (2229)). Dies entspricht ersichtlich dem Standpunkt des Gesetzgebers, der die Erfüllung der tatbestandlichen Voraussetzungen des § 1 IIIa als „Rechtsvorgang" begreift (so § 1 VI sowie § 19 I 1 Nr. 7a) und in § 23 XI die erstmalige Anwendung des § 1 IIIa auf nach dem 6.6.2013 verwirklichte „Erwerbsvorgänge" angeordnet hat. Ein bis zum 6.6.2013 (vgl. § 23 XI) verwirklichtes „Innehaben" einer wirtschaftlichen Beteiligung (als rechtlicher bzw. tatsächlicher Zustand) ist nicht steuerbar (vgl. → § 23 Rn. 38). Zur Anwendung des neuen Rechts nach dem 30.6.2021 vgl. Übergangsregelungen GLE 29.6.2021, BStBl. I 2021, 1006 mit Beispielen 11 und 12.

Die **Art des Rechtsvorgangs,** durch den der Erwerb der wirtschaftlichen Beteiligung bewirkt wird, ist in § 1 IIIa nicht näher bestimmt. Als solche kommen sowohl rechtsgeschäftliche Vorgänge (zB Anteilserwerbe) als auch Erwerbe im Wege der Gesamtrechts- oder Sonderrechtsnachfolge (zB Umwandlungen) in Betracht. Entscheidend ist allein, dass ein Rechtsträger durch den Rechtsvorgang eine Beteiligung am Kapital oder am Vermögen der Gesellschaft (§ 1 IIIa 2) erlangt („innehat"). **681**

Ein **identitätswahrender Formwechsel** des die wirtschaftliche Beteiligung iHv mind. 90% innehabenden Rechtsträgers führt nicht zur Steuerbarkeit nach § 1 IIIa; insoweit fehlt es aufgrund der Identität des Rechtsträgers an dem auch für § 1 IIIa erforderlichen Rechtsträgerwechsel (Hofmann/Eiling § 1 Rn. 285; vgl. → Rn. 44 ff.). Beim heterogenen Formwechsel (zB von der PersGes in die KapGes) ergeben sich keine Folgen, soweit das Quantum der Beteiligung gleich bleibt (Viskorf/Meßbacher-Hönsch § 1 Rn. 1334). Wird erst durch einen weiteren Vorgang die Grenze von 90% erreicht, kann Steuer nach § 1 IIa, IIb oder III entstehen.

b) Innehaben. § 1 IIIa 1 verwendet anstelle des im Gesetzentwurf des BR (BR-Drs. 139/13, 218) vorgesehenen Begriffs „erwirbt" den Begriff „innehat". Aus dieser Begriffswahl wird nicht hinreichend deutlich, dass das Innehaben der wirtschaftlichen Beteiligung einen Rechtsvorgang, dh einen Akt des Rechtsverkehrs, voraussetzt und nicht nur einen tatsächlichen bzw. rechtlichen Zustand **682**

bezeichnet. Auch zur Einbeziehung von Erwerben zwischengeschalteter Rechtsträger in die Berechnung der wirtschaftlichen Beteiligung (so RHvL UmwStGAnh 9 Rn. 133) hätte es des Begriffs nicht bedurft. Nicht recht nachvollziehbar ist die für die Verwendung des Begriffs „innehat" gegebene Begründung, der Gesetzgeber habe damit sowohl den Erwerb einer wirtschaftlichen Beteiligung in einem Rechtsakt als auch sukzessive Anteilserwerbe erfassen wollen (so Schanko UVR 2013, 215; unklar Illing DStZ 2013, 504 (507)).

683 Nicht geklärt ist, ob für das Tatbestandsmerkmal „Innehaben" das **schuldrechtliche Verpflichtungsgeschäft** ausreicht oder ob der **dingliche Übergang** der Geschäftsanteile erforderlich ist. Aus dem Wort „innehat" sowie der vorausgesetzten „Beteiligung" ist könnte abzuleitet werden, dass **erst** das **dingliche Anteilsübertragungsgeschäft** den Tatbestand des § 1 IIIa erfüllt. Die bloße Verpflichtung zur Übertragung einer Beteiligung am Kapital oder am Vermögen der Gesellschaft soll nicht ausreichen (zutr. Behrens DStR 2013, 1405; Joisten/Liekenbrock Ubg 2013, 469 (473); anders Viskorf/Meßbacher-Hönsch § 1 Rn. 1327; zu § 1 IIIa GLE 19.9.2018, BStBl. I 2019, 1056 Tz. 1 Abs. 2; vgl. auch Behrens/Morgenweck BB 2013, 2839). Der **Übergang des wirtschaftlichen Eigentums** (so Wagner/Lieber DB 2013, 1387) für die Entstehung der Steuer aus § 1 IIIa könnte schon wegen der grds. Unanwendbarkeit des § 39 AO **irrelevant sein. Für die Maßgeblichkeit des schuldrechtlichen Geschäfts spricht aber § 16 IVa.** Dieser betrachtet wegen des Wortlauts „in Erfüllung eines Rechtsgeschäfts" bereits das schuldrechtliche Geschäft als verwirklicht und lässt nur den Schluss zu, dass bereits das schuldrechtliche Geschäft die Steuerpflicht auslöst (Viskorf/Meßbacher-Hönsch § 1 Rn. 1327). Die nachfolgende dingliche Übertragung löst keine weitere Steuer aus.

Bei einer treuhändisch gehaltenen Beteiligung begründet ein (schuldrechtlicher) Herausgabeanspruch des Treugebers grds. nicht dessen wirtschaftliche Beteiligung iSd § 1 IIIa (zutr. Behrens DStR 2013, 1405 (1409)). Unter Berücksichtigung des § 39 II Nr. 1 S. 2 AO dürfte jedoch der von einem Dritten treuhänderisch für den Rechtsträger iSd § 1 IIIa gehaltene Anteil dem Rechtsträger zuzurechnen sein, wenn der Rechtsträger (Treugeber) jederzeit seinen (schuldrechtlichen) Anspruch auf Übertragung der wirtschaftlichen Beteiligung des Dritten realisieren kann (→ Rn. 325).

684 **c) Unmittelbare oder mittelbare Beteiligung.** Nach § 1 IIIa 1 knüpft die Besteuerung an die unmittelbare oder mittelbare Beteiligung an. Eine **unmittelbare** Beteiligung liegt vor, wenn der Rechtsträger **zivilrechtlich** Gesellschafter der grbesitzenden Gesellschaft ist; insoweit gelten die für in § 1 IIa 1 und III für das Merkmal „unmittelbar" entwickelten Grundsätze (→ Rn. 296, 332) auch für § 1 IIIa. Ebenfalls tatbestandserfüllend ist eine **mittelbare** (dh über zwischengeschaltete Rechtsträger bewirkte) Beteiligung, wobei § 1 IIIa 2 für die Berechnung der Quote der mittelbaren Beteiligung die **Durchrechnungsmethode** vorschreibt (§ 1 IIIa 2 und 3; zu § 1 III iVm IV GLE 5.3.2024, BStBl. I 2024, 393 Tz. 5; Widmann/Mayer/Pahlke Anh. 12 Rn. 231.30 ff.). Schon wegen dieser Regelung können die nach der BFH-Rspr. (BFH II R 17/10, BStBl. II 2013, 833) für die mittelbare Änderung des Gesellschafterbestands iSd § 1 IIa geltenden Grundsätze und insbes. die Beschränkung auf eine vollständige mittelbare Änderung nicht auf § 1 IIIa übertragen werden (zutr. Joisten/Liekenbrock Ubg 2013, 469 (475 f.)).

685 **d) Die Höhe der wirtschaftlichen Beteiligung** ergibt sich aus der Summe der unmittelbaren und mittelbaren Beteiligungen am Kapital oder am Vermögen

der Gesellschaft (§ 1 IIIa 2). Dabei sind für die Ermittlung der mittelbaren Beteiligung die Vomhundertsätze am Kapital oder am Vermögen der Gesellschaften zu multiplizieren (§ 1 III 3). Der Steuertatbestand ist erfüllt, wenn die Beteiligung „durchgerechnet" 90% beträgt.

Wird eine tatbestandserfüllende wirtschaftliche Beteiligung iHv 90% weiter auf bis zu 100% aufgestockt, löst dies keine weitere Steuer nach § 1 IIIa aus (Schober/Kuhnke NWB 2013, 2225 (2230); zur Aufstockung einer am 6.6.2013 bereits bestehenden Beteiligung vgl. → § 23 Rn. 39). Insoweit kann nichts anderes gelten als für die entspr. Rechtsvorgänge im Anwendungsbereich des § 1 IIa, IIb und III (→ § 23 Rn. 41).

Für den Fall einer vor dem 1.7.2021 bestehenden Beteiligung von über 90%, aber weniger als 95% und einer Aufstockung nach dem 30.6.2021 auf mind. 95%, vgl. § 23 XXIII 2 (→ Rn. 652).

8. Aufeinanderfolge von Rechtsvorgängen nach § 1 III und § 1 IIIa. 686
Besondere Fragen stellen sich, soweit einem Rechtsvorgang nach § 1 III ein solcher nach § 1 IIIa bzw. – in umgekehrter Richtung – einem Rechtsvorgang nach § 1 IIIa ein solcher nach § 1 III nachfolgt.

Beispiel: 687

Bei der Verkürzung einer mehrstufigen Beteiligungskette kann einem Rechtsvorgang nach § 1 III ein solcher nach § 1 IIIa nachfolgen. Auf der Ebene des § 1 III löst eine Verkürzung der Beteiligungskette keine erneute Besteuerung nach § 1 III aus, wenn bei einer Muttergesellschaft schon eine unmittelbare oder mittelbare Anteilsvereinigung bezüglich einer Tochter- oder Enkeltochtergesellschaft vorlag (vgl. → Rn. 574). Hingegen kann in diesen Fällen der Steuertatbestand des § 1 IIIa bei wortlautgetreuer Auslegung erfüllt sein. So ist in dem in → Rn. 574 gebildeten Beispielsfall in der Person der D-AG eine erstmalige (in dem Beispielsfall war die D-AG an der Y-GmbH vor der Anteilsübertragung „durchgerechnet" nur mit 72,9 % beteiligt) wirtschaftliche Beteiligung an der Y-GmbH iHv unmittelbar 95% gegeben und § 1 IIIa damit erfüllt.

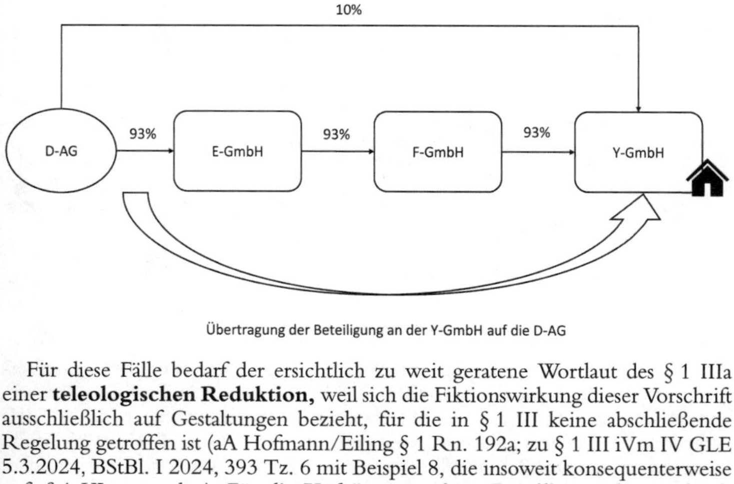

Übertragung der Beteiligung an der Y-GmbH auf die D-AG

Für diese Fälle bedarf der ersichtlich zu weit geratene Wortlaut des § 1 IIIa 688
einer **teleologischen Reduktion,** weil sich die Fiktionswirkung dieser Vorschrift ausschließlich auf Gestaltungen bezieht, für die in § 1 III keine abschließende Regelung getroffen ist (aA Hofmann/Eiling § 1 Rn. 192a; zu § 1 III iVm IV GLE 5.3.2024, BStBl. I 2024, 393 Tz. 6 mit Beispiel 8, die insoweit konsequenterweise ggf. § 1 VI anwenden). Für die **Verkürzung einer Beteiligungskette,** durch

die keine über die verwirklichte Anteilsvereinigung hinausgehende wirtschaftliche Beteiligung erworben wird, enthält § 1 III eine solche **abschließende Regelung;** die Subsidiaritätsklausel des § 1 IIIa 1 lässt insoweit keine verschärfende Besteuerung zu. Zum letztlich gleichen Ergebnis führt – freilich unter Beschränkung auf die Verkürzung der Beteiligungskette – auch die Erwägung, dass das einem Rechtsträger schon aufgrund § 1 III zuzurechnende Gr diesem nicht anschließend erneut kraft § 1 IIIa zugerechnet werden könne (Behrens DStR 2013, 1405 (1408 f.); Wagner/Lieber DB 2013, 1387 (1389); Schaflitzl/Schrade BB 2013, 343 (346 f.); Demleitner SteuK 2013, 265; Joisten/Liekenbrock Ubg 2013, 469 (478)). Für die Nichtanwendung des § 1 IIIa dürfte es hingegen dann keinen Sachgrund geben, wenn die grbesitzende Gesellschaft im Zeitraum zwischen der erstmaligen Erfüllung des § 1 III und der nachfolgenden Verwirklichung des § 1 IIIa weitere Gr hinzu erwirbt oder sich der im Zeitpunkt der Verwirklichung des § 1 III bestehende tatsächliche Zustand eines Gr zB durch Bebauung verändert. Insoweit wird nach der Anteilsvereinigung erstmals eine entspr wirtschaftliche Beteiligung erworben.

689 Einer Verkürzung der Beteiligungskette im vorstehenden Sinn (→ Rn. 687) kann auch **nicht** die **Aufstockung einer Beteiligung** gleichgestellt sein, durch die nach einer bereits verwirklichten Anteilsvereinigung durch Hinzuerwerb von Anteilen Dritter erstmals eine wirtschaftliche Beteiligung iSd § 1 IIIa erworben wird (aA Joisten/Liekenbrock Ubg 2013, 469 (478)).

Beispiel:

Die X-GmbH ist zu 90% an der Y-GmbH beteiligt, die ihrerseits zu 90% der Anteile an der grbesitzenden Z-GmbH hält. Die X-GmbH erwirbt von einem Dritten (A) dessen Beteiligung von 10% an der Z-GmbH.

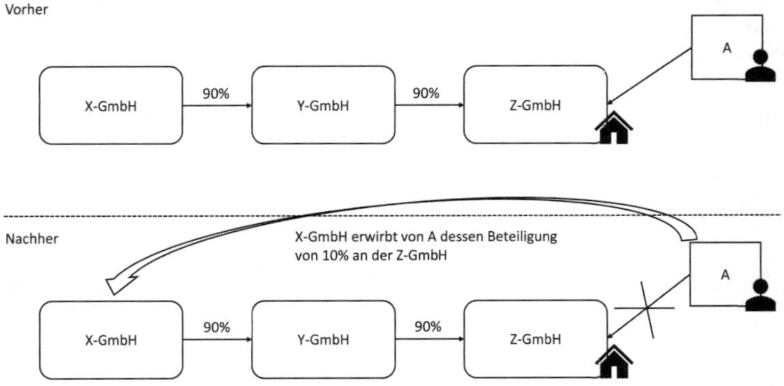

Beteiligung der X-GmbH an der Z-GmbH = 91%

In diesem Fall waren zwar die Anteile der C-GmbH bereits vor dem Anteilserwerb von D in der Hand der A-GmbH iSd § 1 III vereinigt. Aufgrund des Erwerbs von D sind aber für die A-GmbH erstmals die Voraussetzungen des § 1 IIIa aufgrund der durchgerechneten Beteiligung an der C-GmbH iHv 91% erfüllt. Der Hinzuerwerb von Anteilen Dritter bewirkt einen Zuwachs an wirtschaftlicher Beteiligung, der nicht durch die Besteuerung nach § 1 III erfasst wird. Die bereits durch § 1 III bewirkte Zurechnung des Gr zum Inhaber der Beteiligung steht dem wegen der Eigenständigkeit des § 1 IIIa (→ Rn. 656) nicht entgegen.

Aus den in → Rn. 668 angeführten Gründen ist § 1 IIIa beim sog. **Umhängen** **690**
einer Beteiligung nicht anwendbar, soweit eine Muttergesellschaft ihre bereits vorhandene (ganz oder teilweise mittelbare) wirtschaftliche Beteiligung an einer Gesellschaft zu einer unmittelbaren Beteiligung verstärkt (zutr. Schaflitzl/Schrade BB 2013, 343 (347)). Schließlich wird § 1 IIIa auch dann nicht (erneut) verwirklicht, wenn der jeweilige Rechtsträger nach Eintritt der Steuerbarkeit aus § 1 IIIa seine Beteiligung über die Anteilsgröße von 90% hinaus aufstockt (→ Rn. 689).

Denkbar ist ferner, dass einem Rechtsvorgang **nach § 1 IIIa** ein solcher nach **691**
§ 1 III nachfolgt. Auch derartige Fälle können sich im Zusammenhang mit einer Verkürzung der Beteiligungskette ergeben. Nach Auffassung der FVerw (zu § 1 IIIa GLE 19.9.2018, BStBl. I 2018, 1078 Tz. 1 Abs. 3) und der Lit. (Viskorf/ Meßbacher-Hönsch § 1 Rn. 1344) kann hierSteuerbarkeit nach beiden Vorschriften eintreten (Behrens DStR 2013, 1405 (1408)). Dies kann nur dann anders sein, wenn die Gesellschaft nach Erfüllung des § 1 III und vor Erfüllung des § 1 IIIa weitere Gr hinzuerwirbt oder sich der Grundstückszustand iSd § 8 II 2 ändert.

Das Vorstehende gilt hingegen **nicht** für eine nach § 1 III steuerbare Anteilsver- **692**
einigung im Anschluss an eine **RETT-Blocker-Struktur,** die **bereits** im Zeitpunkt der erstmaligen Anwendung des § 1 IIIa **am 7.6.2013 bestanden** hat (so wohl auch Wischott/Keller/Graessner/Bakeberg DB 2013, 2235 (2236); aA Behrens DStR 2013, 1405 (1408 f.)). In diesen Fällen war bis zum 6.6.2013 weder eine wirtschaftliche Beteiligung des Rechtsträgers noch eine Anteilsvereinigung eingetreten und demgemäß das Gr der Gesellschaft allein dieser zuzurechnen (vgl. auch → § 23 Rn. 41).

9. Steuerentstehung. Maßgebender Zeitpunkt für die Entstehung der Steuer **693**
aus § 1 IIIa ist der Erwerb der wirtschaftlichen Beteiligung und nicht der des dinglichen Übergangs (vgl. → Rn. 683). Beruht der Anteilserwerb bzw. der Erwerb einer Beteiligung an einer PersGes auf einer übertragenden Umwandlung, kommt es auf den Zeitpunkt der Eintragung im Handelsregister an. Der Zeitpunkt der Steuerentstehung entspricht dem der Verwirklichung dieses Erwerbsvorgangs iSd § 23 XI (vgl. auch → § 23 Rn. 5, 37).

10. Steuerbefreiungen. Auf steuerbare Rechtsvorgänge iSd § 1 IIIa können **694**
die Steuerbefreiungen aus § 3 (zur Anwendung der personenbezogenen Befreiungen nach § 3 Nr. 2 bis 7 vgl. → § 3 Rn. 16 und 41) sowie §§ 5 und 6 anwendbar sein (vgl. auch zu § 1 IIIa GLE 19.9.2018, BStBl. I 2018, 1078 Rn. 7 f.). Möglich ist auch eine Befreiung nach § 6a; dies ist durch die entspr Änderung des § 6a S. 1 durch das AmtshilfeRLUmsG ausdrücklich klargestellt worden (vgl. → § 6a Rn. 20 ff.).

11. Durchführung der Besteuerung. Ist der Steuertatbestand des § 1 IIIa **695**
erfüllt, so erzeugt er so viele GrESt-Fälle wie der Gesellschaft inländische Gr gehören (vgl. auch Viskorf/Meßbacher-Hönsch § 1 Rn. 1309). **Steuerschuldner** ist gem. **§ 13 Nr. 8** bei der wirtschaftlichen Beteiligung von mind. 90 % der Rechtsträger, der die wirtschaftliche Beteiligung innehat. **Bemessungsgrundlage** sind gem. § 8 II 1 Nr. 3 die Werte iSd § 157 I 1 Nr. 1 iVm I–III BewG. Steuerschuldner ist gem. § 13 Nr. 7 der Rechtsträger, der die wirtschaftliche Beteiligung innehat (§ 13 Nr. 7). Für Rechtsvorgänge iSd § 1 IIIa kommt die Anwendung des § 16 II, IVa und V in Betracht (→ § 16 Rn. 118). Unter den

Voraussetzungen des § 17 III 1 Nr. 2 bedarf es einer gesonderten Feststellung der Besteuerungsgrundlagen. Nach Maßgabe des § 19 I 1 Nr. 7a lösen Rechtsvorgänge, die zum Innehaben einer wirtschaftlichen Beteiligung führen, unter den näheren Voraussetzungen eine Anzeigepflicht des die wirtschaftliche Beteiligung innehabenden Rechtsträgers aus.

696–710 *einstweilen frei*

XII. Zugehörigkeit (§ 1 IVa)

711 **1. Allgemeines.** Durch das JStG 2024 wurde der neue § 1 IVa eingefügt. Die Vorschrift ist am 6.12.2024 in Kraft getreten (Art. 56 Abs. 1 JStG 2024, BGBl. 2024 I Nr. 387).

Die Vorschrift enthält erstmals eine gesetzliche Regelung dazu, wann der Ergänzungstatbestand des § 1 IIa–IIIa (→ Rn. 5) zur **Zugehörigkeit des Grundstücks** zum Vermögen der Gesellschaft führt (die Bezeichnung als „Nichtanwendungsgesetz" (so BeckOK GrEStG/Christian Joisten § 1 Rn. 2427) ist missverständlich). Diese bislang im Auslegungswege der FVerw und Rspr. überlassene Frage ist nunmehr durch § 1 IVa gesetzlich geregelt worden. Die Vorschrift ist mit Verfassungsrecht und EU-Recht vereinbar. Unberührt von dieser Reglung verbleiben die für die Regelung der Ergänzungstatbestände geltenden Grundsätze (für die zur Erfüllung der Ergänzungstatbestände notwendigen tatsächlichen Merkmale und die Steuerentstehung vgl. → Rn. 321 und → § 16 Rn. 103 ff.). Verwaltungsvorschriften zu § 1 IVa liegen noch nicht vor.

712 In der Gesetzesbegründung (BT-Drs. 20/12780, 192 f.) ist ausgeführt:

„Zur Vereinfachung des Rechts und zur Schaffung von Rechtssicherheit und -klarheit wird in § 1 Absatz 4a GrEStG nun die Zugehörigkeit eines Grundstücks zum Vermögen einer Gesellschaft gesetzlich definiert. Im Gegensatz zur bisherigen Rechtslage führt die Verwirklichung eines Ergänzungstatbestands nach § 1 Absatz 3 oder Absatz 3a GrEStG nicht zu einer Veränderung der Zugehörigkeit, so dass in diesem Bereich keine Doppelzugehörigkeit des Grundstücks zum Vermögen zweier Gesellschaften mehr erfolgt. Ein Grundstück gehört zum Vermögen der Gesellschaft, die zuletzt einen Grundtatbestand nach § 1 Absatz 1 GrEStG über das Grundstück verwirklicht hat, wenn und solange keine Rückgängigmachung des Erwerbs nach § 16 Absatz 1 GrEStG erfolgte (§ 1 Absatz 4a Satz 1 und 2 GrEStG). Die Verwirklichung eines Ergänzungstatbestands nach § 1 Absatz 2a oder Absatz 2b GrEStG führt bereits nach geltendem Recht nicht zu einer Veränderung der Zugehörigkeit.

Daneben kann das Grundstück zeitgleich auch einer zweiten Gesellschaft gehören, wenn diese die Verwertungsbefugnis nach § 1 Absatz 2 GrEStG innehat (§ 1 Absatz 4a Satz 4 und 5 GrEStG)."

713 Die in § 1 IVa getroffenen Regelungen beschränken sich allein auf die Frage der Zurechnung der Ergänzungstatbestände des **§ 1 IIa–IIIa** (vgl. auch Hofmann/Keßeler § 1 Rn. 295). Sie lassen die mit den Ergänzungstatbeständen ansonsten verbundenen fiktiven sonstigen Folgen unberührt; die in diesen Vorschriften enthaltene 90%-Grenze gilt weiter. Die entsprechenden Folgen (zB Anwendung der § 3 Nr. 3 und Nr. 6, § 5 II und § 6 II) gelten weiter (Broemel/Mörwald DStR 2025, 545 (547)).

714 **2. Grundregel (§ 1 IVa 1 und 2).** Die Vorschrift gilt gem. § 1 IV nur für **Gesellschaften.** Die Vorschrift ist rechtsformneutral und gilt gleichermaßen für PersGes und KapGes. Auf natürliche Personen oder Stiftungen ist die Vorschrift nicht anwendbar. Der **Grundstücksbegriff** ergibt sich aus § 2.

Für natürliche Personen bleibt es bei der Zurechnung nach den allgemeinen Vorschriften (→ Rn. 20).

Nach § 1 IVa **1** wird für die Anwendbarkeit des § 1 IIa–IIIa allein auf einen Erwerbsvorgang nach **§ 1 I** abgestellt. Die Abstellung auf § 1 I ist wohl dahin zu verstehen, dass alle Tatbestandsbereiche (also § 1 I Nr. 1–7) erfasst sind. **715**

Im Gegensatz zur bisherigen Rechtslage führt die Verwirklichung eines Ergänzungstatbestands nach § 1 III oder IIIa nicht zu einer Veränderung der Zugehörigkeit. Die entsprechenden Geschäfte nach Regelungen des **§ 1 III und IIIa** (→ Rn. 526 ff., 656) haben also keinen Einfluss und bleiben im Übrigen unberührt; es gilt vor allem für diese Vorschriften weiterhin die 90%-Grenze. Man muss abwarten, ob der **BFH** diese **neuen – beschränkten – Zurechnungsgrundsätze** für die Zugehörigkeit zum Vermögen einer Gesellschaft billigen wird.

Ein Grundstück gehört zum Vermögen der Gesellschaft, die zuletzt einen Grundtatbestand nach **§ 1 I** über das Grundstück verwirklicht hat, wenn und solange keine Rückgängigmachung des Erwerbs nach § 16 I erfolgte (§ 1 IVa 1 und 2). Die Verwirklichung eines Ergänzungstatbestands nach § 1 IIa oder IIb führt bereits nach geltendem Recht nicht zu einer Veränderung der Zugehörigkeit. Daneben kann das Grundstück zeitgleich auch einer zweiten Gesellschaft gehören, wenn diese die Verwertungsbefugnis nach § 1 II innehat (§ 1 IVa 4 und 5; → Rn. 730). Geschäfte nach **§ 1 III und IIIa** haben also keinen Einfluss auf die grunderwerbsteuerrechtliche Zurechnung und schließen jede Doppelzurechnung aus (Broemel/Mörwald DStR 2024, 1102 und DStR 2025, 545). Diese Auslegung widerspricht der Auffassung des BFH (→ Rn. 529) und der Auffassung der FVerw (GLE 16.10.2023, BGBl. I 2023, 1872 Tz. 7). Diese Regelung ist aus Vereinfachungsgründen, vor allem für große Konzerne, zu begrüßen.

Dem Wortlaut des **S. 1** ist nicht klar zu entnehmen, ob bereits die Verwirklichung des § 1 I ausreicht oder ob es auf die Steuerentstehung (§ 14) ankommt. Der BFH (II R 26/12, BStBl. II 2015, 402 Rn. 19) und die FVerw (Zurechnung GLE 16.10.2023, BStBl. I 2023, 1872 Tz. 5) geht von der Entstehung der Steuer aus und lässt die Verwirklichung iSd § 23 nicht genügen (so auch Broemel/Mörwald DStR 2025, 545 (546)). **716**

Nach § 1 IVa **2** endet die Zurechnung nach S. 1 dann, wenn ein anderer Rechtsträger das Gr auf Grund eines Rechtsvorgangs nach § 1 I erworben hat oder wenn die Voraussetzungen nicht mehr vorliegen, die zur Zugehörigkeit nach S. 1 geführt haben. **717**

Der Erwerb nach § 1 I führt zur Beendigung der Zurechnung. Das können nicht nur Gesellschaften, sondern auch natürliche Personen und Stiftungen sein. Die Zurechnung endet auch, wenn die Voraussetzungen der Zugehörigkeit nach § 1 I weggefallen sind. Hier könnte der Fall des § 16 angesprochen sein, der nicht durch § 1 IVa 3 erfasst wird (Giesar-eKommentar GrEStG § 1 Rn. 487.1).

einstweilen frei **718–722**

3. § 1 IVa 3: Rückwirkende Änderung nach § 16. Durch § 1 IVa **3** wird ein rückwirkender Entfall der Zugehörigkeit eines Grundstücks zum Vermögen einer Gesellschaft angeordnet. Hierzu führt die Gesetzbegründung (BT-Drs. 20/12780, 193) aus: **723**

„Zur Vermeidung missbräuchlicher Gestaltungen ordnet § 1 Absatz 4a Satz 3 GrEStG einen rückwirkenden Entfall der Zugehörigkeit eines Grundstücks zum Vermögen einer Gesellschaft an, dass die Sätze 1 und 2 keine Anwendung finden auf Rechtsvorgänge, die nach § 16 Absatz 1 GrEStG rückgängig gemacht wurden, und auf Grundstücke, die nach § 16

Absatz 2 GrEStG zurückerworben wurden, soweit dies dazu führt, dass ein Erwerbsvorgang nach § 1 Absatz 2a bis 3a GrEStG vermieden wird. Ohne diese gesetzliche Regelung könnte zum Beispiel eine Gesellschaft durch Verwirklichung eines § 1 Absatz 1 GrEStG grundbesitzlos gemacht werden, ihre Gesellschaftsanteile – ohne Verwirklichung eines Ergänzungstatbestands – veräußert und anschließend das zuvor geschlossene Grundstücksgeschäft über § 16 Absatz 1 oder Absatz 2 GrEStG rückabgewickelt werden.“

724 Durch § 1 IVa **3** wird die Nichtgeltung von S. 1 und S. 2 angeordnet, wenn ein Grundstückserwerb nach § 16 I rückgängig gemacht wird oder nach § 16 II zurückerworben wurde und hierdurch ein Erwerbsvorgang nach § 1 IIa bis IIIa vermieden wird. Ohne diese gesetzliche Regelung könnte zum Beispiel eine Gesellschaft durch Verwirklichung eines § 1 I grundbesitzlos gemacht werden, ihre Gesellschaftsanteile – ohne Verwirklichung eines Ergänzungstatbestands – veräußert und anschließend das zuvor geschlossene Grundstücksgeschäft über § 16 I oder II rückabgewickelt werden.

Beispiel:

X hält alle Anteile an der grundbesitzenden A-GmbH. Die A-GmHG schließt einen Kaufvertrag mit B. Anschließend veräußert X alle Anteile an C. Danach wird Kaufvertrag zwischen X und B nach § 16 II oder II rückabgewickelt. Ohne § 1 IVa 3 wäre der Vorgang im Zeitpunkt der Anteilsübergangs nicht zuzurechnen. Die rückwirkende Auflösung nach § 16 II oder II löst ebenfalls keine Steuer aus. Diese Steuerumgehung wird durch § 1 IVA 3 vermieden.

725 Im umgekehrten Fall, in dem ein Grundstück nur im Zeitpunkt der Anteilsübergangs der Gesellschaft zuzurechnen ist, wird keine rückwirkende Nichtzurechnung angenommen.

Beispiel:

726 X hält alle Anteile an einer A-GmbH ohne Grundbesitz. Die A-GmbH schließt mit B einen Grundstückskaufvertrag. Anschließend überträgt X alle Anteile an C. Daraufhin wird der Kaufvertrag zwischen der A-GmbH und B wieder nach § 16 I oder II aufgehoben. In diesem Beispielsfall wird das Gr (zufällig) gerade im Zeitpunkt des Grundstücksübergangs der A-GmbH zugerechnet (§ 1 IIa und § 1 IIb sind nicht einschlägig), obwohl dieser A-GmbH letzlich kein Grundstück zugerechnet wird.

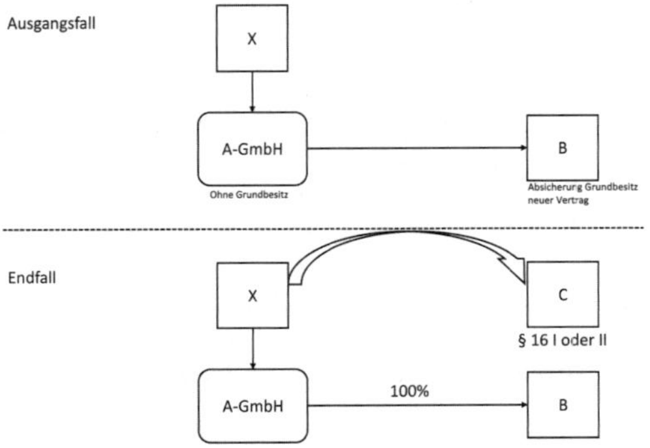

Die Vorschrift sollte aber in der Weise ausgelegt werden, dass die Regel des § 1 IVa 3 (zweiter Halbsatz: „rückwirkendes Ereignis im Sinne des § 175 Abs. 1 Satz 1 Nummer 2 der Abgabenordnung“) den allgemeinen Regelungszweck umschreibt und damit die Nichtzurechnung zulässt (Broemel/Mörwald DStR 2025, 545 (548 f.); Behrens/Sparr BB 2024, 2397 (2399 f.)).

Der in § 1 IVa 3 verwendete Rechtsbegriff der **„Vermeidung"** zielt letztlich auf Anwendung des § 42 AO. Insoweit könnte Bedeutung erlangen, welche subjektiven Anforderungen an eine Vermeidung zu stellen sind. Die Unsicherheit bei der Aufklärung des Sachverhalts, die sich aus der Verletzung der Mitwirkungspflicht des Stpfl. und der Begrenzung der Aufklärungs- und Ermittlungspflicht durch das FA ergibt, geht zulasten des Stpfl. (Klein/Ratschow AO § 42 Rn. 81; Koenig/Koenig AO § 42 Rn. 14). Wünschenswert wär, wenn durch Verwaltungserlass typisierende Fälle der Vermeidung aufgrifffen würden (Hofmann/Eiling § 1 Rn. 295). **727**

einstweilen frei **728, 729**

4. § 1 IVa 4 und 5: Verwertungsbefugnis nach § 1 II. Nach § 1 IVa 4 gehört ein Grundstück auch zum Vermögen einer Gesellschaft, wenn diese an dem Grundstück die Verwertungsbefugnis nach § 1 II innehat. Nach dem Gesetzeswortlaut ist unklar, ob § 1 IVa S. 4 zu einer alternativen Zurechnung oder zu einer Doppelzurechnung führt. Nach der Gesetzesbegründung ist hier an eine **Doppelzurechnung gedacht** (BR-Drs. 369/24, 215 2. Absatz). Diese Gesetzesfassung weicht von der Zurechnungsentscheidung des BFH ab, wonach die Verwertungsbefugnis nach § 1 II die Verwertungsbefugnis zum zivilrechtlichen Eigentümer verdrängt (BFH II R 40/20 BStBl. II 2023, 1012 Rn. 25; BFH II R 28/21 DStR 2024, 2894). Es ist nicht klar, warum dieser Begründungszusammenhang durch den Gesetzeswortlaut durchbrochen wird. **730**

Beispiel:

Die A-GmbH möchte den Grundbesitz der G-GmbH nutzen und verwerten, ohne das zivilrechtliche Eigentum zu erwerben. Die A-GmbH vereinbart mit der G- GmbH, dass die G -GmbH zukünftig ihren Grundbesitz treuhänderisch für die A GmbH hält. Einige Zeit später übertragen die A-GmbH und die G-GmbH die Anteile auf neue Gesellschafter.

Durch die Treuhandvereinbarung wird für die A-GmbH § 1 II begründet. Nach § 1 IV wäre das Grundstück hingegen fortan sowohl der A-GmbH als auch der G-GmbH zuzurechnen. Die Anteilsübertragungen an beiden Gesellschaften führen dann zur **Doppelzurechnung** bei A-GmbH und G-GmbH. Vielleicht könnte sich ein anderes Ergebnis ergeben, wenn der Wirkung des § 1 IV 5 rückwirkende Kraft beigelegt wird. Es ist nicht abschließend geklärt, ob diese Behandlung verfassungsrechtlich hinnehmbar ist. In diesem Fall dürfte § 1 VI zur Anwendung kommen, der einer Doppelbesteuerung durch einmalige Besteuerung des ganzen Werts entgegensteht.

Eigene Ermittlungspflichten der **Notare** nach **§ 18 II 2** dürften im Hinblick auf § 1 IVa nicht bestehen. Der Notar hat zwar eine Erkundigungspflicht; eine Nachforderungs- oder Ermittlungspflicht besteht aber nicht (→ § 18 Rn. 8). Es besteht insb. kein Anlass und keine Notwendigkeit, eigene Schlüsse aus dem Vorbingen der Beteiligten zu ziehen. **731**

einstweilen frei **732–735**

D. Tausch (§ 1 V)

§ 1 V betrifft den Steuergegenstand beim **wechselseitigen Tausch von Gr** und hat klarstellende Funktion, indem der Tauschvertrag in zwei steuerbare **736**

Erwerbsvorgänge zerlegt wird (BFH II 21/51 S, BStBl. III 1951, 154; II R 68/09, BFH/NV 2012, 62). Dies gilt auch für Tauschvertrage über Miteigentumsanteile (BFH II R 30/21, BFH/NV 2025, 219 mwN). Die Vorschrift ist sachlich § 1 I Nr. 1 zuzuordnen, weil sie in erster Linie bei dem nach dieser Vorschrift steuerbaren Tauschvertrag (→ Rn. 171 ff.) Bedeutung entfaltet. § 1 V ist jedoch auch in anderen Fällen (zB bei einer Enteignung, § 1 I Nr. 3) anzuwenden, in denen die Übereignung eines Gr Gegenleistung ist (vgl. auch Steiger UVR 2004, 98 (103)). In Ausnahme des § 1 V behandelt § 7 I den Austausch den Miteigentumsanteilen zur flächenweisen Aufteilung eines Gr als einheitlichen Erwerbsvorgang (Begr. GrEStG 1940, 400; vgl. Steiger UVR 2004, 98 (103 f.) sowie → § 7 Rn. 8).

E. Aufeinanderfolge von Tatbeständen (§ 1 VI)

I. Allgemeines

737 § 1 VI trifft eine Regelung für die Fälle, in denen zwei oder mehrere dasselbe Gr betr. Rechtsvorgänge iSd § 1 I bis III aufeinander folgen. Das JStG 1997 hatte § 1 VI 1 zunächst um die Anwendung auf Rechtsvorgänge nach § 1 IIa ergänzt; mangels praktischer Anwendungsmöglichkeit (→ Rn. 536) ist diese Ergänzung aufgrund des StEntlG 1999 ff. wieder entfallen (zum Inkrafttreten dieser Änderung vgl. § 23 VI 1). Aufgrund des AmtshilfeRLUmsG erstreckt sich der Anwendungsbereich des § 1 VI 1 nunmehr auch auf Erwerbsvorgänge iSd § 1 IIIa.

738 § 1 VI 1 beruht auf der dem GrEStG zugrunde liegenden Auffassung, dass jeder Erwerbsvorgang – auch im Hinblick auf die Ergänzungstatbestände (§ 1 II, III und IIIa) – ein in sich abgeschlossener Steuerfall ist (→ Rn. 14). Das Ziel des § 1 VI besteht darin, den **ganzen Wert** der Gegenleistung (§ 8 I) bzw. den ganzen Grundbesitzwert iSd § 8 II zu erfassen. Aus diesem Grunde wird bei der Aufeinanderfolge von Ergänzungstatbeständen (§ 1 II, III und IIIa) und Haupttatbeständen (§ 1 I) jeder Rechtsvorgang für sich der GrESt unterworfen (§ 1 VI 1). Da diese Regelungstechnik jedoch nur der – im Ergebnis einmaligen – Erfassung des ganzen Werts der Gegenleistung bzw. des Gr und damit der **Vermeidung der Doppelbesteuerung** dient, wird die Steuer für den nachfolgenden Rechtsvorgang (und nicht etwa für den vorausgegangenen Erwerbsvorgang, vgl. BFH II R 45/08, BStBl. II 2012, 292) nur in Höhe des Unterschiedsbetrags zur Bemessungsgrundlage des vorausgegangenen Erwerbsvorgangs erhoben (§ 1 VI 2). Bei der Aufeinanderfolge von Ergänzungstatbeständen und Haupttatbeständen wird der Steuertatbestand demnach **formell** zweimal, dem **materiellen** Grund nach jedoch nur einmal erfüllt (BFH II R 108/91, BFH/NV 1995, 431).

Beispiel (Steuersatz gem. § 11 I): Zum Vermögen einer GmbH gehört ein Gr (Grundbesitzwert 100.000 EUR). A vereinigt alle Anteile dieser GmbH in seiner Hand. Später erwirbt er das Gr von der GmbH für 200.000 EUR. Die GrESt für den ersten Erwerbsvorgang (Anteilsvereinigung) ist nach dem Grundbesitzwert von 100.000 EUR auf 3.500 EUR festzusetzen. Ist diese Steuer berechnet (dh festgesetzt, vgl. → Rn. 734) worden, so ist die GrESt für den zweiten Erwerbsvorgang (bei Anwendung der §§ 8 I, 9) nach § 1 VI 2 nach dem Differenzbetrag von 100.000 EUR ebenfalls auf 3.500 EUR festzusetzen.

II. Aufeinanderfolge mehrerer Rechtsvorgänge

739 Der Wortlaut des § 1 VI 1 stellt ausdrücklich klar, dass die Vorschrift jede Aufeinanderfolge in **verschiedenen** Absätzen normierter Tatbestände erfasst (BT-

Drs. 9/251, 16). Die Vorschrift erstreckt sich damit nicht auf die **Subsidiaritätsverhältnisse innerhalb des § 1 I.** Diese Folgerung ergibt sich zumeist schon aus den hier geregelten Steuertatbeständen; so ist zB die einem Kaufvertrag (§ 1 I Nr. 1) nachfolgende Auflassung (§ 1 I Nr. 2) wegen des vorausgegangenen Rechtsgeschäfts bereits nach dem Wortlaut des § 1 I Nr. 2 nicht steuerbar. Auch **mehrere Erwerbsvorgänge iSd § 1 III** – zB Aufeinanderfolge von Anteilsvereinigung und -übertragung – **erfüllen nicht die Anwendungsvoraussetzungen des § 1 VI** (BFH II R 50/00, BStBl. II 2003, 320; II R 10/02, BFH/NV 2005, 1365; II R 26/14, BStBl. II 2016, 748).

Im Übrigen kommt eine **Aufeinanderfolge von Steuertatbeständen iSd** 740
§ 1 VI 1 grds. für alle **Steuertatbestände** im Verhältnis der **I, II, III und IIIa** (nicht § 1 IIa und IIb, → Rn. 741) zueinander in Betracht. Die FVerw (zu § 1 IIIa GLE 19.9.2018, BStBl. I 2018, 1078; vertiefend Heurung/Buhrandt/Koschinsky DStR 2019, 1281; eine Entscheidung des BFH zu dieser Frage fehlt) **bejaht die Anwendung des § 1 VI,** wenn einem Erwerbsvorgang nach § 1 IIIa ein Erwerbsvorgang nach **§ 1 I, II oder III vorausgegangen** ist; die Steuer wird nach § 1 VI 2 nur insoweit erhoben, als die Bemessungsgrundlage für den nachfolgenden Erwerbsvorgang die Steuer für den vorausgegangen Rechtsvorgang übersteigt. Gleiches gilt, wenn einem **Erwerbsvorgang nach § 1 I, II oder III** eine Rechtsvorgang nach **§ 1 IIIa nachfolgt.** Denkbar ist zB, dass nacheinander zunächst einer der Ergänzungstatbestände des § 1 II und III und sodann ein Erwerbsvorgang iSd § 1 I erfüllt wird. Umgekehrt können die Ergänzungstatbestände des § 1 II und III auch einem Erwerbsvorgang iSd § 1 I nachgehen (für eine auf § 1 I folgende Einräumung der Verwertungsbefugnis nach § 1 II vgl. BFH III B 145/89, BFH/NV 1991, 624).

Die Vorschrift enthält **keine Regelung für § 1 IIa und IIb.** Die fehlende 741
Regelung tragen dem Umstand Rechnung, dass in diesen Fällen die notwendige Erwerberidentität zwischen der alten und neuen PersGes bzw. KapGes (§ 13 Nr. 6 und 7) nicht gewahrt ist. Für § 1 IIa hat der Gesetzgeber in StEntlG 1999 ff. mit Streichung des § 1 IIa in § 1 VI 1 Rechnung getragen. Beim Unternehmenskauf oder bei Umstrukturierungsmaßnahmen kann es vorkommen, dass die mind. 95 % (bzw. 90 % ab 1.7.2021) der Anteile erwerbende Gesellschaft nicht mit der den Grundbesitz erwerbenden Gesellschaft identisch ist. Auch in derartigen Fällen fehlt es an der Erwerberidentität, so dass § 1 VI wegen der zwei aufeinander folgenden Erwerbsvorgänge (→ Rn. 318) nicht anwendbar ist (FG Baden-Württemberg 5 K 2540/23, EFG 2025, 332 mAnm Echtermann, Rev. BFH II R 20/24). Hier wird zur Vermeidung der doppelten GrESt zutr. empfohlen, die GrÜbertragung bereits vor dem Anteilsübergang vorzunehmen (Eder DStR 1994, 735; Grotherr BB 1994, 1970 (1974; FG Baden-Württemberg 5 K 2540/23, EFG 2025, 332 mAnm Echtermann)). Die Gesichtspunkte gelten auch für § 1 IIb. Die Zugehörigkeit des Gr zum Vermögen der PersGes oder KapGes reicht für die Annahme des Erwerberidentität nicht aus (aA Behrens/Wachter/Behrens § 1 Rn. 1030, 1045; zweifelnd Viskorf/Meßbacher-Hönsch § 1 Rn. 1369).

Einem Erwerbsvorgang nach § 1 I kann allerdings eine nach § 1 III steuerbare 742
Anteilsvereinigung oder -übertragung oder ein nach § 1 IIIa steuerbarer Erwerb der wirtschaftlichen Beteiligung grds. nicht nachfolgen. Denn aufgrund eines Erwerbsvorgangs nach § 1 I „gehört“ das Gr dem Erwerber und nicht der Gesellschaft. Eine dem § 1 I nachfolgende Verwirklichung des § 1 III oder IIIa kommt allerdings ausnahmsweise dann in Betracht, wenn die Gesellschaft vor der Anteilsvereinigung oder -übertragung bzw. dem Erwerb der wirtschaftlichen Beteiligung

iSd § 1 IIIa an dem Gr die Verwertungsbefugnis (§ 1 II) oder einen Anspruch auf dessen Herausgabe (§ 667 BGB) hatte (zutr. Hofmann/Eiling § 1 Rn. 301; aA Behrens/Wachter/Behrens § 1 Rn. 1037).

III. Steuer vom Unterschiedsbetrag (§ 1 VI 2)

743 Die durch **§ 1 VI 2 angeordnete Begrenzung der Steuererhebung** auf den Differenzbetrag setzt voraus, dass die GrESt für den vorausgegangenen Rechtsvorgang **berechnet** worden ist. Dieses Merkmal verlangt, dass eine Steuer tatsächlich **festgesetzt** und auch nicht später aufgehoben worden ist (BFH II R 108/91, BFH/NV 1995, 431). Diese Auslegung rechtfertigt sich aus dem mit § 1 VI 2 allein verfolgten Ziel der Vermeidung einer Doppelbesteuerung. § 1 VI 2 ist unanwendbar, wenn für den vorausgegangenen Rechtsvorgang – zB weil dieser steuerbefreit war – keine GrESt berechnet worden ist (BFH II 15/60 U, BStBl. III 1961, 519) oder wenn der für den vorangegangenen Erwerbsvorgang ergangene GrESt-Bescheid aufgehoben wird (zutr. – für den insoweit sachlich gleich gelagerten § 1 VII aF – FG München 4 K 1035/92, UVR 1997, 218). Gleiches gilt, wenn das FA fälschlich eine Steuerbefreiung angenommen hat oder es zur Aufhebung des den vorausgegangenen Erwerbsvorgang erfassenden GrESt-Bescheids wegen Festsetzungsverjährung kommt (BFH II 204/65, BStBl. II 1972, 914; II R 108/91, BFH/NV 1995, 431). Ob die berechnete (dh festgesetzte) GrESt für den ersten Erwerbsvorgang tatsächlich **entrichtet** (oder zB aus Billigkeitsgründen gem. § 227 AO erlassen) wurde, hat für § 1 VI 2 keine Bedeutung (BFH II R 108/91, BFH/NV 1995, 431). § 1 VI 2 ist seinem Rechtscharakter nach eine Anrechnungsvorschrift und trifft keine Regelung über den auf die aufeinanderfolgenden Erwerbsvorgänge jeweils anzuwendenden – ggf. unterschiedlichen – Steuersatz (FG Saarl 2 K 108/00, EFG 2001, 229).

744 Die Begrenzung der Steuererhebung durch § 1 VI 2 kommt nur in Betracht, wenn auf der Erwerberseite **dieselbe Person** an den aufeinander folgenden Erwerbsvorgängen beteiligt war (Erfordernis der **Erwerberidentität:** BFH II R 50/00, BStBl. II 2003, 320; II R 54/01, BStBl. II 2004, 658; II R 45/08, BStBl. II 2012, 292; II 82/59, HFR 1963, 115; FG Baden-Württemberg 5 K 1503/22, EFG 2024, 60, Rev. BFH II R 13/23). Dieses Erfordernis ist gewahrt, wenn der Erwerber im Wege des **Formwechsels** (§ 1 I Nr. 4 GrEStG, §§ 190 ff. UmwG) ein anderes Rechtskleid annimmt und sodann einen weiteren Erwerbsvorgang iSd § 1 I bis III verwirklicht (Schiessl/Tschesche BB 2003, 1867 (1874 f.); zur Problematik des § 1 VI 2 bei mehrstufigen Unternehmensumstrukturierungen auf der Grundlage der übrigen Umwandlungsvorgänge vgl. → Rn. 426 ff.). Auch bei den **Erben** ist die Berechnung der GrESt für einen vom Erblasser als Erwerber verwirklichten vorausgegangenen Erwerbsvorgang nach § 1 VI zu berücksichtigen (Hofmann/Eiling § 1 Rn. 302; Viskorf/Meßbacher-Hönsch § 1 Rn. 1374).

745 **Keine Erwerberidentität** soll für Vorerwerb einer untergegangenen Gesellschaft im Verschmelzungsfall bestehen (FG Münster 8 K 4299/01, EFG 2005, 723). An der Erwerberidentität fehlt es auch bei Erwerbsvorgängen zwischen einer KapGes und ihren Gesellschaftern; auch eine analoge Anwendung des § 1 VI scheidet insoweit aus (BFH II R 50/00, BStBl. II 2003, 320; II R 54/01, BStBl. II 2004, 658). Keine Erwerberidentität besteht auch, wenn der **Anteilsvereinigung** in der Hand einer von einem Alleingesellschafter beherrschten grbesitzenden Gesellschaft der Erwerb dieses Grundbesitzes durch den Alleingesellschafter nachfolgt.

Beispiel:

A ist alleiniger Gesellschafter der B-GmbH, die ihrerseits zusammen mit D jeweils zu 50 % an der C-GmbH beteiligt ist. Die B-GmbH erwirbt die restlichen Geschäftsanteile des D an der C-GmbH. Anschließend erwirbt A ein der C-GmbH gehörendes Gr.

Auf den GrErwerb des A von der C-GmbH kann § 1 VI 2 seinem Wortlaut nach keine Anwendung finden, weil dem Erwerb des Gr durch A kein von diesem verwirklichter Erwerbsvorgang iSd § 1 II und III vorausgegangen ist. In derartigen Fällen sieht jedoch die FVerw (zu § 1 III GLE 2.12.1999, BStBl. I 1999, 991 Rn. 5; abl. Viskorf/Meßbacher-Hönsch § 1 Rn. 1342 ff.) aus Billigkeitsgründen eine Anrechnung der für die vorausgegangene Anteilsvereinigung berechneten Steuer vor. Auch eine bloße „Vermögensträgerschaft" genügt § 1 VI 2 nicht; der Erwerb einer Muttergesellschaft bei Vorerwerb durch die Tochtergesellschaft begründet keine Erwerberidentität (HessFG 5 K 1828/15, EFG 2020, 1696).

§ 1 VI 2 setzt weiter voraus, dass die aufeinander folgenden Erwerbsvorgänge **746** **dasselbe Gr** oder Teile desselben Gr betreffen (Erfordernis der **Grundstücksidentität**). Daran fehlt es, wenn der Erbbauberechtigte das mit dem Erbbaurecht belastete Gr erwirbt (BFH II R 79/66, BStBl. II 1974, 661; BT-Drs. 9/251, 16). Die für § 1 VI 2 erforderliche GrIdentität ist jedoch zu bejahen, wenn dem Erwerb der Verwertungsbefugnis an einem Gr (§ 1 II) die Bestellung eines Erbbaurechts zugunsten des Verwertungsbefugten an demselben Gr nachfolgt (BFH II R 47/73, BStBl. II 1978, 318).

Ist die Steuer für den vorausgegangenen Erwerbsvorgang nicht berechnet wor- **747** den und wird für den nachfolgenden Erwerbsvorgang keine über die für den ersten Erwerbsvorgang hinausgehende Gegenleistung vereinbart, ist diese Gegenleistung bzw. der Wert des § 8 II als Bemessungsgrundlage für den zweiten Erwerbsvorgang anzusetzen (vgl. auch FG Baden-Württemberg 5 K 2540/23, EFG 2025, 332 mAnm Echtermann, Rev. BFH II R 20/24; → Rn. 281 ff. betr. Überführung eines zuvor bereits dem Wert nach eingebrachten Gr in das Gesamthandsvermögen einer PersGes). Die Anrechnung nach § 1 VI 2 ist kein Gegenstand der gesonderten Feststellung gem. § 17, sondern erfolgt durch das jeweilige SteuerfestsetzungsFA (BFH II R 24/20, BFH/NV 2022, 1196; vgl. → § 17 Rn. 33).

F. Nacherwerb des erbbaurechtsbelasteten Grundstücks (§ 1 VII aF)

Der seit dem Inkrafttreten des GrEStG 1983 geltende, durch das StÄndG 2001 **748** aufgehobene § 1 VII (zu dieser Vorschrift 2. Aufl. Rn. 376) war letztmals auf bis zum 31.12.2001 verwirklichte Erwerbsvorgänge anzuwenden (§ 23 VII 2).

Die Aufhebung des § 1 VII trägt der BFH-Rspr. (zuletzt BFH II B 133/9, BStBl. II 2000, 433; vgl. → § 2 Rn. 53) Rechnung, wonach der Erbbauzinsanspruch grestrechtl. nicht Teil des erbbaurechtsbelasteten Gr ist. Der bei Erwerb des erbbaurechtsbelasteten Gr auf den Erbbauzinsanspruch entfallende Teil der Gegenleistung gehört mithin nicht zur grestrechtl. Bemessungsgrundlage, so dass die von § 1 VII vorausgesetzte Doppelbelastung nicht mehr eintreten konnte (BT-Drs. 14/6877, 31). Zu dem § 1 VII auf der Grundlage der BFH-Rspr. (BFH II B 133/99, BStBl. II 2000, 433) verbleibenden Anwendungsbereich vgl. FM BW S 4500/9, DStR 2001, 622. Im Übrigen hat der Gesetzgeber auf die vorzitierte Rspr. durch Einfügung des § 2 I 2 Nr. 3 reagiert (vgl. → § 2 Rn. 53).

§ 2 Grundstücke

(1) [1]Unter Grundstücken im Sinne dieses Gesetzes sind Grundstücke im Sinne des bürgerlichen Rechts zu verstehen. [2]Jedoch werden nicht zu den Grundstücken gerechnet:
1. Maschinen und sonstige Vorrichtungen aller Art, die zu einer Betriebsanlage gehören,
2. Mineralgewinnungsrechte und sonstige Gewerbeberechtigungen,
3. das Recht des Grundstückseigentümers auf den Erbbauzins.

(2) Den Grundstücken stehen gleich
1. Erbbaurechte,
2. Gebäude auf fremdem Boden,
3. dinglich gesicherte Sondernutzungsrechte nach den Vorschriften des Wohnungseigentumsgesetzes und des § 1010 des Bürgerlichen Gesetzbuchs.

(3) [1]Bezieht sich ein Rechtsvorgang auf mehrere Grundstücke, die zu einer wirtschaftlichen Einheit gehören, so werden diese Grundstücke als ein Grundstück behandelt. [2]Bezieht sich ein Rechtsvorgang auf einen oder mehrere Teile eines Grundstücks, so werden diese Teile als ein Grundstück behandelt.

Übersicht

A. Bedeutung

Rechtsentwicklung. § 2 entspricht – mit Ausnahme der gegenstandslos gewordenen Apothekengerechtigkeiten und des Erbpachtrechts – dem GrEStG 1940. Die Regelung des **§ 2 II Nr. 3** geht auf das G v. 24.6.1991 (BGBl. 1991 I 1322) zurück. Der durch das StÄndG 2001 eingefügte **§ 2 I 2 Nr. 3** ordnet an, dass das Recht des GrEigentümers auf den Erbbauzins nicht zu den Gr gerechnet wird. Diese Regelung ist erstmals auf nach dem 31.12.2001 verwirklichte Erwerbsvorgänge anzuwenden (§ 23 VII 1). § 2 II Nr. 3 wurde durch das WeMoG (BStBl. I 2020, 2087) angepasst; materielle Bedeutung kommt der Anpassung nicht zu. 1

Die **zentrale Bedeutung** der in § 2 gegebenen Definition des Gr für das GrEStG versteht sich von selbst. Der GrBegriff gehört zum einen zu den tatbestandsmäßigen Voraussetzungen der jeweils auf (inländische) Gr bezogenen Steuertatbestände. Er ist zum anderen Richtpunkt für die Bemessungsgrundlage (§§ 8, 9), die jeweils durch den gegenständlichen Umfang des Gr bestimmt und zugleich begrenzt wird. 2

Entsprechend der Grundkonzeption des GrEStG ist Ausgangspunkt des § 2 I 1 der GrBegriff des **bürgerlichen Rechts.** In Übereinstimmung mit diesem sind auch Erbbaurechte den Gr gleichgestellt (§ 2 II Nr. 1). Die Anlehnung an das bewertungsrechtliche Rechtsinstitut des Grundbesitzes (§ 19 I Nr. 1 BewG) ist bewusst unterblieben (Begr GrEStG 1940, 388). Die Gesamtheit der in § 2 getroffenen Regelungen führt allerdings im Ergebnis zu einer gewissen Annäherung an die Betrachtungsweise des Bewertungsrechts. So löst sich § 2 vom bürgerlichen Recht, indem nach spezifisch grestrechtl. Betrachtung die Gebäude auf fremdem Boden (§ 2 II Nr. 2) sowie dinglich gesicherte Sondernutzungsrechte (§ 2 II Nr. 3) den Gr gleichgestellt werden. Einschränkungen des bürgerlich-rechtlichen GrBegriffs enthalten § 2 I 2 Nr. 1–3.

3 Als **ein** Gr im grestrechtl. Sinn behandelt § 2 III 1 auch eine Mehrheit von Gr, die zu einer wirtschaftlichen Einheit gehören. Da das GrEStG in § 1 I–III an Erwerbsvorgänge anknüpft und damit den Rechtsverkehr mit Gr erfasst, behandelt § 2 III 2 auch Teilflächen eines Gr als selbstständige Gr.

4 Damit lassen sich aus der Sicht des GrEStG fünf Arten von Gr im grestrechtl. Sinne unterscheiden:
- Gr iSd bürgerlichen Rechts (§ 2 I 1, → Rn. 5 ff.), denen das Erbbaurecht (§ 2 II Nr. 1) als grgleiches Recht gleichgestellt ist (→ Rn. 66 ff.),
- als Gr zu behandelnde Gebäude auf fremdem Boden (§ 2 II Nr. 2, → Rn. 99 ff.),
- als Gr zu behandelnde dinglich gesicherte Sondernutzungsrechte iSd § 15 WEG und § 1010 BGB (§ 2 II Nr. 3, → Rn. 126 ff.),
- als ein Gr zu behandelnde mehrere Gr, die zu einer wirtschaftlichen Einheit gehören (§ 2 III 1, → Rn. 134 ff.),
- als ein Gr zu behandelnder Teil eines Gr (§ 2 III 2, → Rn. 141).

B. Grundstücksbegriff des § 2 I

I. Grundstücke iSd bürgerlichen Rechts (§ 2 I 1)

5 Bei der Anknüpfung des § 2 I 1 an den GrBegriff des bürgerlichen Rechts ist zu beachten, dass das BGB selbst keine gesetzliche Definition des GrBegriffs enthält. Die verschiedenen zivilrechtlichen Bedeutungsschichten des GrBegriffs stimmen mit den Regelungen des GrEStG nicht in allen Einzelheiten überein.

6 Nach allgemeiner Auffassung ist Gr iSd bürgerlichen Rechts zunächst der **körperliche Gegenstand** (Sache iSd § 90 BGB). Als solcher meint der GrBegriff des bürgerlichen Rechts das **Grundbuch-Grundstück.** Dies ist ein räumlich abgegrenzter, dh katastermäßig vermessener und bezeichneter Teil der Erdoberfläche, der im Grundbuch auf einem Grundbuchblatt allein für sich (§ 3 I 1 GBO) oder einem gemeinschaftlichen Grundbuchblatt (§ 4 I GBO) unter einer besonderen Nummer im Bestandsverzeichnis eingetragen ist (körperlicher GrBegriff; MüKoBGB/Stresemann BGB § 90 Rn. 12). Soweit Gr nach § 3 II–IV GBO keiner Eintragung im Grundbuch bedürfen, werden sie aufgrund ihrer Lage und ihrer Begrenzung durch die Grenzen benachbarter Gr bzw. durch seine eigenen natürlichen Grenzen bestimmt (sog. **natürliches Gr**). Auf die grundbuchlichen Verhältnisse kommt es im Anwendungsbereich des § 2 III nicht an. Die vorgenannten Begriffsbestimmungen sind wegen § 2 I 1 auch für das GrEStG maßgebend, sodass der Vorschrift sowohl GrundbuchGr als auch tatsächliche Gr unterfallen.

7 Darüber hinaus ist das Gr nach bürgerlichem Recht auch das GrEigentum als **rechtliche Herrschaftsmacht.** Über diese kann, obgleich keine Sache iSd § 90 BGB, wie über ein Gr verfügt werden. Ein solches Gr (GrEigentum) ist nach bürgerlichem Recht das **Bruchteilseigentum** (Miteigentum nach ideellen Bruchteilen) an einem Gr, das als selbstständiges Eigentumsrecht wie Alleineigen-

tum behandelt wird. Das GrEStG folgt dieser Betrachtung und behandelt den **Miteigentumsanteil** selbst als **Gr iSd § 2 I 1** (BFH II R 139/71, BStBl. II 1976, 693, stRspr). Beim Erwerb von Miteigentum liegen deshalb grestrechtl so viele Erwerbsvorgänge vor wie Miteigentumsbruchteile erworben werden. Daher entsteht beim Kauf eines Gr zu ideellen Bruchteilen für jeden erwerbenden Miteigentümer eine gesonderte Steuer (BFH II R 139/71, BStBl. II 1976, 693). Gr ist nach bürgerlichem Recht und GrEStRecht auch das **Wohnungs- und Teileigentum** (verstanden als Eigentum am Gr; zu Einzelheiten → Rn. 53 ff.). Kein Gr (§ 2 I 1 iVm § 1 I Nr. 1) sind die sog. **Haubergsanteile** (BFH II R 17/15, BStBl. 2017, 281), weil sie ein dinglich gebundenes ungequoteltes Sondervermögen der Anteilsberechtigten sind. Sie sind daher nicht Miteigentumsanteile nach § 2 I 1 und unterliegen auch nicht § 2 II.

Schließlich werden im bürgerlichen Recht auch bestimmte **grgleiche Rechte** 8 (genauer: grundeigentumsähnliche Rechte) wie Gr behandelt (BGHZ 23, 241 (244); Grüneberg/Herrler BGB Vor § 873 Rn. 3). Sie sind ihrer Rechtsnatur nach beschränkt dingliche Rechte an einem Gr und kraft gesetzlicher Regelung dem Gr gleichgestellt. Solche grgleichen Rechte sind insb. das Erbbaurecht (§ 11 ErbbauRG) und ferner bestimmte Mineralgewinnungsrechte und Gerechtigkeiten. Das GrEStG folgt dieser Gleichstellung der grgleichen Rechte mit den Gr nur hinsichtlich des Erbbaurechts (§ 2 II Nr. 1), während es die grgleichen Rechte iSd § 2 I 2 Nr. 2 nicht als Gr behandelt.

II. Inlandsbelegenheit des Grundstücks

Steuerbar sind nur Erwerbsvorgänge, die **inländische,** dh im Geltungsbereich 9 des GrEStG belegene Gr betreffen.

Der **Ort des Abschlusses** des Erwerbsgeschäfts ist für das GrEStG unerheblich. Bei einem im Ausland abgeschlossenen und ein inländisches Gr betreffenden Rechtsgeschäft bestimmen sich die Formerfordernisse nach § 11 I EGBGB. Die Verpflichtung zur **Veräußerung** eines inländischen Gr kann – uU im Hinblick auf niedrige Notarkosten wirtschaftlich interessant – bei Zulassung des Rechts des Abschlussorts auch durch einen ausländischen Notar und ggf. sogar formlos erfolgen (Grüneberg/Thon EGBGB Art. 11 Rn. 12 ff.; FG Münster 8 K 1069/04, EFG 2007, 1895; Ulrich GmbHR 2007, 566; Widmann/Mayer UmwG § 6 Rn. 57 ff., zugleich zu Einzelfragen der Beurkundung von Umwandlungsvorgängen durch ausländische Notare). Die **Auflassung** eines inländisches Gr kann gem. § 11 IV EGBGB nur vor einem deutschen Notar oder deutschen Konsularbeamten erfolgen (Grüneberg/Thon EGBGB Art. 11 EGBGB Rn. 10 und 20 mwN; zur Anzeigepflicht ausländischer Notare → § 18 Rn. 2).

einstweilen frei 10

III. Gegenständlicher Umfang des Grundstücks

Wegen der Anknüpfung des § 2 I 1 an den GrBegriff des bürgerlichen Rechts ist 11 dem Gr alles zuzurechnen, was ihm nach Maßgabe der **§§ 93–96 BGB** untrennbar zugehört. In diesem Sinne betrachtet das GrEStG – soweit es nicht selbst in § 2 I und II Abweichungen vorsieht – ebenso wie das bürgerliche Recht das **Gr als Einheit** (BFH II R 27/95, BStBl. II 1997, 663). Darin liegt ein grundlegendes, zB für den Umfang der Gegenleistung (→ § 8 Rn. 6 f.) bestimmendes Strukturprinzip.

Zum Gr gehören zunächst seine sämtlichen **Bestandteile** iSd bürgerlichen Rechts (→ Rn. 12 ff.). Dazu zählen kraft der Fiktion des § 96 BGB an sich auch die mit dem Eigentum am Gr verbundenen **Rechte** (→ Rn. 25 ff.). Davon **ausgenommen** sind die **Scheinbestandteile** (→ Rn. 19 ff.), das **Zubehör** (→ Rn. 37 f.) und gem. **§ 2 I 2** die dort genannten Sachen und Rechte.

12 **1. Wesentliche und einfache Bestandteile.** §§ 93–96 BGB treffen – ohne den Begriff des Bestandteils selbst zu definieren – Regelungen für bestimmte Bestandteile, aus denen eine Sache bestehen kann. **Wesentliche Bestandteile (§ 93 BGB)** werden vom GrEigentum mitumfasst und können nicht Gegenstand besonderer Verkehrsvorgänge sein (zur grestrechtl. Problematik bei Gebäuden auf fremdem Grund → Rn. 99 f., → Rn. 103 ff.). Nach § 94 BGB gehören zu den wesentlichen Bestandteilen eines Gr auch das Gebäude sowie die Erzeugnisse des Gr und zu den wesentlichen Bestandteilen des Gebäudes wiederum die zu ihrer Herstellung eingefügten Sachen. Die zivilrechtliche Unterscheidung zu den sog. **einfachen Bestandteilen** (MüKoBGB/Stresemann BGB § 93 Rn. 32 ff.) ist **für das GrEStG ohne Bedeutung,** weil § 2 I 1 mit dem Gr iSd bürgerlichen Rechts seine sämtlichen Bestandteilen einschließt (RFH RStBl. 1945, 12; FG München IV 215/80, EFG 1982, 529). Zur Einschränkung der §§ 93, 94 BGB durch die Regelung des § 95 BGB über Scheinbestandteile → Rn. 19 ff.

Im Gebiet der **neuen Bundesländer bestand** nach DDR-Recht in zahlreichen Fällen ein vom Gr unabhängiges getrenntes selbstständiges Eigentum an Gebäuden, Baulichkeiten, Anlagen, Anpflanzungen oder Einrichtungen (Überblick dazu bei OFD Magdeburg 24.11.1997, StEK § 2 Nr. 11; vgl. auch BFH II B 127/95, BStBl. II 1996, 379; Böhringer DtZ 1994, 50 (54 mwN)). Diese Rechte bleiben als ein vom Gr getrenntes selbstständiges Eigentum bestehen und gehören gem. Art. 231 § 5 EGBGB nicht zu den GrBestandteilen (zum Erlöschen des Gebäudeeigentums im Fall der Nichteintragung in das Grundbuch ab 31.12.1999 vgl. Art. 231 § 5 III EGBGB). Das nach anderen Vorschriften des DDR-Rechts begründete Eigentum an Baulichkeiten (zB an von den Nutzern errichteten „Datschen" auf solchen Gr, die aufgrund von Verträgen, in denen land- und forstwirtschaftlich nicht genutzte Bodenflächen zur Kleingartennutzung, Erholung und Freizeitgestaltung überlassen wurden) wird weiterhin nach den Vorschriften über bewegliche Sachen behandelt (Art. 231 § 5, Art. 233 § 4 EGBGB). Die schuldrechtliche Anpassung der Nutzungsverträge bestimmt sich nach dem SchuldRAnpG, das in § 11 einen Übergang des Baulichkeiteneigentums nur bei Beendigung des Vertragsverhältnisses anordnet. Zur grestrechtl. Behandlung des selbstständigen Gebäudeeigentums und Baulichkeiteneigentums → Rn. 102. Zum Wahlrecht des Nutzers auf Erbbaurechtsbestellung → Rn. 68 ff.

Im Einzelnen gehören zu den Bestandteilen eines Gr:

13 **a) Grund und Boden.** (Wesentlicher) Bestandteil eines Gr sind die **Substanzen,** aus denen sein Boden besteht (zB Erde, Sand, Kies, Steine, Moor, Kalkstein, Bims). Diese Bodensubstanzen werden immer vom GrEigentum umfasst (näher → § 9 Rn. 107 „Bodenschätze"). Das Bergrecht erstreckt sich auf die vorgenannten Substanzen nicht, sodass insoweit auch keine Mineralgewinnungsrechte iSd § 2 I Nr. 2 vorliegen können. Gleiches gilt auch für die sog. grundeigenen Bodenschätze (zum Begriff → Rn. 51). Sie können allerdings Gegenstand einer Grunddienstbarkeit (§§ 1018 ff. BGB) und als solche Bestandteile eines anderen Gr sein

(BFH II 74/63, BStBl. III 1966, 550). Zu den sog. bergfreien Bodenschätzen → Rn. 50.

b) Gebäude und Bauwerke. Zu den wesentlichen Bestandteilen eines Gr gehören die mit dem Grund und Boden fest verbundenen Sachen. Bestandteilseigenschaft haben Gebäude (§ 94 I 1 BGB) und sonstige Bauwerke (zB Bunker, Leitungsanlagen, Zäune, Tiefgaragen, Gasbehälter). Zur Abgrenzung des Gebäudes von den Betriebsvorrichtungen → Rn. 45. 14

Die von § 94 I 1 BGB vorausgesetzte **feste Verbindung** liegt unzweifelhaft vor, wenn das Gebäude bzw. Bauwerk mit seinem Fundament in das Gr hineingebaut und mit diesem fest verbunden ist (so zB bei massiven Wohnhäusern oder mit einem Fundament verbundenen Fertighäusern, MüKoBGB/Stresemann BGB § 94 Rn. 6). Das Fundament und das auf ihm kraft seiner Eigenschwere ruhende Bauwerk sind auch dann eine einheitliche Sache, wenn es an einer besonderen Verbindung zwischen Fundament und Bauwerk fehlt (BFH II 44/53 U, BStBl. III 1954, 130 betr. Baracke). Die feste Verbindung verlangt allerdings nicht zwingend ein Fundament oder eine feste Verankerung im Grund und Boden. Ausreichend ist schon, wenn das Bauwerk lediglich durch sein Eigengewicht auf dem Gr festgehalten wird, sofern dieses Eigengewicht einer Verankerung gleichwertig ist (BFH II R 15/77, BStBl. II 1979, 190 betr. Fertiggarage aus Beton). Bestandteilseigenschaft kommt deshalb zB einem Holz-Fertighaus auf in den Boden eingelassenen Holzpfählen oder einem auf eingegrabenen Betonhöckern ruhenden Pavillon in Fertigbauweise zu (BFH II R 140/67, BStBl. II 1973, 507; BGH NJW 1978, 1311; zu Leichtbauhallen vgl. BFH II R 60/98, BFH/NV 2001, 581). Bloß auf den Boden aufgesetzten transportablen Wellblechbaracken fehlt jedoch mangels Eigenschwere die erforderliche feste Verbindung (MüKoBGB/Stresemann BGB § 93 Rn. 7); dies gilt erst recht für auf dem Wasser schwimmende Anlagen (BFH II R 27/10, BStBl. II 2012, 274). Wesentlicher Bestandteil ist ferner auch die Bausubstanz eines in Errichtung befindlichen Gebäudes (BFH II R 131/76, BStBl. II 1978, 635). Zu den nur zu einem vorübergehenden Zweck errichteten Gebäuden (Scheinbestandteilen) → Rn. 19 ff. 15

Die auf einem **ErbbauGr** errichteten Gebäude und anderen Bauwerke sind keine rechtlich selbstständigen beweglichen Sachen, sondern gelten als wesentliche Bestandteile des Erbbaurechts (§ 12 I 1 ErbbauRG, → Rn. 72).

c) Erzeugnisse. Wesentlicher GrBestandteil sind gem. § 94 I 1 BGB auch die Erzeugnisse eines Gr, solange sie mit dem Boden zusammenhängen. Dazu gehören die natürlichen Bodenprodukte wie zB die aufstehende Ernte, Nutz- und Ziersträucher oder aufstehender Wald. Samen werden mit dem Aussäen, Pflanzen mit dem Einpflanzen wesentlicher Bestandteil. Soweit Pflanzen nur zu einem vorübergehenden Zweck eingepflanzt sind (zB Pflanzenbestand und Bäume einer Baumschule), sind sie gem. § 95 BGB bloße Scheinbestandteile. Pflanzen können in keinem Fall der Sondervorschrift des § 2 I 2 Nr. 1 zugeordnet werden. Die Vorschrift umfasst nach ihrem klaren Wortlaut die Erzeugnisse eines Gr auch dann nicht, wenn es sich um ein landwirtschaftliches Gr handelt (BFH II R 240/85, BStBl. II 1989, 518 betr. Rebanlagen). 16

d) Gebäudebestandteile. Zu den wesentlichen Bestandteilen eines Gebäudes gehören gem. § 94 II BGB die zur Herstellung des Gebäudes eingefügten Sachen. Zur **Herstellung** eingefügt sind alle Teile, ohne die das Gebäude nach der Verkehrsanschauung noch nicht fertig gestellt ist (Grüneberg/Ellenberger BGB § 94 17

Rn. 6 mwN). Die Sache ist **eingefügt,** wenn die vorgesehene Verbindung hergestellt ist; eine feste Verbindung ist nicht erforderlich (BGH V ZR 30/60, NJW 1962, 149). Gebäudebestandteile sind hiernach die den Baukörper bildenden Baustoffe und Gebäudeteile (zB Mauern, Böden, Decken, Wände, Treppen, Türen und Fenster, Heizungsanlagen, fest eingebaute Bad- und Sanitäreinrichtungen, Versorgungsleitungen für Strom, Wasser und Heizung; zu Einzelheiten vgl. zB Rössler/Troll/Halaczinsky BewG § 68 Rn. 8 ff. aF, jetzt § 243 BewG, geändert durch das GrStRefG v. 2.12.2019 (BGBl. 2019 I 1714; zum Inkrafttreten am 1.1.2025 vgl. § 266 BewG), Rössler/Troll/Eisele § 243 Rn. 8; vgl. auch Viskorf/Viskorf § 2 Rn. 46). Die ertragsteuerliche Behandlung (Abgrenzung der Anschaffungs- und Herstellungskosten) ist für die grestrechtl. Qualifikation als wesentlicher Bestandteil unbeachtlich (FG Köln 5 K 3894/01, EFG 2003, 1645). Kein Gebäudebestandteil ist eine handelsübliche Markise (FG Köln 5 K 3894/01, EFG 2003, 1645).

18 Häufig zweifelhaft ist die Eigenschaft als Zubehör (→ Rn. 37 f.) oder Gebäudebestandteil bei **Einbaumöbeln** (zB Einbauküchen und -schränken; zu versetzbaren Schrank- und Trennwänden vgl. BFH III R 247/94, BFH/NV 1998, 215). Die Rspr. der Zivilgerichte ist uneinheitlich (vgl. Grüneberg/Ellenberger BGB § 93 Rn. 5 mwN; gegen Zubehöreigenschaft grds. SchlHFG EFG 1998, 509 betr. § 4 Nr. 9a UStG). Nach der BFH-Rspr. zum Ertragsteuerrecht (BFH VI R 358/69, BStBl. II 1971, 162; VI R 127/73, BStBl. II 1977, 152; III R 247/94, BFH/NV 1998, 215), der die FVerw für das GrEStG folgt (FM Sachs 11.10.1993, DStR 1994, 362; vgl. auch FG Köln 25 K 2938/16, RNotZ 2018, 576 für Einbauküche und Markisen), ist wie folgt zu unterscheiden: Einbaumöbel sind schon nach § 93 BGB wesentliche Bestandteile, wenn sie nicht voneinander getrennt werden können, ohne dass der eine oder andere Teil zerstört oder in seinem Wesen verändert wird (Tatfrage). Daran fehlt es, wenn Möbelstücke ohne Weiteres in anderen Kombinationen und an anderen Stellen aufgestellt werden können (BFH VI R 358/69, BStBl. II 1971, 162). Die für wesentliche Bestandteile nach § 94 I 1 BGB vorausgesetzte „feste Verbindung" liegt nicht schon dann vor, wenn ein Möbelstück durch Eindübeln mit dem Gebäude verbunden oder eine Küchenspüle mit einem Wasserzu- und -ablauf verbunden wird (BFH VI R 358/69, BStBl. II 1971, 162). Einbaumöbel sind hingegen Gebäudebestandteile iSd § 94 II BGB, wenn sie durch Einpassen in die für sie bestimmte Stelle mit den sie umschließenden Stücken des Gebäudes (Seitenwände und Rückwand) vereinigt werden (BFH III 348/60 U, BStBl. III 1962, 333 für Küchenmöbel). Dass Möbelstücke den Maßen eines Raums angepasst sind, reicht jedoch für sich allein noch nicht zur Annahme eines Gebäudebestandteils aus (BFH VI R 358/69, BStBl. II 1971, 162; VI R 127/73, BStBl. II 1977, 152; vgl. auch BGH IX ZR 110/89, NJW-RR 1990, 586). Die Beweislast für eine nicht hinnehmbare Steuerfreistellung liegt beim FA (FG Köln 25 K 2938/16, RNotZ 2018, 576 mwN). Die Bestandteilseigenschaft von Maschinen ist im Hinblick auf § 2 I 2 Nr. 1 grestrechtl. ohne Bedeutung.

19 **2. Scheinbestandteile.** In Ausnahme zu §§ 93, 94 BGB schließt **§ 95 BGB** für die von dieser Vorschrift erfassten Sachen die Bestandteilseigenschaft aus. Diese sog. Scheinbestandteile sind bürgerlich-rechtlich bewegliche Sachen und unterliegen mangels Zugehörigkeit zum Gr iSd § 2 I 1 nicht der GrESt. Eine Ausnahme gilt kraft § 2 II Nr. 2 für Gebäude auf fremdem Boden (→ Rn. 99 ff.).

20 Scheinbestandteile sind zunächst Sachen, die nur zu einem **vorübergehenden Zweck** mit dem Grund und Boden verbunden sind **(§ 95 I 1 BGB).** Gleiches

gilt für nur zu einem vorübergehenden Zweck eingefügte Sachen (§ 95 II BGB). Der Wegfall der Verbindung muss von vornherein beabsichtigt oder nach der Natur des Zwecks sicher sein; maßgebend ist der innere Wille desjenigen, der die Verbindung bzw. Einfügung vornimmt (BGH NJW 1968, 2331; vgl. auch BFH II R 95/94, BStBl. II 1997, 452; III R 247/94, BFH/NV 1998, 215).

Zu einem vorübergehenden Zweck mit dem Grund und Boden verbunden sind zB (MüKoBGB/Stresemann BGB § 95 Rn. 3 ff. und 13 ff.) Ausstellungshallen für die Dauer einer Messe, Baugerüste und -hütten, Pflanzenbestände einer Baumschule (→ Rn. 16) sowie Gebäude (zB Baracken, Gewächs- und Gartenhäuser). Zu einem vorübergehenden Zweck in ein Gebäude eingefügte Sachen (§ 95 II BGB) können zB von Mietern eingebaute Fernsprechanlagen, Teppichböden oder Zählereinrichtungen sein. Auch **Weihnachtsbäume,** bei denen von vornherein die vollständige Entfernung vom Gr beabsichtigt ist, gelten als Scheinbestandteile (BFH II R 45/19, DStRE 2022, 1130). Der Wert **aufstehender Bäume** soll beim Erwerb von Flächen durch einen forstwirtschaftlichen Betrieb als bloßer Scheinbestandteil gelten. Der Hinweis auf das Urteil des RG v. 7.4.1907 – V 459/09 (RGZ 66, 88) ist im Hinblick auf diverse öffentlich-rechtliche Beschränkungen der Einschlagreife nicht weiterführend; Gehölze sind Scheinbestandteile, wenn bereits zum Zeitpunkt von Aussaat oder Pflanzung vorgesehen war, sie wieder von dem Grundstück zu entfernen. Auch **Weihnachtsbäume** (und andere Pflanzen, die von vornherein zum späteren Entfernen vom Gr vorgesehen sind) sind in aller Regel Scheinbestandteile (BFH II R 45/19, BStBl. II 2023, 721). Dazu können auch Forstbäume zählen, wenn sie zum Zweck der späteren Abholzung angepflanzt wurden (BFH II R 36/19, BStBl. II 2023, 719). Offen ist eine Entscheidung zu dem Fall (FG MV 1 K 180/23, Rev. BFH II R 23/24), in dem über die Zuordnung von Wald (Alter 80–120 Jahre) als wesentliche Grundstücksbestandteile zu entscheiden ist. Meines Erachtens muss hier eine Entscheidung über § 94 I BGB getroffen werden. Der Weg, in diesen Fällen eine Kaufpreiseinteilung vorzunehmen (was – abgesehen von den wenigen Fällen eines Urwalds – ansonsten immer möglich ist), hilft nicht weiter. 21

Soweit **schuldrechtlich Nutzungsberechtigte** (Mieter, Pächter) auf dem Gr ein **Gebäude** errichten, spricht eine tatsächliche Vermutung für die Verbindung zu einem vorübergehenden, auf die Dauer des Vertragsverhältnisses bezogenen Zweck (BGH IX ZR 124/83, NJW 1985, 789). Diese Vermutung entfällt nicht bei langer Vertragsdauer oder massiver Bauweise. Sie ist jedoch widerlegt, wenn die dauerhafte Verbindung – zB aufgrund eines dem GrEigentümer eingeräumten Wahlrechts zur Übernahme – möglich ist, selbst wenn sie noch nicht endgültig feststeht (BGH IX ZR 124/83, NJW 1985, 789). Diese Grundsätze gelten auch für Sachen, die schuldrechtlich Nutzungsberechtigte **in** ein Gebäude einfügen, und ferner dann entsprechend, wenn die Gesellschafter einer GbR auf einem zur Nutzung eingebrachten Gr eines Gesellschafters ein Bauwerk errichten (BGH V ZR 173/57, NJW 1959, 1487). 22

Bloße Scheinbestandteile sind gem. **§ 95 I 2 BGB** auch Gebäude oder andere Werke, die in Ausübung eines Rechts an einem fremden Gr vom Berechtigten mit dem Gr verbunden worden sind. Diese sind regelmäßig rechtlich selbstständige bewegliche Sachen oder (so zB beim Überbau oder beim Erbbaurecht) Bestandteile eines anderen Gr oder Rechts. Ein „Recht" iSd § 95 I 2 BGB ist nur ein dingliches Recht (zB Nießbrauch, Grunddienstbarkeit, Erbbaurecht), das die Verbindung eines Gebäudes oder anderen Werks mit dem Gr zulässt. Zu diesen Rechten gehört auch dasjenige auf Duldung eines Überbaues (Grüneberg/Ellen- 23 berger BGB § 95 Rn. 5). Berechtigter ist auch, wem vom Rechtsinhaber (zB aufgrund Miete oder Pacht) die Ausübung des Rechts überlassen worden ist (Grüneberg/Ellenberger BGB § 95 Rn. 5).

24 **Nachträgliche Zweckänderungen** einer zunächst nur zu einem vorübergehenden Zweck mit dem Gr verbundenen Sache heben die Eigenschaft als Scheinbestandteil nicht auf. Die Sache kann nur wesentlicher Bestandteil werden, wenn sich der Eigentümer des Scheinbestandteils und der GrEigentümer rechtsgeschäftlich über den Eigentumsübergang einigen (BGH NJW 1987, 774; Grüneberg/Ellenberger BGB § 95 BGB Rn. 4); möglich ist auch die Umwandlung eines wesentlichen Bestandteils in einen Scheinbestandteil (dazu Grüneberg/Ellenberger BGB § 95 Rn. 4 mwN). Bestandteile des StammGr – und keine rechtlich selbstständigen beweglichen Sachen – sind auch Bauwerksteile, die bei rechtmäßigem und bei entschuldigtem rechtswidrigen Überbau (§ 912 BGB) auf das NachbarGr hinüberreichen (Grüneberg/Herrler BGB § 912 Rn. 12, 14 mwN). Die aufgrund einer **Dienstbarkeit** auf dem dienenden Gr errichtete bauliche Anlage (§ 1020 S. 2 BGB) dürfte Bestandteil des herrschenden Gr sein (Hofmann/Eiling/Keßeler § 2 Rn. 10; Viskorf/Viskorf § 2 Rn. 76). Zwar wäre diese Rechtslage nicht tragbar, wenn das Eigentum an der Anlage und die Rechtsinhaberschaft an der Grunddienstbarkeit – zB bei der Zwangsversteigerung des herrschenden Gr – auseinanderfallen könnten. Dies wird jedoch idR durch § 1025 S. 2 BGB, der Bestand und Inhalt der Grunddienstbarkeit bei Teilung des herrschenden Grundstücks fortbestehen lässt, verhindert.

25 **3. Rechte als Bestandteile. a) Allgemeines.** Nach bürgerlichem Recht gelten die mit dem Eigentum an einem Gr verbundenen Rechte als Bestandteile des Gr (§ 96 BGB). **Rechte iSd § 96 BGB** sind vor allem die sog. subjektiv-dinglichen Rechte, die dem Eigentümer des herrschenden Gr hinsichtlich eines anderen Gr zustehen. Dazu gehören Grunddienstbarkeiten (§§ 1018 ff. BGB), Reallasten (§ 1105 II BGB), das subjektiv-dingliche Vorkaufsrecht (§ 1094 II BGB), das Recht auf Duldung eines Überbaues und Notwegs (§§ 912 I, 917 I BGB) sowie das Recht auf Überbau- und Notwegrente (§§ 912 II, 917 II BGB). Auch das **Jagdrecht** ist gem. § 3 I 2 BJagdG wesentlicher Bestandteil des Gr (BFH II B 75/07, BFH/NV 2008, 1878). Die grestrechtl. Behandlung des Erwerbs eines **Jagdausübungsrechts** ist nicht abschließend geklärt; dieses ist jedenfalls dann kein selbstständiger Erwerbsgegenstand, wenn der GrVerkäufer ein solches Recht nach Maßgabe des Jagdrechts nicht übertragen kann (BFH II B 75/07, BFH/NV 2008, 1878).

Der **Erbbauzinsanspruch** ist zwar zivilrechtlich – nicht jedoch grestrechtl, vgl. § 2 I Nr. 3 – wesentlicher Bestandteil des erbbaurechtsbelasteten Gr, weil das Zinsstammrecht und die noch nicht fälligen, zukünftig wiederkehrenden Einzelleistungen nach § 9 II ErbbauRG nicht vom Eigentum am Gr getrennt werden können. Zivilrechtlich geht bei Übertragung des erbbaurechtsbelasteten Gr auch der mit dem ErbbauGr verbundene Erbbauzinsanspruch auf den Dritten über.

26 **Grestrechtlich** ist § 96 BGB nur mit Einschränkungen anwendbar. Zweck des § 96 BGB ist vor allem, die hypothekarische Haftung (§§ 1120 ff. BGB) auf die mit dem Gr verbundenen Rechte auszudehnen (Grüneberg/Ellenberger BGB § 96 Rn. 1). Für die GrESt ist diese Zielrichtung bedeutungslos.

27 Nach den **spezifischen Regelungszielen** des GrEStG soll vornehmlich der Übergang von Gr und nicht jedweder gleichzeitige Übergang mit dem Gr verbundener Rechte besteuert werden (Begr. GrEStG 1940, 393). Diese einschränkende

Sicht kommt insb. in § 2 I 2 Nr. 2 zum Ausdruck, indem die hier genannten Rechte auch und gerade im Fall ihrer Bestandteilseigenschaft iSd § 96 BGB von der Besteuerung ausgenommen sind (Begr. GrEStG 1940, 393; vgl. auch → Rn. 47). Vor dem Hintergrund des § 2 I 2 Nr. 2 muss daher ganz allgemein angenommen werden, dass nur der Erwerb von Gr der GrESt unterliegen soll (BFH II R 89/87, BStBl. II 1991, 271; II R 20/89, BStBl. II 1992, 152). Der Erwerb von **Geldforderungen** oder anderen vergleichbaren Vermögenspositionen, die nach § 96 BGB Bestandteil des Gr sind, ist deshalb grestrechtl. unerheblich. Ein für den Erwerb derartiger Rechte gezahltes Entgelt gehört nicht zur Gegenleistung iSd §§ 8 I, 9.

b) Einzelne vom GrEStG nicht erfasste geldwerte Rechtspositionen. **28** Nach vorstehenden Grundsätzen gehört eine (nach Landesrecht als GrBestandteil ausgestaltete) **Brandentschädigungsforderung** grestrechtl. nicht zum brandgeschädigten Gr (BFH II R 111/83, BStBl. II 1986, 189). Die vom Verkäufer des brandgeschädigten Gr übernommene Verpflichtung, dem Käufer auch den Entschädigungsanspruch gegen die Brandversicherung zu übertragen, ist keine Gegenleistung (§§ 8 I, 9 I Nr. 1).

Die frühere **Instandhaltungsrückstellung** (§ 21 V Nr. 4, jetzt gem. § 19 II Nr. 4 WEG „Erhaltungsrücklage") mindert beim rechtsgeschäftlichen Erwerb von Teileigentum nicht den vereinbarten Kaufpreis als Bemessungsgrundlage der GrESt (BFH II R 27/14, BStBl. II 2016, 619; II R 49/17, BStBl. II 2021, 339 = BB 2021, 800 (mAnm Dachauer); aA noch BFH II R 20/89, BStBl. II 1992, 152; II R 91/90, BFH/NV 1992, 264; aA für die Fortgeltung zB Sauren NZM 2016, 651). Dazu gehört auch die Verpflichtung des Erwerbers, einen bestimmten Betrag in die Instandhaltungsrückstellung einzuzahlen. Die FVerw folgt diesen Grundsätzen, soweit der Notarvertrag nach dem Tag der Veröffentlichung des BFH-Urteils II R 49/17 geschlossen wurde (GLE 19.3.2020, DStR 2021, 804).

Nicht zum Gr gehört auch die **Milch-Referenzmenge** (so auch FM Nds **29** 31.5.2011, GrESt-Kartei ND 1093 § 9 GrEStG, BeckVerw 250598; koord. Erlass FM Bay 26.3.1986, StEK § 9 GrEStG 1983 Nr. 31). Sie ist schon kein GrBestandteil iSd § 96 BGB (SchlHFG III 623/85, EFG 1986, 250; FG Niedersachsen III 620/88, EFG 1992, 551; vgl. auch BGH LwZR 3/90, NJW 1991, 3280), sondern ein immaterielles Wirtschaftsgut eigener Art; eine bei GrErwerb auf die Milch-Referenzmenge entfallende Zahlung ist daher keine Gegenleistung.

Ebenfalls kein GrBestandteil ist das (nicht an bestimmte Ackerflächen gebun- **30** dene) **Rübenlieferungsrecht.** Ein für dessen Übergang auf den GrKäufer gezahltes Entgelt unterliegt nicht der GrESt (OFD Hannover 25.6.1990, StEK § 9 GrEStG 1983 Nr. 52 = UVR 1990, 380). Auch das **Brennrecht** ist kein GrBestandteil (BGH LM § 96 BGB Nr. 1). Vom GrBegriff des § 2 nicht umfasst sind ferner **Baupläne** (BFH II R 54–98, BStBl. II 2000, 143). Zur grestrechtl. Behandlung des Rechts des GrEigentümers auf den **Erbbauzinsanspruch** → Rn. 53.

einstweilen frei **31–36**

4. Zubehör. Zubehör (§§ 97, 98 BGB) sind bewegliche Sachen, die, ohne **37** Bestandteile des Gr zu sein, diesem zu dienen bestimmt sind und zum Gr in einem dieser Bestimmung entspr. räumlichen Verhältnis stehen. Maßgebend ist insoweit die zivilrechtliche Betrachtung (BFH II B 54/19, BStBl. II 2020, 586). Die einem Unternehmen zugeordneten Sachen werden als Zubehör desjenigen Grundstücks angesehen, auf dem das Unternehmen betrieben wird. Es muss hinzukommen, dass der wirtschaftliche Schwerpunkt des Betriebs auf dem Grundstück liegt (vgl. auch § 98 Nr. 1 BGB). Zubehör sind zB Ladeneinrichtungen, Baumaterial (BGH VIII ZR 24/70, BGHZ 58, 309) oder Baugeräte (vgl. zu Einzelfällen Grüneberg/Ellenberger BGB § 97 Rn. 11 f.). Im Zweifel erstreckt sich die Verpflichtung zur Veräußerung eines Gr gem. § 311c BGB auch auf dessen Zubehör. Zur Zubehöreigenschaft von Einbaumöbeln → Rn. 18.

38 Aufgrund der Anknüpfung des § 2 I 1 an den GrBegriff des bürgerlichen Rechts gehören Zubehörstücke nicht zum Gr im grestrechtl. Sinn. Ihr Erwerb unterliegt daher **nicht der GrESt** (vgl. auch BFH II B 54/19, BStBl. II 2020, 586). Ein auf sie entfallendes Entgelt ist **keine Gegenleistung** (§ 8 I); zu Gesamtgegenleistungen → § 8 Rn. 40 ff. Dies ist auch bei einem Erwerb im Zwangsversteigerungsverfahren zu beachten, da sich dieses auch auf Zubehörstücke erstreckt (→ § 9 Rn. 115). Auch die nach § 8 II GrEStG iVm § 151 I 1 Nr. 1 und § 157 I–III BewG (bis 31.12.2008: § 138 II–IV BewG) maßgebenden Werte können Ansätze für Zubehörstücke enthalten (§§ 33 II, 68 I Nr. 1 BewG; vgl. → § 8 Rn. 112, 122 f.).

39 **5. Grunderwerbsteuerrechtliche Korrekturen des gegenständlichen Grundstücksumfangs (§ 2 I 2).** § 2 I 2 korrigiert den für die GrESt maßgeblichen bürgerlich-rechtlichen GrBegriff dahingehend, dass die hier genannten körperlichen Gegenstände und Rechte ohne Rücksicht auf ihre Bestandteilseigenschaft nicht zum Gr gehören. Auf sie entfallende Entgelts- oder Wertanteile können weder Gegenleistung (§ 8 I und § 9) noch Teil des Grundbesitzwerts (§ 8 II) sein; die entspr. Entgelte unterliegen ggf. der USt. Auch das Recht des GrEigentümers auf den Erbbauzins zählt nicht zum Grundstück (§ 2 I 2 Nr. 3).

40 **a) Maschinen und Betriebsvorrichtungen (§ 2 I 2 Nr. 1).** Die Ausnahmevorschrift des § 2 I 2 Nr. 1 – sie entspricht der auf das Grundvermögen beschränkten Regelung des § 68 II Nr. 2 BewG aF bzw. § 243 II Nr. 2 BewG nF – betrifft nur Maschinen und Betriebsvorrichtungen, die GrBestandteile (als wesentliche Bestandteile eines Gr unmittelbar oder vermittelt durch das aufstehende Gebäude als Gebäudebestandteile) sind. Soweit sie bei zivilrechtlicher Betrachtung Zubehörstücke sind, werden sie schon aufgrund § 2 I 1 grestrechtl. nicht erfasst.

41 Nach seinem **Sinn und Zweck** soll § 2 I 2 Nr. 1 eine ungerechtfertigte Ausdehnung der GrESt auf Maschinen und Fabrikationseinrichtungen verhindern (BFH II R 240/85, BStBl. II 1989, 518). Der Vorschrift liegt der (rechtspolitisch fragwürdige) Gedanke zugrunde, in die GrESt nicht den Charakter einer Gewerbesteuer oder eine Belastung der landwirtschaftlichen Produktion hineinzubringen (Padberg § 2 Rn. 9 f., 194 mwN zur Entstehungsgeschichte).

42 Die Auslegung des § 2 I 2 Nr. 1 kann sich an **§ 68 II Nr. 2 BewG aF bzw. § 243 II Nr. 2 BewG nF** zu orientieren, wobei die Maßstäbe des GrEStG nicht außer Acht gelassen werden dürfen; eine Einheit des Rechtsbegriffs „Betriebsvorrichtung" besteht allerdings nicht (Hofmann/Elling/Keßeler § 2 Rn. 16; Viskorf/Viskorf § 2 Rn. 97; eine Heranziehung der in BStBl. I 2013, 934 erarbeiteten Grundsätze ist möglich). Die Ausrichtung an § 68 II Nr. 2 BewG aF bzw. § 243 BewG nF entspricht den angeführten gesetzgeberischen Motiven des § 2 I 2 Nr. 2 sowie dem Umstand, dass sowohl § 4 Nr. 9 Buchst. a UStG als auch § 4 Nr. 12 S. 2 UStG auf den Begriff der Betriebsvorrichtung iSd § 68 II BewG aF bzw § 243 BewG nF abstellen (BFH V R 51/76, BStBl. II 1981, 228; Klenk UVR 1989, 217).

Der **Anwendungsbereich** des § 2 I 2 Nr. 1 betrifft alle (dh auch land- und forstwirtschaftliche) Gr (BFH II 11/60 U, BStBl. III 1965, 116). Soweit die GrESt von dem Wert iSd § 8 II zu berechnen ist, ist von diesem der auf § 2 I 2 Nr. 1 entfallende Teil abzusetzen. **43**

Das **Wesen** der Betriebsvorrichtungen besteht in ihrer speziell auf den Gewerbebetrieb ausgerichteten Funktion, die einer Maschine ähnlich sein muss. Es genügt nicht, dass die Anlage für die Ausübung des Gewerbebetriebs notwendig oder sogar vorgeschrieben ist. Vielmehr muss das Gewerbe **unmittelbar** durch die Anlage betrieben werden; nur bei einem unmittelbaren und besonderen Zusammenhang zu dem gegenwärtig ausgeübten Gewerbebetrieb liegt eine Betriebsvorrichtung vor (BFH II R 14/89, BStBl. II 1992, 278; FG BW 5 K 128/95, EFG 1997, 87). Der Formulierung „sonstige Vorrichtungen" in § 2 I 2 Nr. 1 ist zu entnehmen, dass diese wie Maschinen von Menschenhand hergestellt sein müssen (BFH II R 240/85, BStBl. II 1989, 518), sodass Pflanzen (zB Rebstöcke) dem Anwendungsbereich dieser Vorschrift nicht unterfallen. **44**

Gebäude und Außenanlagen können niemals Betriebsvorrichtungen sein; diese Begriffe schließen sich gegenseitig aus (BFH IV R 116/86, BStBl. II 1988, 628; II R 67/04, BStBl. II 2005, 688). Ein Bauwerk ist als **Gebäude** anzusehen, wenn es durch räumliche Umschließung Schutz gegen äußere Einflüsse gewährt, den nicht nur vorübergehenden Aufenthalt von Menschen gestattet, fest mit dem Grund und Boden verbunden sowie von einiger Beständigkeit und standfest ist (zB BFH II R 27/10, BStBl. II 2012, 274 mwN; → Rn. 14 f.). So sind zB Brennöfen oder Transformatorenhäuschen Betriebsvorrichtungen und nicht Gebäude, weil sie den Aufenthalt von Menschen nicht oder nur vorübergehend zulassen. Kein Gebäude ist auch eine auf dem Wasser schwimmende Anlage (BFH II R 27/10, BStBl. II 2012, 274) oder ein erst begonnenes Bauvorhaben (BFH II B 43/93, BFH/NV 1994, 738). Für die Abgrenzung zwischen Betriebsvorrichtungen einerseits und Gebäuden andererseits haben die obersten FB der Länder koord. **„Abgrenzungsrichtlinien"** (GLE 5.6.2013, BStBl. I 2013, 734; dazu eingehend Rössler/Troll/Halaczinsky BewG § 68 Rn. 48 ff. (bzw. § 243 II Nr. 2 nF; Rössler/Troll/Eisele BewG § 243 Rn. 25) erlassen. **45**

Ausgewählte Einzelfälle zur Abgrenzung Betriebsvorrichtungen/Gebäude (vgl. auch die Zusammenstellungen in den GLE 5.6.2013, BStBl. I 2013, 734 Anlage 1; Rössler/Troll/Halaczinsky BewG § 68 Rn. 156 aF bzw. § 243 BewG nF; ebenso Rössler/Troll/Eisele BewG § 243 Rn. 25 sowie das ABC in HEB 2024 Anhang I 4): **46**

Aufzugsanlagen sind differenziert zu beurteilen. Personenaufzüge und Rolltreppen zur Bewältigung des üblichen Publikumsverkehrs sind den Gebäuden zuzurechnen. Typische Lastenaufzüge gewerblich genutzter Gebäude sind Betriebsvorrichtungen, s. GLE 5.6.2013, BStBl. I 2013, 734 Tz. 3.5.

Autowaschanlagen sind regelmäßig Gebäude, soweit in ihnen ein Aufenthalt von Menschen möglich ist (BFH III R 150/74, BStBl. II 1976, 198).

Bauwerke, die Betriebsvorrichtungen enthalten und nicht mehr als 30 qm Grundfläche haben (Transformatorenhäuschen, Pumpenhäuschen usw.) und einen allenfalls vorübergehenden Aufenthalt von Menschen gestatten, sind Betriebsvorrichtungen (GLE 5.6.2013, BStBl. I 2013, 734 Tz. 4).

Brandschutzanlagen s. Feuerlöschanlagen.

Containerbauten (zB Büro-, Verkaufs- oder Wohncontainer) können Gebäude sein, soweit sie für eine dauernde Nutzung (mindestens 6 Jahre) aufgestellt werden und sich die ihnen so zugedachte Ortsfestigkeit im äußeren Erscheinungsbild manifestiert (BFH III R 67/85, BStBl. II 1989, 113; FG Münster 3 K 5924/92 EW, EFG 1994, 555; Stöckel DStZ 1999, 419). Die Ortsfestigkeit fehlt zB Baustellencontainern, die nach der baulichen Gestaltung zur Verwendung auf stets wechselnden Einsatzstellen vorgesehen sind (BFH II R 222/8, BStBl. II 1986, 787; GLE 5.6.2013, BStBl. I 2013, 734 Tz. 2.5).

Doppelparker (dh in Garagenanlage montierte hydraulische Hebebühnen) sind als Gebäudebestandteile keine Betriebsvorrichtungen, sofern (zB bei Vermietung an Privatpersonen) eine Beziehung zu einem gewerblichen Betrieb fehlt (FG BW 5 K 128/95, EFG 1997, 87).

Drainageanlagen sind Betriebsvorrichtungen, soweit sie aus einem Rohrsystem besteht (BFH II R 61/88, BStBl. II 1991, 531). Keine Betriebsvorrichtung ist gegeben, soweit es sich bei der Drainageanlage um ein System von Erdgräben handelt (BFH II R 61/88, BStBl. II 1991, 531).

Feuerlöschanlagen (zB Sprinkleranlagen) sind regelmäßig Gebäudebestandteile, soweit nicht im Gewerbebetrieb feuergefährliche Materialien verarbeitet werden oder ähnliche Risiken mit dem Produktionsprozess verbunden sind (BFH III R 105/78, BStBl. II 1980, 409; III R 138/80, BStBl. II 1984, 262; GLE 5.6.2013, BStBl. I 2013, 734 Tz. 3.7). Zu Einzelfragen vgl. Schmidt BB 1997, 25.

Fotovoltaik: siehe Photovoltaik.

Gewächshäuser gärtnerischer Betriebe sind idR Gebäude, wenn sie mit dem Grund und Boden fest verbunden sind und die übrigen Gebäudemerkmale erfüllen (BFH III R 5/75, BStBl. II 1977, 594; IV R 116/86, BStBl. II 1988, 628; anders noch BFH II 11/60 U, BStBl. III 1965, 116). Fahrbare Gewächshäuser sind Betriebsvorrichtungen, Rössler/Troll/Halaczinsky BewG § 68 Rn. 84 aF, jetzt § 243 BewG; Rössler/Troll/Eisele BewG § 243 Rn. 25.

Hallenboden für Logistikbetrieb mit besonderer Tragfähigkeit.

Heizungsanlagen sind regelmäßig Gebäudebestandteile (BFH IV R 16/72, BStBl. II 1975, 689; III R 131/74, BStBl. II 1977, 143; GLE 5.6.2013, BStBl. I 2013, 734 Tz. 3.6).

Hochregellager sind häufig Betriebsvorrichtung, vgl. Rössler/Troll/Halaczinsky BewG § 68 Rn. 69 aF bzw. § 243 II Nr. 2 BewG nF. Gebäudeeigenschaft ist jedoch zu bejahen, wenn durch seine Konstruktionselemente als technische Einheit zugleich die äußere Umschließung und Standfestigkeit hergestellt wird (vgl. näher BFH II R 41/01, BFH/NV 2003, 1251).

Kinobestuhlung ist Betriebsvorrichtung (BFH II 2/64, BStBl. III 1966, 686; FG München DVR 1959, 135).

Klimaanlagen sind idR Teil des Gebäudes (BFH III R 90/69, BStBl. II 1971, 455 für Klima- und Lüftungsanlage eines Kaufhauses). Sie sind Betriebsvorrichtung, wenn das Gewerbe durch sie mitbetrieben wird (GLE 5.6.2013, BStBl. I 2013, 734 Tz. 3.2).

Lagerhallen sind regelmäßig Gebäude. In vollautomatischen Hochregallagern ist während des Betriebsablaufs kein Aufenthalt von Menschen möglich; sie sind daher Betriebsvorrichtungen (BFH II R 222/84, BStBl. II 1987, 551).

Photovoltaikanlagen sind Gebäudebestandteile, soweit sie allein der Energieversorgung zum Eigenbedarf dienen. Sie sind bei alleiniger Einspeisung in öffentliche Netze Betriebsvorrichtung, soweit sie nicht – zB als Ersatz einer Dacheindeckung – Gebäudebestandteil sind (FinB Hamburg 8.7.2008, DStR 2008, 1966).

Rebanlagen sind differenziert zu beurteilen. Betriebsvorrichtungen iSd § 2 I 2 Nr. 1 sind die Stützen, Spann-, Halte- und Erziehungsvorrichtungen. Rebstöcke sind hingegen als mit dem Boden verbundene Pflanzen keine Betriebsvorrichtung (BFH II R 240/85, BStBl. II 1989, 518 = UVR 1989, 216 (mAnm Klenk)).

Schallschutzvorrichtungen sind idR Gebäudebestandteile, soweit nicht ausnahmsweise ohne entspr. Schutzvorrichtungen der Betriebsablauf in Frage gestellt wäre (BFH III R 63/87, BStBl. II 1990, 751). Die Schallschlucktür in einer Rechtsanwaltspraxis ist entgegen BFH VIII R 159/70, BStBl. II 1975, 68 keine Betriebsvorrichtung (zutr. Rössler/Troll/Halaczinsky BewG § 68 Rn. 129 und § 243 BewG nF, Rössler/Troll/Eisele BewG § 243 Rn. 25).

Schiebehallen weisen alle Merkmale des Gebäudebegriffs auf (OFD Saarbrücken 29.3.1994, DB 1994, 857).

Schornsteine der Fabriken sind Betriebsvorrichtungen (BFH III 55/65, BFHE 86, 534).

Solaranlagen sind, soweit (thermische) Heizungsanlage Gebäudebestandteil; ein darauf entfallender Kaufpreisanteil ist Gegenleistung iSd §§ 8 I, 9 (FBeh Hmb 8.7.2008, DStR 2008, 1966).

Sportstätten sind differenzierend zu beurteilen, vgl. Anlage 2 der GLE 5.6.2013 (BStBl. I 2013, 734).

Toilettenhäuschen ist bei fester Verbindung mit dem Untergrund Gebäude (vgl. näher BFH II R 68/05, BStBl. II 2008, 12).

Windkraftanlagen sind Betriebsvorrichtungen (zB Rössler/Troll/Halaczinsky BewG § 68Rn. 156 aF und § 243 BewG nF: Rössler/Troll/Eisele BewG § 243 Rn. 25 „Windkraftanlagen"). Ihren Türmen fehlt, da nur für einen vorübergehenden Aufenthalt von Menschen zugelassen, die Gebäudeeigenschaft (FM BW 8.6.1999, DB 1999, 1241; FM SchlH 8.6.2004, DStR 2004, 1175).

Teppichböden sind idR Gebäudebestandteil (FG Köln 3 K 653/92, EFG 1993, 472; Rössler/Troll/Halaczinsky BewG § 68 Rn. 128 aF, jetzt § 243 BewG nF: Rössler/Troll/Eisele BewG § 243 Rn. 25) und ggf. Betriebsvorrichtung bei Tennishallen, wenn auf diesen Nutzungszweck zugeschnitten.

Traglufthallen sind mangels Standfestigkeit keine Gebäude (GLE 5.6.2013, BStBl. I 2013, 734 Tz. 2.7).

Versorgungsleitungen, die zu den entspr. Versorgungsbetrieben (Wasserwerk, Kläranlage) gehören und dem öffentlichen Nutzen dienen, sind Betriebsvorrichtungen (BFH V 93/62, HFR 1965, 525). Zur unentgeltlichen Übertragung von Erschließungsanlagen auf Gebietskörperschaften → § 8 Rn. 77.

b) Mineralgewinnungsrechte und sonstige Gewerbeberechtigungen 47
(§ 2 I 2 Nr. 2) gehören nicht zu den Gr. § 2 I 2 Nr. 2 sieht nach seinem klaren Wortlaut in den Mineralgewinnungsrechten einen Unterfall der Gewerbeberechtigungen und beruht auf dem Gedanken, dass nur der Übergang von Gr Gegenstand der GrESt sein soll (Begr GrEStG 1940, 388 (393)). Lediglich grgleiche Rechte sind in Wirklichkeit keine Gr. Der Besteuerungszweck des GrEStG verlangt deshalb – mit Ausnahme der in § 2 II Nr. 1 den Gr ausdrücklich gleichgestellten Erbbaurechte – keine Gleichstellung der grgleichen Rechte mit den Gr iSd bürgerlichen Rechts (§ 2 I 1). Der § 2 I 2 Nr. 2 zugrunde liegende Rechtsgedanke soll aus Gleichbehandlungsgründen auch für grgleiche Rechte gelten, die GrBestandteile iSd § 96 BGB sind (Begr. GrEStG 1940, 393). Aus diesen rechtssystematischen Grundlagen des § 2 I 2 Nr. 2 entnimmt der BFH (II R 111/83, BStBl. II 1986, 189; II R 20/89, BStBl. II 1992, 152) zutr. den allgemeinen Rechtsgedanken, dass der Erwerb von Geldforderungen oder anderen geldwerten Vermögenspositionen generell nicht der GrESt unterworfen sein soll (→ Rn. 26 ff.).

48 Unter Berücksichtigung der vorstehenden gesetzgeberischen Motive des § 2 I 2 Nr. 2 und der gesamten Systematik des § 2 ist der **Anwendungsbereich** des § 2 I 2 Nr. 2 **stark eingeschränkt** und erfasst nur Gewerbeberechtigungen (einschließlich der Mineralgewinnungsrechte), die als **subjektiv-dingliche Rechte** iSd § 96 BGB Bestandteile des Gr sind (BFH II B 79/04, BFH/NV 2005, 2053 mwN). Sind derartige Gewerbeberechtigungen grgleiche Rechte, für welche die für Gr geltenden Vorschriften des bürgerlichen Rechts entspr. gelten (so zB für das grgleiche Bergwerkseigentum, vgl. §§ 149 ff. BBergG), unterliegen sie nicht der GrESt. Solche grgleichen Rechte sind ihrer Rechtsnatur nach keine Gr und deshalb schon aufgrund § 2 I 1 aus dem Anwendungsbereich des GrEStG ausgenommen. Andere nicht (als grgleiche Rechte oder GrBestandteile iSd § 96 BGB) rechtlich verselbstständigte Befugnisse (zB solche zur Sand- oder Kiesgewinnung) sind schon im Eigentumsrecht am Gr begründet. Diese Befugnisse werden zusammen mit dem Gr iSd § 2 I 1 erworben und nicht durch § 2 I 2 Nr. 2 aus dem Anwendungsbereich des GrEStG ausgeschieden (für Kiesgewinnung BFH II B 79/04, BFH/NV 2005, 2053).

49 **aa) Mineralgewinnungsrechte.** Das Recht der Mineralgewinnung ist abschließend durch das **BBergG** (zur grestrechtl. Behandlung vgl. auch Bruschke UVR 2006, 186; OFD Koblenz 9.1.2006, DStR 2006, 327; OFD Hannover 18.11.1999, DB 2000, 550; zum BergG DDR vgl. BFH II R 40/06, BFH/NV 2008, 2060) geregelt, soweit nicht früher begründete Nutzungsrechte durch §§ 149 ff. BBergG aufrechterhalten worden sind. § 2 I 2 Nr. 2 kann vor allem im Hinblick auf diese fortbestehenden Rechte (zB aus Art. 68 EGBGB) Bedeutung erlangen.

50 **Bodenschätze** sind alle mineralischen Rohstoffe in festem oder flüssigem Zustand und Gase – mit Ausnahme von Wasser –, die in natürlichen Ablagerungen oder Ansammlungen (Lagerstätten) ua in oder auf der Erde vorkommen (§ 3 I BBergG). Eigentumsrechtlich ist zwischen den bergfreien und grundeigenen Bodenschätzen zu unterscheiden. Für **bergfreie Bodenschätze** ist abweichend von § 905 BGB bestimmt, dass sich das Eigentum am Gr nicht auf diese erstreckt (§ 3 II 2 BBergG). Dazu gehören ua Gold, Silber, Blei, Eisen, Erdöl und Erdgas (§ 3 III BBergG). Ihre Gewinnung bedarf der Bewilligung (§ 8 I Nr. 1 BBergG) oder des Bergwerkseigentums (§ 9 BBergG). Die Bewilligung nach § 8 I Nr. 1 BBergG ist grestrechtl. ohne Bedeutung, weil sie weder grgleiches Recht noch subjektiv-dingliches Recht iSd § 96 BGB ist (Padberg § 2 Rn. 222, 260). Das Bergwerkseigentum (§ 9 I BBergG) ist zwar ein grgleiches Recht, sein Erwerb ist jedoch schon mangels GrEigenschaft iSd § 2 I Nr. 1 bzw. § 2 I 2 Nr. 2 nicht steuerbar.

51 **Grundeigene Bodenschätze** stehen hingegen im Eigentum des GrEigentümers (§ 3 II 1 BBergG). Zu ihnen zählen ua Oxid, Dachschiefer und Feldspat (§ 3 IV BBergG). Das Eigentum am Gr (§§ 903, 905 BGB) erstreckt sich auch auf Stoffe, die schon kraft der Sache grundeigen und keine Bodenschätze iSd § 3 I BBergG sind. Hierzu gehören zB Bims, Kalkstein, Kies, Lehm, Sand, Ton und Torf (vgl. auch BFH II R 26/03, BStBl. II 2005, 613; FG Münster 8 K 174/21, EFG 2023, 142). Das **Abbaurecht** für diese Bodenbestandteile und grundeigenen Bodenschätze ist **kein Mineralgewinnungsrecht** iSd § 2 I 2 Nr. 2. Ein für die Ausübung des Rechts zur Ausbeutung dieser Vorkommen im Zusammenhang mit einem GrErwerb gezahltes Entgelt ist, weil für das Gr iSd § 2 I 1 erbracht, Gegenleistung iSd §§ 8 I, 9 (zu Einzelheiten → § 9 Rn. 107 „Bodenschätze“);

ergibt sich die Bemessungsgrundlage aus § 8 II, bleiben grundeigene Bodenschätze bei der Bedarfswertermittlung unberücksichtigt (→ § 8 Rn. 112). Die durch beschränkt persönliche Dienstbarkeit gesicherte Verpflichtung des GrEigentümers, Bodenschätze oder -funde von kultur- und naturgeschichtlichem Wert dem Staat kostenlos zu übereignen und die Nutzung und Gewinnung von Mineralien zu dulden, ist idR mit null Euro zu bewerten (OFD Hannover 18.11.1999, DB 2000, 550).

bb) Sonstige Gewerbeberechtigungen iSd § 2 I 2 Nr. 2 sind nur solche, die als subjektiv-dingliche Rechte GrBestandteil iSd § 96 BGB sind (→ Rn. 25). Als solche kommen die auf öffentlich-rechtlicher Grundlage bestehenden Gewerbeberechtigungen alter Art (Art. 74 EGBGB) in Betracht (zB Mühlengerechtigkeiten, Abdeckerei-, Wein-, Bierschenk- und Schlächtereiberechtigungen als radizierte Gewerberechte; vgl. BFH II 42/65, BStBl. II 1972, 190 mwN). Im Regelfall sind derartige Gewerbeberechtigungen allerdings wirtschaftlich nahezu wertlos. Zu fortgeltenden Apothekenprivilegien und Wassernutzungsrechten vgl. → 5. Aufl. 2014, § 2 Rn. 52. In Zweifelsfällen rechtfertigt sich eine erweiternde Auslegung des § 2 I 2 Nr. 2 zugunsten des Steuerpflichtigen (BFH II 42/65, BStBl. II 1972, 190). 52

c) Recht des Grundstückseigentümers auf Erbbauzins (§ 2 I 2 Nr. 3). § 2 I 2 Nr. 3 wurde durch das StÄndG 2001 eingefügt (zur erstmaligen Anwendung vgl. § 23 VII 1). Damit hat der Gesetzgeber (vgl. BT-Drs. 14/6877, 31) unter gleichzeitiger Aufhebung des § 1 VII (vgl. → § 1 Rn. 540) die Konsequenzen aus der BFH-Rspr. (BFH II R 89/87, BStBl. II 1991, 271; II B 133/99, BStBl. II 2000, 433) gezogen, dass der Erwerb des Erbbauzinsanspruchs als reine Geldforderung keinen GrUmsatz darstellt und, obwohl gem. § 96 BGB Bestandteil des erbbaubelasteten Gr, nicht der GrESt unterliegt (vgl. auch Tz. 6 der in → Rn. 76 abgedr. Erbbaurechtserlasse sowie → 2. Aufl. § 2 Rn. 29 mwN). Zu Einzelfragen der Gegenleistung bei Rechtsvorgängen über erbbaurechtsbelastete Gr → § 9 Rn. 177 ff. 53

IV. Wohnungs- und Teileigentum

1. Zivilrechtliche Grundlagen. Das Wohnungs- und Teileigentum (§ 1 II und III WEG) ist ein besonders ausgestaltetes Miteigentum nach Bruchteilen (§§ 1008 ff. BGB). **Wohnungseigentum** ist das Sondereigentum (dh das jedem Raumeigentümer an den ihm gehörenden Räumen zustehende Alleineigentum) an einer Wohnung iVm dem Miteigentumsanteil an dem gemeinschaftlichen Eigentum (dh das allen Raumeigentümern nach Bruchteilen zustehende Miteigentum), zu dem es gehört (§ 1 II WEG). **Teileigentum** ist das Sondereigentum an nicht zu Wohnzwecken dienenden Räumen eines Gebäudes iVm dem Miteigentumsanteil an dem gemeinschaftlichen Eigentum, zu dem es gehört (§ 1 III WEG). Sondereigentum und Miteigentum sind eine rechtliche Einheit. Hierzu bestimmt § 6 WEG, dass über das Sondereigentum nicht ohne den Miteigentumsanteil verfügt werden kann und sich die Rechte an dem Miteigentumsanteil auf das zu ihm gehörende Sondereigentum erstrecken. 54

Der **gegenständliche Umfang** des Wohnungs- bzw. Teileigentums ergibt sich aus den Komponenten des gemeinschaftlichen Eigentums und des Sondereigentums. Zum gemeinschaftlichen Eigentum gehören das Gr (einschließlich seiner Bestandteile und als Bestandteile geltenden Rechte, → Rn. 12 ff.) sowie die nicht 55 im Sondereigentum oder im Eigentum eines Dritten stehenden Teile, Anlagen und Einrichtungen des Gebäudes (§ 1 V WEG). Gegenstand des Sondereigentums sind gem. § 5 I WEG die bestimmte Wohnung bzw. die nicht zu Wohnzwecken bestimmten Räume. Hierzu gehören auch die zur Wohnung bzw. zu den Räumen gehörenden Bestandteile.

56 Die **Begründung** von Wohnungs- und Teileigentum kann auf zweifache Weise erfolgen (§ 2 WEG). Steht das Gr im Eigentum mehrerer Personen, so kann es durch vertragliche Einräumung von Sondereigentum durch die Miteigentümer begründet werden (§§ 3, 4 WEG). Wohnungs- bzw. Teileigentum kann auch durch Teilungserklärung des GrEigentümers (§ 8 WEG) entstehen. Das Wohnungs- und Teileigentum kann auch schon vor Errichtung des Gebäudes begründet werden (Grüneberg/Wicke WEG § 2 Rn. 10 mwN). Zur Begründung von Wohnungs- oder Teileigentum nach § 67 SachenRBerG vgl. die einschlägige Kommentarliteratur zu dieser Vorschrift sowie Hofmann/Elling/Keßeler § 2 Rn. 40.

57 **2. Grunderwerbsteuerbare Vorgänge bei Wohnungs- und Teileigentum.** Wohnungs- und Teileigentum sind **Gr iSd § 2 I 1,** sodass diesbezügliche Erwerbsvorgänge steuerbar sind (BFH II R 19/77, BStBl. II 1980, 667; II R 64/09, BStBl. II 2012, 355, stRspr). Ggf. bilden das Wohnungseigentum und das ihm zugeordnete Teileigentum (zB Garage) eine wirtschaftliche Einheit iSd § 2 III 1, vgl. → Rn. 139. Der Kauf einer schon bezugsfertigen Eigentumswohnung unterfällt § 1 I Nr. 1, wobei Gegenstand des Erwerbsvorgangs (→ § 9 Rn. 3 ff.) auch ein erst künftig entstehendes Wohnungs- bzw. Teileigentum sowie ideelle Anteile an Wohnungseigentum sein können (BFH II R 19/77, BStBl. II 1980, 667; II R 96/90, BFH/NV 1995, 156; zum Erfordernis hinreichender Bestimmtheit → § 1 Rn. 157). Der Erwerb von Wohnungs- oder Teileigentum aufgrund freiwilliger Versteigerung unterfällt ebenfalls § 1 I Nr. 1 (→ § 1 Rn. 170). Zur Anwendung des § 7 II, sofern eine Gesamthandsgemeinschaft ein Gr in Wohnungseigentum aufteilt, vgl. → § 7 Rn. 19 ff.

58 Die **Begründung** von Wohnungs- oder Teileigentum durch Vertrag der Miteigentümer über die Einräumung von Sondereigentum (§ 3 I WEG) unterliegt hinsichtlich des Erwerbs der einzelnen Miteigentümer der GrESt (BFH II R 19/77, BStBl. II 1980, 667). Für diesen Erwerb gilt § 7 I, sodass nur ein etwaiger Mehrerwerb des einzelnen Miteigentümers mit GrESt belastet wird (BFH II R 19/77, BStBl. II 1980, 667; II R 6/86, BStBl. II 1989, 54; zu Einzelheiten → § 7 Rn. 20). Die **einseitige Teilungserklärung** durch den Alleineigentümer nach § 8 WEG sowie die Aufteilung des Wohnungserbbaurechts in Wohnungs- bzw. Teilerbbaurecht (§§ 8, 30 WEG) sind mangels Rechtsträgerwechsel nicht steuerbar (BFH II R 96/90, BFH/NV 1995, 156).

59 Die **Aufhebung** des Sondereigentums (§ 17 WEG) erfordert eine Vereinbarung sämtlicher Miteigentümer. Aufgrund des Erlöschens des Wohnungseigentums entsteht gewöhnliches Miteigentum (§§ 1008, 741 BGB) an den Sondereigentumseinheiten (BFH II R 30/21, BFH/NV 2025, 219 = DStR 2024, 2768 mAnm Kugelmüller-Pugh). Hinsichtlich des gemeinschaftlichen Eigentums tritt durch die Aufhebung der Gemeinschaft keine Änderung gegenüber dem bisherigen Rechtszustand ein (BFH II R 30/21, BFH/NV 2025, 219 = DStR 2024, 2768 mAnm Kugelmüller-Pugh). Für diesen steuerbaren Erwerb fehlt eine ausdrückliche gesetzliche Befreiungsregelung, doch legt schon der § 5 II zugrundeliegende Rechtsgedanke – ggf. im Wege der Interpolation mit § 7 I – eine Befreiung

dieses Erwerbs nahe (Viskorf/Viskorf § 2 Rn. 285; Hofmann/Elling/Keßeler § 2 Rn. 42; GLE 12.11.2018, BStBl. I 2018, 1334 Tz. 1).

V. Wohnungs- und Teilerbbaurecht

Die Begründung von Wohnungs- und Teileigentum ist auch auf der Grundlage von Erbbaurechten möglich (§ 30 WEG). Für die Begründung des Erbbaurechts gilt das ErbbauRG, während für das am Erbbaurecht begründete sog. Wohnungs- und Teilerbbaurecht die §§ 1–29 WEG entspr. anzuwenden sind (§ 30 III WEG). Auch das Wohnungs- und Teilerbbaurecht ist Gr iSd § 2 I 1; sich darauf beziehende Erwerbsvorgänge unterliegen der GrESt (BFH II 114/54 U, BStBl. III 1955, 53). **60**

VI. Stockwerkseigentum

Gr iSd § 2 I 1 ist auch das in der Praxis kaum noch bedeutsame Stockwerkseigentum (Art. 182 EGBGB) vgl. BFH II 121/57 U, BStBl. III 1959, 454. Es ähnelt in seiner rechtlichen Ausgestaltung dem Wohnungseigentum. Ist mit dem Stockwerkseigentum kein Miteigentum am Gr verbunden, kann es ggf. Gebäude auf fremdem Grund und Boden (§ 2 II Nr. 2) sein. Die Umwandlung von Stockwerkseigentum in Wohnungseigentum (§ 63 WEG) ist als bloße Umwandlung der Rechtsform nicht steuerbar. **61**

VII. Dauerwohn- und Dauernutzungsrecht (§§ 31 ff. WEG)

Zivilrechtlich ist das **Dauerwohn- und Dauernutzungsrecht** iSd §§ 31 ff. WEG die **dingliche Belastung eines Gr oder Erbbaurechts,** aufgrund deren der Berechtigte unter Ausschluss des Eigentümers eine bestimmte Wohnung (dann Dauerwohnrecht) oder nicht zu Wohnzwecken dienende Räume (dann Dauernutzungsrecht) an einem auf dem Gr errichteten oder zu errichtenden Gebäude nutzen kann. Das Dauerwohn- und Dauernutzungsrecht ist veräußerlich und vererblich (§ 33 I WEG). Es ist kein echtes Eigentum am Gr und am Gebäude, wird gleich einer Dienstbarkeit im Grundbuch eingetragen, erhält kein eigenes Grundbuchblatt und kann – da kein grgleiches Recht – nicht wie GrEigentum mit Hypotheken- und Pfandrechten oder sonstigen beschränkt dinglichen Rechten belastet werden (MüKoBGB/Engelhardt WEG § 31 Rn. 6). **62**

Grunderwerbsteuerrechtlich ist das Dauerwohn- und Dauernutzungsrecht kein Gr iSd bürgerlichen Rechts (§ 2 I 1) und steht Gr auch nicht gem. § 2 II gleich, sodass entspr. Rechtsvorgänge **nicht steuerbar** sind. Da das GrEStG insoweit auch keine wirtschaftliche Betrachtungsweise zulässt, gilt dies auch dann, wenn das Dauerwohn- oder Dauernutzungsrecht aufgrund entspr. Abreden eine dem Wohnungs- oder Teileigentum ähnliche Gestaltung erfährt (dazu – aus ertragsteuerlicher Sicht – zB BFH IX R 48/82, BStBl. II 1986, 258). Die Verwertungsmöglichkeit (§ 1 II) am belasteten Gr erhält der Erwerber allein mit dem Erwerb eines Dauerwohn- oder Dauernutzungsrechts grds. noch nicht (vgl. BFH V 259/56 U, BStBl. III 1957, 269); nur in ganz extremen Fällen mag dies anders sein (zutr Viskorf/Viskorf § 2 Rn. 290; vgl. auch FG München 4 K 3863/97, BeckRS 2000, 21010364; 4 K 3105/18, ZEV 2021, 64). Zum Dauerwohn- und Dauernutzungsrechts als dauernde Last iSd § 9 II Nr. 2 S. 2 → § 9 Rn. 213, 215. **63**

einstweilen frei **64**

C. Grundstücken gleich stehende Rechte und Gebäude (§ 2 II)

65 § 2 II erweitert zum Teil den in § 2 I 1 zugrunde gelegten GrBegriff und stellt Erbbaurechte, Gebäude auf fremdem Boden sowie dinglich gesicherte Sondernutzungsrechte den Gr gleich. Haubergsanteile unterfallen nicht § 2 II (→ Rn. 7).

I. Erbbaurechte (§ 2 II Nr. 1)

66 **1. Rechtsnatur und Rechtsgrundlagen.** Nach bürgerlichem Recht ist das Erbbaurecht (§ 1 I ErbbauRG) ein grgleiches Recht (vgl. § 11 I ErbbauRG). Es ist seiner Rechtsnatur nach ein dingliches Recht an einer fremden Sache und unterscheidet sich von anderen dinglichen Rechten am Gr dadurch, dass es selbst wie ein Gr behandelt wird. Es kann zB wie ein Gr mit Grundpfandrechten und sonstigen dinglichen Rechten – auch mit einem **Untererbbaurecht** (das einem Erbbaurecht gleichwertig ist, BGH NJW 1974, 1137) – belastet werden. § 14 ErbbauRG schreibt die Anlegung eines besonderen Grundbuchblatts vor. Dem Erbbauberechtigten steht damit für die Dauer seines Rechts eine eigentumsähnliche Form der Herrschaft an der GrFläche zu (BFH II R 10/90, BStBl. II 1993, 766). Wegen dieser Annäherung an das Eigentum stellt § 2 II Nr. 1 das Erbbaurecht dem Eigentum an Gr gleich und behandelt das Erbbaurecht als **eigenen Steuergegenstand** (BFH II R 49/01, BStBl. II 2002, 98 mwN).

Erbbaurecht iSd § 2 II Nr. 1 ist auch das **Gesamterbbaurecht** an mehreren selbstständigen Gr. Das Gesamterbbaurecht ist als Gesamtrecht ein **einziges, einheitliches Erbbaurecht** mit einheitlichem Rechtsinhalt, dessen Belastungsgegenstand mehrere Gr sind (zB BGH V ZR 21/74, BGHZ 65, 345; Winkler/Schlögel ErbbauR Rn. 3.37; Staudinger/Rapp ErbbauRG § 1 Rn. 22), wobei die belasteten Gr auch im Eigentum verschiedener Eigentümer stehen können (Winkler/Schlögel ErbbauR Rn. 3.37). Die rechtliche Zulässigkeit des Gesamterbbaurechts steht, wie schon § 6a GBO zeigt, außer Zweifel (zB BGH V ZR 21/74, BGHZ 65, 345; Winkler/Schlögel ErbbauR Rn. 3.39). Als einziges einheitliches Erbbaurecht kann das Gesamterbbaurecht auch nur ein Gr iSd § 2 II Nr. 1 sein, sodass insoweit auch nur ein Erwerbsvorgang vorliegen kann. Das gilt in jedem Fall dann, wenn der Erwerbsvorgang (zB nach § 1 I Nr. 3 oder § 1 II iVm § 2 II Nr. 1) ein schon entstandenes Gesamterbbaurecht betrifft. Für die **Bestellung** eines Gesamterbbaurechts kann – entgegen BFH II R 53/10, BStBl. II 2013, 955) – nichts anderes gelten; auch hier liegt nur **ein einziger Erwerbsvorgang** iSd § 1 I Nr. 1 iVm § 2 II Nr. 1 vor. Auch wenn die Bestellung des Gesamterbbaurechts auf zwei gesonderten schuldrechtlichen Verträgen beruht, ist ihr Gegenstand nur ein Gr, zumal aus der schuldrechtlichen Verpflichtung nur eines GrEigentümers zur Bestellung des Gesamterbbaurechts nicht auf Bestellung des auch das weitere Gr eines anderen GrEigentümers betr. Gesamterbbaurecht geklagt werden kann. Demgemäß kann zB auch § 3 Nr. 1 nur einmal auf das Gesamterbbaurecht angewendet werden.

67 Das Erbbaurecht ist allerdings zugleich eine **dingliche Belastung** des fremden Grund und Bodens, der im Eigentum des Erbbaurechtsbestellers verbleibt. Damit weist das Erbbaurecht (als dingliches Recht einerseits und dingliche Belastung andererseits) eine **Doppelnatur** auf (zu Einzelfragen auch Viskorf/Viskorf § 2 Rn. 161 ff.; Behrens/Wachter/Lieber § 2 Rn. 46 ff.; Lahmann ErbbauZ 2022, 9 und ErbbauZ 2022, 99).

Die **Entstehung** des Erbbaurechts erfolgt regelmäßig durch rechtsgeschäftliche Bestellung. Diese erfordert gem. § 11 I 1 ErbbauRG iVm § 873 BGB die Einigung und Eintragung im Grundbuch; der Auflassung bedarf es nicht. Die **Übertragung** des Erbbaurechts erfolgt ebenfalls durch (formfreie) Einigung und Eintragung (§ 11 I 1 ErbbauRG iVm § 873 BGB). Ein Wechsel in der Person des Erbbaurechtsinhabers tritt ferner zB durch den Zuschlag in der Zwangsversteigerung (§ 11 I 1 ErbbauRG iVm § 90 ZVG) oder durch Erbfolge (§ 1922 BGB) ein. In den **neuen Bundesländern** haben Nutzer und deren Rechtsnachfolger ua von selbstständigem Gebäudeeigentum (vgl. § 9 SachenRBerG) ein Wahlrecht auf Bestellung eines Erbbaurechts (§§ 3 I, 15 I SachenRBerG) am fremden Gr (vgl. zB den Kurzüberblick von Theißen/Maitra INF 1995, 465 mwN). Für die rechtsgeschäftliche Erbbaurechtsbestellung (§ 32 SachenRBerG) ergeben sich insoweit ebenso wenig Besonderheiten wie für die Erbbaurechtsbestellung im notariellen Vermittlungsverfahren (§§ 87 ff. SachenRBerG). Kommt im letzteren Fall keine Einigung zustande, können die wechselseitigen Ansprüche und Verpflichtungen durch Gestaltungsurteil (§ 106 SachenRBerG) festgestellt werden. 68

Ist ein Erbbaurecht – wie idR – unter Vereinbarung eines bestimmten Endtermins bestellt worden, erlischt es durch Zeitablauf (§ 27 I ErbbauRG). Die **Verlängerung** des Erbbaurechts kann durch Vereinbarung zwischen dem GrEigentümer und dem Erbbauberechtigten herbeigeführt werden (§ 27 III ErbbauRG); zu § 112 SachRBerG vgl. → Rn. 80. 69

Das Erbbaurecht kann unter bestimmten Voraussetzungen vom Erbbauberechtigten auf den Eigentümer zu übertragen sein (**Heimfall,** § 2 Nr. 4 ErbbauRG). Der Heimfallanspruch kann nicht vom Eigentum am Gr getrennt werden. Nach Eintritt der Heimfallvoraussetzungen kann der GrEigentümer die Übertragung des Erbbaurechts auf einen von ihm zu bezeichnenden Dritten verlangen (§ 3 ErbbauRG). Der Heimfall führt nicht zum Untergang des Erbbaurechts, sondern nur zu einer Änderung in der Rechtszuständigkeit am Erbbaurecht (MüKoBGB/Weiß ErbbauRG § 2 Rn. 26). Bei Eintritt der vereinbarten Heimfallvoraussetzungen geht das Erbbaurecht nicht von selbst auf den GrEigentümer über. Dieser hat nur einen schuldrechtlichen Anspruch gegen den Erbbauberechtigten auf Übertragung des Erbbaurechts. Übt der GrEigentümer sein Heimfallrecht aus, hat er dem Erbbauberechtigten unter den Voraussetzungen des § 32 II ErbbauRG eine angemessene Vergütung für das Erbbaurecht zu gewähren (Grüneberg/Wicke ErbbauRG § 32 Rn. 2). 70

Zu einem **Erlöschen** des Erbbaurechts kommt es durch rechtsgeschäftliche Aufhebung. Diese erfordert keine Einigung iSd § 873 BGB, sondern lediglich die Aufgabeerklärung des Berechtigten (§ 11 I 1 ErbbauRG iVm § 875 BGB), die Zustimmung des GrEigentümers (§ 26 ErbbauRG) sowie ggf. die Zustimmung Dritter, denen ein Recht an dem Erbbaurecht zusteht (§ 11 I 1 ErbbauRG iVm § 876 BGB). Weitere Erlöschenstatbestände sind zB der Zeitablauf (§ 27 ErbbauRG), die Buchersitzung (§ 901 BGB) und die Enteignung (zur Enteignungsfähigkeit des Erbbaurechts vgl. etwa § 86 I Nr. 2 iVm § 200 II BauGB). Als Folge des Erlöschens werden die bisherigen Erbbaurechtsbestandteile zu Bestandteilen des Gr (§ 12 III ErbbauRG). Das Erbbaurecht bleibt als selbstständiges Recht auch dann bestehen, wenn es dem Eigentümer des erbbaurechtsbelasteten Gr zusteht; in diesem Fall tritt keine Konfusion ein. Der Eigentümer des erbbaurechtsbelasteten Gr kann eine Beseitigung des Erbbaurechts durch Aufgabeerklärung (→ Rn. 83) erreichen (vgl. Lohaus NotZ 2001, 53 (56)). 71

72 Zum **gegenständlichen Umfang** des Erbbaurechts stellt § 12 I ErbbauRG klar, dass das aufgrund des Erbbaurechts errichtete bzw. schon bei Bestellung des Erbbaurechts vorhandene Bauwerk als wesentlicher Bestandteil des Erbbaurechts gilt. Diese Bauwerke fallen mithin in das Eigentum des Erbbauberechtigten und werden mit dem Erlöschen des Erbbaurechts zu Bestandteilen des Gr (§ 12 III ErbbauRG). Für das GrEStG ist der für die Bestandteilsverhältnisse maßgebliche Zeitpunkt grds. derjenige der Entstehung der Steuerschuld (§ 38 AO; § 14 GrEStG). Anderes gilt, wenn das Erbbaurecht in einem erst herzustellenden künftigen Zustand Gegenstand des Erwerbsvorgangs ist (→ § 9 Rn. 3 ff., 168 ff.).

73 **2. Grunderwerbsteuerrechtliche Beurteilung der Erbbaurechtsvorgänge. a) Allgemeines; Erbbaurechtserlasse der Finanzverwaltung.** Das Erbbaurecht ist durch § 2 II Nr. 1 den Gr gleichgestellt. Es gilt damit nicht in erster Linie als Belastung des ErbbauGr, sondern als ein dem Eigentum am Gr gleiches Recht (§§ 11, 14 ErbbauRG). Damit sind das Erbbaurecht und das mit dem Erbbaurecht belastete Gr **zwei selbstständige Gr iSd § 2.**

74 Aus § 2 II Nr. 1 folgt zunächst, dass der in § 1 I bis III vorausgesetzte Begriff des „inländischen Gr" durch den Begriff „Erbbaurecht an einem inländischen Gr" zu ersetzen ist. Insofern entspricht dem Eigentum als Vollrecht am Gr bei Erbbaurechten die Erbbauberechtigung als Vollrecht an diesem. Darüber hinaus ist zu berücksichtigen, dass die Tatbestandsumschreibungen des § 1 I auf Gr iSd bürgerlichen Rechts (§ 2 I 1) zugeschnitten sind. Die durch § 2 II Nr. 1 angeordnete Gleichstellung des Erbbaurechts mit Gr verlangt daher eine **„sinngemäß entsprechende"** Anwendung des **§ 1 I** (BFH II R 37/66, BStBl. II 1968, 223; II R 164/73, BStBl. II 1978, 678; II R 10/90, BStBl. II 1993, 766). Dem „Anspruch auf Übereignung eines Gr" (§ 1 I Nr. 1) entspricht der „Anspruch auf Übertragung eines Erbbaurechts" und der „Auflassung" eines Gr (§ 1 I Nr. 2) die auf Bestellung oder Übertragung des Erbbaurechts gerichtete dingliche Einigung gem. § 11 I 1 ErbbauRG iVm § 873 BGB. Da im Zivilrecht auch die Bestellung von Untererbbaurechten zugelassen wird und diese als den Erbbaurechten gleichartige Rechte angesehen werden (→ Rn. 66), umfasst die Gleichstellung der Erbbaurechte mit den Gr gem. § 2 II Nr. 1 auch die Untererbbaurechte (BFH II R 103/76, BStBl. II 1980, 135).

75 **Steuerbare Erwerbsvorgänge** können nur vorliegen, sofern ein Erbbaurechtsvorgang einen **Rechtsträgerwechsel** (→ § 1 Rn. 10) bewirkt. Daran fehlt es bei der **Bestellung eines Eigentümererbbaurechts** (dh der Begründung eines Erbbaurechts am eigenen Gr), der Aufhebung eines Eigentümer-Erbbaurechts (vgl. auch SchlHFG 3 K 67/01, EFG 2002, 1629) sowie der Aufteilung des Wohnungserbbaurechts in Wohnungs- bzw. Teilerbbaurecht (§§ 8, 30 WEG). Zu Erbbaurechtsvorgängen im Zusammenhang mit dem Immobilien-Leasing vgl. Schneck/Pirkl/Erhardt BB 2004, 1658. Im Einzelnen sind als Rechtsvorgänge, die ein Erbbaurecht betreffen, steuerbar (jeweils iVm § 2 II Nr. 1)

- die Bestellung nach § 1 I Nr. 1 oder Nr. 2,
- die Übertragung nach § 1 I Nr. 1 oder Nr. 2,
- die Verlängerung nach § 1 I Nr. 1 oder Nr. 2,
- die Aufhebung nach § 1 I Nr. 1, Nr. 2 oder Nr. 3 (zur Aufhebung des Erbbaurechts durch den Eigentümer des erbbaurechtsbelasteten Gr vgl. → Rn. 83; zum Erlöschen des Erbbaurechts durch Zeitablauf vgl. → Rn. 90),
- der Heimfall bei Übertragung des Erbbaurechts auf den GrEigentümer nach § 1 I Nr. 2.

Zu weiteren Rechtsvorgängen → Rn. 89 ff.; zur Anwendung des § 7 bei der „Aufspaltung“ eines Gr in Erbbaurecht und erbbaurechtsbelastetes Gr → § 7 Rn. 16.

Bei der grestrechtl. Beurteilung von Erbbaurechtsvorgängen folgt die FVerw – die Gerichte nicht bindenden – gleichlautenden Ländererlassen zur Beurteilung von Erbbaurechtsvorgängen **(GLE vom 16.9.2015, BStBl. I 2015, 827 – HEB 2024, 32 -)** mit folgendem Wortlaut: **76**

1. Allgemeines

Das Erbbaurecht ist das veräußerliche und vererbliche Recht, auf oder unter der Oberfläche eines Grundstücks ein Bauwerk zu haben (§ 1 Abs. 1 Erbbaurechtsgesetz. [ErbbauRG]). Es kann auf einen für das Bauwerk nicht erforderlichen Teil des Grundstücks erstreckt werden, sofern das Bauwerk wirtschaftlich die Hauptsache bleibt (§ 1 Abs. 2 ErbbauRG). Das Erbbaurecht stellt sich insofern als eine Beschränkung des Eigentums an dem Grundstück dar (BFH-Urteil vom 28. November 1967 II R 37/66, BStBl. 1968 II S. 223).

Erbbaurechte stehen nach § 2 Abs. 2 Nr. 1 GrEStG den Grundstücken gleich. Die auf Grundstücke bezogenen Vorschriften des Grunderwerbsteuerrechts gelten daher für Erbbaurechte und Untererbbaurechte entsprechend.

2. Steuerbare Erbbaurechtsvorgänge

Der Grunderwerbsteuer unterliegen nach § 1 Abs. 1 GrEStG die folgenden Rechtsvorgänge:

2.1. nach § 1 Abs. 1 Nr. 1 GrEStG

2.1.1. ein Vertrag, der den Anspruch auf Bestellung eines Erbbaurechts begründet (BFH-Urteile vom 5. Dezember 1979 II R 103/76, BStBl. 1980 II S. 135, und II R 122/76 BStBl. 1980 II S. 136, mit weiteren Nachweisen),

2.1.2. ein Vertrag, der den Anspruch auf Übertragung eines Erbbaurechts begründet (BFH-Urteil vom 5. Dezember 1979 II R 122/76, BStBl. 1980 II S. 136),

2.1.3. die Ausübung des Vorrechts auf Erneuerung des Erbbaurechts nach § 31 ErbbauRG,

2.1.4. eine Vereinbarung über die Verlängerung eines Erbbaurechts (BFH-Urteil vom 18. August 1993 II R 10/90, BStBl. II S. 766);

2.2. nach § 1 Abs. 1 Nr. 2 GrEStG

2.2.1. eine auf die Bestellung eines Erbbaurechts gerichtete Einigung, wenn kein Rechtsgeschäft i. S. der Tz. 2.1.1 vorausgegangen ist,

2.2.2. eine auf die Übertragung eines Erbbaurechts gerichtete Einigung, wenn kein Rechtsgeschäft i. S. der Tz. 2.1.2 vorausgegangen ist,

2.2.3. ein Rechtsgeschäft, durch das ein Erbbaurecht vor dem vereinbarten Zeitablauf aufgehoben oder auf ein Erbbaurecht verzichtet wird (BFH-Urteil vom 5. Dezember 1979 II R 122/76, BStBl. 1980 II S. 136),

2.2.4. der Heimfall eines Erbbaurechts nach § 32 ErbbauRG (BFH-Urteil vom 23. September 1969 II 113/64, BStBl. 1970 II S. 130),

2.2.5. eine auf die Verlängerung eines Erbbaurechts gerichtete Einigung, wenn kein Rechtsgeschäft i. S. der Tz. 2.1.4 vorausgegangen ist;

2.3. nach § 1 Abs. 1 Nr. 3 GrEStG

2.3.1. der Übergang eines Erbbaurechts kraft Gesetzes und die Übertragung eines Erbbaurechts durch behördlichen Ausspruch,

2.3.2. die vorzeitige Löschung eines nicht dem Grundstückseigentümer selbst zustehenden Erbbaurechts im Erbbaugrundbuch, wenn kein Rechtsgeschäft i. S. der Tz. 2.2.3 vorausgegangen ist (BFH-Urteil vom 5. Dezember 1979 II R 122/76, BStBl. 1980 II S. 136);

2.4. nach § 1 Abs. 1 Nr. 4 GrEStG

das Meistgebot im Zwangsversteigerungsverfahren über ein Erbbaurecht;

2.5. nach § 1 Abs. 1 Nr. 5 GrEStG

ein Rechtsgeschäft, das den Anspruch auf Abtretung eines Anspruchs auf Bestellung, Übertragung oder Verlängerung eines Erbbaurechts oder der Rechte aus einem Meistgebot begründet (BFH-Urteil vom 28. November 1967 II 1/64, BStBl. 1968 II S. 222);

2.6. nach § 1 Abs. 1 Nr. 6 GrEStG

ein Rechtsgeschäft, das den Anspruch auf Abtretung der Rechte aus einem Angebot zum Abschluss eines Vertrages begründet, kraft dessen die Bestellung, Übertragung oder Verlängerung eines Erbbaurechts verlangt werden kann;

2.7. nach § 1 Abs. 1 Nr. 7 GrEStG

die Abtretung eines der in den Tz. 2.5 und 2.6 bezeichneten Rechte, wenn kein Rechtsgeschäft vorausgegangen ist, das den Anspruch auf Abtretung der Rechte begründet.

3. Rechtsvorgänge im Zusammenhang mit dem Erbbaurecht

3.1. Rechtsvorgänge mit Gegenleistung

3.1.1. Allgemeines

Die Grunderwerbsteuer bemisst sich in den Fällen der Bestellung, Übertragung, Erneuerung und Verlängerung eines Erbbaurechts nach dem Wert der Gegenleistung, soweit eine Gegenleistung vorhanden ist (§§ 8 Abs. 1 und 9 GrEStG).

Zur Gegenleistung gehören die Belastungen, die auf dem Erbbaurecht ruhen, soweit sie auf den Erwerber kraft Gesetzes übergehen und es sich nicht um dauernde Lasten handelt. Der Erbbauzins gilt nicht als dauernde Last. Zur Gegenleistung gehört damit grundsätzlich auch der Kapitalwert der Erbbauzinsverpflichtung (§ 9 Abs. 2 Nr. 2 GrEStG; BFH-Urteil vom 23. Oktober 2002 II R 81/00, BStBl. 2003 II S. 199). Der Kapitalwert bemisst sich nach dem von der Laufzeit des Erbbaurechts abhängigen Vielfachen des Jahreswerts des Erbbauzinses (§ 13 BewG i. V. m. Anlage 9a zum BewG). Eine Beschränkung des Jahreswerts der Erbbauzinsverpflichtung auf den 18,6-ten Teil des nach den Vorschriften des Bewertungsgesetzes anzusetzenden Werts des Grund und Bodens des mit dem Erbbaurecht belasteten Grundstücks kommt nicht in Betracht (§§ 16 und 17 Abs. 3 Satz 2 BewG). Einmalige Geldleistungen und sonstige Leistungen, zu denen sich der Erwerber anstelle oder neben einer Erbbauzinsverpflichtung verpflichtet, gehören ebenfalls zur Gegenleistung.

3.1.2. Einheitlicher Erwerbsgegenstand

Soweit eine Verpflichtung der Veräußererseite (Erbbaurechtsgeber und ggf. mit ihm verbundener Dritter) zur Herstellung eines Gebäudes besteht, kann Gegenstand des Erwerbsvorgangs das Erbbaurecht mit noch künftig zu errichtendem Gebäude sein. Dazu ist neben dem Abschluss des Erbbaurechtsvertrags auch der Abschluss eines Bauvertrags mit der Veräußererseite erforderlich (BFH-Urteil vom 24. April 2013 II R 53/10, BStBl. II S. 755). Es gelten die vom Bundesfinanzhof zum einheitlichen Erwerbsgegenstand entwickelten Grundsätze.

3.1.3. Eigennützige Erwerberleistungen

Verpflichtet sich ein Erbbauberechtigter im Rahmen der Bestellung eines Erbbaurechts zur Errichtung oder Sanierung eines Gebäudes auf dem Erbbaugrundstück und erhält er bei Erlöschen des Erbbaurechts eine Entschädigung nach dem Verkehrswert des Gebäudes, ist regelmäßig davon auszugehen, dass die Baumaßnahmen dem Erwerber als (zukünftigem) Inhaber des Erbbaurechts allein zugutekommen. Die entsprechenden Aufwendungen stellen eigennützige Erwerberleistungen und damit keine Gegenleistung i. S. des § 8 Abs. 1 GrEStG dar (BFH-Urteil vom 8. September 2010 II R 28/09, BStBl. 2011 II S. 227).

3.2. Rechtsvorgänge ohne Gegenleistung

Wenn keine Gegenleistung vorhanden oder ermittelbar ist (§ 8 Abs. 2 Satz 1 Nr. 1 GrEStG) sowie in den Fällen des § 8 Abs. 2 Satz 1 Nr. 2 und 3 GrEStG, ist die Steuer aus dem Wert des Erbbaurechts im Sinne des § 151 Abs. 1 Satz 1 Nr. 1 i. V. m. § 157 Abs. 1 bis 3 BewG zu berechnen.

Eine Gegenleistung ist z. B. nicht vorhanden bei Rechtsgeschäften i. S. der Tz. 2.6 sowie in Fällen der Tz. 2.7, in denen in Tz. 2.6 bezeichnete Rechte abgetreten werden (BFH-Urteile vom 6. Mai 1969 II 131/64, BStBl. II S. 595, und vom 31. Mai 1972 II R 162/66, BStBl. II S. 828).

3.3. Übertragung des Erbbaurechts auf den Eigentümer des erbbaurechtsbelasteten Grundstücks

Erwirbt der Eigentümer eines erbbaurechtsbelasteten Grundstücks das Erbbaurecht, gehört der kapitalisierte Wert der Erbbauzinsverpflichtung nicht zur grunderwerbsteuerrechtlichen Gegenleistung (BFH-Urteil vom 14. November 2007 II R 64/06, BStBl. 2008 II S. 486). Die Verpflichtung zur Zahlung des Erbbauzinses bleibt zwar als Eigentümerreallast bestehen, sie stellt aber keine echte Belastung für den Grundstückseigentümer dar. Dies gilt unabhängig davon, ob das Erbbaurecht bestehen bleibt oder aufgehoben wird.

3.4. Verlängerung des Erbbaurechts

Im Falle der Verlängerung eines Erbbaurechts bemisst sich die Gegenleistung nach dem auf die Laufzeit der Verlängerung des Erbbaurechts kapitalisierten Erbbauzins. Die Grunderwerbsteuer entsteht im Zeitpunkt des Abschlusses der rechtsgeschäftlichen Vereinbarung über die Verlängerung des Erbbaurechts. Die Besteuerung richtet sich nach der in diesem Zeitpunkt geltenden Rechtslage (BFH-Urteil vom 18. August 1993 II R 10/90, BStBl. II S. 766).

Bei der Verlängerung eines Erbbaurechts vor Vertragsablauf ist für die Berechnung der Bemessungsgrundlage der Grunderwerbsteuer der Kapitalwert des Erbbauzinsanspruchs von dem Zeitpunkt des Zahlungsbeginns auf den Zeitpunkt der Besteuerung nicht abzuzinsen. Denn sowohl der Grundstückseigentümer als auch der Erbbauberechtigte erfüllen beide ihre Leistungspflicht erst in der Zukunft, so dass der Grundstückseigentümer nicht vorleistungspflichtig ist.

3.5. Aufhebung eines Erbbaurechts

Bei Aufhebung eines Erbbaurechts gehören eine vereinbarte Entschädigung und etwaige sonstige Leistungen zur Gegenleistung. Hierzu rechnet insbesondere eine vom Grundstückseigentümer für die Übernahme eines vom Erbbauberechtigten errichteten oder erworbenen Bauwerks gezahlte Entschädigung (einschließlich z. B. der Übernahme der auf dem Erbbaurecht lastenden Hypotheken). Der kapitalisierte Wert der erlöschenden Erbbauzinsverpflichtung gehört dagegen nicht zur Gegenleistung.

Wenn der Grundstückseigentümer das ihm selbst zustehende Erbbaurecht im Grundbuch löschen bzw. aufheben lässt, ist dieser Vorgang mangels Rechtsträgerwechsel nicht steuerbar.

3.6. Heimfall eines Erbbaurechts

Heimfall ist die Verpflichtung des Erbbauberechtigten, das Erbbaurecht beim Eintreten bestimmter Voraussetzungen auf den Grundstückseigentümer oder auf einen von diesem zu bezeichnenden Dritten zu übertragen.

Zur Gegenleistung gehören die dem Erbbauberechtigten zu gewährende Vergütung und etwaige sonstige Leistungen, z. B. auf dem Erbbaurecht lastende und auf den Eigentümer übergehende Hypotheken. Wird das Erbbaurecht jedoch auf einen vom Grundstückseigentümer bezeichneten Dritten übertragen, ist dieser Fall wie die erstmalige Bestellung eines Erbbaurechts zu behandeln (vgl. Tz. 2.1.1).

Bei einem Heimfall eines Erbbaurechts ist § 16 Abs. 2 Nr. 3 GrEStG ausnahmsweise dann anzuwenden, wenn der Heimfallanspruch auf die Nichterfüllung von Vertragspflichten zurückgeht, die in einem schuldrechtlichen Vertrag übernommen wurden und zivilrechtlich eine Hauptleistung darstellen (BFH-Urteil vom 13. Juli 1983 II R 44/81, BStBl. II S. 683).

3.7. Erlöschen eines Erbbaurechts durch Zeitablauf

Erlischt das Erbbaurecht durch Zeitablauf, so hat der Grundstückseigentümer dem Erbbauberechtigten in der Regel eine Entschädigung für das Bauwerk zu leisten. Weder das Erlöschen des Erbbaurechts durch Zeitablauf noch der damit verbundene Übergang des Eigentums an dem auf dem Erbbaugrundstück von dem Erbbauberechtigten errichteten Bauwerk auf den Grundstückseigentümer unterliegen der Grunderwerbsteuer (BFH-Urteil vom 8. Februar 1995 II R 51/92, BStBl. II S. 334).

3.8. Rückerwerb des Erbbaurechts durch den Grundstückseigentümer

Erwirbt der Grundstückseigentümer das Erbbaurecht zurück, weil der Erbbauberechtigte vertraglich eingegangene Verpflichtungen aus wirtschaftlichen Gründen nicht erfüllen kann, oder wird der Vertrag aus diesem Grunde aufgehoben, kann ein Fall des § 16 Abs. 2 Nr. 3 GrEStG vorliegen (BFH-Urteil vom 13. Juli 1983 II R 44/81, BStBl. II S. 683).

4. Erwerb des mit einem Erbbaurecht belasteten Grundstücks

4.1. Grundstückserwerb mit Erwerb eines Erbbauzinsanspruches

Erwirbt ein Erbbauberechtigter oder ein Dritter das mit dem Erbbaurecht belastete Grundstück, unterliegt der mit dem Grundstückserwerb verbundene Erwerb des Erbbauzinsanspruchs nicht der Grunderwerbsteuer, da das Recht auf Erbbauzins – obwohl zivilrechtlich wesentlicher Bestandteil des erbbaurechtsbelasteten Grundstücks – nicht zum Grundstück gerechnet wird (§ 2 Abs. 1 Nr. 3 GrEStG). Der Grunderwerbsteuer unterliegt lediglich der nach Abzug des Kapitalwerts des Erbbauzinsanspruchs vom Kaufpreis verbleibende Unterschiedsbetrag. Der Kaufpreis ist nicht nach der sog. Boruttau'schen Formel aufzuteilen (BFH-Urteil vom 6. Mai 2015 II R 8/14, BStBl. II S. 853).

Beispiel 1: A erwirbt von B ein Grundstück zum Gesamtkaufpreis in Höhe von 250 000 Euro. Das Grundstück ist zugunsten des C mit einem Erbbaurecht belastet, das eine Restlaufzeit von 40 Jahren hat. Der von C jährlich zu entrichtende Erbbauzins beträgt 5000 Euro.

Die Bemessungsgrundlage für den Erwerb des Grundstücks durch A berechnet sich wie folgt:

Vom Gesamtkaufpreis in Höhe von 250 000 Euro ist der gemäß § 13 Abs. 1 Satz 1 BewG i. V. m. § 15 Abs. 1 BewG ermittelte Kapitalwert des Erbbauzinsanspruchs in Höhe von 82 435 Euro (Jahreswert 5000 Euro × Vervielfältiger 16,487) abzuziehen. Demnach verbleibt für das Grundstück eine Bemessungsgrundlage i. H. v. 167 565 Euro.

Ist der Kapitalwert des Erbbauzinsanspruchs höher als der vereinbarte Kaufpreis, entfällt der gesamte Kaufpreis auf den nicht der Grunderwerbsteuer unterliegenden Erwerb des Erbbauzinsanspruchs. Dem belasteten Grundstück ist kein Teil des Kaufpreises zuzurechnen. Die Grunderwerbsteuer ist in diesem Fall auf null Euro festzusetzen.

4.2. Grundstückserwerb ohne Erwerb eines Erbbauzinsanspruches

Erwirbt ein Erbbauberechtigter oder ein Dritter das mit dem Erbbaurecht belastete Grundstück und ist für die vorausgegangene Bestellung des Erbbaurechts statt eines Erbbauzinses eine einmalige Geldleistung an den vorherigen Grundstückseigentümer geleistet worden, unterliegt der Grunderwerbsteuer der vollständige Kaufpreis. Ein Abzug eines anteiligen Kapitalwerts des Erbbauzinses für den Zeitraum nach Erwerb kommt nicht in Betracht, da mit dem Erwerb des belasteten Grundstücks kein Erwerb eines Erbbauzinsanspruchs verbunden ist.

5. Gleichzeitiger Erwerb des erbbaurechtsbelasteten Grundstücks und des Erbbaurechts

Wird mit dem Grundstück gleichzeitig auch das Erbbaurecht erworben und ist bereits im Erwerbszeitpunkt die Aufhebung des Erbbaurechts beabsichtigt, ist die für den Erwerb eines erbbaurechtsbelasteten Grundstücks vereinbarte Gegenleistung nicht um einen kapitalisierten Erbbauzinsanspruch zu kürzen. In diesem Fall ist der Wert des Erbbauzinsanspruchs mit null Euro anzusetzen (BFH-Urteil vom 11. Juni 2013 II R 30/11, BFH/NV S. 1632). In diesen Fällen ist der Grundstücks- und Erbbaurechtskaufvertrag von vornherein darauf gerichtet, dass der Käufer im Ergebnis das nicht mit dem Erbbaurecht belastete Grundstück erwirbt.

Beispiel 2: A erwirbt gleichzeitig von B ein erbbaurechtsbelastetes Grundstück und von C das Erbbaurecht. Der Gesamtkaufpreis beträgt 500 000 Euro. Auf den Kauf des erbbaurechtsbelasteten Grundstücks entfällt ein Kaufpreis von 200 000 Euro und auf den Kauf des Erbbaurechts ein Kaufpreis von 300 000 Euro. A beabsichtigt im Erwerbszeitpunkt die Aufhebung des Erbbaurechts.

Die Bemessungsgrundlage für den Erwerb des Erbbaurechts beträgt 300 000 Euro, für den Erwerb des erbbaurechtsbelasteten Grundstücks 200 000 Euro. Der kapitalisierte Wert des Erbbauzinsanspruchs bzw. der Erbbauzinsverpflichtung ist weder der Bemessungsgrundlage für den Erwerb des Erbbaurechts hinzuzurechnen noch von der Bemessungsgrundlage für den Erwerb des erbbaurechtsbelasteten Grundstücks abzuziehen.

Ist die Aufhebung im Erwerbszeitpunkt dagegen nicht beabsichtigt, ist der Bemessungsgrundlage für den Erwerb des Erbbaurechts der kapitalisierte Wert der Erbbauzinsverpflichtung hinzuzurechnen und bei der Bemessungsgrundlage für den Erwerb des erbbaurechtsbelasteten Grundstücks der kapitalisierte Wert des Erbbauzinsanspruchs abzuziehen.

6. Zeitlicher Anwendungsbereich

Dieser Erlass ergeht im Einvernehmen mit den obersten Finanzbehörden der Länder und tritt an die Stelle der vorangegangenen Erlasse zur Beurteilung von Erbbaurechtsvorgängen. Er ist in allen offenen Fällen anzuwenden.

77 Nachfolgend werden die Ziff. 1 und 2 der Erbbaurechtserlasse kommentiert. Zu den in Tz. 3 bis Tz. 5 der Erlasse behandelten Fragen der Bemessungsgrundlage sowie des Erwerbs des erbbaurechtsbelasteten Gr durch den Erbbauberechtigten oder einen Dritten vgl. → § 9 Rn. 168 ff.; zur Grundbesitzbewertung → § 8 Rn. 118.

78 **b) Verpflichtungsgeschäfte (§ 1 I Nr. 1 iVm § 2 II Nr. 1).** Nach § 1 I Nr. 1 unterliegt der rechtsgeschäftlich begründete Anspruch auf **Bestellung des Erbbaurechts** der GrESt (zB BFH II R 68/04, BStBl. II 2006, 632; II R 3/10, BFH/NV 2011, 303; zum Gesamterbbaurecht → Rn. 66). Dies gilt auch für eine nach Maßgabe des **SachenRBerG** erfolgte Erbbaurechtsbestellung (→ Rn. 68); bei der Festlegung des Erbbaurechts durch Gestaltungsurteil gem. Art. 106 SachenRBerG dürfte sich die Steuerbarkeit ebenfalls in entspr. Anwendung des § 1 I Nr. 1 ergeben.

Bei der Bestellung eines Erbbaurechts handelt es sich um eine Aufspaltung des Eigentums, die das Erbbaurecht als grgleiches Recht und damit als neues Gr iSd § 2 II Nr. 1 zur Entstehung bringt. Die Bestellung des Erbbaurechts ist daher „Übereignung" in dem durch § 2 II Nr. 1 modifizierten Sinn des § 1 I Nr. 1 (BFH II R 37/66, BStBl. II 1968, 223; II R 164/73, BStBl. II 1978, 678; II R 10/90, BStBl. II 1993, 766; II R 46/04, BStBl. II 2006, 720). Der Besteuerung steht die noch fehlende Wirksamkeit der Teilungserklärung (§ 14 I 1 ErbbauRG) nicht entgegen, sofern sie nicht zur aufschiebenden Bedingung des Kaufvertrags gemacht wurde (BFH II R 19/77, BStBl. II 1980, 667). Der GrESt unterliegt auch die Vereinbarung einer späteren Erhöhung der übrigen Miteigentumsanteile (FG München 4 K 644/14, EFG 2016, 741).

Ebenfalls nach § 1 I Nr. 1 steuerbar ist der rechtsgeschäftlich begründete Anspruch auf Bestellung eines **Untererbbaurechts** (BFH II R 103/76, BStBl. II 1980, 135), der rechtsgeschäftlich begründete Anspruch auf **Übertragung** eines Erbbaurechts (BFH II R 122/7, BStBl. II 1980, 136; II R 64/06, BStBl. II 2008, 486), die rechtsgeschäftliche Verpflichtung zur Übertragung der Erbbaurechts (BFH II R 64/08, BStBl. II 2008, 486; zum Heimfall → Rn. 84) sowie ein Verpflichtungsgeschäft, mit dem sich der Eigentümer des Grund und Bodens in Ausübung seines Heimfallrechts zur Übertragung des Erbbaurechts auf einen Dritten (§ 3 Halbs. 2 ErbbauRG) verpflichtet.

Nicht steuerbar ist jedoch die **Übertragung der Erbbaurechte auf den Eigentümer des Grundstücks,** weil eine bestehenbleibende Eigentümerreallast den Grundstückseigentümer nicht belastet (BFH II R 64/08, BStBl. II 2008, 486; Erbbaurechtserlasse → Rn. 76 Ziff. 3.3).

§ 1 I Nr. 1 unterfällt ferner die Ausübung des Vorrechts auf **Erneuerung des Erbbaurechts** nach § 31 I und III ErbbauRG iVm § 464 II BGB. Dieses Erneuerungsvorrecht unterscheidet sich von der Verlängerung des Erbbaurechts (§ 27 ErbbauRG) dadurch, dass es den Erbbauberechtigten berechtigt, nach Zeitablauf seines Rechts am selben Gr ein neues Erbbaurecht zu den Bedingungen zu erwerben, die der GrEigentümer mit einem Dritten über die Bestellung eines Erbbaurechts abgeschlossen hat. Das Vorrecht begründet daher einen Anspruch des Erbbauberechtigten auf Bestellung eines neuen Erbbaurechts am bisherigen Gr. **79**

Auch die **Verlängerung des Erbbaurechts** (§ 27 III ErbbauRG) ist als Rechtsgeschäft iSd § 1 I Nr. 1 – unter Aufgabe des noch in BFH II R 4/81, BStBl. II 1982, 625 und II R 33/80, BStBl. II 1982, 630 vertretenen gegenteiligen Standpunktes – steuerbar (BFH II R 10/90, BStBl. II 1993, 766; II B 80/19, BFH/NV 2020, 925; II R 3/22, BFH/NV 2024, 1489; II R 36/23, BFH/NV 2024, 1492). Dem ist zuzustimmen, weil durch die Verlängerung des Erbbaurechts die anderenfalls mit dem Erlöschen des Erbbaurechts durch Zeitablauf verbundenen Rechtsfolgen aus § 27 I, II ErbbauRG vermieden werden und im Umfang der Verlängerung eine neue (iSd § 2 II Nr. 1 grgleiche) Belastung des Gr entsteht. Die GrESt entsteht (§ 38 AO iVm § 1 I Nr. 1, § 2 II Nr. 1 GrEStG) in dem Zeitpunkt, in dem die rechtsgeschäftliche Vereinbarung über die Verlängerung des Erbbaurechts abgeschlossen wird. Die Verlängerung des Erbbaurechts ist daher durch einen **(Erst-)Bescheid** und nicht durch einen Ergänzungsbescheid zu erfassen. Die grestrechtl. Auswirkungen des Erbbaurechts bestimmen sich daher allein nach dem im **Zeitpunkt der Verlängerung** geltenden Recht; dies gilt auch für die Anwendung der Steuerbefreiungen (zB § 3 Nr. 6, vgl. BFH II R 10/90, BStBl. II 1993, 766). Zur Bemessungsgrundlage → § 9 Rn. 172. **80**

Ferner ist auch die rechtsgeschäftliche Verpflichtung zur (ggf. teilweisen) **Aufhebung des Erbbaurechts** nach § 1 I Nr. 1 steuerbar (BFH II R 93/75, BStBl. II 1976, 470). Der GrEigentümer erlangt aufgrund der Aufhebung die volle rechtliche Macht über das Gr zurück (BFH II R 93/75, BStBl. II 1976, 470; II R 122/76, BStBl. II 1980, 136). Der Vorgang ist nicht anders zu beurteilen, als wenn ein Alleineigentümer Miteigentumsanteile veräußert und diese später zurück erwirbt. Grestrechtl. ist hierbei ohne Bedeutung, ob der Erbbauberechtigte sein Erbbaurecht (dh sein ErbbauGr iSd § 2 II Nr. 1) bebaut hat oder nicht. Geht der Aufhebung des Erbbaurechts keine rechtsgeschäftliche Verpflichtung voraus, ist § 1 I Nr. 2 anzuwenden. Die Aufhebung eines Erbbaurechts ist auch dann nach § 1 I Nr. 1 oder Nr. 2 steuerbar, wenn der GrEigentümer in einem einheitlichen Vertrag das Gr an einen Dritten verkauft, der mit der Grundbucheintragung unbelastetes Eigentum am Gr erwirbt (FG Brem II 134/90 K, EFG 1993, 341). Im Gegensatz zur rechtsgeschäftlichen Verpflichtung zur Aufhebung des Erbbaurechts ist das **Erlöschen** des Erbbaurechts durch Zeitablauf (§ 27 I ErbbauRG) nicht steuerbar (→ Rn. 90). **81**

Die **Rückübertragung** eines Erbbaurechts vom Erbbauberechtigten auf den GrEigentümer innerhalb von zwei Jahren ist nach § 16 II Nr. 1 begünstigt. Dem steht nicht entgegen, dass der GrEigentümer vor Rückgängigmachung des Erwerbsvorgangs ggf. noch kein mit dem Erbbaurecht belastetes Eigentum am Gr hatte oder der Erbbauberechtigte das Erbbaurecht ggf. bebaut hat oder sonstige Wertänderungen eingetreten sind (→ § 16 Rn. 48 f.). Zu § 16 II Nr. 3 im Zusammenhang mit dem Heimfall des Erbbaurechts, → Rn. 93. **82**

83 **c) Dingliche Einigung (§ 1 I Nr. 2 iVm § 2 II Nr. 1); Heimfall.** Nach § 1 I Nr. 2 unterliegt – soweit es an entspr. schuldrechtlichen Vereinbarungen iSd § 1 I Nr. 1 fehlt – die dingliche Einigung über die **Bestellung** des Erbbaurechts der GrESt (BFH II R 37/66, BStBl. II 1968, 223; II R 187/81, BStBl. II 1984, 327). Gleiches gilt für die dingliche Einigung über die **Übertragung** (hierzu gehört auch die Übertragung des Erbbaurechts auf den GrEigentümer) oder **Verlängerung** des Erbbaurechts sowie über die (ggf. teilweise) **Aufhebung** des Erbbaurechts bzw. der **Verzicht** auf das Erbbaurecht vor dem vereinbarten Zeitablauf (BFH II R 93/75, BStBl. II 1976, 470; II R 122/76, BStBl. II 1980, 136). Nicht steuerbar ist jedoch die Aufhebung des Erbbaurechts durch den GrEigentümer (SchlHFG 3 K 67/01, EFG 2002, 1629; vgl. auch → § 1 Rn. 22); die diesem aufgrund des untergehenden Erbbaurechts zuwachsende Vollherrschaft am Gr erfüllt nicht die Merkmale eines Rechtsträgerwechsels (vgl. auch Lohaus NotBZ 2001, 53 (57)). Zur Bemessungsgrundlage → § 9 Rn. 175.

84 Die Ausübung des **Heimfallrechts** in der Weise, dass der Eigentümer des Grund und Bodens in Ausübung seines Rechts aus § 2 Nr. 4, § 3 Halbs. 1, § 11 I 1 ErbbauRG, § 873 I BGB die Übertragung des Erbbaurechts auf sich verlangt, ist nach **§ 1 I Nr. 2** steuerbar (BFH II 113/64, BStBl. II 1970, 130; II R 93/75, BStBl. II 1976, 470). Mit dem Heimfall erlangt der Eigentümer des Grund und Bodens wieder die volle rechtliche Macht über das Gr einschließlich des Erbbaurechts (vgl. auch Schneck/Pirkl/Erhardt BB 2004, 1658 im Zusammenhang mit dem Immobilien-Leasing). Einer Besteuerung dieses Vorgangs aus § 1 I Nr. 1 steht entgegen, dass der Eintritt der in dem Erbbauvertrag bestimmten Voraussetzungen für den Heimfall kein Rechtsvorgang iSd § 1 I Nr. 1 ist. Ebenso führt das Heimfallverlangen des Eigentümers des Grund und Bodens als einseitige empfangsbedürftige Willenserklärung nicht zu einem verpflichtenden Vertrag, weil es insoweit an der dinglich wirksamen Vereinbarung eines Übertragungsanspruchs fehlt (BFH II 113/64, BStBl. II 1970, 130). Die GrESt entsteht daher mit der dinglichen Einigung nach § 873 BGB, da erst diese die Übertragung des Erbbaurechts auf den Eigentümer des Grund und Bodens herbeiführt.

85 Gewisse Besonderheiten gelten, wenn der Eigentümer des Grund und Bodens in Ausübung seines Heimfallrechts aus § 3 Halbs. 2 ErbbauRG die **Übertragung** des Erbbaurechts auf einen von ihm bezeichneten **Dritten** verlangt. Der Erwerbsvorgang zwischen dem Eigentümer des Grund und Bodens und dem Dritten ist, weil er auf einem schuldrechtlichen Geschäft zwischen diesen Personen beruht und es sich um die erstmalige Bestellung eines Erbbaurechts handelt, nach § 1 I Nr. 1 iVm § 2 II Nr. 1 steuerbar (BFH II 113/64, BStBl. II 1970, 130).

86 **Nicht steuerbar** ist hingegen die **Übertragung des Erbbaurechts vom Heimfallverpflichteten** (des bisherigen Erbbauberechtigten) **auf** den **Dritten.** Insoweit liegt auch kein steuerbarer Zwischenerwerb des heimfallberechtigten GrEigentümers vor (BFH II 113/64, BStBl. II 1970, 130). Eine Verwertungsbefugnis (§ 1 II) des GrEigentümers verneint der BFH (II 113/64, BStBl. II 1970, 130) mit der für den Regelfall zutr Erwägung, dass der GrEigentümer im Zusammenhang mit der Auswechslung des Erbbauberechtigten keinen weiteren Vorteil erlangt und etwaige zusätzliche Vorteile durch die Besteuerung des Vertrags mit dem neuen Erbbauberechtigten erfasst werden. Zur Abgrenzung zwischen der unmittelbaren Übertragung eines Erbbaurechts auf einen Dritten kraft Heimfallanspruchs und der vertraglichen Aufhebung eines Erbbaurechts im Zusammenhang mit dem Verkauf des nunmehr unbelasteten Gr vgl. FG Brem II 134/90 K, EFG 1993, 341.

Macht der GrEigentümer einen Heimfallanspruch wegen **rückständiger Erbbauzinsen** (§§ 2 Nr. 4, 9 IV ErbbauRG) geltend, scheidet die Anwendung des § 16 II Nr. 1 wegen der gem. § 9 IV ErbbauRG erst nach Ablauf der Zweijahresfrist möglichen Ausübung des Heimfallanspruchs aus (zur Anwendung des § 16 II Nr. 1 auf die Aufhebung des Erbbaurechts → Rn. 82). Auch **§ 16 II Nr. 3** ist grds. nicht anwendbar (BFH II B 44/74, BStBl. II 1975, 418; II R 44/81, BStBl. II 1983, 683). Die Übertragung des Erbbaurechts in Ausübung des Heimfallanspruchs ist seiner rechtlichen Konstruktion nach keine Aufhebung des Erbbaurechtsvertrags, sondern die Übertragung des Erbbaurechts auf den GrEigentümer (→ Rn. 84). Beim Heimfall kommt es deshalb weder zur Rückgängigmachung des das Erbbaurecht begründenden schuldrechtlichen Geschäfts noch – da das Erbbaurecht nicht untergeht – zur Rückgängigmachung des dinglichen Erbbaurechtsgeschäfts (BFH II B 44/74, BStBl. II 1975, 418). **87**

Der BFH (II R 44/81, BStBl. II 1983, 683) lässt jedoch in **Ausnahmefällen** die Anwendung des § 16 II Nr. 3 zu, soweit der Heimfallanspruch auf die Nichterfüllung von Vertragspflichten zurückgeht, die in einem schuldrechtlichen Vertrag übernommen wurden und zivilrechtlich eine Hauptleistung darstellen. Dies trifft zB auf die schuldrechtliche Verpflichtung des Erwerbers des Erbbaurechts zur **Bebauung** des Gr zu. Zwar ist auch eine derartige vertragliche Verpflichtung gem. § 2 Nr. 1 und Nr. 4 ErbbauRG verdinglicht. Zugunsten der Anwendbarkeit des § 16 II Nr. 3 ist jedoch zu berücksichtigen, dass § 1 IV 2 ErbbauRG einen vertraglich begründeten Anspruch auf Aufhebung und Löschung des Erbbaurechts ausschließt. Insoweit können vertraglich vereinbarte Heimfallgründe zugleich als Vertragsbedingungen iSd § 16 II Nr. 3 betrachtet werden (vgl. auch Erbbaurechtserlasse – abgedr. bei → Rn. 76 – Tz. 3.6). **88**

d) Weitere steuerbare Rechtsvorgänge. Nach **§ 1 I Nr. 3** unterliegen der Übergang des Erbbaurechts kraft Gesetzes, die Übertragung des Erbbaurechts durch behördlichen Ausspruch sowie die vorzeitige Löschung eines Erbbaurechts ohne vorausgegangenes Rechtsgeschäft (BFH II R 122/76, BStBl. II 1980, 136) der GrESt. **89**

Das **Erlöschen** eines Erbbaurechts durch Zeitablauf (§ 27 I ErbbauRG) unterliegt nach nunmehr hM nicht der GrESt (BFH II R 51/92, BStBl. II 1995, 334; II R 66/92, BFH/NV 1995, 728; Viskorf/Viskorf § 2 Rn. 197 f.; Hofmann/Elling/Keßeler § 2 Rn. 27; ebenso auch die FVerw (vgl. die in → Rn. 76 abgedr. Erbbaurechtserlasse). Denn die Erlöschenswirkung des § 27 I ErbbauRG tritt in dem festgelegten Zeitpunkt sachenrechtlich von selbst ein, sodass es an einem auf Übergang der Erbbauberechtigung gerichteten Rechtsvorgang fehlt. Ist aufgrund des Erbbaurechts kein Bauwerk errichtet worden, fehlt es zudem beim Erlöschen des Erbbaurechts an einer Gegenleistung. Kommt es beim Erlöschen des Erbbaurechts zum Übergang des Eigentums an Bauwerken auf den GrEigentümer und ist dieser gem. § 27 I 1 ErbbauRG entschädigungspflichtig, fehlt es gleichfalls an einem steuerbaren Vorgang vor. Denn das Gebäude ist – weil vom Erbbauberechtigten aufgrund des Erbbaurechts auf eigenem Gr iSd § 2 II Nr. 1 errichtet – kein solches auf fremdem Boden iSd § 2 II Nr. 2 (BFH II R 37/66, BStBl. II 1968, 223; II R 149/74, BStBl. II 1976, 347; II R 51/92, BStBl. II 1995, 334). Der Übergang des Eigentums am Gebäude auf den GrEigentümer unterfällt nicht § 1 I Nr. 3, weil sich dieser Übergang nicht auf ein Gr in dem von § 2 II Nr. 2 vorausgesetzten Sinn bezieht. Auch § 1 II ist nicht erfüllt, weil der Erbbauberechtigte das Gebäude auf eigenem Gr iSd § 2 II Nr. 1 errichtet hat (→ Rn. 103) und das Gebäude mit Erlöschen des Erbbaurechts unmittelbar kraft Gesetzes – und **90** nicht kraft Verwertungsbefugnis des Erbbauberechtigten, vgl. dazu allgemein → Rn. 108 ff. – in das Eigentum des GrEigentümers fällt (BFH II R 51/92, BStBl. II 1995, 334). Zu den sich aus dieser Beurteilung des Erlöschens des Erbbaurechts durch Zeitablauf ergebenden Gestaltungsmöglichkeit im Zusammenhang mit dem Immobilien-Leasing vgl. Schneck/Pirkl/Erhardt BB 2004, 1658. Die Grundbuchberichtigung infolge Erlöschens des Erbbaurechts bedarf keiner UB (Böhringer Rpfl 2000, 99 (103)).

91 Nach **§ 1 I Nr. 4** unterliegt das Meistgebot im Zwangsversteigerungsverfahren über ein Erbbaurecht der GrESt. Hinsichtlich des Erbbaurechts kommen auch gem. **§ 1 I Nr. 5–7** steuerbare Zwischengeschäfte in Betracht. Ein Rechtsgeschäft, das den Anspruch auf Abtretung eines Anspruchs auf Bestellung, Übertragung oder Verlängerung eines Erbbaurechts oder der Rechte aus einem Meistgebot begründet, unterfällt § 1 I Nr. 5 (BFH II 1/64, BStBl. II 1968, 222). Fehlt ein solches Verpflichtungsgeschäft, so unterliegt die Abtretung dieser Rechte der Besteuerung nach § 1 I Nr. 7. Ein Rechtsgeschäft, das den Anspruch auf Abtretung der Rechte aus einem Angebot zum Abschluss eines auf Bestellung, Übertragung oder Verlängerung eines Erbbaurechts gerichteten Vertrags begründet bzw. die Abtretung selbst unterfallen § 1 I Nr. 6 bzw. Nr. 7.

92 Aus der Gleichstellung des Erbbaurechts mit dem Gr folgt schließlich, dass das Erbbaurecht auch Gegenstand einer **Verwertungsbefugnis (§ 1 II)** sein kann; das befristete Ruhen des Erbbaurechts ermöglicht noch keine Verwertung des Erbbaurechts iSd § 1 II (Weilbach § 2 Rn. 28b). Ferner kommt auch eine Steuerpflicht aus § 1 IIa, III oder IIIa in Betracht (ebenso Weilbach § 2 Rn. 26). Das muss auch für Erwerbsvorgänge iSd § 1 IIb gelten.

93–99 *einstweilen frei*

II. Gebäude auf fremdem Boden (§ 2 II Nr. 2)

100 § 2 II Nr. 2 stellt Gebäude auf fremdem Boden den Gr gleich und erfasst Fälle, in denen – abweichend vom Regelfall – **allein** ein **Gebäude** Gegenstand eines Erwerbsvorgangs ist. Damit folgt das GrEStG dem bürgerlichen Recht nur teilweise. Denn grestrechtl. ist das Gebäude auf fremdem Boden nach § 2 II Nr. 2 ein Gr – ohne Rücksicht darauf, ob es eine bewegliche Sache (§ 95 BGB) oder wesentlicher Bestandteil (§ 94 BGB) ist. Begründet wird dies mit den zivilrechtlichen Abgrenzungsschwierigkeiten der Scheinbestandteile und der von Natur aus gegebenen Unbeweglichkeit von Gebäuden (Begr. GrEStG 1940, 393). Nach der Wiedervereinigung erfasst § 2 II Nr. 2 ferner auch das nach DDR-Recht begründete separate (selbstständige) Gebäudeeigentum (→ Rn. 102).

101 **1. Gebäude iSd § 2 II Nr. 2. a) Gebäudebegriff.** Ein „Gebäude" iSd § 2 II Nr. 2 muss den Anforderungen des Gebäudebegriffs genügen (dazu → Rn. 45; dort auch zur Abgrenzung zu den Betriebsvorrichtungen); die demgegenüber weitere Begriffsbestimmung des § 95 I 2 BGB gilt für § 2 II Nr. 2 nicht. Bei der Beurteilung der Gebäudeeigenschaft iSd § 2 II Nr. 2 sind ggf. auch künftig eintretende Umstände, so insb. beim Erwerb eines **Gebäudes auf Abbruch,** zu berücksichtigen (zur umgekehrten Problematik – dh dem Erwerb eines Gr mit noch zu errichtendem Gebäude – → § 9 Rn. 3 ff.). Ist Gegenstand der Vereinbarungen – wie zumeist – lediglich das Gebäude in seinem künftigen abgebrochenen Zustand (BFH II R 114/72, BStBl. II 1978, 532; enger BFH II 254/52 U, BStBl. III 1953, 69), fehlt es an einem gebäudebezogenen Erwerbsvorgang.

Gegenstand des Erwerbs sind dann nur die Einzelmaterialien und nicht das Gebäude selbst; § 2 II Nr. 2 gilt hier nicht.

§ 2 II Nr. 2 setzt unabdingbar voraus, dass das Gebäude eine **feste Verbindung** zu einer bestimmten **Grundfläche** aufweist. Bei einem Mobilheim auf einem Campingplatz soll diesen Voraussetzungen genügt sein; die soll auch gelten, wenn nur die faktische Aufhebung der Nutzung eines Fahrgestells ausscheidet (FG Schleswig-Holstein 3 K 55/18, EFG 2019, 1923). Daran fehlt es bei auf dem Wasser **schwimmenden Anlagen** (BFH II R 27/10, BStBl. II 2012, 274 zur Einheitswertfeststellung; die dortigen Grundsätze gelten auch für § 2 II Nr. 2) sowie **transportfähigen Gebäuden,** die keine zu einem zumindest vorübergehenden Zweck hergestellte Verbindung mit dem Grund und Boden (§ 95 I 1 BGB) haben. Rechtsvorgänge über solche Gebäude – auch wenn sie **nach** ihrem Verbringen auf ein Gr die Eigenschaft eines Scheinbestandteils (§ 95 I 1 BGB) erlangen – unterliegen daher nicht der GrESt (BFH II R 46/95, BStBl. II 1998, 275; II R 15/01, BFH/NV 2003, 818; Viskorf/Viskorf § 2 Rn. 231 ff.). § 2 II Nr. 2 kann auch nur auf **bereits vorhandene** (den allgemeinen Anforderungen des Gebäudebegriffs genügende) Gebäude angewendet werden. Die **Errichtung** des Gebäudes auf fremdem Boden bzw. die entsprechende (rechtsgeschäftliche) Verpflichtung ist **grestrechtl.** als solche **irrelevant** (BFH II R 46/95, BStBl. II 1998, 275; zu den sich daran anknüpfenden Gestaltungsüberlegungen im Zusammenhang mit dem Immobilien-Leasing vgl. Heine INF 1998, 415; Schneck/Pirkl/Erhardt BB 2004, 1658); zu den der GrESt unterliegenden Erwerbsvorgängen vgl. → Rn. 102 ff.

einstweilen frei 102

b) Zuordnung des Gebäudes zum Grundstückseigentum. Ein Gebäude 103
auf **fremdem** Boden liegt vor, wenn der Rechtsträger des Gebäudes nicht Eigentümer des Gr ist, auf dem das Gebäude steht. Beurteilungszeitpunkt bezüglich der Fremdheit des Bodens ist der der Errichtung des Gebäudes (BFH II 87/55 U, BStBl. III 1956, 92). Der Boden ist nicht mehr fremd, wenn er seinem Bebauer bereits aufgrund eines GrKaufvertrags übergeben worden ist (BFH II R 149/74, BStBl. II 1976, 347) oder wenn ein Erbbauberechtigter aufgrund seines Erbbaurechts auf dem somit eigenen Gr iSd § 2 II Nr. 1 ein Gebäude errichtet (BFH II R 37/66, BStBl. II 1968, 223; II R 51/92, BStBl. II 1995, 334).

Dem Anwendungsbereich des § 2 II Nr. 2 unterliegen auch Gebäude, die als 104
sog. **Scheinbestandteile** (§ 95 I BGB) nur zu einem vorübergehenden Zweck mit dem Grund und Boden oder in Ausübung eines dinglichen Rechts mit dem fremden Gr verbunden sind (zur Abgrenzung zu „Gebäuden", die die Scheinbestandteilseigenschaft ggf. erst noch erlangen, → Rn. 101). Ein solches Gebäude ist kein Bestandteil eines Gr; es wird daher vom Eigentümer des Gr nicht zu Eigentum erworben und kann wie eine bewegliche Sache veräußert werden (→ Rn. 107).

Ist das Gebäude auf fremdem Boden **wesentlicher Bestandteil** (§ 94 BGB) 105
des Gr, so erstreckt sich das Eigentum am Gr auf dieses Gebäude (§ 946 BGB). Ein solches Gebäude kommt nach bürgerlichem Recht nicht als Gegenstand selbstständiger rechtsgeschäftlicher Übertragung in Betracht. Nach dem Wortlaut des § 2 II Nr. 2 kann hingegen auch ein solches Gebäude Gegenstand eines zur Steuerbarkeit führenden Erwerbsvorgangs sein (→ Rn. 108 ff.).

2. Erwerbsvorgänge betreffend Gebäude auf fremdem Boden. Bei 106
Gebäude auf fremdem Boden betr. Erwerbsvorgängen bestimmt die unterschiedli-

che zivilrechtliche Zuordnung des Gebäudes zum GrEigentum auch über die anwendbaren Steuertatbestände. Zur GrESt-Pflicht bei der Übertragung von Gebäuden auf PachtGr (Kleingärten) vgl. eingehend FM BW 4.9.1991, StEK GrEStG § 1 Nr. 44.

107 **a) Rechtsgeschäftliche Veräußerung oder Eigentumsübertragung (§ 1 I Nr. 1 oder Nr. 3 iVm § 2 II Nr. 2).** Soweit ein (zB von einem Pächter errichtetes) Gebäude Scheinbestandteil (§ 95 I BGB) des Gr ist, kann es von seinem Eigentümer (zB Pächter) an den GrEigentümer oder Dritte wie eine bewegliche Sache veräußert oder in ein Gesellschaftsvermögen eingebracht werden; der Rechtsvorgang ist gem. § 1 I iVm § 2 II Nr. 2 steuerbar (RFH RFHE 53, 64; BFH II 250/51, BStBl. III 1952, 137; II B 53/10, BFH/NV 2010, 2305; II R 42/10, BStBl. II 2012, 1177; zu § 1 II vgl. → Rn. 108). Das gilt auch für eine Veräußerung dieses Gebäudes im Rahmen des Immobilien-Leasing (Sale-and-Lease-Back, vgl. FG Hmb II 82/95, EFG 1997, 552). Ein steuerbarer Vorgang setzt voraus, dass das Gebäude im Zeitpunkt des Erwerbs bereits vorhanden ist; der Erwerb eines erst noch auf das Gr zu verbringenden (zB Mobilheim) bzw. noch zu errichtenden Gebäudes ist nicht steuerbar, vgl. → Rn. 101.

108 **b) Verwertungsbefugnis (§ 1 II).** Eine Verwertungsbefugnis bei (bereits aufstehenden) Gebäuden auf fremdem Boden kommt unabhängig davon in Betracht, ob das Gebäude Scheinbestandteil (§ 95 BGB) oder wesentlicher Bestandteil (§ 94 BGB) ist. Ist ein Gebäude wesentlicher Bestandteil eines Gr, kann es bürgerlichrechtlich nicht Gegenstand besonderer Rechte und auch nicht Gegenstand eines Rechtsgeschäfts iSd § 1 I Nr. 1 sein. Der Eigentümer des Gr erwirbt hier mit der Errichtung des Gebäudes dessen volles zivilrechtliches Eigentum. Dieser Erwerb unterliegt als solcher nicht der GrESt. Insbesondere erlangt der GrEigentümer mit der Errichtung des Gebäudes keine Verwertungsbefugnis daran. Denn § 1 II setzt eine Rechtsmacht voraus, die **ohne** Übertragung des Eigentums die bloß wirtschaftliche Stellung eines Eigentümers vermittelt (BFH II R 37/66, BStBl. II 1968, 223).

109 Von dieser den Eigentümer des Gr betr. Rechtslage ist der Fall zu unterscheiden, dass ein **Dritter** hinsichtlich des als wesentlicher Bestandteil (§ 94 BGB) zu betrachtenden Gebäudes die Verwertungsmöglichkeit (§ 1 II) erlangt. Dem nach Wortlaut und Gesetzesmotiven eindeutigen § 2 II Nr. 2 muss entnommen werden, dass auch ein dem Eigentümer des Gr gehörendes Gebäude iSd § 94 BGB ein solches auf fremdem Boden (§ 2 II Nr. 2) und damit auch Gegenstand eines steuerbaren Erwerbsvorgangs sein kann (RFHE 53, 64; BFH II R 92/68, BStBl. II 1975, 245; II R 37/83, BStBl. II 1985, 526; FG Bln I 165/92, EFG 1995, 133). Deshalb kann einem „Anderen" iSd § 1 II ermöglicht werden, das zivilrechtlich zum Eigentum am Gr gehörende Gebäude auf eigene Rechnung zu verwerten (BFH II R 135/68, BStBl. II 1970, 522; II R 37/83, BStBl. II 1985, 526). § 1 II verlangt aber unabdingbar, dass bürgerlich-rechtlicher GrEigentümer und wirtschaftlich Verwertungsbefugter am Gebäude **verschiedene Personen** sind (BFH II 10/63, BStBl. III 1966, 427).

110 Eine solche Verwertungsbefugnis (§ 1 II) an einem Gebäude auf fremdem Boden bedeutet eine **Umkehrung des systematischen Verhältnisses zwischen §§ 1, 2.** Während der Begriff des Gr iSd § 2 im Normalfall Tatbestandsmerkmal des § 1 ist, dient bei der hier fraglichen Problematik der § 1 II umgekehrt der Ausfüllung des § 2 II Nr. 2: Ein als wesentlicher Bestandteil zu betrachtendes Gebäude auf fremdem Boden iSd § 2 II Nr. 2 kann nur vorliegen, wenn an diesem Gebäude eine Verwer-

tungsbefugnis iSd § 1 II besteht. Erst die Verwertungsbefugnis eines Dritten führt mithin die grestrechtl. Verselbstständigung des Gebäudes auf fremdem Boden herbei. Vor allem diese der Systematik der §§ 1, 2 an sich zuwiderlaufende Begründung der Steuerbarkeit und ferner die mit dem Zivilrecht kollidierende Zuordnung von Gebäuden iSd § 94 BGB unterliegt beachtlicher Kritik (zB Martin BB 1983, 1982). Die Rechtslage entspricht jedoch dem eindeutigen Wortlaut und dem klaren Willen des Gesetzgebers (Begr. GrEStG 1940, 392 f.). Da § 1 II zudem auf eine wirtschaftliche Verfügungsmacht – die bei den fraglichen Gebäuden ohne Weiteres bestehen kann – abhebt, ist der vorgenannten Rspr. zu folgen.

aa) Herbeiführung der Verwertungsbefugnis an einem Gebäude iSd 111
§ 94 BGB. Bei Gebäuden iSd § 94 BGB ergibt sich die Frage ihrer grestrechtl. Verselbstständigung iSd § 2 II Nr. 2 vornehmlich im Zusammenhang mit der **Gebäudeerrichtung.**

Hier setzt eine Verwertungsbefugnis am Gebäude durch den Dritten (Erbauer 112
des Gebäudes, zB Pächter oder Mieter) zunächst voraus, dass ihm der Eigentümer des Gr die Errichtung des Gebäudes auf eigene Rechnung **gestattet** hat (BFH II 150/64, HFR 1968, 351; II R 135/68, BStBl. II 1970, 522). Darüber hinaus muss die Rechtsposition des Erbauers den von § 1 II gestellten Anforderungen einer rechtlichen oder wirtschaftlichen Verwertungsmöglichkeit **auf eigene Rechnung** genügen (dazu im Einzelnen → § 1 Rn. 267 ff.). Bloße Besitz- und Nutzungsrechte des Erbauers begründen daher ebenso wenig eine Verwertungsbefugnis wie die entspr. Behandlung des Gebäudes bei den Ertragsteuern oder die Aufnahme des Gebäudes in die Bilanz (BFH II 10/63, BStBl. III 1966, 427; II R 135/68, BStBl. II 1970, 522). Dem § 1 II genügende Einwirkungsmöglichkeiten des Erbauers kommen nur in Betracht, wenn dieser das Gebäude für sich auf eigene Kosten errichtet hat und es ohne Mietzahlung selbst nutzt (FG Bbg EFG 1998, 1351). Ferner muss der Erbauer – letztlich wie ein Eigentümer – auch über die **Gebäudesubstanz** selbst verfügen können (BFH II B 53/10, BFH/NV 2010, 2305; vgl. auch OFD Magdeburg 24.11.1997, StEK GrEStG § 2 Nr. 15). Das ist zB zu bejahen, wenn er das Gebäude abreißen, seine Rechte am Gebäude auf einen Dritten oder auf den Eigentümer übertragen kann (BFH II R 37/83, BStBl. II 1985, 526; II R 71/96, BStBl. II 1999, 796).

Bei einer Beteiligung des GrEigentümers an den Baukosten ist die Verwertungs- 113
möglichkeit des Erbauers regelmäßig zu verneinen (BFH II R 135/68, BStBl. II 1970, 522). Ebenso fehlt es an einer wirtschaftlichen Verfügungsmacht eines anderen am Gebäude, wenn dieses nicht abgerissen oder veräußert werden darf (BFH II R 10/63, BStBl. II 1966, 427) oder das Gebäude nach Ablauf eines Miet- oder Pachtvertrags auf dem Gr zurückzulassen ist. Etwa vereinbarte Abfindungs- oder Heimfallzahlungen des Eigentümers an den Erbauer des Gebäudes genügen dem Erfordernis einer Substanzbeteiligung des Erbauers nur, wenn die Abfindungsvereinbarung den Ausgleich etwaiger Wertsteigerungen des Gebäudes nicht von vornherein ausschließt. Die Nutzungsrechte ausländischer **Streitkräfte** nach dem **NATO-Truppenstatut** an den ihnen zur Nutzung überlassenen und von ihnen bebauten Gr begründen keine Rechtsposition iSd § 1 II (BFH II R 71/96, BStBl. II 1999, 796).

bb) Übertragung des Gebäudes auf fremdem Boden. Besteht nach vor- 114
stehenden Grundsätzen die Verwertungsmöglichkeit eines Dritten (Mieters, Pächters) am Gebäude, ist die **Übertragung** des Gebäudes auf den GrEigentümer oder einen Dritten nach § 1 II iVm § 2 II Nr. 2 steuerbar.

Beispiel:

Pächter A errichtet auf eigene Rechnung zu einem nicht vorübergehenden Zweck auf dem Grundstück des B ein Gebäude. B ist berechtigt, nach Beendigung des Pachtverhältnisses die Beseitigung des Gebäudes zu verlangen oder das Gebäude gegen Entschädigungszahlung zu übernehmen. Macht B nach Ablauf des Pachtverhältnisses gegen Entschädigungszahlung von seinem Übernahmerecht Gebrauch, erlangt er die wirtschaftliche Verfügungsmacht am Gebäude. Der Vorgang ist – soweit die Rechtsposition des A den in → Rn. 112 genannten Anforderungen genügt – nach § 1 II iVm § 2 II Nr. 2 steuerbar.

115 Bei vorzeitiger einvernehmlicher **Auflösung eines Pachtverhältnisses** und Verkauf von Gr und Gebäude durch den Eigentümer (Vermieter, Verpächter) an einen Dritten erlangt der Eigentümer (zunächst) die Verwertungsbefugnis am Gebäude. Da kein unmittelbarer Erwerb der Verwertungsbefugnis am Gebäude durch den Dritten vorliegt, fällt GrESt somit doppelt an (aus § 1 II im Hinblick auf den Erwerb der Verwertungsbefugnis am Gebäude durch GrEigentümer; aus § 1 I Nr. 1 im Hinblick auf den Erwerb des Gr mit aufstehendem Gebäude durch den Dritten, vgl. BFH II R 37/83, BStBl. II 1985, 526). Der mit dem Erlöschen des Erbbaurechts verbundene Übergang des Eigentums an einem vom Erbbauberechtigten errichteten Bauwerk auf den GrEigentümer ist nicht nach § 1 II iVm § 2 II Nr. 2 steuerbar (→ Rn. 90, 103).

116 Kommt es zur Rückgängigmachung des nach § 1 II iVm § 2 II Nr. 2 steuerbaren Erwerbsvorgangs oder zum Rückerwerb des Gebäudes durch GrEigentümer, so findet grds. **§ 16** Anwendung. Eine nach dieser Vorschrift begünstigte Rückgängigmachung bzw. Rückübertragung ist jedoch ausgeschlossen, sofern ein Dritter ein Gebäude auf fremdem Boden errichtet hat und dieses sodann auf den Eigentümer des Gr überträgt (BFH II B 43/93, BFH/NV 1994, 738). Da das Gebäude (Gr iSd § 2 II Nr. 2) in diesem Fall erst originär bei dem Erbauer des Gebäudes entsteht, scheidet insoweit die von § 16 tatbestandlich vorausgesetzte Hin- und Rückübertragung eines Gebäudes auf fremdem Boden aus.

117 cc) **Begründung der Verwertungsbefugnis zugunsten eines Dritten.** Unter der Voraussetzung einer Substanzbeteiligung sowie gleichzeitiger Einräumung von Besitz- und Nutzungsrechten kann der GrEigentümer ferner einem Dritten auch die Verwertungsmöglichkeit an einem schon **bestehenden** (→ Rn. 101 ff.) Gebäude verschaffen (BFH II R 37/66, BStBl. II 1968, 223; II R 135/68, BStBl. II 1970, 522; FM Bay 31.7.1989, StEK GrEStG § 1 Nr. 33). Die Eigenschaft eines Gebäudes auf fremdem Boden iSd § 2 II Nr. 2 wird in diesem Fall im Zeitpunkt der Begründung der Verwertungsmacht des Dritten über das Gebäude herbeigeführt. Die Rückgängigmachung dieses Erwerbsvorgangs kann nach § 16 II begünstigt sein.

118 c) **Sicherungsübereignung von Gebäuden auf fremdem Boden.** Gebäude auf fremdem Boden, die lediglich Scheinbestandteil (§ 95 I BGB) eines Gr sind, können gem. §§ 929 ff. BGB wie bewegliche Sachen Gegenstand einer **Sicherungsübereignung** sein. Diese unterliegt nach § 1 I Nr. 3 (bzw. gem. § 1 I Nr. 1 im Fall einer schuldrechtlichen Verpflichtung zur Sicherungsübereignung) iVm § 2 II Nr. 2 der GrESt (BFH II 67/52 U, BStBl. III 1952, 310; II 162/55 S, BStBl. III 1956, 93; FM Bay 14.6.1985, HEB 2024 § 2 GrEStG Rn. 33a ff.; FM Sachsen 25.1.1993, UVR 1993, 159; Behrens UVR 2017, 152; Heine GmbHR 2004, 1366). Für die Steuerbarkeit der Sicherungsübereignung ist ohne Bedeutung, dass der Sicherungsnehmer im Regelfall zur Rückübereignung des Gebäudes nach Wegfall des Sicherungszwecks (zB nach Rückzahlung des gewährten

Kredits) verpflichtet ist (FG Hmb II 82/95, EFG 1997, 552). Bei einer **übertragenden Umwandlung des Sicherungsnehmers** wird ein weiterer Erwerbsvorgang nach § 1 I Nr. 3 verwirklicht (Ropohl DB 2005, 972; Behrens UVR 2017, 152 (157); vgl. auch FM BW 17.11.2003, DStR 2003, 2121).

Steht die **Sicherungsübereignung** des Gebäudes unter einer **auflösenden Bedingung** und fällt das Gebäude nach Bedingungseintritt an den Sicherungsgeber zurück, ist die Steuerfestsetzung für die Sicherungsübereignung nach Auffassung der FVerw (FM BW 17.11.2003, DStR 2003, 2121) gem. § 5 II BewG, § 175 I 2 Nr. 2 AO aufzuheben und auf dieser Rechtsgrundlage auch für den Rückerwerb keine GrESt festzusetzen. Dem ist im Ergebnis zuzustimmen; Rechtsgrundlage kann jedoch allein (unmittelbar oder in entspr. Anwendung) § 16 sein (→ § 16 Rn. 7 ff.). Die vorstehenden Regelungen wendet die FVerw (FM BW 17.11.2003, DStR 2003, 2121) entspr. an, wenn der Sicherungsnehmer mit einem anderen Rechtsträger verschmolzen wird (steuerbar gem. § 1 I Nr. 3) und auf Letzteren das Sicherungseigentum und die zugrunde liegenden Forderungen übergehen. **119**

Bei einem **unbedingten** Erwerb des Sicherungsnehmers ist im Fall der Rückübertragung des Gebäudes allein die Anwendung des § 16 II möglich. Der Rückerwerb des Gebäudes durch den Sicherungsgeber kann sowohl bei der unbedingten als auch bei der auflösend bedingten Sicherungsübereignung nach § 3 Nr. 8 begünstigt sein. In der Praxis sollte auf der auflösend bedingten Gestaltung der Sicherungsübereignung bestanden werden (Behrens UVR 2017, 153 (154)). **120**

Im Fall der **Übernahme** eines Gebäudes auf fremdem Grund und Boden durch den Sicherungsnehmer erwirbt dieser die Verwertungsbefugnis (§ 1 II) am Gebäude (näher → § 9 Rn. 191 – auch zur Bemessungsgrundlage in diesem Fall). Die bloße **Verwertung** des Gebäudes auf fremdem Grund und Boden durch den Sicherungsnehmer im Wege der Veräußerung an einen Dritten ist hingegen nicht steuerbar (vgl. → § 9 Rn. 191). Zur Frage der Steuerbarkeit, wenn eine auflösend bedingte Sicherungsübereigneter an eine andere Bank abgetreten wird, vgl. Behrens UVR 2017, 152 (157 f.). **121**

3. Erwerb des Grundstücks durch den Erbauer des Gebäudes. Von den Erwerbsvorgängen, die ein Gebäude auf fremdem Boden betreffen, ist der Erwerb des Eigentums an dem **Gr** durch den Erbauer des Gebäudes (Mieter oder Pächter) zu unterscheiden. Dieser Erwerb ist gem. § 1 I steuerbar. Bemessungsgrundlage ist die – im Regelfall allein – für den GrErwerb sowie die etwa auch für das Gebäude erbrachte Gegenleistung (BFH II 30/61 U, BStBl. III 1964, 486). Zu weiteren Einzelfragen der Bemessungsgrundlage vgl. → § 9 Rn. 188. **122**

einstweilen **123–125**

III. Dinglich gesicherte Sondernutzungsrechte (§ 2 II Nr. 3)

§ 2 II Nr. 3 ist durch G v. 24.6.1991 (BGBl. 1991 I 1322 (1340)) eingefügt worden und stellt die dinglichen Sondernutzungsrechte den Gr gleich. Die Vorschrift hat vornehmlich klarstellende Funktion. Sie soll sicherstellen, dass der Erwerb dinglich gesicherter Sondernutzungsrechte – als einem Rechtsträgerwechsel gleichkommend – der GrESt unterworfen wird und damit der Umgehung steuerbarer Übertragungen von Wohnungs- und Teileigentum entgegenwirken (BT-Drs. 12/402, 14 und 12/562, 75). **126**

Hintergrund des § 2 II Nr. 3 ist die der Gemeinschaft der Wohnungs- und Teileigentümer durch **§ 1 V WEG** eröffnete Möglichkeit, den Gebrauch des Sondereigentums und des gemeinschaftlichen Eigentums durch Vereinbarung zu **127** regeln. Gebrauchsregelung idS ist auch die Bewilligung eines Sondernutzungsrechts an gemeinschaftlichem Eigentum (zB über die Benutzung von Kfz-Stellplätzen, Garagen, Fahrstühlen usw.), wodurch zugleich der Mitgebrauch der anderen Wohnungseigentümer beschränkt oder ausgeschlossen wird. Das Sondernutzungsrecht kann schon bei der Begründung des Wohnungs- oder Teileigentums nach § 3 WEG bzw. durch Teilungserklärung (§ 8 WEG) oder durch spätere Vereinbarung der Wohnungseigentümer bestellt und als Inhalt des Sondereigentums in das Grundbuch eingetragen werden. Die Entstehung des Sondernutzungsrechts verlangt allerdings die Eintragung im Grundbuch. Erfolgt keine Eintragung, wirkt das Sondernutzungsrecht mangels dinglicher Sicherung nicht gem. § 10 II oder III WEG gegen Sondernachfolger eines Wohnungs- und Teileigentümers. Einzelne Wohnungs- bzw. Teileigentümer können ferner auch untereinander Gebrauchsregelungen treffen, die nur für sie und nicht auch für die anderen Raumeigentümer gelten (§ 1010 BGB). Zivilrechtlich ist das dinglich gesicherte Sondernutzungsrecht weder Bestandteil (§§ 93, 94 BGB) des Sondereigentums bzw. des gemeinschaftlichen Eigentums am Gr noch – mangels subjektiv-dinglicher Berechtigung – ein Recht iSd § 96 BGB (Rossmanith UVR 1991, 143).

128 Ein für den **Erwerb** des dinglich gesicherten Sondernutzungsrechts vereinbartes Entgelt ist aufgrund **§ 2 II Nr. 3** in die **Bemessungsgrundlage der GrESt** (§§ 8 I, 9 I) **einzubeziehen,** wenn dieses nach dem Willen der Parteien zusätzlich zum vereinbarten Entgelt für den Erwerb des Wohnungs- oder Teileigentums gezahlt wird. Ebenso ist § 2 II Nr. 3 erfüllt, wenn ein solches Sondernutzungsrecht isoliert – dh ohne gleichzeitige Übertragung des Wohnungs- oder Teileigentums – auf ein Mitglied der Wohnungseigentumsgemeinschaft gegen Entgelt übertragen wird (zur zivilrechtlichen Zulässigkeit einer solchen Übertragung BGH V ZB 11/77, NJW 1979, 548). Eine Steuerbarkeit ist auch dann gegeben, wenn ein dinglich gesichertes Nutzungsrecht an einem Kfz-Einstellplatz dem jeweiligen Eigentümer eines genau bestimmten Teileigentums an einem NachbarGr zugeordnet ist und zusammen mit diesem Teileigentum übertragen wird. Hier gilt das Nutzungsrecht nach § 96 BGB als Bestandteil des Teileigentums (FM Nds 11.3.1994, GrESt-Kartei OFD Hannover § 2 Karte 3).

129 Nach seinem eindeutigen Wortlaut findet § 2 II Nr. 3 auf **nicht dinglich** gesicherte (dh nur schuldrechtlich wirkende) Sondernutzungsrechte **keine Anwendung.** Der Erwerb dieser nur schwach ausgeprägten Rechtsposition ist nicht besteuerungswürdig (BT-Drs. 12/402, 14). Nicht steuerbar ist auch die isolierte Übertragung eines dinglich gesicherten Sondernutzungsrechts auf einen außerhalb der Wohnungseigentümergemeinschaft stehenden **Dritten;** eine solche Übertragung ist zivilrechtlich wegen Verstoß unwirksam (BGH V ZB 11/77, NJW 1979, 548; näher Lehmann-Richter ZWE 218, 385). Dies entspricht auch der Auffassung der FVerw (FM Nds 11.3.1994, GrESt-Kartei OFD Hannover § 2 Karte 3). Sie sieht § 2 II Nr. 3 zutr. als nicht erfüllt an, wenn Gegenstand des Erwerbs das zugunsten eines Dritten (also nicht zugunsten der Wohnungs- oder Teileigentümer) dinglich gesicherte Nutzungsrecht an einer Tiefgarage mit dazugehörigen Nebenanlagen ist. Hat der Erwerber eines nur schuldrechtlich wirkenden Sondernutzungsrechts eine gesicherte Rechtsposition (zB bei Unkündbarkeit des Sondernutzungsrechts und Ausschluss des Zustimmungserfordernisses der Wohnungseigentümergemeinschaft), kommt ggf. ein Missbrauch rechtlicher Gestaltungsmöglichkeiten (§ 42 AO) oder die Annahme einer Verwertungsbefugnis (§ 1 II) in Betracht (zutr. Knorn DB 1991, 1489).

Auf die Frage, ob und in welchem Umfang ein auf den Erwerb des Sondernutzungsrechts entfallender Entgeltanteil schon nach den allgemeinen Grundsätzen zur grestrechtl. Bemessungsgrundlage gehört, kommt es aufgrund der in § 2 II Nr. 3 getroffenen Regelung nicht mehr an (zu Einzelheiten Knorn DB 1991, 1489; Rossmanith UVR 1991, 143). Nach Auffassung der FVerw (zB FM BW 13.4.1992, UVR 1992, 191) entfaltet § 2 II Nr. 3 nur rechtsändernde Wirkung, sofern Sondernutzungsrechte ohne den zugehörigen Miteigentumsanteil übertragen werden. **130**

einstweilen frei **131**

D. Mehrere Grundstücke; Grundstücksteile (§ 2 III)

§ 2 III trifft eine vom bürgerlichen Recht abweichende Regelung für die Fälle, in denen sich ein Rechtsvorgang auf mehrere Gr oder auf einen bzw. mehrere Teile eines Gr bezieht. Nach **§ 2 III 1** werden mehrere Gr iSd § 2 I 1 bzw. § 2 II als ein Gr behandelt, wenn sie zu einer wirtschaftlichen Einheit gehören. Diese Vorschrift soll verhindern, dass eine einheitliche Veräußerung mehrerer zu einer wirtschaftlichen Einheit gehörender Gr im bürgerlich-rechtlichen Sinne eine Mehrheit von Steuerfällen mit allen grestrechtl. Konsequenzen auslöst (Begr. GrEStG 1940, 393; BFH II R 102/70, BStBl. II 1975, 270). Bezieht sich ein Rechtsvorgang auf einen oder mehrere Teile eines Gr, sind auch diese Teile gem. § 2 III 2 als Gr iSd GrEStG zu behandeln. Diese Regelung trägt dem Umstand Rechnung, dass das GrEStG an Erwerbsvorgänge – und nicht an den Übergang des Eigentums am Gr – anknüpft und damit das Gr im Zustand der Bewegung im Rechtsverkehr erfasst (Hofmann/Elling/Keßeler § 2 Rn. 2). **132**

§ 2 III 1, 2 setzen jeweils voraus, dass sich **ein** Rechtsvorgang auf mehrere Gr bzw. einen oder mehrere Teile eines Gr bezieht. Ein Rechtsvorgang liegt auch bei Abschluss mehrerer Verträge vor, wenn alle Beteiligten beabsichtigen, eine einheitliche Regelung zu treffen und wenn zwischen den mehreren Verträgen ein enger sachlicher und zeitlicher Zusammenhang besteht (BFH II 94/57 U, BStBl. III 1960, 5; II R 59/74, BStBl. III 1979, 681; Hofmann/Elling/Keßeler § 2 Rn. 37). **133**

I. Wirtschaftliche Einheit (§ 2 III 1)

Nach § 2 III 1 sind mehrere Gr als ein Gr zu behandeln, wenn sich der Rechtsvorgang auf diese mehreren Gr bezieht und diese zu einer wirtschaftlichen Einheit gehören. Die Vorschrift hat vor allem **Bedeutung für § 3 Nr. 1** (hier bestimmt sich die Wertgrenze bei Vorliegen einer wirtschaftlichen Einheit nach dem Wert der mehreren Gr), **§ 7** (hier ist „ein" Gr iSd § 7 I bzw. II ggf. auch die wirtschaftliche Einheit der mehreren Gr) und für die Bestimmung der örtlichen Zuständigkeit nach **§ 17** (→ § 17 Rn. 10). Das der Rechtsfolge aus § 2 III 1 entspr. Ergebnis lässt sich ggf. auch durch eine Vereinigung oder Zuschreibung von Gr (§ 890 BGB iVm §§ 5, 6 GBO) erreichen. Wird dieser Weg beschritten, so entsteht ein Gr iSd bürgerlichen Rechts und damit auch (vgl. § 2 I 1) des GrESt-Rechts. Eine solche Vereinigung bzw. Zuschreibung von Gr ist für die GrESt allerdings nur beachtlich, wenn sie vor Entstehung der GrESt aus dem steuerbaren Rechtsvorgang abgewickelt worden ist (BFH II R 35/82, BStBl. II 1985, 336; FG Bln 1 K 1493/01, EFG 2003, 409). Die bloße Möglichkeit der Vereinigung bzw. Zuschreibung hat nicht zwingend zur Folge, dass mehrere Gr als ein Gr bzw. als wirtschaftliche Einheit zu behandeln sind (BFH II R 35/82, BStBl. II 1985, 336). **134**

135 Der in § 2 III 1 nicht näher umschriebene Begriff der **wirtschaftlichen Einheit** darf nicht mit dem entspr. bewertungsrechtlichen Begriff (§ 2 BewG) gleichgesetzt werden (BFH II R 35/82, BStBl. II 1985, 336; III R 40/82, BStBl. II 1983, 752). Es handelt sich um einen nach grestrechtlichen und nicht bewertungsrechtlichen Kriterien zu bestimmenden **Typusbegriff** (BFH II B 145/10, BFH/NV 2011, 2109; II R 17/05, BStBl. II 2006, 2124; II B 98/21, BFH/NV 2022, 1063; Viskorf/Viskorf § 2 Rn. 305; Pahlke DStR 2011 Beihefter zu Nr. 31, 66 ff.). Im Regelfall wird allerdings eine übereinstimmende Beurteilung mit dem BewG naheliegen (so zB FG München 4 K 2651–95, UVR 2000, 150). Für die Zuordnung zu einer wirtschaftlichen Einheit sind – entspr. § 2 I 4 BewG – die örtliche Gewohnheit, die tatsächliche Übung, die Zweckbestimmung und die wirtschaftliche Zugehörigkeit maßgebend (BStBl. II R 14/14, 2015, 405 (407 f.); II R 17/05, BFH/NV 2006, 2124; II B 98/21, BFH/NV 2022, 1063). Dabei kommt dem subjektiven Willen eine wesentliche Bedeutung zu. Stehen jedoch die subjektiven Merkmale (zB die Zweckbestimmung) in Widerspruch zu den objektiven Merkmalen, ist den objektiven Merkmalen der Vorrang einzuräumen (BFH II R 14/14, BStBl. II 14/14, BStBl. 2015, 405 (408); III R 40/82, BStBl. II 1983, 752; II R 35/82, BStBl. II 1985, 336; II R 96/90, BFH/NV 1995, 156).

136 Eine wirtschaftliche **Einheit** mehrerer Gr liegt vor, wenn sie zu einem einheitlichen Zweck zusammengefasst sind. Dieser muss sich äußerlich in einer entspr. einheitlichen Ausgestaltung niederschlagen, durch welche die selbstständige Ausgestaltung der einzelnen Gr nach der Verkehrsauffassung aufgehoben wird (BFH II R 14/14, BStBl. 2015, 405 (409); II R 17/05, BFH/NV 2006, 2124). Insoweit wird das Merkmal der **wirtschaftlichen** Einheit nach wirtschaftlichen Gesichtspunkten bestimmt. Hierbei kommt dem subjektiven Willen, sofern er mit objektiven äußeren Merkmalen übereinstimmt (→ Rn. 136), eine große Bedeutung zu. Bedeutsam kann der räumliche Zusammenhang der Fläche sein (BFH II 7/51 S, BStBl. III 1951, 99; II 213/59, HFR 1962, 307). Ein wesentliches Indiz für die Zweckbestimmung eines Gr ist auch die **Baulandqualifikation** (BFH II B 98/21, BFH/NV 2022, 1063 mwN). Es reicht nicht aus, wenn die Gr zu demselben Betriebsvermögen gehören (BFH II 7/51 S, BStBl. III 1951, 99).

137 Die Zusammenfassung mehrerer Gr zu einer wirtschaftlichen Einheit iSd § 2 III 1 kommt in Betracht, sofern die mehreren Gr **demselben Eigentümer** gehören (BFH HFR 1962, 307; II R 27/90, BFH/NV 1994, 504). Die Selbstständigkeit des § 2 III 1 gegenüber dem Bewertungsrecht hat jedoch zur Folge, dass grestrechtl. – abweichend von § 2 II BewG – auch **fremde** Gr zur wirtschaftlichen Einheit gehören können. Insoweit lässt es die Ausrichtung des GrEStG auf Vorgänge des Rechtsverkehrs zu, durch § 2 III 1 auch solche Gr zu erfassen, die erst in der Hand des Erwerbers eine wirtschaftliche Einheit bilden sollen.

138 **Einzelfälle.** Es können **landwirtschaftlich genutzte Gr** – unbeschadet ihrer Zugehörigkeit zu einer bewertungsrechtlich wirtschaftlichen Einheit iSd § 2 BewG – dann als wirtschaftliche Einheit iSd § 2 III 1 betrachtet werden, wenn sie räumlich zusammenhängen oder nahe zusammen liegen und natürlich oder durch besondere Umstände verbunden sowie zu einer gleichen, gleichartigen oder aufeinander abgestimmten Bewirtschaftung geeignet sind (BFH II R 102/70, BStBl. II 1975, 270). Bewertungsrechtlich ist eine Mehrheit von **Windkraftanlagen** (diese sind Betriebsvorrichtungen, → Rn. 46), die sich auf voneinander getrennten Gr befinden, regelmäßig keine wirtschaftliche Einheit (BFH II R 25/10, BStBl. II 2012, 403).

Jedes rechtlich selbstständige **Wohnungseigentum** bildet grds. eine selbstständige wirtschaftliche Einheit (BFH II R 82/88, BStBl. II 1991, 503; II R 96/90, BFH/NV 1995, 156). Die räumliche Trennung führt allerdings nicht in jedem Falle zur Verneinung einer wirtschaftlichen Einheit iSd § 2 III 1. So kann etwa eine wirtschaftliche Einheit vorliegen, wenn eine Wohnungseigentumseinheit und eine Teileigentumseinheit (zB Garage) zusammengehören (BFH II 94/57 U, BStBl. III 1960, 5). Auch **mehrere Eigentumswohnungen** können dann als eine wirtschaftliche Einheit iSd § 2 III 1 qualifiziert werden, wenn sie in demselben Haus unmittelbar übereinander oder nebeneinander liegen und nach den tatsächlichen Gegebenheiten baulich (bautechnisch) so miteinander verbunden sind, dass sie sich als ein Raumkörper darstellen (BFH II R 251/84, BStBl. II 1987, 838; ebenso FG Münster IV 1499/75 GrE, EFG 1976, 520 für den Fall, dass die mehreren Eigentumswohnungen untereinander – zB durch einen Wanddurchbruch – zur gemeinsamen Nutzung verbunden sind). Nicht ausreichend ist hingegen, dass sich diese mehreren Eigentumswohnungen in einem Gebäude befinden. Deshalb fehlt es regelmäßig an einem erforderlichen einheitlichen Raumkörper, wenn Eigentumswohnungen untereinander liegen (BFH II R 82/88, BStBl. II 1991, 503; II R 96/90, BFH/NV 1995, 156). **139**

Bei **Wohnblöcken** (MietwohnGr) ist für die Beurteilung der Frage, ob nebeneinander liegende Wohngebäude nach der Verkehrsauffassung eine selbstständige wirtschaftliche Einheit sind, entscheidend darauf abzustellen, ob sie unter Berücksichtigung ihrer baulichen Gestaltung selbstständig verkaufsfähig sind oder nicht (BFH III R 163/66, BStBl. II 1970, 822) bzw. in einem objektiven (nutzungsbezogenen) Funktionszusammenhang stehen (BFH II R 27/90, BFH/NV 1994, 504; II R 17/05, BStBl. II 2006, 2124). Eine nur „rechtliche Zweckeinheit" ist in keinem Fall ausreichend (BFH II B 48/11, BFH/NV 2012, 2025). Nicht entscheidend ist, ob für die einzelnen Einheiten jeweils ein eigenes Grundbuchblatt angelegt oder eine eigene Flurstücksnummer vergeben ist (zutr FG München 4 K 2555/09, EFG 2012, 2051). **140**

Dies gilt auch bei ihrer Errichtung nach einheitlichem Plan und einheitlicher architektonischer Gestaltung, miteinander verbundener Ver- und Entsorgung, gemeinschaftlicher Verwaltung sowie einer gemeinschaftlichen Tiefgarage für alle Mieter (BFH II R 35/82, BStBl. II 1985, 336; II R 17/05, BFH/NV 2006, 2124). Die für die wirtschaftliche Einheit charakteristische **einheitliche Zweckbestimmung** der Gr ist bei landwirtschaftlichen Gr oder zu einem Fabrikkomplex gehörenden Gr eher zu bejahen als bei verschiedenen nebeneinander liegenden und jeweils für sich nutzbaren MietwohnGr (BFH II R 35/82, BStBl. II 1985, 336; einschränkend BFH II R 17/05, BFH/NV 2006, 2124).

II. Erwerb von Grundstücksteilen (§ 2 III 2)

Auch eine noch zu vermessende Teilfläche kann Gr iSd § 2 I 1 sein (zu Einzelheiten → § 1 Rn. 156). § 2 III 2 stellt klar, dass auch einer oder mehrere Teile eines Gr grestrechtl. als ein Gr zu behandeln sind. GrTeile iSd § 2 III 2 können im Übrigen nur **reale** Teile sein, sodass diese Vorschrift bei ideellen Anteilen (Miteigentumsanteilen) an einem Gr nicht angewendet werden kann. Eine Gleichstellung von Gebäudeteilen (zB Steine oder Fenster) mit Grundstücksteilen ist nicht möglich (FG MV 3 K 84/21, EFG 2022, 1305). Teile eines Grundstücks (zB Doppelhaus) können aber als Gr behandelt werden. **141**

Zweiter Abschnitt. Steuervergünstigungen

Vorbemerkungen zu §§ 3–7

Übersicht

I. Bedeutung

1 Mit dem GrEStG 1983 wurden zahlreiche vormalige Befreiungsvorschriften beseitigt. Nach dem Beitritt der neuen Bundesländer wurden die Befreiungsvorschriften des § 4 Nr. 4–8 – zeitlich befristet – erweitert. Weitere Befreiungen sind durch Anfügung des § 4 Nr. 9 (betr. GrErwerbe im Rahmen einer ÖPP), durch Einbeziehung eingetragener Lebenspartner in den Kreis der nach § 3 begünstigten Personen sowie durch spezialgesetzliche Befreiungsvorschriften außerhalb des GrEStG hinzugekommen. Für Erwerbe, die allein auf dem Austritt des Vereinigten Königreichs Großbritannien und Nordirland aus der Europäischen Union beruhen, wurde § 4 Nr. 6 eingefügt (vgl. → § 4 Rn. 47).

2 Bei den als „Steuervergünstigungen" bezeichneten Vorschriften des Zweiten Abschnitts (§§ 3–7) handelt es sich um **(sachliche) Steuerbefreiungen.** Für diese ist kennzeichnend, dass die GrESt bei Erfüllung des gesetzlichen Befreiungstatbestands in dem bestimmten Umfang sowohl für den Erwerber als auch den Veräußerer entfällt. Alle Befreiungstatbestände knüpfen an sachliche Merkmale an. Subjektive Momente sind für den GrErwerb grds. ohne Bedeutung.

3 Unterschieden wird zwischen „echten" Steuerbefreiungen (§§ 3, 4) und Steuerbefreiungen in Sonderfällen (§§ 5–7 iVm § 24). Bei den „echten" Steuerbefreiungen bilden die **personenbezogenen Steuerbefreiungen** (§ 3 Nr. 2–7; → § 3 Rn. 2 ff.) eine besondere Gruppe. Diese knüpfen an Merkmale an, die entweder in der Person des Erwerbers begründet sind (zB Erbe) oder sich aus dessen Verhältnis zum Veräußerer (zB als Abkömmling oder Ehegatte) ergeben. Zur Anwendung auf Erwerbe von oder durch Gesellschaften vgl. → § 3 Rn. 7 f.

Die **Steuerbefreiungen in Sonderfällen** (§§ 5–7 iVm § 24) betreffen GrÜbertragungen zwischen Gesamthandsgemeinschaften und den an ihnen Beteiligten. Sie enthalten systemgerechte Korrekturen der Steuertatbestände, soweit sich nach einem Rechtsträgerwechsel die Beteiligung des Veräußerers oder Erwerbers am Gr dinglich und wertmäßig fortsetzt. Damit unterliegt nur der tatsächliche „Mehrerwerb" der GrESt. § 6a enthält eine grestrechtl. Konzernklausel, mit der Umstrukturierungen von Unternehmen unter engen Voraussetzungen erleichtert werden sollen.

4 Ein Zusammenwirken personenbezogener Befreiungsvorschriften (§ 3 Nr. 2–7) mit Befreiungsvorschriften in Sonderfällen (§§ 5, 7 iVm § 24) ist möglich. Die damit eröffneten Befreiungsmöglichkeiten reichen daher weit über die ausdrücklich geregelten Befreiungstatbestände hinaus (→ Rn. 10). Die unterschiedlichen

Formulierungen in §§ 3, 4 („von der Besteuerung sind ausgenommen") einerseits und in §§ 5–7 iVm § 24 („die Steuer wird nicht erhoben") andererseits sind sachlich ohne Bedeutung.

Auch **§ 1 Nr. 3 S. 2 Buchst. a und b** gehören ungeachtet ihrer systematischen Stellung innerhalb der Steuertatbestände zu den Steuerbefreiungen (→ § 1 Rn. 197 ff.). **§ 1 VI 2** ist ebenfalls nur eine Anrechnungsvorschrift für bestimmte aufeinander folgende Rechtsvorgänge bei Erwerberidentität (→ § 1 Rn. 744 ff.). Weitere Ausnahmen ergeben sich aus § 1 IIa 6, IIb 6, IIc und § 16. 5

II. Auslegung der Befreiungsvorschriften

Allgemeine Auslegungsregeln. Für die Befreiungsvorschriften gelten die für die Auslegung des GrEStG allgemein geltenden Auslegungsregeln, die von dem Gesetzestext entsprechen und dem objektivierten Sinnzusammenhang Rechnung tragen (→ Einl. Rn. 27 ff.; ferner zB Tipke/Kruse/Drüen AO § 4 Rn. 231 ff.; Koenig/Koenig AO § 4 Rn. 85 ff.). Es ist nicht geboten, Befreiungsvorschriften wegen ihres Ausnahmecharakters eng auszulegen (s. Koenig/Koenig AO § 4 Rn. 92 mwN). Eine **ausdehnende Auslegung** von Befreiungsvorschriften im Wege richterlicher Rechtsfortbildung ist möglich, sofern aus dem Gesetz selbst zum Ausdruck kommt, dass der zur Entscheidung anstehende Lebenssachverhalt auch nach der Vorstellung des Gesetzgebers begünstigt sein soll (zB BFH II 25/61, BStBl. II 1969, 550; X R 43/03, BStBl. II 2006, 868; Tipke/Kruse/Drüen AO § 4 Rn. 225 mwN). Ebenso kommt auch eine teleologische Reduktion von Befreiungsvorschriften in Betracht (zB → § 5 Rn. 75 ff.; FG München 13 K 2251/90, EFG 1992, 661; FG Hmb II 264/91, EFG 1994, 976). Bei fehlender Divergenz zwischen Gesetzeswortlaut und Gesetzeszweck scheidet eine teleologische Reduktion oder Extension jedoch aus (BFH X R 191/93, BStBl. II 1995, 586; X R 146/94, BStBl. II 1998, 961; II R 68/09, BFH/NV 2012, 62 betr. § 1 I Nr. 3 S. 2 Buchst. b). So kann eine ausdehnende Auslegung von Befreiungsvorschriften nicht allein darauf gestützt werden, dass die Steuerfreiheit eines bestimmten GrErwerbs rechtspolitisch wünschenswert wäre (zB BFH I R 164/68, BStBl. II 1972, 858; X R 30/86, BStBl. II 1989, 891). 6

Befreiungsvorschriften sind, soweit planwidrig lückenhaft, der **Analogie** zugänglich (s. Tipke/Kruse/Drüen AO § 4 Rn. 364; Koenig/Koenig AO § 4 Rn. 116 ff.). Sie kann in Betracht kommen, wenn Wesensgleichheit zwischen dem gesetzlich geregelten und dem nicht geregelten Tatbestand besteht. Lässt sich aus den Erwerbstatbeständen und den betr. Befreiungsvorschriften ein allgemeines Prinzip ableiten (zB die Nichtbesteuerung eines GrÜbergangs auf eine oder von einer Gesamthand, soweit sich die dingliche und wertmäßige Beteiligung des Veräußerers oder Erwerbers an dem Gr fortsetzt), können wesensgleiche Sachverhalte unter die Befreiungsvorschrift fallen. Diese Grundsätze gelten auch für eine analoge Anwendung der Befreiungsvorschriften auf fiktive Erwerbstatbestände (→ § 3 Rn. 10 ff.; → § 6 Rn. 47 ff. zur entspr. Anwendung von § 6 III und personenbezogenen Befreiungsvorschriften bei Änderungen im Gesellschafterbestand iSv § 1 IIa). Entsprechende Fragen können sich auch bei § 1 IIb ergeben. 7

Die Auslegung einer Befreiungsvorschrift **gegen den Wortlaut** ist nicht gerechtfertigt, wenn sie zu einem sinnwidrigen, vom Gesetzgeber nicht gewollten Ergebnis führt (BFH II 116/63, BStBl. III 1967, 29; VIII R 79/88, BStBl. II 1992, 786; VIII R 30/92, BStBl. II 1994, 938; III R 30/98, BStBl. II 2000, 438; VIII R 44/00, BStBl. II 2001, 562). Im Wege der Auslegung darf kein durch das 8

Gesetz (dh durch seinen möglichen Wortsinn) nicht belegter Begünstigungstatbestand geschaffen werden (BFH IX R 56/88, BStBl. II 1990, 216; II R 33/09, BStBl. II 2011, 980 mwN; Tipke/Kruse/Drüen AO § 4 Rn. 360). Gerichte und Verwaltung sind auf Grund der ihnen durch Art. 20 III GG gezogenen Grenzen nicht befugt, einen im Gesetz genau umrissenen Begünstigungstatbestand auf Grund eigener Wertvorstellungen auszuweiten (BFH II 38/65, BStBl. II 1971, 779 mwN) bzw. einen im Gesetz nicht vorgesehenen Befreiungstatbestand von sich aus zu schaffen. Ist bei Beachtung der Auslegungsgrundsätze kein Befreiungstatbestand erfüllt, kann dies nicht durch allgemeine **Billigkeitserwägungen** (§§ 163, 227 AO) überspielt werden.

9 Eine **vergleichende Betrachtung** der in **verschiedenen Steuergesetzen** gewährten Steuererleichterungen unterliegt **besonders engen Auslegungsgrenzen.** Hat der Gesetzgeber aus wirtschaftspolitischen Gründen für bestimmte Fälle oder bei bestimmten Steuerarten Erleichterungen gewährt, können diese Begünstigungen nicht ohne gesetzliche Anordnung auf andere Fälle oder Steuerarten übertragen werden (BFH II 56/52 S, BStBl. III 1952, 181; II R 1/02, BFH/NV 2004, 1120).

III. Wertende Zusammenschau mehrerer Befreiungsvorschriften (sog. Interpolation)

10 Bei der Auslegung der **grestrechtl. Befreiungsvorschriften** kann sich aus einer **wertenden Zusammenschau** mehrerer Befreiungsvorschriften **(sog. Interpolation)** eine Steuerbefreiung ergeben, die im Gesetzeswortlaut der Befreiungsvorschriften nicht zum Ausdruck kommt (BFH II 109/65, BStBl. II 1970, 600; II R 42/10, BFH/NV 2012, 1177; II R 49/14, BStBl. II 2016, 292; II R 38/15, BStBl II 2019, 325). Der dadurch gewonnene – als solcher gesetzlich nicht normierte – Befreiungstatbestand wird anerkannt, wenn das betr. Steuergesetz **andernfalls zu** einem **sinnwidrigen Ergebnis** führen würde (RFH RStBl. 1934, 830; BFH II 135/62, BStBl. III 1966, 318; II R 96/66, BStBl. III 1967, 345; II R 129/67, BStBl. II 1973, 597; II R 111/67, BStBl. II 1975, 149, 150; II R 82/00, BFH/NV 2003, 940; II R 49/14, BStBl. 2016, 292 (→ § 3 Rn. 149); II R 38/15, BStBl. II 2019, 325 (→ § 3 Rn. 217 f.); vgl. Viskorf/Meßbacher-Hönsch § 3 Rn. 33 ff.; Hofmann/Eiling/Keßeler § 3 Rn. 2; Halaczinsky UVR 2021, 21; Heck DStR 2021, 2110; Becke ZEV 2024, 431 (437)). Die Interpolation führt damit zur Befreiung, wenn sich der betr. Erwerb als **abgekürzter Weg** darstellt und die unterbliebenen Zwischenerwerbe, wenn sie durchgeführt worden wären, ebenfalls von der GrESt befreit wären. Eine darüber hinausgehende Zusammenfassung von Tatbestand und Steuerbefreiung ist nicht möglich (vgl. FG BW 5 K 1503/22, EFG 2024, 60, Rev. BFH II R 13/23).

11 Diese Voraussetzungen sind nicht erfüllt, wenn sich der gewählte Weg als **Verlängerung des Leistungswegs** darstellt. Wendet ein Schenker ein Grundstück zunächst einem Erstbeschenkten zu, mit der Auflage, das Grundstück an einen Dritten zu übertragen, sind beide Rechtsgeschäfte schenkungsteuerrechtlich selbstständig zu beurteilen. Die Zusammenschau von Befreiungsvorschriften auf Grundlage fiktiver Gestaltungen findet nicht statt (BFH II R 30/18, BStBl. II 2021, 322). Die Voraussetzungen des § 3 Nr. 2 und Nr. 3 bei einem Erwerb von Geschwistern führen auch dann nicht zur Steuerbefreiung, wenn der Schenker einen GrTeil zunächst einem Abkömmling zuwendet und später ein anderer Abkömmling diesen GrTeil erwirbt. Die Steuerbefreiung nach § 3 Nr. 3 ist auf

die Abwicklung von Bruchteilsgemeinschaften, die im Wege der vorweggenommenen Erbfolge entstanden sind, nicht entsprechend anwendbar (BFH II B 87/20, BFH/NV 2021, 1208; vgl. auch BFH II R 7/16, BStBl. II 2019, 617 und → § 3 Rn. 217). Auch eine Steuerbefreiung aus § 3 Nr. 5 und § 5 II scheidet aus, wenn es sich nur um eine fiktive Gestaltung handelt (FG Köln 5 K 756/20, EFG 2022, 594, Rev. BFH II R 42/21).

Die Zusammenschau von Befreiungsvorschriften findet ihre **Grenze** in einem etwaigen **Gestaltungsmissbrauch (§ 42 AO).** So kann ein Gr zwischen Geschwistern nicht über einen zweifachen – nach § 3 Nr. 6 jeweils von der GrESt freigestellten – Umweg über die Eltern oder einen Elternteil grestfrei erworben werden, wenn für die Zwischenschaltung der Eltern oder des Elternteils **kein außerhalb der Steuerersparnis liegender Grund** vorhanden ist (BFH II 154/59 U, BStBl. III 1961, 21; II 198/61, HFR 1964, 246; II 7/64, BStBl. II 1969, 495; II R 49/14, BStBl. II 2016, 292; FG Münster VIII 1719/87 GrE, EFG 1991, 346; FG München 4 K 1933/92, UVR 1995, 88; 4 K 2099/94, UVR 1996, 116). Liegt ein beachtlicher Grund für den gewählten Übertragungsweg vor, steht der Zusammenschau auch § 42 AO nicht entgegen (BFH II R 38/15, BStBl. II 2019, 325). Im Übrigen setzt die Interpolation selbstverständlich die **tatsächliche Erfüllung der jeweiligen Befreiungsmerkmale** voraus; nur fiktiv verwirklichte Sachverhalte reichen insoweit nicht aus (zutr. Viskorf/Meßbacher-Hönsch § 3 Rn. 35a, 38b). 12

Speziell zum **Grundstückserwerb von Bruder/Schwester durch wertende Zusammenschau** → § 3 Rn. 216 ff.

einstweilen frei **13, 14**

IV. Verfahrensfragen

Die **Gewährung der Steuerbefreiung** erfordert **keinen Antrag,** sondern erfolgt durch die FinB **von Amts wegen** (im Rahmen des Untersuchungsgrundsatzes, § 88 AO) für jeden **einzelnen** Erwerbsvorgang. Davon unberührt bleiben die Anzeigepflichten (§§ 18 ff.) mit der insoweit geforderten Angabe, ob und um welche begünstigte Person iSd § 3 Nr. 3–7 es sich bei dem Erwerber handelt (§ 20 I Nr. 1), sowie die Mitwirkungspflichten der am Erwerbsvorgang Beteiligten bei der Ermittlung des Sachverhalts (§ 90 AO). Die FBeh sind nicht gehalten, ohne hinreichende Anhaltspunkte „auf Verdacht" möglichen Vergünstigungen nachzugehen. **15**

Beurteilungszeitpunkt für das Vorliegen einer GrESt-Befreiung ist der Erwerb bzw. der Grundstückserwerb (Viskorf/Meßbacher-Hönsch § 3 Rn. 9 f.). Dieser – und nicht der vorausgehende Erwerbsvorgang – ist für die Steuerentstehung maßgebend. Ist aufgrund der zu diesem Zeitpunkt (dazu § 14) bestehenden tatsächlichen Verhältnisse ein Erwerb von der GrESt befreit, wird durch den nachträglichen Wegfall der tatbestandlichen Befreiungsvoraussetzungen keine Steuerpflicht (nachträglich) begründet (BFH II 166/57 U, BStBl. III 1959, 98). Eine Änderung oder Aufhebung fehlerhafter bestandskräftiger GrESt-Bescheide kommt grds. nur nach den allgemeinen Vorschriften (vgl. §§ 172 ff. AO) in Betracht. **16**

Unter dem **Vorbehalt der Nachprüfung (§ 164 I AO)** gewährte Steuerbefreiungen können aufgehoben oder geändert werden, solange der Vorbehalt wirksam ist (§ 164 II AO). Dies gilt ebenso für wegen Ungewissheit **vorläufig** gewährte Steuerbefreiungen **(§ 165 II AO).** **17**

Die **materielle Rechtmäßigkeit** einer formell zulässigen Änderung des begünstigenden Bescheids richtet sich stets danach, ob im Zeitpunkt der Entstehung der GrESt die Voraussetzungen für eine materielle Steuerbefreiung erfüllt waren (BFH II R 33/94, BStBl. II 1996, 533) oder auf Grund späterer Ereignisse gem. §§ 5 III und 6 III 2 oder IV rückwirkend entfallen sind (→ § 5 Rn. 96 f., → § 6 Rn. 59 f.; → § 6a Rn. 122 ff., 190 ff.).

§ 3 Allgemeine Ausnahmen von der Besteuerung

Von der Besteuerung sind ausgenommen:

1. **der Erwerb eines Grundstücks, wenn der für die Berechnung der Steuer maßgebende Wert (§ 8) 2500 Euro nicht übersteigt;**
2. **der Grundstückserwerb von Todes wegen und Grundstücksschenkungen unter Lebenden im Sinne des Erbschaftsteuer- und Schenkungsteuergesetzes. [2]Schenkungen unter einer Auflage unterliegen der Besteuerung jedoch hinsichtlich des Werts solcher Auflagen, die bei der Schenkungsteuer abziehbar sind;**
3. **der Erwerb eines zum Nachlaß gehörigen Grundstücks durch Miterben zur Teilung des Nachlasses. [2]Den Miterben steht der überlebende Ehegatte oder Lebenspartner gleich, wenn er mit den Erben des verstorbenen Ehegatten oder Lebenspartners gütergemeinschaftliches Vermögen zu teilen hat oder wenn ihm in Anrechnung auf eine Ausgleichsforderung am Zugewinn des verstorbenen Ehegatten oder Lebenspartners ein zum Nachlass gehöriges Grundstück übertragen wird. [3]Den Miterben stehen außerdem ihre Ehegatten oder ihre Lebenspartner gleich;**
4. **der Grundstückserwerb durch den Ehegatten oder den Lebenspartner des Veräußerers;**
5. **der Grundstückserwerb durch den früheren Ehegatten des Veräußerers im Rahmen der Vermögensauseinandersetzung nach der Scheidung;**

5a. **der Grundstückserwerb durch den früheren Lebenspartner des Veräußerers im Rahmen der Vermögensauseinandersetzung nach der Aufhebung der Lebenspartnerschaft;**

6. **der Erwerb eines Grundstücks durch Personen, die mit dem Veräußerer in gerader Linie verwandt sind oder deren Verwandtschaft durch die Annahme als Kind bürgerlich-rechtlich erloschen ist. [2]Den Abkömmlingen stehen die Stiefkinder gleich. [3]Den in den Sätzen 1 und 2 genannten Personen stehen deren Ehegatten oder deren Lebenspartner gleich;**
7. **der Erwerb eines zum Gesamtgut gehörigen Grundstücks durch Teilnehmer an einer fortgesetzten Gütergemeinschaft zur Teilung des Gesamtguts. [2]Den Teilnehmern an der fortgesetzten Gütergemeinschaft stehen ihre Ehegatten oder ihre Lebenspartner gleich;**
8. **der Rückerwerb eines Grundstücks durch den Treugeber bei Auflösung des Treuhandverhältnisses. [2]Voraussetzung ist, daß für den Rechtsvorgang, durch den der Treuhänder den Anspruch auf Übereignung des Grundstücks oder das Eigentum an dem Grundstück erlangt hatte, die Steuer entrichtet worden ist. [3]Die Anwendung der Vorschrift des § 16 Abs. 2 bleibt unberührt.**

Übersicht

A. Allgemeines

I. Bedeutung

1 § 3 enthält einen abschließenden Katalog sachlicher Befreiungsvorschriften (→ Vorb §§ 3–7 Rn. 2), wobei sich durch Zusammenschau mit anderen Befreiungen (sog. Interpolation) weitere Befreiungstatbestände ergeben können (→ Vorb §§ 3–7 Rn. 10 f.). Zu den Gesetzesänderungen im Bereich des § 3 vgl. die Erl zu den einzelnen Befreiungstatbeständen.

Gegenstand der Befreiungen nach § 3 ist nicht der Erwerbsvorgang, sondern der jeweilige **Erwerb** eines Gr, dh der auf der der Erwerbsvorgang nachfolgende Erwerb eines Rechtsvorgangs.

II. Personenbezogene Befreiungsvorschriften (§ 3 Nr. 2–7)

2 Im Befreiungskatalog des § 3 bilden die **personenbezogenen Befreiungsvorschriften** der Nr. 2–7 eine besondere Gruppe. Sie knüpfen im Unterschied zu

§ 3 Nr. 1 an Merkmale an, die entweder in der Person des Erwerbers begründet sind (zB Erbe, Beschenkter) oder in einem bestimmten Verhältnis zwischen dem Erwerber und dem Veräußerer liegen (zB Abkömmling, Ehegatte).

3 **1. Maßgebende personenbezogene Merkmale und Beziehungen.** Für die nach § 3 Nr. 2–7 maßgebenden personenbezogenen Merkmale ist das Verhältnis des Erwerbers einer grestrechtl. relevanten Position (zB Übereignungsanspruch, Verwertungsbefugnis, Eigentum) zu demjenigen, der diese Position aufgibt, ausschlaggebend. Dabei ist allein entscheidend, wie der Übergang des Gr tatsächlich erfolgt ist und nicht, wie er hätte erfolgen können. Bei Erwerben im Dreiecksverhältnis kann es allerdings dazu kommen, dass ein Zwischenerwerb unterbleibt, um Kosten und Mühen des Umweges über den Zwischenerwerb zu vermeiden. Stellt sich die Vermeidung des Zwischenerwerbs als Verkürzung des Vertrags- oder Beurkundungsweges dar, so kann die Zusammenschau der Befreiungsvorschriften dazu führen, den Erwerb auch ohne Umweg von der GrESt freizustellen (→ Vorb §§ 3–7 Rn. 10 f.).

4 Zumeist werden die am Erwerbsvorgang Beteiligten auch die am Erwerb Beteiligten sein. Anderes gilt jedoch bei einem echten **GrVertrag zugunsten Dritter** (§§ 328 ff. BGB; → § 1 Rn. 107 f.); bei diesem entsteht der Anspruch auf GrÜbereignung unmittelbar beim Dritten, obwohl er nicht Partner des Erwerbsgeschäfts ist. Für die personenbezogenen Merkmale ist allein das Verhältnis zwischen dem **Versprechenden (zB Veräußerer)** und dem **Dritten (Erwerber)** maßgebend, weil diese die am Erwerb Beteiligten sind (BFH II R 38/15, BStBl. II 2019, 325). Das Verhältnis zwischen den Vertragspartnern (Versprechender zum Versprechensempfänger) oder das Verhältnis des Versprechensempfängers und dem Dritten ist für die personenbezogenen Befreiungsvorschriften ohne Belang (ebenso Viskorf/Meßbacher-Hönsch § 3 Rn. 27; Hofmann/Eiling/Keßeler § 3 Rn. 1).

5 Beim GrErwerb kraft **Enteignung** (§ 1 I Nr. 3 S. 1) ist auf das Verhältnis zwischen dem Eigentümer vor der Beschlagnahme des Gr und dem Erwerber abzustellen. Beim GrErwerb im **Zwangsversteigerungsverfahren** (§ 1 I Nr. 4) kommt es auf das Verhältnis zwischen dem Versteigerungsschuldner, der bei der Anordnung der Zwangsversteigerung eingetragene Eigentümer des Gr war (§ 17 ZVG), und dem Meistbietenden an.

6 In **Abtretungsfällen** (§ 1 I Nr. 5–7) ist zu beachten, dass der Erwerb des Übereignungsanspruchs (steuerbar nach § 1 I Nr. 1) und der Erwerb dieses Anspruchs durch Abtretung grestrechtl. zwei selbstständige Rechtsvorgänge sind (→ § 1 Rn. 236), die auch hinsichtlich der personenbezogenen Befreiungen je für sich zu beurteilen sind (zu Vertragsübernahme und -beitritt (→ § 1 Rn. 109 ff.). Für die etwaige Befreiung der Abtretung des GrÜbereignungsanspruchs ist das Verhältnis zwischen dem Abtretenden und dem Abtretungsempfänger maßgebend. Tritt ein **Meistbietender,** der im eigenen Namen geboten hat, die Rechte aus dem Meistgebot ab, kommt es auf die Beziehung des Abtretenden zum Abtretungsempfänger an. Wer als Beauftragter oder Treuhänder ein Gr „für einen anderen erwirbt", ohne erkennbar im Namen des Auftraggebers zu handeln, erlangt einen Anspruch auf Übereignung an sich selbst (BFH II 112/65, BStBl. II 1969, 92). Gleichzeitig erlangt der mittelbar vertretene Auftraggeber gegenüber dem Beauftragten/Treuhänder einen Anspruch auf Übereignung an sich selbst (→ § 1 Rn. 222). Die maßgebenden personenbezogenen Merkmale für den Erwerb durch den Beauftragten/Treuhänder richten sich nach dessen Verhältnis zum Veräußerer.

Für die gleichzeitig dem Auftraggeber zuwachsende Verwertungsbefugnis kommt es für die Steuerbefreiung auf sein Verhältnis zum Beauftragten/Treuhänder an. Gleiches gilt, wenn der Beauftragte/Treuhänder seinen Anspruch aus dem Erwerbsgeschäft an den Auftraggeber abtritt (steuerbar nach § 1 I Nr. 7; BFH II 76/65, BStBl. II 1971, 309; II R 108/91 BFH/NV 1995, 431).

2. Anwendung auf Erwerbe von oder durch Gesellschaften. Die personenbezogenen Befreiungen des § 3 sind nicht auf den unmittelbaren Erwerb von Allein- und Bruchteilseigentum an einem Gr beschränkt. Sie sind grds. (→ Rn. 9 ff.) auch auf fiktive GrErwerbe iSd § 1 IIa, IIb, III und IIIa anzuwenden. Vgl. für die FVerw 7

- zu § 1 IIa GLE 10.5.2022, BStBl. I 2022, 801;
- zu § 1 IIb ab 1.7.2021 GLE 10.5.2022 BStBl. I 2022, 821;
- zu § 1 III GLE 5.3.2024, BStBl. I 2024, 383;
- zu § 1 IIIa GLE 19.9.2018, BStBl. I 2018, 1078.

Auf Erwerbe von oder durch **Gesamthandsgemeinschaften** sind die personenbezogenen Befreiungen bis 31.12.2026 (vgl. § 24) **grds. uneingeschränkt anwendbar,** wenn und soweit ein Gemeinschafter die Merkmale erfüllt, die entweder in seiner Person oder in seinem Verhältnis zum Erwerber oder Veräußerer des Gr begründet sind. Gesamthandsgemeinschaften werden im GrESt-Recht zwar als selbstständige Rechtsträger behandelt (→ § 1 Rn. 52 ff.), zivilrechtlich ist jedoch das Eigentum dieser Gemeinschaften – wenn auch in gesamthänderischer Verbundenheit – Eigentum der Gesellschafter. Diesem Umstand tragen §§ 5 und 6 iVm § 24– allerdings durch § 5 III, § 6 III 2 und IV eingeschränkt – Rechnung, indem der GrÜbergang auf eine Gesamthand oder von einer Gesamthand insoweit steuerfrei bleibt, als die erwerbenden oder veräußernden Personen an der Gesamthand beteiligt sind oder waren. Die dingliche Beteiligung der Mitglieder an einer Gesamthandsgemeinschaft rechtfertigt es, im GrVerkehr mit ihnen die grestrechtl. relevanten persönlichen Eigenschaften oder Beziehungen ihrer Mitglieder im Verhältnis zum Veräußerer (über § 5) oder Erwerber (über § 6) auf den Erwerb durchschlagen zu lassen (zB BFH II 109/64, BStBl. II 1968, 619; II B 202/01, BStBl. II 2003, 528; II R 42/10, BFH/NV 2012, 1177; II R 66/11, BStBl. II 2014, 266, stRspr; zu §§ 5 und 6 GLE 5.3.2024, BStBl. I 2024, 410 = HEB 2024 §§ 5 und 6 GrEStG 5.3.2024, BStBl. I 2024, 410 Rn. 1 ff.; s. auch Viskorf/Meßbacher-Hönsch § 3 Rn. 40 ff.; Hofmann/Eiling/Keßeler § 3 Rn. 3 f.). Zur GmbH & Co. KG → Rn. 14. 8

Offen ist die Weitergeltung ab 1.1.2027 (§ 24). Bis dahin gelten für die GrESt die rechtsfähigen Personengesellschaften (§ 14a I Nr. 2 AO) als Gesamthand und deren Vermögen als Gesamthandsvermögen. Soweit noch von Bedeutung, sind bis zum Ablauf des 31.12.2026 noch die alten Vorschriften (§§ 705 ff. BGB) analog anzuwenden.

3. Anwendung in Fällen des § 1 IIa. § 3 gilt uneingeschränkt auch für **Erwerbe iSd § 1 IIa** (BFH II R 79/05, BStBl. II 2007, 409; Viskorf/Meßbacher-Hönsch § 3 Rn. 46 ff.; Pagels UVR 1997, 165 (170 f.); zu § 1 IIa GLE 10.5.2022, BStBl. I 2022, 801 Tz. 9). Für die Anwendung des § 3 kann es grds. keinen Unterschied machen, ob der jeweilige Erwerb auf einem realen Rechtsträgerwechsel beruht oder ob ein solcher, wie im Fall des § 1 IIa, lediglich fingiert wird (vgl. auch → Rn. 310). Aufgrund der gesamthänderischen Struktur der PersGes ist § 6 III auf Erwerbsvorgänge des § 1 IIa entspr. anzuwenden; die nach § 3 Nr. 2–7 grestrechtl. relevanten persönlichen Eigenschaften und Beziehungen erstrecken 9 sich auch auf die „neue" PersGes. Dies gilt nicht nur für eine „fortgesetzte" Beteiligung des Altgesellschafters an der „neuen" PersGes, sondern auch für einen Neugesellschafter, soweit er an die Stelle des Altgesellschafters, mit dem er in einer personenbezogenen Beziehung iSv § 3 Nr. 2–7 steht, tritt (zu § 3 Nr. 2 → Rn. 38, zu § 3 Nr. 3 → Rn. 174, zu § 3 Nr. 6 → Rn. 231, zu § 5 → § 5 Rn. 77 ff.; zu § 6 → § 6 Rn. 58). Zu beachten ist, dass für Erwerbe nach dem 30.6.2021 eine zehnjährige Frist (§ 6 III) bzw. in Fällen des § 6 IV 3 von fünfzehn Jahren gilt (§ 23 XVIII, XXIV; zu dieser streitigen Anwendbarkeit des § 23 XXIV vgl. → § 23 Rn. 57 ff.).

Offen ist die Anwendung des § 1 IIa auch für Vorgänge **ab 1.1.2027** (nach Aufhebung des **§ 24**). Nach gegenwärtigem Stand ist dann die Anwendung des § 3 Nr. 3–7 nicht mehr möglich; die weitere Entwicklung muss insoweit abgewartet werden.

10 **4. Anwendung in Fällen des § 1 IIb.** Mit dem neu eingefügten § 1 IIb sollen aus Gründen der Missbrauchsverhinderung die Anteilseignerwechsel an KapGes erfasst werden. Die personenbezogenen Steuerbefreiungen sollen nicht gelten (BT-Drs. 19/13437, 12). Auf Erwerbe von oder durch **grbesitzende KapGes (§ 1 IIb)** sind die **personenbezogenen Befreiungen** des **§ 3 Nr. 3–7 nicht anwendbar** (zB BFH II R 21/10, BStBl. II 2012, 793; GLE 10.5.2022, BStBl. I 2022, 821 Tz. 9; krit. Lange DStR 2019, 2348 (2351)). Nicht anwendbar sind auch die Steuervergünstigungen nach §§ 5, 6 und 7 (GLE 10.5.2022, BStBl. I 2022, 821 Tz. 9).

11 **§ 3 Nr. 2 S. 1** auf den GrErwerb einer grbesitzenden **KapGes durch Erbanfall** oder auf Grund eines **Vermächtnisses** (§ 3 I Nr. 1 ErbStG) **anwendbar,** weil eine KapGes als juristische Person selbst Erbin oder Vermächtnisnehmerin sein kann (§§ 21 ff., 2101 II BGB; GLE 10.5.2022, BStBl. I 2022, 821 Tz. 9; Lange DStR 2019, 2348 (2359); Förster/Mending DB 2021, 1974 (1977); Wachter/Wiedmann UVR 2019, 211 (217 f.)). Dadurch wird eine Doppelbelastung mit ErbStG und GrEStG vermieden. Steuerbefreit sind – unabhängig von den Schenkungszeitpunkten – sowohl die tatbestandsauslösende Anteilsübertragung von grbesitzenden KapGes als auch eine oder mehrere vorangegangene schenkweise Anteilsübertragungen an der grbesitzende KapGes. Die Begünstigung setzt voraus, dass das jeweilige GrStück der Gesellschaft bereits zu den damaligen Schenkungszeitpunkt grestlich zuzurechnen war (GLE 10.5.2022, BStBl. I 2022, 821 Nr. 9). Auf **unentgeltliche GrÜbertragungen von** einem **Gesellschafter auf** die **KapGes** findet § 3 Nr. 2 S. 1 mangels Freigebigkeit keine Anwendung, weil dem Vermögensopfer der Gesellschafter eine Werterhöhung seiner Gesellschaftsanteile gegenübersteht (zB BFH II R 28/08, BStBl. II 2010, 566; II R 42/15, BStBl. II 2018, 299). Der Erwerb von Anteilen von Todes wegen bleibt schon gem. § 1 IIb 6 außer Betracht.

Zur Anwendbarkeit personenbezogener Befreiungsvorschriften bei KapGes in den Fällen des § 1 III und IIIa → Rn. 12, 16, 44, 175; zum GrÜbergang auf Stiftungen → Rn. 99 ff.

12 **5. Anwendung in Fällen des § 1 III. a) Anteilsvereinigungen bei KapGes.** Auf Anteilsvereinigungen bei **KapGes** iSv **§ 1 III Nr. 1 und 2** finden die personenbezogenen Befreiungsvorschriften des § 3 – mit **Ausnahme** des **§ 3 Nr. 2 – keine Anwendung** (BFH II R 52/14, BStBl. II 2017, 653; II R 21/10, BStBl. II 2012, 793; Viskorf/Meßbacher-Hönsch § 3 Rn. 52; zu § 1 III GLE 5.3.2024, BStBl. I 2024, 383 Rn. 35 ff.; krit. Moench BB 1982, 1607; Binz/

Freudenberg/Sorg DStR 1990, 753). In dem für § 1 III Nr. 1 und 2 maßgeblichen Verhältnis des Anteilserwerbers zur KapGes gibt es wegen des fingierten „Erwerbs" des Gr von dieser Gesellschaft (→ § 1 Rn. 518) – **keine personenbezogenen** (zB verwandtschaftlichen) **Beziehungen** (BFH II R 21/10, BStBl. II 2012, 793; FG BW 5 K 1503/22, EFG 2024, 60, Rev. II R 13/23).

b) Anteilsvereinigungen bei PersGes. Auf Anteilsvereinigungen bei **PersGes iSv § 1 III Nr. 1 oder 2** sind, sofern nicht bereits eine vorrangige Besteuerung nach § 1 IIa in Betracht kommt, die personenbezogenen Befreiungsvorschriften des **§ 3 Nr. 2–7 anwendbar** (so auch Viskorf/Meßbacher-Hönsch § 3 Rn. 54). Hier wird – wie bei der Anteilsübertragung bei KapGes – derjenige, in dessen Hand sich die Anteilsvereinigung vollzieht, grestrechtl. so behandelt, als habe er das Gr von der Gesellschaft erworben. Aus dieser Fiktion sind jedoch für die PersGes andere Schlussfolgerungen zu ziehen als bei KapGes. Bei **KapGes** bleibt die dingliche Zuordnung des Gesellschaftsvermögens zur Ges als juristische Person von den Rechten ihrer Anteilseigner unberührt. Bei einer **PersGes hingegen** sind Eigentümer des Gesellschaftsvermögens die Gesellschafter in ihrer gesamthänderischen Verbundenheit; dies rechtfertigt es, bei Erwerbsvorgängen des § 1 III Nr. 1 und 2 die **persönlichen Eigenschaften der Gesellschafter** im GrVerkehr mit der PersGes **zu berücksichtigen** und – ggf. neben § 6 II, III – die personenbezogenen Befreiungsvorschriften des § 3 Nr. 2–7 anzuwenden (BFH II R 96/76, BStBl. II 1980, 217; FG Münster 4 K 3975/91 GrE, EFG 1993, 536 zu § 3 Nr. 6; Stahl StuW 1979, 237 (242); FM BW 18.12.2009, DStR 2010, 114; zur Anwendung der §§ 3 und 6 in Fällen des § 1 III GrEStG vgl. zu § 1 III GLE 5.3.2024, BStBl. I 2024, 383 Rn. 35 ff. 13

Den Befreiungsvorschriften sind allerdings regelungsspezifische **Grenzen** gesetzt. Bei einem GrÜbergang von einer GmbH & Co. KG mit mehreren Gesellschaftern auf eine **Einmann-GmbH & Co. KG** ist der Erwerbsvorgang im Ausmaß der zuvor gegebenen Beteiligung des Einheitsgesellschafters an dem Vermögen der KG in entspr. Anwendung des § 6 II von der GrESt befreit. Gleiches gilt für die (hinzu) erworbenen Kommanditanteile in entspr. Anwendung des § 6 II iVm den einschlägigen personenbezogenen Befreiungsvorschriften (zB § 3 Nr. 4 oder 6). Hinsichtlich der Beteiligung an dem Vermögen der KG, die die Komplementär-GmbH dem erwerbenden Einheitsgesellschafter vermittelt, kommt eine Steuerbefreiung nach § 6 nicht in Betracht. Diese Vorschrift greift nicht, weil sie dem Erwerber nur die dingliche Berechtigung an dem Gesamthandsvermögen zurechnet, die der scheidende Gesamthänder innehatte, und die Anteile an der GmbH dem Anteilserwerber keine dingliche Berechtigung an dem Gr der KG vermitteln. Für die Anwendung der persönlichen Befreiungsvorschriften bezüglich des Erwerbs der Anteile an der auch vermögensmäßig an der KG beteiligten Komplementär-GmbH ist zu unterscheiden, ob die Anteilsvereinigung durch den Erwerbsvorgang erst herbeigeführt wird oder ob die Anteile bereits in einer Hand vereinigt waren. 14

Wird die **Anteilsvereinigung in der Hand des erwerbenden Kommanditisten** herbeigeführt, greifen die personenbezogenen Befreiungsvorschriften nicht, weil das Vermögen der GmbH, zu dem deren Beteiligung an der KG gehört, ihr eigenes Eigentum und nicht das ihrer Anteilseigner ist (→ Rn. 12). Waren jedoch sämtliche oder die qualifizierte Mehrheit der Anteile an der GmbH bereits in der Hand des übertragenden Anteilseigners vereinigt, so finden die personenbezogenen Befreiungsvorschriften – unter den weiteren Voraussetzungen – zugunsten des erwerbenden Einheitsgesellschafters Anwendung (so wohl zur Anwendung der §§ 3, 6 in Fällen des § 1 III GLE 5.3.2024, BStBl. I 2024, 383 Rn. 42 ff.). Insofern gilt das Gleiche wie bei der Weiterübertragung der vereinigten Anteile oder der qualifizierten Mehrheit der Anteile an einer KapGes (→ Rn. 15). Ist die Komplementär-GmbH nur dinglich, aber nicht auch vermögensmäßig an der KG beteiligt, so besteht für die Anwendung der personenbezogenen Befreiungsvorschriften kein Raum. In einem solchen Fall ist die Anteilsvereinigung bei der KG – hinsichtlich des eigenen Kommanditanteils des Einheitsgesellschafters nach § 6 II und hinsichtlich der übrigen Kommanditanteile nach § 6 II iVm der einschlägigen Befreiungsvorschrift des § 3 – (ggf. im vollen Umfang) von der GrESt befreit.

15 **c) Übertragung bereits vereinigter Anteile.** Bei Übertragung bereits **vereinigter Anteile an** einer **KapGes oder PersGes** iSv **§ 1 III Nr. 3 und 4** wird der Erwerb eines Gr vom übertragenden Alleingesellschafter/qualifizierten Mehrheitsgesellschafter auf den erwerbenden Alleingesellschafter/qualifizierten Mehrheitsgesellschafter fingiert (→ § 1 Rn. 467 ff.). Denn Letzterer erwirbt die Rechtsstellung, die der Weiterübertragende innehatte (BFH II R 116/90, BStBl. II 1994, 121; II R 130/91, BStBl. II 1994, 408; II R 53/06, BStBl. II 2009, 544). Sofern eine vorrangige Besteuerung nach § 1 IIa oder IIb nicht in Betracht kommt (→ § 1 Rn. 311 ff.), **finden** auf die Übertragung iSv **§ 1 III Nr. 3 und 4** die personenbezogenen Befreiungsvorschriften – bei der Weiterübertragung der Anteile an einer KapGes **unmittelbar,** bei der Weiterübertragung der Anteile an einer PersGes **mittelbar** über §§ 5–7 – **Anwendung** (BFH II R 21/10, BStBl. II 2012, 793; Viskorf/Meßbacher-Hönsch § 3 Rn. 54 f.; Heine GmbHR 2005, 81; FM BW 18.12.2009, DStR 2010, 114; zur Anwendung der §§ 3 und 6 in Fällen des § 1 III vgl. GLE 5.3.2024, BStBl. I 2024, 383 Rn. 42). Dies gilt auch, wenn eine PersGes die Anteile erwirbt, soweit bei ihr mittels §§ 5–7 die Zurechnungsrelationen der personenbezogenen Befreiungsvorschriften gegeben sind. Bei Erwerben durch eine juristische Person können nur Erwerbsvorgänge begünstigt sein, bei denen diese die vereinigten Anteile von Todes wegen, durch Schenkung oder bei Nachlassteilung erwirbt (§ 3 Nr. 2 und 3; vgl. → Rn. 11).

16 **6. Anwendung in Fällen des § 1 IIIa.** Gemäß § 1 IIIa gilt als der Erwerb der wirtschaftlichen Beteiligung als Rechtsvorgang iSd § 1 III. Damit ist für Erwerbe der wirtschaftlichen Beteiligung in gleichem Umfang wie für Erwerbe nach § 1 III die Anwendung personenbezogener Befreiungsvorschriften möglich (ebenso zu § 1 IIIa GLE 19.9.2018, BStBl. I 2018, 1078 unter 7; Behrens DStR 2013, 1405 (1410); Joisten/Liekenbrock Ubg 2013, 469 (474 f.); Dorn/Galke DStR 2013, 2365), wobei jeweils danach zu differenzieren ist, ob die grbesitzende Gesellschaft iSd § 1 IIIa 1 eine KapGes oder PersGes ist.

Soweit § 1 IIIa 1 mit dem Erwerb einer wirtschaftlichen Beteiligung erstmals einen Erwerb des Gr einer **KapGes** durch den Rechtsträger fingiert, scheidet – ebenso wie im entspr. Fall des § 1 III Nr. 2 – die Anwendung personenbezogener Befreiungen aus (vgl. → Rn. 12). Ist hingegen die Gesellschaft iSd § 1 IIIa 1 eine **PersGes,** können die persönlichen Eigenschaften der Gesellschafter im Verhältnis zum Rechtsträger im Rahmen der § 3 Nr. 2–7 berücksichtigt werden (→ Rn. 13). Auch für Erwerbe iSd § 1 IIIa ist es ohne Bedeutung, ob der Erwerb einer unmittelbaren Beteiligung am Kapital oder am Vermögen einer Gesellschaft iHv 90 % (95 % nach altem Recht) umfasst oder lediglich zur Tatbestandsverwirklichung des § 1 IIIa beiträgt.

Überträgt der Rechtsträger iSd § 1 IIIa 1 die von ihm innegehabte wirtschaftliche Beteiligung auf einen anderen Rechtsträger, fingiert § 1 IIIa – nicht anders als § 1 III Nr. 4 – einen Übergang der Gr der Gesellschaft von dem veräußernden auf den erwerbenden Rechtsträger. Insoweit steht der Anwendung der personenbezogenen Befreiungsregelungen nichts entgegen. Zu beachten ist die Steuerbefreiung aus § 6a.

7. Maßgebender Zeitpunkt für personenbezogene Befreiungen. Maßgebender Zeitpunkt für das Vorliegen einer **personenbezogener Befreiungen des § 3** ist die Zeitpunkt der Entstehung der Steuer (BFH II R 19/77, BStBl. II 1980, 667; II R 72/00, BStBl. II 2001, 610; vgl. auch → § 1 Rn. 10 ff., → § 23 Rn. 4 ff.). Dass § 3 auf den Erwerb und nicht auf den Erwerbsvorgang abstellt, steht nicht wegen auch hier vorausgesetzten vorgängigen Erwerbsvorgangs nicht entgegen (Viskorf/Meßbacher-Hönsch § 3 Rn. 63). Soweit die Steuer trotz Abschluss des tatbestandserfüllenden Rechtsgeschäfts erst später entsteht (so etwa bei aufschiebend befristeten oder genehmigungsbedürftigen Rechtsgeschäften (→ § 14 Rn. 10 ff.) und sich die tatsächlichen Verhältnisse ändern, ist für den Zeitpunkt der Verwirklichung des Erwerbsvorgangs auf den der zivilrechtlichen Bindung – und nicht auf den Eintritts der Ereignisses oder der Erteilung der Genehmigung – abzustellen (Viskorf/Meßbacher-Hönsch § 3 Rn. 64). 17

In Fällen des **§ 1 IIa** und **IIb** wird angenommen, dass sich die Entstehung der Steuer erst aus der Erfüllung des Quote von 95 % (bzw. 90 % frühestens nach dem 30.6.2021 mit Ausnahmen in § 23 XIX–XXIII) ergibt (so Viskorf/Meßbacher-Hönsch § 3 Rn. 65). Dem kann aber nur für die entstehende GrEStG zugestimmt werden. Bei einer Doppelbelastung mit ErbSt/SchSt tritt die GrESt jedoch zurück (→ § 3 Rn. 35). Das dürfte entsprechend auch in allen Fällen des § 1 gelten.

einstweilen frei 18–20

B. Erwerb geringwertiger Grundstücke (§ 3 Nr. 1)

Bedeutung. § 3 Nr. 1 nimmt **Bagatellfälle** von der Steuer aus, wenn der für die Berechnung der Steuer maßgebliche Wert (§ 8) von 2500 EUR nicht überschritten wird. Die konkrete Höhe der Ermäßigung hängt von der Höhe des jeweiligen Steuersatzes ab. Bei einem Steuersatz von 3,5 % (Bayern) beträgt der Freibetrag 87,50 EUR, bei einem Freibetrag von 4,5 % 112,50 Euro, bei 5 % 125 EUR, bei 5,5 % 125 EUR, bei 6 % 150 EUR und bei 6,5 % 162,50 EUR. 21

Die Vorschrift normiert keinen Freibetrag, sondern eine **Freigrenze,** bei deren Überschreiten die GrESt von der vollen Bemessungsgrundlage zu berechnen ist. Der für § 3 Nr. 1 **maßgebende Wert** ist derjenige iSd § 8, also entweder der Wert der Gegenleistung (§ 8 I, § 9) oder der Grundbesitzwert (§ 8 II).

Grundstücksbezogenheit. § 3 Nr. 1 gilt jeweils für den Erwerb eines **einzelnen** Gr (iSd § 2), weil grestrechtl. insoweit ein in sich abgeschlossener Steuerfall vorliegt (vgl. → § 1 Rn. 16). Sind Gegenstand des Erwerbs mehrere Gr, die eine **wirtschaftliche Einheit** bilden, so liegt grestrechtl. der Erwerb nur eines Gr vor (→ § 2 Rn. 134 f.). In diesem Fall darf der für die Berechnung der Steuer maßgebende Wert **aller** Gr dieser Einheit den Betrag von 2500 EUR nicht übersteigen. Dies gilt auch beim Erwerb von (realen) Teilen eines Gr iSd § 2 III 2 (→ § 2 Rn. 141). 22

Werden bei einer **freiwilligen Versteigerung** (§ 156 BGB) mehrere Gr getrennt zugeschlagen, so bildet jeder mit dem Zuschlag zustandegekommene 23

Vertrag (zur Steuerbarkeit → § 1 Rn. 171) einen eigenständigen Erwerb iSd § 3 Nr. 1. Eine Zusammenrechnung der Gebote findet nicht statt (BFH II 169/52 S, BStBl. III 1953, 68). Gleiches gilt für das **Meistgebot im Zwangsversteigerungsverfahren (§ 1 I Nr. 4)** beim Einzelaufgebot mehrerer Gr und für das Meistgebot auf Grund eines Gesamtgebots (§ 63 ZVG), wenn die Gr keine wirtschaftliche Einheit bilden (ebenso Viskorf/Meßbacher-Hönsch § 3 Rn. 79; Hofmann/Eiling/Keßeler § 3 Rn. 4).

Bei Erwerbsvorgängen iSd **§ 1 IIa, IIb und III** ist zu beachten, dass jeweils so viele Erwerbe verwirklicht werden, wie der PersGes oder KapGes Gr iSd § 2 gehören. Die Freigrenze des § 3 Nr. 1 gilt für jedes einzelne Gr.

24 **Erwerb von Miteigentum.** Als Gr iSd § 2 gilt auch ein ideeller Miteigentumsanteil (Bruchteilseigentum) an einem Gr. Zivilrechtlich kann jeder Miteigentümer über seinen Anteil am gemeinschaftlichen Gr verfügen (§ 747 S. 1 BGB). Es bildet daher grundsätzlich jeder Erwerb eines Miteigentumsanteils einen selbstständigen Steuerfall, für den jeweils die Freigrenze des § 3 Nr. 1 gilt (zu den verschiedenen Fallgestaltungen auch Bruschke UVR 2019, 381).

Erwerben **mehrere Personen** Miteigentumsanteile an einem Gr von dem **Alleineigentümer** oder den Miteigentumsanteil an einem Gr eines Miteigentümers **zu Bruchteilen,** bildet jeder Erwerb eines Miteigentumsanteils oder eines Bruchteils an diesem den Erwerb ein selbständiges Gr (s. Viskorf/Meßbacher-Hönsch § 3 Rn. 83; Hofmann/Eiling/Keßeler § 3 Rn. 5; FM LSA 15.8.2019, DStR 2019, 2589).

Erwirbt **eine Person** von einem Miteigentümer **gleichzeitig mehrere Miteigentumsanteile** eines Gr (oder Bruchteile an diesen), so bildet die Summe der erworbenen Anteile oder Bruchteile grestrechtl. nur einen (einheitlichen) Erwerb (so auch Viskorf/Meßbacher-Hönsch § 3 Rn. 84; aA Hofmann/Eiling/Keßeler § 3 Rn. 5). Dies gilt auch, wenn eine Person die Miteigentumsanteile oder Bruchteile an diesen nicht gleichzeitig, jedoch planmäßig in zeitlichen Abständen erwirbt.

Erwirbt eine Person die Miteigentumsanteile (oder Bruchteile an diesen) **von verschiedenen Miteigentümern** durch getrennte Rechtsgeschäfte, liegt eine entspr. Vielzahl eigenständiger Erwerbe auch dann vor, wenn die einzelnen Rechtsvorgänge in einer notariellen Urkunde niedergelegt sind. Gleiches gilt, wenn sich die Miteigentümer gemeinschaftlich zur Übereignung des ganzen Gr an eine Person (§ 747 S. 2 BGB) verpflichten (FG Nürnberg IV 265/2006, DStRE 2008, 714; Viskorf/Meßbacher-Hönsch § 3 Rn. 85; FM LSA 15.8.2019, BeckVerw 456769).

Der Erwerb von **Wohnungs- oder Teileigentum** sind grestlich immer ein einheitliches Gr, so dass insoweit immer ein einheitlicher Kaufvertrag iSd § 3 Nr. 1 vorliegt. Dies gilt auch für das Teileigentum iVm einem Miteigentumsanteil.

25 **Erwerb in Gütergemeinschaft.** Eheliche und fortgesetzte Gütergemeinschaften (§§ 1415 ff., 1483 ff. BGB) sind ihrer zivilrechtlichen Natur nach Gesamthandsgemeinschaften (Grüneberg/Siede BGB § 1416 Rn. 1, § 1487 Rn. 2). Grestrechtlich sind sie allerdings keine selbstständigen Rechtsträger (→ § 1 Rn. 66), auch wenn ihnen im Rahmen der §§ 5–7 beschränkte Rechtsträgereigenschaft zugebilligt wird (BFH II 49/63, BFHE 88, 388; → § 5 Rn. 4). Da in Gütergemeinschaft lebende Ehegatten **nicht über ihren jeweiligen Anteil am Gesamtgut verfügen können (§ 1419 BGB),** handelt es sich bei dem Erwerb eines zum Gesamtgut gehörigen Gr durch einen Erwerber nur um einen Erwerb iSd § 3 Nr. 1. Ohne Bedeutung ist es, dass nach § 39 II Nr. 2 AO den Ehegatten

das gesamthänderische Eigentum anteilig zugerechnet wird; die getrennte Zuordnung des Gesamtguts ist für die grestrechtl. Beurteilung insoweit nicht erforderlich (BFH II R 15/06, BFH/NV 2007, 1349).

Erwerben in Gütergemeinschaft lebende Ehegatten ein Gr zu **Bruchteilen,** **26**
liegen **zwei** nach § 3 Nr. 1 zu behandelnde Erwerbe vor, wenn die Gegenleistung jeweils die Freigrenze nicht übersteigt. Die sich gleichzeitig bei den Ehegatten kraft Gesetzes (wechselseitig) vollziehenden Erwerbe zum Gesamtgut (§§ 1416 II, 1419 BGB) sind grestfrei nach § 3 Nr. 4 (hinsichtlich des eigenen Anteils nach § 5 I).

Erwerben Ehegatten, die in Gütergemeinschaft leben, ein Gr aus dem **Gesamtgut** vom anderen Ehegatten, sind nach Auffassung des BFH **zwei Erwerbsfälle** gegeben (BFH II 49/63, BFHE 88, 388). Diese Auffassung dürfte wegen des Unterschieds zum Gesamtgut zutreffen (BFH II R 15/06, BFH/NV 2007, 1349). Da die Erwerber keine eigene Rechtspersönlichkeit haben und auch grestrechtlich nicht als selbstständig angesehen, dürften nur zwei Erwerb vorliegen (so Viskorf/Meßbacher-Hönsch § 3 Rn. 93).

Erwirbt nur **ein** in Gütergemeinschaft lebender **Ehegatte** ein Gr, wird auch **27**
der andere Ehegatte kraft Gesetzes Miteigentümer zur gesamten Hand (§ 1416 I 2, II BGB). Nach bürgerlichem Recht liegt ein Durchgangserwerb vor (Grüneberg/Siede BGB § 1416 Rn. 3). Dem folgt das GrEStG, so dass **zwei** selbstständig zu beurteilende **Erwerbe** vorliegen. Für § 3 Nr. 1 ist nur der Erwerb des Ehegatten von Bedeutung, der den Erwerbsvorgang verwirklicht hat. Denn nur dieser Ehegatte ist Steuerschuldner dieses Erwerbsvorgangs (BFH II 57/61 U, BStBl. III 1962, 394; vgl. auch → § 13 Rn. 8). Der nach § 1 I Nr. 3 steuerbare gesetzliche Erwerb seines Ehegatten (§ 1416 I 2 BGB) ist allerdings nach § 3 Nr. 4 grestfrei.

Auch die von § 3 Nr. 1 erfassten Bagatellfälle sind **anzeigepflichtig** (§ 18 III 2, **28**
§ 19 III). In manchen Ländern (zB FM BW 22.11.1996, DStR 1997, 162 geänd. durch FM BW 24.5.2011, BeckVerw 250486) kann die Eigentumsumschreibung im Grundbuch ohne UB erfolgen, wenn der Erwerb ein geringwertiges Gr betrifft, die Gegenleistung 2500 EUR nicht übersteigt und sie ausschließlich in Geld oder durch Übernahme bestehender Hypotheken oder Grundschulden entrichtet wird.

§ 3 Nr. 1 ist **neben anderen Befreiungsvorschriften anwendbar.** Ist ein **29**
Erwerb zB aufgrund § 3 Nr. 2 S. 2, §§ 5–7 teilweise grestfrei und verbleibt danach nur eine den Wert von 2500 EUR nicht übersteigende Bemessungsgrundlage, ist der Erwerb insgesamt von der GrESt befreit (FG München EFG 1956, 172). Dies ergibt sich unmittelbar aus dem Wortlaut der Vorschrift, die auf den „für die Berechnung der Steuer maßgebenden Wert" abstellt (Hofmann/Eiling/Keßeler § 3 Rn. 6).

einstweilen frei **30–33**

C. Erwerb von Todes wegen und Schenkungen (§ 3 Nr. 2)

I. Allgemeines

Nach § 3 Nr. 2 S. 1 ist der Erwerb eines Gr von Todes wegen oder durch **34**
Schenkung unter Lebenden iSd ErbStG von der GrESt ausgenommen ist. Eine besondere Regelung trifft § 3 Nr. 2 S. 2 für GrSchenkungen unter Auflage. Diese Vorschrift stellt klar, dass GrSchenkungen dieser Art nur hinsichtlich des Wertes

solcher Auflagen von der GrESt befreit sind, die bei der Berechnung der SchSt nicht abziehbar sind (→ Rn. 116 ff.).

II. Anknüpfung an das ErbStG

35 **§ 3 Nr. 2** nimmt auf das ErbStG iS einer **dynamischen Verweisung** Bezug (BFH II R 30/18, BStBl. II 2021, 322; Viskorf/Meßbacher-Hönsch § 3 Rn. 98). Maßgebend ist das ErbStG jeweils in der **Fassung,** der im Zeitpunkt der (grestrechtl.) Verwirklichung des jeweiligen Erwerbsvorgangs **gilt.** Die grundlegenden Vorschriften betr. GrErwerbe von Todes wegen und GrSchenkungen unter Lebenden ergeben sich aus §§ 3 und 7 ErbStG, wobei die Entstehungszeitpunkte für die Erbschaft- und Schenkungsteuer iE aus den Einzelregelungen in § 37 ErbStG ergeben.

Normzweck des § 3 Nr. 2 ist die **Vermeidung einer Doppelbelastung** des GrErwerbs sowohl mit ErbSt/SchSt als auch mit GrESt (zB BFH I R 71/87, BStBl. II 1992, 40; II R 21/10, BStBl. II 2012, 793), wobei kraft verfassungskonformer Auslegung des § 3 Nr. 2 S. 1 eine **Prävalenz der ErbSt/SchSt** gegenüber der GrESt besteht (BVerfG BStBl. II 1984, 608). Das Verbot einer Doppelbelastung besteht allerdings nur, soweit ein und derselbe Rechtsvorgang (Lebenssachverhalt) sowohl der GrESt als auch der ErbSt/SchSt unterliegt, so dass zB GrErwerbe aufgrund einer mittelbaren GrSchenkung mit beiden Steuern belastet sein können (→ Rn. 122 ff.). **Ob** ein **GrErwerb iSd ErbStG** gegeben ist und damit die Anwendungsvoraussetzungen des § 3 Nr. 2 erfüllt sind, beurteilt sich **ausschließlich** nach dem **ErbStG.**

Wegen der Prävalenz der ErbSt/SchSt gegenüber der GrESt kommt es im Anwendungsbereich des § 3 Nr. 2 **allein** auf die **Steuerbarkeit** des Vorgangs **nach** dem **ErbStG, nicht** aber **auf** die **tatsächliche Festsetzung** von ErbSt/SchSt an (BFH II R 92/92, BStBl. II 1995, 609). Demgemäß ist ein Vorgang auch dann gem. § 3 Nr. 2 grestfrei, wenn wegen der geringen Höhe des Erwerbs (Freibeträge gem. 16 ErbStG) keine ErbSt/SchSt anfällt, der Erwerb auf Grund besonderer Bestimmungen von der ErbSt/SchSt ganz oder teilweise befreit ist (zB § 13 Nr. 4a bis 4c ErbStG), die FVerw es versäumt, die ErbSt/SchSt geltend zu machen oder die festgesetzte ErbSt/SchSt nicht entrichtet wurde (RFH RStBl. 1934, 1081; BFH II R 92/92, BStBl. II 1995, 609; Hofmann/Eiling/Keßeler § 3 Rn. 7).

36 Ein ergangener ErbSt/SchSt-Bescheid ist **kein Grundlagenbescheid iSd § 171 X 1 AO.** Bei einer gegen § 3 Nr. 2 verstoßenden Festsetzung von ErbSt/SchSt und GrESt scheidet eine Änderung des GrESt-Bescheids gem. § 175 I Nr. 1 AO aus. **Widerstreitende Festsetzungen** von ErbSt/SchSt und GrESt sind nach Maßgabe des **§ 174 AO** zu lösen, wobei die GrEStG-Festsetzung der Festsetzung von ErbSt/SchSt zu weichen hat (FG Münster III 3796/78 Erb, EFG 1980, 370; Viskorf/Meßbacher-Hönsch § 3 Rn. 100). Die Änderung von Schenkungsteuer einerseits und GrEStG andererseits erfolgt verfahrensrechtlich und materiell-rechtlich jeweils unabhängig voneinander nach den jeweils geltenden Regeln (BFH II R 57/14, BStBl. II 2016, 897; II B 38/15, BFH/NV 2017, 617, die Verfassungsbeschw. – BVerfG 1 BvR 644/17, LSK 2017, 110834 – war erfolglos).

III. Anwendungsbereich

37 § 3 Nr. 2 S. 1 ist grds auf alle Steuertatbestände des **§ 1 I–IIIa** anwendbar. Die Vorschrift gilt auch für durch Rechtsgeschäft iSv § 1 I Nr. 1, 5 bis 7 begründete

Ansprüche. Sie gilt auch für den dinglichen Anspruch auf Auflassung iSd § 1 I Nr. 2 des Erblassers oder Schenkers, sofern diese Ansprüche zum Nachlass gehören oder Gegenstand der Schenkung unter Lebenden iSd ErbStG sind. Ebenso greift § 3 Nr. 2 S. 1 zugunsten des Erben oder Beschenkten ein, wenn auf diese auf Grund Erbfall oder freigebiger Zuwendung die Rechte aus einem Meistgebot des Erblassers oder Zuwendenden iSd § 1 I Nr. 4 übergehen. Gleiches gilt für den Übergang einer zum Nachlass oder zum Gegenstand einer freigebigen Zuwendung gehörenden Verwertungsbefugnis iSd § 1 II.

Die durch den Wortlaut des § 3 Nr. 2 vermittelte **rechtstechnische Verknüpfung zwischen ErbStG und GrEStG** ist **unpräzise.** Das Zusammenspiel beider Steuerarten ist nur insoweit harmonisiert, als **reale Gr** gleichermaßen grestrechtl. und erbstrechtl. Gegenstand eines „GrErwerbs von Todes wegen" bzw. einer „GrSchenkungen unter Lebenden" iSd § 3 Nr. 2 S. 1 bzw. der §§ 3 und 7 ErbStG sind. Nach dem Normzweck des § 3 Nr. 2 (→ Rn. 35) ist jedoch seine Anwendung auf sämtliche Erwerbsvorgänge iSd § 1 (und damit nicht nur auf reale GrÜbergänge, sondern auch auf fingierte GrErwerbe iSd § 1 IIa, IIb, III und IIIa, dazu nachfolgend) geboten. Der **Begünstigungsumfang des § 3 Nr. 2** wird maßgebend dadurch bestimmt, ob der jeweilige **Lebenssachverhalt** bei Nichtanwendung des § 3 Nr. 2 einer Doppelbelastung mit GrESt bzw. ErbSt/SchSt ausgesetzt würde (BFH II R 21/10, BStBl. II 2012, 793 mwN; FG Köln 5 K 2303/16, EFG 2019, 993; zu entspr. Fragen beim Vermächtnis vgl. → Rn. 71).

Darüber hinaus führt § 3 Nr. 2 zur **Unanwendbarkeit des § 5 III,** sofern die Übertragung eines Anteils an einer PersGes durch Schenkung oder durch Erwerb von Todes wegen im Anschluss an eine GrEinbringung in die PersGes (begünstigt gem. § 5 II) vor Ablauf der Zehnjahresfrist des § 5 III erfolgt (BFH II R 58/08, BStBl. II 2010, 302; vgl. auch → § 5 Rn. 77). Zu beachten ist aber, dass der Erwerber in die Rechtsstellung des Erblassers bzw. Schenkers eintritt. Deshalb kann die Weiterübertragung des durch Schenkung oder von Todes wegen erworbenen Anteils seitens des Erwerbers auf einen Dritten innerhalb des Zehnjahresfrist (zB durch Ausscheiden aus der Gesellschaft usw) die Rechtsfolge des § 5 III auslösen (zutr. zu §§ 5 und 6 GLE 5.3.2024, BStBl. I 2024, 410 Tz. 7.1 und 7.2). Zur Befreiung von der GrESt bei Übertragung von Grundstücken und Anteilen an grbesitzenden Gesellschaften Dorn/Niesmann DStR 2022, 1988.

1. Änderung des Gesellschafterbestands einer Personengesellschaft (§ 1 IIa). In Fällen des § 1 IIa ist der Erwerb von Todes wegen schon gem. § 1 IIa S. 6 steuerfrei; die Frage der Anwendbarkeit des § 3 Nr. 2 stellt sich nicht. Relevant ist die Anwendbarkeit des § 3 Nr. 2 nur für **Anteilsschenkungen unter Lebenden,** die die Tatbestandserfüllung des § 1 IIa bewirken oder zur Verwirklichung beitragen haben. Der Anwendbarkeit des § 3 Nr. 2 stehen die unterschiedlichen rechtstechnischen Anknüpfungspunkte von § 1 IIa (Fiktion eines GrÜbergangs auf eine neue PersGes) einerseits und der Schenkungsteuer (freigebige Zuwendung von Gesellschaftsanteilen) andererseits nicht entgegen (BFH II R 79/05, BStBl. II 2007, 409; II R 21/10, BStBl. II 2012, 793; II R 17/12, BStBl. II 2014, 268; insoweit zu den Grenzen dieser Betrachtung FG Nürnberg 4 K 1451/21, EFG 2023, 1159). Demgemäß sind nach § 1 IIa steuerbare Änderungen im Gesellschafterbestand einer grundbesitzenden PersGes insoweit nach **§ 3 Nr. 2 grestfrei,** als sie auf einer schenkweisen Anteilsübertragung beruhen (BFH II R 76/05, BStBl. II 2007, 409; II R 21/10, BStBl. II 2012, 793; zu § 1 IIa GLE 10.5.2022, BStBl. I 2022, 801 Tz. 9). 38

39 Die Anwendung des **§ 3 Nr. 2 auf Erwerbsvorgänge iSd § 1 IIa** erfolgt unabhängig davon, ob die Schenkung die Erfüllung des Tatbestands des § 1 IIa unmittelbar **herbeiführt oder** nur zu einer qualifizierten Änderung im Gesellschafterbestand **beiträgt.** Ihrem **Umfang** nach führt § 3 Nr. 2 zu einer Befreiung zu dem prozentualen Anteil am Bedarfswert, der dem Beitrag des schenkweise übertragenen Anteils zur Tatbestandsüberfüllung nach § 1 IIa entspricht. Soweit allerdings der Erwerber zB mit dem Übertragenden in direkter Linie verwandt ist, ist der Erwerbsvorgang auch hinsichtlich des entgeltlichen Erwerbsteils von der GrESt befreit (§ 3 Nr. 6 iVm § 6 III).

40 Beruht die zur Tatbestandsverwirklichung nach § 1 IIa führende oder dazu beitragende Übertragung von Gesellschaftsanteilen auf einer **gemischten Schenkung,** kann **neben ErbSt auch GrESt** anfallen. Auf den entgeltlichen (der GrESt unterliegenden) Teil des Erwerbsvorgangs finden die personenbezogenen Befreiungsvorschriften Anwendung. Dabei ist der festgestellte Grundbesitzwert insoweit als grestrechtl. Bemessungsgrundlage anzusetzen, als er auf die entgeltliche (steuerpflichtige) Anteilsübertragung entfällt. Für die Berechnung, inwieweit bei einer gemischten Schenkung eines Anteils ein entgeltlicher Erwerb vorliegt, ist das Verhältnis zwischen dem Verkehrswert des Anteils und dem Verkehrswert der hierfür übernommenen Gegenleistung des Erwerbers maßgebend (so BFH II R 21/10, BStBl. II 2012, 793 für die entspr. Problematik bei § 1 III; vgl. auch → § 8 Rn. 88). Zum Vertrauensschutz vgl. → § 8 Rn. 123 ff.

41 **2. Änderung des Gesellschafterbestands einer Kapitalgesellschaft (§ 1 IIb).** Die Frage der Steuerbefreiung stellt sich für eine grdbesitzende Kapitalgesellschaft nicht (§ 1 IIb S. 6). Bei einer **schenkweisen Anteilsübertragung** ist § 3 Nr. 2 S. 1 zu beachten (→ Rn. 11).

42 **3. Anteilsvereinigung und -übertragung (§ 1 III). a) Verhältnis von § 1 IIa zu § 1 III und § 1 IIIa.** Zu beachten ist, dass eine Besteuerung nach **§ 1 IIa** (vgl. zu § 1 IIa GLE 10.5.2022, BStBl. I 2022, 801 Tz. 8) der Anwendung der **§ 1 III oder § 1 IIIa vorgeht.** Dieser Vorrang ist auch dann gegeben, wenn die Steuer nach § 1 IIa (so im Falle des § 1 IIa S. 6) nicht erhoben wird. Bei Übergang einer teils unmittelbaren teils mittelbaren Beteiligung können sowohl § 1 IIa auch § 1 III oder § 1 IIIa verwirklicht werden. § 1 IIa und § 1 III Nr. 2 oder 4 werden gleichzeitig verwirklicht. Im Falle des § 1 IIa und des § 1 III Nr. 1 und 3 fallen die Besteuerungszeitpunkte auseinander. Während bereits mit Abschluss des schuldrechtlichen Verpflichtungsgeschäfts § 1 III Nr. 1 oder 3 oder § 1 IIIa verwirklicht wird, ist § 1 IIa erst mit dem Übergang der Beteiligung am Vermögen der grbesitzenden PerGes erfüllt (Anwendung des § 1 IIa GLE 10.5.2022, BStBl. I 2022, 801 Tz. 8.1).

Nach 8.2 dieser GLE erfolgt bei Abschluss des schuldrechtlichen Verpflichtungsgeschäfts die Festsetzung nach § 1 III Nr. 1 oder 3 oder § 1 IIIa. Bei Übertragung der Beteiligung am Vermögen der grbesitzenden PersGes erfolgt die Festsetzung nach § 1 IIa (bei Grundstücksidentität unter Aufhebung oder Änderung der Festsetzung nach § 1 III Nr. 1 oder 3 oder § 1 IIIa). Eine Festsetzung nach § 1 III oder § 1 IIIa ist grundsätzlich nur in den Fällen geboten, in denen bis zu einem Jahr eine Besteuerung nach § 1 IIa nicht zu erwarten ist. Dies gilt nicht, wenn der GrBestand bei Abschluss des schuldrechtlichen Verpflichtungsgeschäfts und des Übergangs der Beteiligung nicht identisch sind.

43 **b) Verhältnis von § 1 IIb zu § 1 III und § 1 IIIa.** § 1 IIb geht der Anwendung von § 1 III und § 1 IIIa vor. Dies gilt auch, wenn auf Grund einer Befrei-

ungsvorschrift die Steuer nach § 1 IIb (so etwa gem. § 1 IIb 6) nicht erhoben wird (Anwendung des § 1 IIb GLE 10.5.2022, BStBl. I 2022, 821 Tz. 8.1 Abs. 1) eine Besteuerung nach § 1 III ausschließt. Mit Übergang der Anteile **(Closing)** werden sowohl § 1 IIb als auch § 1 III Nr. 2 oder 4 verwirklicht. Ändert sich der Gesellschafterbestand im Nachgang eines schuldrechtlichen Verpflichtungsgeschäfts (Signing), fallen die Besteuerungszeitpunkte des § 1 IIb und § 1 III Nr. 1 und 3 auseinander: Während mit Abschluss des schuldrechtlichen Verpflichtungsgeschäfts **(Signing)** § 1 III Nr. 1 und 3 verwirklicht wird, wird der Tatbestand des § 1 IIb erst mit Übergang des Anteils an der Kapitalgesellschaft (Closing) erfüllt. Die beiden Rechtsvorgänge (Signing und Closing) stellen zwei grunderwerbsteuerrechtliche Vorgänge dar (Anwendung des § 1 IIb GLE 10.5.2022, BStBl. I 2022, 821 Tz. 8.1 Abs. 2; vgl. auch → § 16 Rn. 103 ff.).

Verfahrensrechtliche Abläufe (dazu GLE 10.5.2022, BStBl. I 2022, 821 Tz. 8.2) sind so gestellt, dass im Zeitpunkt des Signing die Festsetzung nach § 1 III Nr. 1 oder 3 erfolgt. Im Zeitpunkt des Closing erfolgt die Festsetzung nach § 1 IIb und die Festsetzung nach § 1 III Nr. 1 oder 3 (im Zeitpunkt des Signing) ist aufzuheben oder zu ändern. Eine Festsetzung nach § 1 III ist nur grds. nur in Fällen geboten, in denen bis zu einem Jahr nach Kenntnisnahme der FVerw von dem steuerbegründenden Sachverhalt eine Besteuerung nach § 1 IIb nicht zu erwarten ist. Zudem muss der Grundstücksbestand im Zeitpunkt des Closing und Signing identisch sein (vgl. auch → § 16 Rn. 104 ff.).

c) § 1 III Nr. 1 und Nr. 2. Mit den sich § 1 IIa und § 1 IIb ergebenden Maßgaben ist **§ 3 Nr. 2** auch bei **Anteilsvereinigungen (§ 1 III Nr. 1 und 2)** anwendbar, sofern der Gesellschaft im Zeitpunkt der Entstehung der SchSt/ErbSt bereits das jeweilige Gr gehört. 44

Der **BFH** (II R 21/10, BStBl. II 2012, 793; ausführlich Graessner/Fischnaler NWB 2012, 3548) hat unter Aufgabe seiner vorherigen Rechtsprechung (BFH II R 92/81, BStBl. II 1982, 424; II R 143/86, BStBl. II 1988, 785) entschieden, dass die Vereinigung von **Anteilen an einer grbesitzenden KapGes** insoweit nach § 3 Nr. 2 S. 1 von der GrESt befreit ist, als sie auf einer schenkweisen Anteilsübertragung beruht. Begründet ist dies in der Belastung mit GrESt und ErbSt/SchenkSt, weil sowohl die sofortige als auch die vorherige Anteilsschenkung mit ErbSt/SchenkSt belastet ist. Anwendbar sind diese Grundsätze sowohl bei PersGes als auch bei **KapGes** (zu Einzelfragen zu § 1 III vgl. auch GLE 5.3.2024, BStBl. I 2024, 383 Tz. 8.1.1 mit Beispielen; Viskorf/Meßbacher-Hönsch § 3 Rn. 121).

Die **Anteilsvereinigung (§ 1 III Nr. 1 und 2)** bei einer **KapGes** ist insoweit nach § 3 Nr. 2 S. 1 grestfrei, als sie auf einer schenkweisen Anteilsübertragung an diese beruht (BFH II R 21/10, BStBl. II 2012, 793; II R 14/14, BStBl. II 2015, 405; II R 52/14, BStBl. II 2017, 653; II R 24/21, BStBl. II 2023, 1060; II R 14/23, DStR 2025, 273); dies gilt ebenso für von Todes wegen erworbene Anteile. Dabei ist § 3 Nr. 2 unabhängig davon anzuwenden, ob der Anteilserwerb kraft Schenkung bzw. von Todes wegen 90% der Anteile umfasst oder nur zu einer Anteilsvereinigung iSd § 1 III Nr. 1 und 2 beiträgt (vgl. auch zu § 1 III GLE 5.3.2024, BStBl. I 2024, 383 Tz. 8.1.1). Auf die entspr. Erwerbsvorgänge bei **PersGes** (hier kommt nur eine mittelbare Anteilsvereinigung in Betracht, vgl. → § 1 Rn. 538 ff.) ist § 3 Nr. 2 unstr. ebenfalls anwendbar (vgl. → Rn. 9; Viskorf/Meßbacher-Hönsch § 3 Rn. 120 ff.; zu § 1 III GLE 5.3.2024, BStBl. I 2024, 383 Rn. 41).

45 Bei einer **gemischten Schenkung** gilt § 3 Nr. 2 nur im Umfang des **unentgeltlichen** Teils des Erwerbs (BFH II 21/10, BStBl. II 2012, 793; II R 14/14, BStBl. II 2015, 405; FG Düsseldorf 7 K 471/17 GE, EFG 2017, 1748) zu den Konsequenzen für die Ermittlung der Bemessungsgrundlage vgl. → § 8 Rn. 88). Für die Feststellung der Begünstigungsquote ist von dem Verhältnissen zum Zeitpunkt der Steuerentstehung (§ 38 AO) auszugehen, wobei sowohl die der Anteilsvereinigung unterliegenden Grundstücke als auch vorhergehende teilweise steuerbefreite Anteilsvereinigungen zu berücksichtigen sind. Nicht mit einer Doppelbelastung verbundene Anteilserhöhungen bleiben unberücksichtigt; dies gilt auch für eine Werterhöhung nach § 2 III 1. Wegen der uU weit zurückliegenden Vorgänge trägt die Feststellungslast (objektive Beweislast) für die steuerbegründenden Tatsachen der Steuergläubiger und für die steuermindernden Tatsachen der Steuerpflichtige (BFH II R 14/14, BStBl. II 2015, 405; zu diesem Urt. auch Rutemöller DStZ 2016, 239). Die FVerw folgt der Beurteilung zu § 1 III GLE 5.3.2024, BStBl. I 2024, 383.

46 Nicht begünstigt ist hingegen die Anteilsvereinigung nach § 1 III Nr. 1 und 2 aufgrund der **Einbringung schenkweise übertragender Anteile** an einer **grbesitzenden GmbH in** eine **KG** (BFH II R 52/14, BStBl. II 2017, 653; krit. Broemel/Lange BB 2018, 666 (667 ff.)). Wird erst nach Schenkung der Anteile aufgrund weiterer Rechtsvorgänge der Tatbestand des § 1 III erfüllt, fehlt es an einem die Anwendung des § 3 Nr. 2 rechtfertigendem Doppelbelastung mit ErbSt/SchSt und GrESt. Eine Berücksichtigung nach § 5 I scheidet wegen der fingierten Übergang des Gr von der grbesitzenden Gesellschaft ebenfalls usw. Als Hilfsmittel zur Sicherung der Steuerbefreiung nach § 3 Nr. 2 kommt in Betracht, die GmbH-Anteile **unmittelbar an** die von den Töchtern gehaltene **KG zu verschenken** (vgl. Broemel/Lange BB 2019, 666 (670); Möller GWB 2017, 213; Schmid DStRK 2017, 151), die Anteile nur an eine Person zu übertragen oder die Anteile erst nach **Übertragung auf die KG** zu verschenken (Broemel/Lange BB 2019, 666 (670 ff.)).

Bei einer **disquotalen Teilerbauseinandersetzung** über den Anteil an einer **KapGes** ist zwar § 3 Nr. 3 nicht anwendbar. Soweit aber ein Anteil erbschaftsteuerpflichtig erworben wurde, greift die Begünstigung nach § 3 Nr. 2 (s. Wälzholz ZEV 2016, 369 (372)).

Ebenso ist der Übergang der bereits vereinigten Anteile iSd **§ 1 III Nr. 3 oder 4** durch Erwerb von Todes wegen (§ 3 ErbStG) oder Schenkung unter Lebenden (§ 7 ErbStG) nach § 3 Nr. 2 befreit (vgl. → Rn. 15; zu § 1 III GLE 5.3.2024, BStBl. I 2024, 383 Tz. 8.2). Bei einer solchen Weiterübertragung wird ein GrErwerb vom früheren Gesellschafter – und nicht von der Gesellschaft – fingiert (BFH II R 53/06, BStBl. II 2009, 544; II R 26/14, BStBl. II 2016, 748; vgl. auch → § 1 Rn. 457), so dass die personenbezogenen Befreiungsregelungen anwendbar sind.

47 **d) § 1 III Nr. 3 und 4.** Mit den sich aus § 1 IIa und IIb ergebenden Maßgaben ist auf ein Rechtsgeschäft zur Übertragung bereits vereinigter Anteile und den Übergang bereits vereinigter Anteile auf einen neuen Allein- oder Mehrheitsgesellschafter bei PersGes und KapGes § 3 Nr. 2 S. 1 voll anwendbar (zu § 1 III GLE 5.3.2024, BStBl. I 2024, 383 Tz. 8.2; Viskorf/Meßbacher-Hönsch § 3 Rn. 130).

48 **e) Umfang der Steuerbefreiung.** Soweit eine Anteilsschenkung mindestens 90 % der Anteile umfasst, ist als Bemessungsgrundlage (§ 8 II 1 Nr. 3) stets der volle Grundbesitzwert anzusetzen (vgl. → § 8 Rn. 86). Insoweit ist, auch wenn

nur 90 % und nicht alle Anteile übergehen, gleichwohl der volle GrWert anzusetzen. Die spätere Schenkung oder der Erwerb der Restanteile von Todes wegen löst keine neue Steuer aus, so dass sich insoweit die Frage einer Doppelbelastung mit GrESt und SchSt/ErbSt nicht stellt (ebenso mit anderer Begründung Viskorf/Meßbacher-Hönsch § 3 Rn. 127; zu § 1 III GLE 5.3.2024, BStBl. I 2024, 383 Tz. 11; aA Behrens/Wachter/Berke § 3 Rn. 59).

einstweilen frei **49, 50**

IV. Grundstückserwerb von Todes wegen

1. Vorbemerkungen zur Anknüpfung an das ErbStG. Der **Erwerb von Todes wegen** verlangt – mit Ausnahme der Schenkung auf den Todesfall iSd § 3 Nr. 2 S. 1 ErbStG (→ Rn. 82) – weder eine (objektive) Bereicherung des Erwerbers noch einen Bereicherungswillen des Zuwendenden. So stellt auch der Erwerb eines überschuldeten Nachlasses durch Erbfall (§ 1922 BGB) einen Erwerb von Todes wegen dar (§ 3 I Nr. 1 ErbStG) mit der Folge des grestfreien Erwerbs des zum Nachlass gehörigen Gr nach § 3 Nr. 2 S. 1. Der Erwerb von Todes wegen iSd § 3 ErbStG wird nicht dadurch ausgeschlossen, dass der Erbe oder Vermächtnisnehmer dem Erblasser zu dessen Lebzeiten Zuwendungen als Gegenleistung für die Erbeinsetzung oder für die Aussetzung eines Vermächtnisses erbracht hat (BFH II R 105/82, BStBl. II 1984, 37; II R 200/81, BStBl. II 1985, 59). Demgegenüber liegt ein Erwerb von Todes wegen dann nicht vor, wenn der Empfänger bereits aus einem anderen Rechtsgrund als dem der Erbeinsetzung oder Aussetzung eines Vermächtnisses Anspruch auf das Zugewendete hat (BFH II 29/64, BStBl. III 1966, 279; II R 103/83, BStBl. II 1985, 137; RFH RStBl. 1934, 1142 (1143)). In einem solchen Fall käme der Erwähnung im Testament nur deklaratorische Bedeutung zu (BFH II R 103/83, BStBl. II 1985, 137), so dass eine Befreiung von der GrESt nach § 3 Nr. 2 ausgeschlossen ist. Ein Erwerb von Todes wegen ist auch der Erwerb aufgrund einer erbrechtlichen Nachfolgeklausel. **51**

a) Ermittlungspflicht. Die **Ermittlungspflicht** der für die GrESt zuständigen FÄ (§ 88 AO) betrifft die Prüfung – unter Beachtung des ErbStG –, ob ein Erwerb von Todes wegen vorliegt. Die Erbenstellung folgt aus dem Zivilrecht und ist grds dem **Erbschein** (§ 2365 BGB) zu entnehmen (BFH VI 70/61 U, BStBl. III 1962, 444). Andere Beweismittel zum Nachweis der Erbfolge sind jedoch nicht ausgeschlossen, wobei für ein Abweichen vom Erbschein gewichtige Gründe vorliegen müssen (TGJG/Gottschalk § 3 Rn. 104 f. mwN). Werden solche Gründe erkennbar, so sind die FÄ berechtigt und verpflichtet (§ 88 AO, § 76 I FGO), das Erbrecht und – bei Miterben – die Erbteile selbst zu ermitteln. Der Erbschein muss weder durch das Nachlassgericht aufgehoben werden (§ 2361 I BGB) noch muss ein neuer Erbschein ausgestellt werden (BFH II R 89/93, BStBl. II 1996, 242; s. auch Mößlang UVR 1996, 155). Eine andere Auslegung des Testaments ist ebenfalls möglich (zB BFH II B 71/03, BFH/NV 2005, 557); auf die Auslegungsregelungen der §§ 2066–2073, 2084 ff. BGB wird hingewiesen. **52**

b) Erbvergleich. Bei **zweifelhaftem und umstrittenem Erbrecht** haben die FÄ das **Ergebnis eines ernst gemeinten Vergleichs** zwischen den Erbprätendenten **zu beachten,** soweit ein erbstrechtl. Erwerb vorliegt (BFH II R 89/93, BStBl. II 1996, 242; II R 34/09, BStBl. II 2011, 725; BFH II R 24/15, BStBl. II 2017, 128). Der Vergleich ist zwischen den Beteiligten auch dann maßgebend, wenn bei dessen Durchführung von ihm abgewichen wird (FG Düsseldorf **53**

EFG 1966, 127). Wird allerdings mit dem Vergleich nur eine Änderung unzweifelhafter Rechtsfolgen bezweckt, so ist er steuerlich ohne Bedeutung (BFH VI 37/55 U, BStBl. III 1957, 117; II 280/58 U, BStBl. II 1961, 49; RFH RStBl. 1931, 560; RStBl. 1940, 417). Wird in diesem Rahmen ein Erbvergleich der erbstrechtl. Behandlung zu Grunde gelegt, führt er auch grestrechtl. zur Anwendung des § 3 Nr. 2. Soweit ein **Erwerb nicht der ErbSt** unterliegt (BFH II R 34/09, BStBl. II 2011, 725), war nach der **früheren Rechtslage bis einschließlich 24.6.2017** (§ 3 II Nr. 4 ErbStG iVm § 37 XIV ErbStG) die Steuerbefreiung für Abfindungen für ein unbelastetes Grundstück nach **§ 3 Nr. 2 nicht zu gewähren.** Aufgrund der ab 25.6.2017 anzuwendenden Neufassung des § 3 II Nr. 4 ErbStG sind derartigen Abfindungen nunmehr der ErbStG unterworfen, sodass nunmehr **§ 3 Nr. 2 eingreift.** Ein Geldanspruch liegt insoweit nicht vor.

54 **2. Grundstückserwerb durch Erbanfall (§ 3 I Nr. 1 ErbStG). a) Erbanfall.** Grestrechtlich erfüllt der durch Erbanfall (§§ 1922, 1942 BGB) bewirkte Übergang eines zum Nachlass gehörenden Gr den Tatbestand des § 1 I Nr. 3 (→ § 1 Rn. 182) und ist als Erwerb von Todes wegen (§ 3 I Nr. 1 ErbStG) gem. § 3 Nr. 2 S. 1 grestfrei. Ist nur ein Erbe vorhanden, tritt für den Übergang des Gr durch Erbanfall die GrESt-Befreiung unmittelbar und endgültig ein. Bei mehreren Erben ist nur der GrÜbergang auf die Erbengemeinschaft grestfrei. Bei der nachfolgenden Auseinandersetzung der Miterben durch Übertragung von NachlassGr richtet sich die GrESt-Befreiung nach § 3 Nr. 3. Wird bei Beendigung der Zugewinngemeinschaft durch Tod des einen Ehegatten/Lebenspartners der gesetzliche Erbteil des überlebenden Ehegatten/Lebenspartners um ein Viertel nach § 1371 I BGB bzw. § 6 II LPartG iVm § 1371 I BGB erhöht, ist auch dieser Miterwerb des gemeinschaftlichen Anteils an einem NachlassGr nach § 3 Nr. 2 S. 1 grestfrei. Dabei ist **ohne Bedeutung,** dass der Erwerb im Umfang des **§ 5 ErbStG** von der ErbSt ausgenommen ist (ebenso Viskorf/Meßbacher-Hönsch § 3 Rn. 147). Bei der fortgesetzten Gütergemeinschaft gehört der Anteil des verstorbenen Ehegatten/Lebenspartners zwar nicht zu dessen Nachlass (§ 1483 BGB), nach § 4 ErbStG unterliegt der Übergang dieses Anteils auf die Abkömmlinge gleichwohl der ErbSt. Der bei Übergang eines Gr verwirklichte Tatbestand des § 1 I Nr. 3 ist gem. § 3 Nr. 2 S. 1 und Nr. 6 grestfrei.

55 **b) Vor- und Nacherbschaft.** Grestrechtlich ist der jeweils nach § 1 I Nr. 3 steuerbare **Erwerb des NachlassGr** durch den Vorerben und der spätere Erwerb des nämlichen Gr durch den Nacherben (mit dem Nacherbfall) von der Steuer befreit (§ 3 Nr. 2 S. 1 GrEStG iVm § 3 I Nr. 1 ErbStG). Überträgt der Vorerbe mit Rücksicht auf die Nacherbschaft bereits **vor Eintritt des Nacherbfalles** ein zur Erbschaft gehörendes Gr auf den Nacherben, ist dieser Erwerb nach § 7 I Nr. 7 ErbStG iVm § 3 Nr. 2 S. 1 von der GrESt befreit. Die **Übertragung des Nacherbenrechts** an einer Erbschaft mit Grundbesitz auf den Vorerben (gleichgültig ob entgeltlich oder unentgeltlich) ist nicht grunderwerbsteuerbar (FG München IV 150/67, EFG 1969, 96; FM Bayern 11.2.1983, StEK GrEStG 1983 § 1 Nr. 1), weil es an der Rechtsträgerschaft des Nacherben bezüglich des Grundbesitzes und damit auch an einem Rechtsträgerwechsel auf den Vorerben fehlt. Gleiches gilt bei **Verzicht auf das Nacherbenrecht** gegenüber dem Vorerben. Durch Übertragung des Anwartschaftsrechts oder durch Verzicht auf das Anwartschaftsrecht wird insb. der Tatbestand des § 1 II nicht erfüllt. Der Nacherbe hat nicht die Stellung inne, die es ihm ermöglicht, ein zum Nachlass gehörendes Gr bereits vor Eintritt des Nacherbfalles auf eigene Rechnung zu verwerten (FM Bayern

11.2.1983, StEK GrEStG 1983 § 1 Nr. 1). Erhält der Nacherbe als **Abfindung für die Ausschlagung** oder **Übertragung seines Anwartschaftsrechts** ein Gr, so ist die Übertragung vom Begünstigten nach § 3 Nr. 2 GrEStG iVm § 3 II Nr. 6 ErbStG von der GrESt befreit. Denn Entgelt für die Übertragung der Anwartschaft eines Nacherben ist das, was dieser und der Erwerber als Gegenleistung für die Übertragung vereinbaren. Dies kann auch ein Gr sein (BFH II R 40/99, BFH/NV 2001, 1406 zur ErbSt; ebenso Viskorf/Meßbacher-Hönsch § 3 Rn. 145).

Überträgt der Nacherbe sein Anwartschaftsrecht am Nachlass gegen Entgelt **56**
auf einen Dritten, ist dessen Erwerb des nachlasszugehörigen Gr mit Eintritt des Nacherbfalles nach § 1 I Nr. 1 steuerbar und gem. § 3 Nr. 2 grestfrei, weil der Erwerb des Anwartschaftsrechts durch einen derivativen Nacherben bei Eintritt des Nacherbfalls gem. §§ 1 I Nr. 1, 3 I Nr. 1 ErbStG iVm §§ 1922, 2139 BGB der ErbSt unterliegt (BFH II R 21/92, BStBl. II 1993, 158; Viskorf/Meßbacher-Hönsch § 3 Rn. 146). Liegt eine gemischte Schenkung (→ Rn. 126 ff.) zugunsten des derivativen Nacherben vor, ist der Erwerb insoweit grestfrei, als das Rechtsgeschäft unentgeltlich ist (§ 3 Nr. 2 S. 1 GrEStG iVm § 7 I Nr. 1 ErbStG).

c) Ausschlagung der Erbschaft. Wird die **Erbschaft wirksam ausgeschla-** **57**
gen (dazu §§ 1942 ff. BGB), so gilt der Erbanfall an den Ausschlagenden als nicht erfolgt (§ 1953 I BGB). Die Ausschlagung der Erbschaft selbst löst keine GrESt aus (RFH RStBl. 1932, 392). Wird als **Abfindung** für die Ausschlagung der Erbschaft **ein Gr übertragen,** so ist dieser § 3 II Nr. 4 ErbStG unterfallende Erwerb nach § 3 Nr. 2 S. 1 von der GrESt befreit (ebenso Viskorf/Meßbacher-Hönsch § 3 Rn. 143; Hofmann/Eiling/Keßeler § 3 Rn. 16). Gleiches gilt im Ergebnis, wenn ein Gr als **Abfindung für einen Erbverzicht** übertragen wird (§ 7 I Nr. 5 ErbStG iVm § 3 Nr. 2 S. 1 GrEStG). Wird jedoch für die Ausschlagung der Erbschaft eine **Abfindung in Geld** vereinbart und in Erfüllung dieses Anspruchs ein Gr übertragen, ist die Hingabe des Gr an **Erfüllungs statt nicht** nach **§ 3 Nr. 2 grestfrei.** Die nachfolgende Abrede über die Erfüllung des Geldanspruchs durch Übertragung eines Gr an Erfüllungs statt bringt das ursprüngliche Schuldverhältnis (Abfindungsvereinbarung) zwar zum Erlöschen, lässt aber dessen für die ErbSt maßgeblichen Inhalt (Geldanspruch) unverändert. Diese erbstrechtl. Betrachtungsweise (BFH II R 5/92, BStBl. II 1996, 97 zum Geldvermächtnis; II R 52/96, BStBl. II 1999, 23 zum Pflichtteilsanspruch) wurde von der Rspr. auch für die GrESt übernommen (BFH II R 11/01, BStBl. II 2002, 775 zum Pflichtteils- und Pflichtteilsergänzungsanspruchs unter Aufgabe der bisherigen Rspr. BFH II R 64/80, BStBl. II 1982, 76, → Rn. 76 ff.).

d) Unwirksame Verfügung von Todes wegen. Bei Ausführung einer **58**
unwirksamen Verfügung von Todes wegen unter Beachtung des erblasserischen Willens, den Begünstigter und Belasteter anerkennen, ist das wirtschaftliche Ergebnis dieses Vollzugs auch erbstrechtl. zu beachten (§ 41 I AO, vgl. BFH II R 46/09, BFH/NV 2011, 261 mwN, stRspr). Bei teilweiser Durchführung einer unwirksamen Verfügung ist diese „soweit" (§ 41 I 1 AO), dh in dem Maße zu beachten, wie sie von den Beteiligten tatsächlich durchgeführt wird (BFH II R 46/09, BFH/NV 2011, 261). Diese vom ErbStG vorgegebene Handhabung ist für die grestrechtl. Beurteilung maßgebend, so dass bei tatsächlichem Vollzug einer unwirksamen Verfügung von Todes wegen ein etwa verwirklichter grestrechtl. Erwerbstatbestand gem. § 3 Nr. 2 grestfrei ist. Zum Erbvergleich → Rn. 53.

einstweilen frei **59**

60 **3. Grundstückserwerb durch Vermächtnis (§ 3 I Nr. 1 ErbStG). a) Vermächtnis.** Der gem. § 3 I Nr. 1 ErbStG steuerbare **vermächtnisweise Erwerb** eines Gr **kann** nach **§ 3 Nr. 2 S. 1 grestfrei sein.** Von Bedeutung ist die erforderliche Abgrenzung nur, soweit nicht die Steuerbefreiung nach § 3 Nr. 3 S. 1 unter Miterben oder nach § 3 Nr. 6 S. 1 greift. Liegen diese Voraussetzungen nicht vor, kommt es für die Steuerbarkeit nach § 3 Nr. 2 S. 1 darauf an, ob dem Bedachten nur ein Anspruch auf Abschluss eines Kaufvertrags (Kaufrechtsvermächtnis) eingeräumt ist oder ob dieser aufgrund des Vermächtnisses das Recht zur Übertragung eines bestimmten Gr aus dem Nachlass hat.

61 **Kaufrechts- oder Grundstücksvermächtnis.** Bei einem sog. Kaufrechtsvermächtnis in Bezug auf ein Gr kann Gegenstand der Zuwendung das dem **Bedachten eingeräumte Recht sein,** das Gr von dem Beschwerten zu einem vom Erblasser bestimmten zu **erwerben** (zur Abgrenzung vom nicht nach § 3 Nr. 2 S. 1 befreiten Kaufvertrag und den Unterscheidungskriterien nachfolgend). Dieses auf Übernahme des Gr und nicht auf den Abschluss eines GrKaufvertrages gerichtet. Ein nach **§ 1 I Nr. 1 steuerbare Vorgang** als Erwerb unter Lebenden **nicht nach § 3 Nr. 2 S. 1 befreit** (BFH II R 7/16, BStBl. II 2019, 617; dazu auch HEB 2024 § 3 GrEStG Rn. 32). Rechtsgrund für den Anspruch auf GrÜbereignung kann aber auch das nach § 2174 BGB durch Vermächtnis begründete Recht sein, die **Übertragung eines bestimmten Grundstücks** aus dem Vermächtnis **zu fordern** (§ 2174 iVm §§ 2164 ff. BGB; sog. **Grundstücksvermächtnis**). Rechtsgrund des Erwerbs ist in diesem Fall das Vermächtnis selbst und nicht etwaige spätere Erklärungen. Die Ausübung des Übernahmerechts ist kein den Auflassungsanspruch begründendes Gestaltungsrecht, sondern ein aufschiebend bedingter Auflassungsanspruch (BGH IV ZR 120/00, BGHZ 148, 187; BGH NJW 1959, 2252). Da es keines schuldrechtlich begründeten Übereignungsanspruchs iSd § 1 I Nr. 1 bedarf, führt erst die **Auflassung (§ 925 BGB)** zu einem steuerbaren Erwerb (§ 1 I Nr. 2). Der Erwerb ist in diesem Fall das § 3 Nr. 2 S. 1 unterfallende Vermächtnis und nicht die etwaigen späteren Erklärungen.

In der rechtstechnischen Anknüpfung weicht daher das ErbStG wegen der Steuerbarkeit bereits des Anfalls des Vermächtnisses (§ 3 I Nr. 1, 3. Alternative iVm § 9 I Nr. 1 ErbStG) – und nicht erst der Auflassung des Gr – vom GrEStG ab; die Anwendung des § 3 Nr. 2 ist gleichwohl nach seinem Normzweck (→ Rn. 35) geboten.

Abgrenzung von Kaufrechts- oder Grundstücksvermächtnis. Es ist jeweils durch **Auslegung nach § 133, 157 BGB** zu ermitteln, ob ein nicht unter § 3 Abs. 2 S. 1 fallendes Recht auf Abschluss eines Kaufvertrags oder ein unter § 3 Abs. 2 S. 1 fallender aufschiebend bedingter Auflassungsanspruch vorliegt. Für die Abgrenzung ist maßgebend, ob bereits im Vermächtnis ein **bestimmter Kaufpreis** festgelegt ist und der Bedachte daher unmittelbar einen § 3 Nr. 2 S. 1 unterfallenden Anspruch auf Übereignung des Gr gegen Kaufpreiszahlung verlangen kann. Für ein bloßes Recht auf Abschluss des Kaufvertrags kann sprechen, dass im Kaufvertrag noch kein fester Kaufpreis angeführt ist oder ein zeitlicher Rahmen für die Ausübung des Kaufrechts bestimmt ist. Diese Abgrenzung ist nach dem gegenwärtigen Stand noch nicht hinreichend rechtssicher. Das gilt zB für die Frage, ob eine bestimmte Fälligkeitsgestaltung (12 Monate nach dem Erbfall) die GrEst-Freiheit herbeiführen kann. Im **Vermächtnis** sollte nach gegenwärtigen Stand vorsorglich auch die **Frage der Grunderwerbsteuer** geregelt werden (Litzenburger ZEV 2019, 499). Auch die FVerw folgt diesen Grundsätzen (FM NRW 22.10.2020, DStR 2020, 2736; HEB 2024 § 3 GrEStG Nr. 32).

Ob im Einzelfall ein Vermächtnis (§ 2147 BGB), ein Vorausvermächtnis (§ 2150 BGB) oder eine Teilungsanordnung (§ 2048 BGB) des Erblassers die Grundlage für den GrErwerb bildet, ist grestrechtl. ohne Bedeutung. Bei einem Vorausvermächtnis kann der Erwerb nach § 3 Nr. 2 GrEStG iVm § 3 Nr. 1 ErbStG grestfrei sein. Erfolgt der Erwerb in Vollziehung einer Teilungsanordnung, ist der Erwerb des NachlassGr durch den betreffenden Miterben nach § 3 Nr. 3 von der GrESt ausgenommen.

Ein vermachtes belastetes Gr, das zur Erbschaft gehört (§ 2165 BGB), ist mit **62** seinen Lasten auch dann Vermächtnisgegenstand iSd § 3 I Nr. 2 ErbStG, wenn der Bedachte die Lasten übernimmt. Dem folgt das GrEStG und stellt die gem. § 1 I Nr. 2 steuerbare Auflassung des vermachten Gr auch bei Übernahme der GrLasten in vollem Umfang von der Steuer frei (BFH II R 118/90, BFH/NV 1993, 765). Die „Teilentgeltlichkeit" eines Vermächtnisses führt insoweit nicht zur anteiligen Belastung mit GrESt. § 3 Nr. 2 verweist uneingeschränkt auf den Erwerb von Todes wegen; eine Aufteilung dieses Erwerbs in einen unentgeltlichen und entgeltlichen Teil erfolgt nicht. Da der Erwerb durch Erbanfall auch bei Überschuldung des Nachlasses grestfrei ist, kann für den Erwerb durch Vermächtnis nichts anderes gelten. Eine Steuerfestsetzung hinsichtlich der übergehenden Lasten in entspr. Anwendung des § 3 Nr. 2 S. 2 scheidet aus, weil sich diese Vorschrift ausdrücklich nur auf (Auflagen-)Schenkungen unter Lebenden bezieht (BFH II R 52/66, BStBl. II 1974, 555; Viskorf/Meßbacher-Hönsch § 3 Rn. 167). Dies bestätigt auch eine vergleichende Betrachtung mit § 3 Nr. 3: Hier erwirbt auch ein Miterbe ein NachlassGr zur Teilung des Nachlasses nach § 3 Nr. 3 grestfrei, wenn er einen Aufpreis zahlt, weil der Wert des Gr über dem seines Erbanteils liegt. Es wäre nicht gerechtfertigt, den Vermächtnisnehmer im Rahmen der Anwendung des § 3 Nr. 2 anders zu behandeln, sofern er nicht mit der Annahme des Vermächtnisses den vollen Wert des Gr zu begleichen hat.

Die vorstehenden Grundsätze gelten auch für Fallgestaltungen, in denen der **63** Vermächtnisnehmer seinerseits durch **Auflagen** oder durch **Untervermächtnis** (§ 2147 BGB) beschwert ist (ebenfalls Hofmann/Eiling/Keßeler § 3 Rn. 10; zur Problematik beim Kaufrechtsvermächtnis → Rn. 61 ff.).

b) Ausschlagung. Die Ausschlagung des Vermächtnisses (§ 2180 BGB) ist **64** grestrechtl. ohne Bedeutung. Erhält der Bedachte für die Ausschlagung des Vermächtnisses **abfindungshalber** ein Gr, so ist der GrErwerb nach **§ 3 Nr. 2 S. 1 GrEStG iVm § 3 II Nr. 4 ErbStG** von der GrESt **befreit.** Gleiches gilt, wenn der Bedachte für die **Ausschlagung eines Geldvermächtnisses** als Abfindung ein Gr erhält (SchlHFG III 299/79, EFG 1982, 363; Viskorf/Meßbacher-Hönsch § 3 Rn. 165a). Hat der Ausschlagende für den GrErwerb ein **Aufgeld** zu leisten, unterfällt der GrErwerb in Höhe des Aufgelds der GrESt (ebenso Viskorf/Meßbacher-Hönsch § 3 Rn. 165a).

Problematisch sind Fälle, in denen ein Gr an **Erfüllungs statt** (§ 364 BGB) **65** zur Befriedigung des **geltend gemachten Geldvermächtnisses** übertragen wird. Da bei einem Geldvermächtnis der maßgebliche Inhalt des Erwerbs von Todes wegen ein Geldanspruch ist und der GrErwerb kein solcher von Todes wegen ist, findet § 3 Nr. 2 keine Anwendung (Viskorf/Meßbacher-Hönsch § 3 Rn. 164). Es gelten insoweit die für geltend gemachte Pflichtteils- und Pflichtteilsergänzungsansprüche anzuwendenden Grundsätze (→ Rn. 61 ff.).

Entfällt die ErbSt-Pflicht infolge der Ausschlagung des Vermächtnisses (ggf. **66** auch rückwirkend, § 175 I 1 Nr. 2 AO), so ist die GrESt festzusetzen, wenn der

Erwerb des Gr durch den Ausschlagenden nicht rückgängig gemacht wird und eine Befreiung aus anderen Rechtsgründen (zB § 3 Nr. 6) nicht eingreift.

67 **c) Wahlvermächtnis.** Bei einem Wahlvermächtnis hat der Erblasser ein Vermächtnis in der Art angeordnet, dass der Bedachte von mehreren Gegenständen nur den einen oder den anderen erhalten soll (§§ 2147, 2154 BGB). Die gewählte Leistung gilt als die von Anfang an geschuldete (§ 263 II BGB). Der Erwerb eines Gr, das bei Ausübung des Wahlrechts den Gegenstand des Erwerbs von Todes wegen bildet, ist nach § 3 Nr. 2 S. 1 grestfrei (s. auch Gottwald ZEV 2009, 51). Ohne Bedeutung ist es, ob nach den Bestimmungen des Erblassers der Begünstigte selbst, der Beschwerte oder ein Dritter (§ 2154 I 2 II BGB) das Gr unter den als Vermächtnis ausgesetzten Gegenständen ausgewählt hat und erst dadurch der Übereignungsanspruch konkretisiert wurde (BFH II R 1/78, BStBl. II 1981, 177).

68 **d) Verschaffungsvermächtnis.** Das Verschaffungsvermächtnis ist die Zuwendung eines nicht zum Nachlass gehörenden Gegenstands, den der Beschwerte (Erbe/Vermächtnisnehmer) dem Bedachten zu verschaffen hat (§§ 2169, 2170 I BGB). Der Bedachte erwirbt daher vom Beschwerten einen Sachleistungsanspruch. Grestrechtlich ist danach zu differenzieren, ob das Gr bereits dem Beschwerten gehört oder dieser es erst von einem Dritten beschaffen muss. **Gehört das Gr** bereits dem **Beschwerten,** ist der Erwerb des Gr durch den Bedachten – gleichermaßen wie der Erwerb eines vermachten NachlassGr – nach § 3 Nr. 2 grestfrei (BFH II R 52/66, BStBl. II 1974, 555; Viskorf/Meßbacher-Hönsch § 3 Rn. 174; Hofmann/Eiling/Keßeler § 3 Rn. 11).

Muss sich der Beschwerte das **Gr erst** von einem Dritten **beschaffen,** so ist zu unterscheiden, ob der Beschwerte das Gr zunächst selbst erwirbt und es anschließend auf den Bedachten überträgt oder ob der Beschwerte das Gr zugunsten des Bedachten kauft (§ 328 BGB) und es vom Verkäufer auf den Bedachten aufgelassen wird. Im erstgenannten Fall ist der nach § 1 I Nr. 1 steuerbare Erwerb durch den Beschwerten nicht steuerbefreit; der anschließende Erwerb durch den Bedachten unterfällt § 3 Nr. 2. Im zweitgenannten Fall ist der Kauf vom Dritten zugunsten des Bedachten ebenfalls nach § 1 I Nr. 1 steuerbar und nicht gem. § 3 Nr. 2 steuerfrei, weil der auflassende Dritte nicht der Beschwerte ist und es damit an der erforderlichen personenbezogenen Relation zwischen dem Dritten und dem Bedachten fehlt (→ Rn. 3 f.). Die Auflassung an den Bedachten (§ 1 I Nr. 2) unterliegt nicht (zusätzlich) der GrESt, weil diese im Verhältnis des Beschwerten zum Begünstigten nur dem Vollzug des Vermächtnisses dient (s. auch Viskorf/Meßbacher-Hönsch § 3 Rn. 174; Hofmann/Eiling/Keßeler § 3 Rn. 11). Sind an einer Gesamthand nur der Erblasser, der Erbe und der Bedachte beteiligt, ist die Übereignung eines Gr der Gesamthand in Erfüllung des Verschaffungsvermächtnisses an den Bedachten insgesamt grestfrei. Dies folgt – soweit der Erblasser und der Erbe am Gesellschaftsvermögen beteiligt waren – aus § 3 Nr. 2 S. 1 GrEStG iVm § 3 I Nr. 2 ErbStG und – soweit der Bedachte selbst an dem Gesellschaftsvermögen beteiligt war und § 6 IV iVm § 24 nicht eingreift – aus § 6 II iVm § 24 (BFH II R 52/66, BStBl. II 1974, 555; II R 79/75, BStBl. II 1980, 220).

69 **e) Kaufrechtsvermächtnis.** Der GrErwerb auf Grund der Übertragung eines bestimmten Gr im Wege eines aufschiebend bestimmten Auflassungsanspruchs ist nach § 3 Nr. 2 **grestfrei,** weil Rechtsgrund des Übereignungsanspruchs die Verfügung von Todes wegen ist (BFH II R 7/16, BStBl. II 2019, 617). Erwerbsgegenstand eines grbezogenen Kaufrechtsvermächtnisses ist die aufschiebend

bedingte Forderung des Vermächtnisnehmers gegen den Beschwerten auf GrÜbertragung (BFH II R 7/16, BStBl. II 2019, 617; II R 15/07, BStBl. II 2009, 245, zugleich unter Aufgabe der früheren Rspr, wonach Erwerbsgegenstand des Kaufrechtsvermächtnisses ein Gestaltungsrecht war). Zu den bestehenden Gestaltungsmöglichkeiten vgl. → Rn. 61.

Anders verhält es sich bei einem **Vorkaufsrechtsvermächtnis,** das – insoweit 70 nicht mit einem Kaufrechtsvermächtnis vergleichbar – nicht auf Übertragung des Gr gerichtet ist, sondern lediglich einen Anspruch auf Einräumung eines dinglichen Vorkaufsrechts begründet. Wie auch bei dem Kaufrechtsvermächtnis (→ Rn. 61) ist auch das Vorkaufsrechtsvermächtnis mit der Eintragung des Vorkaufsrechts erfüllt; der in Ausübung des Vorkaufsrechts erst noch zu schließende GrKaufvertrag (steuerbar gem. § 1 I Nr. 1) ist mangels Bezug zur Verfügung von Todes wegen nicht nach § 3 Nr. 2 oder Nr. 3 grestfrei (BFH II R 15/07, BStBl. II 2009, 245).

Ist dem Bedachten (nur) das Recht vermacht, das Gr zum **Verkehrswert** zu 71 erwerben, so hat das Vermächtnis nur instrumentale Bedeutung (MüKoBGB/Rudy BGB Vorb § 2147 Rn. 5). Erbstrechtlich ist ein solcher Fall mangels Bereicherung des Bedachten nicht relevant und der entspr. Erwerbsvorgang nicht nach § 3 Nr. 2 grestfrei (FG Köln 5 K 2303/16, EFG 2019, 993; ebenso Viskorf/Meßbacher-Hönsch § 3 Rn. 172: „Verkauf auf den Todesfall"; aA Gottwald ZEV 2009, 51; offen BFH II R 118/90, BStBl. II 1993, 765). Eine Steuerbefreiung kommt nur unter anderen rechtlichen Gesichtspunkten (zB beim Erwerb zwischen Verwandten in gerader Linie gem. § 3 Nr. 6) in Betracht.

einstweilen frei 72–75

4. Grundstückserwerb auf Grund geltend gemachten Pflichtteilsan- 76 **spruchs (§ 3 I Nr. 1 ErbStG) oder für Verzicht auf Pflichtteilsanspruch (§ 3 II Nr. 4 ErbStG).** Grestrechtlich ist ein Pflichtteilsanspruch (§ 3 I Nr. 1 ErbStG) seiner Rechtsnatur nach eine Geldforderung. Für die GrESt relevant ist diese Fallgestaltungen nur, wenn dem Berechtigten ein **Gr** entweder **als Abfindung** für den Verzicht auf den entstandenen Pflichtteilsanspruch oder zur Befriedigung des geltend gemachten Pflichtteilsanspruchs an Erfüllungs statt übertragen wird.

Der Erwerb eines Gr als **Abfindung** auf den **noch nicht geltend gemachten** 77 **Pflichtteilsanspruch** gilt erbstrechtl. als Erwerb von Todes wegen (§ 3 II Nr. 4 ErbStG) und ist damit nach **§ 3 Nr. 2 begünstigt** (Viskorf/Meßbacher-Hönsch § 3 Rn. 181). Dem steht nicht entgegen, wenn das erworbene Gr nicht zum Nachlass gehörte. Überträgt ein Dritter das Gr als Abfindung auf den Pflichtteilsberechtigten, bestimmt sich die GrESt-Befreiung nach den für Verträge zugunsten Dritter **geltenden** Grundsätzen (→ Rn. 4, 123 f.). Gleiches gilt für die Übertragung eines Gr unter Lebenden als Abfindung für einen Erbverzicht (§§ 2346, 2352 BGB), die als Schenkung unter Lebenden gilt (§ 7 I Nr. 5 ErbStG).

Seinem **Umfang** nach gilt **§ 3 Nr. 2** insoweit, als das **Gr für den (entstande-** 78 **nen) Pflichtteil hingegeben** wird. Verpflichtet sich der Pflichtteilsberechtigte zusätzlich zum Pflichtteilsverzicht zu Leistungen (zB Aufgeld, weil der Wert des als Abfindung hingegebenen Gr den Pflichtteilsanspruch übersteigt), ist der Wert des Gr nur in dem Ausmaß der ErbSt unterworfen, in dem der Berechtigte das Gr auf Grund seines Anspruchs erwirbt (BFH II R 64/80, BStBl. II 1982, 76 zur GrESt und BFH II R 135/85, BStBl. II 1989, 731 zur ErbSt; beide Entscheidungen sind hinsichtlich des Umfangs der Besteuerung weiterhin anwendbar). Dementsprechend unterliegt der Erwerb des Gr zu dem Teil der GrESt, zu dem die erbrachte Gegenleistung für das Gr die (erloschene) Forderung aus dem Pflichtteil übersteigt (ebenso Viskorf/Meßbacher-Hönsch § 3 Rn. 204).

79 Die Hingabe eines Gr **an Erfüllungs statt** für einen **bereits geltend gemachten Pflichtteilsanspruch** ist – obgleich wirtschaftlich mit der Übertragung eines Gr für den Verzicht auf den Pflichtteilsanspruch vergleichbar – **nicht begünstigt** (BFH II R 11/01, BStBl. II 2002, 775; anders noch BFH II R 64/80, BStBl. II 1982, 76). Die GrÜbertragung an Erfüllungs statt beruht auf einer nachfolgenden Erfüllungsabrede, die zwar das ursprüngliche Schuldverhältnis (Pflichtteilsanspruch) zum Erlöschen bringt, dessen maßgeblichen Inhalt (= Geldanspruch) aber nicht verändert.

80 Dies führt zu dem – unbefriedigenden – Ergebnis, dass es in Fällen der Hingabe eines Gr für die Erfüllung des **geltend gemachten Pflichtteilsanspruchs** an Erfüllungs statt zu einer **Doppelbelastung mit ErbSt und GrESt** kommt (Viskorf/Meßbacher-Hönsch § 3 Rn. 181). Dies verlangt nach sorgfältiger Planung vor Geltendmachung des Pflichtteilsanspruchs, um eine Belastung mit ErbSt und GrESt zu vermeiden (vgl. auch Viskorf FR 1999, 664 mit Berechnungsbeispielen für die Gesamtbelastung mit ErbSt und GrESt; vgl. auch Esskandari ZEV 2012, 308). Der Gesetzgeber sollte in dieser Frage Rechtssicherheit schaffen und den Erwerb eines Gr in Erfüllung des geltend gemachten Pflichtteilsanspruchs von der GrESt ausnehmen (ebenso Halaczinsky ZEV 2003, 97).

81 Das Vorstehende gilt auch, wenn für die **Zurückweisung eines Rechts aus einem Vertrag zugunsten Dritter auf den Todesfall** (Viskorf/Meßbacher-Hönsch § 3 Rn. 177) oder anstelle eines anderen in § 3 I ErbStG genannten Erwerbs (§ 3 II Nr. 4 ErbStG) ein Gr erworben wird (Viskorf/Meßbacher-Hönsch § 3 Rn. 179). Zur Anwendung des § 3 Nr. 2 im Fall des GrErwerbs für die Ausschlagung einer Erbschaft vgl. → Rn. 57, für die Ausschlagung eines Vermächtnisses → Rn. 64.

82 **5. Grundstückserwerb durch Schenkung auf den Todesfall (§ 3 I Nr. 2 S. 1 ErbStG).** Soweit der Erwerb eines Gr durch **Schenkung von Todes** wegen den Tatbestand des § 3 I Nr. 2 S. 1 ErbStG erfüllt, besteht nach Maßgabe des **§ 3 Nr. 2 GrESt-Freiheit.** Eine Schenkung von Todes wegen iSd § 3 I Nr. 2 S. 1 ErbStG liegt allerdings nur vor, wenn die **Zuwendung zu einer Bereicherung** führt. GrESt-Freiheit gem. § 3 Nr. 2 S. 1 besteht daher nicht, soweit der Erwerber für die GrZuwendung eine Gegenleistung zu erbringen hat oder die GrZuwendung in Erfüllung einer Verbindlichkeit erfolgt. Da hinsichtlich dieses entgeltlichen und bereits tatbestandsmäßig nicht der ErbSt unterliegenden Teils keine Mehrfachbelastung mit ErbSt und GrESt eintritt, ist § 3 Nr. 2 S. 1 nach den Grundsätzen einer gemischten Schenkung **nur anteilig** zu gewähren (ebenso Viskorf/Meßbacher-Hönsch § 3 Rn. 184; Hofmann/Eiling/Keßeler § 3 Rn. 14).

83 **6. Grundstückserwerb kraft gesellschaftsrechtlichen Anteilsübergangs (§ 3 I Nr. 2 S. 2 ErbStG).** Das GrESt-Recht ist bei einem gesellschaftsrechtlichen Anteilsübergang iSd § 3 I Nr. 2 S. 2 und 3 ErbStG berührt, wenn dadurch ein **Rechtsträgerwechsel an einem Gr** bewirkt wird.

84 **a)** Bei Erwerb von grbesitzenden PerGes kann der Anteilsübergang zu einem Rechtsträgerwechsel führen, sofern es zu einer nach § 1 I Nr. 3 steuerbaren Anwachsung des Gesellschaftsanteils des verstorbenen Gesellschafters beim einzig verbliebenen Gesellschafter einer zweigliedrigen PersGes (dazu → Rn. 85), zu einem nach § 1 IIa steuerbaren fingierten GrÜbergang, zu einer nach § 1 III

steuerbaren Anteilsvereinigung oder -übertragung oder zum Erwerb einer wirtschaftlichen Beteiligung iSd § 1 IIIa kommt.

Bei einer **zweigliedrigen** PersGes führt der Anteilsübergang iSd § 3 I Nr. 2 S. 2 ErbStG (dazu auch R E 3.4 II ErbStR 2019) zur **Anwachsung** der Anteile des verstorbenen Gesellschafters beim einzig verbliebenen Gesellschafter (steuerbar gem. § 1 I Nr. 3, → § 1 Rn. 190 ff.). Dieser Übergang des GesellschaftsGr in das Alleineigentum des verbleibenden Gesellschafters führt grestrechtl. zu einem „gespaltenen" Erwerb: Hinsichtlich des **Anteils des verstorbenen Mitgesellschafters** liegt, soweit er keine Ausleichsverpflichtung zu erfüllen hat, ein Erwerb von Todes wegen (§ 3 I Nr. 2 S. 2 ErbStG) vor, der nach **§ 3 Nr. 2 S. 1 grestfrei** ist. Hinsichtlich des eigenen Anteils des verbliebenen Gesellschafters am Vermögen der (ehemaligen) PersGes greift § 6 II (vorbehaltlich des wohl nur noch bis 31.12.2023 anwendbaren § 6 IV) steuerbefreiend ein (BFH II R 37/05, BStBl. II 2007, 59). Ist daher der verbliebene Gesellschafter zugleich Erbe des verstorbenen Gesellschafters, ist der GrErwerb vollständig grestfrei (BFH II 155/60 U, BStBl. III 1963, 579; II 130/63 U, BStBl. III 1965, 173; II 93/62 U, BStBl. III 1965, 670). Im Übrigen können neben § 3 Nr. 2 ggf. weitere Befreiungsvorschriften (zB § 3 Nr. 4 oder 6) eingreifen (BFH II R 87/66, BStBl. II 1975, 887; zum Erwerb auf Grund Testament und Gesellschaftsvertrag BFH II R 1/78, BStBl. II 1981, 177). 85

Der **Ausgleichsanspruch** eines von der Nachfolge in das Gesellschaftsvermögen ausgeschlossenen Erben oder Miterben (§ 728 I 1 BGB nF, §§ 738 I 2, 740 BGB aF) ist eine **Geldforderung.** Erhalten die ausgeschlossenen Erben von dem (den) übernehmenden Gesellschafter(n) als Abfindungsleistung ein Gr, unterliegt dieser Erwerb der GrESt. Der Verzicht auf den Ausgleichsanspruch unterliegt nicht gem. § 3 II Nr. 4 ErbStG der ErbSt, so dass **§ 3 Nr. 2 GrEStG unanwendbar** ist. Dieses Ergebnis ist unbefriedigend, → Rn. 89.

Wird aufgrund eines gesellschaftsrechtlichen Anteilsübergangs iSd § 3 I Nr. 2 S. 2 ErbStG ein Erwerbsvorgang iSd **§ 1 IIa** (zur Anwendbarkeit vgl. → Rn. 5) verwirklicht, ist § 3 Nr. 2 schon wegen des insoweit vorrangig anzuwendenden **§ 1 IIa 6** ohne Bedeutung (vgl. auch → Rn. 38, → § 1 Rn. 387 f.). Gegebenenfalls ist jedoch zu beachten, dass ein Erwerb von Todes wegen nicht vorliegt, soweit der neue Gesellschafter iSd § 1 IIa 1 den Gesellschaftsanteil mit **Ausgleichsverpflichtung** übernommen hat. Im Umfang der Ausgleichsverpflichtung ist weder § 1 IIa 6 noch § 3 Nr. 2 einschlägig. Insoweit kann daher anteilig GrESt anfallen; eine Mehrfachbelastung mit GrESt und ErbSt tritt nicht ein. Ist ein Kind des Erblassers von der Ausgleichsverpflichtung betroffen, ist der Erwerbvorgang auch hinsichtlich des entgeltlichen Teils nach § 6 III iVm § 3 Nr. 6 grestfrei. 85a

Bei einer kraft Anteilsübergang iSd § 3 I Nr. 2 S. 2 ErbStG bewirkten **Anteilsvereinigung (§ 1 III Nr. 1 und 2)** an einer **PersGes** (zB GmbH & Co. KG) findet aus grestrechtl. Sicht (sofern nicht die Anwendung von § 1 III wegen Vorrangs des § 1 IIa oder § 1 IIb ausgeschlossen ist) wie in den Fällen der nach § 1 I Nr. 3 steuerbaren Anwachsung ein „gespaltener" Erwerb statt (→ Rn. 85): Der Erwerb der Anteile an einer GmbH & Co. KG von Todes wegen durch den Gesellschafter, in dessen Hand sich die Anteile an der KG vereinigen, ist hinsichtlich seiner eigenen Kommanditanteile nach **§ 6 II** und hinsichtlich der angewachsenen Kommanditanteile nach **§ 3 Nr. 2 S. 1 grestfrei.** In Bezug auf die erworbene mittelbare Gesamthandsberechtigung über die Komplementär-GmbH kommt § 3 Nr. 2 ebenfalls zur Anwendung (→ Rn. 39). § 1 Abs. 3 Nr. 3 und 4 86 findet uneingeschränkt Anwendung (→ Rn. 39). In entspr. Weise ist auch ein Erwerb iSd **§ 1 IIIa,** der durch einen Anteilsübergang iSd § 3 Abs. 1 Nr. 2 S. 2 ErbStG bewirkt wird, **begünstigt** (→ Rn. 49).

87 **b) Bei Erwerb von grbesitzenden KapGes ist der von Todes wegen bewirkten Anteilsübergang** iSd § 3 I Nr. 2 S. 2 ErbStG bei einer Anteilsvereinigung (§ 1 III Nr. 1 oder Nr. 2) ebenfalls nach § 3 Nr. 2 grestfrei (→ Rn. 44). Ebenso ist § 3 Nr. 2 bei einem nach § 1 III Nr. 3 und 4 steuerbaren Übergang der bereits in der Hand des Erblassers vereinigten Anteile an einer KapGes uneingeschränkt anzuwenden (→ Rn. 46). Gleiches gilt für § 1 IIIa (→ Rn. 49). Erwerbe von Todes wegen sind wegen § 1 IIb 6 ohne Bedeutung.

88 **c) Umfang der Befreiung.** § 3 I Nr. 2 und 3 ErbStG erfassen einen Anteilsübergang nur, soweit der nach § 12 ErbStG zu ermittelnde Anteilswert den Abfindungsanspruch übersteigt und damit **erbstrechtlich zu einer Bereicherung** führt. In Höhe des vom Erwerber zu leistenden **Abfindungsanspruchs** liegt **kein Erwerb von Todes wegen** vor, so dass § 3 Nr. 2 S. 1 insoweit nicht gilt (ebenso Hofmann/Eiling § 3 Rn. 15; Viskorf/Meßbacher-Hönsch § 3 Rn. 191). Eine volle Steuerbefreiung nach § 3 Nr. 2 tritt aber ein, wenn der Erwerber zugleich Erbe oder Miterbe nach dem verstorbenen Gesellschafter ist oder die Befreiungsvoraussetzungen des § 3 Nr. 4 oder 6 erfüllt sind.

89 Der **Ausgleichsanspruch** eines von der Nachfolge in das Gesellschaftsvermögen ausgeschlossenen Erben oder Miterben (§ 728 I 1 BGB nF, §§ 738 I 2, 740 BGB aF) ist eine Geldforderung. Erhalten die ausgeschlossenen Erben von dem (den) übernehmenden Gesellschafter(n) als Abfindungsleistung ein Gr, unterliegt dieser Erwerb der GrESt. Der Verzicht auf den Ausgleichsanspruch unterliegt nicht gem. § 3 II Nr. 4 ErbStG der ErbSt, so dass **§ 3 Nr. 2 GrEStG nicht anwendbar** ist (ebenso Viskorf/Meßbacher-Hönsch § 3 Rn. 193).

90–95 *einstweilen frei*

96 **7. Vermächtnisgleiche Erwerbe (§ 3 I Nr. 3 ErbStG).** Als Erwerb von Todes wegen gelten nach § 3 I Nr. 3 ErbStG auch die sonstigen Erwerbe, auf die die für Vermächtnisse geltenden Vorschriften des bürgerlichen Rechts Anwendung finden. Dazu zählen die Ansprüche des überlebenden Ehegatten auf den Voraus (§ 1932 BGB), die – nach § 13 I Nr. 4 ErbStG von der ErbSt befreiten – Ansprüche der zum Haushalt gehörenden Familienangehörigen auf den Dreißigsten (§ 1969 BGB) sowie der Anspruch auf Ausbildungsbeihilfe (§ 1371 IV BGB). Für diese Ansprüche gelten die Erläuterungen zum Erwerb durch Vermächtnis entsprechend (→ Rn. 60 ff.). Zu den Ausgleichsansprüchen des weichenden Erben im **Höferecht** (§§ 12, 13 HöfeO) → Rn. 104 ff.

97 **8. Grundstückserwerb auf Grund eines vom Erblasser geschlossenen Vertrages zugunsten Dritter (§ 3 I Nr. 4 ErbStG).** Nach § 3 I Nr. 4 ErbStG gilt als Erwerb von Todes wegen jeder Vermögensvorteil, der auf Grund eines vom Erblasser geschlossenen Vertrages bei dessen Tod **von einem Dritten unmittelbar erworben** wird. Die Vorschrift erfasst Vermögensvorteile, auf die der **Begünstigte** mit dem Tode des Erblassers außerhalb des Erbrechts (also nicht durch Erbfolge oder Vermächtnis) **einen unmittelbaren Anspruch erwirbt** (Meincke/Hannes/Holtz ErbStG § 3 Rn. 83).

Rechtsgrundlage für den Erwerb des Vermögensvorteils ist ein **Vertrag zugunsten Dritter auf den Todesfall** (§§ 328, 331 BGB). Die von § 3 I Nr. 4 ErbStG erfassten Vorgänge stellen eine Sonderform freigebiger Zuwendungen dar, die auf Verträgen zugunsten Dritter beruhen und nur deshalb den Erwerben von

Todes wegen zugeordnet sind, weil die endgültige Bereicherung des Begünstigten erst beim Tod des Zuwendenden eintritt. Deshalb müssen im Verhältnis zwischen dem Erblasser und dem Begünstigten (Valutaverhältnis) sämtliche Tatbestände einer steuerbaren unentgeltlichen Zuwendung – insb. die Unentgeltlichkeit der Vermögenshingabe und der Wille der Freigebigkeit – erfüllt sein (BFH II R 67/09, BStBl. II 2013, 210). Daraus folgt zugleich, dass der Erwerbsvorgang wie eine **gemischte Schenkung** zu behandeln ist, wenn der Bezugsberechtigte im Valutaverhältnis eine **Gegenleistung zu erbringen hat** (FG RhPf 4 K 1257/93, UVR 1994, 117; 4 K 1130/93, EFG 1994, 665; Gebel UVR 1993, 141; wohl auch BFH II R 103/83, BStBl. II 1985, 137; II R 109, 86, BStBl. II 1991, 181).

Grestrechtlich ist zu beachten, dass Vermögensvorteil iSd § 3 I Nr. 4 ErbStG ein (mit dem Tode des Erblassers erworbener) Anspruch des Begünstigten gegenüber dem vom Erblasser Verpflichteten auf Auflassung eines Gr sein kann. Dieser nach § 1 I Nr. 2 steuerbare Erwerb ist nach § 3 Nr. 2 S. 1 GrEStG iVm § 3 I Nr. 4 ErbStG von der GrESt befreit. Hat der Begünstigte für den GrErwerb eine Gegenleistung (zB Ausgleichszahlung) zu erbringen, liegt insoweit kein Erwerb von Todes wegen iSd § 3 I Nr. 4 ErbStG vor. Hinsichtlich des **entgeltlichen Teils des GrErwerbs greift § 3 Nr. 2** nicht, so dass insoweit (vorbehaltlich einer Befreiungen nach § 3 Nr. 36) GrESt-Pflicht besteht. **98**

9. Vermögensübergang auf eine vom Erblasser angeordnete Stiftung (§ 3 II Nr. 1 ErbStG). Als Erwerb von Todes wegen gilt nach § 3 II Nr. 1 ErbStG der Übergang von Vermögen auf eine **vom Erblasser angeordnete Stiftung.** Der Übergang eines Gr auf die Stiftung ist nach § 3 Nr. 2 grestfrei. Jedoch fällt GrESt an, soweit der Erwerb unter Auflage erfolgt (Wachter ZEV 2003, 445). **99**

Hat beim Tod des Erblassers die Stiftung bereits bestanden, fällt ihr GrErwerb auf einer entspr. Verfügung von Todes wegen (Zustiftung) unter § 3 I Nr. 1 ErbStG und insoweit gem. **§ 3 Nr. 2 GrEStG grestfrei.** Entsprechende Folgen treten ein, wenn ein GrErwerb durch die Stiftung auf einem **Stiftungsgeschäft unter Lebenden** beruht (**§ 7 I Nr. 8 ErbStG;** vgl. auch Wachter DStR 2012, 1900). Auch die Übertragung von Vermögen einer rechtsfähigen Stiftung auf eine von ihr gegründete rechtsfähige Stiftung des bürgerlichen Rechts unterliegt gem. § 7 I Nr. 8 ErbStG der SchSt (BFH II R 45/09, BStBl. II 2011, 732), so dass bei einer GrÜbertragung § 3 Nr. 2 anzuwenden ist. Anders verhält es sich bei GrÜbertragungen der öffentlichen Hand auf landesgesetzliche Stiftungen, weil es an einer freigebigen Zuwendung fehlt (vgl. auch → Rn. 99 ff.). **100**

Bei **Aufhebung einer Stiftung** fällt ihr Vermögen an die in der Verfassung bestimmten Personen (§ 88 S. 1 BGB) oder, sofern keine Bestimmung getroffen ist, an den Fiskus (§§ 88 S. 2, 46 BGB). Geht mit der Auflösung der Stiftung ein Gr auf den – verfassungsmäßig bestimmten – Erwerber über, so gilt dies gem. **§ 7 I Nr. 9 ErbStG** als Schenkung unter Lebenden (BFH II R 77/90, BStBl. II 1993, 238) und führt zur GrESt-Freiheit gem. § 3 Nr. 2. Entsprechendes gilt, wenn im Zuge der Liquidation eines Vereins ein VereinsGr entweder nach § 45 I BGB kraft satzungsmäßiger Bestimmung oder auf Grund des § 45 III BGB zu gleichen Teilen auf die anfallsberechtigten Vereinsmitglieder übergeht (BFH II R 92/92, BStBl. II 1995, 609). **101**

Wegen der **Prävalenz** der **ErbSt/SchSt** gegenüber der **GrESt** (→ Rn. 35) entfällt die GrESt-Befreiung nicht bei Zuwendungen von Gr an Familienstiftungen oder an Stiftungen, die ausschließlich und unmittelbar kirchlichen, gemein- **102** nützigen oder mildtätigen Zwecken dienen und deshalb erbstrechtl. begünstigt sind (zB **§ 13 I Nr. 16b ErbStG**). Ebenso wenig entfällt die GrESt-Befreiung, wenn die ErbSt nach Maßgabe des § 29 I Nr. 4 ErbStG mit Wirkung für die Vergangenheit erlischt, soweit das von Todes wegen (§ 3 ErbStG) oder durch Schenkung unter Lebenden (§ 7 ErbStG) erworbene Gr innerhalb von 24 Monaten nach dem Zeitpunkt ihrer Entstehung (§ 9 ErbStG) einem öffentlichen Träger (Bund, Land, Gemeinde, Gemeindeverband) oder einer inländischen gemeinnützigen Stiftung zugewendet wird.

Das Stiftungsrecht wird zum neu geordnet. Zum 1.7.2023 treten die §§ 80 ff. BGB in Kraft; die Errichtung des Stiftungsregisters erfolgt erst zum 1.1.2026. Zu weiteren Informationen vgl. etwa Zimmermann/Raddatz NJW 2022, 517; Lorenz/Mehren DStR 2021, 1774.

103 **10. Grundstückserwerb auf Grund sonstiger Erwerbe von Todes wegen (§ 3 II Nrn. 4 bis 7 ErbStG).** Als vom Erblasser zugewendet – und damit als Erwerb von Todes wegen iSd ErbStG – gelten auch die in § 3 II Nr. 4 bis 7 ErbStG iVm § 3 Nr. 2 GrEStG bestimmten Leistungen. Besteht in diesen Fällen die Abfindung, das Entgelt oder die Erfüllung des Herausgabeverlangens nach § 2287 BGB in der **Übertragung eines Gr,** ist der Erwerb nach § 3 Nr. 2 S. 1 grestfrei. Das gilt allerdings nicht, wenn für die Erfüllung eines ursprünglich auf Geld gerichteten Anspruchs ein Gr an Erfüllungs statt übertragen wird (→ Rn. 57, 79). Die Abfindung für die Übertragung eines Erbersatzanspruchs nach §§ 1934a ff. BGB aF wurde ab 1.4.1998 ersatzlos gestrichen; § 3 Abs. 1 Nr. 1 ErbStG wurde entsprechend geändert, so dass entsprechende Erwerbsvorgänge nicht § 3 Nr. 2 unterfallen.

104 **11. Erbfolge nach Höfeordnung.** Besonderheiten gelten für das landwirtschaftliche **Sondererbrecht** nach Maßgabe der HöfeO (anzuwenden in Hmb, Nds, NRW und SchlHol) bzw. anderer landesgesetzlicher Vorschriften über das Anerbenrecht (dazu Grüneberg/Weidlich EGBGB Art. 64 mwN). Gemäß **§ 4 S. 1 HöfeO** fällt der Hof dem Hoferben als „Teil der Erbschaft" zu. Die Erbfolge in den Hof vollzieht sich insoweit ohne vorherigen Zwischenerwerb der Erbengemeinschaft im Wege der qualifizierten Sondernachfolge; der Hoferbe erhält den Hof als „Ergebnis einer **Art gesetzlicher Teilungsanordnung**" im Wege einer sich kraft Gesetzes sogleich mit dem Erbfall vollziehenden (Teil-)Auseinandersetzung (BFH II R 21/89, BStBl. II 1992, 669). Den **Miterben,** die nicht Hoferben geworden sind, steht an Stelle eines Anteils am Hof ein Anspruch gegen den Hoferben auf Zahlung einer **Abfindung** in Geld zu (§ 4 S. 2, § 12 I HöfeO); ggf. haben die Miterben gem. § 13 HöfeO einen Nachabfindungsanspruch. Sog. hoffreies Vermögen, das nicht § 4 S. 1 HöfeO unterliegt, wird jedoch nach allgemeinen Grundsätzen gemeinschaftliches Vermögen der Miterben.

105 Der **Erwerb des Hofes durch** den **Hoferben** (Erbfolge in den Hof, § 4 S. 1 HöfeO) ist im Umfang seines Erbteils am gesamten Nachlass nach § 3 Nr. 2 GrEStG iVm § 3 I Nr. 1 1. Alt. ErbStG grestfrei. Da die (gesetzliche) Zuweisung des Hofes an den Hoferben auf einer Art gesetzlicher Teilungsanordnung beruht (BFH II R 21/89, BStBl. II 1992, 669), greift § 3 Nr. 2 allerdings nicht, soweit die Zuweisung den Erbteil des Hoferben an dem Hof übersteigt. Insoweit beruht jedoch der Erwerb des Hofes auf einer Art gegenständlich begrenzter Nachlassteilung, die nach § 3 Nr. 3 S. 1 von der GrESt ausgenommen ist (Viskorf/Meßbacher-Hönsch § 3 Rn. 154; Hofmann/Eiling § 3 Rn. 9). Ist der Hof Gegenstand eines Vorausvermächtnisses, so ist der nach § 3 I Nr. 1 1. Alt. ErbStG steuerbare

Erwerb durch den Hoferben insgesamt nach § 3 Nr. 2 S. 1 grestfrei. Wird ein zum hoffreien Vermögen gehörendes Gr im Rahmen der Erbauseinandersetzung auf einen Miterben übertragen, ist der Erwerb nach § 3 Nr. 3 grestfrei (OFD Rheinland 5.7.2011, BeckVerw 269629 unter 3.2.). Dieser Weg ist einzuschlagen, um die GrESt-Freiheit des Erwerbs zu sichern.

Erhält der weichende Miterbe vom Hoferben ein **Gr als Abfindung für** den **106**
Verzicht auf den **Ausgleichsanspruch** iSd § 12 I HöfeO, hat die Rechtsprechung **nach der Rechtslage bis 2008** eine GrESt-Befreiung dieses Erwerbs verneint. Da der Ausgleichsanspruch das Ergebnis einer gegenständlich begrenzten Erbauseinandersetzung ist, kann die Hingabe eines Gr für den Verzicht auf diesen Anspruch nicht nach § 3 Nr. 2 S. 1 iVm § 3 I Nr. 1 ErbStG begünstigt sein. Der Erwerb des Hofüberlassungsanpruchs beruht auf der Hofübergabe auf den Erben, die Übergabe des Grundstücks an den Miterben hingegen auf dem Überlassungsanspruch vom Hoferben; § 3 Nr. 2 S. 1 GrEStG iVm § 3 I Nr. 1 ErbStG ist daher nicht erfüllt. Die Voraussetzungen des § 3 Nr. 2 S. 1 GrEStG iVm § 3 II Nr. 4 oder § 7 I Nr. 5 ErbStG sind ebenfalls nicht erfüllt. Auch § 3 Nr. 3 ist nicht anwendbar, weil der Erwerb des Ausgleichsanspruchs bereits das Ergebnis einer Nachlassteilung hinsichtlich des Erbhofes ist (BFH II 242/52 S, BStBl. III 1953, 108; II 246/58 U, BStBl. III 1961, 472; II 86/65, BStBl. II 1971, 462; II R 23/14, BStBl. II 2016, 104). Für die **Rechtslage ab 2009** hat sich insoweit **keine Änderung** ergeben. Die Erhebung von GrESt bleibt gleichwohl unbefriedigend, so dass eine gesetzliche Änderung angezeigt erscheint.

einstweilen frei **107–115**

V. Grundstücksschenkung unter Lebenden (§ 3 Nr. 2)

1. Allgemeines. Anknüpfung an das ErbStG/SchStG. § 3 Nr. 2 **S. 1** stellt **116**
auch GrSchenkungen unter Lebenden iSd ErbStG generell von der GrESt frei (zur Prävalenz der SchSt gegenüber der GrESt vgl. → Rn. 35). Auch hinsichtlich der SchStG handelt es sich um eine **dynamische Verweisung;** maßgebend ist das ErbStG/SchStG in seiner im Zeitpunkt der (grestrechtl) Verwirklichung des jeweiligen Erwerbsvorgangs jeweils **gültigen Fassung** (auch → § 3 Rn. 35) § 3 Nr. 2 **S. 2** trifft eine besondere Regelung für **Schenkungen unter Auflage.** Diese Vorschrift wurde durch das JStG 1997 neu gefasst und stellt klar, dass GrSchenkungen unter Auflagen nur hinsichtlich des Wertes solcher Auflagen, die bei der Berechnung der SchSt abziehbar sind, nicht nach § 3 Nr. 2 S. 1 von der GrESt befreit sind (→ Rn. 141). Ferner wurde durch das BeitrRLUmsG wurde § 7 VIII – → Rn. 131 ff. – eingefügt (zur Anwendung § 37 VII ErbStG).

Ist ein Gr Gegenstand eines formgültigen Schenkungsversprechens (§ 518 I **117**
BGB), so ist der damit nach § 1 I Nr. 1 oder Nr. 2 verwirklichte Erwerbsvorgang nach § 3 Nr. 2 grestfrei. Dem stehen etwa **unterschiedliche Zeitpunkte der Steuerentstehung** (GrESt entsteht gem. § 1 I Nr. 1 bereits mit dem notariellen Schenkungsversprechen, die SchSt hingegen erst mit Ausführung der Zuwendung (§ 9 I Nr. 2 ErbStG, vgl. zB BFH II R 26/02, BStBl. II 2005, 312) nicht entgegen. § 3 Nr. 2 stellt auf die Tatbestandsmäßigkeit der freigebigen Zuwendung iSd SchSt-Rechts und nicht auf die Entstehung der SchSt ab. § 5 III GrEStG ist in diesen Fällen nicht erfüllt, weil es wegen der Anwendbarkeit des § 3 Nr. 2 an einer objektiven Steuerumgehungsmöglichkeit fehlt (BFH II R 58/08, BStBl. II 2010, 302; vgl. auch → § 5 Rn. 76 ff.).

118 **2. Grundstücksschenkung unter Lebenden.** Ob der Erwerb eines Gr auf einer Schenkung beruht, beurteilt sich ausschließlich nach **§ 7 ErbStG.** Diese Vorschrift enthält einen abschließenden Katalog der als Schenkungen unter Lebenden geltenden Erwerbe (so auch BFH II R 30/18, BStBl. II 2021, 322); der Erwerb muss sich zwischen Schenker und Bedachtem vollziehen.

§ 3 Nr. 2 begünstigt nicht allein die isolierte freigebige Zuwendung von Gr, sondern (im Zusammenhang mit der schenkweisen Übertragung von Anteilen an grbesitzenden PersGes oder KapGes) auch **fingierte GrErwerbe iSd § 1 IIa, IIb, III und IIIa** (→ Rn. 38 ff.).

119 **a) Freigebige Zuwendung unter Lebenden (§ 7 I Nr. 1 ErbStG).** Die Vorschrift verlangt in **objektiver Hinsicht** die **Bereicherung des Bedachten auf Kosten des Zuwendenden** (BFH II R 38/15, BStBl. II 2019, 325). In subjektiver Hinsicht bedarf es des **Willens des Zuwendenden zur Freigebigkeit** (BFH II R 25/15, BStBl. II 2018, 201, stRspr). Der Wille zur Freigebigkeit ist auf der Grundlage der dem Zuwendenden bekannten Umständen nach Maßgabe des Verkehrsüblichen zu bestimmen (BFH II R 53/05, BStBl. II 2008, 256, stRspr). In seinem **subjektiven Tatbestand** geht der Schenkungsbegriff des SchSt-Rechts damit weiter als der bürgerlich-rechtliche Schenkungsbegriff (§ 516 I BGB), der die Einigung des Zuwendenden und des Bedachten über die Unentgeltlichkeit der Zuwendung verlangt (vgl. zB BFH II R 176/78, BStBl. II 1982, 83; II R 40/19, DB 2022, 309). Das Vorliegen einer freigebigen Zuwendung iSd § 7 I Nr. 1 ErbStG beurteilt sich nicht nach der von den Beteiligten gewählten Formulierung, sondern nach objektiven schstrechtl. Maßstäben (BFH II R 68/04, BStBl. II 2006, 632). Eine **gemischte Schenkung** kann beim Verkauf eines zu einem unter seinem Verkehrswert liegenden Kaufpreis vorliegen (BFH II 54/15, BStBl. II 2018, 292; II R 95/86, BStBl. II 1990, 186; II B 54/02, BStBl. II 2003, 48).

120 Bei **Gesamthandsgemeinschaften** (OHG, KG, GbR) sind **freigebige Leistungen an die Gesamthand** schstrechtl. als Schenkungen an die Gesamthänder (allein diese sind auch Steuerschuldner iSd § 20 ErbStG) zu beurteilen (BFH II R 95/92, BStBl. II 1995, 81; II R 9/17, BStBl. II 2020, 658; näher TGJG/Gebel § 7 Rn. 263). Soweit mehrere Gesamthänder begünstigt sind, sind diese grestrechtl. bei zusammenschauender Betrachtung gem. § 5 II iVm § 3 Nr. 2 grestfrei. Jeder Gesamthänder erwirbt zu dem Anteil, zu dem er an der Gesamthandsgemeinschaft dinglich beteiligt ist. Dies gilt für Rechtsvorgänge bis zum 31.12.2023; ab 1.1.2024 entfällt das Gesamthandvermögen; die zukünftige Haltung der Länder ist noch unklar (→ § 1 Rn. 53).

121 **b) Unentgeltliche GrÜbertragungen durch Träger öffentlicher Verwaltung** sind regelmäßig keine freigebigen Zuwendungen, wenn sie **zur Erfüllung ihrer öffentlichen Aufgaben** erfolgen. Auf Grund der aus Art. 20 III GG folgenden Bindungen der vollziehenden Gewalt handelt ein Träger öffentlicher Verwaltung idR in Wahrnehmung der ihm obliegenden Aufgaben und somit nicht freigebig, so dass **§ 3 Nr. 2 keine Anwendung** findet (BFH II B 104/03, BFH/NV 2005, 57; II R 46/02, BStBl. II 2005, 311; II R 15/04, BStBl. II 2006, 557 = HFR 2006, 796 (mAnm Pahlke); II R 68/04, BStBl. II 2006, 632; II R 11/12, BFH/NV 2014, 579; Mack UVR 2006, 281; Bruschke UVR 2007, 309). Nur wenn eine übertragende jPöR den Rahmen ihrer Aufgaben eindeutig überschreitet, kommt uU eine freigebige Zuwendung iSd § 7 I Nr. 1 ErbStG in Betracht. Die Übertragung von Gr einer Kommune aus einer unselbstständigen örtlichen

Stiftung an eine selbstständige Stiftung ist nicht nach § 3 Nr. 2 begünstigt, da die Kommune auch insoweit eine öffentliche Aufgabe erfüllt (FG 5 K 233/22, EFG 2023, 1568). Der Umstand, dass die Verwaltung in Erfüllung einer öffentlichen Aufgabe handelte, müsste die Steuerpflicht ausschließen.

Andere Grundsätze gelten jedoch für **GrÜbertragungen durch Kirchen** bzw. deren Untergliederungen, weil diese nicht dem staatlichen Haushaltsrecht unterliegen und damit nicht durch staatliches Recht an der Erbringung freigebiger Leistungen gehindert sind (BFH II R 46/04, BStBl. II 2006, 720). Der Umstand, dass die Übertragung von Vermögen einer katholischen Kirche einem Rechtsakt des Bischofs gem. can. 515 CIC beruhte, schließt das Vorhandensein einer freiwilligen Leistung jedoch nicht aus (aA FG Münster 8 K 3992/14 GrE, EFG 2017, 1286). Diese Entscheidung hat der BFH wegen Verstoßes gegen § 8 II 1 Nr. 3 und § 17 III 1 Nr. 3 aufgehoben; die Frage der Steuerpflicht wurde offengelassen (BFH II R 35/17, BFH/NV 2020, 1016). Die im Zuge der Zusammenlegung mehrerer Kirchengemeinden erfolgende Vereinigung aller Anteile einer grbesitzenden GmbH in einer Hand gem. § 1 III Nr. 2 ist nicht wegen kirchenrechtlicher Bindungen (can. 121 CIC) nach § 3 Nr. 2 befreit (BFH II R 24/21, BStBl. II 2023, 1060).

Liegt eine mittelbare GrSchenkung vor, scheidet eine Befreiung nach § 3 Nr. 2 aus. Das ist etwa der Fall, wenn ein Gr mit der Verpflichtung übertragen wird, dieses letztlich zu einem festen Kaufpreis an eine S-Stiftung zu übereignen, die den erzielten Kaufpreis dauernd ertragsmindernd anlegen sollte (FG Münster 8 K 2338/14 GrE, EFG 2017, 1360 rkr.). Auch einer Befreiung nach § 7 I Nr. 1 oder Nr. 8 S. 2 ErbStG kommt nicht in Betracht.

Zur GrESt-Befreiung aus Anlass des Übergangs öffentlich-rechtlicher Aufgaben vgl. § 4 Nr. 1; zu GrErwerben im Rahmen einer ÖPP vgl. § 4 Nr. 5.

Für Stiftungen von der öffentlichen Hand auf landesgesetzlich errichtete Stiftungen wird die Anwendung des § 3 Nr. 2 abgelehnt (FBeh Hmb 28.12.2004, ZEV 2005, 340).

c) Kettenschenkung. Besondere Sorgfalt erfordern Gestaltungen, in denen **122**
ein Gr vom Zwischenerwerber sogleich weitergeschenkt wird. § 3 Nr. 2 setzt voraus, dass sich der GrErwerb zwischen dem Zuwendenden und dem Bedachten vollzieht (→ Rn. 3 f.). Erhält jemand als Durchgangs- oder Mittelsperson ein Gr, das er entspr. einer bestehenden Verpflichtung in vollem Umfang an einen Dritten weitergibt, fehlt es wegen der Verpflichtung zur Weitergabe an einer Bereicherung der Mittelsperson aus dem Vermögen des Zuwendenden; es liegt nur eine Zuwendung aus dem Vermögen des Zuwendenden an den Dritten vor (BFH II R 33/19, BStBl. II 2021, 187; II B 60/11, BFH/NV 2012, 580 mwN). GrESt-Freiheit nach § 3 Nr. 2 ist insoweit ausgeschlossen. Möglich ist eine GrESt-Befreiung nach **anderen** Befreiungsvorschriften (zB § 3 Nr. 3–6).

Wendet der Bedachte ein Gr **ohne rechtliche Verpflichtung** an eine andere Person (zB den Ehemann) ganz oder teilweise weiter, liegt hingegen eine Schenkung an den Bedachten und eine weitere Schenkung des Bedachten an den Dritten vor. In diesem Fall sind beide Schenkungen je für sich zu betrachten und jede selbstständig nach § 3 Nr. 2 zu behandeln (BFH II R 37/11, BStBl. II 2013, 934; II R 45/11, BFH/NV 2014, 43). Ein abgekürzter Leistungsweg fehle, wenn der Gegenstand einer Schenkungsauflage bereits ganz oder teilweise Gegenstand der Zuwendung des ursprünglichen Schenkers an den Erstbeschenkten gewesen sei, da der Schenker den Gegenstand in diesen Fällen auch unmittelbar dem

Zweitbeschenkten hätte zuwenden können. In einem solchen Fall liege vielmehr eine **Verlängerung des Leistungswegs** vor. Aus diesem Grund scheide auch eine Steuerbefreiung aufgrund einer doppelten Anwendung des § 3 Nr. 6 S. 1 im Wege der Zusammenschau aus (BFH II R 30/18, BStBl. II 2021, 322).

123 **d) Mittelbare GrSchenkung.** Für eine mittelbare GrSchenkung ist kennzeichnend, dass das **Gr dem Empfänger auf Kosten des Vermögens des Zuwendenden** verschafft wird (Meincke/Hannes/Holtz ErbStG § 7 Rn. 19 ff.; R E 7.3 ErbStR 2019). Die Zuwendung kann auf verschiedenen Wegen (zB durch Vertrag zugunsten Dritter, Zurverfügungstellung der Mittel zum GrErwerb) erfolgen (Meincke/Hannes/Holtz ErbStG § 7 Rn. 20). Bei einem GrKaufvertrag zugunsten Dritter (§ 328 BGB) schafft das Valutaverhältnis (dh das Verhältnis zwischen dem Schenker und dem Beschenkten) nur den Grund für die Zuwendung zwischen dem Käufer (Schenker) und dem Dritten (Beschenkten) und lässt die rechtlichen Beziehungen zwischen dem GrErwerber (Beschenkten) und dem Veräußerer des Gr unberührt.

124 Die mittelbare GrSchenkung ist **nicht gem. § 3 Nr. 2 grestfrei,** weil im grestrechtl. maßgebenden Verhältnis des Zuwendenden zum Bedachten (→ Rn. 3 f.) kein Erwerbsvorgang iSd § 1 verwirklicht wird (ebenso Viskorf/Meßbacher-Hönsch § 3 Rn. 234). Erwirbt der Beschenkte mit dem ihm vom Schenker **zur Verfügung gestellten Geld** ein Gr von einem Dritten, vollzieht sich der Erwerbsvorgang des § 1 Nr. 1 nicht zwischen dem Schenker und Beschenkten, sondern ausschließlich in dem durch GrKaufvertrag verwirklichten Rechtsverhältnis zwischen **Beschenktem und GrVeräußerer** (FG Münster VIII-IV 1058/74 GrE, EFG 1978, 563; NdsFG III 28/91, EFG 1992, 292; s. auch Viskorf/Meßbacher-Hönsch § 3 Rn. 235). Der Erwerb des Beschenkten unterliegt demnach sowohl der SchSt als auch der GrESt (GrErwerb). Das Gebot zur Vermeidung der Doppelbelastung mit GrESt und ErbSt/SchSt (→ Rn. 35) ist nicht verletzt, weil zwei für sich jeweils rechtlich selbstständige Erwerbe vorliegen.

125 Überträgt der **GrKäufer** schenkweise seinen **Anspruch auf Übertragung des GrEigentums auf einen Dritten,** ist Gegenstand der Schenkung der Übereignungsanspruch (BFH II R 10/99, BFH/NV 2001, 1404). Die Abtretung dieses Anspruchs an den Dritten ist steuerbar nach § 1 I Nr. 5 bzw. Nr. 7 und grestfrei nach **§ 3 Nr. 2** (s. auch Viskorf/Meßbacher-Hönsch § 3 Rn. 235).

126 **e) GrErwerb auf Grund gemischter freigebiger Zuwendung.** Bei der **gemischt freigebigen Zuwendung** eines Gr wird dieses **teils entgeltlich und teils unentgeltlich** hingegeben. Über die teilweise Unentgeltlichkeit sowie die Bereicherung ist nach zivilrechtlichen Grundsätzen zu entscheiden. Das genaue Ausmaß der Wertdifferenz zwischen Zuwendungsgegenstand und Wert der Gegenleistung muss dem Zuwendenden nicht bekannt gewesen sein. Der schstrechtl. Wille zur (teilweisen) Freigebigkeit verlangt jedoch, dass dem Zuwendenden **das Missverhältnis zwischen Leistung und Gegenleistung bewusst** war (BFH II R 26/78, BStBl. II 1979, 631; II R 176/78, BStBl. II 1982, 83; zur Ermittlung des Missverhältnisses → Rn. 126 f.).

127 Bei der **SchSt** ermittelt die FVerw die nach dem ErbStG der Besteuerung unterliegende Bereicherung, indem von dem nach § 10 ErbStG zu bestimmenden Steuerwert der Leistung des Schenkers die Gegenleistungen des Beschenkten und die von ihm übernommenen Leistungs-, Nutzungs- oder Duldungsauflagen abgezogen werden (R E 7.4 ErbStR 2019; zu Rechtsentwicklung und Einzelfragen eingehend Meincke/Hannes/Holtz ErbStG § 7 Rn. 23 ff.; Grootens NWB-EV

2012, 84). Ein solches Missverhältnis zwischen Leistung und Gegenleistung wird regelmäßig angenommen, wenn die tatsächliche Gegenleistung die übliche angemessene Gegenleistung um 20–25 % unterschreitet (BFH II B 122/17, BStBl. II 2018, 660).

Grestrechtlich ist bei einer gemischten GrSchenkung nur der **unentgeltliche Erwerbsteil** gem. **§ 3 Nr. 2 S. 1 befreit.** Der **entgeltliche Erwerbsteil** unterliegt, sofern keine anderweitige Befreiungsvorschrift (zB § 3 Nr. 6) greift, mit der entspr. Gegenleistung (§ 8 I) der **GrESt** (BFH II R 72/99, BStBl. II 2002, 25; II R 38/04, BStBl. II 2006, 475). Bis 31.12.2008 war die Ermittlung des Nachlasswerts an der Boruttau'schen Formel (→ § 8 Rn. 43) zu orientieren. Seit dem 1.1.2009 ist eine Verhältnisrechnung nicht mehr erforderlich; die Bereicherung kann vielmehr durch Abzug der Gegenleistung vom festgestellten Grundbesitzwert (§§ 157 ff. BewG) ermittelt werden. 128

Eine **wechselseitige Schenkung** besteht aus zwei voneinander unabhängigen Zuwendungen. Sie liegt vor, wenn die Leistung des einen nicht von der Leistung des anderen abhängt und der eine den anderen ohne Gegenwert bereichern will. Erfolgen die „Schenkungen" kurzfristig aufeinander, spricht angesichts der Werte, die Gr allgemein verkörpern, eine Vermutung dafür, dass beide Zuwendungen als einheitliches entgeltliches Geschäft in einem inneren Zusammenhang stehen (vgl. auch BFH VII R 16/67, BStBl. II 1969, 470). Grestrechtlich sind solche Gestaltungen ggf. nach den Grundsätzen des Tausches (→ § 1 Rn. 736) zu behandeln und allenfalls – nach den Grundsätzen für die gemischte Schenkung – teilweise nach § 3 Nr. 2 grestfrei. 129

f) Grundstücksübertragungen zwischen Gesellschafter und Gesellschaft. Leistungen eines Gesellschafters an eine **KapGes** sind als gesellschaftsrechtl. Vorgang und, weil im rechtlichen Zusammenhang mit einem Gemeinschaftszweck (dh dem gesellschaftsvertraglich bestimmten Zweck der KapGes) stehend, **keine freigebige Zuwendung iSd § 7 Abs. 1 Nr. 1 ErbStG** (BFH II R 63/05, BStBl. II 2008, 381; II R 6/12, BStBl. II 2013, 930; II R 40/14, BFH/NV 2016, 484; II R 52/14, BStBl. II 2017, 653; FG Nürnberg 4 K 1451/21, EFG 2023, 1159; Meincke/Hannes/Holtz ErbStG § 7 Rn. 77). Durch § 1 IIb ist keine Änderung eingetreten. Die GrÜbertragung des Gesellschafters auf die KapGes ist demgemäß als Leistung societas causa (BFH II R 16/93, BStBl. II 1996, 454) **nicht** nach **§ 3 Nr. 2 grestfrei** (BFH II R 63/05, BStBl. II 2008, 381; II R 52/14, BStBl. II 2017, 653). Auch eine Leistung iSd § 7 I Nr. 2 ErbStG liegt insoweit nicht vor. 130

Eine Veränderung dieser Rechtslage ist nach Maßgabe des § 7 VIII ErbStG im Hinblick auf überquotale Leistungen eingetreten (→ Rn. 131 f.; eingehend Höne/Nienhaus UVR 2012, 306); diese Regelung ist auf Erwerbe anzuwenden, für die SchSt nach dem 13.12.2011 entsteht (§ 37 VII ErbStG). 131

Nach **§ 7 VIII 1 ErbStG** gilt als Schenkung auch die **Werterhöhung von Anteilen an einer KapGes,** die eine an der Gesellschaft unmittelbar oder mittelbar beteiligte **natürliche Person oder Stiftung** (Bedachte) durch die **Leistung einer anderen Person** (Zuwendender) an die Gesellschaft **erlangt.** Der Vorschrift liegt eine Dreieckskonstellation zugrunde, in dem bei einer überquotalen Leistung im Verhältnis zwischen Leistendem und KapGes eine Schenkung der Wertsteigerung der Anteile in der Person des Bedachten (dh einer mittelbar oder unmittelbar beteiligten natürlichen Person oder Stiftung) fingiert wird. Nach **§ 7 VIII 2 ErbStG** sind unter näheren Voraussetzungen auch **Zuwendungen**

zwischen KapGes freigebig. **§ 7 VIII 3 ErbStG** ordnet die entspr. Anwendung von S. 1 und 2 auf **Genossenschaften** an. Die gesamte Regelung des § 7 VIII ErbStG wird höchst kontrovers diskutiert; zu Einzelfragen vgl. die GLE 20.4.2018, BStBl. I 2018, 632 (anwendbar auf Erwerbe bis 31.12.2019) sowie die einschlägige Kommentarlit. zu § 7 VIII ErbStG.

132 **Grestrechtlich** ist zweifelhaft, ob eine nach § 7 VIII ErbStG steuerbare **Übertragung eines Gr auf eine KapGes** nach § 3 Nr. 2 begünstigt sein kann. Im Verhältnis zwischen dem Zuwendenden und der KapGes liegt keine freigebige Zuwendung vor; im Verhältnis zwischen dem Zuwendenden und dem Bedachten fehlt es bezüglich des übertragenen Gr an einem Rechtsträgerwechsel. Für die Nichtanwendung des § 3 Nr. 2 lässt sich gleichwohl kaum ins Feld führen, das an die KapGes geleistete Gr könne nicht den an der KapGes beteiligten Gesellschaftern zugerechnet werden (so Halaczinsky ErbStB 2012, 335 (337)). Entscheidend ist vielmehr, dass § 7 VIII eine anteilige Bereicherung der an der KapGes beteiligten Gesellschafter in Höhe des überquotal zugeführten GrWerts fingiert. Insoweit verstieße die Nichtanwendung des § 3 Nr. 2 gegen das aus dieser Vorschrift abzuleitende Verbot einer **Doppelbelastung mit GrESt und SchSt** (→ Rn. 35); dieser auf den Lebenssachverhalt bezogenen Sichtweise stehen die unterschiedlichen rechtstechnischen Anknüpfungspunkte (→ Rn. 37) nicht entgegen (zutr. Höne/Nienhaus UVR 2012, 306; Viskorf/Meßbacher-Hönsch § 3 Rn. 248 f.). Die GrESt-Befreiung nach § 3 Nr. 2 kann höchstens in Höhe der unmittelbaren bzw. mittelbaren Beteiligung des Bedachten an der jeweiligen KapGes gewährt werden (Höne/Nienhaus UVR 2012, 306).

133 Bei der **Übertragung eines Gr der KapGes auf** einen **Gesellschafter** oder einer ihm nahestehenden Person ohne Gegenleistung oder zu einem verbilligten Preis kann der darin liegende unangemessene Vermögensvorteil nur ertragsteuerlich als vGA, nicht aber als freigebige Zuwendung iSd § 7 I Nr. 1 ErbStG erfasst werden (dazu eingehend BFH II R 6/12, BStBl. II 2013, 930; II R 54/15, BStBl. II 2018, 292); auf die GrÜbertragung ist daher **§ 3 Nr. 2 nicht anwendbar.**

Wird ein **Gr der KapGes** im unmittelbaren Zusammenhang mit der Anteilsveräußerung und auf Veranlassung des Anteilserwerbers unentgeltlich oder teilentgeltlich an einen **ausscheidenden Gesellschafter übertragen,** liegt ebenfalls keine freigebige Zuwendung vor. Der geldwerte Vorteil hat ausschließlich ertragsteuerliche Bedeutung (BFH II R 44/13, BStBl. II 2015, 249). Der Erwerb ist daher nicht von § 3 Nr. 2 erfasst.

134–140 *einstweilen frei*

141 **3. Grundstücksschenkung unter Auflage.** § 3 Nr. 2 S. 2 wurde durch das JStG 1997 neu gefasst und schließt **GrSchenkungen unter** einer **Auflage** insoweit von der Steuerbefreiung nach § 3 Nr. 2 S. 1 aus, als der **Wert solcher Auflagen** bei der **SchSt abziehbar** ist. Eine Doppelbelastung mit SchenkSt und GrESt kann insoweit nicht eintreten. Der Umfang der sich aus § 3 Nr. 2 ergebenden GrESt-Befreiung ist daher davon abhängig, ob und in welchem Umfang die Auflage bei der SchSt abziehbar ist.

Wegen dieses Abzugs bei der SchSt ist der Wert der Auflage bei der **GrESt als Gegenleistung** (§ 8 I oder II; vgl. auch BFH II R 42/70, BStBl. II 1976, 126; II R 56/79, BStBl. II 1981, 74 sowie → § 9 Rn. 197) zu erfassen (vgl. auch BFH II R 38/12, BStBl. II 2014, 479; II R 57/14, BStBl. I 2016, 897), soweit nicht eine Befreiung nach § 3 Nr. 4 oder 6 eingreift. Soweit kein Abzug bei der SchenkSt erfolgen kann (so zB bei § 10 IX ErbStG), ist der Abzug gem. § 3 Nr. 2 S. 1 möglich (Viskorf/Meßbacher-Hönsch § 3 Rn. 262).

Für die Praxis kann überlegt werden, die GrESt-Pflicht unter Verzicht auf die Auflage durch anderweitige Gestaltungen sicher zu stellen (Halaczinsky UVR 2024, 275).

Nunmehr kann bei GrSchenkungen der **Wert der Auflage** (Nutzungs- oder Duldungsauflage) bei der SchSt **bereicherungsmindernd** – wie bei der gemischten Schenkung – abgezogen werden (RE 25 Abs. 2 ErbStR 2019; zu Einzelheiten zB Viskorf/Meßbacher-Hönsch § 3 Rn. 259; Theilacker BWNotZ 2012, 66 (118 ff.); Urbach ködsi 2014, 18962). Der Abzug setzt aber voraus, dass die **Auflage** im Verhältnis zwischen den Beteiligten **(teilweise) unentgeltlich** erfolgt. Das kann der Fall sein, wenn der Erwerb nach Maßgabe des § 3 Nr. 2 und § 3 Nr. 6 auf der Auflage eines Elternteils beruht, einem beschenkten Geschwisterteil **unentgeltlich** einen Miteigentumsanteil zu übertragen (BFH II R 38/15, BStBl. II 2019, 325). **142**

Bei der **Bewertung** der Auflage ist zu beachten, dass die Begrenzung durch § 16 BewG wegen § 17 III 2 BewG nicht für die GrESt gilt (vgl. auch → § 8 Rn. 59). Das führt grestrechtl. zu einer Gegenleistung, deren Höhe den bei der ErbSt/SchSt zu berücksichtigenden Abzugsbetrag übersteigen kann. Zwar dürfte § 3 Nr. 2 keine gleichmäßigen Bewertungsmaßstäbe bei der ErbSt/SchSt einerseits und der GrESt andererseits vorschreiben (vgl. BFH II B 61/74, BStBl. II 1975, 419; II R 27/09, BStBl. II 2011, 730; II R 38/12, BStBl. II 2014, 479; II R 57/14, BStBl. II 2016, 897; II B 38/15, BFH/NV 2017, 617, die Verfassungsbeschw. – BVerfG 1 BvR 644/17, LSK 2017, 110834 – war erfolglos; Viskorf/Meßbacher-Hönsch § 3 Rn. 263). Aufgrund der durch § 3 Nr. 2 bezweckten Vermeidung einer Doppelbelastung mit ErbSt/SchSt und GrESt (→ Rn. 35) könnte es zwar naheliegen, in verfassungskonformer Auslegung des § 3 Nr. 2 S. 2 den Kapitalwert der Nutzung eines Wirtschaftsguts bei der GrESt nur in der bei der SchSt abziehbaren Höhe zu berücksichtigen (aA BFH II R 38/12, BStBl. II 2014, 479; II R 57/14, BStBl. II 2016, 897). Mögliche Nachteile lassen sich jedoch vermeiden, wenn das als Auflage vereinbarte Nutzungsrecht – ohne Höchstwertbegrenzung – bei der Schenkungswertfestsetzung berücksichtigt wird. **143**

Nach der Abschaffung des **§ 25 ErbStG** für Erwerbe **nach** dem **31.12.2008** (§ 37 I ErbStG; zur Weitergeltung in Altfällen vgl. § 37 II ErbStG). Bei Grundstücksschenkungen vor dem 1.1.2009 ist bei **gemischten Schenkungen** zwischen **Leistungsauflagen** (die dem Empfänger der Schenkung Aufwendungen iSv Geld- oder Sachleistungen verursachen, zB Rentenzahlungen, Gleichstellungsgelder, Übernahme von Schuldverpflichtungen des Zuwendenden, Altenteilsverpflichtungen in Form von Sach- und Pflegeleistungen) und **Nutzungs- sowie Duldungsauflagen** (insb. Wohnrecht, Nießbrauch und sonstige Nutzungsrechte) **zu unterschieden** (BFH II R 27/09, BStBl. II 2011, 730; eingehend Meincke/Hannes/Holtz § 7 Rn. 40 ff.). **Leistungsauflagen,** durch die dem Erwerber Aufwendungen auferlegt sind, waren schstrechtl. wie Gegenleistungen bei einer gemischt freigebigen Zuwendung (→ Rn. 144) zu behandeln (BFH II R 27/09, BStBl. II 2011, 730 mwN; Meincke/Hannes/Holtz § 7 Rn. 41 f.). Im Umfang der Leistungsauflage fehlt es schstrechtl. an einer Bereicherung des Erwerbers. Der Erwerb eines Gr auf Grund freigebiger Zuwendung ist daher gem. **§ 3 Nr. 2 S. 1 insoweit** von der GrESt **ausgenommen,** als der Wert des Gr den Wert der Leistungsauflage übersteigt. Für Zeiträume nach dem 31.12.2008 ist für die Anwendung der noch die § 25 ErbStG aF betreffenden BVerfG-Urteile (BStBl. III 1984, 608) kein Raum mehr (BFH II B 38/15, BFH/NV 2017, 617, die Verfassungsbeschw. – BVerfG 1 BvR 644/17, LSK 2017, 110834 – war erfolg- **144** los). Nicht anwendbar ist § 7 I Nr. 2 ErbStG, soweit es überhaupt an einer solchen Zuwendung fehlt (dazu BFH II R 52/14, BStBl. II 2017, 653).

Für **Nutzungs- oder Duldungsauflagen** waren nach der Rechtslage bis 31.12.2008 Besonderheiten zu beachten. § 25 I 1 ErbStG aF ließ einen Abzug des Werts derartiger Auflagen nicht zu, soweit die Nutzungen dem Schenker oder dessen Ehegatten zustanden. Insoweit waren Nutzungs- und Duldungsauflagen wegen der schenkungssteuerlichen Erfassung nach **§ 3 Nr. 2 S. 1 steuerfrei** (BFH II R 72/99, BStBl. II 2002, 25; II R 3/01, BStBl. II 2004, 429).

145 Gewisse Besonderheiten sind zu beachten, wenn der Beschenkte ein auf dem geschenkten Gr bestehendes **Grundpfandrecht** (Hypothek, Grundschuld) übernimmt (zur Problematik vgl. auch → § 9 Rn. 90 ff.). Die Übernahme (lediglich) der dinglichen Haftung aus diesem Grundpfandrecht stellt zwar eine Auflage dar. Sie kann jedoch nicht als bewertbare Gegenleistung erfasst werden, wenn der Beschenkte einen realisierbaren Rückgriffsanspruch gegenüber dem Schuldner hat (BFH II R 99/91, BFH/NV 1995, 433). Wird hingegen auch die durch das Grundpfandrecht gesicherte Schuld übernommen und ist diese bei der SchSt abziehbar, ist der GrErwerb insoweit **nicht nach § 3 Nr. 2 befreit.** Hat der Beschenkte eine durch Grundpfandrecht gesicherte Schuld unter einer aufschiebenden Bedingung (zB Tod des Zuwenders) übernommen, ist die SchSt-Festsetzung bei Bedingungseintritt gem. § 6 II iVm § 5 II BewG herabzusetzen; eine bereits festgesetzte GrESt ist entspr. zu erhöhen.

146 **4. Weitere als Schenkung unter Lebenden geltende Vorgänge.** Neben der freigebigen Zuwendung unter Lebenden (§ 7 I Nr. 1 ErbStG) enthält § 7 ErbStG weitere Ersatz- und Ergänzungstatbestände, die – sofern danach ein GrErwerb der ErbSt/SchSt unterworfen ist – durch § 3 Nr. 2 begünstigt werden.

147 Wird als Abfindung für einen Erbverzicht ein Gr übertragen, entsteht SchSt gem. **§ 7 I Nr. 5 ErbStG;** dieser Erwerb ist gem. **§ 3 Nr. 2 S. 1 grestfrei.** Nach **§ 7 I Nr. 7 ErbStG** gilt als Schenkung, was ein Vorerbe dem Nacherben mit Rücksicht auf die Nacherbschaft vor deren Eintritt herausgibt. Diese Übereignung auf den Nacherben vor Eintritt der Nacherbschaft ist gem. **§ 3 Nr. 2 grestfrei** (FG Nürnberg IV 468/2000, EFG 2003, 553). Gleiches gilt für GrÜbertragungen auf eine Stiftung **(§ 7 I Nr. 8 ErbStG),** nach § 7 I Nr. 1 ErbStG steuerbare Zustiftungen sowie gem. **§ 7 I Nr. 9 ErbStG** für ein bei Aufhebung einer Stiftung oder Auflösung eines Vereins erworbenes Gr (vgl. auch BFH II R 92/92, BStBl. II 1995, 609).

148 **§ 7 VII ErbStG** erfasst – parallel zu § 3 I Nr. 2 S. 2 ErbStG – als Schenkung auch die Bereicherung der verbleibenden Gesellschafter, wenn ein Mitgesellschafter aus der Gesellschaft ausscheidet und eine Abfindung unter dem steuerlichen Anteilswert erhält. Die Vorschrift gilt für PersGes und KapGes. Die Tatbestandsverwirklichung der Vorschrift hängt nicht vom Bereicherungswillen des ausscheidenden Gesellschafters ab (BFH II R 20/90, BStBl. II 1992, 912; II R 12/90, BStBl. II 1992, 925; II R 103/90, BFH/NV 1993, 101). Insoweit kommt eine Steuerbefreiung nach § 3 Nr. 2 S. 1 in Betracht.

Der Umfang der GrESt-Befreiung nach § 3 Nr. 2 S. 1 bestimmt sich nach den Grundsätzen, die für den GrErwerb kraft gesellschaftsrechtlichen Anteilsübergangs (§ 3 I Nr. 2 S. 2 ErbStG) gelten (→ Rn. 83 ff.). Das gilt insb. für GrErwerbe kraft Anwachsung beim einzig verbliebenen Gesellschafter einer zweigliedrigen PersGes (BFH II R 37/05, BStBl. II 2007, 59) sowie für Erwerbsvorgänge nach § 1 IIa, IIb und III (zu Einzelheiten → Rn. 9 ff., → Rn. 83 ff.).

Zu § 7 VIII 1 ErbStG vgl. → Rn. 131 f.

5. Zusammenschau mit anderen Befreiungen (sog. Interpolation). Im Wege der sog. Interpolation (→ Vorb §§ 3–7 Rn. 10 f.) können sich im Zusammenhang mit § 3 Nr. 2 in folgenden Beispielsfällen weitere Befreiungstatbestände ergeben: **149**

- Die Übertragung des vermachten Gr durch den Erben in Erfüllung des Vermächtnisses auf
  - den **Ehegatten des Vermächtnisnehmers** (Zusammenschau von § 3 Nr. 2 mit § 3 Nr. 4),
  - den geschiedenen Ehegatten des Vermächtnisnehmers, wenn sich der Erwerb im Rahmen der Vermögensauseinandersetzung nach der Scheidung vollzieht (Zusammenschau von § 3 Nr. 2 mit § 3 Nr. 5),
  - einen mit dem Vermächtnisnehmer in gerader Linie **Verwandten bzw. ihm Gleichgestellten** (Zusammenschau von § 3 Nr. 2 mit § 3 Nr. 6).
- Befreit ist auch die schenkweise Übertragung von Miteigentumsanteilen von einem Vater auf seine Kinder nach § 3 Nr. 6 iVm § 3 Nr. 2 S. 1, wenn sich die Geschwister zur anteiligen Weiterübertragung auf **später geborene Geschwister** verpflichten (BFH II R 49/14, BStBl. II 2016, 292). In diesem Fall fehlt es zwar im Verhältnis zwischen Vater und Geschwistern wegen der seinerzeit eingegangenen Weitergabeverpflichtung an einer Schenkung (§ 3 Nr. 2 S. 1); § 3 Nr. 6 ist ebenfalls nicht erfüllt. Die Absicht einer gleichmäßigen Berücksichtigung aller Kinder ist jedoch im Rahmen einer vorweggenommenen Erbfolge schutzwürdig.
- Befreit sein kann auch die **unentgeltliche Übertragung** eines Miteigentumsanteils an einem Grundstück unter Geschwistern, die ein Elternteil in einem Schenkungsvertrag durch Auflage gegenüber dem **beschenkten Kind** angeordnet hat (BFH II R 38/15, BStBl. II 2019, 325). Die unentgeltliche Übertragung eines Miteigentumsanteils unter Geschwistern aufgrund einer Auflage sei für sich allein betrachtet zwar weder nach § 3 Nr. 2 (keine freigiebige Übertragung, sondern Auflage durch Elternteil) noch nach § 3 Nr. 6 S. 1 (kein Erwerb in gerader Linie) von der GrESt befreit. Aufgrund einer Zusammenschau grestrechtl. Befreiungsvorschriften kann der Erwerb befreit sein, wenn sich der tatsächlich verwirklichte Grundstückserwerb im Grunde als abgekürzter Übertragungsweg darstellt. Die Steuerfreiheit des Grundstückserwerbs kann sich aus der mehrfachen Anwendung derselben grestrechtl. Befreiungsvorschrift (des § 3 Nr. 6 S. 1) für die unterbliebenen Zwischenerwerbe ergeben. Die Befreiungsvorschriften umfassen auch den zugunsten der Schenkerin eingeräumten Nießbrauchsanteil.
- Für den Erwerb von Anteilen der nicht mit ihm in gerader Linie verwandten Schwester hat das FG München (4 K 453/23, EFG 2024, 873 mAnm Kronawitter, Rev. BFH II R 6/24) die Anwendung des § 6 IV bejaht.

einstweilen frei **150–160**

D. Grundstückserwerb auf Grund Erbauseinandersetzung (§ 3 Nr. 3)

I. Allgemeines – Erwerb durch Miterben, Lebenspartner oder Lebenspartner

161 **§ 3 Nr. 3** erleichtert als personenbezogene Befreiungsvorschrift (→ Vorb §§ 3–7 Rn. 2; → § 3 Rn. 3 ff.) die **Auseinandersetzung** über das gemeinschaftliche

Vermögen **einer Erbengemeinschaft** (§ 2032 I BGB) hinsichtlich des Gr. **Sätze 2 und 3** der Vorschrift wurden – verfassungsrechtlich geboten (BVerfG 1 BvL 16/11, DStR 2012, 1649) – durch das JStG 2010 dahin geändert, dass jeweils eingetragene **Lebenspartner** den Ehegatten gleichgestellt wurden. Die gem. § 23 IX angeordnete erstmalige Anwendung dieser Änderungen wurde daraufhin durch das AmtshilfeRLUmsG so geändert, dass die Frist auf alle nach dem 31.7.2001 ergangenen und noch nicht bestandskräftigen Bescheide anzuwenden ist (vgl. → § 23 Rn. 34).

162 **§ 3 Nr. 3 S. 1** begünstigt die **Übertragung eines NachlassGr,** wenn dieses zur Teilung des Nachlasses (→ Rn. 169 ff.) von einem oder mehreren **Miterben** abweichend vom Verhältnis ihrer Erbteile erworben wird (BFH II R 123/66, BStBl. II 1973, 363). Hat ein Erblasser mehrere Erben, ist der Übergang der zum Nachlass gehörenden Gr auf die Erbengemeinschaft kraft Gesetzes (§§ 1922, 1942, 2032 I BGB) nach § 3 Nr. 2 von der GrESt befreit. Soweit die Miterben die NachlassGr im Verhältnis ihrer Erbteile ideell oder flächenmäßig untereinander aufteilen, tritt für diese Erwerbe GrESt-Befreiung (nur) nach den Bestimmungen über den Übergang eines Gr von einer Gesamthand auf einen Gesamthänder (§ 6 II) oder über die Umwandlung von gemeinschaftlichem Eigentum in Flächeneigentum (§ 7 II) ein. Ohne die Regelung des § 3 Nr. 3 S. 1 wäre die Teilung des Nachlasses mit Grundbesitz unter den Miterben nur teilweise von der GrESt befreit; dies würde zu einer Benachteiligung des Miterben gegenüber Alleinerben oder Vermächtnisnehmern, die das Alleineigentum an dem NachlassGr mit dem Erbfall oder durch Vollzug des Vermächtnisses in vollem Umfang grestfrei erwerben (§ 3 I Nr. 1 Alt. 1 u. 3 ErbStG iVm § 3 Nr. 2), führen.

Mangels Miterbenschaft ist **nicht** von **§ 3 Nr. 3 begünstigt,** wer lediglich aufgrund eines **Erbvergleichs** (zum Beispiel wegen ungeklärter Miterbeneigenschaft) mit einem Gr abgefunden wird. Ein Erbvergleich erfüllt nicht die Voraussetzungen des § 3 Nr. 3 (BFH II R 101/59, HFR 1962, 168; TGJG/Gottschalk § 3 Rn. 104 f.).

163 **§ 3 Nr. 3 S. 2** erleichtert die vermögensrechtliche Auseinandersetzungen **zwischen dem überlebenden Ehegatten/Lebenspartner** (soweit dieser nicht Erben des Erblassers ist) und den **Erben des verstorbenen Ehegatten/Lebenspartners.** Die Einfügung der Lebenspartner betrifft alle Erwerbe nach dem 31.7.2001 (vgl. § 22 IX). Die generelle Freistellung sämtlicher im Eherecht begründeter GrErwerbe von der GrESt wäre ohne § 3 Nr. 3 S. 2 nur unvollkommen: GrErwerbe zwischen Ehegatten/Lebenspartnern während der Ehe bzw. Lebenspartnerschaft sind unabhängig vom Güterstand grestfrei (§ 3 Nr. 4). Befreit sind auch die Erwerbe im Rahmen der Vermögensauseinandersetzung nach der Scheidung/Aufhebung der Lebenspartnerschaft (§ 3 Nr. 5 und Nr. 5a) und im Rahmen der Teilung des Gesamtguts einer fortgesetzten Gütergemeinschaft (§ 3 Nr. 7). Der Erwerb eines Gr aus dem Gesamtgut bei Tod des Ehegatten (Lebenspartners in Anrechnung auf die Ausgleichsforderung fällt nicht unter diese Befreiungsvorschriften. Es wäre unbefriedigend, wenn in diesen Fällen GrESt nur deswegen anfiele, weil die Auseinandersetzung über das gütergemeinschaftliche Vermögen oder der Zugewinnausgleich nicht bereits zu Lebzeiten der Ehegatten/Lebenspartner, sondern erst durch die Erben des verstorbenen Ehegatten/Lebenspartners in Erfüllung der auf sie übergegangenen Verpflichtungen erfolgte (vgl. auch BT-Drs. 9/251, 17 unter Nr. 3 aE).

164 § 3 Nr. 3 S. 3 stellt den Miterben deren Ehegatten/Lebenspartner gleich, weil nach § 3 Nr. 4 ohnehin jeder GrErwerb vom Ehegatten/Lebenspartner von der

GrESt ausgenommen ist (vgl. auch BT-Drs. 9/251, 18 unter Nr. 3, 6 und 7). Mit dieser Gleichstellung hat der Gesetzgeber die Möglichkeit der interpolierenden Betrachtung (→ Vorb §§ 3–7 Rn. 10 f.) des § 3 Nr. 3 S. 1 mit § 3 Nr. 4 kodifiziert.

II. Erwerb des Nachlassgrundstücks zur Teilung des Nachlasses

Ungeteilter Nachlass. § 3 Nr. 3 stellt nur den Erwerb eines zum **(ungeteilten) Nachlass** gehörigen Gr von der GrESt frei. Das Gr muss also entweder im Zeitpunkt des Erbfalles oder kraft Surrogation (dazu nachfolgend) zum Nachlass gehören. Dies ist so lange der Fall, als es der **Erbengemeinschaft in gesamthänderischer Verbundenheit** zusteht (vgl. § 2032 I BGB; vgl. BFH II R 23/14, BStBl. 2016, 104; II R 5/99, BFH/NV 2001, 938; zur Herauslösung des Gr aus der Erbengemeinschaft → Rn. 180). Bei einem Erwerb von Anteilen an einer KapGes oder PersGes liegt weder bei der GrESt noch zivilrechtlich der Erwerb eines Gr vor (BFH II R 35/14, BStBl. II 2016, 234; Heine GmbH-RS 2005, 81). 165

Die Nachlasszugehörigkeit des Gr ist danach zu beurteilen, ob es im Zeitpunkt des Erbfalls nach den **Maßstäben des GrEStG** dem Erblasser zuzurechnen war (BFH II 70/63, BStBl. III 1966, 378); insoweit können anhaltsweise die Grundsätze betr. das einer Gesellschaft „gehörende" Gr iSd § 1 IIa, IIb und III unter Einbeziehung des § 1 IVa herangezogen werden (→ § 1 Rn. 711 ff.). Der Erblasser braucht nicht bereits zivilrechtlicher Eigentümer des Gr gewesen zu sein. Es genügt, dass er hinsichtlich des Gr – unbeschadet der Möglichkeit des § 16 – einen Erwerbsvorgang iSd § 1 verwirklicht hatte oder das Gr auf Grund eines zum Nachlass gehörenden Rechts als Ersatz für die Entziehung eines Nachlassgegenstandes oder durch ein Rechtsgeschäft, das sich auf den Nachlass bezieht, erworben wird (**Surrogation,** § 2041 S. 1 BGB; BFH II 117/65, BStBl. II 1971, 251). Steuerfrei kann nur der Rechtsakt sein, der zum Ausscheiden des Grundstücks aus dem Nachlass führt. 166

Kein von § 3 Nr. 3 **begünstigtes NachlassGr** ergibt sich für § 1 IIa, IIb und III aus den nach **§ 3 Nr. 2 S. 1** geltenden Grundsätzen. Hierfür ist allein maßgebend, dass so eine doppelte Belastung mit SchSt und GrESt ausgeschlossen wird (→ Rn. 36 ff.). Im Rahmen des § 3 Nr. 3 S. 1 ist jedoch für eine entsprechende Anwendung auf einen **fiktiven Grundstückserwerb** von einer KapGes kein Raum (BFH II R 35/14, BStBl. II 2016, 234). Ein begünstigter Erwerb liegt auch dann nicht vor, wenn dieses **erst von** der **Erbengemeinschaft oder** von einem **Miterben erworben** wird und das Gr weder ursprünglich noch kraft Surrogation zum Nachlass gehörte (BFH II 165/65, BStBl. II 1973, 829). 167

Ebenfalls kein NachlassGr liegt vor, wenn das Gr **vom Erblasser auf** einen **Treuhänder übertragen** worden war oder es ein **Dritter im Auftrag des Erblassers erworben** hatte. Hier erstreckt sich der Nachlass aber auf die durch den Rückübereignungs- oder Herausgabeanspruch (§ 667 BGB) begründete Rechtsposition iSd § 1 II (→ § 1 Rn. 132 ff.). Diesen Anspruch kann ein Miterbe im Zuge der Erbauseinandersetzung nach § 3 Nr. 3 grestfrei erwerben. Bei einer Zusammenschau (interpolierender) von § 3 Nr. 3 mit § 3 Nr. 8 kann ein Miterbe ein solches Gr auch unmittelbar vom Treuhänder grestfrei erwerben (anders Viskorf/Meßbacher-Hönsch § 3 Rn. 301).

Die **Eigenschaft als NachlassGr endet,** wenn sich die an der Erbengemeinschaft Beteiligten darüber **wirksam auseinandergesetzt** haben (zu Einzelheiten → Rn. 169 ff.). Wird daher die Verbundenheit des Gr zur Erbengemeinschaft zB 168 durch seine **Einbringung in** eine **andere Gesamthand** gelöst, führt dies (auch bei Personen- und Anteilsgleichheit der Mitglieder der Erbengemeinschaft und der anderen Gesamthand) zu einer grestrechtl. veränderten Zuordnung des Gr und insoweit zum Abschluss der Nachlassteilung. Dabei ist die Einbringung selbst nach § 3 Nr. 3 grestfrei. Sind an der PersGes nicht nur die Miterben beteiligt, ist diese Teilung des Nachlasses zu dem Anteil grestfrei, zu dem die Miterben an der anderen PersGes beteiligt sind (BFH II 72/65, BStBl. II 1971, 278). Ein der Einbringung **nachfolgender Erwerb des Alleineigentums** am eingebrachten Gr durch einen Miterben ist **nicht** mehr nach **§ 3 Nr. 3 befreit** (BFH II R 5/99, BFH/NV 2001, 938 mwN).

169 **Teilung des Nachlasses.** Der Erwerb des zum Nachlass gehörenden Gr muss „zur Teilung des Nachlasses" erfolgen. Das ist regelmäßig der Fall, wenn der Erwerb des NachlassGr durch eine begünstigte Person auf einem **Auseinandersetzungsvertrag** zwischen allen an der Erbengemeinschaft Beteiligten beruht (BFH II 101/59, HFR 1962, 168) oder das Gr auf Grund einer **Maßnahme des Testamentsvollstreckers** oder durch **Teilungsversteigerung** zur Aufhebung der Gemeinschaft (§ 180 ZVG) **auf** einen Begünstigten übergeht (RFH RFHE 8, 286; FG MV 1 K 496/99, EFG 2000, 1346). Der Vollzug der Auseinandersetzung liegt insb. beim Übergang des Gr auf die Erben zu Allein- oder Bruchteilseigentum vor; unschädlich ist, wenn diese Aufteilung nur eine Zwischenlösung war und die Beteiligten sich über die Rechtsfolgen nicht im Klaren waren (BFH II 186/53 U, BStBl. III 1954, 176; II R 19/68, BStBl. II 1975, 271). Vollzug der Auseinandersetzung ist auch gegeben, wenn das Gr flächenweise aufgeteilt worden oder auf eine zwischen den Erben bestehende andere Gesamthand übergegangen ist (BFH II 80/51 S, BStBl. III 1952, 19; II 72/65, BStBl. II 1971, 278). Eine Maßnahme zur **Teilung des Nachlasses** liegt auch nicht vor, wenn lediglich ein Grundstück anders zugeordnet werden soll (FG Köln 5 K 756/20, EFG 2022, 594, Rev.: BFH II R 42/21).

Eine von den Nachlassgläubigern betriebene Zwangsversteigerung ist keine Teilungsversteigerung und nicht von § 3 Nr. 3 begünstigt (Viskorf/Meßbacher-Hönsch § 3 Rn. 307). Die **gerichtliche Zuweisung eines landwirtschaftlichen Betriebes** an einen Miterben nach **§§ 13 ff. GrdstVG** ist Nachlassteilung iSd § 3 Nr. 3. Zur Erbfolge in einen Hof nach der HöfeO → Rn. 104 ff.

170 Die Teilung des Nachlasses iSd § 3 Nr. 3 muss nicht in einem Zug, sondern kann auch in **mehreren einzelnen Schritten** erfolgen (BFH II 50/64, BFHE 89, 573). Dabei begünstigt § 3 Nr. 3 den Erwerb eines NachlassGr durch einen Miterben ebenso wie dessen Erwerb eines Erbteils von einem anderen Miterben (BFH II R 123/66, BStBl. II 1973, 363; II R 141/74, BStBl. II 1976, 159; FM BW 4.6.1984, StEK GrEStG 1983 § 3 Nr. 2). § 3 Nr. 3 ist jedoch grds. nur auf den oder die Teilakte anwendbar, durch die die Zugehörigkeit des Gr zum Nachlass gelöst wird. Doch können auch mehraktige Rechtsvorgänge nach § 3 Nr. 3 grestfrei sein, wenn sie ein **einheitliches Geschäft** bilden (zB bei Erbauseinandersetzung und Bildung von Wohnungseigentum, wenn Erbauseinandersetzung und Bildung von Sondereigentum aufgrund eines einheitlichen Willensentschlusses in engem zeitlichen und sachlichen Zusammenhang erfolgt, vgl. SächsFG 6 K 1625/00, EFG 2003, 1567 (mAnm Fumi); Geck/Messner ZEV 2004, 92; vgl. auch Schuck ZEV 2002, 102).

Ist ein **Miterbe** an dem Nachlass vermögensmäßig **nicht mehr beteiligt,** weil er bereits aus der Miterbengemeinschaft ausgeschieden ist, dient der spätere Erwerb eines Erbteils oder eines NachlassGr durch ihn nicht mehr der Teilung des Nachlasses iSd § 3 Nr. 3 (BFH II 86/65, BStBl. II 1971, 462; FG München 4 K 1767/89, UVR 1994, 250).

Ein Gr gehört jedoch **weiterhin zum Nachlass,** wenn es zwar in der **Zwangsversteigerung** zum Zwecke der Aufhebung der Erbengemeinschaft durch Zuschlag aus dem Nachlass ausgeschieden ist (§§ 89 und 90 ZVG), anschließend jedoch vom Ersteher wieder an den Nachlass der noch bestehenden Erbengemeinschaft zurückgegeben wird (BFH II 117/65, BStBl. II 1971, 251). Gleiches dürfte gelten, wenn ein gültiger Auseinandersetzungsvertrag zwischen den Miterben aufgehoben wird und das Gr an den Nachlass zurückgeht. Ist ein NachlassGr zur Teilung des Nachlasses zwar übertragen worden, der Auseinandersetzungsvertrag aber unwirksam, so gehört das Gr für eine erneute Erbauseinandersetzung noch zum Nachlass (RFH RStBl. 1930, 272). Fällt ein Gr wirksam in den Nachlass zurück, ist die erneute Auseinandersetzung nach § 3 Nr. 3 begünstigt (BFH II 117/65, BStBl. II 1971, 251; FG Düsseldorf EFG 1960, 103). **171**

Der **Rückfall eines Gr in den Nachlass** ist jedoch ausgeschlossen, wenn die Erbengemeinschaft bereits durch **wirksame Auseinandersetzung** über sämtliche Vermögenswerte **erloschen** ist. Ein einmal vollzogener Auseinandersetzungsvertrag kann nicht durch Übereinkunft der Erben mit der Wirkung aufgehoben werden, dass die Erbengemeinschaft wiederhergestellt wird und dementsprechend eine neue Nachlassteilung möglich wird (RFH RStBl. 1944, 636).

Nach **vollzogener Auseinandersetzung** über ein NachlassGr scheidet das Gr aus dem Nachlass aus. Nachfolgende Übertragungen desselben Gr zwischen (früheren) Miterben sind nicht nach § 3 Nr. 3 begünstigt (BFH II R 123/66, BStBl. II 1973, 363; FG BW DStZ B 1958, 187; FG München 4 K 1767/89, UVR 1994, 250; vgl. auch → Rn. 180). Die Gefahren einer vorzeitigen Erbauseinandersetzung mit Verbrauch einer Befreiung nach § 3 Nr. 3 sind daher zu bedenken (Wälzholz ZEV 2016, 369 (371)). Etwas anderes gilt nur dann, wenn das Gr (wirksam) in den noch bestehenden Nachlass zurückfällt. **172**

III. Begünstigte Erwerbsvorgänge

§ 3 Nr. 3 S. 1 erstreckt sich auf alle **Erwerbsvorgänge des § 1,** sofern dem nicht die grestrechtl. Konstruktion oder der Inhalt der Befreiungsvorschrift entgegensteht. **173**

1. Anteilserwerb bei PersGes. Auf **Erwerbsvorgänge des § 1 IIa** ist § 3 Nr. 3 anwendbar, wenn Erben in Erbengemeinschaft Mitglieder der Gesamthand werden, an der der Erblasser beteiligt war und die Erbauseinandersetzung infolge Anteilsübertragung beim erwerbenden Miterben zu einem tatbestandserfüllenden Übergang von 90% (oder 95 %) der Anteile an der PersGes führt bzw. dazu beiträgt (FG Hmb 4 K 1767/89, EFG 2007, 145; Geck/Messner ZEV 2007, 240). Die gegen die Anwendung des § 3 Nr. 3 vorgebrachten rechtskonstruktiven Bedenken (so Viskorf/Meßbacher-Hönsch § 3 Rn. 340 ff.) haben sich aufgrund der neueren BFH-Rspr. (insb. BFH II R 37/05, BStBl. II 2007, 59; II R 79/05, BStBl. II 2007, 409) erledigt. Die Tatsache, dass der Anteil nach der Anteilvereinigung fiktiv einer neuen PersGes gehört, schließt die Anwendung der § 3 Nr. 3 nicht aus (so auch zu § 1 IIa GLE 10.5.2022, BStBl. I 2022, 801 Tz. 9; vgl. auch Wälzholz ZEV 2016, 369 (370 f.)). Der nach § 1 IIa steuerbare Erwerb der „neuen“ PersGes ist hinsichtlich des hinzuerworbenen Anteils nach § 3 Nr. 3 iVm der Zurechnungsvorschrift des § 6 III **174**

(→ Rn. 11) und hinsichtlich einer etwaigen Altbeteiligung des Erwerbenden iSd § 3 Nr. 3 unmittelbar nach § 6 III iVm § 24 (→ § 6 Rn. 58, → § 5 Rn. 75 ff.) von der GrESt befreit. Der Erwerb von Anteilen von Todes wegen bleibt gem. § 1 IIa 6 außer Ansatz.

Sieht der **Gesellschaftsvertrag einer PersGes** aufgrund Nachfolgeklausel für den Fall des Todes eines persönlich haftenden Gesellschafters die Fortsetzung der Ges mit dessen Erben vor, geht bei Vorhandensein mehrerer Erben der Gesellschaftsanteil mit dem Tod des Gesellschafters nicht auf die Erbengemeinschaft, sondern unmittelbar auf die einzelnen Miterben als Einzelrechtsnachfolger mit der Maßgabe über, dass sie abweichend von § 1922 BGB entspr. ihrer Erbquote Gesellschafter werden (zu Einzelheiten Grüneberg/Retzlaff BGB § 711 Rn. 14 ff.). In diesen Fällen ist für § 3 Nr. 3 kein Raum, weil die unmittelbare (dingliche quotale) Sondererbfolge der einzelnen Miterben am Gesellschaftsanteil des Erblassers ohne erbrechtliche Auseinandersetzung eintritt.

175 Für die Anwendung des § 3 Nr. 3 auf Erwerbsvorgänge **iSd § 1 III und IIIa** ist von den in → Rn. 12 ff. dargestellten Grundsätzen auszugehen. Kommt es im Rahmen der Auseinandersetzung der Miterben zur Übertragung von Anteilen an einer **PersGes** auf einen Miterben und damit – soweit nicht § 1 IIa erfüllt ist – in seiner Person zur Anteilsvereinigung (§ 1 III Nr. 1 oder 2) oder zum Erwerb der wirtschaftlichen Beteiligung iSd § 1 IIIa, dürfte § 3 Nr. 3 gelten (vgl. auch Proff zu Irnich DB 2007, 2616). Zwar fingieren § 1 III Nr. 1 und 2 einen GrErwerb von der Gesellschaft (→ § 1 Rn. 518), so dass es an einem von § 3 Nr. 3 geforderten GrErwerb aus dem Nachlass fehlt (so Viskorf/Meßbacher-Hönsch § 3 Rn. 349). Für die Anwendbarkeit des § 3 Nr. 3 spricht jedoch entscheidend, dass bei einer PersGes die persönlichen Eigenschaften der Gesellschafter im GrVerkehr mit der PersGes berücksichtigt werden (→ Rn. 13).

176 **2. Gesellschafterwechsel bei KapGes (§ 1 IIb, III).** Nach § 1 IIb 6 bleiben bei der Ermittlung des Vomhundertsatzes der Erwerb von Anteilen von Todes wegen außer Betracht. Insoweit stellt sich die Frage der Anwendbarkeit des § 3 Nr. 3 nicht.

Bei einer aufgrund der Erbauseinandersetzung in der Person eines Miterben eintretenden **Anteilsvereinigung (§ 1 III Nr. 1 und 2)** bei einer **KapGes** gilt **§ 3 Nr. 3 nicht** (BFH II R 35/14, BStBl. II 2016, 234; SächsFG 5 K 1023/14, BeckRS 2017, 143341; vgl. auch → Rn. 12; Viskorf/Meßbacher-Hönsch § 3 Rn. 350; krit. Broemel/Lange BB 2019, 666 (670) mit dem Vorschlag eines Vorausvermächtnisses oder eines Schenkungsversprechens auf den Todesfall). Anders ist dies nur, soweit es sich um den **GrErwerb durch** eine **KapGes** handelt und diese als **Miterbin** ein zum Nachlass gehöriges Gr erwirbt (vgl. auch Wälzholz ZEV 2016, 369; zur Anwendung der §§ 3 und 6 in Fällen des § 1 III GLE 5.3.2024, BStBl. I 2024, 383 unter 8.).

Anwendbar ist § 3 Nr. 3 jedoch in Fällen des **§ 1 III Nr. 3 und 4** (vgl. → Rn. 15; vgl. auch zu § 1 IIb GLE 10.5.2022, BStBl. I 2022, 821 Tz. 9; Viskorf/Meßbacher-Hönsch § 3 Rn. 351; Wälzholz ZEV 2016, 369 (370)). Die Rspr. (SächsFG 5 K 1023/14, BeckRS 2017, 143341; die Revision ist erledigt) hat die Anwendung des § 3 Nr. 3 abgelehnt, so dass eine endgültige BFH-Entscheidung aussteht. Die Übertragung der bereits vereinigten Anteile von einer Erbengemeinschaft auf einem Miterben kann den Tatbestand des § 3 Nr. 3 erfüllen (BFH II R 10/02, BFH/NV 2005, 1365). Möglich ist auch die Anwendung des § 1 IIIa (→ Rn. 16).

IV. Begünstigter Personenkreis

§ 3 Nr. 3 begünstigt den Erwerb eines NachlassGr durch einen **Miterben** (S. 1), durch den überlebenden Ehegatten oder Lebenspartner des **Erblassers** (S. 2) sowie durch den Ehegatten bzw. Lebenspartner des **Miterben** (S. 3). **177**

1. Miterben. Miterben (§ 3 Nr. 3 S. 1; zum Normzweck vgl. → Rn. 162) sind alle erbfähigen Personen, auf die mit dem Erbfall das Vermögen des Erblassers im Ganzen übergegangen ist (§ 1922 BGB). Erbfähig (§ 1923 BGB) sind alle natürlichen und juristischen Personen (zB GmbH). Eine **PersGes** (zB OHG, KG, GbR) **kann Miterbe iSd § 3 Nr. 3 sein,** weil eine Gesamthand (nach der Rechtslage bis 31.12.2023, → § 1 Rn. 67) grestrechtl. als selbstständige Rechtsträgerin behandelt wird. Gleiches dürfte für den nicht rechtsfähigen Verein gelten, weil das Vereinsvermögen ebenfalls gesamthänderisches Sondervermögen (der Mitglieder) ist (§§ 54, 718, 719 BGB). Miterbe iSd § 3 Nr. 3 ist auch der **Erbeserbe,** also der Erbe des ursprünglichen Erben (BFH II 50/64, BFHE 89, 573; FG MV 1 K 496/99, EFG 2000, 1346), und der **Nacherbe** mit Eintritt des Nacherbfalls (BFH II S 6/75, BStBl. II 1977, 13 mwN; zur Vor- und Nacherbschaft → Rn. 55 f.). Erbeserbe und Nacherbe sind allerdings nur nach § 3 Nr. 3 begünstigt, wenn der Erbfall bzw. Nacherbfall nach dem ursprünglichen Miterben zeitlich **vor Teilung** des Nachlasses eintritt (RFH RStBl. 28, 114). **178**

Erwirbt ein **Miterbe** den Erbteil oder einen Teil davon **unmittelbar von einem anderen Miterben** (zB durch Abtretung) hinzu, bleibt seine Eigenschaft als Miterbe davon unberührt (BFHE 89, 573). Denn der Erbteilserwerb durch den Miterben ist Teil der nach § 3 Nr. 3 begünstigten Erbauseinandersetzung (→ Rn. 186 f.); eine Gleichstellung mit einem fremden Erbteilserwerber (→ Rn. 180) kommt nicht in Betracht. Der Erbteilskauf durch einen Miterben ist vielmehr in gleicher Weise nach § 3 Nr. 3 von der GrESt befreit, wie wenn der Miterbe das Gr von der Erbengemeinschaft erworben hätte.

Kein Miterbe iSd § 3 Nr. 3 ist, wer die **Erbschaft ausgeschlagen** hat. Mit der Ausschlagung gilt der Erbanfall an den Ausschlagenden als nicht erfolgt. Miterbe ist derjenige, welcher berufen sein würde, wenn der Ausschlagende zur Zeit des Erbfalles nicht gelebt hätte (§ 1953 BGB; BFH II R 84/67, BStBl. II 1973, 365). Der Ausschlagende wird auch nicht Miterbe durch späteren Erbteilserwerb (BFH II 30/61 U, BStBl. III 1964, 486), wenn dieser nicht selbst auf Erbrecht beruht. **179**

Erwirbt die **Mutter,** die die Erbschaft ihres verstorbenen Ehemannes ausgeschlagen hat, ein Gr von der aus ihren **Kindern bestehenden Erbengemeinschaft,** ist dieser Erwerb nicht nach § 3 Nr. 3 S. 1, sondern ggf. nach § 3 Nr. 3 S. 2 unter den dort genannten weiteren Voraussetzungen, in jedem Fall aber nach § 3 Nr. 6 von der GrESt befreit (BFH II R 84/67, BStBl. II 1973, 365).

Kein Miterbe sind auch **Vermächtnisnehmer, Auflagenbegünstigte** – soweit sie nicht auch Miterben sind – und **Pflichtteilsberechtige.** Diese Personen sind nicht Miterben, so dass ihnen mangels Gesamthandseigentum keine Position iSd § 3 Nr. 3 S. 1 zusteht (BFH II R 7/16, BStBl. II 2019, 617; Viskorf/Meßbacher-Hönsch § 3 Rn. 316).

Ein **Erbteilskauf** (§§ 2371 ff. BGB; zur Steuerbarkeit vgl. → § 1 Rn. 167) macht einen Käufer, der nicht Miterbe ist, nicht zum (Mit-)Erben (BGHZ 56, 115; 86, 379). Der fremde Erbteilserwerber kann daher trotz seiner Beteiligung am Nachlass die Steuerbefreiung nach § 3 Nr. 3 nicht beanspruchen, wenn er ein NachlassGr im Rahmen der Auseinandersetzung der Erbengemeinschaft erwirbt **180**

(BFH II 30/61 U, BStBl. III 1964, 486; HFR 1966, 176; II S 6/75, BStBl. II 1977, 13, Wälzholz ZEV 2016, 369 (370)). Gleiches gilt bei **Schenkung** eines Erbteils **an** einen **Nichterben** (BFH II S 6/75, BStBl. II 1977, 13; die Schenkung selbst ist jedoch nach § 3 Nr. 2 GrEStG iVm § 7 I Nr. 1 ErbStG grestfrei, wenn zum Nachlass ein Gr gehört). Der Erwerb des NachlassGr durch einen fremden Erbteilserwerber ist allerdings im Umfang eines bereits zuvor erworbenen und versteuerten Erbteils nach § 6 oder § 7 von der GrESt befreit; eine weitergehende Befreiung kann sich ggf. aus § 3 Nr. 2 S. 2 oder § 3 Nr. 6 ergeben (BFH II R 84/67, BStBl. II 1973, 365). Im Übrigen wird durch Eintritt eines fremden Erbteilskäufers in die Erbengemeinschaft die Anwendung des § 3 Nr. 3 nach seinem Sinn und Zweck nicht ausgeschlossen (RFHE 36, 151 zur vergleichbaren Vorschrift des § 8 I Nr. 3 GrEStG 1919).

181 Die **Eigenschaft als Miterbe endet,** wenn ein Miterbe seinen Erbteil im Ganzen an einen anderen Miterben oder einen fremden Dritten überträgt und damit aus der Erbengemeinschaft ausgeschieden ist. Dieser Miterbe ist am Nachlass vermögensmäßig nicht mehr beteiligt und bei einem späteren Erwerb eines Erbteils oder eines NachlassGr wie ein fremder Erbteils- bzw. GrErwerber nicht durch § 3 Nr. 3 begünstigt. Gleiches gilt, wenn sich der bisherige Miterbe bei der Übertragung seines Erbteils den Nießbrauch daran vorbehält (FG München 4 K 1767/89, UVR 1994, 250).

182 **2. Überlebende Ehegatte oder Lebenspartner. Überlebende Ehegatte oder Lebenspartner** (**§ 3 Nr. 3 S. 2;** zum Normzweck → Rn. 163) sind bei GrErwerben unter näheren Voraussetzungen ebenfalls befreit. Ist der überlebende Ehegatte des Erblassers Alleinerbe oder Miterbe seines verstorbenen Ehegatten, so fällt ihm die Erbschaft – unbeschadet des Rechts, sie auszuschlagen – allein oder gemeinschaftlich an (§§ 1922, 1942, 2032 BGB). Der Erwerb eines zum Nachlass gehörenden Gr ist nach § 3 I Nr. 1 ErbStG iVm § 3 Nr. 2 S. 1 GrEStG von der GrESt befreit. Bereits § 3 Nr. 3 **S. 1** greift ein, wenn der überlebende Ehegatte Miterbe seines verstorbenen Ehegatten ist und im Rahmen der Erbauseinandersetzung ein NachlassGr oder einen Teil davon erwirbt (vgl. → Rn. 163 ff.).

183 § 3 Nr. 3 **S. 2** ist anwendbar, wenn der überlebende Ehegatte/Lebenspartner nach dem Erblasser **weder Allein- noch Miterbe** geworden ist. Er muss außerdem (1. Alternative) mit dem verstorbenen Erblasser/Lebenspartner in Gütergemeinschaft gelebt haben (§§ 1415 ff. BGB).

Des Weiteren begünstigt § 3 Nr. 3 S. 2 (2. Alternative) die Übertragung eines zum Nachlass gehörigen Gr auf den überlebenden Ehegatten/Lebenspartner in Anrechnung auf eine **Ausgleichsforderung** (§ 1378 I BGB) am Zugewinn gegen den verstorbenen Ehegatten/Lebenspartner. Der Anwendungsbereich dieser auf den Zugewinnausgleich im Todesfall (§ 1371 BGB) bezogenen Regelung beschränkt sich auf die sog. **güterrechtliche** Lösung, § 1371 II BGB). Erfolgt hingegen der Zugewinnausgleich der Ehegatten/Lebenspartner im Wege der sog. **erbrechtlichen Lösung** (§ 1371 I BGB), ist der Erwerb eines Gr durch den überlebenden Ehegatten/Lebenspartner entweder – soweit er Miterbe wird – zur Teilung des Nachlasses bereits nach § 3 Nr. 3 S. 1, andernfalls nach § 3 I Nr. 1 ErbStG iVm § 3 Nr. 2 GrEStG grestfrei.

184 **3. Ehegatten oder Lebenspartner der Miterben. Diese stehen** den **Miterben gleich** (**§ 3 Nr. 3 S. 3;** zum Normzweck → Rn. 164) und können – unabhängig vom Güterstand – ein zum Nachlass gehörendes Gr oder einen Anteil daran unmittelbar von der Erbengemeinschaft grestfrei erwerben. Damit entfällt die Notwendigkeit eines grestfreien Zwischenerwerbs durch den Miterben und einer anschließenden grestfreien Weiterübertragung auf dessen Ehegatten oder Lebenspartner (vgl. BT-Drs. 9/251, 18 unter Nr. 3, 6 und 7). § 3 Nr. 3 S. 3 setzt voraus, dass im Zeitpunkt des Erwerbs durch den Ehegatten/Lebenspartner die Ehe/Lebenspartnerschaft mit dem Miterben besteht und der Miterbe am Nachlass beteiligt ist. Zum begünstigten Personenkreis gehört auch der **Ehegatte oder Lebenspartner des Erbeserben,** wenn der Erbfall nach dem beerbten Miterben vor Teilung des Nachlasses eingetreten ist. Durch interpolierende Betrachtung mit anderen Befreiungsvorschriften kann sich der begünstigte Personenkreis des § 3 Nr. 3 erweitern (→ Vorb §§ 3–7 Rn. 10 f. und → Rn. 188).

Keine Anwendung findet § 3 Nr. 3 auf Erwerbe durch den **Verlobten** des Miterben oder dessen Partner einer **nichtehelichen Lebensgemeinschaft** (BFH II R 72/00, BStBl. II 2001, 610; II B 193/01, BFH/NV 2003, 201). **185**

V. Umfang der GrESt-Befreiung

Die **Steuerbefreiung** nach § 3 Nr. 3 umfasst den GrErwerb durch den Miterben, seinen Ehegatten bzw. Lebenspartner oder den überlebenden Ehegatten bzw. Lebenspartner des Erblassers. Die Befreiung ist auch zu gewähren, wenn der Miterbe für den Erwerb des NachlassGr einen Gegenwert zu leisten hat. § 3 Nr. 3 verlangt nicht, dass neben dem Gr auch dessen Wert aus dem Nachlass ausscheidet (FG Düsseldorf EFG 1964, 500). Das FG Münster (8 K 809/18 GrE, DStRE 2021, 750, mAnm Haller/Kreisner ErbR 2021, 264) hat angenommen, dass sich bei der vereinbarten Umwandlung in Bruchteilseigentum und darüber hinaus die Übertragung des Miteigentumsanteils das Grundstück noch im Gesamthandseigentum der Erbengemeinschaft befunden habe. **186**

Der **Erwerb eines NachlassGr durch eine PersGes,** an der Miterben und Dritte beteiligt sind, ist nur im Umfang der **quotenmäßigen Beteiligung** der Miterben an dieser Gesellschaft nach § 3 Nr. 3 befreit (BFH II 72/65, BStBl. II 1971, 278). Es macht in der Regel keinen sachlichen Unterschied, ob der Miterbe zunächst das NachlassGr zur Teilung des Nachlasses in vollem Umfang nach § 3 Nr. 3 grestfrei erwirbt und es anschließend in die PersGes entsprechend seiner Beteiligungsquote nach § 5 – nur teilweise – grestfrei einbringt oder ob die ungeteilte Erbengemeinschaft das Gr teilungshalber unmittelbar auf die PersGes überträgt. Da die PersGes grestrechtl. ein selbstständiger Rechtsträger ist, greift die Steuerbefreiung nur, wenn der betreffende Miterbe seine Gesellschafterstellung unverändert aufrechterhält (§ 6 III). Der Erwerb eines NachlassGr durch eine PersGes ist allerdings dann **in vollem Umfang nach § 3 Nr. 3 befreit,** wenn die Miterben zugleich die alleinigen Gesellschafter der erwerbenden PersGes sind. In diesem Fall steht die Erbauseinandersetzung im Vordergrund, so dass es steuerlich unschädlich sein dürfte, wenn ein Miterbe nach der GrÜbertragung an die PersGes innerhalb der Zehnjahresfrist aus der Gesellschaft ausscheidet. **187**

VI. Zusammenschau mit anderen Befreiungen (sog. Interpolation)

Die Gleichstellung von Miterben, deren Ehegatten sowie Lebenspartnern durch § 3 Nr. 3 S. 3 ist das Ergebnis einer wertenden Zusammenschau des § 3 Nr. 3 S. 1 mit § 3 Nr. 4. Darin liegt die gesetzliche Anerkennung einer interpolierenden Betrachtung (→ Vorb §§ 3–7 Rn. 10 f.). Aus einer wertenden Zusammenschau **188** mit anderen Befreiungsvorschriften können GrErwerbe in interpolierender Betrachtung mit § 3 Nr. 3 ganz oder zu einer bestimmten Quote in folgenden **Beispielsfällen** von der GrESt befreit sein:

- Der unmittelbare Erwerb eines NachlassGr von der Erbengemeinschaft durch den geschiedenen Ehegatten oder Lebenspartner eines Miterben, wenn im Übrigen die Voraussetzungen des § 3 Nr. 5 vorliegen (Zusammenschau mit § 3 Nr. 5);
- der unmittelbare Erwerb eines NachlassGr von der Erbengemeinschaft durch eine Person, die im Verhältnis zu dem nach § 3 Nr. 6 begünstigten Personenkreis des geschiedenen Ehegatten oder Lebenspartners eines Miterben gehört, wenn im Übrigen die Voraussetzungen des § 3 Nr. 5 vorliegen (Zusammenschau mit § 3 Nr. 5 und Nr. 6);
- der unmittelbare Erwerb eines NachlassGr von der Erbengemeinschaft durch eine Person, die mit dem betreffenden Miterben in gerader Linie verwandt ist (FG Münster IV 1313/67 GrE, EFG 1969, 139) oder durch eine nach § 3 Nr. 6 gleichgestellte Person (Zusammenschau mit § 3 Nr. 6);
- der unmittelbare Übergang eines **NachlassGr** von der Erbengemeinschaft auf eine PersGes, **soweit** am Vermögen der Gesellschaft eine Person beteiligt ist, die im Verhältnis zu einem Miterben zu dem nach § 3 Nr. 6 begünstigten Personenkreis gehört (Zusammenschau mit § 3 Nr. 6 und § 6).

189–195 *einstweilen frei*

E. Grundstückserwerb zwischen Ehegatten (§ 3 Nr. 4)

I. Allgemeines

196 § 3 Nr. 4 stellt sämtliche GrErwerbe zwischen Ehegatten einer bestehenden Ehe von der GrESt frei. Dies gilt aufgrund der Änderung der Vorschrift durch das JStG 2010 nunmehr auch – verfassungsrechtlich geboten (BVerfG 1 BvL 16/11, DStR 2012, 1649) – für GrErwerbe durch den **Lebenspartner** des Veräußerers. Nach der Verfassungswidrigerklärung durch das BVerfG (1 BvL 16/11, DStR 2012, 1649) hat der Gesetzgeber durch das AmtshilfeRLUmsG § 23 IX so geändert, dass die Frist auf alle nach dem 31.7.2001 ergangenen und noch nicht bestandskräftigen Bescheide anzuwenden ist (vgl. → § 23 Rn. 34). Erwerbe nach Auflösung der Ehe bzw. Lebenspartnerschaft werden von der Vorschrift nicht erfasst; hier kommen ggf. Steuerbefreiungen nach § 3 Nr. 3, 5, 5a und 7 in Betracht.

Der **Anwendungsbereich** des § 3 Nr. 4 erstreckt sich grds. auf alle **Erwerbstatbestände des § 1** mit Ausnahme des § 1 IIb (vgl. → Rn. 197); zur Anwendung des § 3 Nr. 4 bei Vertragsübernahme bzw. Neuabschluss eines Vertrags vgl. BFH II R 36/09, BFH/NV 2011, 304 sowie → Rn. 10. Nach § 3 Nr. 4 begünstigt ist auch eine nach **§ 1 I Nr. 3** steuerbare übertragende Umwandlung (zB Verschmelzung) einer PersGes auf einen Rechtsträger gleicher Rechtsform, wenn an der übertragenden PersGes der eine Ehegatte und an der übernehmenden PersGes der andere Ehegatte beteiligt ist (FG München 4 K 1322/09, UVR 2013, 74). Insoweit ist die persönliche (Ehegatten-) Eigenschaft bei der **Beteiligung** an der jeweiligen PersGes zu berücksichtigen (vgl. auch → Rn. 8).

197 **Anwendung auf Erwerbe nach§ 1 IIa, III Nr. 3 und 4.** Auf Erwerbsvorgänge iSd **§ 1 IIa** findet § 3 Nr. 4 (iVm § 6 III 1) Anwendung, wenn ein Ehegatte seinen Anteil an einer grbesitzenden PersGes auf den anderen Ehegatten (als Neugesellschafter) überträgt (BFH II R 66/11, DStR 2013, 360; II R 17/12, BStBl. II 2014, 268). § 3 Nr. 4 findet auch in Fällen einer mittelbaren Anteilsvereinigung an einer grbesitzenden PersGes (→ Rn. 13) sowie bei einer nach **§ 1 III Nr. 3 und 4** steuerbaren Weiterübertragung der vereinigten Anteile oder eines nach § 1 IIIa steuerbaren Erwerbs einer wirtschaftlichen Beteiligung sowohl an einer KapGes als auch einer PersGes Anwendung (→ Rn. 15 f.). Zum MoPeG vgl. → § 1 Rn. 53 ff.).

Auf Erwerbe nach **§ 1 IIb** (bei grbesitzenden KapGes) ist die Befreiung mangels gesamthänderischer Struktur nicht anwendbar (Wachter/Wiedmann UVR 2019, 211 (218); im Ergebnis so auch Lange DStR 2019, 2348). Auch in Fällen einer nach **§ 1 III Nr. 1 und 2** steuerbaren Vereinigung aller Anteile bzw. des nach **§ 1 IIIa** steuerbaren Erwerbs einer wirtschaftlichen Beteiligung an einer grbesitzenden **KapGes** ist § 3 Nr. 4 mangels entspr. personenbezogener Beziehungen zum Erwerber der Anteile unanwendbar (vgl. → Rn. 12, 16). § 3 Nr. 4 führt zur **Unanwendbarkeit des § 5 III,** sofern die Verminderung des Anteils eines Gesamthänders – nachdem er ein Gr in eine PersGes eingebracht hat (begünstigt gem. § 5 II) – durch Anteilsübergang auf den Ehegatten vor Ablauf der Zehnjahresfrist des § 5 III erfolgt (BFH II R 58/08, BStBl. II 2010, 302; vgl. auch → § 5 Rn. 78). Gleiches gilt für den GrÜbergang auf Kinder (§ 3 Nr. 6). Zu beachten ist aber, dass der Erwerber insoweit in die Rechtsstellung seines Ehegatten eintritt. Deshalb kann die Weiterübertragung des vom Ehegatten erworbenen Anteils durch den Ehepartner oder Kinder auf einen Dritten innerhalb des Zehnjahresfrist die Rechtsfolge des § 5 III auslösen (zu §§ 5 und 6 GLE 5.3.2024, BStBl. I 2024, 410 Tz. 7.4.2).

II. Ehegatte bzw. Lebenspartner des Veräußerers

Soweit § 3 Nr. 4 den GrErwerb durch den **Ehegatten des Veräußerers** befreit, **198**
setzt dies das **Bestehen einer Ehe** iSd bürgerlichen Rechts zwischen Erwerber und Veräußerer **im Zeitpunkt des Erwerbs** voraus (BFH VI R 2/98, BStBl. II 2001, 601). GrErwerbe zwischen früheren Ehegatten im Zuge einer Vermögensauseinandersetzung nach der Scheidung unterfallen allein § 3 Nr. 5 (BFH II R 33/09, BStBl. II 2011, 980). Das Motiv, der Rechtsgrund, die Entgeltlichkeit des Erwerbs, die Art des Güterstands, das Zusammen- oder Getrenntleben der Ehegatten oder eine bereits erfolgte Einleitung des Scheidungsverfahrens sind für § 3 Nr. 4 ohne Bedeutung.

Der im BGB gesetzlich nicht definierte Begriff der **Ehe** ist die rechtsverbindli- **199**
che Lebensgemeinschaft zwischen Personen verschiedenen oder gleichen Geschlechts (§ 1353 I BGB). Die Ehe ist grds. als **Einehe** zu verstehen (§ 1306 BGB). Im Ausland geschlossene **Mehrehen** werden jedoch auch im Inland anerkannt, sofern das Heimatrecht der Ehegatten die polygame Ehe gestattet (MüKoBGB/Loschelder EGBGB Art. 14 Rn. 19–23). Diese Mehrehen sind auch im Rahmen des § 3 Nr. 4 anzuerkennen. Gleiches gilt für im Inland geschlossene Mehrehen zwischen ausländischen Verlobten, deren beider Personalstatut die Polygamie zulässt, sofern sie nach dem Formstatut ihres Heimatrechts getraut werden (Art. 13 III 2 EGBGB).

GrErwerbe durch den **Lebenspartner des Veräußerers** sind GrErwerben **200**
durch den Ehegatten des Veräußerers gleichgestellt; dies entspricht dem verfassungsrechtlich Gebotenen (BVerfG 1 BvL 16/11, DStR 2012, 1649). Es kann

daher nur noch fraglich sein, ob auch bereits vor Inkrafttreten der jetzigen Fassung des § 3 Nr. 4 – dh bis zum 13.12.2010 – verwirklichte GrErwerbe in entspr. Anwendung des § 3 Nr. 4 aF befreit waren. Dies ist – für nicht bestandskräftige Bescheide – durch Neufassung des § 23 IX erreicht worden.

201 **Nichteheliche Lebensgemeinschaften** sind keine Ehen iSd § 3 Nr. 4. Der eindeutige Wortlaut der Vorschrift lässt eine die Partner nichtehelicher Lebensgemeinschaften einbeziehende Auslegung nicht zu (BFH II R 72/00, BStBl. II 2001, 610; II B 65/07, BFH/NV 2009, 214 mwN; Viskorf/Meßbacher-Hönsch § 3 Rn. 370; Hofmann/Eiling § 3 Rn. 37). Die unterschiedliche Behandlung von Ehegatten einerseits und nichtehelichen Lebensgemeinschaften andererseits ist mit Art. 3 GG vereinbar (zB BVerfG 1 BvR 107/83, BStBl. II 1984, 172 zur ErbSt; BFH III B 6/12, BFH/NV 2012, 1144 mwN). Gleiches gilt für GrErwerbe zwischen **Verlobten** (BFH II R 72/00, BStBl. II 2001, 610; II B 193/01, BFH/NV 2003, 201). Auch eine (entsprechende) Anwendung des § 3 Nr. 5a scheidet aus (BFH II B 53/20, BFH/NV 2021, 540).

202 **Auflösung und Aufhebung der Ehe.** Die Auflösung der Ehe kann nur in einem gerichtlichen Verfahren durch **Scheidung** (§ 1564 BGB) erfolgen. Fehlerhafte, jedoch gültige Ehen können nach Maßgabe der § 1313 ff. BGB mit Wirkung für die Zukunft aufgehoben werden. Der Erwerb eines Gr durch den Ehegatten des Veräußerers ist bis zur Auflösung der Ehe grds. unabhängig vom Auflösungsgrund – und auch unabhängig davon, ob die Ehegatten im Zeitpunkt des GrErwerbs getrennt leben oder bereits ein Scheidungsverfahren anhängig ist – nach § 3 Nr. 4 befreit. GrErwerbe nach Eheauflösung sind gem. § 3 Nr. 5 befreit.

Von der aufhebbaren Ehe zu unterscheiden ist die auf schwerwiegenden formellen oder materiellrechtlichen Mängeln beruhende **Nichtehe;** diese ist ohne familienrechtliche Wirkung (vgl. Grüneberg/Siede BGB Vorb § 1313 Rn. 4 ff.) und kann keine Begünstigung nach § 3 Nr. 5 auslösen.

III. Zusammenschau mit anderen Befreiungen (sog. Interpolation)

203 § 3 Nr. 4 ist im Verhältnis zu anderen Befreiungsvorschriften gleichwertig. Aus der Zusammenschau mit anderen Befreiungsvorschriften können sich weitere Befreiungen ergeben (→ Vorb §§ 3–7 Rn. 10 f.). In interpolierender Betrachtung sind folgende **Beispielsfälle** ganz oder zu einer bestimmten Quote von der GrESt ausgenommen:

- der Erwerb eines Gr vom ehemaligen Ehegatten/Lebenspartner durch den neuen Ehegatten/Lebenspartner im Rahmen der Vermögensauseinandersetzung nach der Scheidung bzw. Aufhebung der Lebenspartnerschaft (Zusammenschau mit § 3 Nr. 5 und Nr. 5a);
- der Erwerb eines Gr von dem Treuhänder durch den Ehegatten/Lebenspartner des Treugebers in Erfüllung des Rückgewähranspruches (Zusammenschau mit § 3 Nr. 8);
- der Übergang eines Gr des Ehegatten/Lebenspartners auf eine PersGes, soweit der andere Ehegatte/Lebenspartner an der Gesellschaft beteiligt ist (Gesamtschau mit § 5); Gleiches gilt für den Übergang eines zum Gesamtgut gehörenden Gr auf eine PersGes, an der nur einer der Ehegatten/Lebenspartner beteiligt ist (Zusammenschau mit § 6 III);
- der Übergang eines Gr von einer PersGes auf den Ehegatten/Lebenspartner eines Mitgesellschafters, soweit dieser am Vermögen der Gesellschaft beteiligt

ist unter Beachtung der Sperrfrist des § 6 IV (Zusammenschau mit § 6; BFH II 142/63, BStBl. II 1969, 400; II R 4/90, BFH/NV 1993, 494); Gleiches gilt für den Übergang eines Gr einer PersGes, an der der andere, mit ihm in Gütergemeinschaft lebende Ehegatte/Lebenspartner beteiligt ist (BFH II R 62/68, BStBl. II 1975, 150);

– der Erwerb durch den Ehegatten/Lebenspartner des Miteigentümers bei Umwandlung von Bruchteilseigentum in Flächeneigentum sowie der Erwerb durch den Ehegatten/Lebenspartner des Gesamthandsberechtigten bei Umwandlung von Gesamthandseigentum in Flächeneigentum, soweit der Miteigentümer bzw. Gesamthandsberechtigte an dem Wert des Gr beteiligt ist unter Beachtung der Sperrfrist des § 7 III (Zusammenschau mit § 7).

F. Grundstückserwerb nach Scheidung (§ 3 Nr. 5)

I. Bedeutung

§ 3 Nr. 5 stellt **Vermögensauseinandersetzungen aus Anlass der Scheidung einer Ehe** von der GrESt frei (BT-Drs. 9/251, 18). Erwerbsvorgänge zwischen geschiedenen Ehegatten außerhalb der Vermögensauseinandersetzung werden hingegen wie Erwerbe von fremden Dritten behandelt. Für Vermögensauseinandersetzungen zwischen Partnern einer **nichtehelichen Lebensgemeinschaft** und zwischen **Verlobten** gilt § 3 Nr. 5 nicht (BFH II R 72/00, BStBl. II 2001, 610; II B 193/01, BFH/NV 2003, 201). § 3 Nr. 5 ist nach dem BVerfG-Beschluss (1 BvL 16/11, DStR 2012, 1649) verfassungswidrig, soweit eingetragene **Lebenspartner** von der Befreiung ausgeschlossen waren. Eine entspr. – verfassungsrechtlich gebotene (BVerfG 1 BvL 16/11, DStR 2012, 1649) – Gleichstellungsregelung hat der Gesetzgeber durch **§ 3 Nr. 5a** getroffen. Diese Regelung ist auf alle nach dem 31.7.2001 ergangenen und noch nicht bestandskräftigen Bescheide anzuwenden (vgl. → § 23 Rn. 34). 204

II. Scheidung; Aufhebung der Ehe

§ 3 Nr. 5 erwähnt nur die Vermögensauseinandersetzung nach der Scheidung (diese kann nur durch Gericht erfolgen, vgl. § 1564 BGB; zur Scheidung, soweit **ausländisches Recht** anzuwenden ist, eingehend Grüneberg (Grüneberg/Thorn EGBG Art. 17). Vom Wortlaut des § 3 Nr. 5 nicht erfasst ist die **Aufhebung der Ehe** (§ 1313 ff. BGB). Soweit es hier zu einer Vermögensauseinandersetzung kommt, gilt jedoch § 3 Nr. 5 entspr. (ebenso Viskorf/Meßbacher-Hönsch § 3 Rn. 389). § 1 IIb ist nicht anwendbar (vgl. → Rn. 197). 205

einstweilen frei 206

Eine **Vermögensauseinandersetzung** nach der Scheidung iSd § 3 Nr. 5 setzt nicht voraus, dass der erwerbende (frühere) Ehegatte am Gr bereits Miteigentum hatte oder an diesem gesamthandsberechtigt war; auch muss sich das Gr nicht bereits im Eigentum des übertragenden (früheren) Ehegatten befunden haben. Es genügt, wenn dieser das Gr erst noch erwirbt und es sodann an den früheren Ehegatten (zB durch Abtretung des Übereignungsanspruchs, § 1 I Nr. 5 und Nr. 7) überträgt, sofern dieser Vorgang im Rahmen der Vermögensauseinandersetzung erfolgt. Der vorangegangene GrErwerb durch den übertragenden (früheren) Ehegatten ist allerdings nicht nach § 3 Nr. 5 befreit. 207

208 Gemäß § 3 Nr. 5 ist nur der GrErwerb **„durch"** den früheren Ehegatten begünstigt. Diesem Erfordernis genügt ein GrErwerb vom **Gesamtrechtsnachfolger des geschiedenen Ehegatten** nicht (BFH II R 33/09, BStBl. II 2011, 980). Nicht unmittelbar anwendbar ist § 3 Nr. 5, wenn geschiedene Ehegatten jeweils Alleineigentum an ihren Gr in eine Gesamthand einbringen, deren alleinige Gesellschafter sie sind (BFH II R 42/10, BFH/NV 2012, 1177); die Einbringung ist aber in interpolierender Betrachtung von § 3 Nr. 5 iVm § 5 II befreit (BFH II R 42/10, BFH/NV 2012, 1177; vgl. auch → Rn. 211). Auf den Erwerb bei KapGes ist § 3 Nr. 5 nicht anwendbar (FG Baden-Württemberg 5 K 1503/22, EFG 2024, 60, Rev. BFH II R 13/23).

209 Der **sachliche Gegenstand** der von § 3 Nr. 5 vorausgesetzten Vermögensauseinandersetzung der geschiedenen Ehegatten ist weit gespannt (BFH II R 42/10, BFH/NV 2012, 1177). Er umfasst **nicht** etwa **nur** die Abwicklung eines bestimmten **Güterstandes** (BFH II R 42/10, BFH/NV 2012, 1177), sondern die Regelung **sämtlicher vermögensrechtlicher Beziehungen** der geschiedenen Ehegatten (BFH II R 33/09, BStBl. II 2011, 980; II R 42/10, BFH/NV 2012, 1177; Kessler DStR 2010, 2173), also zB auch die Regelung eines nachehelichen Unterhalts (§§ 1569 ff. BGB) und/oder Versorgungsausgleichs (§§ 1587 ff. BGB). § 3 Nr. 5 verlangt **keine endgültige Zuordnung** eines Gr zum früheren Ehegatten, so dass auch die Einbringung im Alleineigentum der früheren Ehegatten stehender Gr in eine von den Geschiedenen neu gegründete GbR begünstigt ist (BFH II R 42/10, BFH/NV 2012, 1177). Ebenfalls der Vermögensauseinandersetzung zuzuordnen ist die **Ausübung eines** lange zuvor vereinbarten **Ankaufsrechts** zugunsten eines geschiedenen Ehegatten, wobei die Geschiedenen nach dem Inhalt der Scheidungsvereinbarung zunächst Miteigentümer des weiterhin von dem ankaufsberechtigten Ehegatten und dem gemeinsamen Kind genutzten Wohnhauses bleiben sollten (BFH II R 33/09, BStBl. II 2011, 980).

210 Für die Befreiung aus § 3 Nr. 5 ist allein entscheidend, dass der **Erwerb Teil der Vermögensauseinandersetzung** ist (FG Hmb II 105/85, EFG 1990, 188; bereits RFH RStBl. 1944, 636). Die Vermögensauseinandersetzung ist an **keine Frist** gebunden. Ein langer Zeitraum zwischen Scheidung und GrÜbertragung kann allerdings auf einen fehlenden Zusammenhang zur scheidungsbedingten Vermögensauseinandersetzung hindeuten (BFH II R 33/09, BStBl. 2011, 980; II R 42/10, BFH/NV 2012, 1177); je nach den Umständen des Einzelfalls kann dieser Zusammenhang zB bei langwierigen Gerichtsverfahren aber auch noch Jahre nach der Scheidung bestehen. Nicht nach § 3 Nr. 5 steuerbefreit ist ein Erwerb, der vom **Erben des Sohnes** und nicht von der ehemaligen Ehefrau **ausgeübt** wird (FG Nürnberg 4 K 1791/18, EFG 2020, 1153 (mAnm Hüttner).

Nach Abschluss der Vermögensauseinandersetzung ist die Anwendung des § 3 Nr. 5 **ausgeschlossen** und zwar auch dann, wenn zB für den GrErwerb auf Rechte aus einer nachehelichen Unterhaltsvereinbarung (§ 1585c BGB) oder Versorgungsausgleichsvereinbarung (§ 1587o BGB) verzichtet wird. Die geschiedenen Ehegatten tragen die Beweislast **(Feststellungslast)** für den Erwerb im Rahmen der Vermögensauseinandersetzung. Der **Praxis** ist ein **zeitnah zur Scheidung liegender Abschluss der Vermögensauseinandersetzung** zu empfehlen.

Die Anwendung des **§ 3 Nr. 5** wird durch die **Vereinbarung einer Gütertrennung nicht ausgeschlossen.** Voraussetzung für die Anwendung ist lediglich, dass ein Zusammenhang mit Versorgungs- oder Unterhaltsleistungen besteht (FG Köln 1 K 2431/87, EFG 1992, 27).

III. Zusammenschau mit anderen Befreiungen (sog. Interpolation)

Aus der Zusammenschau des § 3 Nr. 5 mit anderen Befreiungsvorschriften sind in interpolierender Betrachtung (vgl. → Vorb §§ 3–7 Rn. 10 f.) zB folgende GrErwerbe ganz oder teilweise von der GrESt ausgenommen: 211

- der Erwerb eines Gr von dem geschiedenen Ehegatten durch den neuen Ehegatten des anderen Ehegatten im Rahmen der Vermögensauseinandersetzung nach der Scheidung der ehemaligen Ehegatten (Zusammenschau mit § 3 Nr. 4);
- der Erwerb eines Gr vom Treuhänder durch den geschiedenen Ehegatten des Treugebers im Rahmen der Vermögensauseinandersetzung nach der Scheidung (Zusammenschau mit § 3 Nr. 8);
- der Übergang eines Gr des geschiedenen Ehegatten auf eine PersGes, soweit der andere geschiedene Ehegatte an der Gesellschaft beteiligt ist und der Übergang im Rahmen der Vermögensauseinandersetzung nach der Scheidung erfolgt (Zusammenschau mit § 5; vgl. BFH II R 42/10, BFH/NV 2012, 1177). Dies gilt ebenso, wenn beide früheren Ehegatten an einer Gesamthand beteiligt sind und auf diese im Rahmen der Vermögensauseinandersetzung nach der Scheidung Gr übertragen werden (BFH II R 42/10, BFH/NV 2012, 1177); grestfrei ist auch der Übergang eines zum Gesamtgut gehörenden Gr auf eine PersGes, an deren Vermögen nur einer der geschiedenen Ehegatten beteiligt ist (Zusammenschau mit § 6 III);
- der Übergang eines Gr von einer PersGes auf den geschiedenen Ehegatten eines Mitgesellschafters, soweit dieser am Vermögen der Gesellschaft beteiligt ist, wenn der Übergang im Rahmen der Vermögensauseinandersetzung nach der Scheidung unter Beachtung der Sperrfrist des § 6 IV erfolgt (Zusammenschau mit § 6);
- der Erwerb durch den geschiedenen Ehegatten eines Miteigentümers bei Umwandlung von Bruchteilseigentum in Flächeneigentum oder eines Gesamthandsberechtigten bei der Umwandlung von Gesamthandseigentum in Flächeneigentum, soweit der Miteigentümer bzw. Gesamthandsberechtigte am Wert des Gr beteiligt ist, wenn der Erwerb im Rahmen der Vermögensauseinandersetzung nach der Scheidung unter Beachtung der Sperrfrist des § 7 III erfolgt (Zusammenschau mit § 7). Das Gesamthandsprinzip verliert seine Bedeutung ab 1.1.2024 (→ § 1 Rn. 54 ff.).

G. Grundstückserwerb durch frühere Lebenspartner (§ 3 Nr. 5a)

§ 3 Nr. 5a wurde durch das JStG 2010 eingefügt und enthält eine mit § 3 Nr. 5 korrespondierende Regelung für den Fall, dass es im Rahmen der Vermögensauseinandersetzung nach der Aufhebung einer Lebenspartnerschaft zu einem GrErwerb durch den früheren Lebenspartner des Veräußerers kommt (vgl. auch BT-Drs. 17/2249, 99); diese Regelung ist auch verfassungsrechtlich geboten (BVerfG 1 BvL 16/11, DStR 2012, 1649). Die Regelung ist auf alle nach dem 31.7.2001 ergangenen und noch nicht bestandskräftigen Bescheide anzuwenden (vgl. → § 23 Rn. 34). Die Aufhebung der Lebenspartnerschaft (§ 15 LPartG) entspricht der Ehescheidung. Die Aufhebung kann nur durch Beschluss des FamG erfolgen; eine anderweitige Aufhebung zB durch Privatvereinbarung oder von 212

Amts wegen ist ausgeschlossen (MüKoBGB/Duden LPartG§ 15 Rn. 3). Wegen des Bezugs auf die eingetragene Lebenspartnerschaft kann die Vorschrift nicht auch auf die früheren Partner einer nichtehelichen Lebensgemeinschaft angewendet werden (BFH II B 53/10, BFH/NV 2021, 540).

Im Übrigen decken sich die die Befreiungsvoraussetzungen des § 3 Nr. 5a mit denen des § 3 Nr. 5; ergänzend wird auf → Rn. 204 ff. verwiesen.

H. Grundstückserwerb durch Verwandte und Gleichgestellte (§ 3 Nr. 6)

I. Allgemeines

213 **Bedeutung; Rechtsentwicklung.** § 3 Nr. 6 befreit als personenbezogene Befreiungsvorschrift (→ Rn. 2 ff.) GrErwerbe durch Verwandte in gerader Linie und ihnen Gleichgestellte (als Kind angenommene Minderjährige, Stiefkinder sowie Ehegatten und Lebenspartner der Verwandten in gerader Linie und der Stiefkinder). Die Vorschrift wurde durch das JStG 2010 in **Satz 1** dahin geändert, dass den mit dem Veräußerer in gerader Linie Verwandten auch Personen gleichgestellt werden, deren **Verwandtschaft durch** die **Annahme als Kind** bürgerlichrechtlich (vgl. § 1755 BGB) **erloschen** ist. Grestrechtlich soll diese zivilrechtliche Rechtsfolge durch die Neufassung des S. 1 – ebenso wie durch § 15 II Nr. 2 AO, § 15 Ia ErbStG – zugunsten der „leiblichen Verwandten" ausgeschlossen werden (BT-Drs. 17/2249, 99). Ebenfalls durch das JStG 2010 wurden in **Satz 3** die **Lebenspartner** einbezogen. Nach der Verfassungswidrigerklärung durch das BVerfG (1 BvL 16/11, DStR 2012, 1649) hat der Gesetzgeber durch das AmtshilfeRLUmsG § 23 IX so geändert, dass die Frist des § 3 Nr. 6 auf alle nach dem 31.7.2001 ergangenen und noch nicht bestandskräftigen Bescheide anzuwenden ist (vgl. § 23 IX).

Die Einbeziehung der Ehegatten oder deren Lebenspartner in den begünstigten Personenkreis (§ 3 Nr. 6 S. 3) war geboten, weil nach § 3 Nr. 4 ohnehin jeder GrErwerb vom Ehegatten oder Lebenspartner grestfrei ist (vgl. auch BT-Drs. 9/251, 18).

II. Verwandte in gerader Linie

214 Verwandte in gerader Linie sind Personen, deren eine von der anderen abstammt (§§ 1589 S. 1, 1591 ff. BGB). Das sind Eltern, Kinder, Enkel, Großeltern und entferntere Voreltern oder Abkömmlinge. Mutter eines Kindes ist die Frau, die es geboren hat (§ 1591 BGB). Vater eines Kindes ist der Mann, der zum Zeitpunkt der Geburt mit der Mutter des Kindes verheiratet ist oder die Vaterschaft anerkannt hat oder dessen Vaterschaft nach § 1600d BGB oder § 182 I FamFG gerichtlich festgestellt ist (§ 1592 BGB). Steht die Abstammung fest, so ist es unerheblich, ob das Kind innerhalb oder außerhalb der Ehe geboren ist. Die Zuordnung der Mutter- und Vaterschaft gilt für sämtliche Verwandte der als Mutter geltenden Frau oder des als Vater geltenden Mannes, also für deren Eltern etc.

215 Kraft **Adoption** erlangt ein **minderjähriges Kind** die volle Stellung eines gemeinschaftlichen Kindes der annehmenden Ehegatten (§ 1754 I BGB) und damit ein Verwandtschaftsverhältnis zu dem bzw. den Annehmenden (grestrechtl. bleibt auch das Verwandtschaftsverhältnis zu den bisherigen Verwandten bestehen, → Rn. 221). Mit der **Annahme eines Volljährigen** als Kind erlangt dieses –

mit Wirkung für seine Abkömmlinge – ebenfalls die Stellung eines ehelichen Kindes des Annehmenden. Die Wirkungen der Annahme erstrecken sich aber grds. nicht auf die Verwandten der Annehmenden (§ 1770 I 1 BGB). Umgekehrt bleibt das Verwandtschaftsverhältnis des Angenommenen zu seinen leiblichen Verwandten unberührt (§ 1770 II BGB).

Das durch Adoption begründete Verwandtschaftsverhältnis muss bereits im Zeitpunkt des Erwerbs vorliegen. Der Adoptionsbeschluss wirkt statusbegründend; seine Rechtswirkungen gelten nur für die Zukunft und begründen kein rückwirkendes Ereignis iSd § 175 I 1 Nr. 2 AO. Auch die Aufhebung der Adoption wirkt nur ex nunc (§ 1764 I BGB; Ausnahme: § 1764 I 2 BGB). Die durch die Annahme begründeten Verwandtschaftsverhältnisse erlöschen; die erloschenen Verwandtschaftsverhältnisse zu den leiblichen Verwandten leben wieder auf (§ 1764 II, III BGB).

III. Grundstückserwerb von Bruder und/oder Schwester-Zusammenschau von Befreiungsvorschriften

Für § 3 Nr. 6 ist es ohne Belang, ob ein Verwandter absteigender Linie von seinem Verwandten aufsteigender Linie oder umgekehrt ein Verwandter aufsteigender Linie von seinem Verwandten absteigender Linie erwirbt (BFH II 123/62 U, BStBl. III 1965, 513). Von den Verwandten in gerader Linie sind die **Verwandten in der Seitenlinie,** also von Personen, die von derselben Person abstammen (§ 1589 S. 2 BGB), zu unterscheiden; diese Personen (zB **Geschwister**) sind **nicht nach § 3 Nr. 6 begünstigt** (BFH II R 38/15, BStBl. II 2019, 325; Viskorf/Meßbacher-Hönsch § 3 Rn. 403). Auch eine Befreiung nach § 3 Nr. 2 Nr. 1 oder Nr. 2 liegt nicht vor. Grundsätzlich möglich ist allerdings eine unentgeltliche Schenkung (befreit bis 20 000 EUR), einer teilweise Befreiung nach § 3 Nr. 2 S. 2 und eine Befreiung wegen Rückerwerb durch den Treugeber nach § 3 Nr. 8. **216**

Jedoch kann die Grundstücksschenkung zwischen Geschwistern als **abgekürzter Leistungsweg** einer **freigebigen Zuwendung eines Elternteils an Bruder/Schwester** des Beschenkten in interpolierender Betrachtung des **§ 3 II 1 iVm § 3 Nr. 6** steuerbefreit sein (BFH II B 131/13, BFH/NV 2015, 5, so auch Halaczinsky UVR 2022, 21 Fall 2; BFH II R 49/19, BStBl. 2016, 292, so auch Halaczinsky UVR 2021, 21 Fall 4; BFH II R 38/15, BStBl. II 2019, 325, so auch Halaczinsky UVR 2022, 21 Fall 1; vgl. auch Heck DStR 2021, 2110; Wrenger DStR 2017, 18). Die Anwendung des § 3 Nr. 6 S. 1 iVm § 3 Nr. 2 setzt aber voraus, dass sich der Erwerb die **Merkmale einen abgekürzten Weges tatsächlich erfüllt** (daran fehlte es im Fall BFH II R 7/16, BStBl. II 2019, 617). Dabei kann eine Befreiungsvorschrift auch mehrfach angewendet werden. **217**

Die Steuerbefreiung muss, um die Anwendung des § 42 AO auszuschließen, immer an den **verwirklichten (nicht an einen fiktiven) Sachverhalt** anknüpfen (BFH II R 30/18, BStBl. II 2021, 322 mwN). Ein solcher Sachverhalt liegt vor, wenn beide Erwerbe – je für sich – die Merkmale des § 3 Nr. 2 S. 1 iVm § 3 Nr. 6 S. 1 erfüllen. Sie darf auch nicht den Anwendungsbereich einer Befreiungsvorschrift über ihren Zweck ausdehnen und darf auch nicht als Gestaltungsmissbrauch zu qualifizieren sein (so FG Münster 8 K 1597/06 GrE, EFG 2008, 1998; Halaczinsky UVR 2022, 21 Fall 3). **218**

einstweilen frei **219, 220**

IV. Kraft Adoption erloschene Verwandtschaftsverhältnisse

221 Der durch das JStG 2010 eingefügte § 3 Nr. 6 S. 1 (2. Alt.) privilegiert das kraft Adoption erloschene „leibliche" Verwandtschaftsverhältnis. Ungeachtet des Umstands, dass die **Annahme eines Minderjährigen** als Kind **zivilrechtlich** nach Maßgabe der §§ 1755, 1756 BGB zum Erlöschen des Verwandtschaftsverhältnisses des Angenommenen und seiner Abkömmlinge zu den bisherigen Verwandten führt, bleibt die Vergünstigung im Verhältnis zu den „leiblichen Verwandten" erhalten. Dem Anwendungsbereich des § 3 Nr. 6 S. 1 (2. Alt.) unterfällt jedoch nicht ein ehemaliges Adoptionsverhältnis (BFH II R 46/08, BStBl. II 2010, 554 zur entspr. Rechtslage bei § 15 Ia ErbStG).

222 Die Anwendung des § 3 Nr. 6 aF auf bis zum 13.10.2010 verwirklichte Erwerbsvorgänge (§ 23 IX) GrErwerbe zwischen (Voll-) Adoptierten und dessen früheren (leiblichen) Verwandten war streitig (dazu 4. Aufl. Rn. 243 mwN).

V. Stiefkinder

223 § 3 Nr. 6 S. 2 stellt den Abkömmlingen die **Stiefkinder** gleich. Der Begriff „Stiefkind" – er ist weder zivilrechtlich noch im GrEStG definiert – meint das nicht gemeinschaftliche (eheliche oder uneheliche) Kind des anderen Ehegatten (BFH II R 27/86, BStBl. II 1989, 627 (früher)).

224 Stiefkind iSd § 3 Nr. 6 S. 2 ist nicht nur das leibliche Kind des anderen Ehegatten, sondern auch dessen **einseitig angenommenes Kind** (BFH II 30/65, BStBl. II 1973, 453 und II R 10/68, BStBl. II 1973, 454 zur ErbSt). Dies gilt auch für den durch Volljährigenadoption Angenommenen, obwohl dieser im Unterschied zum leiblichen Kind und dem durch Minderjährigenadoption Angenommenen gem. § 1770 I 2 BGB mit dem anderen Ehegatten nicht verschwägert ist (ebenso Viskorf/Meßbacher-Hönsch § 3 Rn. 417). Weder Wortlaut noch Sinn und Zweck der Befreiungsvorschrift lassen erkennen, dass der durch Volljährigenadoption Angenommene von dem begünstigten Stiefkindverhältnis ausgeschlossen sein soll. Die **Kinder eines Lebenspartners** sind **Stiefkinder des anderen Lebenspartners** (§ 11 II 1 LPartG iVm § 1590 BGB; vgl. auch Viskorf/Meßbacher-Hönsch § 3 Rn. 420).

225 Aus der **Auflösung der Ehe** folgt **nicht** die **Beendigung des Stiefkindverhältnisses** (BFH II R 27/86, BStBl. II 1989, 627; FM BW 20.10.1989, UVR 1990, 62). Hingegen kann aus einer aufgelösten Ehe kein Stiefkindverhältnis durch die ehemaligen Ehegatten begründet werden; es fehlt das die Schwägerschaft begründende eheliche Band (Grüneberg/Siede BGB § 1590 Rn. 2).

226 Die Befreiung des § 3 Nr. 6 erstreckt sich auch auf den Erwerb durch **Stiefenkel,** dh **Abkömmlinge der Stiefkinder** (BFH II 123/62 U, BStBl. III 1965, 513). Dies gilt ebenso im umgekehrten Verhältnis für den Erwerb der Stiefeltern vom Abkömmling des Stiefkindes. Beides folgt aus der Gleichstellung der Stiefkinder mit den Abkömmlingen. Aus dieser Gleichstellung folgt ebenfalls die GrESt-Befreiung eines Erwerbs durch Personen, die mit den Stiefeltern in gerader Linie verwandt sind (vgl. Viskorf/Meßbacher-Hönsch § 3 Rn. 419). Der Wortlaut des § 3 Nr. 6 enthält insoweit keine Einschränkung. Begünstigt sind jedoch nur Verwandte der Stiefeltern in aufsteigender Linie. Verwandte der Stiefeltern in absteigender Linie fallen nicht unter den begünstigten Personenkreis. Da § 3 Nr. 6 den Erwerb von Geschwistern nicht von der GrESt befreit, kann nach dieser Vorschrift der Erwerb von **Halbgeschwistern** ebenfalls nicht begünstigt sein. Ein derartiger Erwerb durch Zwischenschaltung der Eltern wird von der Rspr. als missbräuchlich

angesehen (§ 42 AO), wenn die Gestaltung unangemessen ist und der Steuerminderung dient (BFH II 198/61, HFR 1964, 246; FG Münster EFG 1991, 346; FG München UVR 1996, 116; FG Münster 8 K 1597/06, EFG 2008, 1998).

Pflegekinder iSd § 15 I Nr. 8 AO oder iSd § 32 I Nr. 2 EStG fallen nicht unter den Stiefkindbegriff des § 3 Nr. 6 (FG Düsseldorf DStZ/B 1973, 390; BFH II B 27/05, BFH/NV 2006, 743 zur ErbSt). **227**

VI. Ehegatten und Lebenspartner der Verwandten oder Stiefkinder

§ 3 Nr. 6 S. 3 erweitert den begünstigten Personenkreis auf die **Ehegatten und** (dazu im Hinblick auf die erstmalige Anwendung → Rn. 213) **Lebenspartner der Verwandten gerader Linie und der Stiefkinder.** Gleiches gilt für **Ehegatten der Angenommenen,** weil die Angenommenen den Status eines leiblichen Kindes haben (→ Rn. 215). Die Befreiungsvorschrift beruht auf der interpolierenden Betrachtung der Befreiungen aus § 3 Nr. 4 und Nr. 6 (BT-Drs. 9/251, 18). Aus der uneingeschränkten Gleichstellung der Ehegatten bzw. Lebenspartner folgt, dass GrÜbertragungen zwischen Schwiegereltern und Schwiegerkindern in beide Richtungen befreit sind. Die Eigenschaft als Schwiegerkind iSd § 3 Nr. 6 hängt nicht vom Fortbestand der Ehe bzw. Lebenspartnerschaft ab (§ 1590 II BGB, § 11 II 3 LPartG; Hofmann/Keßeler § 3 Rn. 43). GrErwerbe durch Schwiegerkinder sind auch dann nach § 3 Nr. 6 befreit, wenn die das Schwiegerkindverhältnis begründende Ehe im Zeitpunkt des Erwerbs infolge Tod des Ehegatten oder Scheidung nicht mehr bestanden hat (FSen Hmb 16.10.1989, StEK GrEStG 1983 § 3 Nr. 8; aA Viskorf/Meßbacher-Hönsch § 3 Rn. 424, weil die interpolierende Betrachtung des § 3 Nr. 6 in diesen Fällen zu weit reiche). Gleiches gilt für Stiefkindverhältnisse, also für GrÜbertragungen zwischen Stiefvater/-mutter und dem Ehegatten des Stiefkindes in beide Richtungen (BFH II R 27/86, BStBl. II 1989, 627). **228**

§ 3 Nr. 6 S. 3 ist auf **Erwerbe durch Ehegatten oder Lebenspartner** der nach § 3 Nr. 6 S. 1 und 2 begünstigten Personen nach Auffassung der Lit. (Hofmann/Keßeler § 3 Rn. 43) nur bis zur rechtskräftigen Auflösung der Ehe (Scheidung bzw. Aufhebung, §§ 1564, 1313 BGB; § 15 LPartG) anwendbar. Laut FVerw (FM Bayern HEG 2024 § 3 Rn. 28 f.) führt die Scheidung nicht zur Beendigung nach § 3 Nr. 6 S. 3. § 175 I Nr. 2 AO findet auf Erwerbe, die vor Aufhebung der Ehe verwirklicht worden sind, keine Anwendung. Die Folgen einer Eheauflösung bzw. Aufhebung der Lebenspartnerschaft gelten nur für die Zukunft. **229**

Begünstigte Erwerbsvorgänge. § 3 Nr. 6 gilt für alle Erwerbsvorgänge des § 1, sofern dem nicht die grestrechtl. Konstruktion oder der Inhalt der Befreiungsvorschrift entgegenstehen. Für die Begünstigung maßgebend ist, dass GrVeräußerer und GrErwerber in gerader Linie (§ 1589 S. 1 BGB) verwandt sind; andere Erwerbe (zB solche in der Seitenlinie, § 1589 S. 2 BGB) sind nicht begünstigt (vgl. zB BFH II R 7/16, BStBl. II 2019, 617). Bei den Erwerbsvorgängen des § 1 I Nr. 5 bis 7 kommt es auf das Verhältnis zwischen dem Abtretenden und dem Abtretungsempfänger an (BFH II 76/65, BStBl. II 1971, 309; II R 108/91, BFH/NV 1995, 431; → Rn. 6). Eine Steuerbefreiung für GrErwerbe zwischen Geschwistern scheidet aus; in Betracht kommt aber ein abgekürzter Leistungsweg (→ Rn. 232). § 1 IIb ist nicht anwendbar (vgl. → Rn. 197; krit. Lange DStR 2019, 2348 (2351 f.)). **230**

231 **Anwendbarkeit bei PersGes.** § 3 Nr. 6 findet bei Übertragung eines Anteils an einer grbesitzenden PersGes im begünstigten Personenkreis auch auf **§ 1 IIa** Anwendung (zu § 1 IIa GLE 10.5.2022, BStBl. I 2022, 801 Tz. 9; BFH II R 17/12, BStBl. II 2014, 268; FG Hessen 5 K 2326/22, BeckRS 2024, 36763, vgl. auch → Rn. 9). Bei Gesamthandsgemeinschaften ist ferner **§ 1 III Nr. 1 und 2 sowie § 1 III Nr. 3 und 4** anwendbar (→ Rn. 12 f.).

Anwendbarkeit bei KapGes. Bei dem Übergang von Anteilen durch mit dem Veräußerer in gerader Linie verwandte Erwerber ist **§ 1 IIb** unanwendbar (Wachter/Wiedmann UVR 2019, 211 (218)). In den Fällen der nach **§ 1 III Nr. 1 und 2** steuerbaren Vereinigung aller Anteile an einer grbesitzenden **KapGes** ist § 3 Nr. 6 nicht anwendbar (BFH II R 21/10, BStBl. II 2012, 793; vgl. → Rn. 12). Anwendbar ist § 3 Nr. 6 jedoch auf die nach **§ 1 III Nr. 3 und 4** steuerbaren Fällen der Weiterübertragung dieser Anteile an einer **KapGes** (ähnlich zu § 1 IIb GLE 10.5.2022, BStBl. I 2022, 821 Tz. 8.2); zur Steuerbarkeit eines gegenstandsbezogenen Zugewinnausgleichs Stein/Dorn ZEV 2023, 735.

Anwendbarkeit des § 5. § 3 Nr. 6 führt zur **Unanwendbarkeit des § 5 III,** sofern die Verminderung des Anteils eines Gesamthänders – nachdem er ein Gr in eine PersGes eingebracht hat (begünstigt gem. § 5 II) – durch Anteilsübergang auf einen Verwandten bzw. eine gleichgestellte Person vor Ablauf der Zehnjahresfrist des § 5 III nF erfolgt (BFH II R 58/08, BStBl. II 2010, 302; → § 5 Rn. 78 ff.). Der Erwerber tritt allerdings in die Rechtsstellung des Rechtsvorgängers ein. Deshalb kann die Weiterübertragung des Anteils seitens des Verwandten bzw. der gleichgestellten Person auf einen Dritten innerhalb des Zehnjahresfrist die Rechtsfolge des § 5 III auslösen (zu §§ 5 und 6 GLE 5.3.2024, BStBl. I 2024, 410, Tz. 7.4.).

VII. Zusammenschau mit anderen Befreiungen (sog. Interpolation)

232 Auch bei § 3 Nr. 6 kann eine **Zusammenschau mit anderen Befreiungsvorschriften** (→ Vorb §§ 3–7 Rn. 10 f.) zu Steuerbefreiungen führen, die im Wortlaut der einzelnen Befreiungsvorschrift nicht zum Ausdruck kommen. In interpolierender Betrachtung mit § 3 Nr. 6 sind zB ganz oder teilweise von der GrESt ausgenommen:

- der Erwerb eines vermachten Gr unmittelbar vom Erben durch eine Person, die im Verhältnis zum Vermächtnisnehmer zu dem nach § 3 Nr. 6 begünstigten Personenkreis gehört (Zusammenschau mit § 3 Nr. 2);
- der Erwerb eines vermachten Gr unmittelbar vom Erben durch Dritten beruhend auf einer Schenkung des Vermächtnisnehmers (Zusammenschau mit § 3 Nr. 2);
- Erwerb von Miteigentumsanteilen von Geschwistern (→ Rn. 149);
- der unmittelbare Erwerb eines NachlassGr von der Erbengemeinschaft durch eine Person, die im Verhältnis zum Miterben zu dem nach § 3 Nr. 6 begünstigten Personenkreis gehört (Zusammenschau mit § 3 Nr. 3);
- der unmittelbare Erwerb eines NachlassGr von der Erbengemeinschaft durch eine Person, die im Verhältnis zum geschiedenen Ehegatten bzw. früheren Lebenspartner des Miterben zu dem nach § 3 Nr. 6 begünstigten Personenkreis gehört, wenn der Erwerb im Rahmen der Vermögensauseinandersetzung nach der Scheidung bzw. Aufhebung der Lebenspartnerschaft erfolgt (Zusammenschau mit § 3 Nr. 3 und Nr. 5 bzw. Nr. 5a);

- der unmittelbare Erwerb eines zum Gesamtgut gehörenden Gr zur Teilung des Gesamtguts durch eine Person, die im Verhältnis zu einem Teilnehmer an einer fortgesetzten Gütergemeinschaft zu dem nach § 3 Nr. 6 begünstigten Personenkreis gehört (Zusammenschau mit § 3 Nr. 7);
- der unmittelbare Erwerb eines Gr vom Treuhänder durch eine Person, die im Verhältnis zum Treugeber zu dem nach § 3 Nr. 6 begünstigten Personenkreis gehört, bei Auflösung des Treuhandverhältnisses (Zusammenschau mit § 3 Nr. 8). Anderes gilt, wenn jemand als Beauftragter, „Treuhänder" oder Geschäftsbesorger ein Gr für einen anderen erwirbt, ohne erkennbar im Namen des Auftraggebers zu handeln, und dieses Gr unmittelbar auf einen mit dem Auftraggeber in gerader Linie Verwandten überträgt. Anderes gilt auch, wenn ein Treuhänder im Auftrag des Sohnes ein Gr von der Mutter erwirbt und der Sohn sodann vereinbarungsgemäß in den zwischen dem Treuhänder und der Mutter abgeschlossenen Kaufvertrag eintritt (Umschreibung des Gr von Mutter auf Sohn). In diesem Fall löst der Kaufvertrag zwischen dem Treuhänder und der Mutter zunächst zwei Erwerbsvorgänge aus: Der Treuhändererwerb unterfällt dem § 1 I Nr. 1, der Sohn erlangt gem. § 1 II Verwertungsbefugnis; § 3 Nr. 6 greift nicht ein (BFH II R 108/91, BFH/NV 1995, 431);
- der Übergang eines Gr auf eine PersGes, soweit an dem Vermögen der Gesellschaft eine Person beteiligt ist, die im Verhältnis zum Übertragenden zu dem nach § 3 Nr. 6 begünstigten Personenkreis gehört und ihre Gesellschafterstellung unverändert – im Hinblick auf § 5 III – aufrecht erhält (BFH III R 29/01, BStBl. II 2003, 529; II R 2/13, BStBl. II 2015, 557; FG BW EFG 2004, 364; Zusammenschau mit § 5);
- der Übergang eines Gr von einer PersGes auf eine Person, die im Verhältnis zum Mitgesellschafter zu dem nach § 3 Nr. 6 begünstigten Personenkreis gehört, soweit dieser Mitgesellschafter am Vermögen der Gesellschaft beteiligt ist (Zusammenschau mit § 6 II; zB BFH II 142/63, BStBl. II 1969, 400; II R 96/76, BStBl. II 1980, 217; FG München 4 K 2555/09, EFG 2012, 2051);
- der Erwerb durch eine Person, die im Verhältnis zum Miteigentümer oder Gesamthandsberechtigten des Gr zu dem nach § 3 Nr. 6 begünstigten Personenkreis gehört, bei Umwandlung von Bruchteilseigentum bzw. Gesamthandseigentum in Flächeneigentum, soweit der Miteigentümer oder Gesamthandsberechtigte beteiligt ist, unter Beachtung der Sperrfrist des § 7 III (Zusammenschau mit § 7).

einstweilen frei **233–240**

I. Grundstückserwerb durch Teilung des Gesamtguts der fortgesetzten Gütergemeinschaft (§ 3 Nr. 7)

I. Allgemeines

§ 3 Nr. 7 begünstigt den Erwerb eines zum Gesamtgut gehörenden Gr bei der Auseinandersetzung des Gesamtguts einer fortgesetzten Gütergemeinschaft (§§ 1483 ff. BGB). Satz 2 der Vorschrift wurde durch das JStG 2010 – verfassungsrechtlich geboten (BVerfG 1 BvL 16/11, DStR 2012, 1649) – dahin geändert, dass eingetragene **Lebenspartner** den Ehegatten der begünstigten Teilnehmer an einer fortgesetzten Gütergemeinschaft gleichgestellt wurden. Der Gesetzgeber hat durch das AmtshilfeRLUmsG § 23 IX so geändert, dass die Frist auf alle nach **241** dem 31.7.2001 ergangenen und noch nicht bestandskräftigen Bescheide anzuwenden ist (vgl. → § 23 Rn. 34).

II. Fortgesetzte Gütergemeinschaft

242 Die fortgesetzte Gütergemeinschaft wird durch Aufhebungserklärung, Wiederverheiratung oder Begründung einer Lebenspartnerschaft sowie Tod des überlebenden Ehegatten (§§ 1492–1494 BGB) oder durch rechtskräftiges Urteil auf Grund Aufhebungsklage eines Abkömmlings beendet (§§ 1495, 1496 BGB). An die Beendigung der fortgesetzten Gütergemeinschaft knüpft die Auseinandersetzung über das Gesamtgut (§§ 1498 ff. BGB) an. Im Zusammenhang mit dieser Auseinandersetzung gelangt § 3 Nr. 7 zur Anwendung.

243 Bei **Nichteintritt der fortgesetzten Gütergemeinschaft** (zB bei Ablehnung nach § 1484 BGB oder Ausschließung nach § 1509 BGB) fällt der Anteil des Erstverstorbenen am Gesamtgut – ebenso wie dessen Vorbehalts- und Sondergut – in den Nachlass. In diesem Fall wird der erstverstorbene Ehegatte nach den allgemeinen Vorschriften beerbt (§ 1510 BGB iVm § 1482 BGB). Sofern der überlebende Ehegatte nicht Alleinerbe ist, erfolgt die Auseinandersetzung über das Gesamtgut nach §§ 1471–1481 BGB, bei der sich die GrESt-Befreiung nicht nach § 3 Nr. 7, sondern nach § 3 Nr. 3 richtet.

III. Begünstigter Personenkreis

244 § 3 Nr. 7 **S. 1** begünstigt die **Teilnehmer an der fortgesetzten Gütergemeinschaft;** dies sind der **überlebende Ehegatte/Lebenspartner und** die **gemeinschaftlichen Abkömmlinge,** die bei der gesetzlichen Erbfolge als Erben berufen sind (§§ 1483 I, 1924 BGB). Zu den Abkömmlingen gehören neben den gemeinsamen (ehelichen und nichtehelichen) leiblichen Kindern die von dem Ehepaar angenommenen Kinder (§ 1754 I BGB; § 9 VII LPartG). Der Anteil eines verstorbenen Abkömmlings ist unvererblich, so dass dieser über seinen Anteil weder von Todes wegen verfügen kann noch der Anteil in seinen Nachlass fällt. Die Rechtsfolgen beim Tod eines anteilsberechtigten Abkömmlings (Bestimmung des Nachrückers, Anwachsung des Anteils) ergeben sich aus § 1490 BGB. Nach § 3 Nr. 7 **S. 2** sind auch die Ehegatten und Lebenspartner der Teilnehmer an der fortgesetzten Gütergemeinschaft begünstigt (→ Rn. 246).

245 Ist ein **gemeinsamer Abkömmling** von dem **Teilnehmerkreis der fortgesetzten Gütergemeinschaft ausgeschlossen** (Erbunwürdigkeit, § 1506 BGB iVm §§ 2239–2345 BGB; letztwillige Verfügung des erstversterbenden Ehegatten und Zustimmung des anderen Ehegatten, §§ 1511–1515 BGB; Verzicht des Abkömmlings, §§ 1491, § 1517 BGB iVm § 2346 BGB), wirkt der Ausschluss auch gegenüber seinem Ehegatten. Erhält der Abkömmling als Abfindung für den Verzicht ein Gr, ist der Erwerb entweder nach § 3 Nr. 2 GrEStG iVm § 7 I Nr. 4 ErbStG oder § 3 Nr. 2 GrEStG iVm § 3 II Nr. 4 ErbStG von der GrESt befreit, je nachdem, ob der Verzicht vor oder nach Eintritt der fortgesetzten Gütergemeinschaft erfolgt. Im Falle der Ausschließung durch letztwillige Verfügung kann der Abkömmling, unbeschadet seines Erbrechts, aus dem Gesamtgut die Zahlung des Betrages verlangen, der ihm von dem Gesamtgut der ehelichen Gütergemeinschaft als Pflichtteil gebühren würde, wenn die fortgesetzte Gütergemeinschaft nicht eingetreten wäre (§ 1511 II BGB). **Erhält er** in diesem Fall statt des Geldbetrages ein **Gr aus dem Gesamtgut,** ist dieser Erwerb als Erwerb von Todes wegen nach **§ 3 Nr. 2 GrEStG iVm § 3 I Nr. 1, II Nr. 4 ErbStG von der GrESt**

befreit, sofern und soweit das Gr für den Verzicht auf den Pflichtteil hingegeben wird (BFH II R 64/80, BStBl. II 1982, 76; → Rn. 78).

Zu den **begünstigten Ehegatten** iSd § 3 Nr. 7 S. 2 gehören die Ehegatten der Teilnehmer an der fortgesetzten Gütergemeinschaft. Das sind die Ehegatten der (teilnehmenden) Abkömmlinge (→ Rn. 244). Zu den begünstigten Ehegatten gehört auch der neue Ehegatte des überlebenden Ehegatten (Viskorf/Meßbacher-Hönsch § 3 Rn. 446; Hofmann/Eiling/Keßeler § 3 Rn. 44). Denn dessen Wiederheirat führt zur Beendigung der fortgesetzten Gütergemeinschaft mit der Folge der Auseinandersetzung (§§ 1493 I, 1497 BGB), die Gegenstand der Befreiungsvorschrift ist. Bei der Auseinandersetzung ist der neue Ehegatte des überlebenden Ehegatten bereits vorhanden, so dass auch der Ehegatte Teilnehmer iSd Befreiungsvorschrift ist. § 3 Nr. 7 S. 2 enthält bezüglich des neuen Ehegatten keine Einschränkung. 246

IV. Zugehörigkeit des Grundstücks zum Gesamtgut

§ 3 Nr. 7 setzt voraus, dass das erworbene Gr im Zeitpunkt des Todes des erstversterbenden Ehegatten zum **Gesamtgut** (dazu § 1485 BGB) der fortgesetzten Gütergemeinschaft **gehört.** Die Zugehörigkeit eines Gr zum Gesamtgut bestimmt sich ausschließlich **nach spezifisch grestrechtlichen Maßstäben** (Viskorf/Meßbacher-Hönsch § 3 Rn. 449). Für das Merkmal können anhaltsweise die für § 1 IIa, 1 IIb und III geltenden Grundsätze unter Einbeziehung des § 1 IVa entspr. herangezogen **werden.** So gehören zum Gesamtgut nicht nur die im gemeinschaftlichen Eigentum der Ehegatten bzw. Lebenspartner befindlichen Gr, sondern auch solche, die dem Gesamtgut im maßgeblichen Zeitpunkt aufgrund der Verwirklichung (→ § 23 Rn. 3 ff.) eines unter § 1 I, II oder III fallenden Erwerbsvorgangs zuzurechnen waren. Demgegenüber gehört ein Gr nicht mehr zum Gesamtgut, wenn es zum maßgeblichen Zeitpunkt (Tod des Erstversterbenden) aufgrund der Verwirklichung eines unter § 1 I, II oder III fallenden Erwerbsvorgangs dem Gesamtgut nicht mehr zuzurechnen war. 247

Zum **Gesamtgut gehört auch,** was der **überlebende Ehegatte oder Lebenspartner aus dem Nachlass** des verstorbenen Ehegatten (Vermächtnisse, Pflichtteil) **erhält,** sofern es nicht in sein Vorbehalts- oder Sondergut fällt (§§ 1485 I, 1486 BGB). Zum Gesamtgut gehören ferner Gr, die der überlebende Ehegatte oder Lebenspartner erst nach dem Tod des Erstversterbenden zum Gesamtgut erwirbt. Dieser Erwerb zum Gesamtgut ist jedoch nicht nach § 3 Nr. 7 befreit, auch wenn der Erwerb der Erleichterung der Teilung des Gesamtguts der fortgesetzten Gütergemeinschaft dient; grestfrei ist allerdings der gesetzliche Miterwerb durch die teilnehmenden Abkömmlinge (§ 3 Nr. 6). Erwirbt ein Teilnehmer an der fortgesetzten Gütergemeinschaft ein Gr im Rahmen der Auseinandersetzung des Gesamtguts im Tausch gegen ein eigenes Gr, ist der Erwerb der Gütergemeinschaft nur insoweit begünstigt, als der erwerbende Teilnehmer selbst beteiligt ist (§ 5). Ein **Gr,** das ein Dritter im Auftrag eines oder beider in Gütergemeinschaft lebender Ehegatten bzw. Lebenspartner erwirbt, gehört zwar nicht zum Gesamtgut, wohl aber der Herausgabeanspruch (§ 667 BGB). Gleiches gilt bezüglich des (schuldrechtlichen) Rückgabeanspruchs gegenüber dem Treuhänder. Durch Verwirklichung des Herausgabe- bzw. Rückgabeanspruchs kann das Gr Gesamtgut werden. Der Rückerwerb des Gr im Zusammenhang mit der Auflösung des Treuhandverhältnisses kann nach § 3 Nr. 8 begünstigt sein. 248

V. Teilung des Gesamtguts

249 § 3 Nr. 7 setzt weiter voraus, dass der Erwerb des zum Gesamtgut gehörigen Gr der Teilung des Gesamtguts (dh der Auseinandersetzung, § 1498 BGB) dient. Es muss also ein **Auseinandersetzungsanlass** (Aufgabeerklärung, Wiederverheiratung oder Begründung einer Lebenspartnerschaft iSd LPartG sowie Tod des überlebenden Ehegatten oder rechtskräftiges Aufhebungsurteil auf Grund einer Klage des Abkömmlings) vorhanden sein. Erwirbt ein Abkömmling ein Gr aus dem Gesamtgut ohne gegebenen Auseinandersetzungsanlass, greift § 3 Nr. 7 nicht. Ein solcher Erwerb wäre nur hinsichtlich seines Anteils am Gesamtgut gemäß § 6 und hinsichtlich des Anteils des überlebenden Ehegatten, der mit ihm in direkter Linie verwandt ist, gemäß § 3 Nr. 6 GrEStG iVm § 6 EStG befreit, nicht jedoch hinsichtlich des Anteils der anderen Teilnehmer.

§ 3 Nr. 7 verlangt nicht, dass das **Gesamtgut** mit dem Erwerb des Gr vollständig und **in einem Zuge geteilt wird.** Begünstigt ist auch der Erwerb eines Gr, der nur partiell zur Teilung des Gesamtguts führt. Für die Anwendung des § 3 Nr. 7 ist unschädlich, wenn der erwerbende Teilnehmer für den GrErwerb einen Gegenwert zu leisten hat oder wenn der Verkehrswert des Gr den Wert des Anteils des erwerbenden Teilnehmers an dem Gesamtgut übersteigt. Für die Aufteilung des Gesamtguts gilt im Übrigen das zur Teilung des Nachlasses Ausgeführte entsprechend (→ Rn. 186 ff.).

250 **Erwerbe iSd § 3 Nr. 7** sind **nicht** bereits **nach anderen Vorschriften des § 3 begünstigt:** Zwar sind GrÜbertragungen zwischen Ehegatten oder Lebenspartnern während der Ehe oder Lebenspartnerschaft unabhängig vom Güterstand grestfrei (§ 3 Nr. 4). Befreit sind auch die Erwerbe im Rahmen der Vermögensauseinandersetzung nach der Scheidung (§ 3 Nr. 5) und im Rahmen der Vermögensauseinandersetzung mit den Erben oder Miterben des verstorbenen Ehegatten bzw. Lebenspartners (§ 3 Nr. 3). Der Erwerb eines zum Gesamtgut gehörenden Gr im Rahmen der Auseinandersetzung einer fortgesetzten Gütergemeinschaft fällt nicht unter diese Befreiungsvorschriften. Insbesondere scheitert die Anwendung des § 3 Nr. 3 daran, dass der Anteil des verstorbenen Ehegatten am Gesamtgut einer fortgesetzten Gütergemeinschaft nicht zu dessen Nachlass gehört (§ 1483 I 3 BGB). Ohne § 3 Nr. 7 wäre der Erwerb eines Gr im Rahmen der Auseinandersetzung einer fortgesetzten Gütergemeinschaft nur zu der Quote befreit, die dem Beteiligungsverhältnis des erwerbenden Teilnehmers an der fortgesetzten Gütergemeinschaft entspricht (§§ 6, 7). Eine derartige Einschränkung erschien nicht gerechtfertigt (BT-Drs. 9/251, 18). Insbesondere wäre es unbefriedigend, wenn GrESt nur deswegen anfiele, weil die Ehegatten bzw. Lebenspartner sich nicht schon zu Lebzeiten auseinandergesetzt haben.

§ 3 Nr. 7 **S. 1** begünstigt den Erwerb eines zum Gesamtgut gehörenden Gr durch Teilnehmer an der fortgesetzten Gütergemeinschaft, soweit der Erwerb nicht ohnehin nach §§ 6 und 7 befreit ist. § 3 Nr. 7 **S. 2** erstreckt die Steuerbefreiung darüber hinaus auch auf die Ehegatten und Lebenspartner der Teilnehmer. Dies ist vor dem Hintergrund der aus § 3 Nr. 4 abzuleitenden Wertungen in interpolierender Betrachtung gerechtfertigt. Ohne diese Erweiterung könnte ein begünstigter Erwerb durch den Ehegatten oder Lebenspartner eines Teilnehmers immer dadurch erlangt werden, dass zunächst der Teilnehmer das Gr erwirbt und es dann im Ganzen oder zum Teil – nach § 3 Nr. 4 grestfrei – auf seinen Ehegatten oder Lebenspartner überträgt (vgl. auch BT-Drs. 9/251, 18). Anzuwenden ist § 3 Nr. 7 S. 2 ist auf Tatbestände nach dem 31.7.2001 (§ 23 IX).

Zur Anwendung des § 3 Nr. 7 auf die Tatbestände des § 1 IIa, IIb und III → Rn. 9 ff.

VI. Zusammenschau mit anderen Befreiungen (sog. Interpolation)

Aus der Zusammenschau des § 3 Nr. 7 mit anderen Befreiungsvorschriften können sich weitere – im Wortlaut der Befreiungsvorschriften nicht unmittelbar zum Ausdruck kommende – Befreiungstatbestände ergeben. In dieser interpolierenden Betrachtung (→ Vorb §§ 3–7 Rn. 10 f.) sind folgende **Beispielsfälle** ganz oder teilweise von der GrESt ausgenommen: 251

– der unmittelbare Erwerb eines Gr aus dem Gesamtgut zur Teilung des Gesamtguts durch einen Abkömmling eines Teilnehmers an einer fortgesetzten Gütergemeinschaft (Zusammenschau mit § 3 Nr. 6);
– der Übergang eines zum Gesamtgut gehörenden Gr zur Teilung des Gesamtguts auf eine Gesamthand in Höhe des Anteils, zu dem ein gemeinschaftlicher Abkömmling oder der überlebende Ehegatte bzw. Lebenspartner beteiligt ist (Zusammenschau mit §§ 5, 6 oder 7 iVm § 24).

einstweilen frei 252–255

J. Rückerwerb eines Grundstücks bei Auflösung von Treuhandverhältnissen (§ 3 Nr. 8)

I. Allgemeines

Nach § 3 Nr. 8 ist unter näheren Voraussetzungen nur der Rückerwerb eines Gr durch den Treugeber bei Auflösung des Treuhandverhältnisses befreit. Der **Erwerb der Verwertungsbefugnis bei** Begründung des **Treuhandverhältnisses** unterfällt nicht § 3 Nr. 8 (BFH II R 22/19, BStBl. I 2021, 626). Bei GrÜbertragungen im Rahmen von Treuhandverhältnissen entsteht GrESt sowohl für den Erwerb durch den Treuhänder als auch für den Rückerwerb durch den Treugeber. Eine zweifache Erhebung der GrESt in diesen Fällen erscheint nach Auffassung des Gesetzgebers unbillig (BT-Drs. 9/251, 18). Der Erwerb durch den Treuhänder ist in keinem Fall nach § 3 Nr. 8 befreit; insoweit gilt allein § 16 II (vgl. auch § 3 Nr. 8 S. 3). 256

Das GrEStG enthält keine Definition der Begriffe „Treuhandverhältnis“, „Treuhänder“ und „Treugeber“ (→ § 1 Rn. 121 ff.). § 3 Nr. 8 stellt nicht auf bestimmte Gestaltungen des Treuhandverhältnisses ab und gilt gleichermaßen für eigen- wie für fremdnützige Treuhandverhältnisse. Für **Auftragserwerbe gilt § 3 Nr. 8 nicht** (näher → § 1 Rn. 124).

In diesem Rahmen findet § 3 Nr. 8 auf **alle Tatbestände des § 1** Anwendung, sofern dem nicht die grestrechtl. Konstruktion oder der Inhalt der Befreiungsvorschrift entgegensteht. Auf den Erwerb der Verwertungsbefugnis **(§ 1 II)** durch den Treugeber ist § 3 Nr. 8 nicht anwendbar, sofern nicht der Treugeber selbst die Verwertungsbefugnis zuvor auf den Treuhänder übertragen hat. Auch der **Rückerwerb der Verwertungsbefugnis** soll nach unzutreffender Auffassung der FVerw (zu Treuhand/Auftragserwerb GLE 12.10.2007, BStBl. I 2007, 761 Tz. 2.2.1.2, 3.2.2.2.; vgl. → § 1 Rn. 136) mangels „Rückerwerb eines Gr“ nicht § 3 Nr. 8 unterfallen; insoweit muss aber **§ 3 Nr. 8 jedenfalls analog angewendet werden** (ebenso Viskorf/Meßbacher-Hönsch § 3 Rn. 464). § 1 II erfasst als 257 gegenüber § 1 I Nr. 1 subsidiärer Tatbestand einen Rechtsvorgang unterhalb der Ebene eines Eigentümerwechsels (→ § 1 Rn. 260). Die Rechtsmacht, das Gr auf eigene Rechnung zu verwerten, ist vergleichsweise schwächer als die des unbeschränkten Eigentümers. Es ist kein Grund dafür ersichtlich, den bloßen Rückerwerb der Verwertungsbefugnis grestrechtl. ungünstiger zu behandeln als den Rückerwerb des Volleigentums am Gr.

258 **§ 3 Nr. 8** ist auch auf **Erwerbsvorgänge iSd § 1 IIa** anwendbar, soweit die Rückübertragung von Anteilen an einer grbesitzenden Ges vom Treuhänder auf den Treugeber zum Erreichen der 90 %-Grenze beigetragen hat (zu § 1 IIa GLE 10.5.2022, BStBl. I 2022, 801 Tz. 5.2.4.; vgl. auch → Rn. 9 ff.; aA Hofmann/Bock § 3 Rn. 45). Insoweit gilt § 3 Nr. 8 aber nur, sofern das betr. Gr bereits bei der Anteilsübertragung auf den Treuhänder iSd § 1 IIa 1 zum Vermögen der PersGes gehörte und in diesem verblieben war. Unter diesen Voraussetzungen ist auch auf Erwerbe von KapGes **(§ 1 IIb)** anwendbar (zu § 1 IIb GLE 10.5.2022, BStBl. I 2022, 821 Tz. 5.2.4.).

Ebenfalls anwendbar ist § 3 Nr. 8 auf **Erwerbsvorgänge iSd § 1 III Nr. 3 und 4** bei Rückübertragung von Anteilen an einer grbesitzenden Gesellschaft (Erl Anteilsvereinigung Treuhand/Auftragserwerb, vom 19.9.2018, BStBl. 2018, 1056 Tz. 1.3.1.3, vgl. → § 1 Rn. 588; Viskorf/Meßbacher-Hönsch § 3 Rn. 466). Auch insoweit muss das betr. Gr bereits bei Begründung des Treuhandverhältnisses iSd § 1 III der Gesellschaft „gehört" haben. Gleiches gilt für Erwerbe iSd **§ 1 IIIa.**

II. Rückerwerb durch den Treugeber bei Auflösung des Treuhandverhältnisses

259 Begünstigt ist nur der **„Rückerwerb"** durch den Treugeber ist die **Rückübereignung des Gr vom Treuhänder auf den Treugeber.** Der Treugeber muss also zuvor selbst Eigentümer des Gr gewesen sein und dem Treuhänder das Eigentum daran übertragen oder den Übereignungsanspruch an dem Gr verschafft haben. Zwischenzeitlich eingetretene Wertveränderungen am Gr (zB durch Bebauung) sind für § 3 Nr. 8 ohne Belang.

III. Entrichtung der GrESt für den Erwerb durch den Treuhänder

260 Für eine Befreiung muss die **GrESt** für den **Rechtsvorgang entrichtet** worden sein, durch den der Treuhänder vom Treugeber den Anspruch auf Übereignung des Gr oder das Eigentum am Gr erlangt hatte (§ 3 Nr. 8 S. 2). Es gibt keinen Rechtsgrund, bestimmte Treuhandverhältnisse (etwa die uneigennützige Treuhand) im Wege der teleologischen Reduktion von der Besteuerung auszunehmen (BFH II B 41/20, BFH/NV 2021, 447). Die Besonderheiten des § 1 IIa sind allein dadurch veranlasst, dass hier eine zivilrechtliche Betrachtung nicht möglich ist (BFH II B 41/20, BFH/NV 2021, 447; auch → § 1 Rn. 310). **Entrichtet** – also nicht nur „berechnet" – ist die GrESt nur, wenn sie durch **Zahlung (§ 224 AO) entrichtet** wurde. Es ist ohne Belang, aus welchen Gründen die Zahlung unterblieben ist. § 3 Nr. 8 greift daher nicht ein, wenn der Erwerb durch den Treuhänder gar nicht erfasst wurde oder von der GrESt befreit war, die GrESt erlassen wurde oder bereits Festsetzungs- bzw. Zahlungsverjährung eingetreten ist.

IV. Verhältnis zu § 16 II

Nach **§ 3 Nr. 8 S. 3 bleibt § 16 II unberührt.** Unter den Voraussetzungen des § 16 II ist bei einem GrRückerwerb durch den Treugeber sowohl für den Rückerwerb als auch für den vorausgegangenen Erwerbsvorgang die Steuer nicht festzusetzen oder die Steuerfestsetzung aufzuheben. Liegen die Voraussetzungen vor, ist für § 3 Nr. 8 kein Raum. Dies wird durch § 3 Nr. 8 S. 3 klargestellt. Sofern die Voraussetzungen des § 16 II nicht erfüllt sind (zB bei Fristüberschreitung), ist nur der GrRückerwerb durch den Treugeber nach Maßgabe des § 3 Nr. 8 von der GrESt ausgenommen. Auf die Rückgängigmachung des Erwerbs durch den Treuhänder findet § 3 Nr. 8 keine Anwendung; insoweit kommt ausschließlich die Anwendung des § 16 in Betracht. Soweit die Voraussetzungen des § 16 II nicht erfüllt sind, kann aber eine Befreiung nach §§ 5–7 vorliegen. 261

V. Zusammenschau mit anderen Befreiungen (sog. Interpolation)

Eine Zusammenschau des § 3 Nr. 8 mit § 3 Nr. 4, 5, 5a und 6 kann zur Steuerbefreiung führen, wenn bei Auflösung des Treuhandverhältnisses nicht der Treugeber das Gr zurückerhält, sondern sein Ehegatte, sein geschiedener Ehegatte (im Rahmen der Vermögensauseinandersetzung nach der Scheidung) oder sein Verwandter in gerader Linie bzw. ein Gleichgestellter das Gr unmittelbar vom Treuhänder erwirbt (s. auch Hofmann/Bock § 3 Rn. 45). Auf die in den Erläuterungen zu § 3 Nr. 4, 5 und 6 angeführten Beispielsfälle wird verwiesen. Soweit § 3 Nr. 4, 5, 5a oder 6 erfüllt sind, kommt auch eine teilweise Steuerbefreiung nach Maßgabe der §§ 5–7 in Betracht. 262

§ 4 Besondere Ausnahmen von der Besteuerung

Von der Besteuerung sind ausgenommen:

1. **der Erwerb eines Grundstücks durch eine juristische Person des öffentlichen Rechts, wenn das Grundstück aus Anlaß des Übergangs von öffentlich-rechtlichen Aufgaben oder aus Anlaß von Grenzänderungen von der einen auf die andere juristische Person übergeht und nicht überwiegend einem Betrieb gewerblicher Art dient;**
2. **der Erwerb eines Grundstücks durch einen ausländischen Staat, wenn das Grundstück für die Zwecke von Botschaften, Gesandtschaften oder Konsulaten dieses Staates bestimmt ist und Gegenseitigkeit gewährt wird;**
3. **der Erwerb eines Grundstücks durch einen ausländischen Staat oder eine ausländische kulturelle Einrichtung, wenn das Grundstück für kulturelle Zwecke bestimmt ist und Gegenseitigkeit gewährt wird;**
4. **der Übergang von Grundstücken gemäß § 1 Absatz 1 Nummer 3 und von Gesellschaftsanteilen gemäß § 1 Absatz 3 Nummer 2 und 4 als unmittelbare Rechtsfolge eines Zusammenschlusses kommunaler Gebietskörperschaften, der durch Vereinbarung der beteiligten Gebietskörperschaften mit Zustimmung der nach Landesrecht zuständigen Stelle oder durch Gesetz zustande kommt, sowie Rechtsgeschäfte über Grundstücke gemäß § 1 Absatz 1 Nummer 1 und über Gesellschaftsanteile gemäß § 1 Absatz 3 Nummer 1 und 3 aus Anlass der Aufhebung der Kreisfreiheit einer Gemeinde;**

5. der Erwerb eines Grundstücks von einer juristischen Person des öffentlichen Rechts sowie der Rückerwerb des Grundstücks durch die juristische Person des öffentlichen Rechts, wenn das Grundstück im Rahmen einer Öffentlich Privaten Partnerschaft für einen öffentlichen Dienst oder Gebrauch im Sinne des § 3 Abs. 2 des Grundsteuergesetzes benutzt wird und zwischen dem Erwerber und der juristischen Person des öffentlichen Rechts die Rückübertragung des Grundstücks am Ende des Vertragszeitraums vereinbart worden ist. [2]Die Ausnahme von der Besteuerung entfällt mit Wirkung für die Vergangenheit, wenn die juristische Person des öffentlichen Rechts auf die Rückübertragung des Grundstücks verzichtet oder das Grundstück nicht mehr für einen öffentlichen Dienst oder Gebrauch genutzt wird;

6. Erwerbe, die allein auf dem Austritt des Vereinigten Königreichs Großbritannien und Nordirland aus der Europäischen Union beruhen;

7. die Übertragung oder der Übergang von Anteilen am Gesellschaftsvermögengemäß § 1 Absatz 2a, von Gesellschaftsanteilen gemäß § 1 Absatz 2b und 3 oder von Anteilen am Gesellschaftsvermögen oder Gesellschaftskapital gemäß § 1 Absatz 3a, soweit diese Übertragung oder dieser Übergang durch demokratische Wahlen des Vorstands einer politischen Partei im Sinne des Artikels 21 des Grundgesetzes oder einer Gewerkschaft im Sinne des Artikels 9 Absatz 3 des Grundgesetzes oder eines Zusammenschlusses solcher Gewerkschaften in Form eines nicht rechtsfähigen Vereins bedingt ist.

Übersicht

A. Vorbemerkung

Der Begünstigungskatalog des § 4 wurde infolge des Beitritts der ehemaligen DDR um die Nr. 4–8, allerdings zeitlich befristet, erweitert. Diese Befreiungstatbestände stellten bestimmte Rechtsträgerwechsel an Gr im Zusammenhang mit der Herstellung der Einheit Deutschlands sowie Fusionen von Wohnungsgesellschaften und -genossenschaften von der GrESt frei. Diese Vorschriften haben ihre praktische Bedeutung durch Zeitablauf verloren (zu Einzelheiten dieser Regelungen vgl. 3. Aufl. § 4 Rn. 31 ff.) und wurden durch das AmtshilfeRLUmsG aufgehoben bzw. ersetzt (zur erstmaligen Anwendung § 23 XI). 1

Mit Wirkung ab 8.9.2005 wurde § 4 Nr. 9 (nunmehr § 4 Nr. 5) als Befreiungsregelung für den Erwerb im Rahmen einer **ÖPP** eingefügt. Ferner werden aufgrund der Neufassung des § 4 Nr. 4 durch das AmtshilfeRLUmsG nunmehr Erwerbsvorgänge im Zusammenhang mit kommunalen Zusammenschlüssen bzw. der Aufhebung der Kreisfreiheit einer Gemeinde und Rechtsträgerwechsel befreit. § 4 Nr. 6 wurde durch das **Brexit-StBG** (BGBl. 2019 I 357) angefügt und durch das JStG 2024, BGBl. 2024 I Nr. 387 geändert (→ Rn. 47). Durch das JStG 2024 wurde auch § 4 Nr. 7 angefügt (→ Rn. 47a ff.; zur erstmaligen Anwendung s. § 23 XXVI, vgl. → § 23 Rn. 87). Außerhalb des GrEStG sind spezialgesetzliche Befreiungsvorschriften hinzugetreten (→ Rn. 70 ff.).

B. Erwerbe juristischer Personen des öffentlichen Rechts (§ 4 Nr. 1)

I. Bedeutung

2 § 4 Nr. 1 wurde durch das **StEntlG 1999 ff.** (BGBl. 1999 I 402) dahingehend geändert, dass Begünstigte nicht nur Körperschaften des öffentlichen Rechts, sondern auch juristische Person des öffentlichen Rechts **(jPöR)** sind. Damit entfällt die bisher notwendige Abgrenzung (so noch BFH II R 40/87, BStBl. II 1990, 793) der Körperschaften des öffentlichen Rechts von den Anstalten und Stiftungen des öffentlichen Rechts. Ferner wurde der Begünstigungstatbestand dahingehend präzisiert, dass der GrErwerb aus Anlass des Übergangs von „öffentlich-rechtlichen" und nicht – wie bisher – von „öffentlichen Aufgaben" erfolgt sein muss (zur Begr. vgl. BT-Drs. 14/443, 42 f.).

II. Gesetzeszweck

3 § 4 Nr. 1 soll den Wechsel des Trägers einer öffentlich-rechtlichen Aufgabe von GrESt freihalten, sofern mit diesem Trägerwechsel auch ein rechtsgeschäftlicher oder gesetzlicher Übergang von GrEigentum verbunden ist (BFH II R 16/10, BStBl. II 2012, 148). Davon ausgenommen sind GrÜbergänge, wenn das Gr überwiegend einem Betrieb gewerblicher Art dient (→ Rn. 14 ff.). Zur Vermeidung von Wettbewerbsverzerrungen sind damit Umstrukturierungen im gewerblichen Bereich der öffentlichen Hand grestrechtlich denen in der Privatwirtschaft gleichgestellt. Diese Einschränkung enthält § 4 Nr. 4, der allerdings einen im Vergleich zu § 4 Nr. 1 engeren Anwendungsbereich hat, nicht. § 4 Nr. 1 enthält **keinen Nachversteuerungsvorbehalt** und ist nicht nachträglich zu versagen, wenn das Gr später nicht begünstigten Zwecken zugeführt wird. Zu beachten ist, dass auch **Erbbaurechte** (§ 2 II Nr. 1) zu den begünstigten Erwerbsvorgängen gehören (BFH II R 45/21, DStR 2024, 1764 mAnm Kugelmüller-Pugh).

Der **„Erwerb eines Grundstücks"** umfasst nach hM nur Grundstücksgeschäfte nach § 1 I, nicht aber solche fingierten Erwerbsvorgänge nach § 1 IIa, IIb, III oder IIIa (BFH II R 24/21, BStBl. II 2023, 1060 Rn. 41 ff.; Viskorf/Kugelmüller-Pugh § 4 Rn. 13; Bruschke UVR 2025, 92). Die Ableitung durch den BFH lässt nicht hinreichend erkennen, dass auch der Schutz durch § 140 GG iVm § 137 III und § 138 II WRV eine hinreichende Abwägung zwischen kirchlichem Recht und Steuerrecht erfordert (für eine weitere Auslegung auch Hofmann/Eiling § 4 Rn. 2). Es gibt angesichts des jetzt durch § 4 Nr. 7 garantierten Schutzes für Erwerbsvorgänge nach § 1 IIa, IIb, IIII und IIIa keinen Grund, den Schutzbereich für § 4 Nr. 1 auf Erwerbsvorgänge nach § 1 I zu beschränken. Außerdem liegt hier ein Verzicht auf die GrESt aus sachlichen Billigkeitsgründen nahe (Heußner NWB 2025, 1313). Für die Praxis ist es aber wichtig, diese sehr enge Auslegung des § 4 Nr. 1 zu beachten und zu würdigen.

III. Juristische Personen des öffentlichen Rechts

4 Der gesetzlich nicht definierte Begriff der **jPöR** umfasst rechtsfähige Gebilde, die ihre Rechtsfähigkeit und Gestaltung aus dem öffentlichen Recht des Bundes oder eines Bundeslandes herleiten (zB BFH I 52/50 U, BStBl. III 1951, 120; I 274/64, BStBl. II 1968, 218; I R 7/71, BStBl. II 1974, 391). Erfüllt sind diese Merkmale jedenfalls dann, wenn die Beteiligten zueinander in einem hoheitlichen

Über- und Unterordnungsverhältnis stehen und sich der Träger der hoheitlichen Gewalt der besonderen Rechtssätze des öffentlichen Rechts bedient (BFH II R 40/16, BFH/NV 2020, 555). Dazu gehören alle **Körperschaften des öffentlichen Rechts** (dazu zB Maurer/Waldhoff AllgVerwR § 21 Rn. 8 f.), insb. die sog. Gebietskörperschaften (zB Bund, Länder, Landkreise, Gemeinden, Gemeindeverbände, Landschaftsverbände) und sonstige Körperschaften des öffentlichen Rechts (zB Berufskammern, Universitäten, Sozialversicherungsträger, Wasser-, Boden- und Siedlungsverbände, Deichgenossenschaften), **Anstalten des öffentlichen Rechts** (dazu allg. Maurer/Waldhoff AllgVerwR § 23 Rn. 48 ff.) wie zB Bundesbank, Landeszentralbanken, öffentliche Sparkassen, öffentlich-rechtliche Rundfunkanstalten (BFH V 76/64, BStBl. III 1967, 582; I R 7/71, BStBl. II 1974, 391), **öffentlich-rechtliche kulturelle Bildungs-, Forschungs-, Versorgungs- und Gewahrsamsanstalten** (auch eine genehmigte staatlich anerkannte Ersatzschule, BFH II R 40/16, BFH/NV 2020, 555), **Stiftungen des öffentlichen Rechts** (zB die Stiftung „Preußischer Kulturbesitz“) und die **Zweckvermögen des öffentlichen Rechts.**

Körperschaften des öffentlichen Rechts sind auch die **Religionsgesellschaften** 5
iSd Art. 140 GG iVm Art. 137 V WRV (BFH III R 54/74, BStBl. II 1975, 746), insb. die katholische und evangelische Kirche (BFH II R 40/16, BFH/NV 2020, 555) einschließlich ihrer Teilgliederungen (Bistümer, Diözesen, Dekanate, Kirchengemeinden, Klöster), Art. 7 Abs. 4 S. 2 GG und/oder Landesrecht (BFH V R 1/68, BStBl. II 1972, 70; II R 40/16, BFH/NV 2020, 555). Korporationsqualität haben auch alle anderen Religionsgemeinschaften mit Körperschaftsstatus. Grundlage der Korporationsqualität kann die geschichtliche Entwicklung, Verwaltungsübung oder ein staatlicher Verleihungsakt sein (zB BFH III 179/57 U, BStBl. III 1958, 478). Die Frage, ob dazu auch öffentliche Aufgaben gehören, die im privatrechtlichen Rechtskleid erfüllt werden, dürfte jedenfalls bei Bestehen von im öffentlichen Bereich wurzelnden Verpflichtungen zu bejahen sein (offen gelassen von BFH II R 40/16, BFH/NV 2020, 555).

§ 4 Nr. 1 erfasst auch **ausländische jPöR,** soweit sie als solche nach deutschem 6
Recht anerkannt sind. Dies gilt auch für zwischenstaatliche oder überstaatliche, durch völkerrechtliche Verträge errichtete Institutionen (zB UNO, EG). Bündnisse (zB die NATO) fallen nicht darunter. Träger der Insolvenzsicherung nach § 14 BetrAVG sind keine jPöR (BFH II R 1/02, BFH/NV 2004, 1120).

Die **Gemeinnützigkeit** des jeweiligen Rechtssubjekts ist kein Tatbestands- 7
merkmal des § 4 Nr. 1 und macht das Erfordernis der Eigenschaft als jPöR nicht entbehrlich. Der GrErwerb durch einen gemeinnützigen Verein kann deshalb nicht gem. § 4 Nr. 1 befreit sein; in der Beschränkung auf Erwerbe durch jPöR liegt **kein Verstoß gegen Art. 3 I GG** (zutr. FG Hmb 3 V 129/12, EFG 2013, 140 (mAnm Fumi)).

IV. Übergang öffentlich-rechtlicher Aufgaben oder Grenzänderung

§ 4 Nr. 1 setzt den GrErwerb aus Anlass des Übergangs von öffentlich-rechtli- 8
chen Aufgaben oder aus Anlass von Grenzänderungen **durch eine jPöR auf eine andere jPöR** voraus. Dies setzt voraus, dass sowohl der **Grundstücksveräußerer** als auch der **Grundstückserwerber** jPöR sind. Dies hat der BFH (II R 12/15, BStBl. II 2017, 211) für die Position des Grundstückserwerbers aus der Entste-

hungsgeschichte und dem Zweck der Vorschrift abgeleitet (ebenso Viskorf/Kugelmüller-Pugh § 4 Rn. 11 f.).

„Öffentlich-rechtliche Aufgaben" sind zunächst diese, die der jPöR als Träger der öffentlichen Gewalt eigentümlich und vorbehalten sind (BFH I R 102/74, BStBl. II 1976, 793; I R 38/80, BFH/NV 1987, 810); sie gehören zu dem von den Betrieben gewerblicher Art (→ Rn. 14) abzugrenzenden hoheitlichen Bereich. Ob der Aufgabenübergang oder die Grenzänderung auf Gesetz oder auf Rechtsgeschäft beruht, ist unerheblich (BFH II R 16/10, BStBl. II 2012, 148; II R 98/86, BFH/NV 1990, 263). Dazu gehören ferner auch solche, die aufgrund ihres öffentlich-rechtlichen Charakters im öffentlichen Interesse erbracht werden; in diesem Fall ist auch die Erbringung der Leistungen in privatrechtlicher Grundlage nicht schädlich. Das ist etwa der Fall, wenn mit dem Prüfungs- und Zeugnisrecht einer staatlich anerkannten Ersatzschule aufgrund seiner öffentlich-rechtlichen Natur auch das Prüfungs- und Zeugnisrecht nach dem Landesrecht übergeht (BFH II R 40/16, BStBl. II 2020, 233). Auch bei Errichtung und Bewirtschaftung von Einrichtungen für das studentische Wohnen handelt es sich um eine öffentlich-rechtliche Aufgabe iSd § 4 Nr. 1 (FG Mecklenburg-Vorpommern 3 K 435/17, EFG 2022, 851; ebenso auch BFH II R 45/21, DStR 2024, 1764 mAnm Kugelmüller-Pugh).

9 Ein **Übergang** von öffentlich-rechtlichen Aufgaben liegt nur vor, wenn die **jPdöR genau die Funktionen** wahrnimmt, die bisher von der **übergebenden juristische Person wahrgenommen** wurden (BFH II R 16/10, BStBl. II 2012, 148; FG BW 2 K 285/05, EFG 2007, 951). Das trifft zB zu auf den Wechsel des Trägers der Straßenbaulast nach § 6 FStrG, den Übergang von Aufgaben der Landesversicherungsanstalten auf die Medizinischen Dienste, soweit es sich um die Durchführung von Aufgaben des Vertrauensärztlichen Dienstes handelt (FM Nds v 20.8.1991, GrESt-Kartei ND 1983 § 4 GrEStG Karte 3), den Übergang des Betriebes eines Kindergartens von einer Kirchenstiftung auf die Gemeinde als subsidiäre Kindergartenträgerin (FG München 4 K 2439/03, EFG 2005, 63) oder den Aufgabenübergang zwischen den Teilgliederungen innerhalb einer korporierten Religionsgesellschaft. Dazu gehört auch der Übergang der Trägerschaft einer staatlich genehmigten Ersatzschule von einer jPdöR auf eine andere (kirchliche) iPdöR (BFH II R 40/16, BFH/NV 2020, 555). Ein Übergang öffentlich-rechtlicher Aufgaben vollzieht sich auch im Rahmen der Auftragsverwaltung (Art. 85 ff. GG). Diese Voraussetzung ist auch nicht erfüllt, wenn die ungeteilte Aufgabe der Trägerschaft (für einen Erweiterungsbau für eine Kita) weiterhin bei dem kirchlichem Träger verbleibt (FG Rheinland-Pfalz 4 K 2285/20, DStRE 2025, 357).

10 **Kein Übergang** öffentlich-rechtlicher Aufgaben liegt vor, wenn eine jPöR Aufgaben **außerhalb ihres öffentlich-rechtlichen Tätigkeitsbereichs** auf die zuständige jPöR **überträgt** (RFH Urt. 14.1.1930, Mr. § 21 II R 9), eine Gemeinde ein gemeindliches SchulGr an eine auf diesem Gr eine Privatschule betreibende Religionsgemeinschaft überträgt (BFH II 140/63, BFHE 86, 693; III R 54/74, BStBl. III 1975, 746) oder mehrere öffentlich-rechtliche Körperschaften ihre Krankenhausbetriebe dergestalt aufeinander abstimmen, dass jede Körperschaft nur Kliniken einer bestimmten Fachrichtung betreibt (BFH II R 98/86, BFH/NV 1990, 263). Den Anforderungen eines Übergangs öffentlich-rechtlicher Aufgaben ist auch nicht genügt, wenn ein KirchenGr auf eine konfessionsfremde Religionsgesellschaft übertragen wird und es an jedwedem grbezogenen Übergang religiöser (konfessionsspezifischer) Aufgabenstellungen auf die erwerbende Religi-

onsgesellschaft fehlt (BFH II R 16/10, BStBl. II 2012, 148, Verfassungsbeschwerde nicht zur Entscheidung angenommen). Eine nur grbezogene und vom Aufgabenübergang absehende Betrachtung scheidet aus (aA FG Hamburg 3 K 74/12, EFG 2013, 956 rkr.). Nicht ausreichend ist auch, wenn ein privater Rechtsträger durch eine jPöR vertreten wird (BFH II R 12/15, BStBl. II 2017, 211).

Ein Übergang zwischen juristischen Personen soll nicht begünstigt sein, wenn es an einem Grundstückserwerbsvorgang fehlt (so für den Fall einer Anteilvereinigung von zwei katholischen Kirchengemeinden vor der staatlichen Anerkennung (BFH II R 35/17, BStBl. II 2020, 514).

Eine Zusammenschau von § 1 I Nr. 3b und § 4 Nr. 1 für den Grundstückserwerb eines Zweckverbandes hat der BFH (II R 4/22, BFH/NV 2024, 1256) abgelehnt, da es bereits an dem einem abgekürzten Weg typischerweise zugrunde liegenden Dreiecksverhältnis fehlte.

Zu **Grenzänderungen** kommt es insb. bei einer Neugliederung des Bundesgebiets (Art. 29 GG), der Änderung von Gemeindegebieten nach den GemeindeO der Länder (zB §§ 24 ff. NKomVG). Die Art der GrNutzung vor und nach der Gebietsänderung ist für § 4 Nr. 1 ohne Bedeutung. 11

§ 4 Nr. 1 verlangt mit dem Merkmal „aus Anlass" einen **unmittelbaren Zusammenhang** zwischen dem GrErwerb und dem Übergang der öffentlich-rechtlichen Aufgaben oder der Grenzänderung (BFH II R 45/21, DStR 2024, 1764 mAnm Kugelmüller-Pugh). § 4 Nr. 1 gewährt eine Steuerbefreiung nur dann, wenn der Grundstücksübergang aus Anlass einer Aufgabenübertragung von einer juristischen Person auf eine andere erfolgt (vgl. auch Loose jurisPR-SteuerR 39/2024 Anm. 2). Ein solcher Zusammenhang ist ohne Weiteres gegeben, wenn das übertragene Gr von der erwerbenden juristischen Person für die übertragenen öffentlich-rechtlichen Aufgaben genutzt wird. Außerdem muss Identität zwischen der das Gr übertragenden und der die Aufgaben übertragenden jPöR bestehen (FG BW EFG 2007, 951). Das Gr dient auch dann den öffentlich-rechtlichen Aufgaben der jPöR, wenn es für Zwecke ihrer eigenen Verwaltung, also auch für die Tätigkeit ihrer gesetzlichen oder satzungsmäßigen Organe oder sonstigen Organisationsstellen benutzt wird. So dient zB eine im Eigentum einer öffentlich-rechtlichen Religionsgemeinschaft stehende Garage, die zur Unterstellung eines für Aufgaben eines Geistlichen benötigten Kraftwagens benutzt wird, dem begünstigten Verwaltungszweck der Religionsgemeinschaft (BFH III 125/63 U, BStBl. III 1965, 568 zur GrSt). Ein **zeitlicher Zusammenhang** zwischen dem Übergang der öffentlich-rechtlichen Aufgaben und dem GrErwerb ist nicht zwingend erforderlich. Der Erwerb des Gr kann auch später erfolgen, wenn es nur seit dem Übergang der öffentlich-rechtlichen Aufgaben von der erwerbenden jPöR für die Erfüllung dieser Aufgaben verwendet wird (vgl. auch FG MV 3 K 435/17, EFG 2022, 851; Hofmann/Eiling § 4 Rn. 3). Ein **zeitlicher Abstand** zwischen Erbbaurechtsbestellung und Aufgabenübertragung **schadet nicht** (FG Baden-Württemberg 5 K 1618/24, BeckRS 2024, 45097, Rev. BFH II R 2/25). Bei der Vermietung von Wohnungen genommene ortsübliche Miete dürfte eine Befreiung nach § 4 Nr. 1 ausschließen (FG München 4 K 2515/16, EFG 2019, 1617 NZB BFH II B 63/19). 12

einstweilen frei 13

V. Betriebe gewerblicher Art

Juristische Personen des öffentlichen Rechts können auch Aufgaben wahrnehmen, mit denen sie in Wettbewerb zur privaten Wirtschaft treten, sind sie aus 14

Gründen der **Wettbewerbsneutralität** nicht begünstigungswürdig (BFH II B 160/05, BFH/NV 2006, 1882; Seer/Klemke BB 2010, 2015). Daher macht § 4 Nr. 1 die Steuerbefreiung davon abhängig, dass das übergehende Gr nicht überwiegend einem Betrieb gewerblicher Art dient. Diese Einschränkung entfällt bei dem durch das AmtshilfeRLUmsG neu eingefügten § 4 Nr. 4.

15 Für einen Betrieb gewerblicher Art enthält das GrEStG keine eigene Begriffsbestimmung. In Anlehnung an **§ 4 I 1 KStG** handelt es sich um Einrichtungen einer jPöR, die einer nachhaltigen wirtschaftlichen Tätigkeit zur Erzielung von Einnahmen außerhalb der Land- und Forstwirtschaft dienen und sich innerhalb der Gesamtbetätigung der juristischen Person wirtschaftlich herausheben. Damit sind grds alle Einrichtungen der öffentlichen Hand von der Steuerbegünstigung ausgenommen, die das Bild eines Gewerbebetriebes tragen (BFH I R 102/74, BStBl. II 1976, 793). Einen Anhaltspunkt vermag das Übersteigen eines Umsatzes von 130.000 EUR zu liefern (KStR 2022 4.1 Abs. 4; Behrens/Wachter/Nienhaus § 4 Rn. 19). Gewinnerzielungsabsicht und die Beteiligung am allgemeinen wirtschaftlichen Verkehr sind jedoch nicht erforderlich. Die in § 4 III KStG aufgeführten Betriebe sind stets solche gewerblicher Art.

16 Keine Betriebe gewerblicher Art sind gem. § 4 V 1 KStG **Hoheitsbetriebe,** die überwiegend der **Ausübung öffentlicher Gewalt** dienen. Die Ausübung öffentlicher Gewalt – dieses Merkmal dient der Abgrenzung zur gewerblichen Tätigkeit – liegt bei Tätigkeiten vor, die der jPöR eigentümlich und vorbehalten sind. Hierfür kennzeichnend ist die Erfüllung spezifisch öffentlich-rechtlicher Aufgaben, die aus der Staatsgewalt abgeleitet sind, staatlichen Zwecken dienen und zu deren Annahme der Leistungsempfänger aufgrund gesetzlicher oder behördlicher Anordnung verpflichtet ist (BFH I R 106/10, BStBl. II 2012, 837). Ausübung öffentlicher Gewalt liegt hingegen nicht vor, wenn sich die jPöR durch ihre Einrichtung in den allgemeinen wirtschaftlichen Verkehr einschaltet und eine Tätigkeit ausübt, die sich im Inhalt von der eines privaten gewerblichen Unternehmens nicht wesentlich unterscheidet (BFH I R 106/10, BStBl. II 2012, 837 mwN). In diesem Fall tritt die jPöR durch einen Betrieb gewerblicher Art mit privaten Unternehmen in Wettbewerb.

17, 18 *einstweilen frei*

19 Ist der Betrieb einer jPöR **sowohl hoheitlich als auch gewerblich** tätig und eine Trennung beider Tätigkeiten nicht möglich, ist nach § 4 V 1 KStG auf die **überwiegende Zweckbestimmung** abzustellen. Zwangs- oder Monopolrechte reichen für die Annahme eines Hoheitsbetriebs nicht aus (§ 4 V 2 KStG). Die Ausübung öffentlicher Gewalt ist der jPöR eigentümlich und vorbehalten (BFH I 274/64, BStBl. II 1968, 218; I R 200/73, BStBl. II 1976, 355). Eine gesetzliche Zuweisung von Aufgaben reicht für die Annahme eines Hoheitsbetriebes nicht aus, wenn sie auch von Privatpersonen erfüllt werden können (BFH V R 79/84, BStBl. II 1988, 910).

Ein von einem **kirchlichen Träger** (als Körperschaft des öffentlichen Rechts, Art. 140 GG iVm Art. 137 V WRV) betriebener **Kindergarten** dürfte – entgegen FG Hamburg 3 K 74/12, EFG 2013, 956 rkr. – **kein** Betrieb gewerblicher Art sein. Die von einem kirchlichen Kindergarten erbrachte Leistung dient – auch – einem kirchengebundenen, spezifisch religiösen Erziehungsauftrag. Der kirchliche Kindergarten, auch wenn in großem Umfang in die staatliche Aufgabe der Kinderbetreuung einschließlich der Finanzierungsverantwortung einbezogen, steht als solcher nicht im „wirtschaftlichen Wettbewerb“ zu anderweitigen privaten oder öffentlichen Kindergartenbetreibern. Die Parallele zu kommunalen Kindergärten (BFH I R 106/10, BStBl. II 2012, 837) geht daher fehl.

Zu Abgrenzungsfragen und weiteren Einzelheiten vgl. die Kommentarliteratur zu § 4 KStG sowie Seer/Klemke BB 2010, 2015.

Ob ein Gr iSd § 4 Nr. 1 **„überwiegend"** einem Betrieb gewerblicher Art dient, kann jeweils einzelfallbezogen und unter Zugrundelegung der jeweils in Anspruch genommenen GrFlächen oder der Nutzfläche des Gebäudes im Verhältnis zu der anderweitigen Nutzung dieser Flächen festgestellt werden (Hofmann/Eiling § 4 Rn. 5). **20**

einstweilen frei **21–24**

C. Erwerb durch ausländische Staaten für diplomatische Zwecke (§ 4 Nr. 2)

I. Bedeutung

Durch § 4 Nr. 2 – entspricht § 4 I Nr. 6 GrEStG 1940 – soll ein ausländischer Staat (Entsendestaat) für den Erwerb eines für die Zwecke von Botschaften, Gesandtschaften oder Konsulaten bestimmten Gr nicht mit GrESt belastet werden, wenn dieser Staat seinerseits der BRD für die gleichen Zwecke Steuerbefreiung gewährt. Begünstigt ist auch der GrErwerb durch den Entsendestaat für Wohnzwecke des Personals seiner diplomatischen Missionen und konsularischen Vertretungen (vgl. auch FM Nds 10.12.1997, DStR 1998, 608). **25**

Rechtsgrundlage für die GrESt-Befreiung beim Erwerb der für Missionszwecke und für Zwecke der konsularischen Vertretung benötigten Räumlichkeiten durch den Entsendestaat bildet auch das G v. 26.8.1969 zu dem Wiener Übereinkommen v. 24.4.1963 über konsularische Beziehungen (BGBl. 1969 II 1585; s. auch Heidekrüger DVR 1971, 129). Vergünstigungen auf Grund völkerrechtlicher Verträge, die nach Art. 59 II 1 GG innerstaatliches Recht geworden sind, bleiben unberührt (s. § 2 AO). **26**

II. Verwendungsabsicht

Der GrErwerb muss für die in § 4 Nr. 2 genannten Zwecke „bestimmt" sein. Dazu muss im Zeitpunkt des GrErwerbs die Absicht bestanden haben, das Gr dem begünstigten Zweck zuzuführen; die Verwirklichung dieser Absicht darf nicht von vornherein unmöglich sein (vgl. anhaltsweise BFH II R 155/79, BStBl. II 1982, 421). § 4 Nr. 2 fordert nicht die anschließende Verwirklichung dieser Absicht und führt auch nicht zu einer Nachversteuerung, wenn die Verwendungsabsicht später aufgegeben oder der begünstigte Zweck nicht verwirklicht wird. **27**

III. Gegenseitigkeit

Der erwerbende Entsendestaat muss seinerseits die BRD für GrErwerbe der in § 4 Nr. 2 genannten Art von solchen Abgaben freistellen, die sachlich der GrESt entsprechen. Erforderlich ist (nur) die tatsächliche Gewährung der Abgabenfreiheit, einer gesetzlichen Regelung des Entsendestaats bedarf es nicht (zu Verfahrensfragen der Klärung der Gegenseitigkeit vgl. FM Nds 10.12.1997, DStR 1998, 608). **28**

einstweilen frei **29, 30**

D. Erwerb durch ausländische Staaten oder ausländische kulturelle Einrichtungen für kulturelle Zwecke (§ 4 Nr. 3)

I. Bedeutung

31 § 4 Nr. 3 befreit GrErwerbe durch ausländische Staaten oder ausländische kulturelle Einrichtungen für kulturelle Zwecke, wenn Gegenseitigkeit gewährt wird. Der Erwerb dient kulturellen Zwecken, wenn der ausländische Staat oder die ausländische kulturelle Einrichtung das Gr verwenden will, um die Lebensformen und Geisteshaltungen ihrer Bevölkerung (etwa durch Bibliotheken, Sprachinstitute, Ausstellungen oder kulturelle Veranstaltungen) zu vermitteln.

II. Begünstigter Erwerberkreis

32 Zum **begünstigten Erwerberkreis** gehören **ausschließlich** ausländische Staaten oder ausländischen kulturellen Einrichtungen. Da inländische kulturelle Einrichtungen von § 4 Nr. 3 nicht erfasst werden, ist auch der satzungsgemäße GrErwerb eines Gr durch einen inländischen Verein, der sich die religiöse Betreuung einer im Inland lebenden ausländischen konfessionsgebundenen Volksgruppe zum Ziel gesetzt hat, nicht nach § 4 Nr. 3 befreit (FG Köln 11 K 1026/87, EFG 1989, 647). Überstaatliche kulturelle Einrichtungen werden in § 4 Nr. 3 zwar nicht genannt, jedoch von der FVerw zum begünstigten Erwerberkreis gerechnet (EinfErl GrEStG zu § 4).

III. Verwendungsabsicht und Gegenseitigkeit

33 Das Gr muss für kulturelle Zwecke **„bestimmt"** sein. Es muss im Zeitpunkt des Erwerbs seitens des Erwerberstaates oder der ausländischen kulturellen Einrichtung die Absicht bestanden haben, das Gr dem begünstigten Zweck zuzuführen. Ferner muss die Steuerbegünstigung auf Gegenseitigkeit beruhen. Der Erwerberstaat muss seinerseits die BRD für GrErwerbe unter den gleichen Bedingungen von Abgaben freistellen, die sachlich der GrESt entsprechen (vgl. auch → Rn. 28).

GrESt-Vergünstigungen auf Grund völkerrechtlicher Verträge, die nach Art. 59 GG innerstaatliches Recht geworden sind, bleiben wegen ihres aus § 2 AO folgenden Anwendungsvorrangs unberührt.

34 *einstweilen frei*

E. Zusammenschluss kommunaler Körperschaften; Aufhebung der Kreisfreiheit einer Gemeinde (§ 4 Nr. 4)

35 Die Neuregelung des § 4 Nr. 4 wurde durch das AmtshilfeRLUmsG eingefügt; zur erstmaligen Anwendung vgl. § 23 XI. Die Vorschrift geht auf einen Vorschlag des BR (BR-Drs. 737/11; vgl. auch BT-Drs. 17/10604, 40 f.) zurück und begünstigt Erwerbsvorgänge im Zusammenhang mit einem Zusammenschluss kommunaler Gebietskörperschaften sowie der Aufhebung der Kreisfreiheit einer Gemeinde. Der Übergang von Gr im Zusammenhang mit der Zusammenlegung von Gemeinden (Eingemeindungen) oder dem Verlust der Kreisfreiheit von Gemeinden ist schon nach § 4 Nr. 1 von der GrESt befreit (vgl. auch → Rn. 11). § 4 Nr. 4 erweitert diesen Befreiungsrahmen, indem – anders als nach § 4 Nr. 1 –

nicht nur GrErwerbe von jPöR, sondern auch Erwerbsvorgänge der dem gewerblich genutzten kommunalen Vermögen zugeordneten Gr kommunaler Körperschaften und ferner auch Gr kommunaler Gesellschaften von der Begünstigung erfasst werden. Ob angesichts der Weite der durch § 4 Nr. 4 begünstigten GrErwerbe bzw. Erwerbe von Geschäftsanteilen an kommunalen Unternehmen und der insoweit gegenstandslosen Beschränkung des § 4 Nr. 1 auf nicht überwiegend einem Betrieb gewerblicher Art dienender Gr dem Gebot der Wettbewerbsneutralität (→ Rn. 14) genügt ist, erscheint zweifelhaft. Diese FVerw hat jedoch nunmehr entschieden, dass insoweit eine staatliche Beihilfe vorliegt (LfSt Sachsen 10.7.2014, S 440–33/27-213).

I. Grundstücksübergang bei Zusammenschluss kommunaler Körperschaften

§ 4 Nr. 4 Alt. 1 begünstigt GrÜbergänge als unmittelbare Rechtsfolge eines Zusammenschlusses kommunaler Gebietskörperschaften (insbes Gemeinden, Landkreise sowie uU Kommunalverbände). Kommunalrechtlich handelt es sich insoweit um Gebietsänderungen, die die Auflösung, Vereinigung oder Neubildung von Gemeinden oder Landkreisen umfassen können. Grundlage für den Zusammenschluss kommunaler Gebietskörperschaften kann zum einen „eine Vereinbarung der beteiligten Gebietskörperschaften mit Zustimmung der nach Landesrecht zuständigen Stelle“ (dazu zB §§ 25 I 2, 26 NKomVG) oder aber ein entspr Gesetz (zB § 25 I 1 NKomVG) sein. 36

Begünstigt sind Erwerbsvorgänge nach § 1 I Nr. 3 sowie § 1 III Nr. 2 und 4, sofern sie **„unmittelbare Rechtsfolge“** eines Zusammenschlusses kommunaler Gebietskörperschaften sind. Dabei setzt § 4 Nr. 1 nicht voraus, dass sich das übergehende Gr auf ein im Eigentum der jeweiligen kommunalen Gebietskörperschaft stehendes Gr bezieht. Begünstigt ist auch – soweit das Merkmal der „unmittelbaren Rechtsfolge“ erfüllt ist – der Übergang des einer kommunalen Gesellschaft gehörenden Gr bzw. der Übergang der von der betr kommunalen Körperschaft gehaltenen Anteile an einer solchen kommunalen Gesellschaft. Das Erfordernis der „unmittelbaren Rechtsfolge“ ist erfüllt, wenn der den Zusammenschluss begründende Rechtsakt (Gesetz, Gebietsänderungsvertrag) den Rechtsübergang bewirkt. Erwerbe iSd **§ 1 IIa, IIb, III Nr. 1 u. 3 sowie IIIa** sind durch § 4 Nr. 1 nicht begünstigt. Die hier gegebene Fiktion eines Erwerbsvorgangs, vermag nichts an der § 4 Nr. 4 insoweit fehlenden gesetzlichen Befreiungsregelung zu ändern. 37

II. Rechtsgeschäfte über Grundstücke bei Aufhebung der Kreisfreiheit einer Gemeinde

Ebenfalls begünstigt sind nach § 4 Nr. 4 Alt. 2 Rechtsgeschäfte über Gr nach § 1 I Nr. 1 und § 1 III Nr. 1 u. 3 aus Anlass der Aufhebung der Kreisfreiheit einer Gemeinde. Die Aufhebung der Kreisfreiheit einer Gemeinde und die damit einhergehende Eingliederung in einen Landkreis bedarf einer gesetzlichen Grundlage (zB § 25 I 1 NKomVG). Begünstigt sind nur Rechtsgeschäfte nach § 1 I Nr. 1 und II Nr. 1 u. 3 „aus Anlass“ der Aufhebung der Kreisfreiheit einer Gemeinde. Derartige Rechtsgeschäfte können zB Gegenstand eines Gebietsänderungsvertrags (zB § 26 NKomVG) sein. Das Merkmal „aus Anlass“ ist ebenso auszulegen wie das entspr. Merkmal in § 4 Nr. 1 (→ Rn. 12) und verlangt einen unmittelbaren Zusammenhang zwischen den Rechtsgeschäften iSd § 1 I Nr. 1 bzw. § 1 III Nr. 1 38

u. 3 und der Aufhebung der Kreisfreiheit einer Gemeinde. Erwerbe iSd § 1 IIa, IIb, III Nr. 2 und 4 sowie IIIa sind nicht begünstigt.

39 *einstweilen frei*

F. Erwerb im Rahmen einer Öffentlich-Privaten Partnerschaft (§ 4 Nr. 5)

40 § 4 Nr. 5 (bis zur Umnummerierung durch das AmtshilfeRLUmsG: § 4 Nr. 9) wurde durch das ÖPPBeschlG v. 1.9.2005 (BGBl. I 2005, 2676) angefügt. Die ÖPP ist eine Form der Zusammenarbeit zwischen öffentlichen Stellen und Privatunternehmen zwecks Finanzierung, Bau, Renovierung, Betrieb oder Unterhaltung einer Infrastruktur oder der Bereitstellung einer Dienstleistung (näher BFH II R 16/17, BFH/NV 2019, 1194; BT-Drs. 15/5668, 10, 17; FM NRW 4.4.2006, DB 2006, 870; ferner Weitemeyer NVwZ 2006, 1376; Peppersack BB 2008, 640; vgl. auch → Rn. 42). § 4 Nr. 5 ist auf Erwerbsvorgänge nach dem 7.9.2005 anzuwenden. Erfolgt die Übertragung des Gr auf den privaten Auftragnehmer unter Erfüllung der übrigen Voraussetzungen vor dem Inkrafttreten der Vorschrift, ist die spätere Rückübertragung gleichwohl nach dieser Vorschrift von der GrESt befreit.

41 § 4 Nr. 5 setzt zunächst voraus, dass ein **privater Auftragnehmer** das Gr **von** einer **jPöR** (→ Rn. 4 ff.) erwirbt. Ebenso wie im Falle des § 4 Nr. 1 ist die **Gemeinnützigkeit** der am GrErwerb beteiligten Rechtsträger kein Tatbestandsmerkmal des § 4 Nr. 5; insb. ist ausschließlich der GrErwerb von einer jPöR begünstigt. Darin liegt **kein Verstoß gegen Art. 3 I GG** (zutr. FG Hmb 3 V 129/12, EFG 2013, 140 (mAnm Fumi)).

Private Auftragnehmer sind auch Gesellschaften, an denen eine jPöR ganz oder zum Teil beteiligt ist (ebenso Viskorf/Kugelmüller-Pugh § 4 Rn. 47). Der Begriff des **Gr** ist iSd des § 2 zu verstehen. Insbesondere ist § 4 Nr. 5 auch auf Erbbaurechte iSd § 2 II Nr. 1 anwendbar (BFH II R 16/17, BStBl. II 2019, 624). Die Bestellung eines Erbbaurechts durch eine jPöR zugunsten eines privaten Auftragnehmers ist unter Berücksichtigung des mit § 4 Nr. 5 verfolgten Zwecks auch dann begünstigt, wenn das Erbbaurecht auf die Laufzeit des ÖPP-Vertrags begrenzt ist (zutr. Hofmann/Eiling § 4 Rn. 18). Nicht von § 4 Nr. 5 begünstigt sind Erwerbsvorgänge, bei denen der private Auftragnehmer das Gr auf dem freien Markt erwirbt und in das ÖPP-Projekt einbringt.

42 Der gesetzlich nicht definierte Begriff ÖPP ist nach der Begründung des Entwurfs des ÖPPBeschlG die Kooperation von öffentlicher Hand und privater Wirtschaft beim Entwerfen, bei der Planung, Erstellung, Finanzierung, dem Management, dem Betreiben und dem Verwerten von bislang in staatlicher Verantwortung erbrachten öffentlichen Leistungen (BT-Drs. 15/5668, 10). Im Rahmen einer ÖPP verpflichtet sich ein privater Unternehmer gegenüber der öffentlichen Hand typischerweise dazu, eine bestimmte Investition durchzuführen und das Investitionsobjekt über einen gewissen Zeitraum zu betreiben und zu erhalten. Eine ÖPP liegt danach nicht allein deshalb vor, weil eine juristische Person des öffentlichen Rechts Gesellschafterin einer Kapital- oder Personengesellschaft ist. Dass die juristische Person des öffentlichen Rechts Gesellschafterin des privaten Partners ist, steht dem Vorliegen einer ÖPP andererseits auch nicht entgegen (BFH II R 13/15, BStBl. II 2018, 768; II R 16/17, BStBl. II 2019, 624).

§ 4 Nr. 5 setzt ferner voraus, dass das Gr dem privaten Auftragnehmer im Rahmen einer ÖPP für einen **öffentlichen Dienst oder Gebrauch** iSd § 3 II GrStG **überlassen wird.** Gemäß § 3 II 1 GrStG ist öffentlicher Dienst oder Gebrauch „die hoheitliche Tätigkeit" oder der bestimmungsgemäße Gebrauch durch die Allgemeinheit. Nach § 3 II 2 GrStG darf ein Entgelt für den Gebrauch durch die Allgemeinheit nicht in der Absicht, Gewinn zu erzielen, gefordert werden. **Hoheitliche Tätigkeit** bedeutet die Erfüllung von Hoheitsaufgaben, die der jPöR eigentümlich und ihr vorbehalten sind. Ein bestimmungsgemäßer Gebrauch durch die Allgemeinheit liegt vor, wenn der Personenkreis, dem die Eigennutzung vorbehalten ist, als Öffentlichkeit angesehen werden kann. Bei der Auslegung des Merkmals „öffentlicher Dienst oder Gebrauch" orientiert sich die FVerw zutr. an Abschn. 9 und 10 GrStR (vgl. OFD Koblenz 22.12.2010, GrESt-Kartei RP 1983 § 4 GrEStG Karte 6; dort auch eine eingehende Aufzählung der im Einzelnen den Anforderungen genügenden bzw. nicht genügenden Einrichtungen). Kein öffentlicher Dienst oder Gebrauch liegt vor bei Betrieben gewerblicher Art von jPöR (Abschn. 9 IV GrStR).

Schließlich verlangt § 4 Nr. 5, dass zwischen dem Erwerber und der jPöR **43** die **Rückübertragung** des Gr am Ende des Vertragszeitraums **vereinbart** worden ist. Ein bloßes **Optionsrecht** auf Rückübertragung des Gr (Kaufoption) **reicht nicht aus** (BFH II R 16/17, BFH/NV 2019, 1194; FM Bayern 27.4.2006; HEB 2022 § 4 GrEStG Rn. 17 f.). Bei einem Erbbaurecht bedarf es der klaren und eindeutigen Vereinbarung, dass das Erbbaurecht am Ende der Laufzeit der ÖPP auf den öffentlich-rechtlichen Partner übertragen wird (BFH II R 16/17, BFH/NV 2019, 1194). Der Ablauf der Nutzungsvereinbarung und des Erbbaurechtsvertrags muss klar vereinbart sein. Die Abrede, dass das Recht an einem Gebäude auf fremden Boden erst später entsteht, ist mangels Rückübertragung nicht befreit (BFH II R 16/17, BFH/NV 2019, 1194; Viskorf/Kugelmüller-Pugh § 4 Rn. 49); anders nur, wenn vorher eine klare und eindeutige Vereinbarung getroffen wurde.

Rückwirkender Wegfall der Befreiung. Gemäß§ 4 Nr. 5 S. 2 entfällt die **44** Steuerbefreiung für die Übertragung des Gr auf den privaten Auftragnehmer rückwirkend, wenn die jPöR auf die Rückübertragung des Gr verzichtet oder das Gr nicht mehr für einen öffentlichen Dienst oder Gebrauch genutzt wird. Es handelt sich um ein rückwirkendes Ereignis iSd § 175 I 1 Nr. 2 AO, über das Steuerschuldner gem. § 19 II Nr. 5 Anzeige zu erstatten haben. Die FinB sind gehalten, die Erfüllung des begünstigten Zwecks zu überwachen und im Hinblick auf die Vorschriften über die Festsetzungsverjährung im Abstand von fünf Jahren zu überprüfen (FM Bayern 27.4.2006, HEB 2022 § 4 GrEStG Rn. 17, 19).

einstweilen frei **45, 46**

G. Erwerbe aufgrund Brexit (§ 4 Nr. 6)

Mit der Einfügung der Steuerbefreiungsvorschrift des § 4 Nr. 6 durch das Bre- **47** xit-StBG v. 25.3.2019 (BGBl. 2019 I 357) wird sichergestellt, dass es allein durch den Austritt des Vereinigten Königreichs Großbritannien und Nordirland aus der EU nicht zu einer Belastung mit GrSt kommt (BT-Drs. 19/7959, 36). Die Regelungen sollen vermeiden, dass eine britische Ltd nach dem Brexit nicht mehr als KapGes anerkannt wird und GrESt auslöst.

H. Erwerbe von Parteien, Gewerkschaften oder Zusammenschlusses von Gewerkschaften (§ 4 Nr. 7)

47a Durch das JStG 2024 (BGBl. 2024 I Nr. 387) wurde § 4 Nr. 7 als neuer Befreiungstatbestand eingeführt. Diese Bestimmung ist gem. § 23 XXVI rückwirkend auf alle nach dem 30.6.2021 verwirklichten Erwerbsvorgänge anzuwenden.

Mit § 4 Nr. 7 wird dem besonderem Schutzbereich von Art. 9 III, Art. 21 GG für Gewerkschaften und Parteien auch grunderwerbsteuerlich Rechnung getragen. Diese Verbände sind als nicht-rechtsfähiger Verein organisiert. Deren **Grundbesitz** steht regelmäßig im Eigentum von **KapGes,** deren Anteile treuhänderisch vom Vorstand des nicht rechtfähigen Vereins gehalten werden. Ein Wechsel in der Treuhänderbestellung (durch Neuwahl oder zB durch Tod des Treuhänders) führt zu einer überschießenden grunderwerbsteuerrechtlichen Reaktion.

Die Anwendung des § 1 IIa, IIb, III und IIIa soll in diesen Fällen ausgeschlossen sein. Voraussetzung ist, dass diese Übertragung oder der Übergang durch demokratische Wahlen des Vorstands einer politischen Partei (Art. 21 GG) oder einer Gewerkschaft (iSd § 9 III GG) stattfindet. Den Gewerkschaften gleichgestellt werden Organisationen unter einem Dachverband, da auch insoweit dieselben Interessen verfolgt werden (BT-Drs. 20/13419, 259). Die gegenüber § 4 Nr. 7 weite Auslegung des Schutzbereichs sollte auch für § 4 Nr. 1 gelten (→ Rn. 3).

I. GrESt-Befreiungen außerhalb des GrEStG

I. Spezialregelungen für die neuen Bundesländer

48 Das GrEStG ist in den neuen Bundesländern am 1.1.1991 in Kraft getreten. Im gleichen Zeitpunkt sind auch die Steuerbefreiungen nach dem GrESt-Recht der ehemaligen DDR unanwendbar geworden. Allerdings gelten für die neuen Bundesländer einige besondere, zT auf den EinigVertr zurückgehende Befreiungsregelungen. Daneben hatte die FVerw zahlreiche Billigkeitsregelungen im Zusammenhang mit der Herstellung der Deutschen Einheit erlassen, die ihre praktische Bedeutung inzwischen verloren haben (dazu noch 4. Aufl. 2010, § 4 Rn. 83 ff.).

49 **1. § 67 LwAnpG.** Nach **§ 67 I LwAnpG** v. 3.7.1991 (BGBl. 1991 I 1418, zuletzt geändert durch G v. 23.7.2013, BGBl. 2013 I 2586) **sind** „die zur Durchführung dieses Gesetzes vorgenommenen Handlungen, einschließlich der Auseinandersetzung nach § 49 LwAnpG“ grestfrei. Zu Einzelfragen vgl. 4. Aufl. 2010, § 4 Rn. 59 ff.

50 **2. § 34 III VermG.** Das **VermG** (idF der Bek. v. 9.2.2005, BGBl. 2005 I 205, zuletzt geändert durch G v. 21.11.2016, BGBl. 2016 I 2591) regelt die vermögensrechtlichen Ansprüche an Vermögenswerten, die Maßnahmen iSd § 1 VermG unterlagen (vgl. näher 4. Aufl. 2010, § 4 Rn. 71 ff.). Soweit die Rückübertragung Gr betrifft (zur Steuerbarkeit dieser Vorgänge und der Abtretung von Rückübertragungsansprüchen → § 1 Rn. 136, 222), besteht nach Maßgabe des

51 **§ 34 III VermG** GrESt-Freiheit. Diese Vorschrift wurde wiederholt geändert und lautete in seiner ursprünglichen Fassung:

„Der Berechtigte ist von der Entrichtung der Grunderwerbsteuer befreit.“

Durch Art. 15 § 2 Nr. 8 des G v. 20.12.1993 (BGBl. 1993 I 2182, 2225 (2234)) wurde § 34 III VermG mit Wirkung ab 25.12.1993 wie folgt neu gefasst:

„Personen, deren Vermögenswerte von Maßnahmen nach § 1 betroffen sind, sowie ihre Erben sind hinsichtlich der nach diesem Gesetz erfolgenden Grundstückserwerbe von der Grunderwerbsteuer befreit."

An diese Neufassung wurde durch Art. 19, 34 des G v. 21.12.1993 (BGBl. 1993 I 2310, 2337, 2351) mit Wirkung ab 30.12.1993 folgender Satz 2 angefügt:

„Dies gilt nicht für Personen, die ihre Berechtigung durch Abtretung, Verpfändung oder Pfändung erlangt haben, und ihre Rechtsnachfolger."

Sämtliche Fassungen des § 34 III VermG setzen voraus, dass ein von den Maßnahmen nach § 1 VermG betroffenes Gr (oder ErsatzGr nach §§ 9, 21 VermG) während eines anhängigen Verfahrens nach dem VermG auf den Berechtigten (zurück)übertragen wird. Begünstigungsfähig nach § 34 III VermG sind auch Rückerwerbe, die auf Grund einer **gütlichen Einigung** rechtsgeschäftlich abgewickelt werden (BFH II R 37/94, BStBl. II 1995, 205). Eine Mitwirkung der Behörde an der gütlichen Einigung ist, soweit ein Restitutionsverfahren überhaupt anhängig ist, nicht erforderlich (BFH II R 43/02, BFH/NV 2005, 242; II R 66/03, BFH/NV 2005, 2052; Leist DStR 2005, 1387). 52

Berechtigte iSd § 34 III VermG aF/nF sind die natürlichen und juristischen Personen sowie PershandelsGes, deren Gr von Maßnahmen gem. § 1 VermG betroffen sind, sowie deren Rechtsnachfolger (§ 2 I VermG); zur Berechtigung in Fällen des § 3 I 5 VermG vgl. BFH II R 18/10, BFH/NV 2012, 608. **§ 34 III VermG aF** hat Zweifel aufkommen lassen, ob auch derjenige in den Genuss der GrESt-Befreiung gelangt, dem das Gr von der Behörde zugewiesen wurde, nachdem er vor einer Entscheidung der Behörde die Berechtigung durch Rechtsgeschäft (zB **Abtretung**) erworben hat. Dies ist zu verneinen (vgl. BFH II R 18/10, BFH/NV 2012, 608; Viskorf/Kugelmüller-Pugh § 4 Anh 1 Rn. 10; zur Problematik eingehend 4. Aufl. Rn. 76 mwN). Für Rückübertragungen nach dem 25.12.1993 scheidet aufgrund des eingefügten § 34 III 2 VermG eine GrESt-Befreiung aus. 53

Erwirbt die BRD ein Gr nach dem VermG, ist dieser Erwerb nach § 34 III 1 VermG von der GrESt befreit, wenn die Rechte an dem Gr zuvor aufgrund des Vermögensregelungsabkommens zwischen der Regierung der BRD und der Regierung der Vereinigten Staaten vom 13.5.1992 (BGBl. II 1992, 1223) auf die BRD übergegangen ist. § 34 III 2 VermG steht dem nicht entgegen (BFH II R 40/03, BFH/NV 2005, 1626).

Der Steuerbefreiung nach § 34 III VermG steht es nicht entgegen, wenn der Berechtigte einen **Wertausgleich** zahlen muss, weil am Gr werterhöhende Maßnahmen durchgeführt wurden oder für untergegangene dingliche Rechte am Gr ein Ablösebetrag nach § 18 VermG zu entrichten ist. Steuerbefreiung ist auch zu gewähren bei Übertragung von **ErsatzGr** (§§ 9, 21 VermG) an den Berechtigten (s. FM LSA 14.7.1998, DStR 1998, 1265). 54

Den FinB obliegt die selbstständige Prüfung der Voraussetzungen für die Gewährung der GrESt-Befreiung nach § 34 III VermG (BFH II R 43/02, BFH/NV 2005, 242; II R 18/10, BFH/NV 2012, 608). Die den Eigentumswechsel außerhalb des Grundbuchs bewirkenden Entscheidungen der Ämter für offene Vermögensfragen (Verwaltungsakte nach §§ 30 I 2, 31 V 3, 38a III VermG) sind **keine Grundlagenbescheide** iSd § 171 X AO, denen Bindungswirkung für die FinB zukommt. Für die Annahme von Grundlagenbescheiden, die grds. auch von ressortfremden Behörden erlassen werden können (BFH III R 34/78, BStBl. II 55

1980, 682), fehlt es an der erforderlichen ausdrücklichen gesetzlichen Anordnung (BFH I R 197/84, BStBl. II 1988, 983 mwN).

Der Grundstückserwerb durch Alteigentümer nach § 3 V AusglLeistG ist nicht von der GrSt befreit (BFH II B 51/18, BFH/NV 2019, 205 mwN).

56–59 *einstweilen frei*

60 **3. § 2 III 1 MauerG.** § 2 I MauerG v. 15.7.1996 (BGBl. 1996 I 980) ermöglicht ehemaligen Eigentümern oder ihren Rechtsnachfolgern, ein Mauer- und GrenzGr im Grenzgebiet der vormaligen DDR (vgl. § 1 MauerG) unter näheren Voraussetzungen zurückzuerwerben. Dieser Erwerb ist nach § 2 III 1 MauerG grestfrei (zu weiteren Einzelheiten vgl. 4. Aufl § 4 Rn. 82).

61 **4. Gesetz zum Wismut-Vertrag.** Nach Art. 8 des G v. 12.12.1991 (BGBl. 1991 II 1138) betr. Wismut-Vertrag werden für den Vollzug der Art. 1–6 des Gesetzes keine Steuern erhoben; das gilt auch für die GrESt.

62–69 *einstweilen frei*

II. Anderweitige spezialgesetzliche Grunderwerbsteuerbefreiungen

70 In gesetzlich bestimmten Sonderfällen kann sich eine GrESt-Befreiung auch aus außerhalb des GrEStG getroffenen bundesrechtlichen Regelungen ergeben. Derartige Regelungen bedürfen allerdings, weil das Steueraufkommen gem. Art. 106 II Nr. 3 GG den Ländern zufließt, gem. Art. 105 III GG der Zustimmung des Bundesrats.

71 **1. Gesetz zur Neuordnung des Eisenbahnwesens (ENeuOG).** Das ENeuOG v. 27.12.1993 (BGBl. 1993 I 2378), zuletzt geändert durch G v. 8.7.2016 (BGBl. 2016 I 1594) enthält in seinen Art. 1 und 2 mWa 1.1.1994 für bestimmte Rechtsvorgänge Steuerbefreiungsvorschriften:

- Nach **Art. 1 § 15 V ENeuOG** sind Rechtsvorgänge aus Anlass der rechtlichen Verselbstständigung von bisher rechtlich unselbstständiger betrieblicher **Sozialeinrichtungen** von Steuern und Gebühren frei. Die Steuerbefreiung umfasst auch die GrESt.
- Nach Art. 2 § 11 II ENeuOG ist die Übertragung von bahnnotwendigen Gr von der Deutschen Bahn AG auf Aufgabenträger des öffentlichen Nahverkehrs von der GrESt ausgenommen (Art. 1 § 26 I, VII ENeuOG). Gleiches gilt für etwaige Rückübertragungen von Liegenschaften auf die Deutsche Bahn AG gem. § 26 VI ENeuOG.
- Nach **Art. 2 § 11 II ENeuOG** sind Rechtsvorgänge, die sich aus der Durchführung des Art. 1 §§ 20 bis 24 ENeuOG ergeben, von der GrESt befreit. Die Steuerbefreiung gilt gem **Art. 2 § 11 III ENeuOG** auch für Ges, die im Wege der **Ausgliederung** nach Art. 2 § 2 I ENeuOG errichtet werden, entsprechend.

Ferner waren nach der früheren Fassung des gem. **§ 9b AEG** (aufgehoben mWv 2.9.2016 durch G v. 29.8.2016, BGBl. 2016 I 2082) Rechtsvorgänge iSd GrEStG, die sich aus der Durchführung der §§ 8 bis 9a AEG ergeben, von der GrESt befreit (vgl. auch FM BW 23.3.2006, DB 2006, 698).

72 **2. Gesetz zur Neuordnung des Postwesens und der Telekommunikation (PostneuordnungsG – PTNeuOG).** Das am 1.1.1995 in Kraft getretene

PTNeuOG v. 14.9.1994 (BGBl. 1994 I 2325, geändert durch G v. 17.12.1997, BGBl. 1997 I 3108), enthält folgende Steuerbefreiungsvorschriften:

Nach **Art. 1 § 30 des G über die Errichtung einer Bundesanstalt für Post und Telekommunikation Deutsche Bundespost** – Bundesanstalt Post-Gesetz –, ist die Bundesanstalt von Gerichtsgebühren und Abgaben, die bei ihrer Errichtung entstehen, befreit.

Nach **Art. 2 § 6 des G über die Träger der gesetzlichen Sozialversicherung im Bereich der früheren Bundespost** – PostsozialversicherungsG – ist die Unfallkasse Post und Telekom von der Steuerpflicht sowie von Gerichtsgebühren und Abgaben, die aus Anlass ihrer Errichtung entstehen, befreit.

Nach **Art. 3 § 10 des G zur Umwandlung der Unternehmen der Deutschen Bundespost in die Rechtsform der Aktiengesellschaft** – PostUmwG –, sind die durch Umwandlung des Unternehmens der Deutschen Bundespost entstandenen „Deutsche Post AG“, „Deutsche Postbank AG“ und „Deutsche Telekom AG“ von den bei der Umwandlung der Teilsondervermögen entstehenden Steuerpflichten befreit.

Nach **Art. 11 § 15 des G zur Errichtung einer Museumsstiftung Post und Telekommunikation** – PTStiftG – ist die Museumsstiftung Post und Telekommunikation von Steuerpflichten sowie Gerichtsgebühren und Abgaben, die aus Anlass ihrer Errichtung entstehen, befreit.

Die genannten Befreiungsvorschriften schließen die GrESt-Befreiung mit ein.

3. Transonic Windtunnel. Gemäß § 1 VO v. 1.9.1989 (BGBl. 1989 II 738) 73
ist die European Transonic Windtunnel GmbH ua von der GrSt befreit.

4. EnergiewirtschaftsG (EnWG). Das am 13.7.2005 in Kraft getretene 74
EnWG v. 7.7.2005 (BGBl. 2005 I 1970, ber. durch BGBl. 2005 I 3621; zuletzt geändert durch G v. 8.7.2022, BGBl. 2022 I 1054) enthielt in seinem **§ 6 III** eine GrESt-Befreiungsregelung für Erwerbsvorgänge, die sich aus dort näher bezeichneten Entflechtungen ergeben. Nach Außerkrafttreten dieser Vorschrift enthält § 6 III EnWG idF des G v. 21.2.2013 (BGBl. 2013 I 346) erneut eine entspr. Befreiungsvorschrift. Diese gilt für Erwerbsvorgänge iSd § 1 GrEStG, die sich für Verteilernetzbetreiber, Transportnetzbetreiber oder Betreiber von Speicheranlagen aus der rechtlichen oder operationellen Entflechtung nach § 7 I und §§ 7a–10e EnWG ergeben. Bei der Prüfung der Frage, ob die Voraussetzungen einer rechtlichen oder operationellen Entflechtung vorliegen, ist die Regulierungsbehörde von den FinB um Amtshilfe zu ersuchen (vgl. BayLfSt 20.11.2013, BeckVerw 278618).

5. Finanzmarktstabilisierungsfondsgesetz (FMStFG). Nach **§ 14 IV** 75
FMStFG v. 17.10.2008 (BGBl. 2008 I 1982, zuletzt geändert durch G v. 23.6.2017, BGBl. 2017 I 1693) sind die zur Wahrnehmung der dem Fonds zugewiesenen Aufgaben als Erwerber vorgenommenen Rechtsakte von der GrESt befreit. Außerdem bleiben bei der Ermittlung des Vomhundertsatzes des § 1 IIa GrEStG Erwerbe von Anteilen durch den Fonds außer Betracht (FM Bay 12.11.2008, HEB 2022 § 4 GrEStG Rn. 21; FM BW 26.9.2009, HEB 2022 § 4 GrEStG Rn. 22). Eine Regelung für § 1 IIb fehlt.

6. § 100a Kapitalanlagegesetzbuch (KAGB). § 100a KAGB gewährt eine 76
GrESt-Befreiung für den Übergang des Sondervermögens auf die Verwahrstelle in solchen Fällen, in denen durch die Verpflichtung zur Abwicklung durch Veräu-

ßerung ein weiterer grestrechtlicher Tatbestand verwirklicht wird. Die Vorschrift ist am 31.12.2015 in Kraft getreten (§ 357 S. 1 KAGB).

77 **Befreit** ist nach der Vorschrift **nur der Fall,** dass das grundstücksbehaftete Sondervermögen kraft Gesetz (gem. § 1 I Nr. 3, bei Immobiliengesellschaften gem. § 1 IIa, IIb, III oder IIIa) auf die Verwahrstelle übergeht und Grundstücke bzw. Anteile an einer KapGes oder Anteile an einer PersGes gem. § 100 II 1 KAGB innerhalb des Dreijahreszeitraums auch tatsächlich grestrechtlich weiterveräußert bzw. übertragen werden und der Erlös an die Anleger verteilt wird. Über die Anknüpfung an § 257 KAGB wird die Steuerbefreiung nur für die Abwicklung offener Immobilienfonds in den Fällen gewährt, in denen die Rücknahme der Anteile am Sondervermögen wegen der zu großen Zahl der rückgabewilligen Anleger ausgesetzt war (BT-Drs. 18/6667, 23).

78 **Nicht begünstigt** sind deshalb all diejenigen Vorgänge, bei denen Verwertungshandlungen der Kapitalanlagegesellschaft selbst zu einem grestrechtlichen Vorgang führen. Gleiches gilt für Maßnahmen bis zum Erlöschen der Rücknahme gem. § 257 KAGB bzw. für die Zeit bis zum Erlöschen der Verwaltungsrechts gem. § 258 KAGB. Die Vergünstigung entfällt auch, soweit die zur Abwicklung verpflichtete Depotbank Grundstücke nicht innerhalb von drei Jahren durch einen der GrESt unterliegenden Erwerbsvorgang veräußert oder überträgt; in diesem Fall ist die GrESt nachträglich (§ 175 I 2 AO) festzusetzen (Viskorf/Kugelmüller-Pugh § 4 Anh. 2 Rn. 13).

Erwerbsvorgänge nach § 100a KAGB sind dem FA „fristgerecht und vollständig" nach §§ 18–20 anzuzeigen. Nach Ablauf der Dreijahresfrist ist dem FA der Verbleib aller inländischen Gr bzw. der Verbleib der Anteile an den Immobilien-Gesellschaften lückenlos nachzuweisen; bei einem Verstoß hiergegen entfällt die Steuerbefreiung.

79 Nach **§ 357 S. 2 KAGB** ist § 100a KAGB auch in den Fällen anzuwenden, in denen der Übergang des Immobilien-Vermögens auf die Verwahrstelle gem. § 39 I InvG deshalb erfolgt, weil das Recht der AIF-Kapitalverwaltungsgesellschaft zur Verwaltung des Immobilien-Sondervermögens gem. § 38 I oder 81 IV InvG erloschen ist und das Immobilen-Sondervermögen gem. § 39 II InvG abgewickelt und an die Anleger verteilt wird. Das gilt ebenfalls für den Übergang auf die Verwahrstelle ab 31.12.2015.

Nicht abschließend geklärt ist, ob § 100a KAGB mit dem unionsrechtlichen Beihilfeverbot vereinbar ist. Zu den damit zusammenhängenden Fragen zuletzt Hey FR 2017, 453.

80 **7. Art. 1 des Gesetzes zu dem Protokoll vom 27. Juni 1997 zur Neufassung des internationalen Übereinkommens vom 13. Dezember 1960 über Zusammenarbeit zur Sicherung der Luftfahrt „EUROCONTROL".** Artikel 1 des Gesetzes zu dem Protokoll vom 27.6.1997 zur Neufassung des internationalen Übereinkommens vom 13. Dezember 1960 über Zusammenarbeit zur Sicherung der Luftfahrt „EUROCONTROL" v. 6.2.2017 – befreit ist gem. Art. 19 des Abkommens auch die Grunderwerbsteuer.

81 **8. Verordnung über die Gewährung von Vorrechten und Befreiungen an die Internationale Union für die Erhaltung der Natur und der natürlichen Hilfsquellen.** Verordnung über die Gewährung von Vorrechten und Befreiungen an die Internationale Union für die Erhaltung der Natur und der natürlichen Hilfsquellen v. 31.3.2017 (BGBl. 2017 II 368) – Artikel 5 gewährt eine Grunderwerbsteuerbefreiung.

§ 5 Übergang auf eine Gesamthand

(1) [1]Geht ein Grundstück von mehreren Miteigentümern auf eine Gesamthand (Gemeinschaft zur gesamten Hand) über, so wird die Steuer nicht erhoben, soweit der Anteil des einzelnen am Vermögen der Gesamthand Beteiligten seinem Bruchteil am Grundstück entspricht. [2]Satz 1 gilt nicht für eine Gesamthand, die nach § 1a des Körperschaftsteuergesetzes optiert hat, es sei denn, die Ausübung und Wirksamkeit der Option liegt länger als die in Absatz 3 Satz 1 genannte Frist zurück und die jeweilige Beteiligung am Vermögen der Gesamthand besteht länger als die in Absatz 3 Satz 1 genannte Frist. [3]Satz 1 gilt nicht für eine Gesellschaft im Sinne des § 1 Absatz 1 des Körperschaftsteuergesetzes mit Sitz im Ausland, deren Ort der Geschäftsleitung im Inland belegen ist, und die nach inländischem Gesellschaftsrecht als Personengesellschaft behandelt wird.

(2) [1]Geht ein Grundstück von einem Alleineigentümer auf eine Gesamthand über, so wird die Steuer in Höhe des Anteils nicht erhoben, zu dem der Veräußerer am Vermögen der Gesamthand beteiligt ist. [2]Absatz 1 Satz 2 gilt entsprechend. [3]Absatz 1 Satz 3 gilt entsprechend.

(3) [1]Die Absätze 1 und 2 sind insoweit nicht anzuwenden, als sich der Anteil des Veräußerers am Vermögen der Gesamthand innerhalb von zehn Jahren nach dem Übergang des Grundstücks auf die Gesamthand vermindert. [2]Satz 1 gilt nicht, soweit allein durch den Austritt des Vereinigten Königreichs Großbritannien und Nordirland aus der Europäischen Union sich der Anteil des Veräußerers am Vermögen der Gesamthand innerhalb von fünf Jahren nach dem Übergang des Grundstücks auf die Gesamthand vermindert. [3]Bei der Anwendung des Satzes 1 gilt die Ausübung der Option nach § 1a des Körperschaftsteuergesetzes als Verminderung des Anteils des Veräußerers am Vermögen der Gesamthand, wenn die Option innerhalb der jeweils für Satz 1 geltenden Frist ausgeübt und wirksam wird.

Übersicht

I. Rechtsentwicklung

1 § 5 I und II (wortgleich mit § 5 GrEStG 1940) stellen als sachliche Befreiungen die Überführung von Bruchteils- oder Alleineigentum in Gesamthandseigentum unter näheren Voraussetzungen von der GrESt frei. **§ 5 III** wurde durch das **StEntlG 1999 ff.** (zur erstmaligen Anwendung vgl. **§ 23 VI 2**) eingefügt und versagt rückwirkend die Steuerbefreiungen nach § 5 I und II, wenn und soweit sich der Anteil des Veräußerers am Vermögen der Gesamthand innerhalb von fünf Jahren nach dem Übergang des Gr auf die Gesamthand vermindert. Durch das JStG 2020 (BGBl. I 2020, 3096) wurde **§ 5 III 2** eingefügt; die Vorschrift ist erstmals auf Erwerbsvorgänge nach dem 31.1.2020 verwirklicht worden **(§ 23 VII 3).** Neu eingefügt durch das **Gesetz zur Modernisierung des Körperschaftsteuerrechts** v. 25.6.2021 (BGBl. 2021 I 2020) wurden **§ 5 I 2, II 2 und III 3;** diese Vorschriften sind am 1.7.2021 in Kraft getreten. Durch Gesetz v. 25.6.2021 (BGBl. 2021 I 2056) wurden **§ 5 I 3 und II 3** eingefügt; die Vorschriften sind ebenfalls ab 1.7.2021 anzuwenden. Die Frist des **§ 5 III 1** wurde durch das **GrESt-GÄndG** (BGBl. 2021 I 986) auf **zehn Jahre** verlängert.

Sie gilt gem. § 23 XVIII für alle nach dem 30.6.2021 verwirklichten Erwerbsvorgänge (zu Einzelheiten → § 23 Rn. 52 f. Das Verhältnis von § 23 XVIII zu § 23 XXIV ist fraglich; dazu näher → § 23 Rn. 57 f.

Die Aufgabe der Begriffe „Gesamthand", „Gesamthänder" und „Anteil am Vermögen der Gesamthand" (Aufgabe des **Gesamthandsprinzips)** durch das **MoPeG** zum 1.1.2024 ändert an der vorübergehenden Weitergeltung dieses Prinzips wegen **§ 24** (→ § 24 Rn. 1 ff.) nichts. Ob sich aus diesem Prinzip von vornherein **keine steuerlichen Folgen** ergeben hätten (so Viskorf/Viskorf § 5 Rn. 7), erscheint **zweifelhaft.** Im Hinblick auf die „unterschiedliche Beurteilung" der Rechtlage (BT-Drs. 20/9782) braucht aber unter Berücksichtigung der durch § 23 XXVII (→ § 23 Rn. 83 ff.) geschaffenen Rechtssicherheit bis zum Ablauf des 31.12.2026 keine abweichende Entscheidung getroffen werden.

Zweck. Nach § 5 I und II ist GrESt nur insoweit zu erheben, als die an der Gesamthand Beteiligten durch den GrÜbergang eine (anteilige) Berechtigung am Gr erhalten, die sie zuvor nicht innehatten (Begr GrEStG 1940, 398). Diese Regelungen korrigieren die an sich aus der selbstständigen Rechtsträgerschaft der Gesamthandsgemeinschaften (→ § 1 Rn. 42 ff.) zu ziehenden Folgen. Denn grds. unterliegt der Übergang eines Gr auf eine Gesamthand uneingeschränkt der GrESt, und zwar auch dann, wenn der Übertragende an der Gesamthand beteiligt ist. Zivilrechtlich (vgl. §§ 54, 718, 1416, 1485 BGB; §§ 105, 161 HGB) ist indes das Gesamthandsvermögen kraft des Mitgliedschaftsrechts der Gesellschafter deren Eigentum in ihrer gesamthänderischen Verbundenheit (BFH II R 29/66, BStBl. II 1969, 400; Hailer UVR 1989, 163 (169)). Die volle Besteuerung eines GrÜbergangs auf eine Gesamthand wäre daher eine **unbefriedigende Härte,** soweit der Veräußernde aufgrund seiner dinglichen Berechtigung am Gesamthandsvermögen auch am Gr wirtschaftlich beteiligt bleibt (Begr GrEStG 1940, 398; BFH II R 62/68, BStBl. II 1975, 150; II R 13/01, BStBl. II 2003, 358; II R 17/10, DStR 2013, 1280). Diese Härte wird durch § 5 I und II vermieden. Die dingliche Bindung der Gesamthänder an das Vermögen der Gesamthand rechtfertigt es ferner, auch deren persönliche Eigenschaften und Beziehungen im GrVerkehr mit der Gesamthand zu berücksichtigen (→ Rn. 29 ff.). 2

Die FVerw folgt bei der Anwendung GLE 5.3.2024, BStBl. I 2024, 410 zu §§ 5 und 6.

II. Allgemeine Voraussetzungen

1. Gesamthand. Gesamthand iSd § 5 (ebenso §§ 6 und 7) ist eine Gemeinschaft zur gesamten Hand (zu ihrer zivilrechtlichen und grestrechtl. Behandlung → § 1 Rn. 35 ff.). Im Regelungsbereich des § 5 (ebenso §§ 6 und 7) kommt es – da hier die Begriffe „Gesamthand" und „Gesamthänder" ohne Einschränkung verwendet werden – nicht darauf an, ob der Gesamthand grestrechtl. die Eigenschaft eines selbstständigen Rechtsträgers zuerkannt wird. Es würde dem grundlegenden Rechtsgedanken des § 5 (und der §§ 6, 7) widersprechen, GrÜbergänge auf Gesamthandsgemeinschaften, die nicht oder nur eingeschränkt als selbstständige Rechtsträger behandelt werden, von der Begünstigung auszuschließen (BFH II R 141/74, BStBl. II 1976, 159). 3

Die Anwendung des § 5 setzt nicht voraus, dass die Gesamthand im Zeitpunkt des GrÜbergangs bereits besteht. Es reicht aus, wenn der GrÜbergang im Zusammenhang mit der Gründung der Gesamthand erfolgt.

§ 5 (ebenso §§ 6 und 7) ist selbstverständlich – unter Berücksichtigung von § 24 – auf alle Gesamthandsgemeinschaften anzuwenden, die als selbstständige Rechtsträger iSd GrEStG (→ § 1 Rn. 52 ff.) anzuerkennen sind, also **GbR (§ 705 BGB), KG** (einschließlich **GmbH & Co. KG,** zB BFH II B 151/10, BFH/NV 2011, 1395), **OHG, Partnerschaftsgesellschaft, Partnerschaftsgesellschaft mit beschränkter Berufshaftung** (§ 8 IV PartGG), **EWIV,** „unechte" **Vorgesellschaft** (→ § 1 Rn. 36) und **nichtrechtsfähiger Verein.** Gleiches gilt für die (allgemeine und fortgesetzte) **Gütergemeinschaft** (§§ 1415, 1483 BGB; auch → § 1 Rn. 45; hier sind allerdings GrErwerbe idR schon gem. § 3 Nr. 4, 5 und 4

7 grestfrei) sowie für die **Erbengemeinschaft** (§ 2032 BGB). Letztere bleibt auch dann eine Gesamthand iSd § 5, wenn sich ihre Zusammensetzung durch Erbteilskauf (§ 2037 BGB) ändert. Der Erbteilskäufer wird zwar nicht Miterbe (vgl. BGHZ 56, 115; BGHZ 86, 379), aber Mitglied der Erbengemeinschaft und damit auch Gesamthänder (vgl. auch → § 3 Rn. 187). Gesamthänder ist auch die **Vorgründungsgesellschaft** (sie ist Personengesellschaft, → 1 Rn. 39); Gleiches gilt für als wirksam zu behandelnde **fehlerhafte PersGes** (BFH II R 54/02, BStBl. II 2005, 299; → § 1 Rn. 70).

5 § 5 gilt grds. auch für **ausländische Gesellschaften,** sofern es sich dabei um Gesamthandsgemeinschaften im vorstehenden Sinne handelt, also deren Rechtsstruktur mit einer inländischen Gesamthand vergleichbar ist. Zum Vergleich kann die mit BMF24.12.1999 (BStBl. I 1999, 1076, zuletzt geändert BStBl. I 2017, 182) veröffentlichte Auflistung von ausländischen Gesellschaften (Anhang Tabellen 1 und 2) herangezogen werden (FM BW 30.10.2008, DStR 2008, 2267). Zu den maßgebenden Kriterien für den Rechtstypenvergleich vgl. BMF 19.3.2004 (BStBl. I 2004, 411). Für die **niederländische „stichting"** hat der BFH (II R 11/22, BFH/NV 2025, 213; II R 14/23, DStR 2025, 273) eine Behandlung als Gesamthandsgemeinschaft verworfen.

6 **Nicht anwendbar** ist § 5 (ebenso §§ 6 und 7) auf GrErwerbe von und durch:
- **Juristische Personen** (weil sie nicht das Merkmal „Gesamthand" erfüllen, BFH II B 95/08, BFH/NV 2009, 1148 mwN), also **GmbH, AG, KGaA** (vgl. BFH II B 76/04, BFH/NV 2005, 1627), **VVaG, eingetragener Verein, Stiftung, Genossenschaft** (vgl. BFH II R 32/06, BFH/NV 2008, 1526), **Limited Company** (dazu eingehend Lutter/Hommelhoff GmbHG Anh II zu § 4a Rn. 1 ff.), **SE sowie Körperschaften, Anstalten und Stiftungen des öffentlichen Rechts.** Juristische Person ist auch die „echte" **Vorgesellschaft einer KapGes** (→ § 1 Rn. 16; zum Scheitern einer Vorgesellschaft → § 6 Rn. 7).

7 – Demgemäß ist auf GrErwerbe zwischen einer **KapGes und** ihren **Gesellschaftern § 5** (auch §§ 6 und 7) **nicht anwendbar.** Als „Anteil am Vermögen der Gesamthand" iSd §§ 5 und 6 ist die wertmäßige Beteiligung des einzelnen Gesamthänders am Gesamthandsvermögen anzusehen (vgl. BFH II R 9/66, BStBl. II 1972, 833; II R 9/17, BStBl. II 2020, 658 Rn. 24 ff.). Die bisherige Anknüpfung an die „dingliche Mitberechtigung der Gesamthänder am Gesellschaftsvermögen" (so noch BFH II R 57/09, BStBl. II 2012, 917 Rn. 22; II R 24/13, BStBl. II 2015, 504 Rn. 21) hat der BFH verworfen. Die §§ 5 und 6 erkennen grundsätzlich an, dass bei einem Übergang eines Grundstücks von einzelnen Gesamthändern auf eine Gesamthandsgemeinschaft ein steuerbarer Rechtsträgerwechsel stattfindet und sehen von der Erhebung der Steuer ab, soweit der Gesamthänder als Veräußerer zunächst Eigentümer des Grundstücks war und dann anteilsmäßig über das Vermögen der Gesamthand beteiligt ist. Dieser Beurteilung folgt auch die FVerw (zu §§ 5 und 6 GLE 5.3.2024, BStBl. I 2024, 410 Rn. 14).

  Auch wenn eine Gesamthand Alleingesellschafterin einer KapGes ist, begründet dies keine gesamthänderische Mitberechtigung an Gr der KapGes. Die Unterschiede zwischen KapGes und PersGes müssen gewahrt bleiben. Die Unterschiede sind verfassungsgemäß; ein Verstoß gegen Art. 3 GG liegt insoweit nicht vor (BVerfG HFR 1969, 398; BFH II R 32/06, BFH/NV 2008, 1526 mwN; Viskorf/Viskorf § 5 Rn. 24 ff.). Daher sind §§ 5 und 6 auf GrErwerbe einer Gesamthand von einer KapGes nicht anzuwenden, sofern nicht die Kap-

Ges ihrerseits am Vermögen der erwerbenden Gesamthand beteiligt ist (BFH II R 21/03, BFH/NV 2005, 1867). Ein „Durchgriff" der Begünstigung zugunsten der Anteilseigner der KapGes ist selbst dann ausgeschlossen, wenn die Gesellschaftsanteile in einer Hand vereinigt sind (NdsFG EFG 1990, 73); zum fiktiven GrErwerb durch Weiterübertragung aller Gesellschaftsanteile nach § 1 III Nr. 3 und 4 → Rn. 15 sowie → § 3 Rn. 15. Zum heterogenen Formwechsel → Rn. 110 ff.

- **Stille Gesellschaft** (§§ 230 ff. HGB; → § 1 Rn. 69, → Rn. 24).
- **Bruchteilsgemeinschaft** (§§ 741 ff., 1008 ff. BGB). Diese hat kein gesamthänderisches, sondern gemeinschaftliches Vermögen zu Bruchteilen. Der (ideelle) Anteil des Bruchteils- oder Miteigentümers wird zivilrechtlich wie grestrechtl. (→ § 2 Rn. 7; → § 3 Rn. 20) wie Alleineigentum behandelt. Sind mehrere Personen Eigentümer an einem Gr zu Bruchteilen, so erfolgt der Erwerb des ganzen Gr durch eine dieser Personen durch den Hinzuerwerb der übrigen Miteigentumsanteile. Ein solcher Erwerb ist auch dann kein Erwerb von einer Gesamthand, wenn zwischen den Bruchteilseigentümern eine Innengesellschaft besteht (FG Köln EFG 1990, 122); ggf. ist dieser Erwerb nach § 3 begünstigt. Für den Erwerb von GrMiteigentum von einer bzw. durch eine Gesamthandsgemeinschaft sind hingegen §§ 5–7 anwendbar.
- Die **in einem Organkreis verbundenen juristischen Personen** (§ 1 IV Nr. 2, → § 1 Rn. 618 ff.). Die Beteiligung organschaftlich verbundener KapGes an einer dritten KapGes führt nicht zu einer Gesamthandsgemeinschaft (BFH II 100/64, BStBl. III 1967, 346; II 53/64, BStBl. II 1974, 697; Martin DB 1980, 410).

einstweilen frei 8

2. Übergang eines Grundstücks. § 5 knüpft an den „Übergang" eines Gr 9
auf eine Gesamthand an. Dabei ist stets auf das **einzelne Gr iSd § 2** abzustellen. Dies gilt auch, wenn gleichzeitig mehrere Gr in die Gesamthand eingebracht werden. Auch wenn die Beteiligungsquote an der Gesamthand anschließend der wertmäßigen Summe der jeweils eingebrachten Gr entspricht, bleibt es bei der grbezogenen Beurteilung der Steuerbefreiung (FG Hmb EFG 2009, 682). Möglich sind allerdings abweichende Vereinbarungen, inwieweit Gr nur bestimmten Gesellschaftern oder den Gesellschaftern zu besonderen Anteilen gehören sollen (FG Hmb EFG 2009, 682 mwN).

Der Übergang eines Gr setzt voraus, dass dieses **in** den **Zurechnungsbereich** 10
der Gesamthand gelangt. Da § 5 nicht den „Erwerb" des Gr (dh den auf der Erwerberseite eintretenden Erfolg der Rechtsvorgänge iSd § 1 I–IIIa, → § 1 Rn. 10 ff.), sondern den „Übergang" des Gr voraussetzt, muss das Gr der Gesamthand grestrechtl. zuzurechnen sein. Das dürfte bereits im Zeitpunkt der Verwirklichung eines Rechtsvorgangs (→ § 23 Rn. 5 ff.) anzunehmen sein. In jedem Fall muss die Verwirklichung des jeweiligen Steuertatbestands auch zum entspr. Rechtserfolg (Eigentumserwerb) führen, soweit dies vom jeweiligen Steuertatbestand vorausgesetzt wird (daran fehlt es zB im Fall des Übergangs der Verwertungsbefugnis, § 1 II).

Ein gesetzlich fingierter Erwerb (so in den Fällen des § 1 IIa, III und IIIa) reicht aus (so auch zu §§ 5 und 6 GLE 5.3.2024, BStBl. 2024 I 410 Rn. 4); → Rn. 12 ff.

3. Begünstigungsfähige Erwerbsvorgänge. Als **Grundlage** für den GrÜ- 11
bergang auf die Gesamthand kommen grds. alle nach § 1 steuerbaren Erwerbsvor-

gänge in Betracht (BFH II B 36/71, BStBl. II 1972, 590). Für die Anwendung des § 5 ist unerheblich, ob das Gr auf Grund eines Rechtsgeschäfts oder kraft Gesetzes (zB im Wege der Ausgliederung aus einem Einzelunternehmen auf eine PersGes nach §§ 123 ff. UmwG) auf die Gesamthand übergeht (vgl. auch Hofmann/Dorn § 5 Rn. 6).

Insbesondere ist § 5 auch bei Erwerb der Verwertungsbefugnis (§ 1 II) durch die Gesamthand anwendbar (zur Einbringung eines Gr dem Werte nach vgl. → § 1 Rn. 281 ff.).

12 **a) Erwerbsvorgänge nach § 1 IIa.** In Fällen des **§ 1 IIa** ist die Anwendung des § 5 I und II ausgeschlossen. Da bei Erfüllung der Voraussetzungen des § 1 IIa der Erwerb durch eine „neue" PersGes fingiert wird, bestimmt sich eine etwaige Steuerbefreiung nach § 6 III (→ § 6 Rn. 10, 46 ff.). Bedeutung kann der Steuertatbestand des § 1 IIa allerdings für die Anwendung des § 5 III (und ebenso des § 6 III 2) erlangen, sofern der Verlust der gesamthänderischen Beteiligung im Zusammenhang mit einer nach § 1 IIa steuerbaren Änderung des Gesellschafterbestands steht (näher → Rn. 84).

12a **b) Erwerbsvorgänge nach § 1 IIb.** Die Steuerbegünstigungen in den §§ 5 und 6 sind **nicht auf Fälle des § 1 IIb anwendbar.** Dies ist unstreitig (Viskorf/Meßbacher-Hönsch § 1 Rn. 965).

13 **c) Erwerbsvorgänge nach § 1 III.** In Fällen des **§ 1 III** ist hinsichtlich der Anwendbarkeit des § 5 zu differenzieren:

Auf Anteilsvereinigungen einer **KapGes** in eine Gesamthandsgemeinschaft gem. **§ 1 III Nr. 1 und 2** findet **§ 5 keine Anwendung,** weil der KapGes die gesamthänderische Struktur fehlt (BFH IV 166/61, BStBl. III 1966, 556; II B 36/71, BStBl. II 1972, 590; II R 92/81, BStBl. II 1982, 424; II R 53/06, BStBl. II 2009, 544; vgl. auch Mies/Greiser DStR 2008, 1319). Mangels Anwendbarkeit der personenbezogenen Befreiungen (§ 3 Nr. 2–7) auf die Anteilsvereinigung bei KapGes (→ § 3 Rn. 12) scheidet auch eine interpolierende Betrachtung mit § 5 aus.

Am Merkmal „Gesamthand" fehlt es auch im Verhältnis zwischen den Gliedern eines **Organkreises.** Anteilsvereinigungen eingegliederter KapGes in der Hand der Organmutter sind daher ebenfalls nicht nach § 5 begünstigt (BFH II 53/64, BStBl. II 1974, 697; FG BW EFG 2002, 1321, rkr). Für die Anteilsvereinigung bei KapGes kann nichts anderes gelten als für die – ebenfalls nicht nach § 5 begünstigte – Übertragung eines Gr von einer KapGes auf einen Anteilseigner (Martin BB 1980, 410).

Beispiele: A und B sind die alleinigen Gesellschafter der X-GmbH mit Grundbesitz. Beide legen sämtliche Anteile an der X-GmbH in ihre OHG ein. Die Vereinigung aller Anteile an der GmbH bei der OHG ist nach § 1 III Nr. 1 oder 2 steuerbar; § 5 findet keine Anwendung, weil es keine gesetzliche Vorschrift gibt, die den Erwerb einzelner GmbH-Anteile grestrechtl. dem Erwerb von Miteigentumsanteilen an dem der GmbH gehörenden Gr gleichstellt (BFH II B 36/71, BStBl. II 1972, 590).

Eine OHG erwirbt die restlichen 10% der Anteile an einer GmbH mit Grundbesitz, an der sie bereits zu 90% beteiligt ist. Es liegt eine Anteilsvereinigung nach § 1 III Nr. 1 vor. § 5 findet keine Anwendung, weil die Gr als von der GmbH erworben gelten und die GmbH nicht an der OHG beteiligt ist.

Die X-GmbH mit Grundbesitz und die Y-GmbH sind mit einer Beteiligung von je 50% alleinige Gesellschafter einer OHG. Die OHG, die bereits 90% der Anteile an der X-GmbH hält, erwirbt die restlichen 10%. Die GrESt der nach § 1 III Nr. 1 steuerbaren Anteilsvereinigung bleibt nach § 5 II zu 50% unerhoben.

Eine KG hält 90% der Anteile an der grbesitzenden Komplementär-GmbH, die mit 5% an der KG beteiligt ist. Die KG erwirbt die restlichen 10% Anteile an der GmbH. Die GrESt der nach § 1 III Nr. 1 steuerbaren Anteilsvereinigung bleibt zu 5% unerhoben.

Auf die Erwerbsvorgänge der mittelbaren Anteilsvereinigung iSv § 1 III Nr. 1 14
und 2 bei **PersGes** (zur Steuerbarkeit → § 1 Rn. 538) ist nicht § 5, wohl aber § 6 (→ § 6 Rn. 11) anwendbar. § 5 greift nicht, weil der fingierte GrErwerb von einer Gesamthand erfolgt.

Bei der nach **§ 1 III Nr. 3 und 4** steuerbaren **Weiterübertragung** von mind. 15
90% bereits in der Hand einer Gesellschaft (KapGes oder PersGes) vereinigter Anteile auf eine Gesamthand ist **§ 5 II anwendbar** (BFH II R 52/14, BFH/NV 2017, 856; II R 53/06, BStBl. II 2009, 544; II R 52/00, BFH/NV 2002, 1053). Diesen Erwerbsvorgängen liegt – anders als der Anteilsvereinigung nach § 1 III Nr. 1 und 2 – kein (fingierter) GrErwerb von der Gesellschaft, sondern ein (fingierter) Erwerb von dem die Anteile übertragenden Gesellschafter zugrunde (vgl. → § 1 Rn. 578). Werden daher mind. 90% der Anteile an einer grbesitzenden KapGes auf eine Gesamthand übertragen, ist wegen der dem Gesellschafter der KapGes zuzurechnenden Gr der gem. § 1 III Nr. 3 oder 4 fingierte GrÜbergang nach § 6 II und III zu dem Anteil grestfrei, zu dem der Gesellschafter der KapGes an der Gesamthand beteiligt ist (vgl. auch Viskorf/Viskorf § 5 Rn. 37). § 1 IIb geht der Anwendung von § 1 III Nr. 3 und 4 vor; ggf. ist aber § 6a anwendbar.

§ 5 ist nicht anwendbar, wenn die KapGes ein Gr auf eine PersGes, an der ihr Alleingesellschafter beteiligt ist, überträgt. Denn der Gesellschafter der GmbH ist an dieser nicht dinglich beteiligt, so dass er der PersGes das Eigentum an dem Gr nicht übertragen kann.

Zu Anwendungsfragen des § 5 III bei Verlust der gesamthänderischen Beteiligung aufgrund Anteilsvereinigung → Rn. 86.

d) Erwerbsvorgänge nach § 1 IIIa. Auf den Erwerb einer wirtschaftlichen 16
Beteiligung iSd **§ 1 IIIa kann § 5 (und ebenso § 6) anwendbar sein** (Illing DStZ 2013, 504 (512 f.); Behrens DStR 2013, 1405 (1410)). Dabei kann auf die für § 1 III geltenden Grundsätze (→ Rn. 13 ff.) zurückgegriffen werden, weil § 1 IIIa einen Rechtsvorgang iSd § 1 III fingiert. Ist die Gesellschaft iSd § 1 IIIa eine grbesitzende **KapGes,** kann der Erwerb der wirtschaftlichen Beteiligung an dieser mangels gesamthänderischer Struktur **nicht nach § 5** begünstigt sein (→ Rn. 13). Ist die Gesellschaft iSd § 1 IIIa eine grbesitzende **PersGes,** kann der Erwerb der wirtschaftlichen Beteiligung an dieser nach **§ 6 II und III** begünstigt sein (so auch zu §§ 5 und 6 GLE 5.3.2024, BStBl. I 2024, 410 Tz. 4.4).

Nicht anders als in Fällen des § 1 III Nr. 2 und 4 ist § 5 auch dann anwendbar, wenn ein Rechtsträger iSd § 1 IIIa eine von ihm innegehabte wirtschaftliche Beteiligung auf einen anderen Rechtsträger überträgt. In diesem Fall fingiert § 1 IIIa einen Übergang der Gr der Gesellschaft von dem veräußernden auf den erwerbenden Rechtsträger (→ § 1 Rn. 405). Insoweit gelten die vorstehenden Erl in → Rn. 15 entsprechend. Vorrangig ist jetzt allerdings § 1 IIb, für den eine Steuerbefreiung nach § 5 ausscheidet (→ Rn. 12a).

4. Mit- oder Alleineigentümer. Übertragende Mit- oder Alleineigentümer 17
iSv § 5 können natürliche oder juristische Personen sein. Bei **GrÜbertragungen zwischen Gesamthandsgemeinschaften** ist für § 5 kein Raum. Hier richtet sich die Steuerbegünstigung ausschließlich nach **§ 6 III.** Maßgebend für den

Umfang der Steuerbefreiung ist gem. § 6 III die Deckungsgleiche der vermögensmäßigen Beteiligung an der übertragenden bzw. übernehmenden Gesamthand (BFH II R 65/83, BStBl. II 1985, 714).

18 *einstweilen frei*

19 **5. Beteiligung am Vermögen der Gesamthand.** Die Anwendung des § 5 setzt zwingend eine **Beteiligung** des Veräußerers (im Fall des § 6: des Erwerbers) am Vermögen der Gesamthand, dh eine (**grds. unmittelbare,** vgl. aber → Rn. 22) **dingliche Mitberechtigung am Gesamthandsvermögen** voraus (BFH II R 65/83, BStBl. II 1985, 714; III R 109/95, BFH/NV 2001, 66; II B 35/09, BFH/NV 2009, 2003; NdsFG EFG 1990, 173; FG Düsseldorf EFG 2001, 1160); zum maßgeblichen Stichtag → Rn. 51. Inhaber dieser Beteiligung können natürliche und juristische Personen sowie Gesamthandsgemeinschaften sein (für GrErwerbe zwischen Gesamthandsgemeinschaften gilt ausschließlich § 6 III). Das Erfordernis unmittelbarer dinglicher Mitberechtigung folgt aus der Mitgliedschaft bzw. Gesellschafterstellung und ist mit dieser untrennbar verbunden (BGH NJW-RR 1987, 989). Eine hiervon abweichende Vereinbarung im Gesellschaftsvertrag ändert nichts an der dinglichen Beteiligung.

20 Für die (sachenrechtliche) Beteiligung kommt es weder auf die Beteiligung am Gewinn und Verlust der Gesamthand noch auf eine von der Vermögensbeteiligung abweichende Auseinandersetzungsquote an (BFH II B 35/09, BFH/NV 2009, 2003). Die Höhe der vermögensmäßigen Beteiligung an der Gesamthand ist ausschließlich für den Umfang der nach § 5 I oder II zu gewährenden Befreiung bedeutsam; zur Ermittlung des steuerbegünstigten Anteils (Beteiligungsquote) → Rn. 40 ff.

21 Unschädlich ist es, wenn die dingliche Mitberechtigung erstmalig mit der Übertragung des Gr begründet wird. Auch der Beitritt zu einer fehlerhaften PersGes bewirkt grds. eine dingliche Mitberechtigung am Gesamthandsvermögen (vgl. → Rn. 4, → § 1 Rn. 47).

22 Das Erfordernis der unmittelbaren dinglichen Mitberechtigung besteht ausnahmsweise **nicht bei doppelstöckigen Gesamthandsgemeinschaften,** bei denen eine Gesamthand auf Grund ihrer Beteiligung an einer anderen Gesamthand die Beteiligung an dieser ihren Mitgliedern vermittelt (BFH II R 65/83, BStBl. II 1985, 714; II B 134/88, BFH/NV 1990, 59; II R 14/12, BStBl. II 2014, 268; II R 1/13, BStBl. II 2014, 855; II R 24/13, BStBl. II 2015, 504). Hier ist ein Rückgriff auf die am Vermögen der Gesamthand Beteiligten geboten.

Beispiel: A ist als alleiniger Kommanditist zu 100% am Vermögen der A-GmbH & Co. KG beteiligt, die wiederum als alleinige Kommanditistin zu 100% an dem Vermögen der Y-GmbH & Co KG beteiligt ist. A überträgt ein ihm allein gehörendes Gr auf die Y-GmbH & Co. KG. Aufgrund der mittelbaren, von der X-GmbH & Co. KG vermittelten Beteiligung des A an der Y-GmbH & Co. KG ist der Erwerb nach § 5 II im vollen Umfang von der GrESt befreit.

23 § 5 ist nicht anwendbar, soweit die Beteiligung an einer Gesamthand **von** einer **KapGes vermittelt** wird. Das Vermögen der KapGes ist kein gesamthänderisch gebundenes Eigentum ihrer Gesellschafter. Die Anteile an der KapGes können daher dem Anteilseigner keine gesamthänderische Berechtigung am Vermögen einer Gesamthand, an der die KapGes beteiligt ist, vermitteln (BFH II R 72/94, BStBl. II 1997, 87; II B 151/10, BFH/NV 2011, 1395 mwN). § 5 ist deshalb tatbestandlich nicht erfüllt, wenn die Mitglieder einer Gesamthand in diese ihre Anteile an einer GmbH mit GrBesitz einbringen. Ebensowenig findet § 5 Anwen-

dung auf GrErwerbe einer Gesamthand von einer KapGes, sofern die KapGes ihrerseits nicht am Vermögen der Gesamthand beteiligt ist (BFH II B 36/71, BStBl. II 1972, 590; II B 166/02, BFH/NV 2004, 1548; II R 21/03, BFH/NV 2005, 1867).

24 Eine allein **schuldrechtliche Beteiligung** am Vermögen der Gesamthand reicht für die in § 5 vorausgesetzte dingliche Beteiligung nicht aus. Deshalb bleibt eine Beteiligung als **stiller Gesellschafter** außer Betracht (→ Rn. 7). Unbeachtlich sind auch **Unterbeteiligungen** am Anteil eines unmittelbar an der Gesamthand dinglich Beteiligten. Gesellschaftsrechtliche Beziehungen des Unterbeteiligten bestehen nur zum Hauptbeteiligten, nicht zur Gesamthand (Grüneberg/Retzlaff BGB § 705 Rn. 55 mwN). Für die Ermittlung des steuerbegünstigten Anteils können jedoch neben der unverzichtbaren dinglichen Mitberechtigung gesellschaftsvertragliche Vereinbarungen von Bedeutung sein (→ Rn. 48 ff.).

Beispiele: A überträgt an eine OHG, an der er als stiller Gesellschafter beteiligt ist, ein Gr. Der GrÜbergang ist nicht nach § 5 von der GrESt befreit, weil A an der OHG dinglich nicht beteiligt ist.

A und B sind an einer OHG zu je 1/2 beteiligt. C ist am Anteil des A zu 1/2 beteiligt. Der Übergang eines Gr von C auf die OHG unterliegt voll der GrESt, er ist nicht nach § 5 II begünstigt.

25 Bei **Treuhandverhältnissen** ist zivilrechtlich allein der Treuhänder Gesellschafter und damit am Gesamthandsvermögen dinglich beteiligt. Der Treugeber ist auf schuldrechtliche Ansprüche gegen den Treuhänder beschränkt. Die Einwirkungsmöglichkeiten des Treugebers auf das Treuhandvermögen (zB Herausgabeanspruch des § 667 BGB) begründen keine dingliche Berechtigung des Treugebers am Gesamthandsvermögen. **§ 39 II Nr. 1 S. 2 AO** gilt nicht (BFH II R 16/20, BStBl. II 2024, 272 mwN, vgl. auch → § 1 Rn. 128 f.).

26 Für die Anwendung von § 5 I oder II ist es unerheblich, ob der Einbringende mit der Übertragung erst Mitglied der Gesamthand wird oder bereits deren Mitglied ist. Im Übrigen sind für die Anwendung des § 5 I und II die mit dem GrÜbergang verbundenen wirtschaftlichen Absichten grds. ohne Belang.

27, 28 *einstweilen frei*

29 **6. Anwendung personenbezogener Befreiungsvorschriften.** Als „Anteil am Vermögen der Gesamthand" iSd §§ 5 und 6 ist die wertmäßige Beteiligung des einzelnen Gesamthänders am Gesamthandsvermögen anzusehen (BFH II R 9/66, BStBl. II 1972, 833; II R 9/17, BStBl. II 2020, 658, Rn. 24 ff.; II R 16/20, BStBl. II 2024, 272). Das Vermögen einer Gesamthand ist das gesamthänderisch gebundene Eigentum der an der Gesamthand dinglich Beteiligten (Gesamthänder). Diese Besonderheit der dinglichen Vermögensbindung rechtfertigt es, auch personenbezogene Beziehungen von grestrechtl. Bedeutung (§ 3 Nr. 2–7) im Verhältnis zwischen einem nicht an der Gesamthand Beteiligten, der ein Gr auf die Gesamthand überträgt, und einem Gesamthänder zu dem Anteil zuzurechnen, zu dem der betreffende Gesamthänder am Vermögen der Gesamthand beteiligt ist (OFD Münster 31.8.2012, BeckVerw 264673 Tz. 2.1, 2.2.; FM Hess 18.6.1993, DStR 1993, 1104; vgl. auch → § 3 Rn. 9). Dabei wird **über das personenbezogene Merkmal** (zB „Ehegatte", § 3 Nr. 4) **das** fehlende von § 5 vorausgesetzte **Tatbestandsmerkmal „Gesamthänder" ersetzt** (BFH II B 202/01, BStBl. II 2003, 528).

30 In interpolierender Betrachtung des § 5 mit den personenbezogenen Befreiungsvorschriften des § 3 ist zB begünstigt die Übertragung

– eines vermachten Gr vom Erben auf eine PersGes zu dem Anteil, zu dem der Vermächtnisnehmer beteiligt ist (Gesamtschau mit § 3 Nr. 2; FG BW EFG 2004, 364);
– eines vermachten Gr vom Erben auf eine PersGes zu dem Anteil, zu dem der Begünstigte einer Schenkung des Vermächtnisnehmers beteiligt ist (Zusammenschau mit § 3 Nr. 2);
– eines Gr von der Erbengemeinschaft auf eine PersGes bei Teilung des Nachlasses zu dem Anteil, zu dem ein Miterbe an der erwerbenden PersGes beteiligt ist (Zusammenschau mit § 3 Nr. 3; BFH II 72/65, BStBl. II 1971, 278);
– eines Gr aus dem Alleineigentum eines Ehegatten im Rahmen der Vermögensauseinandersetzung nach der Scheidung auf eine GbR, an der je zur Hälfte die geschiedenen Ehegatten beteiligt sind (Zusammenschau mit § 3 Nr. 5; BFH II R 42/10, BFH/NV 2012, 1177).

31 Die personenbezogenen Befreiungsvorschriften (§ 3 Nr. 2–7) sind auch zu beachten, wenn nach dem Wortlaut des § 5 III die Vergünstigungen nach § 5 I oder II wegen Aufgabe oder Verringerung der dinglichen Beteiligung des Veräußerers an der Gesamthand entfallen. Die Nichtanwendung des § 5 III folgt insoweit bereits aus einer teleologischen Reduktion dieser Vorschrift (vgl. → Rn. 75 ff.).

32–34 *einstweilen frei*

III. Regelungsinhalt des § 5 I und II

35 **1. Grundstücksübergang von mehreren Eigentümern auf eine Gesamthand (§ 5 I 1).** § 5 I (entspricht mit umgekehrten Vorzeichen § 6 I 1) begünstigt den GrÜbergang **von mehreren Miteigentümern** auf eine Gesamthand, soweit der Anteil des einzelnen am Vermögen der Gesamthand Beteiligten seinem (übertragenen) Miteigentumsanteil an dem Gr entspricht. Die Vorschrift verlangt entgegen ihrem Wortlaut nicht, dass alle übertragenden Miteigentümer auch Beteiligte an der (erwerbenden) Gesamthand sind (BFH II R 96/76, BStBl. II 1980, 217 zu § 6 I; FG Düsseldorf EFG DStZ/B 1971, 102). Vielmehr ist allein das Ausmaß der Deckungsgleichheit des hingegebenen GrBruchteils des Übertragenden mit seinem Anteil am Vermögen der erwerbenden Gesamthand maßgebend (BFH II R 38/87, BStBl. II 1991, 374 mwN). Bringen mehrere Miteigentümer ein ihnen nach Bruchteilen gehörendes Gr in die Gesamthand ein, findet zwischen ihnen ein Erwerb „über Kreuz“ nicht statt, wenn sie entspr. ihrem jeweiligen Miteigentumsanteil am Gr weiterhin auf Grund ihrer dinglichen Beteiligung am Vermögen der erwerbenden Gesamthand vermögensmäßig im selben Verhältnis am Gr beteiligt bleiben. Insoweit gibt es auch keinen begünstigten Erwerb unter den übertragenden Miteigentümern (BFH II R 59/01, BFH/NV 2004, 367).

Beispiel:
A und B sind jeweils zu 1/2 Miteigentümer an einem Gr, das sie an eine OHG veräußern, an der sie zu je 1/2 beteiligt sind. Die GrESt bleibt nach § 5 I unerhoben.

Abwandlungen:
A und B sind zu je 1/3 an der OHG beteiligt. Die GrESt bleibt nach § 5 I zu 2/3 unerhoben.

A, B und C sind zu je 1/3 Miteigentümer eines Gr, das sie an eine OHG veräußern, an der A und B zu 1/2 beteiligt sind. Die GrESt bleibt nach § 5 I zu 2/3 unerhoben.

A und B sind zu je 1/2 Miteigentümer eines Gr, das sie an die OHG übertragen, an der sie mit C zu je 1/3 beteiligt sind. Die GrESt bleibt zu 2/3 unerhoben.

2. Besonderheiten der Option zur Körperschaftsteuer (§ 5 I 2). Dazu → § 5 Rn. 99 ff. 35a

3. Kapitalgesellschaften mit Geschäftssitz in Inland (§ 5 I 3 und II 3). Durch § 5 I 3 und II 3 sollen Gestaltungsmöglichkeit ausgeschlossen werden, nach der über eine **Drittstaatsgesellschaft** mit Ort der Geschäftsleitung im **Inland** die Steuervergünstigung des § 5 I oder II gewährt wird und zeitgleich ohne Einhaltung der Frist nach § 5 III eine Besteuerung nach dem Körperschaftsteuergesetz erreicht werden kann. Derartige Gesellschaften sind im Inland als **rechtfähige PersGes** zu behandeln (BGH II ZR 158/06, NJW 2009, 258; vgl. auch → § 1 Rn. 28). Diese Gesellschaften werden daher im Inland nach § 5 I 3 und II 3 wie Körperschaften behandelt (vgl BT-Drs. 19/30470, 46). 36

4. Grundstücksübergang vom Alleineigentümer auf eine Gesamthand (§ 5 II 1–3). § 5 II (entspricht mit umgekehrten Vorzeichen § 6 II 1) begünstigt den Übergang eines Gr von seinem Alleineigentümer auf eine Gesamthand, soweit dieser am Vermögen der Gesamthand beteiligt ist. Die Vorschrift greift auch ein, wenn ein Beteiligter an einer Gesamthand lediglich seinen **Miteigentumsanteil** (dieser ist selbst Gr iSd § 2, vgl. → § 2 Rn. 7) an einem Gr einbringt. 37

Beispiele: A ist Alleineigentümer eines Gr, das er an eine OHG veräußert, an der er zu 1/2 beteiligt ist. Die GrESt bleibt nach § 5 II zu 1/2 unerhoben.

A und B sind zu je 1/2 Miteigentümer eines Gr. A veräußert seinen Miteigentumsanteil an die OHG, an der er zu 1/2 beteiligt ist. Die GrESt bleibt nach § 5 II zu 1/2 unerhoben.

Eine Anwendung der Vorschrift auf den Übergang von einer KapGes auf eine neue KapGes nach § 1 IIb ist nicht begünstigt; auch eine analoge Anwendung des § 5 II 1 scheidet aus (FG Baden-Württemberg 5 K 1696/23, EFG 2025, 198 mAnm Echtermann, Rev. BFH II R 16/24). 38

einstweilen frei 39

IV. Ermittlung des steuerbegünstigten Anteils

Die nach § 5 I bzw. II nicht zu erhebende GrESt ist unter Zugrundelegung des wertmäßigen Anteils des einbringenden Gesamthänders am Vermögen der Gesamthand zu ermitteln **(Beteiligungsquote).** 40

Bei der **Erbengemeinschaft** und den **Gütergemeinschaften** steht die Beteiligungsquote der Teilnehmer (relativ) fest; die Beteiligungsquote deckt sich hier mit der Auseinandersetzungsquote. 41

Bei der **Erbengemeinschaft** wird diese Quote durch das Verhältnis der Erbteile bestimmt. Änderungen können sich durch den Ausgleich von Vorempfängen (§ 2047, §§ 2050–2057 BGB) ergeben; durch vertragliche Vereinbarungen unter den Miterben können deren Erbteile mit Wirkung für die GrESt allerdings nicht geändert werden (BFH HFR 1966, 176). Das gilt auch für Teilungsanordnungen (§ 2048 BGB), weil diese nur schuldrechtliche Wirkung haben. 42

Bei der **allgemeinen Gütergemeinschaft** (§§ 1415 ff. BGB) gilt bezüglich des Überschusses, der nach der Berichtigung der Gesamtgutsverbindlichkeiten verbleibt, der Grundsatz der Halbteilung (§ 1476 I BGB; Ausnahme: § 1478 BGB). 43

Bei der **fortgesetzten Gütergemeinschaft** (§§ 1483 ff. BGB) richten sich die Anteile mehrerer anteilsberechtigter Abkömmlinge an der ihnen zufallenden Hälfte des Gesamtguts – nach evtl. Ausgleichung von Vorempfängen – nach dem Verhältnis der Anteile, zu denen sie im Falle der gesetzlichen Erbfolge als Erben 44 des verstorbenen Ehegatten berufen sein würden, wenn dieser erst zur Zeit der Beendigung der fortgesetzten Gütergemeinschaft gestorben wäre (§ 1503 BGB). Für Erbengemeinschaften und Gütergemeinschaften hat § 5 (ebenso §§ 6 und 7) allerdings mit Rücksicht auf die Befreiungsvorschriften des § 3 Nr. 2–5 und 7 nur geringe Bedeutung. § 5 kann – sofern keine Befreiungsvorschrift nach § 3 eingreift – zB in den Fällen Anwendung finden, in denen die Erbengemeinschaft ein Gr eines Miterben oder die fortgesetzte Gütergemeinschaft ein Gr von einem ihrer Teilnehmer erwirbt.

45 Die **Beteiligungsquote bei den übrigen Gesamthandsgemeinschaften** (GbR, OHG, KG, GmbH & Co KG) kann sich aus unterschiedlichen Grundlagen ergeben, weil die Vermögensbeteiligung je nach gesellschaftsvertraglicher Gestaltung entweder variabel oder unabänderlich starr festgelegt sein kann. Etwaige Einschränkungen der Gesellschafterstellung durch Stimmrechtsbindung oder Verfügungsbeschränkungen im Innenverhältnis sind für die Beteiligungsquote ohne Bedeutung (BFH II R 188/84, BStBl. II 1989, 201). Üblicherweise sind die festen Kapitalkonten I maßgebend; hiervon abweichende Vereinbarungen sind grds. anzuerkennen; entscheidend ist die Würdigung durch das FG (BFH II 188/84, BStBl. II 1989, 201; II R 20/21, BFH/NV 2024, 278).

46 **Fehlen anderweitige Vereinbarungen,** ergibt sich die Beteiligungsquote aus der verhältnismäßigen (prozentualen) **Beteiligung** des einbringenden Gesamthänders **an dem** zum maßgeblichen Stichtag (→ Rn. 51) zu ermittelnden **Reinvermögen der Gesamthand** (BFH II 80/51 S, BStBl. III 1952, 19; II 46/56 U, 1957, 19; II R 9/66, BStBl. II 1972, 833; II R 152/80, BStBl. II 1982, 481; II R 4/90, BFH/NV 1993, 494; FG Bln-Bbg EFG 2007, 1101). In der Vermögensaufstellung sind die einzelnen Wirtschaftsgüter mit den Werten nach den Vorschriften des Handelsrechts iVm den Grundsätzen der allgemeinen Vorschriften des BewG anzusetzen (BFH I 93/62 U, BStBl. III 1965, 670; II 158/62 U, BStBl. III 1966, 54; II R 9/66, BStBl. II 1972, 833). Der Ansatz auf das Reinvermögen ist erforderlich, weil die Summe aller Kapitalanteile regelmäßig nicht das Vermögen der Gesamthand nach gemeinen Werten (§ 9 BewG) wiedergibt. Dies zeigt sich zB darin, dass echte Schulden nicht immer durch ein negatives Kapitalkonto ausgewiesen werden (BFH VI 343/61 S, BStBl. III 1964, 359) und die Auflösung stiller Reserven die Höhe der Vermögensanteile wesentlich beeinflussen kann (BFH II 93/62 U, BStBl. III 1965, 670). Es kann naheliegen, den vermögensmäßigen Wertanteil an einem fiktiven vereinbarten Abfindungsguthaben im Zeitpunkt des Grundstücksübergangs zu messen (BFH II R 9/66, BStBl. II 1972, 833).

47 Die Gesamthänder können auch vereinbaren, dass ihre Beteiligungsverhältnisse unabhängig von künftigen Einlagen und Entnahmen oder einer besonders geregelten Gewinn- oder Verlustverteilung durch **unveränderliche, feste Kapitalanteile** oder **Bruchteils- oder Anteilsquoten** bestimmt werden (BFH II R 9/66, BStBl. II 1972, 833; FG Nds III 153/82, EFG 1986, 196; FG München DStZ 1969, 166). Die Vereinbarung fester Kapitalanteile hat den Vorzug, dass die Beteiligungsquote, die sich aus dem Verhältnis der Kapitalanteile untereinander ergibt, relativ leicht feststellbar ist, ohne dass es dazu einer besonderen Vermögensaufstellung mit evtl. umfangreichen Wertermittlungen bedarf.

Beispiele: A ist einziger Kommanditist der B-GmbH & Co. KG (KG) mit einer Einlage von 10 000 EUR. Die Einlage der einzigen Komplementärin (B-GmbH) beträgt 0 EUR. Die auf Kapitalkonto I zu buchenden Einlagen sollen unveränderlich sein, insb. durch Entnahme,

Einlagen, Gewinn oder Verluste nicht berührt werden. Auf dem Kapitalkonto II sollen alle übrigen (variablen) Vorgänge erfasst werden. Der GrÜbergang von A auf die KG ist nach § 5 II grestfrei, weil A zu 100% am Vermögen der KG beteiligt ist (FG Nds III 153/82, EFG 1986, 196).

A, B und C sind zu je 1/3 an der GbR beteiligt. A bringt in die GbR sein Gr ein, das nur A und B zustehen soll. Die GrESt bleibt für den Erwerb der GbR nach § 5 II zu 1/2 unerhoben.

Abwandlung: A bringt das Gr ein, das nur B und C zustehen soll. Der Vorgang ist nicht nach § 5 II grestfrei, weil A nicht am GrWert beteiligt ist.

Die Gesamthänder können auch **Vereinbarungen** darüber treffen, dass einzelne **von** ihnen von einer (wirtschaftlichen) **Beteiligung** am Vermögen der Gesamthand **ausgeschlossen** sein sollen (zB die Komplementär-GmbH einer GmbH & Co. KG) oder dass die zum Gesamthandsvermögen gehörenden einzelnen Gegenstände einem bestimmten Gesamthänder wertmäßig zuzurechnen sind oder ein bestimmter Gesamthänder am Wert dieses Gegenstands nicht teilhaben soll. Sie können auch vereinbaren, wie das Reinvermögen der Gesamthand und die Vermögensanteile daran zu errechnen sind. 48

Derartige Vereinbarungen können bei der Ermittlung der Beteiligungsquote durchaus dazu führen, dass eine fest vereinbarte Vermögensbeteiligung eines Gesamthänders nicht mehr mit dem „wirklichen" Wert seines Vermögensanteils übereinstimmt. Vereinbarungen dieser Art haben zwar wegen des zwingenden sachenrechtlichen Charakters des Gesellschaftsvermögens (§ 718 BGB, § 105 HGB) nur schuldrechtliche Wirkung. Gleichwohl sind solche Vereinbarungen, sofern sie zivil- und handelsrechtlich wirksam und ernstlich gewollt sind, grestrechtl. zu beachten (BFH II R 9/66, BStBl. II 1972, 833). Ergibt jedoch die vertragliche Abmachung, dass der einbringende Gesamthänder bei seinem Ausscheiden oder bei einer Auflösung der Gesamthand ohne Rücksicht auf ihm zugeschriebene Gewinne und Verluste oder das Vorhandensein stiller Reserven immer nur die geleistete Einlage unverändert zurückerhält, so führt dies zur Versagung der Steuervergünstigung des § 5 I, weil er am Wert des Gr nicht beteiligt ist (BFH II R 188/84, BStBl. II 1989, 201).

Den Gesamthändern stehen auch dann Vermögensanteile an der Gesamthand zu, wenn diese **überschuldet** ist und die Anteile aller Gesamthänder negativ sind (BFH II R 152/80, BStBl. II 1982, 481). Ergibt sich bei einzelnen Gesellschaftern ein negativer Anteil, so ist nur das Verhältnis der positiven Anteile maßgebend (BFH III R 49/78, BStBl. II 1982, 2). Sind die Anteile aller Gesellschafter negativ, ist der reziproke Wert der Anteile maßgebend (HessFG 5 K 24/84, EFG 1991, 343; zu Berechnungsbeispielen s. Sosnitza DVR 1973, 149). Ein Darlehen eines Gesamthänders an die Gesamthand bleibt mit Rücksicht auf den der Steuerbefreiung zugrundeliegenden Gedanken des Fortbestehens der Beteiligung am GrWert unberücksichtigt (FG München IV 160/70, EFG 1971, 456; bereits RFH II 212/41, RStBl. 1940, 980). 49

Die Bestimmung der Beteiligungsquote auf der Grundlage **variabler Kapitalkonten** ist im Hinblick auf die von § 5 III vorausgesetzte Verminderung der Beteiligung des Veräußerers problematisch, weil die Beteiligungen am Gesellschaftsvermögen ständig Änderungen unterworfen sind. Das ist der Fall, wenn (auf Grund gesellschaftsvertraglicher Abrede möglicherweise neben bestehenden festen Kapitalkonten auch) die auf sog. beweglichen Kapitalkonten zu buchenden Gewinne, Verluste sowie Einlagen und Entnahmen für die Ermittlung der Anteile am Gesellschaftsvermögen maßgebend sein sollen. Zu berücksichtigen ist, dass 50 auch die Bestimmung der Beteiligung anhand variabler Kapitalkonten auf gesellschaftsvertraglicher Grundlage beruht (Viskorf/Viskorf § 5 Rn. 59 ff; Hofmann/Dorn § 5 Rn. 44). Zielrichtung des § 5 III ist es, auch **schleichende Veränderungen** der Beteiligungen, die durch variable Kapitalkonten möglich sind, zu erfassen. Da der Umfang der Beteiligungen nach Maßgabe variabler Konten ständigen Schwankungen unterworfen ist, erscheint es allerdings wenig praktikabel, § 5 III auf jede Anteilsminderung innerhalb der Zehnjahresfrist anzuwenden. Zweckmäßig wäre eine **Nichtbeanstandungsgrenze,** zumindest in Höhe der Bagatellgrenze des § 3 Nr. 1.

51 **Stichtag** für die Feststellung der verhältnismäßigen Beteiligung ist der Tag, an dem der steuerbare Tatbestand (GrErwerb der Gesamthand) verwirklicht wird (BFH II R 9/66, BStBl. II 1972, 833; II R 73/75, BStBl. II 1981, 225; II R 55/97, BFH/NV 1999, 1376; zu Einzelheiten der Verwirklichung vgl. → § 23 Rn. 3 ff.). Eine spätere Entstehung der GrESt nach § 14 ist nicht maßgebend (BFH II R 152/80, BStBl. II 1982, 481).

52 Die **Höhe der Steuerbefreiung** errechnet sich aus dem steuerbegünstigten Anteil an der für die Steuer maßgeblichen Bemessungsgrundlage, die sich aus den §§ 8 und 9 ergibt.

53–59 *einstweilen frei*

V. Versagung der Vergünstigungen (§ 5 III 1)

60 **1. Rechtsentwicklung; Normzweck.** § 5 III versagt die Anwendung von § 5 I und II, soweit sich der Anteil des Veräußerers am Vermögen der Gesamthand innerhalb von zehn Jahren nach dem Übergang des Grundstücks auf die Gesamthand vermindert. Die Vorschrift wurde durch das StEntlG 1999 ff. eingefügt (zur erstmaligen Anwendung § 23 VI 2) und durch G v. 16.12.2022 (BGBl. 2022 I 2294) zuletzt geändert.

61 § 5 III ist als **Missbrauchsverhinderungsnorm** ausgestaltet. Die Vorschrift sichert den Normzweck des § 5 I und II und verhindert Steuerausfälle, indem diese Steuervergünstigungen nur bestehen bleiben, wenn der greinbringende Gesamthänder nach der Einbringung über einen Zeitraum von zehn Jahren seine gesamthänderische Mitberechtigung aufrechterhält und am eingebrachten Gr vermögensmäßig beteiligt bleibt (vgl. BT-Drs. 14/265, 204; BFH II R 58/08, BStBl. II 2010, 302). Da ein Wechsel im Personenstand der Gesamthand grds. keine GrESt auslöst (näher → § 1 Rn. 51 ff.), könnte ein Gr grds. in eine Gesamthand steuerbegünstigt eingebracht und sodann ohne Anfall von GrESt im Wege der Anteilsübertragung oder (wertmäßig) kraft Vereinbarung unter den Gesamthändern über das Beteiligungsverhältnis weitergegeben werden. Derartige Gestaltungsmöglichkeiten stehen den Intentionen des § 5 entgegen, der eine GrÜbertragung nur in dem Umfang befreien will, in dem sich die Beteiligung des Veräußerers am übertragenen Gr sowohl dinglich (nunmehr in Form von Gesamthandseigentum) als auch wertmäßig (dh schuldrechtlich gegenüber den übrigen Gesamthändern) fortsetzt (vgl. schon BFH II R 92/80, BStBl. II 1983, 138 und II R 38/78, BStBl. II 1983, 429).

62 Zur Sicherung des mit § 5 I und II verfolgten Normzwecks hatte die Rspr. nach der **Rechtslage bis 31.12.1999** (dh vor Inkrafttreten des § 5 III) in zahlreichen Entscheidungen die Begünstigung aus § 5 I und II im Wege einer teleologischen Interpretation versagt, sofern der Veräußerer entspr. einem **vorgefassten Plan** in zeitlichem und sachlichem Zusammenhang mit der GrÜbertragung seine Beteiligung an der erwerbenden Gesamthand aufgab (zu Einzelheiten vgl. Pahlke/Franz/Pahlke, 4. Aufl. 2010, § 5 Rn. 20 ff.). Diese Rspr. ist aufgrund des nunmehr geltenden § 5 III (zur erstmaligen Anwendung § 23 VI 2) **gegenstandslos.**

2. Anwendungsvoraussetzungen. a) Allgemeines. Die gegenüber der früheren Rspr. entscheidende Neuerung des § 5 III liegt darin, dass über seine Anwendung ausschließlich **objektive Tatbestandsmerkmale** entscheiden (vgl. auch BR-Drs. 910/98, 203; BT-Drs. 14/265, 204; Viskorf/Viskorf § 5 Rn. 77). Maßgeblich ist nunmehr allein die tatsächliche Anteilsreduzierung innerhalb der Zehnjahresfrist (Heine INF 1999, 366; Gottwald BB 2000, 69). Damit ist für die Gesamthand im GrESt-Recht ein bedeutendes Befreiungspotential entfallen, weil nicht nur die bisher ins Auge gefassten Umgehungsfälle, sondern grundsätzlich alle **Anteilsreduzierungen des Veräußerers** erfasst werden. Sofern sich weder Einschränkungen des Anwendungsbereichs des § 5 III aus seinem Sinn und Zweck ergeben noch anderweitige Befreiungsvorschriften greifen, kann innerhalb der ersten zehn Jahre seit dem GrÜbergang ohne GrESt-Belastung keine (gewillkürte) Anteilsreduzierung des Veräußerers an dem Vermögen der Gesamthand durchgeführt werden. 63

b) Verminderung der vermögensmäßigen Beteiligung. § 5 III setzt voraus, dass sich „der Anteil des Veräußerers am Vermögen der Gesamthand" vermindert. **Veräußerer** ist der Gesamthänder (§ 24), der das Gr in die Gesamthand eingebracht oder an diese veräußert hat. Ist eine Gesamthand Veräußerin des Gr, richtet sich die Steuervergünstigung nach § 6 III; § 6 III 2 enthält eine § 5 III entspr. Regelung. Der **Anteil am Vermögen der Gesamthand** deckt sich begrifflich mit der Beteiligung am Vermögen der Gesamthand iSv § 5 I und II (vgl. → Rn. 35, 40 ff.). 64

Eine **Verminderung des Anteils** am Vermögen der Gesamthand liegt vor, wenn und soweit sich die **dingliche Beteiligung des Veräußerers** am Gesamthandsvermögen im Vergleich zu seiner Beteiligung im Zeitpunkt des steuerbegünstigten Erwerbs der Gesamthand vermindert oder aufgrund tatsächlicher Aufgabe (Ausscheiden) gänzlich entfällt (BFH II R 4/20, BStBl. II 2022, 521; II R 20/21, BFH/NV 2024, 287). Demgemäß kommt es zu einer Verminderung insb. durch Ausscheiden des betreffenden Gesamthänders aus der Gesamthand, Herabsetzung der Beteiligung infolge Verkauf, Übertragung der Beteiligung auf andere Gesamthänder oder Dritte oder Treuhänder, Aufnahme neuer Gesamthänder oder aufgrund einer Umwandlung des das Gr einbringenden Rechtsträgers bzw. der das Gr erwerbenden Gesamthand. Über das Vorliegen einer tatsächlichen Verminderung hat das FG nach dem Gesamtbild der Verhältnisse im Einzelfall zu entscheiden (BFH II R 20/21, BFH/NV 2024, 287). Zur Verminderung der Beteiligung bei variablen Kapitalkonten → Rn. 50. Zur Anwendung des § 5 III im Zusammenhang mit Umwandlungsvorgängen → Rn. 106 ff. 65

Eine Verminderung des Anteils liegt auch vor, wenn der das Gr einbringende Gesamthänder aus der Gesamthand ausscheidet, jedoch **vermögensmäßig** (zB über eine stille Beteiligung) **beteiligt bleibt.** Denn die Befreiungsvorschriften des § 5 I und II haben die dingliche Beteiligung des Veräußerers zur Voraussetzung. Ebenso ist eine Verminderung des Anteils gegeben, wenn dem Veräußerer **trotz** weiterer **dinglicher Beteiligung** am Gesamthandsvermögen im Innenverhältnis aufgrund gesellschaftsrechtlicher Vereinbarung **keine vermögensmäßige Teilhabe** an dem Gr zusteht (so bereits – nach früherer Rechtslage – BFH II R 9/66, BStBl. II 1972, 833). Hingegen kann eine Verminderung des Anteils iSd § 5 66

III von vornherein nicht eintreten, wenn der das Gr einbringende Veräußerer schon im Zeitpunkt der GrEinbringung aufgrund gesellschaftsvertraglicher Abrede von einer Wertteilhabe am Gr ausgeschlossen war (zutr. Hofmann/Dorn § 5 Rn. 24).

67 Schließlich ist auch dann eine Verminderung der Beteiligung gegeben, wenn sie im Zusammenhang mit der **Abschwächung einer unmittelbaren Beteiligung** an der Gesamthand **zu einer mittelbaren** Beteiligung steht (zu §§ 5 und 6 GLE 5.3.2024, BStBl. I 2024, 410, Tz. 7.7 mit Beispielsfall 14 – umgekehrter Fall –).

68 **Keine Verminderung** der Beteiligung iSd § 5 III liegt hingegen vor, wenn ein mittelbar an der Gesamthand Beteiligter ein Gr in die Gesamthand einbringt bzw. veräußert und sich anschließend die **mittelbare Beteiligung zu einer unmittelbaren Beteiligung verstärkt (**zu §§ 5 und 6 GLE 5.3.2024, BStBl. I 2024, 410 Tz. 7.7 mit Beispielfall 13).

Beispiel: A bringt ein Gr in eine OHG ein, an der B sowie die X-GbR zu 50% beteiligt sind. An der X-GbR sind A und C zu je 50% beteiligt. Innerhalb von zehn Jahren übernimmt A den Anteil des C, wodurch A kraft Anwachsung des Vermögens der X-GbR unmittelbar zu 50% an der OHG beteiligt ist.

Eine mittelbare Beteiligung im vorstehenden Sinn liegt aber **nicht** bei einer Beteiligung **über** eine **KapGes** vor, weil die Gesellschafter der KapGes nicht selbst an der Gesamthand beteiligt sind (BFH II B 95/08, BFH/NV 2009, 1148 sowie → Rn. 7).

69 Wird die Steuerbefreiung des § 5 I nach § 5 III wegen Ausscheidens des das Gr einbringenden Gesellschafters in eine Gesamthand innerhalb der Zehnjahresfrist versagt, so entfällt die Rückgängigmachung der Steuerbefreiung nicht, wenn der Ausgeschiedene wieder in die Gesamthand eintritt (zur Nichtanwendbarkeit des § 16 in diesem Fall → § 16 Rn. 6).

70 Sind die Voraussetzungen des § 5 III erfüllt und wird anschließend der zur Anwendung dieser Vorschrift führende Vorgang (zB das Ausscheiden des Gesellschafters der das Gr erwerbenden Gesamthand) rückgängig gemacht, ist eine **(analoge) Anwendung des § 16 ausgeschlossen.** § 16 ist ausschließlich auf Erwerbsvorgänge, nicht aber – wie im Fall des § 5 III – auf die Voraussetzungen einer zu versagenden Steuerbefreiung anwendbar (→ § 16 Rn. 6).

71–74 *einstweilen frei*

75 **c) Nichtanwendung des § 5 III 1; teleologische Reduktion.** Als Missbrauchsverhinderungsnorm (→ Rn. 61) setzt § 5 III die **objektive Möglichkeit einer Steuerumgehung** voraus. Dies verlangt eine am Sinn und Zweck der Vorschrift orientierte einschränkende Auslegung (teleologische Reduktion) des Tatbestandsmerkmals der „Verminderung" des Anteils am Vermögen der Gesamthand. Die Voraussetzungen des § 5 III sind **nicht erfüllt,** sofern trotz dieser Verminderung der vermögensmäßigen Beteiligung oder gar der Aufgabe der gesamthänderischen Mitberechtigung des greinbringenden Gesamthänders die vom Gesetz vorausgesetzte **Steuerumgehung objektiv ausscheidet** (BFH II R 58/08, BStBl. II 2010, 302 mwN; Viskorf/Viskorf § 5 Rn. 122 ff.). Nach diesen Grundsätzen ist die Anwendung des § 5 III in folgenden Fällen ausgeschlossen (zu Umwandlungsvorgängen vgl. → Rn. 105 f.):

76 Der **Tod des übertragenden Gesellschafters** ist ein Fall fehlender Steuerumgehungsmöglichkeit, der von § 5 III als Missbrauchsverhinderungsnorm nicht erfasst werden kann (BFH II 142/63, BStBl. II 1969, 400 (404) zu § 6 IV, der die

gleiche Zielrichtung wie § 5 III hat; ebenso Hofmann BB 2000, 2605, 2607; Viskorf/Viskorf § 5 Rn. 86; Viskorf DStR 2001, 1101). Dies gilt unabhängig davon, ob die Gesamthand mit den verbliebenen Gesellschaftern und ggf. Erben fortgeführt oder aber aufgelöst wird. Im Fall der Fortsetzung setzt sich die vermögensmäßige Beteiligung des Erblassers in der Person des Erben unverändert fort. Führt der Tod des Gesellschafters zur Auflösung der Gesellschaft (§ 727 I BGB), setzt sich die vermögensmäßige Beteiligung des Erblassers in der Person des Erben bis zum Abschluss der Auseinandersetzung fort. Allerdings ist zu beachten, dass die Zehnjahresfrist des § 5 III für den Erben oder Sonderrechtsnachfolger – weil diese kraft Gesetzes an die Stelle des verstorbenen Veräußerers treten – ungebrochen weiterläuft. Eine Verminderung des Anteils am Vermögen der Gesamthand löst daher die Folge des § 5 III aus (BFH II B 202/01, BFH/NV 2003, 864; FG Düsseldorf BW 5 K 243/03, EFG 2004, 364).

Verminderung der Beteiligung nach § 3 Nr. 2–7 begünstigt. § 5 III ist 77 ebenfalls nicht anwendbar, wenn der Veräußerer seine Gesellschafterstellung und vermögensmäßige Teilhabe am GrWert auf eine Person überträgt, die von ihm nach den personenbezogenen Befreiungsvorschriften des **§ 3 Nr. 2–7** das Gr steuerfrei erwerben könnte (BFH II R 58/08, BStBl. II 2010, 302 mwN). Dies betrifft zB Gestaltungen, in denen der das Gr einbringende Gesamthänder seine Anteile am Gesamthandsvermögen durch Schenkung (zum Tod des übertragenden Gesellschafters → Rn. 76) auf Dritte überträgt (§ 3 Nr. 2; dazu BFH II R 58/08, BStBl. II 2010, 302; vgl. → § 3 Rn. 37).

Bei einer **gemischten Schenkung** tritt allerdings nur eine **anteilige Freistellung** ein; hinsichtlich des nach § 3 Nr. 2 begünstigten Teils wirken die Bindungen des § 5 III innerhalb der verbleibenden Zehnjahresfrist fort (zu §§ 5 und 6 GLE 5.3.2024, BStBl. I 2024, 410, Tz. 7.4.1). Unanwendbar ist § 5 III zB auch bei der Anteilsübertragung auf den Ehegatten (§ 3 Nr. 4) oder Verwandte bzw. gleichgestellte Personen (§ 3 Nr. 6) des das Gr einbringenden Gesamthänders (vgl. → § 3 Rn. 210, 252). Bei einer **gemischten Schenkung** von Anteilen am Gesamthandsvermögen tritt jedoch gem. § 3 Nr. 2 nur eine anteilmäßige Begünstigung ein.

So entfällt zB die Begünstigung des § 5 II nicht, wenn der Gesellschafter ein 78 Gr in die KG einbringt und danach innerhalb der Zehnjahresfrist seine Gesellschaftsanteile an seine **Ehefrau oder Kinder** überträgt. Soweit die Anteile auf die Angehörigen übergehen, hätten diese ohnehin das Gr vom übertragenden Gesellschafter kraft Gesetzes (§ 3 Nr. 4 und 6) grestfrei erwerben können (BFH II R 58/08, BStBl. II 2010, 302; II R 66/11, BStBl. II 2014, 266; II R 24/13, BStBl. II 2015, 504; s. auch zu §§ 5 und 6 GLE 5.3.2024, BStBl. I 2024, 410 Tz. 7.4.2).

Wegen dieser schon aus dem Normzweck des § 5 III herzuleitenden Einschrän- 79 kung ist ein Rückgriff auf die Grundsätze einer **interpolierenden Betrachtungsweise entbehrlich** (BFH II R 58/08, BStBl. II 2010, 302). Im Übrigen bleiben aber die Grundsätze der interpolierenden Betrachtung der personenbezogenen Befreiungsregelungen des § 3 Nr. 2–7 zB mit § 5 II oder § 6 (dazu allg. → § 3 Rn. 10 f.) unberührt.

Die Vergünstigung des § 5 I und II kann jedoch auch bei Vorliegen der Befrei- 80 ungsvoraussetzungen nach § 3 Nr. 2–7 nur aufrechterhalten bleiben, wenn der Anteilserwerber die vom einbringenden Gesellschafter erworbene Gesellschafterstellung während des weiterlaufenden restlichen Teils der Zehnjahresfrist des § 5 III unvermindert beibehält (BFH II B 202/01, BStBl. II 2003, 528; Hofmann/

Dorn § 5 Rn. 32; Geck/Messner ZEV 2004, 220; aA Behrens Urteilsanm. BB 2010, 291). Für den kraft personenbezogener Beziehung begünstigten Gesamthänder dürfen keine geringeren Anforderungen an die Steuerbefreiung nach § 5 I und II gestellt werden als gegenüber demjenigen, der nach dem Wortlaut der Begünstigungsvorschrift an sich begünstigt wäre (FG BW 5 K 243/03, EFG 2004, 364).

Beispiele: A überträgt ein Gr auf eine GbR, an der dessen beiden Söhne B und C zu gleichen Anteilen beteiligt sind. Innerhalb von zehn Jahren überträgt B die Hälfte seiner Beteiligung an D, der weder zu A noch zu B in einer personenbezogenen Beziehung von grestrechtl. Bedeutung steht. Die ursprünglich volle Steuerbegünstigung nach § 5 II iVm § 3 Nr. 6 entfällt nach § 5 III zu einem Viertel.

A überträgt sein Gr auf eine GbR, an der seine Söhne beteiligt sind. Innerhalb der Zehnjahresfrist wird die GbR formwechselnd in eine GmbH umgewandelt. Die ursprünglich volle Steuerbegünstigung nach § 5 II iVm § 3 Nr. 6 entfällt nachträglich im vollen Umfang.

81 Bei der Steuerbegünstigung nach **§ 5 II iVm § 3 Nr. 6** kann es auch dann nicht bleiben, wenn zB der Inhaber eines Einzelunternehmens im Wege der Unternehmensnachfolge alle Aktiven und Passiven einschließlich Gr auf eine PersGes, deren Gesellschafter allesamt seine Kinder sind, überträgt, und die PersGes anschließend durch heterogenen **Formwechsel** in eine GmbH umgewandelt wird (FG Münster 8 K 2442/99 GrE, EFG 2002, 345; von BFH II R 76/01, BFH/NV 2003, 1137 offen gelassen). Hier ist § 5 III anzuwenden, weil mit der formwechselnden Umwandlung der PersGes in eine GmbH die für die Steuerbefreiung notwendige dingliche Beteiligung der Kinder am Gr (vgl. auch → Rn. 111) und damit die Grundlage für eine interpolierende Zusammenschau von § 3 Nr. 6 mit § 5 II entfallen ist (BFH II R 2/12, BStBl. II 2014, 329; zu §§ 5 und 6 GLE 5.3.2024, BStBl. I 2024, 410 Tz. 7.3.2.2).

82 **Veräußerung des Gr.** § 5 III ist – entgegen dem insoweit unpräzisen Wortlaut der Vorschrift – auch nicht anwendbar, wenn das **Gr** vor der nach § 5 III schädlichen Anteilsverminderung innerhalb der Zehnjahresfrist **durch** einen erneuten **steuerbaren Rechtsvorgang** aus den Gesamthandsvermögen **ausscheidet** (BFH II R 61/08, BFH/NV 2010, 680; Viskorf/Viskorf § 5 Rn. 102; Hofmann/Dorn § 5 Rn. 24; zu §§ 5 und 6 GLE 5.3.2024, BStBl. I 2024, 410, Tz. 7.5).

Beispiel: Kommanditisten der X-KG sind A, B und C. A überträgt am 1.12.13 ein Gr auf die KG. Die KG verkauft das Gr zum 1.5.16 an einen Dritten. A überträgt seinen Kommanditanteil zum 1.9.16 an B.

§ 5 III ist hier nicht anzuwenden, weil die Verminderung der Beteiligung des A dessen von § 5 II vorausgesetzte Beteiligung am Wert des übertragenen Gr unberührt gelassen hat.

83 **Anwachsungsfälle.** Die von § 5 III vorausgesetzte Steuerumgehungsmöglichkeit scheidet auch aus, wenn auf den das Gr einbringenden Gesamthänder innerhalb von zehn Jahren das Eigentum am eingebrachten Gr kraft einer nach § 1 I Nr. 3 (→ § 1 Rn. 178) steuerbaren Anwachsung zurückfällt.

Beispiel: A überträgt im Jahr 2011 ein Gr auf eine GbR, an der A und B je zur Hälfte beteiligt sind. Im Jahr 2016 scheidet B aus der GbR aus. Die GrÜbertragung von A auf die GbR war gem. § 5 II iHv 50% steuerbefreit.

Aufgrund des Ausscheidens des B kommt es bei A zur Anwachsung (§ 1 I Nr. 3) des Gesellschaftsvermögens des GbR; damit ist die von § 5 III vorausgesetzte Möglichkeit der Steuerumgehung entfallen (zu §§ 5 und 6 GLE 5.3.2024, BStBl. I

2024, 410 Tz. 7.6). Der nach § 1 I Nr. 3 steuerbare Erwerb des A ist gem. § 6 II iHv 50% steuerfrei. Aus dem gleichen Grund ist § 5 III ebenfalls unanwendbar, wenn die **Anwachsung in der Person eines anderen Gesamthänders** (im Beispielsfall in der Person des B) eintritt (Viskorf/Viskorf § 5 Rn. 135; zu §§ 5 und 6 GLE 5.3.2024, BStBl. I 2024, 410, Tz. 7.6).

Auch bei Erwerbsvorgängen iSd **§ 1 IIa** ist **§ 5 III unanwendbar,** wenn die 84 Verminderung der Beteiligung des Gesamthänders bzw. der Gesamthand aufgrund einer Änderung des Gesellschafterbestands **in einem Rechtsakt** erfolgt und dadurch GrESt gem. § 1 IIa entsteht (zu §§ 5 und 6 GLE 5.3.2024, BStBl. I 2024, 410 Tz 7.8.1.1; vgl. → § 1 Rn. 391). Wenn jedoch die zur Verminderung der Beteiligung des das Gr einbringenden Gesamthänders **sukzessive in Teilakten** erfolgt und dadurch (zunächst) der Steuertatbestand des § 1 IIa nicht erfüllt wird, findet § 5 III Anwendung (zu §§ 5 und 6 GLE 5.3.2024, BStBl. I 2024, 410 Tz. 7.8.1.2). In diesem Fall gilt jedoch die Anrechnungsregelung des § 1 IIa 7 (BFH II R 4/20, BStBl. II 2022, 571; zu §§ 5 und 6 GLE 5.3.2024, BStBl. I 2024, 410 Tz. 7.8.1.2 Abs. 3; vgl. auch → § 1 Rn. 391 ff. und Viskorf/Meßbacher-Hönsch § 1 Rn. 939).

Ausnahmsweise scheidet die Anwendung des § 5 III auch bei einer sukzessi- 85 ven Änderung des Gesellschafterbestands in Teilakten aus, wenn innerhalb der Zehnjahresfrist die **Anteile** des grundstückseinbringenden Altgesellschafters **auf** einen **Gesellschafter** übergehen, der mit dem Altgesellschafter in einer personenbezogenen Beziehung iSd **§ 3 Nr. 2–7** steht. In einem solchen Fall wäre der nach § 1 IIa steuerbare Gesellschafterwechsel gem. § 6 III iVm der jeweiligen Befreiung nach § 3 Nr. 2 bis 7 von der GrESt ausgenommen. Die Sperrfrist des § 6 III 1 ist nicht anwendbar, soweit die personenbezogene Befreiungsvorschrift greift. Die Steuervergünstigung des § 5 II für den GrErwerb der Gesamthand von ihrem Altgesellschafter kann daher auf den nach § 1 IIa steuerbaren Anteilsübergang auf eine nach § 3 Nr. 2–7 begünstigte Person durchschlagen.

§ 5 III ist ebenfalls unanwendbar, wenn der Verlust der gesamthänderischen 86 Beteiligung desjenigen, der ein Gr in die Gesamthand eingebracht bzw. an diese veräußert hat, auf einer nach **§ 1 III Nr. 1 und 2** steuerbaren **Anteilsvereinigung** beruht. Wird die Anteilsvereinigung nach der Einbringung des Gr in **einem einzigen Rechtsakt** vollzogen, ist – ebenso wie bei einer Verminderung bzw. einem Verlust der gesamthänderischen Beteiligung aufgrund eines Erwerbsvorgangs iSd § 1 IIa (→ Rn. 84) – eine Steuerumgehung ausgeschlossen (zu §§ 5 und 6 GLE 5.3.2024, BStBl. I 2024, 410 Tz. 7.8.2 mit Beispielsfall; Viskorf/Viskorf § 5 Rn. 139 ff). Vollzieht sich die Anteilsvereinigung nach der Einbringung des Gr sukzessive **in mehreren Schritten,** sind hingegen § 5 III bzw. § 6 III 2 anwendbar. Anders als im Fall einer durch nach § 1 IIa steuerbaren Änderung des Gesellschafterbestands fehlt es allerdings für § 1 III an einer dem § 1 IIa 7 vergleichbaren Anrechnungsregelung.

Beispiel: A überträgt am 10.5.2025 ein Grundstück auf eine GmbH & Co. KG, an der B zu jeweils 50% beteiligt ist. Die Komplementär-GmbH, an der ebenfalls A und B beteiligt sind, ist nicht am Vermögen der KG beteiligt. A überträgt am 15.8.2026 seinen Anteil an der KG und GmbH auf B.

Die Grundstücksübertragung vom 10.5.2025 ist gem. § 5 II iHv 50% nicht 87 zu erheben. Mit Übertragung der Anteile auf B am 15.8.2026 wird eine (teils unmittelbare und teils mittelbare) Anteilsvereinigung nach § 1 III Nr. 1 verwirklicht. Auf diesen Vorgang findet § 6 II Anwendung, soweit dies § 6 IV nicht ausschließt. Der Vorgang ist ebenfalls zu 50% begünstigt. Jedoch könnte § 5 III eine Rückgängigmachung der Steuerbefreiung erfordern. Das scheidet jedoch aus, weil die Anteilsübertragung steuerbar ist. Die Überwachung nach § 5 III endet damit (zu §§ 5 und 6 GLE 5.3.2024, BStBl. I 2024, 410 Tz. 7.8.3., → Rn. 106).

88–91 *einstweilen frei*

92 **3. Zehnjahresfrist.** Die Rechtsfolge des § 5 III tritt ein, wenn der Anteil des Veräußerers am Vermögen der Gesamthand „innerhalb von zehn Jahren" nach dem Übergang des Gr auf die Gesamthand vermindert. Maßgebend für den **Fristbeginn** ist der Zeitpunkt der Entstehung der Steuer für den Einbringungsvorgang (§ 38 AO, § 14 GrEStG, vgl. Hofmann/Dorn § 5 Rn. 53, Viskorf/Viskorf § 5 Rn. 143). Dies entspricht dem Stichtag, auf den die dingliche Mitberechtigung am Gesamthandsvermögen zu ermitteln ist (vgl. → Rn. 51). Für die **Berechnung** der Zehnjahresfrist gelten §§ 186 ff. BGB entspr. (BFH II R 56/00, BStBl. II 2002, 96 zu § 6 IV mwN; Viskorf/Viskorf § 5 Rn. 143).

93 Maßgebender **Zeitpunkt für** eine **Verminderung** der vermögensmäßigen Beteiligung ist derjenige, in dem die tatsächliche Einschränkung der Gesellschafterstellung und die damit verbundenen Verminderung der dinglichen Mitberechtigung am Gr eingetreten ist. Auf den Zeitpunkt einer ggf. vorausgegangenen schuldrechtlichen Einschränkung der Gesellschafterstellung kommt es nicht an.

94, 95 *einstweilen frei*

96 **4. Verfahrensfragen.** Nach der Systematik des § 5 ist bei Vorliegen der tatbestandlichen Voraussetzungen des § 5 I und II die Steuerbefreiung (zunächst) zu gewähren. § 5 III ist, soweit es später zu einer Verminderung der Gesellschaftsbeteiligung des greinbringenden bzw. -übertragenden Gesamthänders kommt, **keine Nachversteuerungsnorm** (Viskorf/Viskorf § 5 Rn. 145). Bei der Verminderung des Anteils des Veräußerers am Vermögen der Gesamthand handelt es sich vielmehr um ein **rückwirkendes Ereignis** iSv § 175 I 1 Nr. 2 iVm § 175 II 1 Alt. 1 AO, das zur Aufhebung oder Änderung des Steuerbescheids führt (zu §§ 5 und 6 GLE 5.3.2024, BStBl. I 2024, 410 Tz. 10). Die Festsetzungsfrist beginnt gem. § 175 I 2 AO mit Ablauf des Kalenderjahres, in dem das Ereignis (hier: Verminderung des Anteils des Veräußerers) eintritt. Bei einer späteren Rückgängigmachung einer zur Anwendung des § 5 III führenden Verminderung der vermögensmäßigen Beteiligung ist § 16 nicht – auch nicht analog – anwendbar (vgl. → § 16 Rn. 6, 72).

97 Nach Maßgabe des § 19 II Nr. 4 besteht eine **Anzeigepflicht** bei „Änderungen im Gesellschafterbestand einer Gesamthand bei Gewährung der Steuervergünstigung nach § 5 Abs. 1 und 2" (→ § 19 Rn. 13). Die Anzeigefrist beträgt regelmäßig zwei Wochen (§ 19 III 1), in den Fällen des § 19 III 2 vier Wochen. Bei Verletzung der Anzeigepflicht kommt es zur Anlaufhemmung bis zu maximal drei Jahre (§ 170 II Nr. 1 AO) und im Falle der Steuerverkürzung oder -hinterziehung zu einer Verlängerung der Festsetzungsfrist (§ 169 II 2 AO).

Die Verminderung der Beteiligung eines grundstückseinbringenden Gesellschafters am Vermögen der Gesamthand ist anzuzeigen, selbst wenn sich dadurch der personelle Gesellschafterbestand der Gesamthand nicht ändert (BFH II R 39/16, BStBl. II 627). Bei unterbliebener, verspäteter oder unvollständiger Anzeige ist ein Verspätungszuschlag nach § 19 VI zu prüfen (zu §§ 5 und 6 GLE 5.3.2014, BStBl. I 2024, 410 Rn. 118).

VI. Brexit (§ 5 III 2)

§ 5 III 2 enthält eine Sonderregelung für den Austritt des Vereinigten Königreichs Großbritannien und Nordirlands aus der EU zum 31.1.2020 (Brexit). Die Vorschrift wurde durch das JStG 2020 eingefügt und gilt für Erwerbsvorgänge nach dem 31.1.2020 (→ Rn. 1). Die Vorschrift schließt für die britische Limited die Anwendung des § 5 III 1 aus, wenn diese nach dem Brexit als OHG, GbR oder als Einzelperson oder Privatperson weitergeführt werden (vgl. BT-Drs. 19/22850, 172). Die entsprechende Nachfolge der Limited führt nicht zur Anwendung des § 5 III 1. Eine Verletzung dieser Behaltensfrist führt zur Anwendung führt zur rückwirkenden Versagung dieser Begünstigung (zu §§ 5 und 6 GLE 5.3.2024, BStBl. I 2024, 410 Tz. 46). **98**

VII. Anwendung § 1a KStG (§ 5 I 2, II 2, III 3)

§ 5 I 2, II 1 und III 3 wurden durch das KöMoG (BGBl. 2021 I 2050) eingeführt. Die Regelung gilt gem. § 23 XVIII für Erwerbsvorgänge, die nach dem 30.6.2021 verwirklicht werden. Die Regelung des § 23 XXIV hat keine Bedeutung. § 23 XXVII schafft die im Hinblick auf § 5 III 1 erforderliche Rechtssicherheit für Erwerbe bis zum 31.12.2026. **99**

1. Anwendung der § 5 I 2 und II 2. Auf Antrag können gem. **§ 1a KStG** Personenhandels- und Partnergesellschaften oder eingetragene Gesellschaften bürgerlichen Rechts wie die nicht persönlich haftenden Gesellschafter einer KapGes **(optierende Gesellschaft)** behandelt werden. Der Übergang zur Körperschaftsbesteuerung gilt als Formwechsel (§ 1 II 1 KStG iVm § 1 III Nr. 3 UmwG). **100**

Im Fall der Optionsausübung finden § 5 I 1 und II 1 keine Anwendung. Dies gilt nur dann nicht, wenn die Ausübung und Wirksamkeit der Option liegt länger zurück als die Frist des § 5 III 1 (Zehnjahresfrist) und die jeweilige Beteiligung am Vermögen besteht länger als die in § 5 III 1 (Zehnjahresfrist) genannte Frist (**Vorbehaltensfrist;** vgl. auch zu §§ 5 und 6 GLE 5.3.2024, BStBl. I 2024, 410 Rn. 116). Diese Zehnjahresfrist beginnt frühestens im Jahr 2032.

Auch die **Rückoption** ist möglich; sie wird gem. § 1a I, II und IV 2 KStG ebenfalls als Formwechsel behandelt. Treffen die Beteiligten im Zusammenhang mit der Optionsausübung nähere Vereinbarungen über das Reinvermögen und die Vermögensanteile über die Gesamthand iSd § 24, kann der Tatbestand des § 6 IV erfüllt sein. Die Regelungen des § 5 I 2 und II 1 sind am 1.7.2021 in Kraft getreten und damit auf Wirtschaftsjahre ab 1.1.2022 anwendbar (§ 34 Ia KStG) anwendbar. **101**

Durch die Regelung in § 5 I 2 und Abs. 2 1 soll die Bildung von **Vorratsgesellschaften** verhindert werden (BT-Drs. 19/29843, 48). Denn die Vergünstigung setzt voraus, dass der Erwerber selbst die Frist von zehn Jahren einhält (Behrens/Sparr DStR 2021, 1673 (1675)). **102**

Bei schwankender Beteiligung ist maßgebend die niedrigste Beteiligung im Zeitablauf (Viskorf/Viskorf § 5 Rn. 70). Abzustellen für die Fristberechnung ist auf den Zeitpunkt der Verwirklichung des Erwerbsvorgangs (→ § 23 Rn. 4). **103**

2. Anwendung des § 5 III 3. Nach § 5 III 3 gilt die **Ausübung der Option** nach § 1a KStG bei der Anwendung des § 5 III 1 als **Verminderung** des Anteils des Veräußerers am Vermögen der Gesamthand, wenn die Option innerhalb der jeweils für § 5 III 1 geltenden Frist nach dem Übergang des Grundstücks auf die Gesamthand ausgeübt und wirksam wird. Durch JStG 2022 vom **104**

16.12.2022 ist die bisher in § 5 III 1 geregelte Frist von fünf auf zehn Jahre verlängert worden (→ Rn. 3). Die verlängerte Frist von zehn Jahren ist nach § 23 XVIII erstmals auf Erwerbsvorgänge anzuwenden, die nach dem 30.6.2021 verwirklicht werden. Keine Geltung hat dies nach § 23 XXIV, wenn die bisherige Frist von fünf Jahren bereits vor dem 1.7.2021 abgelaufen ist. Bei Erwerbsvorgängen vor dem 1.7.2021 kommt nur die bisherige Nachbehaltensfrist von fünf Jahren in Betracht (Behrens/Wachter § 5 Rn. 74.1).

VIII. Anwendung des § 5 bei Umwandlungsvorgängen

105 Von besonderer Praxisrelevanz sind die Auswirkungen einer Umwandlung einer grerwerbenden Gesamthand oder eines greinbringenden Rechtsträgers im Hinblick auf die Anwendung des § 5 I oder II bzw. die sich aus einer Umwandlung ergebenden Rechtsfolgen des § 5 III.

106 **1. Formwechsel.** Der Formwechsel (§§ 190 ff., 214, 225a UmwG) unterliegt zwar mangels Rechtsträgerwechsel nicht der GrESt; dies gilt gleichermaßen für den sog. homogenen als auch den heterogenen Formwechsel (→ § 1 Rn. 23 f.). Der heterogene Formwechsel sowohl der grerwerbenden Gesamthand als auch des greinbringenden Gesamthänders kann jedoch zur **Anwendung des § 5 III** führen (Schanko UVR 2013, 12).

107 **a) Formwechsel der grundstückserwerbenden Gesamthand.** Der **homogene** Formwechsel der grerwerbenden Gesamthand (zB OHG in GbR) führt wegen der dem Formwechsel eigenen zivilrechtlichen Identitätsfiktion (→ § 1 Rn. 44 ff.) nicht zur Anwendung § 5 III (wohl unstr., zB Viskorf/Viskorf § 5 Rn. 113; Hofmann/Dorn § 5 Rn. 47; Schanko UVR 2013, 12 (13); zu §§ 5 und 6 GLE 5.3.2024, BStBl. I 2024, 410, Tz. 7.3.1.1). Der homogene Formwechsel führt selbstverständlich dazu, dass für den formgewechselten Rechtsträger die Bindungen des § 5 III fortgelten (Viskorf/Viskorf § 5 Rn. 113).

Der heterogene **Formwechsel der erwerbenden Gesamthand in** eine **KapGes** führt für den an der PersGes beteiligten Gesellschafter stets zum Fortfall seiner dinglichen (gesamthänderischen) Mitberechtigung am Gesellschaftsvermögen und damit gem. § 5 III zum Verlust der Befreiungen aus § 5 I oder II (BFH II B 151/10, BFH/NV 2011, 1395; II R 17/12, BStBl. II 2014, 268; II R 2/12, BStBl. II 2014, 329; Hofmann/Dorn § 5 Rn. 50; Viskorf/Viskorf § 5 Rn. 114 ff.; zu §§ 5 und 6 GLE 5.3.2024, BStBl. I 2024, 410, Tz. 7.3.1.2).

Beispiel: A überträgt sein Gr auf die B-OHG, an welcher er beteiligt ist (steuerbegünstigt gem. § 5 II in Höhe der Beteiligungsquote). Die B-OHG wird innerhalb von zehn Jahren formwechselnd in eine KapGes umgewandelt.

Auf die durch Formwechsel entstandene KapGes trifft das Tatbestandsmerkmal „Gesamthand" nicht (mehr) zu; die Gesellschafter der KapGes – unter Berücksichtigung von § 24 – sind nicht Gesamthänder der PersGes. Die Rechtsfolge des § 5 III tritt auch ein, wenn im Anschluss an eine nach § 3 Nr. 2–7 iVm § 5 I oder II begünstige Anteilsverminderung ein heterogener Formwechsel des erwerbenden Gesamthand erfolgt (vgl. → Rn. 81).

Die „formwechselnde Umwandlung" der erwerbenden Gesamthand in eine andere Gesamthand (zB OHG in KG oder GbR) lässt die Vergünstigungen nach § 5 I und II hingegen unberührt.

b) Formwechsel des grundstücksübertragenden Gesamthänders. Bei einem Formwechsel des das Gr übertragenden Gesamthänders ist hinsichtlich der Auswirkungen auf § 5 III ebenfalls danach zu differenzieren, ob es sich um einen homogenen oder einen heterogenen Formwechsel handelt. **108**

Die **homogene formwechselnde Umwandlung** des grundstücksübertragenden Gesamthänders (zB OHG in GbR) erfüllt nicht die Voraussetzungen des § 5 III bzw. § 6 III 2. Der formgewechselte Rechtsträger führt die Überwachungsfrist fort (Viskorf/Viskorf § 5 Rn. 113; zu §§ 5 und 6 GLE 5.3.2024, BStBl. I 2024, 410, Tz. 7.3.2.1). **109**

Die **heterogene formwechselnde Umwandlung** des grundstücksübertragenden Gesamthänders führt zur Anwendung des § 5 III 1 bzw. § 6 III 2. Der grundstücksübertragende Gesamthänder verliert seine Beteiligung am Vermögen der Gesellschaft und damit auch an dem Grundstück. Nach Maßgabe der spezifischen grunderwerbsteuerrechtlichen Zuordnung ändert sich als Folge einer heterogenen formwechselnden Umwandlung das grunderwerbsteuerliche Zuordnungssubjekt (analog BFH II R 17/12, BStBl. II 2014, 268; zu §§ 5 und 6 GLE 5.3.2024, BStBl. I 2024, 410 Tz. 7.3.2.2 mit Beispielsfall zu § 6 III). **110**

§ 5 III ist auch anzuwenden, wenn eine **KapGes,** die ein Gr in die Gesamthand eingebracht hat, **formwechselnd in** eine **PersGes** umgewandelt wird. **111**

Beispiel: Die A-GmbH, an der B und C zu je 50% beteiligt sind, veräußert am 1.1.25 ein Gr an die A-KG. An der A-KG ist die A-GmbH zu 50% und im Übrigen D beteiligt. Am 1.6.2025 wird die A-GmbH formwechselnd in die A-OHG, an der B und C zu je 50% beteiligt sind, umgewandelt.

Auch in diesem Fall führt der heterogene Formwechsel der A-GmbH in die A-OHG zur Anwendung des § 5 III. Entscheidend ist, dass sich als Folge des grunderwerbsteuerrechtlichen Formwechsels das grunderwerbsteuerrechtliche Zurechnungssubjekt ändert (BFH II R 57/09, BStBl. II 2012, 917; II R 17/12, BStBl. II 2014, 268; II R 1/13, BStBl. II 2014, 855; II R 24/13, BStBl. II 15, 504; Viskorf/Viskorf § 5 Rn. 117 ff). Aufgrund der fehlenden Rechtskontinuität des vormaligen Rechtsträgers (hier: A-GmbH) mit der kraft Formwechsel entstandenen PersGes (hier: A-OHG) ist daher eine weitere Vermögensbeteiligung des formgewechselten Rechtsträgers zu verneinen. Im Beispielsfall wird für B und C erstmalig aufgrund des Formwechsels eine gesamthänderische Beteiligung am Vermögen der A-OHG begründet (vgl. auch zu §§ 5 und 6 GLE 5.3.2024, BStBl. I 2024, 410 Tz. 7.3.2.2 Rn. 61). **112**

2. Verschmelzung. Bei der Verschmelzung einer **KapGes** mit Grundbesitz als übertragender Rechtsträger auf eine **PersGes** als übernehmender Rechtsträger (§ 3 I Nr. 1 UmwG) scheidet eine Steuerbefreiung gem. § 5 II aus, weil es an der erforderlichen dinglichen Beteiligung des übertragenden Rechtsträgers am Gesamthandsvermögen über den Zeitpunkt des Erwerbs hinaus fehlt. Die KapGes erlischt mit der Eintragung der Verschmelzung im Handelsregister (§ 20 I Nr. 2 UmwG; vgl. auch KKK KonzernStR/Fleischer § 5 Rn. 9). Zur Verschmelzung von PersGes → § 6 Rn. 122. **113**

Eine für die Einbringung des Gr zunächst gewährte Steuerbegünstigung nach § 5 I oder II kann bei späterer **Verschmelzung** des greinbringenden Rechtsträgers oder der grerwerbenden Gesamthand nach Maßgabe des § 5 III entfallen. **114**

Wird innerhalb von zehn Jahren nach dem Übergang des Gr die **grerwerbende Gesamthand** auf einen anderen Rechtsträger verschmolzen, sind die Voraussetzungen des **§ 5 III nicht erfüllt.** Anders als bei einem homogenen Formwechsel **115** der grerwerbenden Gesamthand (→ Rn. 109) ist die Verschmelzung nach § 1 I Nr. 3 steuerbar, so dass die von § 5 III vorausgesetzte objektive Steuerumgehung nicht vorliegt (Hofmann/Dorn § 5 Rn. 51; Viskorf/Viskorf § 5 Rn. 101 ff, 112; vgl. auch → Rn. 82 sowie BFH II B 96/02, BFH/NV 2003, 1090 zu § 6 IV).

116 Wird innerhalb von zehn Jahren nach dem Übergang des Gr der an der Gesamthand beteiligte **grveräußernde Rechtsträger** auf einen anderen Rechtsträger **verschmolzen,** sind die Voraussetzungen des **§ 5 III erfüllt.** Dies ist zB der Fall, wenn eine KapGes ihr Gr auf eine PersGes, an der sie beteiligt ist (begünstigt nach § 5 II im Umfang ihrer Beteiligungsquote) überträgt und die Gesellschafterstellung der KapGes danach innerhalb der Zehnjahresfrist des § 5 III durch Verschmelzung – gleichgültig, ob im Wege der Aufnahme oder Neugründung (§ 2 Nr. 1 oder 2 UmwG) – auf einen Dritten übergeht (BFH II R 20/02, BStBl. II 2004, 193; Halaczinsky NWB F 8, 1425 (1427)). Der Anwendung des § 5 III steht nicht entgegen, dass der übertragende Gesellschafter (KapGes) mit der Eintragung der Verschmelzung im Handelsregister des übernehmenden Rechtsträgers kraft Gesetzes erlischt (§ 20 I Nr. 2 UmwG). Dem Umstand, dass bei der Verschmelzung das Vermögen im Wege der Gesamtrechtsnachfolge unter Auflösung ohne Abwicklung des übertragenden Rechtsträgers übergeht, kommt keine Bedeutung zu (so bereits zum UmwG 1969: BFH VI 205/61 S, BStBl. III 1964, 306; II R 59/73, BStBl. II 1979, 683; II R 55/76, BStBl. II 1979, 692; Hörger/Mentel/Schulz DStR 1999, 565 (576)).

117 Die Anwendung des § 5 III in Verschmelzungsfällen kann vermieden werden, wenn übernehmender Rechtsträger der die Beteiligung haltende (greinbringende) Rechtsträger ist.

118 **3. Spaltung.** § 5 I oder II sind nicht anwendbar, wenn an einer Spaltung (§§ 123 ff. UmwG) – steuerbar gem. § 1 I Nr. 3 (vgl. → § 1 Rn. 184) – nur KapGes beteiligt sind. In diesem Fall fehlt es an der von § 5 vorausgesetzten gesamthänderischer Beteiligung (zB BFH II B 95/08, BFH/NV 2009, 1148). § 5 II ist hingegen anwendbar, wenn eine KapGes an einer PersGes beteiligt ist und die KapGes auf eine PersGes abgespaltet wird. Die **Ausgliederung** des von einem Einzelkaufmann betriebenen Unternehmens zur Aufnahme in eine PersGes (§ 152 UmwG) ist nach Maßgabe des § 5 II begünstigt (Hofmann/Dorn § 5 Rn. 6). Zur Spaltung von PersGes → § 6 Rn. 92 ff.

119 Erfolgt innerhalb von zehn Jahren nach dem Übergang des Gr die Spaltung der **grundstückerwerbenden Gesamthand** und geht das eingebrachte Gr auf einen neuen Rechtsträger über, sind die Voraussetzungen des **§ 5 III nicht erfüllt.** Die Spaltung unterliegt nach § 1 I Nr. 3 der GrESt; dies schließt die von § 5 III vorausgesetzte objektive Steuerumgehung aus (Hofmann/Dorn § 5 Rn. 50; vgl. → Rn. 82).

120 Kommt es innerhalb von zehn Jahren nach dem Übergang des Gr des an der Gesamthand beteiligten **grundstücksveräußernden Rechtsträgers** zu dessen **Aufspaltung,** ist § 5 III wegen der Steuerbarkeit des Vorgangs nach § 1 I Nr. 3 nicht anwendbar (BFH II R 20/02, BStBl. II 2004, 193; Schwerin RNotZ 2003, 480 (496); Hofmann/Dorn § 5 Rn. 50; Hörger/Mentel/Schulz DStR 1999, 565 (576)). In Fällen der **Abspaltung** (§ 123 II UmwG) oder **Ausgliederung** (§ 123 III UmwG) von Vermögensteilen des grveräußernden Gesamthänders bleibt eine gewährte Steuerbefreiung nach § 5 I und II unberührt, wenn der Anteil am Vermögen der Gesamthand bei der bisherigen Gesamthand verbleibt.

121–124 *einstweilen frei*

IX. Aufeinanderfolge von Erwerbstatbeständen (§ 1 VI)

Bei der Aufeinanderfolge von Ergänzungstatbeständen (§ 1 II, III und IIIa) und Haupttatbeständen (§ 1 I) in Bezug auf ein Gr unterliegt jeder dieser Rechtsvorgänge der GrESt (§ 1 VI 1). § 1 VI 2 stellt klar, dass bei einer Aufeinanderfolge der nach § 1 I, II (nicht § 1 IIa und IIb!), III und IIIa verwirklichten Rechtsvorgänge unabhängig von deren Reihenfolge eine Doppelbelastung mit GrESt vermieden werden soll (vgl. → § 1 Rn. 738). Es wird die GrESt nur insoweit erhoben, als die Bemessungsgrundlage für den späteren Rechtsvorgang den Betrag übersteigt, von dem beim vorausgegangenen Rechtsvorgang die Steuer berechnet, dh festgesetzt wurde (zu Einzelheiten → § 1 Rn. 743 ff.). 125

Im Hinblick auf § 5 ist die Aufeinanderfolge steuerbarer Tatbestände (§ 1 I, II oder III) unproblematisch, wenn das **Beteiligungsverhältnis** des übertragenden Gesamthänders am Vermögen der Gesamthand und am Wert des Gr **unverändert** bleibt. In diesem Fall ist die Steuerbefreiung aus § 5 für den vorangegangenen Erwerbstatbestand und den ihm nachfolgenden Erwerbstatbestand im jeweils gleichen Verhältnis zu gewähren. Die GrESt für den nachfolgenden Erwerb ist aus der Differenzbemessungsgrundlage nach Maßgabe des § 1 VI 2 unter Berücksichtigung der Steuerbefreiungen (also einschließlich der des vorangegangenen Erwerbs) zu erheben. 126

Anderes gilt, wenn der übertragende **Gesamthänder** im Zeitpunkt der Verwirklichung des nachfolgenden Haupttatbestandes (§ 1 I Nr. 1) an der Gesamthand **nicht mehr beteiligt** ist. Dann steht der übertragende Gesamthänder der Gesamthand als fremder Dritter gegenüber, so dass für den nachfolgenden Erwerbstatbestand eine (teilweise) Steuerbefreiung nach § 5 ausscheidet. Soweit der vorangegangene Erwerb nach § 5 befreit war, kommt eine Minderung der Bemessungsgrundlage für die Besteuerung des nachfolgenden Erwerbs nicht in Betracht (BFH II 15/60 U, BStBl. III 1961, 519). Denn für den nachfolgenden Erwerbstatbestand soll die GrESt insoweit erhoben werden, als sie für den vorangegangenen Erwerbstatbestand nicht erhoben wurde (s. Viskorf/Viskorf § 5 Rn. 132; aA Hofmann/Dorn § 5 Rn. 61, da beide Vorgänge in Bezug auf das nämliche Gr verwirklicht werden, müsse die Steuer sich auch hier auf die Differenzbemessungsgrundlage des § 1 VI 2 beschränken). Entsprechendes gilt, wenn sich im Zeitpunkt der Verwirklichung des nachfolgenden Haupttatbestandes die Beteiligung des übertragenden Gesamthänders an der erwerbenden Gesamthand vermindert hat. 127

Beispiele: A ist am Vermögen einer OHG zu 50% beteiligt. Er überträgt auf diese die Verwertungsbefugnis (§ 1 II) an einem in seinem Alleineigentum stehenden Gr für 20.000 EUR. Die GrESt wurde (in Anwendung des § 5 II) von 10.000 EUR erhoben. Später überträgt A das Eigentum an dem Gr auf die OHG gegen weitere 40.000 EUR. Seine Beteiligung an dem Vermögen der OHG betrug unverändert 50%. Weitere GrESt ist von 10.000 EUR zu erheben.

Abwandlung: A ist bei Übertragung des Eigentums an dem Gr nicht mehr an der OHG beteiligt. Die GrESt ist von 30.000 EUR (40.000 EUR./. 10.000 EUR) zu erheben.

Abwandlung: A ist bei der Übertragung des Gr nur noch zu 25% an der OHG beteiligt. Die GrESt ist von 35.000 EUR zu erheben.

§ 6 Übergang von einer Gesamthand

(1) [1]**Geht ein Grundstück von einer Gesamthand in das Miteigentum mehrerer an der Gesamthand beteiligter Personen über, so wird die**

Steuer nicht erhoben, soweit der Bruchteil, den der einzelne Erwerber erhält, dem Anteil entspricht, zu dem er am Vermögen der Gesamthand beteiligt ist. [2]Wird ein Grundstück bei der Auflösung der Gesamthand übertragen, so ist die Auseinandersetzungsquote maßgebend, wenn die Beteiligten für den Fall der Auflösung der Gesamthand eine vom Beteiligungsverhältnis abweichende Auseinandersetzungsquote vereinbart haben.

(2) **[1]Geht ein Grundstück von einer Gesamthand in das Alleineigentum einer an der Gesamthand beteiligten Person über, so wird die Steuer in Höhe des Anteils nicht erhoben, zu dem der Erwerber am Vermögen der Gesamthand beteiligt ist. [2]Geht ein Grundstück bei der Auflösung der Gesamthand in das Alleineigentum eines Gesamthänders über, so gilt Absatz 1 Satz 2 entsprechend.**

(3) **[1]Die Vorschriften des Absatzes 1 gelten entsprechend beim Übergang eines Grundstücks von einer Gesamthand auf eine andere Gesamthand. [2]Absatz 1 ist insoweit nicht entsprechend anzuwenden, als sich der Anteil des Gesamthänders am Vermögen der erwerbenden Gesamthand innerhalb von zehn Jahren nach dem Übergang des Grundstücks von der einen auf die andere Gesamthand vermindert. [3]Satz 2 gilt nicht, soweit allein durch den Austritt des Vereinigten Königreichs Großbritannien und Nordirland aus der Europäischen Union sich der Anteil des Gesamthänders am Vermögen der erwerbenden Gesamthand innerhalb von fünf Jahren nach dem Übergang des Grundstücks auf die Gesamthand vermindert. [4]Absatz 1 ist nicht entsprechend anzuwenden, wenn die erwerbende Gesamthand nach § 1a des Körperschaftsteuergesetzes optiert hat und das Grundstück von einer Gesamthand übergeht, die nicht nach § 1a des Körperschaftsteuergesetzes optiert hat; es sei denn die Ausübung und Wirksamkeit der Option liegt länger als die in Satz 2 genannte Frist zurück und die jeweilige Beteiligung am Vermögen der Gesamthand besteht länger als die in Satz 2 genannte Frist. [5]Bei der Anwendung des Satzes 2 gilt die Ausübung der Option nach § 1a des Körperschaftsteuergesetzes als Verminderung des Anteils des Gesamthänders am Vermögen der erwerbenden Gesamthand, wenn die Option innerhalb der jeweils für Satz 2 geltenden Frist ausgeübt und wirksam wird. [6]Absatz 1 ist nicht entsprechend anzuwenden, wenn die erwerbende Gesamthand eine Gesellschaft im Sinne des § 1 Absatz 1 des Körperschaftsteuergesetzes mit Sitz im Ausland ist, deren Ort der Geschäftsleitung im Inland belegen ist, und die nach inländischem Gesellschaftsrecht als Personengesellschaft behandelt wird.**

(4) **Die Vorschriften der Absätze 1 bis 3 gelten insoweit nicht, als**
1. **ein Gesamthänder – im Fall der Erbfolge sein Rechtsvorgänger – innerhalb von zehn Jahren vor dem Erwerbsvorgang seinen Anteil an der Gesamthand durch Rechtsgeschäft unter Lebenden erworben hat oder**
2. **die vom Beteiligungsverhältnis abweichende Auseinandersetzungsquote innerhalb der letzten zehn Jahre vor der Auflösung der Gesamthand vereinbart worden ist oder**
3. **bei einem Erwerbsvorgang im Sinne des § 1 Absatz 3 Nummer 1 oder Nummer 2 oder Absatz 3a der Erwerber – im Fall der Erbfolge sein Rechtsvorgänger – innerhalb von 15 Jahren vor dem Erwerbsvorgang**

seinen Anteil am Vermögen der Personengesellschaft erstmals durch Rechtsgeschäft unter Lebenden erworben hat, es sei denn, einer der Erwerbe der Anteile am Gesellschaftsvermögen durch diesen Erwerber – im Fall der Erbfolge durch seinen Rechtsvorgänger – hat zu einem steuerpflichtigen Erwerbsvorgang im Sinne des § 1 Absatz 2a geführt.

Übersicht

I. Bedeutung

§ 6 (mit Ausnahme des § 6 II 2 mit § 6 GrEStG 1940 identisch) stellt die 1
Überführung von **Gesamthandseigentum in Bruchteils-, Allein- oder anderweitiges Gesamthandseigentum** von der **GrESt frei,** soweit der Erwerber nach dieser Überführung im gleichen Verhältnis am Gr beteiligt bleibt. GrESt

soll nur insoweit erhoben werden, als es im Zuge des GrÜbergangs von der Gesamthand zu einem Mehrerwerb des Erwerbers kommt.

2 **Rechtsentwicklung; Übergangsregeln.** § 6 III **2** wurde durch das **StÄndG 2001** (zur Gesetzesbegr. vgl. BT-Drs. 14/6877, 31 f.) als eine § 5 III korrespondierende Vorschrift angefügt; zur erstmaligen Anwendung dieser Regelung vgl. **§ 23** VII. § 6 III 2 und IV sollen Gestaltungsmissbräuche verhindern, die durch einen grds. nicht der GrESt unterliegenden Wechsel im Gesamthänderbestand oder eine Änderung im Beteiligungsverhältnis bewirkt werden können. Die Regelung über den Brexit wurde als **§ 6 III 3** durch das **JStG 2020** (BGBl. 2020 I 3096) eingefügt. Durch das GrEStÄndG (BGBl. 2021 I 986) wurde die bisher fünfjährige Frist auf zehn Jahre verlängert **(§ 6 III und IV)** sowie § 6 **IV** neu gefasst. Diese Regelungen gelten ab 1.7.2021 (**§ 23 XVIII** und **XXIV**). Mit dem Gesetz zur Modernisierung des Körperschaftsteuergesetzes (BGBl. 2021 I 2050) wurde **§ 6 III 4** eingefügt. Durch Gesetz zur Abwehr von Steuervermeidung und unfairem Steuervermeidung und zur Änderung weiterer Gesetz v. 25.6.2021 (BGBl. 2021 I 2056) wurde **§ 6 II 5** eingefügt. Durch das JStG 2022 (BGBl. 2022 I 2294) wurde § 6 III **4** redaktionell geändert, § 6 III **5** eingefügt und der bisherige **S. 5 zu S. 6.**

3 Durch das **MoPeG** sind ab 1.1.2024 die Begriffe „Gesamthand". „Gesamthänder" und „Anteil am Vermögen der Gesamthand" wegefallen. Klare Verhältnisse schafft vorübergehend § 24, wonach rechtsfähige Personengesellschaften (§ 14a II Nr. 2 AO) für Zwecke der GrEStG als Gesamthand und deren Vermögen als Vermögen als Gesamthandsvermögen gelten. Die Vorschrift tritt zum 1.1.2027 außer Kraft. Zu Einzelheiten § 24. Es ist noch nicht klar, ob eine Gleichstellung von PersGes und KapGes erforderlich ist (→ § 5 Rn. 7, → § 24 Rn. 2).

4 Der GrÜbergang von einer Gesamthand auf einen anderen Rechtsträger (zB Gesamthand) unterliegt grds. voll der GrESt. Da eine Gesamthand grestrechtl. als selbstständiger Rechtsträger behandelt wird (→ § 1 Rn. 52 ff.), gilt dies auch, wenn der Erwerber an der übertragenden Gesamthand beteiligt ist. Dem trägt § 6 Rechnung, indem der Übergang eines Gr von einer Gesamthand insoweit steuerfrei ist, als der **Übertragende an der erwerbenden Gesamthand** beteiligt ist (s. Begr. GrESt 1940, 398; BFH II R 62/68, BStBl. II 1975, 150; II R 38/78, BStBl. II 1983, 429; II R 65/83, BStBl. II 1985, 714; II R 38/87, BStBl. II 1991, 374; II R 44/87, BFH/NV 1992, 132).

5 **§ 6 I 1, II 1 und III 1** sind **sachliche Begünstigungsvorschriften;** sie gelten im festgelegten Umfang gleichermaßen für die veräußernde Gesamthand und den Erwerber des Gr. **§ 6 I 2 und II 2** enthalten für den Fall der Auflösung einer Gesamthand besondere Bestimmungen für die Ermittlung des Umfangs der Steuervergünstigungen.

6 Die FVerw folgt bei der Anwendung der §§ 5 und 6 GLE 5.3.2024, BStBl. I 2024, 410.

II. Allgemeine Voraussetzungen

7 **1. Gesamthand.** Die in § 6 verwendeten Begriffe „Gesamthand" und „Gesamthänder" sind identisch mit den in § 5 verwendeten Begriffen (vgl. → § 5 Rn. 3 ff.). § 6 gilt, wie § 5, auch für **ausländische Gesellschaften** (vgl. → § 5 Rn. 5) und findet – ebenso wie § 5 – auch auf die **„unechte Vorgesellschaft"** (→ § 1 Rn. 34) Anwendung.

8 Bei einer nach § 1 GmbHG zugelassenen **Einmann-Gründung** einer GmbH gibt es mangels eines aus mehreren Personen gebildeten Personenverbandes keine

Vorgesellschaft (= Mehrgründungsgesellschaft) und damit auch keine Gesamthandsgemeinschaft. Kommt es zu keiner Eintragung der GmbH in das Handelsregister, fällt dem Einmann-Gründer das Vermögen im Wege der Gesamtrechtsnachfolge an, die gem. § 1 I Nr. 3 der GrESt unterliegt (→ § 1 Rn. 135). § 6 II ist auf diesen „Rückfall" des Gr mangels Gesamthandsvermögens nicht – auch nicht analog – anwendbar (BFH II R 43/99, BStBl. II 2002, 210).

Bei **Treuhandverhältnissen** ist allein der Treugeber am Vermögen der Gesellschaft beteiligt. § 39 II 1 Nr. 2 AO ist nicht anzuwenden (BStBl. II 2020, 511 mwN). Die von der BFH-Rspr. zur mittelbaren Gesellschafterstellung bzw. zum mittelbaren Anteilserwerb nach § 1 IIa, III entwickelten Grundsätze (etwa BFH II R 2/17, BStBl. II 2020, 511 Rn. 19, 20 mwN) entwickelten Grundsätze gelten hier nicht. 9

2. „Grundstücksübergang" von einer Gesamthand. Hinsichtlich des in § 6 vorausgesetzten **„Übergangs" eines Gr** von einer Gesamthand gelten die in → § 5 Rn. 9 f. dargestellten Grundsätze. Dabei erfasst der von § 6 begünstigte GrErwerb von der Gesamthand nur den Übergang eines Gr, das zum **Vermögen der übertragenden Gesamthand** im Zeitpunkt der Übertragung gehört. Die Zugehörigkeit eines Gr zum Gesamthandsvermögen richtet sich nach den **eigenen Qualifikationsmerkmalen des GrESt-Rechts** und nicht nach denen des bürgerlichen Rechts (BFH II 247/58 U, BStBl. III 1960, 175; II 70/63, BStBl. III 1966, 378; II 77/64, BStBl. II 1972, 719; II B 69/73, BStBl. II 1974, 751; II R 76/87, BStBl. II 1988, 550; II R 26/99, BFH/NV 2001, 1040). So gehört ein Gr nicht erst mit der Eigentumsumschreibung im Grundbuch zum Vermögen der übertragenden Gesamthand; das Gr ist dem Vermögen der Gesamthand bereits zuzurechnen, sobald der betreffende Erwerbsvorgang iSd § 1 verwirklicht ist. Die Erteilung einer zur Verwirklichung des Erwerbsvorgangs notwendigen der Genehmigung im Abwicklungsstadium der übertragenden Gesamthand ist für die Begünstigung des § 6 unschädlich. Denn die Auflösung der Gesamthand (§§ 723 ff. BGB, §§ 131 ff., 161 II HGB) lässt den rechtlichen Status der Gesamthänder und die gesamthänderische Bindung des Gesamthandsvermögens unberührt. Die Sperrfristen des § 6 III 2 und IV sind allerdings zu beachten. 10

einstweilen frei 11

3. Begünstigungsfähige Erwerbsvorgänge. Als Grundlage für den GrÜbergang von der Gesamthand kommen, wie auch bei § 5 (vgl. → § 5 Rn. 11), grds. alle nach § 1 steuerbaren Erwerbsvorgänge in Betracht (BFH II R 57/09, BStBl. II 2012, 917). **Erwerbsvorgänge nach § 1 IIa** können hinsichtlich des nach dieser Vorschrift fingierten GrÜbergangs nach Maßgabe des § 6 III (→ Rn. 46 ff.) – vorbehaltlich § 6 IV (→ Rn. 71) – begünstigt sein. Nicht von § 6 erfasst sind Erwerbsvorgänge nach **§ 1 IIb** (GLE 5.3.2024, BStBl. I 2024, 410 Tz. 4.2). 12

Bei **Erwerbsvorgängen nach § 1 III** ist hinsichtlich der Anwendbarkeit des § 6 zu differenzieren: Bei der **Anteilsvereinigung** (§ 1 III Nr. 1 und 2) bei einer **KapGes** ist **§ 6 unanwendbar,** weil eine KapGes kein Gesellschaftsvermögen hat und ihre Gesellschafter von der Gesellschaft verschiedene Rechtspersonen sind und **keine Eigentumsrechte an dem Gesellschaftsvermögen** haben (→ § 5 Rn. 5). 13

Bei einer **PersGes** ist hingegen eine (teils unmittelbare, teils mittelbare, vgl. → § 1 Rn. 560 ff.) Anteilsvereinigung nach § 6 (unter Beachtung des § 6 IV) in dem Umfang begünstigt, in dem der Anteilserwerber am Vermögen des Gesellschaft vor der Anteilsvereinigung beteiligt ist (BFH II B 38/73, BStBl. II 1974, 41; Hofmann/Dorn § 6 Rn. 29; GLE 5.3.2024, BStBl. I 2024, 410 Tz. 4.3). Die Begünstigung ergibt sich aus § 6 II oder III, je nachdem ob es sich bei dem Anteilserwerber um eine natürliche oder juristische Person bzw. Gesamthand handelt. Zu berücksichtigen ist der Anwendungsvorrang des § 1 IIa gegenüber einer Besteuerung nach § 1 III Nr. 1 und 2.

14 Auf die **Weiterübertragung der bereits vereinigten Anteile (§ 1 III Nr. 3 und 4)** ist § 6 anwendbar. Das gilt für die Weiterübertragung der Anteile an KapGes und PersGes gleichermaßen (zur Anwendung des § 5 vgl. → § 5 Rn. 13 ff.). § 6 greift jedoch nur, wenn es sich bei dem Anteilsübertragenden und dem Anteilserwerbenden jeweils um eine Gesamthand handelt. Andernfalls richtet sich die Begünstigung nach § 5.

Beispiele:

Die A-GmbH & Co. KG, in deren Hand sämtliche Anteile an einer B-GmbH mit Grundbesitz vereinigt sind, überträgt sämtliche Anteile an der B-GmbH auf die C-GmbH & Co KG, an der sie beteiligt ist. Die nach § 1 III Nr. 3 steuerbare Weiterübertragung ist nach § 6 III insoweit von der GrESt befreit, als Beteiligungsidentität bei der übertragenden und erwerbenden KG besteht.

A und B sind alleinige Gesellschafter der A + B OHG, bei der sämtliche Anteile an der grundbesitzenden C-GmbH vereinigt sind. Die OHG überträgt diese Anteile auf die D-GmbH & Co. KG, an deren Vermögen (im Innenverhältnis) A und B allein beteiligt sind. Unter Beachtung der Sperrvorschriften des § 6 III 2 und IV ist die Weiterübertragung der Anteile nach § 6 III im vollen Umfang von der GrESt befreit.

Anders verhält es sich, wenn eine KapGes, deren Anteile in der Hand einer PersGes vereinigt sind, ein Gr auf eine andere PersGes, an der die Alleingesellschafterin der KapGes beteiligt ist, überträgt. Die Alleingesellschafterin der GmbH kann wegen fehlender dinglicher Berechtigung der erwerbenden PersGes das Eigentum an dem Gr nicht übertragen (BFH II R 21/03, BFH/NV 2005, 1867; zu § 5 → § 5 Rn. 7).

15 **Erwerbsvorgänge nach § 1 IIIa** können nach den vorstehenden für § 1 III geltenden Grundsätzen durch § 6 begünstigt sein (GLE 5.3.2024, BStBl. I 2024, 410 Tz. 4.4; Joisten/Liekenbrock Ubg 2013, 469 (474 f.); Dorn/Galke DStR 2013, 2365; vgl. auch den Beispielsfall in → § 1 Rn. 667). Insoweit gelten auch die Erl. in → § 5 Rn. 16 hier sinngemäß.

16 **4. Anwendung personenbezogener Befreiungsvorschriften.** Bei GrÜbergängen auf eine Gesamthand sind neben § 6 auch die personenbezogenen Befreiungsvorschriften **(§ 3 Nr. 2–7)** anwendbar (zB BFH II R 58/06, BStBl. II 2008, 879; II R 66/11, BFH/NV 2013, 653). Die Erl. in → § 5 Rn. 29 ff. gelten auch für § 6). Zur Anwendung der personenbezogenen Befreiungen bei Erwerbsvorgängen iSd § 1 IIa und III → § 3 Rn. 11 ff. Aus den personenbezogenen Befreiungen können sich Einschränkungen des § 6 III 2 (BFH II R 17/10, BStBl. II 2014, 268) und des § 6 IV ergeben (→ Rn. 67 f.).

17 *einstweilen frei*

III. Grundstücksübergang in das Miteigentum mehrerer Gesamthandsbeteiligter (§ 6 I)

18 Durch **§ 6 I 1** (entspricht – mit umgekehrter Übertragungsrichtung – § 5 I) wird der **Übergang eines Gr** aus dem Vermögen einer Gesamthand **in das**

Miteigentum mehrerer an der Gesamthand **Beteiligter** von der GrESt freigestellt, soweit der Bruchteil, den der einzelne Erwerber erhält, dem Anteil entspricht, zu dem er an der Gesamthand beteiligt ist.

Entgegen dem Wortlaut des § 6 I wird nicht vorausgesetzt, dass **sämtliche** Erwerber an der Gesamthand beteiligt sind. Die Vorschrift greift auch, soweit nur **einer** der mehreren Erwerber an der übertragenden Gesamthand beteiligt war (BFH II R 96/76, BStBl. II 1980, 217; II R 58/06, BStBl. II 2008, 879). Denn nach Sinn und Zweck des § 6 soll derjenige von der GrESt freigestellt werden, der bereits auf Grund seiner dinglichen Beteiligung am Vermögen der übertragenden Gesamthand am Gr beteiligt war. Es kann daher nicht darauf ankommen, ob auch die anderen Miterwerber Gesamthänder der übertragenden Gesamthand waren oder nicht. Für die GrESt-Befreiung ist ohne Bedeutung, ob der jeweilige Erwerber nach dem Erwerb an der übertragenden Gesamthand beteiligt bleibt. Allerdings ist die Dauer der Beteiligung des Erwerbers an der übertragenden Gesamthand in der Zeit *vor* dem Erwerbsvorgang nach Maßgabe des § 6 IV zu beachten. 19

Beispiel:

A, B und C sind jeweils zu 1/3 am Vermögen einer OHG beteiligt. Sie erwerben von der OHG ein Gr zu jeweils 1/3 Miteigentumsanteilen. Die GrESt bleibt nach § 6 I 1 unerhoben.

Abwandlung: A, D und E erwerben das Gr von der OHG zu jeweils 1/3 Miteigentumsanteilen. Die GrESt bleibt nach § 6 I allein für A zu 1/3 unerhoben.

Abwandlung: A erwirbt das Gr der OHG zu 1/2, B und C zu jeweils 1/4 Miteigentumsanteilen. Die GrESt bleibt für den Erwerb des A zu 1/3 und für die Erwerbe des B und C vollen Umfangs nach § 6 I 1 unerhoben; für den Erwerb des A fällt also GrESt zu 1/6 an. Da das ganze Gr zu Miteigentumsanteilen an mehrere Personen überging, ist die Quote der anteiligen Befreiung des Erwerbs von A im Falle der Bemessungsgrundlage nach § 8 II mit dem Wert anzusetzen, der sich auf den rechnerisch ermittelten Wert des Grundstücks vor der Aufteilung ergibt (BFH II R 58/06, BStBl. II 2008, 879).

Der Umfang der Steuervergünstigung ergibt sich grds. aus dem Beteiligungsverhältnis (→ Rn. 29 ff.). Für den Umfang der Steuervergünstigung kann bei der Auflösung der übertragenden Gesamthand nach **§ 6 I 2** eine von dem Beteiligungsverhältnis abweichende Auseinandersetzungsquote maßgebend sein, → Rn. 30 ff. 20

einstweilen frei 21

IV. Grundstücksübergang in das Alleineigentum eines Gesamthandsbeteiligten (§ 6 II)

§ 6 II 1, der – mit umgekehrter Übertragungsrichtung – § 5 II entspricht, stellt den **Übergang eines Gr** aus dem Vermögen einer Gesamthand **in das Alleineigentum eines** an der Gesamthand **Beteiligten** von der GrESt frei, soweit der Erwerber an dem Vermögen der Gesamthand beteiligt ist. Die Vorschrift trägt, wie auch § 6 I 1, dem Umstand Rechnung, dass der erwerbende Gesamthänder bereits in gesamthänderischer Verbundenheit dinglich am Gr beteiligt war. Dabei begünstigt § 6 II 1 nicht nur den Übergang eines Gr im Ganzen in das Alleineigentum eines Gesamthänders. In gleicher Weise ist auch der Übergang eines Miteigentumsanteils begünstigt, weil das Miteigentum gem. § 2 I 1 dem Alleineigentum gleichgestellt ist (→ § 2 Rn. 7). Für die Befreiung ist es ohne Bedeutung, ob der jeweilige Erwerber nach dem Erwerb an der übertragenden Gesamthand beteiligt bleibt. Allerdings ist die Dauer der Beteiligung des Erwerbers 22 an der übertragenden Gesamthand in der Zeit vor dem GrErwerb die Sperrfrist des § 6 IV zu beachten.

23 **Anwachsung.** § 6 II 1 ist auch einschlägig, wenn sich in den Fällen des § 738 I 1 BGB der Übergang durch **Anwachsung** vollzieht (zur Steuerbarkeit nach § 1 I Nr. 3 → § 1 Rn. 178 f.) und dadurch alle Anteile an einer Gesamthand in der Hand des allein verbleibenden Gesamthänders vereinigt werden (BFH II R 161/74, BStBl. II 1977, 359).

Beispiel:

A und B sind jeweils zu 1/2 Gesellschafter einer OHG. A scheidet aus der OHG aus. Dem B wächst das OHG-Vermögen zu. Die GrESt für den nach § 1 I Nr. 3 steuerbaren Übergang eines Gr der OHG auf B bleibt zu dem Anteil, zu dem B bereits an der OHG beteiligt war, unerhoben.

24 **Einmann GmbH & Co KG.** § 6 II 1 ist auch beim Übergang einer grundbesitzenden GmbH & Co. KG **zur Einmann-GmbH & Co. KG** entspr. anwendbar. Ein solcher Übergang kann erfolgen, wenn der Alleingesellschafter der Komplementär-GmbH infolge Ausscheidens der übrigen Kommanditisten als einziger Kommanditist übrigbleibt (FG Düsseldorf 7 K 792/02, EFG 2005, 136). Die Anwachsung der Anteile der ausgeschiedenen Gesellschafter (§ 738 BGB) führt zu einer nach § 1 III Nr. 1 und 2 steuerbaren teils unmittelbaren und teils mittelbaren Anteilsvereinigung, bei welcher der Einheitsgesellschafter grestrechtl. so behandelt wird, als habe er das Gr von der Ges erworben (BFH II R 92/81, BStBl. II 1982, 424; → § 1 Rn. 329 ff.). Für den Umfang der Steuervergünstigung nach § 6 II ist allein die **unmittelbare gesamthänderische Beteiligung** (Kommanditbeteiligung) des Einheitsgesellschafters an der KG maßgebend. Hinsichtlich der **mittelbaren** Beteiligung des Einheitsgesellschafters an der KG über die Beteiligung der Komplementär-GmbH findet § 6 II keine Anwendung, weil diese Vorschrift dem Erwerber nur ein dingliches Vermögen der GmbH zurechnet. Dieses ist ihr eigenes Eigentum als juristische Person und kein Eigentum, insb. kein gesamthänderisch gebundenes Eigentum, ihrer Anteilseigner. Die über die GmbH nur mittelbare vermittelte Beteiligung des Einheitsgesellschafters am Vermögen der KG kann daher bei der Berechnung des von der Steuer freizustellenden Vermögensanteils keine Berücksichtigung finden (BFH II R 72/94, BStBl. II 1997, 87 aE; NdsFG EFG 1990, 73; Viskorf/Viskorf § 6 Rn. 28).

25 Fallen der **Erwerb der Mitgliedschaft** an einer Gesamthand und der **Erwerb eines Gr** oder eines GrBruchteils von der Gesamthand **in einem Rechtsakt** zusammen, so kann die Steuervergünstigung nach § 6 nicht gewährt werden. Es fehlt insoweit an einer **vor** dem Erwerb bestehenden Gesamthandsberechtigung, die sich wirtschaftlich im Alleineigentum an dem erworbenen Gr (GrBruchteil) fortsetzt. Solche Fälle sind zB bei sog. Bauherrenmodellen gegeben, bei denen mit dem Erwerb eines Anteils an einer grbesitzenden Gesamthand der Erwerb eines Gr derart verknüpft ist, dass im Falle des Ausscheidens des Anteilserwerbers oder der Auflösung der Gesamthand an die Stelle des Anspruchs auf das Auseinandersetzungsguthaben der Anspruch auf Übereignung des Gr (zB Wohnungseigentum) tritt (BFH II R 86/86, BStBl. II 1989, 628; II R 23/02, BFH/NV 2005, 722; Viskorf/Viskorf § 6 Rn. 11; zur Steuerbarkeit vgl. → § 1 Rn. 80 ff.). Ist jedoch der Erwerb eines Anteils an der Gesamthand nicht untrennbar mit einem Übereignungsanspruch in Bezug auf ein Gr verknüpft, löst der Erwerb des Anteils an der Gesamthand keine GrESt aus, wenn die Sperrfrist des § 6 IV gewahrt ist (BFH II R 82/87, BStBl. II 1991, 731; II R 51/91, BStBl. II 1993, 879). Zur

Einschränkung der Sperrfrist des § 6 IV beim Erwerb von Anteilen an Immobilienfonds → Rn. 83.

26 Auf einen nach § 1 I Nr. 3 S. 1 steuerbaren **Erwerb eines Erbteils durch einen Nichterben** (→ § 1 Rn. 180) ist § 6 II 1 grds. nicht anwendbar. Die durch Erbteilserwerb bewirkte Veränderung in der Zuordnung der Eigentumsverhältnisse an dem zum Nachlass gehörigen Gr erfolgt nicht zwischen der Erbengemeinschaft und dem Erbteilserwerber, sondern zwischen diesem und dem bisherigen Erbteilsinhaber (BFH II R 141/74, BStBl. II 1976, 159). Eine GrESt-Befreiung kommt nur nach den allgemeinen Befreiungsvorschriften des § 3 in Betracht. Zum späteren Erwerb des NachlassGr durch den Erbteilskäufer → § 3 Rn. 180; zum Erwerb eines Gr von einer Erbengemeinschaft, an der weitere Erbengemeinschaften beteiligt sind, → Rn. 41.

27 Der Umfang der Steuervergünstigung – → Rn. 29 ff. – ergibt sich grds. aus dem Beteiligungsverhältnis. Für den Umfang der Steuervergünstigung kann bei der Auflösung der übertragenden Gesamthand nach **§ 6 II 2** eine von dem Beteiligungsverhältnis abweichende Auseinandersetzungsquote maßgebend sein.

28 *einstweilen frei*

V. Umfang der Steuerbegünstigung

29 Der Umfang der Steuerbefreiung ergibt sich grds. aus dem Beteiligungsverhältnis (§ 6 I 1, II 1); dabei ist stets auf das einzelne Gr iSd § 2 abzustellen (BFH II R 35/82, BStBl. II 1985, 336).

30 Wird ein Gr bei **Auflösung der Gesamthand** übertragen, ist eine vom Beteiligungsverhältnis abweichende **Auseinandersetzungsquote** maßgebend, wenn die Beteiligten eine solche für den Fall der Auflösung der Gesamthand vereinbart haben (§ 6 I 2, II 2, III 1; → Rn. 30). Der Umfang der Steuerbefreiung nach Maßgabe des Beteiligungsverhältnisses bzw. der Auseinandersetzungsquote steht unter dem Vorbehalt des § 6 IV 1 bzw. des § 6 IV 2. Eine Kompensation zwischen den Erwerbern bei fehlender Deckungsgleichheit ihrer Beteiligungen am Vermögen der übertragenden Gesamthand oder ihrer Auseinandersetzungsquoten mit dem jeweils erworbenen Gr oder GrBruchteil (§ 6 I und II) bzw. gesamthänderischen Beteiligung an dem Vermögen der erwerbenden Gesamthand (§ 6 III) ist ausgeschlossen (vgl. Griener DVR 1967, 132 (133)).

Beispiele:
A, B und C sind jeweils zu 1/3 am Vermögen einer OHG beteiligt. Sie erwerben von der OHG ein Gr zu jeweils 1/3 Miteigentumsanteilen. Die GrESt bleibt nach § 6 I unerhoben.

Abwandlungen 1: A, D und E erwerben das Gr von der OHG zu jeweils 1/3 Miteigentumsanteilen. Die GrESt bleibt nach § 6 I allein für A zu 1/3 unerhoben.

Abwandlung 2: A erwirbt das OHG-Gr zu 1/2, B und C zu jeweils 1/4 Miteigentumsanteilen. Die GrESt bleibt für den Erwerb des A zu 1/3 und für die Erwerbe des B und C im vollen Umfang nach § 6 I unerhoben; für den Erwerb des A fällt also GrESt zu 1/6 an.

31 Bei **Auflösung der übertragenden Gesamthand** ist für den Umfang der Steuerbefreiung des damit im Zusammenhang stehenden Erwerbs die für den Fall der Auflösung vom Beteiligungsverhältnis abweichend vereinbarte Auseinandersetzungsquote maßgebend (§ 6 I 2, II 2, III 1). Im Falle des Übergangs des Gr auf eine andere Gesamthand (§ 6 III) gilt die Besonderheit, dass die Identität zwischen der Auseinandersetzungsquote bei der aufgelösten Gesamthand und dem (unmittelbaren oder mittelbaren) Vermögensanteil an der erwerbenden Gesamthand des betr Gesamthänders das Maß der Steuerbefreiung bestimmt. Unter das

Tatbestandsmerkmal „bei Auflösung der Gesamthand" in § 6 I 2 und II 2 fallen alle Erwerbsvorgänge, die im Stadium der Abwicklung der übertragenden Gesamthand (Auseinandersetzung unter den Gesamthändern nach Maßgabe der §§ 730 ff., 735 BGB, §§ 145 ff., 161 II HGB) verwirklicht werden. Die vereinbarte Auseinandersetzungsquote ist auch maßgebend, wenn sich die Beteiligungsverhältnisse während des Bestehens der Gesamthand, ggf. auch zu Lasten des Erwerbers, verändert haben. Ohne Bedeutung ist es, ob die Auseinandersetzungsquote im ursprünglichen Gesellschaftsvertrag oder erst später vereinbart wurde (s. auch Hofmann/Dorn § 6 Rn. 35). Eine gewillkürte Auseinandersetzungsquote ist nur bei Auflösung einer GbR, OHG oder KG relevant. Bei Erben- oder Gütergemeinschaften ist immer nur der Auseinandersetzungsanteil maßgebend (→ § 5 Rn. 42 ff). Zu beachten ist in jedem Fall die Sperrfrist des § 6 IV Nr. 1–3 (→ Rn. 77 ff.).

32 Beim **GrErwerb im Zusammenhang mit dem Ausscheiden** des Erwerbers aus der übertragenden Gesamthand ist für den Umfang der Steuerbefreiung die vom Beteiligungsverhältnis abweichend vereinbarte Abschichtungsquote maßgebend. Eine solche Vereinbarung wird einer vereinbarten Auseinandersetzungsquote iSd § 6 gleichgestellt (BFH II R 4/90, BFH/NV 1993, 494). Auch hier ist die Sperrfrist des § 6 IV 2 zu beachten (→ Rn. 37).

33 Beim **Fortbestand der übertragenden Gesamthand** wird die GrESt zu dem Anteil nicht erhoben, zu dem der erwerbende Gesamthänder bereits am Vermögen der Gesamthand beteiligt war (§ 6 I 1, II 1). Der Vermögensanteil ergibt sich aus dem Beteiligungsverhältnis zu seinen Mitgesellschaftern am Gesamthandsvermögen (BFH II R 4/90, BFH/NV 1993, 494). Ist zwischen den Gesellschaftern im Innenverhältnis bestimmt, dass ein Gesellschafter am Gesellschaftsvermögen nur formal oder nur am Gr wertmäßig nicht beteiligt sein soll, ist für den Umfang der Steuerbefreiung das Verhältnis der wertmäßigen Beteiligung unter den Mitgesellschaftern maßgebend. Dies folgt aus Sinn und Zweck des § 6, der eine Steuerbefreiung nur insoweit gewährt, als ein Rechtsträgerwechsel wirtschaftlich zu keiner Änderung führt (vgl. auch → Rn. 3). Zur Ermittlung der Beteiligungsquote wird auf die Ausführungen zu § 5 unter → § 5 Rn. 48 ff., die für § 6 sinngemäß gelten, verwiesen. Auf die Beteiligung der Erwerber am Gewinn oder Verlust der übertragenden Gesamthand kommt es nicht an. Zu beachten ist in jedem Fall die Sperrfrist des § 6 IV 1.

34 **Stichtag** für die Ermittlung des Vermögens der übertragenden Gesamthand und der quotenmäßigen Beteiligung des Erwerbers ist der Tag, an dem der steuerbare Erwerbsvorgang **verwirklicht** wird, die Steuer also nach § 38 AO iVm § 23 entstanden ist. Das ist der Tag, an dem die Vertragsteile im Verhältnis zueinander gebunden sind. Auf einen abweichenden Zeitpunkt der Steuerentstehung nach § 14 kommt es nicht an (GLE 5.3.2024, BStBl. I 2024, 410 Rn. 39; NdsFG EFG 1986, 196; vgl. Viskorf/Viskorf § 6 Rn. 26; Hofmann/Dorn § 6 Rn. 31). Für eine vom Beteiligungsverhältnis abweichende Auseinandersetzungs- oder Abschichtungsquote ist der Stichtag maßgebend, ab dem die Vereinbarung nach dem Willen der Vertragspartner gelten soll. Rückwirkenden Vereinbarungen kommt keine Bedeutung zu. Gleiches gilt für eine Vereinbarung über eine veränderte gesamthänderische Berechtigung eines Gesamthänders auf einen – gegenüber dem maßgeblichen Stichtag – zurückliegenden Zeitpunkt. Derartige Vereinbarungen bewirken nur schuldrechtlich, dass die Beteiligten sich so stellen wollen, als sei die Veränderung bereits früher eingetreten (BFH II R 30/69, BStBl. II

1975, 417). Außerdem stehen der Anerkennung solcher Vereinbarungen die Sperrfristen des § 6 IV entgegen.

einstweilen frei **35–37**

VI. Grundstücksübergang auf andere Gesamthand (§ 6 III)

Der Übergang eines Gr von einer Gesamthand auf eine andere Gesamthand **38** (→ § 1 Rn. 12) wäre nach § 1 steuerbar, wenn an beiden Gemeinschaften dieselben Personen beteiligt sind (→ § 1 Rn. 51). Würden zunächst die Gesamthänder von einer Gesamthand ein Gr zu Miteigentumsanteilen im Verhältnis ihrer Anteile am Gesamthandsvermögen erwerben und anschließend ihre Anteile an dem Gr auf eine andere Gesamthand, an der sie im gleichen Verhältnis beteiligt sind, übertragen, so wären beide Erwerbsvorgänge – der erste (vorbehaltlich § 6 IV) nach § 6 I 1 und der zweite (vorbehaltlich § 5 III) nach § 5 I 1 – von der GrESt ausgenommen. § 6 III 1 fasst beide Befreiungstatbestände zusammen. § 6 III 2 macht jedoch die Gewährung der Begünstigung von einer fünfjährigen Nachbehaltensfrist abhängig.

1. Anwendungsvoraussetzungen des § 6 III 1. Nach § 6 III 1 gilt beim **39** Übergang eines Gr von einer Gesamthand auf eine andere Gesamthand § 6 I entsprechend. Danach ist die Übertragung eines Gr von einer Gesamthand auf eine andere von der GrESt ausgenommen, soweit Identität der Mitglieder der beteiligten Gesamthandsgemeinschaften besteht und die wertmäßige Teilhabe der Mitglieder am GrWert deckungsgleich ist. Sind deshalb sowohl bei der veräußernden als auch bei der erwerbenden Gesamthand dieselben Mitglieder mit gleichem Anteilsverhältnis beteiligt, tritt völlige Steuerfreiheit ein. Weichen die Beteiligungen voneinander ab, bleibt die GrESt insoweit unerhoben, als die Beteiligungen an beiden Gesamthandsgemeinschaften gleich hoch sind. Hinsichtlich der Dauer der dem Erwerb vorangegangenen Beteiligung der Mitglieder an der übertragenden Gesamthand ist die Sperrfrist des § 6 IV zu beachten. Entspr dem Sinn und Zweck des § 6 III verlangt allerdings § 6 III 2, dass sich die Beteiligung der betr. Mitglieder an dem Vermögen der erwerbenden Gesamthand und an dem Wert des Gr fortsetzt.

§ 6 III 1 (ebenso wie § 6 I und II) verlangt grds. eine **unmittelbare dingliche** **40** **Beteiligung** der Mitglieder an der erwerbenden Gesamthandsgemeinschaft. Eine Ausnahme gilt allerdings für Erwerbsvorgänge zwischen sog. **doppelstöckigen Gesamthandsgemeinschaften,** bei denen eine Gesamthand ihrerseits Gesellschafterin an der übertragenden Gesamthand ist und damit die Beteiligung an einer Gesamthand durch die Beteiligung an der anderen Gesamthand vermittelt wird. Hier ist Zurechnungssubjekt nicht die Gesamthand als solche; vielmehr bedarf es **eines Rückgriffs auf die am Vermögen der Gesamthand Beteiligten** (BFH II R 61/03, BStBl. II 2005, 649; II R 57/09, BStBl. II 2012, 917; II R 17/12, BStBl. II 2014, 268; II R 1/13, BStBl. II 2014, 855; GLE 5.3.2024, BStBl. I 2024, 410 Rn. 3.2; Hofmann/Dorn § 6 Rn. 28, 39; vgl. auch → § 5 Rn. 22). Dabei tritt die Steuerbefreiung aus § 6 III 1 nur in dem Umfang ein, in dem die gesamthänderischen Berechtigungen der Beteiligten an beiden Gesamthandsgemeinschaften deckungsgleich sind und sich an der übernehmenden Gesamthandsgemeinschaft fortsetzen (vgl. → Rn. 29 ff.).

Beispiele:

An der grundstücksübertragenden OHG I sind (seit über zehn Jahren) A, B und C zu je 1/3 und an der grundstückserwerbenden OHG II sind A, B, D und E zu je 1/4 beteiligt.

Die GrESt bleibt nach § 6 III 1 (bezüglich der Beteiligungen von A und B) 2 × zu 1/4 unerhoben.

Abwandlungen: Die OHG I ist selbst an der KG I zu 1/3 beteiligt. Für den GrÜbergang von der OHG I auf die KG I bleibt die GrESt in Höhe von 3 × 1/9 (= mittelbare Beteiligungen von A, B und C an der KG I) nach § 6 III 1 unerhoben.

Die OHG I erwirbt von der KG I ein Gr. Die GrESt bleibt ebenfalls in Höhe von 3 × 1/9 (= mittelbare Beteiligung von A, B und C) unerhoben.

Die OHG I hatte ihre Beteiligung an der KG I ein Jahr zuvor von A, B und C erworben, die ihrerseits seit Gründung der KG I zu je 1/9 beteiligt waren. Die GrESt bleibt zu 3 × 1/9 unerhoben. § 6 IV greift nicht ein, weil auf die Dauer der unmittelbaren und mittelbaren Beteiligung von A, B, und C an der KG I abzustellen ist.

Bei Umwandlung der mittelbaren in eine unmittelbar bzw. der unmittelbaren in eine mittelbare ist ebenfalls § 6 III 1 anzuwenden (GLE 5.3.2024, BStBl. I 2024, 410 Rn. 88).

41 Geht ein Gr von einer **Erbengemeinschaft,** an der eine andere Erbengemeinschaft beteiligt ist, auf eine PersGes über, an der sowohl die Erben als auch die Erbeserben beteiligt sind, ist **§ 6 III 1 anwendbar,** weil für diese Befreiungsvorschrift eine mittelbare Beteiligung im Durchgriff durch andere Erbengemeinschaften (Gesamthandsgemeinschaften) genügt (BFH II 50/64, BFHE 89, 573).

42 Eine für § 6 III 1 relevante mittelbare Beteiligung liegt nicht vor, wenn der Kommanditist einer GmbH & Co. KG diese von der Komplementär-GmbH ableitet, deren Anteile er in seiner Hand vereinigt (BFH II R 72/94, BStBl. II 1997, 87, 89; NdsFG EFG 1990, 73; FG Münster EFG 2000, 93). Hieraus folgt jedoch auch, dass bei einem GrÜbergang von einer Gesamthand auf eine andere eine Steuervergünstigung nach § 6 III 1 nicht deshalb versagt werden kann, weil im Zusammenhang mit dem GrÜbergang bei der KapGes, die am Vermögen beider PersGes beteiligt ist, mindestens 95% ihrer Geschäftsanteile auf andere Anteilseigner übergehen.

Für den Umfang der Steuerbefreiung kann in entspr Anwendung des § 6 I 2 eine von dem Beteiligungsverhältnis abweichende Auseinandersetzungsquote maßgebend sein, → Rn. 30.

43–45 *einstweilen frei*

46 **2. Anwendung auf Erwerbsvorgänge des § 1 IIa.** § 6 III iVm I findet auch auf einen durch § 1 IIa fingierten GrÜbergang von der „alten" auf die „neue" PersGes entspr Anwendung (zB BFH II R 61/03, BStBl. II 2005, 649; II R 57/09, 2012, 917). Voraussetzung ist, dass ein **Altgesellschafter** nach der steuerbaren Änderung des Gesellschafterbestands an dem Grundstück wertmäßig beteiligt bleibt. In diesem Fall wird die GrESt nicht erhoben, soweit der neue Anteil des in der Gesamthand verbleibenden Altgesellschafters dem Anteil entspricht, zu dem er am Vermögen der Gesamthand vor Beginn und nach Beendigung des tatbestandlichen Anteilsübergangs beteiligt bleibt (BFH II R 61/03, BStBl. II 2005, 649; II R 57/09, BStBl. II 2012, 917; Viskorf/Viskorf § 6 Rn. 50; GLE 5.3.2024, BStBl. I 2024, 410 Rn. 17 ff.). Dieser Anteil beträgt (vorbehaltlich einer etwa anzuwendenden personenbezogenen Befreiungsregelung, vgl. zB BFH II R 66/11, BFH/NV 2013, 653 sowie → Rn. 16) maximal 10%, weil die Änderung des Gesellschafterbestands mindestens 90% beträgt (zu weitergehenden Vergünstigungen von Anteilserwerben bei doppelstöckigen PersGes s. Heine INF 2005, 63).

Beispiel:

An einer grbesitzenden PersGes sind A zu 60%, B zu 35% und C zu 7% beteiligt. A und B übertragen ihre Anteile auf D. Es liegt eine Änderung im Gesellschafterbestand der PersGes iSd § 1 IIa vor. Der fingierte Erwerb durch die „neue“ GbR ist nach § 6 III zu 7% von der GrESt befreit, weil C zu diesem Anteil ebenfalls an der „neuen“ PersGes beteiligt ist.

Bei einem vollständigen Gesellschafterwechsel scheidet hingegen mangels verbleibender Beteiligung eines Altgesellschafters am Vermögen der Gesamthand eine Anwendung des § 6 III aus.

Wegen des für die Anwendung des § 6 III allein maßgebenden Gesellschafterbestands vor Beginn und nach Beendigung des tatbestandsmäßigen Anteilsübergangs **47**
kommt den **einzelnen Teilakten,** die (erst) in ihrer Summe die durch § 1 IIa fingierte GrÜbereignung auslösen, **keine Bedeutung** zu (BFH II R 61/03, BStBl. II 2005, 649). Daher ist die Vergünstigung des § 6 III auch zu gewähren, wenn im Rahmen eines sich über mehrere Teilschritte erstreckenden Anteilsübergangs von mindestens 95% ein Gesellschafter **zunächst** aus der Personengesellschaft **ausscheidet** und vor oder mit Erreichen der Grenze von 90% entweder **erneut** einen **Anteil** an der Gesellschaft **erwirbt** oder als Gesellschafter an einer Personengesellschaft beteiligt ist, die ihrerseits einen solchen Anteil erwirbt (BFH II R 61/03, BStBl. II 2005, 649; GLE 5.3.2024, BStBl. I 2024, 410 Rn. 18). Diese Grundsätze gelten jedoch ausschließlich für die Anwendung des § 6 III und **nicht** auch **für die Tatbestandsebene des § 1 IIa;** hier führt das Ausscheiden eines Gesellschafters aus der PersGes zum endgültigen Verlust der (Alt-)Gesellschafterstellung, so dass ein späterer Wiedereintritt des Ausgeschiedenen – etwa im Zusammenhang mit der Anwendung des § 16 II – kein „Wiederaufleben“ der früheren Gesellschafterstellung bewirkt (BFH II R 3/11, BStBl. II 2013, 963).

Problematisch ist die entspr Anwendung des **§ 6 III iVm I** in Fällen einer **48**
mittelbaren Änderung des Gesellschafterbestands iSd § 1 IIa. Hier kann für die Anwendung des § 6 III nicht nur darauf abgestellt werden, ob sich der Gesellschafterbestand der „neuen“ Personengesellschaft unmittelbar geändert hat.

Beispiel:
An der A-KG sind die B-GmbH zu 4% und C-GmbH zu 96% beteiligt. Alleingesellschafterin der C-GmbH ist die D-AG. Die D-AG wird auf die E-AG verschmolzen.

Die Verschmelzung der D-AG auf die E-AG führt hinsichtlich der A-KG zu **49**
einer **mittelbaren Änderung** des Gesellschafterbestands iSd § 1 IIa. Stellte man für die Gewährung der Steuervergünstigung aus § 6 III auf die fortbestehende unmittelbare Beteiligung der C-GmbH an der A-KG ab, wäre der Erwerbsvorgang iHv 96% steuerbefreit. Da damit die Erfassung mittelbarer Änderungen im Gesellschafterbestand durch § 1 IIa im Ergebnis leer liefe, ist § 6 III 1 insoweit **einschränkend auszulegen.** In diesen Fällen sind die sich **„auf zweiter Ebene“** bei einer **KapGes** vollziehenden mittelbaren Änderungen im Gesellschafterbestand bei der Anwendung des § 6 III 1 nicht zu berücksichtigen; eine KapGes kann bei Anwendung der §§ 5 und 6 nicht als transparent behandelt werden (BFH II R 57/09, BStBl. II 2012, 917; vgl. auch → § 5 Rn. 7 mwN). Demgemäß ist eine KapGes, deren Gesellschafterbestand sich vollständig ändert, nicht mehr iSd § 6 III 1 an der fiktiv „neuen“ PersGes beteiligt (BFH II R 57/09, BStBl. II 2012, 917 mwN; die dortige Annahme, bereits eine Änderung im Gesellschafterbestand der KapGes iHv mindestens 95% sei für § 1 IIa relevant, ist aufgrund BFH II R 17/10, BStBl. II 2013, 833 Rn. 29 überholt).

§ 6 III ist hingegen anwendbar, wenn der teils unmittelbar, teils mittelbar über **50**
eine KapGes beteiligte Gesellschafter der grbesitzenden PersGes seine Anteile auf eine andere Personengesellschaft überträgt und er an dieser – zwischengeschalteten – Personengesellschaft unmittelbar allein beteiligt ist (BFH II R 57/09,

BStBl. II 2012, 917; dazu zB Salzmann DStR 2012, 1314; krit. Mayer/Nadler BB 2013, 1434 (1436 f.); abw. schon im Grundansatz Behrens/Bock DStR 2013, 1307).

51 Fraglich ist die Anwendung des § 1 IIa, wenn es um die **Auflösung eines Treuhandverhältnisses** geht. Es wird teilweise angenommen, dass insoweit die Treugeber Gesamthänder kraft wirtschaftlichen Eigentums (§ 24) sind (FG Berlin-Brandenburg 12 K 12074/20, EFG 2023, 1713, Rev. BFH II R 9/23). Das soll auch gelten, wenn ein mittelbarer Gesellschafter später die **unmittelbare Gesellschafterstellung** erwirbt (FG Hessen 5 K 64/22, EFG 2024, 1148, Rev. BFH II R 5/24). Für den Treugeber gilt als Neugesellschafter (zu § 1 IIa GLE 10.5.2022, BStBl. I 2021, 801 Rn. 5.2.4), dass keine Deckungsgleichhheit zwischen Treuhänder und Treugeber vorliegen. Die Regelung des § 39 II AO ist hier nicht anwendbar (vgl. auch BFH II R 9/66, BStBl. II 1972, 833).

52 **3. Versagung der Begünstigung (§ 6 III 2). a) Rechtsentwicklung; Normzweck.** § 6 III 2 (erstmalig auf nach dem 31.12.2001 verwirklichte Erwerbsvorgänge anzuwenden, vgl. § 23 VII 1) versagt die Steuerbefreiung nach § 6 III 1, soweit sich der Anteil des Gesamthänders am Vermögen der erwerbenden Gesamthand innerhalb von fünf Jahren nach dem Übergang des Gr von der einen auf die andere Gesamthand vermindert. Die Regelung entspricht in der Sache § 5 III und ist ebenfalls eine **Missbrauchsvermeidungsnorm** (vgl. auch → § 5 Rn. 61), deren Anwendung **von subjektiven Elementen unabhängig** ist. Neben der zehnjährigen Nachbehaltensfrist des § 6 III 2 ist noch die Vorbehaltensfrist des § 6 IV zu beachten. Durch das GrEStGÄndG (BGBl. 2021 I 986) wurde die Frist auf **zehn Jahre** verlängert. Sie gilt für alle nach dem 30.6.2021 verwirklichten Erwerbsvorgänge (§ 23 XVIII). Ob § 23 XXIV hier eine Rolle spielt, ist noch nicht abschließend geklärt (dazu § 23 XVIII, → § 23 Rn. 57 ff.).

53 Da die **Gesamthand als grestrechtl. selbstständiger Rechtsträger** gilt, lösen **Änderungen** in ihrem Gesellschafterbestand **grds. keine GrESt** aus (→ § 1 Rn. 52). Damit könnte ein Gr von einer Gesamthand auf eine andere Gesamthand grestfrei übertragen und anschließend im Wege des Gesellschafterwechsels auch die dingliche Berechtigung an dem Gr grestfrei übergehen. Nach den Intentionen des § 6 III iVm § 6 I soll jedoch eine GrÜbertragung nur in dem Umfang befreit sein, in dem sich die Beteiligung der Gesellschafter am Vermögen der übertragenden Gesamthand deckungsgleich am Vermögen der erwerbenden Gesamthand fortsetzt (BFH II R 92/80, BStBl. II 1983, 138 und II R 38/78, BStBl. II 1983, 429).

54 Für die Rechtslage zwischen dem **1.1.2000 und 31.12.2001** ist nicht **abschließend geklärt,** ob in diesem Zeitraum (dh ab Inkrafttreten des § 5 III bis zur Einfügung des § 6 III 2) die in § 5 III getroffene Regelung auf § 6 III entsprechend angewendet werden kann oder muss. Eine steuerverschärfende Analogie ist im Ergebnis abzulehnen (dazu Pahlke/Joisten, 7. Aufl. 2023, GrEStG § 6 Rn. 54 mwN).

55 **b) Verminderung der vermögensmäßigen Beteiligung.** Das in § 6 III 2 enthaltene Merkmal der Verminderung der Beteiligung des Gesamthänders am Vermögen der erwerbenden Gesamthand entspricht dem des § 5 III. Eine solche Verminderung kann zB eintreten, wenn der Gesamthänder seine dingliche Beteiligung verliert oder sich seine vermögensmäßige Teilhabe vermindert. Zu Einzelheiten wird auf → § 5 Rn. 64 ff verwiesen.

56 Als Verminderung des Anteils des übertragenden Gesamthänders am Vermögen der Gesamthand ist anzunehmen (GLE 5.3.2024, BStBl. I 2024, 410 Rn. 2)

- das Ausscheiden aus der Gesellschaft durch schlichtes Ausscheiden oder kraft Gesetzes;
- die Herabsetzung der Beteiligung unter anderem durch Verkauf oder Übertragung auf andere Gesellschafter oder auf einen Treuhänder. Diese Verminderung kann sich aus schuldrechtlichen Verbindungen ergeben, die nach dem Gesamtbild der Verhältnisse im jeweiligen Einzelfall die Zurechnung ausschließen (BFH II R 49/12, BStBl. II 2016, 57; II 4/20, BStBl. II 2022, 1266; GLE 5.3.2024, BStBl. I 2024, 410 Rn. 43 f.);
- die Aufnahme neuer Gesellschafter.

Werden innerhalb von zehn Jahren die Anteile einer an der grbesitzenden Gesamthand beteiligten anderen Gesamthand rechtsgeschäftlich oder durch Umwandlung (zB Verschmelzung) auf eine **KapGes** übertragen, löst dies die Rechtsfolge des § 6 III 2 aus (BFH II R 24/13, BStBl. II 2015, 504). Hierfür ist entscheidend, dass die vormalige gesamthänderische Beteiligung der an der Gesamthand vormalig beteiligten weiteren Gesamthand entfallen ist. Auch eine Beteiligung der früheren Gesamthänder an einer KapGes, die ihrerseits Gesellschafterin der grundbesitzenden PersGes war, genügt nicht den Anforderungen des § 6 III (BFH II R 57/98, BStBl. II 2001, 587; II R 1/13, BStBl. II 2014, 855 mAnm Görgen UVR 2015, 120).

Bei einer **doppelstöckigen Gesamthand** (→ Rn. 40) führt eine Minderung der Beteiligung der übertragenden Gesamthand an der übernehmenden Gesamthand durch Umwandlung auf eine KapGes innerhalb der Zehnjahresfrist zur Versagung der Steuervergünstigung nach § 6 III 1 (BFH II R 24/13, BStBl. II 2015, 504 Rn. 22).

c) Nichtanwendung des § 6 III 2; teleologische Reduktion. § 6 III 2 setzt – ebenso wie § 5 III – als Missbrauchsverhinderungsnorm die **objektive Möglichkeit einer Steuerumgehung** voraus. Dies verlangt eine am Sinn und Zweck der Vorschrift orientierte einschränkende Auslegung (teleologische Reduktion) des Tatbestandsmerkmals der „Verminderung" des Anteils am Vermögen der Gesamthand. Die Voraussetzungen des § 6 III 1 sind – ebenso wie die des 5 III – **nicht erfüllt,** wenn trotz dieser Verminderung der vermögensmäßigen Beteiligung oder Aufgabe der gesamthänderischen Mitberechtigung des Gesamthänders am Vermögen der erwerbenden Gesamthand die vom Gesetz vorausgesetzte **Steuerumgehung objektiv ausscheidet** (BFH II R 58/08, BStBl. II 2010, 302 mwN). 57

Personenbezogene Steuerbefreiungen. Die zur Unanwendbarkeit des § 6 III 2 führenden Sachgründe entsprechen denen, die auch die Anwendung des § 5 III ausschließen (vgl. auch GLE 5.3.2024, BStBl. I 2024, 410 Rn. 65 ff. betr. § 3 Nr. 2, Nr. 4–6). § 6 III 2 bleibt zB außer Anwendung, wenn das Gr durch einen steuerbaren Rechtsvorgang aus dem Gesamthandsvermögen ausscheidet oder wieder auf den einbringenden Gesamthänder im Wege eines nach § 1 I Nr. 3 steuerbaren Anwachsungsvorgangs übergeht oder eine personenbezogene Befreiungsregelung eingreift (zB BFH II R 17/12, BStBl. II 2014, 268). Bei Erwerbsvorgängen iSd § 1 IIa liegen die Voraussetzungen des § 6 III nicht vor, wenn die Verminderung der Beteiligung in einem Rechtsakt erfolgt und dadurch wegen Änderung des Gesellschafterbestands GrESt aus § 1 IIa entsteht. Zu Einzelheiten → § 5 Rn. 84. 58

d) Verfahrensfragen. Die Verminderung der Beteiligung ist ein **rückwirkendes Ereignis** iSd § 175 I 1 Nr. 2 iVm § 175 II 1 (Alt. 1) AO, das zu einer entspr 59

Änderung des begünstigenden Steuerbescheids führt (zu Einzelheiten die auch für § 6 geltenden Erl in → § 5 Rn. 96 f.). Anzeigepflicht besteht gem. § 19 II Nr. 4 auch für Änderungen im Gesellschafterbestand bei Gewährung der Steuervergünstigung aus § 6 III iVm § 6 I.

60–70 *einstweilen frei*

71 **4. Nichtanwendung wegen Brexit (§ 6 III 3).** Für den Brexit ist in § 6 III 3 eine Sonderregelung getroffen. Mit dieser Vorschrift wird erreicht, dass der Austritt des Vereinigten Königreichs und Nordirland aus der Europäischen Union nicht zur Anwendung des § 6 III 2 führt. Die Vorschrift entspricht § 5 III 2 (→ § 5 Rn. 98).

72 **5. Option zur Körperschaftsteuer (§ 6 III 4 und 5).** § 6 III 4 wurde durch das KöMoG (BGBl. I 2021 I 2050) eingefügt. § 6 III 5 wurde durch das JStG 2022 (BGBl. 2021 I 2294) neu eingefügt.

73 **a) Übergang des Grundstücks auf optierte Gesamthand (§ 6 III 4).** Nach § 6 III **4** ist § 6 I nicht entsprechend anzuwenden, wenn die **erwerbende Gesamthand nach § 1a KStG optiert** hat und das Grundstück von einer **Gesamthand** übergeht, die **nicht nach § 1a KStG optiert** hat. Dies gilt dann nicht, wenn die Ausübung und Wirksamkeit der Option länger als die in § 6 III 2 genannte Frist (zehn Jahre) zurückliegt und ferner die jeweilige Beteiligung am Vermögen der Gesamthand länger besteht als die in § 6 III 2 genannte Frist (zehn Jahre) zurückliegt (Vorbehaltefrist). Mit dieser Vorschrift soll der Bildung von **Vorhaltegesellschaften** verhindert werden (BT-Drs. 19/29843, 50). Die Regelungen des § 6 III 4 sind am 1.7.2021 in Kraft getreten und damit auf Wirtschaftsjahre ab 1.1.2022 anwendbar (§ 34 Ia KStG) anwendbar. Gemeint ist nur die Option der erwerbenden – nicht der übertragenden – Gesamthand (Behrens/Seemaier DStR 2021, 1673 (1675)).

74 Im Falle der beiderseitigen Option zur GrESt nach § 6 III 4 iVm § 1a KStG schließt § 1a II KStG wegen der Möglichkeit des Formwechsels die Annahme einer beiderseitigen Option aus (Viskorf/Viskorf § 6 Rn. 66; aA Pahlke/Joisten, 7. Aufl. 2023, GrEStG § 6 Rn. 61; Behrens/Seemaier DStR 2021, 1673 (1676)).

75 **b) Option durch erwerbende Gesamthand (§ 6 III 5).** Ursprünglich enthielt § 6 keine § 5 III 3 entsprechende Regelung. Diese wurde erst nachträglich durch das JStG 2022 (BGBl. 2022 I 2294) eingeführt. Nach § 6 III 5 gilt bei der Anwendung des § 6 III 2 die Ausübung der Option nach § 1a KStG als Verminderung des Anteils des Gesamthänders am Vermögen der erwerbenden Gesamthand, wenn die Option innerhalb der jeweils für § 6 III 2 geltenden Frist ausgeübt und wirksam wird. Diese Regelung entspricht § 5 III 3.

76 **6. Ausschluss von der Befreiung (§ 6 III 6).** § 6 III 6 ist durch Gesetz v. 25.6.2021 (BGBl. 2021 I 2056) als § 6 III 5 eingefügt worden (mWa 26.6.2021) und wurde durch das JStG 2022 (BGBl. 2022 I 2294) zu § 6 III 6 (IKT mWa 21.12.2022).

Gemäß **§ 6 III 6** ist die **Befreiung nach § 6 I** für den Fall **nicht zu gewähren,** wenn die Gesellschaft iSd § 1 I KStG mit Sitz im Ausland mit inländischen Gesellschaftsleistungsort ist. Diese werden im Inland als PersGes behandelt. Solche Gesellschaften werden für steuerliche Zwecke als KapGes behandelt (vgl. auch BT-Drs. 19/30740, 46; vgl. auch → § 5 Rn. 100 ff.). Eine entspr. Regelung für

§ 6 II fehlt; insoweit ist aber § 6 IV entspr. anzuwenden (Viskorf/Viskorf § 5 Rn. 22).

VII. Sperrfrist (§ 6 IV)

1. Allgemeines. § 6 IV **1** schließt eine Steuervergünstigung des § 6 I–III insoweit aus, als der erwerbende Gesamthänder – im Falle der Erbfolge sein Rechtsvorgänger – innerhalb von zehn Jahren **vor** dem Erwerbsvorgang seinen Anteil an der Gesamthand durch Rechtsgeschäft unter Lebenden erworben hat. Nach § 6 IV **2** gilt diese Einschränkung auch insoweit, als die vom Beteiligungsverhältnis abweichende Auseinandersetzungsquote innerhalb der letzten zehn Jahre vor der Auflösung der Gesamthand vereinbart worden ist. 77

Normzweck des § 6 IV ist die Verhinderung objektiver Steuerumgehungen, die sich aus der Kombination eines (vorbehaltlich § 1 IIa, III oder IIIa) nicht steuerbaren Wechsels im Personenstand der Gesamthand bzw. sonstigen Beteiligungsveränderungen und der anschließenden (unter Ausnutzung von § 6 I bis III) grestfreien Übernahme eines Gr aus dem Vermögen der Gesamthand ergeben können (zB BFH II R 31/01, BStBl. II 2003, 319 mwN). Auf die Absicht einer Steuerumgehung kommt es nicht an (BFH II R 37/72, BStBl. II 1973, 802; II B 96/02, BFH/NV 2003, 1090). 78

Rechtsfolge des § 6 IV ist nicht der vollständige Wegfall der Vergünstigungen aus § 6 I bis III; vielmehr ist die zur weiteren GrESt-Vergünstigung führende Vereinbarung bzw. Änderung der Beteiligungsverhältnisse als nicht geschehen zu behandeln (BFH II 53/62 U, BStBl. III 1966, 41; II R 37/72, BStBl. II 1973, 802; II R 119/90, BFH/NV 1995, 267). 79

Seinem **Umfang** nach kann die Versagung oder Verringerung einer Steuervergünstigung des § 6 wegen Nichteinhaltung der Sperrfrist des § 6 IV hinsichtlich des Gr und des darauf errichteten Gebäudes, die grestrechtl eine Einheit iSd § 2 bilden, nur einheitlich erfolgen. Im Falle der Versagung oder Verringerung der Steuervergünstigung gilt dies auch für das miterworbene Gebäude, das erst errichtet wurde, nachdem der erwerbende Gesamthänder seine Beteiligung an der Gesellschaft erworben oder aufgestockt hatte (BFH II R 27/95, BStBl. II 1997, 663). 80

2. Rechtsgeschäft unter Lebenden; Zehnjahresfrist (§ 6 IV Nr. 1). § 6 IV setzt voraus, dass sich innerhalb von zehn Jahren vor dem Eigentumsübergang auf Grund eines Rechtsgeschäfts unter Lebenden bei der **übertragenden** Gesamthand eine Änderung der Beteiligungsverhältnisse oder der Auseinandersetzungsquote ergibt. Der in § 6 IV 1 verwendete zivilrechtliche Begriff **„Rechtsgeschäft unter Lebenden"** umfasst jedes rechtsgeschäftliche Handeln, das bei dem übertragenden Gesellschafter zu einer Veränderung der Beteiligung an einem Gr führt. Eine bestimmte zivilrechtliche Form des Anteilserwerbs ist nicht erforderlich. Es reicht aus, dass die **Beteiligungsveränderung** ein **rechtsgeschäftliches Fundament** hat (BFH II R 15/96, BStBl. II 1997, 296, 298). Dazu gehören sowohl mehrseitige Rechtsgeschäfte (zB Verträge, Beschlüsse im Gesellschafts- und Vereinsrecht) als auch einseitige Rechtsgeschäfte (zB Kündigung eines Gesellschafters), die einen Anteilserwerb durch **Anwachsung** bewirken (BFH II R 31/01, BStBl. II 2003, 319; Viskorf/Viskorf § 6 Rn. 103). 81

Hat ein Gesamthänder seine gesamthänderische Mitberechtigung am Gr als Folge eines **heterogenen Formwechsels** der Gesamthand **aus** einer **KapGes** erworben, beginnt die Zehnjahresfrist erst mit Eintragung des Formwechsels im 82

Handelsregister (BFH II R 57/98, BStBl. II 2001, 587; II B 96/02, BFH/NV 2003, 1090; II R 24/13, BStBl. II 2015, 504; II B 21/18, BFH/NV 2019, 1253; Viskorf/Viskorf § 6 Rn. 100; vgl. auch Behrens/Schmitt UVR 2004, 270). Die GrESt-Begünstigung nach § 6 II ist gem. § 6 IV 1 ausgeschlossen, wenn die Gesellschafter der PersGes ihre Anteile innerhalb von zehn Jahren durch Umwandlung aus einer grbesitzenen KapGes erworben haben.

83 Auch der Erwerb der **Gesamthandsberechtigung** durch einen **Umwandlungsvorgang** nach dem UmwG hat aufgrund des Verschmelzungsvertrags, Spaltungsplans, Spaltungs- und Übernahmevertrags bzw. Übertragungsvertrags eine rechtsgeschäftliche Wurzel (zB BFH II 142/63, BStBl. II 1969, 400; II R 15/96, BStBl. II 1997, 296; Viskorf/Viskorf § 6 Rn. 104); dies gilt auch für den Formwechsel (BFH II R 57/98, BStBl. II 2001, 587; II B 96/02, BFH/NV 2003, 1090; vgl. auch → Rn. 94 ff.).

84 Die Zehnjahresfrist des § 6 IV knüpft an ein zeitlich dem Eigentumsübergang am GesellschaftsGr vorangehendes Ereignis an; dieses die Vergünstigung ausschließende Ereignis darf nicht innerhalb einer Frist von zehn Jahren vor dem Eigentumsübergang eingetreten sein. Dementsprechend ist für die Fristberechnung vom Zeitpunkt des der GrESt unterliegenden Erwerbsvorgangs auszugehen und von diesem aus die Frist zurückzuberechnen (BFH II R 61/03, BStBl. II 2005, 649).

85 Für den **Fristbeginn** maßgebend ist der Zeitpunkt der Erlangung der Gesellschafterstellung, dh der unmittelbaren dinglichen Mitberechtigung am Vermögen der Gesamthand. Auf den vorausgehenden Zeitpunkt der Begründung eines nur schuldrechtlichen Anspruchs auf Einräumung der Gesellschafterstellung kann nicht abgestellt werden (BFH II R 56/00, BStBl. II 2002, 96). Bei Erwerbsvorgängen iSd **§ 1 IIa** ist für die Anwendung des § 6 IV auf den ersten vollzogenen Teilakt des (fingierten) GrErwerbs anzustellen (BFH II R 61/03, BStBl. II 2005, 649).

Für die Fristberechnung gelten **§§ 186 ff. BGB** entspr. (BFH II R 56/00, BStBl. II 2002, 96).

86 **3. Abweichende Auseinandersetzung; Zehnjahresfrist (§ 6 IV Nr. 2).** § 6 IV setzt grds. voraus, dass eine Person aufgrund des Anteilserwerbs **unmittelbar** am Vermögen der Gesamthand beteiligt ist. Daran fehlt es bei einer **von einer KapGes vermittelten mittelbaren Beteiligung** (BFH II R 57/98, BStBl. II 2001, 587; II R 72/94, BStBl. II 1997, 87 aE; NdsFG EFG 1990, 73); die Zeit einer solchen mittelbaren Beteiligung bleibt daher bei der Berechnung der Zehnjahresfrist unberücksichtigt.

87 Im Gegensatz dazu ist bei einer **doppelstöckigen Gesamthand** auf die Teilhabe der Beteiligten an der veräußernden Gesamthand abzustellen. Hier sind bei der Berechnung der Zehnjahresfrist auch solche Zeiten mitzurechnen, in denen der erwerbende Gesamthänder auf Grund seiner Beteiligung an einer unmittelbar beteiligten Gesamthand nur **mittelbar** an der übertragenden Gesamthand beteiligt war. Dies folgt aus der von §§ 5 ff. geforderten besonderen grestrechtl. Zurechnung, nach der stets auf die am Vermögen der Gesamthand Beteiligten zurückzugreifen ist (BFH II R 65/83, BStBl. II 1985, 714; II R 61/03, BStBl. II 2005, 649; Behrens/Schmitt UVR 2004, 270 (272)). Auch insoweit ist jedoch stets die dingliche, nicht aber die schuldrechtliche Mitberechtigung am Gesamthandsvermögen maßgebend.

88 Erwirbt ein **Erbe** kraft Erbfolge ein Gr von der Gesamthand, ist ihm mangels rechtsgeschäftlicher Veränderung der Beteiligungsverhältnisse die Zeit der Beteiligung des Erblassers an der Gesamthand zuzurechnen (Hofmann/Dorn § 6 Rn. 58). Gibt ein Gesamthänder seine **Beteiligung** an einer Gesamthand **für** eine **Zwischenzeit auf,** bleibt die Zeit seiner Beteiligung vor dem Wiedererwerb einer Beteiligung bei der Berechnung der späteren Fünfjahresfrist unberücksichtigt (BFH II R 119/90, BFH/NV 1995, 267).

Bei **Veränderungen der Auseinandersetzungsquote** bei Auflösung der **89** Gesamthand bleibt die Sperrfrist des **§ 6 IV 2** von den vorgenannten Grundsätzen unberührt. Hier muss es bei der Zehnjahresfrist bleiben, weil das Gr beim Erwerb durch die (abgebende) Gesamthand in den Zurechnungsbereich der Gesamthänder nach Maßgabe ihrer Beteiligungsverhältnisse und nicht nach Maßgabe der Auseinandersetzungsquoten übergeht (BFH II 142/63, BStBl. II 1969, 400; Viskorf/Viskorf § 6 Rn. 120).

einstweilen frei **90–99**

4. Wirtschaftliche Anteilsvereinigung; Fünfzehnjahresfrist (§ 6 IV **100** **Nr. 3).** Eine besondere Missbrauchsverhinderungsvorschrift enthält § 6 IV Nr. 3, der die **Vorbehaltensfrist** auf **fünfzehn Jahre** verlängert (BT-Drs. 19/13437, 12 f.). Die Vorschrift erfasst Fälle, in denen eine Besteuerung nach § 1 IIa unterblieben ist, weil weniger als 90% bzw. 95% der Anteile am Gesellschaftsvermögen auf neue Gesellschafter innerhalb von fünf bzw. zehn Jahren übergegangen sind und nach Ablauf dieser Frist der Tatbestand des § 1 III Nr. 1 oder 2 oder § 1 IIIa erfolgt. Damit sollen Gestaltungen erschwert werden, die durch einen zeitlich gestreckten Erwerb von Anteilen am Vermögen einer grundbesitzenden PersGes Steuervergünstigungen erstreben (BT-Drs. 19/13437, 12 f.).

Für die **Fristberechnung** ist der Zeitpunkt des der GrEStG unterliegenden Erwerbsvorgangs auszugehen und von diesem aus die Frist zurück zu rechnen (BFH II R 56/00, BStBl. II 2002, 96; II R 61/03, BStBl. II 2005, 16). Auf den zeitlich davor liegenden Zeitpunkt der Erlangung des schuldrechtlichen Anspruchs auf Verschaffung der Gesellschafterstellung kommt es nicht an (Viskorf/Viskorf § 6 Rn. 136). Im Falle einer in dieser Zeit eintretenden Gesamtrechtsnachfolge (Erbfall) führt der Gesamtrechtsnachfolger die Frist weiter.

Für die Fristberechnung nach § 23 XVIII und XXIV ist darauf hinzuweisen, dass die auf 15 Jahre verlängerte Frist nur dann nicht gilt, wenn diese Frist bereits vor dem 30.6.2021 abgelaufen ist. Die Frist von 15 Jahren gilt in allen Fällen, in denen die Frist am 1.7.2021 noch nicht abgelaufen ist.

einstweilen frei **101–110**

VIII. Nichtanwendung des § 6 IV; teleologische Reduktion

§ 6 IV ist – ebenso wie § 6 III 2 und § 5 III – dem Wortlaut nach **zu weit** **111** **gefasst** (BFH II 142/63, BStBl. II 1969, 400; II 23/18, BStBl. II 2021, 162) und als Missbrauchsverhinderungsnorm nur anzuwenden, wenn sich die Mitberechtigung am Gr der Gesamthand innerhalb von zehn bzw. fünfzehn Jahren vor dem GrErwerb zugunsten der erwerbenden Gesamthänder verändert hat und damit die **objektive Möglichkeit einer Steuerumgehung** besteht. Die Sperrfrist ist daher ohne Bedeutung, wenn bereits objektiv eine Steuerumgehung ausgeschlossen ist. Insoweit bedarf § 6 IV – wie auch § 6 III 2 und § 5 III – einer am Sinn und Zweck der Vorschrift orientierten einschränkenden Auslegung (teleologische Reduktion) und ist daher nicht anzuwenden, wenn eine Steuerumgehung objektiv ausscheidet. Es kommt nur auf die Entstehung der GrEStG an; es ist nicht maßgebend, ob die GrESt tatsächlich festgesetzt oder erhoben wurde (BFH II R

23/18, BStBl. II 2021, 162 Rn. 28). Nach diesen Grundsätzen ist die Anwendung des § 6 IV in folgenden Fällen eingeschränkt bzw. ausgeschlossen:

112 **Personenbezogene Befreiungen.** Aufgrund der sinngemäß (→ Rn. 16) anzuwendenden personenbezogenen **Befreiungsregelungen (§ 3 Nr. 2 bis 7)** gilt § 6 IV insoweit nicht für einen Anteilserwerb, als auch ein dem Anteilserwerb entspr GrErwerb (zB von einem Ehegatten oder Verwandten gerader Linie, § 3 Nr. 4 oder Nr. 6) steuerbefreit wäre (BFH 50/64, BFHE 89, 573 (575); II R 152/80, BStBl. II 1982, 481; II R 17/12, BStBl. II 2014, 268). Für den Lauf der Sperrfrist bedeutet dies, dass dem Anteilserwerber die Zeit der dinglichen Berechtigung zB des übertragenden Ehegatten oder Verwandten zuzurechnen ist. In sinngemäßer Anwendung des § 3 Nr. 2 gilt dies auch, wenn die Anteile aufgrund eines Erwerbs von Todes wegen oder Schenkung auf den Erwerber übergehen (vgl. auch BFH II R 30/18, BStBl. II 2021, 322; FG München 4 K 453/23, EFG 2024, 873, Rev. BFH II R 6/24). Für den Erwerb von Anteilen der nicht mit ihm in gerade Linie verwandten Schwester hat das FG München (4 K 453/23, EFG 2024, 873 mAnm Kronawitter, Rev. BFH II R 6/24) die Anwendung des § 6 IV bejaht.

113 Einer einschränkenden Auslegung bedarf auch die **Zehn- bzw. Fünfzehnjahresfrist** des § 6 IV. Die Anwendung von § 6 IV ist mangels objektiver Möglichkeit der Steuervermeidung nicht zu rechtfertigen, wenn die übertragende Gesamthand noch **keine zehn Jahre** bestanden hat (BFH II 142/63, BStBl. II 1969, 400). Voraussetzung ist aber, dass die Beteiligungsverhältnisse der Gesamthand seit ihrer Gründung unverändert geblieben sind (BFH II R 37/72, BStBl. II 1973, 802). Ebenfalls unanwendbar ist § 6 IV, wenn **seit** dem **Erwerb des Gr** durch eine Gesamthand bis zur Veräußerung noch **keine zehn bzw. fünfzehn Jahre** verstrichen sind und in dieser Zeit keine Änderungen im Beteiligungsverhältnis vollzogen wurden. Durch die kurze Lebensdauer der Gesamthand oder durch die kurze Verweildauer des Gr im Gesamthandsvermögen allein kann die GrESt nicht umgangen werden (BFH II 167/53 S, BStBl. III 1953, 372; II 142/63, BStBl. II 1969, 400; II R 37/72, BStBl. II 1973, 802; II R 27/95, BStBl. II 1997, 663; II R 119/90, BFH/NV 1995, 267; NdsFG EFG 1990, 373). Hat sich allerdings der Vermögensanteil des einbringenden Gesellschafters an der PersGes zunächst verringert und anschließend durch Rechtsgeschäft wieder erhöht, steht § 6 IV 1 der Befreiung nach § 6 I bis III 1 bei einem anschließenden GrÜbergang vor Ablauf von fünf Jahren nach der Wiedererhöhung des gesamthänderischen Vermögensanteils bezogen auf diese Erhöhung entgegen (BFH II R 119/90, BFH/NV 1995, 267).

114 **Steuerbarer Erwerb** der **gesamthänderischen Mitberechtigung (Gesellschafterstellung) schließt eine Missbrauchsmöglichkeit aus,** soweit der Übergang des Gr im Umfang der Beteiligung des erwerbenden Gesamthänders auf ihn bereits beim Erwerb durch die abgebende Gesamthand **der GrESt unterlegen** hat (Breiteneicher DStR 2004, 1405 (1408 mit Beispielen)). Die Sperrfrist des § 6 IV 1 ist daher ohne Bedeutung, wenn ein (fremder) **Erbteilskäufer** innerhalb von zehn Jahren seit dem Erbteilskauf das NachlassGr erwirbt (zutr Viskorf/Viskorf § 6 Rn. 121 f.), denn der Erbteilskauf hatte bereits gem. § 1 I Nr. 3 der GrESt unterlegen (→ § 1 Rn. 180; → § 3 Rn. 187).

115 Auf **Erwerbsvorgänge iSd § 1 IIa** findet § 6 IV 1 keine Anwendung. In diesen Fällen ist wegen der nach § 1 IIa steuerbaren Veränderung des Gesellschafterbestands eine – durch die Sperrfrist des § 6 IV 1 abzuwehrende – Steuerumge-

hung nicht möglich (Viskorf/Viskorf § 6 Rn. 119; Behrens/Schmitt UVR 2004, 270 (273)).

Wurden die Anteile an einer PersGes mit Grundbesitz durch eine nach **§ 1 III Nr. 1 und 2** steuerbare Anteilsvereinigung in einer Hand vereinigt, steht § 6 IV der späteren nach § 6 I und III steuerfreien Übertragung des Gr auf eine andere PersGes des Anteilseigners nicht entgegen (FG Köln EFG 1997, 555). Dies gilt ebenso in Fällen des **§ 1 IIIa,** wenn einem steuerbaren Erwerb einer wirtschaftlichen Beteiligung die GrÜbertragung auf einen andere PersGes des Rechtsträgers iSd § 1 IIIa nachfolgt.

Die vorstehenden Grundsätze gelten auch für **Immobilienfonds** in Form einer PersGes (zB KG oder GbR). Erfolgte der Beitritt der Gesellschafter zum Fonds bereits vor dessen GrErwerb und erfolgt vor Ablauf der Zehnjahresfrist die Auflösung des Fonds und Übertragung des Wohnungs- und Teileigentums auf die einzelnen Gesellschafter, steht die Sperrfrist des § 6 IV der Vergünstigung des § 6 I nicht entgegen. Dabei ist es gleichgültig, ob der Fonds das Gr unbebaut erworben hat und dieses vor seiner Auflösung und Übertragung des Wohn- und Teileigentums auf seine Mitglieder bebaut hat. Für die Anwendung der Sperrfrist des § 6 IV ist allein entscheidend, ob sich seit dem Erwerb des Gr die Beteiligungsverhältnisse am Fonds verändert haben. Erfolgte der Beitritt des Anlegers zu dem Fonds **nach** Erwerb des Gr durch diesen und erfüllt der Beitritt einen steuerbaren Tatbestand, weil der erworbene Anteil an dem Fonds untrennbar mit einer bestimmten Wohnungs- oder Teileigentumseinheit verknüpft ist (→ § 1 Rn. 63 ff.), hat die Sperrfrist des § 6 IV bei Auflösung des Fonds und Übergang der Wohnungs- bzw. Teileigentumseinheit auf den Anleger – ähnlich wie beim fremden Erbteilskäufer (→ Rn. 81) – wegen der Steuerbarkeit nach § 1 I Nr. 1 iVm § 42 AO keine Bedeutung (FG Köln EFG 1989, 304; aA BFH II R 27/95, BStBl. II 1997, 663). 116

Ist nach dem Gesellschaftsvertrag einer GbR (zu deren Gesamthandseigentum mehrere Wohnungs- bzw. Teilerbbaurechte gehören), jeder Gesellschaftsanteil untrennbar mit einem **Wohnungs- und Teilerbbaurecht** verknüpft, ist die Frist des § 6 IV zu beachten (BFH II R 86/86, BStBl. II 1989, 628).

Erwirbt ein Gesamthänder ein Gr von einer PersGes, das auf diese durch **Verschmelzung oder Spaltung von PersGes** übergegangen ist, greift § 6 IV 1 nur dann einschränkend ein, wenn sich innerhalb der Zehnjahresfrist die Beteiligung des erwerbenden Gesamthänders erhöht. Gleiches gilt bei **Mischverschmelzungen,** wenn ein Gr der verschmolzenen KapGes auf eine PersGes übergegangen ist und anschließend einer ihrer Gesellschafter das Gr erwirbt. Bei unveränderten Beteiligungsverhältnissen ist es jedoch unschädlich, wenn ein Gesellschafter der PersGes das Gr vor Ablauf der Zehnjahresfrist erwirbt. In diesen Fällen gibt es keinen Grund, die Vergünstigung des § 6 II zur versagen, weil die Verschmelzung auf die PersGes bereits der GrESt unterlegen hat (§ 1 I Nr. 3). Gleiches gilt, wenn ein Gr durch Verschmelzung oder Spaltung einer KapGes auf eine PersGes übergegangen ist (s. auch Hofmann/Dorn § 6 Rn. 64). 117

IX. Anwendung des § 6 bei Umwandlungsvorgängen

Ebenso wie im Anwendungsbereich des § 5 haben Umwandlungsvorgänge auch Auswirkungen auf die Steuerbefreiung nach § 6. 118

Formwechsel. Der homogene Formwechsel (§§ 190 ff., 214, 225a UmwG) unterliegt mangels Rechtsträgerwechsel zwar nicht der GrESt (→ § 1 Rn. 23); er kann aber zu einem Verlust der Vergünstigungen aus § 6 I bis III führen (vgl. 119

auch Schanko UVR 2013, 12; zur Anwendung des § 6 IV → Rn. 75). Zum fiktiven Formwechsel nach § 1a KStG vgl. → Rn. 74.

Der **homogene** Formwechsel des greinbringenden Gesamthänders ist grestrechtl unschädlich und führt insbes. nicht zur Anwendung des § 6 III 2; die Einschränkungen des § 6 III 2 gehen auf den formgewechselten Rechtsträger über (GLE 5.3.2024, BStBl. I 2024, 410 Tz. 7.3.1.1; Schanko UVR 2013, 12 (13)).

120 Ein **heterogener** Formwechsel einer greinbringenden **PersGes in** eine **KapGes** führt zum Verlust der gesamthänderischen Mitberechtigung am eingebrachten Gr und löst damit die Rechtsfolge des § 6 III 2 aus (BFH II R 13/01, BStBl. II 2003, 358; II R 17/12, BStBl. II 2014, 268;GLE 5.3.2024, BStBl. I 2024, 410 Tz. 7.3.2.2). Zu dem umgekehrten Fall des **heterogenen** Formwechsels einer greinbringenden **KapGes in** eine **PersGes** → § 5 Rn. 111 f. Erst im Anschluss an den – für sich nicht steuerbaren – Formwechsel ist daher *erstmals* ein nach § 6 begünstigter Erwerb durch einen an der PersGes beteiligten Gesellschafter möglich (vgl. auch Gottwald DStR 2004, 341 (344)); insoweit ist aber § 6 IV zu beachten.

121 **Verschmelzung; Spaltung.** Bei einer Verschmelzung **juristischer Personen** mit GrBesitz scheidet mangels gesamthänderischer Beteiligung eine Steuerbefreiung nach § 6 aus. Gleiches gilt für die **Spaltung einer KapGes,** wenn der aufnehmende Rechtsträger eine juristische Person ist. Sofern einer PersGes aufnehmender Rechtsträger ist, ist ein begünstigter Erwerb durch einen an der PersGes Beteiligten nach Maßgabe des § 6 – vorbehaltlich § 6 IV 1 – möglich.

122 Auf die **Verschmelzung** grbesitzender **PersGes** findet auf § 6 III 1 – vorbehaltlich § 6 III 2 und § 6 IV – Anwendung. Bei völliger Beteiligungsidentität der Gesellschafter der beteiligten PersGes ist die Verschmelzung im vollen Umfang von der GrESt befreit. Weichen die Beteiligungsverhältnisse voneinander ab, was in aller Regel bei einer Verschmelzung durch Neugründung der Fall ist, bleibt die GrESt nur zu dem Anteil unerhoben, zu dem Beteiligungsidentität besteht (→ Rn. 29 ff.). Wird eine PersGes **auf** eine **KapGes** verschmolzen, ist § 6 II anwendbar, soweit die KapGes an der PersGes beteiligt ist und § 6 IV nicht entgegensteht.

123 Bei der **Aufspaltung einer PersGes** (§ 123 I UmwG) mit GrBesitz wird für den nach § 1 I Nr. 3 steuerbaren GrÜbergang (→ § 1 Rn. 168) GrESt nach Maßgabe des § 6 III nicht erhoben, wenn und soweit übernehmender Rechtsträgern eine PersGes ist. Der Umfang der Steuerbefreiung wird durch die jeweilige Beteiligungsidentität der Gesellschafter der übertragenden und der übernehmenden PersGes bestimmt.

Da die Aufspaltung unter Auflösung der übertragenden PersGes erfolgt (§ 123 I UmwG), ist eine ggf. vom Beteiligungsverhältnis abweichende Auseinandersetzungsquote zu beachten (§ 6 III iVm § 6 I 2).

124 Die **Abspaltung** (§ 123 II UmwG) oder **Ausgliederung** aus einer PersGes (§ 123 III UmwG) ist gem. § 6 III 1 begünstigt, wenn und soweit übernehmender Rechtsträger eine PersGes ist. Da in diesen Fällen die übertragende PersGes bestehen bleibt, ergibt sich der Umfang der Steuerbefreiung aus dem der Beteiligungsidentität der Gesellschafter bei der übertragenden und übernehmenden PersGes (§ 6 III 1 iVm § 6 I 1; → Rn. 29 ff.).

125 Auf Umwandlungen durch **Vermögensübertragung** (§§ 1 I Nr. 3, 174 ff. UmwG) findet § 6 keine Anwendung, weil eine Gesamthandsgemeinschaft nicht beteiligter Rechtsträger sein kann.

§ 6a Steuervergünstigung bei Umstrukturierungen im Konzern

[1]Für einen nach § 1 Absatz 1 Nummer 3 Satz 1, Absatz 2 bis 3 oder Absatz 3a steuerbaren Rechtsvorgang auf Grund einer Umwandlung im Sinne des § 1 Absatz 1 Nummer 1 bis 3 des Umwandlungsgesetzes, einer Einbringung oder eines anderen Erwerbsvorgangs auf gesellschaftsvertraglicher Grundlage wird die Steuer nicht erhoben. [2]Satz 1 gilt auch für entsprechende Umwandlungen, Einbringungen sowie andere Erwerbsvorgänge auf gesellschaftsvertraglicher Grundlage auf Grund des Rechts eines Mitgliedstaates der Europäischen Union oder eines Staats, auf den das Abkommen über den Europäischen Wirtschaftsraum Anwendung findet. [3]Satz 1 gilt nur, wenn an dem dort genannten Rechtsvorgang ausschließlich ein herrschendes Unternehmen und ein oder mehrere von diesem herrschenden Unternehmen abhängige Gesellschaften oder mehrere von einem herrschenden Unternehmen abhängige Gesellschaften beteiligt sind. [4]Im Sinne von Satz 3 abhängig ist eine Gesellschaft, an deren Kapital oder Gesellschaftsvermögen das herrschende Unternehmen innerhalb von fünf Jahren vor dem Rechtsvorgang und fünf Jahren nach dem Rechtsvorgang unmittelbar oder mittelbar oder teils unmittelbar, teils mittelbar zu mindestens 95 vom Hundert ununterbrochen beteiligt ist. [5]Satz 3 gilt nicht, soweit allein durch den Austritt des Vereinigten Königreichs Großbritannien und Nordirland aus der Europäischen Union das herrschende Unternehmen nicht im Sinne von Satz 4 innerhalb von fünf Jahren nach dem Rechtsvorgang unmittelbar oder mittelbar oder teils unmittelbar, teils mittelbar zu mindestens 95 vom Hundert ununterbrochen beteiligt ist.

Übersicht

A. Allgemeines; Vereinbarkeit mit EU-Recht; Erlasse der FVerw

I. Allgemeines

1 § 6a wurde durch das WachstBeschlG v. 22.12.2009 (BGBl. 2009 I 3950) eingefügt und ist gem. Art. 14 III WachstBeschlG am 1.1.2010 in Kraft getreten (zur

zeitlichen Geltung § 23 VIII). Damit ist der Gesetzgeber der seit Langem erhobenen Forderung nach einer grestrechtl. Erleichterung konzerninterner Umstrukturierungsmaßnahmen gefolgt (→ Einl. Rn. 11 ff.). Durch das **OGAW-IV-UmsG** wurde § 6a S. 4 (zur erstmaligen Anwendung § 23 X) um die Worte „am Gesellschaftsvermögen" ergänzt und damit auch für PersGes die Eigenschaft als abhängige Gesellschaft ausdrücklich anerkannt (vgl. auch BT-Drs. 17/4510, 97).

Durch das **AmtshilfeRLUmsG** wurde – ohne Änderung in der Sache – der Wortlaut des § 6a S. 1 im Hinblick auf Erwerbsvorgänge nach § 1 II geändert; ferner wurde der Anwendungsbereich des § 6a erheblich erweitert. Begünstigungsfähig sind nunmehr auch solche Erwerbsvorgänge, deren Steuerbarkeit sich aus dem durch das AmtshilfeRLUmsG neu eingefügten Steuertatbestand des **§ 1 IIIa** ergibt. Klarstellend werden nunmehr auch Rechtsvorgänge iSd § 1 II einbezogen; der letzte Halbsatz des § 6a S. 1 aF ist entfallen. Ferner wurde § 6a S. 1 dahin ergänzt, dass nunmehr neben Umwandlungen iSd § 1 Nr. 1–3 UmwG auch Rechtsvorgänge **„bei Einbringungen sowie bei anderen Erwerbsvorgängen auf gesellschaftsvertraglicher Grundlage"** begünstigt sind; zum zeitlichen Anwendungsbereich dieser Vorschriften vgl. § 23 XI. Durch das **KroatienAnpG** v. 25.7.2014 wurde der Wortlaut dahin geändert, dass auch Einbringungen sowie Vorgänge auf gesellschaftsvertraglicher Grundlage befreit sind (BR-Drs. 184/14, 97). Durch das **Brexit-StBG** v. 25.3.2019 (BGBl. 2019 I 357) wurde S. 5 eingefügt. Hierdurch wurde erreicht, dass die Vergünstigung § 6a GrEStG nicht allein dadurch entfällt, dass das Vereinigte Königreich und Nordirland aus der Europäischen Union austreten. Durch das **GrEStGÄndG v. 12.5.2021** (BGBl. 2021 I 986) wurde in § 6a S. 1 klargestellt, dass auch § 1 IIb von dem Erwerbsvorgang erfasst ist. 2

Entstehungsgeschichte. Der Umfang der Steuerbefreiung des § 6a idF des WachstBeschlG war im Vergleich zu dem ursprünglichen Gesetzesentwurf der BReg (BT-Drs. 17/15) erheblich enger ausgefallen. Im Gesetzentwurf der BReg war eine umfassende Befreiung von Rechtsvorgängen nach § 1 I, II oder III für Umwandlungsvorgänge nach § 1 I Nr. 1–3 UmwG vorgesehen. Eine Befreiung sollte ausgeschlossen sein, soweit der umwandelnde Rechtsträger das Gr durch einen Erwerbsvorgang iSd § 1 I, II oder III innerhalb von fünf Jahren vor dem Umwandlungsvorgang erworben hatte. Demgegenüber war die auf den Finanzausschuss zurückgehende Fassung des § 6a idF des WachstBeschlG durch die **Beschränkung** der begünstigten Umwandlungsvorgänge **auf (beteiligungsbezogene) Konzernsachverhalte** – insoweit dem vormaligen Gesetzesvorschlag des Landes Hessen aus dem Jahr 2005 (vgl. BR-Drs. 105/04) ähnlich – wesentlich enger gefasst und zudem durch eine Nachbehaltensfrist hinsichtlich der beteiligten abhängigen Gesellschaft eingeschränkt worden (vgl. BT-Drs. 17/138 und 147). Im Gegensatz zum Vorschlag der BReg sind auch Erwerbsvorgänge iSd § 1 IIa sowie Umwandlungsvorgänge aufgrund des Rechts eines EU-/EWIR-Mitgliedsstaates in die Begünstigung einbezogen. § 6a idF des WachstBeschlG (vgl. BT-Drs. 17/138, 147) wurde ergänzt durch den ebenfalls durch das WachstBeschlG eingefügten § 19 II Nr. 4a, der Änderungen von Beherrschungsverhältnissen iSd § 6a S. 4 der Anzeigepflicht unterwirft. 3

Als **Verschonungsregelung** normiert § 6a die tatbestandlichen Voraussetzungen, die eine Nichterhebung der GrESt rechtfertigen. Dabei liegt § 6a keineswegs der Gedanke zugrunde, GrÜbertragungen innerhalb eines Konzern seien nicht besteuerungswürdig (so aber Teiche BB 2012, 2559 (2560)). Im Gegenteil erkennt der Gesetzgeber mit § 6a implizit die Steuerbarkeit übertragender Umwandlungen 4 an und distanziert sich damit zutr. von der unhaltbaren These einer Nichtsteuerbarkeit „bloßer Rechtsträgerwechsel" (→ Einl. Rn. 12). Zumindest darin liegt ein Fortschritt gegenüber früheren Gesetzesvorhaben (BT-Drs. 14/6882 – UntStFG – ; Gesetzesantrag Land Hessen, BR-Drs. 104/05), die unter Berufung auf eine „wirtschaftliche Einheit" konzernangehöriger Rechtsträger eine Vergünstigung konzerninterner Umstrukturierungen bereits auf der Ebene des Steuertatbestands durch eine entsprechende Ausnahmeregelung herbeiführen wollten.

5 Von grundlegender Bedeutung für § 6a ist ferner, dass sich die einzelnen Tatbestandsmerkmale und das dahinterstehende **Verschonungskonzept nicht** auf Aspekte einer **Missbrauchsverhinderung** verkürzen lassen (so aber zB Teiche BB 2012, 2659 (2660)). Die Tatbestandsmerkmale des § 6a umschreiben und begrenzen die als verschonungswürdig qualifizierten Besteuerungssachverhalte. Dies gilt insb. für die Vor- und Nachbehaltensfristen des § 6a S. 4. Das mit dieser Regelung verfolgte Verschonungskonzept knüpft die GrESt-Befreiung grds. (soweit umwandlungsrechtlich möglich) an den Bestand einer langfristig aufrecht zu erhaltenden Konzernstruktur und kann nicht auf die „zeitpunktbezogene" Verwirklichung des jeweiligen Erwerbsvorgangs verkürzt werden (so aber zB Teiche BB 2012, 2659 (2660)).

6 Als **Verschonungsregelung** unterliegt § 6a den für die Verfolgung außerfiskalischer Förderungs- und Lenkungsziele geltenden **verfassungsrechtlichen Bindungen** (BVerfG 1 BvL 10/02, BStBl. II 2007, 192 (202); BVerfG 2 Bv L 1/07, BFH/NV 2009, 338 (344 f.), jew. mwN). Auf diese Bindungen rekurriert die Gesetzesbegr. (BT-Drs. 17/147, 10), indem sie die „Beseitigung von Wachstumshemmnissen" als Gemeinwohlgrund für die Entlastung herausstellt und dieses Förderungsziel mit einer Eingrenzung auf Konzernsachverhalte und „flankierenden Eingrenzungen" durch § 6a S. 4 verknüpft. Angesichts der dem Gesetzgeber auch bei der Schaffung von Steuerbefreiungen eingeräumten Gestaltungsfreiheit lassen sich hiergegen keine verfassungsrechtlichen Einwände erheben (vgl. auch BFH II R 36/21, DStRE 2025, 362 Rn. 38 f.).

7 Die **Auslegung** des § 6a erfolgt nach den für Steuervergünstigungen allg. geltenden Regeln, die vom Gesetzestext ausgehen und dem objektivierten Sinnzusammenhang entsprechen (→ Vorb §§ 3 bis 7 Rn. 6 ff.). Eine weite Auslegung einzelner Tatbestandsmerkmale (zB keine Verengung auf Unternehmen iSd UStG, → Rn. 70 ff.) ist möglich und uU geboten. Dabei sind die aus dem Verschonungskonzept folgenden Besonderheiten und Grenzen der Vorschrift, insb. der Bezug auf Umwandlungsvorgänge sowie die erforderliche beteiligungsbezogene Auslegung der Konzernbehaltensfristen (vgl. → Rn. 52 ff.) zu beachten. Es gilt der Grundsatz, dass jeder Erwerbsvorgang für sich als abgeschlossener Steuerfall zu behandeln ist.

II. Vereinbarkeit mit EU-Recht

8 Die **Vereinbarkeit des § 6a** mit **Art. 107 I und § 108 III AEUV** hat der EuGH (EuGH C-374/17, DStR 2019, 180 = HFR 2019, 75 (mAnm Schmid)) bejaht. Der BFH (II R 62/14, BStBl. II 2017, 916) **hatte § 6a** entsprechend seinem Begünstigungszweck **weit ausgelegt.** Der Begriff des herrschenden Unternehmens erfasse jede natürliche oder juristische Person, Personengesellschaft oder Personenvereinigung, die wirtschaftlich tätig ist. An den wirtschaftlichen Geschäftsbetrieb seien keine hohen Anforderungen zu stellen. Es reiche aus, wenn das herrschende Unternehmen über die Beteiligung am abhängigen Unterneh-

men am Markt teilnimmt. Unerheblich sei, ob das Unternehmen ein Unternehmen iSd § 2 UStG sei und die Beteiligung im Privat- oder im Betriebsvermögen gehalten werde. § 6a S. 4 sei einschränkend dahin auszulegen, dass die Fristen nur insoweit maßgebend sind, als sie auf Grund der Umwandlung auch eingehalten werden können. Das sei bei einer Verschmelzung der abhängigen Gesellschaft auf das herrschende Unternehmen nicht der Fall.

Der **EuGH** hat einen **Verstoß gegen Unionsrecht** und insb. gegen Art. 107 I AEUV **abgelehnt.** Zwar hat der EuGH die Regelung des § 6a als a priori selektiv eingestuft, da es bei verbundenen Unternehmen trotz Rechtsträgerwechsels zu keiner Besteuerung kommt. Einem Verstoß gegen Art. 107 I AEUV steht aber entgegen, dass § 6a einer doppelten und damit übermäßigen Besteuerung entgegenwirkt. Dies ergebe sich, weil die Übertragung des Grundstücks nach § 1 IIa oder III (bei mind. 95 % Beteiligung) bereits „eingangs" besteuert würde und eine spätere Besteuerung auf Grund einer konzerninternen Umwandlung zur Doppelbesteuerung führte. Dieser Betrachtungsweise ist zwar entgegenzuhalten, dass nicht in jedem Fall eine solche Doppelbesteuerung eintritt (Schmid HFR 2019, 75 (79), Anm. zu EuGH C-374/17, HFR 2019, 75). Der BFH hat dem Gedanken einer nur beschränkten Unionsrechtskonformität entgegenhalten, dass ein solcher Gedanke nicht in § 6a angelegt sei und es der Feststellung einer Doppelbesteuerung im konkreten Fall nicht bedarf (BFH II R 15/19, BStBl. II 2020, 329; zum EuGH-Urteil näher Cloer/Vogel BB 2019, 151; Linn/Pignot IStR 2019, 70 (74 ff.); Anm. Joisten/Fumi/Schulz-Trieglaff Ubg 2019, 51; Eisendle/Henze ISR 2020, 23; Behrens/Wachter/Lieber § 6a Rn. 8). Diese Beurteilung wird für die Steuerbefreiung nach § 6a langfristig bedeutsam sein (vgl. BFH II R 36/21, DStRE 2025, 362 Rn. 36 f.). 9

Mit dem Urteil des EuGH und den nachfolgenden Entscheidungen des BFH hat sich der Vorschlag, anstelle von Maßnahmen nach § 6a auf **§ 1 II–III oder IIIa** und auf **Steuerbefreiungen** nach §§ 5 oder 6 **auszuweichen,** grundsätzlich erledigt. Bei der jetzigen Nichtberücksichtigung „verbundgeborener" Gesellschaften (→ Rn. 181 ff.) kann jedoch ggf. die Rückübertragung eines Grundstücks nach § 16 II Nr. 1 erwogen werden.

Nicht abschließend geklärt sind weiterhin die Fragen, 10

- nach dem Umfang der Begünstigung bei mehraktigen Rechtsvorgängen nach § 1 IIa (→ Rn. 26),
- welche genauen Voraussetzungen eine „wirtschaftliche Tätigkeit" hat (→ Rn. 73 ff.),
- wie die 95 %-Quote in mehrstufigen Beteiligungsstrukturen zu bestimmen ist (→ Rn. 164 ff.), und
- nach der teleologische Reduktion der Vor- und Nachbehandlungsfristen (→ Rn. 121a).

III. Erlasse der FVerw

Die obersten FinBeh der Länder hatten zur Anwendung des § 6a zunächst GLE 1.12.2010 (BStBl. I 2010, 1321) erlassen, die durch GLE 22.6.2011 (BStBl. I 2011, 673) ergänzt wurden. Diese wurden ersetzt durch GLE 19.6.2012, BStBl. I 2012, 662. Die auf dem AmtshilfeRLUmsG beruhenden Änderungen des § 6a waren Gegenstand der GLE 9.10.2013 (BStBl. I 2013, 673; → Rn. 29 ff.). 11

Diese Erlasse wurden jetzt insgesamt aufgehoben und nach den BFH-Urteilen vom 21., 22.8.2019 zunächst durch GLE 22.9.2020 (BStBl. I 2020, 960) ersetzt; 12

dazu Behrens/Seemaier Ubg 2020, 631; Broemel/Mörwald DStR 2021, 140; Fleischer/Schmidt/Görnig Stbg 2021, 26; Wischott/Graessner nwb 2021, 18; Käshammer/Schuhmann BB 2021, 749; Brühl GmbHR 2021, 126 u. 528. Jetzt gelten die **GLE 25.5.2023 (BStBl. I 2023, 995 = HEB 2024 § 6a GrEStG)**, dazu Graessner/Lottermoser NWB 2023, 2090; Broemel/Mörwald DStR 2023, 1821.

1. Allgemeines

Mit dem Gesetz zur Änderung des Grunderwerbsteuergesetzes vom 12. Mai 2021 (BGBl. I S. 986) wurde neben der Änderung des § 1 Abs. 2a GrEStG sowie der Neueinfügung eines Abs. 2b in § 1 GrEStG der Anwendungsbereich der Steuervergünstigung in § 6a GrEStG um diesen neuen Erwerbsvorgang mit Wirkung zum 1. Juli 2021 erweitert. Soweit sich aus der Sachverhaltsdarstellung nichts anderes ergibt, bilden die Beispiele die Rechtslage nach dem 30. Juni 2021 entsprechend § 23 Abs. 18 GrEStG ab.

Unter der Überschrift „Steuervergünstigung bei Umstrukturierungen im Konzern" gibt die Vorschrift eine eigenständige Beschreibung für die an einem begünstigungsfähigen Erwerbsvorgang beteiligten Rechtsträger. Der Kreis der an einem nach § 6a GrEStG begünstigungsfähigen Erwerbsvorgang beteiligten Rechtsträger ist beschränkt auf das herrschende Unternehmen (Tz. 3.1) und/oder von diesem abhängige Gesellschaften (Tz. 3.2). Die beteiligten Rechtsträger behalten ihre Eigenschaft als eigenständige Rechtsträger bei.

Der BFH hat sich mit folgenden Grundsatzurteilen zur Anwendung des § 6a GrEStG geäußert:

Verfahren Az.	Sachverhalt (Schlagworte in der Klammer)
II R 15/19 (II R 50/13) BStBl. 2020 II S. 329	Verschmelzung einer abhängigen Gesellschaft (hier: GmbH) auf eine natürliche Person als herrschendes Unternehmen, welche die Anteile im Privatvermögen hielt (Herrschendes Unternehmen; Nachbehaltensfrist)
II R 16/19 (II R 36/14) BStBl. 2020 II S. 333	Ausgliederung zur Neugründung: abhängige Gesellschaft entsteht aus dem herrschenden Unternehmen neu (Vorbehaltensfrist)
II R 17/19 (II R 58/14) BStBl. 2020 II S. 348	Verschmelzung mehrerer, von dem herrschenden Unternehmen abhängiger Gesellschaften, an denen die Muttergesellschaft weniger als fünf Jahre beteiligt war (Vorbehaltensfrist; Maßgabe der Beteiligungsverhältnisse)
II R 18/19 (II R 62/14) BStBl. 2020 II S. 352	Verschmelzung einer abhängigen Gesellschaft auf das herrschende Unternehmen (Nachbehaltensfrist)
II R 19/19 (II R 63/14) BStBl. 2020 II S. 337	Verschmelzung mehrerer, von einer gemeinnützigen Stiftung (kein Unternehmer i.S.d. § 2 Abs. 1 UStG) als herrschendes Unternehmen abhängiger Gesellschaften (Herrschendes Unternehmen; Nachbehaltensfrist)
II R 20/19 (II R 53/15) BStBl. 2020 II S. 341	Verschmelzung einer abhängigen Gesellschaft auf das herrschende Unternehmen – Verschmelzung durch Aufnahme (Nachbehaltensfrist)

Verfahren Az.	Sachverhalt (Schlagworte in der Klammer)
II R 21/19 (II R 56/15) BStBl. 2020 II S. 344	Abspaltung zur Neugründung: abhängige Gesellschaft entsteht aus einer anderen abhängigen Gesellschaft neu (Vorbehaltensfrist; Zuständigkeit)
II R 13/20 BStBl. 2023 II S. 666	Bestimmung des herrschenden Unternehmens i.S.d. § 6a GrEStG bei mehrstufigen Beteiligungen

Die Steuervergünstigung des § 6a GrEStG ist nicht grundstücksbezogen. § 6a GrEStG stellt nicht auf den Verbleib der durch den Umwandlungsvorgang übergehenden Grundstücke, sondern allein auf die Beteiligungsverhältnisse ab (BFH-Urteil II R 17/19). Änderungen in der grunderwerbsteuerrechtlichen Zurechnung der Grundstücke in den Vor- und Nachbehaltensfristen (Tz. 3.2.2.1 und 3.2.2.2) sind somit unbeachtlich.

2. Begünstigungsfähige Erwerbsvorgänge

Die folgenden Erwerbsvorgänge sind begünstigungsfähig:

2.1. Umwandlungsvorgänge nach UmwG

Nach § 6a Satz 1 Halbsatz 1 GrEStG wird für einen Erwerbsvorgang nach § 1 Abs. 1 Nr. 3 Satz 1, Abs. 2a Satz 1, Abs. 2b Satz 1, Abs. 3 Nr. 2 und Nr. 4 und Abs. 3a GrEStG aufgrund einer Umwandlung i.S.d. § 1 Abs. 1 Nr. 1 bis 3 des Umwandlungsgesetzes (UmwG) die Steuer nicht erhoben. Die Begünstigung erfasst die verwirklichten steuerbaren Erwerbsvorgänge sowie die aufgrund einer derartigen Umwandlung übergehende Verwertungsbefugnis i.S.d. § 1 Abs. 2 GrEStG.

Begünstigte Umwandlungen i.S.d. § 1 Abs. 1 Nr. 1 bis 3 UmwG sind:
- Verschmelzung (§ 1 Abs. 1 Nr. 1 UmwG),
- Spaltung – Aufspaltung, Abspaltung, Ausgliederung – (§ 1 Abs. 1 Nr. 2 UmwG),
- Vermögensübertragung (§ 1 Abs. 1 Nr. 3 UmwG).

Die Vorschrift erfasst u.a. die Fälle,
- dass eine abhängige Gesellschaft auf das herrschende Unternehmen verschmolzen wird (BFH-Urteil II R 18/19; BFH-Urteil II R 20/19),
- dass eine abhängige Gesellschaft auf eine natürliche Person als herrschendes Unternehmen verschmolzen wird (BFH-Urteil II R 15/19) und
- dass eine abhängige Gesellschaft durch Ausgliederung aus dem herrschenden Unternehmen neu entsteht (BFH-Urteil II R 16/19).

§ 6a Satz 1 GrEStG begünstigt alle dort genannten Umwandlungsvorgänge gleichermaßen. Es erfolgt keine Differenzierung, in welche Richtung, ob horizontal auf eine Schwestergesellschaft (Umwandlung in der Seitenlinie – sidestream-Merger) oder ob vertikal auf die Muttergesellschaft (Umwandlung von unten nach oben – upstream-Merger), eine Gesellschaft verschmolzen wird (BFH-Urteil II R 15/19). Auch die Umwandlung der Muttergesellschaft auf eine Tochtergesellschaft (Umwandlung von oben nach unten – downstream-Merger) wird begünstigt.

Darüber hinaus sind Umwandlungen i.S.d. § 1 Abs. 2 UmwG begünstigt, wenn sie durch ein anderes Bundesgesetz oder ein Landesgesetz ausdrücklich vorgesehen sind.

Die formwechselnde Umwandlung (§ 1 Abs. 1 Nr. 4 UmwG) ist nicht begünstigt.

In Fällen der Ausgliederung bzw. Aufnahme eines Einzelunternehmens auf eine neu zu gründende Kapitalgesellschaft ist die Steuervergünstigung in § 6a GrEStG nicht einschlägig.

2.2. Weitere Umwandlungsvorgänge

Die Begünstigung erfasst auch Umwandlungen i.S.d. Art. 17 Abs. 1, Abs. 2 Buchst. a VO (EG) 2157/2001 i.V.m. Art. 3 Abs. 1 der Richtlinie 78/855/EWG und § 1 Abs. 1 Nr. 1 bis 3 UmwG und entsprechende Umwandlungen aufgrund des Rechts eines Mitgliedstaates der Europäischen Union oder eines Staates, auf den das Abkommen über den Europäischen Wirtschaftsraum Anwendung findet.

Eine Umwandlung nach dem Recht eines Mitgliedstaates der Europäischen Union oder eines Staates, auf den das Abkommen über den Europäischen Wirtschaftsraum Anwendung findet, gilt als entsprechende Umwandlung i.S.d. § 6a Satz 2 GrEStG, wenn die Regelung inhaltlich mit den Umwandlungen gemäß § 1 Abs. 1 Nr. 1 bis 3 UmwG vergleichbar sind.

2.3. Einbringungen und andere Erwerbsvorgänge auf gesellschaftsvertraglicher Grundlage

Ebenfalls begünstigungsfähig nach § 6a Satz 1 Halbsatz 2 GrEStG sind die nach § 1 Abs. 1 Nr. 3 Satz 1, Abs. 2, Abs. 2a Satz 1, Abs. 2b Satz 1, Abs. 3 oder Abs. 3a GrEStG steuerbaren Rechtsvorgänge aufgrund einer Einbringung oder eines anderen Erwerbsvorgangs auf gesellschaftsvertraglicher Grundlage. Darunter fallen u.a. die Erfüllung der Sacheinlageverpflichtung (§ 27 AktG oder § 5 Abs. 4 GmbHG) oder der Beitragspflicht (§ 706 BGB) sowie Rechtsvorgänge, durch die Vermögen von einer Gesellschaft auf einen Gesellschafter gegen Aufgabe oder Verringerung seiner Beteiligung übergehen, wie z.B. durch eine Sachkapitalherabsetzung, eine Verminderung der Beteiligungsquote sowie durch Liquidation der Gesellschaft und – auf gesellschaftsvertraglicher Grundlage beruhende – Anwachsungen.

Wird durch Einbringung von Anteilen oder durch andere Erwerbsvorgänge auf gesellschaftsvertraglicher Grundlage einer der in § 6a Satz 1 GrEStG abschließend aufgeführten Tatbestände verwirklicht, wird die Steuer unter Beachtung der übrigen Voraussetzungen der Vorschrift nicht erhoben. Die Einbringung von Grundstücken unterliegt § 1 Abs. 1 Nr. 1 GrEStG und ist damit nicht vom Anwendungsbereich des § 6a GrEStG erfasst.

Begünstigungsfähig sind auch Einbringungen und andere Erwerbsvorgänge auf gesellschaftsvertraglicher Grundlage aufgrund des Rechts eines Mitgliedstaates der Europäischen Union oder eines Staates, auf den das Abkommen über den Europäischen Wirtschaftsraum Anwendung findet.

2.4. Besonderheiten bei Fällen des § 1 Abs. 2a Satz 1 und Abs. 2b Satz 1 GrEStG

Die Begünstigung nach § 6a GrEStG ist in den Fällen des § 1 Abs. 2a Satz 1 und Abs. 2b Satz 1 GrEStG insoweit anteilig zu gewähren, als durch den begünstigungsfähigen Vorgang der Tatbestand des § 1 Abs. 2a Satz 1 oder Abs. 2b Satz 1 GrEStG erfüllt wird oder der begünstigungsfähige Vorgang zur Erfüllung des Tatbestands beiträgt. Die Begünstigung ist hierbei auf die vermögensmäßige Beteiligung des übertragenden Rechtsträgers an der Personengesellschaft begrenzt.

Beispiel 1:

Am Vermögen der grundbesitzenden A-OHG sind die Gründungsgesellschafter T1-GmbH mit 85 % und B mit 15 % beteiligt. Sowohl an der T1-GmbH als auch an der T2-GmbH ist die M-GmbH seit mehr als 5 Jahren zu 100 % beteiligt. Im Januar 10 wird die T1-GmbH auf die T2-GmbH verschmolzen. Im Dezember 10 veräußert B seinen Anteil an der A-OHG an den fremden Dritten C.

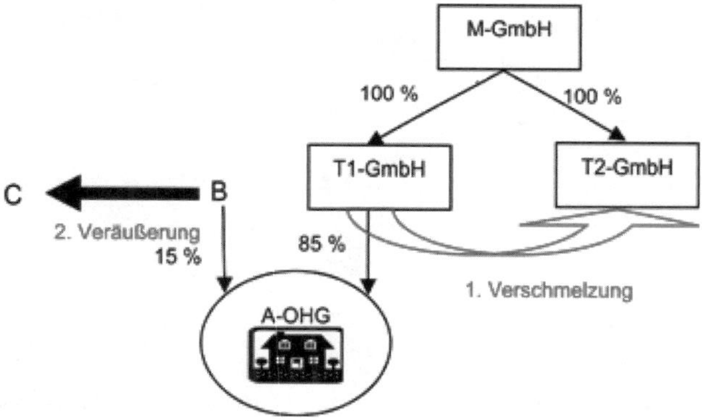

Lösung:

Im Dezember 10 wird durch die Veräußerung an C der Tatbestand des § 1 Abs. 2a GrEStG verwirklicht, da innerhalb von zehn Jahren mindestens 90 % der Anteile am Vermögen der A-OHG auf Neugesellschafter übergegangen sind (100 % = 85 % und 15 %). § 6a GrEStG ist für die Übertragung aus Januar 10 anteilig zu gewähren. Der Umwandlungsvorgang hat dazu beigetragen, dass die maßgebliche Grenze des § 1 Abs. 2a GrEStG von 90 % überschritten wurde. Die Steuervergünstigung ist somit i.H.v. 85 % zu gewähren, da insoweit die T1-GmbH (als übertragender Rechtsträger beim Umwandlungsvorgang) an der A-OHG beteiligt war.

Während der Nachbehaltensfrist muss das herrschende Unternehmen (M-GmbH) ununterbrochen zu mindestens 95 % an der verbleibenden abhängigen Gesellschaft (T2-GmbH) beteiligt bleiben.

2.5. Besonderheiten bei Fällen des § 1 Abs. 3 GrEStG

Anders als die Tatbestände des § 1 Abs. 2a Satz 1 und Abs. 2b Satz 1 GrEStG sind die Tatbestände des § 1 Abs. 3 Nr. 2 und Nr. 4 GrEStG nicht zeitraumbezogen. Der Tatbestand des § 1 Abs. 3 Nr. 2 GrEStG ist in dem Zeitpunkt verwirklicht, in dem sich mindestens 90 % der Anteile in der Hand des Erwerbers vereinigen. Ist der Tatbestand des § 1 Abs. 3 Nr. 2 GrEStG durch einen begünstigten Umwandlungsvorgang erfüllt, wird die Steuer nach § 6a GrEStG in vollem Umfang nicht erhoben. Unerheblich ist, wann und wodurch der Erwerber die ihm bereits zustehenden Anteile erworben hat.

Beispiel 2:

Am Kapital der grundbesitzenden E-GmbH sind die Gründungsgesellschafter T1- und T2-GmbH zu je 50 % beteiligt. Alleinige Gründungsgesellschafterin der T1- und

T2-GmbH ist seit mehr als fünf Jahren die M-AG. Im Jahr 01 wird die T1-GmbH auf die T2-GmbH verschmolzen.

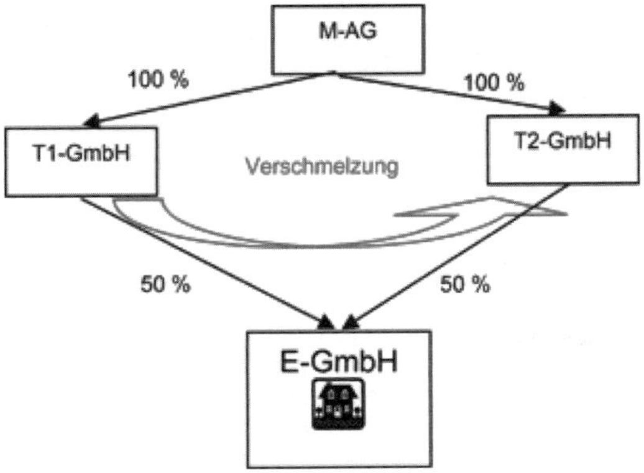

Lösung:

Durch die Verschmelzung der T1-GmbH auf die T2-GmbH vereinigt die T2-GmbH erstmalig unmittelbar alle Anteile an der E-GmbH in ihrer Hand i.S.v. § 1 Abs. 3 Nr. 2 GrEStG. Dieser Rechtsvorgang ist zu 100 % nach § 6a GrEStG begünstigt. Die M-AG erfüllt als herrschendes Unternehmen die Vorbehaltensfrist an den beiden am Umwandlungsvorgang beteiligten abhängigen Gesellschaften T1- und T2-GmbH (§ 6a Satz 3 und 4 GrEStG). Während der Nachbehaltensfrist muss das herrschende Unternehmen (M-AG) ununterbrochen zu mindestens 95 % am Kapital der verbleibenden abhängigen Gesellschaft (T2-GmbH) beteiligt bleiben.

2.6. Besonderheiten bei Fällen der §§ 5 und 6 GrEStG

§ 6a GrEStG umfasst nicht die durch einen Umwandlungsvorgang nach § 5 Abs. 3, § 6 Abs. 3 Satz 2 GrEStG ausgelöste Grunderwerbsteuer für den nach § 5 Abs. 1 oder 2 oder nach § 6 Abs. 3 Satz 1 i.V.m. Abs. 1 GrEStG begünstigten Erwerb eines Grundstücks durch eine Gesamthand. Denn diese Missbrauchsverhinderungsvorschriften betreffen keinen nach § 6a GrEStG begünstigungsfähigen steuerbaren Rechtsvorgang aufgrund einer Umwandlung i.S.d. § 1 Abs. 1 Nr. 1 bis 3 UmwG, sondern einen dieser Umwandlung vorausgegangenen selbständigen Rechtsvorgang.

3. Beteiligte

Ein nach § 6a GrEStG begünstigter Erwerbsvorgang setzt voraus, dass an einem Umwandlungsvorgang ausschließlich ein herrschendes Unternehmen und ein oder mehrere von diesem herrschenden Unternehmen abhängige Gesellschaften oder mehrere von einem herrschenden Unternehmen abhängige Gesellschaften beteiligt sind (§ 6a Satz 3 GrEStG). Unerheblich ist, ob sich der Sitz der beteiligten Gesellschaften im Inland oder Ausland befindet.

Abspaltungen oder Ausgliederungen zur Neugründung aus dem herrschenden Unternehmen sowie die Verschmelzung der letzten am Umwandlungsvorgang beteiligten abhängigen Gesellschaft auf das herrschende Unternehmen sind begünstigt

(BFH-Urteil II R 15/19; BFH-Urteil II R 16/19; BFH-Urteil II R 18/19; BFH-Urteil II R 20/19; BFH-Urteil II R 21/19).

3.1. Herrschendes Unternehmen

Die Vorschrift gilt für alle Rechtsträger i.S.d. GrEStG, die wirtschaftlich tätig sind. Herrschendes Unternehmen können wirtschaftlich tätige natürliche und juristische Personen sowie Personengesellschaften sein.

An den wirtschaftlichen Geschäftsbetrieb des herrschenden Unternehmens sind keine hohen Anforderungen zu stellen. Es reicht aus, wenn das herrschende Unternehmen über eine Beteiligung an einer abhängigen Gesellschaft am Markt teilnimmt (BFH-Urteil II R 19/19). Hierfür ist erforderlich, dass mindestens eine am Umwandlungsvorgang beteiligte abhängige Gesellschaft am Markt wirtschaftlich tätig ist. Das gilt auch für nicht selbst wirtschaftlich tätige Gesellschaften (z.B. Vorratsgesellschaften und reine Holdinggesellschaften).

Das Merkmal der wirtschaftlichen Tätigkeit muss innerhalb der fünfjährigen Vor- und Nachbehaltensfristen ununterbrochen vorliegen.

Es ist nicht erforderlich, dass der an der Umwandlung als herrschendes Unternehmen beteiligte Rechtsträger ein Unternehmer i.S.d. § 2 UStG ist. Unerheblich ist auch, ob das herrschende Unternehmen die Beteiligung an der abhängigen Gesellschaft im Privat- oder im Betriebsvermögen hält. Der Alleingesellschafter einer Kapitalgesellschaft kann herrschendes Unternehmen i.S.d. § 6a GrEStG sein. Er ist über seine Beteiligung an der Gesellschaft wirtschaftlich tätig, sofern diese Gesellschaft selbst wirtschaftlich tätig ist.

Welches Unternehmen „herrschendes Unternehmen" und welche Gesellschaft „abhängige Gesellschaft" ist, richtet sich nach dem jeweiligen Umwandlungsvorgang, für den die Steuer nach § 6a Satz 1 GrEStG nicht erhoben werden soll. Soweit das Gesetz von einem herrschenden Unternehmen spricht, ist zunächst – soweit vorhanden – das am steuerbaren Umwandlungsvorgang unmittelbar beteiligte Unternehmen gemeint. Unerheblich ist, ob bei mehrstufigen Beteiligungen das herrschende Unternehmen selbst von einem oder weiteren Unternehmen abhängig ist. Ebenso wenig ist maßgebend, ob bei abhängigen Gesellschaften weitere Gesellschaften vom herrschenden Unternehmen abhängen, wenn diese Unternehmen oder Gesellschaften selbst nicht am Umwandlungsvorgang beteiligt sind (BFH-Urteil II R 13/20).

Sind mehrere von einem herrschenden Unternehmen abhängige Gesellschaften am Umwandlungsvorgang beteiligt, ist ausgehend von dem Umwandlungsvorgang der in der Beteiligungskette am nächsten stehende (unterste) Rechtsträger, der die Voraussetzungen nach § 6a Satz 3 und 4 GrEStG erfüllt, das herrschende Unternehmen. Auch hier ist unerheblich, ob bei mehrstufigen Beteiligungen das herrschende Unternehmen selbst von einem oder weiteren Unternehmen abhängig ist.

Soweit kein Rechtsträger die vorstehenden Voraussetzungen erfüllt, ist eine Anwendung des § 6a GrEStG ausgeschlossen.

Das im Zeitpunkt der Verwirklichung des Rechtsvorgangs herrschende Unternehmen hat, soweit umwandlungsrechtlich möglich, die Mindestbeteiligungsquote innerhalb der Vor- und Nachbehaltensfristen (vgl. Tz. 3.2.2) ununterbrochen einzuhalten. Bei Gesamtrechtsnachfolge einer natürlichen Person hat der Gesamtrechtsnachfolger die Fristen einzuhalten. Sind mehrere Erben (auch Stiftungen) Rechtsnachfolger, haben diese die Fristen einzuhalten, soweit für die ungeteilte Erbengemeinschaft eine Rechtsnachfolge anzunehmen ist.

Im Fall eines (Voraus-)Vermächtnisses bzw. der vorweggenommenen Erbfolge handelt es sich um keine (Gesamt-)Rechtsnachfolge, sondern um einen schuldrechtlichen Anspruch. Ein Einhalten der Fristen i.S.d. § 6a GrEStG ist hier nicht möglich.

Beispiel 3:

Die nachstehende Struktur besteht seit mehr als fünf Jahren. Die X-GmbH wurde durch einen Umwandlungsvorgang vor zwei Jahren zwischen die U-GmbH und den an der Verschmelzung beteiligten Gesellschaften (Y-GmbH und Z-GmbH) geschoben.

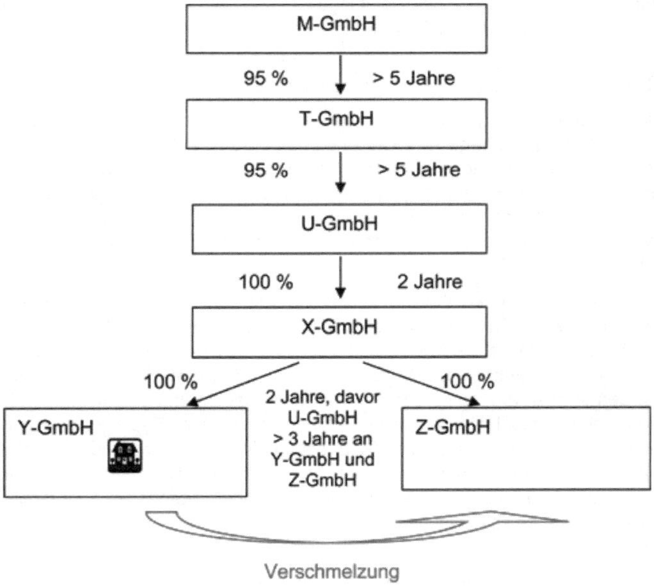

Lösung:

Ausgehend von dem Verschmelzungsvorgang zwischen der Y-GmbH und der Z-GmbH ist die U-GmbH das herrschende Unternehmen, da sie der unterste Rechtsträger ist, der die Mindestbeteiligungshöhe in Höhe von 95 % und die fünfjährige Vorbehaltensfrist erfüllt.

Es ist unerheblich, dass

- die U-GmbH als herrschendes Unternehmen selbst von der T-GmbH und M-GmbH abhängig ist und
- sich die Beteiligung der U-GmbH durch den Einschub der X-GmbH vor zwei Jahren von einer unmittelbaren zu einer mittelbaren abgeschwächt hat.

Die U-GmbH als herrschendes Unternehmen muss die Nachbehaltensfrist erfüllen.

3.2. Abhängige Gesellschaften

Abhängige Gesellschaften können sowohl Kapital- als auch Personengesellschaften sein. Abhängig ist nach § 6a Satz 4 GrEStG eine Gesellschaft, an deren Kapital oder Gesellschaftsvermögen das herrschende Unternehmen innerhalb von fünf Jahren vor und nach dem Rechtsvorgang (vgl. Tz. 3.2.2) unmittelbar oder mittelbar oder teils unmittelbar, teils mittelbar zu mindestens 95 % ununterbrochen beteiligt ist (vgl. Tz. 3.2.1).

3.2.1. Beteiligung

Das herrschende Unternehmen muss am Kapital oder Gesellschaftsvermögen der abhängigen Gesellschaft unmittelbar oder mittelbar zu mindestens 95 % beteiligt sein. Eine mittelbare Beteiligung am Kapital oder Gesellschaftsvermögen einer Gesellschaft in Höhe von mindestens 95 % liegt dann vor, wenn auf jeder Stufe mindestens eine kapital- oder vermögensmäßige Beteiligung in dieser Höhe besteht.

Beispiel 4:

Nachfolgend dargestellte Struktur besteht seit mehr als fünf Jahren.

Die U1-GmbH wird auf die U2-GmbH und die U3-GmbH wird auf die U4-GmbH verschmolzen.

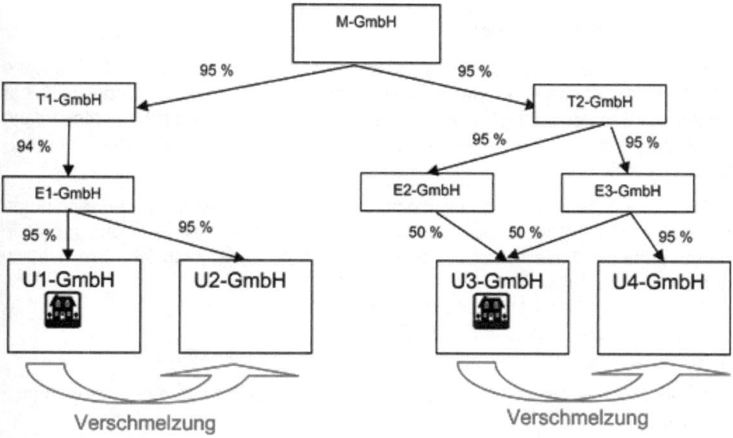

Lösung:

Beide Verschmelzungen unterliegen der Grunderwerbsteuer (§ 1 Abs. 1 Nr. 3 GrEStG). Bei der Verschmelzung der U1-GmbH auf die U2-GmbH ist herrschendes Unternehmen die E1-GmbH, da sie ausgehend von diesem Umwandlungsvorgang der unterste Rechtsträger ist, der die Voraussetzungen des § 6a Satz 3 und 4 GrEStG (Mindestbeteiligungshöhe und Vorbehaltensfrist) erfüllt. § 6a GrEStG ist zu gewähren.

Bei der Verschmelzung der U3-GmbH auf die U4-GmbH ist herrschendes Unternehmen die T2-GmbH, da sie ausgehend von diesem Umwandlungsvorgang der unterste Rechtsträger ist, der die Voraussetzungen des § 6a Satz 3 und 4 GrEStG erfüllt. Es ist unerheblich, dass die T2-GmbH als herrschendes Unternehmen selbst von der M-GmbH abhängig ist. § 6a GrEStG ist zu gewähren.

Die E1-GmbH und die T2-GmbH als jeweils herrschendes Unternehmen müssen die Nachbehaltensfrist erfüllen.

3.2.2. Fristen (§ 6a Satz 4 GrEStG)

Die in § 6a Satz 4 GrEStG genannten fünfjährigen Vor- und Nachbehaltensfristen müssen nur insoweit eingehalten werden, als sie aufgrund eines begünstigten Umwandlungsvorgangs auch rechtlich eingehalten werden können (BFH-Urteil II R 15/19; BFH-Urteil II R 16/19; BFH-Urteil II R 17/19; BFH-Urteil II R 18/19; BFH-Urteil II R 20/19; BFH-Urteil II R 21/19).

Abzustellen ist für die Berechnung der Fünfjahresfristen auf den Zeitpunkt der Verwirklichung des Erwerbsvorgangs. Bei Umwandlungsvorgängen ist der Erwerbsvorgang mit der Eintragung im Register verwirklicht. Für entsprechende Umwandlungen aufgrund des Rechts eines Mitgliedstaates der Europäischen Union oder eines Staates, auf den das Abkommen über den Europäischen Wirtschaftsraum Anwendung findet, ist regelmäßig die den Vermögensübergang bewirkende Eintragung in die nach den Rechtsvorschriften des jeweiligen Staates zuständigen Register maßgebend.

3.2.2.1. Vorbehaltensfrist

Die Mindestbeteiligung des herrschenden Unternehmens (vgl. Tz. 3.2.1) in Höhe von 95 % am Kapital oder Gesellschaftsvermögen unmittelbar und/oder mittelbar an der am Rechtsvorgang beteiligten Gesellschaft bzw. an den am Rechtsvorgang beteiligten Gesellschaften muss bereits fünf Jahre vor dem Rechtsvorgang ununterbrochen bestanden haben.

Die Vorbehaltensfrist muss nicht eingehalten werden, soweit dies umwandlungsrechtlich nicht möglich ist. Die Einhaltung der Vorbehaltensfrist ist in Bezug auf die neu gegründete Gesellschaft in den nachfolgenden Fällen rechtlich nicht möglich und daher entbehrlich:

- Aufspaltung zur Neugründung (§ 123 Abs. 1 Nr. 2 UmwG),
- Abspaltung zur Neugründung (§ 123 Abs. 2 Nr. 2 UmwG),
- Ausgliederung zur Neugründung (§ 123 Abs. 3 Nr. 2 UmwG).

Die übertragende Gesellschaft muss die Vorbehaltensfrist von fünf Jahren jedoch einhalten.

Bei der Verschmelzung, Abspaltung und Ausgliederung zur Aufnahme einer von dem herrschenden Unternehmen abhängigen Gesellschaft auf eine andere abhängige Gesellschaft muss das herrschende Unternehmen fünf Jahre vor der Verschmelzung zu mindestens 95 % am Kapital oder Gesellschaftsvermögen an beiden abhängigen Gesellschaften ununterbrochen beteiligt gewesen sein (BFH-Urteil II R 17/19).

Bei der Verschmelzung einer abhängigen Gesellschaft auf das herrschende Unternehmen muss das herrschende Unternehmen innerhalb von fünf Jahren vor der Verschmelzung zu mindestens 95 % am Kapital oder Gesellschaftsvermögen der verschmolzenen abhängigen Gesellschaft ununterbrochen beteiligt gewesen sein (BFH-Urteile II R 15/19; BFH-Urteil II R 17/19; BFH-Urteil II R 18/19).

Gesellschaften, die weniger als fünf Jahre vor der zu begünstigenden Umwandlung und nicht durch die Umwandlung entstanden sind bzw. vom herrschenden Unternehmen erworben wurden, können keine abhängigen Gesellschaften sein.

Bei Umwandlungs- und Einbringungsvorgängen zur Aufnahme muss die aufnehmende Gesellschaft selbst die Vorbehaltensfrist erfüllen.

Das herrschende Unternehmen muss während der gesamten Vorbehaltensfrist ununterbrochen die Eigenschaften des herrschenden Unternehmens erfüllen.

Unschädlich ist der Formwechsel, wenn die kapital- oder vermögensmäßige Beteiligung von mindestens 95 % bestehen bleibt.

Jede Veränderung der Art der Beteiligung (z.B. vollständige oder teilweise Verkürzung oder Verlängerung der Beteiligungskette) ist unbeachtlich. Voraussetzung ist, dass die erforderliche Mindestbeteiligung des im Zeitpunkt der Verwirklichung des Erwerbsvorgangs durch einen begünstigungsfähigen Erwerbsvorgang bestimmten herrschenden Unternehmens von 95 % am Kapital oder Gesellschaftsvermögen erhalten bleibt.

3.2.2.2. Nachbehaltensfrist

Die Einhaltung der Nachbehaltensfrist setzt grundsätzlich voraus, dass die Mindestbeteiligungshöhe des herrschenden Unternehmens in Höhe von 95 % am Kapital oder Gesellschaftsvermögen der am Rechtsvorgang beteiligten abhängigen Gesellschaft bzw. an den am Rechtsvorgang beteiligten abhängigen Gesellschaften nach der Verwirklichung des Erwerbsvorgangs noch mindestens fünf Jahre fortbesteht.

Die Nachbehaltensfrist ist nicht eingehalten, wenn die Mindestbeteiligung des herrschenden Unternehmens in Höhe von 95 % am Kapital oder Gesellschaftsvermögen auch an nur einer am Rechtsvorgang beteiligten abhängigen Gesellschaft unterschritten wird oder nicht mehr besteht. Dabei ist auf dasjenige Unternehmen abzustellen, welches bei der Verwirklichung des nach § 6a GrEStG begünstigten Erwerbsvorgangs herrschendes Unternehmen war.

Die Nachbehaltensfrist muss nur insoweit eingehalten werden, als dies umwandlungsrechtlich möglich ist. Die Einhaltung der Nachbehaltensfrist ist in Bezug auf die übertragenden Rechtsträger in den nachfolgenden Fällen rechtlich nicht möglich und daher unbeachtlich:

- Verschmelzung zur Aufnahme (§ 2 Nr. 1 UmwG),
- Verschmelzung zur Neugründung (§ 2 Nr. 2 UmwG),
- Aufspaltung zur Aufnahme (§ 123 Abs. 1 Nr. 1 UmwG),
- Aufspaltung zur Neugründung (§ 123 Abs. 1 Nr. 2 UmwG),
- Vollübertragung des gesamten Vermögens eines Rechtsträgers (§ 174 Abs. 1 UmwG),
- Vermögensübertragung durch Aufspaltung zur Aufnahme (§ 174 Abs. 2 Nr. 1 UmwG).

Der aufnehmende Rechtsträger muss die Nachbehaltensfrist von fünf Jahren jedoch einhalten.

Das herrschende Unternehmen muss während der gesamten Nachbehaltensfrist ununterbrochen die Eigenschaften des herrschenden Unternehmens erfüllen.

In den Fällen, in denen zwei von einem herrschenden Unternehmen abhängige Gesellschaften an der Abspaltung oder Ausgliederung zur Neugründung beteiligt sind, muss die Nachbehaltensfrist in Bezug auf beide abhängige Gesellschaften gewahrt bleiben, d.h. das durch den Umwandlungsvorgang begründete Abhängigkeitsverhältnis zu mindestens 95 % muss nach dem Vorgang mindestens fünf Jahre bestehen (BFH-Urteil II R 15/19).

Erlöschen die übertragende oder die übernehmende abhängige Gesellschaft innerhalb der Nachbehaltensfrist durch einen weiteren Umwandlungsvorgang (z.B. Kettenumwandlungen) ausschließlich mit anderen abhängigen Gesellschaften, sind die Behaltenszeiten zusammenzurechnen, sofern an diesen Gesellschaften die Mindestbeteiligung in Höhe von 95 % am Kapital oder Gesellschaftsvermögen besteht.

Unerheblich ist, ob der zur Nichteinhaltung der Nachbehaltensfrist führende Vorgang selbst der Grunderwerbsteuer unterliegt.

Die Veräußerung von Anteilen an Gesellschaften, die den übertragenden bzw. den übernehmenden Rechtsträgern nachgeordnet sind, ist unschädlich. Sie sind nicht Beteiligte des Umwandlungsvorgangs, sondern nur Gegenstand des Umwandlungsvorgangs.

Beispiel 5:

Die M-GmbH ist im Jahr 01 bereits seit mehr als fünf Jahren an der T1-GmbH und der T2-GmbH beteiligt. Die T1-GmbH wird im Jahr 01 auf die T2-GmbH verschmolzen. Im Jahr 03 wird die T2-GmbH auf die M-GmbH verschmolzen.

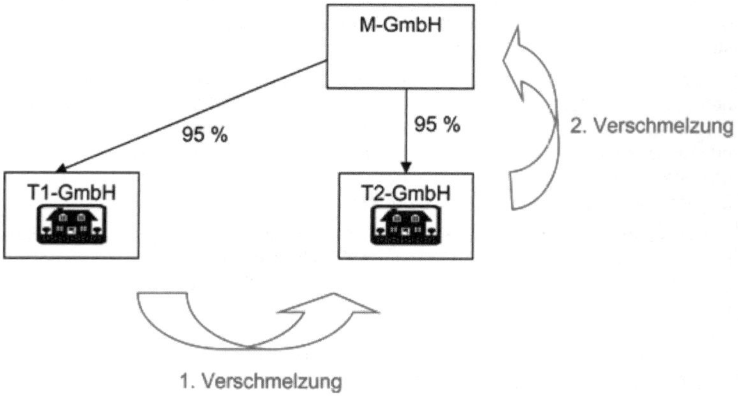

Lösung:

Die Verschmelzung der T1-GmbH auf die T2-GmbH unterliegt nach § 1 Abs. 1 Nr. 3 Satz 1 GrEStG der Grunderwerbsteuer. § 6a GrEStG ist anwendbar, da der Rechtsvorgang durch einen Umwandlungsvorgang ausgelöst wird, an dem nur abhängige Gesellschaften beteiligt sind, die jeweils die Vorbehaltensfristen erfüllen.

Die Verschmelzung der T2-GmbH auf die M-GmbH unterliegt nach § 1 Abs. 1 Nr. 3 Satz 1 GrEStG der Grunderwerbsteuer. § 6a GrEStG ist anwendbar. Die Verschmelzung der T2-GmbH auf die M-GmbH führt nicht zu einer Verletzung der Nachbehaltensfrist, da nur noch eine Gesellschaft in Form des herrschenden Unternehmens verbleibt.

Beispiel 6:

Seit dem Jahr 01 ist die M-GmbH zu 95 % am Kapital der T3-GmbH beteiligt. Die T1-GmbH wird im Jahr 04 auf die T2-GmbH verschmolzen. An diesen Gesellschaften ist die M-GmbH seit mehr als fünf Jahren unmittelbar bzw. mittelbar mit 95 % am Kapital beteiligt. Im Jahr 07 wird die T2-GmbH auf die T3-GmbH verschmolzen.

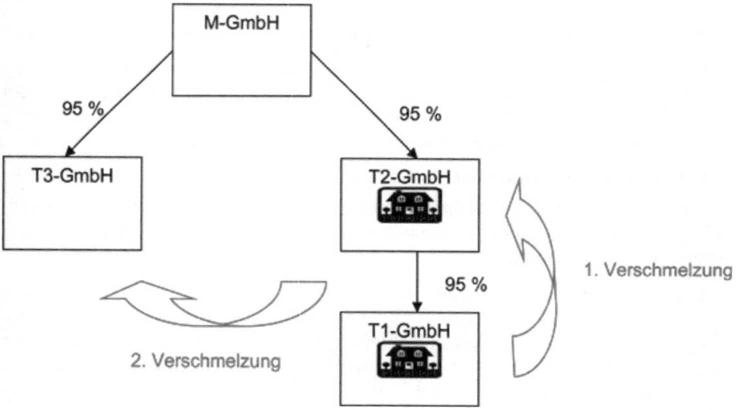

Lösung:

Die Verschmelzung der T1-GmbH auf die T2-GmbH unterliegt nach § 1 Abs. 1 Nr. 3 Satz 1 GrEStG der Grunderwerbsteuer. § 6a GrEStG ist anwendbar, da der Rechtsvorgang durch einen Umwandlungsvorgang ausgelöst wird, an dem die T2-GmbH als herrschendes Unternehmen und die T1-GmbH als abhängige Gesellschaft beteiligt ist. Die T2-GmbH muss keine Nachbehaltensfrist bezüglich der T1-GmbH einhalten, da dies umwandlungsrechtlich nicht möglich ist. Der Untergang der T2-GmbH im Rahmen der Verschmelzung auf die T3-GmbH im Jahr 07 ist daher unschädlich.

Die Verschmelzung der T2-GmbH auf die T3-GmbH unterliegt nach § 1 Abs. 1 Nr. 3 Satz 1 GrEStG der Grunderwerbsteuer. § 6a GrEStG ist anwendbar, da der Rechtsvorgang durch einen Umwandlungsvorgang ausgelöst wird, an dem nur vom herrschenden Unternehmen (M-GmbH) abhängige Gesellschaften (T2- und T3-GmbH) beteiligt sind.

4. Folgen der Nichteinhaltung der Nachbehaltensfrist

4.1. Anzeigepflicht

Eine i.S.v. § 6a Satz 4 GrEStG schädliche Änderung des Beherrschungsverhältnisses innerhalb der Nachbehaltensfrist (vgl. Tz. 3.2.1 und 3.2.2.2) ist nach § 19 Abs. 2 Nr. 4a GrEStG anzuzeigen. Anzeigepflichtig sind die Steuerschuldner.

4.2. Verfahrensrechtliche Folgen

Wird die Nachbehaltensfrist nicht eingehalten, entfällt die Begünstigung. Die Verletzung der Nachbehaltensfrist stellt ein rückwirkendes Ereignis i.S.d. § 175 Abs. 2

Satz 1 AO dar. Die Grunderwerbsteuer ist nach § 175 Abs. 1 Satz 1 Nr. 2 AO festzusetzen. Ein Freistellungsbescheid ist nach § 175 Abs. 1 Satz 1 Nr. 2 AO zu ändern.

Die Festsetzungsfrist beginnt nach § 175 Abs. 1 Satz 2 AO mit dem Ablauf des Kalenderjahres, in dem das Ereignis eintritt.

Ohne Bedeutung ist, ob dem oder den übernehmenden Rechtsträger(n) das Grundstück noch gehört bzw. grunderwerbsteuerrechtlich zuzuordnen ist (vgl. Tz. 1).

5. Verhältnis der §§ 5, 6 GrEStG zu § 6a GrEStG

Die Steuervergünstigungen der §§ 5, 6 und § 6a GrEStG bestehen gleichrangig nebeneinander. Soweit die Voraussetzungen für eine Steuervergünstigung nicht vorliegen oder später entfallen, kann eine andere Steuervergünstigung von Amts wegen gewährt werden, sofern die Voraussetzungen vorliegen.

6. Anwendungsbereich der Vorschrift

Dieser Erlass tritt an die Stelle der gleich lautenden Erlasse der obersten Finanzbehörden der Länder vom 22. September 2020 (BStBl. I S. 960) und ist in allen offenen Fällen anzuwenden.

13 Die GLE 25.5.2023 treten gem. Ziff. 6 an die Stelle der gleich lautenden Erlasse vom 22.9.2020. Einen Vertrauensschutz in den wenigen Fällen, in denen die jetzige Rechtslage zu einer Verschlechterung führt (wohl nur bei Verzicht auf die Begünstigung bei „verbundgeborener Gesellschaften"), ist nicht vorgesehen. In diesen Fällen kann allenfalls mit der – im Regelfall freilich erfolglosen – Berufung auf § 163 AO geholfen werden.

14–20 *einstweilen frei*

B. Begünstigte Rechtsvorgänge (§ 6a S. 1 und 2)

21 § 6a S. 1 begünstigt die nach § 1 I Nr. 3, II–III und IIIa GrEStG steuerbaren Rechtsvorgänge auf Grund einer Umwandlung iSd § 1 I Nr. 1 bis 3 UmwG sowie bei Einbringungen und bei anderen Erwerbsvorgängen auf gesellschaftsvertraglicher Grundlage. Für diese Rechtsvorgänge wird die GrESt „nicht erhoben" (§ 6a S. 1).

I. Rechtsvorgänge nach § 1 I Nr. 3, § 1 II–IIIa

22 **§ 1 I Nr. 3.** § 6a befreit zunächst – unter weiteren Voraussetzungen – Rechtsvorgänge, bei denen es aufgrund einer Umwandlung iSd § 1 I Nr. 1 bis 3 UmwG zu einem nach **§ 1 I Nr. 3 S. 1** steuerbaren Rechtsträgerwechsel eines Gr kraft Gesamtrechts- oder Sonderrechtsnachfolge kommt (vgl. → § 1 Rn. 182 ff.). Diese Steuerfreiheit betrifft eine Umwandlung iSd **§ 1 I Nr. 1 bis 3 UmwG** – also Verschmelzung, Spaltung (Aufspaltung, Abspaltung, Ausgliederung) oder Vermögensübertragung. Dies gilt zB für die abhängige Gesellschaft, die auf das herrschende Unternehmen (so BFH II R 20/19, BStBl. II 2020, 341) oder auf eine natürliche Person als herrschendes Unternehmen verschmolzen wird (so BFH II R 15/19, BStBl. II 2020, 329) oder die durch Ausgliederung aus dem herrschenden Unternehmen neu entstehen (BFH II R 16/19, BStBl. II 2020, 333). Mit erfasst sind auch **grenzüberschreitende Umwandlungsvorgänge** und insb. auch die grenzüberschreitende Verschmelzung, obgleich § 305 UmwG – seit dem 1.3.2023

anstelle des jetzt aufgehobenen § 122a UmwG aF – nicht auf § 1 UmwG verweist (Widmann/Mayer/Heckschen § 305 Rn. 32 ff.).

Ausgehend vom Wortlaut des § 6a S. 1 Hs. 1 ist auch die gem. § 1 I Nr. 3 steuerbare Anwachsung des Vermögens einer **grbesitzenden PersGes** (vgl. → § 1 Rn. 51, 78, 190 f.) begünstigt, wenn der **Anwachsungsvorgang** durch eine Umwandlung iSd § 1 I Nr. 1–3 UmwG ausgelöst wird (GLE 25.5.2023, BStBl. I 2023, 983 Rn. 2.3).

Beispiel:

Die X-GmbH ist zu 100 % an der Y-GmbH und Z-GmbH beteiligt. Die Y-GmbH und Z-GmbH sind ihrerseits zu je 50 % an der grbesitzenden A-KG beteiligt. Die Y-GmbH wird auf die Z-GmbH verschmolzen. Diese Verschmelzung führt nicht nur zum Wegfall der Y-GmbH, sondern auch zur Anwachsung des Vermögens der A-KG bei der Z-GmbH.

Die Anwachsung ist ein Fall der **Gesamtrechtsnachfolge** „auf Grund einer Umwandlung" (Viskorf/Kugelmüller-Pugh § 6a Rn. 48 f.; unklar Klass/Möller BB 2011, 407 (410 f.); Wälzholz DNotZ 2012, 99 (101 f.)). Die Anwachsung ist nur aufgrund eines Umwandlungsvorgangs möglich, wobei freilich die Kausalität dieses Vorgangs für die Anwachsung vorauszusetzen ist. Die **Realteilung** einer PersGes unterfällt § 1 I Nr. 3 S. 1, wenn sich diese durch eine nach § 1 I Nr. 3 steuerbare Auf- oder Abspaltung (§ 123 I, II iVm § 124 S. 1, § 3 I UmwG) vollzieht.

§ 6a ist auch dann nicht anwendbar, wenn aufgrund eines **heterogenen Formwechsels** der erwerbenden abhängigen PersGes nachträglich gem. § 5 III oder § 6 III 2 bzw. IV ein **Verlust der Vergünstigungen aus § 5 oder § 6** eintritt (→ § 5 Rn. 107, → § 6 Rn. 120). Für ein Vorrangverhältnis des § 6a gegenüber § 5 III oder § 6 III 2 bzw. IV ist schon deshalb kein Raum, weil § 6a ausschließlich den umwandlungsbedingten – und nicht den ihm vorausgegangenen – Rechtsvorgang betrifft (Pahlke MittBayNot 2010, 169 (171)). Diese verschiedenen Rechtsvorgänge sind auch hinsichtlich ihrer jeweiligen Befreiungsvoraussetzungen je für sich zu behandeln sind (zutr. GLE 25.5.2023, BStBl. I 2023, 983 Rn. 2.32; Viskorf/Kugelmüller-Pugh § 6a Rn. 31; aA Wischott/Schönweiß DStR 2009, 2638 (2644 f.); Haag BB 2011, 1119 (1124)). Zur Frage einer teleologischen Reduktion von § 5 III und § 6 III 2 bzw. IV → Rn. 170. Für die Praxis bedeutet dies, dass ein anderer Weg zur Erreichung einer Begünstigung nach § 6a gesucht werden sollte. **23**

§ 1 II. Geht aufgrund einer Umwandlung die Verwertungsbefugnis **(§ 1 II)** an einem Gr auf einen neuen Rechtsträger über, findet § 6a ebenfalls Anwendung. Daran hat sich durch die redaktionelle Neufassung des § 6a S. 1 Hs. 1 (unter gleichzeitigem Wegfall des § 6a S. 1 Hs. 2 aF) nichts geändert. Zu einem umwandlungsbedingten Übergang der Verwertungsbefugnis kann es zB im Zusammenhang mit **Auftrags- oder Treuhanderwerben** oder **Immobilienleasingverträgen** kommen (vgl. BFH II 40/20, BStBl. II 2023, 1012; Viskorf/Kugelmüller-Pugh § 6a Rn. 50). Es ist auch möglich, dass durch einen umwandlungsbedingten Rechtsvorgang gleichzeitig der Übergang der Verwertungsbefugnis und auch der Eigentumsübergang erfolgt. Die Anwendbarkeit des § 6a ist für jeden Rechtsvorgang gesondert zu prüfen. **24**

§ 1 IIa. Gehen umwandlungsbedingt Anteile am Vermögen einer PersGes vom übertragenden auf den übernehmenden Rechtsträger über und wird dadurch § 1 IIa erfüllt, kann ebenfalls § 6a S. 1 Hs. 1 eingreifen. Die Befreiung des § 6a geht über die nur anteilig zu gewährende Befreiung des § 6 III hinaus. Dabei ist nicht **25**

erforderlich, dass die PersGes, deren Gesellschafterbestand sich iSd § 1 IIa ändert, ihrerseits bereits Teil des grestrechtl. Verbundes iSd § 6a ist (Viskorf/Kugelmüller-Pugh § 6a Rn. 1). Die Regelungsanordnung des § 6a S. 1 ist eindeutig, soweit der **Umwandlungsvorgang** für sich allein in **einem Akt** zur Verwirklichung des § 1 IIa führt.

Beispiel:

Am Vermögen der am 10.4.2022 gegründeten grundbesitzenden X-OHG ist die A1-GmbH mit 90 % und O mit 10 % beteiligt. Zum 30.7.2022 wird die A1-GmbH wird auf die A2-GmbH verschmolzen.

Der Vorgang ist nach § 1 IIa steuerbar und gem. § 6a unter seinen näheren Voraussetzungen befreit.

26 Nicht abschließend geklärt ist die Wirkungsweise des § 6a hingegen für den Fall, dass der Tatbestand des **§ 1 IIa sukzessiv** verwirklicht wurde (→ § 1 Rn. 317 f.) und der **Umwandlungsvorgang** zur tatbestandserfüllenden Änderung des Gesellschafterbestands – lediglich – **beigetragen** hat.

Beispiel:

Am Vermögen der grundbesitzenden Y-OHG sind seit mehr als fünf Jahren die A1-GmbH mit 90 % und A mit 10 % beteiligt. Sowohl an der A1-GmbH als auch an der A2-GmbH ist die M-GmbH seit mehr als fünf Jahren zu 100 % beteiligt. Im Januar 2022 wird die A1-GmbH auf die A2-GmbH verschmolzen. Im Dezember 2022 veräußert A seinen Anteil an der Y-OHG an den fremden Dritten D.

Die **FVerw** (GLE 25.5.2023, BStBl. I 2023, 995 Tz. 2.4.; Viskorf/Kugelmüller-Pugh § 6a Rn. 53 ff.; krit. Behrens DStR 2012, 2149 (2154)) gewährt die Begünstigung des § 6a insoweit **anteilig,** als durch die Umwandlung § 1 IIa 1 erfüllt wird oder die Umwandlung zur Tatbestandserfüllung des § 1 IIa (innerhalb des für diese Vorschrift geltenden Fünfjahreszeitraums) beiträgt. Dabei ist die Begünstigung nach § 6a auf die **vermögensmäßige Beteiligung des übertragenden Rechtsträgers** an der PersGes begrenzt. Im Ergebnis sind damit umwandlungsbedingte Gesellschafterwechsel bei der Ermittlung der 95 %-Quote des § 1 IIa mit zu berücksichtigen, **jedoch** nur im Umfang ihres Beitrags zur **Tatbestandserfüllung gem. § 6a** befreit.

Zutreffend folgt die FVerw nicht der Auffassung, ein durch die Umwandlung ausgelöster Gesellschafterwechsel sei schon nicht in die Zählung der 90 %- bzw. 95 %-Quote einzustellen und damit vollständig zu eliminieren (Jorde/Trinkaus Ubg 2012, 649 (653); Behrens Ubg 2010, 845 (854 f.)). Für die Sichtweise der FVerw spricht, dass § 6a S. 1 als Steuerbefreiungsregelung die tatbestandliche Verwirklichung des § 1 IIa voraussetzt und die die Tatbestandserfüllung des § 1 IIa bestimmenden Merkmale nicht verändert (zur entspr. Rechtslage bei der Anwendung des § 3 Nr. 2 auf Rechtsvorgänge des § 1 IIa vgl. → § 3 Rn. 38 ff.). Für den Beginn der Fünfjahresfrist iSd § 6a S. 4 dürfte auf den Zeitpunkt der Verwirklichung des § 1 IIa, nicht auf den Zeitpunkt der Eintragung des jeweiligen Umwandlungsvorgangs im Register abzustellen sein (zutr. Behrens DStR 2012, 2149 (2154); ders. Ubg 2010, 845 (855)).

27 **§ 1 IIb.** Die durch das mit G v. 12.5.2021 (BGBl. 2021 I 986) eingefügte Vorschrift soll aus Gründen der Missbrauchsverhinderung unter gleichen Voraussetzungen wie § 1 IIa Anteilseignerwechsel an Kapitalgesellschaften mit inländischen Grundbesitz erfasst werden (GLE 25.5.2023, BStBl. I 2023, 995 Tz. 2.4.).

Die Steuerbefreiung des § 6a ist ebenfalls zu erfassen; zur Geltungszeit vgl. § 23 XVIII und XXIII.

§ 1 III. Ebenfalls befreit ist eine nach **§ 1 III Nr. 2 und 4** steuerbare Anteilsvereinigung oder -übertragung; nur diese Tatbestände können bei einer Anteilsvereinigung bzw. dem Übergang von mindestens 95 % der Anteile im Zuge einer übertragenden Umwandlung verwirklicht werden (vgl. → § 1 Rn. 558, 578). Die Befreiung erstreckt sich – sofern die sonstigen Befreiungsvoraussetzungen des § 6a erfüllt sind – auf die entspr. Rechtsvorgänge innerhalb einer Beteiligungskette. Dabei ist unerheblich, ob sich eine Umstrukturierung im Konzern upstream (soweit überhaupt steuerbar, → § 1 Rn. 571), down-stream oder side-stream vollzieht. 28

Liegen für einen Erwerbsvorgang iSd § 1 III Nr. 2 die Voraussetzungen des **§ 6a** vor, wird die Steuer **in vollem Umfang nicht erhoben** (GLE 25.5.2023, BStBl. I 2023, 995 Tz. 2.5.); dies gilt unabhängig davon, ob der Erwerber bereits vorher Anteile der betr. Gesellschaft erworben hatte und ob der frühere Anteilserwerb die Begünstigungsvoraussetzungen des § 6a erfüllt. Ist § 6a erfüllt, kann der (ggf. rechtsgeschäftliche) Erwerb der Restanteile (bis zum Erreichen der Grenze von 100 %) keine Steuer aus § 1 III auslösen. Damit erfahren Erwerbsvorgänge iSd **§ 1 III Nr. 2 und 4 eine** – im Vergleich zu der lediglich anteilig gewährten Befreiung des § 6a bei Erwerbsvorgängen iSd § 1 IIa – **günstigere Beurteilung.** Dies ist sachlich nicht gerechtfertigt, weil die bloße Zeitraumbezogenheit der Anteilsvereinigung nicht von den Grundsätzen des § 6a dispensieren **kann** (zur Anwendung des § 3 auf Tatbestände des § 1 III vgl. BFH II R 21/10, BStBl. II 2012, 793 und II R 14/14, BStBl. II 2015, 405). Die Quote der Teilakte ist daher nur insoweit zu erfassen, als sie die Voraussetzungen des § 6a erfüllt.

§ 1 IIIa. Im Zuge der Einfügung des neuen § 1 IIIa durch das AmtshilfeRLUmsG wurde gleichzeitig der Anwendungsbereich des § 6a S. 1 auch auf diesen Steuertatbestand ausgedehnt. Zur Bedeutung der in § 1 IIIa 3 angeordneten Durchrechnungsmethode im Zusammenhang mit der nach § 6a S. 4 maßgebenden Anteilsgrenze von 95 % vgl. → Rn. 111 ff.). Aufgrund § 6a S. 1 Hs. 2 sind auch durch Umwandlungen ausgelöste Anwachsungsvorgänge begünstigt (→ Rn. 22). Die Grundsätze für die Anwendung des § 6a auf Erwerbsvorgänge des § 1 III gelten für Erwerbsvorgänge iSd § 1 IIIa entsprechend. In Fällen des § 1 IIIa ist, wie schon bei § 1 III, der Ansatzwert des § 6a nur insoweit mit der Quote zu berücksichtigen, mit der die Voraussetzungen des § 6a erfüllt sind (ebenso Viskorf/Kugelmüller-Pugh § 6a Rn. 60). 29

Umwandlung kraft Landesrecht. § 6a begünstigt auch Umwandlungsvorgänge iSd § 1 I Nr. 1–3 UmwG, die auf Grund eines Landesgesetzes erfolgen (Schneider/Rosenberg FR 2010, 58 (65); Viskorf/Kugelmüller-Pugh § 6a Rn. 28; aA Wischott/Schönweiß DStR 2009, 2638 (2639)). In § 6a S. 1 bedurfte es zur Erstreckung auf durch Landesrecht zugelassene Umwandlungsvorgänge keines ausdrücklichen Verweises auf § 1 II UmwG. Denn eine Umwandlung iSd § 1 I UmwG kann auch durchgeführt werden, wenn sie ua durch ein Landesgesetz ausdrücklich vorgesehen ist (vgl. auch Benecke GmbHR 2012, 113 (115 f.); BFH I R 112/09, BFH/NV 2011, 1194). Ist diese Voraussetzung erfüllt, ist § 6a unmittelbar anwendbar. Des Kunstgriffs, Umwandlungen aufgrund Landesrecht als Umwandlungen eines EU-Mitgliedsstaates (§ 6a S. 2) zu behandeln (so Schneider/Rosenberg FR 2010, 58), bedarf es daher nicht. 30

einstweilen frei 31–33

II. Nicht begünstigt: Erwerbe nach § 1 I Nr. 1 und Nr. 2 sowie Formwechsel

34 Nach dem eindeutigen Wortlaut des § 6a S. 1 und S. 2 nicht begünstigt sind Erwerbsvorgänge nach **§ 1 I Nr. 1 und Nr. 2** sowie **Formwechsel** (§ 1 I Nr. 4 UmwG).

35 **a) Erwerbe nach § 1 I Nr. 1 und 2.** Nicht begünstigt sind nach **§ 1 I Nr. 1 und Nr. 2** steuerbare **direkte Grundstücksübertragungen** (zB auf Grund Einbringung durch nicht gem. § 6a begünstigte Einzelübertragung nach § 1 I Nr. 1 oder Nr. 2 (so BFH II B 8/18, BStBl. II 2020, 153; Hofmann/Dibbert § 6a Rn. 31; Viskorf/Kugelmüller-Pugh § 6a Rn. 61 f.; Brühl GmbHR 2021, 126 (129); Stenert Ubg 2022, 31 (36 f.); aA etwa Graessner/Hütig DB 2015, 2415 (2417 mwN); Schwedhelm/Zapf DStR 2016, 1906 (1907); Behrens/Seemaier Ubg 2020, 631 (635); Brühl GmbHR 2021, 126 (129)). Der Anwendungsbereich des § 6a beschränkt sich daher bei der Einbringung von Grundstücken auf den Fall der Gesamtrechts- oder Sonderrechtsnachfolge nach § 1 I Nr. 3, II–IIIa. Dies hat der Gesetzgeber mit der Neufassung des § 6a S. 1 durch das KroatienAnpG (→ Rn. 1) nochmals klarstellt. Damit ist die **Einzelübertragung** eines im Sonderbetriebsvermögen gehaltenen Grundstücks, das anlässlich der Verschmelzung einer PerGes auf eine KapGes auf diese KapGes übertragen wird, **nicht** nach § 6a **begünstigt.** Auch die Übertragung eines Grundstücks von einem **Gesellschafter auf die Gesellschaft** gegen Einräumung einer höheren Beteiligungsquote (BFH II R 48/08, BStBl. II 2012, 295), obgleich es sich um einen (nach § 1 I Nr. 1 steuerbaren) Erwerbsvorgang auf gesellschaftsvertraglicher Grundlage handelt, unterfällt **§ 6a nicht.** Zu den Folgen der beteiligungsbezogenen Auslegung → Rn. 52 ff.

36 Die **Gestaltungspraxis** wird daher ggf. zu prüfen haben, ob eine angestrebte konzerninterne Grundstücksübertragung über einen nach § 6a S. 1 **privilegierten Erwerbsvorgang** nach § 1 I Nr. 3, II–IIIa bewirkt werden kann. Gegebenenfalls kann auch der Weg des § 1 Abs. 2 durch Einbringung eines Grundstücks dem Werte nach und zur Nutzung („quoad sortem") beschritten werden.

37 **b)** Auch der **Formwechsel** (§ 1 I Nr. 4 UmwG), der ohnehin auf der Gesellschafterebene nicht steuerbar ist (→ § 1 Rn. 44 ff.), ist schon nach dem klaren Wortlaut des § 6a S. 1 Hs. 1 **nicht** nach dieser Vorschrift **begünstigt** (GLE 25.5.2023, BStBl. I 2023, 995 Tz. 2.1; vgl. auch BFH II R 17/12, BStBl. II 2014, 268). Ein Formwechsel ist auch für den Bestand des herrschenden Unternehmens oder der abhängigen Gesellschaft ohne Bedeutung, soweit nur die Beteiligung mind. 95 % beträgt (GLE 22.9.2020, BStBl. I 2020, 960 Tz. 3.2.2.1). Da ein Formwechsel eines Einzelunternehmers in eine Ein-Mann-GmbH nach § 191 UmwG nicht möglich ist, kommt auch kein nach § 6a begünstigtes Geschäft in Betracht (BFH II B 8/18, BStBl. II 2020, 153; krit. Hofmann/Dibbert § 6a Rn. 9).

38 Noch nicht abschließend geklärt ist die Frage, welche Rechtswirkungen ein nicht vollständig **verhältniswahrender Formwechsel** nach § 1 I Nr. 3 oder § 1 III auf der Gesellschaftsebene bzw. der Gesellschafterebene (→ § 1 Rn. 46 ff.) hat. Insoweit erscheint die Anwendung des § 6a für den nicht umwandlungsbedingen Teil möglich (letztlich unklar Viskorf/Kugelmüller-Pugh § 6a Rn. 29; krit. zB Neitz/Lange Ubg 2010, 17 (19 f.); Wischott/Schönweiß DStR 2009, 2638 (2641)). Mangels planwidriger Lücke scheidet aber die Anwendung des § 6a für den Formwechsel aus (aA Haag BB 2011, 1119 (1124)).

Führt der **heterogene Formwechsel** zum Verlust der Befreiung nach § 5 III oder § 6 III 2, wird diese Rechtsfolge durch § 6a nicht korrigiert. § 6a betrifft ausschließlich den umwandlungsbedingten und nicht den vorausgegangen und nachfolgenden Rechtsvorgang. Der jeweilige Rechtsvorgang kann aber seinerseits ggf. die Voraussetzungen des § 6a erfüllen (Viskorf/Kugelmüller-Pugh § 6a Rn. 31; krit. Hofmann/Dibbert § 6a Rn. 9). **39**

III. Begünstigung für Ausgliederung bzw. Aufnahme eines Einzelunternehmens auf neu gegründete Kapitalgesellschaft

Die Ausgliederung eines Einzelunternehmens auf eine zu diesem Zweck neu gegründete KapGes kann nach § 6a steuerbegünstigt sein (BFH II R 2/22, DStR 2025, 408; ebenso Fleischer/Schmidt/Görnig Stgb 2021, 26 (27); Stenert Ubg 2022, 31 (35 f.); Behrens/Seemaier Ubg 2020, 631 (634)). Der Ansicht der FVerw (GLE 25.5.2023, BStBl. I 2023, 995 Tz. 2.1 letzter Absatz), wonach in „Fällen der Ausgliederung bzw. Aufnahme eines Einzelunternehmens auf eine neu zu gründende Kapitalgesellschaft die Voraussetzungen des § 6a nicht einschlägig" seien, ist der BFH (II R 2/22, DStR 2025, 408) nicht gefolgt. Ein nachvollziehbarer Grund für die Nichtbegünstigung ist nicht ersichtlich. **40**

Der Alleingesellschafter einer KapGes kann herrschendes Unternehmens iSd § 6a sein (BFH II R 15/19, BStBl. II 2020, 329; vgl. → Rn. 71 ff.). Für den umgekehrten Fall der Ausgliederung eines Einzelunternehmens zur Neugründung einer KapGes nach § 123 III Nr. 2 UmwG kann nichts anderes gelten (BFH II R 2/22, DStR 2025, 408). Das Fehlen des umsatzsteuerlichen Verbunds (so FG München 4 K 1304/13, DStRE 2016, 107) kann aufgrund der BFH-Rspr. (Fleischer/Schmidt/Görnig Stgb 2021, 26 (27); Stenert Ubg 2022, 31 (35 f.); Behrens/Seemaier Ubg 2020, 631 (634); → Rn. 70) diese Entscheidung nicht rechtfertigen (ebenso Broemel DStR 2021, 2923).

einstweilen frei **41, 42**

IV. Einbringungsvorgänge sowie andere Rechtsvorgänge auf gesellschaftsvertraglicher Grundlage (§ 6a S. 1 Hs. 2)

Gemäß **§ 6a S. 1 Hs. 2** wird auch für Erwerbsvorgänge auf Grund „Einbringungen sowie bei anderen Erwerbsvorgängen auf gesellschaftsvertraglicher Grundlage" keine GrESt erhoben. Diese Regelung wurde durch das **AmtshilfeRL-UmsG** eingefügt und geht auf die Beschlussempfehlung des Vermittlungsausschusses (BT-Drs. 17/13722; eine Gesetzesbegründung hierzu liegt nicht vor) zurück. Durch das **KroatienAnpG** wurde die Vorschrift in § 6a S. 1–3 neu gefasst und ist auf alle Erwerbsvorgänge nach dem 6.6.2013 anzuwenden (§ 23 XII). Die Anwendung auf einen früheren Zeitpunkt ist ausgeschlossen (Viskorf/Kugelmüller-Pugh § 6a Rn. 34, 37). **43**

Mit der Neufassung ist klargestellt, dass die **Umwandlung ganz selbstständig neben Einbringungen und Erwerbsvorgängen** auf gesellschaftsvertraglicher Grundlage steht (Hofmann/Dibbert § 6a Rn. 5 und 14 ff.; Viskorf/Kugelmüller-Pugh § 6a Rn. 34 f.; GLE 25.5.2023, BStBl. I 2023, 995 Tz. 2.3). Allerdings bestehen hinsichtlich des Anwendungsbereichs des § 6a S. 1 Hs. 2 verschiedene Interpretationsmöglichkeiten. Während GLE 25.5.2023, BStBl. I 2023, 995 Tz. 2.3 nur Erwerbsvorgänge nach § 1 I Nr. 3, II–IIIa einbezieht, werden in der Literatur teilweise auch die unter **§ 1 I Nr. 1** fallenden Erwerbsvorgänge einbezogen **44**

(Adrian/Franz BB 2013, 1879 (1888); Behrens DStR 2013, 1405 (1410 f.); Stangl/Aichberger DB 2013, 2762; vermittelnd Wilms/Jochum § 6a Rn. 21.1: § 1 I Nr. 1 war bis zum Inkrafttreten des KroatienAnpG anwendbar). Jedenfalls nach dem Sinn und Zweck der Gesamtregelung fehlt jeder überzeugende Anhaltspunkt für die Einbeziehung von Erwerbsvorgängen nach § 1 I Nr. 1 (Viskorf/Kugelmüller-Pugh § 6a Rn. 36 f., 40). Eine **rechtsverschärfende Wirkung** kommt dieser Vorschrift **nicht zu** (Viskorf/Kugelmüller-Pugh § 6a Rn. 37).

45 **„Einbringungen"** nach § 6a S. 1 sind solche Rechtsformvorgänge, durch die ein Gesellschafter seine **Sacheinlageverpflichtung** (§ 5 IV GmbHG, § 27 AktG) oder seine **Beitragspflicht** (§ 709 BGB) erfüllt. Erfasst sind auch Rechtsvorgänge, durch die Vermögen von einer Gesellschaft auf einen Gesellschafter gegen Aufgabe oder Verringerung seiner Beteiligung übergehen, wie zB durch eine Sachkapitalherabsetzung, eine Verminderung der Beteiligungsquote sowie durch Liquidation der Gesellschaft und – auf gesellschaftsvertraglicher Grundlage beruhende – Anwachsungen (GLE 22.9.2020, BStBl. I 2020, 960 Tz. 2.3).

Andere **„Erwerbsvorgänge auf gesellschaftsvertraglicher Grundlage"** liegen vor, wenn durch den GrÜbergang die Gesellschafterstellung der beteiligten Gesellschafters in rechtlicher Hinsicht berührt oder verändert wird (→ § 8 Rn. 82 ff.; BFH II R 14/23, DStR 2025, 273 (277)). Dazu gehören etwa die **Sachkapitalherabsetzung,** die **Erhöhung oder Verringerung seiner Beteiligung** sowie die **Liquidation** der Gesellschaft und die Anwachsung. Steuerbefreit sind der auch Übergang der Verwertungsbefugnis sowie die Beteiligung an grundbesitzenden Gesellschaften auf einen Gesellschafter im Zuge der Aufgabe oder Verringerung seiner Beteiligung. Mangels Berührung oder Veränderung einer Gesellschafterstellung hat der BFH die Voraussetzungen des § 6a S. 1 und 2 als nicht gegeben angesehen (BFH II R 14/23, DStR 2025, 273 (277)).

V. Begünstigte „entsprechende" Umwandlungen, Einbringungen bzw. andere Erwerbsvorgänge auf gesellschaftsvertraglicher Grundlage auf Grund von EU-/EWR-Recht (§ 6a S. 2)

46 Die Erwerbsvorgänge nach 6a können auch durch **ausländische Rechtsträger** mit GrBesitz in Deutschland verwirklicht werden. Auf Grund der Neufassung der Vorschrift durch das **StAnpG Kroatien** (BGBl. 2014 I 1266) gilt diese Erweiterung der begünstigten Rechtsvorgänge „im Sinne einer einheitlichen Gesetzesanwendung" (BT-Drs. 18/1529, 79) auch für **„entsprechende Einbringungen sowie andere Erwerbsvorgänge auf gesellschaftsvertraglicher Grundlage".**

47 Das UmwG gilt nach seinem § 1 I nur für Rechtsträger mit Sitz im Inland. Schon aus dem Einleitungssatz des § 1 I UmwG ist allerdings nicht das Verbot einer grenzüberschreitenden Umwandlung zu entnehmen; nach richtiger Auffassung begrenzt dieser Einleitungssatz lediglich die Anwendung des UmwG auf Rechtsträger mit Sitz im Inland (Schmitt/Hörtnagl/Hörtnagl UmwG § 1 Rn. 24; Haag BB 2011, 1047 (1049)). Damit erstreckt sich der Verweis des § 6a S. 1 auf § 1 II Nr. 1–3 UmwG auch auf grenzüberschreitende Verschmelzungen, wie sie in §§ 305 ff. UmwG zugelassen sind (Haag BB 2011, 1047 (1050)). Demgemäß dürfte sich schon aus § 6a S. 1 die Einbeziehung grenzüberschreitender Verschmelzungen gem. §§ 305 ff. UmwG sowie von Umwandlungsvorgängen nach der SE-VO in den Begünstigungstatbestand des § 6a ableiten lassen (Schmitt/Hörtnagl/Hörtnagl UmwG § 1 Rn. 24; Neitz/Lange Ubg 2010, 17 (20)). In jedem Fall folgt dies aber aus **§ 6a S. 2, der europarechtliche Bedenken,** denen sich eine

Beschränkung der Befreiung auf inländische Rechtsträger und Fälle der grenzüberschreitenden Verschmelzung von KapGes gem. §§ 305 ff. UmwG ausgesetzt sähe, **beseitigt.** Auf den Sitz der Gesellschaft kommt es für § 6a S. 2 ohnehin nicht an.

Weder Wortlaut noch Begründung des § 6a S. 2 geben einen näheren Aufschluss über die an **„entsprechende"** Umwandlungen zu stellenden Anforderungen. Die jeweilige Regelung muss den Umwandlungen des § 1 I Nr. 1–3 UmwG entsprechen. Zweifelsfrei – schon nach § 6a S. 1 und jedenfalls nach § 6a S. 2 – begünstigt sind **grenzüberschreitende** Verschmelzungen gem. §§ 305 ff. UmwG sowie Umwandlungsvorgänge nach der **SE-VO** (vgl. auch § 1 I Nr. 1 UmwStG; Haag BB 2011, 1047 (1049 ff.)). Im Übrigen, so bei ausländischen Umwandlungen ohne Beteiligung deutscher Rechtsträger, erscheint es naheliegend, für die Abgrenzung der insoweit begünstigten Umwandlungen die für **„vergleichbare ausländische Vorgänge"** iSd § 1 I Nr. 1 und II Nr. 1 und 2 UmwStG geltenden Grundsätze heranzuziehen und im Regelungszusammenhang des § 6a keine strengeren Anforderungen zu stellen (Scheunemann/Dennisen/Behrens BB 2010, 23 (31); Neitz/Lange Ubg 2010, 17 (21 f.); Haag BB 2011, 1047 (1049 ff.); zu Umwandlungen in DBA-Drittstaaten vgl. Lüdicke/Schnitger DStR 2011, 1005). Für Einzelheiten der Vergleichbarkeitsprüfung wird auf die einschlägigen Kommentierungen des UmwStG (zB Schmitt/Hörtnagl/Hörtnagl UmwG § 1 Rn. 31 ff.; Widmann/Mayer UmwStG § 1 Rn. 15 ff.) verwiesen. Die FVerw orientiert die Vergleichbarkeitsprüfung daran, ob der nach ausländischem Umwandlungsrecht abgewickelte Vorgang unbeachtet des Sitzerfordernisses in § 1 I UmwG nach den Regelungen des UmwG wirksam abgewickelt werden könnte. Über die Vergleichbarkeit ist in Anlehnung an die zum UmwStG getroffenen Regelungen (dazu BMF 11.11.2011, BStBl. I 2011, 1314, Rn. 01.20–01.42) zu entscheiden. Die **Umwandlung** muss nach ausländischem Recht **zivilrechtlich zulässig und wirksam** sein. Eine etwaige zusätzliche Auflassung des Grundstücks ist unschädlich, soweit die Voraussetzungen des § 6a S. 2 erfüllt sind (aA Viskorf/Kugelmüller-Pugh § 6a Rn. 42). Dabei dürfte für die Zulässigkeit der Umwandlung ausreichend sein, dass ein Land des EU-/EWR-Mitgliedsstaats auch die Beteiligung eines Drittstaats zulässt (vgl. Neitz/Lange Ubg 2010, 17 (21) f.; Karla/Figatowki Ubg 2014, 439 (441 f.); RHL Anh. 9 Rn. 58; krit. Viskorf/Kugelmüller-Pugh § 6a Rn. 42). Möglicherweise könnte ein Gleichbehandlungsgebot auch aus Art. 24 VI OECD hergeleitet werden (vgl. Lüdicke/Schnitger DStR 2011, 1005). 48

Für **„entsprechende"** Einbringungen und andere Erwerbsvorgänge auf gesellschaftsvertraglicher Grundlage (§ 6a S. 2) ist grundsätzlich von dem in § 8 I 1 Nr. 2 verwendeten Einbringungsbegriff auszugehen. Ein Rechtsträger muss ein Gr zur Erfüllung einer Sacheinlageverpflichtung, im Rahmen der Übernahme von Aktien oder Stammeinlagen oder zur Erfüllung von Beitragspflichten auf eine KapGes oder PersGes übertragen. Die Übernahme muss im Wege der Gesamtrechtsnachfolge erfolgen. Auf §§ 20, 21 und 24 UmwStG kann nicht zurückgegriffen werden. 49

Beispiel:

Die Klägerin (Kl.) war am 11.8.2010 nach dem Recht der Britischen Jungferninseln gegründet worden, wo sich ihr Sitz befand. Alleinige Gesellschafterin war die A. Die Geschäftsführer der A, der B und der Kl. waren in Irland ansässig. Am 27.8.2010 übertrug 50 die A alle Anteile an der B zu einem Preis von 100 EUR auf die Kl. Diese Übertragung wurde der deutschen Finanzverwaltung nicht angezeigt.

Die Übertragung der Grundstücke auf A durch Vertrag vom 11.8.2010 beruht auf dem Recht der Britischen Jungferninseln und ist nicht nach § 6a S. 2 begünstigt. Der Vertrag vom 27.8.2010 erfüllt zwar die Merkmale der § 1 III Nr. 3 bzw. Nr. 4. Insoweit sind jedoch weder die Merkmale einer **entsprechenden Umwandlung** noch entsprechende **Einbringung** noch einen anderen Erwerbsvorgang auf **gesellschaftsvertraglicher Grundlage** gem. § 6a S. 2 erfüllt; es liegen hier vielmehr die Merkmale einer nicht unter § 6a S. 2 fallenden Einzelrechtsnachfolge (rechtsgeschäftliche Übertragung) vor (BFH II R 36/21, DStRE 2025, 361).

VI. Beruhen auf einer Umwandlung

51 § 6a S. 1 und S. 2 führen zur Befreiung für die hier aufgeführten steuerbaren Rechtsvorgänge, soweit sie **„auf Grund"** (→ Rn. 21 ff.) einer Umwandlung, einer Einbringung oder eines anderen Erwerbsvorgangs auf gesellschaftsvertraglicher Grundlage verwirklicht wurden. Zwischen dem Umwandlungsvorgang bzw. gleichgestellten Erwerbsvorgängen und dem durch § 6a grestrechtl. begünstigten Rechtsvorgang muss ein **Kausalzusammenhang** bestehen (Mensching/Tyarks BB 2010, 87 (90); Viskorf/Kugelmüller-Pugh § 6a Rn. 45). Der zur Entstehung der GrESt aus § 1 I Nr. 3, II–IIIa führende Rechtsvorgang muss auf den Umwandlungsvorgang bzw. gleichgestellten Erwerbsvorgang zurückgeführt werden können. Daran fehlt es, wenn sich ein GrÜbergang lediglich zur Vorbereitung, aus Anlass oder nur in einem zeitlichen Zusammenhang mit dem Umwandlungsvorgang vollzieht (vgl. auch BFH II B 36/71, BStBl. II 1972, 590).

VII. Beteiligungsbezogene (nicht grundstücksbezogene) Auslegung des § 6a

52 Für die Steuervergünstigung des § 6a wird **allein auf die Beteiligungsverhältnisse** (beteiligungsbezogene Auslegung) und **nicht auf die Grundstücksbezogenheit** abgestellt (BFH II R 17/19, BStBl. II 2020, 348 Tz. 36; ebenso GLE 25.5.2023, BStBl. I 2023, 995 Tz. 1; krit. zum Missbrauchsgedanken Käshammer/Schuhmann DB 2021, 749 (752)). Änderungen in der **grunderwerbsteuerrechtlichen Zurechnung** der Grundstücke in der Vor- und Nachbehaltenszeit (etwa durch Grundstückskaufvertrag an Dritte) sind **unbeachtlich.** Dieses Ergebnis ergibt sich zwingend aus dem – nicht grbezogenen – Wortlaut (Wälzholz MittBayNot 2021, 12 (14)).

Diese Behandlung kann durchaus positiv sein, weil etwa der Gewinn einer Grundstücksveräußerung nach einem gem. § 6a befreiten Vorgang etwa auch durch eine Gesellschaft mit Verlustvorträgen realisiert werden kann.

Beispiel:

53 Die Y-GmbH ist seit mehr als fünf Jahren zu 100 % an der Z-GmbH beteiligt. Die Z-GmbH hat Verlustvorträge in erheblicher Höhe. Die Y-GmbH überträgt der Z-GmbH im Rahmen der Abspaltung eines Teilbetriebs ein Grundstück. Der Vorgang ist, soweit auch die fünfjährige Nachbehaltensfrist (→ Rn. 149 ff.) eingehalten wird, nach § 6a steuerfrei. Ein etwaiger Verkauf des Grundstücks an einen Dritten wenige Tage nach der Eintragung der Spaltung in das Register des übertragenden Rechtsträgers ist **wegen der fehlenden Grundstücksbezogenheit** des § 6a **ohne Bedeutung.** Der Grundstücksverkauf kann also dazu

benutzt werden, einen Gewinn aus dem Grundstückskaufvertrag ertragsteuerlich einer GmbH mit Verlustvorträgen zuzuordnen.

Diese beteiligungsbezogene Sicht kann aber auch nachteilig sein, wenn die erforderliche Vorhaltensfrist von fünf Jahren nicht erreicht wird. **54**

Beispiel:

Die P-S.A. war seit mehr als fünf Jahren an der grundbesitzenden Y-GmbH und seit 2024 an der Z-GmbH beteiligt. Im Jahr 2025 wird die Y-GmbH auf die Z-GmbH verschmolzen.

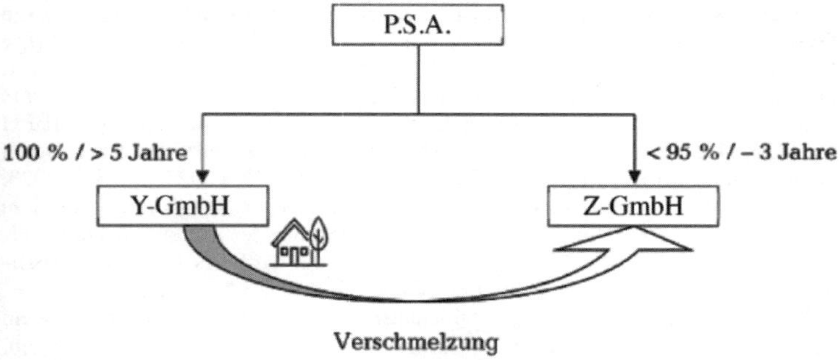

Der BFH (II R 17/19, BStBl. II 2020, 348 Tz. 26 ff. und 36) hat die Klage auf Begünstigung nach § 6a abgewiesen, weil die P-S.A. die Beteiligung an der Z-GmbH noch keine fünf Jahre hielt. Maßgeblich seien allein die Beteiligungsverhältnisse; eine grundstücksbezogene Prüfung erfolgt nicht. Auch ein Verstoß gegen Art. 3 GG liege nicht vor, da die Vorbehaltensfrist (→ Rn. 129) von beiden Gesellschaften auch eingehalten werden kann und kein Anlass für eine Abweichung vom Wortlaut besteht.

Dieses Urteil stößt auf erhebliche Kritik, die unter Zugrundlegung der Systematik der §§ 5, 6 auf die **fehlende Missbrauchsmöglichkeit** verweist. Für einen Verstoß gegen Art. 3 GG fehlt es aber an der „wesentlichen Gleichheit" der Sachverhalte (dazu etwa BVerfG 2 BvL 6/11, BStBl. II 2017, 1082). Außerdem werden Umwandlungen zur Aufnahme – wegen der hier geltenden Vorbehaltensfrist – restriktiver beurteilt als solche zur Neugründung, bei denen die umwandlungsbedingte Nichteinhaltung der Frist unschädlich ist (so etwa Broemel/Mörwald DB 2020, 1029 (1031); Behrens/Wachter/Lieber § 6a Rn. 42; Broemel/Tigges DStR 2020, 2342 (2347 f.); Behrens/Seemaier DStR 2020, 1411 (1415 f.); dazu auch → Rn. 52 ff.). Diese Bedenken sind aber nur **steuerpolitischer Natur,** sodass nur eine Änderung des Wortlauts von § 6a zu einer abweichenden Beurteilung führen könnte. **55**

einstweilen frei **56–60**

C. Voraussetzungen der Begünstigungsfähigkeit (§ 6a S. 3)

I. Allgemeines

Erstmals stellt die FVerw ausdrücklich fest, dass die Vergünstigung nach **§ 6a alle genannten Umwandlungen gleichermaßen** begünstigt. Eine Differenzierung danach, in welche Richtung verschmolzen wird (sowohl die **horizontale Ver-** **61**

schmelzung auf eine Schwestergesellschaft – Umwandlung in der Seitenlinie – **Sidestream-Merger**), die **vertikale Verschmelzung** auf die Muttergesellschaft – **Upstream-Merger** – und die Umwandlung der **Muttergesellschaft auf eine Tochtergesellschaft** (Umwandlung von oben nach unten – **Downstream-Merger**), erfolgt nicht (GLE 25.5.2023, BStBl. I 2023, 995, Tz. 2.1; Fleischer/Schmidt/Görnig Stbg 2021, 26).

62 **1. Beteiligte.** Ein nach § 6a begünstigter Erwerbsvorgang setzt voraus, dass an einem Umwandlungsvorgang ausschließlich ein **herrschendes Unternehmen und ein oder mehrere** von diesem herrschenden Unternehmen **abhängige Gesellschaften** oder **mehrere** von dem herrschenden Unternehmen **abhängige Gesellschaften beteiligt** sind (GLE 25.5.2023, BStBl. I 2023, 995 Tz. 3 Satz 1; Hofmann/Dibbert § 6a Rn. 29; Stenert Ubg 2022, 31). Erforderlich ist eine Beteiligungsquote des herrschenden Unternehmens von mindestens 95% (BFH II 14/23, DStR 2025, 273 (277)). Unerheblich ist, ob sich der Sitz der beteiligten Gesellschaften im Inland oder Ausland befindet (GLE 25.5.2023, BStBl. I 2023, 995 Tz. 3 Satz 2). Abspaltungen oder Ausgliederungen zur Neugründung aus dem herrschenden Unternehmen sowie die Verschmelzung der letzten am Umwandlungsvorgang beteiligten abhängigen Gesellschaft auf das herrschende Unternehmen sind begünstigt (GLE 25.5.2023, BStBl. I 2023, 995 Tz. 3 Satz 3).

62a Kein Fall der Einbringung auf gesellschaftsrechtlicher Grundlage liegt vor, wenn Anteilseigner ihre Anteile an der grbesitzenden GmbH in eine KG einbringen. In diesem Fall fehlt es an einem herrschenden Unternehmen, weil kein Anteilseigner die GmbH und die KG mit **grunderwerbsteuerrechtlicher Mehrheit** beherrscht (vgl. FG Hessen 5 K 852/21, EFG 2023, 501, Rev. BFH II R 2/23).

Beispiel:A, B und C waren jeweils an der Erbengemeinschaft beteiligt. Die Quoten können nicht zusammengerechnet werden, so dass es insoweit an einem herrschenden Unternehmen iSd § 6a S. 3 fehlt. Sieht man die X-GmbH & Co KG als herrschendes Unternehmen, können die B-GmbH und C-GmbH als Einbringungsgensand nicht selbst Beteiligten des Einbringungsgegenstands sein.

62b Ähnliche Fragen nach der Anwendbarkeit des § 6a stellen sich auch bei einer **Abspaltung zur Neugründung.** Die neu gegründete Gesellschaft war nicht an der abspaltenden Gesellschaft beteiligt; es bestand aber Personenidentität zwischen der abgespaltenen und neu entstandenen Gesellschaft (FG Sachsen 5 K 969/20, EFG 2023, 1155, Rev. BFH II R 56/22).

Auch in diesem Fall fehlt es an der **Identität** zwischen der L-GmbH als herrschendem Unternehmen und der P-GmbH als abhängiger Gesellschaft. Die P-GmbH sei nicht am Umwandlungsvorgang beteiligt gewesen. Zwischen der L GmbH und der GmbH-Neu bestehe kein Abhängigkeitsverhältnis. Die weite Auslegung der Vor- und Nachbehaltensfrist kann nicht für § 6a S. 3 gelten, weil dann auch auf das Merkmal der Höhe der Beteiligung und damit auf das Beherrschungsverhältnis verzichtet würde. Das Merkmal der Personenidentität dürfte für eine andere Beurteilung nicht ausreichen.

Auf eine Überprüfung der **Ausgliederung zur Neugründung** am Merkmal der im Einzelfall fehlenden Missbrauchsprüfung hat das FG Nürnberg 4 K 990/22, DStR 2025, 158, Rev. BFH II R 13/24, zutreffend verzichtet. Die Revisionsentscheidung dürfte daher keinen Erfolg haben.

63 **2. Rechtsvorgang.** Der von § 6a S. 3 vorausgesetzte **„Rechtsvorgang“** ist derjenige, der den steuerbaren Rechtsvorgang nach § 1 I Nr. 3, II–IIIa kausal

(→ Rn. 51) bewirkt hat. Das ist zunächst der Fall, wenn der grestbare Rechtsvorgang unmittelbar zwischen den an einem Umwandlungsvorgang beteiligten abhängigen Gesellschaften verwirklicht wird.

Beispiel 1:

Die A-AG (herrschendes Unternehmen) ist Alleingesellschafterin der B-GmbH und der grundstücksbesitzenden C-GmbH. Die C-GmbH wird auf die B-GmbH verschmolzen. Der durch die Verschmelzung bewirkte Eigentumsübergang (§ 1 I Nr. 3) ist unter den näheren Voraussetzungen des § 6a S. 4 begünstigt (zur Nachbehaltensfrist für die aufnehmende Gesellschaft → Rn. 149 ff.). **64**

Auf Grund der nach § 6a S. 4 ausreichenden (ganz oder teilweise) **mittelbaren Beteiligung des herrschenden Unternehmens** müssen die am Umwandlungsvorgang beteiligten abhängigen Gesellschaften nicht zwingend mit der oder den abhängigen grundstücksbesitzenden Gesellschaft(en) identisch sein.

Beispiel 2:

Die B-AG ist Alleingesellschafterin der C-GmbH und D-GmbH (jeweils ohne Grundbesitz), die ihrerseits zu je 50 % an der grundstücksbesitzenden F-GmbH beteiligt sind. Die C-GmbH wird auf die D-GmbH verschmolzen. **65**

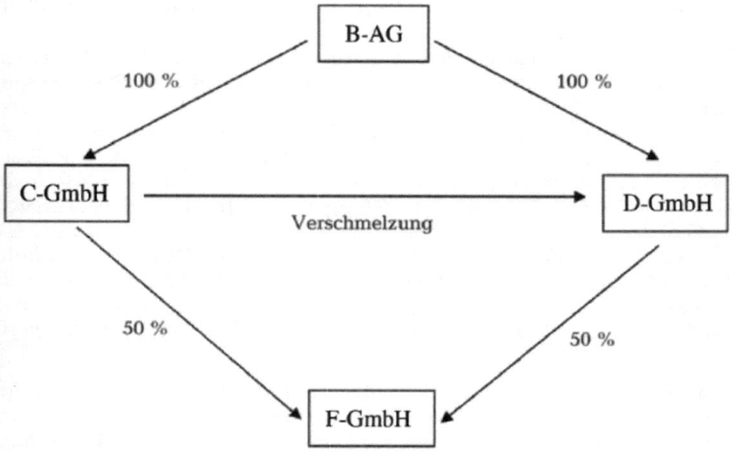

Die B-AG ist herrschendes Unternehmen, die C-GmbH, die D-GmbH und die F-GmbH sind jeweils abhängige Gesellschaften iSd § 6a S. 4, wobei die B-AG an der C-GmbH und der D-GmbH unmittelbar zu 100 % beteiligt ist. An der F-GmbH ist die B-AG mittelbar zu 100 % beteiligt. Auf Grund der Verschmelzung der C-GmbH auf die D-GmbH tritt in der Hand der D-GmbH eine Anteilsvereinigung (§ 1 III) in Bezug auf die F-GmbH ein. Für die Vergünstigung nach § 6a ist es wegen des im Beispielsfall gewahrten Bezugs des Umwandlungsvorgangs zum grestbaren Rechtsvorgang unschädlich, dass keine Identität zwischen den am Umwandlungsvorgang beteiligten abhängigen Gesellschaften (C-GmbH und D-GmbH) und der abhängigen grundstücksbesitzenden Gesellschaft (F-GmbH) besteht. Zur Nachbehaltensfrist für die B-AG → Rn. 164 ff.

Unschädlich wäre es auch, wenn **zwei Gesellschaften** auf der nächsthöheren Stufe **etwa** zu jeweils **50 %** an der zu verschmelzenden Gesellschaft beteiligt wären (→ Rn. 167).

66 Ebenso ist ein nach § 6a begünstigungsfähiger Rechtsvorgang gegeben, wenn der Umwandlungsvorgang infolge des Übergangs von Anteilen an einer Personengesellschaft **mittelbar** – zB durch Anwachsung – den nach **§ 1 I Nr. 3 S. 1** grestbaren Rechtsvorgang (GLE 25.5.2023, BStBl. I 2023, 995 Tz. 2.3; Hofmann/Dibbert § 6a Rn. 29; Wagner/Köhler BB 2011, 286 (290)).

Beispiel:

Die X-GmbH ist zu je 100 % an der Y-GmbH und an der Z-GmbH beteiligt. Die Y-GmbH und die Z-GmbH sind ihrerseits zu je 50 % an der grundstücksbesitzenden A-KG beteiligt. Die Y-GmbH wird auf die Z-GmbH verschmolzen. Die Verschmelzung führt mit dem Wegfall der Y-GmbH auch zur Anwachsung des Vermögens der A-KG bei der Z-GmbH. Zur Nachbehaltensfrist für die A-AG → Rn. 150 ff.

67–69 *einstweilen frei*

II. Herrschendes Unternehmen

70 **Unternehmereigenschaft.** § 6a ist **nicht auf Unternehmen iSd Umsatzsteuerrechts** beschränkt, sondern gilt jetzt für alle Rechtsträger, die **wirtschaftlich tätig** sind (BFH II R 62/14, BStBl. II 2017, 916; II R 18/19, BStBl. II 2020, 352 Tz. 16 ff.).

Die bisherige Anknüpfung an die **Unternehmereigenschaft in § 2 UStG** (so noch GLE 19.6.2012, BStBl. I 2012, 662 Tz. 2.2) **hat der BFH verworfen** (BFH II R 19/19, BStBl. II 2020, 337 Tz. 24 f.). Der Verschonungsregelung des § 6a kann eine Anknüpfung an § 2 UStG nicht entnommen werden; etwas anderes ergibt sich auch nicht aus dem Gesetzesmaterialien zu § 6a. Andere Schlüsse lassen sich auch nicht aus **§ 1 III Nr. 1** ziehen. Das hierzu ergangene BFH-Urteil (BFH II R 185/66, BStBl. II 1974, 769) lag noch § 1 III Nr. 1 idF des GrEStG 1940 zu Grunde, der nur „Unternehmen im Sinn des § 2 Abs. 2 des Umsatzsteuergesetzes" umfasste. Auf diese Anknüpfung an das UStG hat der Gesetzgeber jedoch bei der Neufassung des § 1 III bewusst verzichtet. Auch **§ 1 III iVm IV Nr. 2 Buchst. b** ist nicht auf § 6a übertragbar, weil diese Vorschrift als steuerbegründende Vorschrift nur für juristische Personen gilt (BFH II R 19/19, BStBl. II 2020, 337 Rn. 19).

71 **1. Neudefinition des „herrschenden Unternehmens".** Für den Begriff des **herrschenden Unternehmens** iSd § 6a S. 3 fehlt eine Legaldefinition. Der näheren Ausfüllung dieses Begriffs bedarf es schon deshalb, weil diese Eigenschaft ununterbrochen über die gesamte Vor- und Nachbehaltensfrist vorliegen muss. Vorausgesetzt ist, dass das herrschende Unternehmen und die abhängige Gesellschaft auch – soweit umwandlungsrechtlich möglich – tatsächlich die volle Vor- und Nachbehaltensfrist erfüllen müssen (zu Einschränkungen → Rn. 123 ff., 151 ff.).

71a Nach dem **jetzigen Prüfungsschema der FVerw** (GLE 25.5.2023, BStBl. I 2023, 995 Tz. 3.1 Abs. 5) ist ausgehend von dem jeweiligen Umwandlungsvorgang der **unterste Rechtsträger,** der die Voraussetzungen des § 6a S. 3 und 4 erfüllt, das **herrschende Unternehmen** (BFH II R 15/19, BStBl. II 2020, 329 Tz. 37; II R 13/20, BStBl. II 2023, 666; II R 46/22, DStR 2025, 404; das frühere Abstellen auf die Konzernspitze ist **gegenstands-**

los). § 6a gilt für alle Rechtsträger iSd GrEStG, die wirtschaftlich tätig sind. **Herrschendes Unternehmen** können wirtschaftlich tätige **natürliche und juristische Personen sowie Personengesellschaften** sein (GLE 25.5.2023, BStBl. I 2023, 995 Tz. 3.1 Abs. 1).

einstweilen frei **72**

2. Wirtschaftlicher Geschäftsbetrieb. Herrschendes Unternehmen können **73** folglich auch wirtschaftlich tätige **natürliche und juristische Personen sowie Personengesellschaften** sein (GLE 25.5.2023, BStBl. I 2023, 995 Tz. 3.1 Abs. 2). § 6a ist auch dann anwendbar, wenn die Beteiligung im **Privatvermögen** einer **natürlichen Person** gehalten wird (BFH II R 15/19, BStBl. II 2020, 329; zuvor schon BFH II R 62/14, BStBl. II 2017, 916; Viskorf/Kugelmüller-Pugh § 6a Rn. 85). Die Anknüpfung an bilanzielle oder ertragsteuerrechtliche Begriffe ist für die GrESt als Verkehrssteuer ohne Bedeutung (BFH II R 15/19, BStBl. II 2020, 329 Tz. 20).

a) Generelle Anforderungen. An den **wirtschaftlichen Betrieb** des herr- **74** schenden Unternehmens sind **keine hohen Anforderungen** zu stellen. Ausreichend ist, dass das herrschende Unternehmen über eine Beteiligung an einer abhängigen Gesellschaft **am Markt teilnimmt** (BFH II R 62/14, BStBl. II 2017, 916; II R 18/19, BStBl. II 2020, 352 Tz. 16 ff.; BFH II R 46/22, DStR 2025, 404; Stenert Ubg 2022, 31; GLE 25.5.2023, BStBl. I 2023, 995 Tz. 3.1 Abs. 2; das Merkmal der „Teilnahme am Markt" halten Käshammer/Schumann DB 2021, 749 (750) für entbehrlich). Auch eine **gemeinnützige Stiftung kann** daher ein herrschendes Unternehmen iSv § 6a Sätze 3 und 4 **sein,** wenn mindestens eine am Umwandlungsvorgang beteiligte abhängige Gesellschaft am Markt wirtschaftlich tätig ist (BFH II R 19/19, BStBl. II 2020, 337; GLE 22.9.2020, BStBl. I 2020, 960 Tz. 3.1 Abs. 2). Für § 6a ist es auch unerheblich, ob das herrschende Unternehmen die Beteiligung an der abhängigen Gesellschaft im **Privat- oder im Betriebsvermögen** hält (BFH II R 46/22, DStR 2025, 404). Sofern eine KapGes auf ihren Alleingesellschafter verschmolzen wird (so im Fall BFH II R 15/19, BStBl. II 2020, 329 Tz. 20), ergibt sich die Zulässigkeit dieser Umwandlung auch aus § 3 II Nr. 2 UmwG. § 6a hat den Kreis der zulässigen Umwandlungen insofern nicht eingeschränkt; der Ausschluss nach dem UmwG zulässiger Verschmelzungen findet im Anwendungsbereich des § 6a keinen Niederschlag (so im Fall BFH II R 15/19, BStBl. II 2020, 329 Tz. 21).

b) Erweiterung der begünstigten Umwandlungen auf alle in § 6a S. 1 **75** genannten Umwandlungsfälle. Eine Differenzierung nach der **Richtung der Umwandlung** (sidestream, upstream oder downstream) **erfolgt nicht.** Begünstigt sind die Verschmelzung iSd § 1 I Nr. 1 UmwG, die Spaltung – Aufspaltung, Abspaltung, Ausgliederung – (§ 1 I Nr. 2 UmwG) und die Vermögensübertragung (§ 1 I Nr. 3 UmwG). Nach der geltenden Regelung ist auch die Neugründung und Beendigung des Erwerbsvorgangs unter näheren Voraussetzungen begünstigt (→ Rn. 89 ff.).

c) Rechtsform ohne Bedeutung. Bei mehrstufigen Beteiligungen ist die **76** „Konzernspitze" nur in den seltenen Fällen nicht herrschendes Unternehmen, wenn sie nicht selbst die Erfordernisse wirtschaftlich tätiger natürlicher und juristischer Personen sowie PersGes erfüllt (GLE 22.9.2020, BStBl. I 2020, 960 Tz. 3.1). In diesem Fall kann ein Unternehmen auf der darunter liegenden

Beteiligungsebene herrschendes Unternehmen sein. Eine Orientierung an §§ 14, 64 AO oder § 15 EStG dürfte ausscheiden (Käshammer/Schuhmann DB 2021, 749 (751)).

77 **d) Ununterbrochene wirtschaftliche Tätigkeit.** Nach GLE 25.5.2023, BStBl. I 2023, 995 Tz. 3.1 Abs. 3 muss die wirtschaftliche Tätigkeit während der fünfjährigen Vor- und Nachbehaltensfrist **ununterbrochen** vorliegen. Nach dem Wortlaut des § 6a S. 4 ist die ununterbrochene Betätigung ausschließlich auf die Haltedauer der Beteiligung bezogen (Broemel/Mörwald DStR 2021, 140 (141); Stenert Ubg 2022, 31 (32)). Doch wird man die ununterbrochene wirtschaftliche Tätigkeit als ungeschriebenes Tatbestandsmerkmal akzeptieren können.

78 **e) Vorratsgesellschaft, Holdinggesellschaften.** Für eine **Vorratsgesellschaft und reine Holdinggesellschaften,** die nicht selbst wirtschaftlich tätig sind, soll diese Voraussetzung nicht erfüllt sein (GLE 25.5.2023, BStBl. I 2023, 995 Tz. 3.1 Abs. 2). Für **Vorratsgesellschaften** ist die wirtschaftliche Betätigung über die Kommanditisten über die Kommanditbeteiligung bejaht worden (BFH II R 46/22, DStR 2025, 404; so auch Behrens/Seemaier DStR 2020, 1411 (1415); Behrens DStR-Beih. 2011, 10; Fleischer Stbg 2011, 542 (545 ff.); Behrens DStR 2013, 2726). Auch für eine **reine Holdinggesellschaften** lehnt die FVerw eine wirtschaftliche Tätigkeit ab (GLE 25.5.2023, BStBl. I 2023, 995 Tz. 3.1 Abs. 2). Auf die umsatzsteuerrechtlichen Wertungen kommt es nach der BFH-Rspr. jedoch nicht an. Auf Grund der vom BFH getroffenen Entscheidungen (die USt – dazu UStAE 2.3 – ist ohne Bedeutung, vgl. auch Fleischer/Schmidt/Görnig Stbg 2021, 26 (32)) zur Unanwendbarkeit des UStG ist auch klargestellt, dass auch einer **Holding** – jedenfalls dann, wenn ihre Tochtergesellschaft nicht nur vermögensverwaltend tätig ist – die Unternehmereigenschaft zukommt (so BFH II R 19/19, BStBl. II 2020, 337 Tz. 24; BFH II R 46/22, DStR 2025, 404; Tied StuB 2020, 857; für **geschäftsleitende Holdings** Stenert Ubg 2022, 31). Ungeklärt und mE zu verneinen ist die Frage, ob auch eine reine Holdinggesellschaft ohne Beteiligung am Markt herrschendes Unternehmen sein kann. Eine ausreichende wirtschaftliche Tätigkeit übt aber die **Finanzholding** aus, soweit sie zu mind. 95 % an abhängigen Gesellschaften mit eigener Beteiligung am Markt beteiligt ist.

79 **f) Fünfjähriges Halten einer Beteiligung ausreichend.** Nicht abschließend geklärt ist auch die Frage, ob **bereits das bloße fünfjährige Halten einer Beteiligung** als hinreichende **wirtschaftliche Betätigung anzusehen** ist (dazu Broemel/Mörwald DB 2020, 1029 (1032) und Broemel/Mörwald DStR 2021, 140 (142 ff.)). Die wirtschaftliche Tätigkeit soll hiernach kein neues ungeschriebenes Tatbestandsmerkmal des § 6a sein und sich nicht auf die ununterbrochene Eigenschaft des herrschenden Unternehmens als wirtschaftliche Tätigkeit beziehen (Broemel/Mörwald DStR 2021, 140 (142 ff.)). Es könnte daher ausreichen, wenn das herrschende Unternehmen über eine Beteiligung an der abhängigen Gesellschaft am Markt teilnimmt (GLE 22.9.2020, BStBl. I 2020, 960 Tz. 3.1; BFH II R 19/19, BStBl. II 2020, 337 Tz. 24; Behrens/Wachter/Lieber § 6a Rn. 30; Broemel/Mörwald DB 2020, 1029 (1032); Broemel/Mörwald DStR 2021, 140 (142 ff.); Wischott/Graessner NWB 2021, 18 (23 f.); Brühl GmbHR 2021, 126 (132 ff.)). Bedeutsam wird die Frage immer dann, wenn eine wirtschaftliche Tätigkeit allein von der

Tochtergesellschaft der abhängigen Gesellschaft oder von einer anderen Tochtergesellschaft der Muttergesellschaft verwirklicht wird (Broemel/Mörwald DStR 2021, 140 (143 f.); Stenert Ubg 2022, 31 (32, 38)).

Wird die wirtschaftliche Betätigung der Muttergesellschaft verneint, so werden **erstmals durch** einen **Umwandlungsvorgang** die Voraussetzungen des **§ 6a** erfüllt. Die für die Verschmelzung erforderliche Vorbehaltensfrist wäre nicht eingehalten (→ Rn. 122 ff.), sodass den Voraussetzungen des § 6a S. 4 nicht genügt wäre. Es dürfte sich deshalb zur Zeit empfehlen, in der Frage der hinreichenden wirtschaftlichen Betätigung bis zur abschließenden Klärung der Sichtweise der FVerw zu folgen. **80**

Beispiel:

Im Fall a) sind die D-GmbH und die E-GmbH seit mehr als fünf Jahren an der A-KG beteiligt. Nur die A-KG ist wirtschaftlich tätig. Die E-GmbH wird auf die D-GmbH verschmolzen.

Im Fall b) ist X-GmbH seit mehr als fünf Jahren zu 100 % an der Y-GmbH und an der Z-GmbH beteiligt. Nur die Z-GmbH ist wirtschaftlich tätig. Die Y-GmbH bringt alle Anteile an der Z-GmbH in die Z-GmbH ein.

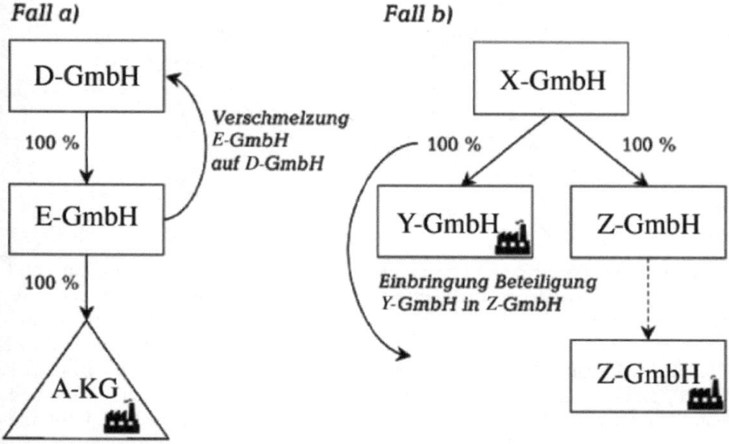

Im Beispielsfall a) ist bei der nur von einer Enkelgesellschaft ausgeübten wirtschaftlichen Tätigkeit insgesamt die Verschmelzung der E-GmbH auf die D-GmbH nach § 6a begünstigt.

Auch im Beispielsfall b) wäre die Einbringung der Anteile der Y-GmbH in die Z-GmbH begünstigt.

g) Mehrrangige Konzernspitze. Bei **mehrstufigen Beteiligungen** kommt es für die Geltung als herrschendes Unternehmen auf die am Umwandlungsvorgang unmittelbar beteiligten Unternehmen an. Die Konzernspitze ist in Bezug auf die erste Beteiligungsebene unmittelbar und in Bezug auf jede weitere Beteiligungsebene mittelbar beteiligt (BFH II R 13/20, BStBl. II 2023, 666; GLE 25.5.2023, BStBl. I 2023, 995 Tz. 3.2.1). Es spielt keine Rolle, ob bei anhängigen Gesellschaften weitere Gesellschaften – die nicht am Umwandlungsvorgang beteiligt sind – vom abhängigen Unternehmen abhängen. **81**

Beispiel:

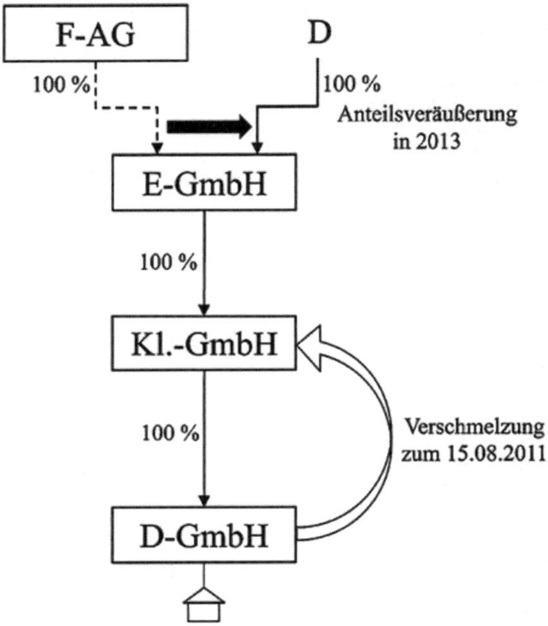

Sind mehrere von einem Unternehmen abhängige Gesellschaften am Umwandlungsvorgang beteiligt, ist ausgehend von dem Umwandlungsvorgang der in der Beteiligungskette am nächsten stehende (unterste) Rechtsträger, der die Voraussetzungen nach § 6a S. 3 und 4 erfüllt, das herrschende Unternehmen (GLE 25.5.2023, BStBl. I 2023, 995 Tz. 3.1 Abs. 6). Nach Auffassung des BFH II R 13/20, DStR 2022, 2495 richtet sich die Frage des „herrschenden Unternehmens" und der „abhängigen Gesellschaft" iSd § 6a nach dem jeweiligen Umwandlungsvorgang, für den die Steuer nach § 6a S. 1 nicht erhoben werden soll. Das herrschende Unternehmen muss am Kapital oder Gesellschaftsvermögen unmittelbar oder mittelbar zu mind. **95%** beteiligt sein; bei mittelbarer Beteiligung muss diese auf jeder Stufe mind. **95%** betragen (GLE 25.5.2023, BStBl. I 2023, 995 Tz. 3.2.1).

Die Vor- und Nachbehaltensfristen müssen nur eingehalten werden, soweit sie nach dem betreffenden Umwandlungsvorgang auch eingehalten werden können (→ Rn. 122 ff., → Rn. 150 ff.). Dieses **Prinzip der Meistbegünstigung** entspricht der Begünstigung nach § 6a (so auch Hofmann/Dibbert § 6a Rn. 45; vgl. auch Schaflitzl/Stadler BB 2010, 185 (188); Neitz/Lange Ubg 2010, 17 (21); Wälzholz GmbH-StB 2010, 108 (110); Stenert Ubg 2022, 31 (33)).

Mit diesem Ansatz wird gleichzeitig auch das Problem der **nachgelagerten Fünf-Jahres-Frist** gelöst (Korn/Strahl/Fuhrmann Rn. 124; Broemel/Mörwald DB 2020, 1029 (1033)).

Die **Beteiligungskette** muss innerhalb der Nachbehaltensfrist **nicht unverändert bestehen** bleiben. Für dieses Ergebnis spricht vor allem, dass sich aus § 6a S. 3 und 4 keinerlei Hinweis auf die wie auch immer geartete Konzernspitze ableiten lässt (Brühl GmbHR 2021, 126 (129 f.)). Die gegenwärtige Erlasslage dürfte gegen Art. 3 GG verstoßen. Eine Entscheidung zu diesem Problem ist mit BFH II R 13/20, DStR 2022, 2495 erfolgt. Zu dem vorher ergangenen Verfahren (FG Düsseldorf 7 K 820/17, EFG 2020, 1332 mAnm. Dörnhaus) haben sich schon Wischott/Graessner NWB 2020, 2973 und Brühl GmbHR 2020, 1035 geäußert. **82**

Wird in einem **dreistufigen Konzern** (mit Mutter-, Tochter- und Enkelkonzern) die Enkelgesellschaft auf die Tochtergesellschaft verschmolzen, ist die Tochtergesellschaft das herrschende Unternehmen und die Enkelgesellschaft die abhängige Gesellschaft. Das Erlöschen der Enkelgesellschaft kann, weil umwandlungsbedingt, die Nachbehaltensfrist nicht auslösen (→ Rn. 151 ff.). Die Beteiligung der Muttergesellschaft an der Tochtergesellschaft ist für die Beachtung der Nachbehaltensfrist ohne Bedeutung. **82a**

Beispiel:

Die F-GmbH ist zu 100 % an der H-GmbH, die H-GmbH zu 95 % an der J-GmbH, die J-GmbH zu 100 % an der I-GmbH und die I-GmbH zu 100 % an der grundstücksbesitzenden K-GmbH beteiligt. Sämtliche Beteiligungen bestehen seit 2009. Die K-GmbH wird 2022 auf die I-GmbH verschmolzen. **83**

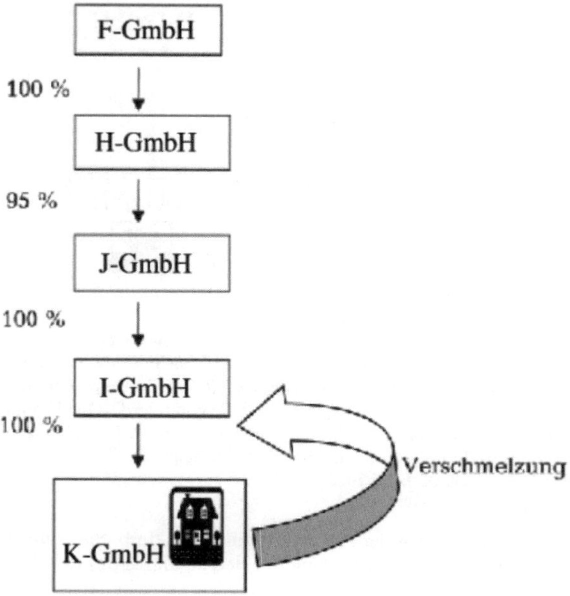

Die nach § 1 Abs. 1 Nr. 3 steuerbare Verschmelzung der K-GmbH auf die I-GmbH ist nur dann nach § 6a begünstigt, wenn die Beteiligungskette von der F-GmbH, H-GmbH, J-

GmbH und I-GmbH unverändert beibehalten wird. Für die K-GmbH gilt dies, die Einhaltung der Vorbehaltensfrist vorausgesetzt, nicht.

Nimmt man stattdessen an, dass Rechtsträger in mehrstufigen Beteiligungsketten auch ein Rechtsträger auf einer darunter liegenden Beteiligungsebene sein kann, wäre die Vergünstigung des § 6a zB auch dann zu gewähren, wenn etwa der Anteil an der F-GmbH oder J-GmbH in der Nachbehaltensfrist auf unter 95 % sinkt. Diese Rechtsfolge kann allerdings auch für die Steuerpflichtigen negativ sein: Sinkt zB die Beteiligung der J-GmbH innerhalb der Nachbehaltensfrist auf unter 95 %, ist § 6a nicht mehr anwendbar.

84 **h) Umwandlungen bei fortbestehender Struktur.** Bei einer **Verschmelzung** ist die Anwendbarkeit des § 6a unstreitig gegeben, wenn bei einer **Verschmelzung** abhängiger Gesellschaften **das Abhängigkeitsverhältnis** fortbesteht (GLE 25.5.2023, BStBl. I 2023, 995 Tz. 2.2).

Beispiel:

85 Die C-AG ist seit mehr als fünf Jahren zu 100 % an der D-GmbH und diese zu 100 % an der grundbesitzenden A-GmbH beteiligt. Die A-GmbH wird 2022 auf die D-GmbH verschmolzen.

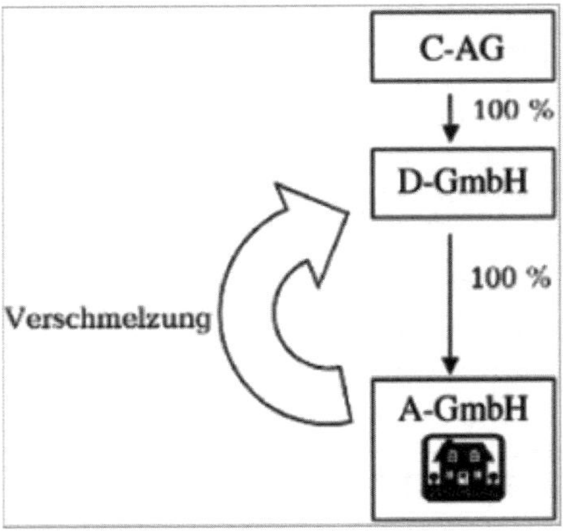

Der nach § 1 I Nr. 3 steuerbare Übergang des Grundstücks der A-GmbH auf die D-GmbH ist nach § 6a begünstigt, weil am Umwandlungsvorgang „mehrere von einem herrschenden Unternehmen abhängige Gesellschaften beteiligt sind" (§ 6a S. 3). Dem steht nicht entgegen, dass die Verschmelzung mit ihrer Eintragung in das Register der D-GmbH zum Erlöschen des übertragenden Rechtsträgers (§ 20 I Nr. 2 UmwG), hier der A-GmbH, führt. Die Nachbehaltensfrist muss in Bezug auf die verschmolzene abhängige Gesellschaft nicht eingehalten werden (BFH II R 18/19, BStBl. II 2020, 352 Tz. 27; ebenso GLE 25.5.2023, BStBl. I 2023, 995 Tz. 3.2.2.2).

86 Auch jede **Veränderung** der Art der **Beteiligung** (insb. die vollständige oder teilweise Verkürzung oder Verlängerung der Beteiligungskette) ist **unbeachtlich,** soweit die mind. 95-prozentige Beteiligung des herrschenden Unternehmens erhalten bleibt (GLE 25.5.2023, BStBl. I 2023, 995 Tz. 3.1 Abs. 8).

87 Bei der Begünstigung durch § 6a verbleibt es bei einer **Verschmelzung,** auch wenn ein herrschendes Unternehmen unmittelbar an zwei abhängigen Gesell-

schaften beteiligt ist, von denen eine auf das herrschende Unternehmen verschmolzen wird und damit erlischt.

Beispiel:

Die D-AG ist mehr als fünf Jahren zu 100 % an der X-GmbH und der grundstücksbesitzenden Y-GmbH beteiligt. 2022 wird die Y-GmbH wird auf die D-AG verschmolzen.

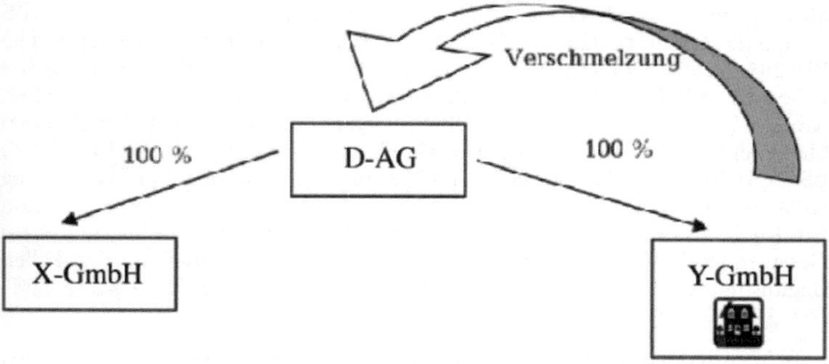

Die nach § 1 I Nr. 3 steuerbare Verschmelzung der Y-GmbH auf die D-AG ist nach § 6a begünstigt. Die Gründe für die Nichtanwendung des § 6a wegen Erlöschens des aus D-AG und X-GmbH bestehenden Verbunds sind entfallen (→ Rn. 67 ff.). Erforderlich ist nur – die hier eingehaltene – Vorbehaltensfrist (BFH II R 18/19, BStBl. II 2020, 352 Tz. 27). Diese Rechtsfolge gilt auch dann, wenn die abhängige Gesellschaft ihrerseits an weiteren Gesellschaften beteiligt ist.

i) Verschmelzung der Mutter auf die Tochter. Nach § 6a begünstigt ist 88
auch der **Downstream-Merger des herrschenden Unternehmens (dh die Verschmelzung der Muttergesellschaft auf die Tochtergesellschaft)** (Behrens/Seemaier Ubg 2020, 634; Broemel DStR 2021, 140 (142); Brühl GmbHR 2021, 126 (128); Wischott/Graessner NWB 2021, 18 (20); GLE 25.5.2023, BStBl. I 2023, 995 Tz. 2.1 Abs. 3). Auch hier gilt, dass die Nichteinhaltung der Nachbehaltensfrist die Annahme des § 6a nicht hindert. Allerdings muss die Vorbehaltensfrist eingehalten werden (BFH II R 18/19, BStBl. II 2020, 352 Tz. 27).

j) Abspaltung/Ausgliederung zur Neugründung. Begünstigt ist ebenfalls 89
die Abspaltung zur Neugründung (§ 123 II Nr. 2 UmwG) oder die Ausgliederung zur Neugründung (§ 123 III Nr. 2 UmwG) aus dem Vermögen einer von einem herrschenden Unternehmen abhängigen Gesellschaft (GLE 25.5.2023, BStBl. I 2023, 995 Tz. 3.2.2.1). In diesem Fall muss die Vorbehaltensfrist nur in Bezug auf die abgebende Gesellschaft und die Nachbehaltensfrist nur in Bezug auf beide abhängige Gesellschaften eingehalten werden (BFH II R 15/19, BStBl. II 2020, 329 Tz. 23; Viskorf/Kugelmüller-Pugh § 6a Rn. 111).

Schwierigkeiten bestehen, wenn Fristen nicht eingehalten werden. Die von der FVerw früher praktizierte Ausnahme für die sog. **„verbundgeborene“ Gesellschaft** (→ Rn. 181) findet sich in den jetzt geltenden Erlassen zu § 6a

(GLE 25.5.2023, BStBl. I 2023, 995) nicht mehr. Diese Einschränkung ist zu beachten.

89a **k) Neugründung oder Verschmelzung auf herrschendes Unternehmen.** Auch die erstmalige Neugründung sowie Verschmelzung auf herrschendes Unternehmen begünstigt. Begünstigt sind auch **Abspaltungen oder Ausgliederungen zur Neugründung aus dem herrschenden Unternehmen** sowie die **Verschmelzung der letzten** am Umwandlungsvorgang beteiligten **abhängigen Gesellschaft** auf das herrschende Unternehmen (GLE 25.5.2023, BStBl. I 2023, 995 Tz. 2.1 und 3 Abs. 2s; krit. schon früher Teiche BB 2012, 2659 (2664 f.); Behrens DStR 2012, 2149; Wischott/Schönweiß/Graessner NWB 2013, 780). Maßgebend war die jetzige Rspr. der BFH, wonach § 6a ausdrücklich Umwandlungsvorgänge zwischen dem herrschenden Unternehmen und einer abhängigen Gesellschaft begünstigt (BFH II R 15/19, BStBl. II 2020, 329 Tz. 34). Hätte der Gesetzgeber insoweit auf die Vorstellung eines Verbunds abstellen wollen, so hätte dies im Wortlaut des § 6a S. 1 zum Ausdruck kommen müssen. Diese weite Auslegung entspricht auch dem Gesetzeszweck, wonach durch § 6a die Umstrukturierung erleichtert und allen Begünstigungsadressaten möglichst gleichmäßig zugutekommen sollte (BT-Drs. 17/147, 10).

90 **l) Ausgliederung zur Neugründung der ersten Tochtergesellschaft.** Nach § 6a begünstigt ist daher die **Ausgliederung zur Neugründung einer ersten Tochtergesellschaft** aus dem herrschenden Unternehmen.

Beispiel:

Aus der Y-GmbH wird ein Teilbetrieb mit Grundstücken im Wege der Ausgliederung zur Neugründung (§ 123 III Nr. 2 UmwG) auf die Z-GmbH (deren alleinige Gesellschafterin die Y-GmbH ist) übertragen.

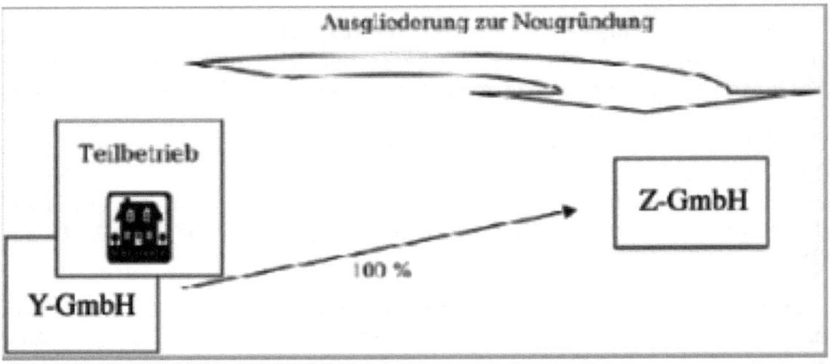

Der durch die Ausgliederung bewirkte Grundstücksübergang unterliegt nach § 1 I 1 Nr. 3 der GrESt. Auch die Voraussetzungen des § 6a sind erfüllt. Die Vorschrift erfasst auch den Fall, dass eine abhängige Gesellschaft durch Ausgliederung aus einem herrschenden Unternehmen neu entsteht. Die in § 6a S. 4 genannten Fristen müssen nur insoweit eingehalten werden, als sie auf Grund eines begünstigten Umwandlungsvorgangs auch eingehalten werden können. Bei einer Ausgliederung zur Neugründung muss das herrschende Unternehmen innerhalb von fünf Jahren nach der Ausgliederung zu mind. 95 % an der neu gegründeten Gesellschaft beteiligt bleiben (Nachbehaltensfrist). Die Vorbehaltensfrist muss in Bezug auf die neu gegründete Gesellschaft nicht eingehalten werden, weil sie auf Grund der Ausgliederung nicht eingehalten werden kann (BFH II R 16/19, BStBl. II 2020, 333 Tz. 26). In dem Beispiel ist daher die Begünstigung zu gewähren, wenn das herrschende Unternehmen während der Nachbehaltensfrist von fünf Jahren an der neu gegründeten Gesellschaft beteiligt bleibt.

Zu gewähren ist die Steuervergünstigung nach § 6a auch dann, wenn die **(einzige) abhängige Gesellschaft auf das herrschende Unternehmen verschmolzen** wird und damit erlischt. Das gilt auch, wenn eine abhängige Gesellschaft auf eine natürliche Person verschmolzen wird. 91

Beispiel:

Die natürliche Person A, die über die Beteiligung am Markt wirtschaftlich tätig ist (BFH II R 15/19, BStBl. II 2020, 329 Tz. 41), ist seit 2012 zu 100 % an der grundbesitzenden B-GmbH beteiligt. 2022 wird die B-GmbH auf die natürliche Person verschmolzen.

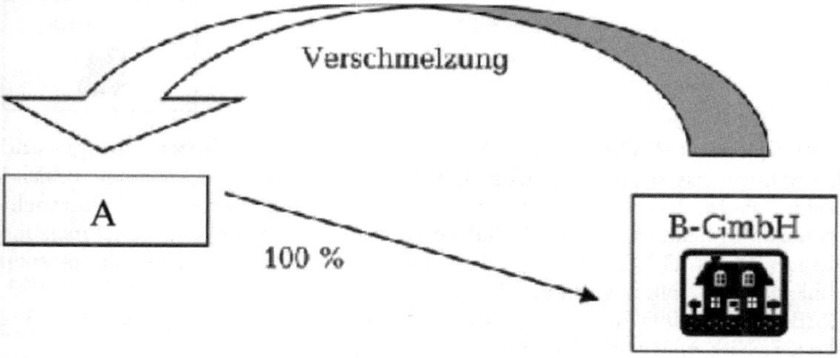

Der auf der Verschmelzung beruhende Übergang des Grundstücks der B-GmbH auf A ist nach § 1 I Nr. 3 steuerbar. Die Voraussetzungen des **§ 6a** sind **erfüllt,** sofern A als herrschendes Unternehmen (zu den Anforderungen an das herrschende Unternehmen vgl. BFH II R 15/19, BStBl. II 2020, 329 Tz. 18 ff., 40) innerhalb einer Frist von fünf Jahren vor der Verschmelzung zu mind. 95 % an der verschmolzenen abhängigen Gesellschaft ununterbrochen beteiligt war (BFH II R 15/19, BStBl. II 2020, 329 Tz. 32). Die Nichteinhaltung der Nachbehaltensfrist ist auf Grund der Rechtsfolgen der Verschmelzung unbeachtlich und nicht einzuhalten (BFH II R 15/19, BStBl. II 2020, 329 Tz. 31; Fleischer/Schmitt/Görnig Stbg 2021, 26 (33); Käshammer/Schuhmann DB 2021, 749 (755 f.); zu Einzelfragen → Rn. 73 ff.). 92

m) Verschmelzung einer abhängigen Gesellschaft auf herrschendes Unternehmen. Die Vergünstigung nach § 6a ist auch dann zu gewähren, wenn die **Verschmelzung** einer **abhängigen Gesellschaft auf** das **herrschende Unternehmen** erfolgt und das abhängige Unternehmen seinerseits **Beteiligungen an anderen Gesellschaften** mit einer Quote von mind. 95 % hält (GLE 25.5.2023, BStBl. I 2023, 995 Tz. 3.2.2.1 Satz 4). 93

Beispiel:

Die B-AG ist zu jeweils 100 % an der X-GmbH und der grundstücksbesitzenden Y-GmbH beteiligt. Die Y-GmbH ist ihrerseits zu 100 % an der grundstücksbesitzenden Z-GmbH beteiligt. Alle Beteiligungsverhältnisse bestehen seit 2009. Im Jahr 2022 wird die Y-GmbH auf die B-AG verschmolzen.

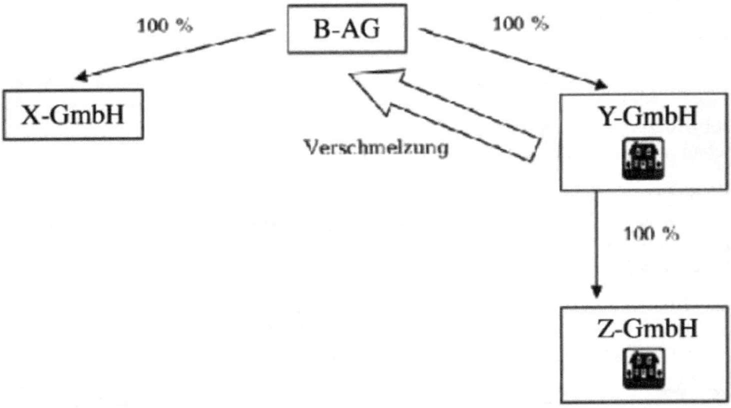

94 Nach jetziger Rechtslage werden alle in **§ 6a** genannten **Umwandlungs- und Einbringungsvorgänge** gleichmäßig **begünstigt** (GLE 25.5.2023, BStBl. I 2023, 995 Tz. 2.1). Im Fall der Verschmelzung muss das herrschende Unternehmen zur Einhaltung der **Vorbehaltensfrist** fünf Jahre vor der Verschmelzung zu mindestens 95 % am Kapital oder Gesellschaftsvermögen der verschmolzenen abhängigen Gesellschaft ununterbrochen beteiligt gewesen sein (GLE 25.5.2023, BStBl. I 2023, 995 Tz. 3.2.2.1 Abs. 5; BFH II R 18/19, BStBl. II 2020, 352 Rn. 27; Viskorf/Kugelmüller-Pugh § 6a Rn. 111).

95–99 *einstweilen frei*

100 **3. Abhängige Gesellschaft. a) Allgemeines.** Nach § 6a S. 3 und 4 muss ein Abhängigkeitsverhältnis zwischen einem herrschenden Unternehmen und einer (oder mehreren) **abhängigen Gesellschaft(en)** bestehen. Im Sinne von § 6 S. 4 abhängig ist eine KapGes oder PersGes, an deren Kapital oder Gesellschaftsvermögen das herrschende Unternehmen innerhalb von fünf Jahren vor dem Rechtsvorgang und fünf Jahren nach dem Rechtsvorgang **unmittelbar oder mittelbar oder teils unmittelbar und teils mittelbar** zu **mind. 95 %** ununterbrochen beteiligt ist (GLE 25.5.2023, BStBl. I 2023, 995 Tz. 3.2; BFH II R 21/19, BStBl. II 2020, 344 Tz. 13).

101 Der **Abhängigkeitsbegriff des § 6a S. 4** ist nicht identisch mit dem des § 1 IV Nr. 2. Die im Vergleich zu § 1 IV Nr. 2 engere Fassung des § 6a S. 4 ist durch den unterschiedlichen Normzweck beider Vorschriften sachlich gerechtfertigt (aA Wischott/Schönweiß DStR 2009, 2638 (2641); Märker BB 2021, 605 (608)). Während § 1 IV Nr. 2 Steuerumgehungen des § 1 III verhindern soll (→ § 1 Rn. 614), dient § 6a S. 4 allein der tatbestandlichen Begrenzung der gewährten Steuervergünstigung.

102 **b) Abhängige Gesellschaft.** § 6a S. 4 zeigt mit der Formulierung „Kapital oder Gesellschaftsvermögen", dass sowohl eine KapGes (vgl. den nunmehr eingefügten § 1 IIb) als auch eine PersGes **abhängige Gesellschaft** sein kann. Die Eigenschaft einer abhängigen Gesellschaft für PersGes wurde durch Ergänzung

des § 6a S. 4 um die Worte „am Gesellschaftsvermögen" (eingefügt durch OGAW-IV-UmsG v. 22.6.2011, BGBl. 2011 I 1126) klargestellt. Eine **wirtschaftliche Betätigung** der abhängigen Gesellschaft ist **nicht erforderlich** (Stenert Ubg 2022, 31 (33)).

Bei einer **Kapitalgesellschaft** ist maßgebende Anteilsgröße der Anteil des herrschenden Unternehmens am **Stammkapital** (bei einer GmbH) bzw. am Grundkapital (bei einer AG). Von der abhängigen Kapitalgesellschaft gehaltene eigene Anteile müssen – nicht anders als bei § 1 III – bei der Berechnung der Anteilsgröße unberücksichtigt bleiben, weil eine Gesellschaft nicht ihr eigener Gesellschafter sein kann (→ § 1 Rn. 545). Beteiligungsähnliche Rechtspositionen (zB Forderungsrechte oder stille Beteiligungen) vermitteln ebenfalls keine „Beteiligung am Kapital" (Schaflitzl/Stadler DB 2010, 185 (187)). **103**

Bei einer **Personengesellschaft** setzt das Abhängigkeitsverhältnis eine Beteiligung des herrschenden Unternehmens **„am Gesellschaftsvermögen"** (iVm § 24) voraus. Maßgebend ist der wertmäßige Anteil, der sich mit dem Anteil am Vermögen iSd § 5 I und II, § 6 I–III (→ § 5 Rn. 40 ff.; → § 6 Rn. 29 ff.) deckt (FG Bln-Bbg 4 V 4250, EFG 2013, 1257 (rkr.); Schanko Der Konzern 2013, 122 (128 mwN)). **104**

c) Grenze von 95 %. Das Abhängigkeitsverhältnis setzt eine Beteiligung des herrschenden Unternehmens zu **mind. 95 %** voraus. Die für Organschaftsfälle (§ 1 III iVm IV Nr. 2) maßgebende Rechtslage, wonach ein Abhängigkeitsverhältnis iSd § 1 IV Nr. 2 die ansonsten erforderliche Beteiligung des Erwerbers iHv mindestens 95 % ersetzen kann (→ Rn. 142), ist für § 6a S. 4 ohne Bedeutung (dieser Aussage im FG München 4 K 37/12, EFG 2015, 243 hat der BFH II R 17/19, BStBl. II 2020, 348 nicht widersprochen; kritisch Wischott/Schönweiß DStR 2009, 2638 (2642)). **105**

Nach Wortlaut und Normzweck des § 6a muss die Grenze von **95 %** bei der unmittelbaren Beteiligung in jedem Falle eingehalten werden. Damit ist von der Begünstigung des § 6a die Beteiligung an einer grundstücksbesitzenden Gesellschaft ausgeschlossen, an der Dritte zur Vermeidung der Steuer aus § 1 IIa oder III mit mehr als 5 % beteiligt sind. **106**

Schädlich ist die innerhalb der **Nachbehaltensfrist erfolgende Liquidation** der übernehmenden abhängigen Gesellschaft mit Auskehrung des Vermögens an die Gesellschafter (Schaflitzl/Stadler DB 2010, 185 (188)). Dabei ist es unerheblich, ob im Zuge der Liquidation ein weiterer der GrESt unterliegender Erwerbsvorgang verwirklicht wird (GLE 25.5.2023, BStBl. I 2023, 995 Tz. 3.2.2.2). Diese **begünstigungsschädlichen Vorgänge** führen letztlich zu einem doppelten Anfall von GrESt, nämlich zum einen wegen des Verlusts der Begünstigung aus § 6a für den ersten Rechtsvorgang wegen Nichteinhaltung der Nachbehaltensfrist und zum anderen für den die wirtschaftliche Betätigung beendenden Vorgang. Etwaige sonstige Begünstigungen – zB nach §§ 5 oder 6 (iVm § 24) – bleiben jedoch anwendbar. **107**

Nach Wortlaut und Normzweck des § 6a S. 4 ist die Nachbehaltensfrist ebenfalls nicht gewahrt, wenn im Zuge des Erlöschens einer abhängigen Gesellschaft oder eines herrschenden Unternehmens ein außerhalb des Konzernverbunds stehender **Dritter** innerhalb der Nachbehaltensfrist **zu mehr als 5 %** am übernehmenden bzw. neuen Rechtsträger beteiligt wird. Bei einer solchen Drittbeteiligung erfüllt der dem herrschenden Unternehmen bzw. der abhängigen Gesellschaft nachfolgende Rechtsträger mangels einer Beteiligung von mindestens **108**

95 % nicht die sachlichen Anforderungen des Abhängigkeitsverhältnisses iSd § 6a S. 4.

Zur Berechnung der 95 %-Grenze bei mittelbarer Beteiligung → Rn. 81.

109, 110 *einstweilen frei*

D. Vor- und Nachbehaltensfrist (§ 6a S. 4)

I. Allgemeines

111 Die Beteiligung des **herrschenden Unternehmens** von mind. **95 %** an der oder an den **abhängigen Gesellschaften** muss gem. **§ 6a S. 4** ununterbrochen im Zeitraum von fünf Jahren **vor** dem Rechtsvorgang und fünf Jahren **nach** dem Rechtsvorgang unter näheren Umständen bestanden haben. Bei dieser zeitlichen Vorgabe handelt es sich nach der Vorstellung des Gesetzgebers um eine flankierende Eingrenzung „im Interesse einer zielgenauen Begünstigung" zum Ausschluss ungewollter Mitnahmeeffekte (BT-Drs. 17/147, 10; BFH II R 15/19, BStBl. II 2020, 329).

112 Maßgebend für die Fristbestimmung ist der Zeitpunkt der Eintragung (→ Rn. 114 f.). Einen grundsätzlichen Verstoß dieser Regelungen gegen **Art. 3 GG** hinsichtlich der Einhaltung dieser Vorbehaltensfrist hat der BFH abgelehnt (BFH II R 17/19, BStBl. II 2020, 348 Tz. 37). Die Notwendigkeit zur Korrektur besteht hier, im Gegensatz zu den Fällen einer erst entstehenden abhängigen Gesellschaft, nicht (aA Behrens/Seemaier DStR 2020, 1411 (1415 f.), die – mE unzutreffend – vergröbernd allein auf den grestbaren Grundstückswechsel abstellen).

II. Fristenregelung; grundsätzliche Anforderungen

113 Die in § 6a S. 4 genannten Fristen müssen auf Grundlage der jetzt geltenden Regeln (näher → Rn. 122 ff.) nur insoweit eingehalten werden, als sie auf Grund des begünstigten Umwandlungsvorgangs auch rechtlich eingehalten werden können (GLE 25.5.2023, BStBl. I 2023, 995 Tz. 3.2.2).

114 Abzustellen ist für die Berechnung der Fünf-Jahres-Frist auf den Zeitpunkt der Verwirklichung des Erwerbsvorgangs. Dies ist bei Umwandlungen der Zeitpunkt der Eintragung im Register. Für Umwandlungen nach dem Recht eines Mitgliedstaats der EU oder des EWR ist auf die Eintragung nach den Rechtsvorschriften des jeweiligen Staates abzustellen (GLE 25.5.2023, BStBl. I 2023, 995 Tz. 3.2.2). Der Normzweck des § 6a S. 3 und 4 besteht auf Grund seiner ausschließlich **beteiligungsbezogenen** Ausrichtung der Vor- und Nachbehaltensfrist (→ Rn. 52 ff.) darin, die Steuervergünstigung des § 6a auf Rechtsvorgänge innerhalb eines **„zeitlich gefestigten"** und durch ein Beherrschungsverhältnis gekennzeichneten **Konzernverbunds** zu beschränken. Nicht begünstigt sind daher Rechtsvorgänge, die im Zusammenhang mit nur kurzfristig im Konzern gehaltenen Beteiligungen verwirklicht werden (ähnlich Mensching/Tayrks BB 2010, 87 (91); Viskorf/Kugelmüller-Pugh § 6a Rn. 103).

115 Aus der Sicht des um eine tatbestandliche Begrenzung der Steuervergünstigung bemühten Gesetzgebers ergibt die **beteiligungsbezogene Vor- und Nachbehaltensfrist** durchaus Sinn. Die Regelung muss nach dem gegenwärtigen Rechtszustand als eindeutige Entscheidung des Gesetzgebers respektiert werden (Viskorf/Kugelmüller-Pugh § 6a Rn. 111; kritisch zB Fleischer/Schmidt/Görnig Stbg

2021, 26 (32 f.)). Anhaltspunkte dafür, dass § 6a S. 4 willkürlich ausgestaltet wurde, bestehen grundsätzlich nicht.

1. Ununterbrochenes Abhängigkeitsverhältnis. Das **Abhängigkeitsverhältnis** iSd § 6a S. 4 muss grundsätzlich **„ununterbrochen"** bestanden haben. 116
Ein auch nur zeitweises Absinken der Beteiligungsquote unter 95 % ist begünstigungsschädlich (GLE 25.5.2023, BStBl. I 2023, 995 Tz. 3.2.2). Die Vorbehaltensfrist ist nicht gewahrt, wenn ein außerhalb des Konzernverbunds stehender Dritter zu mehr als 5 % an der neu entstehenden abhängigen Gesellschaft beteiligt ist. Ebenso führt auch die innerhalb der Nachbehaltensfrist des § 6a S. 4 erfolgende **Liquidation der übernehmenden abhängigen Gesellschaft** mit Auskehrung des Vermögens an die Gesellschafter zum Ausschluss der Vergünstigung (zutreffend Schaflitzl/Stadler DB 2010, 185 (188)). Eine Anrechnung der Vorbesitzzeiten anderer Rechtsträger ist nicht möglich (Dettmeier/Geibel NWB 2010, 582 (595)).

Ein **Formwechsel** des herrschenden Unternehmens oder der abhängigen Gesellschaft hat auf den Lauf der Vor- oder Nachbehaltensfrist **keinen Einfluss** (→ Rn. 37 ff.). Auf Grund der Maßgeblichkeit der Beteiligungsverhältnisse war die Klage in dem BFH-Verfahren wegen Nichteinhaltung der Vorbehaltensfrist abzuweisen (BFH II R 17/19, BStBl. II 2020, 348 Tz. 36 und schon die Vorgängerentscheidung FG München 4 K 37/12, EFG 2015, 243).

Die in der **Begründung des Finanzausschusses** (BT-Drs. 17/147, 10) über 117
die behauptete Orientierung dieser ausschließlich beteiligungsbezogenen Vor- und Nachbehaltensfrist des § 6a S. 4 an dem den §§ 5 und 6 „innewohnenden System" ist allerdings **irreführend** (insoweit zutreffend Wischott/Schönweiß DStR 2009, 2638 (2643)). Die Auslegung von §§ 5 II und 6 IV als **„Missbrauchsverhinderungsvorschrift"** geht fehl (ebenso Viskorf/Kugelmüller-Pugh § 6a Rn. 103; aA zB Wischott/Schönweiß DStR 2009, 2638 (2643 ff.); Schaflitzl/Stadler DB 2010, 185 (187 f.); Behrens DStR 2012, 2149; Bergmann/Joisten GmbHR 2014, 837 (838, 840); Behrens/Wachter/Lieber § 6a Rn. 43, 48). Für § 6a S. 4 hat dieser Missbrauchsgedanke **keine Bedeutung.** Für eine Orientierung dieser Regelung an den grundstücksbezogenen Regelungen der §§ 5, 6 ist kein Raum, nachdem sich der Gesetzgeber für eine beteiligungsbezogene Ausrichtung der Vor- und Nachbehaltensfrist entschieden hat (Viskorf/Kugelmüller-Pugh § 6a Rn. 103; Pahlke MittBayNot 2010, 169 (173); so grds. auch Stenert Ubg 2022, 31 (39 f.) mit teleologischer Reduktion für Extremfälle). Zum Verhältnis von §§ 5, 6 zu § 6a → Rn. 186 ff.

2. Keine Haltefrist für das Grundstück. Mit dem vorausgesetzten **zeitlichen Bestand des Konzernverbunds** ist jedoch **keine Haltefrist** für das vom 118
Umwandlungsvorgang (bzw. von der Einbringung oder einem anderen Erwerbsvorgang auf gesellschaftsvertraglicher Grundlage) betroffene **Grundstück** verbunden. Die Vergünstigung des § 6a ist **anteils-, nicht grundstücksbezogen** (→ Rn. 193 f.). Maßgebender Bezugspunkt der Vor- und Nachbehaltensfrist ist allein der zeitliche Bestand des Konzernverbunds zwischen herrschendem Unternehmen und abhängiger Gesellschaft vor und nach dem grestbaren Rechtsvorgang. Für § 6a S. 4 ist ohne Bedeutung, ob das Grundstück aus dem Konzernverbund (dh aus dem herrschenden Unternehmen oder einer abhängigen Gesellschaft) stammt und über die gesamte Konzernzugehörigkeitsfrist der abhängigen Gesellschaft im Konzernverbund verbleibt (BFH II R 16/19, BStBl. II 2020, 333; Schaflitzl/Stadler DB 2010, 185 (187 f.)) und ob der zum Ausscheiden des

Grundstücks aus dem Konzernverbund führende Rechtsvorgang grestbar ist und ggf. einer Befreiungsregelungen unterfällt.

119 Geht also ein Grundstück wenige Tage vor einem grestbaren Rechtsvorgang auf eine abhängige Gesellschaft über und wird dieses Grundstück wenige Tage nach diesem Umwandlungsvorgang durch einen nach § 1 I Nr. 1 steuerbaren Erwerbsvorgang an Dritte verkauft, steht dies der **Steuerbefreiung nach § 6a nicht entgegen** (GLE 25.5.2023, BStBl. I 2023, 995 Tz. 1; Schaflitzl/Stadler DB 2010, 185 (187 f.)). Dieser Grundstücksverkauf ändert jedoch nichts an dem Erfordernis, dass die Vergünstigung des umwandlungsbedingten Rechtsvorgangs – soweit diese Frist einzuhalten ist – erst bei Wahrung der beteiligungsbezogenen Vor- und Nachbehaltensfristen eintritt. Das Entfallen der Vergünstigung aus § 6a ändert nichts daran, dass der die Nichteinhaltung auslösende Vorgang zB nach § 1 III (zB bei Veräußerung aller Anteile einer grundstücksbesitzenden abhängigen Gesellschaft an Konzernfremde) grestbar ist (aA Behrens AG 2010, 119 (121); Neitz/Lange Ubg 2010, 17 (27)).

III. Fristberechnung

120 Für die **Berechnung der Vor- und Nachbehaltensfrist** ist jeweils auf den Zeitpunkt der Verwirklichung des Erwerbsvorgangs iSd § 1 I Nr. 3, II–IIIa abzustellen. Bei Umwandlungsvorgängen nach dem UmwG ist die Eintragung maßgebend, mit der die Umwandlung wirksam wird. Bei ausländischen Umwandlungsvorgängen bestimmt sich das Wirksamwerden der Umwandlung nach dem jeweiligen ausländischen Recht. Für die Fristberechnung gelten §§ 186 ff. BGB entsprechend (vgl. § 108 AO).

121 Zu beachten ist, dass die **Vergünstigung** nach § 6a **mehrfach zu gewähren** ist, wenn hinsichtlich des nämlichen Grundstücks im Konzernverbund durch **Kettenumwandlung** nacheinander mehrere Rechtsvorgänge iSd § 1 I Nr. 3, II–IIIa verwirklicht werden. Für jeden dieser Rechtsvorgänge sind die Vor- und Nachbehaltensfristen des § 6a S. 4, weil diese jeweils auf einen Rechtsvorgang bezogen sind, neu zu bestimmen (vgl. auch GLE 25.5.2023, BStBl. I 2023, 995 Tz. 3.2.2.2).

121a **Teleologische Einschränkung der Frist.** Offen ist die Frage, ob die Vor- und Nachbehaltsfrist von fünf Jahren (§ 6a S. 4) aus teleologischen Gründen vermindert werden kann. Diese Frage ist angesichts des dem § 6a S. 4 zugrunde liegenden Verschonungskonzepts (→ Rn. 4 f. und Viskorf/Kugelmüller-Pugh § 6a Rn. 124) klar zu verneinen (für die Vorbehaltsfrist FG Hamburg 3 K 156/22, BeckRS 2024, 9553; für die Nachbehaltsfrist FG Rheinland-Pfalz 4 K 1727/22, EFG 2023, 1791, Rev. BFH II R 30/23). Für eine Entscheidung zugunsten der Kläger ist (trotz der dagegen geäußerten Bedenken, GrEStG-eKommentar/Sanna § 6a Rn. 28) kein Raum.

Das Problem der teleologischen Einschränkung stellt sich auch bei der Frage, ob auf die Vorbehaltsfrist des § 6a S. 4 bei Einbringungsfällen verzichtet verzichten kann. Meines Erachtens ist ein solcher Verzicht angesichts des nicht auf Missbrauchsverhinderung beschränkten Wortlauts des § 6a S. 4 (→ Rn. 4 f.) nicht möglich. Die anders lautende Entscheidung des FG Sachsen 2 K 939/20, EFG 2024, 1439, Rev. BFH II R 33/23 kann daher keinen Bestand haben; vielleicht wird das Revisionsurteil auch nähere Ausführungen zu Art. 24 OECD-MA enthalten (vgl. → Rn. 48 und Hundrieser/Ohler DStR 2024, 1343).

IV. Vorbehaltensfrist

Die Mindestbeteiligung des herrschenden Unternehmens iHv 95 % am Kapital oder am Gesellschaftsvermögen unmittelbar und/oder mittelbar an der am Rechtsvorgang beteiligten Gesellschaft bzw. an den am Rechtsvorgang beteiligten Gesellschaften muss grundsätzlich bereits fünf Jahre vor dem Rechtsvorgang ununterbrochen bestanden haben (GLE 22.9.2020, BStBl. I 2020, 960 Tz. 3.2.2.1). Einzuhalten ist diese Vorbehaltensfrist immer dann, wenn die Verschmelzung, Abspaltung oder Ausgliederung eine bereits existierende Gesellschaft betrifft. Kritisch zur Vorbehaltsfrist mit dem Wunsch zu ihrer gänzlichen Abschaffung Teiche DStR 2024, 1903. **122**

Eine Einhaltung der Vorbehaltensfrist ist daher entbehrlich, wenn die Vorbehaltensfrist aus **umwandlungsrechtlichen Gründen** nicht möglich ist. Die Einhaltung der Vorbehaltensfrist ist daher entbehrlich bei der **123**
- **Aufspaltung zur Neugründung** (§ 123 I Nr. 2 UmwG),
- **Abspaltung zur Neugründung** (§ 123 II Nr. 2 UmwG, → Rn. 124) und der
- **Ausgliederung zur Neugründung** (§ 123 III Nr. 2 UmwG, → Rn. 124).

Die übertragende Gesellschaft muss jedoch die Vorbehaltensfrist einhalten (GLE 25.5.2023, BStBl. I 2023, 995 Tz. 3.2.2.1).

Sind **mehrere von einem herrschenden Unternehmen abhängige Gesellschaften am Umwandlungsvorgang** beteiligt, so muss bei der Verschmelzung die Nachbehaltensfrist nur in Bezug auf die aufnehmende Gesellschaft eingehalten werden. Die Vorbehaltensfrist ist in Bezug auf die beiden abhängigen Gesellschaften einzuhalten. Bei der Abspaltung oder Ausgliederung zur Neugründung muss die Vorbehaltensfrist nur in Bezug auf die abgebende Gesellschaft und die Nachbehaltensfrist nur in Bezug auf beide abhängige Gesellschaften eingehalten werden (GLE 25.5.2023, BStBl. I 2023, 995 Tz. 3.2.2.1). In diesem Falle ist es unbeachtlich, dass die übertragende Gesellschaft bei der Umwandlung erlischt (BFH II R 15/19, BStBl. II 2020, 329 Tz. 28).

Beispiel:

Betr. Ausgliederung zur Neugründung (Downstream-Umwandlungen): Die A-GmbH gliedert die B-GmbH zur Neugründung (§ 123 III Nr. 2 UmwG) aus. **124**

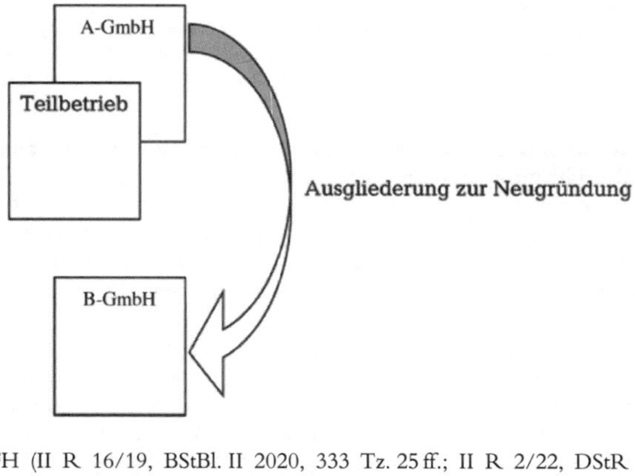

Der BFH (II R 16/19, BStBl. II 2020, 333 Tz. 25 ff.; II R 2/22, DStR 2025, 408) sah die Nichteinhaltung der Vorbehaltensfrist, weil umwandungsrechtlich nicht möglich, als bedeutungslos an. Die Nachbehaltensfrist wurde von der B-GmbH eingehalten (BFH II R 16/19, BStBl. II 2020, 333 Tz. 35). Gleiches gilt für die Abspaltung zur Neugründung.

125 Bei der Verschmelzung, Abspaltung und Ausgliederung zur Aufnahme einer von dem herrschenden Unternehmen abhängigen Gesellschaft auf eine andere abhängige Gesellschaft muss das herrschende Unternehmen fünf Jahre vor der Verschmelzung zu mind. 95 % am Kapital oder Gesellschaftsvermögen an beiden abhängigen Gesellschaften ununterbrochen beteiligt gewesen sein (GLE 25.5.2023, BStBl. I 2023, 995 Tz. 3.2.2.1). Nach Ansicht des BFH verstoßen diese Regelungen grundsätzlich nicht gegen Art. 3 GG; auf das Beispiel unter → Rn. 54 wird Bezug genommen.

126 Die Anwendung des § 6a ist aber nur möglich, wenn die **Vorbehaltensfrist auch eingehalten** wird.

Beispiel:

Die X-S.A. ist an der A-GmbH seit mehr als fünf Jahren zu 100 % und seit 2023 an der B-GmbH zu 100 % beteiligt. Im Jahr 2026 wird die A-GmbH auf die B-GmbH verschmolzen (→ Rn. 54).

Im Streitfall war diese fünfjährige Vorbehaltensfrist nicht eingehalten, weil die X-S.A. erst drei Jahre an der B-GmbH beteiligt war. Wegen der alleinigen Maßgeblichkeit der Beteiligungsverhtnisse (→ Rn. 193 ff.) ist es unerheblich, ob die B-GmbH schon vorher wirtschaftlich und organisatorisch in den Konzern eingebunden gewesen sei. Auch ein Verstoß gegen Art. 3 GG liegt insofern nicht vor (BFH II R 17/19, BStBl. II 2020, 348 Tz. 37).

127 Bei der **Abspaltung zur Neugründung** muss die Vorbehaltensfrist in Bezug auf die neu gegründete abhängige Gesellschaft nicht eingehalten werden, weil sie auf Grund der Abspaltung nicht eingehalten werden kann (BFH II R 21/19, BStBl. II 2020, 344; GLE 25.5.2023, BStBl. I 2023, 995 Tz. 3.2.2.1).

Beispiel:

Die X-AG war an der A-GmbH zu 100 % beteiligt; beide hatten ihren Sitz in Österreich. Die A-GmbH war an der B-GmbH und der C-GmbH – beide mit Sitz und Grundbesitz in Deutschland – zu jeweils 100 % beteiligt. Es sollen von der A-GmbH die Beteiligungen an der B-GmbH und an der C-GmbH auf die Kl-Kapitalgesellschaft – ebenfalls mit Sitz in Österreich – zur Neugründung abgespalten werden.

Die Umwandlung nach österreichischen Recht war zulässig (§ 123 UmwG, → Rn. 131 ff.). Für die nach deutschem Recht zu beurteilende Abspaltung zur Neugründung war keine Vorbehaltensfrist einzuhalten, weil diese aus umwandlungsbedingten Gründen nicht einzuhalten war.

128 Bei **Verschmelzung des herrschenden Unternehmens auf eine abhängige Gesellschaft** muss das herrschende Unternehmen innerhalb von fünf Jahren vor der Verschmelzung zu mindestens 95 % am Kapital oder am Gesellschaftsvermögen der verschmolzenen abhängigen Gesellschaft ununterbrochen beteiligt gewesen sein (Käshammer/Schuhmann DB 2021, 749 (75 f.)). Insoweit gelten, soweit mehrere abhängige Gesellschaften bestehen bleiben, die obigen Ausführungen entsprechend (→ Rn. 125).

129 Bei der **Ausgliederung zur Aufnahme** (§ 1 I Nr. 2, § 123 III Nr. 1 UmwG) wird ein Teil des Vermögens eines Rechtsträgers auf einen oder mehrere andere bereits bestehende oder neu gegründete Rechtsträger übertragen. Da die ausgegliederte Gesellschaft schon vor der Ausgliederung bestanden hat und nicht durch die Umwandlung neu entsteht, ist die **Vorbehaltsfrist einzuhalten.** Ein Verstoß gegen Art. 3 I GG liegt wegen der nicht vergleichbaren

Sachverhalte (die Einhaltung der Vorbehaltsfrist ist möglich oder ausgeschlossen) nicht vor (BFH II B 27/22, BFH/NV 2024, 920; vgl. auch FG Nürnberg 4 K 59/21, EFG 2022, 1778, Rev. BFH II R 31/22). So dürfte auch in dem Verfahren FG Baden-Württemberg 5 K 1696/23, EFG 2025, 198, Rev. BFH II R 16/24 entschieden werden.

Dies gilt auch für die Einbringung eines herrschenden Unternehmens in eine **130** schon bestehende **Vorrats-GmbH.** Hier kann – bei rechtzeitiger Gründung – die **Vorbehaltsfrist** grundsätzlich **eingehalten werden** (BFH II R 46/22, DStR 2025, 404 mAnm Kugelmüller-Pugh). Ein Verstoß gegen Art. 3 I GG liegt wegen der schon vorher gegebenen Existenz der Vorrats-GmbH nicht vor. Auch der nach den Gesetzesmaterialien gewollte Ausschluss ungewollter Vorbehaltens- und Nachbehaltensfristen (→ Rn. 111) rechtfertigt diese Einschränkung (BFH II R 46/22, DStR 2025, 404 mAnm Kugelmüller-Pugh).

Auch in Bezug auf die Vorbesitzzeit soll die zivilrechtliche Gesamtrechtsnach- **131** folge – unter Anlehnung an § 45 AO – auch auf die Vorbesitzzeit nach § 6a S. 4 einwirken (FG Münster 12.1.2023 8 K 169/21 F, EFG 2023, 576, Rev. BFH II R 5/23). Diese Entscheidung ist deshalb fraglich, weil die Vorbesitzzeit ohne Weiteres hätte eingehalten werden können.

einstweilen frei **132–149**

V. Nachbehaltensfrist

Im Grundsätzlichen setzt die Einhaltung der **Nachbehaltensfrist** voraus, **150** dass die Mindestbeteiligungshöhe des herrschenden Unternehmens iHv 95 % am Kapital oder am Gemeinschaftsvermögen der am Rechtsvorgang beteiligten Gesellschaft bzw. an den am Rechtsvorgang beteiligten abhängigen Gesellschaft nach der Verwirklichung des Erwerbsvorgangs noch **mindestens fünf Jahre fortbesteht** (GLE 25.5.2023, BStBl. I 2023, 995 Tz. 3.2.2.2 Abs. 1). Die Nachbehaltensfrist ist nicht eingehalten, wenn die Mindestbeteiligung des herrschenden Unternehmens iHv 95 % am Kapital oder am Gesellschaftsvermögen auch an einer am Rechtsvorgang beteiligten abhängigen Gesellschaft unterschritten wird oder nicht mehr besteht. Dabei ist auf dasjenige Unternehmen abzustellen, das bei der Verwirklichung des nach § 6a begünstigten Erwerbsvorgangs herrschendes Unternehmen ist (GLE 25.5.2023, BStBl. I 2023, 995 Tz. 3.2.2.2 Abs. 2).

Die **Nachbehaltensfrist** muss jedoch **nur** insoweit eingehalten werden, als **151** dies **umwandlungsrechtlich möglich** ist (BFH II R 15/19, BStBl. II 2020, 329 Tz. 31 ff.; GLE 25.5.2023, BStBl. I 2023, 995 Tz. 3.2.2.2 Abs. 3). Ausgehend vom Wortlaut von § 6a S. 4 kann die Nachbehaltensfrist nicht gewahrt werden, wenn die abhängige Gesellschaft als übertragender Rechtsträger durch **Umwandlung** (Verschmelzung, Aufspaltung, Abspaltung zur Neugründung sowie Vermögensübertragung) **erlischt** (§§ 2 Nr. 1 und Nr. 2, 123 I, 174 I und II Nr. 1 UmwG). Nähme man dies nicht an, so wären begünstigungsfähig im Wesentlichen nur die Abspaltung und die Ausgliederung von Vermögen zur Aufnahme durch Übertragung des abgespaltenen oder ausgegliederten Vermögensteils jeweils als Gesamtheit auf einen bestehenden oder mehrere bestehende Rechtsträger (§ 123 II Nr. 1, III Nr. 1 UmwG) und ferner des abgespaltenen oder ausgegliederten Vermögensteils jeweils als Gesamtheit auf einen bestehenden oder mehrere bestehende Rechtsträger.

152 Wegen der allein beteiligungsbezogenen Betrachtung der Nachbehaltensfrist ist es unschädlich, wenn das Grundstück auf Grund eines nach § 1 I bis IIIa steuerbaren Rechtsvorgangs innerhalb der fünfjährigen Nachbehaltensfrist aus dem Konzernverbund ausscheidet (→ Rn. 193 ff.).

153 Unbeachtlich ist nunmehr die Einhaltung der Nachbehaltensfrist in Bezug auf die übertragenden Rechtsträger bei der
- Verschmelzung zur Aufnahme (§ 2 Nr. 1 UmwG),
- Verschmelzung zur Neugründung (§ 2 Nr. 2 UmwG),
- **Aufspaltung zur Aufnahme** (§ 123 I Nr. 1 UmwG),
- **Aufspaltung zur Neugründung** (§ 123 I Nr. 2 UmwG),
- **Vollübertragung des gesamten Vermögens** eines Rechtsträgers (§ 174 I UmwG),
- **Vermögensübertragung durch Aufspaltung zur Aufnahme** (§ 174 II Nr. 1 UmwG, dazu BFH II R 15/19, BStBl. II 2020, 329). Der aufnehmende Rechtsträger muss jedoch die Nachbehaltensfrist von fünf Jahren einhalten (GLE 25.5.2023, BStBl. I 2023, 995 Tz. 3.2.2.2 Abs. 4).

154 Unbeachtlich ist die Nachbehaltensfrist in Bezug auf die übertragenden Rechtsträger zunächst bei **Verschmelzung zur Aufnahme und zur Neugründung** in folgenden Fällen:

155 – **Verschmelzung auf natürliche Person** (**Upstream-Umwandlungen,** § 2 Nr. 1 UmwG). Der BFH (BFH II R 15/19, BStBl. II 2020, 329; dazu Beispiel in → Rn. 91) bejaht insoweit die grundsätzliche Möglichkeit der Befreiung nach § 6a. Die nur noch beteiligte natürliche Person als herrschendes Unternehmen braucht keine Nachbehaltensfrist einzuhalten (Fleischer/Schmidt/Görnig Stbg 2021, 26 (33)).

156 – Verschmelzung auf herrschendes Unternehmen (**Upstream-Umwandlungen,** § 2 Nr. 1 UmwG):

Beispiel:

Die X-AG ist seit mehr als fünf Jahren ua an der X-GmbH beteiligt. Die X-GmbH wird auf die X-AG verschmolzen.

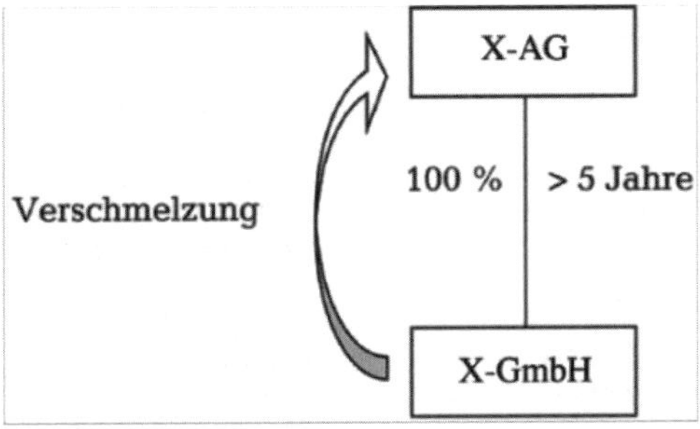

Der BFH (II R 19/19, BStBl. II 2020, 337 Rn. 35, 44) hat der Klage stattgegeben, weil die nachgelagerte Fünf-Jahres-Frist umwandlungsbedingt – wegen Erlöschens der X-GmbH – nicht eingehalten werden konnte.

157 Ebenfalls eine **Verschmelzung auf ein herrschendes Unternehmen** lag in dem vom BFH weiter entschiedenen Fall (BFH II R 20/19, BStBl. II 2020, 341)

vor. Auch in diesem Fall hat der BFH die Anwendungsvoraussetzungen des § 6a S. 3 bejaht und die Nichteinhaltung der Nachbehaltensfrist aus umwandlungsbedingten Gründen als entbehrlich angesehen.

Auch die **Verschmelzung auf eine Schwestergesellschaft** (Sidestream- **158**
Verschmelzungen) ist begünstigt. Dies gilt auch dann, wenn es sich bei der herrschenden Gesellschaft um eine gemeinnützige Stiftung handelt (BFH II R 19/19, BStBl. II 2020, 337). Bei der Verschmelzung muss die Nachbehaltensfrist nur in Bezug auf die aufnehmende Gesellschaft (BFH II R 19/19, BStBl. II 2020, 337 Rn. 35, 44) und die Vorbehaltensfrist in Bezug auf die beiden abhängigen Gesellschaften (BFH II R 19/19, BStBl. II 2020, 337 Tz. 35, 43) eingehalten werden.

Bislang nicht entschieden wurde über die Zulässigkeit von **Upstream-Ver-** **159**
schmelzungen einer **beteiligungsvermittelnden abhängigen Gesellschaft.** Eine solche Verschmelzung führt bei Erwerben nach § 1 III zur Verkürzung der Beteiligungskette und ist nicht nach § 1 III steuerbar (Viskorf/Meßbacher-Hönsch § 1 Rn. 1143). Bei einer Personengesellschaft führt der Austausch von mind. 95 % der Anteile bei einer Upstream-Verschmelzung zur Änderung unmittelbaren Gesellschafterbestands; das Gleiche gilt für § 1 IIb. Die unterschiedliche Behandlung im Anwendungsbereich des § 6a ist nicht hinzunehmen; die gleichmäßige Nichtsteuerbarkeit in allen Fällen des § 1 IIa, IIb und III ist angezeigt (Viskorf/Meßbacher-Hönsch § 1 Rn. 1066). Im Fall der Upstream-Verschmelzung muss die fünfjährige Nachbehaltensfrist eingehalten werden (Binder/Lorenz Der Konzern 2020, 98 (101); Käshammer/Schuhmann DB 2021, 749 (752 f.)).

Begünstigt in Bezug auf die übertragenden Rechtsträger ist auch die **Ver-** **160**
schmelzung zur Neugründung. Die Nachbehaltensfrist des übertragenden Rechtsträgers muss bei der Verschmelzung von abhängigen Gesellschaften nicht eingehalten werden. Der aufnehmende Rechtsträger muss jedoch die Nachbehaltensfrist von fünf Jahren einhalten (GLE 25.5.2023, BStBl. I 2023, 995 Tz. 3.2.2.2 Abs. 4).

Diese Rechtslage gilt auch dann, wenn **zwei unterschiedliche und für sich jeweils herrschende Unternehmen** durch Verschmelzung zur Neugründung auf eine einzige **neue Gesellschaft verschmolzen werden.** Da die bisherigen herrschenden Unternehmen erlöschen, können sie nicht die Nachbehaltensfrist einhalten. Der aufnehmende Rechtsträger – die neu entstandene herrschende Gesellschaft – muss die Nachbehaltensfrist jedoch einhalten (Viskorf/Kugelmüller-Pugh § 6a Rn. 121).

Die Einhaltung der Fünf-Jahres-Frist ist ferner entbehrlich ist Fällen der **Auf-** **161**
spaltung zur Aufnahme (§ 123 I Nr. 1 UmwG) und **Aufspaltung zur Neugründung (§ 123 I Nr. 2 UmwG).** In beiden Fällen erlischt der übertragende Rechtsträger, sodass die Einhaltung der Nachbehaltensfrist ausscheidet.

Die Nachbehaltensfrist ist jedoch bei einer **Upstream-Abspaltung** (§ 123 II **162**
UmwG) einzuhalten, weil der übertragende Rechtsträger nur einen Teil seines Vermögens überträgt und selbst bestehen bleibt.

Beispiel 1:

Die A-AG ist seit mehr als fünf Jahren Alleingesellschafterin der B-GmbH und der grundbesitzenden C-GmbH. Im Jahr 2025 wird das Grundstück der C-GmbH die neue D-GmbH ausgegliedert. Im Jahr 2022 wird die B-GmbH auf die C-GmbH verschmolzen.

Die Verschmelzung der B-GmbH auf die C-GmbH ist gem. § 6a begünstigt. Der nach § 1 I Nr. 3 steuerbare Übergang der Anteile der B-GmbH auf die C-GmbH ist wegen Nichteinhaltung der fünfjährigen Vorbehaltensfrist nicht begünstigt.

Ausgangsstruktur

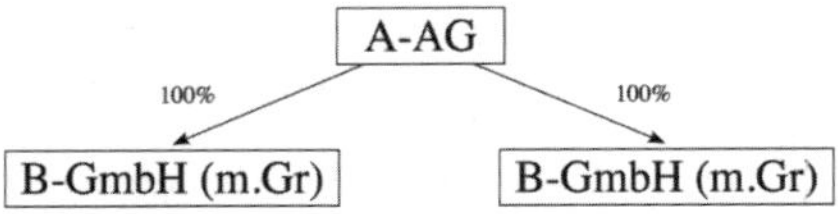

2020 (Übertragung auf E1-GmbH und E2-GmbH)

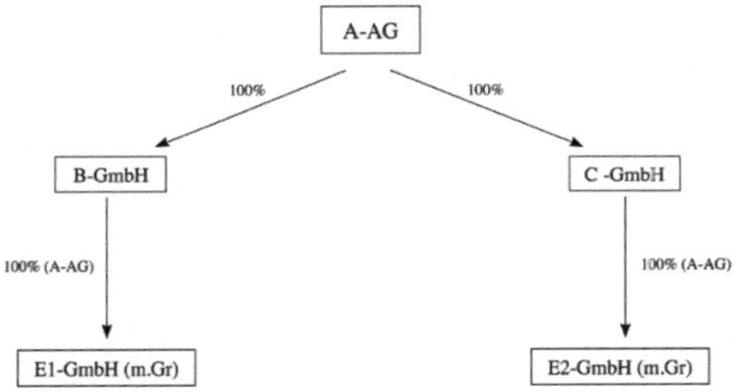

2023 (Verschmelzung B-GmbH auf C-GmbH)

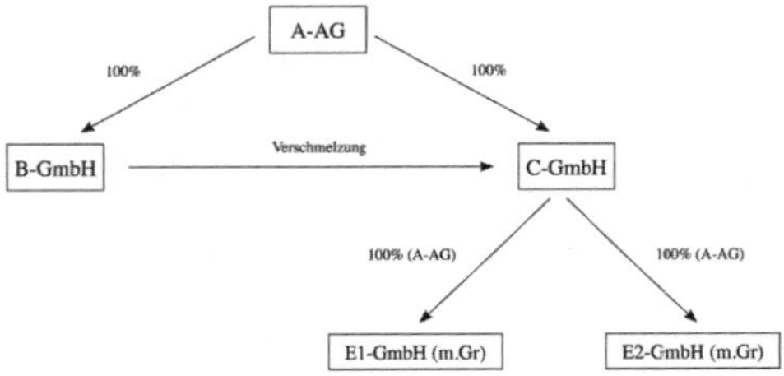

Abwandlung:

Der Fall wird dahin abgewandelt, dass die A-AG seit mehr als fünf Jahren Alleingesellschafterin der B-GmbH und der C-GmbH ist, die beide Grundbesitz haben. Im Jahr 2024 werden zwei Grundstücke der B-GmbH auf die E1-GmbH und die E2-GmbH (an denen die A-AG zu jeweils 100 % beteiligt ist) ausgegliedert. Im Jahr 2025 wird die B-GmbH auf die C-GmbH verschmolzen.

In diesem Fall könnte entsprechend der früheren Aussage der FVerw (GLE 25.5.2023, BStBl. I 2023, 995 Tz. 3.2.2.2 Abs. 8) an eine **Kettenumwandlung** gedacht werden. Diese Voraussetzungen dürften allerdings im Ergebnis nicht vorliegen, weil es an aufeinander folgenden Umwandlungen fehlt. § 6a ist daher nur auf den von der B-GmbH auf die C-GmbH übergehenden Grundbesitz, nicht aber auf den Grundbesitz der E1-GmbH und der E2-GmbH anwendbar.

163 Auch bei der **Vermögensübertragung** durch **Vollübertragung des gesamten Vermögens** eines Rechtsträgers (§ 174 I UmwG) und bei **Vermögensübertragung** durch **Aufspaltung zur Aufnahme** (§ 174 II Nr. 1 UmwG) erlischt

der übertragende Rechtsträger ohne Liquidation. Eine Einhaltung der Nachbehaltensfrist scheidet auch in diesen Fällen aus.

1. Mehrstufige Beteiligungsfälle. Noch nicht abschließend geklärt ist, ob die 95-prozentige Quote – wie die FVerw annimmt – auch **in mehrstufigen Beteiligungsverhältnissen** gilt. Bei Erwerbsvorgängen nach dem 30.6.2021 ist die Anteilsgrenze nach § 1 IIa, IIb, III und IIIa auf 90 % gesenkt; an den hier aufgeworfenen Fragestellungen wird dies – abgesehen von der Herabsetzung auf 90 % für diese Erwerbsvorgänge – nichts ändern (näher → Rn. 81 ff.). **164**

Das Abhängigkeitsverhältnis setzt eine Beteiligung des herrschenden Unternehmens zu **mindestens 95 %** voraus. Die für Organschaftsfälle (§ 1 III iVm IV Nr. 2) maßgebende Rechtslage, wonach ein Abhängigkeitsverhältnis iSd § 1 IV Nr. 2 die ansonsten erforderliche Beteiligung des Erwerbers iHv mindestens 90 % ersetzen kann (→ § 1 Rn. 432), ist für § 6a S. 4 ohne Bedeutung. Nach dem Erlass muss die Grenze von 95 % auf jeder Beteiligungsebene eingehalten werden. Für die unmittelbare Beteiligung ist diese Beurteilung richtig. Hier muss nach Wortlaut und Normzweck des § 6a die 95-prozentige Grenze in jedem Falle eingehalten werden. Damit ist von der Begünstigung des § 6a die Beteiligung an einer grundstücksbesitzenden Gesellschaft ausgeschlossen, an der Dritte zur Vermeidung der Steuer aus § 1 IIa, IIb oder III mit mehr als 5 % beteiligt sind (zB → Rn. 118). **165**

2. Geltung der 95 %-Grenze bei mehrstufiger Beteiligung. Noch nicht abschließend geklärt ist die gesetzlich nicht geregelte Frage, ob die 95-prozentige Quote bei Kapital- und Personengesellschaften auch **in mehrstufigen Beteiligungsverhältnissen** gilt. Die FVerw (GLE 25.5.2023, BStBl. I 2023, 995 Tz. 3.2.1 mit Beispiel 4) nimmt die mittelbare Beteiligung am Kapital oder Gesellschaftsvermögen iHv 95 % dann an, wenn auf jeder Stufe mindestens eine kapital- oder vermögensmäßige Beteiligung in dieser Höhe besteht (sog. statische Methode; dazu zB Kirchesch DStR 2021, 2281 (2286); Viskorf/Kugelmüller-Pugh § 6a Rn. 97). Die statische Methode begegnet jedoch erheblichen Bedenken. **166**

Eine Beteiligung von 95 % muss **nicht allein von einer Gesellschaft** gehalten werden; ausreichend ist, dass in einer Beteiligungsebene **mehrere Gesellschaften zusammen mindestens 95 %** halten. In dem genannten Beispiel sind beide Verschmelzungen nach § 1 I Nr. 3 steuerbar und nach § 6a befreit. Für die Verschmelzung der U1-GmbH auf die U2-GmbH ist herrschendes Unternehmen die E1-GmbH. Für die Verschmelzung der U3-GmbH auf die U4-GmbH ist herrschendes Unternehmen die T2-GmbH. Der Umstand, dass an der U3-GmbH zwei Gesellschaften zu je 50 % beteiligt sind, steht der Anwendung des § 6a nicht entgegen. Die E-GmbH sowie die M-GmbH müssen die Nachbehaltensfrist erfüllen. **167**

Das Beispiel in → Rn. 167 belegt, dass die **Aussage der Finanzverwaltung** der erforderlichen **Präzision entbehrt.** Offenbar kann für die Erfüllung der 95-prozentigen Beteiligung nicht allein auf die Verhältnisse der „Konzernspitze" und die hier gegebene unmittelbare Beteiligungskette abgestellt werden (Brühl GmbHR 2021, 126 (130)). Ausreichend ist möglicherweise, dass auch eine ununterbrochene Beteiligung zu mindestens 95 % ausreicht, wenn es sich – wie im Streitfall – um eine allein von abhängigen Gesellschaften gehaltene (voll oder teils unmittelbare oder voll oder teils mittelbare) Beteiligung handelt. Die Rechtslage ist jedenfalls nicht ganz klar und zeigt, dass – bezogen auf die durch zwei abhängige Gesellschaften erfüllte 95 %-Grenze – eine klare Durchdringung dieses Problembereichs noch aussteht. **168**

169 Die **statistische Methode** (bei der auf jeder Konzernstufe eine Beteiligung von mind. 95 % erreicht werden muss) entspricht zwar den Regelungen in § 1 IIa und III. Dieser Beurteilung steht jedoch entgegen, dass der Steuertatbestand des § 1 IIIa für mittelbare Beteiligungen die **Durchrechnungsmethode** anordnet (§ 1 IIIa 3; → § 1 Rn. 655, 685). Damit soll die rechtsformneutrale fiktive Zurechnung eines Grundstücks zu einem Rechtsträger bereits bei einer „durchgerechneten" Beteiligung von 95 % erreicht werden. Da auch Erwerbsvorgänge iSd § 1 IIIa zu den von § 6a begünstigten Rechtsvorgängen gehören, liegt es nahe, die Abhängigkeit einer Gesellschaft iSd § 6a S. 4 bei einer nur **durchgerechneten Beteiligung** des herrschenden Unternehmens (bzw. einer anderen abhängigen Gesellschaft) von **95 %** anzunehmen (Behrens DStR 2013, 1405 (1410 f.); Stenert Ubg 2022, 31 (34)). Dieser Gesichtspunkt spricht dafür, im Sinne einer **Meistbegünstigungsregel** entweder

- bei Anwendung des § 1 IIa und III auf die **statische Methode** und bei § 1 IIIa auf die **Durchrechnungsmethode**
- oder (vorzugswürdig) parallel **sowohl entweder auf die statische Methode oder die Durchrechnungsmethode** (Broemel/Mörwald DB 2020, 1029 (1034); Broemel/Mörwald DStR 2021, 140 (144); Brühl GmbHR 2021, 126 (130)) abzustellen.

Für diese Sicht spricht auch der **Bestimmtheitsgrundsatz.** Da auch Erwerbsvorgänge nach § 1 IIIa vom Steuertatbestand des § 6a S. 1 erfasst sind, müssen unter Beachtung des Art. 3 GG auch beide Berechnungsmodalitäten zulässig sein und daher eine alternative Berechnung zulassen (Behrens/Wachter/Lieber § 6a Rn. 35).

170 **3. Sperrfristverstöße nach §§ 5 III, 6 III 2.** Die Missbrauchsverhinderungsvorschriften nach §§ 5 III, 6 III 2 betreffen keinen nach § 6a begünstigten Erwerb, sondern einen der Umwandlung vorausgegangenen oder nachfolgenden Vorgang (GLE 25.5.2023, BStBl. I 2023, 995 Tz. 2.6). Für eine telelogische Reduktion zugunsten der Anwendung dieser Vorschriften fehlt jeder Ansatz (Schaflitzl/Stadler DB 2010, 185 (188 f.); aA Stenert Ubg 2022, 31 (38 f.)).

Ein auf anderen Blatt steht, ob der Übergang eines oder mehrerer Grundstücke **auf die Gesamthand,** für den die Steuer nach §§ 5 III, 6 III 2 oder IV erhoben wird, als solcher die Voraussetzungen des § 6a erfüllt. Dies ist **grundsätzlich zu bejahen.** Voraussetzung ist aber, dass eine rechtsübertragende Umwandlung oder eine (nicht unter § 1 I Nr. 1) fallende Einbringung oder andere Erwerbsvorgänge auf gesellschaftsvertraglicher Grundlage (§ 8 II Nr. 2) vorliegen.

171–180 *einstweilen frei*

VI. Früher sog. verbundgeborene Gesellschaften

181 Die **FVerw nahm früher** (GLE 19.6.2012, BStBl. I 2012, 662 Tz. 4; Neitz-Hackstein/Lange GmbHR 2012, 998 (1002 f.); Behrens DStR 2012, 2149 (2155 f.)) auf der Grundlage ihres vormals verwendeten Verbundbegriffs sog. **„verbundgeborene" Gesellschaften** von dem **Erfordernis der fünfjährigen Vorbehaltensfrist aus.** Hierbei handelte es sich um Gesellschaften, die durch einen Umwandlungsvorgang ausschließlich aus einer oder mehreren Gesellschaften entstanden sind, die spätestens im Zeitpunkt des zu beurteilenden Erwerbsvorgangs abhängige Gesellschaft ist bzw. abhängige Gesellschaften sind. In diesem Fall werden die Behaltenszeiten im Verbund zusammengerechnet. Diese Auffassung hat die FVerw zusammen mit dem früheren Verbundbegriff aufgegeben. Das kann für Steuerpflichtige uU nachteilig sein und ist rechtlich nicht überzeugend (Brühl GmbHR 2021, 126 (131); Hofmann/Dibbert § 6a Rn. 48).

Abgelehnt wird die Zusammenrechnung zB in **GLE** 22.9.2020, BStBl. I 2020, 960 Tz. 6 für den Erwerb der E3-KG, weil hier nicht die fünfjährige Vorbehaltensfrist eingehalten ist (Behrens/Seemaier Ubg 2020, 631 (636); Wischott/Graessner NWB 2021, 18 (26 ff.)). **182**

Beispiel:

Die M-GmbH ist herrschendes Unternehmen und hält seit mehr als fünf Jahren 100 % der Anteile an der T1-GmbH und der T2-GmbH. Vor drei Jahren entstand durch Ausgliederung die E2-KG, an der die T1-GmbH 95 % der Anteile und die T2-GmbH 5 % der Anteile hält. Vor drei Jahren entstand durch Ausgliederung die grundbesitzhaltende E3-KG, an deren Vermögen die E2-KG mit 95 % und die T2-GmbH zu 5 % beteiligt ist. Nach Ablauf von drei Jahren wird die T1-GmbH auf die T2-GmbH verschmolzen.

Die FVerw lässt für diesen Fall hinsichtlich der E3-KG mangels Einhaltung der fünfjährigen Vorbehaltensfrist die Vergünstigung nach § 6a nicht zu.

Wegen der für die Vorbehaltensfrist ausreichenden mittelbaren Beteiligung erscheint das Argument, die Vorbehaltensfrist sei insoweit nicht weiterführend (Wischott/Graessner NWB 2021, 18 (29)). Zu beachten ist schon eher der Hinweis, dass bei **Nachbehaltenszeiten bei Kettenumwandlungen** eine Zusammenrechnung erfolgen kann, sofern an diesen Gesellschaften die Mindestbeteiligung von 95 % am Kapital oder Gesellschaftsvermögen vorliegt. Ein Grund dafür, die Vorbehaltenszeiten nicht zusammenzurechnen, ist daher nicht klar ersichtlich (Behrens/Seemaier Ubg 2020, 631 (636)). Die in Beispiel 5 der GLE 22.9.2020, BStBl. I 2020, 960 Tz. 3.2.2.2 angenommene Einhaltung der Fünf-Jahres-Frist für die T2-GmbH beruht auf der Rspr. des BFH, wonach die Nachbehaltensfrist bei der Verschmelzung nicht einzuhalten ist. Der Hinweis auf die Weiterführung der früheren Rechtslage unter einer neuen Bezeichnung ist wegen Geltung der Nachbehaltensfrist nicht zwingend (der Hinweis in Behrens/Seemaier Ubg 2020, 631 (636) ist nicht weiterführend). **183**

E. Brexit (§ 6 S. 5)

Der § 6 S. 5 wurde durch das Brexit-StBG (→ Rn. 1) eingefügt. Durch den Austritt des Vereinigten Königreichs Großbritannien und Nordirland würden nach der **Sitztheorie** (dazu nur Grüneberg/Thorn EG Anhang zu Art. 12) aus deutscher Sicht bspw. die in Großbritannien gegründete Limited (Kapitalgesellschaften) als GbR oder OHG qualifiziert. Ist nur ein Gesellschafter an der Limited beteiligt, würde der Alleingesellschafter an die Stelle der Limited treten. Vermögen, das von einer derartigen Limited gehalten wird, würde anwachsbedingt auf den Gesellschafter übergehen; dieser Erwerb wäre aber nach § 4 Nr. 6 befreit. **184**

Auf Grund der beteiligungsbezogenen Betrachtungsweise muss die aufnehmende Gesellschaft noch fünf Jahre nach dem Erwerbsvorgang weiter bestehen, um die Vergünstigung nach § 6a in Anspruch nehmen zu können. Wird diese Gesellschaft nur wegen des Brexit beendet, wird die **Begünstigung wegen** des durch das Brexit-StBG eingefügten **§ 6a S. 5** trotzdem **gewährt** (vgl. auch BT-Drs. 19/7959, 36). **185**

F. Verhältnis zu §§ 5, 6

§ 6a steht **gleichrangig neben** den Begünstigungsvorschriften nach **§§ 5, 6** iVm § 24 (GLE 25.5.2023, BStBl. I 2023, 995 Tz. 5). Dies ist schon deshalb der **186**

Fall, weil §§ 5, 6 grundstücksbezogen, § 6a aber beteiligungsbezogen ist (→ Rn. 193 ff.). Soweit die Voraussetzungen für die Gewährung einer Steuervergünstigung nicht vorliegen oder später entfallen, kann eine andere Steuervergünstigung von Amts wegen gewährt werden.

187 § 6a S. 4 ist (nicht anders als §§ 5 III und 6 IV iVm § 24) keine Nachversteuerungsvorschrift. Wird die Nachbehaltensfrist des § 6a S. 4 nicht gewahrt, ist dies ein **rückwirkendes Ereignis** iSd § 175 I 1 Nr. 2 AO, das zum nachträglichen Wegfall der Steuerbefreiung führt (GLE 25.5.2023, BStBl. I 2023, 995 Tz. 4.2). Für die Gestaltungspraxis wird es daher ratsam sein, die Tragung einer etwaigen GrESt aus einem – vermeintlich – nach § 6a begünstigten Rechtsvorgang vertraglich zu regeln (Neitz/Lange Ubg 2010, 17 (28)).

188 Maßgebend für die Steuerberechnung (§ 8 II) sind die Verhältnisse im Zeitpunkt der Verwirklichung des Erwerbsvorgangs nach § 1 I Nr. 3, II–IIIa. Etwaige nach der Steuerentstehung eingetretene Wertänderungen des Grundstücks bleiben, abgesehen vom Sonderfall des § 8 II 2, außer Betracht. Die Festsetzungsfrist beginnt mit Ablauf des Kalenderjahrs, in dem das Ereignis eintritt (§ 175 I 1 Nr. 2 AO).

189 Wird das den Verstoß gegen die Nachbehaltensfrist begründende Ereignis (zB die Veräußerung aller Anteile der grundstücksbesitzenden abhängigen Gesellschaft an einen Konzernfremden) rückgängig gemacht und bleibt der steuerbare Rechtsvorgang iSd § 6a S. 1 selbst unberührt, ist eine (analoge) Anwendung des § 16 nicht möglich (BFH II R 36/04, BStBl. II 2006, 43; Viskorf/Kugelmüller-Pugh § 6a Rn. 136).

G. Rechtsfolgen bei Ausscheiden aus dem Konzernverbund

190 § 6a S. 4 ist (nicht anders als §§ 5 III und 6 IV iVm § 24) keine Nachversteuerungsvorschrift. Wird die Nachbehaltensfrist des § 6a S. 4 nicht gewahrt, ist dies ein **rückwirkendes Ereignis** iSd § 175 I 1 Nr. 2 AO, das zum nachträglichen Wegfall der gesamten Steuerbefreiung führt (GLE 25.5.2023, BStBl. I 2023, 995 Tz. 4.2). Für die Gestaltungspraxis wird es daher ratsam sein, die Tragung einer etwaigen GrESt aus einem – vermeintlich – nach § 6a begünstigten Rechtsvorgang vertraglich zu regeln (Neitz/Lange Ubg 2010, 17 (18)).

191 Maßgebend für die Steuerberechnung (§ 8 II) sind die Verhältnisse im Zeitpunkt der Verwirklichung des Erwerbsvorgangs nach § 1 I Nr. 3, II–IIIa. Etwaige nach der Steuerentstehung eingetretene Wertänderungen des Grundstücks bleiben, abgesehen vom Sonderfall des § 8 II 2, außer Betracht. Die Festsetzungsfrist beginnt mit Ablauf des Kalenderjahrs, in dem das Ereignis eintritt (§ 175 I 1 Nr. 2 AO).

192 *einstweilen frei*

H. Folgen der Nichteinhaltung der Nachbehaltensfrist

I. Fehlender Grundstücksbezug; mehrfache Gewährung von § 6a

193 § 6a ist **nicht beteiligungsbezogen (nicht grundstücksbezogen,** → Rn. 54 ff.). Änderungen in der grestrechtl. Zurechnung von Gr in den Vor- und Nachbehaltensfristen sind **ohne Bedeutung** (GLE 25.5.2023, BStBl. I 2023,

995 Tz. 1; Viskorf/Kugelmüller-Pugh § 6a Rn. 106). Insbesondere ist mit der Vor- und Nachbehaltensfrist **keine Haltefrist** für die vom Umwandlungsvorgang betroffenen **Gr** verbunden. **Bezugspunkt** der Fristen des § 6a S. 4 ist allein der **zeitliche Bestand des Konzernverbunds** zwischen herrschendem Unternehmen und abhängiger Gesellschaft vor und nach dem steuerbaren Rechtsvorgang. Aufgrund dieser **beteiligungsbezogenen Perspektive** des § 6a S. 4 ist es ohne Bedeutung, ob das jeweilige Gr über die gesamte Konzernzugehörigkeitsfrist des S. 4 im Konzernverbund verbleibt (zutr. zB Schaflitzl/Stadler DB 2010, 185 (187 f.)) und ob der zum Ausscheiden des Gr aus dem Konzernverbund führende Rechtsvorgang steuerbar und ggf. nach anderen Vorschriften steuerbefreit ist. Demgemäß ist die Befreiung nach § 6a nicht allein deshalb rückwirkend zu versagen, weil das Gr vor Ablauf der Nachbehaltensfrist zB durch Veräußerung an Dritte aus dem Konzernverbund ausscheidet. Andererseits entfällt die Vergünstigung aus § 6a auch dann, wenn der die Nichteinhaltung der Konzernbehaltensfrist begründende Rechtsvorgang (zB Veräußerung aller Anteile einer grbesitzenden abhängigen Gesellschaft an konzernfremde) GrESt auslöst.

Die Befreiung nach **§ 6a** wird – die Erfüllung aller Befreiungsmerkmale voraus- **194** gesetzt – auch gewährt, wenn hinsichtlich des nämlichen Gr im Konzernverbund nacheinander **mehrfach Rechtsvorgänge** iSd § 1 I Nr. 3, II–IIIa verwirklicht werden. Für jeden dieser Rechtsvorgänge ist die Frist des S. 4, weil jeweils auf einen Rechtsvorgang bezogen, neu zu bestimmen.

II. Verstoß gegen die Behaltensfrist; Verfahrensfragen

§ 6a S. 4 ist ebenso wenig wie §§ 5 III und 6 IV eine Nachversteuerungsvor- **195** schrift. Ist die **Vorbehaltensfrist** nicht eingehalten, liegen bereits zum Umwandlungszeitpunkt die Befreiungsvoraussetzungen des § 6a nicht vor.

Wird die **Nachbehaltensfrist** des § 6a S. 4 nicht gewahrt, ist die Begünstigung **196** des § 6a vollständig zu versagen. Unerheblich ist, ob der zur Nichteinhaltung der Nachbehaltensfrist führende Rechtsvorgang seinerseits der GrESt unterliegt (Viskorf/Kugelmüller-Pugh/Viskorf § 6a Rn. 125). Soweit die Nachbehaltensfrist aufgrund einer Umwandlung der abhängigen Gesellschaft auf das herrschende Unternehmen – bei Nichtbestehen eines weiteren Abhängigkeitsverhältnisses – nicht eingehalten wird, kann uU zweifach (für den ursprünglich nach § 6a begünstigten Erwerbsvorgang und ferner für den zur endgültigen Nichteinhaltung der Nachbehaltensfrist führenden Erwerbsvorgang) GrESt anfallen (vgl. Neitz-Hackstein/Lange GmbHR 2012, 998 (1005 f.)).

einstweilen frei **197**

Verfahrensfragen. Der Verstoß gegen die Nachbehaltensfrist ist ein rückwir- **198** kendes Ereignis iSd § 175 II 1 AO, das gem. § 175 I 1 Nr. 2 AO zur Festsetzung der GrESt bzw. zur Änderung eines Freistellungsbescheids führt. Dabei ist der Grundsatz zu beachten, dass jeder Erwerbsvorgang ein abgeschlossener Steuerfall ist (vgl. → § 1 Rn. 14).

Maßgebend für die **Steuerberechnung** sind die Verhältnisse im Zeitpunkt der **199** Entstehung der Steuer aus § 1 I Nr. 3, II–IIIa. Dies ist regelmäßig der Zeitpunkt der Eintragung der Umwandlung im Register. Etwaige nach der Steuerentstehung eingetretene Wertänderungen des Gr bleiben außer Betracht. Die **Festsetzungsfrist** beginnt mit Ablauf des Kalenderjahres, in dem das Ereignis eintritt (§ 175 I 2 AO). Wird das die Nichteinhaltung der Nachbehaltensfrist begründende Ereignis rückgängig gemacht und bleibt der steuerbare Rechtsvorgang iSd § 6a S. 1 selbst unberührt, kann auf diesen nicht § 16 (analog) angewendet werden (BFH II R 36/04, BStBl. II 2006, 43; vgl. auch → § 16 Rn. 6).

III. Verhältnis zu anderen Vorschriften

200 Für den Rechtsvorgang, hinsichtlich dessen die Befreiung aus § 6a zu versagen ist, kommt ggf. eine Steuerbefreiung nach anderweitigen Vorschriften (zB §§ 3, 5–7) in Betracht. Bei PersGes stehen § 6a und §§ 5, 6 gleichrangig nebeneinander (GLE 25.5.2023, BStBl. I 2023, 995 Tz. 5; näher Schanko Der Konzern 2013, 122 (135)). Zu beachten ist allerdings, dass § 6a immer zu einer vollständigen und – anders als §§ 5, 6 – nicht nur zu einer ggf. nur teilweisen Befreiung führt.

§ 7 Umwandlung von gemeinschaftlichem Eigentum in Flächeneigentum

(1) **Wird ein Grundstück, das mehreren Miteigentümern gehört, von den Miteigentümern flächenweise geteilt, so wird die Steuer nicht erhoben, soweit der Wert des Teilgrundstücks, das der einzelne Erwerber erhält, dem Bruchteil entspricht, zu dem er am gesamten zu verteilenden Grundstück beteiligt ist.**

(2) **[1]Wird ein Grundstück, das einer Gesamthand gehört, von den an der Gesamthand beteiligten Personen flächenweise geteilt, so wird die Steuer nicht erhoben, soweit der Wert des Teilgrundstücks, das der einzelne Erwerber erhält, dem Anteil entspricht, zu dem er am Vermögen der Gesamthand beteiligt ist. [2]Wird ein Grundstück bei der Auflösung der Gesamthand flächenweise geteilt, so ist die Auseinandersetzungsquote maßgebend, wenn die Beteiligten für den Fall der Auflösung der Gesamthand eine vom Beteiligungsverhältnis abweichende Auseinandersetzungsquote vereinbart haben.**

(3) **[1]Die Vorschriften des Absatzes 2 gelten insoweit nicht, als ein Gesamthänder – im Fall der Erbfolge sein Rechtsvorgänger – seinen Anteil an der Gesamthand innerhalb von zehn Jahren vor der Umwandlung durch Rechtsgeschäft unter Lebenden erworben hat. [2]Die Vorschrift des Absatzes 2 Satz 2 gilt außerdem insoweit nicht, als die vom Beteiligungsverhältnis abweichende Auseinandersetzungsquote innerhalb der letzten zehn Jahre vor der Auflösung der Gesamthand vereinbart worden ist.**

Übersicht

I. Bedeutung

In § 7 III 1 wurde durch das GrEStGÄndG vom 12.5.2021 (BGBl. I 2021, 986) die Frist von fünf auf **zehn Jahre** verlängert. Diese verlängerte Frist gilt für alle nach dem 30.6.2021 verwirklichten Erwerbsvorgänge (§ 23 XVIII). Die Frist gilt nicht, wenn die nach altem Recht geltende Fünfjahresfrist bereits zum 1.7.2021 abgelaufen war (§ 23 XXIV). 1

Ansonsten entspricht § 7 vollinhaltlich § 7 GrEStG 1940. Die Vorschrift betrifft Rechtsvorgänge, die auf eine **flächenweise Aufteilung** eines Gr zwischen solchen Personen gerichtet sind, denen das Gr bereits zu Mit- oder Gesamthandseigentum gehört. Durch eine flächenmäßige Aufteilung zwischen diesen Personen (zB Einräumung von Alleineigentum an einem GrTeil) ändert die dingliche Berechtigung am Gr im Wege des gegenseitigen Tauschs, der nach der Systematik des GrEStG (§ 1 I iVm V) aus zwei eigenständigen Erwerbsvorgängen besteht. Diese Vorgänge sind durch § 7 insoweit von der GrESt befreit, als der Erwerber eine Fläche (oder einen Bruchteil daran) erhält, die dem Wert seiner bisherigen Beteiligung am (aufgeteilten) Gr entspricht (BFH II R 85/67, BStBl. II 1975, 148). § 7 beruht (ebenso wie §§ 5 und 6) auf dem Gedanken, dass GrESt nicht erhoben werden soll, wenn sich lediglich die Rechtsqualität und nicht auch der Umfang der an einem Gr bestehenden Berechtigung ändert (vgl. auch → § 5 Rn. 2 bzw. → § 6 Rn. 1).

II. Allgemeine Anwendungsvoraussetzungen

1. Miteigentümern oder einer Gesamthand „gehörendes" Grundstück. 2
§ 7 setzt voraus, dass ein Gr mehreren Personen zu Miteigentum (§ 7 I) oder einer Gesamthand (§ 7 II) **gehört.** Es ist nicht erforderlich, dass die Miteigentümer zu ideellen Bruchteilen oder die Gesamthand als Eigentümer im Grundbuch eingetragen sind. Vielmehr „gehört" ein Gr mehreren Miteigentümern bzw. einer Gesamthand bereits dann, wenn diesen das aufzuteilende Gr aufgrund eines Erwerbsvorgangs iSd § 1 I–IIIa grestrechtl. zuzuordnen ist (zB BFH II R 76/87, BStBl. II 1988, 550; die zum Merkmal „gehört" iSd § 1 IIa, III und IIIa geltenden Grundsätze – vgl. → § 1 Rn. 320 ff., 526 ff. – gelten hier entspr.). Daher ist zB ein im Eigentum einer Gesamthand stehendes Gr, wenn ein Dritter die Verwertungsbefugnis (§ 1 II) daran erlangt hat, dem Verwertungsbefugten zuzurechnen (BFH II 70/63, BStBl. III 1966, 378).

2. Flächenweise Aufteilung eines Grundstücks. Die **flächenweise Aufteilung** eines Gr bedeutet dessen Teilung in reale Teile. Die GrTeilung erfordert eine hierauf gerichtete Erklärung der Eigentümer (Teilungsgenehmigung) gegenüber dem Grundbuchamt und die Eintragung in das Grundbuch. Die bloße Teilungsgenehmigung (ohne nachfolgende Grundbucheintragung) sowie die katasterliche Zerlegung des Gr in einzelne Flurstücke sind nur Vorbereitungshandlungen für die Aufteilung des Gr (FG Berlin EFG 2003, 409). 3

4 § 7 I und II begünstigen nach ihrem eindeutigen Wortlaut nur, wenn ein (dh **einzelnes**) **Gr** iSd § 2 flächenmäßig geteilt wird (BFH II R 35/82, BStBl. II 1985, 336; II R 19/77, BStBl. II 1980, 667); dabei gilt grds. der GrBegriff iSd bürgerlichen Rechts. § 7 I und II gelten hingegen ersichtlich nicht, wenn sich die Miteigentümer mehrerer rechtlich und wirtschaftlich selbstständiger Gr durch Tausch von Miteigentumsanteilen jeweils das **Alleineigentum** verschaffen (BFH II R 20/88, BStBl. II 1990, 922) oder wenn die Mitglieder einer Gesamthand mehrere rechtlich und wirtschaftlich selbständige, im Gesamthandseigentum befindliche Gr untereinander unter Übertragung jeweils des Alleineigentums aufteilen (BFH II R 35/82, BStBl. II 1985, 336; II R 96/90, BFH/NV 1995, 156).

Werden **mehrere selbstständige Gr** unter den Miteigentümern flächenmäßig aufgeteilt, ist grds. der Umfang der Steuerbefreiung nach § 7 I für jedes einzelne Gr gesondert zu prüfen (BFH II 69/56 U, BStBl. III 1957, 69).

5 Die Teilung eines (einzelnen) Gr liegt **ausnahmsweise** auch vor, wenn **mehrere Gr** iSd bürgerlichen Rechts grestrechtl. eine **wirtschaftliche Einheit** (und damit ein Gr) bilden und sich ein Rechtsvorgang auf sie bezieht (§ 2 III 1; zu weiteren Einzelheiten → § 2 Rn. 132 ff.). Erwerben also zB bisherige Miteigentümer einer wirtschaftlichen Einheit mehrerer Gr im Rahmen einer Auseinandersetzung Alleineigentum an jedem der Gr, ist § 7 I anwendbar (BFH II B 24/68, BFHE 94, 291; II R 27/90, BFH/NV 1994, 504; FG Düsseldorf DStZ/B 1972, 52). Werden mehrere Gr einer Gesamthand dergestalt auf die einzelnen Gesellschafter übertragen, dass jeder Gesellschafter ein ganzes Gr erhält, kann diese Aufteilung nur dann wie eine flächenmäßige Aufteilung eines einzigen Gr nach § 7 II begünstigt sein, wenn diese Gr im Vermögen der Gesamthand eine wirtschaftliche Einheit (§ 2 III) waren (BFH II R 46/99, BFH/NV 2002, 71; II R 17/05, BFH/NV 2006, 2124). Umfasst ein Gr iSd bürgerlichen Rechts mehrere wirtschaftliche Einheiten, so ist die flächenmäßige Aufteilung auch dann nach § 7 steuerbegünstigt, wenn das Gr entspr. seinen wirtschaftlichen Einheiten aufgeteilt wird.

Beispiele: A und B sind zu je 1/2 Miteigentümer zweier gleichwertiger Gr. Sie setzen sich in der Weise auseinander, dass jeder von ihnen ein Gr zu Alleineigentum erwirbt. Es liegen zwei nach § 1 I Nr. 1 iVm V steuerbare Tauschvorgänge von Miteigentumsanteilen (Erwerbe von A und B) vor. Sind beide Gr grestrechtl. eine wirtschaftliche Einheit (§ 2 III), liegt eine nach § 7 I steuerbefreite Umwandlung von Mit- in Flächeneigentum vor. Handelt es sich dagegen auch grestrechtl. um zwei Gr, sind die Erwerbe von A und B gesondert zu behandeln. Eine Umwandlung in Flächeneigentum liegt nicht vor, eine Befreiung nach § 7 I kommt nicht in Betracht.

A und B sind zu je 1/2 an einer GbR beteiligt, zu deren Vermögen zwei gleichwertige selbstständige Gr gehören. A und B erwerben von der GbR jeweils ein Gr. Es liegen zwei steuerbare Erwerbsvorgänge iSd § 1 I Nr. 1 iVm V vor. Bilden beide Gr eine wirtschaftliche Einheit, liegt (vorbehaltlich § 7 III) eine nach § 7 II steuerbefreite Umwandlung von Gesamthandseigentum in Flächeneigentum vor. Handelt es sich grestrechtl. um zwei Gr, liegen zwei getrennt zu behandelnde Erwerbsvorgänge vor. Eine Steuerbefreiung nach § 7 II ist ausgeschlossen. Allerdings kommt für beide Erwerbe (vorbehaltlich § 6 IV) Steuerbefreiung jeweils zur Hälfte nach § 6 II in Betracht.

6 Den Erfordernissen des § 7 I und II wird nur genügt, wenn ein **einheitlicher Teilungsvorgang** vorliegt. Die Teilung des Gr (erste Stufe) und die Übertragung der Miteigentumsanteile an den neu gebildeten Gr (zweite Stufe) müssen auf Grund **planmäßiger Durchführung** in **engem zeitlichen und sachlichen Zusammenhang** erfolgen (BFH II R 92/76, BStBl. II 1979, 343; II R 20/88,

BStBl. II 1990, 922; II R 96/90, BFH/NV 1995, 156; II B 48/11, BFH/NV 2012, 2025). Dazu bedarf es eines **einheitlichen Entschlusses** zur entspr. Teilung des gesamten Gr (BFH II R 92/76, BStBl. II 1979, 343; II R 59/74, BStBl. II 1979, 681; daran fehlte es im Falle von FG Köln 5 K 756/20, EFG 2022, 594, Rev. II R 42/21). Ohne diese (nicht aus dem Wortlaut des § 7 ersichtliche) tatbestandliche Einschränkung wäre die „Aufteilung" mehrerer selbstständiger Gr immer dann begünstigt, wenn der Aufteilung irgendwann eine GrTeilung vorausgegangen wäre. Allerdings sind an den zeitlichen und sachlichen Zusammenhang **keine überspitzten Anforderungen** zu stellen; erforderlich ist eine Gesamtwürdigung aller relevanten Umstände (vgl. zB BFH II R 20/88, BStBl. II 1990, 922: einige Wochen unschädlich; BFH II R 96/90, BFH/NV 1995, 156: Zusammenhang fehlt bei einem Zeitraum von nahezu zwei Jahren). Dabei kann ggf. zugunsten der Beteiligten zu berücksichtigen sein, dass diese durch äußere Umstände (zB Rechtsstreit) an ihrem Plan zur GrAufteilung gehindert waren (BFH II B 48/11, BFH/NV 2012, 2025).

III. Grundstücksteilung unter Miteigentümern in Flächeneigentum (§ 7 I)

Zweck des § 7 I ist die Erleichterung der Aufteilung eines Gr, wenn die 7
bisherigen Eigentümer zu ideellen Bruchteilen (Miteigentümer) an dem zu teilenden Gr durch flächenweise (Real-)Teilung Flächeneigentum erwerben. In diesem Fall soll GrESt nur insoweit erhoben werden, als ein Miteigentümer bei der Teilung wertmäßig einen größeren Teil des Gr erhält als ihm auf Grund seiner Beteiligung als Miteigentümer dem Werte nach zustand. § 7 I ergänzt damit die Begünstigungsvorschriften des § 3 Nr. 3 und des § 6 in der Weise, dass auch bei der (ganzen oder teilweisen) Auflösung von Bruchteilseigentum nur hinsichtlich des Mehrerwerbs GrESt anfällt. Die nach § 3 Nr. 3 und § 6 begünstigte Umwandlung von Gesamthandseigentum in Bruchteilseigentum wird häufig als Zwischenlösung gewählt, wenn die Beteiligten noch keine abschließende Entscheidung über die Verwertung eines gemeinschaftlichen Gr getroffen haben. Mit der Umwandlung von Gesamthandseigentum in Bruchteilseigentum sind die Begünstigungen nach § 3 Nr. 3 und § 6 verbraucht. Einigen sich die Beteiligten später in der Weise, dass zB jeder einen bestimmten Teil des Gr als Alleineigentümer übernimmt, so greift § 7 I in Fortführung des Begünstigungsgedankens der bereits verbrauchten Begünstigungsvorschriften ein.

Die **flächenweise Aufteilung eines Gr unter den Miteigentümern** erfolgt 8
durch notariellen Teilungsvertrag, der in zwei Stufen vollzogen wird. Auf der ersten Stufe wird das Gr in mehrere (selbstständige) Gr im Rechtssinne geteilt. Diese Teilung ist für sich allein mangels Rechtsträgerwechsel nicht steuerbar. Auf der zweiten Stufe wird der (eigentliche) Tauschvertrag geschlossen, der nach der Grundregel des § 1 V an sich in zwei Erwerbsvorgänge zu zerlegen wäre (§ 1 I Nr. 1 iVm V, → § 1 Rn. 171 ff., 736). Durch die steuerbaren Tauschvorgänge werden die Miteigentumsanteile der Vertragspartner an den neu gebildeten (Teil-)Gr in der Weise übertragen, dass jeder Beteiligte alle Anteile an dem Gr erhält, das ihm zu Alleineigentum (oder Miteigentum) zugedacht war. § 7 I weicht von der Grundregel des § 1 V ab und behandelt den Austausch der GrBruchteile als einheitlichen Erwerbsvorgang (Begr GrEStG 1940, RStBl. 1940, 400). Dadurch wird gewährleistet, dass die GrESt für den Austausch der GrBruchteile

insoweit nicht erhoben wird, als der Wert des TeilGr, das der einzelne Vertragsteil erhält, dem Bruchteil entspricht, zu dem er am gesamten Gr beteiligt war.

9 § 7 I erstreckt sich auch auf den **Erwerb vom Miteigentum** an einzelnen Teilflächen, das unter Beteiligung – ggf. auch nur eines Teils – der ehemaligen Miteigentümer begründet wird. Aus der Verwendung der Worte „flächenweise" Teilung und „Teilgrundstück" folgt nicht, dass der „einzelne Erwerber" Alleineigentum an der ihm zugeteilten Fläche erwerben muss. Denn auch Miteigentum wird bürgerlich-rechtlich und grestrechtl. (§ 2 I 1) als Volleigentum wie Alleineigentum behandelt. Wird daher zB ein vier Miteigentümern gehörendes Gr unter Auflösung dieser Bruchteilsgemeinschaft in der Weise geteilt, dass je zwei Miteigentümer wertgleiche GrHälften wiederum je zu Miteigentum erhalten, so ist dieser Vorgang nach § 7 I in vollem Umfang steuerbefreit (BFH II 94/65, BStBl. II 1969, 669).

10 Aus dem von § 7 I geforderten Erwerb von Flächeneigentum durch die ehemaligen Miteigentümer folgt nicht, dass die Aufteilung des Gr nur unter den ehemaligen Miteigentümern erfolgen muss. § 7 I greift auch ein, wenn nur **ein** ehemaliger Miteigentümer eine GrFläche zu Alleineigentum erwirbt und die Restfläche zugunsten der übrigen Miteigentümer an Dritte veräußert wird (FG Nds III 379/89, EFG 1996, 721).

Die Begünstigung des § 7 I greift in jedem Fall nur insoweit ein, als der Wert des TeilGr, das der ehemalige Miteigentümer erhält, dem Bruchteil entspricht, zu dem er am gesamten zu verteilenden Gr beteiligt war. Der Erwerb des gemeinschaftlichen Gr im Ganzen zu Alleineigentum durch einen ehemaligen Miteigentümer ist hingegen nicht nach § 7 I begünstigt (→ Rn. 4). In diesem Fall wird das Gr nicht flächenmäßig aufgeteilt; der ehemalige Miteigentümer erwirbt lediglich die Bruchteile der übrigen Miteigentümer zu seinem Bruchteil hinzu.

IV. Grundstücksteilung von Gesamthandseigentum in Flächeneigentum (§ 7 II)

11 **Zweck** des § 7 II ist es, die flächenmäßige Aufteilung eines Gr unter Gesamthändern zu erleichtern. Die Vorschrift ist an § 6 II angelehnt und betrifft ausschließlich die Berechnung des Umfangs der Steuerbefreiung (BFH II R 64/09, BStBl. II 2012, 355). Während allerdings § 6 II die Umwandlung vom Gesamthandseigentum an einem Gr in Alleineigentum (Bruchteilseigentum) begünstigt, betrifft § 7 II die Umwandlung von Gesamthandseigentum in Flächeneigentum an Teilen des bisher gemeinsamen Gr. § 7 II stellt im Gegensatz zu § 6 II erworbenes Alleineigentum dem vorangegangenen Gesamthandseigentum gleich. Dies führt bei wertmäßiger Übereinstimmung zwischen dem erworbenen GrTeil und der gesamthänderischen wertmäßigen Beteiligung am gesamten (aufgeteilten) Gr zur vollständigen Steuerbefreiung (FG Hmb II 3/96, UVR 1997, 56). Demgegenüber stellt § 6 II nur einen solchen Teil des Erwerbs in dem Umfang von der GrESt frei, zu dem sich die dingliche Berechtigung des Erwerbers an dem erworbenen Gr gleichwertig fortsetzt. Häufig werden sich beide Vorschriften jedoch trotz ihrer Unterschiede ganz oder teilweise überlagern.

11a Die Aufgabe des Gesamthandsprinzips durch das MoPeG ab 1.1.2024 lässt die Bedeutung der Vorschrift unberührt. Gemäß § 24 gelten die rechtsfähigen PersGes (§ 14a II Nr. 2 AO) bis 31.12.2026 weiterhin als Gesamthand und deren Vermögen als Gesamthandsvermögen. Der Zustand ab 1.1.2027 ist noch offen (vgl. → § 24 Rn. 4 f.).

Gesamthand iSd § 7 II ist (wie bei §§ 5 und 6) jede Personengemeinschaft, die grestrechtl. als besondere Rechtsträger gilt (zB GbR, OHG und KG sowie PartGes). Dazu gehören auch die eheliche und fortgesetzte Gütergemeinschaft sowie – in der Praxis bedeutsam – die Erbengemeinschaft, wenn sich ihre Zusammensetzung durch Erbteilskauf (§§ 2033 ff. BGB) ändert. Denn der Erbteilskäufer wird (zwar nicht Miterbe, aber) Mitglied der Erbengemeinschaft und damit Gesamthänder. Erwirbt daher ein Erbteilskäufer ein TeilGr eines NachlassGr zu Alleineigentum, so ist dieser Erwerb vorbehaltlich § 7 III im Umfang seiner Beteiligung (idR zur erworbenen Erbquote) nach § 7 II grestfrei. **Keine Anwendung** findet § 7 II auf die Aufteilung eines zum Vermögen einer **KapGes** gehörigen Gr auf die Gesellschafter (BFH II B 166/02, BFH/NV 2004, 1548). 12

Gegenstand der nach § 7 II begünstigten **flächenweisen Aufteilung** kann grds. nur das **einzelne Gr** iSd § 2 sein (zur wirtschaftlichen Einheit mehrerer Gr → Rn. 5 f.). Erhalten Gesellschafter ein ganzes Gr aus dem gesamthänderischen Grundbesitz, gilt § 7 II nicht. Hier richtet sich die Steuerbefreiung ausschließlich nach den Grundsätzen des § 6 II; diese Vorschrift würde andernfalls entgegen den Vorstellungen des Gesetzgebers erheblich an Bedeutung verlieren (vgl. Urteilsanm. in HFR 1985, 326). 13

Fallen der Erwerb eines Gr **durch** Gesamthand und der **Erwerb einer Gesamthandsberechtigung** an dieser Gesamthand in **einem Rechtsakt** zusammen, ist § 7 (ebenso § 6) nicht anwendbar. Denn es fehlt insoweit an einer bereits **vor** dem Erwerb bestehenden Gesamthandsberechtigung, die sich wirtschaftlich im Alleineigentum an dem erworbenen TeilGr fortsetzen könnte (BFH II R 46/89, BStBl. II 1992, 680; auch → § 6 Rn. 10, 14).

Beim Erwerb **in** Gesamthandseigentum an einer Teilfläche des aufzuteilenden Gr gelten die gleichen Grundsätze wie bei der Aufteilung eines in Miteigentum stehenden Gr (→ Rn. 8). Gehört ein Gr einer Gesamthand, so ist § 7 II nicht nur dann anwendbar, wenn dieses Gr flächenweise geteilt auf die Gesellschafter als Alleineigentümer oder Miteigentümer übertragen wird, sondern auch dann, wenn das Gr unter den Gesellschaftern in der Weise flächenmäßig geteilt wird, dass ein Teil der Gesamthänder die ihm zugedachte GrFläche wiederum zu Gesamthandseigentum (zB in GbR) übernimmt (BFH II R 134/75, BStBl. II 1977, 677). Allerdings überlagern sich hier § 7 II und § 6 III; beide Regelungen führen jedoch zum gleichen Ergebnis. 14

Erhält ein Gesamthänder beim **Ausscheiden** aus der Gesamthand als **Abfindung** einen flächenmäßigen Teil eines Gr der Gesamthand, während der andere GrTeil im gesamthänderischen Eigentum verbleibt, so fällt die GrÜbertragung auf den ausscheidenden Gesellschafter insoweit unter § 7 II, als der (gemeine) Wert dieses TeilGr dem Anteil entspricht, zu dem er am Vermögen der Gesamthand beteiligt war (BFH II R 92/76, BStBl. II 1979, 343). In diesem Fall überlagern sich § 7 II und § 6 II. Der Erwerb des Ausscheidenden wäre gleichermaßen nach § 6 II steuerbefreit, weil der GrTeil grestrechtl. als ein Gr gilt und der Ausscheidende Alleineigentum daran erwirbt. Ebenso greift § 7 II ein, wenn einige Gesellschafter einer grbesitzenden Gesamthand den auf sie entfallenden GrTeil in Natur erhalten, die Restfläche dagegen zugunsten der übrigen Gesellschafter veräußert wird. Voraussetzung ist allerdings, dass ein einheitlicher Entschluss zur entspr. Teilung des gesamten Gr iSd § 2 III vorliegt (vgl. → Rn. 6 sowie BFH II R 92/76, BStBl. II 1979, 343; II R 59/74, BStBl. II 1979, 681). 15

Erbbaurecht. § 7 II ist nicht erfüllt, wenn sich eine aus zwei Personen bestehende Gesamthandsgemeinschaft über ein Gr in der Weise auseinandersetzt, dass 16 der einen Person ein Erbbaurecht an dem Gr eingeräumt wird und eine andere Person das Alleineigentum an dem nunmehr erbbaurechtsbelasteten Gr erhält (FM Bayern 17.9.1996, HEB 2024 GrEStG § 7 Tz. 6). Da das Erbbaurecht kein reales Flächeneigentum, sondern ein (ggf. im Zuge der „Teilung" erstmalig begründetes) grgleiches Recht ist, fehlt es an dem von § 7 II vorausgesetzten Tausch gleichartiger Berechtigungen. Dieser Umstand rechtfertigt es, zumal das Erbbaurecht den Gr gleichsteht (§ 2 II Nr. 1), die für die Begründung von Wohnungseigentum geltenden Grundsätze (vgl. → Rn. 19 ff.) nicht auf das Erbbaurecht zu erstrecken.

17 **Umfang der Steuerbegünstigung.** Nach § 7 II 1 wird bei flächenweiser Teilung eines GesamthandsGr die GrESt insoweit nicht erhoben, als der Wert des TeilGr, den der einzelne Gesamthänder erhält, seinem Anteil am Vermögen der Gesamthand entspricht. Erfolgt die flächenweise Teilung des Gr aus Anlass der Auflösung der Gesamthand, so ist nach § 7 II 2 (diese Regelung entspricht § 6 I 2, II 2) für den Umfang der Steuerbefreiung eine vom Beteiligungsverhältnis abweichende Auseinandersetzungsquote maßgebend; die Erl. in → § 6 Rn. 29 ff. gelten hier entsprechend.

Setzen sich die Gesamthänder hinsichtlich des Grundbesitzes dergestalt auseinander, dass ein **Teil des Gr veräußert** wird und mit dem Erlös ein Teil der Gesamthänder in bar abgefunden wird und die übrigen Gesamthänder dagegen – ggf. unter Ausgleich von Wertdifferenzen – im Wege der Realteilung Gr erhalten, ist die Steuerbefreiung von dem vor der Auseinandersetzung vorhanden gewesenen Grundbesitz zu berechnen (BFH II R 59/74, BStBl. II 1979, 681).

V. Sperrfrist (§ 7 III)

18 § 7 III schließt die Anwendung des § 7 II insoweit aus, als ein Gesamthänder – im Falle der Erbfolge sein Rechtsvorgänger – seinen Anteil an der Gesamthand innerhalb von zehn Jahren vor der Umwandlung in Flächeneigentum durch ein Rechtsgeschäft unter Lebenden erworben hat. § 7 II 2 gilt außerdem insoweit nicht, als eine vom Beteiligungsverhältnis abweichende Auseinandersetzungsquote innerhalb der letzten zehn Jahre vor der Auflösung der Gesamthand vereinbart wurde. § 7 III entspricht § 6 IV; die Erl. in → § 6 Rn. 62 ff. gelten entsprechend.

VI. Umwandlung von gemeinschaftlichem Eigentum in Wohnungseigentum

19 Wohnungs- und Teileigentum ist jeweils Gr iSd § 2 I 1 (vgl. → § 2 Rn. 54 ff.). Erwerb, Begründung und Aufhebung von Wohnungs- oder Teileigentum unterliegen der GrESt und können nach § 7 befreit sein.

20 Eine **flächenweise Teilung** iSd § 7 I kann vorliegen, wenn das Miteigentum an einem Gr in der Weise beschränkt wird, dass jedem Miteigentümer Sondereigentum nach dem WEG eingeräumt wird (BFH II R 19/77, BStBl. II 1980, 667; II R 6/86, BStBl. II 1989, 54; FM Nds 24.7.1992 StEK GrEStG § 7 Nr. 1; FM SchlHol 30.8.1972, WPg 1972, 565). Dabei ist unerheblich, ob die Miteigentümer nach § 3 WEG vorgehen oder ob sie zunächst eine Teilung gem. § 8 WEG durchführen (→ § 2 Rn. 56), welche die Verteilung der Sondereigentumseinheiten nur vorbereitet (BFH II R 92/76, BStBl. II 1979, 343; FG Münster 8 K 4378/05, EFG 2008, 971). § 7 I setzt nicht voraus, dass die Teilung durch einen

einzigen Akt (Abschluss eines schuldrechtlichen Teilungsvertrages) zustande kommt. Es reicht aus, wenn die Teilung durch **mehrere aufeinander folgende Verträge** geschieht, sofern dem Teilungsvorgang insgesamt ein **einheitlicher Entschluss** zugrunde liegt und ein **zeitlicher und sachlicher Zusammenhang** besteht (BFH II R 92/76, BStBl. II 1979, 343; II R 96/90, BFH/NV 1995, 156; → Rn. 6). Fehlt es daran, kann der Erwerb des Miteigentums an den Eigentumswohnungen nur nach § 6 II im Umfang der Beteiligung des betreffenden Gesamthänders am Vermögen der Gesamthand begünstigt sein.

War eine Aufteilung bereits verbindlich vereinbart worden, ist die Befreiungsvorschrift **verbraucht.** Für eine Veränderung einer bereits verbindlich beschlossenen Aufteilung gilt § 7 I nicht (BFH II R 6/86, BStBl. II 1989, 54).

Nach **§ 7 II** ist auch die flächenweise Aufteilung des einer Gesamthand gehörenden Gr durch Gesamthänder in Wohnungs- oder Sondereigentum begünstigt; zum erforderlichen engen sachlichen und zeitlichen Zusammenhang vgl. BFH II B 48/11, BFH/NV 2012, 2025 sowie → Rn. 6. Zu beachten ist die Sperrfrist des § 7 III.

Aufhebung von Sondereigentum. Besteht Sondereigentum an einem mit 21
mehreren Reihenhäusern bebauten Gr und wollen die Eigentümer durch übereinstimmenden Beschluss das Sondereigentum aufheben und im Anschluss daran das gemeinschaftliche Gr real in der Weise teilen, dass die Aufteilung der bisherigen Aufteilung in Wohnungseigentum entspricht, greift dem Wortlaut nach keine Befreiungsvorschrift ein. Nach Auffassung der FVerw fällt jedoch in derartigen Fällen – dem Rechtsgedanken der §§ 5 und 7 folgend – mangels Wertverschiebungen keine GrESt an (BFH II R 85/67, BStBl. II 1975, 148; FM Bayern 19.9.2005, HEB 2024 GrEStG § 7 Rn. 8).

Etwas anderes gilt allerdings bei der **Aufhebung von Sondereigentum und Bildung von Miteigentum.** Für diesen Fall kommt eine **erweiternde Auslegung** des **§ 7 I** dahingehend, dass die Vorschrift analog für die Aufhebung von Wohnungs- und Teileigentum und Bildung von Teileigentum angewendet wird, **nicht in Betracht** (BFH II R 30/21, BFH/NV 2025, 219 = DStR 2024, 2768 mAnm Kugelmüller-Pugh). Es fehlt an der entsprechenden Regelungslücke; es kommt zu einer abweichenden Zuordnung der Flächen, die bislang im Sondereigentum standen und nun den Miteigentümern gemeinsam gehören. Der Vorgang unterliegt der Steuer nach §§ 8, 9.

VII. Freiwillige Baulandumlegung

Besondere Bedeutung erlangt § 7 II bei Rechtsgeschäften zur Vermeidung einer 22
Umlegung nach dem BauGB (sog. freiwillige Baulandumlegung; vgl. näher Bruschke UVR 1996, 71; Heine UVR 2011, 161). Diese Rechtsgeschäfte sind nicht gem. § 1 I Nr. 3 Buchst. b grestfrei (→ § 1 Rn. 205). Bei einer freiwilligen Baulandumlegung bringen die Umlegungsteilnehmer ihre Gr idR in eine in Form einer GbR gegründete Umlegungsgemeinschaft ein, die nach Durchführung der Umlegung die neugebildeten Gr wiederum auf die Umlegungsteilnehmer überträgt.

Für die **Hingabe der Gr an** die **Umlegungsgemeinschaft** ist die GrESt 23
gem. **§ 5** in Höhe des Anteils nicht zu erheben, zu dem der einzelne Teilnehmer am Vermögen dieser Gemeinschaft beteiligt wird. Dieser Anteil entspricht idR dem Verhältnis, in dem der Wert des auf die Umlegungsgemeinschaft übertragenen Gr zum Wert aller die Umlegungsmasse bildenden Gr steht. Sofern zwischen den

Gr ein räumlicher Zusammenhang besteht, bilden sie nach der Übertragung auf die Umlegungsgemeinschaft nur noch ein Gr iSd § 2 III. Durch das Umlegungsgebiet verlaufende Straßen heben einen räumlichen Zusammenhang nicht auf. Auf den **„Rückerwerb"** des neu gebildeten Gr durch den einzelnen Umlegungsteilnehmer ist gem. **§ 7 II** GrESt insoweit nicht zu erheben, wie der Wert dieses Gr dem Wert des Anteils entspricht, mit dem der Umlegungsteilnehmer am Vermögen der Umlegungsgemeinschaft beteiligt war. Ist das durch den Umlegungsteilnehmer erworbene neu entstandene Gr teilweise aus dem von ihm eingebrachten Gr gebildet worden, ist außerdem unter den Voraussetzungen des **§ 16 II Nr. 1** anteilige GrESt weder für die Übertragung des betreffenden flächenmäßigen GrAnteils auf die Umlegungsgemeinschaft noch für den Erwerb dieses GrAnteils aus der Umlegungsmasse zu erheben (vgl. GLE 18.2.2020, BStBl. I 2020, 282 bis 28.12.2020; GLE 3.6.2021, BStBl. I 2021, 731 für die Zeit nach dem 28.12.2020). Für den verbleibenden Mehrerwerb gilt § 3 Nr. 1.

23a **Bemessungsgrundlage** für den Erwerb der GbR sowie der Umlegungsteilnehmer ist (soweit keine Steuerbefreiung eingreift) wegen der jeweils zugrundeliegenden gesellschaftsvertraglichen Grundlage der Bedarfswert (§ 8 II Nr. 2); § 9 I Nr. 2 findet keine Anwendung.

VIII. Berechnung der Steuerbegünstigung

24 Der **Wert des TeilGr,** der nach § 7 I und II den Erwerbsgegenstand bildet, richtet sich nach seinem gemeinen Wert (§ 9 BewG). Bei einem GrTausch – dem eine Realteilung nach § 7 zugrunde liegt – ist bei der Berechnung der GrESt als Wert des Gr, der jeweils die Gegenleistung für das erworbene Gr bildet, der gemeine Wert anzusetzen (→ § 9 Rn. 108 ff.). Denn idR geht jeder Tauschpartner bei der Beantwortung der Frage, ob sich die beiderseitigen Leistungen ausgleichen oder ob eine Zuzahlung von seiner Seite oder der Gegenseite gerechtfertigt ist, von den gemeinen Werten der TauschGr aus. Dies gilt auch, wenn ein GrTeil im Tauschwege erworben wird (BFH II 21/51 S, BStBl. III 1951, 154; Hofmann/Dorn § 7 Rn. 8).

Für die Ermittlung der festzusetzenden GrESt in den Fällen des § 7 I und II ist zunächst die GrESt von der Gegenleistung zu berechnen und von der so errechneten Steuer sodann die unerhoben bleibende GrESt abzusetzen. Für die Ermittlung der nicht zu erhebenden Steuer gilt folgende Formel (BFH II 73/54 U, BStBl. III 1955, 11):

$$\frac{\text{Nicht zu erhebende Steuer}}{\text{volle Steuer}} = \frac{\text{Wert des Bruchteils}}{\text{Wert des TeilGr}}$$

25 Werden **mehrere Gr** unter den Miteigentümern flächenmäßig aufgeteilt, ist der Umfang der nicht zu erhebenden GrESt, für jedes Gr grds. gesondert zu prüfen (BFH II 69/56 U, BStBl. III 1957, 69). Gleiches gilt, wenn einer Gesamthand mehrere Gr gehören, die unter den Gesamthändern aufgeteilt werden.

26 Werden **Ausgleichszahlungen** nicht vereinbart, so wird man in der Regel davon ausgehen können, dass die Teilung entsprechend der bisherigen Berechtigung erfolgt, dh im vollen Umfang grestfrei ist. Zahlt der erwerbende Teil zu, so wird in aller Regel davon ausgegangen werden können, dass seine zusätzliche Leistung (§ 9 II Nr. 1) die Gegenleistung für denjenigen GrTeil darstellt, den er über die ihm vorher zustehende Quote erhält; sie ist dann Bemessungsgrundlage der zu erhebenden GrESt.

IX. Interpolation

Nach dem Grundgedanken des § 7 sollen nur echte Wertverschiebungen (dh die Erweiterung der Berechtigung an einem Gr) der GrESt unterliegen. Die Besonderheit der Vermögensbindung des Miteigentümers bzw. Gesamthandsberechtigten bei der Umwandlung von gemeinschaftlichem Eigentum in Flächeneigentum rechtfertigt es, den begünstigten Personenkreis des § 7 durch interpolierende Betrachtung mit den personenbezogenen Befreiungsvorschriften (§ 3 Nr. 2–7) zu erweitern. Beispiele sind jeweils am Ende der Erl. zu § 3 Nr. 4, 5 und 6 angeführt. **27**

Dritter Abschnitt. Bemessungsgrundlage

§ 8 Grundsatz

(1) Die Steuer bemißt sich nach dem Wert der Gegenleistung.

(2) [1]Die Steuer wird nach den Grundbesitzwerten im Sinne des § 151 Absatz 1 Satz 1 Nummer 1 in Verbindung mit § 157 Absatz 1 bis 3 des Bewertungsgesetzes bemessen:
1. wenn eine Gegenleistung nicht vorhanden oder nicht zu ermitteln ist;
2. bei Umwandlungen auf Grund eines Bundes- oder Landesgesetzes, bei Einbringungen sowie bei anderen Erwerbsvorgängen auf gesellschaftsvertraglicher Grundlage;
3. in den Fällen des § 1 Absatz 2a bis 3a;
4. wenn zwischen den an einer Umwandlung beteiligten Rechtsträgern innerhalb des Rückwirkungszeitraums im Sinne der §§ 2, 20 Absatz 6 oder § 24 Absatz 4 des Umwandlungssteuergesetzes ein Erwerbsvorgang nach § 1 Absatz 1 Nummer 1 verwirklicht wird, der Wert der Gegenleistung geringer ist als der Grundbesitzwert nach § 151 Absatz 1 Satz 1 Nummer 1 in Verbindung mit § 157 Absatz 1 bis 3 des Bewertungsgesetzes und die Umwandlung ohne diesen Erwerbsvorgang eine Besteuerung nach § 1 Absatz 1 Nummer 3, Absatz 3 oder Absatz 3a ausgelöst hätte.

[2]Erstreckt sich der Erwerbsvorgang auf ein noch zu errichtendes Gebäude oder beruht die Änderung des Gesellschafterbestandes im Sinne des § 1 Absatz 2a oder 2b auf einem vorgefaßten Plan zur Bebauung eines Grundstücks, ist der Wert des Grundstücks abweichend von § 157 Absatz 1 Satz 1 des Bewertungsgesetzes nach den tatsächlichen Verhältnissen im Zeitpunkt der Fertigstellung des Gebäudes maßgebend.

Übersicht

A. Bedeutung

§§ 8, 9 enthalten die näheren Bestimmungen über die Bemessungsgrundlage der GrESt. § 8 II wurde durch das **JStG 1997** dahingehend geändert, dass sich die GrESt anstelle des bis zum 31.12.1996 (§ 23 IV 2) maßgeblichen Werts des Gr (Einheitswert, dazu der durch das JStG 1997 aufgehobene § 10) nunmehr nach dem **Grundbesitzwert** (§ 138 II bis IV BewG aF) bemisst (→ Rn. 95 ff.). Damit erfolgt nunmehr in den Anwendungsfällen des § 8 II anstelle der früheren Einheitsbewertung eine Bewertung anlässlich des einzelnen Steuerfalls **(Bedarfsbewertung).** 1

Durch das **JStG 1997** wurde ferner der Anwendungsbereich des § 8 II auf Erwerbsvorgänge auf gesellschaftsvertraglicher Grundlage erweitert. Durch das 2

StEntlG 1999 ff. wurde § 8 II um S. 2 ergänzt und § 8 II 1 Nr. 2 und 3 geändert. Durch das **JStG 2008** wurde § 8 II redaktionell geändert, indem der bisherige Verweis in S. 1 auf die Werte iSd § 138 II oder III BewG durch den Verweis auf die Werte iSd § 138 II bis IV BewG ersetzt wurde. Ferner wurde in § 8 II 2 der bisherige Verweis auf § 138 I 2 BewG durch den auf § 138 I 1 BewG ersetzt. Der Anwendungsbereich des § 8 II 1 Nr. 3 wurde durch das AmtshilfeRLUmsG auch auf Erwerbsvorgänge iSd § 1 IIIa ausgedehnt (zur erstmaligen Anwendung § 23 XI).

3 Auf die **Entscheidung des BVerfG 23.6.2015** (1 BvL 13/11 und 14/11, BStBl. II 2015, 871) hat der Gesetzgeber für die Zeit nach dem 31.12.2008 die bisherige Bemessungsgrundlage nach § 138 II bis IV BewG aF durch den **Verweis auf § 151 I 1 Nr. 1 iVm § 157 I bis III BewG ersetzt.** Dazu → Rn. 70 ff. Durch das **GrEStGÄndG vom 12.5.2021** (BGBl. 2021 I 986) wurde **§ 8 II 1 Nr. 3** dahin geändert, dass auch in Fällen des neuen § 1 IIb die Grundbesitzwerte des § 151 I 1 Nr. 1 iVm § 157 I–III maßgebend sind. Es wurde ferner **§ 8 II 1 Nr. 4** eingefügt, der in Fällen des §§ 2, 20 VI und 24 IV UmwStG innerhalb des ertragsteuerlichen Rückwirkungszeitraums die Besteuerung nach den Grundbesitzwerten vorsieht. Schließlich wurde in **§ 8 II 2** die Geltung auch für 1 IIb erweitert (vgl. BT-Drs. 19/13437, 13).

B. Gegenstand des Erwerbsvorgangs

4 **§ 8** trifft die grundlegende Weichenstellung über die als **Bemessungsgrundlage** anzusetzenden Werte. Nach § 8 I ist Bemessungsgrundlage die Gegenleistung (dazu näher § 9). In den in § 8 II 1 **enumerativ** aufgeführten Ausnahmefällen ist hingegen der Grundbesitzwert (jetzt § 151 I S. 1 Nr. 1 iVm 157 I–III BewG als Bemessungsgrundlage anzusetzen. § 8 II sollte in seiner ursprünglichen Fassung des GrEStG 1983 dem Umstand Rechnung tragen, dass nicht bei allen Verkehrsvorgängen in Bezug auf Gr eine Gegenleistung erbracht wird. Dieser Rechtsgedanke tritt jedoch hinter § 8 II 1 Nr. 2 zurück, weil hier an sich eine Gegenleistung vorhanden ist.

5 Zentraler Ausgangspunkt für den Umfang der nach §§ 8 I, 9 anzusetzenden Bemessungsgrundlage ist, in welchem **Zustand** die Vertragsbeteiligten das Gr zum **Gegenstand des Erwerbsvorgangs** gemacht haben (BFH II R 20/08, BStBl. II 2010, 495 mwN). Zur Gegenleistung gehören alle Aufwendungen des Erwerbers für den Erwerb des Gr in dem Zustand, in dem es Gegenstand des Erwerbsvorgangs war (BFH II R 38/14, BStBl. II 2017, 1005; II R 33/08, BFH/NV 2010, 838 mwN). Im Hintergrund steht dabei die Erkenntnis, dass die Gegenleistung Ausfluss einer privatautonomen Entscheidung ist und die Steuerpflichtigen regelmäßig wegen der gegenläufigen Interessen den am Stichtag maßgeblichen gemeinsamen Wert des Grundstücks zugrunde legen (BVerfG 1 BvL 13/11, 14/11, BStBl. II 2015, 871).

6 Die Bemessung der GrESt kann selbstverständlich nur für einen **Erwerbsvorgang** (§ 1 I–IIIa) in Bezug auf ein **Gr** (§ 2; zu Gesamtgegenleistungen → Rn. 40 ff.) erfolgen. Der **Gegenstand** des Erwerbsvorgangs verweist auf den für den Erwerbsgegenstand (Gr) maßgebenden (tatsächlichen) Zustand des Gr. Dieser (tatsächliche) Zustand des Gr (zB erschlossen oder unerschlossen, bebaut oder unbebaut, bei aufstehendem Gebäude zB renoviert oder unrenoviert) ist (etwa im Hinblick auf die Einbeziehung von Erschließungs- oder Baukosten

für eine künftige GrBebauung) **notwendiger Ausgangspunkt** für die Ermittlung des Werts der Gegenleistung bzw. des Grundbesitzwerts. Der als Gegenstand des Erwerbsvorgangs ermittelte (tatsächliche) Zustand des Gr ist mithin das **Bindeglied zwischen** den **Steuertatbeständen** (§ 1 I–III) **und** der **Bemessungsgrundlage** nach §§ 8 I, 9 (Pahlke NWB F 8, 1239). Diese Zusammenhänge verdeutlicht der durch das StEntlG 1999 ff. eingefügte § 8 II 2.

In **Ausnahmefällen** kann darüber hinaus auch der Aufwand für einen noch herzustellenden künftigen Zustand eines **anderen Gr,** das nicht Gegenstand des Erwerbsvorgangs ist, als Gegenleistung zu behandeln sein. Voraussetzung ist jedoch, dass die entspr. Maßnahmen auf die Nutzbarkeit des erworbenen Gr einwirken und mit dessen tatsächlicher Veränderung vergleichbar sind (BFH II R 18/08, BStBl. II 2010, 497 betr. Kostenübernahme für Ausgleichsmaßnahmen nach § 135a BauGB). **7**

In der Praxis stellt sich die Frage nach dem Gegenstand des Erwerbsvorgangs in erster Linie beim Erwerb von Gr in einem künftigen (zB noch zu bebauenden) Zustand; diese Problematik wird in → § 9 Rn. 3 ff. zusammenfassend behandelt. Zu öffentlich-rechtlichen Leistungspflichten vgl. → Rn. 19 ff. **8**

einstweilen frei **9**

C. Wert der Gegenleistung als Regelbemessungsgrundlage (§ 8 I)

I. Begriff der Gegenleistung

Allgemeines. Das GrEStG enthält keine gesetzliche Definition des in § 8 I und § 9 verwendeten Begriffs der Gegenleistung. Im Grundsatz knüpft das GrEStG an den Gegenleistungsbegriff des **bürgerlichen Rechts** (§§ 241 I, 316, 320, 323, 326 BGB) an. Danach gehört bei einem GrGeschäft all das zur Gegenleistung, was der Veräußerer nach dem maßgeblichen Verpflichtungsgeschäft vom Erwerber zu fordern berechtigt ist. §§ 8 I und 9 verleihen dem Gegenleistungsbegriff jedoch einen **über das bürgerliche Recht hinausgehenden eigenständigen** spezifisch **grestrechtlichen Inhalt** (BVerfG NJW 1990, 2375; BFH II R 94/87, BStBl. II 1990, 590; II R 28/09, BStBl. II 2011, 227; II R 37/18, BStBl. II 2020, 236). Das gilt zB für die sich kraft Gesetzes vollziehenden Erwerbsvorgänge (§ 1 I Nr. 3), bei denen – vorbehaltlich des § 8 II – ebenfalls auf die Gegenleistung abzustellen ist. Ferner sind unter näheren Voraussetzungen (vgl. § 9 II Nr. 3 u. 4) auch Leistungen von Dritten oder an Dritte als Gegenleistung zu erfassen. Eine Vorprägung des Gegenleistungsbegriffs durch verwandte Begriffe in anderen Rechtsgebieten besteht nicht. Deshalb kann eine Gegenleistung iSd §§ 8 I, 9 unabhängig davon vorliegen, ob ein Leistungsaustausch im umsatzsteuerlichen Sinne gegeben ist oder ob die jeweilige Leistung zu den Anschaffungskosten eines Gr im einkommensteuerlichen Sinne gehört (BFH II R 89/74, BStBl. II 1977, 671; II R 28/86, BStBl. II 1989, 466). **10**

Gegenleistungsbegriff. Zur Gegenleistung im grestrechtlichen Sinne gehört **jede Leistung,** die der **Erwerber als Entgelt für den Erwerb des Gr gewährt oder** die der Veräußerer als Entgelt für die Veräußerung des Gr **empfängt** (Wert der Gegenleistung, zB BFH II R 115/86, BStBl. II 1990, 440; II R 6/04, BStBl. II 2005, 651; II R 28/09, BStBl. II 2011, 227; II R 1/08, BFH/NV 2009, 1666; II R 16/14, BFH/NV 2017, 1267; II R 7/15, BStBl. II 2018, 23; II R 37/18, **11**

BStBl. II 2020, 236, stRspr). Der Erwerb des Gr und die Gegenleistung müssen kausal verknüpft sein; nicht erforderlich ist, dass die Gegenleistung zwischen Erwerber und Veräußerer ausgetauscht wird (BFH II R 28/86, BStBl. II 1989, 466; II R 22/03, BStBl. II 2005, 301; VII R 1 2/04, BFH/NV 2005, 651, stRspr). Außerhalb dieser Verknüpfung stehende Leistungen, die nur aus **Anlass** des Erwerbsvorgangs erfolgen oder bloßes **Motiv** für die Bemessung des Kaufpreises sind, gehören nicht zur Gegenleistung. Dies gilt zB für Schenkung an Dritte aus Anlass eines GrErwerbs oder vom GrVerkäufer bei Bemessung des Kaufpreises gehegte Erwartungen an den Erwerber (BFH II 172/64, BStBl. II 1969, 668) oder das allgemeine Unternehmerwagnis, das ein Erwerber im Zusammenhang mit einer Betriebsübernahme eingeht (BFH II R 9/92, BStBl. II 1995, 268). Keine Erhöhung der Gegenleistung tritt ein, wenn bei einem Erwerb nach **§ 3 VIIb iVm § 7 AusglLeistG** weitere **Flächen** unter Anrechnung auf den bereits gezahlten und später teilweise herabgesetzten Kaufpreisaufschlag **hinzuerworben werden** (BFH II R 7/15, BStBl. II 2018, 23).

12 **1. Objektive Sach- und Rechtslage.** Die Gegenleistung ist allein nach der **objektiven Sach- und Rechtslage** zu bestimmen (BFH II 128/57 U, BStBl. III 1958, 280). Insoweit korrespondiert die als Bemessungsgrundlage anzusetzende Gegenleistung mit dem durch die jeweilige zivilrechtliche Gestaltung bewirkten wirtschaftlichen Erfolg. Eine Gegenleistung setzt daher keinen gegenseitigen Vertrag (§§ 320 ff. BGB) voraus (BFH II 128/57 U, BStBl. III 1958, 280) und kann deshalb zB auch bei einem GrBeschaffungsauftrag vorliegen. Nicht ausschlaggebend ist, ob die Vertragsparteien eine Leistung als Gegenleistung bezeichnen (BFH II R 28/09, BStBl. II 2011, 227), sondern zu welchen Leistungen sie sich tatsächlich verpflichtet haben (BFH II R 84/70, BStBl. II 1976, 128; II R 122/70, BStBl. II 1976, 299; II R 6/04, BStBl. II 2005, 651; II R 40/06, BFH/NV 2008, 2060, stRspr). Über das Vorliegen einer Gegenleistung hat das FG zu entscheiden (FG Mecklenburg-Vorpommern 1 K 233/22, EFG 2024, 1961, Rev. BFH II R 11/24). Für die Bestimmung der Gegenleistung ist allein darauf abzustellen, was nach dem Inhalt der Vereinbarung rechtlich Gegenleistung für den Erwerb des Gr ist. Auch die wirtschaftlichen Erwartungen und Motive der Parteien sind für § 8 I – ebenso wie für die Steuertatbestände des § 1 (→ § 1 Rn. 9) – ohne Bedeutung (BFH II R 40/06, BFH/NV 2008, 2060).

13 Eine Gegenleistung kann als Bemessungsgrundlage nur angesetzt werden, soweit sie sachlich auf das **Gr iSv § 2** bezogen ist (BFH II R 28/86, BStBl. II 1989, 466; II R 54/98, BStBl. II 2000, 143; II R 35/96, BFH/NV 1998, 1527; Einzelheiten → § 2 Rn. 11 ff.). Nicht für das Gr iSv § 2 – sondern zB zur Abgeltung von Schadensersatzansprüchen des Veräußerers, für zusammen mit einem Gr erworbene Baupläne (BFH II R 54/98, BStBl. II 2000, 143), für vom GrVeräußerer gelieferte Baustoffe für ein in Eigenregie des Erwerbers zu errichtendes Gebäude (vgl. → § 9 Rn. 37), für unter § 2 I 2 Nr. 1 fallende Maschinen oder für den Anspruch auf künftige Erbbauzinsen (§ 2 I 2 Nr. 3) – erbrachte Leistungen gehören nicht zur Gegenleistung. In solchen Fällen bedarf es ggf. einer anteiligen Kürzung der Bemessungsgrundlage (→ Rn. 40 ff.). Auch ein Wald mit aufstehenden Bäumen im Alter von 80–120 Jahren sind Gegenleistung iSd §§ 8 und 9 (FG Mecklenburg-Vorpommern 1 K 180/23, EFG 2024, 1786, Rev. BFH II R 23/24).

14 **2. Wertverhältnis Leistung und Gegenleistung.** Das **Wertverhältnis zwischen Leistung und Gegenleistung** ist für § 8 I ohne Bedeutung (BVerfG 1

BvL 13/11 und 14/11, BStBl. II 2015, 871; II R 40/06, BFH/NV 2008, 2060; II R 18/10, BFH/NV 2012, 608); allerdings kann ein GrKaufvertrag bei grobem Missverhältnis von Leistung und Gegenleistung wegen Sittenwidrigkeit nichtig sein (so zB BGH NJW-RR 2011, 880; BGH V ZR 249/12, NJW 2014, 1652). Der Wert der Gegenleistung ist nach § 8 I auch dann Bemessungsgrundlage, wenn er **außergewöhnlich niedrig** ist und hinter dem Verkehrs- oder Steuerwert des Gr zurückbleibt (BFH II 172/64, BStBl. II 1969, 668; II R 95/86, BStBl. II 1990, 186; II R 9/92, BStBl. II 1995, 268; II B 54/02, BStBl. II 2003, 483; II R 81/94, BFH/NV 1997, 613; II R 65/04, BFH/NV 2006, 2128; zur Problematik – sofern nicht § 8 II 1 Nr. 2 eingreift – beim Erwerb eines Gr durch einen Gesellschafter von einer PersGes zum Buchwert → § 9 Rn. 78, 184 f.; zur Erbbaurechtsbestellung zu einem außergewöhnlich niedrigen Erbbauzins → § 9 Rn. 169; der **Verkehrswert** des Gr ist **keine Hilfsbemessungsgrundlage.** Das GrEStG fragt also – von den Fällen des § 8 II abgesehen – **nicht** danach, **was** der **Erwerber** des Gr **erhält, sondern was** er für den Erwerb des Gr **hinzugeben** hat (BFH II 172/64, BStBl. II 1969, 668; II R 6/04, BStBl. II 2005, 651). Diese Fragen stellen sich auch, soweit ein Grundstück im Zusammenhang mit einer Umwandlung durch eine Einzelübertragung auf den Zielrechtsträger übergeht (dazu Jacobsen UVR 2009, 145 (152 f.); Wagner/Knipping DB 2015, 1860 (1864)). Leistungen an Dritte (§ 9 II Nr. 3 und 4) sind ggf. gesondert zu betrachten (BFH II R 19/20, BStBl. II 2023, 1015 = DStR 2023, 2007 mAnm Kugelmüller-Pugh).

Vor dem Hintergrund der im **BVerfG** 23.6.2015 (1 BvL 13/11, 1 BvL 14/11, **14a** BStBl. II 2015, 871) herausgestellten **annähernd gleichen Bewertung nach § 8 I und II** (→ Rn. 101) wird jedoch – soweit der Vorgang nicht dem ErbStG unterfällt – stets zu prüfen sein, ob eine Bewertung nach § 8 I zutreffend den Gegenwert des Gr abdeckt oder ob auf die Ersatzbemessungsgrundlage des § 8 II abgestellt werden muss.

3. Symbolischer GrKaufpreis (zB 1 EUR). Auch einem GrKaufpreis von **15** **1 EUR** kann nicht generell die Eigenschaft einer grestrechtlich maßgeblichen Gegenleistung iSd § 8 I abgesprochen werden. Dies setzt allerdings **besondere Umstände** voraus, aus denen sich die Ernsthaftigkeit der Kaufpreisvereinbarung ergibt; dieser Kaufpreis muss sich überhaupt in eine Relation zum Wert des übertragenen Gr bringen lassen und **ernsthaft vereinbart** worden sein (BFH II R 9/92, BStBl. II 1995, 268; II R 59/11, BFH/NV 1996, 578; II R 65/04, BFH/NV 2006, 2128; II B 61/10, BFH/NV 2011, 307; vgl. auch Viskorf/Kugelmüller-Pugh § 8 Rn. 53). Hingegen ist ein Kaufpreis von 1 EUR nur **symbolischer Natur** und nicht als Gegenleistung iSd § 8 I anzuerkennen, wenn er in einem so krassen Missverhältnis zum Wert des Gr steht, dass er sich dazu in keinerlei Relation bringen lässt und daher nicht ernsthaft vereinbart ist; in diesem Fall ergibt sich die Bemessungsgrundlage aus § 8 II 1 Nr. 1 (BFH II R 68/04, BStBl. II 2006, 632; Teiche UVR 2005, 115; vgl. auch → Rn. 74). Maßgebend für die Abgrenzung ist der Vertragswille der Beteiligten unter Berücksichtigung des gesamten Vertragsinhalts (zum symbolischen Kaufpreis bei GrErwerb durch Tochtergesellschaft vgl. Schanko UVR 2012, 158). Ein Kaufpreis von 1 EUR kann insb. dann ernsthaft vereinbart sein, wenn ihm eine nachvollziehbare **ernsthafte Kalkulation** eines oder beider Vertragsbeteiligter über den Wert des Gr einerseits und mit dem GrErwerb verbundener Aufwendungen (zB notwendige Abriss- oder Sanierungskosten eines auf dem Gr aufstehenden Gebäudes) zugrunde liegt (vgl. zB BFH II R 65/04, BFH/NV 2006, 2128; II B 31/06, BFH/NV 2007, 972).

Vom GrErwerber kalkulierte (eigennützige) Aufwendungen im Zusammenhang mit einer künftig beabsichtigten GrNutzung (zB Abrisskosten für aufstehende Bebauung) scheiden als Grundlage eines ernsthaft vereinbarten Kaufpreises von 1 EUR aus (BFH II B 31/06, BFH/NV 2007, 972).

Bei Vorliegen einer ernsthaften Kalkulation kann sich an der Maßgeblichkeit des § 8 I auch dann nichts ändern, wenn eine Gegenleistung von **0 EUR** vereinbart ist (BFH II R 65/04, BFH/NV 2006, 2128). Auch einer solchen Vereinbarung kann unter den vorgenannten Voraussetzungen die ernsthafte Vorstellung der Vertragsbeteiligten zugrunde liegen, dass dem Gr keinerlei positiver Wert zukommt. Demgegenüber kann § 8 II 1 Nr. 1 nur eingreifen, wenn die Vertragsbeteiligten gerade keine Vorstellung vom Wert des Gr entwickelt haben.

16 **4. Abstandnahme von Ermittlungen.** Die FVerw hat in koord. Erlassen zur Verwaltungsvereinfachung bei der Ermittlung der Gegenleistung für bestimmte Sachverhalte angeordnet, von Ermittlungen bzw. Überwachungen Abstand zu nehmen (**Erlasse Verwaltungsvereinfachung,** zB FM Bayern 13.12.1984/26.1.2001, HEB 2024 § 9 GrEStG § 9 Rn. 51 ff.; FM Nds 14.1.2020, DB 2020, 313).

II. Eigennützige Erwerberleistungen

17 Eine „Gegenleistung" setzt schon begrifflich eine **Verknüpfung** von zwei Leistungen zwischen dem Leistenden und dem Leistungsempfänger (der gem. § 9 II Nr. 3 auch ein Dritter sein kann) voraus. Eine Gegenleistung liegt daher – entspr. dem allein der GrESt unterworfene GrWechsel auf einen anderen Rechtsträger (→ § 1 Rn. 18) – nur vor, wenn der Erwerber einem **anderen** gegenüber eine Leistung erbringt. Daran fehlt es bei sog. **eigennützigen Erwerberleistungen,** die nur dem Erwerber – ggf. auch kraft Gesetzes, zB § 448 II BGB – zugute kommen (zB BFH II R 28/09, BStBl. II 2011, 227 mwN betr. Sanierungsverpflichtung bei Erbbaurechtsbestellung, auch → § 9 Rn. 169; Weber DB 1989, 71). Dabei sind „eigennützige Erwerberleistungen" kein eigenständiger (grestrechtlicher) Rechtsbegriff, sondern lediglich die Umschreibung der dem Gegenleistungsbegriff gezogenen Grenze.

17a Ist zB Gegenstand eines Erwerbsvorgangs das **unbebaute Gr** und veranlasst der Erwerber selbst eine Bebauung des erworbenen Gr, so gehören die **Baukosten** nicht zur Gegenleistung (OFH RFHE 54, 392; BFH II R 16/00, BStBl. II 2002, 431/433; II R 81/00, BStBl. II 2003, 199; II B 74/89, BFH/NV 1990, 596; II R 46/93, BFH/NV 1996, 578; II R 3/10, BFH/NV 2011, 303; vgl. auch → § 9 Rn. 14, 16, 19, 52). Das lässt sich im Umkehrschluss auch aus § 2 II Nr. 2 entnehmen, der Gebäude auf eigenem Boden aus dem Anwendungsbereich des GrEStG ausscheidet. Gleiches gilt für eine vom Erwerber übernommene Verpflichtung zur Gebäuderenovierung (vgl. NdsFG III 530/89, EFG 1991, 275; eine eigennützige Erwerberleistung liegt jedoch nur dann vor, sofern nicht die Gebäuderenovierung selbst Gegenstand des Erwerbsvorgangs und letztlich dem Veräußerer zuzurechnen ist, zutr. SächsFG 1 K 181/95, EFG 1996, 600), zur Wiederaufforstung eines Gr (RFH RStBl. 1931, 853), zur Durchführung von Bodenverdichtungsmaßnahmen (FG Münster 8 K 2154/94 GrE, EFG 1997, 819) oder Abbruchkosten (→ § 9 Rn. 107 Abbruchkosten); die dem Erwerber insoweit entstehenden Aufwendungen gehören daher nicht zur Gegenleistung. Keine Gegenleistung ist aus den vorstehenden Gründen auch der Wert einer **Erbbauzinsreallast,** die für den

Eigentümer eines erbbaurechtsbelasteten Gr bei Erwerb des Erbbaurechts entsteht (BFH II R 64/06, BStBl. II 2008, 486).

Auch **Eigenleistungen** (zB Handwerksarbeiten) sind eigennützige Erwerberleistungen, die vom Erwerber im Zusammenhang mit dem Erwerb eines noch zu bebauenden Gr erbracht werden (BFH II R 58/81, BStBl. II 1983, 336; II R 41/88, BStBl. II 1990, 921; Heine UVR 2013, 22; → § 9 Rn. 37, 52). Ebenso gehören in **Gruppenselbsthilfe** erbrachte Eigenleistungen nicht zur Gegenleistung (FM Bayern 1.10.1985, BeckVerw 027372). Nachträglich vereinbarte Eigenleistungen sind uU gem. § 16 III Nr. 1 zu berücksichtigen. 18

III. Gegenleistung und öffentlich-rechtliche Leistungspflichten bzw. Vorteile

1. Allgemeines. Erhebliche praktische Bedeutung hat die Frage, unter welchen Voraussetzungen im Zusammenhang mit einem GrErwerb anfallende öffentlich-rechtliche „Pflichtleistungen", insb. Abgaben (zB Erschließungsbeiträge gem. §§ 127 ff. BauGB oder Kanal- oder Straßenausbaubeiträge nach den Kommunalabgabengesetzen der Länder) oder sonstige im öffentlichen Recht begründete (gesetzliche) Leistungspflichten (zB Altlastensanierung oder bauordnungsrechtliches Gebot zur Beseitigung von Bauwerken) zur Gegenleistung zählen. Umgekehrt kann fraglich sein, ob im Zusammenhang mit einem Erwerbsvorgang durch das öffentliche Recht vermittelte Vorteile als Gegenleistung zu erfassen sind. Die gesetzliche (vgl. § 446 S. 2 BGB) Pflicht des GrKäufers zur Lastentragung (zB Grundsteuer) tritt erst ab GrÜbergabe ein (vgl. auch → § 9 Rn. 107 „Grundstückslasten"). 19

Die erforderliche Verknüpfung zwischen GrErwerb und Gegenleistung setzt (soweit nicht, wie zB durch § 9 I Nr. 7, etwas anderes gesetzlich bestimmt ist) grds. voraus, dass sie eine **Grundlage in** einer **(privatautonomen) Gestaltung** findet. Die Vorgaben des öffentlichen Rechts zur Herbeiführung eines (künftigen) GrZustands (zB GrErschließung nach Maßgabe des BauGB) entziehen sich einer (privatautonomen) Disposition der an einem Erwerbsvorgang Beteiligten. Deren wirtschaftliche Folgen sind „Reflex" der einem Träger öffentlicher Verwaltung überantworteten Aufgabenwahrnehmung und treten von Gesetzes wegen ein. Sofern und soweit die Vorgaben des öffentlichen Rechts reichen, sind die Grundsätze über die Maßgeblichkeit eines einheitlichen Erwerbsgegenstandes (→ § 9 Rn. 3 ff.) nicht anwendbar (zum Erschließungsrecht BFH II R 32/20, BStBl. II 2023, 255; II R 39/99, BStBl. II 2002, 93; II R 67/05, BStBl. II 2007, 614). Zum gleichen Ergebnis – dh Nichtvorliegen einer Gegenleistung – gelangt man aber auch, wenn eine vom Erwerber erfüllte öffentlich-rechtliche Pflicht (zB Bodensanierung gem. BBodSchG) als eigennützige Erwerberleistung qualifiziert wird (vgl. BFH II R 62/06, BStBl. II 2009, 854 = HFR 2009, 1219 mAnm Pahlke). 20

Eine vom GrErwerber ausdrücklich vertraglich übernommene öffentlich-rechtliche (Abgaben-) Pflicht, die erst künftig entstehen wird, ist keine Gegenleistung. Anders ist dies, soweit der GrErwerber bereits eine **in der Person des GrVeräußerers entstandene öffentlich-rechtliche (Abgaben-)Pflicht** übernimmt; eine solche „Schuldübernahme" einer geldwerten Verpflichtung des Veräußerers ist in die Gegenleistung einzubeziehen. Bei nach öffentlichem Recht geschuldeten Leistungen ist daher zur Ermittlung der grestrechtlichen Gegenleistung danach zu differenzieren, in welchem tatsächlichen Zustand das Gr Gegenstand des 21

Erwerbsvorgangs ist (BFH II R 39/99, BStBl. II 2002, 93 mwN) bzw. zu welchem Zeitpunkt eine öffentlich-rechtliche Abgabenpflicht entsteht.

22 **2. Öffentlich-rechtliche „Pflichtleistungen" bzw. Vorteile.** Nach den vorstehenden Rechtsgrundsätzen kann eine Gegenleistung des GrErwerbers bezüglich solcher Vertragsgegenstände vorliegen, die einer (privatautonomen) Dispositionsbefugnis der Vertragsbeteiligten zugänglich sind. Ein solcher Vertragsgegenstand ist zB der Abschluss eines **Folgekostenvertrags** (§ 11 I 2 Nr. 3 BauGB) mit einer Gemeinde (vgl. zur Abgrenzung → § 9 Rn. 107 „Folgekostenvertrag") oder die Herstellung von Zuwegungen oder Anschlüssen an Ver- oder Entsorgungsleitungen auf (Privat-) Gr (insoweit handelt es sich nicht um Erschließungsanlagen iSd BauGB, vgl. BFH II R 39/99, BStBl. II 2002, 93).

23 **Keine Gegenleistung** sind hingegen mit dem GrErwerb verbundene **gesetzliche Pflichtleistungen** (BFH II R 1/02, BFH/NV 2004, 1120 betr. Versorgungsleistungen eines Trägers der Insolvenzsicherung nach dem BetrAVG) sowie infolge öffentlich-rechtlicher (Planungs-)Maßnahmen eintretende **Planungsvorteile** (zB Wertsteigerungen eines Gr infolge gemeindlicher Baulandausweisung). Erwirbt daher eine Gemeinde (zB im Rahmen des sog. **Einheimischenmodells**) einen Teil der von ihr durch Aufstellung eines Bebauungsplans und Sicherung der Erschließung baureif gemachten Gr, ist der beim GrVeräußerer eintretende **Wertzuwachs** der ihm im Plangebiet verbliebenen GrFlächen keine Gegenleistung der erwerbenden Gemeinde für ihren GrErwerb (BFH II R 22/03, BStBl. II 2005, 301). Dieser Wertzuwachs ist keine „Leistung", sondern Reflex der sich in öffentlich-rechtlich gebundener Aufgabenerfüllung vollziehenden Bauleitplanung. Eine Gegenleistung kann hier nur vorliegen, wenn sich die Gemeinde unter Verstoß gegen ihre rechtlichen Bindungen bei der Bauleitplanung aus § 2 III BauGB (rechtswidrig) zur Aufstellung eines Bebauungsplans vertraglich verpflichtet; in diesem Fall käme allerdings eine Gegenleistung nur in Gestalt des der Gemeinde entstandenen Planungsaufwands in Betracht.

24 **3. Behandlung von Erschließungs- und Folgekostenbeiträgen.** Ob vom Erwerber zu zahlende **Erschließungsbeiträge** bzw. -aufwendungen als grestrechtliche Gegenleistung zu erfassen sind, ist grds. danach zu beurteilen, in welchem tatsächlichen Zustand das Gr Gegenstand des Erwerbsvorgangs ist (BFH II R 32/20, BStBl. II 2023, 255; II R 39/99, BStBl. II 2002, 93 mwN) bzw. zu welchem Zeitpunkt eine öffentlich-rechtliche Abgabenpflicht entsteht (zu Einzelfragen vgl. auch Grziwotz DNotZ 2024, 895; ders. DStR 1994, 1014; Kupfer kösdi 2001, 914; Bruschke UVR 2002, 281; Baumann UVR 2003, 64; Grziwotz/Gottwald UVR 2005, 13; zur Auffassung der FVerw zu Erschließungs- und Folgekosten GLE 16.9.2015, BStBl. I 2015, 823 = HEB 2024 § 9 GrEStG § 9 Rn. 25 ff.). Die erforderliche Vertragsauslegung muss die Grenzen der Auslegung, insb. hinsichtlich der gesetzeskonformen Auslegung und der Abgrenzung zwischen Privatrecht und öffentlichem Recht, beachten (BFH II R 32/20, BStBl. II 2023, 255; vgl. auch BFH II R 56/74, BStBl. II 1979, 577).

25 **Maßgeblicher Grundstückszustand.** Auch für öffentlich-rechtliche Pflichten bzw. kraft öffentlichen Rechts herbeizuführende künftige GrZustände gilt für die Ermittlung einer Gegenleistung der allg. Grundsatz, dass ein Gr **nicht** in einem bei Abschluss des Verpflichtungsgeschäfts bereits **zeitlich zurückliegenden Zustand** Gegenstand des Erwerbsvorgangs sein kann (vgl. → § 9 Rn. 7).

26 Ist ein Gr bei Abschluss des GrKaufvertrags bereits **tatsächlich erschlossen,** gehört ein zur Abgeltung der vorhandenen Erschließung gesondert ausgewiesener

Betrag zur Gegenleistung (BFH II R 32/20, BStBl. II 2023, 255; II R 39/99, BStBl. II 2002, 93; II R 67/05, BStBl. II 2007, 614; II R 20/08, BStBl. II 2010, 495); ein solches Gr kann nicht mehr als „unerschlossen" erworben werden. Eine „Erschließung" iSd BauGB ist bei Vorhandensein der entspr. Erschließungsanlagen (dh Verkehrs-, Grün- Abwasseranlagen, Versorgung mit Elektrizität, Gas, Wärme und Wasser) gegeben (BFH II R 39/99, BStBl. II 2002, 93); zu diesen Erschließungsanlagen gehören jedoch nicht die auf (Privat-)Gr notwendigen Zuwegungen und Anschlüsse an Ver- und Entsorgungseinrichtungen (BFH II R 39/99, BStBl. II 2002, 93). Zur unentgeltlichen Übertragung von Gr mit Erschließungsanlagen auf Gebietskörperschaften vgl. → Rn. 98.

Ist das Gr bei Abschluss des Verpflichtungsgeschäfts **tatsächlich unerschlossen,** können Leistungen des GrErwerbers für die Herstellung der künftigen Erschließung (gegenüber dem Erschließungsträger gem. § 124 I BauGB oder gegenüber der Gemeinde) nicht als Entgelt für den Erwerb des Gr behandelt werden (BFH II R 32/20, BStBl. II 2023, 255) Nur ausnahmsweise kann der Erschließungsvertrag dann als Gegenleistung erfasst werden, wenn das Gr bereits erschlossen ist (BFH II R 39/99, BStBl. II 2002, 93; II R 67/05, BStBl. II 2007, 614). Ist das Gr noch nicht erschlossen, ist wegen der Bindungen an das öffentliche Recht die Nichtigkeit einer privatrechtlichen Vereinbarung (§ 134 BGB) zu beachten (BFH II R 32/20, BStBl. II 2023, 255). Auch ein „hilfsweise" wirksamer privatrechtlicher Vertrag scheidet aus (BFH II R 32/20, BStBl. II 2023, 255). 27

Ist hiernach **Gegenstand** der zivilrechtlichen Übereignungsverpflichtung das **unerschlossene Gr** und **entsteht** die entspr. öffentlich-rechtliche Verpflichtung (zB Erschließungsbeitragspflicht) erst **nach Verwirklichung** des steuerbaren Erwerbsvorgangs, fehlt es schon begrifflich an einer Gegenleistung (BFH II R 51/00, BFH/NV 2001, 1297; II R 39/99, BStBl. II 2002, 93; II R 31/02, BStBl. II 2004, 521; vgl. auch → § 9 Rn. 11; zur Entstehung des Erschließungsbeitrags vgl. § 133 II BauGB sowie für den Kanal- oder Straßenausbaubeitrag die entspr. Regelungen in den Kommunalabgabengesetzen). Diese vom GrErwerber zu tragenden Aufwendungen sind, da sie vom Erwerber von Gesetzes wegen und zu seinem eigenen Vorteil erbracht werden, eigennützige Erwerberleistungen. Dies gilt ebenso für die von einem GrErwerber übernommene, jedoch noch nicht fällige Verpflichtung aus einem Folgekostenvertrag (→ § 9 Rn. 107 „Folgekostenvertrag"). 28

An dieser Beurteilung ändert sich auch dann nichts, wenn sich der Erwerber gegenüber dem Veräußerer **vertraglich** zur Übernahme noch **nicht entstandener Beitragsleistungen** verpflichtet (BFH II 188/65, BStBl. II 1971, 252; II R 39/99, BStBl. II 2002, 93; vgl. auch BFH II R 16/68, BStBl. II 1969, 90 betr. Verpflichtung zur Beitragszahlung für Kfz-Einstellplätze). Dem steht **§ 436 I BGB,** der unter näheren Voraussetzungen im Innenverhältnis der Vertragsparteien eine Kostentragungspflicht des Verkäufers für Erschließungs- und Anliegerbeiträge unabhängig vom Zeitpunkt der Entstehung der Beitragsschuld begründet, nicht entgegen. Diese Vorschrift normiert keine gesetzliche Lastenverteilung zwischen den Vertragsparteien, sondern enthält – wie schon die ausdrückliche Geltung nur bei fehlender anderweitiger Vereinbarung zeigt – eine bloße gesetzliche Ersatzregelung über die Risikoverteilung (Viskorf/Loose § 9 Rn. 287; vgl. auch Wilhelm NJW 2003, 1420). Die Vorschrift lässt damit die dem grestrechtlichen Gegenleistungsbegriff zugrunde liegende Lastenverteilung, die sich an der Beurteilung nach öffentlichem Recht ausrichtet, unberührt (Grziwotz DNotZ 2024, 895; Hofmann/Bock § 9 Rn. 16; Baumann UVR 2004, 64 (69)). 29

29a An einer Gegenleistung fehlt es auch, wenn sich der Erwerber eines tatsächlich unerschlossenen Gr gegenüber einem von der Gemeinde nach § 124 I BauGB beauftragten **privaten Erschließungsträger** zur Zahlung eines bestimmten Betrags für die zukünftige Erschließung verpflichtet (BFH II R 32/20, BStBl. II 2023, 255; II R 39/99, BStBl. II 2002, 93; dazu eingehend Grziwotz/Gottwald UVR 2005, 13 (19 f.)). Auch in diesem Fall ändert sich am öffentlichen Charakter der Erschließung nichts. Dies gilt ebenso dann, wenn sich ein **GrVerkäufer und gleichzeitiger Erschließungsträger** iSd § 124 I BauGB gegenüber dem GrKäufer vertraglich verpflichtet, die künftige GrErschließung entspr. dem mit der Gemeinde geschlossenen Erschließungsvertrag durchzuführen (BFH II R 67/05, BStBl. II 2007, 614 = HFR 2007, 768 mAnm Pahlke). Eine Herstellungsverpflichtung sollte der Erschließungsunternehmer nicht übernehmen (Grziwotz DNotZ 2024, 895).

30 Ausnahmsweise führt die vertragliche **Verpflichtung** des GrErwerbers **zur Tragung von Erschließungskosten** (und ebenso von anderen öffentlich-rechtlichen Abgaben) jedoch dann zu deren Einbeziehung in die Bemessungsgrundlage, wenn die Beitragsschuld bereits **vor** dem Zeitpunkt der **Verwirklichung** des Erwerbsvorgangs **entstanden** und gegen den GrVeräußerer geltend gemacht worden war. Insoweit ist der erschließungsbeitragsrechtliche Zustand des Gr maßgebend (zutr. Hofmann/Bock § 9 Rn. 17; vgl. auch BFH II 112/6, BStBl. II 1968, 690; II R 56/74, BStBl. II 1979, 577). In diesem Fall **wälzt** der **GrVeräußerer** eine **geldwerte Verpflichtung** auf den Erwerber **ab** (zur entspr. Problematik beim Erwerb kontaminierter Gr vgl. → Rn. 58 sowie → § 9 Rn. 107 „Altlasten"). Dies gilt auch für eine bereits entstandene Beitragspflicht bei **Kostenspaltung** (§ 127 III, § 132 Nr. 3 BauGB) für Teilmaßnahmen gem. § 133 II 1 BauGB (zutr. Viskorf/Loose § 9 Rn. 295). Die FVerw (GLE 16.3.2015, BStBl. I 2015, 823 Tz. 4.2.1.2) lehnt jedoch für diesen Fall eine gegenleistungserhöhende Berücksichtigung generell ab; hierfür fehlt eine sachliche Rechtfertigung.

31 Nicht zur Gegenleistung zählt eine vom GrVeräußerer bereits gezahlte und vertraglich auf den Erwerber abgewälzte **Vorausleistung** (§ 133 III 1 BauGB) auf den Erschließungsbeitrag (BFH II R 56/74, BStBl. II 1979, 577; II R 6/83, BStBl. II 1985, 373; Grziwotz/Gottwald UVR 2005, 13 (17)). Diese grestrechtliche Beurteilung ist sachgerecht, weil der Erwerber auch hinsichtlich der vom GrVeräußerer entrichteten Vorausleistungen gem. § 133 III 2 BauGB in die Rechtsposition des früheren Eigentümers eintritt (Battis/Krautzberger/Löhr BauGB § 133 Rn. 43 ff. mwN).

Ebenfalls nicht gegenleistungserhöhend ist ein auf den Erwerber im Zusammenhang mit der Erschließungsbeitragspflicht abgewälzter **Ablösungsbetrag,** den der GrVeräußerer aufgrund der mit einer Gemeinde geschlossenen Ablösungsvereinbarung an diese zu zahlen hat (BFH II R 31/02, BStBl. II 2004, 521; ähnlich FG Münster 8 K 6709/01 GrE, EFG 2003, 1724; Grziwotz/Gottwald UVR 2005, 13 (17)). Diese Beurteilung ist dadurch zu rechtfertigen, dass die materielle Ablösungswirkung erst in der Person des Erwerbers mit Zahlung des Ablösungsbetrags eintritt und – jedenfalls in erster Linie – diesem zugutekommt.

32 Bei dem GrErwerb **von** einer **Gemeinde** ist die Besonderheit zu beachten, dass diese für ihr eigenes Gr nicht erschließungsbeitragspflichtig ist (BVerwG DVBl. 1984, 188). Die Beitragspflicht kann hier erst nach Übereignung des Gr auf den Erwerber entstehen. Ein vom Erwerber noch zu entrichtender Erschließungsbeitrag (oder eine Vorausleistung auf den Erschließungsbeitrag) gehört daher nicht zur Gegenleistung (BFH II R 6/83, BStBl. II 1985, 373; Grziwotz DStR

1994, 1014). Es empfiehlt sich, bei dem Kauf von der Gemeinde keine Herstellungsverpflichtung in den Kaufvertrag aufzunehmen (Grziwotz DNotZ 2024, 895).

Häufig kommt es vor, dass Gemeinden bei dem Verkauf ihrer Gr auch die vom **33** Erwerber zu entrichtenden **Erschließungskosten in** den **Kaufpreis** einbeziehen. Aufgrund dieser kaufvertraglichen Vereinbarung haben die Gemeinden – unabhängig von der uU zweifelhaften Beitragspflicht dieser Gr – jedenfalls einen zivilrechtlichen Anspruch auf Zahlung der Erschließungskosten. Derartige Gestaltungen können wegen der nicht „hilfsweise" wirksamen privatrechtlichen Vereinbarung (BFH II R 32/20, BStBl. II 2023, 255) nicht der vertraglichen Abwälzung von Erschließungskosten gleichgestellt werden (Grziwotz DNotZ 2024, 563; Viskorf/Loose § 9 Rn. 300).

Auch bei GrErwerben von einer Gemeinde ist maßgeblich darauf abzustellen, **33a** ob das Gr in **tatsächlich erschlossenem oder unerschlossenem Zustand** Gegenstand des Erwerbsvorgangs ist. Im ersteren Fall gehört ein an die Gemeinde zu zahlendes privatrechtliches „Erschließungsentgelt" zur Gegenleistung (BFH II R 21/08, BFH/NV 2010, 679 betr. von der Gemeinde berechnete Kosten für Erschließung und Naturschutz-Ausgleichsmaßnahmen). Gleichzustellen ist der Fall, dass eine Gemeinde ein tatsächlich unerschlossenes Gr als voll erschlossenes Gr verkauft und in voll erschlossenem Zustand zum Gegenstand der rechtlichen Übereignungsverpflichtung (nach den insoweit geltenden Beurteilungsgrundlagen, → § 9 Rn. 8 ff.) macht; in diesem Fall ist trotz der Erschließungslast der Gemeinde die Gegenleistung für die Erschließung ein Teil der Gegenleistung (BFH II R 9/21, BFH/NV 2022, 1194 unter Bestätigung von FG Münster 8 K 1438/19 GrE, EFG 2021, 1136; BFH II R 31/20, BFH/NV 2023, 15 unter Bestätigung von FG Hess 5 K 1373/19, EFG 2021, 52). Im letzteren Fall kann eine Gegenleistung nur vorliegen, wenn bei Verwirklichung des Erwerbsvorgangs auch die Verpflichtung zur Entrichtung des Erschließungsbeitrags entstanden war oder – sofern man die Beitragspflicht der (vormalig) gemeindeeigenen Gr generell verneinen wollte – entstanden wäre (von BFH II R 20/08, BStBl. II 2010, 495 offen gelassen; zur Problematik näher Grziwotz/Gottwald MittBayNot 2010, 335).

Die vorstehenden Rechtsgrundsätze gelten entspr. für **Naturschutz-Aus-** **34** **gleichmaßnahmen** nach den einschlägigen Naturschutzgesetzen (dazu zB für Niedersachsen: OFD Nds 24.3.2010 GrESt-Kartei ND § 9 GrEStG Karte 22) sowie **Anliegerkosten,** die auf der Grundlage der **Kommunalabgabengesetze** der Länder erhoben werden (zB Straßenausbau- oder Kanalbaubeitrag; vgl. auch BFH II B 9/84, BStBl. II 1984, 721 zur privatrechtlichen Abwälzung von Anliegerleistungen). Beim Erwerb gemeindeeigener Gr gilt hier ebenfalls das zum Erschließungsbeitrag Ausgeführte (vgl. auch SchlHFG III 158/75, EFG 1979, 38 betr. vertragliche Verpflichtung des Erwerbers gegenüber einer Gemeinde, dieser Kanalanschlusskosten zu erstatten). Zu Besonderheiten aufgrund abweichenden Landesrechte für **Bayern** vgl. FM Bayern v. 15.1.1990, DB 1990, 1696; Knorn DB 1990, 1895; Grziwotz DB 1990, 1694; Grziwotz/Gottwald UVR 2005, 13 (18)). Bei dem Erwerb eines in einem **Sanierungsgebiet** gelegenen Gr ist für den vom Erwerber zu zahlenden Ausgleichsbetrag gem. § 154 BauGB (früher § 35 VI StBauFG) ebenfalls auf den Zeitpunkt seiner Entstehung (§ 154 III BauGB) abzustellen (im Ergebnis zutr. BFH BStBl. II 1988, 900; vgl. auch FG RhPf EFG 1985, 138).

IV. Inhalt der Gegenleistung

35 Aufgrund der Weite des Gegenleistungsbegriffs (→ Rn. 4 ff.) kann Inhalt der Gegenleistung **jede denkbare geldwerte Leistung** (zB Geld-, Sach-, Dienst- oder sonstige Leistung) sein. Als solche kommt auch ein **Forderungsverzicht** (BFH II 172/64, BStBl. II 1969, 668; ebenso ein Verzicht des weichenden Erben auf eine Ausgleichsforderung gegen den Erben, BFH II 86/65, BStBl. II 1971, 462) in Betracht. Der Forderungsverzicht ist (zB als Kaufpreis iSd § 9 I Nr. 1) Gegenleistung, sofern durch diesen die an sich geschuldete Gegenleistung (Kaufpreis) entspr. gemindert wird (BFH II R 125/84, BStBl. II 1987, 180 betr. Verzicht des Mieters auf Entschädigungen für die auf dem MietGr errichteten Gebäude und Anlagen im Zusammenhang mit dem Erwerb des gemieteten Gr) und die Forderung auch tatsächlich bestand. So ist zB der „Verzicht" auf einen Aufwendungsersatzanspruch aus §§ 951, 812 BGB keine Gegenleistung, wenn der Alleineigentümer eines Gr auf diesem mit einem Angehörigen ein gemeinsam finanziertes Gebäude errichtet und sodann einen Miteigentumsanteil am Gr auf den Angehörigen überträgt (FM BW DB 1998, 1109, dazu Anm. Heine UVR 1998, 387). Verzichtet der Erwerber auf eine uneinbringliche oder zweifelhafte Kapitalforderung, so muss sie bei der Gegenleistung ggf. außer Ansatz bleiben oder mit einem niedrigeren Schätzwert angesetzt werden (**§ 12 I bzw. II BewG,** vgl. BFH II 64/65, BStBl. II 1971, 533; II B 45/99, BFH/NV 2001, 642; zu Einzelheiten vgl. Rössler/Troll/Eisele BewG § 12 Rn. 9 ff.). Ist insoweit ein Rechtsstreit anhängig, wird im Regelfall eine vorläufige Veranlagung (§ 165 I AO) veranlasst sein (Rössler/Troll/Eisele BewG § 12 Rn. 18). Eine Gegenleistung kann auch in der Verpflichtung des Erwerbers bestehen, den GrVeräußerer von einer Schuld oder sonstigen Verpflichtung zu befreien (BFH II 64/65, BStBl. II 1971, 533).

Leistungen des Veräußerers an den Erwerber gehören nicht zur Gegenleistung (BFH II 172/64, BStBl. II 1969, 668; II R 115/69, BStBl. II 1978, 201). Dies folgt bereits aus der Struktur des Gegenleistungsbegriffs, der nicht auf das vom GrErwerber Erhaltene abstellt (→ Rn. 5).

36 **Vorleistungen,** dh bereits vor Verwirklichung des Erwerbsvorgangs erbrachte Leistungen, gehören zur Gegenleistung, wenn sie mit dem Erwerb des Gr kausal verknüpft sind und eine Anrechnung von Vorableistungen auf die später zu erbringende Gegenleistung vereinbart ist (BFH II R 122/70, BStBl. II 1976, 299). Ebenso ist ein **Bindungsentgelt** zu behandeln, das vom GrErwerber für die Aufrechterhaltung eines bindenden und später angenommenen Kaufangebots gezahlt wird (BFH II R 131/86, BFH/NV 1990, 525; FG München IV 292/83 GrE, EFG 1984, 618; 4 K 233/06, EFG 2007, 57). Keine Gegenleistung sind jedoch selbstständige Zahlungsverpflichtungen des Käufers für vorzeitige Nutzungsüberlassung eines Gr ohne Anrechnung auf Kaufpreis (BFH II R 49/01, BStBl. II 2002, 98; II R 81/00, BStBl. II 2003, 199). **Künftige Leistungen** sind nur dann Teil der Gegenleistung, wenn sich der Erwerber zu ihnen verpflichtet hat oder sie zur Aufbesserung des Kaufpreises erbringt (BFH II 172/64, BStBl. II 1969, 668). Zur Vorleistungspflicht des GrKäufers → § 9 Rn. 96, zum späteren Schicksal der Gegenleistung (zB des Kaufpreises) → § 9 Rn. 83.

37 **Aufschiebend bedingte** (also von einem ungewissen zukünftigen Ereignis abhängige) **Leistungen** (zB die Verpflichtung des Erwerbers, bei Weiterveräußerung des Gr binnen einer bestimmten Frist einen Erlösanteil an den GrVeräußerer auszukehren; zu Mehrerlösvereinbarungen in investiven Verträgen gem. § 8 III

InVorG vgl. Klähn UVR 1994, 15; zur grestrechtlichen Behandlung investiver Verträge vgl. auch FM Sachs 6.2.1995, StED 1995, 166) können Gegenleistung sein. Ist nur die Gegenleistung nach Art oder Umfang (und nicht der Erwerbsvorgang selbst; zur Steuerentstehung in diesem Fall § 14 Nr. 1) schwebend unwirksam, entsteht die GrESt für den bedingt geschuldeten Teil der Gegenleistung in sinngemäßer Anwendung des § 14 Nr. 1 erst mit Eintritt der Bedingung und ist in diesem Fall als zusätzliche nachträgliche Leistung (§ 9 II Nr. 1) durch **zusätzlichen** (selbstständigen) **Steuerbescheid** zu erfassen; eine gem. § 165 AO vorläufige Steuerfestsetzung für den ursprünglichen Erwerbsvorgang ist insoweit nicht möglich (BFH II R 26/92, BStBl. II 1996, 162; II R 22/99, BFH/NV 2001, 1146). Maßgebender Stichtag für die Bewertung der aufschiebend bedingten Gegenleistung ist der des **Bedingungseintritts** (Viskorf/Loose § 9 Rn. 67). Die Erhöhung der Gegenleistung ist gem. § 19 II Nr. 1 anzeigepflichtig. Die FVerw (Tz. II der Erlasse Verwaltungsvereinfachung, → Rn. 16) sieht eine Überwachung des Bedingungseintritts für einen Zeitraum von regelmäßig 10 Jahren vor, soweit der Wert der Gegenleistung den Betrag von 2500 EUR übersteigt; bei Übersteigen des Betrags von 2500 EUR ist der Mehrbetrag durch einen neuen Steuerbescheid geltend zu machen, Zur Übernahme aufschiebend bedingter Pensionsverpflichtungen durch den GrErwerber vgl. Sosnitza DVR 1975, 18 und 50; zur aufschiebend bedingten Übernahme von Verpflichtungen zur Pflege im Bedarfsfall vgl. → § 9 Rn. 107 „Pflegeleistungen".

Die vorstehenden Grundsätze gelten nicht, wenn lediglich die **Fälligkeit** der Gegenleistung von einer Bedingung abhängig ist; in einem solchen Fall entsteht die GrESt auch für den noch nicht fälligen Teil sofort (BFH II R 23/96, BFH/NV 1997, 705; FG Thür III 214/97, EFG 1998, 583). Das soll nach Ansicht der FVerw auch bei der Übernahme von Darlehen aus Mitteln des Dritten Förderwegs gelten (FM Bayern 29.7.1996, BeckVerw 027367).

Sind vom GrErwerber als Gegenleistung Rentenleistungen zu erbringen und **38**
sind diese durch eine **Wertsicherungsklausel** (zB bei Ankopplung an ein Beamtengehalt; zur Behandlung nach dem PrKlG Grüneberg/Grüneberg BGB Anhang zu § 245) abgesichert, ergibt sich aus der Anpassung der Rentenleistungen uU eine Erhöhung der Gegenleistung. Insoweit scheidet jedoch – aus zivilrechtlicher Sicht fragwürdig – nach der Rspr. (BFH II 166/63, BStBl. II 1968, 43; II R 27/67, BStBl. II 1968, 45) eine bedingt geschuldete (zusätzliche) Gegenleistung aus, weil die Wertsicherungsklausel lediglich die künftige Gleichwertigkeit der beiderseitigen Leistungen gewährleistet und das Stichtagsprinzip (→ Rn. 48 ff.) eine Erhöhung der Gegenleistung bei Bedingungseintritt verbietet. Gleiches gilt für eine Anpassung des Erbbauzinses gem. § 9a ErbbauRG. **Fest vereinbarte** steigende Rentenleistungen unterliegen hingegen der GrESt.

Zur Wirksamkeit eines Schuldverhältnisses ist erforderlich, dass die Leistung **39**
bestimmt oder **eindeutig bestimmbar** ist (Grüneberg/Grüneberg BGB § 241 Rn. 3); dies gilt insb. auch für den vereinbarten Kaufpreis (§ 433 II BGB). Die hinreichende Bestimmbarkeit liegt vor, wenn die Leistung nach objektiven Maßstäben ermittelt werden kann (BFH II R 124/69, BStBl. II 1973, 126). Auch eine von den Vertragsbeteiligten abweichend vom Kaufvertrag vorgenommene Kaufpreisbestimmung ist grds. anzuerkennen, sofern weiterhin objektive Maßstäbe gelten (BFH II R 1/08, BFH/NV 2009, 1666). Die Bestimmbarkeit ist auch gewahrt, wenn die Bestimmung einem der Vertragspartner (§§ 315, 316 BGB) oder einem Dritten (§§ 317–319 BGB) vorbehalten wird. Das Leistungsbestimmungsrecht setzt jedoch eine zumindest stillschweigende Einigung der Parteien

darüber voraus, dass eine Leistungsbestimmung erfolgen und wer das Bestimmungsrecht ausüben soll (Grüneberg/Grüneberg BGB § 315 Rn. 1; vgl. auch BFH II 11/65, BStBl. II 1971, 751).

V. Aufteilung von Gesamtgegenleistungen

40 Bemessungsgrundlage der GrESt ist nur der Wert der Gegenleistung, die sich **auf das Gr iSd § 2** bezieht. Ist Gegenstand des Erwerbsvorgangs ein Gr zusammen mit nicht der GrESt unterliegenden Gegenständen (zB Gr mit Zubehör) und wird hierfür eine Gesamtgegenleistung (Gesamtpreis) geleistet, bedarf es zur Ermittlung der grestrechtichen. Bemessungsgrundlage einer **Aufteilung** der Gesamtgegenleistung. In der Praxis bedarf es der Aufteilung der Gesamtgegenleistung zB beim Erbschaftskauf, beim Erwerb nicht zum Gr iSv § 2 gehörender Gegenstände im Enteignungswege (→ § 9 Rn. 146 ff.), im Zwangsversteigerungsverfahren sowie uU beim Erwerb eines Unternehmens (vgl. auch → § 9 Rn. 107 „Geschäftswert").

40a Von einer Gesamtgegenleistung im vorstehenden Sinne kann nur gesprochen werden, wenn ein Teil der Gegenleistung auf eine **nicht der GrESt unterliegende Nebenleistung des Veräußerers** entfällt (zutr. Viskorf/Loose § 9 Rn. 109, 112). Davon kann idR ausgegangen werden, wenn im Vertrag eine entspr. Ausdrückliche Vereinbarung getroffen wurde. Nicht selten wird aber eine solche Nebenleistung (und ein darauf gezahltes Entgelt) im Vertrag überhaupt nicht erwähnt. Wird in diesem Fall geltend gemacht, dass ein Teil des vereinbarten Kaufpreises nicht auf das Gr iSd § 2 entfalle und die Bemessungsgrundlage der GrESt entsprechend zu kürzen sei, so erfordert die damit behauptete Gesamtgegenleistung einen **besonders sorgfältigen Nachweis** (BFH II 150/64, BFHE 91, 494). Erforderlich ist ggf. auch eine Auslegung des Kaufvertrags unter Berücksichtigung der Gesamtumstände. Eine Gesamtgegenleistung schließt aus, dass ein vereinbarter Kaufpreis nach dem rechtsgeschäftlichen Willen der Vertragsbeteiligten ausschließlich für den GrErwerb gezahlt wurde und der Erwerb einer nicht unter § 2 fallenden Rechtsposition lediglich ein zivilrechtlich wie grestrechtlich unbeachtliches einseitiges Motiv des GrErwerbers für den Abschluss des GrKaufvertrags bildet. Die **Nachweispflicht** dafür, dass ein Teil des Kaufpreises tatsächlich nicht nur für das Gr gezahlt wurde, trifft den **Erwerber.**

41 **Keine Gesamtgegenleistung** liegt vor, wenn sich das Gesamtentgelt aus **wirtschaftlich angemessenen** (zum Vorbehalt des § 42 AO vgl. BFH II R 35/96, BFH/NV 1998, 1527) und von den Parteien – auch mit den sich aus §§ 346 ff., 441 BGB ergebenden zivilrechtlichen Folgen – **ernstlich gemeinten** konkreten **Einzelpreisen** zusammensetzt (BFH II R 129/70, BStBl. II 1976, 195; NdsFG III 194/85, EFG 1992, 28; zur Zuordnung eines übernommenen Grundpfandrechts → § 9 Rn. 90). Hier sind für die Besteuerung allein die vereinbarten Einzelpreise maßgebend, soweit sie das Gr iSd § 2 betreffen. Dies muss erst recht dann gelten, wenn für den Erwerb des Gr und der nicht § 2 unterfallenden Gegenstände verschiedene Verträge geschlossen werden und die jeweils vereinbarten Entgelte wirtschaftlich angemessen und ernstlich gemeint sind. Bestehen hiernach gegen die Ansatzwerte der Parteien keine Bedenken, ist ihnen für die GrESt zu folgen. Ob der jeweiligen Vereinbarung Einzelpreise im vorgenannten Sinne zugrunde liegen, ist jeweils durch Auslegung (§§ 133, 157 BGB) zu ermitteln (BFH II R 4/86, BFH/NV 1990, 392; FG MV 3 K 280/01, EFG 2003, 878). Insoweit gelten für die Auslegung strenge Maßstäbe

(noch weitergehend Begr GrEStG 1940, 405, wonach die Wertansätze der Vertragsbeteiligten generell unbeachtlich sein sollen). Es ist der Grundsatz zu berücksichtigen, dass die Gegenleistung iSd §§ 8 I, 9 nicht durch das bestimmt wird, was die Parteien als solche bezeichnen (→ Rn. 10). Abweichungen von den vereinbarten Einzelpreisen, die auf nachträglich gebildeten Wertvorstellungen der Parteien beruhen, sind grestrechtlich unbeachtlich.

Eine – nach den folgenden Grundsätzen aufzuteilenden – **Gesamtgegenleistung** ist bei einem einheitlichen Verkauf mehrerer Sachen gegeben, wenn ein **Gesamtpreis** ohne Festlegung eines genauen Einsatzpreises für einzelne verkaufte Sachen oder Rechte gebildet wird (BFH II R 4/86, BFH/NV 1990, 392; II R 35/96, BFH/NV 1998, 1527). Hier fehlt es an einer konkreten Preisvereinbarung für die verkauften Einzelstücke. Die Grundsätze über die Gesamtgegenleistung gelten auch, wenn über den Kauf mehrere Vertragsurkunden errichtet werden, an denen nicht jeweils dieselben Parteien beteiligt sind. Ebenso bedarf es der Aufteilung, wenn die von den Parteien kalkulierten Ansätze für Gr und Inventar nur **Motiv oder Geschäftsgrundlage** des vereinbarten Preises sind (BFH II R 150, 64, BFHE 91, 494). Auch der Buchwert eines Gr gibt nicht allein deshalb die zutr. Gegenleistung an, weil ein Unternehmen „zu Buchwerten" gekauft wird (BFH II R 129/70, BStBl. II 1976, 195). Ferner ist eine Gesamtgegenleistung gegeben, wenn die vereinbarten Einzelpreise (zB bei Vereinbarung einer unangemessen hohen Maklergebühr) allein auf eine GrESt-Ersparnis abzielen. Darin liegt ein gem. § 42 AO zu korrigierender Missbrauch rechtlicher Gestaltungsmöglichkeiten (FG Köln XI 338/79 GE, XI 339/79 GE, EFG 1983, 35; vgl. auch BFH II 191/61, HFR 1966, 12). Bei fehlenden (bzw. unangemessen hoch vereinbarten) Einzelpreisen ist das Entgelt für die nicht der GrESt unterworfenen Gegenstände oder Rechte ggf. zu schätzen (§ 162 AO). 42

Die **Aufteilung** der Gesamtgegenleistung erfolgt durch eine Verhältnisrechnung nach der sog. **Boruttau'schen Formel:** 43

$$\frac{\text{Gesamtpreis} \times \text{gemeiner Wert des Gr}}{\text{Gemeiner Wert der sonstigen Gegenstände} + \text{gemeiner Wert des Gr}}$$

Diese vom BFH ständig (zB BFH II R 36/89, BStBl. II 1992, 418; II R 35/96, BFH/NV 1998, 1527; II B 54/19, BStBl. II 2020, 586) praktizierte Aufteilungsmethode verhindert, dass die Bemessungsgrundlage der GrESt durch Aufspaltung des Gesamtentgelts verfälscht wird. Eine solche Verfälschung träte ein, wenn der nicht der GrESt unterworfene Entgeltanteil lediglich von der Gesamtgegenleistung abgezogen würde. Die Anknüpfung an das vereinbarte Gesamtentgelt und seine Aufteilung nach den gemeinen Werten (§ 9 BewG) stellt mithin sicher, dass sich eine vom objektiven Wert abweichende Beurteilung der Vertragschließenden in gleicher Weise auf sämtliche erworbenen Gegenstände auswirkt (BFH II 150/64, BFHE 91, 494).

Beispiel:

A erwirbt ein Gr (gemeiner Wert 440 000 EUR) mit Zubehör (gemeiner Wert 200 000 EUR) zu einem Gesamtpreis von 500 000 EUR. Bemessungsgrundlage der GrESt:

$$\frac{500\,000 \text{ EUR} \times 440\,000 \text{ EUR}}{200\,000 \text{ EUR} + 440\,000 \text{ EUR}} = 343\,750 \text{ EUR}$$

Die nach vorstehender Methode vorzunehmende Aufteilung verlangt eine an objektiven Werten auszurichtende **Trennung** der Gesamtgegenleistung einerseits 44 in den auf das Gr und andererseits in den auf die sonstigen Gegenstände entfallenden Anteil. Diese Trennung ist nicht unmittelbar durch Rechtsgrundsätze des BewG vorgegeben; jedoch können diese als Hilfsmittel zur Ermittlung der Anteile herangezogen werden (BFH II R 129/70, BStBl. II 1976, 195). Die Bewertung der so ermittelten Einzelentgelte selbst erfolgt hingegen nach den jeweils maßgeblichen Vorschriften des BewG.

45 Für die Verhältnisrechnung nach der **Boruttau'schen Formel** ist grds. vom **gemeinen Wert** des Gr (§ 9 BewG) und der sonstigen Gegenstände auszugehen. Jedoch ist der gemeine Wert nicht zwingend anzusetzen; entscheidend ist vielmehr, dass die Aufteilung nach **gleichem Maßstab** erfolgt (OFH RFHE 54, 431). Deshalb ist bei Fortführung eines zu Buchwerten übernommenen Unternehmens einschließlich Gr – sofern nicht § 8 II 1 Nr. 2 eingreift – die Verhältnisrechnung an den **Teilwerten** (§ 10 BewG, → Rn. 52) auszurichten (BFH II R 129/70, BStBl. II 1976, 195; II R 82/89, BFH/NV 1994, 574; zur Verteilung eines etwaigen Minderwerts BFH II R 30/69, BStBl. II 1975, 417). Bei Ermittlung der Gegenleistung für das beim Erwerb eines Unternehmens (einschließlich Gebäuden) begründete Erbbaurecht ist auch der Teilwert des Erbbaurechts selbst – losgelöst vom Teilwert der auf dem erbbaurechtsbelasteten Gr aufstehenden Gebäude – einzubeziehen. Der Teilwert des Erbbaurechts muss auch dann berücksichtigt werden, wenn zB ein jährlicher Erbbauzins von lediglich 1 EUR vereinbart worden (BFH II R 82/89, BFH/NV 1994, 574).

46 Die **Verhältnisrechnung** ist ausnahmsweise **entbehrlich,** soweit auch ein **Abzug** des nicht der GrESt unterliegenden Betrags von der Gesamtgegenleistung zum richtigen Wert der Gegenleistung führt. Ein solcher Abzug ist möglich, wenn die Parteien die verschiedenen Leistungen jeweils mit ihrem gemeinen Wert angesetzt oder sowohl Erwerber als auch Veräußerer gleichmäßig (mit dem Nennwert) zu bewertende Geldleistungen zu erbringen haben (BFH II R 162/72, BStBl. II 1974, 168; II R 20/89, BStBl. II 1992, 152). Eine Absetzung von Leistungen ist ferner durch § 9 I Nr. 5 S. 3 und Nr. 6 S. 2 gesetzlich angeordnet. Auch beim Erwerb eines mit einem Erbbaurecht belasteten Grundstücks verzichtet die Rspr. (BFH 6.5.2015, BStBl. II 2015, 853; so auch die FVerw vgl. Tz. 5 der in → § 2 Rn. 76 abgedr. Erbbaurechtserlasse GLE 16.9.2015, BStBl. I 2015, 827) auf eine Aufteilung der Gegenleistung. Die FVerw (GLE 14.1.2020, BeckVerw 463305 Tz. 1.2 zurVerwaltungsvereinfachung, → Rn. 16) verzichtet ferner auf die Aufteilung, soweit die von den Beteiligten angegebenen Werte der grestfrei erworbenen Gegenstände angemessen erscheinen und nicht 15 % der Gesamtgegenleistung (höchstens 50.000 EUR) übersteigen. Hier ergeben sich letztlich dieselben Folgerungen wie in den Fällen, in denen schon begrifflich keine Gesamtgegenleistung vorliegt (→ Rn. 41).

VI. Bewertung der Gegenleistung

47 Für den gem. § 8 I anzusetzenden **Wert** der Gegenleistung enthält das GrEStG keine näheren Bestimmungen. Die Bewertung bestimmt sich nach den Vorschriften des BewG.

48 **1. Stichtag der Wertermittlung.** Für Umfang und Bewertung der Gegenleistung ist – wie ganz allgemein für die Steuerberechnung – auf den Zeitpunkt des GrUmsatzes abzustellen (Begr. GrEStG 1940, 404). Dies ist der Zeitpunkt, in dem die Leistungspflicht aus dem jeweiligen Erwerbsvorgang für die Beteiligten verbindlich wird (BFH II R 119/88, BStBl. II 1991, 586; Viskorf/Kugelmüller-

Pugh § 8 Rn. 23; Hofmann/Bock § 8 Rn. 27). Entscheidend ist daher, wann der Erwerbsvorgang iSd § 23 I, IV–VI **verwirklicht** wird (→ § 23 Rn. 3 ff.). Dieser Zeitpunkt ist maßgebend, weil die Beteiligten die Wertverhältnisse dieses Tages ihren Vereinbarungen zugrunde legen. Hingegen erweist sich die Regelung des § 14 – für die dort geregelten Sonderfälle der Entstehung der GrESt – zur Festlegung des Bewertungsstichtags als ungeeignet. Denn dieser Vorschrift liegen allein verwaltungspraktische Erwägungen zugrunde, weil die hier angeordnete Hinausschiebung der Steuerentstehung einen zusätzlichen Verwaltungsaufwand vermeiden soll (→ § 14 Rn. 8). Eine Hinausschiebung des Bewertungsstichtags ist durch diese Vorschrift jedoch ersichtlich nicht gewollt. Stichtag der Wertermittlung ist mithin derjenige, an dem die GrESt gem. § 38 AO entstanden ist oder – gäbe es § 14 nicht – entstanden wäre. In **Ausnahme** hiervon ist im Fall des **§ 8 II 2** auf den Zeitpunkt der Fertigstellung des Gebäudes abzustellen.

Wertänderungen, die **nach** dem **Bewertungsstichtag** eintreten, sind – anders als nachträgliche Änderungen der Gegenleistung selbst, dazu §§ 9 II Nr. 1, 16 III – grestrechtlich unbeachtlich. Wird die Gegenleistung iSd § 9 II Nr. 1 nachträglich erhöht, ist Bewertungsstichtag der Zeitpunkt des Wirksamwerdens des entspr. nachträglichen schuldrechtlichen Geschäfts bzw. derjenige der Bewirkung der nachträglichen Leistung (vgl. auch → Rn. 37). **49**

2. Maßgebliche Bewertungsvorschriften. Auf das GrEStG finden gem. § 1 I BewG die Allgemeinen Bewertungsvorschriften (§§ 2–16 BewG) Anwendung, soweit sie nicht gem. § 1 II BewG hinter die besonderen Bewertungsvorschriften des Zweiten Teils des BewG zurücktreten. Ein solcher Vorrang der besonderen Bewertungsvorschriften folgt zB aus § 17 III 2 BewG, der § 16 BewG hinsichtlich des GrEStG für unanwendbar erklärt (→ Rn. 52). Grestrechtlich sind insb. folgende **Bewertungsmaßstäbe** bedeutsam: **50**

Der **gemeine Wert** (§ 9 BewG) gilt im Anwendungsbereich des GrEStG nicht nur für die Bewertung von Gr, sondern auch für die Bewertung aller anderen Wirtschaftsgüter. Grestrechtlich ist der gemeine Wert zB bedeutsam für die Bemessungsgrundlage von GrTauschverträgen (gemeiner Wert des hingegebenen Gr; → § 9 Rn. 109), bei der Aufteilung einer Gesamtgegenleistung (→ Rn. 40 ff.), der Bewertung geldwerter Leistungen (zB Dienstleistungen) und bei der Ermittlung der Beteiligungsquote bzw. des Bruchteilswerts nach §§ 5, 6, 7 I und II. Es wird idR zu sachgerechten Ergebnissen führen, wenn die Wertermittlung nach Maßgabe der §§ 177 ff. BewG erfolgt. Der Ermittlung des gemeinen Werts sind die Vorgaben der ImmoWertV (dazu zB Halaczinsky ErbStB 2012, 254; Drosdzol ZEV 2010, 403; von Cölln/Behrendt BB 2010, 1444) zugrunde zu legen. Es steht dem Steuerpflichtigen frei, einen niedrigeren Wert nachzuweisen. Die FVerw trägt die Nachweislast für den angesetzten Wert. **51**

Wirtschaftsgüter, die einem Unternehmen dienen, sind, soweit nichts anderes vorgeschrieben ist, mit dem **Teilwert** anzusetzen (§ 10 BewG). Er ist grestrechtlich zB bei der Verteilung einer Gesamtgegenleistung bedeutsam, soweit Gegenstand eines Erwerbsvorgangs ein vom Erwerber fortgeführtes ganzes Unternehmen ist (vgl. → Rn. 45). **52**

Für die Bewertung von **Wertpapieren und Anteilen** wird der Bewertungsmaßstab des gemeinen Werts (§ 9 BewG) durch die Sonderregelung des § 11 BewG ergänzt. **53**

Die Bewertung von **Kapitalforderungen und Schulden** erfolgt mit dem Nennwert, wenn nicht „besondere Umstände" (dazu zB Rössler/Troll/Eisele **54**

BewG § 12 Rn. 9 ff.; BFH II R 51/99, BFH/NV 2001, 642) einen höheren oder geringeren Wert begründen (§ 12 I BewG). Kapitalforderungen sind Geldleistungsansprüche (zB Kaufpreisforderungen), die auf einmalige Leistung oder auf Rentenzahlung gerichtet sind. Aus § 12 I BewG – und nicht aus § 9 I Nr. 1 GrEStG – folgt, dass der **Kaufpreis** als Gegenleistung für das Gr grds. mit dem **Nennwert** anzusetzen ist (ebenso Viskorf/Kugelmüller-Pugh § 8 Rn. 27; BFH II R 39/14, BStBl. II 2017, 63; aA noch BFH II R 37/86, BStBl. II 1989, 576). Zur Gegenleistung bei einem Verzicht des Erwerbers auf eine uneinbringliche oder zweifelhafte Kapitalforderung (§ 12 II BewG) → Rn. 35. Bei **unverzinslichen** Forderungen und Schulden, deren Laufzeit mehr als ein Jahr beträgt, bedarf es gem. § 12 III BewG der **Abzinsung** (zur Anwendung des § 12 III BewG bei einer längerfristigen Kaufpreisstundung → § 9 Rn. 81). Die Berechnung des Gegenwerts der in einem Betrag fälligen unverzinslichen Forderung oder Schuld erfolgt nach Tabelle 1 der GLE 10.10.2010, BStBl. I 2010, 810. Die Abzinsung unterbleibt, wenn dem Gläubiger anstelle der Zinsen anderweitige wirtschaftliche Vorteile zukommen. § 12 III BewG gilt nicht für die Bewertung der Nutzung einer Geldsumme; insoweit ist ausschließlich § 15 I BewG anzuwenden (BFH II R 12/05, BFH/NV 2006, 2126).

55 Die abweichend vom Nennwert vorzunehmende Bewertung von Forderungen und Schulden bei unverzinslicher, niedriger oder hoher Verzinsung mit dem abgezinsten Gegenwartswert ist durch **§ 12 I 2 BewG** in der Weise vereinfacht worden, dass bei in einzelnen Raten zu tilgenden Forderungen von einer **mittelschüssigen Zahlungsweise** auszugehen ist (zu den Einzelheiten der Berechnung vgl. die GLE 10.10.2010, BStBl. I 2010, 810 sowie – als Berechnungshilfe – die diesen beigefügte Tabelle 2). Die Zahlungshäufigkeit (monatliche, vierteljährliche, halbjährliche oder jährliche Zahlung) wirkt sich daher rechnerisch nicht mehr aus. Die Umstellung auf eine fiktive mittelschüssige Zahlungsweise führt bei vor- oder nachschüssigen Zahlungen zu Ungenauigkeiten in der Bewertung. Für die GrESt führt dies in Bezug auf die in Raten zu tilgende Gegenleistung (zB Kaufpreis) bei vorschüssiger Zahlung zu einer höheren und bei nachschüssiger Zahlung zu einer niedrigeren Steuerbelastung. Durch Vereinbarung einer nachschüssigen Zahlung kommt es wegen der angeordneten mittelschüssigen Bewertung zu einer Einsparung von GrESt. Besondere Umstände können eine vom Nennwert abweichende Bewertung rechtfertigen (dazu Rössler/Troll/Eisele BewG § 12 Rn. 28 ff.; BFH II R 39/14, BStBl. II 2017, 63).

56 **Wiederkehrende Nutzungen und Leistungen** werden nach §§ 13, 14 BewG mit dem Kapitalwert bewertet. Die Ermittlung des Kapitalwerts wiederkehrender Nutzungen und Leistungen auf bestimmte Zeit erfolgt ebenso wie die Ermittlung des Gegenwartswerts unverzinslicher Forderungen (§ 12 I 2 BewG) auf der Grundlage eines Zinssatzes von 5,5 % sowie einer fiktiven mittelschüssigen Zahlungsweise. Der Jahreswert ist mit dem sich aus der Anlage 9a zum BewG ergebenden Faktor zu vervielfältigen. Eine Begrenzung des ermittelten Kapitalwerts durch § 16 BewG scheidet schon wegen der Unanwendbarkeit dieser Vorschrift für die GrESt aus (§ 17 III 2 BewG). Begrifflich sind wiederkehrende Nutzungen und Leistungen geldwerte Vorteile, die dem Berechtigten periodisch zufließen und vom Verpflichteten periodisch zu bewirken oder zu dulden sind (Rössler/Troll/Eisele BewG § 13 Rn. 1). Hierzu gehören insb. der Nießbrauch, Renten aller Art, Wohnungsrechte und Altenteile.

56a Auch der Kapitalwert einer **Erbbauzinsverpflichtung** ist nach § 13 BewG zu bewerten (vgl. auch → § 9 Rn. 169 ff.). Der Kapitalwert **lebenslänglicher**

(dh mit dem Tod einer Person endender) **Nutzungen und Leistungen** (zB Leibrenten; zur Verpflichtung zu Pflegeleistungen im Bedarfsfall → § 9 Rn. 107 „Pflegeleistungen") ist nach der Neufassung des § 14 I BewG durch das ErbStRG unter Zugrundelegung der jeweils aktuellen Sterbetafel des Statistischen Bundsamts zu ermitteln. Stehen die Nutzungen und Leistungen in Abhängigkeit zu der Lebenszeit mehrerer Personen, so gilt § 14 III BewG. Soweit eine lebenslängliche Rente mehreren Miteigentümern gemeinsam zusteht, kommt eine Aufteilung nach Miteigentumsanteilen und eine Kapitalisierung nach dem jeweiligen Lebensalter des Berechtigten nicht in Betracht (BFH II R 20/89, BStBl. II 1981, 284).

Die Berechnung des Kapitalwerts wiederkehrender Nutzungen und Leistungen **56b** nach §§ 13, 14 BewG geht stets vom Jahreswert aus. Besteht eine Gegenleistung in **lebenslänglichen Nutzungen oder Leistungen** (zB Kauf auf Leibrente) und kommt es durch den Tod des Berechtigten zu einem Wegfall dieser Verpflichtung, so ist ein schon ergangener GrESt-Bescheid nach **§ 14 II BewG iVm § 172 I 1 Nr. 2 Buchst. d AO** zu ändern (BFH II R 5/70, BStBl. II 1976, 171). § 14 II BewG entspricht die Berichtigungsmöglichkeit aus § 5 II BewG im Fall der Ermäßigung einer Gegenleistung aufgrund des Eintritts einer auflösenden Bedingung (→ § 16 Rn. 10).

Der Nutzungs-Jahreswert einer **Geldsumme** ist mit 5,5 % anzunehmen **(§ 15 I** **57** **BewG).** Soweit für grestrechtliche Zwecke der Vorteilswert eines zinsverbilligten Darlehens zu berechnen ist, bestimmt er sich nach der Differenz zwischen dem vereinbarten Zinssatz und dem in § 15 I BewG angesetzten Zinssatz (BFH II R 119/88, BStBl. II 1991, 586; II R 4/91, BStBl. II 1995, 69; zur Kaufpreisvorauszahlung → § 9 Rn. 83).

Auch ein **Kapitalnutzungsvorteil** mit einer Zeitdauer von **weniger als** **58** **einem Jahr** ist nach § 15 I BewG zu bewerten (BFH II R 12/05, BFH/NV 2006, 2126). Bei der Berechnung der Zeitdauer des Nutzungsvorteils ist auf den Zeitraum ab effektiver Zuverfügungstellung des Kapitals an den Veräußerer abzustellen. Dieser Zeitraum beginnt nicht schon mit Wirksamkeit des Kaufvertrags bzw. Zeitpunkt der Einzahlung auf ein Notaranderkonto, sondern erst mit der Auszahlung des Kapitals durch den Notar (vgl. auch Haisch/Pospich BB 2019, 1052 (1054)). Etwaige den Nutzungsvorteil mindernde Aufwendungen des Veräußerers (zB Bürgschaftskosten) dafür, dass ihm das Kapital vorzeitig zufließt, sind abzuziehen. Bei **Kaufpreisraten auf Notaranderkonten** sind eine vorzeitige Kapitalnutzungsmöglichkeit ausgeschlossen; etwaige Zinsbeträge sowohl mit den positiven als auch dem negativen Betrag anzusetzen (Haisch/Pospich BB 2019, 1052 (1054)). Zum Jahreswert bei Sachbezügen und bei den in der Höhe schwankenden Nutzungen oder Leistungen vgl. § 15 II, III BewG.

Die Begrenzung des Jahreswerts von Nutzungen auf den Wert des Wirtschafts- **59** guts selbst, geteilt durch 18,6 **(§ 16 BewG)** gilt gem. **§ 17 III 2 BewG nicht für** die **GrESt.** Die Regelung wirkt sich grestrechtlich zum Nachteil des Steuerpflichtigen aus, weil sich zB im Fall der dem Veräußerer vorbehaltenen Nutzungen mangels Begrenzung des Jahreswerts eine im Vergleich zur ErbSt/SchSt höhere Gegenleistung ergibt. Eine Korrektur dieses Ergebnisses lässt der BFH jedenfalls im Anwendungsbereich des § 3 Nr. 2 S. 2 nicht zu (→ § 3 Rn. 143).

Zu bewertungsrechtlichen Einzelfragen wird auf die Kommentarliteratur zum BewG (zB Rössler/Troll) verwiesen.

einstweilen frei **60–69**

D. Grundbesitzwert als Bemessungsgrundlage (§ 8 II)

I. Anwendungsfälle des § 8 II

70 Die Werte iSd § 151 I 1 Nr. 1 iVm § 157 I–III BewG sind ausschließlich in den in § 8 II 1 und 2 aufgeführten Fällen maßgebend; die Anwendung der Vorschrift auf andere als die hier aufgeführten Erwerbsvorgänge ist ausgeschlossen. Dabei unterliegt der Regelungsbefehl des § 8 II, anstelle der Gegenleistung typisierende Grundbesitzwerte als Gegenleistung anzusetzen, keinen grds. verfassungsrechtlichen Bedenken; verfassungswidrig sind hingegen die gem. § 8 II anzuwendenden Bewertungsregelungen der früheren §§ 138 ff. BewG (→ Rn. 95 ff.).

71 **1. Nicht vorhandene oder nicht zu ermittelnde Gegenleistung (§ 8 II 1 Nr. 1).** Die Bemessung der GrESt nach den Werten iSd § 151 I 1 Nr. 1 iVm § 157 I–III BewG (vormals § 138 II–IV BewG) gem. **§ 8 II 1 Nr. 1** kommt **nur ausnahmsweise** als „letzte Möglichkeit" (BFH BStBl. II 1973, 369) in Betracht. Der Wert der Gegenleistung ist nach § 8 I auch dann Bemessungsgrundlage der GrESt, wenn er ungewöhnlich niedrig ist und hinter dem Verkehrs- oder Steuerwert des Gr zurückbleibt (→ Rn. 14). § 8 II 1 Nr. 1 ist daher nicht im Sinne einer Mindestbemessungsgrundlage nach dem Wert des Erworbenen zu verstehen (BFH II 129/51 U, BStBl. III 1952, 98; FG Hmb II 128/81, EFG 1985, 80). Die Vorschrift ist im Hinblick auf den angeordneten Ansatz eines typisierten Grundbesitzwerts systemgerecht und **verfassungsgemäß,** weil auch Erwerbsvorgänge bei nicht vorhandener bzw. nicht zu ermittelnder Gegenleistung der GrESt unterliegen und anstelle des § 8 I einer Ersatz-Bemessungsgrundlage bedürfen. Die praktische Bedeutung des § 8 II 1 Nr. 1 ist im Übrigen deshalb gemindert, weil Erwerbe von Todes wegen und GrSchenkungen unter Lebenden iSd ErbStG als die zahlenmäßig häufigsten Fälle einer nicht vorhandenen Gegenleistung aufgrund § 3 Nr. 2 grestfrei sind.

72 § 8 II 1 Nr. 1 ist anzuwenden, wenn eine **Gegenleistung überhaupt nicht vorhanden** ist (BFH II R 95/66, BStBl. II 1973, 368; II R 18/10, BFH/NV 2012, 608). Dem steht der Fall gleich, dass ein vereinbartes Entgelt (zB im Hinblick auf eine ausschließlich übernommene dauernde Last iSv § 9 II Nr. 2 S. 2) nicht zur grestrechtlichen Gegenleistung gehört und es deshalb an einer Gegenleistung überhaupt fehlt (BFH II R 159/81, BStBl. II 1984, 627; II R 18/10, BFH/NV 2012, 608). Damit setzt § 8 II 1 Nr. 1 voraus, dass die **Vertragsbeteiligten keine aus dem Kaufvertrag ersichtlichen Vorstellungen über den Wert des Gr** entwickelt haben (vgl. auch → Rn. 14). Auch bei Treuhandgeschäften kann es an einer Gegenleistung fehlen (zu Einzelheiten → § 9 Rn. 192 ff.). Eine Gegenleistung ist nicht vorhanden, soweit der Fiskus gem. §§ 45, 88 BGB Anfallberechtigter eines Vereins- oder Stiftungsvermögens ist. Gleiches gilt bei der GrÜbertragung aufgrund einer Verpflichtung zum Schadensersatz (§ 249 BGB) oder zur Herausgabe wegen ungerechtfertigter Bereicherung (§§ 812 ff. BGB). Unzweifelhaft fehlt eine Gegenleistung bei dem Erwerb eines Gr als Lotteriegewinn, weil der Kaufpreis für das Lotterielos nur Gegenleistung für die Gewinnchance ist.

73 Auch bei der **Abtretung der Rechte aus einem Kaufangebot** bzw. der **Verpflichtung zur Abtretung dieser Rechte** (§ 1 I Nr. 6 u. 7) kommt – sofern nicht im Einzelfall auch die Voraussetzungen des § 1 II vorliegen – als Bemessungsgrundlage nur der Wert des betreffenden Gr in Betracht (BFH II 131/64, BStBl. II 1969, 595; II R 12/70, BStBl. II 1974, 772; II R 109/80, BStBl. II 1982, 269;

II R 57/06, BFH/NV 2008, 2059). Der aus dem Kaufangebot Berechtigte ist nicht GrErwerber, sondern wirkt nur als „Zwischenhändler" an dem Erwerb des Käufers vom Verkäufer mit (→ § 1 Rn. 242 ff.). Das von dem Erwerber aufgrund des Kaufvertrags an den Veräußerer gezahlte Entgelt ist nicht Gegenleistung für die Abtretung des Kaufangebots. Ein vom Erwerber für die Abtretung etwa gezahltes Entgelt ist ein solches für die Benennung als Erwerber. Die Gegenleistung für die Benennung als Käufer kann auch nicht gem. § 9 I Nr. 6 erfasst werden. Denn aus dem einseitigen Kaufangebot folgt für den Adressaten noch keine Verpflichtung iSd § 9 I Nr. 6, sodass eine solche auch vom Erwerber nicht übernommen werden kann. Bei der Besteuerung des Kaufvertrags ist jedoch neben dem Kaufpreis gem. § 9 II Nr. 3 der Betrag gegenleistungserhöhend zu erfassen, den der Erwerber an den Abtretenden für dessen Verzicht auf den GrErwerb zahlt (BFH II R 40/06, BFH/NV 2008, 2060). Dies gilt allerdings nur, wenn der Abtretende ein eigenes Recht zur Annahme des Kaufangebots hat (→ § 9 Rn. 218).

Bei der Ermittlung des Werts iSd § 151 I 1 Nr. 1 iVm § 157 I–III BewG ist ggf. § 8 II 2 Nr. 2 zu beachten (vgl. auch BT-Drs. 14/443, 43). Dies muss zumindest dann gelten, wenn sich das eigene wirtschaftliche Interesse des Abtretungsempfängers auf die zukünftige GrBebauung bezieht und eine entspr. Verknüpfung auf der Veräußererseite vorliegt (aA Hofmann/Bock § 8 Rn. 57). Zur Anwendung des § 8 II 1 Nr. 1 bei der **Sicherheitsübereignung** von Gebäuden auf fremden Boden → § 9 Rn. 189 ff.

§ 8 II 1 Nr. 1 gilt auch, wenn die **Gegenleistung nicht zu ermitteln** ist. Das 74
ist nur der Fall, wenn die Gegenleistung als solche schlechthin – also dem Grunde nach – nicht ermittelt und daher auch nicht gem. § 162 AO geschätzt werden kann (BFH II R 95/66, BStBl. II 1973, 368; HFR 1965, 581). Ganz ausnahmsweise ist die Gegenleistung bei dem Erwerb einer Verwertungsbefugnis (§ 1 II) nicht zu ermitteln (BFH II R 29/69, BStBl. II 1974, 251 und → § 9 Rn. 206). Hat eine „Gegenleistung" ausdrücklich oder nach dem Gesamtinhalt der Vereinbarung lediglich **symbolischen** Charakter, kann sie – weil nicht ernsthaft gewollt – nicht Gegenleistung iSd §§ 8 I, 9 sein (→ Rn. 15). Lässt sich in diesem Fall eine Gegenleistung nicht anderweitig ermitteln, ist § 8 II 1 Nr. 1 anzuwenden.

Daraus folgt zB für eine **Betriebsübernahme** bei einer **Gegenleistung von** 75
1 EUR: Übernimmt der Erwerber ausschließlich Investitions- oder (Weiter-)Beschäftigungsgarantien, gilt § 8 II 1 Nr. 1; auch die mit der Betriebsübernahme verbundenen Verpflichtungen und Risiken (zB Erwirtschaftung von Verlusten, Eintritt in bestehende Arbeitsverhältnisse gem. § 613a BGB, Abfindungs- und Sozialplanverpflichtungen) sind keine Gegenleistung iSd §§ 8 I, 9 (BFH II R 9/92, BStBl. II 1995, 268; koord. Erlass FM Sachs 14.8.1996, DStR 1996, 1530; FM Bayern 16.4.2010, HEB 2024 § 8 GrEStG Rn. 6). Wird allerdings neben der Investitions- und Beschäftigungsgarantie eine Gegenleistung für das übernommene Gr erbracht, ist diese gem. §§ 8 I, 9 anzusetzen.

Übernimmt der Erwerber eines **kontaminierten Gr** gegen Zahlung von 76
1 Euro die (bereits durch Sanierungsverfügung konkretisierte) Verpflichtung des Veräußerers zur Altlastensanierung, sind die Sanierungskosten des Erwerbers als Gegenleistung (§ 9) anzusetzen. Bei nicht zu ermittelnder Gegenleistung ist § 8 II 1 Nr. 1 anzuwenden; dies gilt ebenso dann, wenn es beim Erwerb des kontaminierten Gr noch an einer Sanierungsverfügung fehlt und der Kaufpreis nur symbolischer Natur ist (vgl. auch FM Bayern 16.4.2010, HEB 2024 § 8 GrEStG Rn. 6; ferner vgl. → § 9 Rn. 107 „Altlasten", „Investitions- und Beschäftigungsgarantie"). Allerdings genießt auch hier – wie ganz allgemein – bei

einer bekannten Gegenleistung die Möglichkeit ihrer Schätzung gem. § 162 AO Vorrang. § 8 I ist auch anzuwenden, wenn die Bestimmung der Leistung einer Vertragspartei oder einem Dritten (§§ 315–319 BGB) vorbehalten wird.

77 *einstweilen frei*

78 **2. Umwandlungen, Einbringungen und andere Erwerbsvorgänge auf gesellschaftsvertraglicher Grundlage (§ 8 II 1 Nr. 2).** § 8 II 1 Nr. 2 enthält hinsichtlich der Bemessungsgrundlage eine Sonderregelung für Erwerbsvorgänge, die auf **Umwandlungen, Einbringungen oder ansonsten auf gesellschaftsvertraglicher Grundlage** beruhen. Die nach früherem Recht erforderliche und uU schwierige Ermittlung der Gegenleistung (vgl. → § 9 Rn. 183) ist damit entbehrlich geworden. § 8 II 1 Nr. 2 wurde ursprünglich – als § 8 II Nr. 2 – durch das JStG 1997 eingefügt (zur zeitlichen Geltung vgl. § 23 IV). Durch das StEntlG 1999 ff. wurde die zunächst auf Umwandlungen iSd UmwG beschränkte Geltung auf „Umwandlungen aufgrund eines Bundes- oder Landesgesetzes" erweitert (zum Inkrafttreten der Änderung vgl. § 23 VI 1). § 8 II 1 Nr. 2 ist **verfassungsgemäß** (BFH II R 12/05, BFH/NV 2012, 2026), auch wenn in den einzelnen Anwendungsfällen – wovon auch der Gesetzgeber ausgeht, vgl. BT-Drs. 13/4839, 74 – eine Gegenleistung vorhanden ist (vgl. → § 9 Rn. 183 f. mwN). § 8 II 1 Nr. 2 rechtfertigt sich in Anbetracht der Kompliziertheit der bei Maßgeblichkeit der Gegenleistung aufgeworfenen Fragestellungen aus seinem unzweifelhaften Vereinfachungseffekt.

79 **a) Umwandlungen.** § 8 II 1 Nr. 2 (Alt. 1) ist anzuwenden, wenn dem GrÜbergang eine Umwandlung aufgrund Bundes- oder Landesgesetz zugrunde liegt. Das betrifft zunächst alle Erwerbsvorgänge, die auf einer Verschmelzung, Spaltung oder Vermögensübertragung iSd § 1 I Nr. 1–3 UmwG beruhen. § 8 II 1 Nr. 2 ist für den Formwechsel (§ 1 I Nr. 4, §§ 190 ff. UmwG), weil dieser nicht steuerbar ist (→ § 1 Rn. 40 ff.), ohne Bedeutung. Im Rahmen des § 8 II 1 Nr. 2 sind als Bewertungsgegenstand nur Gr zu erfassen, die sich zum Stichtag im zivilrechtlichen (sachenrechtlichen) Eigentum der Gesellschaft befinden (→ § 1 Rn. 161). Zur Behandlung von Fällen, in denen ein Gr vor Eigentumsübergang bereits schuldrechtlich an einen Dritten verkauft war, → § 1 Rn. 183.

Umwandlungen aufgrund **Landesrecht** (vgl. auch § 1 II UmwG) ergeben sich zB aus den Sparkassengesetzen einzelner Länder (→ § 1 Rn. 186). § 8 II 1 Nr. 2 nimmt im Sinne einer dynamischen Verweisung auf bundes- oder landesgesetzliche Umwandlungsbestimmungen in ihrer jeweils geltenden Fassung Bezug. Deshalb ist § 8 II 1 Nr. 2 auch auf die zB durch Änderungen des UmwG neu geschaffene Umwandlungsmöglichkeiten anzuwenden.

80 **b) Einbringungen.** § 8 II 1 Nr. 2 (Alt. 2) gilt ferner für die **Einbringung** eines Gr, dh für einen Rechtsvorgang, der zur GrÜbertragung durch einen Gesellschafter auf eine Gesellschaft (KapGes oder PersGes) führt (vgl. auch → § 1 Rn. 174, 185). Zivilrechtlich kann sich eine Einbringung in eine KapGes oder PersGes sowohl im Wege der Einzelrechtsnachfolge (zB Sacheinlage eines Gr, §§ 5 IV GmbHG, 27 AktG oder Erfüllung einer Beitragspflicht, § 709 BGB) oder im Wege der (partiellen) Gesamtrechtsnachfolge (Verschmelzung, Auf- und Abspaltung oder Ausgliederung) vollziehen (BFH II B 54/02, BStBl. II 2003, 483). Außerhalb des UmwG kann die Einbringung in eine PersGes auch im Wege der Anwachsung (§ 712 BGB) erfolgen. Die Einbringung unterfällt § 8 II Nr. 2

nur, soweit sie – dazu nachfolgend – auf gesellschaftsvertraglicher Grundlage erfolgt (vgl. auch Kroschewski GmbHR 2003, 757 (758)).

Für Einbringungen hat § 8 II 1 Nr. 2 nur praktische Bedeutung, soweit sie **81** nicht auf einer in dieser Vorschrift ausdrücklich erwähnten Umwandlung beruht. Auf die Art des jeweils erfüllten Steuertatbestands und die Art der durch die Einbringung begründeten Rechtsposition kommt es nicht an. Deshalb unterfällt § 8 II 1 Nr. 2 zB auch die Einbringung eines Gr in eine PersGes dem Werte nach (→ § 1 Rn. 281 ff.). Der „Rückerwerb" der Verwertungsbefugnis an einem dem Wert nach eingebrachten Gr bei Ausscheiden des einbringenden Gesellschafters wird regelmäßig auf gesellschaftsvertraglicher Grundlage beruhen und daher ebenfalls § 8 II 1 Nr. 2 unterfallen. Für die Einbringung durch Übertragung eines **Erbbaurechtsgr** ist von dem nach § 8 II 1 Nr. 2 auszugehen (FG Münster 8 K 2082/22, EFG 2024, 1250). Von dem als Bemessungsgrundlage anzusetzenden Kapitalwert ist der kapitalisierte Wert des erworbenen Erbbauzinsanspruchs nicht abzuziehen (FG Münster 8 K 2082/22, EFG 2024, 1250).

c) Andere Erwerbsvorgänge auf gesellschaftsvertraglicher Grundlage. **82** Die in § 8 II 1 Nr. 2 (Alt. 3) angeordnete Anwendung auch für **andere Erwerbsvorgänge „auf gesellschaftsvertraglicher Grundlage"** umschreibt letztlich den Grundtatbestand des § 8 II 1 Nr. 2 und greift deutlich über Umwandlungen und Einbringungen hinaus.

Ein Erwerbsvorgang **„auf gesellschaftsvertraglicher Grundlage"** liegt vor, wenn durch den GrÜbergang die **Gesellschafterstellung des beteiligten Gesellschafters** in rechtlicher Hinsicht **berührt oder verändert wird** (BFH II B 54/02, BStBl. II 2003, 483; II R 37/05, BStBl. II 2007, 59; II R 48/08, BStBl. II 2012, 295; II R 64/09, BStBl. II 2012, 355; II R 28/15, BStBl. II 2019, 555; II R 20/17, BFH/NV 2019, 1430; Gottwald UVR 2004, 233). Nach der Gesetzesbegründung (BT-Drs. 13/4839, 74) ist die gesellschaftsvertragliche Grundlage berührt, wenn die „Gegenleistung" für den GrErwerb der Gesellschaft in dem anteiligen Wert der gewährten Gesellschaftsrechte besteht. Das trifft zB bei einem GrÜbergang kraft **Anwachsung auf den verbleibenden Gesellschafter** (BFH II R 37/05, BStBl. II 2007, 59; II R 28/15, BStBl. II 2019, 555; Beckmann GmbHR 1999, 217 (218 f.); Hofmann/Bock § 8 Rn. 48; Viskorf/Kugelmüller-Pugh § 8 Rn. 76 f.; vgl. GLE Umwandlung, abgedr. bei → § 1 Rn. 185, unter B; anders bei Anwachsung auf Nichtgesellschafter, → Rn. 84) und auf Gestaltungen zu, in denen der Erwerbsvorgang im Zuge einer **Kapitalerhöhung gegen Sacheinlage** (zB § 183 AktG, § 56 GmbHG) erfolgt.

§ 8 II 1 Nr. 2 (Alt. 3) ist nicht gegeben, wenn durch die Anwachsung die **82a** **eigene Stellung des erwerbenden Gesellschafters** nicht **verändert** wird. Dies ist etwa der Fall, wenn der Gesellschafter alle Anteile an einer GbR 2 erwirbt und die Stellung bei der GbR 1 unberührt bleibt (BFH II R 20/17, BStBl. II 2020, 159). Maßgebend ist hier allein § 8 I.

Ebenso ist § 8 II 1 Nr. 2 – obgleich dies seinem Wortlaut nicht deutlich zu **83** entnehmen ist – auch anzuwenden, wenn die GrÜbertragung durch einen Gesellschafter auf eine PersGes zu einer **höheren Beteiligungsquote** am Gesellschaftsvermögen führt (BFH II B 54/02, BStBl. II 2003, 483; II R 48/08, BStBl. II 2012, 295; Viskorf/Kugelmüller-Pugh § 8 Rn. Rn. 75) oder – umgekehrt – sich diese aufgrund der Übertragung eines Gr durch die Gesellschaft **auf** den Gesellschafter **vermindert** (BFH II R 48/08, BStBl. II 2012, 295; Viskorf/Kugelmüller-Pugh § 8 Rn. 75; Hofmann/Bock § 8 Rn. 46). Das gilt etwa für Fälle, in denen einem Gesellschafter im Zuge der **Auseinandersetzung** einer PersGes (§§ 730–734 BGB; §§ 131, 145, 161 II HGB) aufgrund abweichender Vereinbarung (§ 731 BGB) – zB kraft gesellschaftsvertraglicher Abfindungsklausel – anstelle des Liquidationserlöses ein Gr auf einen oder mehrere Gesellschafter zu Eigentum übertragen wird (BFH II R 58/06, BStBl. II 2008, 879; II R 64/09, BStBl. II 2012, 355) oder eine **Realteilung** einer PersGes erfolgt. Ferner findet § 8 II 1 Nr. 2 Anwendung, wenn die Verteilung eines Abwicklungsüberschusses bei Auflösung einer KapGes anstelle der Versilberung des Gesellschaftsvermögens im Wege der Naturalteilung (§§ 268, 271 AktG für die AG; §§ 70, 72 GmbHG für die GmbH) durch GrÜbertragung erfolgt.

84 Soweit sich Gesellschaft und Gesellschafter bei einem zwischen ihnen getätigten GrGeschäft wie **fremde Dritte** gegenüberstehen – dh die mit dem GrGeschäft verbundenen Rechte und Pflichten keine Rechtsgrundlage im Gesellschaftsvertrag finden und auch nicht die Gesellschafterstellung des beteiligten Gesellschafters berührt wird – ist **§ 8 II 1 Nr. 2 unanwendbar** (ebenso Hofmann/Bock § 8 Rn. 46; Viskorf/Kugelmüller-Pugh § 8 Rn. 78). Daher ergibt sich die Bemessungsgrundlage bei **Anwachsung** des Gesellschaftsvermögens **auf** einen **Nichtgesellschafter** aus der Gegenleistung, weil der GrÜbertragung insoweit ein gesellschaftsvertraglicher Bezug fehlt (zutr Viskorf/Kugelmüller-Pugh § 8 Rn. 78). Zudem reicht für die Anwendung des § 8 II S. 1 Nr. 2 die bloße Gesellschafterstellung eines Beteiligten nicht aus.

Auch ein **GrKaufvertrag** zwischen Gesellschaft und Gesellschafter fällt nicht unter § 8 II 1 Nr. 2 (Viskorf/Kugelmüller-Pugh § 8 Rn. 74; Hofmann/Bock § 8 Rn. 46; GrESt-Erlasse Umwandlung, abgedr. bei → § 1 Rn. 165, unter B; zu Fragen der Bemessungsgrundlage bei derartigen Verträgen vgl. → § 9 Rn. 184 f.). Auch ein Vertrag, in dem die **GbR-Stellung eines Gesellschafters unverändert erhalten bleibt,** fällt nicht unter § 8 II 1 Nr. 2 (BFH II R 28/15, BStBl. II 2019, 555). Ferner ist auch der steuerpflichtige Erwerb von Wohnungs- und Teileigentum aufgrund eines geänderten oder neuen Auseinandersetzungsvertrags, der die Vereinbarung einer GbR umsetzt, als Gegenleistung aus § 8 I anzusetzen (BFH II R 20/17, BFH/NV 2019, 1430). Gleiches muss auch gelten, wenn ein einziger Nichtgesellschafter alle Anteile an der PersGes übernimmt (Hofmann/Bock § 8 Rn. 47 f.; Viskorf/Kugelmüller-Pugh § 8 Rn. 78). Ebenso können GrÜbergänge zwischen einem **stillen Gesellschafter** und dem Inhaber des Handelsgeschäfts nicht auf gesellschaftsvertraglicher Grundlage beruhen, weil die stille Gesellschaft kein Gesellschaftsvermögen hat und dem stillen Gesellschafter ein lediglich schuldrechtlicher Anspruch gegen den Geschäftsinhaber zusteht (SchlHFG III 108/00, EFG 2002, 858, durch BFH II R 19/02, BFH/NV 2005, 1368 aus anderen Gründen aufgehoben; Hofmann/Bock § 8 Rn. 49). Soweit § 8 II 1 Nr. 2 nicht anwendbar ist und auch kein Fall des § 8 II 1 Nr. 1 vorliegt, ergibt sich die Bemessungsgrundlage aus der Gegenleistung. Diese ist auch dann anzusetzen, wenn sie erheblich unter dem Verkehrswert des Gr liegt (→ § 9 Rn. 185).

85 **3. Rechtsvorgänge iSd 1 IIa, IIb, III und IIIa (§ 8 II 1 Nr. 3). § 8 II 1 Nr. 3** wurde durch das **StEntlG 1999 ff.** um die Anwendung auch auf Rechtsvorgänge iSd § 1 IIa ergänzt (zur zeitlichen Geltung vgl. § 23 VI 1); gleichzeitig wurde die für Erwerbsvorgänge iSd § 1 IIa aF durch das JStG 1997 eingefügte und überaus komplizierte Regelung des § 9 I Nr. 8 aufgehoben. Als Folgeregelung zu dem durch das AmtshilfeRLUmsG als neuen Steuertatbestand eingefügten § 1

IIIa wurde der Anwendungsbereich des **§ 8 II 1 Nr. 3** auch auf diese Erwerbsvorgänge **erweitert** (zur zeitlichen Geltung § 23 XI). Durch das GrEStGÄndG v. 12.5.2021 (BGBl. 2021 I 986) wurde die Regelung um **§ 1 IIb** erweitert und auch § 8 II 2 um eine Regelung für § 1 IIb ergänzt.

Besteuerungsgrundlage ist in allen Anwendungsfällen des § 8 II 1 Nr. 3 stets der **volle Grundbesitzwert.** Dies gilt im Anwendungsbereich des § 1 IIa auch dann, wenn weniger als 100 % der Anteile am Gesellschaftsvermögen auf neue Gesellschafter übergehen (vgl. GLE 10.5.2021, BStBl. I 2022, 801 Tz. 11). Eine entsprechende Regelung ist für § 1 IIb getroffen (vgl. GLE 10.5.2022, BStBl. I 2022, 821). Auch in den Fällen des **§ 1 III** und **IIIa** ist jeweils der sich für das **ganze Gr** ergebende Wert – ggf. unter Anwendung des § 8 II **2** – anzusetzen. 86

§ 8 II 1 Nr. 3 ist wegen der sachlichen Besonderheiten der davon erfassten Erwerbsvorgänge und der – jedenfalls für das ganze Gr – fehlenden Gegenleistung **verfassungsgemäß** und insb. Mit Art. 3 GG vereinbar (dazu eingehend BFH II R 29/69, BStBl. II 2011, 932; II R 64/08, BFH/NV 2011, 1009 mwN). Entscheidend ist hierfür im Hinblick auf Erwerbsvorgänge iSd **§ 1 IIa** der mit der Ermittlung der Gegenleistung verbundene erhebliche Ermittlungsaufwand. Für die Verfassungsmäßigkeit des § 8 II 1 Nr. 3 im Hinblick auf die **Anteilsvereinigung** (§ 1 III Nr. 1 und Nr. 2) spricht insb., dass eine etwaige Gegenleistung nur die zuletzt hinzuerworbenen Anteile betrifft und eine auf das ganze Gr bezogene Gegenleistung idR nicht ersichtlich oder nur mit großem Aufwand zu ermitteln wäre (vgl. bereits BFH II B 23/05, BFH/NV 2006, 612; II R 53/06, BFH/NV 2008, 1268). Ähnliches gilt auch für die **Anteilsübertragung** iSd § 1 III Nr. 3 u. 4, sodass die Anwendung des § 8 II 1 Nr. 3 auf sämtliche Erwerbsvorgänge iSd § 1 III im Ergebnis sachgerecht ist. Dies gilt ebenfalls für Erwerbsvorgänge iSd § 1 IIIa. 87

Gewisse Besonderheiten sind zu beachten, wenn die Tatbestandsverwirklichung nach § 1 IIa, III oder IIIa auf einer **gemischten Schenkung** oder **Schenkung unter** (Leistungs-, Nutzungs- oder Duldungs-)**Auflage** beruht und daher anteilig die Befreiung nach § 3 Nr. 2 eingreift (→ § 3 Rn. 40). In diesem Fall ist der Grundbesitzwert nur mit dem Prozentteil anzusetzen, mit dem ein entgeltlicher Erwerb von Anteilen vorliegt (BFH II R 21/10, BStBl. II 2012, 793 im Fall des § 1 III Nr. 1; II R 14/14, BStBl. II 2015, 405). Für die Ermittlung dieses (prozentualen) entgeltlichen Anteils ist das Verhältnis zwischen dem Verkehrswert des Anteils und dem Verkehrswert der hierfür übernommenen Gegenleistung des Erwerbers maßgebend (BFH II R 21/10, BStBl. II 2012, 793; II R 14/14, BStBl. II 2015, 405, zugleich zu Einzelfragen der Berechnung bei sukzessive – bis zum Erreichen der 90 % Grenze – bis 30.6.2021: 95 %-Grenze – bei entgeltlichen bzw. freigebigen Anteilserwerben). Diese (stichtagsbezogen auf die jeweiligen Anteilserwerb bezogene) Berechnung wird häufig erhebliche Schwierigkeiten bereiten, sofern zB – im Fall des § 1 III Nr. 1 – einer KapGes im Zeitpunkt der einzelnen (unentgeltlichen oder entgeltlichen) Anteilserwerbe ein oder mehrere Gr noch nicht gehörten oder überhaupt der GrBestand im fraglichen Zeitraum (Wert-)Schwankungen unterworfen (vgl. auch → § 3 Rn. 46 ff.). Gegebenenfalls kann nach § 12 verfahren werden. 88

4. Erwerb innerhalb des umwandlungsrechtlichen Rückwirkungszeitraums (§ 8 Abs. 2 S. 1 Nr. 4). Durch das **GrEStGÄndG** v. 12.5.2021 (BGBl. I 2021, 986) wurde **§ 8 II 1 Nr. 4 eingefügt.** Im Nachgang zu Share Deals kann durch Umwandlungsvorgänge eine hohe GrBelastung reduziert werden, wenn im 89 ertragsteuerlichen Rückwirkungszeitraum die Gesellschaftsgrundstücke zu einem unter dem Verkehrswert liegenden Kaufpreis veräußert werden.

Die Vorschrift setzt voraus, dass
- zwischen den an einer Umwandlung beteiligten Rechtsträgern innerhalb des Rückwirkungszeitraum iSd §§ 2, 20 VI oder § 24 IV UmwG
- ein Erwerbsvorgang nach § 1 I 1 verwirklicht wird,
- der Wert der Gegenleistung geringer ist als der der Gegenleistung nach § 1 I Nr. 3, III oder IIIa
- und die Umwandlung ohne diesen Erwerbsvorgang eine Besteuerung nach § 1 I Nr. 3, III oder IIIa ausgelöst hätte.

90 Grundsätzlich ist der Grundbesitzwert maßgeblich, wenn zwischen an einer Umwandlung Beteiligten innerhalb des Rückwirkungszeitraums (§§ 2, 20 VI und 24 IV UmwStG) ein Erwerbsvorgangs nach § 1 I Nr. 1 verwirklicht wird, der Wert der Gegenleistung geringer ist als der Grundbesitzwert und die Umwandlung ohne diesen Erwerbsvorgang eine Besteuerung nach § 1 I Nr. 3, III oder IIIa ausgelöst hätte. Wird eine solche Veräußerung unter Verkehrswert vom übertragenden auf den übernehmenden Rechtsträger zwischen dem steuerlichen Übertragungsstichtag und der Eintragung, dh dem dinglichen Übergang vorgenommen, so löst dieser Vorgang keine **ertrags- oder schenkungsteuerlichen Konsequenzen** aus. Der neue § 8 II Nr. 4 bemisst die Steuer nicht mehr nach dem gezahlten niedrigen Kaufpreis, sondern nach § 151 I 1 Nr. 1 iVm § 157 I–III BewG. Für Erwerbsvorgänge nach § 1 I Nr. 3 gilt die Vorschrift nicht.

91–94 *einstweilen frei*

II. Werte iSd § 151 I 1 Nr. 1 iVm § 157 I–III BewG (vormals § 138 II–IV BewG)

95 **1. Rechtsentwicklung. a) Rechtslage bis zur BVerfG-Entscheidung vom 23.6.2015.** Aufgrund des **JStG 1997** wurde für § 8 II die – zunächst sowohl für die GrESt als auch für die ErbSt geltende Grundbesitzbewertung (§§ 138 ff. BewG idF des JStG 1997) übernommen (vgl. auch § 23 IV); damit hat der Gesetzgeber die Konsequenzen aus den BVerfG-Beschl. 2 BvL 37/91, BStBl. II 1995, 665 und 2 BvR 552/91, BStBl. II 1995, 671, gezogen und die GrESt von den bis dahin maßgeblichen (Einheits-)Werten (§§ 8 II, 10 aF) abgekoppelt. Durch das **JStG 2007** wurden die Bestimmungen zur Bedarfswertfeststellung in §§ 138 ff. BewG erheblich umgestaltet; diese Neuregelungen sind erstmals auf Besteuerungszeitpunkte nach dem 31.12.2006 anzuwenden (§ 158 I BewG idF des JStG 2007). Die bis dahin in § 138 V, VI BewG idF des JStG 1997 getroffenen Verfahrensregelungen wurden durch §§ 151–156 BewG idF des JStG 2007 abgelöst, die eingehende Verfahrensvorschriften zur gesonderten Feststellung der Grundbesitzwerte enthalten (→ Rn. 93 ff.). Durch das **JStG 2008** (BGBl. 2007 I 3150) wurden § 8 II 1, 2 – in Anpassung an die Neuregelungen des BewG durch das JStG 2007 – jeweils redaktionell (Ersetzung der Angabe „§ 138 Abs. 2 und 3 BewG“ durch „§ 138 Abs. 2 bis 4“ bzw. der Angabe „§ 138 Abs. 1 S. 2“ durch „§ 138 Abs. 1 S. 1“ BewG) – geändert.

96 Der im Bedarfsfall festzustellende Grundbesitzwert ist gem. § 138 I 1 BewG idF des JStG 2007 – vorbehaltlich der Regelung des § 8 II 2 – unter Berücksichtigung der tatsächlichen Verhältnisse und der Wertverhältnisse **zum Besteuerungszeitpunkt** (dh dem Zeitpunkt der Entstehung der GrESt, dazu im Einzelnen die Kommentierung zu § 14; nach der Rechtslage bis 31.12.2006 waren hingegen

die Wertverhältnisse vom 1.1.1996 maßgebend, § 138 IV BewG idF des JStG 1997) festzustellen. In den Fällen des § 8 II 2 dürfte auf die Wertverhältnisse im Zeitpunkt der Fertigstellung des Gebäudes abzustellen sein. Der festgestellte Wert ist gem. § 139 BewG nach damaligen Recht (anders jetzt § 157 BewG) auf volle 500 EUR nach unten abzurunden.

§ 138 IV BewG eröffnet für alle gem. §§ 145–149 BewG zu bewertenden wirtschaftlichen Einheiten die Möglichkeit, einen **niedrigeren gemeinen Wert** nachzuweisen. Der Nachweis kann durch einen stichtagsnahen, im gewöhnlichen Geschäftsverkehr erzielten Kaufpreis oder durch Gutachten über einen niedrigeren Verkehrswert durch einen Sachverständigen für Grundstücksbewertung bzw. durch den Gutachterausschuss erbracht werden. Gutachten unterliegen einer Schlüssigkeits- und Richtigkeitsprüfung und müssen insb. den Vorgaben der vormaligen WertV (v. 6.12.1988, BGBl. 1988 I 2209) bzw. der seit dem 1.7.2010 geltenden ImmoWertV (vgl. → Rn. 51) entsprechen. Die **Nachweislast** für den niedrigeren gemeinen Wert trifft den Steuerpflichtigen (zuletzt BFH II B 3/10, BFH/NV 2011, 415 mwN, stRspr); dieser hat auch die Kosten des Wertgutachtens zu tragen. 97

In besonderen **Ausnahmefällen** ist der Grundbesitzwert ohne Weiteres auf **null Euro** festzusetzen, sodass sich eine besondere Wertermittlung erübrigt. Das ist der Fall bei der unentgeltlichen Übertragung von Gr mit **Erschließungsanlagen** (zum Begriff vgl. § 127 II BauGB) durch Erschließungsträger (dazu § 124 BauGB) auf Gebietskörperschaften (zu Erschließungs- und Folgekostenbeiträgen GLE 16.9.2015, BStBl. I 2015, 827 Tz. 5; vgl. auch Bruschke UVR 2009, 113) sowie bei GrÜbertragungen im Zusammenhang mit dem Eisenbahnkreuzungsgesetz (FM BW 12.4.1999, HEB 2024§ 8 GrEStG Rn. 10). Die Begünstigungen sind auch für das neue Recht gerechtfertigt, weil derartige Anlagen von Gebietskörperschaften in Erfüllung einer öffentlich-rechtlichen Aufgabe übernommen werden und nur für den öffentlichen Gebrauch bestimmt sind. 98

b) Rechtslage nach der BVerfG-Entscheidung vom 23.6.2015. Auf die Entscheidung des **BVerfG 23.6.2015** (1 BvL 13/11 und 14/11, BStBl. II 2015, 871; vgl. zuvor Vorlagebeschlüsse BFH II R 23/10, BStBl. II 2011, 932; II R 64/08, BFH/NV 2011, 1009, BVerfG 1 BvL 13/11 und 14/11) hat der Gesetzgeber für die Zeit nach dem 31.12.2008 die bisherige Bemessungsgrundlage durch den **Verweis auf § 151 I 1 Nr. 1 iVm § 157 I–III BewG** (anstelle § 138 II BewG) ersetzt (hierzu auch Fertig DStR 2015, 2160; Behrens/Hofmann UVR 2009, 285; Wagner/Knipping BB 2015, 1860; Engers/Schwäbe BB 2009, 2465; Loose DB 2016, 75). 99

Die vormalige Bewertung nach § 8 II GrEStG iVm 138 II–IV BewG verstieß nach Auffassung des BVerfG gegen den Gleichheitssatz (Art. 3 I GG) und war verfassungswidrig. Ein hinreichender Sachgrund für unterschiedliche Belastung nach § 8 I einerseits und § 8 II andererseits ist nicht erkennbar. Ein von der Regelbemessungsgrundlage abweichendes Lenkungs- oder Förderziel ändert nichts an der Gleichbehandlung nach Steuergegenstand und Belastungsgrund. Eine bewusste Typisierungsentscheidung hat der Gesetzgeber insoweit nicht getroffen. Die vom Gesetzgeber anstelle der Regelbemessung gewählte Ersatzbemessungsgrundlage muss nach Möglichkeit annähernd gleiche Ergebnisse erzielen, zumal der Gesetzgeber ohne Weiteres auf die Grundbesitzbewertung nach §§ 157 ff. BewG zurückgreifen kann. Zudem führt die Bewertung der einzelnen Vermögensarten untereinander für mit Art. 3 I GG unvereinbaren Ungleichbehandlun- 100 gen. Von dieser Zielsetzung war auch der Gesetzgeber bei der Einführung des § 8 II 1 Nr. 2 ausgegangen; in der Gesetzesbegr. (BT-Drs. 13/4839, 74) hierzu war eine Bemessung der GrESt nach Maßgabe der seinerzeit maßgebenden Anteilswerte wegen ihres „weit unter dem gemeinen Wert" liegenden Wertniveaus als ungeeignet verworfen und der stattdessen vorgesehene Ansatz der Grundbesitzwerte als dem gemeinen Wert „angenähert" erwartet worden (vgl. auch BFH II B 54/02, BFH/NV 2003, 865). Grundlage dieser Erwartung war jedoch die nicht Gesetz gewordene, noch ursprünglich (vgl. BT-Drs. 13/4839) für die Bewertung bebauter Gr vorgesehenen Wohn-/Nutzflächenverfahren ausgerichtete Grundbesitzbewertung.

101 Näherer Erörterung bedarf insb. die Feststellung des BVerfG, dass die Bewertungsregeln nach § 8 I und II **jeweils dem gemeinen Wert des Gr nahekommen** müssen. Das hat das BVerfG für sämtliche von §§ 138 ff. BewG aF erfassten Fälle verneint. Für die Schwankungen in Höhe von 50 % bzw. 70 % bei bebauten bzw. unbebauten Grundstücken und von 10 % bei land- und forstwirtschaftlichen Vermögen liegen wegen der Wertschwankungen und der Unterschiede innerhalb dieser Wertgruppen große Unterschiede vor, für die es keinen Rechtfertigungsgrund gibt. Vor diesem Hintergrund bedarf es zB einer **intensiveren Prüfung,** ob das vom Erwerber Hingegebene als Gegenleistung anerkannt werden kann oder ob auf die Ersatzbemessungsgrundlage abzustellen ist (→ Rn. 14). Diese Frage stellt sich zB auch bei der Frage, ob in den Fällen des **§ 9 II Nr. 4** eine besonders niedrige Bemessungsgrundlage anerkannt werden kann (→ § 9 Rn. 219).

102 Zu den Neuregelungen ab 1.1.2009 kann nachfolgend nur ein Überblick erfolgen. Zu den Einzelheiten vgl. die §§ 157 ff. BewG ErbStG 2011 und die einschlägigen BewG-Kommentare, zB Rössler/Troll und zuletzt Marquardt ErbStB 2025, 191. Zu den Rechtsfolgen, Weitergeltungsanordnung und der rückwirkenden Neuordnung → Rn. 123 ff.

103, 104 *einstweilen frei*

105 **2. Grundbesitzwerte der land- und forstwirtschaftlichen Betriebe bzw. Betriebsgrundstücke. Land- und forstwirtschaftliches Vermögen; Grundbesitzbewertung ab 1.1.2009.** Nach § 158 I 1 und 2 BewG gehören zum land- und forstwirtschaftlichen Vermögen alle Wirtschaftsgüter, die einem Betrieb der Land- und Forstwirtschaft auf Dauer zu dienen bestimmt sind. Hierzu gehören nach § 158 III BewG insb. der Grund und Boden, Wirtschaftsgebäude, stehende Betriebsmittel, der normale Bestand an umlaufenden Betriebsmitteln, immaterielle Wirtschaftsgüter und die Wohngebäude mit dem dazu gehörenden Grund und Boden. Soweit Verbindlichkeiten nicht in einem unmittelbaren Zusammenhang mit den in § 158 IV BewG aufgeführten Wirtschaftsgütern stehen, gehören sie gem. § 158 V BewG zum landwirtschaftlichen Vermögen.

Ein Betrieb der Land- und Forstwirtschaft umfasst gem. § 160 I BewG den Wirtschaftsteil, die Betriebswohnungen und den Wohnteil. Zur Bewertung des Wohnteils vgl. §§ 162 I, 163 ff. BewG. Die Bewertung der Betriebswohnungen erfolgt gem. § 160 VIII und § 167 BewG. Der Grundbesitzwert ergibt sich aus dem Wert des Wirtschaftsteils, dem Wert der Betriebsvorrichtungen sowie dem des Wohnteils.

106 Wegen der **Grundbesitzbewertung bis 31.12.2008** vgl. → 6. Aufl. 2018, § 8 Rn. 84 f.

107–109 *einstweilen frei*

3. Grundbesitzwerte für wirtschaftliche Einheiten des Grundvermögens und Betriebsgrundstücke iSd § 99 I Nr. 1 BewG. a) Grundbesitzwerte ab 1.1.2009. Nach § 157 III 1 BewG iVm § 176 II BewG gehören zum Grundvermögen der Grund und Boden, die Gebäude, die sonstigen Bestandteile und das Zubehör, das Erbbaurecht sowie das Wohnungseigentum, Teileigentum, das Wohnungserbbaurecht und Teilerbbaurecht nach dem WEG. Sonderregelungen enthält das Gesetz für Erbbaurechte (§§ 192 ff. BewG), Gebäude auf fremden Grund und Boden (§ 195 BewG) und Grundstücke im Zustand der Bebauung (§ 196 BewG). Nicht einzubeziehen sind nach § 176 II BewG Bodenschätze und – dies entspricht der Rechtslage nach § 2 I 2 Nr. 1 – Betriebsvorrichtungen. **110**

Den Bewertungen ist nach § 177 BewG der gemeine Wert zugrunde zu legen. **111** Auszugehen ist immer vom Grundbesitzwert der tatsächlichen Verhältnisse und Wertverhältnisse zum Bewertungsstichtag (§ 157 I 1 BewG). Bewertungsstichtag ist der Tag der Entstehung der Steuer nach § 38 AO (Viskorf/Kugelmüller-Pugh § 8 Rn. 163). Auf § 14 kann nicht abgestellt werden.

Weist der StPfl nach, dass der **gemeine Wert** der wirtschaftlichen Einheit am Bewertungsstichtag **niedriger** ist als der nach §§ 179, 182–196 BewG ermittelte Wert, so ist dieser Wert nach **§ 198 BewG** anzusetzen. Zu den insoweit geltenden **Grundsätzen für die GrEStG** vgl. BFH II R 26/20, BFH/NV 2022, 822; III R 47/15, BStBl. II 2019, 144; vgl. auch BFH II R 9/18, BFH/NV 2020, 949; II B 46/19, BFH/NV 2020, 1273; FG Nürnberg 4 K 1111/22, EFG 2025, 379 mAnm Hüttner, BFH II B 73/24).

Unbebaute Grundstücke ab 1.1.2009. Der Wert dieser Grundstücke **112** bestimmt sich gem. § 179 BewG regelmäßig nach ihrer Fläche und den Bodenrichtwerten nach § 196 BauGB. Die nach dem Rechtszustand bis 31.12.2008 vorgesehene Ermäßigung des Bodenrichtwerts um 20 % ist entfallen.

Bebaute Grundstücke ab 1.1.2009. Bebaute Gr sind gem. § 182 I BewG **113** grundsätzlich im **Vergleichswertverfahren** (für Wohnungseigentum, Teileigentum sowie Ein- und Zweifamilienhäuser, § 182 II und 183 BewG) zu ermitteln. Im **Ertragswertverfahren** sind gem. § 182 III BewG Mitwohngrundstücke, Geschäftsgrundstücke und gemischt genutzte Grundstücke (vgl. § 181 III, VI und VII BewG) zu bewerten. Im Sachwertverfahren sind nach § 182 IV BewG Wohnungseigentum, Teileigentum und Ein- oder Zweifamilienhäuser zu bewerten, wenn kein Vergleichswert vorliegt. Ebenfalls gilt das Sachwertverfahren für Geschäftsgrundstücke und gemischt genutzte Grundstücke, für die auf dem örtlichen Grundstücksmarkt keine übliche Miete ermitteln lässt. Schließlich gilt das Sachwertverfahren auch für sonstige bebaute Grundstücke (§ 182 IV Nr. 3 BewG).

Im Vergleichswertverfahren sind nach § 183 I BewG Kaufpreise von Grundstü- **114** cken heranzuziehen, die hinsichtlich der ihren Wert beeinflussenden Merkmale mit dem zu bewertenden Grundstück hinreichend übereinstimmen (Vergleichsgrundstücke). Hilfsweise kann auch gem. § 183 II BewG auf Vergleichsfaktoren abgestellt werden.

Bei der Anwendung des **Ertragswertverfahrens für Mietwohngrundstücke** **115** **und Geschäftsgrundstücke** (§ 183 III BewG) sind der **Wert des Gebäudes getrennt von dem Bodenwert** auf der Grundlage des Ertrags nach § 185 BewG zu ermitteln. Der Bodenwert ist der Wert des unbebauten Grundstücks nach § 179 BewG. Der Gebäudeertragswert ergibt sich aus dem Reinertrag des Grundstücks, der sich aus dem Rohertrag abzüglich der Bewirtschaftungskosten und einer angemessenen Bodenwertverzinsung ergibt (§ 185 I und II BewG). Der für die Bewertung im Ertragswertverfahren maßgebliche Rohertrag nach **§ 186 I BewG** ist grds das nach den vertraglichen Bedingungen als Miete zu zahlendes Entgelt. Bei einer mehr als 20 % niedrigeren oder höheren Miete sei die **übliche Miete** (§ 186 II) anzusetzen; auf den Mittelwert kommt es nicht an (BFH II R 41/16, BFH/NV 2020, 796). Der Gebäudereineintrag ergibt sich nach Abzug der Bodenwertverzinsung (§§ 185 II, 188 BewG). Die Summe aus Bodenwert und Gebäudeertrag ergibt den Grundstückswert (§ 184 III BewG).

116 Im **Sachwertverfahren** nach § 182 IV BewG ist der Wert des Gebäudes getrennt vom Bodenwert zu ermitteln (§ 189 I 1 BewG). Die Ermittlung der Regelherstellungskosten erfolgt auf der Grundlage von Regelherstellungskosten mit Abzug einer Alterswertminderung (§ 190 BewG). Dieser Wert ergibt den vorläufigen Sachwert (§ 189 III BewG), welcher zur Anpassung an den gemeinen Wert mit einer Wertzahl nach § 191 BewG zu multiplizieren ist.

117 In **Erbbaurechtsfällen** ist der Wert für die wirtschaftliche Einheit **Erbbaurecht** und für die **wirtschaftliche Einheit des belasteten Grundstücks** jeweils gesondert zu ermitteln (§ 192 S. 1 BewG; zu Einzelfragen Broemel/Marquart DStR 2024, 89). Mit der Bewertung des **Erbbaurechts** ist die Verpflichtung zur Zahlung des Erbbauzins und mit der Bewertung des Erbbaurechtsgrundstücks ist das Recht auf den Erbbauzins abgegolten (§ 192 S. 2 BewG). Der Wert des Erbbaurechts ist nach § 193 I 2 BewG zu ermitteln. Ist kein Erbbaurechtskoeffizient vorhanden, gilt die finanzmathematische Methode des § 193 II–V BewG. Für die Bewertung des **Erbbaugrundstücks** sind vorrangig Erbbaurechtsgrundstückskoeffizienten zu ermitteln (§ 194 I BewG). Hilfsweise erfolgt die Bewertung nach der finanzmathematischen Methode gem. § 194 II–V BewG. Möglich ist die Anwendung des § 198 BewG (→ Rn. 111).

118 Bei **Gebäuden auf fremden Grund und Boden** werden den Werten für die wirtschaftliche Einheit des Gebäudes auf fremden Grund und Boden und die wirtschaftliche Einheit des belasteten Grundstücks gesondert ermittelt (§ 195 BewG). Gebäude im Zustand der Bebauung liegen vor, wenn mit den Bauarbeiten begonnen wurde und Gebäude oder Gebäudeteile noch nicht bezugsfertig sind (§ 196 I 1 BewG). Die Gebäude oder Gebäudeteile im Zustand der Bebauung sind mit den am Bewertungsstichtag entstandenen Herstellungskosten dem Wert des bislang unbebauten oder bereits bebauten Grundstücks hinzuzurechnen (§ 196 II BewG). Möglich ist die Anwendung des § 198 BewG (→ Rn. 111).

119 Für **Betriebsgrundstücke** enthält das BewG keine eigenen Bewertungsregeln. Diese Grundstücke sind entweder im Ertragswertverfahren (§ 182 III BewG) oder im Sachwertverfahren (§ 182 IV BewG) zu bewerten. Wegen des Verzichts auf die bisherigen Abschlagsregelungen sowie des Verzichts auf die pauschale Bewertung des Gebäudes mit den Steuerbilanzwerten dürfte sich meist ein höherer Wert ergeben. Möglich ist die Anwendung des § 198 BewG (→ Rn. 111).

120 **b) Bewertung bis 31.12.2008.** Für die wirtschaftlichen Einheiten des Grundvermögens und für BetriebsGr iSd § 99 I Nr. 1 BewG werden gem. § 138 III BewG Grundbesitzwerte ermittelt und in den Fällen des § 8 II als Bemessungsgrundlage der GrESt herangezogen. Zu Einzelheiten → 6. Aufl. 2018, § 8 Rn. 96 ff.

121 **4. Umfang der Bindung an Grundbesitzwerte nach § 157 BewG.** Hinsichtlich der Maßgeblichkeit dieses Grundbesitzwerts für die GrESt ist zu beachten, dass schon nach altem Recht jedenfalls das land- und forstwirtschaftliche Vermögen (§§ 33, 140 BewG) vom GrBegriff des § 2 abwich und die Bewertung des Betriebsteils (§ 141 I Nr. 1, § 142 BewG) nach völlig anderen Regeln erfolgt als die Bewertung des Grundvermögens (vgl. auch BFH II R 8/08, BFH/NV 2010, 60). Insbesondere gehören die durch § 33 II BewG erfassten Betriebsmittel (zB Maschinen, Inventar) als Zubehör, Maschinen oder Betriebsvorrichtungen nach § 2 I 1 und 2 Nr. 1 nicht zum Gr iSd GrEStG. Der auf die typisierenden Werte des § 138 II bis IV BewG aF abstellende Wortlaut des § 8 II bedurfte kraft teleologischer Reduktion einer Bereinigung für grestrechtliche Zwecke (FG SachsAnh 2 V 1670/07, EFG 2008, 1577; vgl. auch Viskorf/Kugelmüller-Pugh § 8 Rn. 125). Zumindest war unter dem Gesichtspunkt eines Überhangs des Gesetzes ein Billigkeitserlass der GrESt geboten.

Nach der ab 2009 geltenden Rechtslage haben sich **Problemfragen noch** 122 **verschärft.** Neben der Land- und Forstwirtschaft und Betriebsgrundstücken nach § 99 I Nr. 2 BewG (§ 157 II BewG) werfen auch die Grundbesitzwerte für die wirtschaftlichen Einheiten sowie für Betriebsgrundstücke nach § 99 I Nr. 1 (§ 157 II iVm §§ 178–198 BewG) die Frage nach einer Begrenzung auf nicht der GrESt unterliegende Gegenstände des § 2 auf. Der Auffassung, es müsse insoweit weitestmöglich der bewertungsrechtlichen Rechtslage gefolgt werden (so Hofmann/Bock § 8 Rn. 6o f), ist nicht zu folgen. Ausgehend von dem nunmehr maßgebenden gemeinen Wert des Grundstücks fehlt jede Rechtsgrundlage dafür, nicht dem Grundstücksbegriff des § 2 entsprechende Bestandteile der Gegenleistung (zB Wirtschaftsgüter nach § 158 III oder V BewG oder die Bewertung von Betriebswohnungen oder Wohnteilen) ungeschmälert als Gegenleistung anzusetzen. Soweit sich daher aufgrund der Bewertung nach § 157 II und III BewG willkürliche Ergebnisse ergeben, bedarf es einer grundlegenden Neuausrichtung der Bewertung (Viskorf/Kugelmüller-Pugh § 8 Rn. 125). Augenfällig wird dies in einer Entscheidung des FG Sachsen (5 K 388/21, EFG 2023, 1718; die zunächst eingelegte Rev. wurde von der FVerw zurückgenommen), das für die Anwendung des § 8 II 1 die Bemessungsgrundlage in erheblichem Umfang um die nicht gem. §§ 1 und 2 steuerpflichtigen Teile gekürzt hat.

5. Weitergeltung des alten Rechts und rückwirkende Anwendung der 123 **Neuregelung ab 1.1.2009.** Die **Finanzverwaltung** hat nach Inkraftsetzung des neuen Rechts durch das StÄndG 2015 die ursprünglich angeordnete vorläufige Steuerfestsetzung (Ländererlasse v. 17.11.2011, BStBl. I 2011, 575) durch Erlass vom 5.10.2015 aufgehoben (Ländererlasse vom 5.10.2015, BStBl. I 2015, 790) und in **Erlassen vom 16.12.2009 (BStBl. I 2009, 1082) nähere Weisungen** zur Bearbeitung **der Fälle** erteilt.

Für **nach dem 31.12.2008 verwirklichte Erwerbe** für mit einem Vorbehalt 124 der Nachprüfung oder Vorläufigkeitsvermerk versehene Bescheide von Amts wegen zu prüfen, ob die Festsetzungen der GrESt unter Berücksichtigung der nach dem neuen Recht durchzuführenden bzw. durchzuführenden Feststellungen oder § 17 II und III und Feststellungen der Grundbesitzwerte zu ändern ist. Ergibt sich nach neuem Recht eine **Minderung** der bisher festgesetzten GrESt, ist der Bescheid zu ändern und für endgültig zu erklären.

Ergibt sich nach neuem Recht eine Erhöhung der GrESt, stünde **§ 176 I 1** 125 **Nr. 1 AO** einer Bescheidänderung zuungunsten der Steuerpflichtigen entgegen. Diese Rechtsfolge ist, worauf schon der BVerfG 23.5.2016 1 BvL 13/11 und 14/11, BStBl. II 2015, 817 hingewiesen hat, unabweisbar. Für die Anwendbarkeit einer Billigkeitsregelung auf alle bis zum 5.11.2015 ergangene Steuerbescheide fehlt jedoch eine Rechtsgrundlage (aA Wischott/Keller/Uterhark DStR 2016, 1191 (1196) ff.).

126 Im Feststellungsverfahren nach § 17 II und III wird nicht über die Höhe der Grundbesitzwerte entschieden (vgl. § 17 IIIa). Diese Bescheide müssen lediglich, weil sich aus dem BVerfG 23.5.2015 keine Änderungen ergeben, auf Antrag des Steuerpflichtigen für endgültig erklärt werden (Ländererlasse v. 5.10.2015, BStBl. I 2015, 790 Tz. 1.2). Die an dieser Regelung geübte Kritik (Schade/Rapp DStR 2016, 657) überzeugt nicht. Dies dürfte auch gelten, wenn die Höhe der GrESt-Belastungsentscheidung zunächst in einem Schätzungsbescheid (§§ 155 II, 162 V AO) vorläufig festgelegt wird. Bei der endgültigen Veranlagung handelt es sich um einen Erstbescheid, der nicht § 176 I 1 Nr. 1 AO unterliegt. Ein hinreichender Anlass zu Gewährung von Vertrauensschutz besteht auch in diesem Fall nicht (anders Viskorf/Kugelmüller-Pugh § 8 Rn. 110).

127 Ergibt die Prüfung, dass die Anwendung des neuen Rechts zu einer Minderung des bisher festgestellten Grundbesitzes führen würde, ist der Bescheid zu ändern und für endgültig zu erklären.

Bei einer Änderung zulasten des Steuerpflichtigen steht § 176 I 1 Nr. 1 AO einer Steueränderung entgegen. Auf Antrag des Steuerpflichtigen ist der Antrag für endgültig zu erklären. Ist eine vorläufige erstmalige Feststellung des Einheitswerts mit dem Einspruch angefochten, kann eine mögliche Verböserung durch Rücknahme des Einspruchs und Anwendung des § 176 I 1 Nr. 1 AO erreicht werden.

128 Sind Feststellungen der Grundbesitzwerte bislang unterblieben, können diese wegen der bisher unterbliebenen Änderung ohne Anwendung des § 176 I 1 Nr. 1 AO nachgeholt werden.

Ist allerdings eine GrEStG-Festfestsetzung bereits durchgeführt, steht § 176 I 1 Nr. 1 AO einer Änderung zuungunsten des Steuerpflichtigen entgegen.

129 War die nach § 165 I 4 iVm II 2 AO bisher vorläufig ausgesetzte Steuer nach Ergehen des BVerfG-Beschlusses v. 23.6.2015 erstmals vorgenommen, steht wegen der erstmals vorgenommenen Steuerfestsetzung § 176 I 1 Nr. 1 AO einer Änderung zulasten des Steuerpflichtigen nicht entgegen. Die insoweit von der Lit. für diese Fälle vorgeschlagene Billigkeitsregelung (Engers/Schwäbe BB 2015, 2465; ähnlich Wischott/Keller/Uterhark DStR 2016, 1191) hat die Finanzverwaltung nicht umgesetzt; eine Notwendigkeit ergibt sich weder aus dem BVerfG-Beschluss von 23.5.2015 noch aus sonstigen Gründen.

130 **6. Verfahrensfragen; Bindungswirkung für die GrESt-Festsetzung.** Der Grundbesitzwert ist gem. § 151 I 1 iVm V 1 BewG **gesondert** festzustellen, wenn er für die GrESt erforderlich ist **(Bedarfsbewertung).** Es kommt ggf. auch eine **einheitliche** Feststellung in Betracht (dazu – für die ErbSt – BFH II R 27/02, BStBl. II 2004, 179; II R 22/04, BFH/NV 2004, 1683; vgl. auch BFH II R 9/04, BStBl. II 2005, 780; II R 54/01, BFH/NV 2004, 658). Maßgebender Zeitpunkt für die Ermittlung des Grundbesitzwerts ist – abgesehen vom Ausnahmefall des § 8 II 2 – der der **Verwirklichung des Erwerbsvorgangs** (Viskorf/Kugelmüller-Pugh § 8 Rn. 163). Auf den Zeitpunkt der Entstehung nach § 14 kommt es nicht an.

Die Angabe des **Zeitpunkts,** auf den der Grundbesitzwert festgestellt ist, ist **zwingendes materielles Erfordernis des Feststellungsbescheids** (BFH II B 6/05, BFH/NV 2006, 908). Erfolgt die Feststellung auf einen unzutr. Zeitpunkt, ist der Bescheid aufzuheben; § 127 AO steht dem Aufhebungsanspruch nicht entgegen (BFH II R 35/17, BStBl. II 2020, 514; II B 6/05, BFH/NV 2006, 908). Die Nachholung der Feststellung auf den richtigen Zeitpunkt ist gem. § 174

IV 3 AO innerhalb der Jahresfrist möglich (BFH II R 24/21, BStBl. II 2023, 1060).

Der Bedarfswert ist von dem nach § 17 I örtlich zuständigen **Festsetzungs-FA bei** dem für die Feststellung des Grundbesitzwerts funktionell und örtlich zuständigen **Lage-FA** (§§ 18 I Nr. 1, 180 AO; vgl. § 152 Nr. 1 BewG) **anzufordern** (vgl. auch BFH II R 27/03, BStBl. II 2005, 105). Allein das Festsetzungs-FA hat zu entscheiden, ob die angeforderte Feststellung für die Besteuerung von Bedeutung ist (§ 151 I 2 iVm V 2 BewG; vgl. BFH II B 61/05, BFH/NV 2006, 921; II R 42/05, BStBl. II 2007, 319; II S 39/10, BStBl. II 2011, 657); das kann allenfalls in Ausnahmefällen dann anders sein, wenn eine Grundbesitzwertfeststellung unvertretbar und objektiv willkürlich wäre (BFH II S 39/10, BStBl. II 2011, 657 mwN). **131**

Das Lage-FA kann gem. § 153 I BewG von jedem, für dessen Besteuerung eine Bedarfsbewertung erforderlich ist, die Abgabe einer Feststellungserklärung verlangen; die Erklärungsfrist muss mindestens einen Monat betragen. Erklärungspflichtig sind bei der GrESt alle Personen, die gem. § 13 als Steuerschuldner in Betracht kommen. Hinsichtlich der Rechtsbehelfsbefugnis gegen den Feststellungsbescheid vgl. die Sonderregelung des § 155 BewG (zu grestrechtlichen Besonderheiten vgl. Rössler/Troll/Halaczinsky BewG § 155 Rn. 8).

Der gem. § 151 I 1 BewG ergehende Feststellungsbescheid ist ein **Grundlagenbescheid** (§ 171 X AO), der für den GrESt-Bescheid und ggf. auch für einen Feststellungsbescheid iSd § 17 II und III **bindend** ist (§ 182 I AO; BFH II R 27/03, BStBl. II 2005, 105). Diese Bindungswirkung reicht so weit wie der notwendige Inhalt des Feststellungsbescheids (BFH II B 155/03, BFH/NV 2005, 2053). Über materiell-rechtliche Einwände gegen die Festsetzung der Grunderwerbsteuer und insb. die Frage, ob sich die GrESt nach § 8 I oder aber nach § 8 II bemisst, kann nur im Rahmen der Anfechtung des GrESt-Bescheids (Folgebescheid) entschieden werden; insoweit hat der Feststellungsbescheid keine bindende Wirkung (BFH II R 18/10, BFH/NV 2012, 608). **132**

Im Feststellungsbescheid sind nach der Rechtslage ab 1.1.2007 (§ 151 V 3 BewG) keine Feststellungen über die Art der wirtschaftlichen Einheit und deren Zurechnung zu treffen (zur abweichenden Rechtslage bis 31.12.2006 vgl. 4. Aufl. 2010, § 8 Rn. 96).

Einwendungen gegen die im **Feststellungsbescheid** getroffenen Feststellungen und insb. gegen den festgestellten Bedarfswert können (vgl. § 351 II AO, § 42 FGO) nur durch Anfechtung dieses Feststellungsbescheids und nicht durch Anfechtung des Folgebescheids (GrESt-Bescheids) erhoben werden (vgl. zB BFH II B 5/07, BFH/NV 2007, 2351). Über materiell-rechtliche Einwände gegen die GrESt-Festsetzung (zB bezüglich der Frage, ob überhaupt ein steuerbarer Erwerbsvorgang vorliegt oder sich die Bemessungsgrundlage nach § 8 I oder II bestimmt) ist nur im Rahmen der Anfechtung des GrESt-Bescheids zu entscheiden (BFH II B 145/04, BFH/NV 2005, 2054). Die Aussetzung der Vollziehung des **Feststellungsbescheids** hat die Aussetzung der Vollziehung des Folgebescheids (GrESt-Bescheids) zur Folge (§ 361 III AO, § 69 II 4, 5 und III FGO). **133**

Für die gesonderte Feststellung des Grundbesitzwerts gilt aufgrund § 151 V BewG (§ 138 VI BewG aF) iVm § 181 I AO eine **eigenständige Feststellungsfrist.** Diese ist **unabhängig von** der Festsetzungsverjährung der **Folgesteuer (GrESt)** zu ermitteln (BFH II R 59/11, BFH/NV 2013, 1149). Die Erklärung zur gesonderten Feststellung ist gem. § 181 I 2 AO eine Steuererklärung iSd § 170 II Nr. 1 AO; demgemäß bewirkt die Aufforderung des FA zur Abgabe der **134**

Feststellungserklärung gem. § 153 I BewG eine Anlaufhemmung der Feststellungsfrist, und zwar unabhängig vom Zeitpunkt der Anzeigeerstattung gem. §§ 18, 19 (BFH II R 59/11, BFH/NV 2013, 1149 mwN). In Ausnahmefällen (bei Verzicht auf eine förmliche Feststellung) kann das FA nach § 173 I Nr. 1 AO an einer späteren Änderung seiner Feststellung gehindert sein (BFH II R 52/15, BStBl. II 2018, 419).

III. Maßgeblichkeit eines künftigen Grundstückszustands (§ 8 II 2)

135 Der durch das StEntlG 1999 ff. eingefügte § 8 II 2 (zur zeitlichen Geltung § 23 VI 1) eröffnet für die beiden im Eingangssatz bezeichneten Alternativen die Möglichkeit, **abweichend von** den **tatsächlichen Verhältnissen im Besteuerungszeitpunkt** (vgl. → Rn. 96) den Wert des bebauten Gr als Bedarfswert festzustellen (vgl. BT-Drs. 14/443, 43). Durch das StÄndG 2015 (BGBl. 2015 I 1834) wurde die Angabe des § 138 I 1 BewG in § 157 I 1 BewG geändert. Durch das GrEStGÄndG v. 12.5.2021 (BGBl. 2021 I 986) wurde die Angabe § 1 IIa um Erwerbsvorgänge nach **§ 1 IIb** ergänzt.

Steuerbar ist nunmehr in **Durchbrechung des Stichtagsprinzips** nach dem Zeitpunkt der **Fertigstellung des Gebäudes**

- wenn sich der Erwerbsvorgang auf ein noch zu errichtendes Gebäude erstreckt (§ 8 II Nr. 1) oder
- sich die Änderung des Gesellschafterbestands iSd § 1 IIa oder IIb auf einen vorgefassten Plan zur Bebauung eines Grundstücks bezieht (§ 8 II Nr. 2).

Insoweit enthält die Vorschrift zugleich eine – auf „noch zu errichtende Gebäude" beschränkte – Anerkennung der von der Rspr. entwickelten Grundsätze über den grestrechtlich einheitlichen Erwerbsgegenstand (→ § 9 Rn. 3 ff.). Während der ursprüngliche Gesetzentwurf zum StEntlG 1999 ff. (BT-Drs. 14/265) für § 8 II noch ganz allgemein eine Feststellung des Bedarfswerts „unter Beachtung der Grundsätze zum einheitlichen Vertragswerk" vorgesehen hatte, werden die einzelnen Anwendungsfälle in der jetzigen Gesetzesfassung näher präzisiert. Von diesen Präzisierungen ist der Gesetzgeber auch bei den späteren Änderungen nicht abgerückt.

136 Tatbestandlich erfasst § 8 II 2 **(1. Alt.)** künftige GrZustände insoweit, als sich der Erwerbsvorgang „auf ein noch zu errichtendes Gebäude" erstreckt. **„Erwerbsvorgang"** iS dieser Vorschrift kann jeder sein, für den sich die Bemessungsgrundlage aus § 8 II 1 ergibt (Viskorf/Kugelmüller-Pugh § 8 Rn. 154). Die Vorschrift gilt daher auch, wenn eine Sicherungsübereignung eines Gebäudes auf fremden Boden oder die Abtretung der Rechte aus einem Kaufangebot vorliegt (vgl. → Rn. 73). Auch Erwerbsvorgänge iSd § 1 III sind erfasst. Dies ist zB der Fall, wenn die Gesellschaft ein Gr nach den Grundsätzen des einheitlichen Erwerbsgegenstands (→ § 9 Rn. 3 ff.) mit einem noch zu errichtenden Gebäude erwirbt und es bezüglich dieser Gesellschaft sodann zu einem Erwerbsvorgang iSd § 1 III kommt.

137 Hinsichtlich der durch § 8 II 2 (1. Alt.) nur erfassten **„noch zu errichtenden Gebäude"** kann angesichts des klaren Gesetzeswortlauts und der strengen steuerrechtlichen Bindungen durch das **Bestimmheitsgebot** (dazu Koenig/Koenig AO § 3 Rn. 52 f.) nicht angenommen werden, der Gesetzgeber habe auch anderweitige GrZustände erfassen wollen. Der Wortlaut des § 8 II 2 ist daher keineswegs eine nur verkürzende Beschreibung der Grundsätze zum einheitlichen Leistungs-

gegenstand, sondern eine klare Umgrenzung der nur zu erfassenden GrZustände. Die Vorschrift gilt daher zB nicht für noch zu sanierende Gebäude bzw. An- und Umbauten (zutr FG Bremen 1 K 256/03, EFG 2005, 384; aA Viskorf/Kugelmüller-Pugh § 8 Rn. 155). Dieses Verbot gilt auch deshalb, weil nur § 8 II Nr. 2 wegen der fehlenden Eigenschaft von Veräußerer und Erwerber anwendbar ist (BFH II R 12/18, BStBl. II 2021, 632).

Vorgefasster Plan zur GrBebauung. In § 8 II 2 **(2. Alt.)** sind ferner Erwerbsvorgänge iSd **§ 1 IIa und § 1 IIb** ausdrücklich angesprochen, bei denen die Änderung des Gesellschafterbestands (dies betrifft gleichermaßen den originären und derivativen Anteilserwerb, vgl. → § 1 Rn. 318 ff., 360 ff.) auf einem vorgefassten Plan zu GrBebauung beruht. Allein diese Vorschrift ist anzuwenden, weil es keinen Veräußerer und Erwerber gibt (BFH II R 12/18, BStBl. II 2021, 632). **138**

Die Anwendung des § 8 II 2 setzt selbstverständlich voraus, dass die GrESt aus § 1 IIa oder IIb auch entstanden ist. Außerdem muss das zur Bebauung anstehende Gr der PersGes oder KapGes gehören. Kommt es im Zusammenhang mit einer Änderung des Gesellschafterbestands zu einer GrBebauung, ohne dass ein vorgefasster Plan vorliegt, ist § 8 II 2 nicht anwendbar. Der vorgefasste Plan zur Bebauung eines Grundstücks bildet wegen der Formulierung „beruht" den Rechtsgrund für die Einbeziehung der Bebauung in die Bemessungsgrundlage (BFH II R 12/18, BStBl. II 2021, 632). Der Plan muss unter der Ägide der Altgesellschafter gefasst worden sein und sich auf eine im Wesentlichen feststehende Bebauung (Planungen im Absichtsstudium genügen nicht) beziehen. Wichtige Indizien für eine gesellschaftsinterne Festlegung können Rechtsbeziehungen zu Dritten (auch Festlegung der bauplanungs- oder bauordnungsrechtlichen Verhältnisse) sein. Für das „Beruhen" braucht es weder einen Veranlassungszusammenhang noch einen vorgefassten Plan zur Änderung des Gesellschafterbestands. Die Ansicht, der vorgefasste Plan müsse sich nicht nur auf die Bebauung, sondern auch auf den Gesellschafterwechsel beziehen, hat der BFH abgelehnt (BFH II R 12/18, BStBl. II 2021, 632). **139**

Nach den GLE 10.5.2022, BStBl. I 2022, 801 Tz. 11 zu § 1 IIa liegt ein **vorgefasster Plan** vor, wenn sich der Plan zur Bebauung bei der Gesellschaft in einer Weise verdichtet hat, dass sie sich im Regelfall nur noch unter wirtschaftlichen Schwierigkeiten oder Einbußen davon lösen kann und die Neugesellschafter die Anteile an der PersGes aufgrund des vorgefassten Plans erwerben. Ausreichend ist hierbei bereits die Kenntnis der Neugesellschafter über den vorgefassten Plan zur Bebauung eines Grundstücks. Der Plan muss nur die Bebauung eines Grundstücks, nicht auch die Änderung des Gesellschafterbestands der PersGes zum Gegenstand haben. Eine entsprechende Regelung ist auch für § 1 IIb getroffen (GLE 10.5.2022, BStBl. I 2022, 821 Tz. 11). **140**

Bewertungsgegenstand und -zeitpunkt bestimmen sich nach den tatsächlichen Verhältnissen im Zeitpunkt der Fertigstellung des Gebäudes. Dieser Zeitpunkt dürfte auch für die Wertverhältnisse (§ 157 I 1 BewG) maßgebend sein. Auf den Bewertungsgegenstand „Grundstück mit fertig gestelltem Gebäude" ist abzustellen, soweit er dem vorgefassten Plan entspricht. Wegen der Maßgeblichkeit der tatsächlichen Verhältnisse zum Fertigstellungszeitpunkt des Gebäudes hat die etwaige Aufgabe des vorgefassten Plans vor seiner tatsächlichen Realisierung keine grestrechtliche Bedeutung; insb. bedarf es insoweit nicht der Anwendung des § 16. **141**

§ 9 Gegenleistung

(1) Als Gegenleistung gelten

1. bei einem Kauf:
   der Kaufpreis einschließlich der vom Käufer übernommenen sonstigen Leistungen und der dem Verkäufer vorbehaltenen Nutzungen;
2. bei einem Tausch:
   die Tauschleistung des anderen Vertragsteils einschließlich einer vereinbarten zusätzlichen Leistung;
3. bei einer Leistung an Erfüllungs Statt:
   der Wert, zu dem die Leistung an Erfüllungs Statt angenommen wird;
4. beim Meistgebot im Zwangsversteigerungsverfahren:
   das Meistgebot einschließlich der Rechte, die nach den Versteigerungsbedingungen bestehen bleiben;
5. bei Abtretung der Rechte aus dem Meistgebot:
   die Übernahme der Verpflichtung aus dem Meistgebot. [2]Zusätzliche Leistungen, zu denen sich der Erwerber gegenüber dem Meistbietenden verpflichtet, sind dem Meistgebot hinzuzurechnen. [3]Leistungen, die der Meistbietende dem Erwerber gegenüber übernimmt, sind abzusetzen;
6. bei der Abtretung des Übereignungsanspruchs:
   die Übernahme der Verpflichtung aus dem Rechtsgeschäft, das den Übereignungsanspruch begründet hat, einschließlich der besonderen Leistungen, zu denen sich der Übernehmer dem Abtretenden gegenüber verpflichtet. [2]Leistungen, die der Abtretende dem Übernehmer gegenüber übernimmt, sind abzusetzen;
7. bei der Enteignung:
   die Entschädigung. [2]Wird ein Grundstück enteignet, das zusammen mit anderen Grundstücken eine wirtschaftliche Einheit bildet, so gehört die besondere Entschädigung für eine Wertminderung der nicht enteigneten Grundstücke nicht zur Gegenleistung; dies gilt auch dann, wenn ein Grundstück zur Vermeidung der Enteignung freiwillig veräußert wird.
8. *(aufgehoben)*

(2) Zur Gegenleistung gehören auch

1. Leistungen, die der Erwerber des Grundstücks dem Veräußerer neben der beim Erwerbsvorgang vereinbarten Gegenleistung zusätzlich gewährt;
2. die Belastungen, die auf dem Grundstück ruhen, soweit sie auf den Erwerber kraft Gesetzes übergehen. [2]Zur Gegenleistung gehören jedoch nicht die auf dem Grundstück ruhenden dauernden Lasten. [3]Der Erbbauzins gilt nicht als dauernde Last;
3. Leistungen, die der Erwerber des Grundstücks anderen Personen als dem Veräußerer als Gegenleistung dafür gewährt, daß sie auf den Erwerb des Grundstücks verzichten;
4. Leistungen, die ein anderer als der Erwerber des Grundstücks dem Veräußerer als Gegenleistung dafür gewährt, daß der Veräußerer dem Erwerber das Grundstück überläßt.

(3) Die Grunderwerbsteuer, die für den zu besteuernden Erwerbsvorgang zu entrichten ist, wird der Gegenleistung weder hinzugerechnet noch von ihr abgezogen.

Übersicht

A. Bedeutung

1 § 9 ist aus § 11 GrEStG 1940 hervorgegangen und wurde durch das JStG 1997 um § 9 I Nr. 8 – die Bestimmung betraf die Gegenleistung für den neuen Steuertatbestand des § 1 IIa – erweitert. Durch das StEntlG 1999 ff. wurde § 9 I Nr. 8 aufgehoben und gleichzeitig für Erwerbsvorgänge iSd § 1 IIa die Anwen-

dung der Werte iSd § 138 II–IV BewG aF – später gem. § 23 XIV in § 157 I 1 Nr. 1 iVm § 157 I–III BewG geändert – bestimmt (vgl. → § 8 Rn. 95 ff.).

Die Gesamtregelung des § 9, die den gem. § 8 I maßgebenden Wert der Gegenleistung präzisiert, enthält die **Legaldefinition** des eigenständigen grestrechtlichen Gegenleistungsbegriffs (→ § 8 Rn. 10 ff.). Mit der Verwendung des Ausdrucks „als Gegenleistung gilt" in § 9 I fingiert die Vorschrift jedoch nicht das Vorliegen einer Gegenleistung und setzt kein synallagmatisches Austauschverhältnis voraus (BFH II R 84/76, BStBl. II 1980, 595).

§ 9 I beschränkt sich auf eine **Aufzählung der wichtigsten Erwerbsvorgänge** und lässt nicht den Schluss zu, dass bei anderen Erwerbsvorgängen eine Gegenleistung fehlt. Deshalb müssen die Definitionen und Zurechnungen des § 9 sinngemäß auch für diejenigen Fälle gelten, die in § 9 I nicht ausdrücklich angesprochen sind (BFH II R 99/85, BStBl. II 1986, 148; II R 55/76, BStBl. II 1979, 692; dazu iE → Rn. 167 ff.). **§ 9 II** erweitert den Gegenleistungsbegriff um die dort angeführten Leistungen und Belastungen. Die Hinzurechnungsvorschriften des früheren § 11 III Nr. 3 und Nr. 4 GrEStG 1940 sind sachlich in § 9 II Nr. 3 und Nr. 4 aufgegangen. Diese abweichende systematische Anknüpfung zeigt an, dass die durch § 9 II Nr. 3 und Nr. 4 erfassten Leistungen auch allein Gegenleistung sein können (BT-Drs. 9/251, 19). **§ 9 III** legt fest, wie die für den Erwerb des Gr zu entrichtende GrESt bei der Ermittlung der Gegenleistung zu behandeln ist. 2

Der Erläuterung der Einzelvorschriften des § 9 (vgl. → Rn. 69 ff.) ist im Folgenden aus Gründen der Übersichtlichkeit eine zusammenfassende Darstellung über das Verhältnis zwischen maßgeblichem GrZustand und grestrechtlicher Gegenleistung (sog. einheitlicher Erwerbsgegenstand) vorangestellt.

B. Maßgeblicher Grundstückszustand und Gegenleistung

Die für den Gegenstand des Erwerbsgegenstands maßgebenden Grundsätze haben die Obersten Finanzbehörden der Länder in GLE 20.9.2017, BStBl. I 2017, 1328 (zu Fragen des Umfangs der Gegenleistung vgl. → Rn. 46) dargestellt: 3

Gleich lautende Erlasse zum Gegenstand des Erwerbsvorgangs (Einheitliches Vertragswerk/Einheitlicher Erwerbsgegenstand)

1. Allgemeines

Der Gegenstand des Erwerbsvorgangs wird durch das den Steuertatbestand des § 1 Abs. 1 Nr. 1 GrEStG erfüllende zivilrechtliche Verpflichtungsgeschäft bestimmt. Grunderwerbsteuerrechtlich ist maßgebend, in welchem tatsächlichen Zustand das Grundstück nach dem Willen der Vertragsparteien erworben werden soll (Gegenstand des Erwerbsvorgangs). Ist Gegenstand des Erwerbsvorgangs das Grundstück in (zukünftig) bebautem Zustand, werden in diesem Zusammenhang die Begriffe „einheitliches Vertragswerk" und „einheitlicher Erwerbsgegenstand" verwendet.

2. Maßgeblichkeit der vertraglichen Vereinbarungen

Ob Gegenstand des Erwerbsvorgangs das Grundstück in unbebautem oder (zukünftig) bebautem Zustand ist, richtet sich nach den Vereinbarungen der Parteien. Haben diese das bebaute Grundstück zum Vertragsgegenstand gemacht, ist dieser Zustand der Besteuerung zugrunde zu legen, selbst wenn das Grundstück im Zeitpunkt des Abschlusses des Verpflichtungsgeschäfts noch unbebaut ist.

3. Künftiger Grundstückszustand als Gegenstand des Erwerbsvorgangs

3.1. Grundsätze

Die Frage, in welchem Zustand ein Grundstück Gegenstand des Erwerbsvorgangs ist, stellt sich, wenn getrennte Verträge über den Erwerb des Grundstücks und über Bauleistungen abgeschlossen werden.

Solche Verträge können zivilrechtlich verknüpft sein (Tz. 3.3 – rechtlicher Zusammenhang) oder nach den besonderen grunderwerbsteuerrechtlichen Grundsätzen als Einheit zu behandeln sein (Tz. 3.4 – objektiv enger sachlicher Zusammenhang).

Wird das Grundstück in einem Zustand zum Gegenstand des Erwerbsvorgangs gemacht, der vom tatsächlichen Zustand bei Abschluss des Kaufvertrags abweicht, kommen unter anderem folgende Fallkonstellationen in Betracht.

Tatsächlicher Grundstückszustand	**Künftiger Grundstückszustand**
unbebaut	fertiggestellter Neubau
unbebaut	teilfertiggestellter Neubau (Fertigstellung durch Eigenleistungen des Erwerbers)
bebaut mit teilfertiggestelltem Gebäude	fertiggestellter Neubau
bebaut mit Altimmobilie	fertiggestellter Neubau (Veräußerer übernimmt Abriss und Neubau)
bebaut, Sanierungsimmobilie	sanierte Immobilie (Veräußerer übernimmt Sanierung)
bebaut, Sanierungsimmobilie	teilsanierte Immobilie (Fertigstellung durch Eigenleistungen des Erwerbers)

3.2. Übersicht

Rechtlicher Zusammenhang (= zivilrechtliche Verknüpfung der Verträge)	**Objektiv enger sachlicher Zusammenhang (= tatsächliche Verknüpfung der Verträge)**
Pflicht zur Grundstücksübereignung und Gebäudeerrichtung aufgrund eines Vertrags oder Ausdrückliche Bestandsverknüpfung mehrerer Verträge oder Vereinbarungen sind derart voneinander abhängig, dass sie miteinander „stehen und fallen“	Einheitliches Vertragsangebot und Bindung des Erwerbers an das „Ob“ und „Wie“ der Bebauung im Zeitpunkt des Abschlusses des Grundstückskaufvertrages

3.3. Rechtlicher Zusammenhang zwischen dem Erwerb des Grundstücks und der Erbringung der Bauleistungen

Treffen die Parteien selbständige Vereinbarungen über die Verpflichtung zur Grundstücksübertragung und über die Erbringung von Bauleistungen, ist für die Beurteilung entscheidend, ob sich aus den Gesamtumständen der Wille der Vertragsparteien ergibt, dass Gegenstand des Erwerbsvorgangs das bebaute Grundstück sein soll. Indizien für einen dahingehenden Willen der Vertragsparteien sind beispielsweise

- die Verknüpfung im Vertragstext,
- die Zusammenfassung der Vereinbarungen in einer Urkunde oder
- ein Gesamtpreis.

In einem solchen Fall ist Gegenstand des Erwerbsvorgangs das bebaute Grundstück (BFH-Urteil vom 9. Juni 1970 II 39/65, BStBl. II S. 749, sowie vom 13. April 1983 II R 53/81, BStBl. II S. 606).

Liegen zwei oder mehrere Verträge vor, sind sie als Einheit zu werten, wenn sie ausdrücklich voneinander abhängig sind (BGH-Urteil vom 24. November 1983 VII ZR 34/83, NJW 1984 S. 869). Dies gilt auch ohne ausdrückliche Bestandsverknüpfung, wenn sie nach dem Willen der Parteien derart voneinander abhängig sind, dass sie miteinander „stehen und fallen" sollen.

Dabei reicht es aus, wenn nur eine der Vertragsparteien einen solchen Einheitswillen erkennen lässt und die andere Partei ihn anerkennt oder zumindest hinnimmt (BGH-Urteil vom 24. November 1983 VII ZR 34/83, NJW 1984 S. 869). Ob die Vereinbarungen miteinander „stehen und fallen", ist unter Berücksichtigung der Interessenslage der Vertragsparteien, ihrem Verhalten vor und bei Vertragsabschluss und dem tatsächlichen Geschehensablauf zu ermitteln (BFH-Urteile vom 13. August 2003 II R 52/01, BFH/NV 2004 S. 663, und vom 21. September 2005 II R 49/04, BStBl. 2006 II S. 269).

Für eine Vertragsverknüpfung sprechen beispielsweise

- ein Baubeginn vor Vertragsabschluss (BFH-Urteil vom 21. Dezember 1981 II R 124/79, BStBl. 1982 II S. 330) oder
- eine Veräußerung des Grundstücks nur an Erwerber, die vorher eine Treuhandvollmacht zum Abschluss der übrigen Verträge erteilt haben (BFH-Urteil vom 28. Oktober 1998 II R 36/96, BFH/NV 1999 S. 667).

Der Vertragsverknüpfung steht nicht entgegen, dass

- die Vereinbarungen in unterschiedlichen Urkunden niedergelegt werden oder
- der Verkäufer und das mit der Erbringung der Bauleistungen beauftragte Unternehmen nicht identisch sind, wenn auf der Veräußererseite mehrere Personen beteiligt sind.

Die rechtliche Einheit mehrerer Verträge hat zur Folge, dass alle Verträge beurkundungspflichtig sind. Werden hiervon betroffene Bauverträge nicht beurkundet, wird deren Unwirksamkeit nach § 311b Abs. 1 Satz 2 BGB durch Eintragung des Eigentümerwechsels im Grundbuch geheilt. Auch ein infolge unvollständiger Beurkundung unwirksames Rechtsgeschäft unterliegt der Steuer, wenn die Beteiligten ihren Erklärungen gemäß auf die Erfüllung hinwirken (§ 41 Abs. 1 AO i. V. m. § 1 Abs. 1 Nr. 1 GrEStG, BFH-Urteil vom 19. Januar 1994 II R 52/90, BStBl. II S. 409).

3.4. Objektiv enger sachlicher Zusammenhang zwischen dem Erwerb des Grundstücks und der Erbringung der Bauleistungen

Ein objektiv enger sachlicher Zusammenhang liegt vor, wenn der Erwerber (spätestens) bei Abschluss des Grundstückskaufvertrags in seiner Entscheidung über das „Ob" und „Wie" der Bebauung gegenüber der Veräußererseite nicht mehr frei ist. Dies kann sich aus einer bestimmten zeitlichen Abfolge der Verträge oder aus einem faktischen Zwang ergeben. Ferner kann ein objektiv enger sachlicher Zusammenhang vorliegen, wenn ein vorbereiteter Geschehensablauf hingenommen wird.

3.4.1. Zeitliche Abfolge der Verträge

Ein objektiv enger sachlicher Zusammenhang zwischen dem Grundstückskaufvertrag und dem Gebäudeerrichtungsvertrag liegt unter anderem bei folgenden Fallkonstellationen vor:

- Der Erwerber hat sich bereits vor Abschluss des Grundstückskaufvertrags oder zeitgleich durch den Abschluss eines Gebäudeerrichtungsvertrages an die Bebauung des Grundstücks durch die Veräußererseite gebunden (BFH-Urteil vom 12. März 1997 II R 86/94, BFH/NV 1998 S. 80).
- Der Erwerber hat einen mit dem Veräußerer vor Abschluss des Grundstückskaufvertrags geschlossenen Bauvertrag gekündigt und nach Abschluss des Grundstückskaufvertrags erneut mit dem Veräußerer einen seinem Inhalt nach unveränderten Bauvertrag abgeschlossen. In diesem Fall ist anzunehmen, dass das Angebot in tatsächlicher Hinsicht nach wie vor bestanden hat und das Grundstück im Zustand der späteren Bebauung Gegenstand des Erwerbsvorgangs ist. Eine rechtliche Wirksamkeit des Angebots ist insoweit nicht erforderlich (BFH-Urteil vom 1. Oktober 2014 II R 32/13, BFH/NV 2015 S. 230).

Wird der Bauvertrag nach dem Grundstückskaufvertrag abgeschlossen, ist ein objektiv enger sachlicher Zusammenhang beispielsweise gegeben, wenn

- ein faktischer Zwang vorliegt (Tz. 3.4.2) oder
- ein von der Veräußererseite vorbereiteter Geschehensablauf hingenommen wird (Tz. 3.4.3).

Ein derartiger Zusammenhang kann auch vorliegen, wenn ein längerer Zeitraum zwischen Abschluss des Kaufvertrags und der Angebotsannahme eines Werkvertrags liegt und besondere Umstände hinzutreten. Beispielsweise hat der BFH nach einem Zeitraum von 19 Monaten den objektiv engen sachlichen Zusammenhang mit einem Werkvertrag bejaht, weil das Grundstück im Erwerbszeitpunkt noch vermietet und der Beginn der geplanten Bauarbeiten vom Auszug des Mieters abhängig war (BFH-Urteil vom 28. März 2012 II R 57/10, BStBl. II S. 920).

3.4.2. Faktischer Zwang

Ein objektiv enger sachlicher Zusammenhang ist gegeben, wenn aufgrund objektiver Kriterien ein faktischer Zwang vorliegt. Auf das Vorliegen eines konkret ausgestalteten Angebots kommt es nicht an.

Ein faktischer Zwang kann unter anderem bei folgenden Fallkonstellationen vorliegen:

- Eine Eigentumswohnung kann auf einem unbebauten Grundstück nicht für sich allein, sondern nur durch Errichtung des betreffenden Gesamtgebäudes hergestellt werden.

- Bei Reihenhäusern und Doppelhaushälften kann die einzelne Einheit nicht bautechnisch unabhängig von den benachbarten Einheiten errichtet werden.
- Der Erwerber erleidet nennenswerte wirtschaftliche Nachteile bei Nichtabschluss des Bauvertrags, z. B. wenn der Veräußerer das Grundstück zu einem überhöhten Preis anbietet und so die Errichtung des Gebäudes sehr günstig anbieten kann.
- Ein Bauunternehmen veräußert Grundstücke nur an Interessenten, die mit ihm auch den Bauvertrag abschließen.

3.4.3. Hinnahme eines vorbereiteten Geschehensablaufs

Ein vorbereiteter Geschehensablauf ist anzunehmen, wenn der Grundstücksveräußerer dem Interessenten aufgrund einer konkreten und annähernd bis zur Baureife gediehenen Vorplanung bestimmte Bauleistungen auf einem bestimmten Grundstück zu einem im Wesentlichen feststehenden Preis anbietet und der Interessent dieses Angebot nur als einheitliches annehmen oder ablehnen kann. Für diese Beurteilung ist es unerheblich, ob die Vorplanung inhaltlich maßgebend von der Erwerberseite mit beeinflusst oder gar veranlasst worden ist (BFH-Urteil vom 21. September 2005 II R 49/04, BStBl. 2006 II S. 269). Ferner ist unbeachtlich, wenn das Angebot mit geringen Abweichungen angenommen wird (BFH-Urteil vom 3. März 2015 II R 9/14, BStBl. II S. 660).

Ein vorbereiteter Geschehensablauf ist dagegen nicht anzunehmen, wenn der von dem Grundstücksveräußerer ursprünglich angebotene Bauvertrag nach Abschluss des Grundstückskaufvertrags mit einer wesentlichen Abweichung bzw. Änderung angenommen wird. Dies gilt jedoch nur, wenn diese wesentliche Änderung den Charakter der Baumaßnahme verändert. Eine wesentliche Änderung des Bauvertrags kann vorliegen, wenn sich die Flächengrößen und/oder die Baukosten um mehr als 10 % verändern oder die Errichtung eines zusätzlichen Gebäudes vereinbart wird (BFH-Urteil vom 8. März 2017 II R 38/14, BStBl. II S. 1005). Eine Erhöhung der Baukosten um mehr als 10 %, die auf nachträglichen Ausstattungswünschen beruht, schließt nicht bereits für sich die Annahme eines vorbereiteten Geschehensablaufs aus. Denn allein der Einbau z. B. höherwertiger Fußbodenbeläge oder Badarmaturen ändert – im Gegensatz zur Errichtung eines Doppel- oder Mehrfamilienhauses anstatt eines Einfamilienhauses beispielsweise – nichts an dem Charakter der Baumaßnahme.

Die Hinnahme eines von der Veräußererseite vorbereiteten Geschehensablaufs durch den Erwerber indiziert – unabhängig von der zeitlichen Abfolge der Vertragsabschlüsse – einen objektiv engen sachlichen Zusammenhang zwischen dem Grundstückskaufvertrag und dem Bauvertrag (BFH-Urteil vom 23. November 1994 II R 53/94, BStBl. 1995 II S. 331).

Der Annahme eines vorbereiteten Geschehensablaufs stehen folgende Sachverhalte nicht entgegen:
- Der Bauvertrag steht unter der aufschiebenden Bedingung des Abschlusses des Grundstückskaufvertrags und der Finanzierungszusage einer Bank (BFH-Urteil vom 1. Oktober 2014 II R 20/13, BFH/NV 2015 S. 349).
- Dem Erwerber wird es nach dem Bauvertrag freigestellt, bestimmte Bauleistungen in Eigenarbeit zu erbringen oder anderweitig frei zu vergeben.
- Der Erwerber erledigt die verwaltungstechnischen Arbeiten selbst. Solche Arbeiten sind beispielsweise die Einholung der Baugenehmigung oder die Durchführung des Teilungsverfahrens.

3.5. Mehrere Personen auf der Veräußererseite

Treten auf der Veräußererseite mehrere Personen als Vertragspartner auf (Grundstückseigentümer, Makler, Bauunternehmen, Initiatoren, Bevollmächtigte, Treuhänder, Baubetreuer usw.), reicht für den objektiv engen sachlichen Zusammenhang die Bindung an eine bestimmte Bebauung nicht aus. Vielmehr muss
- eine enge personelle, wirtschaftliche oder gesellschaftsrechtliche Verbindung der Personen auf der Veräußererseite bestehen,
- eine Zusammenarbeit aufgrund von Abreden bei der Veräußerung erfolgen oder
- ein Hinwirken auf den Abschluss sowohl des Grundstückskaufvertrags als auch der Bauleistungsverträge durch abgestimmtes Verhalten gegeben sein.

Ein zu einem objektiv engen sachlichen Zusammenhang führendes Zusammenwirken der Personen auf der Veräußererseite liegt vor, wenn diese ihr Verhalten aufeinander abstimmen und dadurch bewirken, dass der Interessent das Grundstück nur erhält, wenn er auch die Verträge über die Erbringung von Bauleistungen abschließt. Ein schriftlicher Vertrag zwischen den auf der Veräußererseite verbundenen bzw. auftretenden Personen ist nicht erforderlich. Es genügt ein tatsächliches, einvernehmliches Zusammenwirken, das bereits dann gegeben ist, wenn der im Übrigen passive Grundstückseigentümer dem Bauunternehmen das Grundstück „an die Hand" gibt (BFH-Urteil vom 21. September 2005 II R 49/04, BStBl. 2006 II S. 269).

Das gilt auch, wenn für den Erwerber das Zusammenwirken auf der Veräußererseite nicht erkennbar ist. Ausreichend ist, wenn dieses Zusammenwirken anhand äußerer Merkmale objektiv festgestellt werden kann. Selbst wenn der Erwerber trotz des Zusammenwirkens auf der Veräußererseite davon ausgeht, ein unbebautes Grundstück zu erwerben und dieses eigenverantwortlich zu bebauen, erwirbt er das bebaute Grundstück, wenn er – unerkannt – das tatsächlich vorliegende, einheitliche Angebot der Veräußererseite auf Erwerb des bebauten Grundstücks annimmt (BFH-Urteil vom 19. Juni 2013 II R 3/12, BStBl. II S. 965).

Für ein Zusammenwirken auf der Veräußererseite sprechen insbesondere folgende Indizien:
- Der Grundstücksveräußerer und das Bauunternehmen werben in gemeinsamen Anzeigen, Prospekten oder Internetauftritten unter Angabe des zu veräußernden Grundstücks.
- Die von dem Grundstücksveräußerer verkauften Grundstücke eines Baugebiets werden von demselben oder einem ihm verbundenen Unternehmen bebaut.
- Der Grundstücksveräußerer benennt dem Erwerber Bauunternehmen, die bereits Interesse an der Bebauung des zu veräußernden Grundstücks bekundet haben und/oder den baurechtlichen Vorschriften entsprechende Haustypen für das Grundstück anbieten können. Nicht ausreichend ist insoweit der allgemeine Hinweis auf in der näheren Umgebung tätige Bauunternehmen, die noch nicht mit der möglichen Bebauung des zur Veräußerung bestimmten Grundstücks befasst waren.

Keiner weiteren Indizien für das Zusammenwirken mehrerer Personen auf der Veräußererseite bedarf es in den Fällen, in denen nur eine dieser Personen ein einheitliches Angebot abgibt, da dessen Abgabe kaum denkbar ist, ohne dass eine Abstimmung mit den übrigen Personen erfolgt ist (BFH-Urteil vom 2. März 2006 II R 47/04, BFH/NV S. 1509). Dabei kommt es nicht darauf an, ob der

Erwerber das einheitliche Angebot der Veräußererseite unverändert annimmt oder ob er der Veräußererseite konkrete Vorgaben macht, die dann zur Grundlage für das einheitliche, vom Erwerber akzeptierte Angebot über den Erwerb von Grundstück und Gebäude werden (BFH-Urteil vom 21. September 2005 II R 49/04, BStBl. 2006 II S. 269).

3.6. Gebäudeherstellungsverpflichtung auf der Veräußererseite

Voraussetzung für die Annahme eines bebauten Grundstücks als Erwerbsgegenstand ist, dass die auf Veräußererseite handelnden Personen zur Veränderung des körperlichen Zustands des Grundstücks verpflichtet sind. Umfangreiche Vorplanungen durch die Veräußererseite (z. B. Bebauungsvorschläge, Baubeschreibungen, Teilungspläne für Wohnungseigentum, geschätzte Kostenberechnungen) begründen für sich allein nicht die Annahme, dass ein vorbereiteter Geschehensablauf hingenommen wird oder faktische Zwänge vorliegen (BFH-Urteil vom 27. November 2013 II R 56/12, BStBl. 2014 II S. 534). Dies gilt auch für eine im Grundstückskaufvertrag übernommene zivilrechtliche Bauverpflichtung des Erwerbers gegenüber der Veräußererseite und für die Bindung des Erwerbers an eine bestimmte bauliche Gestaltung („Wie“ der Bebauung), wenn die Veräußererseite nicht zur Gebäudeerrichtung verpflichtet ist. Auch ein Eigeninteresse der Veräußererseite daran, dass die Bebauung des erworbenen Grundstücks zeitnah und in der gestalterisch durch sie vorgegebenen Weise (etwa durch ein in den Grundstückskaufvertrag einbezogenes Gestaltungshandbuch) erfolgt, führt nicht zu einer der Veräußererseite zuzurechnenden zivilrechtlichen Herstellungspflicht (BFH-Urteil vom 6. Juli 2016 II R 5/15, BStBl. II S. 895).

Fehlt es an der Verpflichtung der Veräußererseite zur Herstellung des Gebäudes und wird das Gebäude stattdessen durch den Erwerber errichtet, liegt eine grunderwerbsteuerrechtlich nicht relevante eigennützige Leistung des Erwerbers an sich selbst vor.

Gegenstand des Erwerbsvorgangs ist dann nicht das bebaute Grundstück, sondern nur das unbebaute Grundstück. Das gilt auch dann, wenn der Veräußerer neben dem Grundstück Dienst- bzw. Sachleistungen anbietet, sich zur Lieferung beweglicher Gegenstände (z. B. Baumaterialien oder Fertighausteile) oder zur Bereitstellung von Planungsunterlagen verpflichtet (BFH-Urteil vom 27. Oktober 2004 II R 12/03, BStBl. 2005 II S. 220).

Indizien für eine derartige Konstellation sind insbesondere gegeben, wenn nach dem Grundstückserwerb Werkverträge mit den ausführenden Bauunternehmen und Handwerksbetrieben durch den Erwerber im eigenen Namen und auf eigene Rechnung abgeschlossen werden (BFH-Urteil vom 27. November 2013 II R 56/12, BStBl. 2014 II S. 534). Dem steht nicht entgegen, dass sich der Erwerber eines mit den Vorplanungen befassten Architekten, Projektanten oder Initiators bedient und Angebote über entsprechende Werkverträge vor dem Erwerb des Grundstücks vorlagen.

3.7. Erwerb eines (teil)bebauten Grundstücks

Ist ein Grundstück bei Abschluss des Grundstückskaufvertrags (teil)bebaut, ist Gegenstand der Besteuerung das Grundstück mindestens in diesem Zustand. Für die Grunderwerbsteuer kann ein Grundstück nicht in einem Zustand zum Erwerbsgegenstand gemacht werden, den es nicht mehr hat und nicht mehr erhalten soll (BFH-Urteile vom 21. Dezember 1981 II R 124/79, BStBl. 1982 II S. 330, und vom 16. Januar 2002 II R 16/00, BStBl. II S. 431).

3.8. Zusammenfassendes Schaubild

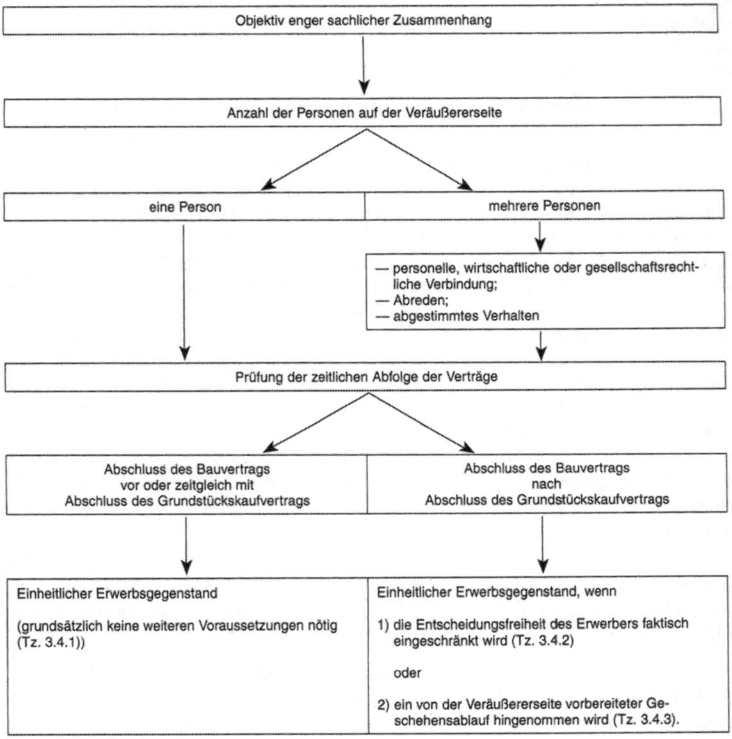

4. Sonderfälle

4.1. Erwerbe durch Funktionsträger (Treuhänder oder Projektanbieter)

Erwerben Funktionsträger mit bestimmendem Einfluss auf das „Ob" und „Wie" der Bebauung das Grundstück (z. B. weil sich nicht genügend Interessenten oder Treugeber gefunden haben), dann ist das Grundstück in dem Zustand zu besteuern, in dem es sich bei Vertragsabschluss befindet. Die künftig anfallenden Baukosten sind nicht in die Bemessungsgrundlage einzubeziehen.

4.2. Baubetreuung

Erbringt der Baubetreuer seine Tätigkeit ausschließlich im Interesse des Erwerbers und ist diese darauf ausgerichtet, die Veräußererseite zu überprüfen, dann sind die Kosten des Baubetreuers nicht in die Bemessungsgrundlage einzubeziehen.

4.3. Rohbau- und Ausbauarbeiten

Werden mehrere Vereinbarungen über die Erbringung verschiedener Bauleistungen – wie z. B. über die Erbringung der Rohbauarbeiten oder der Innenausbauarbeiten – geschlossen, gelten die Grundsätze zum Gegenstand des Erwerbsvorgangs für jede der Vereinbarungen entsprechend. Ein rechtlicher Zusammenhang (Tz. 3.3) oder ein objektiv enger sachlicher Zusammenhang (Tz. 3.4) zwischen der Vereinbarung über die Grundstücksübertragung und über die Erbringung der jeweiligen Bauleistungen ist für jede Bauleistungsvereinbarung gesondert zu prüfen (BFH-Urteil vom 3. März 2015 II R 9/14, BStBl. II S. 660).

4.4. Erbbaurechte

Die Grundsätze zum Gegenstand des Erwerbsvorgangs gelten für die Bestellung und den Erwerb von Erbbaurechten entsprechend. Voraussetzung ist ein rechtlicher Zusammenhang (Tz. 3.3) oder ein objektiv enger sachlicher Zusammenhang (Tz. 3.4) zwischen den Vereinbarungen über die Verpflichtung zur Erbbaurechtsbestellung bzw. -übertragung und über die Erbringung von Bauleistungen (BFH-Urteil vom 24. April 2013 II R 53/10, BStBl. II S. 755).

5. Umfang der Gegenleistung

5.1. Grundsätze

Ist Gegenstand des Erwerbsvorgangs ein (zukünftig) bebautes Grundstück, gehören zur Gegenleistung als Bemessungsgrundlage der Grunderwerbsteuer alle Leistungen des Erwerbers, die dieser an den Grundstücksveräußerer und an Dritte gewährt, um das Grundstück im (zukünftig) bebauten Zustand zu erwerben (BFH-Urteil vom 24. Januar 1990 II R 94/87, BStBl. II S. 590).

Zur Bemessungsgrundlage gehören beispielsweise
- der Grundstückskaufpreis,
- die Baukosten für das Gebäude, soweit die Bauleistungen von der Veräußererseite erbracht werden,
- die auf die Bauleistungen entfallende Umsatzsteuer oder
- alle sonstigen Aufwendungen, die die Durchführung der Baumaßnahme betreffen (z. B. vom Erwerber übernommene Makler- und Vermessungskosten des Veräußerers).

Nicht zur Bemessungsgrundlage zählen beispielsweise
- Eigenleistungen des Erwerbers,
- Aufwendungen für Leistungen, die der Erwerber zusätzlich (außerhalb der im rechtlichen oder objektiv engen sachlichen Zusammenhang stehenden Verträge) im Wege freier Auftragsvergabe bezogen hat, oder
- Leistungen, die dem Erwerber selbst aufgrund eigener Verpflichtung gegenüber Dritten entstanden sind (Grundbuch- und Notarkosten).

Die Frage, ob Erschließungskosten zur Bemessungsgrundlage hinzuzurechnen sind, ist nach den Grundsätzen der gleich lautenden Erlasse der obersten Finanzbehörden der Länder zur Behandlung von Erschließungs- und Folgekostenbeiträgen vom 16. September 2015 (BStBl. I S. 823) zu entscheiden.

5.2. Einbeziehung der auf die Bauleistungen entfallenden Umsatzsteuer

Für die Einbeziehung der auf die Bauleistungen entfallenden Umsatzsteuer in die grunderwerbsteuerliche Bemessungsgrundlage ist zu unterscheiden, ob die Veräußererseite aus einer Person oder aus mehreren Personen besteht.

5.2.1. Eine Person auf der Veräußererseite

Richtet sich der Erwerbsvorgang auf ein bebautes Grundstück und besteht die Veräußererseite aus einer Person, ist umsatzsteuerrechtlicher Leistungsgegenstand das bebaute Grundstück. Die Leistungen des veräußernden Unternehmers

(Grundstückslieferung und Bauerrichtung) sind nach § 4 Nr. 9 Buchst. a UStG insgesamt umsatzsteuerfrei. Dabei kommt es insbesondere nicht darauf an, ob die Vereinbarungen in einem oder mehreren Verträgen geschlossen werden.

Macht der Unternehmer bei Ausführung eines Umsatzes an einen anderen Unternehmer von der Möglichkeit der Option nach § 9 UStG für die Grundstückslieferung und Bauerrichtung Gebrauch, geht die Steuerschuldnerschaft für die Umsatzsteuer von dem veräußernden Unternehmer auf den Erwerber über (§ 13b Abs. 2 Nr. 3 und Abs. 5 Satz 1 UStG). Damit stellt die auf die Grundstückslieferung und Bauerrichtung entfallende Umsatzsteuer keine in die grunderwerbsteuerliche Bemessungsgrundlage einzubeziehende Gegenleistung dar.

5.2.2. Mehrere Personen auf der Veräußererseite

Richtet sich der Erwerbsvorgang auf ein bebautes Grundstück und besteht die Veräußererseite aus mehreren Personen, ist umsatzsteuerrechtlicher Leistungsgegenstand nicht das bebaute Grundstück. Nur die Leistung des grundstücksveräußernden Unternehmers ist nach § 4 Nr. 9 Buchst. a UStG umsatzsteuerfrei (Tz. 5.2.1). Die Bauleistungen der anderen Personen auf der Veräußererseite (z. B. Architekten, Bauunternehmer und -handwerker) unterliegen grundsätzlich der Umsatzsteuer.

Macht der grundstücksveräußernde Unternehmer bei Ausführung eines Umsatzes an einen anderen Unternehmer von der Möglichkeit der Option nach § 9 UStG Gebrauch, geht die Steuerschuldnerschaft für die Umsatzsteuer von dem Veräußerer auf den Erwerber über (§ 13b Abs. 2 Nr. 3 und Abs. 5 Satz 1 UStG). Die auf die Leistung des grundstücksveräußernden Unternehmers entfallende Umsatzsteuer stellt dann keine in die grunderwerbsteuerliche Bemessungsgrundlage einzubeziehende Gegenleistung dar.

Die auf die Bauleistungen der anderen Personen auf der Veräußererseite (z. B. Architekten, Bauunternehmer und -handwerker) entfallende und von diesen geschuldete Umsatzsteuer ist als Gegenleistung mit in die grunderwerbsteuerrechtliche Bemessungsgrundlage einzubeziehen. Die Einbeziehung der auf die Bauleistungen entfallenden Umsatzsteuer ist weder verfassungsrechtlich zu beanstanden (Beschluss des BVerfG vom 27. Dezember 1991 2 BvR 72/90, BStBl. 1992 II S. 212) noch verstößt diese Einbeziehung gegen geltendes Unionsrecht (Beschluss des Gerichtshofs der Europäischen Union vom 27. November 2008 C-156/08, HFR 2009 S. 419; EuGH-Urteil vom 20. März 2014 C-139/12, HFR S. 465).

6. Anzeigepflichten

Die Anzeigepflicht der Notare nach § 18 Abs. 1 Satz 1 Nr. 1 GrEStG erstreckt sich sowohl auf den Grundstückskaufvertrag als auch auf Verträge, die zivilrechtlich mit diesem eine Einheit bilden. Dies gilt unabhängig davon, ob sie in derselben oder einer anderen Niederschrift beurkundet worden sind oder ob die Verträge mit dem Grundstückskaufvertrag im Wege einer Verknüpfungsabrede rechtlich verbunden sind (z. B. Treuhandvertrag, Baubetreuungsvertrag, Generalunternehmervertrag oder Bauvertrag).

Die Verletzung der Anzeigepflicht durch einen Notar führt nicht zur Anlaufhemmung i. S. v. § 170 Abs. 2 Satz 1 Nr. 1 AO (BFH-Urteil vom 16. Februar 1994 II R 125/90, BStBl. II S. 866). Die Verletzung der Anzeigepflicht kann jedoch zu einer Verlängerung der Festsetzungsfrist führen. Bei leichtfertiger Steuerverkürzung verlängert sich die Festsetzungsfrist von vier auf fünf Jahre und bei Steuerhinterziehung auf zehn Jahre (§ 169 AO).

Besteht keine zivilrechtliche Einheit zwischen Grundstückskaufvertrag und weiteren, nicht notariell beurkundeten Verträgen, sind die Beteiligten gemäß § 19 Abs. 2 Nr. 1 GrEStG zur Anzeige der weiteren Verträge verpflichtet. Es handelt sich um eine Steuererklärung (§ 19 Abs. 5 GrEStG). Die Verletzung der Anzeigepflicht der Beteiligten schiebt den Beginn der Festsetzungsfrist nach § 170 Abs. 2 Satz 1 Nr. 1 AO hinaus.

Sind sowohl der Notar als auch die Parteien des Erwerbsvorgangs zur Anzeige verpflichtet und hat der Notar seiner Anzeigepflicht nach § 18 GrEStG vollständig entsprochen, ist eine Anzeigepflichtverletzung der Beteiligten für § 170 AO ohne Bedeutung (BFH-Urteil vom 6. Juli 2005 II R 9/04, BStBl. II S. 780).

7. Schuldner der Grunderwerbsteuer

Besteht die Veräußererseite aus einer Person, sind Grundstückserwerber und Grundstücksveräußerer nach § 13 Nr. 1 GrEStG Gesamtschuldner der auf die Gegenleistung für den Erwerb des Grundstücks und die Bauleistungen entfallenden Grunderwerbsteuer.

Besteht die Veräußererseite aus mehreren Personen, gilt dies entsprechend. Der Bauunternehmer, der mit dem Grundstückserwerber nur einen Bauerrichtungsvertrag abschließt, ist nicht Schuldner der Grunderwerbsteuer (BFH-Urteil vom 27. Oktober 1999 II R 17/99, BStBl. 2000 II S. 34).

8. Verfahrensrechtliche Hinweise zur Änderung des Grunderwerbsteuerbescheids

Wird nachträglich bekannt, dass ein Grundstückskaufvertrag in einem engen sachlichen Zusammenhang mit einem Bauvertrag steht, und soll deshalb die Grunderwerbsteuerfestsetzung geändert werden, ist dem Steuerpflichtigen Gelegenheit zur Stellungnahme zu geben.

Eine bestandskräftige Steuerfestsetzung kann aufgrund nachträglich bekannt gewordener Tatsachen oder Beweismittel nach § 173 Abs. 1 Nr. 1 AO geändert werden. Voraussetzung hierfür ist, dass diese Tatsachen bei Erlass der Grunderwerbsteuerfestsetzung bereits vorhanden waren und bei Kenntnis vom Finanzamt hätten berücksichtigt werden können. Der Steuerpflichtige kann sich nicht auf eine Verletzung der Ermittlungspflichten des Finanzamts berufen, da er seine Anzeigepflicht nach § 19 Abs. 2 Nr. 1 GrEStG nicht erfüllt hat, wenn er eine die Gegenleistung erhöhende Tatsache nicht angezeigt hat. Ob der Steuerpflichtige weiß, dass ein solcher Vertrag grunderwerbsteuerrechtlich relevant ist, ist unerheblich (BFH-Urteile vom 25. März 1992 II R 46/89, BStBl. II S. 680; vom 14. Mai 2003 II R 25/01, BFH/NV S. 1395, und vom 25. Januar 2006 II R 61/04, BFH/NV S. 1059).

Entstehen Tatsachen wie z. B. der Abschluss eines Bauvertrages jedoch erst nach der Steuerfestsetzung, ist zu prüfen, ob ein rückwirkendes Ereignis vorliegt. Besteht zwischen dem Grundstückskaufvertrag und dem Bauvertrag ein objektiv enger sachlicher Zusammenhang, wird das erworbene unbebaute Grundstück erst dann im bebauten Zustand Gegenstand des Erwerbsvorgangs, wenn der Bauvertrag geschlossen wird. Der Abschluss des Bauvertrags, der nach der Steuerfestsetzung erfolgt, stellt ein rückwirkendes Ereignis i. S. des § 175 Abs. 1 Satz 1 Nr. 2 AO dar, welches die Bemessungsgrundlage der Grunderwerbsteuer auf den Zeitpunkt des Grundstückserwerbs dahingehend verändert, dass zu den Kosten des Grundstückserwerbs nunmehr auch die Baukosten hinzutreten (BFH-Urteil vom 25. Januar 2017 II R 19/15, BStBl. II S. 655). In diesen Fällen ist die Steuerfestsetzung, die auf den Erwerb eines unbebauten Grundstücks erfolgte, gemäß § 175 Abs. 1 Satz 1 Nr. 2 AO zu ändern.

9. Zeitlicher Anwendungsbereich

Dieser Erlass ergeht im Einvernehmen mit den obersten Finanzbehörden der anderen Länder und tritt an die Stelle der gleich lautenden Erlasse der obersten Finanzbehörden der Länder vom 14. März 2017 (BStBl. I S. 436) zum Gegenstand des Erwerbsvorgangs. Dieser Erlass ist in allen offenen Fällen anzuwenden.

4 Die in den GLE 20.9.2017, BStBl. I 2017, 1328 aufgeworfene Frage der Einbeziehung von Bau- oder Sanierungskosten in die grestrechtliche Gegenleistung (sog. **einheitlicher Erwerbsgegenstand,** auch oftmals als „einheitliches Vertragswerk" oder „Vertragsbündeltheorie" bezeichnet) liegt an der **Schnittstelle zwischen** den **Steuertatbeständen** (§ 1 I–IIIa) **und** der **Bemessungsgrundlage** (§§ 8, 9; vgl. → § 8 Rn. 5). Der alleinige Hinweis auf § 1 I Nr. 1 ist zu eng. Unabdingbare Voraussetzung dieser Rechtsfigur ist ein Erwerbsvorgang iSd **§ 1 I–IIIa** (daran fehlt es zB – mit der Folge der Unbeachtlichkeit eines etwaigen einheitlichen Erwerbsgegenstands – bei einer nicht steuerbaren Verlängerung eines GrLeasingvertrags, vgl. BFH II R 15/01, BFH/NV 2003, 818). Die Grundsätze über den einheitlichen Erwerbsgegenstand betreffen **ausschließlich** die **Bemessungsgrundlage** und können weder das Vorliegen eines Steuertatbestands iSd § 1 begründen (BFH II R 46/95, BStBl. II 1998, 275) noch die mehrfache Steuerbarkeit aufeinanderfolgender – je für sich zu behandelnder (vgl. → § 1 Rn. 14) – Erwerbsvorgänge wegen des mit ihnen angestrebten „einheitlichen Leistungserfolgs" ausschließen (BFH II R 45/08, BStBl. II 2012, 292 = DB 2011, 459 (mAnm Pahlke)).

I. Allgemeines zum maßgeblichen Grundstückszustand

5 Zur Gegenleistung können – in Abgrenzung zu den eigennützigen Erwerberleistungen – auch Leistungen gehören, die nach dem maßgeblichen Gegenstand des Erwerbsvorgangs für einen noch von der Veräußererseite herzustellenden **künftigen Zustand** des Gr aufzubringen sind (GLE 20.9.2017, BStBl. I 2017, 1328 Tz. 2, → Rn. 3). Der Gegenstand des Erwerbsgegenstands, nach dem sich gem. § 8 I iVm § 9 Nr. 1 die als Bemessungsgrundlage der GrESt anzusetzende Gegenleistung ergibt, wird zunächst durch den Steuertatbestand des § 1 I Nr. 1 (oder einer anderweitigen Norm des § 1) bestimmt. Ergibt sich jedoch aus weiteren Vereinbarungen, die mit diesem Rechtsgeschäft in einem rechtlichen oder zumindest objektiv sachlichen Zusammenhang stehen, dass der Erwerber das bei Abschluss unbebaute Grundstück in bebautem Zustand erhält, bezieht sich der grunderwerbsteuerliche Erwerbsvorgang auf diesen einheitlichen Erwerbsvorgang (zB BFH II R 9/14, BStBl. II 2015, 660; II R 19/15, BStBl. II 2017, 655; II R 38/14, BStBl. II 2017, 1005). Entsprechendes gilt zB auch für den Erwerb eines Grundstücks oder Wohnungseigentums in einem noch herzustellenden künftigen (zB renovierten) Zustand. Die Ermittlung der zutr. Bemessungsgrundlage verlangt daher die Feststellung, in welchem **Zustand** (zB bebaut oder unbebaut) das Gr erworben werden soll. Als solcher kommt sowohl der Zustand des Gr im Zeitpunkt des Vertragsschlusses als auch ein künftiger Zustand, in den das Gr erst zu versetzen ist, in Betracht.

Ein Rückgriff auf die zum sog. einheitlichen Erwerbsgegenstand entwickelten Grundsätze ist allerdings **entbehrlich,** wenn sich schon unmittelbar aus dem die GrESt auslösenden Rechtsvorgang selbst die Ausrichtung der beiderseitigen Vertragspflichten auf einen künftigen GrZustand ergibt. Verkauft zB ein Bauunternehmer sein Gr mit einem noch von ihm zu errichtenden Gebäude in einer einzigen Vertragsurkunde zu einem Gesamtkaufpreis, so ist das Veräußerungsgeschäft unmittelbar auf das Gr mit noch zu errichtenden Gebäude gerichtet; der vom Erwerber zu zahlende Gesamtpreis für Gr und Gebäude ist Gegenleistung iSv §§ 8 I, 9 (zur entspr. Rechtslage beim Immobilien-Leasingvertrag mit Verpflichtung des Leasinggebers zur Gebäudeerrichtung vgl. BFH II R 47/93, BFH/NV 1996, 579; Schneck/Pirkl/Erhardt BB 2004, 1658).

Der **tatsächliche** Zustand des Gr im Zeitpunkt des Vertragsschlusses ist für die Ermittlung der Besteuerungsgrundlage grds. ohne Bedeutung (zB BFH II R 94/8, BStBl. II 1990, 590). Diese Betrachtung kann zu Missverständnissen Anlass geben. Zwar ist im Grundsatz allein der Zustand des Gr maßgebend, der sich aus den Vereinbarungen der Parteien bzw. dem von ihnen gewollten wirtschaftlichen Ergebnis ergibt. In der Praxis kommt es jedoch häufig vor, dass ausdrückliche Vereinbarungen der Parteien über die Maßgeblichkeit eines künftigen GrZustands fehlen und sich entspr. Hinweise auch nicht unter dem Gesichtspunkt eines etwaigen objektiv engen sachlichen Zusammenhangs ergeben. In diesem Fall kann das Gr nur in dem Zustand Gegenstand des Erwerbsvorgangs sein, in dem es sich im Zeitpunkt seiner Veräußerung befindet. Des Rückgriffs auf einen allgemeinen Erfahrungssatz, dass ein Gr regelmäßig in seinem im Zeitpunkt der Veräußerung befindlichen tatsächlichen Zustand veräußert wird, bedarf es insoweit nicht (aA BFH II B 50/69, BStBl. II 1970, 66; einschr. BFH II R 77/78, BStBl. II 1981, 537). 6

Ein bei Abschluss des Verpflichtungsgeschäfts **zeitlich zurückliegender GrZustand** (zB Erwerb eines Gr als unbebaut oder unerschlossen bei bereits tatsächlich vorhandener Bebauung bzw. Erschließung) kann nicht Gegenstand des Erwerbsvorgangs sein (BFH II R 94/8, BStBl. II 1997, 776; II R 94/87, BStBl. II 1990, 590; II R 39/99, BStBl. II 2002, 93). Denn der Übereignungsanspruch erfasst zwingend die bei Vertragsschluss bereits vorhandene Bausubstanz als wesentliche GrBestandteile (§ 94 BGB; ebenso § 12 I 2 ErbbauRG betr. ein bei Erbbaurechtsbestellung bereits vorhandenes Bauwerk). Dieser Grundsatz gilt jedoch nicht, soweit tatsächlich das unbebaute Gr Gegenstand des Erwerbsvorgangs ist und der GrVeräußerer dem Erwerber bereits **vorab** eine **Veränderung** des GrZustands **gestattet** (NdsFG III 397/91, EFG 1993, 339; Hofmann/Bock § 8 Rn. 7). 7

II. Künftiger Grundstückszustand als Gegenstand des Erwerbsvorgangs (sog. einheitlicher Erwerbsgegenstand)

1. Anzuwendende Grundsätze. Der Gegenstand des Erwerbsvorgangs wird entweder durch die zivilrechtliche Einheitlichkeit der Verträge oder durch in **engem sachlichem Zusammenhang** stehende Vereinbarungen bestimmt, die bei objektiver Betrachtungsweise auf einen **einheitlichen Erwerbsgegenstand** (Erwerb eines bebauten Gr) ausgerichtet sind (GLE 20.9.2017, BStBl. I 2017, 1328, **Tz. 3,** → Rn. 3). Damit hat der BFH seine frühere rein zivilrechtliche Betrachtung erweitert und zugleich steuerrechtlich objektiviert (BFH II R 110/88, BStBl. II 1992, 357); dem hat das BVerfG (2 BvR 72/90, BStBl. II 1992, 8

212) zugestimmt. Damit ist die Grundlage geschaffen, um auch **formal getrennte Vereinbarungen** unter näheren Voraussetzungen als Einheit zu behandeln und Aufwendungen des GrErwerbers – ohne Rückgriff auf § 9 II Nr. 1 – bereits nach der Grundregel des § 9 I in die Bemessungsgrundlage einzustellen (BFH II R 69/94, BStBl. II 1997, 85).

Diese erweiternde Blickrichtung ist aufgrund der dem GrEStG zugrunde liegenden Wertungen gerechtfertigt. Sie führt im Einklang mit den Strukturprinzipien des GrEStG zur Besteuerung von Substanzmehrungen eines Gr, die noch der **Sphäre des Veräußerers** (dh einer ihm obliegenden Herstellungsverpflichtung) zuzurechnen sind (BFH II R 17/99, BStBl. II 2000, 34; II R 12/03, BStBl. II 2005, 220; II R 3/10, BFH/NV 2011, 303). Aus Sicht des GrEStG steht der Erwerb eines bei Vertragsabschluss zwar tatsächlich unbebauten Gr, das kraft einer den Erwerber bindenden Veranlassung des Veräußerers nur als zu bebauendes Gr erworben werden kann, dem Erwerb eines schon vom Veräußerer bebauten Gr gleich. Damit wird die **Gleichmäßigkeit der Besteuerung** (Art. 3 GG) verwirklicht, weil die steuerlichen Folgewirkungen einer auf den Erwerb eines bebauten Gr gerichteten Vertragsgestaltung der freien Disposition der Vertragsparteien entzogen sind (BFH II R 110/88, BStBl. II 1992, 357; II R 17/99, BStBl. II 2000, 34). Dies stellt die zutr Besteuerung des mit einer Vertragsgestaltung bewirkten **wirtschaftlichen Erfolgs** sicher (BVerfG2 BvR 72/90, BStBl. II 1992, 212; krit. zB Siepmann UVR 1992, 13; Wagner DB 1992, 245; Fleischmann/Meyer-Scharenberg DStR 1992, 525; Flume DB 1990, 1432).

Das StEntlG 1999 ff. hat durch Einfügung des **§ 8 II 2** – der allerdings ausschließlich für § 8 II 1 gilt – für die Bemessungsgrundlage erstmals die Maßgeblichkeit eines künftigen GrZustands (Gr mit noch zu errichtendem Gebäude) normiert. Im Regelungsbereich des § 8 I und § 9 stützt der BFH (zB II R 85/87, BStBl. II 1990, 181; II R 67/89, 1993; II R 17/99, BStBl. II 2000, 34) seine Rspr. zutr auf eine am **Sinn und Zweck des § 1 I Nr. 1 und § 9 I Nr. 1** orientierte Auslegung.

Die **Verfassungsmäßigkeit** der Grundsätze über den einheitlichen Erwerbsgegenstand ist aufgrund der BVerfG-Rspr. (2 BvR 72/90, BStBl. II 1992, 212) geklärt (zB BFH II R 17/99, BStBl. II 2000, 34; II R 7/12, BStBl. II 2013, 86; II R 32/13, BFH/NV 2015, 362); die gegen BFH II R 7/12, BStBl. II 2013, 86 erhobene Verfassungsbeschwerde hat das BVerfG (1 BvR 2766/12; dazu Rutemöller BB 2013, 983) nicht zur Entscheidung angenommen. Zur Problematik in Bezug auf die USt vgl. → Rn. 63 f.

9 Die Rechtsfigur des einheitlichen Erwerbsgegenstands betrifft **sämtliche Erwerbsvorgänge,** bei denen in engem Zusammenhang mit dem GrErwerb auch die Bebauung oder sonstige Veränderungen des Gr (und/oder des aufstehenden Gebäudes) herbeigeführt werden. Dazu gehören nicht nur Verpflichtungsgeschäfte iSd § 1 I Nr. 1, sondern ebenso zB Erwerbe im Umlegungsverfahren (BFH II R 67/89, BStBl. II 1993, 308), die Abtretung des Übereignungsanspruchs (§ 1 I Nr. 5, § 9 I Nr. 6, vgl. BFH II R 48/08, BStBl. II 2012, 295), der Erwerb der Verwertungsbefugnis (§ 1 II, vgl. → Rn. 203 ff.) und gem. § 1 I Nr. 1 iVm § 42 AO steuerbare Erwerbsvorgänge (zB die Übertragung des Mitgliedschaftsrechts an einer PersGes, das mit einer besonderen Berechtigung an einem der Gesellschaft gehörenden Gr verbunden ist, BFH II R 100/89, BFH/NV 1993, 563; zum Steuertatbestand vgl. → § 1 Rn. 80 ff.). Zum Erwerb eines **Erbbaurechts** mit zu errichtendem Gebäude vgl. → Rn. 169.

Die **Rechtsnatur** oder **Zwecksetzung** des **Veräußerers** (zB gemeinnütziges Unternehmen) oder die **Gründe** für die gewählte Vertragsgestaltung bzw. für die Veräußerung selbst (zB sozial- und familienpolitische Zielsetzungen bei GrVeräußerungen durch Gemeinden oder Inanspruchnahme von Wohnungsbauförderung) sind – der Ausgestaltung der GrESt als Rechtsverkehrsteuer entspr. – für die Anwendung der nachstehenden Grundsätze ohne Belang (BFH II B 158/89, BStBl. II 1990, 391; II R 62/91, BFH/NV 1994, 901; II B 5/01, BFH/NV 2002, 812). Es kommt auch nicht darauf an, ob der GrVeräußerer einen Gewinn erzielen wollte oder aus einer wirtschaftlichen Zwangslage heraus handelte (BFH II B 155/89, BFH/NV 1991, 118).

Grestrechtlich relevanter **künftiger GrZustand** kann nicht nur die künftige Bebauung eines bei Abschluss des GrKaufvertrags tatsächlich unbebauten Gr sein, sondern zB auch ein **Gr mit noch zu sanierendem bzw. renovierendem Gebäude** (dazu zB BFH II R 82/90, BFH/NV 1993, 621; II R 32/91, BFH/NV 1995, 262; II R 27/01, BFH/NV 2004, 226; II B 25/04, BFH/NV 2005, 1140; II R 47/04, BFH/NV 2006, 1509; II B 160/05, BFH/NV 2006, 1882; II B 157/08 BFH/NV 2009, 1146; II R 58/07, BFH/NV 2010, 63 mwN) oder ein noch fertig zu stellender **Rohbau** (dazu BFH II R 49/02, BFH/NV 2005, 911). Die in § 8 II 2 allein angesprochene Gebäudeerrichtung bzw. GrBebauung ist ausschließlich für § 8 II bedeutsam. 10

Gegenleistungserhöhende Wirkung kann einem künftigen GrZustand nur zukommen, wenn dessen Herbeiführung der **(privatautonomen) Gestaltungsfreiheit** der am Erwerbsvorgang Beteiligten zugänglich ist (vgl. → § 8 Rn. 13 ff.). Daran fehlt es, soweit die Veränderung des GrZustands letztlich auf (zwingenden) Normen des **öffentlichen Recht** beruht. Wird zB ein tatsächlich unerschlossenes Gr als solches erworben und verpflichtet sich der Erwerber gegenüber der Gemeinde bzw. einem Erschließungsträger zur Zahlung des Erschließungsbeitrags bzw. -entgelts für die künftige Erschließung, gehören diese Aufwendungen wegen ihres alleinigen Bezugs zum (öffentlich-rechtlichen) Erschließungsrecht (§§ 123 ff. BauGB) nicht zur Gegenleistung (vgl. → § 8 Rn. 18 ff.). Die Grundsätze zum einheitlichen Erwerbsgegenstand sind insoweit schon aufgrund des öffentlich-rechtlichen Charakters der Erschließung, dh ihres nicht der Veräußererseite zuzurechnenden Rechtscharakters und des insoweit letztlich nicht privatautonom regelbaren Rechtsverhältnisses **nicht anwendbar** (BFH II R 39/99, BStBl. II 2002, 93; vgl. auch → § 8 Rn. 19 ff.). 11

Entgelte für bloße **Dienstleistungen der Veräußererseite** im Zusammenhang mit einem vom Erwerber selbst (ohne entspr. Verpflichtung der Veräußererseite) erstellten Gebäude sind keine Gegenleistung (BFH II R 12/03, BStBl. II 2005, 220). Auch im Zusammenhang mit einem GrErwerb erworbene **Baupläne** können nicht Gegenstand eines der Sphäre der Veräußererseite zuzurechnendem künftigen GrZustands sein, weil sie lediglich dem Erwerber selbst die Herbeiführung des zukünftigen GrZustands ermöglichen (BFH II R 17/99, BStBl. II 2000, 34; II R 12/03, BStBl. II 2005, 220). 12

Der die Höhe der Bemessungsgrundlage bestimmende gegenständliche **Umfang** des einheitlichen Erwerbsgegenstands bestimmt sich nach dem Leistungsinhalt, wie er sich aus den als einheitlich zu qualifizierenden Vereinbarungen ergibt. Vereinbarte **Eigenleistungen** des Erwerbers (→ Rn. 36) stehen der Annahme eines einheitlichen Erwerbsgegenstands nicht entgegen; die Eigenleistungen bzw. deren Wert gehören jedoch nicht zur Gegenleistung (vgl. → Rn. 36, → Rn. 52). Ebenso gehören Aufwendungen für solche **Teile eines Bauvorha-**

bens (zB Kellerausbau bei Erwerb eines unbebauten Gr mit noch zu errichtendem Fertighaus) nicht zur Gegenleistung, die der Erwerber **ohne** jegliche **Bindungen** an die Veräußererseite durch freihändige Auftragsvergabe verwirklichen kann (BFH II R 143/87, BStBl. II 1990, 183; II R 77/94, BFH/NV 1997, 260; II R 3/97, BFH/NV 2000, 883 mwN).

13 **2. Maßgebliche Beurteilungsgrundlagen.** Von einem Zusammenhang zwischen einem Grundstückskaufvertrag und den Verträgen, die der Bebauung des Grundstücks (anders bei einer anderweitigen Sanierung eines Grundstücks oder eines Wohnungseigentums) dienen, ist auszugehen, wenn der Erwerber beim Abschluss des Grundstücksvertrags gegenüber der Veräußererseite in seiner Entscheidung über das „Ob" und das „Wie" der Bebauung nicht mehr frei war und deshalb feststand, dass er das Grundstück in einem bestimmten (bebauten) Zustand erhalten werde (BFH II R 5/15, BStBl. II 2016, 895; II R 19/15, BStBl. II 2017, 655, std. Rspr.). Eine entsprechende Einschränkung der sonst für einen Grundstückserwerber bestehenden Entscheidungsfreiheit kann sich aus vorherigen Absprachen (GLE 20.9.2017, BStBl. I 2017, 1328, Tz. 3.3, → Rn. 3) oder aus faktischen Zwängen (GLE 20.9.2017, BStBl. I 2017, 1328, → Rn. 3) ergeben (BFH II R 19/15, BFH/NV 2017, 854). Ob ein solcher sachlicher Zusammenhang zwischen dem Grundstückskaufvertrag und weiteren Vereinbarungen besteht, ist nach den Umständen des Einzelfalls zu ermitteln (BFH II R 22/14, BFH/NV 2015, 1270; II R 19/15, BStBl. II 2017, 655). Dabei ist grundsätzlich auf den Zeitpunkt des Abschlusses des Grundstückskaufvertrags abzustellen.

13a Die entspr. Bindungen des GrErwerbers müssen **gegenüber dem Veräußerer oder einem zur Veräußererseite gehörenden Dritten** bestehen; gegenüber diesen Personen muss also der GrErwerber (im Fall eines gem. § 1 I Nr. 1 steuerbaren Erwerbsvorgangs) mit dem Erwerb seines Eigentumsverschaffungsanspruchs Rechtsbeziehungen auch hinsichtlich des künftigen GrZustands (zB Bebauung) eingegangen sein (BFH II R 54/98, BStBl. II 2000, 143; II R 12/03, BStBl. II 2005, 220; II R 47/04, BFH/NV 2006, 1509); die **Veräußererseite** muss zivilrechtlich zur Übereignung und Bebauung verpflichtet sein.

13b Alleinige Beurteilungsgrundlage für den maßgebenden Gegenstand des Erwerbsvorgangs ist der **tatsächlich verwirklichte Sachverhalt** (zB BFH II R 47/04, BFH/NV 2006, 1509; II B 160/05, BFH/NV 2006, 1882; II B 153/05, BFH/NV 2006, 2129; II R 58/07, BFH/NV 2010, 63 jew. mwN; std. Rspr.), wie er sich im maßgeblichen Beurteilungszeitpunkt (→ Rn. 14 f.) darstellt. Etwa **vor** diesem Zeitpunkt gegebene Wahlmöglichkeiten des Erwerbers (zB hinsichtlich verschiedener von der Veräußererseite angebotener Bebauungsmöglichkeiten oder einer selbst durchzuführenden Bebauung) sind unbeachtlich (BFH II R 85/87, BStBl. II 1990, 181; II B 158/89, BStBl. II 1990, 391; II R 53/94, BStBl. II 1995, 331; FG Nürnberg 4 K 26/16, EFG 2019, 1322). Gleiches gilt für die **nachträgliche** Möglichkeit zur Aufhebung der miteinander verflochtenen Verträge. Es gilt der Grundsatz, dass einmal geschlossene Verträge so lange zu berücksichtigen sind, wie sie von den Beteiligten rechtlich und faktisch aufrechterhalten werden (BFH II R 117/89, BStBl. II 1993, 163). Ein im GrKaufvertrag und/oder Bauerrichtungsvertrag vereinbartes **Rücktrittsrecht** schließt den einheitlichen Erwerbsvorgang nicht aus (BFH II R 86/94, BFH/NV 1998, 80), zumal ein solches auch nicht die Entstehung der Steuerschuld hinausschiebt (→ § 14 Rn. 10).

13c Demgemäß ist erst der **tatsächliche** Eintritt derartiger nachträglicher Umstände entweder gem. § 16 I oder II oder – soweit das GrGeschäft selbst unberührt bleibt – gem. § 16 III (Herabsetzung der Gegenleistung) zu berücksichtigen (BFH II R 143/87, BStBl. II 1990, 183). Die Rechtsfolge des § 16 III setzt die Erfüllung der tatbestandlichen Voraussetzungen dieser Vorschrift (aA FG Bln 1 K 1071/02, EFG 2005, 554 mAnm Adamek) voraus und kann bei lediglich **teilweiser Erfüllung** eines Bauerrichtungsvertrags nur eintreten, wenn der GrErwerber seine volle Entscheidungsfreiheit über die Vergabe der Bauleistungen zurückerlangt (BFH II R 29/91, BFH/NV 1995, 260; II R 62/01, BeckRS 2004, 25009340). Daran fehlt es zB, wenn die Aufhebung eines Vertrags über die Gebäudeerrichtung erst erfolgt, nachdem der GrErwerber einen im Wesentlichen inhaltsgleichen Vertrag mit einem Vertragspartner abgeschlossen hat, der seinerseits mit dem ersten Vertragspartner verbunden ist (BFH II R 169/87, BFH/NV 1991, 263; II R 29/91, BFH/NV 1995, 260). Zur Insolvenz auf der Veräußererseite vgl. → Rn. 42.

Maßgeblicher **Beurteilungszeitpunkt** für das Vorliegen eines einheitlichen 14
Erwerbsgegenstandes (und damit für eine entspr. Bindung hinsichtlich der Bebauung oder Renovierung) ist derjenige, in dem das das Gr betreffende Verpflichtungsgeschäft (zB Kaufvertrag) abgeschlossen wird (zB BFH II R 31/88, BStBl. II 1990, 234; II R 33/08, BFH/NV 2010, 838; II R 19/15, BStBl. II 2017, 655; II R 48/15, BStBl. II 2018, 24 std. Rspr.; vgl. auch Viskorf/Loose § 9 Rn. 152). Beim Handeln eines Vertreters ohne Vertretungsmacht ist für die Beurteilung der Einheitlichkeit des Vertrags auf den Zeitpunkt der Genehmigung des Vertrags abzustellen; allein dieser Zeitpunkt ist für das „Ob" und „Wie" des Gebundenseins des Erwerbers maßgebend und ggf. zu ermitteln (BFH II R 13/94, BStBl. II 1995, 542; II R 19/15, BFH/NV 2017, 854; vgl. auch BFH II B 60/91, BFH/NV 1993, 197). Bis zu diesem Zeitpunkt muss auch ein einheitliches Angebot der Veräußererseite abgegeben worden sein (vgl. → Rn. 25). Die etwaige **Formnichtigkeit** der getroffenen Vereinbarungen aufgrund unvollständiger Beurkundung (§ 311b I 1 iVm § 125 S. 1 BGB; zum Umfang der Formbedürftigkeit → Rn. 18) lässt den Gegenstand des Erwerbsvorgangs unberührt (vgl. § 41 I AO), soweit die Beteiligten gemäß ihren Erklärungen (Vereinbarungen) auf die Erfüllung hinwirken (BFH II R 83/85, BStBl. II 1989, 989; II R 52/90, BStBl. II 1994, 409; vgl. zur Begründung im Einzelnen → § 1 Rn. 162).

Besteht gegenüber der Veräußererseite **keine Bindung des GrErwerbers** (und 15
keine entspr. Verpflichtung der Veräußererseite) in Bezug auf einen künftigen GrZustand, ist allein der im **Zeitpunkt des Abschlusses** des Veräußerungsgeschäfts maßgebliche bzw. vereinbarte GrZustand für die Bestimmung der Gegenleistung maßgebend (vgl. zB BFH II B 71/93, BStBl. II 1994, 48; II R 85/91, BFH/NV 1993, 267; II R 115/89, BFH/NV 1993, 687; II R 66/96, BFH/NV 1999, 75; II R 39/04, BFH/NV 2006, 1880; II R 43/04, BFH/NV 2007, 99; II R 25/17, BFH/NV 2021, 195). Der Abschluss weiterer (zB die GrBebauung betr.) Verträge durch den Erwerber ist dessen eigennützige Leistung und für den grestrechtlich maßgeblichen Erwerbsgegenstand bedeutungslos (zu Einzelfragen der Gebäudeerrichtungs- oder -sanierungspflicht eines Erbbauberechtigten bei Erbbaurechtsbestellung vgl. → Rn. 169). Dies gilt unabhängig davon, ob die entspr. Verträge vor oder nach Abschluss des GrGeschäfts abgeschlossen werden.

Weiterreichende Folgerungen in Bezug auf den jeweiligen Erwerbsgegenstand ergeben sich auch nicht daraus, dass der GrErwerber etwaigen (**außerhalb** seiner grestrechtlich relevanten **Rechtsbeziehungen zum Veräußerer** liegenden) **Rechtsbindungen bei** der **Realisierung einer GrBebauung** unterliegt. Eine Bindung an das „Ob" und „Wie" der Bebauung (zB aufgrund bauplanungsrechtlicher Vorgegebenheiten oder vertraglich bzw. kraft öffentlichen Rechts begründeter Sanierungsverpflichtung) begründet für sich allein keine faktischen Bindungen des GrErwerber und damit auch keinen einheitlichen Erwerbsgegenstand (BFH II R 16/00, BStBl. II 2002, 431 mwN; II R 27/01, BFH/NV 2004, 226; II R 2/17, BFH/NV 2021, 195; vgl. auch → Rn. 23). Im umgekehrten Fall – soweit also derartige Rechtsbindungen zum maßgeblichen Beurteilungszeitpunkt (→ Rn. 13) einer von der Veräußererseite angebotenen Realisierung der GrBebauung entgegenstehen (zB bei baurechtlicher Unzulässigkeit eines Bauvorhabens) –, bedarf es bei späterer Realisierung der Bebauung sorgfältiger Prüfung, ob die Beseitigung dieser rechtlichen Hindernisse der Veräußerersphäre zuzurechnen ist oder aber auf alleiniger Erwerberinitiative beruht; im letzteren Fall scheidet ein einheitlicher Erwerbsgegenstand idR aus (vgl. zB FG Hmb III 62/01, EFG 2002, 934).

16 **3. Zivilrechtliche Verknüpfung.** Bereits nach zivilrechtlichen Grundsätzen ist Gegenstand des Erwerbsvorgangs das bebaute Gr, soweit es in diesem Zustand zum Gegenstand der Übereignungsverpflichtung gemacht wird (GLE 20.9.2017, BStBl. I 2017, 1328, Tz. 3.3, → Rn. 3). Das ist der Fall, wenn der Veräußerer dem Erwerber vor Abschluss des Kaufvertrags über das Gr aufgrund einer in bautechnischer und finanzieller Hinsicht konkreten und bis (annähernd) zur Baureife gediehenen Vorplanung ein bestimmtes Gebäude zusammen mit dem Gr zu einem im Wesentlichen feststehenden Preis angeboten hatte und der Erwerber dieses Angebot später unverändert oder mit geringen Abweichungen, die den Charakter der Baumaßnahmen nicht verändert haben, angenommen hat (BFH II R 7/12, BStBl. II 2013, 86; II R 19/15, BStBl. II 2017, 655; II B 20/19, BFH/NV 2020, 362, stRspr).

Das ist zunächst dann der Fall, wenn sich die Pflicht zur GrÜbereignung und zur Gebäudeerrichtung aus **einem** Vertrag ergeben; hier ist Gegenstand des Erwerbsvorgangs ohne Weiteres das Gr in seinem künftigen (bebauten) Zustand, vgl. → Rn. 5. Schon nach Zivilrecht gilt dies auch bei **zwei** (oder mehreren) an sich selbstständigen Verträgen, wenn die Vereinbarungen nach dem Parteiwillen **miteinander „stehen" oder „fallen"** sollen. Die BFH-Rspr. (zB II R 133/87, BStBl. II 1991, 532) folgt insoweit den Grundsätzen, die – zB in Bezug auf die Frage einer etwaigen Teilnichtigkeit gem. § 139 BGB oder des Formzwangs gem. § 311b BGB – zivilrechtlich für die Beurteilung eines zusammengesetzten Vertrags als einheitlicher Gesamtvertrag maßgeblich sind (vgl. näher Grüneberg/Ellenberger BGB § 139 Rn. 5 ff., § 311b Rn. 32 ff.; eingehend Keim DNotZ 2011, 513).

Zivilrechtlich liegt ein zusammengesetzter Vertrag vor, wenn eine **ausdrückliche Bestandsverknüpfung** der Verträge vorliegt oder wenn nur einer der Vertragspartner einen Einheitswillen erkennen lässt und die andere Partei diesen anerkennt oder zumindest hinnimmt (BFH II R 133/87, BStBl. II 1991, 532; II R 38/15, BStBl. II 2017, 1005; BFH II B 20/19, BFH/NV 2020, 382; BGH VII ZR 34/83, NJW 1984, 869). Die Einheitlichkeit des Vertrages setzt nicht voraus, dass auf der Veräußererseite dieselben Parteien beteiligt sind (BFH II R 155/80, BStBl. II 1982, 741). Ohne Bedeutung ist auch, in welchem Zeitpunkt die Auflassung des Gr erklärt wird und in welcher Reihenfolge die einzelnen Vertragspartner ihre Verpflichtungen dem Erwerber gegenüber erfüllen (BFH II R 155/80, BStBl. II 1982, 741). Dabei können auf der Veräußererseite auch verschiedene Personen auftreten, sodass sich die Ansprüche auf Übereignung des Gr und auf Errichtung des Gebäudes (bzw. auf dessen Sanierung) gegen verschiedene Personen richten können (→ Rn. 28 ff.).

Über das Vorliegen eines einheitlichen Gesamtvertrags und die innere Verknüpfung der mehreren Verträge ist durch **Auslegung** nach Maßgabe der **§§ 133, 157 BGB** zu entscheiden. Zu berücksichtigen sind insb. der Parteiwillen, die Interessenlage der Vertragsbeteiligten, ihr Verhalten vor und nach Vertragsschluss und die tatsächliche Abwicklung (BFH). Für die Einheitlichkeit können zB ein bereits vor Vertragsabschluss erfolgter Baubeginn (BFH II R 105/77, BStBl. II 1982, 330) – vgl. aber auch → Rn. 20 – oder die durch einen Treuhänder sichergestellte Durchführung einer im Voraus festgelegten Bebauung (BFH II R 155/80, BStBl. II 1978, 741) sprechen. Hingegen begründen bloß **wirtschaftliche Erwägungen** (zB bei der Auswahl eines bestimmten Bauunternehmens) noch keine rechtliche Bestandsverknüpfung der den GrErwerb und die Bebauung betreffenden Verträge (BFH II R 133/87, BStBl. II 1991, 532). 17

Zivilrechtlich hat die Einheitlichkeit mehrerer Verträge (insb. von Bauvertrag und GrÜbereignungsvertrag) die **Formbedürftigkeit** (§ 311b I 1 BGB) des gesamten Vertragswerks zur Folge (zu Einzelheiten BGHZ 186, 345; Grüneberg/Grüneberg BGB § 311b Rn. 32 f.; zu diversen Einzelfragen Schmitz RNotZ 2022, 125). Die Heilung des Formmangels tritt durch Auflassung und Eintragung in das Grundbuch ein (§ 311b I 2 BGB). **Grestrechtlich** steht die unvollständige Beurkundung der Steuerpflicht aus § 1 I Nr. 1 (iVm § 41 I AO) jedoch nicht entgegen. Die Einbeziehung der aufgrund eines formnichtigen Vertrags erbrachten (Bau-)Leistungen in die Bemessungsgrundlage der GrESt ist auch deshalb gerechtfertigt, weil der GrErwerber trotz Formnichtigkeit des einheitlichen Vertrags zur Vergütung der in dem einheitlichen Vertrag erbrachten Bauleistungen gem. §§ 683 S. 1, 670 BGB oder gem. § 812 BGB verpflichtet sein kann (vgl. BGH VII ZR 178/91, NJW 1993, 3196). 18

4. Objektiv enger sachlicher Zusammenhang. Auch bei **fehlender zivilrechtlicher Verknüpfung** kann nach dem letztlich bewirkten wirtschaftlichen Erfolg (vgl. → Rn. 7) ein künftiger GrZustand (zB das Gr mit noch zu errichtendem Gebäude) Gegenstand des Erwerbsvorgangs sein (GLE 20.9.2017, BStBl. I 2017, 1328, **Tz. 3.4,** → Rn. 3). Es muss zwischen dem GrÜbereignungs- und Gebäudeerrichtungsvertrag ein objektiver enger sachlicher Zusammenhang bestehen und der Erwerber bei objektiver Betrachtungsweise als einheitlichen Erwerbsgegenstand das bebaute Gr erhalten (zB BFH II R 85/87, BStBl. II 1990, 181 und 184; II R 49/04, BStBl. II 2006, 269; II R 57/10, BFH/NV 2012, 1549; II R 50/15, BStBl. II 2018, 602; II B 20/19, BFH/NV 2020, 382). Die Einschränkung der Entscheidungsfreiheit kann sich aus **vorherigen Absprachen** (→ Rn. 20 ff.) oder aus **faktischen Zwängen** (→ Rn. 24 ff.) ergeben. Dabei ist grds auf den **Zeitpunkt des** Abschlusses des **GrKaufvertrags abzustellen** (→ Rn. 14). Eine grundsätzliche Bedeutung kommt diesen Frage nicht mehr zu (BFH II B 90/19, BFH/NV 2020, 1279). 19

a) Vorherige Absprachen; fehlende Entscheidungsfreiheit über „Ob“ und „Wie“ der Bebauung. Der objektiv sachliche Zusammenhang der mehreren Verträge liegt vor, wenn der Erwerber bei Abschluss des GrKaufvertrags in seiner Entscheidung über das **„Ob“ und „Wie“** eines noch herzustellenden künftigen GrZustands (zB Bebauung) **gegenüber dem Veräußerer nicht mehr frei** gewesen ist und deshalb feststand, dass er das Gebäude in einem (bebautem) Zustand erhalten werde (BFH II R 17/99, BStBl. II 2000, 34; II R 48/15, BStBl. II 2018, 24; II B 20/19, BFH/NV 2020, 382, std. Rspr.). 20

Eine solche Einschränkung der sonst für einen GrEigentümer bestehenden Entscheidungsfreiheit kann insb. vorliegen, wenn der Abschluss des **Bauvertrags** (oder der Antrag auf Abschluss eines solchen Vertrags, vgl. BFH II R 144/86, BFH/NV 1991, 346) bereits vor Wirksamwerden des GrKaufvertrags erfolgt (vgl. zB BFH II R 17/99, BStBl. II 2000, 34; II R 49/04, BStBl. II 2006, 269; II R 106/91, BFH/NV 1995, 434; II R 47/04, BFH/NV 2006, 1509; II R 39/04, BFH/NV 2006, 1880; II B 157/08, BFH/NV 2009, 1146; auf den Zeitpunkt des Vertragsabschlusses kann, sofern etwa der GrKaufvertrag noch einer Genehmigung bedarf – → Rn. 13 –, nicht abgestellt werden). Voraussetzung ist jedoch, dass mit den Vertragsabschlüssen eine die Entscheidungsfreiheit des GrErwerbers beschränkende Bindung an ein entspr. **Bebauungs- oder Veräußerungskonzept der Veräußererseite** bewirkt wurde. Der Abschluss eines Bauvertrags **vor** Abschluss des GrKaufvertrags rechtfertigt für sich allein – dh ohne entspr. Zusammenwirken der Veräußererseite (zu deren abgestimmten Verhalten vgl. → Rn. 30 ff.) – **nicht** die Annahme eines einheitlichen Erwerbsgegenstands (zB BFH II R 39/04, BFH/NV 2006, 1880; NdsFG III 161/91, EFG 1992, 295; FG Hmb II 64/90, EFG 1993, 48).

21 Ein enger sachlicher Zusammenhang wird im Regelfall auch vorliegen, wenn GrKaufvertrag und Bauerrichtungsvertrag **zeitgleich** „in einem Akt" – dh am selben Tag vor demselben Notar in unmittelbar aufeinanderfolgenden Urkunden – abgeschlossen werden (dazu BFH II R 28/91, BFH/NV 1995, 338). Der Einheitlichkeit steht nicht entgegen, wenn bei Abschluss des Gebäudeerrichtungsvertrags noch nicht feststeht, auf welchem Gr das Gebäude errichtet werden soll (BFH II R 47/91, BFH/NV 1995, 259). Ein sachlicher Zusammenhang besteht ferner, wenn der Erwerber durch einen GrKaufvertrag auf eine bestimmte Bebauung festgelegt ist und in einem zuvor geschlossenen Baubetreuungsvertrag einem (im GrKaufvertrag bezeichneten) Baubetreuer die umfassende Vollmacht zur Durchführung des Bauvorhabens erteilt (BFH II R 62/91, BFH/NV 1994, 901). Das muss erst recht für Fälle gelten, in denen ein Dritter (zB Baubetreuer) gleichzeitig in Vollmacht für GrVeräußerer und Erwerber handelt (BFH II R 41/91, BFH/NV 1995, 265).

Nicht ausreichend für die zivilrechtliche Verpflichtung des Erwerbers gegenüber dem Veräußerer ist eine Herstellung der Veräußererseite. Der Veräußerer kann seine Verpflichtungen nicht auf seinen Vertragspartner delegieren, demgegenüber er die Erfüllung der Verbindlichkeit schuldet (BFH II R 5/15, BStBl. II 2016, 895).

22 **Zeitliche Abfolge der Verträge.** Nach den in den **GLE 20.9.2017,** BStBl. I 2017, 1328 (Tz. 3.4.1) niedergelegten Grundsätzen kann ein objektiv enger sachlicher Zusammenhang vorliegen, wenn dem Erwerber bis zum Abschluss des GrKaufvertrags aufgrund einer ganz konkreten und bis (annähernd) zur Baureife gediehenen Vorplanung ein bestimmtes Gebäude auf einem bestimmten Gr zu einem im Wesentlichen feststehenden Preis von der Veräußererseite angeboten wird und er dieses Angebot als **einheitliches** annimmt oder nur insgesamt annehmen kann (BFH II R 49/04, BStBl. II 2006, 269; II R 47/04, BFH/NV 2006, 1509; II R 58/07, BFH/NV 2010, 63; II R 57/10, BFH/NV 2012, 1549 jeweils mwN, stRspr).

22a **Einheitliches Angebot.** Voraussetzung für die Anwendung dieser Grundsätze ist ein auf das Gr bezogenes **konkretes** einheitliches Angebot der Veräußererseite, das den GrErwerb und seine Bebauung umfasst. Nicht erforderlich ist, dass dieses Angebot in einem Schriftstück und zu einem einheitlichen Gesamtpreis unterbreitet wird (BFH II R 58/07, BFH/NV 2010, 63; II B 130/09, BFH/NV 2010, 1659; II R 54/12, BFH/NV 2014, 1403; II R 22/14, BFH/NV 2015, 1270; II R 38/14, BStBl. II 2017, 1005). Bloße Bebauungsvorschläge (zB eine Auswahl von Fertighaustypen), Werbung im Internet oder auch Bautafeln reichen regelmäßig nicht aus (BFH II R 22/14, BFH/NV 2015, 1270). Das Angebot muss **bis zum Abschluss des GrKaufvertrags abgegeben** und vom Erwerber später unverändert oder, den üblichen Rahmen (wegen nur geringer Abweichungen) nicht überschreitend, angenommen worden sein (BFH II R 7/12, BStBl. II 2013, 86; II R 22/14, BFH/NV 2015, 1270; II R 38/14, BStBl. II 2017, 1005; II B 20/19, BFH/NV 2020, 382 mwN). Ein vorbereiteter Geschehensablauf scheidet nach **GLE 20.9.2017,** BStBl. I 2017, 1328 Tz. 3.4.3 **zweiter Absatz** (→ Rn. 3) aus, wenn der vom Grundstücksveräußerer ursprünglich angenommene Bauvertrag nach Abschluss des Grundstücksvertrags nur mit **wesentlichen Abweichungen bzw. Änderungen** angenommen wird. Das soll angenommen werden, wenn sich die aus Flächengrößen und Baukosten ermittelte Bezugsgröße um mehr als 10 % ändert (BFH II R 57/10, BStBl. II 2012, 920; II R 38/14, BStBl. II 2017, 1005). Bei einem abweichend vom ursprünglichen Vorentwurf verwirklichten (zusätzlichen) Gebäude kann bei einer entsprechenden Prägung des Gesamtcharakters eine Änderung auch schon dann maßgebend sein, wenn die **Bezugsgröße von 10 % nicht überschritten** wird (BFH II R 38/14, BStBl. II 2017, 1005; II B 20/19, BFH/NV 2020, 382). Eine wesentlichen Änderung der Baumaßnahme führt zu einer Besteuerung des Erwerbs eines unbebauten Grundstücks und nicht nur zur einer Minderung der Bemessungsgrundlage um die Kosten eines zusätzlichen Bauwerks (BFH II R 38/14, BStBl. II 2017, 1005).

Die Hinnahme eines einheitlichen Angebots wird naheliegen, wenn bei einem **22b** zu errichtenden größeren Gebäudekomplex umfangreiche Vorbereitungsmaßnahmen der Veräußererseite erforderlich waren und der Erwerber zeitnah zum GrErwerb den auf den umfänglichen Vorbereitungsmaßnahmen beruhenden Gebäudeerrichtungsvertrag abschließt. Für die Bindung des GrErwerbers durch ein einheitliches Angebot kann es keinen Unterschied machen, ob die zugrundeliegende Vorplanung unverändert übernommen wird oder auf konkreten Vorgaben des GrErwerbers beruht. Daher steht es einem einheitlichen Angebot nicht entgegen, wenn die von der Veräußererseite vorbereitete **Planung** inhaltlich maßgebend **vom GrErwerber** mit **beeinflusst oder** gar **veranlasst** worden ist (BFH II R 49/04, BStBl. II 2006, 269; II R 43/04, BFH/NV 2007, 99; IX B 102/08, BFH/NV 2009, 146; II B 130/09, BFH/NV 2010, 1659; die frühere Rspr., die bei einer frühzeitigen und wesentlichen Beteiligung des GrErwerbers an der Bauplanung eine Bindungswirkung des einheitlichen Angebots ausschloss – so noch BFH II R 52/01, BFH/NV 2004, 663 – ist aufgegeben). Ohnehin schließen sich im Rahmen des Üblichen bewegende Abweichungen von der bisherigen Planung der Veräußererseite den objektiv sachlichen Zusammenhang nicht aus (BFH II R 57/10, BStBl. II 2012, 920 mwN). Die erforderliche Bindung der Erwerberseite kann sich ggf. auch nur auf ein (projektiertes) Bebauungskonzept beschränken, bei dem die Person des Bau- bzw. Werkunternehmers erst später festzulegen ist (BFH II R 62/91, BFH/NV 1994, 901; II R 62/94, BFH/NV 1997, 308).

Vom Erwerber muss die **Annahme** des Angebots idR in **engem zeitlichen Zusammenhang** mit dem Abschluss des GrKaufvertrags erklärt werden (BFH II R 57/10, BStBl. II 2012, 920). Bei besonderen Umständen (zB Sanierungsmöglichkeit eines Gebäudes erst nach Beendigung eines Mietverhältnisses) kann auch ein längerer Zeitraum ausreichen (BFH II R 57/10, BStBl. II 2012, 920: Annahmeerklärung 19 Monate nach Abschluss des GrKaufvertrags).

23 **Indizwirkung.** Bei dieser Fallgruppe ist die zeitliche Abfolge der geschlossenen Verträge grds. ohne Bedeutung. Vielmehr **indiziert** (im Rahmen einer Gesamtwürdigung aller Tatsachen) bereits die **Hinnahme eines von der Veräußererseite vorbereiteten Geschehensablaufs** einen einheitlichen Erwerbsgegenstand. Damit ist die Reichweite des einheitlichen Erwerbsgegenstands weiter vorgeschoben, sofern der Erwerber zunächst den GrKaufvertrag und – ohne dass zu diesem Zeitpunkt bereits eine unumkehrbare Festlegung des Erwerbers auf eine bestimmte Bebauung vorgelegen hat – erst anschließend den Gebäudeerrichtungsvertrag abschließt. Ob die Aufwendungen nicht über den üblichen Rahmen hinausgehen, hat das FG im Rahmen einer Gesamtwürdigung aller Tatsachen zu entscheiden (BFH II R 57/10, BStBl. II 2012, 920; II R 38/14, BStBl. II 2017, 1005). Für die Indizwirkung reicht aus, dass das Angebot zur Gebäudeerrichtung bei Abschluss des Grundstückvertrags in tatsächlicher Hinsicht bestanden hat; eine rechtliche Wirksamkeit des Angebots ist nicht erforderlich (BFH II R 32/13, BFH/NV 2015, 230; II B 6/21, BFH/NV 2022, 611). Die bloße (theoretische) Möglichkeit, nach Abschluss des GrKaufvertrags keinen Bauerrichtungsvertrag abzuschließen, steht der Annahme eines einheitlichen Erwerbsgegenstands nicht entgegen (BFH II R 53/94, BStBl. II 1995, 331; II R 28/91, BFH/NV 1995, 338). Die Indizwirkung, die sich bei einer **Personenmehrheit auf der Veräußererseite** auch auf deren abgestimmtes Verhalten bei Abgabe des Angebots bezieht (→ Rn. 29), kann der Erwerber durch **substantiiertes Vorbringen** (zB durch Nachweis, dass der Vergabe des Bauauftrags ein nicht von der Anbieterseite vorbereiteter Geschehensablauf zugrunde lag) **erschüttern.** Dafür dürfte ein vom Erwerber vor Vertragsabschluss eingeholtes Vergleichsangebot nicht ohne Weiteres ausreichen, weil – auch nachträglich – Gefälligkeitsangebote leicht beschafft werden können.

24 **b) Faktische Zwänge.** Schließlich steht es einem engen sachlichen Zusammenhang auch nicht entgegen, wenn der **Bauvertrag** erst **nach** dem **GrKaufvertrag** geschlossen wird (zB BFH II R 34/98, BFH/NV 2000, 1240; II B 29/05, BFH/NV 2006, 123; II B 160/05, BFH/NV 2006, 1882; II R 22/14, BFH/NV 2015, 1270; II R 38/14, BStBl. II 2017, 1005). Die insoweit erforderliche Einschränkung der Entscheidungsfreiheit des GrErwerbers über einschränkende Umstände können sich auch aus **faktischen Zwängen** (GLE 20.9.2017, BStBl. I 2017, 1328, **Tz. 3.4.2,** → Rn. 3) oder **vorherigen Absprachen** (→ Rn. 27) ergeben. Diese müssen bei Abschluss bzw. Wirksamwerden des GrKaufvertrags bereits vorhanden gewesen sein (BFH II R 47/04, BFH/NV 2006, 1509; II R 48/15, BStBl. II 2018, 24, jew. mwN).

25 **Faktische Zwänge** sind wegen der Maßgeblichkeit des durch das GrGeschäft bewirkten wirtschaftlichen Erfolgs (vgl. → Rn. 7) nach objektiven Kriterien und nicht nach den subjektiven Vorstellungen der Erwerber zu bestimmen (BFH II R 53/94, BStBl. II 1995, 331). Sie liegen zB bei der Errichtung einer Eigentumswohnung vor, die nur durch Herstellung des Gesamtgebäudes und nicht für sich allein errichtet werden kann (BFH II R 112/69, BStBl. II 1975, 89; II R 133/87, BStBl. II 1991, 532; II R 49/02, BFH/NV 2005, 911; II R 50/15, BStBl. II 2018, 602). Allerdings können Eigentumswohnungen auch einen reihenhausartigen Baukörper aufweisen; in diesem Fall liegt nicht stets ein faktischer Zwang vor (vgl. zur Errichtung von Reihen- und Doppelhäusern vgl. nachfolgend). Bei

dem Erwerb eines Gr mit noch zu errichtendem Reihen- oder Doppelhaus ist das Vorliegen eines faktischen Zwangs danach zu beurteilen, ob das Einzelvorhaben bautechnisch trennbar ist und ggf. auch für sich allein errichtet werden kann. Der bei Errichtung eines Reiheneckhauses gegebene Zwang zur Anpassung an die Nachbarbebauung reicht in keinem Fall zur Annahme eines faktischen Zwangs im genannten Sinne aus (BFH II R 99/90, BFH/NV 1994, 737). Ebenfalls kann kein faktischer Zwang darin gesehen werden, dass sich der Erwerber aus allein wirtschaftlichen Gründen für die Vergabe des Bauauftrags an den GrVeräußerer oder eine ihm verbundene Person entscheidet (BFH II R 99/90, BFH/NV 1994, 737).

Faktische Zwänge ergeben sich auch nicht allein daraus, dass für den Erwerber 26
eine Bindung an eine bestimmte Bebauung (das „Ob" und „Wie" der Bebauung) besteht, etwa wenn bei der Verwirklichung eines Bauvorhabens allgemeine **bauplanungs- und nachbarrechtliche Anpassungspflichten** zu beachten sind (BFH II R 133/87, BStBl. II 1991, 532; vgl. auch → Rn. 10) oder eine vertraglich bzw. kraft öffentlichen Rechts begründete **Sanierungsverpflichtung** besteht (zB BFH II R 28/09, BStBl. II 2011, 227; II R 27/01, BFH/NV 2004, 226). Ebenso begründet auch eine faktische Bindung des GrErwerbers zB an eine schon (etwa durch Erstellung von Bauplänen, vgl. → Rn. 11) vorbereitete oder teilweise ins Werk gesetzte Bebauung vom GrVeräußerer (so bei schon von ihm abgeschlossenem Generalübernehmervertrag, in den sich der Erwerber einzutreten verpflichtet, vgl. → Rn. 37) für sich allein noch keinen einheitlichen Erwerbsgegenstand. Ein solcher liegt in den vorgenannten Fällen vielmehr nur vor, wenn sich die Veräußererseite auch zur Übertragung des Gr in seinem zukünftigen (zB bebauten) Zustand verpflichtet (vgl. zB BFH II R 3/10, BFH/NV 2011, 303 mwN) oder der Veräußerer von einer bereits in seiner Person entstandenen Verpflichtung durch den Erwerber befreit wird (zB BFH II R 27/01, BFH/NV 2004, 226).

Eine Bindung des Erwerbers kann sich auch aus sonstigen **vorherigen** 27
Absprachen mit der Veräußererseite ergeben (dazu **GLE 20.9.2017,** BStBl. I 2017, 1328, **Tz. 3.4.3,** → Rn. 3). Deren Vorliegen erfordert die konkrete Feststellung, dass die Vergabe des Bauauftrags an den der Veräußererseite zuzurechnenden Auftragnehmer im maßgeblichen Beurteilungszeitpunkt feststand (zu den besonderen Beweisproblemen, sofern schriftliche Erklärungen fehlen, vgl. noch → Rn. 43 ff.). Der Erwerber muss insoweit „im Wort" gewesen sein (BFH II R 133/87, BStBl. II 1991, 532, einschr. BFH II R 53/94, BStBl. II 1995, 331; II R 38/14, BStBl. II 2017, 1005). Eine vorherige Absprache kann darin liegen, dass der GrVeräußerer oder ein gleichzeitig von ihm und dem Erwerber bevollmächtigter Dritter den Auftragnehmer bestimmen kann (vgl. § 315 BGB). Die bloß einseitige subjektive Überzeugung des an der Erlangung des Bauauftrags Interessierten, ihm werde der GrErwerber auch den Bauauftrag erteilen, reicht nicht aus (BFH II R 133/87, BStBl. II 1991, 532; II R 38/14, BStBl. II 2017, 1005).

Entsprechende Grundsätze gelten auch für die Frage, nach welchen Grundsätzen die im Anschluss an die Rohbaukosten anfallenden Ausbaukosten zur Gegenleistung gehören. Ausbaukosten gehören zur Gegenleistung, soweit das beauftragte Unternehmen bei Abschluss des Grundkaufvertrags zur Veräußererseite gehörte, dem Erwerber vor diesem Zeitpunkt eine Bebauung konkret zu einem im Wesentlichen feststehendem Preis angeboten worden war und er dieses Angebot unverändert oder nur mit geringem Abweichungen angenommen hat (BFH II R 9/14, BStBl. II 2015, 660). Dabei reicht es aus, wenn der Grundstücksverkäufer die

Angebote eingeholt und vor Abschluss des Grundstückskaufvertrags unter Benennung der Unternehmers an die Erwerber weitergeleitet hat (BFH II R 9/14, BStBl. II 2015, 660).

28 **c) Veräußererseite.** In allen Fallgestaltungen des engen sachlichen Zusammenhangs kann dem GrErwerber auf der Veräußererseite entweder nur **ein Vertragspartner oder** aber – insoweit sind die nachfolgend dargestellten Besonderheiten zu beachten – eine **Mehrheit von Personen** (insb. Vertragspartnern) auftreten (**GLE 20.9.2017,** BStBl. I 2017, 1328, **Tz. 3.5,** → Rn. 3).

Erwerb „aus einer Hand". Schließt der Erwerber den GrKauf- und Bauerrichtungsvertrag mit **demselben** Vertragspartner, ergibt sich aus dem engen sachlichen Zusammenhang dieser Verträge der „Erwerb aus einer Hand". Er beruht auf der sachlichen **Verflechtung** der auf den Erwerb eines noch zu bebauenden Gr gerichteten Verträge. Aus der Sicht des Erwerbers, auf den bei der gebotenen objektiven Betrachtungsweise in erster Linie abzustellen ist (BFH II R 94/8, BStBl. II 1990, 590), bewirkt diese Verflechtung eine Einschränkung seiner Entscheidungsfreiheit über das **„Ob" und „Wie"** der Bebauung (BFH II R 133/87, BStBl. II 1991, 532; II R 34/98, BFH/NV 2000, 1240; II R 27/01, BFH/NV 2004, 226; II R 52/01, BFH/NV 2004, 663; II R 38/14, BStBl. II 2007, 1005 mwN). Damit korrespondiert die erforderliche Verpflichtung der Veräußererseite zur GrÜbereignung und Bebauung (BFH II R 12/03, BStBl. II 2005, 220). Ein Erwerb aus einer Hand liegt auch vor, wenn der GrVerkäufer neben der Verschaffung des GrEigentums gleichzeitig die GrBebauung zum Festpreis anbietet und die Fertigstellung des Projekts nach vorformuliertem Vertrag garantiert (BFH II R 29/01, BFH/NV 2003, 1446). Eines weiteren Zusammenwirkens der Veräußererseite (→ Rn. 29 ff.) bedarf es auch dann nicht, wenn der GrErwerber die Bauverträge noch mit verschiedenen Bauunternehmen abzuschließen hat.

29 **Mehrere Vertragspartner auf Veräußererseite.** Treten auf der Veräußererseite mehrere untereinander nicht verbundene Personen (also neben GrEigentümer zB Bauunternehmer und/oder Makler) auf, bedarf das Vorliegen eines engen sachlichen Zusammenhangs der Verträge einer differenzierenden Betrachtung.

Hat der Erwerber ein von der aus **mehreren Personen** (zB GrEigentümer und Bauunternehmer) bestehenden Veräußererseite vorbereitetes **einheitliches Angebot** angenommen, löst dies die vorbehandelte Indizwirkung aus. Die Abgabe eines von mehreren Personen auf der Veräußererseite vorbereiteten Angebots ist ohne eine Abstimmung der beteiligten Personen oder bzw. Anhandgabe durch den GrEigentümer kaum denkbar (BFH II R 49/04, BStBl. II 2006, 269). Der GrErwerber kann die Indizwirkung des einheitlichen Angebots durch substantiiertes Bestreiten erschüttern.

30 Andere Grundsätze gelten, soweit es um die Frage einer **fehlenden Entscheidungsfreiheit** des GrErwerbers über das **„Ob" und „Wie" der Bebauung** geht (vgl. → Rn. 20 ff.). Hier liegt ein enger sachlichen Zusammenhang zwischen den Verträgen nur vor, wenn die mehreren Personen auf der Veräußererseite entweder **personell, wirtschaftlich oder gesellschaftsrechtlich eng verbunden** sind oder aufgrund von **Abreden** bei der Veräußerung zusammenarbeiten oder auf andere Weise durch **abgestimmtes Verhalten** auf den Abschluss von GrKauf- und Bauvertrag hinwirken (BFH II R 72/87, BFH/NV 1991, 344; II R 47/04, BFH/NV 2006, 1509; II R 39/04, BFH/NV 2006, 1880; II R 42/04, BFH/NV 2007, 760; II B 130/09, BFH/NV 2010, 1659; II R 54/12, BFH/NV 2014, 1403; II R 5/15, BStBl. II 2016, 895; II R 38/14, BStBl. II 2017, 1005; II R 48/15, BStBl. II 2018, 24).

Das **abgestimmte Verhalten** der Veräußererseite muss in seiner **Zielsetzung** 31
auf den **Abschluss aller Verträge** und mithin darauf gerichtet sein, dem Erwerber den einheitlichen Erwerbsgegenstand (das Gr zB mit noch durchzuführender Bebauung) zu verschaffen (vgl. etwa BFH II R 169/87, BFH/NV 1991, 263; II R 83/93, BFH/NV 1996, 637; II R 84/94, BFH/NV 1997, 706; II R 29/01, BFH/NV 2003, 1446). Ferner muss das abgestimmte Verhalten bereits zum maßgeblichen Beurteilungszeitpunkt (→ Rn. 13) bestanden und zu diesem Zeitpunkt iS eines zielgerichteten Handelns einen engen sachlichen Zusammenhang der Vereinbarungen (mit-)begründet haben. In diesem Sinne muss zum abgestimmten Verhalten als „objektive Klammer" ein die Einheitlichkeit begründendes **zusätzliches Moment** hinzutreten (BFH II R 29/98, BFH/NV 1999, 1507/1509). **Nicht ausreichend** für ein abgestimmtes Verhalten ist daher ein bloß zufälliges Zusammentreffen dieser Personen bzw. deren persönliche Bekanntschaft (BFH II B 15/04, BFH/NV 2005, 723), ein bloß tatsächliches Gewährenlassen des Dritten – zB Bauunternehmer oder Makler (BFH II R 84/94, BFH/NV 1997, 706) –, der bloße Hinweis auf eine Kaufgelegenheit oder einen Bauunternehmer (BFH II R 39/04, BFH/NV 2006, 1880; II R 43/04, BFH/NV 2007, 99 mwN) bzw. eine vom GrVeräußerer ausgesprochene Empfehlung des Bauunternehmers (BFH II R 66/96, BFH/NV 1999, 75; anders jedoch bei vertraglicher Verpflichtung des GrVeräußerers zur Benennung eines Bauunternehmers, vgl. zur Abgrenzung BFH II R 29/01, BFH/NV 2003, 1446).

Die Abrede auf der Veräußererseite muss für den **Erwerber nicht erkennbar** 32
sein (BFH II R 48/15, BStBl. II 2018, 24). Die vom BFH früher geforderte Kenntnis des Erwerbers, dass die Veräußererseite **„für den Erwerber objektiv erkennbar"** zusammenarbeitet, ist gegenstandslos (zB BFH II R 62/91, BFH/NV 1994, 901; II R 41/91, BFH/NV 1995, 265; II R 3/97, BFH/NV 2000, 83). Das Vorliegen einer Abrede auf der Veräußererseite ist allein nach den Umständen des Einzelfalls zu ermitteln (BFH II R 48/15, BStBl. II 2018, 24).

Die **Begründung des abgestimmten Verhaltens** kann sich aus schon aus 33
einer ausdrücklichen Abrede zwischen dem GrEigentümer und der mit ihm mit dem Ziel zusammen wirkenden Personen ergeben, gemeinsam die Bindung des Erwerbers an das projektierte Bebauungskonzept herbeizuführen. Ausreichend hierfür ist schon ein **tatsächliches, einvernehmliches Zusammenwirken** der Veräußererseite. Hierfür ausreichend ist zB die **Anhandgabe** des Gr an eine Person (zB Projektanbieter), die seinerseits den Zugang zum Gr regulieren kann (BFH II B 47/88, BStBl. II 1989, 333; II R 49/04, BStBl. II 2006, 269; II R 86/94, BFH/NV 1998, 80; II R 48/15, BStBl. II 2018, 24; FG Hmb 3 K 282/17, BeckRS 2018, 34314) oder die Einschaltung eines anderen Dritten (zB Makler oder Vertriebsbeauftragter eines Fertighauslieferanten), der kraft seiner vertraglichen Beziehungen zur Veräußererseite ein konkret ausgestaltetes Angebot unterbreiten kann und ein wirtschaftliches Interesse am Abschluss aller Verträge hat (BFH II R 143/87, BStBl. II 1990, 183; II R 47/91, BFH/NV 1995, 259; II R 93/92, BFH/NV 1996, 354; II R 3/97, BFH/NV 2000, 883). Ausreichend ist auch, wenn der Projektanbieter die Einbindung des GrEigentümers in das Gesamtkonzept durch einen **Dritten** (Mittelsperson) erreicht, der seinerseits aufgrund Abreden mit dem GrEigentümer seinen Beitrag zur Festlegung der Erwerber auf ein Bebauungskonzept leistet (BFH II B 130/09, BFH/NV 2010, 1659 mwN; II R 54/12, BFH/NV 2014, 1403); dies gilt ebenso bei Einbindung des Erwerbers in das Bebauungskonzept kraft eines zwischengeschalteten Treuhänders. Anhaltspunkte können sich auch schon aus einem gemeinsamen Vermarktungsprojekt

oder einem gemeinsamen Internetauftritt des Grundstücksverkäufers und des Bauunternehmers ergeben (BFH II R 5/15, BStBl. II 2016, 895; II R 48/15, BStBl. II 2018, 24; vgl. auch FG München 4 K 1857/19, EFG 2022, 1218, Rev. BFH II R 19/22).

34 **Nicht erforderlich** ist ein schriftlicher Vertrag (BFH II B 71/93, BStBl. II 1994, 48; II R 17/99, BFH/NV 2000, 34; II R 49/04, BFH/NV 2006, 269; II R 66/90, BFH/NV 1994, 339; II R 47/91, BFH/NV 1995, 259; II R 29/01, BFH/NV 2003, 1446; II R 47/04, BFH/NV 2006, 1509; II R 43/04, BFH/NV 2007, 99) oder ein (vertraglich begründeter) Zusammenschluss der Veräußererseite zur Erbringung einer einheitlichen Leistung (BFH II R 77/94 BFH/NV 1997, 260; V S 11/99, BFH/NV 1999, 1506 mwN). Entbehrlich ist auch eine „besondere" Rechtsmacht des Dritten, zB eines Maklers (BFH II R 3/97, BFH/NV 2000, 883), eine vertraglich vereinbarte zivilrechtliche Sanktion (zB Schadensersatz oder Vertragsstrafe) für den Fall der Nichteinhaltung der Abrede (BFH II R 84/94, BFH/NV 1997, 706) oder gar eine kapitalmäßige Verflechtung mehrerer auf der Veräußererseite beteiligten Gesellschaften (BFH II B 75/04, BFH/NV 2006, 366). Es ist auch ohne Belang, ob die zwischengeschaltete Person (zB Projektanbieter oder Makler) eine Verwertungsmöglichkeit (§ 1 II) hinsichtlich des Gr hat (BFH II B 47/88, BStBl. II 1989, 333; II R 66/90, BFH/NV 1994, 339).

Das abgestimmte Verhalten setzt **keine Einbindung des** das Gebäude tatsächlich errichtenden **Bauunternehmers** voraus; auch muss die Person des Bauunternehmers bei Abschluss des GrGeschäfts noch nicht feststehen (BFH II R 36/96, BFH/NV 1999, 667; II R 47/04, BFH/NV 2006, 1509; II R 62/01, BeckRS 2004, 25009340).

35 Die **Feststellung** eines objektiv abgestimmten Verhaltens der Veräußererseite liegt beim **FA** (zB BFH II R 48/15, BStBl. II 2018, 24). Maßgebend sind die näheren Umstände der Vertragsanbahnung, der Vertragsverhandlungen, des Ortes und die Begleitumstände (BFH II R 110/88, BStBl. II 1992, 357; II R 5/15, BStBl. II 2016, 895). Für eine Verflechtung der Veräußererseite kann ergänzend auf **Indizien** (zB die Werbung der Veräußererseite mit einem Gesamtangebot für das Gr mit noch zu errichtendem Gebäude, vgl. NdsFG III 72/86, EFG 1991, 273) abgestellt werden. Einem „parallelen Geschehensablauf" in anderen Erwerbsfällen, insb. beim GrErwerb mit noch zu errichtendem Reihen- oder Doppelhaus, kann jedenfalls bei bautechnischer Trennbarkeit des Einzelvorhabens (dh wenn dieses auch für sich allein errichtet werden könnte) wegen der Selbstständigkeit jedes Erwerbsvorgangs und der notwendigen Einzelfallbeurteilung regelmäßig keine Bedeutung zukommen (so zutr. BFH II R 43/04, BFH/NV 2007, 99; anders noch BFH II R 143/87, BStBl. II 1990, 183; II R 187/87, BFH/NV 1991, 410; für den Erwerb von Eigentumswohnungen gelten andere Grundsätze, → Rn. 22). Der bloße Hinweis des Grundstückserwerbers auf Bauunternehmen, die Interesse an der Bebauung des oder der Grundstücke haben oder die verschiedene Haustypen für das oder die Grundstücke anbieten können, ist jedoch ohne konkrete Feststellung des Sachverhalts nicht hinreichend (zu weitgehend insoweit BFH II R 48/15, BStBl. II 2018, 24; FG Hamburg 3 K 282/17, UVR 2019, 71). An einem einheitlichen Erwerbsgegenstand dürfte es auch fehlen, wenn der **Bauerwerber den Generalunternehmer** ohne Beteiligung der Erwerberseite **frei auswählen konnte** (BFH II R 25/17, BFH/NV 2021, 195).

36 Die GLE 20.9.2017, BStBl. I 20217, 1328 Tz. 3 (→ Rn. 3) enthalten keine Aussagen zu der Frage, **ob alle GrErwerber einen Bauvertrag** abschließen

müssen. Bei einer Mehrheit von Erwerbern eines Gr steht es einem einheitlichen Erwerbsgegenstand nicht entgegen, wenn von den GrErwerbern nur **einzelne aus** einem **Gebäudeerrichtungsvertrag verpflichtet** sind. Da alle an einem Gr ideell Mitberechtigten das Gr nur in demselben Zustand erhalten können, kommt diesen die Gebäudeerrichtung gleichermaßen zugute. Einem Mitberechtigten, der zivilrechtlich keine Aufwendungen für die Gebäudeerrichtung trägt, sind daher die entspr. Aufwendungen anderer Miteigentümer nach § 9 II Nr. 4 zuzurechnen (BFH II R 8/87, BStBl. II 1990, 443). Gleiches gilt für Aufwendungen, die ein lediglich aus dem Gebäudeerrichtungsvertrag verpflichteter Nichteigentümer (zB Ehefrau) zur Bebauung des von einem anderen (zB Ehemann) erworbenen Gr erbringt (BFH II R 110/88, BStBl. II 1992, 357; vgl. auch NdsFG III 72/86, EFG 1991, 273). Zur Erfüllung eines Aufwendungsersatzanspruchs durch einen Alleineigentümer im Wege der Übertragung eines Miteigentumsanteils am bebauten Gr auf einen Angehörigen → § 8 Rn. 29. Ist GrErwerberin eine **PersGes,** kann diese auch dadurch auf ein von der Veräußererseite vorbereitetes Bauvorhaben festgelegt werden, dass jeder ihrer Gesellschafter an das Bebauungskonzept gebunden wurde (BFH II R 29/98, BFH/NV 1999, 1507; II R 42/04, BFH/NV 2007, 760; das gilt jedoch nicht, wenn das Gr von einer zur Veräußererseite gehörenden Person mit bestimmendem Einfluss auf das „Ob" und „Wie" der Bebauung erworben wird (BFH II R 50/15, BStBl. II 2018, 602; → Rn. 19 ff., 169).

Soweit **mehrere Personen mehrere Gr** erwerben, bedarf es grundsätzlich für jeden einzelnen Steuerfall einer gesonderten Steuerfestsetzung (Viskorf/Viskorf § 2 Rn. 301 f.). In diesem Fall liegt ein einheitlicher Steuerfall nur vor, wenn im Hinblick auf alle Personen ein einheitlicher Steuerfall vorliegt. Wer diese Voraussetzungen nicht erfüllt, kann nur das unbebaute Grundstück erwerben (BFH II R 38/14, BStBl. II 2017, 1005).

d) Eigenleistungen des GrErwerbers. Mögliche Eigenleistungen des GrEr- 37
werbers (zB Kellererrichtung bei GrErwerb mit noch zu errichtendem Fertighaus) lassen die Einheitlichkeit des Erwerbsgegenstands zwar unberührt; sie selbst sind jedoch nicht in die Bemessungsgrundlage der GrESt einzustellen (→ Rn. 52 f.). Gleiches gilt auch für anderweitige den GrErwerb und die Bebauung vorbereitende Maßnahmen (zB Einholung der Baugenehmigung, Vorbereitung der GrTeilung) durch den GrErwerber selbst (BFH II R 3/97, BFH/NV 2000, 883). Gegebenenfalls sind Eigenleistungen von einer **Bauerrichtung in „Eigenregie"** abzugrenzen: Sind im Zusammenhang mit dem GrErwerb zB lediglich Baustoffe zur Gebäudeerrichtung (so etwa bei Erwerb eines **Hausbausatzes**) abzunehmen, die vom Erwerber selbst in „Eigenregie" zu verarbeiten sind, fehlt es bezüglich des auf die Baustoffe entfallenden Kaufpreisanteils an einer der Veräußererseite zuzurechnenden Veränderung des GrZustands (BFH II R 12/03, BStBl. II 2005, 220).

e) Eintrittsverpflichtung in Bauvertrag. Verpflichtet sich der GrErwerber 38
zum Eintritt in einen bereits vom GrVerkäufer geschlossenen Vertrag über die Bauerrichtung (**GLE 20.9.2017,** BStBl. I 2017, 1328 **Tz. 3.7,** → Rn. 3), kann daraus nicht ohne Weiteres auf das Vorliegen eines einheitlichen Erwerbsgegenstands (zB Gr mit noch zu errichtendem oder zu sanierendem Gebäude) geschlossen werden (BFH II B 71/93, BStBl. II 1994, 48; II R 24/95, BStBl. II 1997, 776; II R 16/00, BStBl. II 2002, 431; II R 76/96, BFH/NV 1999, 361; II R 1/00, BFH/NV 2002, 1493; II R 2/00, BFH/NV 2002, 1613; II R 27/01, BFH/

NV 2004, 226). Das bloße Interesse des GrVeräußerers, sich von dem Objekt zu trennen und von Verpflichtungen aus von ihm zur Herstellung des künftigen GrZustands eingegangenen Verpflichtungen (zB Bauvertrag) freigestellt zu werden, begründet für sich allein noch keine auf Verschaffung des Objekts in seinem künftigen Zustand gerichtete Leistungspflicht des GrErwerbers gegenüber dem GrVeräußerer (Hofmann/Bock § 8 Rn. 18; vgl. auch SächsFG 5 K 1442/98, EFG 2003, 1326). Dies gilt insb. dann, wenn der Veräußerer das Interesse an dem Objekt verloren hat und mit der Weiterleitung seiner vertraglichen Verpflichtungen aus einem Bauvertrag an der GrErwerber nur etwaige Schadensersatzansprüche des Bauunternehmers im Fall der Aufhebung des Bauvertrags vermeiden will. Zur Gegenleistung gehören jedoch in der Person des Veräußerers begründete Zahlungspflichten, die der GrErwerber übernimmt (BFH II R 27/01, BFH/NV 2004, 226).

Ein einheitlicher Erwerbsgegenstand liegt jedoch vor, wenn der GrVeräußerer auch nach Eintritt des GrErwerbers in den Bauvertrag ein eigenes Interesse an der Bauerrichtung hat (so für den Fall des Erwerbs von Teileigentumseinheiten mit weiter bestehender Verpflichtung des GrVeräußerers zur Errichtung einer Gesamtanlage: FG Düsseldorf 3 K 1493/99 GE, EFG 2003, 1401, bestätigt durch BFH II R 49/02, BFH/NV 2005, 911).

39 **5. Bauherrenmodell.** Die vorstehenden Grundsätze gelten, mit einigen Besonderheiten, auch für Erwerbsvorgänge im Bauherrenmodell. Diesem liegt zumeist ein vom Projektanbieter bzw. Initiator erstelltes und dem Erwerber **vorgegebenes Bebauungs- und Vertragskonzept** (mit vorformuliertem Vertragswerk, von vornherein – jedenfalls im Wesentlichen – feststehendem Leistungsumfang, Herstellungs- und Preisgarantie) zugrunde. Die die Einheitlichkeit aller Verträge begründende Verknüpfung wird zumeist durch eine „Basisvereinbarung" hergestellt, die als **Zugangsvoraussetzung** zum projektierten Erwerbsgegenstand eine vorherige umfassende vertragliche Bindung des Erwerbers (zB durch Auftrag, Vollmacht, Geschäftsbesorgungs- oder Treuhandvertrag) herbeiführt. Bilden diese Vereinbarungen mit der Verpflichtung zum GrErwerb eine rechtliche Einheit (→ Rn. 15 ff.), so liegt bereits nach zivilrechtlichen Grundsätzen ein einheitlicher Vertrag vor (BFH II R 155/80, BStBl. II 1982, 741; BGH VII ZR 306/86, NJW 1988, 132). Andernfalls kann aus derartigen Zugangsvoraussetzungen – die sich zumeist schon aus der zeitlichen Abfolge der geschlossenen Verträge ergeben – auf einen engen sachlichen Zusammenhang (→ Rn. 18 ff.) der Vereinbarungen zu schließen sein (BFH II R 254/85, BStBl. II 1990, 230; II R 94/87, BStBl. II 1990, 590; II R 117/89, BStBl. II 1993, 163; II R 75/89, BStBl. II 1993, 197).

Das für den Erwerb im Bauherrenmodell typische Kennzeichen liegt in der im Regelfall gegebenen rechtlichen Möglichkeit der Bauherrengemeinschaft, einen Erwerber bei Nichterfüllung seiner Verpflichtungen unter Entzug seines GrAnteils **auszuschließen.** Diese Ausschlussmöglichkeit ist ein starkes Indiz für einen einheitlichen Erwerbsgegenstand (BFH II B 24–29/85, BStBl. II 1985, 627). Der enge sachliche Zusammenhang kann sich auch daraus ergeben, dass der Veräußererseite nach dem Gesamtinhalt der Verträge (zB aufgrund verbleibender Besitz- oder Verwertungsrechte bis zum Abschluss der projektierten Bebauung) **umfassende Einwirkungsmöglichkeiten** auf Art und Umfang der Bebauung verbleiben.

Dem engen sachlichen Zusammenhang der getroffenen Vereinbarungen steht es nicht entgegen, wenn der Erwerber im Bauherrenmodell auf der Veräußererseite auftretende Gesellschaften rechtlich und/oder faktisch beherrscht (BFH II R 117/89, BStBl. II 1993, 163). Denn auch ein solcher Erwerber unterliegt zivilrechtlich denselben Bindungen wie jeder dritte Erwerber auch. Der bei Bauherrenmodellen häufige **Vorbehalt der Beschlussfassung** durch die Bauherrenversammlung stellt die Einheitlichkeit des Erwerbsgegenstands bei bereits anderweitig begründeter Einbindung des „Bauherrn" in das Gesamtprojekt nicht in Frage (BFH II R 254/85, BStBl. II 1990, 230).

Kein Erwerb im Bauherrenmodell liegt vor, wenn mehrere Personen ein unbe- **40**
bautes Gr erwerben und dieses im **gemeinschaftlichen Zusammenwirken** nach eigenen Vorstellungen gemeinsam bebauen (BFH II R 28/87, BStBl. II 1989, 986). In diesem Fall ist Gegenstand des Erwerbsvorgangs nur der Erwerb des (unbebauten) Gr. Für derartige Gestaltungen ist kennzeichnend, dass es an einem vorformulierten Vertragswerk mit von vornherein feststehendem Leistungsumfang, an einer Herstellungs- und Preisgarantie sowie schließlich an Vorkehrungen zur Ausschließung einzelner Miterwerber (Bauherren) bei Nichterfüllung der von ihnen übernommenen Verpflichtungen fehlt. Derartige besondere Umstände der gemeinsamen Errichtung eines Gebäudes werden im Regelfall nur bei einer kleinen, durch persönliche Beziehungen verbundenen Gruppe von Erwerbern anzutreffen sein.

Besonderheiten beim Erwerb im Bauherrenmodell gelten für Erwerbsvorgänge **41**
von **Funktionsträgern** (Treuhändern oder Projektanbietern) mit bestimmender Einflussmöglichkeit auf das „Ob" und „Wie" der Bebauung. Diese Personen führen – sofern sie nicht lediglich zB an der technischen oder wirtschaftlichen Vorbereitung oder Abwicklung der Objekterstellung beteiligt sind – selbst die für die Einheitlichkeit des Erwerbsgegenstands entscheidende Verknüpfung der einzelnen Verträge herbei (**GLE 20.9.2017,** BStBl. I 2017, 1328 Tz. 4.1 und 4.4, → Rn. 3). Soweit diese Personen nicht selbst in das vorgegebene Vertragskonzept eingebunden sind, erwerben sie das Gr (bzw. einen Miteigentumsanteil) in dem Zustand, in dem es sich im Zeitpunkt des Erwerbsvorgangs tatsächlich befindet (BFH II R 50/15, BStBl. II 2018, 602, vgl. → Rn. 170; II R 35/95, BFH/NV 1998, 495; FG Köln 11 K 5724/89, EFG 1992, 410; Bruschke UVR 1994, 326). Fehlen dem Funktionsträger derartige beherrschende Einflussmöglichkeiten auf das „Ob" und „Wie" der Bebauung, verbleibt es bei den allgemeinen Rechtsgrundsätzen über den Gegenstand des Erwerbsvorgangs (so auch FG Münster EFG 1995, 83 betr. Erwerb des geschäftsführenden Gesellschafters einer eingeschalteten Treuhand- und Steuerberatungsgesellschaft).

Ein Funktionsträger kann sich jedenfalls nur für den von ihm getätigten **eige-** **41a**
nen Erwerb auf die vorgenannte Beschränkung des Erwerbsgegenstands berufen (BFH II R 104/88, BFH/NV 1992, 553; II R 100/89, BFH/NV 1993, 563). Ferner muss zwischen Initiator und Erwerber **Personenidentität** bestehen. Daran fehlt es, wenn zB das Gr bei der Beteiligung von PersGes oder KapGes auf der Initiatorenseite lediglich von einem beteiligten Gesellschafter und nicht von der Gesellschaft selbst erworben wird (BFH II R 104/88, BFH/NV 1992, 553; II R 100/89, BFH/NV 1993, 563). Auch der Erwerb durch eine KapGes, deren Alleingesellschafter der jeweilige Funktionsträger ist, muss ausschließlich nach den allgemeinen Grundsätzen über den Gegenstand des Erwerbsvorgangs beurteilt werden. Das gilt auch, wenn der auf der Veräußererseite stehende **Bauunternehmer** (eine GmbH & Co. KG) die **Muttergesellschaft der Erwerberin** ist (FG Münster 8 K 933/19 GrE, EFG 2021, 1391); die Kosten für die Bauerrichtung sind dann in die Bemessungsgrundlage der GrESt einzubeziehen.

42 Bei einer auf der Veräußererseite (zB Initiator) eintretenden **Insolvenz** ist für den Gegenstand des Erwerbsvorgangs und für die Höhe der Gegenleistung entscheidend, welche Auswirkungen die Insolvenz auf das Vertrags- und Bebauungskonzept hat. Entfällt aufgrund der Insolvenz die ursprüngliche Bindung des Erwerbers an das noch nicht realisierte Konzept, ist selbst bei fortbestehender vertraglicher Bindung des Erwerbers an den früher eingesetzten Treuhänder allein das unbebaute Gr Gegenstand des Erwerbsvorgangs (BFH II B 31/90, BStBl. II 1991, 106). Hingegen berührt eine Insolvenz von Personen auf der Veräußererseite **nach** Verwirklichung des Vertragskonzepts durch bezugsfertige Herstellung des Bauwerks den einheitlichen Erwerbsgegenstand nicht (BFH II R 71/89, BFH/NV 1993, 195; II R 72/89, BFH/NV 1993, 433). Zur Gegenleistung beim Erwerb im Bauherrenmodell → Rn. 56 ff.

43 **6. Beweis- und Verfahrensfragen.** Das Vorliegen eines einheitlichen Erwerbsgegenstands erfordert die einzelfallbezogene **konkrete Feststellung** durch die FinB bzw. das FG, ob und in welchem Umfang ein künftiger GrZustand Gegenstand des Erwerbsvorgangs ist. Dies erfordert letztlich die Ermittlung des mit der zivilrechtlichen Gestaltung gewollten wirtschaftlichen Ergebnisses (BVerfG 2 BvR 72/90, BStBl. II 1992, 212). **Beweismaß** ist eine den entspr. Sachverhalt bestätigende, an Sicherheit grenzende Wahrscheinlichkeit. Dies erfordert eine Würdigung aller Umstände des Einzelfalls (BFH II R 3/12, BStBl. II 2013, 965 mwN). Beweiserleichterungen zugunsten des FA ergeben sich aus der **Indizwirkung** eines einheitlichen Angebots (vgl. → Rn. 23). Ferner ergeben sich **Beweiserleichterungen** zugunsten der FVerw für den Erwerb von Eigentumswohnungen, sofern diese nicht für sich allein errichtet werden können (→ Rn. 22). Gleiches dürfte für solche Bauvorhaben (zB Errichtung von Reihen- oder Doppelhäusern) anzunehmen sein, die bautechnisch nicht trennbar sind und daher ebenfalls nicht für sich allein errichtet werden können. Ein allgemeiner Erfahrungssatz, dass Reihen- oder Doppelhäuser nicht für sich allein errichtet werden können, besteht jedoch nicht.

44 Die **Beweislast (Feststellungslast)** der die Steuerschuld begründenden bzw. erhöhenden Tatsachen trägt grds. die **FVerw;** diese hat den Sachverhalt von Amts wegen aufzuklären (§§ 88, 367 II 1 AO). Sie bedient sich zur Sachverhaltsermittlung regelmäßig vordruckmäßiger Anfragen bei den Erwerbern oder Veräußerern. Gegebenenfalls bedarf es der Festsetzung unter dem **Vorbehalt der Nachprüfung** (§ 164 I AO). Unterstellt das FA trotz substantiierten Bestreitens des Erwerbers einen einheitlichen Erwerbsgegenstand, soll im finanzgerichtlichen Verfahren nur in besonderen Fällen eine Aufhebung des GrESt-Bescheids gem. § 100 III FGO in Betracht kommen (BFH II R 13/94, BStBl. II 1995, 542; vgl. allerdings NdsFG III 161/91, EFG 1992, 295). Soweit sich bei notariell beurkundeten GrGeschäften mit Bauherstellungsverpflichtung aufgrund der Anzeigepflicht der Notare (§ 18) erleichterte Nachweismöglichkeiten im Vergleich zu lediglich privatschriftlichen (nach § 19 II Nr. 1 durch die Beteiligten anzuzeigenden; vgl. → § 19 Rn. 10) Bauverträgen ergeben, ist Art. 3 GG nicht verletzt (NdsFG III 525/92, EFG 1993, 535).

45 Die **Änderung** eines **bestandskräftigen** (zB lediglich den GrKaufpreis als Bemessungsgrundlage ansetzenden) **GrESt-Bescheids** gem. **§ 173 I Nr. 1 AO** kommt in Betracht, wenn dem FA nach Abschluss aller Verträge **nachträglich** als steuererhöhende Tatsache **bekannt** wird, dass im **Zusammenhang mit dem GrErwerb** zu einer **Erhöhung der Gegenleistung** führende Vereinbarungen

getroffen wurden. Zu Änderungsbescheiden nach § 173 I Nr. 1 AO kommt es, wenn die Beteiligten ihren **Anzeigepflichten aus § 19 nicht bzw. unzureichend nachgekommen** sind und dem FA nachträglich der Abschluss von Verträgen betr. den künftigen GrZustand (zB Bauvertrag) bekannt wird. „Tatsachen" iSv § 173 I 1 Nr. 1 AO sind alle einen einheitlichen Erwerbsgegenstand begründenden Umstände. Dazu gehören insb. die neben dem GrVeräußerungsvertrag geschlossenen (privatschriftlichen oder notariell beurkundeten) weiteren Verträge (zB Bau-, Betreuungs- oder Geschäftsbesorgungsverträge, BFH II R 58/07 BFH/NV 2010, 63; I R 61/04, BFH/NV 2006, 1059). Die Frage, ob die nach § 18 oder § 19 anzuzeigenden Verträge die Voraussetzungen eines einheitlichen Erwerbsgegenstands erfüllen, gehört hingegen zum Bereich der rechtlichen Subsumtion bzw. Schlussfolgerung und betrifft als solche keine Tatsachen iSd § 173 I Nr. 1 AO (BFH I R 61/04, BFH/NV 2006, 1059).

Die Änderungsbefugnis gem. § 173 I Nr. 1 AO setzt grds. voraus, dass das FA **45a** nicht seine **Ermittlungspflicht** (§ 88 AO) verletzt hat. Es hat daher hinsichtlich des Gegenstands des Erwerbsvorgangs ersichtlichen Unklarheiten oder etwaigen Hinweisen in der ihm angezeigten Vertragsurkunde nachzugehen. Eine Verletzung der Ermittlungspflicht des FA kann zwar nach Treu und Glauben einer Änderungsbefugnis entgegenstehen (zB BFH II R 58/07, BFH/NV 2010, 63; Koenig/Koenig AO § 173 Rn. 99 ff. mwN). Freilich kann sich auf eine Verletzung der Ermittlungspflicht des FA nur berufen, wer seinerseits seinen **Mitwirkungspflichten voll genügt** hat (BFH II R 25/01, BFH/NV 2003, 1395; II R 58/07, BFH/NV 2010, 63). Haben Steuerpflichtige ihre Anzeigepflicht (zB hinsichtlich eines Bauvertrags) nicht erfüllt, so ist die Änderungsbefugnis aus § 173 S. 1 Nr. 1 AO idR zu bejahen (BFH II R 67/96, BFH/NV 1999, 1; II R 4/08, BFH/NV 2009, 1599; II R 58/07, BFH/NV 2010, 63 mwN). Ist sowohl das FA seiner Ermittlungspflicht als auch der Steuerpflichtige seiner Anzeige- und Mitwirkungspflicht nicht in vollem Umfange nachgekommen, bedarf es grds. einer **Abwägung** der beiderseitigen Pflichtverstöße (BFH VIII R 121/83, BStBl. II 1989, 585; IV R 9/04, BStBl. II 2006, 581; Koenig/Koenig AO § 173 Rn. 105). Hier wird jedoch **in aller Regel** ebenfalls die **Änderungsbefugnis zu bejahen** sein (BFH II R 79/97, BFH/NV 1999, 1301; II R 61/04, BFH/NV 2006, 1059; II R 4/08, BFH/NV 2009, 1599). Die Rechtserheblichkeit einer nachträglich bekannt gewordenen Tatsache – zB Abschluss eines Bauvertrags – ist zu verneinen, wenn das FA auch bei rechtzeitiger Kenntnis der Tatsache die GrESt mit an Sicherheit grenzender Wahrscheinlichkeit nicht anders festgesetzt hätte (BFH II R 25/01, BFH/NV 2003, 1395 mwN).

Die Änderungsbefugnis bestimmt sich in den (eher seltenen) Fällen nach **45b** **§ 175 I 1 Nr. 2 AO,** wenn die Erhöhung der Gegenleistung (zB Abschluss des Bauvertrags) erst **nach Erlass des ursprünglichen Bescheids** eintritt (BFH II R 57/10, BFH/NV 2012, 1549; II R 19/15, BStBl. II 2017, 655; vgl. auch GLE 20.9.2017, BStBl. I 2017, 1328, Tz. 8 Abs. 3, → Rn. 3). Eine ggf. unrichtige Bezeichnung der Änderungsvorschrift im GrESt-Bescheid ist unschädlich (BFH II R 57/10, BFH/NV 2012, 1549).

III. Gegenleistung bei Maßgeblichkeit des künftigen Grundstückszustands

Ist Gegenstand des Erwerbsvorgangs ein **Gr im künftigen (zB bebauten)** **46** **Zustand,** gelten zunächst die sich aus §§ 8 I, 9 ergebenden allgemeinen grestrechtlichen Grundsätze über die Gegenleistung. Darüber hinaus ist eine reichhaltige Kasuistik zu einzelnen Problemkreisen des einheitlichen Erwerbsgegenstands zu beachten (vgl. auch GLE 20.9.2017, BStBl. I 2017, 1328, Tz. 5, → Rn. 3).

47 **1. Allgemeines.** Der Ansatz der Bemessungsgrundlage unterliegt zunächst den vom Begriff der Gegenleistung (§ 8 I) her vorgegebenen sachlichen Beschränkungen. Als Gegenleistung sind nur Leistungen zu erfassen, die für das Gr (§ 2) erbracht werden. Große praktische Bedeutung hat ferner die Abgrenzung der Gegenleistung im Blick auf Eigenleistungen (sog. eigennützige Erwerberleistungen, → § 8 Rn. 11 f.).

48 Die grestrechtlich maßgebliche Gegenleistung ist durch den im Einzelfall festgestellten **gegenständlichen** Umfang des einheitlichen Erwerbsgegenstands bestimmt und zugleich begrenzt (vgl. auch → Rn. 71). Zur Gegenleistung iSd § 9 I Nr. 1 rechnet jede Leistung, die der Erwerber als Entgelt für die Veräußerung des Gr in dem (tatsächlichen) Zustand gewährt, in dem es zum Gegenstand des Erwerbsvorgangs gemacht wird (stRspr, zB BFH II R 94/8, BStBl. II 1990, 590; II R 17/99, BStBl. II 2000, 34; II R 49/04, BStBl. II 2006, 269; II R 33/08, BFH/NV 2010, 838; zur Vorleistung des Kaufpreises durch den Käufer → Rn. 96). Keine Gegenleistung sind solche Leistungen des Erwerbers, die nicht den der GrESt unterliegenden Rechtsvorgang betreffen. Die Abgrenzung ist danach vorzunehmen, ob mit den Leistungen des Erwerbers **objektiv Aufwand** abgegolten werden soll, der die Herstellung des vereinbarten Zustandes des veräußerten Gr betrifft. Diese grundsätzlichen Eckpunkte zur Bestimmung der Gegenleistung gelten prinzipiell für sämtliche Erwerbsvorgänge, in denen ein Gr in einem künftigen Zustand Gegenstand des Erwerbsvorgangs ist. Bei rechtsgeschäftlichen Erwerben spielt die zivilrechtliche Ausgestaltung des Bauerrichtungsvertrags (zB als Kaufvertrag, Werk- oder Werklieferungsvertrag oder typengemischter Vertrag) für die Ermittlung der Gegenleistung keine Rolle.

49 Zur **Gegenleistung im Einzelnen** gehören – nach Maßgabe des Einzelfalls – alle vom Erwerber für den Erhalt des Gr in dem künftigen (zB bebauten) Zustand zu erbringenden Leistungen. Dies sind insb. die **Baukosten** des zu errichtenden Gebäudes sowie ferner alle **sonstigen** die Durchführung der Baumaßnahmen betr. **Aufwendungen.** Beziehen sich die an den Veräußerer zu erbringenden Aufwendungen des Erwerbers nicht auf den Erhalt des Gr in dem künftigen (bebauten) Zustand, so gehören sie an sich nicht zur Gegenleistung iSd § 9 I Nr. 1. Ist zB Gegenstand eines Erwerbsvorgangs ein unbebautes Gr und schließt der Erwerber mit dem **Veräußerer** einen Vertrag über eine Bauplanung, so gehören die anfallenden Planungskosten grds. nicht zur Gegenleistung (vgl. auch → Rn. 107 „Planungskosten"). Dieser Grundsatz erfährt jedoch eine Einschränkung insofern, als sich eine – den Gegenstand des Erwerbsvorgangs an sich nicht betreffende – Leistung an den Veräußerer als **„verdeckte" Gegenleistung** darstellen kann. Bei dem Abschluss derartiger Verträge zwischen Veräußerer und Erwerber bedarf es daher der Prüfung, ob sich Leistung und Gegenleistung **ausgewogen** gegenüberstehen. Fehlt es daran, so gehören die Aufwendungen des Erwerbers im Ausmaß der Unausgewogenheit von Leistung und Gegenleistung zur Gegenleistung iSd § 9 I Nr. 1 (BFH II R 67/89, BStBl. II 1993, 308; II R 52/90, BStBl. II 1994, 409; II R 54/98, BStBl. II 2000, 143; vgl. auch → Rn. 51, → Rn. 96).

50 Auch Verpflichtungen des Erwerbers aus gegenseitigen Verträgen mit **Dritten** (zB Bauhandwerkern) gehören zur Gegenleistung, sofern deren Leistungen der

Herstellung des den Gegenstand des Erwerbsvorgangs bildenden GrZustands dienen. Die entspr. Aufwendungen des Erwerbers sind ohne die ansonsten erforderliche Ausgewogenheitsprüfung (→ Rn. 51) als Gegenleistung zu erfassen (BFH II R 20/91, BStBl. II 1992, 422; II R 75/89, BStBl. II 1993, 197).

Beispiel:

A kauft von B ein unbebautes Gr zum Preis von 100 000 EUR und schließt mit C einen Bauvertrag zur Errichtung eines Einfamilienhauses auf diesem Gr gegen ein Entgelt von 300 000 EUR einschl. USt. Ist Gegenstand des Erwerbsvorgangs das noch zu bebauende Gr (weil zB A die Veräußerung des Gr an B davon abhängig gemacht hat, dass dieses durch C bebaut wird), so gehören die Baukosten ungeachtet der Angemessenheit der vereinbarten Vergütung in die Bemessungsgrundlage der GrESt.

Der Erwerber kann nicht nur zum Abschluss solcher Verträge mit Dritten 51 verpflichtet sein, die die eigentliche Bauherstellung betreffen. Nicht selten (insb. bei Bauherrenmodellen) hat der Erwerber darüber hinaus – an sich **nicht „erwerbsobjektbezogene“ – Verträge mit Dritten** (zB Treuhändern oder Vertriebsunternehmen) abzuschließen oder in solche zwischen dem Dritten und dem Veräußerer bereits bestehende Vertragsverhältnisse einzutreten. Hier ist dem Erwerber häufig der Abschluss des Kaufvertrags versperrt, sofern er nicht Dritte mit seiner Vertretung beauftragt und sich zugleich zu bestimmten Leistungen verpflichtet. Die Veranlassung zum Abschluss derartiger Verträge ist regelmäßig dem Veräußerer zuzurechnen (BFH II R 115/86, BStBl. II 1990, 440; II B 71/93, BStBl. II 1994, 48). Steht die kausale Verknüpfung derartiger an Dritte zu erbringender Leistungen mit dem GrErwerb fest, so sind die entspr. Vereinbarungen auf ihre Ausgewogenheit hin zu überprüfen und ggf. sind im Ausmaß ihrer etwaigen **Unausgewogenheit** eine „sonstige Leistung“ (§ 9 I Nr. 1). Sie sind in gleicher Weise als Gegenleistung zu behandeln, wenn die Leistungspflicht aus dem Vertrag mit dem Dritten notwendigerweise nur dem Veräußerer gegenüber erbracht werden kann (BFH II R 115/86, BStBl. II 1990, 440; II R 52/90, BStBl. II 1994, 409). Das trifft zB auf die Verpflichtung des Erwerbers zur Übernahme der Kosten für den Vertrieb eines Gr durch Dritte zu, weil derartige Vertriebsleistungen des Dritten nur gegenüber dem Verkäufer – und nicht gegenüber dem Erwerber – erbracht werden.

Vereinbarte **Eigenleistungen des Erwerbers** sind keine Gegenleistung (GLE 52 20.9.2017, BStBl. I 2017, 1328, Tz. 5.1, → Rn. 3; ferner vgl. → Rn. 36, → § 8 Rn. 12; vgl. auch Heine UVR 2013, 22). Allerdings haben sie auf den maßgeblichen Gegenstand des Erwerbsvorgangs selbst dann keinen Einfluss, wenn es sich um umfangreiche und den Leistungsumfang des Veräußerers überwiegende Eigenleistungen handelt (BFH II R 58/81, BStBl. II 1983, 336; II R 41/88, BStBl. II 1990, 921). Eine Ausnahme hiervon kommt jedoch in besonders gelagerten Fällen in Betracht, wenn (ggf. entgegen dem Wortlaut eines Vertrags) die Veräußererseite nur einzelne Bauleistungen und nicht das zu errichtende Gebäude schuldet (BFH II R 41/88, BStBl. II 1990, 921). Hier ist ggf. zu prüfen, ob die beiderseitigen Leistungspflichten ausgewogen sind oder eine „verdeckte“ Gegenleistung vorliegt.

Leistungsänderungen oder -erweiterungen, die sich nach Abschluss des 53 GrVeräußerungsvertrags mit noch zu errichtendem Gebäude ergeben, können ggf. gem. **§ 9 II Nr. 1** gegenleistungserhöhend zu berücksichtigen sein (zur verfahrensrechtlichen Behandlung vgl. → Rn. 211). Dies gilt insb. für **Sonderwünsche** des Erwerbers. Darauf entfallende Entgelte sollen nach BFH II R 3/05,

BStBl. II 2006, 604 (dem für die ustrechtliche Beurteilung folgend BFH V R 42/05, BStBl. II 2008, 697) als **Gegenleistung** zu erfassen sein, wenn sie auf einer Vereinbarung mit der Veräußererseite beruhen. Hingegen soll bei einer vom Erwerber unmittelbar mit einzelnen Handwerkern getroffenen Vereinbarung eine eigennützige Erwerberleistung (→ § 8 Rn. 11 f.) vorliegen (vgl. auch Behrens/Wachter/Konrad § 9 Rn. 109). Diese durchaus praktikable Grenzziehung ist allerdings nicht unbedenklich, weil allein der Abschluss einer entspr. Vereinbarung mit der Veräußererseite – die Auswahlfreiheit des Erwerbers hinsichtlich des zu beauftragenden Bauhandwerkers vorausgesetzt **– nicht zwingend** einen auch insoweit **einheitlichen Erwerbsgegenstand** begründet. Dies legt es nahe, auch hinsichtlich der Sonderwünsche auf die allg. Beurteilungsgrundsätze (vgl. → Rn. 5 ff.) zum einheitlichen Erwerbsgegenstand zurückzugreifen und insb. darauf abzustellen, ob der Erwerber – unabhängig von dem schließlich für die Realisierung des Sonderwunschs gewählten Vertragspartner – **unumschränkte Auswahlfreiheit hinsichtlich des zu beauftragenden Bauhandwerkers hatte** (vgl. auch FG München UVR 1994, 118; FG Bremen 9.8.2021 2 K 77/21, BeckRS 2021, 40270; Viskorf/Loose § 9 Rn. 192). Weiterführend ist der Hinweis des BFH (II R 18/22, DStR 2025, 518 mAnm Kugelmüller-Pugh), dass die Vertragsauslegung dem FG überlassen ist. In der Praxis kann es daher (aus grunderwerbsteuerlicher Sicht) sicherer sein, „Sonderwünsche" bei vom Verkäufer/Bauträger unabhängigen Firmen in Auftrag zu geben. Für die Erwerber wird es aber häufig günstiger sein, die Sonderwünsche durch die Veräußererseite durchführen zu lassen (zu beachten ist ggf. die Anzeigepflicht nach § 19 I 2).

Bei einer **Festpreisabrede** sind bloße Abweichungen in der Ausführungsart oder Planungsänderungen, die keine Verringerung der Gegenleistung herbeiführen, bei der Bemessungsgrundlage nicht zu berücksichtigen. Erfolgt die Errichtung eines Gebäudes hingegen auf der Grundlage eines nur vorläufig kalkulierten Aufwands – in der Praxis sind derartige Gestaltungen allerdings selten –, so sind die für den Erwerb im Bauherrenmodell geltenden Grundsätze anzuwenden (→ Rn. 56 ff.).

Eine **nachträgliche Eigenleistungsvereinbarung** kann ggf. nach § 16 III Nr. 1 zu berücksichtigen sein (dazu § 16).

54 **2. Grenzen des einheitlichen Erwerbsgegenstands.** Die entscheidende Frage ist, ob die Erwerberseite bei Erwerb des Grundstücks einen bestimmenden **Einfluss auf das „Ob" und „Wie" der Bebauung** ausüben kann. Bei Fehlen einer solchen Verpflichtung der Veräußererseite ist die Bebauung eine eigennützige Erwerberleistung. Das ist der Fall, wenn eine Verknüpfung von Leistung und Gegenleistung fehlt (zB BFH II R 16/00, BStBl. II 2002, 431; II R 25/17, BFH/NV 2021, 195). Auch die Verpflichtung des GrErwerbers zum Eintritt des von einem anderen Erwerber bereits geschlossenen Vertrags über die Bauerrichtung reicht nicht ohne Weiteres zur Annahme eins einheitlichen Vertragswerks (→ Rn. 40). Nicht ausreichend ist auch die Lieferung eines Hausbausatzes (→ Rn. 37).

55 Ein einheitlicher Erwerbsgegenstand liegt hingegen vor, wenn die Veräußererseite über die Übereignung des Grundstücks hinaus auch nach den einschlägigen Grundsätzen zur Herbeiführung eines künftigen Zustands vertraglich verpflichtet ist. Die Einheitlichkeit kann sich aus der **zivilrechtlichen Verknüpfung** oder aus dem **„Ob" und „Wie" der Bebauung** ergeben; entscheidend ist, dass die Veräußererseite auch zur Bebauung verpflichtet ist (→ Rn. 19 ff.).

3. Bauherrenmodell. Beim Erwerb im Bauherrenmodell (→ Rn. 39 ff.) erfolgt typischerweise eine Verlagerung der auf die Gebäudeerrichtung entfallenden Aufwendungen auf andere Leistungsbereiche. Die vertraglich fixierten Leistungs- und Entgeltteile können nicht ohne Weiteres für die Ermittlung der grestrechtlichen Bemessungsgrundlage übernommen werden. Der für die Bemessungsgrundlage entscheidende Ausgangspunkt liegt in der Frage, ob mit den Leistungen des Erwerbers objektiv Aufwand abgegolten werden soll, der die Herstellung des vereinbarten Zustands des veräußerten Gr betrifft (→ Rn. 45). Zur Gegenleistung gehören 56
- alle Leistungen, die aus der Sicht des Veräußerers kalkulatorisch in den einem Erwerber in Rechnung zu stellenden Kaufpreis einzubeziehen wären (BFH II R 52/90, BStBl. II 1994, 409);
- von Dritten zu erbringende Leistungen, die der Herstellung des als Gegenstand des Erwerbsvorgangs vereinbarten GrZustands dienen (→ Rn. 50);
- nicht „erwerbsobjektbezogene" weitere Leistungen des Erwerbers an den Veräußerer oder einen Dritten, sofern und soweit es an der Ausgewogenheit von Leistung und Gegenleistung fehlt (→ Rn. 51).

Im Regelfall ist bei der Ermittlung der Gegenleistung von dem vertraglich fixierten **Gesamtaufwand** auszugehen. Dieser ist zur Ermittlung der Gegenleistung daraufhin zu überprüfen, ob es sich bei den aufgeführten Einzelposten um bloß offengelegte **Kalkulationsbestandteile** handelt oder ob den Einzelleistungen ein **eigenständiger Leistungsaustausch** zugrunde liegt. Ein bloßer Kalkulationsbestandteil ist gegeben, wenn die Nichtabnahme der entspr. Leistung durch den Erwerber nicht zu einer Minderung der (Gesamt-)Leistungspflicht des Erwerbers führt. Derartige Posten gehören zur Gegenleistung; hierbei ist es unerheblich, ob die Leistungsbestandteile des Gesamtkaufpreises einzeln aufgeführt werden und wann und wie sie abgerechnet und bezahlt worden sind (BFH II R 95/87, BStBl. II 1989, 685; II R 52/90, BStBl. II 1994, 409). 57

Zu dem vertraglich fixierten Gesamtaufwand gehören im Einzelnen die ihm zugeordneten Kosten für den **GrErwerb** sowie die (anteiligen) **Baukosten** zur Gegenleistung. Gleiches gilt für diejenigen Leistungsbestandteile, die ausschließlich **im Zusammenhang mit der Gebäudeherstellung** stehen (zB Bürgschafts- und Garantiegebühren). Zur Gebäudeherstellung gehören auch die Gebühren für die (technische und wirtschaftliche) Baubetreuung. Die Rspr. (BFH II R 95/87, BStBl. II 1989, 685; II R 52/90, BStBl. II 1994, 409; II B 46/89, BFH/NV 1991, 188; II R 32/91, BFH/NV 1995, 262; II R 35/95, BFH/NV 1998, 495) rechnet hierzu ferner die für die Zeit bis zur Fertigstellung mit einer Zwischenfinanzierung zusammenhängenden und im Gesamtaufwand berücksichtigten Kosten. 58

Nicht zur Gegenleistung gehören solche zuordnungsfähigen Leistungsanteile, die **außerhalb des steuerbaren Erwerbsvorgangs** stehen und sich als angemessener Aufwand für tatsächlich erbrachte Leistungen darstellen (BFH/NV II R 82/90, 1993, 622; II R 52/90, BStBl. II 1994, 409). Dies gilt insb. für die vom Erwerber übernommene Verpflichtung zur Tragung der **GrESt** und der **Kosten der Rechtsänderung** (zB Notar- und Grundbuchkosten; zu Einzelheiten → Rn. 86 ff.) sowie – sofern nicht lediglich Kalkulationsposten – der Aufwendungen bezüglich der **Nutzung** des fertig gestellten Objekts (zB Gebühren für Vermietungsgarantie und -vermittlung). Zur grestrechtlichen Bemessungsgrundlage gehören ebenfalls nicht – sofern diese Leistungen nicht lediglich Kalkulationsbestandteile sind und sich Leistung und Gegenleistung ausgewogen gegenüberste- 59 hen – die Aufwendungen für die **steuerliche und rechtliche Beratung** des Erwerbers sowie die Gebühren für die Besorgung der **Endfinanzierung** (BFH II R 95/87, BStBl. II 1989, 685; II R 115/86, BStBl. II 1990, 440; II R 52/90, BStBl. II 1994, 409).

60 Die FVerw (zB koord. Erlasse FM Nds v. 28.9.1992, DStR 1992, 1513) folgt den vorgenannten Grundsätzen und lehnt zutr. eine schematische Behandlung der einzelnen Kostenarten ab; insb. die vertragliche Bezeichnung der jeweiligen Posten ist nicht ausschlaggebend. Bei der Ausrichtung der Gegenleistung am Gesamtaufwand ist stets die (negative) Feststellung erforderlich, dass im Gesamtaufwand keine nach den vorgenannten Grundsätzen aus der Gegenleistung auszuschließenden Beträge enthalten sind (BFH II R 100/89, BFH/NV 1993, 563). Im Regelfall ist deshalb eine Überprüfung des insgesamt angesetzten Gesamtaufwands erforderlich.

61 Bei Zugrundelegung des Gesamtaufwands (ggf. abzüglich der nach den vorgenannten Grundsätzen auszuscheidenden Posten) ist ferner die Prüfung erforderlich, ob sich der Gesamtaufwand nach den getroffenen Vereinbarungen als Festpreis oder nur als vorläufige Größe darstellt. Die nachträgliche Herabsetzung eines als Festpreis gestalteten Gesamtaufwands kommt nur unter den Voraussetzungen des § 16 III in Betracht (BFH II R 100/89, BFH/NV 1993, 563). Eine nur vorläufige Größe liegt vor, wenn die Gesamtleistungspflicht des Erwerbers erst nach Abschluss der Baumaßnahme durch Abrechnung festgelegt wird und dem Erwerber etwa überzahlte Beträge zu erstatten sind. In solchen Fällen sind tatsächlich schon erfolgte Verringerungen des kalkulierten Gesamtaufwands bereits bei der Steuerfestsetzung zu berücksichtigen (BFH II R 100/89, BFH/NV 1993, 563). Andernfalls bedarf es einer nach § 165 AO vorläufigen Festsetzung der GrESt. Ist die Steuer endgültig festgesetzt worden, obwohl der Gesamtaufwand für das FA erkennbar nur eine vorläufige Größe darstellte, dürfte insoweit § 16 III anwendbar sein.

62 **4. Erwerbermodell.** Auf den Erwerb im sog. **Erwerbermodell** können die das Bauherrenmodell betreffende vorstehende Grundsätze zwar nicht schematisch, jedoch meist entsprechend angewendet werden (BFH II R 20/91, BStBl. II 1992, 422; II R 18/91, BFH/NV 1993, 123). Gegenstand des Erwerbs im Erwerbermodell ist kraft ausdrücklicher Vertragsabrede das fertig gestellte Objekt. Daher entfällt regelmäßig die beim Bauherrenmodell auftretende Zuordnungsproblematik, soweit sie die Abgrenzung der bloß kalkulatorischen Bestandteile der Gesamtleistungsverpflichtung betrifft. Ist eine vom Erwerber gesondert zu vergütende Leistung im Zeitpunkt des Vertragsabschlusses bereits erbracht oder nicht mehr erbringbar (zB die Treuhand- oder Baubetreuungsleistung bei bereits fertig gestelltem Objekt), so rechnet das jeweilige Leistungsentgelt stets zur Gegenleistung. Anders als beim Bauherrenmodell gehören **Zwischenfinanzierungskosten** oder **„Vertriebskosten"** für die Zeit bis zum Vorliegen der endgültigen Finanzierung bei einem bereits fertig gestellten Objekt regelmäßig nicht zur Gegenleistung (BFH II R 20/91, BStBl. II 1992, 422; II R 106/91, BFH/NV 1995, 435).

63 **5. „Doppelbelastung" mit GrESt und USt.** Der Einbeziehung von Aufwendungen des Erwerbers zB für die Gebäudeerrichtung oder -renovierung in die grestrechtliche Bemessungsgrundlage steht das **USt-Recht** nicht entgegen – GLE 20.9.2017, BStBl. I 2017, 1328, Tz. 5.2, → Rn. 3 – (zusammenfassend BFH II R 7/12, BStBl. II 2013, 86 mwN; BFH II R 32/13, BFH/NV 2015, 230; krit. zB Rutemöller UR 2012, 657; Heine UVR 2012, 243). Dies gilt auch,

soweit dem Erwerber zB für Bauleistungen in Rechnung gestellte USt in die grestrechtliche Bemessungsgrundlage fällt. Die dem GrErwerber **gesondert in Rechnung gestellte USt** ist Teil des Kaufpreises und damit auch der grestrechtlichen Gegenleistung (BFH II R 124/69, BStBl. II 1973, 126).

Über die **Einheitlichkeit eines grestrechtlichen Erwerbsvorgangs** und die sich daraus ergebende **grestrechtliche Bemessungsgrundlage** kann nur das GrEStG selbst entscheiden. § 4 Nr. 9a UStG schließt nicht etwa generell eine Doppelbelastung mit GrESt und USt aus (BFH XI R 54/07, BStBl. II 2009, 499; II B 95/08, BFH/NV 2009, 1148) und kann – als allein ustrechtl. Regelung – kein Gebot zur Nichterhebung der GrESt entnommen werden (BFH II R 17/99, BStBl. II 2000, 34; III R 43/11, BFH/NV 2013, 86 mwN; zust. Rutemöller BB 2013, 983). Auch sind ustrechtliche Umsätze nicht etwa deshalb nach § 4 Nr. 9a UStG ustfrei, weil sie beim Leistungsempfänger in die GrESt-Bemessungsgrundlage einbezogen worden sind (BFH V B 30/01, BFH/NV 2001, 1617 mwN). Eine grundsätzliche Bedeutung oder Divergenz kommt dieser Frage nicht zu (BFH II B 90/19, BFH/NV 2020, 1279).

Allerdings ist ein Erwerb gem. § 4 Nr. 9a UStG von der **USt** befreit, soweit 64
bei den vorbehandelten Erwerbsvorgängen eine nach den **Maßstäben des UStG** einheitliche Leistung vorliegt (BFH V R 99/88, BStBl. II 1993, 316; V R 99/88, BStBl. II 2000, 278; V R 42/05, BStBl. II 2008, 697; Sölch/Ringleb/Leipold UStG § 4 Nr. 9 Rn. 3 ff.). Dies ist der Fall, wenn von **einer** einzigen Person auf der Veräußererseite im Rahmen einer einheitlichen Leistungsbeziehung ein noch zu errichtendes Gebäude (oder eine Eigentumswohnung) geliefert wird. Damit scheidet eine mit dem Sinn und Zweck des § 4 Nr. 9a UStG unvereinbare Doppelbelastung mit GrESt und USt von vornherein aus. Nicht zu verkennen ist aber, dass der GrErwerber – wirtschaftlich betrachtet – mit der beim GrVeräußerer wegen des Vorsteuerabzugsverbots (§ 15 II Nr. 1 UStG) nicht abzugsfähigen USt insofern belastet wird, als der den umsatzsteuerfreien Umsatz ausführende GrVeräußerer die USt-Vorbelastung in den Kaufpreis einkalkuliert (BFH II R 34/98, BFH/NV 2000, 1240; II B 157/04, BFH/NV 2006, 122).

Setzt sich der Erwerbsvorgang – ustrechtlich betrachtet – aus **mehreren** mit verschiedenen Personen auf der Veräußererseite geschlossenen Verträgen zusammen, liegen keine insgesamt der Umsatzsteuerbefreiung nach § 4 Nr. 9 Buchst. a UStG unterfallenden Umsätze vor (vgl. auch Abschn. 4.9.1 I UStAE). Da das UStG nach seiner Systematik von selbstständigen Leistungen ausgeht, fehlt es insoweit mangels deckungsgleicher Rechtsvorgänge an der „Doppelbelastung" **eines Erwerbsvorgangs.** Damit kommt es zu einer **Kumulierung** von GrESt und USt sowie zusätzlich zur **Einbeziehung** der entspr. **USt in die Bemessungsgrundlage** der GrESt (vgl. auch Eichmann INF 1998, 487).

Diese Rechtslage ist mit den **Wertungen des GrEStG vereinbar.** Der Gesetz- 65
geber hat in § 1 VI und § 9 III für die dortigen Tatbestände eine Doppelbelastung ausgeschlossen; diese Regelungen sind abschließend und lassen eine erweiternde Anwendung auf die hier fragliche Problematik nicht zu. Angesichts der Selbstständigkeit des GrEStG einerseits und des UStG andererseits verbietet es sich erst recht, § 4 Nr. 9 Buchst. a UStG im Wege einer „gesetzesübergreifenden Wertung" im Rahmen des GrEStG zur Anwendung zu bringen (BFH II R 17/99, BStBl. II 2000, 34).

Diese **Doppelbelastung mit GrESt und USt ist** auch **verfassungsgemäß** 66
(BVerfG HFR 1989, 153 und 2 BvR 72/90, BStBl. II 1992, 212; 1 BvL 14/98, DStRE 1999, 146; BFH II R 3/93, BStBl. II 1996, 485; II R 17/99, BStBl. II

2000, 34; II R 57/10, BFH/NV 2012, 1549; II R 7/12, BStBl. II 2013, 86 – die dagegen erhobene Verfassungsbeschwerde hat das BVerfG nicht zur Entscheidung angenommen; Viskorf/Loose § 9 Rn. 204; Rutemöller BB 2013, 983; krit. zB Tipke StRO II S. 1017 ff.; Fleischmann/Meyer-Scharenberg DStR 1992, 525; Forster BB 1994, 2050).

67 Auch ein Verstoß gegen **EU-Recht** liegt nicht vor (vgl. bereits → Einl. Rn. 20 ff.). Auf das Vorabentscheidungsersuchen des NdsFG (DStR 2008, 869) hat der EuGH (Beschluss v. 27.11.2008, C-156/08, DStR 2009, 223 mit Anm. Zugmaier/Streit) nochmals das Recht der Mitgliedsstaaten bestätigt, beim Erwerb eines noch unbebauten Gr künftige Bauleistungen in die Bemessungsgrundlage der GrESt einzubeziehen und damit im Ergebnis eine Doppelbelastung mit GrESt und USt herbeizuführen.

68 Eine Beseitigung der Kumulation von GrESt und USt könnte, auch wenn sie durch das GrEStG ausgelöst wird, allenfalls auf der **Ebene des § 4 Nr. 9a UStG** erfolgen (BFH II B 97/94, BFH/NV 1995, 987; Birkenfeld USt-Hdb § 94 Rn. 1 ff.). Die Doppelbelastung würde, freilich um den Preis einer erheblichen steuerlichen Mehrbelastung des Endabnehmers, entfallen, wenn die Lieferung von BauGr und Neubauten insgesamt der USt unterläge (vgl. auch BT-Drs. 11/7632 betr. Kleine Anfrage „Verhinderung der Mehrwertsteuer auf Immobilienverkehr"; vgl. auch Bunjes/Heidner UStG § 4 Nr. 9 Rn. 6). Zu Fragen der **Steuerschuldnerschaft** beim einheitlichen Erwerbsgegenstand → § 13 Rn. 6.

C. Gegenleistung bei einzelnen Erwerbsvorgängen (§ 9 I)

69 § 9 I enthält keine abschließende Aufzählung der einzelnen Komponenten der Gegenleistung. Die Vorschrift bestimmt nur diejenigen Bestandteile, für die es zur Bestimmung der für die Bemessungsgrundlage maßgebenden Gegenleistung einer ausdrücklichen Klarstellung bedurfte. In jedem Fall sind die sich aus § 8 I ergebenden Maßgaben des Gegenleistungsbegriffs zu beachten. Zu dem für die Bestimmung der Gegenleistung maßgeblichen GrZustand vgl. → Rn. 3 ff.

I. Kauf (§ 9 I Nr. 1)

70 Bei einem nach § 1 I Nr. 1 steuerbaren Kaufvertrag setzt sich die Gegenleistung aus dem **Kaufpreis** (→ § 8 Rn. 10 ff., → Rn. 73 ff.), den vom **Käufer übernommenen sonstigen Leistungen** (→ Rn. 84 ff.) sowie den dem **Verkäufer vorbehaltenen Nutzungen** (→ Rn. 103 ff.) zusammen. Ferner sind auch die **Leistungen iSv § 9 II** der Gegenleistung hinzuzurechnen.

71 In die Bemessungsgrundlage der GrESt ist nur einzustellen, was **Entgelt für** den Erwerb des **Gr** iSv § 2 ist (vgl. → § 8 Rn. 6). Nicht zur Gegenleistung gehören Zahlungen eines (Nutzungs-)Entgelts für die **vorzeitige Nutzungsüberlassung durch den Verkäufer** (BFH II R 49/01, BStBl. II 2002, 98; II R 81/00, BStBl. II 2003, 199; II R 6/04, BStBl. II 2005, 651). Der Erwerb des in einer **Instandhaltungsrücklage** angesammelten Guthabens zählt nunmehr zur Gegenleistung (BFH II R 49/17, BStBl. II 2021, 339).

72 Ist ein GrKaufvertrag trotz **Unwirksamkeit** des Verpflichtungsgeschäfts der Steuer aus § 1 I Nr. 1 iVm § 41 I AO unterworfen (→ § 1 Rn. 160 ff.), unterliegt er mit seinem tatsächlich vereinbarten Inhalt – dh unter Einschluss eines nicht beurkundeten Kaufpreisteils – der GrESt (Begr. GrEStG 1940, 406). Ist ein Kaufpreis bewusst zu niedrig beurkundet worden und behandeln die Parteien den unwirksamen GrKaufvertrag als gültig, kann eine bereits erfolgte Steuerfestsetzung bei späterer Kenntniserlangung des FA gem. §§ 172 I 1 Nr. 2c, 173 I 1 Nr. 1, 175 I Nr. 2 AO innerhalb der Festsetzungsfrist (§ 169 AO) nachträglich geändert werden. Ist der Kaufvertrag **nichtig,** kann allenfalls eine Besteuerung aus § 1 II eintreten (vgl. → § 1 Rn. 138, → Rn. 239); zur Bemessungsgrundlage in diesem Fall vgl. → Rn. 206.

1. Kaufpreis. Der Kaufpreis (§ 433 II BGB) ist das vereinbarte Entgelt für **73** den Kaufgegenstand; er muss in Geld festgesetzt sein. **Zivilrechtlich** setzt ein Kaufvertrag voraus, dass der Kaufpreis bestimmt oder zumindest **bestimmbar** ist (§ 315 BGB; zur Leistungsbestimmung durch eine der Parteien oder Dritte vgl. → § 8 Rn. 33). § 311b BGB steht dem Leistungsbestimmungsrecht eines Dritten nicht entgegen (BGHZ 71, 276). **Grestrechtlich** ist bei einer zunächst „vorläufigen" Kaufpreisfestlegung als „Rechengröße" (→ Rn. 76) der spätere endgültige Kaufpreis maßgebend (BFH II R 1/08, BFH/NV 2009, 1666); die GrESt-Festsetzung muss daher zunächst vorläufig bzw. unter dem Vorbehalt der Nachprüfung (§§ 164, 165 AO) erfolgen (vgl. auch BFH II R 119/88, BStBl. II 1991, 586).

Die **Tilgung** des Kaufpreises **in Geld** ist nicht erforderlich. Der Kaufpreis ist auch Bemessungsgrundlage, wenn er durch Hingabe eines Gegenstandes (zB Kunstgegenstände) oder durch Dienstleistungen an Erfüllungs statt (§ 364 BGB) getilgt wird. Ausreichend ist auch die Belegung des Kaufpreises durch die Verpflichtung des Käufers, den Verkäufer von einer Verbindlichkeit zu befreien; zur Entlastung des Verkäufers von Verbindlichkeiten als sonstige Leistung → Rn. 90 ff. Die Gegenleistung kann auch in einem Forderungsverzicht des Erwerbers gegenüber dem Veräußerer bestehen, sofern durch diesen der Kaufpreis für das Gr entsprechend gemindert wird (vgl. → § 8 Rn. 35).

a) Kaufpreisermittlung. Die Höhe des Kaufpreises wird durch das bestimmt, **74** was der Käufer vereinbarungsgemäß für den Kaufgegenstand (Gr iSd § 2) leisten muss (BFH II R 210/85, BStBl. II 1988, 900; II R 20/08, BStBl. II 2010, 495). Maßgebend ist der nach dem Inhalt des Vertrages zu erbringende Kaufpreis (BFH II R 84/70, BStBl. II 1976, 128) und nicht die Kaufpreisbezeichnung durch die Vertragsparteien (vgl. → § 8 Rn. 10 ff.). Auch eine schon vor Abschluss des GrKaufvertrags erbrachte **Vorleistung** kann Kaufpreis oder sonstige Leistung sein (vgl. BFH II R 122/70, BStBl. II 1976, 299 betr. die Anrechnung von bis zum Erwerb des Gr gezahlter Pachtzinsen; zu Vorleistungen auch → § 8 Rn. 36).

Zum Kaufpreis gehört daher zB auch eine **„Entschädigungsleistung",** die der Käufer für eine Wertminderung des dem Verkäufer verbleibenden RestGr erbringt (RFHE 12, 32; BFH II R 22/88, BFH/NV 1991, 412); dabei kann es sich um eine Entschädigungsleistung nach § 906 II 2 BGB zur Abgeltung eines nachbarrechtlichen Ausgleichsanspruchs handeln (einschr. – und zweifelhaft – FG Münster 8 K 6289/94 GrE, EFG 1999, 575). Keine Gegenleistung sind jedoch die auf den Erwerb des Gr bezogenen Leistungen (zB Nutzungsentschädigung oder die vorzeitige Nutzungsüberlassung, vgl. → Rn. 71). In Abgrenzung zu Entschädigungsleistungen gehören auch im Zusammenhang mit einem GrErwerb gezahlte Schadensersatzleistungen an der GrVerkäufer (zB gem. § 14 BImSchG oder gem. § 823 BGB wegen erlittener Gesundheitsschäden im Zusammenhang mit der Nutzung eines benachbarten Gr) an den GrVerkäufer nicht zur Gegenleistung.

Übt ein **Leasingnehmer** sein **Ankaufsrecht** gegenüber dem Leasinggeber aus und wird damit § 1 I Nr. 1 verwirklicht (vgl. → § 1 Rn. 286), ist Gegenleistung zunächst der vereinbarte **Kaufpreis.** Daneben können auch Teile des Nutzungsentgelts **(Leasingraten)** sonstige Leistung iSd § 9 I 1 Nr. 1 sein, soweit sie als Vorauszahlung auf den Kaufpreis anzusehen sind (BFH II R 28/04, BStBl. II 2006, 630; zu weiteren Einzelfragen Böing UVR 2010, 369).

75 Zumeist wird der **benannte Kaufpreis** die grestrechtlich maßgebliche Gegenleistung sein. Von ihm ist auch auszugehen, wenn dieser mit einer vom Kaufpreis ggf. abweichenden Gegenforderung verrechnet wird (FG RhPf 4 K 2662/90, EFG 1993, 53). Bei der gebotenen objektiven Auslegung eines Kaufvertrages kann der angegebene Kaufpreis jedoch auch bloße **Rechnungsgröße** (dh Ausgangsgröße für die Berechnung des wirklich zu zahlenden Kaufpreises) sein, so dass sich für die grestrechtlich maßgebliche Gegenleistung ein von dem benannten Kaufpreis abweichender Wert ergeben kann (vgl. BFH II R 1/08, BFH/NV 2009, 1666). Orientiert sich zB eine Kaufpreisrente an einem gedachten und näher bezifferten Kaufpreis, ist als Gegenleistung die nach §§ 13, 14 BewG zu bewertende Kaufpreisrente – und nicht der benannte Kaufpreis – anzusetzen (BFHE 91, 130).

76 Auch im Zusammenhang mit einer „in Anrechnung auf den Kaufpreis" vereinbarten **Übernahme von Grundpfandrechten** durch den Erwerber kann der benannte Kaufpreis bloße Rechnungsgröße sein. Davon ist auszugehen, wenn der benannte Kaufpreis nur die Summe vom Käufer zu erbringender Einzelleistungen ist und der Verkäufer von vornherein keinen Anspruch auf Zahlung des vollen Kaufpreises hat (BFH II R 84/70, BStBl. II 1976, 128). Die übernommenen Grundpfandrechte sind daher als sonstige Leistung (→ Rn. 90 ff.) in Abweichung vom benannten Kaufpreis mit ihrem steuerrechtlich maßgebenden Wert – zB bei unverzinslichen Forderungen mit ihrem gem. § 12 III BewG abgezinsten Wert – anzusetzen (BFHE 106, 236; vgl. auch RFH StW 1931 Nr. 207). Erfolgt hingegen die Übernahme von Grundpfandrechten lediglich an Erfüllungs statt (§ 364 I BGB) oder erfüllungshalber, liegt nur eine vorab vereinbarte Tilgungsmodalität vor (Hofmann/Bock § 9 Rn. 4). In diesen Fällen ist der wirtschaftliche Wert des übernommenen Grundpfandrechts nicht zu berücksichtigen und allein der benannte Kaufpreis als Bemessungsgrundlage anzusetzen.

77 **b) Wertverhältnis von Kaufpreis und Kaufgegenstand.** Das Wertverhältnis von Kaufpreis und Kaufgegenstand hat – insb. bei einem außergewöhnlich niedrigen Kaufpreis – auf die Bemessungsgrundlage der GrESt grds. keinen Einfluss, sofern es sich nicht um einen nur symbolischen Kaufpreis handelt (→ § 8 Rn. 15). Allerdings bedarf es im Einzelfall der Feststellung, ob der Erwerber im Zusammenhang mit der Kaufpreisbemessung besondere sonstige (zB Dienst-)Leistungen zu erbringen hat. Verkauft ein Arbeitgeber seinem Arbeitnehmer ein Gr zu einem weit unter dem Verkehrswert liegenden Preis, so kann die Erwartung zukünftiger Dienstleistungen des Arbeitnehmers bloßes – grestrechtlich unbeachtliches – Motiv des verbilligten Kaufpreises sein. Besteht hingegen eine Verpflichtung des Arbeitnehmers zu zukünftigen Arbeitsleistungen, ist § 9 II Nr. 1 anzuwenden (BFH II 172/64, BStBl. II 1969, 668; vgl. auch → Rn. 107 „Pflegeleistungen"). Gegebenenfalls kann ein besonders niedriger Kaufpreis der Abgeltung bereits erbrachter (Dienst-)Leistungen dienen, so dass ein Gr an Erfüllungs statt (§ 9 I Nr. 3) für den aufgegebenen Lohnanspruch hingegeben wird (BFH II 38/62 U, BStBl. III 1965, 514). Beim Verkauf eines Gr zu einem unter seinem gemeinen Wert liegenden Kaufpreis kann ggf. eine gemischt-freigebige Zuwendung vorliegen (→ § 3 Rn. 126 ff.).

Bei dem **Erwerb** eines Gr durch den **Gesellschafter einer KapGes** ist – sofern nicht § 8 II 1 Nr. 2 gilt – eine mit dem Verkauf verbundene **verdeckte Gewinnausschüttung** nicht der Gegenleistung (Kaufpreis) hinzuzurechnen (BFH II R 115/69, BStBl. II 1978, 201; FG Münster IV 2665/66 GrE, EFG 1970, 27). In der Wertdifferenz zwischen dem gemeinen Wert des Gr und dem tatsächlich vereinbarten Kaufpreis liegt kein Verzicht des Gesellschafters auf den mangels Gewinnrealisierung noch nicht konkretisierten künftigen Gewinnanteil. Die mit einem solchen GrGeschäft etwa eintretende innere Wertminderung des Gesellschaftsrechts ist nicht steuerbar. Entsprechendes gilt, wenn der **Gesellschafter einer PersGes** von dieser ein Gr zum Buchwert kauft (zur Unanwendbarkeit des § 8 II 1 Nr. 2 in diesem Fall vgl. → § 8 Rn. 65); auch hier ist allein der vereinbarte, ggf. weit unter dem Verkehrswert liegende Preis als grestrechtliche Bemessungsgrundlage zugrunde zu legen (BFH II R 95/86, BStBl. II 1990, 186; II B 54/02, BStBl. II 2003, 483; II R 23/10, BStBl. II 2011, 932, BFH/NV 1997, 614). Voraussetzung für eine solche steuergünstige – auch die Anwendung des § 8 II 1 Nr. 2 ausschließende – Übernahme eines Gr zum Buchwert ist jedoch, dass die Gesamthand fortbesteht und die GrÜbertragung nicht als (Teil-)Liquidation zu behandeln ist (vgl. auch Gottwald UVR 2004, 233). 78

Eine Gegenleistung liegt vor, wenn und soweit mit dem GrErwerb die Aufgabe oder ersatzweise **Erfüllung anderweitiger Ansprüche** des Gesellschafters gegen die Gesellschaft verbunden ist (BFH IV R 52/77, BStBl. II 1981, 186; II R 95/86, BStBl. II 1990, 186). Dies gilt im Hinblick auf § 8 II 1 Nr. 2 allerdings nur, wenn der Erwerbsvorgang nicht auf gesellschaftsvertraglicher Grundlage beruht, vgl. → § 8 Rn. 82 ff.

c) Bewertung. Wie sich aus § 8 I ergibt, ist Bemessungsgrundlage der GrESt der Wert des Kaufpreises. Dessen Bewertung erfolgt mit dem **Nennwert,** wenn nicht besondere Umstände einen höheren oder geringeren Wert begründen (§ 12 I BewG, vgl. näher BFH II B 45/99, BFH/NV 2001, 642 mwN und ferner → § 8 Rn. 54). Der Nennwert ist auch anzusetzen, wenn der Kaufpreis mit einer zinslos gestundeten Forderung verrechnet wird (FG RhPf 4 K 2662/90, EFG 1993, 53). Ein besonderer Umstand iSd § 12 I BewG ergibt sich nicht aus dem Recht des GrErwerbers zum Vorsteuerabzug, so dass sich hinsichtlich der ihm in Rechnung gestellten Vorsteuer keine niedrigere Bewertung der Kaufpreisforderung rechtfertigt (BFH II B 45/99, BFH/NV 2001, 642). Ein besonderer Umstand kann jedoch zB in der Unverzinslichkeit oder besonders geringen Verzinslichkeit einer Kaufpreisschuld liegen. Werden von vornherein wiederkehrende Zahlungen als Kaufpreis vereinbart, ist dessen Kapitalwert (§ 13 I BewG) maßgebend (BFH II 205/51 U, BStBl. III 1952, 295). 79

Wird der zu zahlende **Kaufpreis längerfristig gestundet,** kommt dies im Ergebnis einer verdeckten Kaufpreisminderung gleich. In diesem Fall erfolgt daher nach Maßgabe des **§ 12 III BewG** ein Abzug von Zwischenzinsen (BFH II 55/58 U, BStBl. III 1960, 200; aA noch Begr. GrEStG 1940, 406). Dabei ist gem. § 12 III 2 BewG zwingend von einem Zinssatz von 5,5 % auszugehen ist. Wegen des typisierenden Charakters dieser Regelung soll unerheblich sein, dass diese Zinshöhe **derzeit** kaum auf dem Geldmarkt erzielbar ist (BFH II R 25/12, BFH/NV 2014, 537). Diese Beurteilung dürfte jedoch in Zeiten der anhaltenden Niedrigzinsphase nicht mehr zu folgen sein (FG Hbg 2 V 112/18, DStR 2019, 603; FG Düsseldorf 4 K 865/21 Erb, EFG 2021, 1735 verfassungsgemäß bis 13.5.2015); eine **BFH-Entscheidung** zu dieser **Fragestellung** steht noch aus. Die Abzinsung 80 ist nach der gesamten Laufzeit der Stundung zu berechnen (FG Nürnberg II 280/67, EFG 1970, 135). Zur Ermittlung des Kapitalwerts einer Kaufpreisrente für ein Gr, an dem Verkäufern das Miteigentum nach Bruchteilen zusteht, vgl. BFH II R 125/78, BStBl. II 1981, 284.

81 Die Anwendung des § 12 III BewG unterliegt allerdings mehrfachen **Einschränkungen:** § 12 III BewG verlangt eine **Laufzeit** von **mehr als einem Jahr;** bei einer **kürzeren Laufzeit entfällt** die **Abzinsung** (BFH II R 182/82, BStBl. II 1985, 105; Rössler/Troll/Eisele BewG § 12 Rn. 20). Bei einer ratenweise zu tilgenden Forderung ist auf die Gesamtlaufzeit und nicht auf die Fälligkeit der ersten Rate abzustellen (BFH II R 72/72, BStBl. II 1976, 545). Die Abzinsung entfällt ferner bei einer verzinslichen Kaufpreisstundung, wenn die vereinbarten Zinsen nach dem Gesamtinhalt des Kaufvertrages eine **angemessene Gegenleistung für** die gewährte **Stundung** sind; bei einem Zinssatz von 4 % (vgl. auch § 246 BGB) kommt eine verdeckte Kaufpreisminderung nicht in Betracht (BFH II R 37/86, BStBl. II 1989, 576). Schließlich ist § 12 III BewG nur anwendbar, wenn der GrVerkäufer seine Verpflichtungen aus dem Kaufvertrag erfüllt, dh dem Käufer Besitz, Nutzungen und Lasten des verkauften Gr (vgl. §§ 433 I, 446) übertragen hat und lediglich die Kaufpreiszahlung des Käufers zinslos hinausgeschoben wird (BFH II R 103/85, BStBl. II 1989, 427; II R 4/91, BStBl. II 1995, 69). Daher scheidet die Abzinsung zB aus, wenn der Käufer nach den vertraglichen Vereinbarungen vorleistungspflichtig ist und er insoweit auf die in §§ 320, 322 BGB an sich vorgesehene Zug-um-Zug-Erfüllung „verzichtet". Bei derartigen Vorleistungspflichten kann allerdings eine sonstige Leistung des Käufers vorliegen (vgl. → Rn. 98). Bei nachträglich vereinbarter zinsloser Stundung des Kaufpreises kann eine Herabsetzung der Gegenleistung iSv § 16 III vorliegen (→ § 16 Rn. 98 f.).

82 Hat nach dem Kaufvertrag sowohl die Kaufpreiszahlung durch den Käufer als auch die Übergabe des Gr durch den Verkäufer erst zu einem späteren Zeitpunkt zu erfolgen, liegt eine **Kompensation** der beiderseitigen **Vor- und Nachteile** vor. Deshalb kann hier der Kaufpreis nur mit dem Nennwert angesetzt werden (BFH II R 4/91, BStBl. II 1995, 69; Martin DB 1980, 1414). Wird das Gr hingegen sofort vom Verkäufer übergeben und behält sich dieser gegen gleichzeitige Stundung des Kaufpreises über mehr als ein Jahr die Nutzungen des Gr bis zur Zahlung des Kaufpreises vor, ist der Kaufpreis bei Erfüllung der sonstigen Voraussetzungen des § 12 III BewG abzuzinsen (Martin DB 1980, 1414; aA Möllinger DB 1981, 661). Vereinbaren die Parteien eine unangemessen hohe Verzinsung von Kaufpreis und Nebenleistungen, kommt eine (teilweise) Zurechnung des Zinsbetrages zur Gegenleistung gem. § 42 AO in Betracht.

83 Im Fall der **vorzeitigen** – dh vor GrLieferung durch den Verkäufer erfolgenden – **Kaufpreiszahlung** erbringt der Käufer mit der dem Verkäufer gewährten vorzeitigen Kapitalnutzungsmöglichkeit eine sonstige Leistung iSd § 9 I Nr. 1. Sie ist nach § 15 I BewG zu bewerten (vgl. → Rn. 98). Das **spätere Schicksal des Kaufpreises** ist grestrechtlich nur insoweit von Bedeutung, als dieser – zB bei späterer Kaufpreisminderung oder nachträglich vereinbarten Eigenleistungen – gem. § 16 III herabgesetzt wird. Die nachträgliche Vereinbarung einer Leistung an Erfüllungs statt hat daher keinen Einfluss auf die Bemessungsgrundlage.

84 **2. Vom Käufer übernommene sonstige Leistungen.** Die durch § 9 I Nr. 1 angeordnete Einbeziehung der vom **Käufer übernommenen sonstigen Leistungen** betrifft alle Leistungen des Käufers, die zwar nicht unmittelbar Kaufpreis

für das Gr sind, aber gleichwohl in kausaler Verknüpfung mit dem Kaufvertrag **gewährt werden, um das Gr zu erhalten** (BFH II R 22/03, BStBl. II 2005, 301; VI S 3/05, BStBl. II 2005, 614; II R 57/00, BFH/NV 2002, 1612; II R 12/05, BFH/NV 2006, 2126; II R 16/14, BStBl. II 2017, 964; II R 55/15, BStBl. II 2018, 406; II R 28/15, BStBl. II 2019, 555; II R 26/21, BFH/NV 2023, 387, std. Rspr.). Der Erwerber gewährt diese Leistung als Entgelt für den Erwerb des Gr oder der Veräußerer empfängt diese als Entgelt für die GrVeräußerung (vgl. → § 8 Rn. 11). Ihre Einbeziehung in die Gegenleistung folgt dem Grunde nach bereits aus dem allgemeinen Gegenleistungsbegriff. In der Sache kommen **Leistungen aller Art** in Betracht, vor allem die Übernahme von Grundpfandrechten, die Altenteilsbestellung, die Leistung von Sachen oder Diensten (Begr. GrEStG 1940, 406) oder anderweitig gewährte geldwerte Vorteile.

Keine sonstigen Leistungen des Käufers sind solche, die nicht für die Verpflichtung, Besitz und Eigentum an dem Grundstück zu verschaffen, sondern für **andere Leistungen** erbracht werden; diese Leistungen scheiden aus der Gegenleistung iSv §§ 8 I, 9 I Nr. 1 aus (BFH II R 55/15, BStBl. II 2018, 406 Rn. 11 f.; II R 26/21, BFH/NV 2023, 387; II R 26/21, BFH/NV 2023, 387).

Mit dem Begriff der vom Käufer **übernommenen** sonstigen Leistungen 85 knüpft das Gesetz an den bürgerlich-rechtlichen Begriff der „Übernahme“ an. Er umfasst auch Verbindlichkeiten (zB **Vermessungskosten**), die erstmals in der Person des Käufers entstehen (BFH II R 61/71, BStBl. II 1975, 362). Die vom Käufer übernommene sonstige Leistung setzt nicht voraus, dass diese dem Veräußerer selbst zufließt (BFH II R 210/85, BStBl. II 1988, 900). Betrifft eine sonstige Leistung eine Werterhöhung des zu erwerbenden Gr (zB bei einer noch durchzuführenden Bebauung des KaufGr), entscheidet sich die Einbeziehung der Gegenleistung nach dem für die Bemessungsgrundlage maßgeblichen GrZustand (→ Rn. 3 ff.). **„Sonstige Leistung“** ist auch die Befreiung des GrVeräußerers von einer Verbindlichkeit durch den Erwerber (BFH II R 28/15, BStBl. II 2019, 555; II R 26/03, BStBl. II 2005, 613; II R 27/01, BFH/NV 2004, 226 betr. Beitrags- und Vorschussleistungen für Wohnungsmodernisierung; zur Übernahme öffentlich-rechtlicher Abgabenverpflichtungen → § 8 Rn. 29).

Über die nachfolgend gesondert behandelten Fallgruppen hinaus sind vielfältige sonstige Leistungen möglich; vgl. hierzu das **ABC der Gegenleistung** (→ Rn. 107).

a) Kosten der Rechtsänderung. Die **Kosten der Übergabe der verkauften Sache** fallen gem. **§ 448 I BGB** dem Verkäufer zur Last. Zu den Übergabekosten beim GrKauf rechnen die Vermessungskosten sowie die Kosten für die Beschaffung von Katastermaterial. Eine Übernahme dieser Kosten durch den Verkäufer hat auf die Gegenleistung keinen Einfluss. Verpflichtet sich der Käufer zur Übernahme dieser Kosten, sind diese – auch bei erstmaliger Entstehung in der Person des Käufers – Teil der Gegenleistung (BFH II R 61/71, BStBl. II 1975, 362; II R 93/92, BFH/NV 1996, 354; vgl. auch BFH II R 47/73, BStBl. II 1978, 318). Bei Gr unter 700 qm kann gem. OFD Rheinland 20.3.2006 (StEK § 9 GrEStG Nr. 128) unter näheren Voraussetzungen auf den Ansatz der Vermessungskosten verzichtet werden. 86

Die gem. **§ 448 II BGB** vom **GrKäufer zu tragenden Kosten** (insb. Notar- 87 und Gerichtsgebühren) der **Auflassung** (ggf. auch der Auflassungsvormerkung), Eintragung und Beurkundung gehören weder zum Kaufpreis noch zu den sonstigen Leistungen (BFH II R 1/12, BStBl. II 2013, 637). Dies gilt auch bei einer ausdrücklichen vertraglichen Verpflichtung des Käufers zur Übernahme dieser Kosten oder bei der Übernahme dieser Kosten durch den Verkäufer. Verpflichtet sich der Verkäufer, dem Käufer diese Erwerbsnebenkosten zu erstatten, vermindert sich die Bemessungsgrundlage (BFH II R 1/12, BStBl. II 2013, 637).

Zu den gem. **§ 448 II BGB** allein vom Käufer zu tragenden Kosten gehört auch die **GrESt** (BGH NJW 2010, 2873 mwN; zur vertraglichen Verknüpfung von GrESt-Zahlung und UB-Erteilung vgl. → § 18 Rn. 25). Die Verpflichtung des Verkäufers, dem Käufer die anfallende GrESt zu erstatten, hat wegen § 9 III keine Auswirkung auf die Höhe der Bemessungsgrundlage (vgl. → Rn. 220).

Im **Vorkaufsfall** sind für den Erstvertrag angefallenen **Notarkosten** keine sonstige Leistung iSd § 9 I Nr. 1. Der Erstkäufer hat mit Zahlung der Notarkosten eine gegen sich selbst bestehende Verbindlichkeit erfüllt (FG München 4 K 902/23, DStR 2025, 642 mAnm Koll und Faltings, Rev. BFH II R 28/24). Wäre der Vorkaufsberechtigte zur Zahlung der Notarkosten gegenüber dem Ersterwerber verpflichtet gewesen, könnte insoweit eine sonstige Leistung vorliegen. Vgl. auch das Verfahren betr. Maklerkosten: FG München 4 K 236/22, EFG 2024, 2056, Rev. BFH II R 29/24.

88 Soweit der Verkäufer gem. **§ 442 II BGB** zur **Beseitigung von Grundbuchbelastungen** verpflichtet ist, hat er die entspr. Löschungskosten zu tragen. Sie gehören nur dann zur (sonstigen) Gegenleistung, wenn der Käufer diese Kosten ausdrücklich übernommen hat.

89 Die FVerw sieht nach den Erlassen zur Verwaltungsvereinfachung (vgl. → § 8 Rn. 16) von weiteren Ermittlungen zur Feststellung des Werts dieser sonstigen Leistungen ab, wenn deren Wert nicht mehr als 2500 EUR beträgt.

90 **b) Übernahme von Grundpfandrechten.** Der Verkäufer eines Gr hat gem. **§ 442 II BGB** die Grundpfandrechte (Hypothek, Grund- oder Rentenschuld) zu beseitigen, auch wenn der Käufer die Belastung kennt. Wird diese Beseitigungspflicht vertraglich abbedungen und übernimmt der Käufer das Grundpfandrecht zusätzlich zu dem Kaufpreis, liegt in der Übernahme eine sonstige Leistung (vgl. zB BFH II R 2/92, BFH/NV 1995, 638; II B 193/01, BFH/NV 2003, 201). Das gilt jedoch nur, wenn die Übernahme des Grundpfandrechts und der dadurch gesicherten Verpflichtungen auf den **GrErwerb** entfällt (zur Zuordnung übernommener Grundpfandrechte zu gleichzeitig mit dem Gr erworbenen anderen Vermögensgegenständen vgl. FG Münster 8 K 1893/94 GrE, EFG 1998, 893). Ebenso ist die Rechtslage bei Übernahme eines Gr durch einen **Miteigentümer** zu Alleineigentum (BFH II R 64/83, BStBl. II 1985, 592). Übernimmt der Miteigentümer die dingliche Belastung sowie die hierdurch gesicherte Verbindlichkeit, liegt darin eine sonstige Leistung. Ihr Umfang bestimmt sich nicht nach der Grundregel des § 426 BGB (Haftung zu gleichen Teilen), sondern nach dem im Innenverhältnis gegebenen Verhältnis der Anteile der Miteigentümer (vgl. BGH NJW 1983, 1845) zueinander.

91 Die **Angabe eines Gesamtkaufpreises** steht einer sonstigen Leistung in den vorgenannten Fällen nicht entgegen, wenn dieser das Ergebnis einer Zusammenrechnung der Höhe nach bekannter Einzelleistungen ist (BFH II 169/56 U, BStBl. III 1957, 214). Soweit die Übernahme von Grundpfandrechten hingegen an Erfüllungs statt oder erfüllungshalber erfolgt, ist allein der vereinbarte Kaufpreis als Bemessungsgrundlage anzusetzen (→ Rn. 76).

92 Bei **Übernahme einer Hypothek** ist zu beachten, dass diese in ihrem dinglichen Bestand von der Forderung abhängt, welche sie sichern soll (§§ 1113, 1115,

1163 I BGB). Übernimmt der Käufer lediglich die Hypothek und nicht auch die persönliche Schuld, liegt in der damit – lediglich – übernommenen dinglichen Haftung (§ 1113 I BGB) zwar grds. eine sonstige Leistung (RFH StW 1923, 586; BFH II R 64/83, BStBl. II 1985, 592). Ihr ggf. zu schätzender (§ 162 AO) Wert ist jedoch mit 0 EUR anzusetzen, wenn der Käufer die aus seiner Inanspruchnahme folgenden Ersatzansprüche (§§ 1142, 1143 BGB) gegen den persönlichen Schuldner durchsetzen kann. Sind derartige Ersatzansprüche hingegen (wahrscheinlich) uneinbringlich, so werden die Vertragsparteien dies regelmäßig bereits bei der Kaufpreisbemessung zugunsten des Käufers berücksichtigt haben; in solchen Fällen erfolgt die Bewertung mit dem Nennwert der Hypothek (BFH II 173/58 U, BStBl. III 1960, 412).

Vorstehende Grundsätze gelten im Wesentlichen auch bei Übernahme aus- **93**
schließlich der **dinglichen Haftung** für eine **Grundschuld** (§ 1191 BGB). Nach Befriedigung des Gläubigers geht die Forderung hier allerdings – anders als bei der Hypothek – nicht gem. § 1143 I BGB auf den Eigentümer über. Gleichwohl ist bei der Bewertung der vom Käufer übernommenen Leistung zu seinen Gunsten zu berücksichtigen, wenn ihm gegen den persönlichen Schuldner ein Anspruch auf Befreiung von der Haftung des Gr oder Ersatzansprüche zustehen (BFH II 72/65, BStBl. II 1971, 278). Da die Grundschuld allein aus dem Gr zu zahlen ist (§ 1191 I BGB), kann ihr Wert nicht höher als der gemeine Wert des Gr selbst sein (RFH StW 1930 Nr. 136).

Wird die durch die **Grundschuld gesicherte Darlehensverbindlichkeit** mit schuldbefreiender Wirkung vom Erwerber übernommen, ist die Übernahme der auf dem Gr lastenden Grundschuld keine weitere Gegenleistung (BFH II R 2/92, BFH/NV 1995, 638). Entsprechend ist die Rechtslage zu beurteilen, wenn zwar der GrErwerber die Forderung einer Bank gegen den Veräußerer erwirbt und ihm das zur Sicherung der Forderung bestellte Grundpfandrecht abgetreten und sodann gelöscht wird. Macht der GrErwerber in diesem Fall die ihm abgetretene Forderung nicht ernsthaft gegen den Erwerber geltend, steht dies einer schuldbefreienden Übernahme der Verbindlichkeit des Veräußerers gleich (BFH II R 22/05, BFH/NV 2007, 1183). Zur Gegenleistung gehören hingegen **Zahlungen,** die der GrErwerber an einen Grundpfandrechtsgläubiger **zur Erlangung** der von ihm zu erteilenden **Löschungsbewilligung** zahlt (BFH II R 22/05, BFH/NV 2007, 1183).

Vom **Käufer übernommene zinsvergünstigte Darlehen,** die dem GrEigen- **94**
tümer aus öffentlichen Mitteln zur Errichtung von Mietwohnungen gegeben wurden, sind regelmäßig mit dem Nennwert anzusetzen. Die Zinsvergünstigung soll in Form preisgünstiger Mieten an die Mieter weitergegeben werden und ist daher kein für den GrEigentümer bestimmter Vorteil. Andererseits scheidet die Hinzurechnung der mit der Mietpreisbindung übernommenen sonstigen Leistung aus (BFH II R 118/78, BStBl. II 1981, 487; III R 15/79, BStBl. II 1982, 639; II R 2/92, BFH/NV 1995, 638; anders noch II 69/63, BStBl. III 1967, 203; II R 118/66, BStBl. II 1967, 427; II R 106/70, BStBl. II 1976, 130; vgl. auch Hofbauer DB 1983, 686). Soweit bei Erwerb eines Gr auf die Fortführung der früheren Rspr vertraut wurde, kommt ein Billigkeitserlass (§ 227 AO) der aufgrund der neuen Rspr erhöhten GrESt nicht in Betracht (vgl. NdsFG III 507/89, EFG 1994, 634).

c) Übernahme bzw. Begründung sonstiger Grundstückslasten. Der Ver- **95**
käufer hat – soweit nicht vertraglich abbedungen – gem. **§ 442 II BGB** ein im Grundbuch eingetragenes Recht auch dann zu beseitigen, wenn es der Käufer

kennt (zu der bis 31.12.2001 geltenden Rechtslage gem. § 439 II BGB aF vgl. 4. Aufl. § 9 Rn. 95). Die Übernahme von Grundpfandrechten durch den GrKäufer ist eine sonstige Leistung (→ Rn. 90 ff.). Vom Käufer übernommene **nicht dauernde** Lasten sind ebenfalls nach § 9 I Nr. 1, weil vom Käufer ausdrücklich übernommen, gegenleistungserhöhend zu berücksichtigen (FG Bln-Bbg 12 K 12271/19, EFG 2022, 1559 mAnm Hennigfeld, Rev. BFH II R 5/22). Für vom Käufer übernommene, im Grundbuch eingetragene **dauernde** Lasten liegt eine Gegenleistung nach § 9 I vor; insoweit ist § 9 II Nr. 2 S. 2 nicht anwendbar (vgl. → Rn. 217). Zur Übernahme der Lasten iSd § 446 S. 2 BGB durch den Käufer vgl. → Rn. 107 „Grundstückslasten".

96 **d) Verpflichtung zum Eintritt in gegenseitige Verträge.** Die Verpflichtung des Käufers, in einen gegenseitigen Vertrag mit dem Verkäufer bzw. einem Dritten einzutreten bzw. einen solchen Vertrag abzuschließen, kann dem Grunde nach eine sonstige Leistung sein. Voraussetzung hierfür ist ein auf den Erwerbsgegenstand (Gr) bezogener und sich im Verhältnis zwischen Verkäufer und Käufer vollziehender **Wertezufluss bzw. -abfluss.** Daran fehlt es, wenn sich die beiderseitigen Verpflichtungen der Vertragsbeteiligten (zB bei Eintritt des Käufers eines GastwirtschaftsGr in einen Bierlieferungsvertrag) in einem **ausgewogenen Verhältnis** gegenüberstehen (BFH II R 159/72, BStBl. II 1977, 486; II R 115/86, BStBl. II 1990, 440; II R 9/92, BStBl. II 1995, 268). Ist der (ggf. noch abzuschließende) gegenseitig verpflichtende Vertrag zu Lasten des GrErwerbers unausgewogen, liegt eine Gegenleistung im Ausmaß der Unausgewogenheit vor (BFH II R 119/88, BStBl. II 1991, 586). Zur Verpflichtung eines GrErwerbers zum Eintritt in einen vom GrVeräußerer geschlossenen Vertrag betr. Bauerrichtung oder anderweitige Veränderung des GrZustands vgl. → Rn. 37.

97 **e) Mieterdienstbarkeit.** Nach diesen Grundsätzen ist auch darüber zu befinden, ob eine **Mieterdienstbarkeit (beschränkte persönliche Dienstbarkeit) als Gegenleistung** iSv §§ 8 I, 9 I Nr. 1 zu erfassen ist (BFH II R 55/15, BStBl. II 2018, 406). Eine Gegenleistung liegt nicht vor, wenn es wegen des ausgewogenen Verhältnisses von Wertzufluss oder -abfluss an einer insoweit geschuldeten zusätzlichen Gegenleistung fehlt. Anders ist dies nur, wenn hinsichtlich der zu zahlenden Miete ein **unangemessenes Verhältnis zulasten des Klägers** besteht.

98 **f) Vorleistungspflichten des Käufers.** Verpflichtet sich der Käufer zu einer von der Zug-um-Zug-Erfüllung der §§ 320, 322 BGB abweichenden **Vorleistung des Kaufpreises,** liegt in dem dem GrVerkäufer gewährten geldwerten Vorteil (der mit dem „Zinsverzicht" des Käufers korrespondiert) eine sonstige Leistung iSd § 9 I Nr. 1 (BFH II R 4/91, BStBl. II 1995, 69; II R 12/05, BFH/NV 2006, 2126; II R 37/04, BFH/NV 2006, 2127). Entsprechendes gilt auch bei einem einheitlichen Erwerbsvorgang (→ Rn. 3 ff.), wenn für den Käufer eine Vorleistungspflicht hinsichtlich der Vergütung für die Gebäudeerrichtung besteht (BFH II R 12/05, BFH/NV 2006, 2126). Dem Vorliegen eines geldwerten Vorteils des GrVerkäufers steht es auch nicht entgegen, wenn dem Käufer ein vertragliches Wahlrecht zur Vorleistung eingeräumt war und er dieses ausgeübt hat (BFH II R 37/04, BFH/NV 2006, 2127). **Sonstige Leistung** ist auch die **Verpflichtung des Käufers,** dem GrVerkäufer ein **zinsverbilligtes Darlehen** zu gewähren. Der Wert der sonstigen Leistung (geldwerter Vorteil) bestimmt sich nach der Differenz zwischen dem Zinssatz in der vereinbarten Höhe und dem nach § 15 I BewG (dazu – auch zu weiteren Berechnungsfragen – → § 8 Rn. 51) maßgebenden

Jahreswert von 5,5 % (BFH II R 119/88, BStBl. II 1991, 586; II R 4/91, 1995, 69; FG Bln 1610/97, EFG 1998, 1353; vgl. auch FM Bayern 7.10.2003, HEB 2024 § 9 GrEStG Rn. 50). Das gilt auch, wenn die Dauer des Vorteils weniger als ein Jahr beträgt (BFH II R 12/05, BFH/NV 2006, 2126; II R 37/04, BFH/NV 2006, 2127).

Für Teilzahlungsbeträge, die bei Werkverträgen als **Abschlagzahlungen** nach der **MaBV** vereinbart werden, scheidet hingegen eine als sonstige Leistung zu qualifizierende Kapitalnutzungsmöglichkeit aus (BFH II R 57/00, BFH/NV 2002, 1612; II R 12/05, BFH/NV 2006, 2126; dazu auch FM Bayern 7.10.2003, HEB 2024 § 9 GrEStG Rn. 50). Gleiches wird anzunehmen sein, wenn die Zahlung nach Baufortschritten von den Regeln der MaBV im Einzelfall abweicht (Haisch/Pospich BB 2019, 1052 (1054)). Zur Ausgewogenheitsprüfung im Zusammenhang mit einem künftigen GrZustand vgl. → Rn. 49 f.

g) Umsatzsteuer als Bemessungsgrundlage der Grunderwerbsteuer. 99
Unter das GrEStG fallende Umsätze sind gem. § 4 Nr. 9a UStG umsatzsteuerfrei (→ Rn. 63). Auf diese Steuerbefreiung kann der Unternehmer zur Erlangung des Vorsteuerabzugs (§ 15 II Nr. 1 UStG) nach Maßgabe des § 9 UStG durch **Option** verzichten (ausgenommen ist jedoch insb. die gem. § 1 Ia UStG nicht umsatzsteuerbare Geschäftsveräußerung im Ganzen, dazu zB Gottwald UVR 2004, 366). Die Option kann gem. § 9 III 2 UStG nur in dem gem. § 311b I BGB notariell zu beurkundenden Vertrag erfolgen. Damit kann keine Doppelbelastung mit USt und GrESt eintreten, weil die USt – ebenso wie die vom Käufer gem. § 448 II BGB zu tragenden Kosten der Beurkundung – nicht mehr Teil des Kaufpreises und damit der grestrechtlichen Gegenleistung ist, sondern eine allein vom GrErwerber zu begleichende eigene Steuerschuld ist (FG Münster 8 K 3267/05, EFG 2008, 556 mAnm Claßen; FM BW 22.6.2004, DStR 2004, 1432).

h) Grunderwerbsteuer als Bemessungsgrundlage der Umsatzsteuer. 100
Hat der **Erwerber** – wie im Regelfall – die Zahlung der **GrESt in voller Höhe** übernommen, gehört die GrESt nicht mehr zur Bemessungsgrundlage der ustpflichtigen GrLieferungen (BFH V R 14/04, BFH/NV 2006, 1233; V R 9/04, BStBl. II 2007, 285). Dem folgt auch die FVerw (BMF 25.9.2007, BStBl. I 2007, 716).

Bei widerstreitender Festsetzung von USt und GrESt ist ggf. § 174 AO anzuwenden (Sölch/Ringleb/Leipold UStG § 4 Nr. 9 Rn. 45). Zur Doppelbelastung mit USt und GrESt bei Bauherrenmodellen sowie Bauleistungen im Zusammenhang mit noch zu errichtendem Gebäude vgl. → Rn. 63 ff.

einstweilen frei 101, 102

3. Dem Verkäufer vorbehaltene Nutzungen. Zur Gegenleistung gehören 103
gem. § 9 I Nr. 1 auch die dem **Verkäufer vorbehaltenen Nutzungen.** Dies sind (vgl. Begr. GrEStG 1940, 406 zum vormaligen § 11 I GrEStG 1940) solche Nutzungen, die sich der Verkäufer über den Zeitpunkt hinaus vorbehält, in dem der Besitz auf den Erwerber übergeht (§ 446 BGB).

Zivilrechtlich gebühren dem Käufer von der Übergabe an – ggf. auch früher, 104
vgl. § 2380 BGB – die **Nutzungen** des Gr (§ 446 S. 2 BGB). Nutzungen sind die Früchte einer Sache oder eines Rechts sowie die Gebrauchsvorteile (§§ 99, 100 BGB; vgl. auch § 101 BGB zu aufeinander folgenden Fruchtziehungsberechtigten). Zu den Nutzungen gehören auch die sog. **mittelbaren Sach- und Rechtsfrüchte** (§§ 99 III, 100 BGB), also zB der Mietzins bei Mietshäusern oder

die Überbaurente bei überbauten Gr (§ 912 BGB). Hat sich der Verkäufer diese kraft Gesetzes auf den Käufer übergehenden Nutzungen vorbehalten, erlangt er einen an sich dem Käufer gem. § 446 S. 2 BGB zustehenden Vermögensvorteil. Das rechtfertigt die Hinzurechnung der vorbehaltenen Nutzungen zum Kaufpreis (BFH II R 37/18, BStBl. II 2020, 236; Begr. GrEStG 1940, 405).

105 Nach den klaren gesetzgeberischen Motiven (Begr. GrEStG 1940, RStBl. 1940, 379 (406)) soll die Vorschrift auf den Verzicht der dem Käufer nach § 446 S. 2 BGB rechtlich zustehenden Nutzungen beschränkt sein. Diese Betrachtungsweise ist nach den rechtssystematischen Grundlagen des Gegenleistungsbegriffs deshalb zu eng, weil § 446 BGB abdingbar ist (Grüneberg/Weidenkaff BGB § 446 Rn. 3). Die Hinzurechnung der vorbehaltenen Nutzungen findet ihren Rechtsgrund vielmehr in der Grundregel des § 320 BGB: Hiernach sind bei gegenseitigen Verträgen die beiderseitigen im Austauschverhältnis stehenden Leistungen **gleichzeitig** zu bewirken. Nur unter dieser Voraussetzung können die beiderseitigen Leistungspflichten als gleichwertig betrachtet werden. **Belässt der Käufer** trotz sofortiger Kaufpreiszahlung und Eintragung im Grundbuch dem Verkäufer ganz oder teilweise die Nutzungen des Gr, **indiziert** dieser Verzicht des Käufers auf die sofortige Nutzung des Gr eine **Ungleichwertigkeit der vereinbarten Gegenleistung.** Dieser Linie entspricht auch der BFH, der insoweit auf die Auslegung des Kaufvertrags verweist (BFH II R 37/18, BFH/NV 2020, 557m Anm. Bruschke UVR 2020, 217). Im Ausmaß der Ungleichwertigkeit liegt eine als vorbehaltene Nutzung zu erfassende Gegenleistung vor (BFH II R 37/18, BStBl. II 2020, 236; FG BW IX 153–154/81, IX 153/81, IX 154/81, EFG 1982, 428; ebenso im Ergebnis BFH II R 95/86, BStBl. II 1990, 186). Einer Hinzurechnung der dem Verkäufer vorbehaltenen Nutzungen auf der Grundlage des **§ 9 II Nr. 1 bedarf es** daher **nicht.**

106 Der Anwendungsbereich der Vorschrift erstreckt sich auf **Nutzungen aller Art** (BFH II 49/60 U, BStBl. III 1960, 413), also zB auf Nutzung der Gebäude für 30 Jahre (BFH II R 37/18, BStBl. II 2020, 236). Gleiches gilt für das dem GrVeräußerer vorbehaltene **Nießbrauchs- und Wohnungsrecht,** und zwar auch das bei Vornahme des Erwerbsvorgangs neu begründete Nutzungsrecht (BFH II R 48/76, BStBl. II 1977, 676; II R 56/79, BStBl. II 1981, 74; II 49/60 U, BStBl. III 1960, 413; FG BaWü 5 K 2500/21, EFG 2022, 1927, Rev. BFH II R 32/22). Vorbehaltene Nutzungen (mittelbare Rechtsfrüchte, vgl. → Rn. 104) sind auch dem Verkäufer geleistete Mietvorauszahlungen, die dieser einbehalten darf (RFH StuW 1929 Nr. 947; BFH II 211/56 U, BStBl. III 1957, 110; s. auch BFH II 211/56 U, BStBl. II 1977, 703 für Pachtzins), ferner obligatorische Geh- und Fahrtrechte (BFH II 72/65, BStBl. II 1971, 278), beschränkte persönliche Dienstbarkeiten sowie das vom Verkäufer gem. §§ 31 ff. WEG begründete und auf den Käufer gegen Einmalleistung übergehende Dauerwohn- oder Dauernutzungsrecht (Hofmann/Bock § 9 Rn. 37).

Entschädigungen, die der Käufer dem Veräußerer zum Ausgleich für (entgangene oder entgehende) Nutzungen zahlt, sind Teil der Gegenleistung (FG Hmb II 198/88, EFG 1991, 97; vgl. auch → Rn. 107 „Entschädigung“). Die **Bewertung** der vorbehaltenen Nutzungen bestimmt sich nach den allgemeinen Regelungen des BewG (→ § 8 Rn. 44 ff.).

4. ABC der Gegenleistung iSd § 9 I Nr. 1.

107 **Abbruchkosten:** Ist Gegenstand eines Erwerbsvorgangs der Erwerb eines unbebauten Gr und verpflichtet sich der Veräußerer vertraglich zum Gebäudeabbruch, gehören die entspr.

Aufwendungen nicht zur Gegenleistung. Eine solche liegt jedoch vor, wenn sich der Erwerber verpflichtet, dem Verkäufer die Abbruchkosten für ein aufstehendes Gebäude zu erstatten oder wenn der Verkäufer eine entspr. öffentlich-rechtliche Verpflichtung (zB bauordnungsrechtliches Abbruchgebot) vertraglich auf den Erwerber abwälzt (vgl. auch → § 8 Rn. 15). Abbruchkosten, die der Erwerber ohne entspr. vertragliche oder aufgrund erst in seiner Person entstandener öffentlich-rechtlicher Verpflichtung aufwendet, sind als eigennützige Erwerberleistung keine Gegenleistung (FG MV 1 K 212/96, EFG 1998, 1352; vgl. zu den verschiedenen Fallgestaltungen auch OFD Münster 8.2.2001 StEK GrEStG § 9 Nr. 113). Zur Erstattung von Abbruchkosten durch einen Enteignungsberechtigten vgl. → Rn. 152. Der Kauf auf Abbruch eines auf fremdem Grund und Boden stehenden Gebäudes ist nicht steuerbar (→ § 2 Rn. 101).

Abgabenrückstände: s. „Grundstückslasten".

Abschlagzahlungen: als vorzeitige Kapitalnutzungsmöglichkeit → Rn. 98.

Ackerquote: Ein im Zusammenhang mit dem Erwerb landwirtschaftlicher Flächen ausdrücklich vereinbartes Entgelt für den Übergang der sog. Ackerquote ist eine eigene Vermögensposition und unterliegt – weil kein GrBestandteil – nicht der Grunderwerbsteuer. Fehlt eine ausdrückliche Vertragsregelung zur Übernahme der Ackerquote und eines darauf gezahlten Entgelts, kann ein gegenleistungsmindernder Ansatz ausscheiden (FG MV 27.11.2003 3 K 60/02, BeckRS 2003, 16791) sa „Betriebsprämie".

Altlasten: Enthält ein Kaufvertrag über ein kontaminiertes Gr (dazu im Einzelnen das BBodSchG v. 17.3.1998, BGBl. 1998 I 502) Regelungen über die Beseitigung von Altlasten, können vom Erwerber übernommene Beseitigungspflichten eine sonstige Leistung sein. Dies setzt jedoch unabdingbar eine bereits **in** der **Person des GrVerkäufers** durch Sanierungsverfügung konkretisierte **Sanierungspflicht** voraus, die vom Erwerber als solche übernommen wurde (BFH II R 62/06, BStBl. II 2009, 854 = HFR 2009, 1219 (mAnm Pahlke)). Es gelten sinngemäß die für die Einbeziehung von Erschließungskosten in die Gegenleistung entwickelten Rechtsgrundsätze (vgl. → § 8 Rn. 22 ff.). Liegt eine Gegenleistung vor, kann deren Höhe entweder nach den tatsächlichen Sanierungsaufwendungen oder ggf. nach einem Sanierungsplan bzw. den von Sachverständigen erstellten Maßnahmeplänen berechnet werden (Klähn UVR 1994, 15 (17)); allein durch eine künftige GrNutzung bedingte Sanierungsmehrkosten sind keine Gegenleistung. Sind die Beseitigungskosten nicht bezifferbar und können sie auch nicht gem. § 162 AO geschätzt werden, ist § 8 II 1 Nr. 1 anzuwenden.

Anliegerkosten: → § 8 Rn. 22 ff., 34.

Auflassungskosten: → Rn. 87.

Ausgleichsbetrag: Zur grestrechtlichen Behandlung des Ausgleichsbetrags (§ 154 BauGB) beim Erwerb eines in einem Sanierungsgebiet gelegenen Gr vgl. → § 8 Rn. 34.

Ausgleichsmaßnahmen: Zur Kostenübernahme bei Ausgleichsmaßnahmen nach § 135a BauGB vgl. → § 8 Rn. 7; zu Ablösezahlungen bei Naturschutz-Ausgleichmaßnahmen vgl. → § 8 Rn. 33 f.

Bäume, aufstehende: → § 2 Rn. 21.

Bauherrenmodell: → Rn. 39 ff., → Rn. 56 ff.

Baupläne: s. „Planungskosten".

Bedingt geschuldete Leistungen: → § 8 Rn. 37.

Belastungszuschüsse: s. „Mietrechte".

Betriebsübernahme: → § 8 Rn. 74.

Beschäftigungsgarantie: s. „Investitionsgarantie".

Bestandteile: → § 2 Rn. 11.

Betriebsprämie: Ein im Zusammenhang mit dem Erwerb landwirtschaftlicher Flächen ausdrücklich vereinbartes Entgelt für den Übergang auf der Grundlage des BetriebsprämiendurchführungsG v. 21.7.2004 (BGBl. 2004 I 1763) idF v 28.3.2008 (BGBl. 2008 I 495) gezahlter Betriebsprämien ist, weil diese lediglich Geldforderungen sind, keine Gegenleistung (LfSt Bayern 18.11.2005, HEB 2024 § 8 GrEStG Rn. 12). Bei Fehlen einer ausdrücklichen Vertragsregelung betr. Übernahme der Betriebsprämie und darauf entfallender Entgeltzahlung – zur Problematik → § 8 Rn. 74 – kann ein gegenleistungsmindernder Ansatz ausscheiden (FG MV 27.11.2003 3 K 60/02, BeckRS 2003, 16791); sa „Ackerquote".

Betriebsverlegungsverpflichtung: Verpflichtet sich der Erwerber gegenüber einer grveräußernden Gemeinde zur Verlegung eines Betriebs in das Gemeindegebiet, gehören die dem Erwerber entstehenden Kosten der Betriebsverlegung zur Gegenleistung (BFH II 112/64, BStBl. II 1968, 690). Gleiches gilt auch für eine aufgrund entspr. Verpflichtung begründete Zuzahlung des Erwerbers, die dieser einer grveräußernden Gemeinde zum Ausgleich eines Gewerbesteuerausfalls gewährt (BFH HFR 1961, 102). Derartige Vereinbarungen werden regelmäßig rechtsunwirksam sein, so dass sie nur im Fall der tatsächlichen Zahlung in die Bemessungsgrundlage einzustellen sind (§ 41 I 1 AO).

Beurkundungskosten: → Rn. 87.

Bierbezugsverpflichtung: s. „Getränkebezugsverpflichtung".

Bindungsentgelt: → § 8 Rn. 30 ff.

Bodenkontaminierung: s. Altlasten.

Bodenschätze: Die sog. **grundeigenen Bodenschätze** (zum Begriff → § 2 Rn. 51) bzw. Bodenbestandteile stehen im Eigentum des GrEigentümers. Hierzu zählen insb. Bims, Kalkstein, Kies, Lehm, Sand, Ton und Torf. Die für die – nicht unter § 2 I 2 Nr. 2 fallende – Befugnis zur Ausbeutung dieser Vorkommen im Zusammenhang mit dem GrErwerb gesondert ausgewiesenen Leistungen des Erwerbers **(Ausbeuteentgelte)** entfallen auf das Gr und gehören daher zur Gegenleistung (so für Bimsausbeuterecht: BFH HFR 1965, 245; Kalksteinabbruchsrecht: BFH II 239/57 U, BStBl. III 1959, 454; Kiesgewinnungsrecht: BFH II 130/62, BStBl. III 1966, 552; IX R 14/03, BStBl. II 2006, 513; II B 79/04, BFH/NV 2005, 2053; Sandgewinnungsrecht: BFH II 74/63, BStBl. III 1966, 550; Tonausbeuterecht: BFH HFR 1965, 24; Torfgewinnungsrecht: BFH II 211/56 U, BStBl. II 1977, 703; vgl. auch FM Bayern 6.3.2006, HEB 2024 § 8 GrEStG Rn. 14; OFD Hannover 18.11.1999, DB 2000, 550; vgl. Bruschke UVR 2006, 186). Gleiches gilt – auch wenn Wasser kein Bodenschatz ist, § 3 BBergG – für ein Entgelt, das für die Befugnis zur Wasserentnahme oder für die Nutzung von (Heil-)Quellen gesondert gezahlt wird (RFH RStBl 1945, 12). Nicht steuerbar ist der Erwerb ausschließlich des Abbaurechts für grundeigene Bodenschätze ohne Erwerb des Grund und Bodens.

Übernimmt der **GrErwerber** die **Verpflichtungen aus** einem schuldrechtlichen **Kiesausbeutevertrag,** den der GrVeräußerer gegen eine ihm verbleibende Einmalzahlung mit einem Dritten geschlossen hat, liegt eine sonstige Leistung vor (BFH II 130/62, BStBl. III 1966, 552). Tritt der Erwerber in einen bereits vom GrVeräußerer mit einem Dritten geschlossenen Ausbeutevertrag ein und fließt dem Erwerber das laufende Entgelt zu, liegt bei Ausgewogenheit der beiderseitigen Verpflichtungen (→ Rn. 96) keine Gegenleistung vor (Hofmann/Bock § 9 Rn. 33). Hat ein durch eine Grunddienstbarkeit gesichertes Ausbeutungsrecht den Charakter einer dauernden Last (→ Rn. 213 ff.), so ist ihre Übernahme aufgrund § 442 II BGB als sonstige Leistung zu erfassen (vgl. → Rn. 215; nach der Rechtslage bis 31.12.2001 fehlte hingegen gem. § 9 II Nr. 2 S. 2 eine Gegenleistung (BFH II 74/63, BStBl. III 1966, 550; II R 26/03, BStBl. II 2005, 613). Ein Gestaltungsmissbrauch (§ 42 AO) liegt vor, wenn dem GrErwerb der Abschluss eines schuldrechtlichen Abbauvertrags vorgeschaltet wird und der Erwerb des Gr durch den Abbauberechtigten bereits zu diesem Zeitpunkt beschlossene Sache war (BFH HFR 1965, 24; HessFG EFG 1961, 456).

Die sog. **bergfreien Bodenschätze** (zum Begriff → § 2 Rn. 50) werden vom Grundeigentum nicht erfasst. Der Erwerb entsprechender Abbaurechte und von Bergwerkseigentum

(§ 9 BBergG) unterliegt gem. § 2 I 2 Nr. 2 nicht der GrESt (ebenso OFD Hannover v. 18.11.1999, DB 2000, 550).

Die zugunsten des Staates erstmalig begründete und durch beschränkte persönliche Dienstbarkeit (§§ 1090 ff. BGB) gesicherte Verpflichtung zur Übereignung von Bodenschätzen und -funden mit kultur- und naturgeschichtlichem Wert bzw. zur Mineraliengewinnung ist eine sonstige Leistung. Sie ist jedoch regelmäßig mit null EUR zu bewerten (OFD Hannover v. 18.11.1999, DB 2000, 550). Die Übernahme einer entsprechenden schon bestehenden Grunddienstbarkeit ist als dauernde Last gem. § 9 II Nr. 2 S. 2 grestfrei.

Brandentschädigung: Für deren Übergang auf den Erwerber erbrachte Leistungen sind keine Gegenleistung, vgl. → § 2 Rn. 28.

Bürgschaftsübernahme: Übernimmt der Erwerber eine Bürgschaft für den Veräußerer, kann darin uU eine Gegenleistung liegen. Es sind die für die Übernahme eines Grundpfandrechts geltenden Grundsätze entspr. anzuwenden (→ Rn. 90 ff.). Besteht ein Rückgriffsanspruch des Erwerbers für den Fall seiner Inanspruchnahme (§ 774 BGB) und kann dieser gegen den Veräußerer durchgesetzt werden, ist der Wert der Bürgschaftsübernahme mit null anzusetzen (→ Rn. 92).

Dauernde Lasten: → Rn. 213 f.

Dienstbarkeit, beschränkt persönliche: → Rn. 97, 106.

Eigenleistungen: → § 8 Rn. 17 ff.; → § 9 Rn. 37, 52.

Einbaumöbel (insb. Einbauschränke, Markisen): → § 2 Rn. 18.

Einheimischenmodell: → § 8 Rn. 23.

Entschädigung: Verpflichtet sich der Erwerber im Zusammenhang mit einem GrErwerb zu Entschädigungsleistungen (zB für eine Wertminderung des dem Verkäufer verbleibenden Gr), können diese als Teil des Kaufpreises Gegenleistung sein, vgl. → Rn. 74. Die dem Verkäufer zum Ausgleich wirtschaftlicher Nachteile aus der Aufgabe des Gr vom Erwerber gezahlte Umstellungsentschädigung ist sonstige Leistung (RFH RStBl. 1943, 85). Gleiches gilt für sonstige Entschädigungszahlungen, die der Käufer dem Verkäufer zum Ausgleich für (entgangene oder entgehende) Nutzungen des veräußerten Gr gewährt (FG Hmb II 198/88, EFG 1991, 97). Die Sondervorschrift des § 9 I Nr. 7 S. 2 ist auf die durch diese Vorschrift erfassten besonderen Fälle des Erwerbs durch Enteignung bzw. zur Vermeidung einer Enteignung beschränkt.

S. im Übrigen „Betriebsverlegungsverpflichtung“, „Mietrechte“, „Räumungskosten“.

Erbbaurecht: → Rn. 168 ff.

Erhaltungsrücklage s. „Instandhaltungsrückstellung“.

Ersatzgrundstück: Die Verpflichtung des Erwerbers, dem Veräußerer für die Beschaffung eines ErsatzGr notwendige Aufwendungen (Makler, Notariats- und sonstige Beschaffungskosten einschl. GrESt) zu ersetzen, ist sonstige Leistung, RFH RStBl 1943, 85. S. auch „Räumungskosten“.

Erschließungskosten: → § 8 Rn. 24 ff.

Erwerbermodell: → Rn. 62.

Erwerbsverzicht nach § 1093 BGB: entweder § 9 II Nr. 3 oder § 9 I Nr. 1 (sonstige Leistung), vgl. BFH II B 45/22, BFH/NV 2023, 1319.

Firmenwert: s. „Geschäftswert“.

Folgekostenvertrag: Die Übernahme von Folgekosten in einem zweiseitigen (öffentlich-rechtlichen) Vertrag gem. § 11 I 2 Nr. 3 BauGB mit einer Gemeinde im Zusammenhang mit einem GrKaufvertrag kann Gegenleistung sein, wenn eine insoweit bereits in der Person des GrVeräußerers fällige Forderung auf den GrErwerber abgewälzt wird. Die bloße Übernahme der Zahlungsverpflichtung durch den GrKäufer bei noch ausstehender Fälligkeit erhöht die Gegenleistung nicht (BFH II R 12/13, BStBl. II 2014, 857); bei Fälligkeit und Zahlung nach

Vertragsabschluss liegt eine eigennützige Leistung des GrErwerbers vor (vgl. auch → § 8 Rn. 24 ff.).

Forderungsverzicht: → § 8 Rn. 35; → § 9 Rn. 73.

Gebäude auf fremdem Boden: → Rn. 188 ff.

Gerichtsgebühren: → Rn. 87.

Geschäftswert: Ein im Zusammenhang mit dem Erwerb eines GeschäftsGr gezahltes Entgelt für den sog. Geschäftswert ist nur insoweit eine sonstige Leistung, als der Geschäftswert den Wert des Gr unmittelbar erhöht. Dies ist der Fall, wenn der Geschäftswert (zB bei einem Ausflugslokal oder Hotelbetrieb) eindeutig auf der **Lage des Gr** beruht (BFH II R 97/66, BStBl. II 1974, 250; II R 35/96, BFH/NV 1998, 1527). Daran fehlt es bei einem bloßen Lagevorteil eines Geschäftsbetriebs (zB Apotheke mit großem Einzugsbereich), der nicht auf dem Gr anhaftende spezifische Merkmale zurückzuführen ist (NdsFG III 194/85, EFG 1992, 28). In solchen Fällen ist der Geschäftswert jederzeit vom Gr lösbar (RFH RStBl. 1942, 762). Kann der Geschäftswert – wie häufig – nicht eindeutig zugeordnet werden und fehlt eine grestrechtlich anzuerkennende Festlegung von Einzelpreisen (→ § 8 Rn. 40), muss die Gesamtgegenleistung hinsichtlich des Geschäftswerts im Verhältnis der auf Gr und sonstige Gegenstände entfallenden Entgeltanteile aufgeteilt werden (BFH II R 97/66, BStBl. II 1974, 250; II R 35/96, BFH/NV 1998, 1527; zur Aufteilung → § 8 Rn. 40).

Geschäftsaufgabe: Das vom Erwerber für die Aufgabe eines auf dem KaufGr betriebenen Geschäfts an den Veräußerer gezahlte besondere Entgelt ist Teil der Gegenleistung. S. auch „Räumungskosten“, „Wettbewerbsverbot“.

Geschlossener Immobilienfonds: → Rn. 194.

Gewerbesteuer: s „Betriebsverlegungsverpflichtung“.

Getränkebezugsverpflichtung: Deren Übernahme durch den GrErwerber (insb. bei Erwerb eines Gr mit Gastronomie- oder Gastwirtschaftsbetrieb) im Wege des Eintritts in entspr. Verträge mit Dritten soll eine sonstige Leistung sein, sofern der Veräußerer das Gr ohne entspr. Verpflichtung des GrErwerbers nicht veräußert hätte (FG RhPf IV 14/69, EFG 1971, 552). Diese Auffassung ist abzulehnen (aA Viskorf/Loose § 9 Rn. 320 f.). Eine sonstige Leistung liegt nur bei einer Unausgewogenheit der vom Erwerber übernommenen Verpflichtungen vor (→ Rn. 96; ähnlich auch RFH RStBl. 1933, 408).

Soweit der Erwerber die Getränkebezugsverpflichtung mit Rücksicht auf die ihm gewährte Stundung des Kaufpreises eingeht, kann dies ggf. für eine Unausgewogenheit der vom Erwerber übernommenen Verpflichtung sprechen. Die Bewertung des Kaufpreises selbst ist hingegen nach den allgemeinen Regeln über die Kaufpreisbewertung (→ Rn. 79 ff.) vorzunehmen. Gegebenenfalls kann die Verpflichtung des Erwerbers zum Eintritt in einen Getränkelieferungsvertrag auch mit anderen nicht grestbaren Leistungen des Lieferanten (zB Mobiliarüberlassung) korrespondieren, so dass es aus diesem Grunde an einer sonstigen Leistung fehlt (BFH II R 159/72, BStBl. II 1977, 486).

Grunderwerbsteuer: Zu ihrer Behandlung als Teil der Gegenleistung vgl. § 9 III; zur Übernahme der GrESt durch den Käufer vgl. → Rn. 99.

Grundpfandrechte: Zu ihrer Übernahme durch den Käufer → Rn. 90 ff.

Grundstückslasten: Nach der Grundregel des § 448 S. 2 BGB (§ 446 I 2 BGB aF) hat der Käufer die GrLasten (zB laufende Abgaben, Versicherungsprämien) erst ab GrÜbergabe zu tragen. Verpflichtet sich der Käufer in Abweichung von dieser Grundregel auch zur Übernahme rückständiger (dh vor Übergabe des Gr entstandener) aus dem Gr zu entrichtender Lasten, sind diese eine sonstige Leistung. Die Haftung des Erwerbers für **Abgabenrückstände** (zB gem. §§ 10 I, 11 I GrStG; § 134 BauGB) ist hingegen keine Gegenleistung, zumal sie unter Berücksichtigung des § 436 II BGB bei fehlender vertraglicher Übernahme durch den Erwerber einen Ausgleichsanspruch gegen den Veräußerer auslösen kann (vgl. Grüneberg/Weidenkaff BGB § 436 Rn. 12). Die auf den Erwerber kraft Gesetzes übergehenden GrBelastungen werden durch § 9 II Nr. 2 erfasst. Zur Übernahme von Grundpfandrechten und sonstigen GrLasten durch den Käufer → Rn. 90 ff.

Gutachterkosten: s. „Rechtsberatungs- und Rechtsverfolgungskosten".

Hypothek: Zu deren Übernahme durch den Käufer → Rn. 90 ff.

Immobilien-Leasing: Zum Erwerb der Verwertungsbefugnis am LeasingGr → Rn. 204.

Instandhaltungsrückstellung (jetzt: Erhaltungsrücklage): Ein gezahltes Entgelt für den Erwerb eines in der Instandhaltungsrückstellung (§ 21 V Nr. 4 WEG) angesammelten Guthabens bei Erwerb einer Eigentumswohnung oder die Verpflichtung des Erwerbers der Eigentumswohnung, einen bestimmten Betrag in die Instandhaltungsrückstellung einzuzahlen, gehört zur Gegenleistung (BFH II R 49/17, BStBl. II 2021, 339; FG Köln 2 K 150/20, ZWE 2024, 144). Den gegenteiligen früheren Standpunkt hat der BFH II R 20/89, BStBl. II 1992, 152; II R 91/90, BFH/NV 1992, 264 aufgegeben).

Instandhaltungsverpflichtung: s. „Instandhaltungsrückstellung" und „Modernisierungsverpflichtung".

Investitions- und Beschäftigungsgarantie: Verpflichtet sich der Erwerber im Zusammenhang mit dem GrErwerb (zB bei einem Erwerb nach Maßgabe des InVorG) ausschließlich zur Tätigung bestimmter Investitionen und/oder zur Schaffung bzw. Aufrechterhaltung eines bestimmten Beschäftigungsstands, so liegt eine nicht bezifferbare Gegenleistung (§ 8 II 1 Nr. 1) vor (zu Abgrenzungsfragen iE → § 8 Rn. 74).

Jagdrecht: → § 2 Rn. 25.

Kanalbaubeitrag: → § 8 Rn. 19, 28 ff.

Kfz-Einstellplätze: → § 8 Rn. 29.

Kompensationszahlungen: → Rn. 219.

Leistungen an Erfüllung Statt: s. § 9 I Nr. 3 und die dortigen Erläuterungen.

Löschungskosten: → Rn. 88.

Lohnanspruch: Zur Aufgabe eines Lohnanspruchs im Zusammenhang mit einer GrÜbertragung → Rn. 77.

Maklerkosten: Diese gehören nicht zur Gegenleistung, wenn der vereinbarte Maklerlohn nach dem Maklervertrag ausschließlich vom Käufer zu tragen ist (BFH II R 23/80, BStBl. II 1982, 138); daran ändert ein Zusammenwirken von GrEigentümer und Makler nichts (BFH IV R 135/90, BFH/NV 1991, 769; vgl. auch FG Köln 5 K 8151/97, EFG 2001, 93). Vom GrEigentümer selbst zu tragende Maklerkosten können nie Gegenleistung sein. Soweit allerdings der Käufer einen nach Maßgabe des Maklervertrags ganz oder teilweise vom Verkäufer selbst geschuldeten Maklerlohn übernimmt, liegt in dieser Befreiung des Verkäufers von seiner Verbindlichkeit eine sonstige Leistung (vgl. OFD Hannover 5.12.2002, UVR 2003, 143; LSF Sachs UVR 2013, 40). Zum Missbrauch rechtlicher Gestaltungsmöglichkeiten (§ 42 AO) bei unangemessen hoher Maklergebühr → § 8 Rn. 42. Nach Ausübung des Vorkaufsrechts sind die für den zunächst geschlossenen Kaufvertrag angefallenen Maklergebühren keine Gegenleistung; der Erstverkäufer hat gegen den Makler einen Anspruch auf Rückzahlung nach § 812 I 1 Alt. 2 BGB (BGH I ZR 5/15, NJW 2016, 3233). Die Maklerkosten sind keine sonstige Leistung (FG München 4 K 236/22, EFG 2024, 2056, Rev. BFH II R 29/24). Daran kann auch § 656c BGB, der nur für eine Wohnung oder ein Einfamilienhaus gilt, nichts ändern.

Markise: → § 2 Rn. 17 f.

Massekostenbeitrag: Zahlt ein Grundpfandgläubiger im Insolvenzverfahren über Vermögen des GrEigentümers einen Massekostenbeitrag an den Insolvenzverwalter im Zusammenhang mit der freihändigen GrVeräußerung, liegt darin keine Gegenleistung.

Mehrerlösvereinbarungen: → § 8 Rn. 37.

Mietereinbauten: Erwirbt der Mieter das gemietete Gr vom Vermieter und verzichtet er auf die ihm gegen den Vermieter zustehende Entschädigung für Einbauten, so ist der

Verzicht in Höhe der Entschädigung Teil der Gegenleistung (BFH II R 125/84, BStBl. II 1987, 180); zur Anwendung dieses Grundsatzes im Zusammenhang mit Vertragsgestaltungen betr. Privatisierung der Wohnungsbestände der Treuhandunternehmen vgl. FM Bbg 6.4.1995, StED 1995, 294.

Mieterdienstbarkeit: Verpflichtet sich der Grundstückskäufer im Zusammenhang mit dem Grundstückskaufvertrag, dem Mieter eine beschränkte persönliche Dienstbarkeit gegen **angemessenes Entgelt** zu bestellen (zB § 111 InsO oder im Falle der Zwangsversteigerung nach § 57a ZVG), liegt darin keine Gegenleistung für das Grundstück iSv §§ 8 I, 9 I Nr. 1 (BFH II R 55/15, BStBl. II 2018, 406); nur bei einer unangemessenen Gestaltung kommt eine gegenleistungserhöhende Rechtswirkung in Betracht, → Rn. 97.

Mietrechte: Verpflichtet sich der Verkäufer zur Übereignung des Gr frei von Mietrechten und zahlt der Käufer diesem hierfür ein besonderes Entgelt, gehört dieses zum Kaufpreis (RFHE 12, 21). Dies gilt ebenso dann, wenn die vom Käufer an den Mieter gezahlte Entschädigung unter Beteiligung des Verkäufers vereinbart wird (FG Bbg 3 K 2452/01, EFG 2003, 1726). Keine Gegenleistung liegt hingegen vor, wenn sich der Verkäufer kraft besonderer Abrede (zB Auftrag, Werkvertrag) zur Beseitigung der Mietrechte verpflichtet (RFHE 12, 21) oder der Käufer selbst dem Mieter eine Entschädigung für die Räumung gewährt. Die vom Mieter beim Erwerb des gemieteten Gr vom Vermieter gezahlte Entschädigung für die (vorzeitige) Aufhebung des Mietvertrags ist Teil der Gegenleistung (BFH II 173/54 U, BStBl. III 1955, 10; II R 114/90, BFH/NV 1995, 65 unter Bestätigung von FG Hmb II 198/88, EFG 1991, 97). Eine solche Entschädigung ist eine zusätzliche Vergütung für die sich aus dem Erwerb des Gr notwendigerweise ergebende Beendigung des Mietverhältnisses und die damit verbundene Aufgabe der Nutzungsmöglichkeit (vgl. § 446 I BGB) durch den Verkäufer. Dies gilt auch dann, wenn der Kauf des Gr in Ausübung eines Wiederkaufsrechts erfolgt (BFH II R 114/90, BFH/NV 1995, 65). Für Pachtverhältnisse gelten die vorstehenden Grundsätze entsprechend.

Der **Eintritt** eines GrKäufers in die über das Gr geschlossenen **Mietverträge** begründet in keinem Fall eine zusätzliche Leistung des Erwerbers (NdsFG III 250/85, EFG 1991, 560). Insoweit folgt aus § 571 BGB, dass das Gr und die darüber bestehenden Mietverträge eine Einheit bilden. Verpflichtet sich der GrVeräußerer zur Zahlung sog. Belastungszuschüsse an vom GrKäufer zu benennende Erwerber der noch in Eigentumswohnungen umzuwandelnden Mietwohnungen, so beziehen sich diese Zuschüsse nicht auf den Erwerb des Gr selbst. Die Belastungszuschüsse gehören daher nicht zur Gegenleistung (NdsFG III 250/85, EFG 1991, 560). Im Fall eines insoweit gezahlten Gesamtkaufpreises bedarf es der Aufteilung der Gesamtgegenleistung (→ § 8 Rn. 40 ff.).

Verbilligter Wohnraum mit zinsgünstigem Darlehen ist keine sonstige Leistung, BFH II R 26/21, BFH/NV 2023, 387.

Milch-Referenzmenge: Für deren Übergang auf den Erwerber erbrachte Leistungen waren keine Gegenleistung (→ § 2 Rn. 30). Zur Berücksichtigung der für die Aufgabe einer Milchreferenzmenge gezahlten Entschädigung als Teil einer Gesamtgegenleistung vgl. FG MV 3 K 280/01, EFG 2003, 878.

Modernisierungsverpflichtung: Ist Gegenstand des Erwerbsvorgangs ein bebautes Gr mit zu modernisierendem oder sanierendem Gebäude, gehören die hierauf entfallenden Aufwendungen des Erwerbers nach den Grundsätzen über den einheitlichen Erwerbsgegenstand ggf. zu Gegenleistung (vgl. → § 9 Rn. 3 ff.).

Nachträgliche Leistungen: s. § 9 II Nr. 1 und die dortigen Erläuterungen.

Notargebühren: → Rn. 87.

Nutzungen: Dem Verkäufer vorbehaltene Nutzungen gehören gem. § 9 I Nr. 1 zur Gegenleistung, vgl. → Rn. 103 ff. Keine Gegenleistung ist ein Entgelt des GrKäufers für vor der Kaufpreiszahlung gewährte vorzeitige Nutzungsüberlassung durch den Verkäufer, vgl. → Rn. 71.

Öko-Konto: Die Einbeziehung des Geldausgleichs für das Öko-Konto wird in voller Höhe für das Grundstück erbracht und ist deshalb der grunderwerbsteuerlichen Bemessungsgrundlage hinzuzurechnen (FG Münster 8 K 174/21, EFG 2023, 142). Diese Beurteilung erscheint wegen des öffentlich-rechtlichen Charakters dieser Abgabe als fraglich.

Pflegeleistungen: Die zumeist in Übergabeverträgen zur vorweggenommenen Erbfolge vereinbarte Verpflichtung zu (idR lebenslänglichen) Pflegeleistungen ist eine Gegenleistung. Der Kapitalwert einer Pflegeverpflichtung ist nach Maßgabe der Sachleistungswerte nach dem Pflegeversicherungsgesetz mit den Werten des § 14 I BewG iVm Anlage 9 zum BewG zu erfassen (zB OFD Frankfurt 4.6.2013 – S 4521/41 – St 345). Liegt eine Pflegeverpflichtung im Bedarfsfall vor, ist diese aufschiebend bedingt. Sie ist eine zusätzliche (nachträgliche) Leistung iSd § 9 II Nr. 1 und grestrechtlich nach den sich aus → § 9 Rn. 211 ergebenden Grundsätzen zu erfassen. Zu beachten sind etwaige Steuerbefreiungen zB gem. § 3 Nr. 1, Nr. 4 oder Nr. 6.

Photovoltaikanlage: → § 2 Rn. 46.

Planungskosten: An den Verkäufer zu leistende Zahlungen des Käufers für eine entweder noch durchzuführende Planung und Projektaufbereitung oder für bereits erstellte Baupläne im Hinblick auf eine vom Käufer beabsichtigte Bebauung des Gr gehören nicht zur Gegenleistung, soweit das unbebaute Gr Gegenstand des Erwerbsvorgangs ist und sich Leistung und Gegenleistung im Hinblick auf die Planungs- und Projektaufbereitungskosten ausgewogen gegenüberstehen (BFH II R 67/89, BStBl. II 1993, 308; II R 54/98, BStBl. II 2000, 143). Andernfalls liegt eine Gegenleistung im Ausmaß der Unausgewogenheit vor (→ Rn. 46 ff., → Rn. 96). Nach den Grundsätzen des einheitlichen Leistungsgegenstands ist ein Entgelt für (vom GrBegriff iSd § 2 nicht erfasste) **Baupläne** als Gegenleistung zu erfassen, wenn die Bauplanung einer der Veräußererseite zuzurechnenden zukünftigen Bebauung dient (BFH II R 54/98, BStBl. II 2000, 143). Ein für die Planung vereinbartes besonderes Entgelt ist auch dann Teil der Gegenleistung, wenn – unbeschadet der Bezeichnung der entspr. Kaufpreisteils – ein einheitliches Entgelt für Gr und Planungsunterlagen vereinbart wird, die vorliegende Planung bloßer Beweggrund für die Kaufpreisbemessung ist und Anhaltspunkte für vom Erwerber insoweit erlangte geldwerte Ansprüche fehlen (NdsFG III 155/93, EFG 1994, 670; vgl. auch schon BFH II 255/55 U, BStBl. III 1955, 380).

Projektaufbereitungskosten: s. „Planungskosten".

Räumungskosten: Die Verpflichtung des Erwerbers, dem Verkäufer entstehende Umzugs- oder sonstige Räumungskosten zu ersetzen, betrifft eine dem Verkäufer gem. § 434 BGB obliegende Verpflichtung. Sie ist daher auf den GrErwerb bezogen und somit eine sonstige Leistung (BFH II 191/52 U, BStBl. III 1953, 145; RFH RStBl 1943, 85). S. auch „Betriebsverlegungsverpflichtung", „Mietrechte".

Rechtsberatungs- und Rechtsverfolgungskosten: Übernimmt der Käufer die Kosten der Rechtsberatung des Verkäufers, so sind diese grds. Teil der Gegenleistung (BFH II R 54/89, BStBl. II 1992, 301; FG Münster VIII 3554/87 GrE, EFG 1991, 276). Die Einbeziehung in die Bemessungsgrundlage der GrESt setzt jedoch voraus, dass der Grund für die Übernahme der Rechtsberatungs- oder Rechtsverfolgungskosten im GrErwerb selbst liegt (BFH II R 54/89, BStBl. II 1992, 301). Deshalb gehören diese Kosten dann nicht zur Gegenleistung, wenn sie dem Käufer im Zusammenhang mit einem zur Vermeidung einer Enteignung erfolgten GrKauf erstattet werden (vgl. näher → Rn. 149).

Rübenlieferungsrecht: Für dessen Übergang auf den Erwerber erbrachte Leistungen sind keine Gegenleistungen, vgl. → § 2 Rn. 30.

Sandausbeutungsrecht: s. „Bodenschätze".

Schenkung: Zur gemischten Schenkung und Schenkung unter einer Auflage vgl. → Rn. 197 f.

Solaranlage: → § 2 Rn. 46.

Sonderwünsche der Erwerberseite: → Rn. 53, 201 ff.

Symbolische Gegenleistung: → § 8 Rn. 15.

Straßenausbaubeitrag: → § 8 Rn. 28.

Umsatzsteuer: → Rn. 63, 99.

Umzugskosten: s. „Räumungskosten".

Verdeckte Gewinnausschüttung: → Rn. 78.

Verbilligter Wohnraum mit zinsgünstigem Darlehen: keine sonstige Leistung, BFH II R 26/21, BFH/NV 2023, 387.

Vermessungskosten: Gemäß § 448 I BGB gehören die Vermessungskosten zu den vom Verkäufer zu tragenden Kosten. Verpflichtet sich jedoch der Käufer eines noch zu vermessenden Gr gegenüber dem Verkäufer zur Tragung dieser Kosten, gehören diese zur Gegenleistung (BFH II R 61/71, BStBl. II 1975, 362; II R 93/92, BFH/NV 1996, 354; II R 48/15, BStBl. II 2018, 24; vgl. auch → Rn. 85 f.). Das gilt unabhängig davon, ob die Vermessungskosten zunächst in der Person des Verkäufers entstehen und sodann auf den Käufer abgewälzt werden oder ob die Kostentragungspflicht unmittelbar in der Person des Käufers entsteht. Vom Erwerber (Enteignungsberechtigten) im Zusammenhang mit einer Enteignung bzw. einer freiwilligen Veräußerung zur Vermeidung einer Enteignung übernommene Vermessungskosten gehören hingegen nicht zur Gegenleistung (vgl. → Rn. 150).

Vertragsstrafe: Die vom Schuldner für den Fall der Nichterfüllung oder nicht gehörigen Erfüllung einer Verbindlichkeit (auch bei Nichterfüllung einer Investitions- oder Beschäftigungsgarantie) versprochene Vertragsstrafe (§§ 339 ff. BGB) gehört nicht zur Gegenleistung (Viskorf/Loose § 9 Rn. 27; FM Sachs 14.8.1996, DStR 1996, 1530). Gegebenenfalls ist eine Vertragsstrafenregelung als Vereinbarung einer Kaufpreisminderung iSd § 16 III Nr. 2 zu behandeln (vgl. → § 16 Rn. 99). Zu Vertragsstrafenregelungen im Zusammenhang mit einer investiven Vertragsgestaltung (§ 3a VII VermG aF; § 8 II und III InVorG) vgl. Klähn UVR 1994, 15 und Weimar DStR 1993, 63.

Verzugszinsen: Die vom Erwerber bei verspäteter Zahlung der geschuldeten Gegenleistung zu zahlenden Verzugszinsen (§ 288 BGB) gehören nicht zur Gegenleistung.

Vorleistungen: → § 8 Rn. 36; → § 9 Rn. 71, 74.

Wald: → § 2 Rn. 21; → § 8 Rn. 12.

Weihnachtsbäume: → § 2 Rn. 21

Wertsicherungsklausel: → § 8 Rn. 38.

Wettbewerbsverbot: Die vom **Käufer** bewilligte dingliche Wettbewerbsbeschränkung (Grunddienstbarkeit) – zB Verpflichtung, auf dem KaufGr keinen Gewerbebetrieb bestimmter Art zu betreiben – ist eine sonstige Leistung (BFH II 158/63, BStBl. II 1968, 220); dies dürfte ebenso für ein schuldrechtlich vereinbartes Wettbewerbsverbot gelten (Sauerland UVR 2010, 157). Das Entgelt für einen vom **Verkäufer** erklärten Wettbewerbsverzicht ist hingegen nicht auf das Gr iSv § 2 bezogen und daher keine grestrechtliche Gegenleistung.

Wiederkaufsrecht: Das Entgelt, das von einem Wiederkaufsberechtigten für seinen Verzicht auf die Ausübung dieses Rechts gezahlt wird, ist keine Gegenleistung (vgl. → Rn. 210).

Windkraftanlage: Der für den Erwerb des Grundstücks gezahlte Kaufpreis und die für diese Fläche gezahlte Entschädigung ist Gegenleistung. Die weiteren Leistungen zur Abgeltung der auf andere Gr anfallenden Kosten von 360.700 EUR sind hingegen nicht Bemessungsgrundlage der GrESt (BFH II R 16/14, BStBl. II 2017, 964).

Zinsvergünstigte Darlehen: Zu deren Übernahme durch den Käufer → Rn. 94. Zur Berechnung der Gegenleistung, wenn diese in der Verpflichtung des Käufers zur Gewährung eines zinsverbilligten Darlehens besteht, vgl. → Rn. 94.

Zubehör: → § 2 Rn. 37 f.

II. Tausch (§ 9 I Nr. 2)

Beim Tausch (vgl. → § 1 Rn. 171 ff.) ist **Gegenleistung** für den erworbenen Tauschgegenstand nach § 9 I Nr. 2 **die Tauschleistung des anderen Vertragsteils** – dh die für den erworbenen Gegenstand hingegebene Tauschleistung (§§ 480, 433 ff. BGB) – sowie eine vereinbarte **zusätzliche Leistung** (zur Bemessungsgrundlage beim GrTausch eingehend Steiger UVR 2004, 131 ff.). Die **Tauschleistung des anderen Vertragsteils** kann in der **Hingabe eines Gr** (oder eines Miteigentumsanteils an einem Gr (BFH II R 30/21, BFH/NV 2025, 219; II 166/57 U, BStBl. III 1959, 98), in beweglichen Sachen oder auch Rechten (zB Gesellschaftsrechten) bestehen. **108**

Beim wechselseitigen GrTausch ist **jedes Gr** mit seinem **gemeinen Wert** (§ 9 BewG) zu bewerten (BFH II 21/51 S, BStBl. III 1951, 154; II 87/60 U, BStBl. II 1964, 102; II B 24/68, BFHE 94, 291; FG Münster 8 K 5129/94 GrE, EFG 1999, 247). Die von den Vertragsparteien ihrer Berechnung zugrunde gelegten Werte sind grds. nicht für die Besteuerung maßgebend (Begr. GrEStG 1940, 406). Jedoch kann das FA diesen Preis- und Wertangaben folgen, wenn sie angemessen erscheinen und nicht der Steuerumgehung dienen (BFH II R 30/21, BFH/NV 2025, 219). Unter diesen Voraussetzungen kann das FA auch bei Zuzahlungen eines GrErwerbers davon ausgehen, dass der Gesamtwert seiner Gegenleistung (Wert des hingegebenen Gr sowie Zuzahlung) dem Wert des erworbenen Gr entspricht (BFH III B 9/10, BFH/NV 2012, 65). Das FA verletzt jedoch seine Ermittlungspflicht, wenn es ohne weitere Prüfung die in der Vertragsurkunde angegebenen Werte der Besteuerung zugrunde legt; demgemäß scheidet eine Änderung gem. § 173 I 1 Nr. 1 AO bei später bekannt werdenden werterhöhenden Umständen aus (FG RhPf 4 K 1441/97, EFG 1998, 1429; Hofmann/Bock § 9 Rn. 44; Steiger UVR 2004, 131 (133)). **109**

Beim **wechselseitigen GrTausch** liegen nach § 1 V zwei Erwerbsvorgänge und damit zwei getrennt zu behandelnde Steuerfälle vor (→ § 1 Rn. 171 f., → § 1 Rn. 530); die GrESt muss also für jeden Erwerbsvorgang gesondert berechnet und festgesetzt werden. Es verstößt gegen den zwingenden Gesetzeswortlaut des § 9 I Nr. 2, wenn das FA den Wert aller TauschGr zusammenrechnet und als Gegenleistung je die Hälfte des Gesamtwerts ansetzt (BFH II 87/60 U, BStBl. III 1964, 102). Auch die **Befreiungsvorschriften** – zB § 7 beim Austausch von Miteigentumsanteilen an einem Gr zum Zweck dessen flächenmäßiger Teilung – sind für jeden Erwerbsvorgang gesondert zu prüfen (vgl. auch BFH II R 103/70, BStBl. II 1976, 94).

Wird bei einem GrTausch eine **zusätzliche Leistung** (zB Zuzahlung) vereinbart, so gelten für diese zunächst die vorstehenden allgemeinen Rechtsgrundsätze. Für die Bewertung der zusätzlichen Leistungen sind die allgemeinen Bewertungsvorschriften maßgebend. Bei der Ermittlung der Bemessungsgrundlage ist zu berücksichtigen, dass das weniger wertvolle Gr und die zusätzliche Leistung zusammen die Gegenleistung für das wertvollere Gr bilden. Die Gegenleistung für das weniger wertvolle Gr besteht daher nur in einem Teil des wertvolleren Gr, während der weitere Teil dieses Gr nur Gegenleistung für die zusätzliche Leistung (Zuzahlung) ist. Demgemäß ist der Gesamtwert nach dem Verhältnis zu verteilen, in dem das weniger wertvolle Gr zur zusätzlichen Leistung (Zuzahlung) steht (Begr. GrESt 1940, 406; vgl. auch FG Düsseldorf DStZ B 1970, 325; Steiger UVR 2004, 131 (134 ff.)). **110**

Beispiel:

T 1 tauscht sein Gr (gemeiner Wert 200 000 EUR) gegen das Gr des T 2 (gemeiner Wert 490 000 EUR). T 1 zahlt an T 2 zusätzlich 150 000 EUR. Bemessungsgrundlage für den Erwerb von T 1 sind 350 000 EUR (gemeiner Wert des hingegebenen Gr von 200 000 EUR zuzüglich 150 000 EUR Zuzahlung). Bemessungsgrundlage für den Erwerb des T 2 ist der Wert, der sich bei einer Verteilung des Werts des wertvolleren Gr von 490 000 EUR im Verhältnis 200 000 EUR: 150 000 EUR ergibt. Bemessungsgrundlage für den Erwerb des T 2 sind daher 280 000 EUR.

111 Besteht die zusätzliche Leistung in der (ggf. wechselseitigen) **Übernahme von GrBelastungen** oder der Übernahme der GrESt (→ Rn. 222) durch eine Vertragspartei, ist die jeweilige Gegenleistung ebenfalls nach den vorstehenden Rechtsgrundsätzen zu ermitteln. Beim Tausch eines Gr gegen andere Gegenstände (zB Wertpapiere, Kunstgegenstände) erfolgt deren Bewertung ebenfalls nach den allgemeinen Bewertungsvorschriften. Bei allen vorgenannten Erwerbsvorgängen sind ggf. die Zurechnungen des § 9 II anzuwenden. Übernimmt einer der Tauschpartner die GrESt für beide Erwerbsvorgänge, ist § 9 III zu beachten (vgl. → Rn. 222). Für GrErwerbe im Zuge einer freiwilligen Baulandumlegung unter Einschaltung einer GbR gilt nicht § 9 I Nr. 2, sondern ausschließlich § 8 II 1 Nr. 2 (vgl. → § 7 Rn. 22 ff.).

III. Leistung an Erfüllungs statt (§ 9 I Nr. 3)

112 Im Fall der Leistung an Erfüllungs statt (§§ 364, 365 BGB) nimmt ein Gläubiger statt einer ihm ursprünglich geschuldeten Leistung die ersatzweise Leistung als Erfüllung an. Die Leistung an Erfüllungs statt setzt mithin ein bereits **bestehendes,** auf eine andere Leistung gerichtetes **Schuldverhältnis** voraus (BFH II R 84/70, BStBl. II 1976, 128). Der Unterschied zum Tausch liegt darin, dass es hier an dem unmittelbaren Umsatz wirtschaftlicher Güter fehlt. Als Gegenleistung ist nach § 9 I Nr. 3 der Wert maßgebend, zu dem das Gr an Erfüllungs statt angenommen wird. Dieser Wert ergibt sich aus dem Inhalt des Schuldverhältnisses, das durch die GrHingabe als Leistung an Erfüllungs statt zum Erlöschen gebracht wird.

Beispiel:

S schuldet G aus Darlehen 100 000 EUR und erfüllt die Darlehensschuld an Erfüllungs statt durch Hingabe eines Gr. Grestrechtliche Bemessungsgrundlage ist der Wert der von G aufgegebenen Darlehensforderung von 100 000 EUR.

113 Der **Wert eines aufgegebenen Lohnanspruchs** ist nach § 9 I Nr. 3 Gegenleistung, wenn ein Gr an Erfüllungs statt hingegeben wird und ein innerer Zusammenhang zwischen der GrHingabe und dem Verzicht auf den Lohnanspruch besteht (BFH II 38/62 U, BStBl. III 1965, 514). Eine vom Erwerber im Zusammenhang mit dem ihm an Erfüllungs statt hingegebenen Gr geleistete **Zuzahlung** ist der Gegenleistung hinzuzurechnen. Eine Zuzahlung des Veräußerers ist anteilig auf die an Erfüllungs statt getilgte Leistung und die Zuzahlung zu verteilen. Soweit neben einem Gr auch weitere Leistungen an Erfüllungs statt hingegeben werden, liegt eine Gesamtgegenleistung vor; der Wert der zum Erlöschen gebrachten Schuldverpflichtung ist durch Aufteilung zu ermitteln (→ § 8 Rn. 40 ff.). Zur Annahme einer Leistung an Erfüllungs statt im Zusammenhang mit der Sicherungsübereignung von Gebäuden auf fremdem Boden → Rn. 191.

IV. Meistgebot im Zwangsversteigerungsverfahren (§ 9 I Nr. 4)

Bei einem Meistgebot im Zwangsversteigerungsverfahren (steuerbar gem. § 1 I Nr. 4) gelten als Gegenleistung das Meistgebot und die nach den Versteigerungsbedingungen bestehen bleibenden Rechte. Die in § 9 I Nr. 4 verwendeten **Begriffe** sind **iSd ZVG auszulegen** (BFH II R 36/83, BStBl. II 1985, 339; II B 38/00, BFH/NV 2001, 482; II B 69/06, BFH/NV 2007, 1538; II R 27/14, BStBl. II 2016, 619). 114

Gegenstand der Zwangsversteigerung sind in erster Linie Gr iSd bürgerlichen Rechts (dazu § 2 I 1) sowie ferner grgleiche Rechte (dazu § 864 I ZPO). Zu Letzteren zählen insb. das Erbbaurecht (§ 11 ErbbauRG) einschließlich des Wohnungs- und Teilerbbaurechts (§ 30 WEG). Die Immobiliarzwangsvollstreckung kann sich ferner auf Bruchteile von Gr oder grgleichen Rechten (§ 864 II ZPO) erstrecken. Zu den GrBruchteilen gehören auch das Wohnungs- und Teileigentum (§ 1 WEG).

Seinem **Umfang** nach umfasst die Immobiliarzwangsvollstreckung auch die Gegenstände, auf die sich bei Gr oder grgleichen Rechten die **Hypothek** erstreckt (§ 865 ZPO; §§ 20 II, 55 I ZVG; vgl. auch BFH II R 27/14, BStBl. II 2016, 619). Solche Gegenstände sind die vom Gr getrennten Erzeugnisse und sonstigen Bestandteile, soweit sie nicht nach §§ 954 ff. BGB in das Eigentum eines anderen fallen, eine Enthaftung (§§ 1121, 1122 I BGB) eingetreten ist oder es sich um land- und forstwirtschaftliche Erzeugnisse handelt (§ 21 I ZVG). Die Zwangsversteigerung umfasst ferner das **Zubehör** des Gr (§§ 97, 98 sowie 1120 BGB), soweit es nicht in das Eigentum eines Dritten gelangt ist oder eine Enthaftung (§§ 1121, 1122 I BGB) eingetreten ist. Da nur der auf das Gr entfallende Teil des Meistgebots der GrESt unterliegt, bedarf es ggf. hinsichtlich der mit dem Zuschlag erworbenen mitversteigerten Gegenstände (vgl. § 90 II ZVG) einer **Aufteilung des Meistgebots** nach den für die Verteilung der Gesamtgegenleistung geltenden Grundsätzen (→ § 8 Rn. 40 ff.). Im Fall der nach §§ 808–827 ZPO vorzunehmenden Versteigerung eines als bewegliche Sache (§ 95 BGB) zu qualifizierenden Gebäudes auf fremden Boden (dazu die Erläuterungen zu § 2 II Nr. 2, → § 2 Rn. 100 ff.) sind § 1 I Nr. 4 und § 9 I Nr. 4 entspr. anzuwenden (Viskorf/Loose § 9 Rn. 375 und 496; ebenso Hofmann/Bock § 9 Rn. 49). 115

1. Meistgebot. Das als **Gegenleistung anzusetzende Meistgebot** (§ 81 I ZVG) ist in seiner Höhe dem Protokoll (§ 78 ZVG) zu entnehmen und der „Preis", zu dem der Ersteher das Gr erwirbt (Stöber ZVG § 81 Rn. 7). Es umfasst das geringste Gebot (§ 44 I ZVG) einschließlich der gem. § 52 I 1 ZVG bestehen bleibenden Rechte und das über das geringste Gebot hinausgehende Mehrgebot (§ 49 I ZVG). Der bar zu zahlende Teil des Meistgebotes (sog. Bargebot, § 49 I ZVG) umfasst die Kosten des Zwangsversteigerungsverfahrens (§ 109 ZVG), die in § 49 I ZVG bezeichneten Ansprüche sowie das Mehrgebot. 116

Das **Meistgebot** ist **nicht um die anteilige Instandhaltungsrückstellung zu kürzen** (BFH II R 27/14, BStBl. II 2016, 619). § 9 I Nr. 4 legt die Gegenleistung beim Meistgebot typisierend fest und lässt eine Aufteilung der Gegenleistung nur zu, wenn die Zwangsversteigerung nicht der Zwangsversteigerung unterliegende Erwerbe umfasst und das Gericht insoweit eine gesonderte Zwangsversteigerung anordnen könnte (BFH II R 27/14, BStBl. II 2016, 619). Die Instandhaltungsrückstellung ist als Teil des Verwaltungsvermögens der Wohnungseigentümergemeinschaft Vermögen eines anderen Rechtssubjekts (§ 10 VII WEG), sodass es auch von einem Wechsel in der Rechtsträgerschaft des Grundstücks nicht 117 berührt wird. Ob die Instandhaltungsrückstellung bei einem rechtsgeschäftlichen Erwerb nicht nur zur Gegenleistung gehört, hat der BFH ausdrücklich offen gelassen.

118 **2. Bestehen bleibende Rechte.** Nach den **Versteigerungsbedingungen bestehen bleibende Rechte iSd § 9 I Nr. 4** sind – entspr. dem Deckungsgrundsatz (§ 44 ZVG) – gem. § 52 I 1 ZVG alle bei Feststellung des geringsten Gebots berücksichtigten und nicht durch Zahlung zu deckenden Rechte am Gr (aus Abt. II und III des Grundbuchs); sie sind ein Teil des Versteigerungserlöses (BGHZ 56, 22) und nach § 9 I Nr. 4 oder Nr. 5 als Gegenleistung zu erfassen (Hofmann/Bock § 9 Rn. 52). Die nicht in das geringste Gebot aufgenommenen Rechte erlöschen (§ 52 I 2 ZVG). Rechte und Lasten bleiben allerdings außerhalb des geringsten Gebots bestehen, wenn dies im Einzelfall gesetzlich (zB § 52 II ZVG) besonders vorgesehen ist; sie sind gem. § 9 II Nr. 2 S. 1 in die Gegenleistung einzubeziehen (zu Einzelheiten → Rn. 130). **Versteigerungsbedingungen** sind die gesetzlichen (§§ 49 ff. ZVG) und ferner die von einem Beteiligten begehrten abweichenden Versteigerungsbedingungen (§ 59 ZVG); sie sind im Zuschlag zu bezeichnen (§ 82 ZVG).

119 Rechte am Grundstück bleiben nicht „nach den Versteigerungsbedingungen" bestehen, wenn „Liegenbelassen" gem. § 91 II ZVG vereinbart wird. Derartige **Liegenbelassensvereinbarungen** können sich auf alle Rechte aus Abt. II und III des Grundbuchs beziehen, die nicht in das geringste Gebot (als bestehen bleibend, § 52 I ZVG) aufgenommen sind. Diese Rechte bleiben nicht nach den Versteigerungsbedingungen, sondern aufgrund der Vereinbarung iSd § 91 II ZVG bestehen und fallen demgemäß nicht unter § 9 I Nr. 4. Gegebenenfalls kommt eine Hinzurechnung unter den Voraussetzungen des § 9 II Nr. 3 in Betracht (zu Einzelheiten → Rn. 133).

120 Entsprechend der strikten formalrechtlichen Anknüpfung des § 9 I Nr. 4 an das Zwangsversteigerungsrecht ist ein Recht auch dann als Gegenleistung zu berücksichtigen, wenn es **zu Unrecht** bei der Feststellung des geringsten Gebots berücksichtigt worden ist. Da der Zuschlag einem im geringsten Gebot berücksichtigten und in Wahrheit nicht bzw. nicht mehr bestehenden Recht nicht zur Entstehung verhelfen kann, ergibt sich als regelmäßige Rechtsfolge die **Zuzahlungspflicht** des Erstehers gem. §§ 50, 51 ZVG (vgl. BGHZ 53, 47). Diese Zuzahlungspflicht entfällt, wenn das im geringsten Gebot bestehen bleibende Grundpfandrecht dem Eigentümer zusteht (zB bei der ganz oder teilweise zurückbezahlten Hypothek; §§ 1163 I 2, 1145 BGB). Da im umgekehrten Fall ein Recht nach § 52 I 2 ZVG auch dann erlischt, wenn es zu Unrecht bei Feststellung des geringsten Gebots nicht berücksichtigt worden ist, bleibt es dementsprechend auch bei der Ermittlung der Gegenleistung nach § 9 I Nr. 4 außer Betracht.

121 Die **Bewertung** der bestehenbleibenden Rechte erfolgt grds. mit ihrem **vollen** im geringsten Gebot (§ 45 I ZVG) berücksichtigten **Nennwert.** Dies gilt auch, wenn der Meistbietende das entspr. Recht (zB Grundschuld) zuvor unter dem Nennwert erworben hatte (BFH II R 36/83, BStBl. II 1985, 339; II B 38/00, BFH/NV 2001, 482). Die nach §§ 52 II 2, 91 I ZVG erlöschenden Rechte bleiben aufgrund des gem. § 9 I Nr. 4 maßgeblichen Meistgebots bei der Bemessung der Gegenleistung außer Betracht. Unberücksichtigt bleiben ferner die „nicht auf Zahlung eines Kapitals" gerichteten Rechte (§ 92 I ZVG), die sich nach dem Surrogationsgrundsatz am Versteigerungserlös fortsetzen (zB Nießbrauch, Grunddienstbarkeit, Vormerkung), vgl. RFH RStBl. 1932, 880.

Zugunsten des Erwerbers ist allerdings in einschränkender Auslegung des Wortlauts von § 9 I Nr. 4 vom Nennwert des bestehen bleibenden Rechts insofern abzuweichen, als dieses den Ersteher **wirtschaftlich nicht belastet.** Dies kann bei in das Meistgebot eingestellten Gesamtbelastungen (Gesamthypothek, Gesamtgrundschuld, Gesamtrentenschuld) der Fall sein, soweit der Ersteher bereits aus anderen Gründen (zB bei Ersteigerung eines Miteigentumsanteils, der ebenso wie der weitere Miteigentumsanteil des Erstehers mit einer Gesamthypothek belastet ist) aus der Gesamtbelastung verpflichtet ist (vgl. RFHE 27, 194; BFH II R 18/82, BStBl. II 1984, 116). **122**

3. Anwendung von § 9 II. Bei Erwerben im Zwangsversteigerungsverfahren finden bei der Ermittlung der Bemessungsgrundlage neben § 9 I Nr. 4 auch die Definitionen und Zurechnungen des **§ 9 II** Anwendung. Zwar ist § 9 II im Hinblick auf Veräußerungsvorgänge formuliert; nach ihrem Sinn und Zweck sind jedoch alle Leistungen zu erfassen, die nach den Wertungen des GrEStG für die Erlangung des GrEigentums in der Zwangsversteigerung aufgebracht werden (Viskorf/Loose § 9 Rn. 402; Hofmann/Bock § 9 Rn. 52, 64 und 97). **123**

a) Befriedigungsfiktion (§ 114a ZVG). Zusätzliche Leistung iSd § 9 II Nr. 1 ist der Betrag, in dessen Höhe für den meistbietenden Befriedigungsberechtigten mit dem Zuschlag die **Befriedigungsfiktion** des **§ 114a ZVG** als materiellrechtliche Folge des Zuschlags eintritt (BFH II R 99/85, BStBl. II 1986, 148; 1990, 228; II R 14/91, BStBl. II 1994, 525; II R 28/07, BStBl. II 2008, 487; II R 36/08, BFH/NV 2010, 2304; zur Problematik eingehend Steiger UVR 1992, 349). Insoweit folgt das GrEStG der Zivilrechtslage. Dies entspricht der Auffassung der FVerw (zB koord. Erlass FM Bayern 24.6.1987, BeckVerw 027377; OFD Magdeburg 17.10.1996, UVR 1997, 223). Diese nach Wegfall des vormaligen § 11 I Nr. 4 GrEStG 1940 erst mit dem GrEStG praktisch gewordene Hinzurechnung ist **verfassungsgemäß** (BVerfG NJW 1990, 2375). **124**

§ 114a ZVG findet auf alle Versteigerungsverfahren des ZVG Anwendung und **dient** dem **Schutz des Vollstreckungsschuldners,** indem für den zur Befriedigung aus dem Gr berechtigten Ersteher das Erlöschen seines Anspruchs gegen den Schuldner bis zu dem Betrag eintritt, der sich aus der Differenz zwischen 7/10 des GrWerts und dem Meistgebot ergibt (§ 114a S. 1 ZVG). § 114a ZVG will insb. verhindern, dass ein innerhalb der 7/10-Grenze liegender Berechtigter das Gr in der Zwangsversteigerung günstig erwirbt und sodann den ungedeckten Restbetrag seiner persönlichen Forderung gegen den Schuldner in voller Höhe geltend macht (BFH II R 28/07, BStBl. II 2008, 487; II R 5/11, BFH/NV 2013, 1194 mwN; BGH NJW 1989, 2396). Ferner soll § 114a ZVG einen Ausgleich dafür schaffen, dass andere potenzielle Bieter erfahrungsgemäß von Geboten absehen, solange ein dinglich gesicherter Gläubiger innerhalb der Grenzen seiner Sicherheit bietet (BFH II R 36/08, BFH/NV 2010, 2304 mwN). **125**

Da im Zwangsversteigerungsverfahren über den Eintritt der Rechtsfolge aus § 114a ZVG nicht zu entscheiden ist, können die Vollstreckungsgerichte bei ihrer nach § 18 erforderlichen Anzeige keine entspr. Angaben machen. Die FÄ haben daher die maßgebenden Beträge im Rahmen der Besteuerung der Erwerbe zu ermitteln.

Der für die Befriedigungsfiktion maßgebende **GrWert** ist grds. der nach **§ 74a V ZVG** festgesetzte Gr-Verkehrswert, der gleichermaßen für die Tilgungswirkung des § 114a ZVG wie für die Berücksichtigung der Tilgungswirkung bei der Ermittlung der grestrechtlichen Gegenleistung maßgebend ist. Der im Zwangsver- **126** steigerungsverfahren festgesetzte GrWert kann allerdings nur insoweit bindend sein, als noch bis zur Erteilung des Zuschlags ein Antrag auf dessen Abänderung gestellt werden konnte. Fehlt jedoch das Rechtsschutzinteresse für einen solchen Antrag, kann der Ersteher nicht mehr an der überholten Festsetzung des GrWerts festgehalten werden (BGH NJW-RR 2004, 666). Diese Rechtslage ist auch grestrechtlich maßgebend. Konnte der **Erwerber** daher im Zwangsversteigerungsverfahren mangels Rechtsschutzinteresses **keinen Antrag** auf Änderung des festgesetzten GrWerts stellen, ist der gem. § 74a V ZVG festgesetzte GrWert für die Berechnung des Forderungsverlusts gem. § 114a ZVG **nicht bindend** (BFH II R 28/07, BStBl. II 2008, 487; II R 36/08, BFH/NV 2010, 2304). In diesem Fall hat das FA zur Feststellung der Höhe der Tilgungswirkung den Verkehrswert des versteigerten Gr auf den Zeitpunkt der Abgabe des Meistgebots zu ermitteln (BFH II R 28/07, BStBl. II 2008, 487).

126a Der hiernach als befriedigt angenommene Anspruch des Erstehers ist mit dem **Nennbetrag** des **tatsächlich valutierenden Teils** der abgesicherten persönlichen Forderung (BFH II B 66/94, BFH/NV 1995, 927; FG München UVR 1995, 150 mAnm Brüggmann UVR 1995, 204) als zusätzliche Leistung iSd § 9 II Nr. 1 zu berücksichtigen. Die Möglichkeit eines erzielbaren Veräußerungserlöses in Höhe von 7/10 des gem. § 74a V ZVG festgesetzten Verkehrswerts ist ebenso unbeachtlich wie eine nach Zuschlagserteilung eintretende Wertminderung des Gr (BFH II R 71/88, BStBl. II 1990, 228; II R 145/88, BFH/NV 1990, 730). Eine Kappung des als befriedigt anzusehen Betrags auf denjenigen, der wirtschaftlich vom Ersteher zu tragen ist, kommt nicht in Betracht (BFH II R 36/08, BFH/NV 2010, 2304). Das Hinzurechnungsgebot des sich aus der Anwendung des § 114a ZVG ergebenden Betrags begründet ebenso wenig wie die Besteuerung sowohl des Meistgebots (§ 1 I Nr. 4) als auch der Abtretung der Rechte aus dem Meistgebot (§ 1 I Nr. 5 und Nr. 7) eine sachliche Unbilligkeit der Steuererhebung (SchlHFG III 704/90, EFG 1994, 534).

127 Die Befriedigungsfiktion des § 114a ZVG ist bei dem **Befriedigungsberechtigten** auch dann zu berücksichtigen, wenn ihm der Meistbietende das **Recht aus** dem Meistgebot **abgetreten** oder erklärt hatte, für ihn geboten zu haben (§ 81 II, III ZVG). In diesem Fall liegen zwei Erwerbe vor (→ § 1 Rn. 220). Bei dem (nach § 1 I Nr. 5 oder Nr. 7 steuerbaren) Erwerb des Befriedigungsberechtigten ist die Befriedigungsfiktion des § 114a ZVG im Rahmen des § 9 I Nr. 5 als zusätzliche Gegenleistung gem. § 9 II Nr. 1 zu erfassen (so wohl BFH II R 99/85, BStBl. II 1986, 148, 150; aA Hofmann/Bock § 9 Rn. 63).

Die Befriedigungsfiktion des § 114a ZVG ist ferner auch beim **Meistbietenden** zu berücksichtigen, wenn dieser sein Meistgebot vor dem Zuschlag **an** einen **Dritten abtritt** (BFH II R 99/85, BStBl. II 1986, 148; II R 14/91, BStBl. II 1994, 525). Die entspr. Anwendung des § 114a ZVG auf diesen Fall entspricht dem Schutzzweck dieser Vorschrift (BFH II R 14/91, BStBl. II 1994, 525; BGH IX ZR 4/89, NJW 1989, 2396). Der Einbeziehung der Befriedigungsfiktion in die Gegenleistung gem. § 9 II Nr. 1 steht nicht entgegen, dass dem Meistbietenden selbst aufgrund der Abtretung der Zuschlag nicht erteilt wird. Denn die Abtretung beseitigt nicht die bereits mit der Abgabe des Meistgebots eingetretene tatbestandsmäßige Erfüllung des § 1 I Nr. 4. Der weitere Verlauf des Zwangsversteigerungsverfahrens hat insoweit keinen Einfluss auf den einmal verwirklichten Tatbestand (BFH II R 14/91, BStBl. II 1994, 525).

128 Bei einem **erweiterten Auftragserwerb** im Zwangsversteigerungsverfahren (→ § 1 Rn. 222) kann für den Meistbietenden (Beauftragten) die Befriedigungs-

fiktion des § 114a ZVG nicht eingreifen, sofern er nicht selbst Befriedigungsberechtigter ist. Bei dem befriedigungsberechtigten Auftraggeber ist der Betrag der Befriedigungsfiktion des § 114a ZVG in die Gegenleistung für seinen nach § 1 II steuerbaren Erwerb einzubeziehen (Schneider ZVG § 114a Rn. 12).

Als **Gegenleistung iSd § 9 II Nr. 4** kann ferner auch der Betrag zu berücksichtigen sein, den ein anderer als der Ersteher dadurch „leistet", dass er aufgrund der Befriedigungsfiktion seine schuldrechtliche Forderung gegen den Zwangsvollstreckungsschuldner verliert (BFH II R 5/11, BFH/NV 2013, 1500). Dabei treten die Rechtsfolgen des § 114a S. 1 ZVG auch ein, wenn der Forderungsinhaber gegen den Zwangsvollstreckungsschuldner zwar nicht Gläubiger, aber **Treugeber der Grundschuld** und ein von ihm **abhängiges Unternehmen** im Zwangsversteigerungsverfahren das Meistgebot unterhalb der 7/10-Grenze abgibt und daraufhin den Zuschlag erhält. Die Eigenschaft als abhängiges Unternehmen ist in entspr. Anwendung von § 17 I AktG zu bestimmen (BFH II R 5/11, BFH/NV 2013, 1500).

b) Weitere zusätzlich gewährte Leistungen (§ 9 II Nr. 1) sind zB die vom Meistbietenden **nach Abgabe des Meistgebots** an den GrEigentümer (bzw. den Insolvenzverwalter) geleistete Zahlungen, die eine Vereitelung der Zuschlagserteilung verhindern sollen (BFH II R 141/80, BStBl. II 1982, 334). **129**

c) Auf den Erwerber kraft Gesetzes übergehende Grundstückslasten (§ 9 II Nr. 2) gehören beim Erwerb im Zwangsversteigerungsverfahren ebenfalls zur Gegenleistung. Die Vorschrift ist dann anzuwenden, wenn GrLasten nach den Versteigerungsbedingungen (§§ 49 ff., 59 ZVG) aufgrund entspr. gesetzlicher Anordnung außerhalb des geringsten Gebots ausnahmsweise bestehen bleiben (vgl. → Rn. 118). Sie sind, weil von dem an das Meistgebot anknüpfenden § 9 I Nr. 4 nicht erfasst, als auf den Ersteher kraft Gesetzes übergehende Belastungen gem. § 9 II Nr. 2 dem Meistgebot hinzuzurechnen. An dieser Beurteilung hat sich durch die Neufassung des § 442 II BGB (vgl. → Rn. 215) nichts geändert. Dies gilt mit Rücksicht auf § 9 II Nr. 2 S. 2 allerdings **nur** für **nichtdauernde Lasten.** Als solche kommen Nutzungsrechte iSd Art. 233 § 4 IV oder VII EGBGB, Überbau- und Notwegrenten (§ 52 II ZVG), nach Landesgesetz nicht eintragungsbedürftige Rechte (zB altrechtliche Dienstbarkeiten) und die als Altenteil eingetragenen Dienstbarkeiten und Reallasten (§§ 2, 9 EGZVG), das Erbbaurecht bei der GrVersteigerung (§ 25 ErbbauRG), als Mietvorauszahlungen geleistete Baukostenvorschüsse (§§ 57c, 57d ZVG; dazu BFH II 250/60, BStBl. III 1966, 601) sowie das unbefristete Dauerwohnrecht (dazu FG Hmb I 44/72, EFG 1974, 31) in Betracht. **130**

d) Leistungen des Meistbietenden an Dritte (§ 9 II Nr. 3). Nach Wortlaut und systematischer Stellung des § 9 II Nr. 3 sind bei einem Erwerb in der Zwangsversteigerung auch **Leistungen des Meistbietenden an Dritte** der Gegenleistung hinzuzurechnen (BFH II 47/62 U, BStBl. III 1964, 368). Die Vorschrift erfasst zB die Gewährung von Leistungen des Erstehers an Dritte dafür, dass der Dritte auf den Erwerb des Gr verzichtet (zur rechtlichen Behandlung von Bietabkommen und der Abgrenzung zur Ausbietungsgarantie vgl. Stöber § 71 Rn. 8 ff.). Da ein solcher Verzicht nach Abgabe des Meistgebots nicht mehr möglich ist, muss die Vereinbarung zwischen Ersteher und Drittem vor dem Versteigerungstermin abgeschlossen worden sein (BFH II 47/62 U, BStBl. III 1964, 368). **131**

132 § 9 II Nr. 3 ist nicht anwendbar, wenn sich der Dritte gegen Entschädigung nur zum **Unterlassen** eines Antrags gem. § 74a ZVG verpflichtet. Denn dieser Verzicht bewirkt nur die Versagung des Zuschlags, nicht aber den von § 9 II Nr. 3 für die Hinzurechnung der Entschädigung vorausgesetzten Erwerb des Gr (BFH II 47/62 U, BStBl. III 1964, 368).

133 Im Fall einer **Liegenbelassungsvereinbarung** (→ Rn. 119) kommt die Hinzurechnung des kraft Vereinbarung bestehen bleibenden Rechts nach § 9 II Nr. 3 in Betracht. Dies setzt allerdings voraus, dass die Liegenbelassungsvereinbarung auf einen Verzicht des Pfandgläubigers zum Erwerb des Gr abzielt (FG Düsseldorf DStZ B 1969, 161; weitergehend Viskorf/Loose § 9 Rn. 421).

V. Abtretung der Rechte aus dem Meistgebot (§ 9 I Nr. 5)

134 § 9 I Nr. 5 ist hinsichtlich seiner Anknüpfung an die „Abtretung der Rechte aus dem Meistgebot" unpräzise formuliert. Die Vorschrift erfasst nicht nur Abtretungen iSd § 1 I Nr. 7, sondern ebenso die entspr. Verpflichtungsgeschäfte iSd § 1 I Nr. 5.

135 Nach **§ 9 I Nr. 5 S. 1** ist als Gegenleistung die Übernahme der Verpflichtungen aus dem Meistgebot anzusetzen. Das Meistgebot umfasst zunächst das Bargebot (§ 49 I ZVG) und die gem. § 52 I ZVG bestehen bleibenden Rechte. Gegebenenfalls ist auch die erweiterte Befriedigung des Erstehers gem. § 114a ZVG mit dem maßgeblichen Differenzbetrag des Erstehers zu berücksichtigen, soweit der Zessionar (im Fall des § 81 II ZVG) oder der Vollmachtgeber (im Fall des § 81 III ZVG) selbst Befriedigungsberechtigter iSd § 114a ZVG ist (vgl. → Rn. 127). Ferner gehören außerhalb des geringsten Gebots gem. § 51 II ZVG bestehen bleibende Rechte (→ Rn. 118 ff.) zur Gegenleistung.

136 Nach **§ 9 I Nr. 5 S. 2** sind der Gegenleistung solche zusätzlichen Leistungen hinzuzurechnen, zu denen sich der Erwerber gegenüber dem Meistbietenden verpflichtet. Dies sind etwaige Leistungen iSd § 9 II Nr. 3, so zB im Fall einer Liegenbelassungsvereinbarung zwischen Meistbietendem und Erwerber. Leistungen des Zessionars an Dritte für deren Verzicht auf den Erwerb des Gr sind ebenfalls hinzuzurechnen; Gleiches gilt für die vom Meistbietenden für diesen Zweck erbrachten Leistungen, die ihm vom Zessionar erstattet werden. Im Fall eines Auftragsverhältnisses zwischen Meistbietendem und Zessionar ist der Ersatzanspruch (§ 670 BGB) einschließlich der etwaigen GrESt hinzuzurechnen. Das Abzugsverbot des § 9 III ist wegen der unterschiedlichen Erwerbsvorgänge nicht anzuwenden.

137 Für die (seltenen) Fälle, in denen der Meistbietende dem Zessionar eine Entschädigung für die Übernahme des Meistgebots zusagt, ist gem. **§ 9 I Nr. 5 S. 3** eine entspr. Herabsetzung der Gegenleistung vorzunehmen.

VI. Abtretung des Übereignungsanspruchs (§ 9 I Nr. 6)

138 Bei der **Abtretung des Übereignungsanspruchs (§ 1 I Nr. 5 bzw. Nr. 7)** bestimmt sich die Bemessungsgrundlage nach **§ 9 I Nr. 6.** Sachlich entspricht die Vorschrift § 9 I Nr. 5, so dass zunächst auf die vorstehenden Ausführungen verwiesen werden kann. Maßgebend auch für die Bemessungsgrundlage nach § 9 I Nr. 6 ist, in welchem tatsächlich Zustand das Gr Gegenstand des Erwerbsvorgangs (→ § 9 Rn. 3 ff.) ist (vgl. auch BFH II R 48/08, BStBl. II 2012, 295). Die Abtretung der Rechte aus einem Kaufangebot wird nicht von § 9 I Nr. 6 erfasst. In diesen Fällen bestimmt sich die Bemessungsgrundlage nach dem Wert iSd

§ 151 I 1 Nr. 1 iVm § 157 I–III BewG (vormals § 138 II–IV BewG, → § 8 Rn. 73).

einstweilen frei **139, 140**

VII. Enteignung (§ 9 I Nr. 7)

§ 9 I Nr. 7 enthält eine spezielle Regelung für die Bemessungsgrundlage bei **141** der **Enteignung** (§ 1 I Nr. 3) eines Gr und der ihr gleichgestellten **Veräußerung zur Vermeidung einer Enteignung.** Die Besonderheiten dieser Erwerbsvorgänge liegen vor allem darin, dass die vom Erwerber (Enteignungsberechtigten) gewährten Gegenleistungen zumeist nicht allein die Entschädigung für das enteignete (oder zu enteignende) Gr betreffen. Häufig erfolgen zB Kostenübernahmen des Erwerbers zum Ausgleich von Wertminderungen des nicht enteigneten Gr, zur Erstattung der in einem Verwaltungs- oder Gerichtsverfahren entstandenen Aufwendungen (zB Rechtsverfolgungskosten) sowie sonstiger aus dem Enteignungszweck resultierender Aufwendungen. Diese Besonderheiten der hoheitlich veranlassten Erwerbsvorgänge rechtfertigen spezifische Einschränkungen für die Ermittlung der Bemessungsgrundlage der GrESt. Zur USt-Befreiung gem. § 4 Nr. 9a UStG für GrVeräußerungen gegen Entschädigung sowie mit der GrLieferung in diesen Fällen verbundener weiterer Umsätze vgl. BFH X R 52/81, BStBl. II 1989, 65; V R 60/88, BStBl. II 1992, 986; Klenk DVR 1985, 2.

Wie **§ 9 I Nr. 7 S. 2 (2. Halbsatz)** zeigt, betrifft die Vorschrift auch die freiwil- **142** lige Veräußerung eines Gr zur **Vermeidung der Enteignung.** Eine solche freiwillige Veräußerung liegt vor, wenn bei Abschluss des Vertrags die Enteignung formell und materiell möglich war (BFH II R 44/77, BStBl. II 1980, 362). Davon ist selbstverständlich auszugehen, wenn es im Rahmen eines Enteignungsverfahrens zu einer Einigung durch öffentlich-rechtlichen Vertrag (zB gem. § 110 BauGB) kommt. Die **FVerw** (koord. Erlass FM BaWü 27.4.2004, DStR 2004, 1609) sieht diese Voraussetzungen ohne Nachprüfung als gegeben an, wenn die zuständige Enteignungsbehörde bestätigt, dass die Veräußerung zur Vermeidung der Enteignung erfolgte. Diese Bestätigung wird nur dann als entbehrlich angesehen, wenn bereits ein Verfahren nach § 1 II, III LBG abgeschlossen war und es sodann zu einer „freiwilligen" GrVeräußerung kommt. Die ansonsten geforderte Bestätigung der Enteignungsbehörde ist allerdings keine materiell-rechtliche Voraussetzung für die Anwendung des § 9 I Nr. 7 (BFH II R 102/86, BStBl. II 1989, 802). Ausreichend ist zB die Darlegung bestimmter zur Enteignung berechtigender Planunterlagen. In Zweifelsfällen hat der GrKäufer darzulegen und zu beweisen, dass der Erwerb zur Vermeidung einer Enteignung erfolgte (BFH II R 102/86, BStBl. II 1989, 802).

Als **Gegenleistung** für eine Enteignung gilt gem. § 9 I Nr. 7 die dafür **143** gewährte Entschädigung. Als solche sind nur jene Leistungen anzusehen, die unmittelbar für den Erwerb des **Gr iSd § 2** aufgewendet werden und die **aufgrund** der Enteignung zu erbringen sind. Betrifft die Entschädigung schon **vor** der Enteignung liegende Schäden, fehlt es an dem erforderlichen Zusammenhang zwischen GrErwerb und Enteignung (BFH II R 6/04, BStBl. II 2005, 651). „Entschädigung" iSd § 9 I Nr. 7 ist sowohl eine **Barentschädigung** (zB § 99 BauGB) als auch eine **Landentschädigung** (zB § 100 BauGB). Soweit eine freiwillige Veräußerung eines Gr zur Vermeidung einer Enteignung vorliegt, finden auf den Kaufvertrag die Grundsätze des § 9 I Nr. 1 – allerdings mit den nachfolgenden Einschränkungen – Anwendung.

Gegenleistung sind auch sonstige Leistungen, die der Enteignungsberechtigte dem in Anspruch Genommenen bzw. dem Verkäufer für den Erwerb des Gr erbringt (BFH II R 80/73, BStBl. II 1975, 454). Dazu gehören auch die vom Enteignungsberechtigten zu übernehmenden GrLasten, die auf dem enteigneten bzw. erworbenen Gr ruhen (zum gesetzlichen Schuldübergang vgl. zB § 98 BauGB) sowie die vom Erwerber übernommenen Vermessungs- und Katasterkosten, soweit diese nicht für die erforderliche Bezeichnung des zu enteignenden Gr erbracht werden (→ Rn. 150) und schließlich auch Aufwuchs- und Gebäudeentschädigungen.

144 An sich gebietet **§ 9 I Nr. 7 S. 2 (1. Halbsatz)** eine über den unmittelbaren Wortlaut hinausgehende Einschränkung der anzusetzenden Gegenleistung. Die Vorschrift ordnet an, dass Entschädigungsleistungen für Wertminderungen des nicht enteigneten Gr nicht zur Gegenleistung gehören. Sie beruht auf der Erwägung, dass der Erwerber (Enteignungsberechtigte) „für die besondere Entschädigung keinen Gegenwert" erhält (Begr. GrEStG 1940, 407 zu § 11 I Nr. 7 S. 2 GrEStG 1940). Dieser Rechtsgedanke legt eine Beschränkung der als Bemessungsgrundlage anzusetzenden Gegenleistung ausschließlich auf die für den **GrWert** gezahlte Entschädigung nahe (so 3. Aufl. § 9 Rn. 146, 151; ebenso Hofmann/Bock § 9 Rn. 69). Der BFH (II R 6/04, BStBl. II 2005, 651) beschränkt jedoch die in § 9 I Nr. 7 S. 2 angeordnete Nichtberücksichtigung von Entschädigungsleistungen – wenig überzeugend – ausschließlich auf für Wertminderungen des RestGr gezahlte Entgelte.

Die bei einer GrEnteignung bzw. einer Veräußerung zur Vermeidung der Enteignung gezahlten Entschädigungen für Vermögensnachteile **an anderen Vermögensgütern** des GrVeräußerer sollen nach dem allgemeinen Gegenleistungsbegriff zu behandeln sein. Diese Beurteilung wird den Besonderheiten eines letztlich zwangsweisen Eigentumseingriffs ohne Marktberührung und der insoweit zumindest gestörten – vom Gegenleistungsbegriff jedoch vorausgesetzten, vgl. → § 8 Rn. 14 f. – privatautonomen Gestaltungsfreiheit der Beteiligten nicht gerecht (vgl. zur Bedeutung des Merkmals „hoheitlicher Zwang" in anderem Zusammenhang BFH II R 68/09, BFH/NV 2012, 62).

145 Unter Zugrundelegung der BFH-Rspr. sind **Gegenleistung** solche Entschädigungen, die der Veräußerer zum Ausgleich für Vermögensnachteile infolge der Enteignung bzw. GrVeräußerung zur Abwendung einer Enteignung für eine **Betriebseinschränkung bzw. -verlegung** (gewerbliche Folgekosten) erhält. Dazu gehören zB Aufwendungen für Suche eines Ersatzstandorts, verlorenes Inventar, Verlagerungskosten, Verluste im Warenbestand, verlagerungsbedingten Ausfall, Kosten einer provisorischen Betriebsverlegung. Teilverlegung auf dem RestGr erhält, auch wenn die Betriebseinschränkung unmittelbare Folge der Veräußerung des GrTeils ist.

146 Im Einzelnen gehören unter Berücksichtigung der BFH-Rspr. (II R 6/04, BStBl. II 2005, 651) **nicht** zur Gegenleistung (zur Aufteilung einer Gesamtgegenleistung vgl. → § 8 Rn. 40 ff.):

- Leistungen, mit denen **nicht** der Erwerb des **Gr** entschädigt wird. Entschädigungen für Zubehörstücke (§ 97 BGB) oder Maschinen und sonstige Zubehörstücke (§ 2 II 2 Nr. 2) sind daher keine Gegenleistung (BFH II R 6/04, BStBl. II 2005, 651).

147 – Kraft ausdrücklicher gesetzlicher Anordnung in § 9 I Nr. 7 S. 2 ist die besondere Entschädigung für eine **Wertminderung** (zB § 96 BauGB) **des nicht enteigneten Gr,** soweit dieses zusammen mit dem enteigneten Gr eine wirtschaftliche

Einheit bildet, nicht zu erfassen. Eine solche Entschädigung bezieht sich nur auf das RestGr und ist keine Entschädigung für den Erwerb des enteigneten Gr selbst (Begr GrEStG 1940, 407). Diese Entschädigung kann ggf. sogar den Wert des enteigneten Gr übersteigen. Auch vom Erwerber (Enteignungsberechtigten) im Zusammenhang mit der Wertminderung des nicht enteigneten Gr etwa übernommene Ersatzvornahmen (zB Baumaßnahmen zum Immissionsschutz oder die Schaffung neuer Zufahrten) sind keine Gegenleistung für GrErwerb (FM BW 27.7.2004 – vgl. → Rn. 142 – unter Tz. 3.2; ebenso Viskorf/Loose § 9 Rn. 463).

- Entschädigungen an den bisherigen **Mieter oder Pächter** des enteigneten Gr **148**
für die Freimachung oder Räumung der Liegenschaften (zB Entschädigung für vorzeitige Besitzaufgabe oder Aufwuchsentschädigungen).
- Zur zweckentsprechenden **Rechtsverfolgung oder Rechtsverteidigung** **149**
notwendige Aufwendungen (zB Rechtsanwalts-, Sachverständigen- oder Gerichtskosten) des von der Enteignung bedrohten Eigentümers, die diesem vom Erwerber (Enteignungsberechtigten) erstattet werden. Zwar gehört die Übernahme derartiger Kosten durch den Erwerber bei Abschluss eines GrKaufvertrags regelmäßig als „sonstige Leistung" nach § 9 I Nr. 1 zur Gegenleistung (vgl. → Rn. 107 „Rechtsverfolgungskosten"). Soweit jedoch die Übernahme dieser Kosten durch ein Enteignungsverfahren – und nicht durch den Erwerb des Gr selbst – ausgelöst wird, fehlt es hinsichtlich der Übernahme dieser Kosten an einer Veranlassung durch den GrErwerb und damit an einer Gegenleistung (BFH II R 58/88, BStBl. II 1991, 146; II R 54/89, BStBl. II 1992, 301; ebenso FM BW 27.7.2004 – vgl. → Rn. 142 – unter Tz. 3.2). Der Zusammenhang der fraglichen Erstattung von Rechtsverfolgungskosten mit dem Enteignungsverfahren kann sich bereits aus den enteignungsrechtlichen Vorschriften ergeben. Sehen diese eine Übernahme der Kosten durch den Begünstigten vor, so fehlt es bei einer entspr. vertraglichen Übernahme an einer Gegenleistung des Erwerbers (Enteignungsberechtigten), vgl. BFH II R 54/89, BStBl. II 1992, 301. § 9 I Nr. 7 wird es allerdings nicht gerecht, wenn Gegenleistungsfragen ausschließlich an den enteignungsrechtlichen Vorschriften ausgerichtet werden. Denn der Umfang der vom Enteignungsberechtigten von Gesetzes wegen zu erstattenden Kosten bei freiwilliger GrVeräußerung zur Vermeidung einer Enteignung lässt sich nicht immer zweifelsfrei aus den jeweiligen gesetzlichen Vorschriften ableiten (für § 121 BauGB vgl. zB BKL/Battis BauGB § 121 Rn. 10). Zudem ist der Umfang der von Gesetzes wegen erstattungsfähigen Kosten häufig begrenzt (so etwa § 121 II 2 BauGB betr. Kostenerstattung bei Zuziehung von zB Steuerberatern, Wirtschaftsprüfern und Architekten; dazu Battis/Krautzberger/Löhr/Battis BauGB § 121 Rn. 11). Übernimmt der Käufer daher nach den enteignungsrechtlichen Vorschriften nicht erstattungsfähige oder in ihrer Erstattungsfähigkeit zweifelhafte Kosten, so fehlt es regelmäßig an einer Gegenleistung. In solchen Fällen ist zu berücksichtigen, dass die Aufwendungen des Veräußerers letztlich durch die drohende Enteignung und damit durch die Ausübung öffentlicher Gewalt ausgelöst wurden (vgl. auch die Erwägungen in BFH II R 54/89, BStBl. II 1992, 301).
- Die vom Erwerber (Enteignungsberechtigten) übernommenen **Vermessungs-** **150**
und Katasterkosten, die für die erforderliche Bezeichnung des zur Enteignung vorgesehenen Gr entstehen (BFH II R 80/73, BStBl. II 1975, 454). Dies muss auch dann gelten, wenn es sich um einen Erwerb zur Vermeidung einer Enteignung handelt.

151 – Für **Betriebseinschränkungen auf einem nicht enteigneten RestGr** gezahlte Entschädigungen sind nach dem aus § 9 I Nr. 7 S. 2 erkennbaren Willen des Gesetzgebers keine Entschädigung für den Erwerb des enteigneten bzw. zu enteignenden Gr (aA Viskorf/Loose § 9 Rn. 466). Die entgegenstehende frühere RFH-Rspr. (RFHE 12, 32), die auch Entschädigungen für Erschwerungen der Bewirtschaftung des nicht enteigneten GrTeils zur Gegenleistung rechnete, sollte nach dem ausdrücklichen Willen des Gesetzgebers durch § 9 I Nr. 7 S. 2 außer Anwendung gesetzt werden (Begr. GrEStG 1940, 407 f.).

152 – „Entschädigungsleistungen" (Vergütungen) des Erwerbers (Enteignungsberechtigten), die dieser für den **Abbruch von Gebäuden** auf dem veräußerten GrTeil erbringt (aA BFH V R 60/88, BStBl. II 1992, 986 sowie die vorstehend angegebenen Erlasse der FVerw und Viskorf/Loose § 9 Rn. 468). Derartige Vergütungen stehen den eigennützigen Erwerberleistungen gleich und scheiden schon deshalb als Gegenleistung aus (vgl. → § 8 Rn. 17), soweit sie nicht ausnahmsweise eine „verdeckte" Gegenleistung (Entschädigung) für den Erwerb des Gr selbst sind.

153 – Leistungen des Erwerbers (Enteignungsberechtigten) an **Dritte,** die keine Gegenleistung für den Erwerb des Gr sind. Dazu gehören zB vom Enteignungsberechtigten einem Dritten (zB einem Wasserverband oder einer Gemeinde) gegenüber übernommene Kosten für die Verlegung von Versorgungsanlagen – zB Fernmeldeeinrichtungen, Wasserleitungen usw. –, die öffentlichen Aufgaben dienen. Derartige vom Erwerber zB nach § 5 LBG zu tragende Verlegungskosten werden durch das Enteignungsverfahren (dh durch die mit diesem verfolgten öffentlichen Zwecke, die eine Verlegung von Versorgungsanlagen erforderlich machen) und nicht durch den Erwerb des Gr selbst ausgelöst.

154 – **Kostenübernahmen nach § 5 LBG** durch den **Erwerber** selbst. Zwar vertreten die Länder – anders als der Bund – die Rechtsauffassung, dass derartige Kostenübernahmen nach § 5 LBG zur Gegenleistung gehören (FM BW 27.7.2004 – vgl. → Rn. 142 – unter Tz. 3.2). Dem kann nicht zugestimmt werden, soweit es an dem erforderlichen Zusammenhang dieser Kostenübernahme mit dem Erwerb des Gr fehlt. Die wegen eines besonderen Enteignungszwecks erforderliche Verlegung von Versorgungsanlagen ist vielmehr den eigennützigen Erwerberleistungen zuzuordnen (→ § 8 Rn. 17 f.) und kann daher nicht als Gegenleistung erfasst werden.

155 Die FVerw (vgl. die Nachweise in → Rn. 142) veranlagt Erwerbsvorgänge im Zusammenhang mit Enteignungen bis zum Vorliegen des Vermessungsergebnisses gem. § 165 I AO vorläufig und wendet insoweit die Erlasse zur Verwaltungsvereinfachung (→ § 8 Rn. 16) nicht an.

156–166 einstweilen frei

D. Gegenleistung bei anderen Erwerbsvorgängen

167 Die Einzelbestimmungen des **§ 9 I** beschränken sich auf die **wichtigsten Arten der GrGeschäfte.** Die Definitionen und Zurechnungen des § 9 müssen jedoch sinngemäß auch auf die nicht in § 9 I angesprochenen Erwerbsvorgänge Anwendung finden. Insbesondere ist § 9 I Nr. 1 trotz seiner auf den Kauf beschränkten Anknüpfung im Wesentlichen auch auf ein **„anderes Rechtsgeschäft" iSd § 1 I Nr. 1** anzuwenden (BFH II R 42/70, BStBl. II 1976, 126). Die nachfolgende

Darstellung betrifft die Bemessungsgrundlage für die in § 9 nicht ausdrücklich angesprochenen Erwerbsvorgänge.

I. Erbbaurechtsvorgänge

Das Erbbaurecht steht gem. § 2 II Nr. 1 den Gr gleich. Für die bei Erwerb des Erbbaurechts in Betracht kommenden Erwerbsvorgänge (vgl. → § 2 Rn. 73 ff.) ist die Bemessungsgrundlage der GrESt (dazu auch GLE 16.9.2015, BStBl. I 2015, 827 – **Erbbaurechtserlasse** – Tz. 3–5, abgedr. bei → § 2 Rn. 76; Bruschke UVR 2007, 153) idR vom Wert der Gegenleistung (kapitalisierte Erbbauzinsverpflichtung sowie ggf. etwaige Zuzahlungen und sonstige Leistungen) zu berechnen (§ 8 I). Die Erbbauzinslast bei Erwerb des Erbbaurechts gehört gem. § 9 II Nr. 2 S. 3 zur Gegenleistung. Der Grundbesitzwert des Erbbaurechts (§§ 151 I 1 iVm § 157 I–III BewG) ist nur in den Ausnahmefällen des § 8 II als Bemessungsgrundlage anzusetzen. **168**

1. Bestellung, Erneuerung und Übertragung eines Erbbaurechts. Bei der Bestellung oder Übertragung eines Erbbaurechts sowie der Ausübung des Vorrechts auf Erneuerung des Erbbaurechts (zur Steuerbarkeit → § 2 Rn. 78 ff.) ist Gegenleistung jede Leistung, die der Erbbauberechtigte (Erwerber) als Entgelt für die Bestellung des Erbbaurechts gewährt. Kraft der Fiktion des § 9 II Nr. 2 S. 3 gehört hierzu der gem. § 13 BewG (→ § 8 Rn. 56) zu kapitalisierende **Wert der Erbbauzinsverpflichtung** (BFH II R 42/70, BStBl. II 1978, 318; II R 18/84, BStBl. II 1987, 271; II R 81/00, BStBl. II 2003, 199; II R 64/06, BStBl. II 2008, 486); dies gilt ebenso bei Bestellung eines Untererbbaurechts, vgl. BFH II R 103/76, BStBl. II 1980, 135. **169**

Beispiel:

An einem Gr wird ein Erbbaurecht für 75 Jahre bestellt. Der jährliche Erbbauzins (Jahreswert, § 15 I BewG) beträgt 1000 EUR. Der Kapitalwert ist nach § 13 I 1 iVm Anlage 9a BewG mit 1000 × 18,345 = 18 345 EUR anzusetzen.

Hat der Erwerber die Erbbauzinsverpflichtung ausdrücklich übernommen, gehört diese schon aufgrund § 9 I Nr. 1 zur Gegenleistung (BFH II R 64/06, BStBl. II 2008, 486). Bei einer unterschiedlichen Höhe der Erbbauzinsverpflichtung bedarf es einer getrennten Ermittlung des Kapitalwerts (vgl. BFH II R 81/00, BStBl. II 2003, 199). Der vereinbarte Erbbauzins ist grds. auch dann Gegenleistung, wenn er **außergewöhnlich niedrig** (vgl. auch → § 8 Rn. 14) ist. Das setzt allerdings voraus, dass er als solcher ernsthaft gewollt und nicht lediglich ein symbolischer Erbbauzins ist (vgl. → § 8 Rn. 15, 73).

Eine (weitere) Gegenleistung kann sich aus anderweitigen Verpflichtungen des Erbbauberechtigten ergeben. Die übliche Gebäudeunterhaltungspflicht des Erbbauberechtigten (vgl. auch § 2 Nr. 1 ErbbauRG) ist jedoch grds. eine eigennützige Erwerberleistung.

Insbesondere bei einer Erbbaurechtsbestellung, jedoch auch anderen Erbbaurechten betr. Erwerbsvorgängen gelten die zum **einheitlichen Erwerbsgegenstand** entwickelten Grundsätze (→ Rn. 3 ff.). Beim Erwerb eines Erbbaurechts ist Gegenstand des Erwerbsvorgangs das Erbbaurecht mit noch künftig zu errichtendem oder zu sanierendem Gebäude, soweit eine entspr. Herstellungsverpflichtung der Veräußererseite (Erbbaurechtsgeber und ggf. mit ihm verbundener Dritter) besteht (zB BFH II R 53/10, BStBl. II 2013, 755 mwN; Erbbaurechtserlasse – GLE 16.9.2015, BStBl. I 2015, 827 Tz. 3.1.1, → § 2 Rn. 76).

Grundsätzlich **keine Gegenleistung,** sondern eigennützige Erwerberleistung (vgl. → § 8 Rn. 17; vgl. auch GLE 20.9.2017, BStBl. I 2017, 1328 Tz. 4.1 und 4.4 → Rn. 3; Erbbaurechtserlasse – GLE 16.9.2015, BStBl. I 2015, 827 Ziff. 4.1, Nr. 3.3 → § 2 Rn. 76) ist die vom Erwerber (Erbbauberechtigten) im Erbbaurechtsvertrag übernommene Verpflichtung zur Gebäudeherstellung, sofern eine entspr. **Herstellungsverpflichtung der Veräußererseite** (dh des Veräußerers selbst oder eines mit ihm zusammenwirkenden Dritten) **fehlt** (BFH II R 50/15, BStBl. II 2018, 602; II R 81/00, BStBl. II 2003, 199; II R 3/10, BFH/NV 2011, 303). Eine Einbeziehung des Baukosten in die Bemessungsgrundlage kommt jedoch dann in Betracht, wenn eine **Person der Veräußererseite** lediglich das Bauvorhaben und/oder die Vermarktung des Bebauten fördert, also die verschiedenen Leistungsteile zu einer einheitlichen Leistung zusammenführt (BFH II R 50/15, BStBl. II 2018, 602). Dies gilt entspr. für eine vom **Erbbauberechtigten übernommene Sanierungsverpflichtung** (BFH II R 28/09, BStBl. II 2011, 227). Für das Vorliegen eigennütziger Leistungen spricht, dass dem Erbbauberechtigten – wie zumeist – bei Erlöschen des Erbbaurechts eine Entschädigung für das von ihm errichtete Gebäude in Höhe des Verkehrswerts zusteht (BFH II R 81/00, BStBl. II 2003, 199). Die Voraussetzungen eines einheitlichen Erwerbsgegenstands (Erbbaurecht mit noch zu errichtendem Gebäude) und damit das Vorliegen einer Gegenleistung wird man nur bejahen können, wenn nach Laufzeit und konkreter Vertragsgestaltung der entschädigungslose Übergang von Bauleistungen an den GrEigentümer über das Maß einer normalen und üblichen Erhaltungs- bzw. Bewahrungspflicht hinaus bezweckt ist (BFH II R 46/93, BFH/NV 1996, 578; II R 81/00, BStBl. II 2003, 199). Wenn insoweit eine Gegenleistung vorliegt, ist ein vom Erbbauberechtigten übernommener Renovierungsaufwand um solche Aufwendungen zu kürzen, die der Erbbauberechtigte für seine spezifischen Nutzungszwecke am Gebäude tätigt bzw. die auf die normale Instandhaltungspflicht entfallen.

170 Der **Berechnung des Erbbauzinses** ist die **gesamte Laufzeit** des Erbbaurechts zugrunde zu legen (BFH II R 81/00, BStBl. II 2003, 199; zu Berechnungsfragen bei hinausgeschobener Fälligkeit der Erbbauzinsverpflichtung vgl. FG München 4 K 2267/08, EFG 2012, 869). Das gilt unabhängig davon, ob der Erbbauzins erst ab Eintragung im Grundbuch oder bereits ab Vertragsschluss zu entrichten ist. Wird das ErbbauGr bereits bei Vertragsabschluss überlassen und zahlt der Erbbauberechtigte für die Nutzungsüberlassung ein besonderes Entgelt, so ist dieses – sofern es eindeutig den Charakter einer Nutzungsentschädigung hat – keine Gegenleistung für das Erbbaurecht (BFH II R 49/01, BStBl. II 2002, 98; II R 81/00, BStBl. II 2003, 199; HessFG V 120/71, EFG 1975, 385). Der ermittelte Kapitalwert ist aufgrund des für die GrESt unanwendbaren § 16 BewG (vgl. § 17 III 2 BewG) **nicht durch den gemeinen Wert** des erbbaurechtsbelasteten Gr **begrenzt.** Zu Anpassungsklauseln (§ 9a ErbbauRG) vgl. → § 8 Rn. 38.

170a Der Gegenleistung hinzuzurechnen sind etwaige **Zuzahlungen** und weitere **(sonstige) Leistungen** des Erwerbers. Hierbei kann es sich zB um eine Einmalzahlung des Erwerbers (dazu BFH II R 87/86, BFH/NV 1990, 321), **Vermessungskosten,** die Übernahme schon entstandener **Erschließungskosten** oder andere Zuzahlungen handeln; diese Leistungen sind mit ihrem **Nennwert** anzusetzen (BFH II R 87/86, BFH/NV 1990, 321). Umfasst die Erbbaurechtsbestellung ein bereits vorhandenes **Gebäude,** so geht das Eigentum an diesem auf den Erbbauberechtigten über (§ 12 I 2 ErbbauRG). Die für das Gebäude gezahlte Vergütung ist Gegenleistung, wenn der Erbbauberechtigte auch die Verwertungsbefugnis (§ 1 II) am Gebäude erhält (BFH II 190/58 U, BStBl. III 1960, 234; FG Münster 8 K 1610/04 GrE, EFG 2005, 1071). Die Bestellung eines Erbbaurechts kann auch Teil einer vereinbarten Übernahme eines gesamten Unternehmens mit allen Aktiven und Passiven sein. Hier bedarf es ggf. – sofern nicht § 8 II 1 Nr. 2 anzuwenden ist – der Aufteilung der Gegenleistung (BFH II R 82/89, BFH/NV 1994, 574 sowie → § 8 Rn. 40 ff.).

Bei der **Übertragung** eines Erbbaurechts ist Gegenleistung zunächst der vereinbarte Veräußerungspreis. Hinzu kommen der nach § 13 BewG kapitalisierte Wert der Erbbauzinsverpflichtung sowie ggf. weitere Gegenleistungen. § 8 II 1 Nr. 1 ist anzuwenden, sofern eine Gegenleistung nicht vorhanden oder nicht zu ermitteln ist.

Bei der Übertragung eines bestehenden Erbbaurechts auf den **Eigentümer** 170b **des erbbaurechtsbelasteten Gr** gehört die Erbbauzinsreallast **nicht** zur Gegenleistung, weil es insoweit an einer Leistungspflicht des erwerbenden GrEigentümers gegenüber einer anderen Person fehlt (BFH II R 64/06, BStBl. II 2008, 486; vgl. auch → § 8 Rn. 17 sowie Erbbaurechtserlasse – GLE 16.9.2015, BStBl. I 2015, 827, Tz. 3.3 → § 2 Rn. 76). Zur Fallgestaltung, dass ein Erwerber in einem einheitlichen Vertrag das erbbaurechtsbelastete Gr vom GrEigentümer und das Erbbaurecht vom Erbbauberechtigten erwirbt, vgl. → Rn. 178.

Beim **Kauf** eines Erbbaurechts gilt für die Gegenleistung § 9 I. Die vom Erwerber übernommene schuldrechtliche oder dingliche Erbbauzinslast ist Teil der Gegenleistung (Hofmann/Bock § 9 Rn. 70).

Beim **Immobilien-Leasing** wird dem Leasinggeber **häufig** ein **zinsloses** 171 **Erbbaurecht** an einem (ggf. noch zu bebauenden) Gr des Leasingnehmers eingeräumt. Für die Bestellung des Erbbaurechts hat der Erbbauberechtigte (Leasinggeber) zumeist nur eine geringe Einmalzahlung zu leisten. Der GrEigentümer (Leasingnehmer) mietet sodann das vom Leasinggeber errichtete Gebäude. Das Erbbaurecht dient hier anstelle von Grundpfandrechten der Sicherung der vom Vermieter aufgewendeten Finanzierungsmittel. Gegenleistung für die Erbbaurechtsbestellung ist in jedem Fall die vom Erbbauberechtigten (Leasinggeber) geschuldete Leistung (Erbbauzins) für die Bestellung des Erbbaurechts. Der Grundbesitzwert des Erbbaurechts (§ 8 II 1 Nr. 1) scheidet als Bemessungsgrundlage aus (FG München IV 367/79, EFG 1982, 530; FG Hmb II 128/81, EFG 1985, 80; FG BW 13 K 103/91, EFG 1996, 561). Gegenstand des Erwerbsvorgangs kann allerdings auch das ErbbauGr mit noch zu errichtendem Gebäude sein, so dass auch die Bauerrichtungskosten zur grestrechtlichen Bemessungsgrundlage gehören. Dies ist der Fall, wenn der GrEigentümer (Leasingnehmer) im Namen und für Rechnung des Erbbauberechtigten (Leasinggebers) ein Gebäude errichtet, das nach Fertigstellung an den GrEigentümer (Leasingnehmer) vermietet wird (FG BW 13 K 103/91, EFG 1996, 561; s. auch Schumacher ZfIR 1997, 243; Heine INF 1998, 515; Schneck/Pirkl/Erhardt BB 2004, 1658). Die weiteren Zahlungen an den Leasinggeber (Leasingraten, Mietzahlungen usw.) gehören nicht zur Gegenleistung für die Bestellung des Erbbaurechts zugunsten des Leasinggebers.

2. Verlängerung des Erbbaurechts. Im Falle der **Verlängerung** eines Erb- 172 baurechts (zur Steuerbarkeit → § 2 Rn. 80, 83) bemisst sich die GrESt nach dem auf die Laufzeit der Verlängerung des Erbbaurechts kapitalisierten Erbbauzins (BFH II R 10/90, BStBl. II 1993, 766; II B 80/19, BFH/NV 2020, 925). Grundlage der Steuerpflicht ist allein die im Umfang der Verlängerung neu begründete grgleiche (§ 2 II Nr. 1) Belastung des ErbbauGr. Für die Bemessungsgrundlage kann daher allein auf den für die Verlängerung des Erbbaurechts **vereinbarten Erbbauzins** abgestellt werden. Für eine **Abzinsung des Kapitalwerts** der Erbbauzinsen auf den Zeitpunkt, in dem die Verlängerung des Erbbaurechts vereinbart wird (so noch BFH II R 4/81, BStBl. II 1982, 625) ist **kein Raum** (BFH II R 3/22, BStBl. II 2025, 161 = DStR 2024, 2371 mAnm Kugelmüller-Pugh; BFH II R 36/23, BStBl. II 2025, 164 = DStR 2024, 2375 mAnm Kugelmüller-Pugh). Maßgebend für die Besteuerung ist die im Zeitpunkt der Verlängerung geltende Rechtslage (GLE 16.9.2015, BStBl. I 2015, 827, Tz. 3.4 – Erbbaurechtserlasse – abgedruckt bei → § 2 Rn. 76). Im Übrigen gelten die für die Bestellung des Erbbaurechts anzuwendenden Grundsätze.

173 **3. Aufhebung und Erlöschen des Erbbaurechts.** Bei der Aufhebung des Erbbaurechts ist hinsichtlich der Bemessungsgrundlage danach zu unterscheiden, ob eine Gegenleistung vorliegt (§§ 8 I, 9) oder nicht vorhanden bzw. nicht zu ermitteln ist (§ 8 II 1 Nr. 1). Eine als Bemessungsgrundlage anzusetzende Gegenleistung liegt vor, wenn der GrEigentümer aus Anlass der Aufhebung des Erbbaurechts eine **Entschädigung** an den Erbbauberechtigten für ein von diesem errichtetes Bauwerk zahlt (§ 27 I ErbbauRG) oder auf dem Erbbaurecht lastende Grundpfandrechte übernimmt. Hingegen gehört der kapitalisierte Wert der **Erbbauzinsverpflichtung** nicht zur Gegenleistung, weil der Erbbauzins kraft Gesetzes mit dem Erbbaurecht erlischt (vgl. auch die in → § 2 Rn. 76 abgedr. Erbbaurechtserlasse Tz. 3.5). Soweit der Erbbauberechtigte oder Dritte dem GrEigentümer Leistungen dafür erbringen, dass dieser in die Aufhebung des Erbbaurechts einwilligt, fehlt es an einem steuerbaren Vorgang.

Ist eine Gegenleistung des GrEigentümers für die Aufhebung des Erbbaurechts nicht vorhanden oder zu ermitteln, ist die GrESt gem. §§ 8 II 1 Nr. 1 nach dem Grundbesitzwert des Erbbaurechts (§§ 138 III, 148 I BewG) zu bemessen.

174 Das **Erlöschen** des Erbbaurechts kraft Zeitablaufs unterliegt nicht der GrESt (→ § 2 Rn. 90), so dass sich insoweit die Frage nach der anzusetzenden Gegenleistung nicht stellt. Das gilt auch, wenn es zum Übergang eines auf dem Gr errichteten Gebäudes kommt. Allerdings kann uU die Begründung des Erbbaurechts, soweit es auf den späteren entschädigungslosen Übergang des Bauwerks auf den GrEigentümer abzielt, gegenleistungserhöhend erfasst werden (Viskorf UVR 1996, 116; vgl. → Rn. 169).

175 **4. Heimfall des Erbbaurechts.** Macht der GrEigentümer von seinem Heimfallrecht (zur Steuerbarkeit → § 2 Rn. 84 ff.) Gebrauch, hat er dem Erbbauberechtigten gem. § 32 ErbbauRG eine angemessene Vergütung für das Erbbaurecht zu gewähren. Diese Vergütung und etwaige sonstige Leistungen (zB Übernahme grundpfandrechtlicher Belastungen des Erbbaurechts) sind als Gegenleistung anzusetzen (Erbbaurechtserlasse – abgedruckt bei → § 2 Rn. 76 – Tz. 3.6). Der kapitalisierte Wert der erlöschenden Erbbauzinsverpflichtung gehört ebenso wenig wie bei der Aufhebung des Erbbaurechts zur Gegenleistung. Ist die Zahlung einer Vergütung gem. § 32 I 2 ErbbauRG ausgeschlossen, bestimmt sich die Bemessungsgrundlage der GrESt nach dem Grundbesitzwert.

Wird das Erbbaurecht im Rahmen des Heimfalls auf einen **Dritten** übertragen, ist der Erwerb des Dritten wie die erstmalige Bestellung des Erbbaurechts zu behandeln (→ § 2 Rn. 78). Bemessungsgrundlage ist das zwischen dem GrEigentümer und dem Dritten vereinbarte Entgelt, zu dem ggf. auch der kapitalisierte Erbbauzins gehört. Liegen die Voraussetzungen des § 8 II 1 Nr. 1 vor, ist die GrESt aus dem Grundbesitzwert des Erbbaurechts (§§ 151 I 1 iVm § 157 I–III BewG) zu berechnen.

5. Weitere Erwerbsvorgänge. Bei dem nach § 1 I Nr. 4 steuerbaren Meistgebot im Zwangsversteigerungsverfahren über ein Erbbaurecht gelten hinsichtlich der Gegenleistung die Grundsätze des § 9 I Nr. 4, für die Abtretung der Rechte aus dem Meistgebot die Grundsätze des § 9 I Nr. 5. Bei den nach § 1 I Nr. 6 und Nr. 7 steuerbaren Zwischengeschäften im Zusammenhang mit der Bestellung, Übertragung oder Verlängerung von Erbbaurechten bestimmt sich die Bemessungsgrundlage nach dem Grundbesitzwert des Erbbaurechts (→ § 8 Rn. 73). 176

II. Rechtsvorgänge über erbbaurechtsbelastete Grundstücke

Soweit ein mit einem **Erbbaurecht belastetes Gr erworben** wird, finden hinsichtlich der Bemessungsgrundlage die allgemeinen Rechtsgrundsätze (§ 8 I und § 9) Anwendung. Zur Gegenleistung gehört insb. der für das Gr **gezahlte Kaufpreis.** Mit dem durch das StÄndG 2001 eingefügten § 2 I 2 Nr. 3 (zur erstmaligen Anwendung vgl. § 23 VII 1) hat der Gesetzgeber (vgl. BT-Drs. 14/6877, 31) unter gleichzeitiger Aufhebung des früheren § 1 VII die Konsequenzen aus der BFH-Rspr. (BFH II R 89/87, BStBl. II 1991, 271; II B 133/99, BStBl. II 2000, 433) gezogen, wonach der Erwerb des Erbbauzinsanspruchs als reine Geldforderung keinen GrUmsatz darstellt und, obwohl gem. § 96 BGB Bestandteil des erbbaubelasteten Gr, nicht der GrESt unterliegt. Demgemäß ist bei Erwerb des erbbaurechtsbelasteten Gr durch den Erbbauberechtigten oder einen Dritten der auf den Erbbauzins entfallende Kaufpreisteil nicht als Gegenleistung zu erfassen. 177

Gleichzeitiger Erwerb von erbbaurechtsbelastetem Grundstück und Erbbaurechts. Erwirbt ein Käufer gleichzeitig das **Erbbaurecht** vom Erbbauberechtigten **und** das **erbbaurechtsbelastete Gr** vom GrEigentümer, liegen zwei Erwerbsvorgänge vor. Werden für diese jeweils wirtschaftlich angemessene, ernst gemeinte konkrete Einzelpreise festgelegt, bedarf es mangels einer Gesamtgegenleistung keiner weiteren Aufteilung (→ § 8 Rn. 41). Eine Minderung des für das erbbaurechtsbelastete Gr gezahlten Kaufpreises um den Kapitalwert des als bloße Geldforderung zu behandelnden Erbbauzinsanspruchs (vgl. → § 2 Rn. 53) scheidet aus, weil der **Erbbauzinsanspruch** in diesem Fall mit **null Euro** zu bewerten ist (BFH II R 30/11, BFH/NV 2013, 1632: ebenso GLE 16.9.2015, BStBl. I 2015, 827 – Erbbaurechtserlasse Ziff. 4.1 mit Berechnungsbeispiel, → § 2 Rn. 76). Dieses Urteil betrifft nur Fälle, in denen bereits im Erwerbszeitpunkt die Aufhebung des Erbbaurechts feststeht. Ein Widerspruch zu dem Urteil II R 8/14, BStBl. II 2015, 853 (→ Rn. 179) besteht nicht (aA Behrens BB 2015, 1890). 178

Erwirbt jedoch der Erbbauberechtigte oder ein Dritter das mit dem Erbbaurecht belastete Grundstück und ist für die vorausgegangene Bestellung des Erbbaurechts statt des Erbbauzinses **eine andere Geldleistung** zu erbringen, unterliegt diese – mangels Übertragung eines Erbbauzinsanspruchs – in voller Höhe der GrESt (GLE 16.9.2015, BStBl. I 2015, 827 – Erbbaurechtserlasse → § 2 Rn. 76 Ziff. 4.2).

Grundstückserwerb mit Erwerb des Erbbauzinsanspruchs. Erwirbt ein Erbbauberechtigter oder ein Dritter das mit dem Erbbaurecht belastete Grundstück, unterliegt der mit dem GrErwerb verbundene Erwerb des Erbbauzinsanspruchs nicht der GrESt. Wegen § 2 I fällt nur für den **nach Abzug des Kapital-** 179

werts verbleibenden Erbbauzinsspruch GrESt an; eines Abzugs nach der Boruttau'schen Formel bedarf es nicht (BFH II R 8/14, BStBl. II 2015, 853; II B 9/18, BFH/NV 2019, 44; ebenso GLE 16.9.2015, BStBl. I 2015, 827 – Erbbaurechtserlasse Tz. 4.1 mit Berechnungsbeispiel, → § 2 Rn. 76). Die Berechnung erfolgt nach den **Verhältnissen zum Beurteilungsstichtag;** über die Indexierung ist nach den zivilrechtlichen Regeln zu entscheiden (BFH II B 9/18, BFH/NV 2019, 44).

In solchen Fällen könnte es sich daher, um den Abzug des kapitalisierten Erbbauzinsanspruchs zu sichern, als vorteilhaft erweisen, zunächst das erbbaurechtsbelastete Gr und erst später das Erbbaurecht zu erwerben (dazu Mathäus/Stock DStR 2015, 2752 (2757)).

180–182 *einsweilen frei*

III. Erwerbsvorgänge im gesellschaftsrechtlichen Bereich

183 **1. Einbringungs- und Umwandlungsvorgänge.** Bei bis zum 31.12.1996 verwirklichten Erwerbsvorgängen (§ 23 IV) im Zusammenhang mit **Einbringungen und Umwandlungen** war Bemessungsgrundlage die Gegenleistung (zu Einzelheiten vgl. 4. Aufl. Rn. 183 f.). Diese Erwerbsvorgänge unterfallen nunmehr **§ 8 II 1 Nr. 2.**

184 **2. Auseinandersetzung und Vollbeendigung von Personengesellschaften.** Bei der **Auseinandersetzung** einer PersGes ist auf nach dem 31.12.1996 verwirklichte Erwerbsvorgänge § 8 II Nr. 2 idF des JStG 1997 bzw. § 8 II 1 Nr. 2 idF des StEntlG 1999 ff. anzuwenden. Zur Rechtslage bis 31.12.1996 vgl. Erläuterungen in der 1. Aufl. 1995, § 9 Rn. 181 sowie BFH II R 32/05, BStBl. II 2007, 323.

Bei der **Vollbeendigung** einer PersGes ist die Bemessungsgrundlage ebenfalls gem. § 8 II 1 Nr. 2 zu ermitteln, soweit das Gesellschaftsvermögen nach Ausscheiden der anderen Gesellschafter ohne Liquidation auf den **verbleibenden Gesellschafter** übergeht (vgl. → § 8 Rn. 83). Beim Erwerb aller Anteile durch einen **Nichtgesellschafter** fehlt es hingegen an einem Erwerbsvorgang auf gesellschaftsvertraglicher Grundlage iSd § 8 II 1 Nr. 2 (vgl. → § 8 Rn. 84). Für diesen nach § 1 I Nr. 3 – vgl. → § 1 Rn. 190 f. – steuerbaren Erwerbsvorgang ergibt sich die Bemessungsgrundlage aus der Gegenleistung (§§ 8 I, 9). Diese ist dem die Einzelübertragung ersetzenden Rechtsakt, dh dem Vertrag über den Anteilserwerb, zu entnehmen (BFH II R 80/92, BStBl. II 1995, 903). Die (Gesamt-)Gegenleistung ergibt sich aus den den ausscheidenden Gesellschaftern zu gewährenden Abfindungsvergütungen, ggf. weiteren sonstigen Leistungen sowie den übernommenen Gesellschaftsschulden (BFH II R 80/92, BStBl. II 1977, 671; II R 32/05, BStBl. II 2007, 323). Diese Schulden gehören in vollem Umfang zur (Gesamt-)Gegenleistung; § 128 HGB steht dem nicht entgegen (BFH II R 32/05, BStBl. II 1977, 671/675; II R 80/92, BStBl. II 1995, 903; II R 27/95, BStBl. II 1997, 663; FG München UVR 1997, 24; NdsFG UVR 1997, 177; krit. Bachem BB 1993, 483 (484 f.)).

185 **3. Grundstücksübergänge zwischen Gesellschafter und Gesellschaft.** Die Bemessungsgrundlage kann sich aus § 8 II 1 Nr. 1 ergeben, wenn eine Gegenleistung nicht vorhanden oder nicht zu ermitteln ist. § 8 II 1 Nr. 2 ist nur einschlägig bei Umwandlungen, Einbringungen sowie bei anderen Erwerbsvorgängen auf gesellschaftsvertraglicher Grundlage. Die gesellschaftsvertragliche Grundlage ist

nicht berührt, wenn keine Rechtsänderungen in der Gesellschafterstellung eintreten (BFH II 28/15, BStBl. II 2019, 555; → § 8 Rn. 84). In diesen Fällen ergibt sich die **Bemessungsgrundlage aus der Gegenleistung, § 9 I Nr. 1** (BFH II B 54/02, BStBl. II 2003, 483). Dies gilt auch, wenn die vereinbarte Gegenleistung ggf. weit unter dem Verkehrswert des Gr liegt (dazu BFH II R 23/10, BStBl. II 2011, 932 mwN; II R 81/94, BFH/NV 1997, 613; vgl. auch Viskorf/Loose § 9 Rn. 517).

einstweilen frei **186, 187**

IV. Erwerbsvorgänge betreffend Gebäude auf fremdem Boden

1. Allgemeines. Soweit ein Gebäude auf fremdem Boden als sog **Scheinbestandteil** (§ 95 I BGB) nur zu einem vorübergehenden Zweck mit dem Boden verbunden ist, kann es für sich Gegenstand eines nach § 1 I Nr. 1 iVm § 2 II Nr. 2 steuerbaren Veräußerungsgeschäfts sein (vgl. → § 2 Rn. 107). Hier ergeben sich hinsichtlich der nach § 8 I, § 9 I Nr. 1 anzusetzenden Gegenleistung regelmäßig keine besonderen Probleme. **188**

Soweit ein Gebäude auf fremdem Boden **wesentlicher Bestandteil** (§ 94 BGB) des Gr ist, kann der Erbauer des Gebäudes (zB der Mieter oder Pächter des Gr) dem Eigentümer des Gr oder einem Dritten die Verwertungsbefugnis (§ 1 II) an dem Gebäude verschaffen. Ebenso kann auch der GrEigentümer einem Dritten die Verwertungsbefugnis an dem Gebäude verschaffen (dazu im Einzelnen → § 2 Rn. 108 ff.). Bei derartigen nach § 1 II iVm § 2 II Nr. 2 steuerbaren Erwerbsvorgängen ist Bemessungsgrundlage der Wert der Leistungen, die der Erwerber dem Erbauer des Gebäudes bzw. dem GrEigentümer für den Erwerb der Verwertungsbefugnis am Gebäude gewährt. Auf den Wert des Verwertungsrechts kommt es nicht an (BFH II R 37/83, BStBl. II 1985, 526). Gegenleistung ist daher zB der vom GrEigentümer an den Pächter, der auf dem gepachteten Gr ein Gebäude errichtet hat, zu zahlende „Ausgleichsbetrag". Der GrEigentümer erbringt dem Pächter auch insoweit eine Gegenleistung, als er zur Finanzierung der Gebäudeerrichtung begründete persönliche Verbindlichkeiten des Pächters übernimmt. Dem Ansatz als Gegenleistung steht es nicht entgegen, wenn diese Verbindlichkeiten dinglich durch das Gr selbst abgesichert waren (BFH II R 37/83, BStBl. II 1985, 526).

2. Sicherungsübereignung von Gebäuden auf fremdem Boden. Die Sicherungsübereignung eines Gebäudes auf fremdem Boden ist nach **§ 1 I Nr. 1 oder Nr. 3 iVm § 2 II Nr. 2** steuerbar (→ § 2 Rn. 118 ff.). Da die Sicherungsübereignung lediglich der Sicherung einer Forderung dient, erbringt der Sicherungsnehmer im Regelfall keine Gegenleistung (vgl. auch → Rn. 191), so dass Bemessungsgrundlage der Grundbesitzwert des Gebäudes ist (§ 8 II 1 Nr. 1; zur Bewertung von Gebäuden auf fremdem Boden vgl. § 195 BewG bzw. – bis 31.12.2008 – § 148 BewG). Bei einer **Sicherungsübereignung unter einer auflösenden Bedingung** ist der Rückerwerb durch den Sicherungsgeber entsprechend § 16 I oder II Nr. 3 befreit (Hofmann/Bock § 9 Rn. 79, vor § 15 Rn. 11; vgl. auch → § 2 Rn. 2). **189**

Steht die Sicherungsübereignung dagegen **nicht unter** einer **auflösenden Bedingung** und fällt das Eigentum dann an den Sicherungsgeber zurück, gilt die Zweijahresfrist (§ 16 I, II Nr. 1). Ist eine Rückgängigmachung nicht mehr möglich, tritt eine Steuerpflicht gem. § 1 I Nr. 3 iVm § 2 II Nr. 2 ein. Bemessungsgrundlage ist regelmäßig § 8 II Nr. 1. Die FVerw (koord. Erlass FM Bay 14.6.1985, **190**

HEB 2024 GrEStG § 2 Rn. 33a ff.; FM Sachs 25.1.1993, UVR 1993, 159) ordnet hingegen für den Fall des Bedingungseintritts die Aufhebung der Steuerfestsetzung gem. §§ 5 II BewG, 175 I 1 Nr. 2 AO an. Sie gewährt ferner eine **zinslose Stundung** der festgesetzten GrESt für die Laufzeit des durch die Sicherungsübereignung gesicherten Kredits (krit. Behrens UVR 2017, 152 (155)).

191 Kommt der Sicherungsgeber hinsichtlich der gesicherten Forderung seinen Verpflichtungen aus dem zugrunde liegenden Rechtsgeschäft nicht nach und kommt es zur **Verwertung** des Gebäudes durch den Sicherungsnehmer, bestimmt sich die Bemessungsgrundlage nach der Art der Verwertung. Bei **Übernahme** des Gebäudes durch den Sicherungsnehmer (unter Anrechnung des Gebäudewerts) erwirbt dieser die Verwertungsbefugnis (§ 1 II) am Gebäude; er nimmt das Gebäude an Erfüllungs statt (§ 9 I Nr. 3) an. Bemessungsgrundlage ist der Wert der Gegenleistung, der sich aus dem Anrechnungsbetrag ergibt; § 8 II 1 Nr. 1 ist nicht anzuwenden (missverständlich Erlass FM Nds 29.4.1985, BeckVerw 015457). Im Hinblick auf den bereits bei der Sicherungsübereignung des Gebäudes auf fremdem Boden verwirklichten Tatbestand des § 1 I Nr. 1 iVm § 2 II Nr. 2 wird die GrESt für den nachfolgenden Erwerb der Verwertungsbefugnis unter den näheren Voraussetzungen des § 1 VI 2 nur erhoben, soweit der Anrechnungsbetrag die für die Sicherungsübereignung angesetzte Bemessungsgrundlage (GrWert) übersteigt.

Wird das Gebäude auf Rechnung des Sicherungsgebers durch **Veräußerung** an einen Dritten verwertet, liegt darin kein Erwerb der Verwertungsbefugnis durch den Sicherungsnehmer. Dieser hat ein bloßes Befriedigungsrecht am Erlös und ist nach der zugrundeliegenden Sicherungsabrede verpflichtet, den Mehrerlös an den Sicherungsgeber auszukehren (BFH II 53/58 U, BStBl. III 1960, 254).

Die vorstehenden Grundsätze gelten auch, wenn es bei dem **Sicherungsnehmer** zu einer **übertragenden Umwandlung** kommt. In diesem Fall wird ein weiterer Erwerbsvorgang nach § 1 I Nr. 3 verwirklicht (vgl. → § 2 Rn. 118). Die Steuer für diesen Erwerb wird von der FVerw ebenfalls zwar festgesetzt, aber nicht erhoben (FM BW 17.11.2003, DStR 2003, 2121; zu weiteren Einzelfragen Ropohl DB 2005, 972; Behrens UVR 2017, 152 (157 f.)). Im Übrigen gelten hinsichtlich der Bemessungsgrundlage die vorstehenden Grundsätze.

V. Treuhandgeschäfte und Auftragserwerb

192 Bei **Treuhandgeschäften** in Bezug auf Gr (→ § 1 Rn. 121 ff.) ist hinsichtlich der Bemessungsgrundlage je nach den verschiedenen Erwerbsvorgängen sowie je nach dem Vorliegen einer uneigennützigen bzw. eigennützigen Treuhand (→ § 1 Rn. 102; vgl. auch GLE 12.10.2007, BStBl. I 2007, 757, Tz. 4. – Erlasse Treuhand/Auftragserwerb, → § 1 Rn. 126) zu differenzieren.

Bei der **Übertragung** eines Gr auf einen Treuhänder im Rahmen einer **uneigennützigen** Treuhand ist Bemessungsgrundlage idR der Wert iSd § 151 I 1 Nr. 1 iVm § 157 I–III BewG (§ 8 II 1 Nr. 1), weil der Treuhänder keine Gegenleistung für die Übereignung des Gr erbringt (zur entspr. Rechtslage bei der Sicherungsübereignung von Gebäuden auf fremdem Boden vgl. → Rn. 189). Bei der Übertragung eines Gr im Rahmen eines **eigennützigen** Treuhandverhältnisses kann hingegen eine Gegenleistung iSd § 8 I vorliegen. Dies ist etwa der Fall, wenn für die Übereignung ein Kaufpreis vereinbart wird oder der Treuhänder sonstige Leistungen erbringt (FG Saarl 114/69, EFG 1970, 134; aA Möllinger DVR 1982, 69).

Bei der **Rückübertragung** eines Gr vom Treuhänder auf den Treugeber ist idR eine Gegenleistung nicht vorhanden oder nicht zu ermitteln, so dass Bemessungsgrundlage der Wert iSd § 138 II–IV BewG ist (§ 8 II 1 Nr. 1). 193

Kommt es im Zusammenhang mit der **Auflösung** eines Treuhandverhältnisses zum Erwerb der Verwertungsbefugnis (§ 1 II) des Treuhänders durch Verzicht des Treugebers auf seinen Rückübertragungsanspruch (→ § 1 Rn. 131), wird der Treuhänder bei der uneigennützigen Treuhand regelmäßig eine Gegenleistung iSd § 8 I erbringen; anderenfalls ist nach § 8 II 1 Nr. 1 der Wert iSd § 151 I 1 Nr. 1 iVm 157 I–III BewG maßgebend. Die für die Übertragung des Gr auf den Treuhänder berechnete Steuer ist nach Maßgabe des § 1 VI 2 zu berücksichtigen.

Beim Erwerb von Fondsanteilen eines als Bruchteilsgemeinschaft ausgestalteten 194
geschlossenen Immobilienfonds (→ § 1 Rn. 133) ist – vorbehaltlich der Anwendung des § 8 II – der gezahlte Kaufpreis Gegenleistung. Wird zusätzlich der Treuhänder (zumeist eine Treuhandgesellschaft) von offenen Verbindlichkeiten entlastet, liegt insoweit eine sonstige Leistung vor (BFH II R 86/83, BStBl. II 1986, 28). Sofern der Steuertatbestand des § 1 IIa erfüllt ist, ergibt sich die Gegenleistung aus § 8 II 1 Nr. 3.

Bei einem **Auftragserwerb** (vgl. → § 1 Rn. 135 ff.) erlangt der Auftraggeber 195
bzw. Geschäftsherr die Verwertungsbefugnis (§ 1 II) am Gr. Zur Gegenleistung gehören alle Aufwendungen iSd § 670 BGB, die dem Auftragnehmer bzw. Geschäftsbesorger für den GrErwerb entstehen und vom Auftraggeber bzw. Geschäftsherrn als Aufwendungsersatz geschuldet werden (BFH II 76/65, BStBl. II 1971, 309; II R 48/73, BStBl. II 1978, 320; II R 86/83, BStBl. II 1986, 28; II R 122/89, BFH/NV 1993, 688; II B 19/98, BFH/NV 1999, 669; II R 33/98, BFH/NV 2001, 206; vgl. auch GLE 12.10.2007, BStBl. I 2007, 757 Tz. 3.1. Erlasse Treuhand/Auftragserwerb, → § 1 Rn. 126). Dazu zählen die vom Auftragnehmer bzw. Geschäftsbesorger eingegangenen Verbindlichkeiten (zB Kaufpreis) sowie die ihm entstandenen sonstigen Kosten (Beurkundungsgebühren, Notarkosten, Auslagen). Für den Umfang der Gegenleistung im Einzelnen sind die zwischen dem Auftraggeber bzw. Geschäftsherrn und dem Auftragnehmer bzw. Geschäftsbesorger getroffenen Abmachungen und insb. der maßgebliche GrZustand, in dem der Auftraggeber die Verwertungsbefugnis am Gr erlangen soll, von Bedeutung (vgl. → Rn. 204 mwN). Dem Auftragnehmer bzw. Geschäftsbesorger ist mangels Anwendbarkeit des § 9 III auch die **ihm entstandene GrESt** zu ersetzen (BFH II R 33/98, BFH/NV 2001, 206 mwN); diese ist mithin der Bemessungsgrundlage für den Erwerb des Auftraggebers hinzuzurechnen. **Keine Gegenleistung** sind sonstige nicht durch den GrErwerb selbst veranlasste Aufwendungen, die aufgrund anderweitiger Vereinbarungen zwischen Auftraggeber und Auftragnehmer erbracht werden (zB Finanzierungs-, Verwaltungskosten oder Grundsteuer, vgl. BFH II R 33/98, BFH/NV 2001, 206; vgl. auch GLE 12.10.2007, BStBl. I 2007, 757 Tz. 3.1. – Erlasse Treuhand/Auftragserwerb – vgl. → § 1 Rn. 126).

Ob der Auftragnehmer bzw. Geschäftsbesorger die dem GrVeräußerer geschuldete Gegenleistung (zB Kaufpreis) im Zeitpunkt des Eintritts des Auftraggebers bzw. Geschäftsherrn in diesen Vertrag bereits tatsächlich entrichtet hat, ist für die Bemessungsgrundlage ohne Bedeutung. Hat der Beauftragte noch nicht gezahlt, so hat er zumindest einen in der Höhe seines Aufwendungsersatzanspruchs zu bewertenden Befreiungsanspruch gem. § 257 BGB (vgl. BFH II R 108/91, BFH/NV 1995, 431).

Beim **erweiterten Auftragserwerb** in der Zwangsversteigerung kann für den Auftraggeber die Befriedigungsfiktion des § 114a ZVG in die Bemessungsgrundlage einzustellen sein (vgl. → Rn. 128 f.).

196 Bei der nach § 1 I Nr. 2 steuerbaren **Übereignung des Gr durch den Beauftragten an den Auftraggeber** bestimmt sich die Bemessungsgrundlage nach den zwischen den Beteiligten getroffenen Abmachungen. Eine Gegenleistung wird zumeist nicht vorhanden oder zu ermitteln sein, so dass sich die GrESt an sich nach dem Grundbesitzwert bestimmt (§ 8 II 1 Nr. 1). Es findet jedoch § 1 VI 2 Anwendung, sofern die Steuer aus dem ersten Erwerbsvorgang – dh dem Erwerb der Verwertungsmöglichkeit (§ 1 II) durch den Auftraggeber – berechnet worden ist. Ist die Steuer für den Erwerb der Verwertungsmöglichkeit nicht erhoben worden, so ist die für diesen Erwerb erbrachte Gegenleistung (zB Kaufpreis und sonstige Kosten) die Bemessungsgrundlage für den zweiten Erwerbsvorgang (BFH II R 66/84, BFH/NV 1988, 390; zur entspr. Rechtslage bei Erwerb eines Gr zum Gesamthandsvermögen einer PersGes, die bereits zuvor die Verwertungsmöglichkeit hinsichtlich des Gr hatte, vgl. → § 1 Rn. 285).

VI. Gemischte Schenkung und Auflagenschenkung

197 Bei einer **gemischten Schenkung** wird ein Gr teils entgeltlich und teils unentgeltlich erworben (vgl. → § 3 Rn. 126 ff.). Der Erwerb des unentgeltlich zugewendeten Teils des Gr ist nach § 3 Nr. 2 S. 1 steuerfrei. Sofern für den entgeltlich erworbenen Teil keine Steuerbefreiung (zB aufgrund § 3 Nr. 4 oder Nr. 6) greift, entfällt auf diesen die erbrachte Gegenleistung in vollem Umfang nach den Grundsätzen des §§ 8 I, 9 (BFH II R 48/76, BStBl. II 1977, 676; Steiger UVR 1991, 203; vgl. auch → Rn. 106).

Bei einer **Schenkung unter** einer **Auflage** ist gem. § 3 Nr. 2 S. 2 ausschließlich der Wert solcher Auflagen der GrESt unterworfen, die bei der SchSt abziehbar sind (vgl. → § 3 Rn. 144 f.). Sofern Belastungen wegen ihrer Nichtabzugsfähigkeit bei der SchSt Bemessungsgrundlage für diese Steuer sind, dürfen sie – unabhängig von der tatsächlichen Erhebung der SchSt – nicht nochmals als Gegenleistung zur GrESt herangezogen werden.

Nach Aufhebung des § 25 ErbStG durch das ErbStRG sind bei **nach dem 31.12.2008** verwirklichten GrErwerben bei einer freigebigen Zuwendung iSd ErbStG die vom Beschenkten übernommenen Leistungs-, Nutzungs- oder Duldungsauflagen wegen ihrer Abzugsfähigkeit bei der SchSt stets – soweit § 8 I anzuwenden ist – als Gegenleistung zu berücksichtigen und daher § 3 Nr. 2 nicht anzuwenden (R E 25.2 ErbStR 2019; vgl. auch → § 3 Rn. 127 f.). Für den Ansatz der Gegenleistung gelten die Grundsätze des §§ 8 I, 9 (BFH II R 42/70, BStBl. II 1976, 126; II R 56/79, BStBl. II 1981, 74). Sind Gegenstand der freigebigen Zuwendung auch nicht der GrESt unterworfene Gegenstände (zB bei Schenkung einer Sachgesamtheit), ist nur der auf den Erwerb des Gr entfallende Teil der Auflage als Gegenleistung zu erfassen (zur Berechnung → § 8 Rn. 40 ff.).

198 Bemessungsgrundlage kann auch in Fällen der gemischten Schenkung und Auflagenschenkung ausnahmsweise der **Bedarfswert** des Gr (§ 8 II) sein. Aufgrund der Auflage ist grds. eine Gegenleistung vorhanden; nur ausnahmsweiser kommt deshalb die Anwendung des § 8 II 1 Nr. 1 in Betracht. In Fällen des **§ 1 IIa, IIb und III** ist ein schenkweise Anteilserwerb nach § 3 Nr. 2 begünstigt (vgl.

→ § 3 Rn. 37 ff.); dies erfordert eine **anteilige Kürzung** des gem. **§ 8 II 1 Nr. 3** anzusetzenden Grundbesitzwerts (vgl. → § 8 Rn. 88).

VII. Vergleich

Beruht die Verpflichtung zur GrÜbereignung auf einem **Vergleich,** der die Verpflichtung zur Übertragung des Gr ersetzt (→ § 1 Rn. 174), ist die Bemessungsgrundlage dem durch den Vergleich zum Erlöschen gebrachten Rechtsverhältnis zu entnehmen. Eine Gegenleistung darf nicht ohne Weiteres unterstellt werden (BFHE 116, 62). Gegebenenfalls ist der Wert der Gegenleistung zu schätzen oder nach § 12 in einem Pauschbetrag festzusetzen. Im Vergleichswege geänderte einzelne Punkte eines auf GrÜbereignung gerichteten Rechtsgeschäfts sind zu berücksichtigen. So gehört zB eine durch einen Vergleich begründete zusätzliche Leistung gem. § 9 II Nr. 1 zur Bemessungsgrundlage. **199**

VIII. Auflassung (§ 1 I Nr. 2)

Die **Auflassung** (§ 1 I Nr. 2) wirkt abstrakt; sie ist unabhängig von Bestehen und Wirksamkeit des Verpflichtungsgeschäfts (→ § 1 Rn. 175 ff.). Da sie keine die Gegenleistung betr. schuldrechtlichen Abmachungen enthalten kann, sind die der Auflassung zugrundeliegenden sonstigen Abmachungen für die **Gegenleistung maßgebend.** Ist eine Gegenleistung nicht vorhanden oder zu ermitteln, bemisst sich die GrESt nach dem Wert iSd § 151 I 1 Nr. 1 iVm 157 I–III BewG (§ 8 II 1 Nr. 1). Zur Bemessungsgrundlage bei Treuhandgeschäften und Auftragserwerben vgl. → Rn. 192 ff., bei der gemischten Schenkung oder Auflagenschenkung vgl. → Rn. 197 f., bei Erbbaurechtsvorgängen vgl. → Rn. 168 ff. **200**

IX. Übergang des Eigentums (§ 1 I Nr. 3)

Bei einem nach § 1 I Nr. 3 steuerbaren Erwerb eines **Erbanteils** (→ § 1 Rn. 192) ist Bemessungsgrundlage die für diesen Erwerb erbrachte Gegenleistung, soweit sie auf das Gr entfällt (BFH II R 141/74, BStBl. II 1976, 159). Die Gegenleistung wird sich zumeist aus dem zugrundeliegenden schuldrechtlichen Geschäft (Erbteilskauf, vgl. §§ 1922 II, 2371 ff. BGB) ergeben. Bei einer Gesamtgegenleistung bedarf es der Aufteilung nach den in → § 8 Rn. 40 ff. dargestellten Grundsätzen. **201**

Im **Umlegungsverfahren** sind GrZuteilungen außerhalb des Anwendungsbereichs des § 1 I Nr. 3 S. 2 Buchst. b (zu beachten ist die Neufassung gem. **Art. 32 JStG 2020 und durch das FoStoG,** → § 1 Rn. 198 ff.) oder etwaiger anderer Steuerbefreiungen steuerbar. Eine hiernach etwa anzusetzende Gegenleistung besteht in dem vom Erwerber für das zugeteilte Gr an die Gemeinde (§ 64 I BauGB) zu zahlenden Entgelt (BFH II R 67/89, BStBl. II 1993, 308), soweit die Grenze – nach dem 28.12.2020, vgl. § 23 XVII – um mehr als 20 % überstiegen wird. Etwa vom Erwerber übernommene sonstige Leistungen sind hinzuzurechnen. Ist das dem Erwerber zugeteilte Gr in einem künftigen (zB noch zu bebauenden) Zustand Gegenstand des Erwerbsvorgangs, gehören die entspr. Leistungen des Erwerbers zur Gegenleistung (offen gelassen von BFH II R 67/89, BStBl. II 1993, 308). **202**

Geht ein Gr nach der unanfechtbaren Entscheidung über die Rückübertragung nach dem **VermG** aufgrund vorheriger Abtretung des Restitutionsanspruchs auf einen Abtretungsempfänger über (zur Steuerbarkeit vgl. → § 1 Rn. 192 ff.), gehören zur Gegenleistung die Zahlungen und sonstigen Leistungen des Abtretungsempfängers an den Berechtigten; hinzuzurechnen sind ggf. weitere Zahlungsverpflichtungen nach Maßgabe des VermG (vgl. FM Bbg 19.8.1998, DB 1998, 1795; FG Sachs 5 K 106/98, EFG 1999, 307).

Zur Bemessungsgrundlage bei **Umwandlungsvorgängen** vgl. → Rn. 184 ff. sowie → § 8 Rn. 78 ff.

X. Erwerb der Verwertungsbefugnis (§ 1 II)

203 Bei Verschaffung der **Verwertungsbefugnis (§ 1 II)** bestimmt sich die Bemessungsgrundlage im Grundsatz nach dem Wert der Gegenleistung (§ 8 I). Diese ergibt sich aus dem Wert der Leistungen, die der Erwerber dem Eigentümer als **Entgelt** für den Erwerb der Verwertungsbefugnis gewährt (BFH II R 109/82, BStBl. II 1985, 97; II R 122/89, BFH/NV 1993, 688; II R 33/98, BFH/NV 2001, 206). Welche Leistungen dies sind, ist eine Frage des Einzelfalls; zur Bemessungsgrundlage bei Treuhandgeschäften und Auftragserwerben vgl. → Rn. 192 ff. Wird die Verwertungsbefugnis dadurch erlangt, dass der Verwertungsbefugte dem GrEigentümer darlehnsweise den vereinbarten Kaufpreis (zinslos) vorfinanziert, ist dieser Betrag die Gegenleistung (BFH II R 109/82, BStBl. II 1985, 97). Ebenso ist Gegenleistung ein dem Eigentümer vom Verwertungsbefugten hingegebenes **„Darlehen“**, das dem Eigentümer nach den getroffenen Vereinbarungen bei Ausnutzung der Verwertungsbefugnis verbleiben soll (BFH II R 115/84, BFH/NV 1987, 672).

204 Die **Höhe der Gegenleistung** wird – ebenso wie beim rechtsgeschäftlichen Erwerb – durch den maßgeblichen **Gegenstand des Erwerbsvorgangs** (→ Rn. 3 ff.) bestimmt. Soll der Erwerber die Verwertungsbefugnis an einem Gr in einem künftigen (zB bebauten) Zustand erhalten, ist auch die Bemessungsgrundlage an diesem maßgeblichen GrZustand auszurichten. Zur Gegenleistung gehören deshalb alle Aufwendungen (zB Baukosten), die sich auf die Herbeiführung des maßgeblichen (zukünftigen) Zustands beziehen (BFH II R 122/89, BFH/NV 1993, 688; II R 19/92, BFH/NV 1995, 823; II R 19/92, BFH/NV 1997, 308; II B 19/98, BFH/NV 1999, 669).

Wird die Verwertungsbefugnis (§ 1 II) zB aufgrund eines **Auftrags- oder Treuhandverhältnisses** erworben, gehören die zur Ausführung des (ggf. die Bebauung des Gr einschließenden) Auftrags erforderlichen Aufwendungen des Beauftragten zur Gegenleistung. Dabei ist zur Ermittlung der Gegenleistung auf den Inhalt des Auftragsverhältnisses abzustellen (BFH II R 33/98, BFH/NV 2001, 206; vgl. auch → Rn. 192 ff.); die Grundsätze über den maßgeblichen Gegenstand des Erwerbsvorgangs sind zu beachten (→ Rn. 10 ff.). Es ist unerheblich, ob der Beauftragte bzw. Treuhänder die Bauaufträge in eigenem Namen oder im Namen des Verwertungsbefugten (Auftraggebers bzw. Treugebers) vergibt (aA Brüggmann UVR 1994, 45).

Erlangt ein Leasingnehmer im **Immobilien-Leasing** (→ § 1 Rn. 286 f.) die Verwertungsbefugnis am Leasingobjekt, sind Gegenleistung alle vom Leasingnehmer nach dem Leasing-Vertrag zu erbringenden Leistungen (zB Vormieten, Leasing-Raten, einmalige – zumeist in Höhe eines bestimmten Prozentsatzes der Gesamtinvestition bemessene – Sonderzahlungen), die der Erwerber für die Verwertungsbefugnis gewährt (BFH II R 47/93, BFH/NV 1996, 579; II R 13/96, BFH/NV 1999, 666). Diese Gegenleistung kann nicht aufgrund einer wirtschaftlichen Betrachtung um einen fiktiven Mietanteil gekürzt werden (BFH II R 47/

73, BFH/NV 1996, 579; FG BW 13 K 103/91, EFG 1996, 561). Die fehlende Berechnungsmöglichkeit eines solchen fiktiven Mietanteils rechtfertigt nicht die Anwendung des § 8 II 1 Nr. 1 (BFH II R 13/96, BFH/NV 1999, 666). Nicht zur Gegenleistung gehören – sofern ein echter Leistungsaustausch und kein unangemessen hohes Entgelt vorliegt – vom Leasingnehmer zu zahlende Mietnebenkosten (zB für Dienstleistungen des Leasinggebers, laufende Abgaben, Versicherungen).

Die vorstehenden Grundsätze gelten für einen **Vollamortisations-Leasingvertrag** auch dann, wenn dessen Abschluss **§ 1 I Nr. 1** unterfällt. Andere Grundsätze gelten hingegen – insoweit ist die in BFH II R 47/93, BFH/NV 1996, 579 getroffene Aussage zu weit – bei einem nach § 1 I Nr. 1 steuerbaren GrErwerb aufgrund eines in einem **Teilamortisations-Leasingvertrag** eingeräumten Ankaufsrecht (BFH II R 28/04, BStBl. II 2006, 630). In diesem Fall ist Gegenleistung zunächst der bei Ausübung des Ankaufsrechts zu zahlende Kaufpreis. Als sonstige Leistung iSd § 9 I Nr. 1 sind ferner auch Teile des Nutzungsentgelts (Leasingraten) zu berücksichtigen, soweit diese den Rahmen der Angemessenheit und Verkehrsüblichkeit übersteigen und als Vorauszahlung auf den bei Zustandekommen des GrKaufvertrags zu zahlenden Kaufpreis anzusehen sind (BFH II R 28/04, BStBl. II 2006, 630).

Bei der **Verkaufsermächtigung** und beim **atypischen Maklervertrag** 205
beruht die Besteuerung auf dem gedachten Zwischenerwerb des Verwertungsberechtigten (→ § 1 Rn. 274 ff.). Bemessungsgrundlage ist daher die mit dem GrEigentümer vereinbarte Gegenleistung (zB der mit dem Eigentümer vereinbarte und an ihn auszukehrende Festpreis sowie ein etwa dem GrEigentümer zustehender Mehrerlös, vgl. BFH II R 49/74, BStBl. II 1975, 863; II R 180/83, BStBl. II 986, 417). Ein dem Verwertungsberechtigten etwa verbleibender **Mehrerlös** ist Folge der Erlangung der Verwertungsbefugnis und nicht Gegenleistung für den Erwerb der Verwertungsbefugnis. Insofern muss zwischen dem Erwerb der Verwertungsbefugnis einerseits und der Verwertung des Gr andererseits streng unterschieden werden (NdsFG III 10/75, EFG 1977, 188). Sieht man bei einer Verkaufsermächtigung bzw. einem typischen Maklervertrag den (gedachten) Zwischenerwerb des Verwertungsbefugten als das entscheidende steuerbegründende Merkmal an, kann es hinsichtlich der Bemessungsgrundlage nicht auf die etwaige Verpflichtung des Verkaufsermächtigten bzw. (atypischen) Maklers zur Verwertung des Gr ankommen (aA NdsFG III 10/75, EFG 1977, 188). Kann der Verkaufsermächtigte bzw. (atypische) Makler seine Chance auf Substanzbeteiligung am Gr nicht realisieren, entfällt bereits die Steuerpflicht aus § 1 II. Hier kann sich deshalb auch die Frage einer aus § 8 II 1 Nr. 1 zu entnehmenden Bemessungsgrundlage nicht stellen.

Werden die wirtschaftlichen Konsequenzen aus einem **formnichtigen Kauf-** 206
vertrag (§§ 311b I 1, 125 BGB) über ein Gr gezogen und ist damit der Tatbestand des § 1 II erfüllt (vgl. → § 1 Rn. 264), ist die Gegenleistung der (unwirksamen) Kaufpreisabrede zu entnehmen.

Die **Einbringung** eines Gr **dem Wert nach** in eine PersGes unterfällt § 8 II 1 Nr. 2 (vgl. → § 8 Rn. 81).

Sofern in weiteren Fallgruppen der Verwertungsbefugnis ausnahmsweise eine Gegenleistung nicht vorhanden oder zu ermitteln ist, ist Bemessungsgrundlage der Wert iSd § 138 II–IV BewG (§ 8 II 1 Nr. 1). Das dürfte insb. für solche Fälle gelten, in denen eine Kombination von wirtschaftlicher und rechtlicher

Verwertungsbefugnis vorliegt (vgl. zB BFH II R 29/69, BStBl. II 1974, 251; schon → § 1 Rn. 262).

E. Weitere zur Gegenleistung gehörende Leistungen (§ 9 II)

I. Zusätzliche (nachträgliche) Leistungen (§ 9 II Nr. 1)

207 § 9 II Nr. 1 durchbricht den Grundsatz, dass nach der Entstehung der Steuerschuld eintretende Umstände die Steuerpflicht nicht mehr nachträglich beeinflussen. Die **Einbeziehung zusätzlicher (nachträglicher) Leistungen** zielt auf die Erfassung der **vollen Gegenleistung** (BFH II R 71/88, BStBl. II 1990, 228). Damit entspricht § 9 II Nr. 1 spiegelbildlich der durch aus § 16 III vorgeschriebenen Berücksichtigung einer nachträglichen Herabsetzung der Gegenleistung.

Da bereits im Erwerbszeitpunkt vereinbarte „zusätzliche“ Leistungen schon durch § 9 I Nr. 1 erfasst werden, kommt die Anwendung des § 9 II Nr. 1 bei rechtsgeschäftlichen Erwerben im Regelfall nur bei **nachträglich** vereinbarten Leistungen in Betracht. Der Erwerber erbringt idR derartige Leistungen, um sich das Eigentum am Gr zu verschaffen oder zu erhalten. Das Moment der Nachträglichkeit gehört freilich nicht zum gesetzlichen Tatbestand des § 9 II Nr. 1 (BFH II R 93/90, BStBl. II 1994, 817; Viskorf/Loose § 9 Rn. 551 ff.; missverständlich zB BFH II R 4/81, BStBl. II 1982, 625).

208 **Neuer Steueranspruch.** Seiner **Rechtsnatur** nach wird durch die nachträgliche Vereinbarung bzw. mit Gewährung der zusätzlichen Gegenleistung ein **neuer Steuertatbestand** verwirklicht; es entsteht (§ 38 AO) ein weiterer **(neuer) Steueranspruch** (BFH II R 26/92, BStBl. II 1996, 162; II R 3/05, BStBl. II 2006, 604; II R 57/05, BFH/NV 2007, 1537; II R 18/22, DStR 2025, 518 mAnm Kugelmüller-Pugh). Seine Besonderheit besteht darin, dass er **tatbestandsmäßig** zum einen an einen bereits **zuvor** verwirklichten Erwerbsvorgang iSd § 1 I oder II anknüpft und mit diesem zum anderen in einem rechtlichen Zusammenhang stehen muss (→ Rn. 209).

Die nachträgliche Leistung steht in einem notwendigen Bezug zu dem **ursprünglichen Erwerbsvorgang.** Im Zeitpunkt seiner tatbestandsmäßigen Erfüllung kann jedoch die Steuer für die nachträgliche Leistung, weil diese auf erst nach diesem Erwerbsvorgang eingetretenen Umständen beruht, noch nicht entstehen. Für die Besteuerung der nachträglichen Leistung ist gleichwohl ein gem. § 1 I oder II steuerbarer Erwerbsvorgang unverzichtbar erforderlich (BFH II R 3/05, BStBl. II 2006, 604 mwN). Dabei kommt § 9 II Nr. 1 auch bei den kraft Gesetzes eintretenden Erwerben (zB § 1 I Nr. 4), zB im Fall der erweiterten Befriedigung des Erstehers im Zwangsversteigerungsverfahren gem. § 114a ZVG zur Anwendung (BFH II R 71/88, BStBl. II 1990, 228; zur Problematik → Rn. 124 ff.). Ebenso kann § 9 II Nr. 1 auch bei einem gem. § 3a I–III AusglLeistG zusätzlich zu erbringenden Kaufpreis (vgl. FM Bbg 9.1.2001, BeckVerw 052413) anzuwenden sein.

209 Der durch die nachträglich gewährten Leistungen entstehende neue Steueranspruch (vgl. → Rn. 211) aus § 38 AO iVm § 9 II Nr. 1 setzt ferner voraus, dass es sich um eine **nachträgliche** Leistung iSd § 9 II Nr. 1 handelt und diese mit dem vorausgegangenen Erwerbsvorgang in einem **rechtlichen Zusammenhang** steht (BFH II R 15/76, BStBl. II 1980, 162; II R 93/90, BStBl. II 1994, 817; II R 3/05, BStBl. II 2006, 604; II R 4/87, BFH/NV 1990, 592; II R 15/01, BFH/

NV 2003, 818; II R 18/22, DStR 2025, 518 mAnm Kugelmüller-Pugh). Die nachträgliche Leistung muss für den **Erwerb des Gr** erbracht worden sein; sie kann – entgegen dem insoweit zu engen Wortlaut des § 9 II Nr. 1 – ggf. auch einem Dritten zu gewähren sein (BFH II R 26/92, BStBl. II 1996, 162).

Der **erforderliche Zusammenhang** ist insb. gegeben, wenn sich bereits aus dem ursprünglichen Erwerbsvorgang ein Anspruch auf die spätere zusätzliche Leistung ableitet (zB aufgrund Eintritts einer aufschiebenden Bedingung, vgl. BFH II R 26/92, BStBl. II 1996, 162; ein solcher Fall ist etwa bei der aufschiebend bedingten Verpflichtung zur Pflege im Bedarfsfall gegeben → Rn. 107 „Pflegeleistungen"). Dieser erforderliche Zusammenhang fehlt jedoch, wenn die Sonderwünsche nicht mit dem Veräußerer oder der Veräußererseite, sondern etwa unmittelbar mit einzelnen Handwerkern getroffen worden sind (BFH I R 3/05, BStBl. II 2006, 604 unter II.1).

Dasselbe gilt, wenn im Zusammenhang mit einem **einheitlichen Erwerbsgegenstand** nachträgliche Leistungen (zB für Sonderwünsche) gewährt werden (vgl. → Rn. 53) oder sich die Verpflichtung zur Entrichtung eines weiteren Kaufpreises aufgrund der **Verknüpfung des GrKaufvertrags** mit damit verbundenen **anderen Verträgen und Vertragsbeteiligten** ergibt (FG Münster 8 K 4930/02 GrE, EFG 2004, 1386; FG Bremen 2 K 77/21, BeckRS 2021, 40270; II R 18/22, DStR 2025, 518 mAnm Kugelmüller-Pugh).

Bei einer lediglich hinausgeschobenen Fälligkeit der Gegenleistung ist schon § 9 I anzuwenden, vgl. → § 8 Rn. 37. Eine zusätzliche Leistung ist auch gegeben, wenn der Arbeitgeber einem Arbeitnehmer ein Gr zu einem unter dem Verkehrswert liegenden Preis veräußert und der Arbeitnehmer zu zukünftigen Leistungen für den verbilligten Erwerb des Gr verpflichtet ist (BFH II 172/64, BStBl. II 1969, 668, zugleich in Abgrenzung zu Fällen, in denen die Erwartung künftiger **Dienstleistungen** ein grestrechtlich unbeachtliches Motiv der GrÜberlassung ist). Bei einem schon abgewickelten Rechtsgeschäft ist ein rechtlicher Zusammenhang zu bejahen, wenn Zweifel an der Wirksamkeit des Geschäfts vergleichsweise durch Zahlung eines zusätzlichen Entgelts ausgeräumt werden (BFH II R 4/87, BFH/NV 1990, 592). Für den rechtlichen Zusammenhang genügt es auch, wenn eine Leistung an die Insolvenzmasse die relative Unwirksamkeit eines Erwerbsvorgangs nach Anfechtung des Geschäfts durch den Insolvenzverwalter beseitigt (BFH II R 93/90, BStBl. II 1994, 817). Der Anwendung von § 9 II Nr. 1 steht in solchen Fällen nicht entgegen, dass die Leistung nicht an den in Insolvenz gefallenen Veräußerer erbracht wird. In zeitlicher Hinsicht unterliegt die durch § 9 II Nr. 1 angeordnete Erfassung der zusätzlichen (nachträglichen) Leistung keinen Beschränkungen.

Der rechtliche Zusammenhang ist zu verneinen, wenn die neue Leistung ledig- **210**
lich die **Weiterveräußerung** des Gr ermöglicht. So findet § 9 II Nr. 1 zB keine Anwendung, wenn dem ursprünglichen Veräußerer eine Entschädigung dafür gezahlt wird, dass dieser auf die Ausübung seines im ursprünglichen Rechtsgeschäft vereinbarten Wiederkaufsrechts (§ 497 BGB) verzichtet (BFH II R 15/76, BStBl. II 1980, 162; II R 4/87, BFH/NV 1990, 592; zur Nachzahlungsverpflichtung des Käufers und Mehrerlösvereinbarungen im Zusammenhang mit der Privatisierung von Betrieben der Treuhand vgl. Klähn UVR 1994, 15). Auch ein Entgelt für die bloße Verlängerung eines GrLeasingvertrags ist keine zusätzliche Gegenleistung (BFH II R 15/01, BFH/NV 2003, 818).

Zusätzlicher Steuerbescheid. Für die Erfassung der Leistungen iSd § 9 II **211**
Nr. 1 ergeben sich, da insoweit ein weiterer (neuer) Steueranspruch entsteht (vgl.

→ Rn. 208), **verfahrensrechtliche Besonderheiten.** Die zusätzliche Leistung ist nicht durch Änderung des den ursprünglichen Erwerbsvorgang betr. GrESt-Bescheids, sondern durch einen neuen **zusätzlichen Steuerbescheid** zu erfassen (BFH II 152/50 S, BStBl. III 1951, 100; II R 93/90, BStBl. II 1994, 817; II R 26/92, BStBl. II 1996, 162; II R 3/05, BStBl. II 2006, 604; II R 57/05, BFH/NV 2007, 1537). Da das die Steuer aus § 9 II Nr. 1 auslösende Ereignis nicht auf den ursprünglichen Erwerbsvorgang zurückwirkt, scheidet ein den Gesamtvorgang umfassender Änderungsbescheid nach § 175 I 1 Nr. 2 AO aus. Soweit jedoch für den ursprünglichen Erwerbsvorgang noch kein Bescheid ergangen war, kann die zusätzliche (nachträgliche) Leistung in dem Erstbescheid erfasst werden. Besonderheiten gelten dann, wenn bereits ein Steuerbescheid für den früheren Erwerbsvorgang ergangen war. Bei einer aufschiebend bedingten Gegenleistung kommt auch eine gem. § 165 AO vorläufige Steuerfestsetzung nicht in Betracht (vgl. → § 8 Rn. 37). Die Festsetzungsverjährung bestimmt sich nach §§ 169–171 AO (→ Vorb § 15 Rn. 10 ff.). Da zusätzliche Leistungen gem. § 19 II Nr. 1 (vgl. → § 19 Rn. 19) und ggf. auch nach § 18 **anzeigepflichtig** sind, findet § 170 II 1 Nr. 1 AO Anwendung.

§ 3 Nr. 1 findet auf Erwerbe nach § 9 II Nr. 1 keine Anwendung (BFH II R 18/22, DStR 2025, 518 mAnm Kugelmüller-Pugh). Zur Verwirklichung des Steueranspruchs aus § 9 II Nr. 1 → § 23 Rn. 6; zum **Bewertungsstichtag** für die nachträgliche Gegenleistung → § 8 Rn. 42.

II. Auf den Erwerber kraft Gesetzes übergehende Lasten (§ 9 II Nr. 2)

212 Für die auf dem Gr ruhenden Belastungen, die „ohne besondere Abrede kraft Gesetzes auf den Erwerber übergehen" (Begr. GrEStG 1940, 408), trifft **§ 9 II Nr. 2 nähere Bestimmungen** über ihre Hinzurechnung zur Gegenleistung. Der Gegenleistung sind in jedem Fall die in § 9 II Nr. 2 **S. 1** angesprochenen nichtdauernden Lasten hinzuzurechnen, denen kraft der Fiktion des § 9 II Nr. 2 S. 3 der Erbbauzins gleichgestellt ist. Für die dauernden Lasten (§ 9 II Nr. 2 S. 2) soll hingegen eine Hinzurechnung entfallen.

§ 9 II Nr. 2 liegt die Erwägung zugrunde, dass die Beteiligten den Wert der vom Erwerber zu **übernehmenden nichtdauernden Lasten bei der Bemessung des Wertes der vereinbarten Leistung berücksichtigen.** Daher ist der Gesamtbetrag von vereinbarter und kraft Gesetz übergehender Leistung als Gegenleistung für das Gr zu erfassen (vgl. auch Begr. GrEStG 1940, 408). Diese Hinzurechnung soll jedoch bei auf den Gr ruhenden dauernden Lasten entfallen, die dem Gr als dauernd wertmindernde Eigenschaften anhaften und demgemäß keine Erhöhung der als Bemessungsgrundlage anzusetzenden Gegenleistung rechtfertigen (Begr. GrEStG 1940, 408). Nicht abschließend geklärt ist das **Verhältnis** des § 9 II Nr. 2 S. 2 **zu § 9 I Nr. 1;** der BFH (II R 26/03, BStBl. II 2005, 613) hat ausdrücklich offen gelassen, ob § 9 II Nr. 2 S. 2 überhaupt eine Einschränkung des Begriffs der sonstigen Leistung iSd § 9 I Nr. 1 herbeizuführen vermag. Jedenfalls ist § 9 II Nr. 2 ohne Bedeutung, soweit der Erwerber zugunsten des Veräußerers (dauernde oder nichtdauernde) Leistungen **neu begründet;** in derartigen Fällen liegen bereits von § 9 I Nr. 1 erfasste sonstige Leistungen vor (vgl. → Rn. 95). Verpflichtet sich der Erwerber zur Übernahme einer auf dem Gr ruhenden nichtdauernden Last, findet ebenfalls § 9 I Nr. 1 Anwendung. Überdies hat der Anwendungsbereich des § 9 II Nr. 2 aufgrund des anzuwendenden § 442 II BGB (vgl.

→ Rn. 95) erhebliche Einschränkungen zugunsten der Anwendbarkeit des § 9 I Nr. 1 erfahren (vgl. → Rn. 215).

Dauernde Lasten iSd § 9 II Nr. 2 S. 2 sind solche **Belastungen, die auf dem Gr „ruhen".** Diese müssen **bereits bei Abschluss** des GrGeschäfts auf dem Gr ruhen und mit **dinglicher Wirkung** ohne besondere Abrede kraft Gesetzes auf den Erwerber übergehen (BFH II 193/56 U, BStBl. III 1958, 239; II R 26/03, BStBl. II 2005, 613 mwN). Bei fehlender dinglicher Sicherung des Rechts oder einer nur schuldrechtlichen Belastung des GrEigentümers liegt mithin keine dauernde Last vor (BFH II 129/51 U, BStBl. III 1952, 98; II 130/62, 1966, 553; II R 26/03, BStBl. II 2005, 613). Maßgebend für das Vorliegen einer Belastung sind die **Verhältnisse zum** maßgebenden **Stichtag** (→ § 8 Rn. 48); eine im Grundbuch erst noch einzutragende Belastung bleibt unberücksichtigt, wenn sie zum maßgebenden Stichtag (auch bei bereits vorliegenden dinglicher Einigung) noch nicht im Grundbuch eingetragen war (BFH II R 26/03, BStBl. II 2005, 613). Demgemäß liegt eine dauernde Last (§ 9 II Nr. 2 S. 2) vor, wenn der Eigentümer des Gr oder sein Rechtsnachfolger mit deren Wegfall in absehbarer Zeit nicht rechnen kann. Die **Möglichkeit eines vorzeitigen Erlöschens** – zB in der Zwangsvollstreckung gem. §§ 52 I, 91 I ZVG – steht einer Anerkennung als dauernde Last nicht entgegen (BFH II 74/63, BStBl. III 1966, 550). Ähnlich einer dauernden Last sind Verpflichtungen zu behandeln, die für einen Wohnungseigentümer gegenüber der Eigentümergemeinschaft bestehen (BFH II R 27/01, BFH/NV 2004, 226). Dauernde Lasten setzen **keine Begrenzung der körperlichen GrSubstanz** (wie zB beim Überbau, § 912 I BGB) oder der körperlichen Nutzung (wie zB bei Grunddienstbarkeiten, § 1018 BGB) voraus. Sie sind auch bei Leistungspflichten (zB Deichlasten) zu bejahen, soweit sich die Verpflichtung nicht lediglich in einer einmaligen Zahlung erschöpft (BFH II 157/57 U, BStBl. III 1959, 468; II R 16/68, BStBl. II 1969, 90). 213

Einzelfälle. Dauernde Lasten sind insb. die **subjektiv-dinglichen Grunddienstbarkeiten** (§§ 1018 ff. BGB; zB Überwegungsrechte, Baubeschränkungen, Gewerbe- und Wettbewerbsverbote). Hierzu zählen auch durch Grunddienstbarkeit gesicherte **Sand- oder Kiesgewinnungsrechte,** soweit es sich nicht um auflösend bedingte oder zeitlich befristete Grunddienstbarkeiten handelt (BFH II 74/63, BStBl. III 1966, 550 und 551; auch → Rn. 107 „Bodenschätze"). Ebenfalls dauernde Lasten sind das **Dauerwohn- und Dauernutzungsrecht** gem. §§ 31 ff. WEG (FG Hmb I 44/72, EFG 1974, 31; Schuhmann BB 1977, 49; Viskorf/Loose § 9 Rn. 565; allgemein zum Dauerwohn- und Dauernutzungsrecht → § 2 Rn. 62 f.), die Duldungspflichten gem. §§ 912 I, 917 I BGB, Überbau- und Notwegrentenlasten (§§ 912 II, 913 ff., 917 II BGB) sowie subjektiv-dingliche Reallasten (§ 1105 BGB). 214

Nicht abschließend geklärt ist, ob die Regelungsanordnung des § 9 II Nr. 2 S. 2 auch nach der Neufassung des **§ 442 II BGB,** der eine umfassende Beseitigungspflicht des Verkäufers für im Grundbuch eingetragene Rechte anordnet (vgl. auch → Rn. 95), Bestand haben kann. Dahinter steht die Vorstellung, dass ggf. der Verkäufer die bestehenden Rechte aus dem Verkaufserlös ablösen kann und soll (MüKoBGB/Westermann § 442 Rn. 16). Dies verträgt sich nicht mit der Vorstellung einer dauernden Wertminderung des Gr; aufgrund § 442 II BGB ist daher der von § 9 II Nr. 2 vorausgesetzte Übergang von Belastungen kraft Gesetzes „ohne besondere Abrede" (Begr. GrEStG 1940, 408) entfallen. Zwar ist § 442 II durch Rechtsgeschäft abdingbar (vgl. nur Grüneberg/Weidenkaff BGB § 442 Rn. 21). Der Rechtsgrund des Übergangs ist jedoch allein die vertragliche Über- 215 nahme des Rechts iSd § 435 I BGB, so dass insoweit eine nach **§ 9 I Nr. 1** zu erfassende sonstige Leistung des Käufers vorliegt (Hofmann/Bock § 9 Rn. 96; im Ergebnis auch Viskorf/Loose § 9 Rn. 568).

Weiterhin anwendbar bleibt § 9 II Nr. 2, soweit eine Last nicht im Grundbuch eingetragen ist und von Gesetzes wegen auf den Erwerber übergeht. Dies trifft zB im Zwangsversteigerungsverfahren auf die gem. § 52 II ZVG außerhalb des geringsten Gebots bestehen bleibenden Rechte zu (vgl. → Rn. 118, 130). Auch für im Grundbuch nicht eingetragene dauernde Lasten hat sich nach jetziger Zivilrechtslage nichts geändert. So sind etwa nachbarrechtliche Duldungs- und Leistungspflichten (zB bei Überbau gem. §§ 912 ff. BGB; Notweg § 917 BGB) als dauernde Lasten gem. § 9 II Nr. 2 S. 2 nicht der Gegenleistung hinzuzurechnen (Hofmann/Bock § 9 Rn. 95).

216 Für **nichtdauernde Lasten** (§ 9 II Nr. 2 S. 1) ist kennzeichnend, dass sie der Eigentümer nur **vorübergehend** zu tragen hat. Erfasst werden Verpflichtungen, die – selbst wenn als solche nicht im Grundbuch eingetragen – auf dem Gr ruhen, ohne besondere Abrede kraft Gesetz auf den Erwerber übergehen und bereits bei Entstehung der Steuerschuld bestanden haben (BFH II 157/57 U, BStBl. III 1959, 468).

217 **Einzelfälle.** Nichtdauernde Last ist insb. der nicht übertragbare, unvererbliche und nur zugunsten einer bestimmten natürlichen Person bestellte **Nießbrauch** (§§ 1030, 1059, 1061 BGB; BFH II 49/60 U, BStBl. III 1960, 413; II 74/63, BStBl. III 1966, 550). Dies gilt ebenfalls für den zugunsten des Erwerbers bereits eingetragenen Nießbrauch (SchlHFG EFG 1956, 391) sowie die **beschränkt persönlichen Dienstbarkeiten** (§§ 1090 ff. BGB), zB das dingliche Wohnungsrecht (§ 1093 BGB; BFH II R 192/75, BStBl. II 1976, 577). Ebenso sind nichtdauernde Lasten das dingliche Vor- und Wiederkaufsrecht (§§ 1094 ff. BGB; s. FG München EFG 1958, 132; FG Bremen EFG 1958, 313), Reallasten (§ 1105 I BGB; zB Altenteil, BFH II 26/49 U, BStBl. III 1951, 19) und als Mietvorauszahlungen geleistete Baukostenzuschüsse (§§ 57c, 57d ZVG; BFH II 250/60, BStBl. III 1966, 601). Die **Bewertung** dieser Lasten erfolgt mit ihrem gemeinen Wert (§ 9 BewG) bzw. mit ihrem Kapitalwert (§§ 13, 14 BewG). Der **Erbbauzins** gilt kraft der Fiktion des § 9 II Nr. 2 S. 3 ebenfalls als nichtdauernde Last, → Rn. 168 ff.

III. Leistungen des Erwerbers an Dritte für einen Erwerbsverzicht (§ 9 II Nr. 3)

218 § 9 II Nr. 3 ordnet eine Hinzurechnung solcher Leistungen an, die der **Erwerber an dritte Personen als Gegenleistung** für deren Verzicht auf den Erwerb des Gr gewährt. Diese Hinzurechnung ist gerechtfertigt, weil sie der Erwerber zu Erlangung des Eigentums am Gr bewirken muss (Begr. GrEStG 1940, 377 (408); vgl. auch BFH II R 39/01, BStBl. II 2004, 246). § 9 II Nr. 3 ist nur anwendbar, sofern die Leistung einem **Dritten** versprochen oder gewährt wird. Beruht die Leistung auf einer dem Veräußerer gegenüber in einem Vertrag zugunsten Dritter (§§ 328 ff. BGB) eingegangenen Verpflichtung, ist die Gegenleistung bereits nach § 9 I Nr. 1 zu erfassen. § 9 II Nr. 3 ist auch anwendbar, wenn der Erwerbsvorgang nach § 1 I Nr. 1 iVm § 42 AO (Übertragung aller Anteile an einer grbesitzenden PersGes nach der Rechtslage bis 31.12.1996) zu besteuern ist (FG Hmb I 6/99, EFG 2000, 578). Kein Erwerbsverzicht liegt vor, wenn dem Ersterwerber hinsichtlich der Notar-, Grundbuch- und Maklerposten ein Kostenerstattungsan-

spruch gegen die Ausüber des Vorkaufsrechts zusteht (FG München 4 K 902/23, DStR 2025, 642 mAnm Koll und Faltings, Rev. BFH II R 28/24 und FG München 4 K 236/22, EFG 2024, 2056, Rev. BFH II R 29/24).

Gegenstand des Erwerbsverzichts ist der Erwerb des Gr durch den Dritten. Durch § 9 II Nr. 3 werden nur dafür gewährte Leistungen an Dritte erfasst, dass der Dritte selbst auf den GrErwerb verzichtet und durch diesen eigenen Verzicht dem Erwerber den GrErwerb (positiv) ermöglicht (BFH II R 39/01, BStBl. II 2004, 246). Der „Verzicht" ist nicht ein solcher iSd § 517 BGB, sondern – weitergehend – ganz allgemein das Absehen von einem Erwerb (BFH II R 57/06, BFH/NV 2008, 2059). Die von § 9 II Nr. 3 vorausgesetzte **Rechtsposition des Dritten** muss so beschaffen sein, dass dieser tatsächlich in der Lage und willens ist, das GrEigentum anstelle des Erwerbers zu erlangen (BFH II 47/62 U, BStBl. III 1964, 368; II R 39/01, BStBl. II 2004, 246; II B 45/22, BFH/NV 2023, 1319 für Erwerbsverzicht). § 9 II Nr. 3 erfasst daher nur Leistungen, die ihren Rechtsgrund im Verzicht des Dritten auf den GrErwerb finden, die also der Erwerber dem Dritten in Kenntnis dieser Verhältnisse mit dem Ziel erbringt, diesen zum Verzicht auf den GrErwerb zu bewegen (BFH II 47/62 U, BStBl. III 1964, 368; II R 39/01, BStBl. II 2004, 246). Liegt der Leistung ein anderer Zweck zugrunde und fehlt es an einer insoweit dem Veräußerer gegenüber übernommenen Verpflichtung (zB bei einem vom Erwerber an einen Makler zu entrichtenden Maklerlohn), so scheidet die Hinzurechnung gem. § 9 II Nr. 3 aus. Dies gilt auch, wenn der Dritte den GrErwerb durch den Erwerber nur rechtlich oder wirtschaftlich erschweren kann (BFH II R 39/01, BStBl. II 2004, 246). Einen Grenzfall (Kompensationszahlungen, wenn der Ausgang der durch die Dritten zur Verfolgung ihrer Rechte angestrengten zivilrechtlichen Verfahren offen bzw. unklar ist) behandelt das FG Berlin-Brandenburg 12 K 12052/21, EFG 2024, 963, Rev. BFH II R 1/24. Vielleicht liegen hier die Voraussetzungen eines Vergleichs (→ Rn. 199) vor. Wird im Zusammenhang mit der Abtretung eines Kaufangebots (§ 1 I Nr. 6) vom Abtretungsempfänger ein Betrag an den Abtretenden für dessen Verzicht auf einen eigenen Erwerb gezahlt, ist dieser Betrag gem. § 9 II Nr. 3 dem Grundstückskaufpreis hinzuzusetzen (BFH II R 57/06, BFH/NV 2008, 2059; zur ustrechtl. Behandlung BFH XI R 54/07, BFH/NV 2009, 312).

Die nach Maßgabe des § 9 II Nr. 3 festzusetzende GrESt **entsteht** mit Gewährung der Leistung an den Dritten. Soweit diese Leistung dem das Gr betr. Erwerbsvorgang nachfolgt, liegt eine nachträgliche Leistung vor. Insoweit gelten auch hier die für § 9 II Nr. 1 bestehenden verfahrensrechtlichen Besonderheiten (vgl. → Rn. 211); die Leistung ist durch einen neuen (zusätzlichen) Bescheid zu erfassen (BFH II R 39/01, BStBl. II 2004, 246).

IV. Leistungen Dritter an den Veräußerer (§ 9 II Nr. 4)

Der Gegenleistung sind nach § 9 II Nr. 4 auch Leistungen hinzuzurechnen, die **219** der Veräußerer von Dritten für die Überlassung des Gr an den Erwerber erhält. Diese Hinzurechnung ist eine folgerichtige Weiterentwicklung des § 9 II Nr. 3 zugrundeliegenden Rechtsgedankens. Die Vorschrift ist nur anwendbar, wenn die Leistung des Dritten in ihrem Hauptzweck auf die Überlassung des Gr durch den Veräußerer an den Erwerber gerichtet ist (BFH II R 168/82, BFH/NV 1986, 698; II R 168/82, BFH/NV 1986, 698; II B 158/02, BFH/NV 2004, 228). Die Leistung des Dritten muss hinsichtlich der GrÜberlassung an den Erwerber einen

finalen Bezug aufweisen; dieser ist allein aus der Sicht des Dritten als Leistenden zu beurteilen (BFH II R 19/20, BStBl. II 2023, 1015 = DStR 2023, 2010 mAnm Kugelmüller-Pugh; II B 158/02, BFH/NV 2004, 228; vgl. auch BFH HFR 1965, 551; zur Übernahme von Straßenausbaukosten durch einen Dritten – wegen der Eigennützigkeit der von ihm erbrachten Leistungen im Ergebnis fraglich – vgl. HessFG 5 K 3537/96, EFG 2000, 143 mAnm Fumi; zur Anwendung des § 9 II Nr. 4 im Zusammenhang mit der Anwendung des § 114a ZVG vgl. → Rn. 128). Die Verfolgung auch anderer Zwecke ist, soweit die Vorrausetzungen des § 9 II Nr. 4 vorliegen, unschädlich (BFH II R 19/20, BStBl. II 2023, 1015 = DStR 2023, 2010 mAnm Kugelmüller-Pugh).

Nach Meinung der Lit. (Schanko UVR 2016, 145) liegt ein Fall des § 9 II Nr. 4 auch vor, wenn Gr im Vorfeld einer Übertragung sämtlicher Anteile an einer Tochtergesellschaft **zu einem weit unter dem Verkehrswert liegenden Kaufpreis** übertragen werden. Die Wertdifferenz zum Verkehrswert des auf die Tochtergesellschaft übertragenen Grundbesitzes fließt der Muttergesellschaft im Rahmen der Anteilsübertragung als Veräußerungspreis für die Anteile der jetzt grundbesitzenden Tochtergesellschaft zu. Das hiergegen vorgebrachte Argument, es fehle an einem hinreichenden finalen Bezug zur Gegenleistung der Erwerber, ist freilich nicht von der Hand zu weisen (so Behrens DStR 2017, 82). Dies ändert jedoch nichts daran, dass der einzige Zweck dieser Konstruktion nur darin liegt, das **Gr unter maximaler GrESt-Ersparnis zu veräußern** (Griesar/Jochum eKomm § 9 Rn. 114). Von daher könnte es naheliegen, derartige Gestaltungen unter dem Gesichtspunkt der **Ersatzbemessungsgrundlage des § 8 II** zu betrachten (→ § 8 Rn. 101).

Leistungen, die ein **Dritter** für seinen **eigenen GrErwerb** erbringt, unterfallen § 9 II Nr. 1 **nicht** (FG Nürnberg IV 108/96, EFG 1998, 585).

Zum **Steuerschuldner** → § 13 Rn. 4. Leistungen iSd § 9 II Nr. 4 sind nach § 19 II Nr. 3 und ggf. auch nach § 18 anzeigepflichtig.

F. Behandlung der für den Erwerbsvorgang zu entrichtenden GrESt (§ 9 III)

220 Bei der Ermittlung der für den Erwerbsvorgang zu entrichtenden GrESt ist diese selbst gem. § 9 III der Gegenleistung weder hinzuzurechnen noch von ihr abzuziehen. Die Vorschrift soll zwar die Erhebung einer „Steuer von der Steuer“ ausschließen (Begr. GrEStG 1940, 409). Dieser Rechtsgedanke ist jedoch aufgrund der durch § 9 III gleichfalls ausgeschlossenen Absetzung der GrESt nicht in reiner Form verwirklicht. § 9 III schließt im Ergebnis **nur** eine **zusätzliche** Einbeziehung der GrESt in die Bemessungsgrundlage aus. Übernimmt zB im Innenverhältnis allein der Verkäufer die GrESt und erhöht sich mithin der vom Käufer zu entrichtende Kaufpreis um diesen Betrag, ergibt sich aufgrund des Abzugsverbots aus § 9 III eine insgesamt höhere Steuerschuld. Dies gilt auch, wenn der GrVerkäufer dem Erwerber vereinbarungsgemäß die zunächst in den Grundstückskaufpreis eingerechnete GrESt erstattet (BFH II R 1/12, BStBl. II 2013, 637). Die Übernahme der GrESt durch den Käufer ist daher steuerlich günstiger.

221 § 9 III betrifft allein die sich aus dem **jeweiligen Erwerbsvorgang** ergebende GrESt. Die vertragliche Verpflichtung zur Übernahme der GrESt aus anderen Erwerbsvorgängen (so etwa aus Vorerwerben oder aus der Beschaffung eines

ErsatzGr für den Verkäufer) unterfällt den allgemeinen Regeln über die Gegenleistung und wird durch § 9 III nicht berührt. Bei dem Auftragserwerb eines Gr ist § 9 III hinsichtlich der Verpflichtung des Auftraggebers, dem Beauftragten gem. § 670 BGB auch die für den Erwerb entstandene GrESt zu ersetzen, unanwendbar (FG Köln EFG 1988, 647; vgl. auch GLE 12.10.2007, BStBl. I 2007, 757 Tz. 3.1 – Erlasse Treuhand/Auftragserwerb, → § 1 Rn. 126).

Bei dem wechselseitigen **Tausch** von Gr ist § 9 III nur auf den einzelnen Erwerbsvorgang anzuwenden. Übernimmt ein Tauschpartner die GrESt für beide Erwerbsvorgänge, ist die auf seine Gegenleistung entfallende – an sich von dem Vertragspartner zu tragende – GrESt in voller Höhe der Bemessungsgrundlage für den eigenen Erwerbsvorgang hinzuzusetzen. 222

Beispiel:

T 1 tauscht sein Gr I gegen das Gr II des T 2. T 1 verpflichtet sich zur Tragung der GrESt für beide Erwerbsvorgänge. Auf den Erwerb des Gr II durch T 1 ist § 9 III anzuwenden. Die auf den Erwerb des Gr I durch T 2 entfallende Steuer unterfällt hingegen nicht § 9 III und ist der Gegenleistung des T 1 hinzuzurechnen.

Nach Auffassung des BFH (II R 173/71, BStBl. II 1975, 675) soll sich hingegen die Hinzurechnung im Hinblick auf die Gesamtschuldnerschaft (§ 13 Nr. 1) der Tauschpartner in deren Innenverhältnis (§ 426 I BGB) auf den hälftigen Betrag der (im Beispielsfall von T 1 übernommenen) GrESt beschränken. Dem kann nicht zugestimmt werden (ebenso LSF Sachs v. 18.6.2012, BeckVerw 262368; Steiger UVR 2004, 131 (136)). Die übernommene GrESt gehört – in jedenfalls analoger Anwendung des § 448 II BGB – für den übernehmenden Tauschpartner bei wirtschaftlicher Betrachtung zu den Kosten iSd § 448 II BGB. Dies entspricht der ratio des § 448 II BGB, dem Verkäufer (Tauschpartner) den Verkaufserlös (bzw. den Wert des im Tauschwege erworbenen Gr) ungeschmälert von Kosten zu belassen.

§ 10 *(weggefallen)*

§ 10 wurde durch das JStG 1997 aufgehoben. Es handelt sich um eine Folgeänderung zu dem nunmehr durch § 8 II zunächst angeordneten Ansatz der Werte iSd § 138 II–IV BewG aF. § 10 war gem. § 23 IV 2 letztmals auf Erwerbsvorgänge anzuwenden, die vor dem 1.1.1997 verwirklicht wurden.

Vierter Abschnitt. Steuerberechnung

§ 11 Steuersatz, Abrundung

(1) **Die Steuer beträgt 3,5 vom Hundert.**

(2) **Die Steuer ist auf volle Euro nach unten abzurunden.**

Übersicht

I. Bedeutung

1 Der Steuersatz wurde durch das JStG 1997 von zuvor 2 % auf nunmehr 3,5 % angehoben (→ Einl. Rn. 4 und 11) und im Zuge der Euro-Einführung ab 1.1.2002 auf Euro umgestellt (Art. 38 I 1 StEuglG); zu den landesgesetzlichen Steuersatzregelungen vgl. Anhang zu § 11.

Die Festlegung des Steuersatzes auf vormals einheitlich 2 % war ein Kernbestandteil der mit dem Inkrafttreten des GrEStG zum 1.1.1983 verwirklichten Reform. Leitidee war die Ermäßigung des vormals maßgeblichen Steuersatzes von zumeist 7 % unter gleichzeitiger drastischer Beschneidung des früher umfangreichen Katalogs von Steuerbefreiungen.

Für die in den **neuen Bundesländern vor dem 1.1.1991** entstandene GrESt galt nach dem GrEStG DDR (→ Einl. Rn. 2) ein Steuersatz von 7 % (BFH II R 29/92, BStBl. II 1993, 630; II R 44/97, BStBl. II 1999, 493; zu weiteren Einzelfragen vgl. 3. Aufl. 2005, § 11 Rn. 4).

II. Steuersatz

2 Der nach § 11 I maßgebliche Steuersatz ist auf die sich aus §§ 8, 9 ergebende Bemessungsgrundlage anzuwenden. Die Einheitlichkeit des Steuersatzes für diese verschiedenen Bemessungsgrundlagen verlangt eine Art. 3 GG genügende folgerichtige Ausgestaltung des § 8 (vgl. → § 8 Rn. 100). Der Steuersatz von **3,5 %** gilt für **nach dem 31.12.1996** verwirklichte Erwerbsvorgänge (§ 23 IV 1); zur Verfassungsmäßigkeit, auch im Hinblick auf die Abschaffung der Eigenheimzulage, vgl. BFH II R 4/09, BFH/NV 2010, 1661.

III. Abrundung; Kleinbeträge

3 Die errechnete GrESt ist gem. § 11 II auf volle Euro-Beträge nach unten abzurunden.

Beispiel:

Bemessungsgrundlage	84 592,00
GrESt gem. § 11 I	2 960,72
abgerundete GrESt	2 960,00

Für die GrESt gilt die Änderungssperre des § 1 I 1 KBV, wonach die GrESt-Festsetzung nur geändert oder berichtigt werden darf, wenn die Abweichung von der bisherigen Festsetzung mindestens 10 EUR beträgt.

Anhang zu § 11: Abweichende Steuersatzregelungen der Länder

Aufgrund **Art. 105 IIa 2 GG** haben die Länder die Befugnis zur Bestimmung des GrESt-Steuersatzes (vgl. → Einl. Rn. 5). Von dieser Befugnis haben die Länder – mit Ausnahme von Bayern, für das nach wie vor der Steuersatz des § 11 I gilt – wie folgt Gebrauch gemacht: 4

Land	Rechtsgrundlage	Steuersatz	Erstmaliges Inkrafttreten bzw. Anwendung auf Erwerbsvorgänge, die verwirklicht werden
Baden-Württemberg	G v. 26.10.2011 (GBl. 2011, 493)	5 %	ab 5.11.2011
Berlin	a) G v. 20.12.2006 (GVBl. 2006, 1172) b) G v. 14.3.2012 (GVBl. 2012, 90) c) G v. 14.11.2013 (GVBl. 2013, 583)	a) 4,5 % b) 5 % c) 6 %	a) ab 1.1.2007 b) 1.4.2012 c) 1.1.2014
Brandenburg	a) G v. 29.11.2010 (GVBl. I 2010 Nr. 40 S. 1) b) G v. 24.6.2015 (GVBl. I 2015 Nr. 16 S. 1)	a) 5 % b) 6,5 %	a) ab 1.1.2011 b) ab 1.7.2015
Bremen	a) G v. 16.11.2010 (Brem GVBl. 2010, 574) b) G v. 19.11.2013 (Brem GVBl. 2013, 559) c) G v. 22.1.2025 (Brem GVBl. 2025, 27)	a) 4,5 % b) 5 % c) 5,5 % ab 1.7.2025	a) ab 1.1.2011 b) ab 1.1.2014
Hamburg	G v. 16.12.2008 (HmbGVBl. 2008, 433) G. v. 8.3.2022 (HmbGVBl. 2022, 174)	4,5 % 5,5 %	ab 1.1.2009 ab 1.1.2023
Hessen	a) G v. 26.11.2012 (GVBl. Hessen 2012, 457) b) G v. 28.7.2014 (GVBl. Hessen 2014, 179)	a) 5 % b) 6 %	a) ab 1.1.2013 b) 6 % ab 1.8.2014
Mecklenburg-Vorpommern	a) G v. 22.6.2012 (GVOBl. 2012, 208) b) G. v. 24.6.2019 (GVOBl. 2019, 190)	a) 5 % b) 6, %	a) ab 30.6.2012 b) ab 1.7.2019

Land	Rechtsgrundlage	Steuersatz	Erstmaliges Inkrafttreten bzw. Anwendung auf Erwerbsvorgänge, die verwirklicht werden
Niedersachsen	a) G v. 17.12.2010 (GVBl. 2010, 631) b) G v. 16.12.2013 (GVBl. 2013, 210)	a) 4,5 % b) 5 %	a) ab 1.1.2011 b) ab 1.1.2014
Nordrhein-Westfalen	a) G v. 25.7.2011 (GV NRW 2011, 389) b) G v. 18.12.2014 (GV NRW 2014, 954)	a) 5 % b) 6,5 %	a) ab 1.10.2011 b) ab 1.1.2015
Rheinland-Pfalz	G v. 10.2.2012 (GVBl. 2012, 41)	5 %	1.3.2012
Saarland	a) G v. 8.12.2010 (Amtsbl. I, 1522) b) G v. 1.12.2011 (Amtsbl. I, 556) c) G v. 1.12.2012 (Amtsbl. I, 566) d) G.v. 3.12.2014 (Amtsbl. I, 447)	a) 4 % b) 4,5 % c) 5,5 % d) 6,5 %	a) 1.1.2011 b) nach dem 31.12.2011 c) nach dem 31.12.2012 d) nach dem 31.12.2014
Sachsen	G v. 20.12.2022 (SächsGVBl. 2022, 715)	5,5 %	nach dem 31.12.2022
Sachsen-Anhalt	a) G v. 17.2.2010 (GVBl. LSA 2010, 69) b) ÄnderungsG v. 17.2.2012 (GVBl. LSA 2012, 52)	a) 4,5 % b) 5 %	a) nach dem 1.3.2010 b) 1.3.2012
Schleswig-Holstein	a) G v. 17.12.2010 (GVBl. 2010, 811) b) G v. 13.12.2013 (GVBl. 2013, 494)	a) 5 % b) 6,5 %	a) ab 1.1.2012 b) ab 1.1.2014
Thüringen	a) G v. 29.3.2012 (GVBl. 2011, 66) b) G v. 21.12.2015 (GvBl. 2015, 238) c) G v. 20.12.2023 (GvBl. 2023, 396)	a) 5 % b) 6,5 % c) 5%	a) ab 7.4.2011 b) ab 1.1.2017 c) ab 1.1.2024

5 Aufgrund dieser landesgesetzlichen Regelungen ist die Steuersatzregelung des § 11 gem. Art. 125a II GG suspendiert. Der Steuersatz des § 11 I iHv 3,5 % gilt derzeit nur noch in **Bayern.**

Die **Revisibilität** des GrESt-Rechts dieser Länder bleibt unbeschadet des bereits im Jahre 1992 aufgehobenen § 160 II FGO aufgrund der einschlägigen Landesgesetze, die für die der Landesgesetzgebung unterliegenden Steuern die Anwendung der FGO vorsehen (zB für Berlin § 1 Nr. 4 AOAnwG v. 21.6.1977, GVBl. S. 1394 idF des G v. 31.1.1977, GVBl. 1977, 2208), unberührt.

Der **sachliche Anwendungsbereich** der landesgesetzlichen Steuersatzregelungen beschränkt sich jeweils auf Erwerbsvorgänge, die **im Geltungsbereich** des jeweiligen Landesgesetzes **belegene Gr** betreffen; der maßgebliche GrBegriff ergibt sich aus § 2. 6

Die **zeitliche Geltung und erstmalige Anwendung** der vorstehend aufgeführten Landesgesetze ist dahin bestimmt, dass sie jeweils für ab dem näher bezeichneten Zeitpunkt *verwirklichte* Erwerbsvorgänge anzuwenden sind. Zum Merkmal der „Verwirklichung" eines Erwerbsvorgangs vgl. die Erl. in → § 23 Rn. 3 ff. 7

§ 12 Pauschbesteuerung

Das Finanzamt kann im Einvernehmen mit dem Steuerpflichtigen von der genauen Ermittlung des Steuerbetrags absehen und die Steuer in einem Pauschbetrag festsetzen, wenn dadurch die Besteuerung vereinfacht und das steuerliche Ergebnis nicht wesentlich geändert wird.

Übersicht

I. Bedeutung

Die durch § 12 – der weitgehend § 14 GrEStG 1940 entspricht – zugelassene Pauschbesteuerung bezweckt in erster Linie die Vereinfachung und Erleichterung des Besteuerungsverfahrens (BT-Drs. 9/251, 20). Hierbei war ursprünglich an Fälle gedacht, in denen der für die Besteuerung maßgebende Steuerwert noch nicht festgestellt war. Die Pauschbesteuerung soll ferner in Betracht kommen, wenn die Gegenleistung ganz oder zum Teil aus Sachleistungen oder sonstigen Leistungen besteht, deren Wert nur schwer zu ermitteln ist (Begr. GrEStG 1940, 410). § 12 lässt es (ähnlich § 156 II AO) zu, Zweckmäßigkeitsüberlegungen einen Vorrang vor der gesetzmäßigen Besteuerung einzuräumen. 1

Der **Anwendungsbereich** des § 12 beschränkt sich auf die Pauschalierung im Rahmen der **Steuerfestsetzung.** Eine Pauschalierung im Rahmen der Bedarfswertfeststellung (§ 8 II) ist ausgeschlossen. In der Praxis hat § 12 nur geringe Bedeutung (zu Einzelfragen vgl. auch Siepmann UVR 1991, 299; Bruschke UVR 2001, 259). 2

§ 12 ist eine **Ermessensvorschrift.** Das Ermessen ist entspr. dem Zweck der Ermächtigung auszuüben und hat die gesetzlichen Ermessensgrenzen einzuhalten (§ 5 AO). Aufgrund der Bindung an das „Einvernehmen mit dem Steuerpflichtigen" enthält § 12 Elemente einer tatsächlichen Verständigung (vgl. → Rn. 9). Die Pauschbesteuerung darf **keine Ungleichmäßigkeit der Besteuerung** herbeiführen. Dies stellt § 12 durch seine ausdrückliche Begrenzung auf eine Steuerfestsetzung, die das steuerliche Ergebnis nicht wesentlich ändert, klar (BT-Drs. 9/251, 20).

II. Verfassungsrechtliche Vorgaben

3 § 12 ist **verfassungsgemäß** (vgl. auch BVerfG BStBl. II 1978, 551 betr. Pauschalierung der ESt im Erlasswege gem. § 34c V EStG). Das Gebot der **Gesetzmäßigkeit der Besteuerung** (dazu zB Tipke/Kruse/Seer AO § 85 Rn. 3) ist nicht verletzt, weil § 12 eine vom Gesetzgeber selbst zugelassene Vereinfachungsregelung enthält. § 12 ist nach Inhalt und Grenzen hinreichend bestimmt (zur Problematik FG Düsseldorf VIII (VII) 412/72 E, EFG 1976, 606; FR 1976, 556).

4 Auch mit dem Gebot der **Gleichmäßigkeit der Besteuerung** (dazu nur Tipke/Kruse/Seer AO § 85 Rn. 8 ff. mwN) ist § 12 vereinbar, soweit hier die Aufklärungspflicht der Finanzbehörden (§ 88 AO) durch die Zumutbarkeit und Zweckmäßigkeit der Aufklärung begrenzt wird (BVerfG BStBl. II 1973, 720 (723); BFH XI R 78/9, BStBl. II 1996, 625; Siepmann UVR 1991, 299). Die Einschränkung der Aufklärungspflicht kommt jedoch, soll die geforderte Gleichmäßigkeit der Besteuerung nicht überspielt werden, nur bei **erschwerter Sachverhaltsermittlung** in Betracht (BFH VIII R 131/76, BStBl. II 1985, 354; XI R 78/9, BStBl. II 1996, 625; Siepmann UVR 1991, 299). Insoweit bedarf der zu weit gefasste Wortlaut des § 12 einer verfassungskonform engen Auslegung (zutr. Siepmann UVR 1991, 299).

Eine **rechtlich** schwierige Sachverhaltsbeurteilung schließt die Anwendung des § 12 aus (ebenso Hofmann/Bock § 12 Rn. 2; Bruschke UVR 2001, 259; aA Siepmann UVR 1991, 299); **Vereinbarungen über Rechtsfragen** sind wegen der Gesetzmäßigkeit und Gleichmäßigkeit der Besteuerung **unzulässig** (zB BFH XI R 78/9, BStBl. II 1996, 625; BMF 30.7.2008, BStBl. I 2008, 831). Auch Vereinfachungs- und Zweckmäßigkeitsgesichtspunkte beseitigen diese verfassungsrechtlichen Bindungen nicht, zumal Steuerpflichtige andernfalls – im Widerspruch zur verfassungsgeforderten Gesetzmäßigkeit und Gleichmäßigkeit der Besteuerung – geltend machen könnten, das FA habe aus Vereinfachungsgründen die Klärung der Rechtsfrage im Rechtsbehelfs- und Klageverfahren zu unterlassen (so aber Siepmann UVR 1991, 299).

III. Abgrenzung zu Schätzung (§ 162 AO) und Billigkeitserlass (§§ 163, 227 AO)

5 § 12 betrifft nur die **Festsetzung des Steuerbetrags** selbst und verlangt innerhalb der vorstehend aufgezeigten Grenzen keine vollständige Aufklärung des Sachverhalts. Die Pauschbesteuerung nach § 12 ist tatbestandlich nicht davon abhängig, dass die Besteuerungsgrundlagen nicht iSd § 162 AO berechnet oder ermittelt werden können. Vielmehr kann § 12 schon dann angewendet werden, wenn die Pauschbesteuerung zu einer Vereinfachung des Besteuerungsverfahrens führt.

Unterschiede zwischen Pauschbesteuerung und Schätzung gem. § 162 AO zeigen sich auch in den Zielvorgaben beider Rechtsinstitute. Die Schätzung zielt auf den Ansatz derjenigen Besteuerungsgrundlagen, die der Wirklichkeit am nächsten kommen (vgl. zB BFH IV R 30/08, BStBl. II 2011, 210). Die Vorgaben der Pauschbesteuerung nach § 12 sind insofern weiter gefasst, als nur wesentliche Änderungen des steuerlichen Ergebnisses ausgeschlossen sind.

6 Für **Billigkeitserwägungen** iSd §§ 163, 227 AO ist bei der Pauschbesteuerung wegen des allein verfolgten Vereinfachungseffekts sowie des Gebots, das steuerliche

Ergebnis nicht wesentlich zu ändern, **kein Raum.** Außerdem setzt die Anwendung des § 12 das Einvernehmen mit dem StPfl voraus; diese Voraussetzung entfällt bei Anwendung des § 163 I 1 AO (aA FG Berlin-Brandenburg 12 K 4223/10, ErbStB 2021, 8).

IV. Tatbestandliche Voraussetzungen des § 12

1. Einvernehmenserfordernis; Bindungswirkung. Die Pauschbesteuerung 7 verlangt ein **Einvernehmen** mit dem Steuerpflichtigen; der auf § 12 gestützte GrESt-Bescheid ist mithin ein mitwirkungsbedürftiger Verwaltungsakt. Mit dem Steuerpflichtigen muss eine Verständigung über die der grestrechtl. Bemessungsgrundlage zugrunde zu legenden Umstände und Wertverhältnisse erzielt werden.

Die Erteilung des Einvernehmens steht im **freien Belieben** des Steuerpflichtigen. Er hat insb. einen Anspruch darauf, dass anstelle der Pauschbesteuerung eine Steuerfestsetzung in strikter Bindung an das Gebot der Gesetzmäßigkeit und Gleichmäßigkeit erfolgt. Da die Pauschbesteuerung für den Steuerpflichtigen uU nachteilig ist, dürfen diesem aus einer **verspäteten** Einvernehmenserklärung keine kostenrechtlichen Nachteile erwachsen; eine Kostenpflicht des Steuerpflichtigen gem. § 137 FGO bei verspätet erteiltem Einvernehmen ist deshalb idR ausgeschlossen (aA SchlHFG EFG 1970, 249).

Die Zustimmungserklärung des Steuerpflichtigen bedarf keiner besonderen 8 **Form;** eine schriftliche Erteilung ist allerdings aus Gründen der Rechtssicherheit zweckmäßig. Eine fehlende Zustimmungserklärung macht den auf § 12 gestützten GrESt-Bescheid verfahrensfehlerhaft und damit rechtswidrig; der Verfahrensfehler ist durch nachträgliche Zustimmungserklärung gem. § 126 AO heilbar (Hofmann/Bock § 12 Rn. 7; Bruschke UVR 2001, 259).

Die **Widerrufsmöglichkeit** der erteilten Zustimmungserklärung beurteilt sich nach den Grundsätzen des § 184 BGB, so dass die Einvernehmenserklärung bis zum Erlass des GrESt-Bescheids frei widerruflich ist. Ein Widerruf **nach** Ergehen des GrESt-Bescheids scheidet aus, soweit nicht die Einvernehmenserklärung ausnahmsweise unter Drohung oder Zwang abgegeben wurde (Hofmann/Bock § 12 Rn. 6; SchlHFG III 4/96, EFG 2001, 229). Die Erklärung ist bedingungsfeindlich und keiner Irrtumsanfechtung zugänglich (Hofmann/Bock § 12 Rn. 7).

Die **Bindungswirkung** des erzielten Einvernehmens und der darauf beruhen- 9 den Festsetzung des Pauschbetrags beurteilt sich nach den Grundsätzen über die **tatsächliche Verständigung.** Danach ist die mit dem Steuerpflichtigen einvernehmlich vereinbarte Regelung für den Bereich der Sachverhaltsermittlung (zB hinsichtlich der bewertungsrelevanten Eigenschaften einer bestimmten Sachleistung) nach den Grundsätzen von Treu und Glauben oder kraft Bindung durch öffentlich-rechtlichen Vertrag sowohl für den Steuerpflichtigen als auch für das FA bindend (zu Einzelfragen der Bindungswirkung einer tatsächlichen Verständigung zB BFH I R 63/07, BStBl. II 2009, 121; III B 78/10, BFH/NV 2011, 1108; BMF 30.7.2008, BStBl. I 2008, 831).

Die Bindungswirkung beschränkt sich auf die **Person des Steuerpflichtigen.** 10 Kommt dieser seiner Zahlungspflicht nicht nach und werden sodann andere Gesamtschuldner in Anspruch genommen, sind diese – soweit sie nicht selbst ihr Einvernehmen iSd § 12 erklärt haben – nicht an die Einvernehmenserklärung des Steuerpflichtigen gebunden. Das FA hat deshalb zunächst von den anderen Gesamtschuldnern eine Erklärung iSd § 12 einzuholen oder die Bemessungsgrundlage nach allgemeinen Grundsätzen zu ermitteln (Bruschke UVR 2003, 168 (171)).

11 Aufgrund der durch § 12 herbeigeführten **Bindung der Finanzbehörden** kann eine erfolgte Pauschbesteuerung nicht durch eine spätere Änderung des GrESt-Bescheids beseitigt werden (FG SchlH III 4/96, EFG 2001, 229). Eine Ausnahme gilt für eine Änderung aufgrund §§ 129, 172 I Nr. 2c AO (Hofmann/Bock § 12 Rn. 8; Bruschke UVR 2001, 259). Der Sinn und Zweck des § 12 schließt es aus, den pauschalierenden Steuerbescheid gem. § 164 AO unter den Vorbehalt der Nachprüfung zu stellen (Hofmann/Bock § 12 Rn. 11; Siepmann UVR 1991, 299).

12 Die Einvernehmenserklärung des Steuerpflichtigen ist **kein Rechtsmittelverzicht** iSd § 354 AO bzw. § 50 FGO (zutr. Siepmann UVR 1991, 299; Hofmann/Bock § 12 Rn. 8). Ein solcher Verzicht wäre nach der allein in Betracht kommenden Regelung des § 354 I 1 AO erst **nach Erlass des Verwaltungsakts** zulässig, während das Einvernehmen nach § 12 bereits vor Festsetzung des Pauschbetrags zu erklären ist. Einvernehmenserklärung iSd § 12 und Rechtsmittelverzicht nach § 354 AO sind mithin nicht deckungsgleich; der Rechtsmittelverzicht iSd § 354 AO bedarf daher einer gesonderten Erklärung. Ohne eine solche ist der Steuerpflichtige hinsichtlich des die GrESt pauschalierenden Bescheids nicht an der Einlegung von Rechtsmitteln gehindert. Bei der materiell-rechtlichen Beurteilung des Rechtsbehelfs ist jedoch die nach vorstehenden Grundsätzen gegebene Bindungswirkung der Einvernehmenserklärung zu beachten; der Rechtsbehelf ist daher uU mangels Beschwer oder Rechtsverletzung (§ 350 AO, § 40 II FGO) unzulässig (Hofmann/Bock § 12 Rn. 8).

Die Bindungswirkung **entfällt,** sofern die einvernehmlich vereinbarte tatsächliche Verständigung zu einem offensichtlich unzutreffenden Ergebnis führt (SchlHFG III 4/96, EFG 2001, 229; zur tatsächlichen Verständigung zB BMF 30.7.2008, BStBl. I 2008, 831 mwN). Diese Begrenzung der Bindungswirkung entspricht dem Gebot des § 12, wonach der festgesetzte Pauschbetrag nicht zu einer wesentlichen Änderung des steuerlichen Ergebnisses führen darf. Eine Bindung des Steuerpflichtigen an seine Einvernehmenserklärung entfällt auch, wenn die Steuerfestsetzung nicht dem erklärten Einvernehmen entspricht oder die Einvernehmenserklärung nach zivilrechtlichen Grundsätzen (zB aufgrund §§ 117–120, 123, 134, 138 BGB) zur Unwirksamkeit führt (Siepmann UVR 1991, 299; v. Wedelstädt DB 1991, 515).

13 **2. Nicht wesentliche Änderung des steuerlichen Ergebnisses.** § 12 lässt die Pauschbesteuerung nur zu, soweit das steuerliche Ergebnis nicht wesentlich geändert wird. Eine bestimmte betragsmäßige Begrenzung ist weder dem Gesetzeswortlaut noch den Gesetzesmaterialien zu entnehmen. Sie ist ersichtlich deshalb unterblieben, weil eine betragsgenaue Ermittlung der mit der Pauschalierung verbundenen steuerlichen Auswirkung dem Vereinfachungszweck der Vorschrift entgegenliefe. Deshalb kann – auch wegen der meist unüberwindbaren Schwierigkeiten der Betragsermittlung – die Anwendung des § 12 nicht auf Fälle beschränkt sein, in denen die steuerliche Auswirkung eine Bagatellgrenze nicht überschreitet (so aber Siepmann UVR 1991, 299 (302)). Zum Wegfall der Bindungswirkung bei offensichtlich unzutreffendem Ergebnis vgl. → Rn. 9.

Fünfter Abschnitt. Steuerschuld

§ 13 Steuerschuldner

Steuerschuldner sind

1. regelmäßig:
die an einem Erwerbsvorgang als Vertragsteile beteiligten Personen;

2. beim Erwerb kraft Gesetzes:
der bisherige Eigentümer und der Erwerber;

3. beim Erwerb im Enteignungsverfahren:
der Erwerber;

4. beim Meistgebot im Zwangsversteigerungsverfahren:
der Meistbietende;

5. bei der Vereinigung von mindestens 90 vom Hundert der Anteile an einer Gesellschaft in der Hand

a) des Erwerbers:
der Erwerber;

b) mehrerer Unternehmen oder Personen:
diese Beteiligten;

6. bei Änderung des Gesellschafterbestandes einer Personengesellschaft:
die Personengesellschaft;

7. bei Änderung des Gesellschafterbestandes einer Kapitalgesellschaft:
die Kapitalgesellschaft;

8. bei der wirtschaftlichen Beteiligung von mindestens 90 vom Hundert an einer Gesellschaft:
der Rechtsträger, der die wirtschaftliche Beteiligung innehat.

Übersicht

I. Bedeutung

1 § 13 entspricht im Wesentlichen § 15 GrEStG 1940. Durch das **JStG 1997** wurde § 13 Nr. 6 als Folgeänderung zum neuen § 1 IIa eingefügt. Entsprechend den Änderungen des § 1 IIa und III wurden auch § 13 Nr. 5 und 6 mit Wirkung ab 1.1.2000 (§ 23 VI 2) angepasst. § 13 Nr. 7 wurde durch das **AmtshilfeRL-UmsG** als Folgeänderung zu dem neuen Steuertatbestand des § 1 IIIa eingefügt (zum erstmaligen Anwendung vgl. § 23 XI). Durch das **GrEStGÄndG** v. 12.5.2021 (BGBl. 2021 I 986) wurde in Nr. 5 die Angabe „95 vom Hundert" durch die Angabe „90 vom Hundert" ersetzt. Zusätzlich wurde § 13 Nr. 7 angefügt. Gleichzeitig wurde die bisherige Nr. 7 zur Nr. 8; in der neuen Nr. 8 wurde durch dieses Änderungsgesetz die bisherige Angabe „95 vom Hundert" durch die Angabe „90 vom Hundert" ersetzt.

§ 13 trifft die in § 43 AO vorausgesetzte einzelsteuergesetzliche Bestimmung über den Steuerschuldner. Dies ist derjenige, der die Merkmale des Steuertatbestands verwirklicht, an die das Gesetz die Leistungspflicht knüpft. Der Steuerschuldner ist im Steuerbescheid genau zu bezeichnen (§ 157 I 2 AO). Der im Vergleich zu dem Begriff des Steuerschuldners weitere Begriff des Steuerpflichtigen (§ 33 AO) umfasst ferner ua auch denjenigen, der für eine Steuer haftet (→ Rn. 34 ff.) oder eine Steuererklärung abzugeben hat. Soweit – wie in den Fällen des § 13 Nr. 1, Nr. 2 und Nr. 5 Buchst. b – mehrere Personen nebeneinander dieselbe Leistung aus dem Steuerschuldverhältnis schulden, sind sie Gesamtschuldner (→ Rn. 24 ff.).

II. Einzelregelungen des § 13

2 **1. Regelmäßige Steuerschuldnerschaft der Vertragsbeteiligten (§ 13 Nr. 1).** § 13 Nr. 1 betrifft die Regelfälle des rechtsgeschäftlichen GrErwerbs. Steuerschuldner sind die als Vertragsteile beteiligten Personen (zB Käufer und Verkäufer, die Tauschpartner bei einem Tauschvertrag oder der ein Gr einbringende Gesellschafter und die erwerbende Gesellschaft). § 13 Nr. 1 lässt keine Ausnahmen zu; die Formulierung „regelmäßig" ist missverständlich (FG Münster IVd 25/61, EFG 1964, 336).

3 **a) Vertragsteile.** Steuerschuldner sind nur die als Vertragsteile beteiligten Personen (zur Bestimmung des Vertragsteils bei rechtsgeschäftlichem Handeln für einen anderen vgl. → § 1 Rn. 98 ff.). Ferner muss die Steuer aus dem zugrunde liegenden Vertrag entstanden sein (dazu die Erläuterungen zu § 14).

Schriftliche Steuerbescheide müssen nach **§ 119 I 1 AO** inhaltlich hinreichend bestimmt sein sowie nach **§ 157 I 2 AO** die festgesetzte Steuer nach Art und Betrag genau bezeichnen und angeben, wer die Steuer schuldet. Bei Grunderwerbsteuerbescheiden ist die Angabe des zu besteuernden Erwerbsvorgangs unerlässlich (BFH II R 80/92, BStBl. II 1995, 903; II R 46/12, BStBl. II 2014, 536; II R 27/16, BStBl. II 2019, 559). Ein Änderungsbescheid muss zudem grundsätzlich den geänderten Bescheid erkennen lassen (BFH II R 126/91, BFH/NV 1995, 178: II R 53/10, BStBl. II 2013, 755; II R 2/13, BStBl. II 2015, 557). Dabei kann der gesamte Inhalt des Verwaltungsakts einschließlich seiner Begründung zur Auslegung herangezogen werden (BFH II B 50/77, BStBl. II 1978, 542; II R 26/92, BStBl. II 1996, 162; II R 28/07, BStBl. II 2008, 487; II R 27/16, BStBl. II 2019, 559). Etwaige Zweifel gehen zu Lasten der Behörde (BFH II R 7/10, BFH/NV 2011, 1835; II R 27/16, BStBl. II 2019, 559). Auch das Revisionsgericht ist zur Auslegung berechtigt, wenn die tatsächlichen Feststellungen des FG ausreichen (BFH II R 27/16, BStBl. II 2019, 559 mwN). Diese Grundsätze gelten auch für Erwerbsvorgänge nach § 1 II, IIa, IIb und III (vgl. auch → § 16 Rn. 105 ff.).

Bei einem Erwerb mehrerer Gr zu einem einheitlichen Kaufpreis ist die Bestimmtheit gewahrt, wenn sich durch ausdrückliche Bezugnahme auf den Kaufvertrag, in dem der Erwerb mehrerer Grundstücke zu einem einheitlichen Kaufpreis beurkundet ist, eindeutig ergibt, für welche Erwerbsvorgänge die aus dem Gesamtkaufpreis festgesetzte Steuer erhoben worden ist (BFH II R 28/07, BStBl. II 2008, 487; II R 38/14, BFH/NV 2017, 990).

Am Vertragsabschluss nicht beteiligte **Dritte** scheiden als Steuerschuldner aus. 4
Sie sind keine „Vertragsteile" iSd § 13 Nr. 1, auch wenn von ihnen oder an sie gewährte Leistungen (§ 9 II Nr. 3 und Nr. 4) zur Gegenleistung gehören (BFH II R 87/86, BFH/NV 1990, 321). Die auf Leistungen iSd § 9 II Nr. 3 und Nr. 4 entfallende GrESt wird in jedem Fall vom Leistungsempfänger geschuldet. Der andere Vertragsbeteiligte ist nur dann Steuerschuldner, wenn ihm diese Leistungen bekannt waren oder bekannt sein mussten (BFH II 155/62, HFR 1965, 551).

Beispiel:

A erwirbt von B ein Gr zu einem Preis von 1 EUR je qm. Dem FA wird bekannt, dass die an dem Zustandekommen des Kaufvertrags interessierte Gemeinde dem B weitere 5 EUR je qm gezahlt hat (§ 9 II Nr. 4). Das FA setzt die GrESt gegen A nach einer Gegenleistung von 6 EUR je qm fest. A ist nur dann Steuerschuldner der auf die Leistung iSd § 9 II Nr. 4 entfallenden GrESt, wenn er diese Leistung kannte oder mit ihr rechnen musste.

Bei einem (echten) **Vertrag zugunsten Dritter** sind Steuerschuldner nur die 5
unmittelbar vertragschließenden Parteien (zB der Käufer und der Verkäufer), nicht hingegen der begünstigte Dritte (BFH II R 146/76, BStBl. II 1980, 132; FG Münster EFG 1966, 336; 5 K 683/06, EFG 2010, 1627; Behrens BB 2019, 1128). Denn der Dritte erwirbt nur ein vom Recht des vertragschließenden Erwerbers (zB des Käufers) abgespaltenes Forderungsrecht und ist damit nicht selbst Vertragsteil iSd § 13 Nr. 1. Vertragsteil und damit Steuerschuldner ist auch ein **Treuhänder** (FG München K 5148/03, EFG 2006, 431).

Ist Gegenstand des Erwerbsvorgangs ein Gr in einem **künftigen** (noch herzu- 6
stellenden) Zustand, sind **GrErwerber und GrVeräußerer** hinsichtlich der Gesamtbemessungsgrundlage (zu Einzelheiten → § 9 Rn. 46 ff.) **Gesamtschuldner.** Keine Steuerschuldner iSd § 13 Nr. 1 sind hingegen Beteiligte (zB **Bauhandwerker**), die das Gr in den als Gegenstand des Erwerbsvorgangs vereinbarten (zukünftigen) Zustand versetzen (BFH II R 17/99, BStBl. II 2000, 34; II R 36/

96, BFH/NV 1999, 667; Viskorf/Viskorf § 13 Rn. 13; Ländererlasse v. 20.9.2017, BStBl. I 2017, 1328 Tz. 7, → § 9 Rn. 3).

Ebenso ist nicht Vertragsbeteiligter iSd § 13 Nr. 1 (und damit nicht Steuerschuldner) ein Dritter (zB **Initiator** oder **Projektanbieter** im Bauherrenmodell), der den Zugang zum Gr regulieren kann (BFH II R 48/15, BStBl II 2018, 24; ebenso Hofmann/Märker § 13 Rn. 6; Viskorf/Viskorf § 13 Rn. 14). Denn § 13 Nr. 1 meint ersichtlich als „Vertragsteile" nur den Erwerber und Veräußerer des Gr; eine sonstige „Beteiligung" an dem Erwerbsvorgang – zB durch Regulierung des Zugangs zum Gr – macht den Dritten selbst nicht zum Veräußerer des Gr und reicht daher mangels gesetzlicher Grundlage zur Begründung einer Steuerschuldnerschaft nicht aus (BFH II R 48/15, BStBl. II 2018, 24). Soweit der Dritte an einem Zwischengeschäft (§ 1 I Nr. 5–7) beteiligt ist oder die Verwertungsmöglichkeiten (§ 1 II) an dem Gr hat, ist er Steuerschuldner ausschließlich für diese Erwerbsvorgänge (zur Steuerschuldnerschaft vgl. → Rn. 11 ff., → Rn. 15).

7 **b) Mehrheit von Erwerbern und/oder Veräußerern.** Bei dem Erwerb von Miteigentum ist zu beachten, dass dieses bürgerlich-rechtlich und ebenso grestrechtl. (→ § 2 Rn. 7) als Volleigentum wie Alleineigentum behandelt wird. Steuerschuldner ist daher jeder Erwerber für seinen Miteigentumsanteil und ferner der Veräußerer für den jeweiligen Anteil (BFH II 166/57, BStBl. II 1959, 98; II 143/61, HFR 1964, 425). Die mehreren Erwerber der Miteigentumsanteile sind daher nicht Gesamtschuldner. Da getrennte Steuerfälle vorliegen, bedarf es getrennter Steuerbescheide gegen jeden Erwerber eines Miteigentumsanteils.

8 Dieser Grundsatz gilt auch, wenn **Ehegatten** Miteigentumsanteile erwerben. Der maßgebende Güterstand der Ehegatten ist hierbei ohne Bedeutung; die eheliche Gütergemeinschaft ist kein grestrechtl. selbstständiger Rechtsträger (→ § 1 Rn. 66). Erwerber sind die Ehegatten, nicht die Gesamthand (BFH II 127/60 HFR 1962, 351; II 49/63, BFHE 88, 388). Auch im Fall des **Erwerbs zum Gesamtgut** liegen zwei getrennte Steuerfälle vor, so dass **getrennte Steuerbescheide gegen jeden Ehegatten** zu erlassen sind (BFH II 143/61, HFR 1964, 425; ebenso in Fällen des § 15 Nr. 1 GrEStG DDR, vgl. BFH II R 63/93, BStBl. II 1995, 174; II R 78/93, BStBl. II 1995, 270; II R 106/91, BFH/NV 1995, 437). Erwirbt nur **ein** in allgemeiner Gütergemeinschaft lebender Ehegatte ein Gr, so ist dieser allein Vertragsteil iSd § 13 Nr. 1 und Steuerschuldner (BFH II 57/61 U, BStBl. III 1962, 394).

9 Dem **Steuerbescheid** muss sich mit hinreichender **Bestimmtheit** entnehmen lassen, welcher Ehegatte in welcher Höhe Schuldner der festgesetzten GrESt ist (BFH II 143/61, HFR 1964, 425; II R 63/93, BStBl. II 1995, 174). Wird ein GrESt-Bescheid ohne nähere Erläuterung an beide Ehegatten gerichtet, ist er wegen Verstoß gegen das Bestimmtheitsgebot (§ 119 I AO) aufzuheben (BFH II R 63/93, BStBl. II 1995, 174). Kein Bestimmtheits- oder Bekanntgabemangel liegt jedoch vor, wenn bei getrennten Steuerfällen der mehreren Erwerber (Ehegatten) allein gegen einen Erwerber die insgesamt geschuldete GrESt festgesetzt wird. Ein solcher Bescheid ist (nur) bezüglich der von dem Erwerber nicht geschuldeten GrESt zu ändern (BFH II R 78/93, BStBl. II 1995, 270).

10 Die vorstehenden Grundsätze gelten ebenso, wenn auf der **Veräußererseite** mehrere Miteigentümer (zB Ehegatten) beteiligt sind und diese als Gesamtschuldner in Anspruch genommen werden sollen. Auch hier bedarf es des Erlasses getrennter Steuerbescheide (BFH II 79/60, HFR 1961, 103). Dies gilt auch dann, wenn diesen mehreren Veräußerern nur ein Erwerber gegenübersteht, gegen den

ein die mehreren Erwerbsvorgänge zusammenfassender einheitlicher Bescheid ergehen konnte (BFH II 79/60, HFR 1961, 103).

11 **c) Steuerschuldner bei Zwischengeschäften (§ 1 I Nr. 5–7).** Bei den Zwischengeschäften (§ 1 I Nr. 5–7) fällt die GrESt doppelt an, weil zwei GrUmsätze aufeinanderfolgen. Bei der Steuerschuldnerschaft ist danach zu differenzieren, ob die Abtretung eines Übereignungsanspruchs (§ 1 I Nr. 5 und Nr. 7) oder aber die Abtretung der Rechte aus einem Kaufangebot (§ 1 I Nr. 6 und Nr. 7) vorliegt.

12 Bei der Abtretung eines Übereignungsanspruchs **(§ 1 I Nr. 5 und Nr. 7)** sind Vertragsbeteiligte iSd § 13 Nr. 1 und damit Steuerschuldner diejenigen, zwischen denen das jeweilige Zwischengeschäft abgeschlossen wird. Für das Rechtsgeschäft zwischen dem Zedenten (Abtretenden) und dem erwerbenden Dritten (Abtretungsempfänger) sind daher diese als Vertragsteile auch gem. § 13 Nr. 1 Steuerschuldner. Für den Erwerb des Übereignungsanspruchs durch den Zedenten (Abtretenden) sind ebenfalls die jeweiligen Vertragsbeteiligten Steuerschuldner. Hat der Zedent den Übereignungsanspruch zB aufgrund eines mit dem GrEigentümer geschlossenen GrKaufvertrags erlangt, sind Steuerschuldner dieses Erwerbsvorgangs der GrEigentümer und der Zedent.

13 Abweichende Grundsätze gelten demgegenüber für die Steuerschuldnerschaft bei Abtretung der Rechte aus einem Kaufangebot **(§ 1 I Nr. 6 und Nr. 7).** Für diese Zwischengeschäfte ist kennzeichnend, dass der aus dem Kaufangebot Berechtigte nur als „Zwischenhändler" an dem nach § 1 I Nr. 1 steuerbaren Erwerb des Käufers vom Verkäufer beteiligt ist (→ § 1 Rn. 243 f., 276). Der Käufer kann, da er ausschließlich von dem Veräußerer erwirbt und insoweit aus dem nach § 1 I Nr. 1 (bei Abschluss eines Kaufvertrags) steuerbaren Erwerbsvorgang bereits Steuerschuldner nach § 13 Nr. 1 ist, nur einmal zur GrESt herangezogen werden. GrVeräußerer und Erwerber können deshalb nicht auch zusätzlich Steuerschuldner hinsichtlich des Zwischengeschäfts nach § 1 I Nr. 6 und Nr. 7 sein (BFH II R 12/70, BStBl. II 1974, 772; II R 15/76, BStBl. II 1980, 162; IV R 154–155/77, BStBl. II 1980, 269). Steuerschuldner des nach § 1 I Nr. 6 und Nr. 7 steuerbaren Zwischengeschäfts ist daher allein der aus dem Kaufangebot **Berechtigte,** der den Erwerber in die Rechte aus dem Kaufangebot hat einrücken lassen. Dies gilt auch dann, wenn dem „Zwischenhändler" die Möglichkeit der Verwertung des Gr iSd § 1 II eingeräumt worden war.

14 **d) Steuerschuldner bei Anteilsübertragung (§ 1 III Nr. 3 und Nr. 4).** Die Steuerschuldnerschaft bei **Weiterübertragung** der vereinigten Anteile iSd § 1 III Nr. 3 und Nr. 4 bestimmt sich nach **§ 13 Nr. 1** (BFH II 186/65, BStBl. II 1974, 643; II R 54/01, BStBl. II 2004, 658; II R 33/04, BFH/NV 2006, 609; Hofmann/Märker § 13 Rn. 10); Steuerschuldner sind daher der bisherige Anteilsinhaber und der Anteilserwerber. § 13 Nr. 5, der nach seinem klaren Wortlaut ausschließlich die Anteilsvereinigung iSd § 1 III Nr. 1 und 2 (→ Rn. 19) betrifft, ist unanwendbar. Hierfür spricht, dass sich die Anteilsübertragung als zweiseitiges Rechtsgeschäft darstellt und für eine Privilegierung des Veräußerers durch Anwendung des § 13 Nr. 5 jede sachliche Rechtfertigung fehlt.

15 **e) Weitere Einzelfälle.** Nach § 13 Nr. 1 beurteilt sich auch die Steuerschuldnerschaft bei der **Auflassung (§ 1 I Nr. 2).** Diese ist ein dinglicher Vertrag (§§ 925, 925a BGB), so dass Steuerschuldner der Auflassende und der Auflassungsempfänger sind.

16 Bei Einräumung einer **Verwertungsbefugnis (§ 1 II)** sind Steuerschuldner regelmäßig die an dem Rechtsvorgang Beteiligten, dh diejenigen, die die Verwertungsbefugnis einräumen bzw. die diese Befugnis erlangen (vgl. auch BFH II B 75/97, BFH/NV 1998, 1523). Dies gilt auch dann, wenn die Einräumung der Verwertungsbefugnis – wie häufig – auf einer einseitigen empfangsbedürftigen Willenserklärung (Verkaufsvollmacht; Anhandgabe) beruht (Viskorf/Viskorf § 13 Rn. 37). Bei einer vertraglich begründeten Verwertungsbefugnis sind Steuerschuldner die Vertragsbeteiligten. Bei dem Auftragserwerb eines Gr erlangt der Auftraggeber kraft seines gesetzlich (§ 667 BGB) begründeten Übereignungsanspruchs die Verwertungsbefugnis an dem Gr (vgl. → § 1 Rn. 129 ff.); hier schulden der Beauftragte und der Auftraggeber aufgrund des zugrundeliegenden Auftrags- oder Geschäftsbesorgungsvertrags (§§ 662, 675 BGB) als Vertragsteile iSd § 13 Nr. 1 die aus § 1 II entstandene GrESt. Im Fall des **Gestaltungsmissbrauchs** (§ 42 AO) entsteht die Steuerschuld so, wie dies angemessener Gestaltung entsprechen würde.

17 **2. Steuerschuldner bei Erwerb kraft Gesetzes und im Enteignungsverfahren (§ 13 Nr. 2 und Nr. 3).** Beim Erwerb kraft Gesetzes (§ 1 I Nr. 3) sind Steuerschuldner der bisherige Eigentümer und der Erwerber. Soweit die Gesamtrechts- oder Sonderrechtsnachfolge (zB Verschmelzung, Aufspaltung, vollständige Vermögensübertragung) zum Untergang des bisherigen Eigentümers führt, kommt als Steuerschuldner nur der Erwerber in Betracht (BFH I R 22/96, BStBl. II 1998, 168). Bei der Übertragung eines Anteils an einem Nachlass (→ § 1 Rn. 192) sind Steuerschuldner der Veräußerer und der Erwerber des Erbanteils (BFH II R 141/74, BStBl. II 1976, 159). Beim Erwerb im Enteignungsverfahren (§ 1 I Nr. 3) ist nach § 13 Nr. 3 ausschließlich der Erwerber Steuerschuldner.

18 **3. Steuerschuldner beim Meistgebot im Zwangsversteigerungsverfahren (§ 13 Nr. 4).** Beim Meistgebot im Zwangsversteigerungsverfahren (§ 1 I Nr. 4) ist der Meistbietende Steuerschuldner. Dies ist derjenige, in dessen Namen das Meistgebot abgegeben wurde. Handelt der Meistbietende im Auftrag oder für Rechnung des späteren Erstehers oder bietet er nur wegen unzureichender Vollmacht (§ 71 II ZVG) im eigenen Namen (zu Einzelheiten → § 1 Rn. 220), ist er gleichwohl selbst Steuerschuldner nach § 13 Nr. 4. Dies gilt auch bei Abtretung der Rechte aus dem Meistgebot (§ 81 II ZVG) oder nachträglicher Offenlegung des Vertretungsverhältnisses (§ 81 III ZVG). Ist Gegenstand des Erwerbs ein Gr zu ideellen Bruchteilen, liegt nur ein Erwerb vor. Es bedarf auch nur der Erteilung eines Bescheids (BFH II R 116/66, BFHE 91, 483).

19 **4. Steuerschuldner bei der Anteilsvereinigung (§ 13 Nr. 5).** § 13 Nr. 5 erfasst nur die (unmittelbare und mittelbare) Anteilsvereinigung (§ 1 III Nr. 1 und Nr. 2). Durch das GrEStGÄndG v. 12.5.2021 (BGBl. 2021 I 986) wurde in Nr. 5 die Angabe „95 vom Hundert" durch die Angabe „90 vom Hundert" ersetzt. Die Steuerschuldnerschaft bei Anteilsübertragung iSd § 1 III Nr. 3 und Nr. 4 bestimmt sich nach § 13 Nr. 1 (GLE 19.9.2018, BStBl. I 2018, 1056 Tz. 7.2; vgl. auch → Rn. 14).

§ 13 Nr. 5 **Buchst. a** betrifft die (unmittelbare oder mittelbare) Anteilsvereinigung in der Hand des Erwerbers allein. Hier ist Steuerschuldner ausschließlich der Erwerber und nicht auch derjenige, der dem Erwerber den letzten Anteil überlässt. Die Vorschrift ist auch anzuwenden, wenn die Anteilsvereinigung in der Hand eines Mitgliedes eines Organkreises eintritt (zu § 1 III/IV Organschaft GLE 5.3.2024, BStBl. I 2024, 393 Tz. 7.2).

§ 13 Nr. 5 **Buchst. b** bestimmt für die Anteilsvereinigung im **Organkreis** (§ 1 III Nr. 1 und Nr. 2 iVm § 1 IV Nr. 2). Dies sind die Gesellschafter in der Hand von herrschenden und abhängigen Unternehmen oder nur in der Hand von abhängigen Personen (zur Organschaft GLE 5.3.2024, BStBl. I 2024, 393 Tz. 7.1). Dies sind **alle Mitglieder des Organkreises,** die zusammen mindestens 90 % der Anteile an der grbesitzenden Gesellschaft halten, dh als solche an der Anteilsvereinigung selbst – und nicht lediglich am Erwerbsvorgang als Anteilsveräußerer oder Anteilsübertragende – beteiligt sind (Hofmann/Märker § 13 Rn. 16; Viskorf/Viskorf § 13 Rn. 42; Bruschke UVR 2003, 168/169 mwN). Nur unter dieser Voraussetzung kann die Organmutter selbst Steuerschuldnerin sein. Angesichts des klar auf die Anteilsvereinigung zugeschnittenen Wortlauts des § 13 Nr. 5b kommt eine entspr. Anwendung auf andere Fälle einer mittelbaren Anteilsvereinigung nicht in Betracht (BFH II R 23/05, BFH/NV 2006, 2306 mwN); die Vorschrift bewirkt keine Steuerschuldnerschaft von Gesellschaften, die lediglich eine mittelbare Anteilsvereinigung vermitteln.

5. Steuerschuldner bei Änderung des Gesellschafterbestands (§ 13 Nr. 6). Der § 1 IIa betreffende § 13 Nr. 6 wurde durch das JStG 1997 als Folgeänderung zu dem neuen Steuertatbestand des § 1 IIa eingefügt. Er wurde durch das StEntlG 1999 ff. mit Wirkung ab 1.1.2000 geändert (vgl. § 23 VI 2). Steuerschuldner in Fällen des § 1 IIa ist die PersGes (zu § 1 IIa GLE 10.5.2022, BStBl. I 2022, 801 Tz. 12). Dies gilt auch, wenn sich ein Rechtsvorgang nach § 1 IIa auf ein noch zu errichtendes Gebäude bezieht (BFH II R 12/18, BStBl. II 2021, 632). Danach „gehört" ein inländisches Grundstück der Gesellschaft nach § 1 IIa, wenn es ihr im Zeitpunkt der Entstehung der Steuerschuld auf Grund eines unter § 1 I–IIIa fallenden und verwirklichten Erwerbsvorgangs grestrechtl. zuzurechnen ist (BFH II R 44/19, DStR 2022, 1375). 20

§ 13 Nr. 6 ist verfassungsgemäß; die in der gesetzestechnischen Ausgestaltung des § 1 IIa begründete alleinige Steuerschuldnerschaft der PersGes verstößt im Vergleich zu der Regelung des § 13 Nr. 5 nicht gegen Art. 3 GG (BFH II B 113/02, BStBl. II 2002, 777). Da auch eine gleichzeitige Auswechslung aller Gesellschafter die Identität der PersGes nicht berührt, ist diese auch Inhaltsadressat des Steuerbescheids (zu Einzelheiten → Rn. 31 ff.). Zur Haftung für die GrESt aus einem Erwerbsvorgang nach § 1 IIa vgl. Wohltmann AO-StB 2006, 76.

6. Steuerschuldner bei Änderung des Gesellschafterbestands einer Kapitalgesellschaft (§ 13 Nr. 7). Steuerschuldner ist in den Fällen des § 13 Nr. 7 die KapGes (vgl. auch zu § 1 IIb GLE 10.5.2022, BStBl. I 2022, 821 Tz. 12). Dies gilt auch, wenn sich ein Rechtsvorgang nach § 1 IIa auf ein noch zu errichtendes Gebäude bezieht (BFH II R 12/18, BStBl. II 2021, 632). Voraussetzung ist, dass zum Vermögen einer **KapGes** ein inländisches Grundstück gehört und sich innerhalb von zehn Jahren der Gesellschafterbestand unmittelbar oder mittelbar dergestalt ändert, dass mindestens 90 % der Anteile der Gesellschaft auf neue Gesellschafter übergehen. Besteuert wird die KapGes, die wegen des Anteilseignerwechsels grestrechtl. nicht mehr als dieselbe Kapitalgesellschaft anzusehen ist (BT-Drs. 13/13437, 14). 21

7. Steuerschuldner bei Innehabung einer wirtschaftlichen Beteiligung (§ 13 Nr. 8). Nach § 13 Nr. 8, der durch das AmtshilfeRLUmsG als Folgeände- 22 rung zu dem neuen Steuertatbestand des § 1 IIIa eingefügt wurde (zur erstmaligen Anwendung vgl. § 23 XI), ist Steuerschuldner bei der wirtschaftlichen Beteiligung von ursprünglich mindestens **95 %** an einer Gesellschaft der Rechtsträger, der die wirtschaftliche Beteiligung innehat. Durch das GrEStGÄndG v. 12.5.2021 (BGBl. 2021 I 986) wurde die Anteilsgrenze auf **90 %** herabgesetzt; „Rechtsträger" ist – nur – derjenige, der die erforderliche Beteiligungsgröße von 90 % unmittelbar oder mittelbar in eigener Person „innehat" (→ § 1 Rn. 684). § 13 Nr. 8 unterscheidet nicht danach, ob Gegenstand des Erwerbsvorgangs die (erstmalige) Erlangung der wirtschaftlichen Beteiligung iSd § 1 IIIa ist, oder ob eine bereits innegehabte wirtschaftliche Beteiligung weiter übertragen wird. Da § 13 Nr. 7 ersichtlich eine abschließende Regelung für sämtliche Anwendungsfälle des § 1 IIIa enthält (zutr. Behrens DStR 2013, 1405 (1411); anders Wagner/Lieber DB 2013, 1387 (1389)), ist insoweit die für § 1 III gebotene und in der Abgrenzung zwischen § 13 Nr. 1 und Nr. 5 angelegte Differenzierung der Steuerschuldnerschaft für § 1 IIIa bedeutungslos. Für Erwerbsvorgänge iSd § 1 IIIa ist die Anwendung des § 13 Nr. 6 auch dann ausgeschlossen, wenn die wirtschaftliche Beteiligung an einer grbesitzenden PersGes innegehabt wird und die Anwendung des § 1 IIIa letztlich den Steuertatbestand des § 1 IIa erweitert (→ § 1 Rn. 667 f.).

23–30 *einstweilen frei*

III. Steuerschuldnerschaft grunderwerbsteuerrechtlich selbstständiger Gesamthandsgemeinschaften

31 § 13 regelt nicht, wer Steuerrechtssubjekt der GrESt ist und damit als Steuerschuldner in Betracht kommt. Insoweit wird § 13 durch die dem GrEStG vorgegebene selbstständige Rechtsträgerschaft der in → § 1 Rn. 52 ff. bezeichneten Gesamthandsgemeinschaften ergänzt. Diese selbstständige Rechtsträgerschaft hat zur Folge, dass alle PersGes als Vertragsteil auch selbst Steuerschuldner iSd § 13 Nr. 1 sind (BFH II R 118/84, BStBl. II 1987, 183; II R 103/84, BStBl. II 1987, 325; II R 61/93, BStBl. II 1997, 299; II R 64/09, BStBl. II 2012, 355; II R 69/91, BFH/NV 1995, 186; II B 5/01, BFH/NV 2002, 812). Gleiches ist – in Bezug auf § 1 IIa – durch § 13 Nr. 6 und für KapGes durch § 13 Nr. 7 bestimmt. Eine Steuerschuldnerschaft der einzelnen Gesellschafter scheidet aus (BFH II R 150/83, BStBl. II 1987, 394; II B 111/88, BStBl. II 1989, 803; II R 7/88, BStBl. II 1992, 202; II B 73/89, BFH/NV 1990, 594). Für die GrESt ist daher bei den Steuersubjekten zwischen der PersGes einerseits und ihren Gesellschaftern andererseits streng zu unterscheiden. Auch für Ansprüche aus einer Erbengemeinschaft gem. § 16 kommt es nur auf den Anspruch der Erbengemeinschaft und nicht auf den Anspruch einzelner Mitglieder an (BFH II B 33/15, BFH/NV 2016, 234). Für die Inanspruchnahme der PersGes als Steuerschuldnerin ist unerheblich, dass einzelne Gesellschafter zwischen dem Zeitpunkt des GrErwerbs und dem Ergehen des Steuerbescheids gewechselt haben (BFH II R 103/84, BStBl. II 1987, 325; II B 5/01, BFH/NV 2002, 812); zu Haftungsfragen vgl. → Rn. 37.

32 Bei der **Bekanntgabe** des GrESt-Bescheids an die Gesamthand als Steuerschuldnerin muss für die **Adressierung** des GrESt-Bescheids zwischen dem **Inhaltsadressaten** (sog. Destinatär, dh demjenigen, für den der Inhalt des Bescheids bestimmt ist) und dem **Bekanntgabeadressaten** unterschieden werden (vgl. AEAO § 122 Nr. 1.3 und 1.4; Tipke/Kruse/Seer AO § 122 Rn. 17; Gradl/Wiese DStZ 2004, 754; zu den Rechtsfolgen eines Bekanntgabemangels vgl. Tipke/Kruse/Seer AO § 122 Rn. 15 f.). Als **Bekanntgabeadressat** der GbR sind in dem Steuerbescheid der Geschäftsführer, hilfsweise die Gesellschafter, zu bezeichnen (AEAO § 122 Nr. 2.4.; Tipke/Kruse/Seer AO § 122 Rn. 34). Die Bekanntgabe des Steuerbescheids an einen **zur gemeinschaftlichen Geschäftsführung berufenen Gesellschafter** ist ausreichend (BFH IV R 29/89, BStBl. II 1990, 272; V R 64/94 BStBl. II 1996, 256; II R 79/00, BStBl. II 2003, 890); die Vertretungsberechtigung muss noch im Zeitpunkt der Bekanntgabe des Bescheids bestehen (BFH II R 61/93, BStBl. II 1997, 299). Die Bekanntgabe kann auch gegenüber einem zur Geschäftsführung Berufenen erfolgen, der selbst nicht Gesellschafter ist (BFH II R 103/84, BStBl. II 1987, 325). Zur Bekanntgabe von GrESt-Bescheiden an EWIV vgl. AEAO § 122 Nr. 2.4.1. S. 5.

Inhaltsadressat ist die jeweilige Gesamthand (zB: OHG, KG, GbR). Sie kann bei **Personenhandelsgesellschaften** mit dem Namen der gemeinschaftlichen Firma bezeichnet werden (§§ 105 I, 161 I HGB). Da die **GbR** keine gemeinschaftliche Firma hat, müssen in dem Steuerbescheid grds. die einzelnen Gesellschafter als solche bezeichnet werden (BFH II 65/63, BStBl. II 1970, 598; II B 75/97, BFH/NV 1998, 1523; AEAO § 122 Nr. 2.4.1.3.). Soweit die GbR sich einen zu ihrer Identifizierung dienenden **(Gesamt-)Namen** zugelegt hat, reicht ausnahmsweise die Bezeichnung der GbR mit diesem Namen in dem Steuerbescheid aus (BFH II R 103/84, BStBl. II 1987, 325; II R 7/88, BStBl. II 1992, 202; II R 43/88, BFH/NV 1993, 702; II B 75/97, BFH/NV 1998, 1523; II B 5/01, BFH/NV 2002, 812; AEAO § 122 Nr. 2.4.1.2.). Im Fall eines (ggf. auch vollständigen) **Gesellschafterwechsels** ist zu beachten, dass dieser die Identität der Gesellschaft nicht berührt. Steuerschuldner ist die PersGes in ihrer jeweiligen Zusammensetzung (BFH II B 24/90, BStBl. II 1990, 1035; II R 61/93, BStBl. II 1997, 299; II B 5/01, BFH/NV 2002, 812; gegen überzogene Anforderungen an die Bezeichnung des Steuerschuldners in diesen Fällen Viskorf/Viskorf § 15 Rn. 65). Der Gesellschafterwechsel bewirkt keine Unterbrechung eines von der PersGes angestrengten Einspruchs- oder Klageverfahrens (HHS/Birkenfeld AO § 363 Rn. 319 mwN).

Soweit eine **Erbengemeinschaft** grestrechtl. selbstständiger Rechtsträger ist (→ § 1 Rn. 63), ist der GrESt-Bescheid auch an diese zu richten (vgl. AEAO § 122 Nr. 2.4., 2.4.2. und 2.12.6.). Zur zweifelsfreien Identifizierung der Erbengemeinschaft muss der Steuerbescheid den Namen des Erblassers und vor allem die einzelnen Miterben (Inhaber der einzelnen Erbanteile) angeben (BFH II R 42/67, BStBl. II 1973, 372; vgl. auch AEAO § 122 Nr. 2.4. und 2.4.2.). Ein nur an einen Miterben gerichteter und nur diesem bekannt gegebener Bescheid reicht – sofern diesem Miterben nicht Vertretungsvollmacht erteilt ist – nicht aus.

Rechtsbehelfsbefugnis. Ein Rechtsbehelf gegen den an die Gesamthand als 33
Steuerschuldnerin gerichteten Steuerbescheid kann nur gemeinschaftlich von allen im Zeitpunkt der Klageerhebung beteiligten Gesellschaftern eingelegt werden (BFH II R 134/71, BStBl. II 1974, 426; II R 118/84, BStBl. II 1987, 183; II R 64/09, BStBl. II 2012, 355; II R 18/02, BFH/NV 2004, 203 mwN; zum Übergang der Klagebefugnis bei Umwandlung der PersGes vgl. FG Hmb II 60/93, EFG 1997, 1028; zur Berichtigung der Beteiligtenbezeichnung im finanzgerichtlichen Verfahren vgl. BFH II R 64/09, BStBl. II 2012, 355). Die allein von einem Gesellschafter im eigenen Namen erhobene Klage ist unzulässig (BFH I B 182/00, BFH/NV 2001, 1399; II R 18/02, BFH/NV 2004, 203). Über den Einspruch einzelner Gesellschafter einer GbR darf das FA nicht durch eine gegen die GbR als solche gerichtete Einspruchsentscheidung befinden. Geschieht dies gleichwohl,

so kann die GbR ohne erneutes Vorverfahren gegen die Einspruchsentscheidung Klage erheben (BFH II R 167/81, BStBl. II 1988, 377).

34 Die PersGes besteht nach ihrer **Auflösung** so lange fort, bis alle das Gesellschaftsvermögen betr. Ansprüche und Verpflichtungen – dazu gehört auch die während des Bestehens der Gesellschaft als deren Schuld entstandene GrESt – abgewickelt sind (zB BFH V R 175/74, BStBl. II 1981, 293; II R 118/84, BStBl. II 1987, 183; aA Tipke/Kruse/Drüen AO § 33 Rn. 70 mwN).

Zur **Haftung** der an der Gesamthand Beteiligten → Rn. 35 ff.

IV. Gesamtschuldnerschaft

35 Soweit in den Fällen des § 13 Nr. 1, 2 und 5 Buchst. b mehrere Personen nebeneinander dieselbe Leistung aus dem Steuerschuldverhältnis schulden, sind sie **Gesamtschuldner** (zu Einzelfragen der Gesamtschuldnerschaft bei der GrESt vgl. Bruschke UVR 2003, 168). Jeder von ihnen schuldet die gesamte Leistung (§ 44 I 2 AO). Die Gesamtschuldnerschaft soll dem FA die rasche und sichere Steuereinholung ermöglichen (BFH II 171/63, BStBl. III 1966, 400). Zu Besonderheiten der Inanspruchnahme von Gesamtschuldnern im Falle der Pauschbesteuerung vgl. → § 12 Rn. 7 ff.).

Das FA kann gegen jeden Gesamtschuldner einen Einzelsteuerbescheid erlassen (BFH II R 25/78, BStBl. II 1981, 176). **§ 155 III AO** lässt aus Gründen der Verwaltungsvereinfachung auch einen **zusammengefassten Steuerbescheid** zu, in dem die mehreren inhaltsgleichen Steuerbescheide gegen mehrere Steuerschuldner auf einem Formular zusammengefasst werden (zu Einzelheiten Koenig/Gercke AO § 155 Rn. 58 ff.; Tipke/Kruse/Seer AO § 155 Rn. 32 ff.).

36 Die Entscheidung zur Inanspruchnahme eines Gesamtschuldners ist eine **Ermessensentscheidung.** Das Auswahlermessen ist nach den Grundsätzen des § 5 AO pflichtgemäß auszuüben. Das FA ist grds. in seiner Entscheidung darüber frei, die Leistung ganz oder nur zum Teil von einem oder mehreren oder von allen Gesamtschuldnern zu fordern (BFH II R 7/91, BStBl. II 1995, 300). Die Inanspruchnahme eines Gesamtschuldners ist nur dann ermessensfehlerhaft, wenn besondere Umstände vorliegen (BFH II R 7/91, BStBl. II 1995, 300).

37 Es entspricht in jedem Fall pflichtgemäßem Ermessensgebrauch, wenn das FA zunächst den Erwerber zur GrESt heranzieht, sofern dieser die GrESt im Kaufvertrag übernommen hat (BFH II R 187/72, BStBl. II 1976, 579; II B 8/90, BFH/NV 1991, 481; II R 31/93, BFH/NV 1997, 2; II R 48/15, BStBl. II 2018, 24). Enthält ein GrKaufvertrag keine Regelung zur Tragung der GrESt, hat sich das Ermessen an der zivilrechtlichen Kostentragungsregelung des (abdingbaren) § 448 II BGB zu orientieren, wonach der Käufer die Kosten der Beurkundung (dazu gehört auch die GrESt, vgl. Grüneberg/Weidenkaff BGB § 448 Rn. 7 mwN) zu tragen hat (Hofmann/Märker § 13 Rn. 23 mwN). Demgemäß ist zunächst der GrErwerber als Steuerschuldner in Anspruch zu nehmen (zB OFD Niedersachsen 1.12.2014, StEd 2015, 43). Zieht das FA den im Innenverhältnis Verpflichteten zur Steuer heran, bedarf dies idR keiner Begründung (Hofmann/Märker § 13 Rn. 23 und vor § 15 Rn. 6; ebenso BFH II R 2/07, BStBl. II 2008, 897 zur entspr. Problematik bei § 20 I 1 ErbStG). Das FA darf bei seiner Auswahlentscheidung auch berücksichtigen, ob die Geschäftsgrundlage für die von einer Vertragspartei übernommene GrESt zwischenzeitlich entfallen ist (BFH III B 78/10, BFH/NV 2002, 811). Über die Auswirkung der persönlichen Steuerbefrei-

ungsvorschrift auf den weiteren grestrechtl. Gesamtschuldner ist allein durch Auslegung dieser Vorschrift zu entscheiden (BFH II B 26/21, BFH/NV 2022, 613).

Nimmt das FA sofort den Gesamtschuldner in Anspruch, der nach den getroffenen Vereinbarungen nicht zur Tragung der GrESt verpflichtet ist, ist die Ermessensentscheidung idR zu begründen. Ohne Begründung bzw. ihre zulässige Nachholung ist der Bescheid rechtswidrig (BFH II R 31/93, BFH/NV 1997, 2; II R 48/15, BStBl II 2018, 24; ebenso für § 20 I 1 ErbStG BFH II R 2/07, BStBl. II 2008, 897). 38

Streitanfällig ist die **nachträgliche** Heranziehung eines anderen Gesamtschuldners, nachdem die Inanspruchnahme des einen Gesamtschuldners erfolglos geblieben war. Grundsätzlich muss jeder Steuerpflichtige bis zum Eintritt der Verjährung mit seiner Inanspruchnahme rechnen (BFH II R 48/15, BStBl. II 2018, 24; II R 172/84, BFH/NV 1989, 455; FG Köln K 1577/87, EFG 1993, 168). Die allein vertragsrechtliche Regelung des § 448 II BGB hindert die FVerw selbstverständlich nicht an der Geltendmachung der GrESt auch gegen den Verkäufer (Hofmann/Märker § 13 Rn. 23 f.). Soweit vom Erwerber die von ihm vertraglich übernommene GrESt nicht erlangt werden kann, bleibt nur die Heranziehung des Veräußerers. Insoweit reicht es aus, wenn die Vollstreckung keinen Erfolg verspricht. Eine an Gewissheit grenzende Erfolglosigkeit von Vollstreckungsversuchen ist nicht erforderlich (BFH II R 48/15, BStBl. II 2018, 24). Die Begründung kann im Einspruchsverfahren und bis zum Abschluss des finanzgerichtlichen Verfahrens nachgeholt werden (BFH II R 48/15, BStBl. II 2018, 24; ggf. sollte eine Sicherheitsleistung vereinbart oder vom Verkauf abgesehen werden, Heine UVR 2018, 95). 39

Ist hingegen über das Vermögen des GrErwerbers das Insolvenz- oder Gesamtvollstreckungsverfahren eröffnet worden oder insoweit Festsetzungsverjährung eingetreten, kann die Finanzbehörde ohne weitere Ermessenserwägung sofort den GrVeräußerer in Anspruch nehmen (BFH II R 48/15, BStBl. II 2018, 24; II R 187/72, BStBl. II 1976, 579; II R 54/01, BStBl. II 2004, 658; vgl. auch FG Münster EFG 2003, 258; OLG Düsseldorf 12 U 38 19, NZI 2020, 38). Einer besonderen Begründung für die Inanspruchnahme des anderen Gesamtschuldners bedarf es nicht (BFH II R 48/15, BStBl. II 2018, 24; II R 31/93, BFH/NV 1997, 2). Gleiches muss gelten, wenn einer der Gesamtschuldner unerreichbar (zB unbekannter Aufenthalt, Auslandswohnsitz) ist. In den vorgenannten Fällen setzt die Inanspruchnahme des primären Steuerschuldners idR nicht voraus, dass die Finanzbehörde zunächst alle denkbaren Vollstreckungsmaßnahmen (erfolglos) ergriffen hat (Bruschke UVR 2003, 168 (171)). 40

Soweit **Erwerber und Veräußerer** vertraglich die Zahlung jeweils eines **Teils** der GrESt übernommen haben, kann gegen beide ein zusammengefasster Steuerbescheid (§ 155 III AO; → Rn. 35) über den gesamten Steuerbetrag ergehen. Bei Erlass von Einzelsteuerbescheiden ist das FA zwar nicht grds. zur Angabe weiterer oder aller Steuerschuldner verpflichtet, die es als Gesamtschuldner in Anspruch nehmen kann (BFH II R 25/78, BStBl. II 1981, 176; IV R 204/82, BStBl. II 1984, 784; II B 19/92, BFH/NV 1993, 623); diese Angaben sind aber auf Verlangen des Steuerpflichtigen nachzuholen (offen gelassen von BFH II R 25/78, BStBl. II 1981, 176). Das FA kann die GrESt gegen den Veräußerer und den Erwerber auch in unterschiedlicher Höhe festsetzen (BFH II B 77/87, BFH/NV 1989, 506). 41

Der Inanspruchnahme des anderen Gesamtschuldners durch das FA kann der Einwand der **Verwirkung** (dazu allg. Tipke/Kruse/Drüen AO § 4 Rn. 169 ff.; 42

Koenig/Koenig AO § 4 Rn. 39 ff.) entgegenstehen. Eine Verwirkung des Anspruchs gegen den Veräußerer durch bloßen Zeitablauf (innerhalb der Verjährung) scheidet zwar grds. aus. Verwirkung ist jedoch ausnahmsweise möglich, wenn das FA durch ein bestimmtes Verhalten das Vertrauen erweckt hat, dass **das Recht nicht mehr ausgeübt werde** (Vertrauenstatbestand) und der Anspruchsverpflichteter tatsächlich auf die **Nichtgeltendmachung des Anspruchs** (Vertrauensfolge) vertraut hat (BFH IV R 89/74, BStBl. II 1979, 121; II R 48/15, BStBl. II 2018, 24). Die Nichtheranziehung eines Gesamtschuldners muss auf eine Nichtheranziehung des Steueranspruchs schließen lassen (BFH II R 48/15, BStBl. II 2018, 24). Das kann ausnahmsweise der Fall sein, wenn die fehlgeschlagene Beitreibung der GrESt gegen den zunächst in Anspruch Genommenen (zumeist Erwerber) auf einer vorsätzlichen oder sonstigen **groben Pflichtverletzung des FA** (zB schuldhaft verzögerte Einziehung der Steuer vom später zahlungsunfähig gewordenen Schuldner) beruht (BFH II R 48/15, BStBl. II 2018, 24; II R 74/77, BStBl. II 1980, 126; II B 8/90, BFH/NV 1991, 481; FG Köln K 1577/87, EFG 1993, 168; FG Münster 8 K 6457/98, EFG 2003, 258 (mAnm Fumi)).

43 Die **Tilgung** der GrESt durch einen Gesamtschuldner wirkt auch für den anderen Gesamtschuldner (§ 44 II 1 AO) und bewirkt das Erlöschen der Ansprüche aus dem Steuerschuldverhältnis (§ 47 AO); gleiches gilt für die Aufrechnung (§ 44 II 2 AO). Alle anderen Tatsachen (zB Stundung – → Vorb § 15 Rn. 19 –, Zahlungsaufschub, Aussetzung der Vollziehung) wirken nur gegen den Gesamtschuldner, in dessen Person sie eintreten (§ 44 II 3 AO); vgl. auch Hofmann/Märker § 13 Rn. 25.

44 An sich ist auch ein dem GrErwerber gewährter **Erlass** der GrESt (zu den Voraussetzungen eines Erlasses aus sachlichen oder persönlichen Billigkeitsgründen vgl. → Vorb § 15 Rn. 20 ff.) eine Tatsache, die gem. § 44 II 3 AO keine rechtliche Wirkung gegenüber den anderen Gesamtschuldnern entfaltet. Da der Erwerber im Innenverhältnis zur Tragung der gesamten Steuer verpflichtet ist (vgl. → Rn. 26), wird der Veräußerer im Fall seiner Inanspruchnahme den Erwerber zivilrechtlich in Anspruch nehmen. Der dem Erwerber gewährte Erlass käme ihm daher im Ergebnis nicht zugute. In derartigen Fällen ist der Veräußerer deshalb nach einem dem Erwerber gewährten Billigkeitserlass nicht zur Steuer heranzuziehen (vgl. auch OFD Hannover 1.12.2014, StED 2015, 43 Tz. 3.3.2.2).

45 Eine unsubstantiiert behauptete **Rückgängigmachung** eines Erwerbsvorgangs (§ 16) steht dem Erlass des GrESt-Bescheids gegen einen Gesamtschuldner grds. nicht entgegen (Bruschke UVR 2003, 169 (171)). Ist ein Bescheid gem. § 16 ergangen, kann fraglich sein, welchem der Gesamtschuldner der **Anspruch auf Erstattung der GrESt** zusteht. Hat der GrVeräußerer die GrESt gezahlt, so steht ihm – sofern er die Zahlung nicht ausdrücklich für Rechnung des Erwerbers leistet – nach Rückgängigmachung auch der Erstattungsanspruch zu (FG Nds III 426/88, EFG 1989, 606). Dabei ist unerheblich, ob auch ein Steuerbescheid an den Veräußerer ergangen war.

46 Für das **Rechtsbehelfsverfahren** ergeben sich Unterschiede je nachdem, ob nur ein oder aber mehrere Steuerschuldner als Gesamtschuldner zur GrESt herangezogen werden. Wird bei Heranziehung **mehrerer Gesamtschuldner** der Bescheid nur von einem Steuerpflichtigen angefochten, ist der andere Steuerschuldner gem. § 360 III AO bzw. § 60 III FGO zum Verfahren notwendig hinzuzuziehen bzw. beizuladen (OFD Hannover 1.12.2014, StED 2015, 43 Tz. 4; zu undifferenziert Gräber/Levedag FGO § 60 Rn. 81). Ergeht hingegen nur ein **Ein-**

zelsteuerbescheid – dieser äußert gegenüber dem nicht in Anspruch genommenen Gesamtschuldner keine unmittelbaren rechtlichen Wirkungen –, so ist der nicht in Anspruch genommene Gesamtschuldner nicht – auch nicht im Hinblick auf etwaige zivilrechtliche Ausgleichsansprüche – rechtsbehelfsbefugt (FG Düsseldorf III 75/77 GE, EFG 1982, 582) und auch nicht (notwendig) beizuladen (FG Düsseldorf III 75/77 GE, EFG 1982, 582; Viskorf/Viskorf § 13 Rn. 57; vgl. auch BFH II 98/62, BStBl. II 1968, 376; II B 10/09, BFH/NV 2009, 1663). Eine (einfache) Beiladung des nicht in Anspruch genommenen Gesamtschuldners ist möglich (HHS/Birkenfeld AO § 360 Rn. 22).

Der Ausgleich der Gesamtschuldner im **Innenverhältnis** bestimmt sich aus- 47
schließlich nach bürgerlichem Recht (zu Einzelheiten Tipke/Kruse/Drüen AO § 44 Rn. 26; Koenig/Koenig AO § 44 Rn. 14).

V. Wegfall von Steuerschuldnern

Der Wegfall eines Steuerpflichtigen (zB durch Tod, bei Gesellschaften durch 48
Umwandlung oder Übernahme des Sondervermögens einer zweigliedrigen PersGes zu Alleineigentum durch einen Gesellschafter) führt nicht zum Erlöschen des Steuerschuldverhältnisses. Vielmehr gehen die Ansprüche aus dem Steuerverhältnis auf den Rechtsnachfolger über (§ 45 I AO). Für Erben besteht die Möglichkeit der Haftungsbeschränkung nach Maßgabe der zivilrechtlichen Vorschriften (§ 45 II AO).

Soweit Gesellschaftsvermögen durch Anwachsung (Gesamtrechtsnachfolge) in 49
einem Akt Alleinvermögen des übernehmenden Gesellschafters geworden ist, kann der PersGes vom Zeitpunkt ihrer Vollbeendigung an ein Steuerbescheid nicht mehr rechtswirksam bekannt gegeben werden. Der Steuerbescheid ist an den Rechtsnachfolger (Alleineigentümer des bisherigen Gesellschaftsvermögens) zu richten (BFH V R 175/74, BStBl. II 1981, 293; II R 47/84, BFH/NV 1989, 350; FG Hmb II 60/93, EFG 1997, 1028 mwN).

VI. Haftungsschuldner

Steuerrechtliche Haftung bedeutet Einstehenmüssen für eine fremde Schuld. 50
Eigenständige Regelungen hierfür – § 13 betrifft lediglich die Steuerschuldnerschaft – enthält das GrEStG nicht; insoweit gelten die Regelungen der AO. Der Haftungsanspruch kann nur entstehen, wenn zumindest gleichzeitig eine Schuld entstanden ist (sog. Akzessorietät der Haftung, zB BFH I R 112/93, BStBl. II 1995, 198; Koenig/Kratsch AO § 191 Rn. 19). Darüber hinaus setzt die Haftung voraus, dass dem Grunde nach ein gesetzlicher Haftungstatbestand oder eine Haftung kraft Vertrags vorliegt.

1. Steuerrechtliche Haftung nach der AO. Aus den Haftungsvorschriften 51
der AO (§§ 69–76) haben für die GrESt nur §§ 69, 71 AO Bedeutung. Der nach § 69 AO haftende Personenkreis umfasst die gesetzlichen Vertreter natürlicher und juristischer Personen (§ 34 AO; zB Vater und Mutter ehelicher Kinder gem. § 1629 BGB; Vorstand der AG oder Genossenschaft gem. § 78 I AktG bzw. § 24 I GenG; GmbH-Geschäftsführer gem. § 35 I GmbHG) sowie verfügungsberechtigte Personen (§ 35 AO, zB Bevollmächtigte). Dieser Personenkreis haftet, soweit er eine der in §§ 34, 35 AO genannten Pflichten schuldhaft verletzt und diese Pflichtverletzung ursächlich zu einem Haftungsschaden geführt hat. Zu den steuerlichen Pflichten (§§ 34, 35 AO) gehören insb. die zur Entrichtung der GrESt und ferner die Anzeigepflichten nach § 19. Ferner begründet § 71 AO die Haftung

des Steuerhinterziehers; diese Haftungsvorschrift kann für die GrESt zB bei Verletzungen der Anzeigepflicht nach § 19 Bedeutung erlangen. § 73 AO hat für GrESt wegen fehlender Anerkennung der Organschaft, von ihrer Eigenschaft als Tatbestandsmerkmal im Rahmen des § 1 III abgesehen, keine Bedeutung (Hofmann/Märker § 13 Rn. 27; Behrens/Meyer-Wirges DStR 2007, 1290 (1294)). §§ 74 und 75 AO betreffen die Haftung für Betriebsteuern, zu denen die GrESt nicht zählt. § 77 II AO gilt nicht für die GrESt (Tipke/Kruse/Loose AO § 77 Rn. 11).

52 **2. Haftung aufgrund privatrechtlicher Haftungsvorschriften.** Wie § 191 IV AO zeigt, können auch zivilrechtliche Haftungsvorschriften eine öffentlich-rechtliche Haftung für Steuerschulden begründen. Als solche kommen zB die Haftung des Erbschaftskäufers (§§ 2371 ff. BGB) oder des Erwerbers eines Handelsgeschäfts (§ 25 HGB iVm § 191 AO) in Betracht (zu Einzelheiten Tipke/Kruse/Loose AO Vor § 69 Rn. 22 ff.).

53 Für die GrESt ist insb. die Haftung der **Gesellschafter** einer **PersGes** von Bedeutung. Bei der **OHG** haften die Gesellschafter gem. § 128 I HGB persönlich und als Gesamtschuldner für alle Verbindlichkeiten, die bis zum Ausscheiden des jeweiligen Gesellschafters begründet waren (zu Einzelheiten Tipke/Kruse/Loose AO Vor § 69 Rn. 35 f.). Bei der **KG** haften die Komplementäre ebenso unbeschränkt wie die Gesellschafter der OHG (§§ 161 II, 128 HGB). Der Kommanditist haftet bis zur Eintragung der KG in das Handelsregister unmittelbar und unbeschränkt, es sei denn, dem Gläubiger ist seine Beteiligung als Kommanditist bekannt (§ 176 HGB). Mit der Eintragung als Kommanditist ist dessen Haftung durch die Höhe der Einlage beschränkt (§ 171 I HGB; dazu zB Tipke/Kruse/Loose AO Vor § 69 Rn. 39). Diese Haftungsbeschränkung gilt auch für die GrESt, die von der KG geschuldet wird. Der stille Gesellschafter unterliegt keiner persönlichen Haftung, weil er nach außen überhaupt nicht in Erscheinung tritt (FG Saarl 2 V 12/89, EFG 1989, 388 mwN). Das gilt ebenso für die sog. atypische stille Gesellschaft (BFH V R 28/66, BStBl. II 1969, 603).

54 Die Gesellschafter einer **GbR** haften für die Steuerschulden der Gesellschaft persönlich in entspr. Anwendung des § 128 S. 1 HGB iVm § 191 AO (BGH II ZR 331/00, BGHZ 146, 341; BFH VII R 50/05, BStBl. II 2007, 600 mwN; Tipke/Kruse/Loose AO Vor § 69 Rn. 43 ff.; zur früheren Ableitung der Haftung aus §§ 705 ff. iVm §§ 421, 427 BGB zB BFH VII R 187/82, BStBl. II 1986, 156; VII R 100/86, BStBl. II 1989, 952; II R 7/91, BStBl. II 1995, 300); diese Haftung erstreckt sich auch auf die von der GbR geschuldete GrESt (BFH II B 73/89, BFH/NV 1990, 594; II B 38/91, BFH/NV 1992, 56; II R 69/91, BFH/NV 1995, 186; II R 7/95 BFH/NV 1998, 1329). Die Haftung des in eine GbR eintretenden neuen Gesellschafters umfasst auch die vor seinem Eintritt begründeten Verbindlichkeiten (BGH II ZR 56/02, NJW 2003, 1803, zur Problematik zB Tipke/Kruse/Loose AO Vor § 69 Rn. 47 mwN unter Hinweis auf § 721a BGB). Die Verwirklichung des zivilrechtlichen Haftungstatbestands verlangt zwingend, dass der potenzielle Haftungsschuldner im Zeitpunkt der Begründung der Verbindlichkeit auch im zivilrechtlichen Sinne Gesellschafter der GbR war. Hierbei kommt es allein auf die formale Stellung des potenziell Haftenden als Gesellschafter der GbR an; eine etwaige Weisungsgebundenheit (zB als Treuhänder) im Innenverhältnis ist unerheblich (BFH II R 69/91, BFH/NV 1995, 186). Ob gegenwärtige oder frühere GbR-Gesellschafter als solche im Rubrum eines Urteils gegen eine GbR zur GrESt aufgeführt sind, ist ohne Auswirkung auf die Rechtsverteidigung gegen eine Inanspruchnahme als Haftungsschuldner (BFH II B 5/01, BFH/NV 2002, 812). Zur Auswahl der haftenden Gesellschafter vgl. auch Janssen DStZ 1994, 276 mwN.

Beim **nicht rechtsfähigen Verein** ist die Haftung der Vereinsmitglieder regelmäßig auf ihren Anteil am Vereinsvermögen beschränkt, soweit nicht die Satzung dem handelnden Organ ausnahmsweise weitergehende Vertretungsmacht einräumt. Der für den Verein Handelnde haftet nach § 54 S. 2 BGB persönlich und damit auch für die GrESt (Tipke/Kruse/Loose AO Vor § 69 Rn. 56). Bei der **Erbengemeinschaft** haften die Miterben als Gesamtrechtsnachfolger für eine noch vom Erblasser geschuldete GrESt (§ 45 II AO). Ein besonderer Duldungsbescheid gegen die Erben ist nicht erforderlich. Soweit die Erbengemeinschaft als grestrechtl. selbstständige Rechtsträgerin auch selbst Schuldnerin der GrESt ist (vgl. → Rn. 23 mwN), unterliegen die Erben der Duldungspflicht gem. § 77 I AO iVm §§ 1967, 2058 BGB. 55

3. Haftung aufgrund Vertrags. § 48 II AO lässt es zu, dass sich ein Dritter vertraglich zu Leistungen aus dem Steuerschuldverhältnis verpflichtet. Derartige rechtsgeschäftliche Verpflichtungen können zB auf Bürgschaft, Garantievertrag, Hingabe von Wechseln oder Vergleich beruhen (Tipke/Kruse/Drüen AO § 48 Rn. 7). Die Inanspruchnahme des Dritten durch Haftungsbescheid scheidet aus (§ 192 AO). Das FA hat gegen den Dritten ggf. durch Klage vor dem ordentlichen Gericht vorzugehen. 56

4. Geltendmachung der Haftung. Die Inanspruchnahme eines Haftungsschuldners erfolgt – von dem vorstehend behandelten Fall der vertraglichen Haftung abgesehen – durch Haftungsbescheid (§ 191 I 1 AO). Der Erlass des Haftungsbescheids steht im pflichtgemäßen Entschließungs- und Auswahlermessen des FA (Koenig/Kratsch AO § 191 Rn. 35 ff.). Der Haftungsbescheid setzt nicht voraus, dass die Steuerschuld gegen den „Erstschuldner" (wirksam) festgesetzt wurde (Koenig/Kratsch AO § 191 Rn. 20 mwN). Der Haftungsanspruch unterliegt der Verjährung (§ 191 III und IV AO). Ein Haftungsbescheid kann gem. § 191 V AO nicht mehr ergehen, wenn die Steuerschuld durch Verjährung oder Billigkeitserlass erloschen ist. Die Umdeutung eines GrESt-Bescheids in einen Haftungsbescheid ist aufgrund § 128 III AO ausgeschlossen (BFH II B 73/98, BFH/NV 1990, 594). Zum Duldungsbescheid vgl. Koenig/Kratsch AO § 191 Rn. 130 ff. 57

§ 14 Entstehung der Steuer in besonderen Fällen

Die Steuer entsteht,

1. **wenn die Wirksamkeit eines Erwerbsvorgangs von dem Eintritt einer Bedingung abhängig ist, mit dem Eintritt der Bedingung;**
2. **wenn ein Erwerbsvorgang einer Genehmigung bedarf, mit der Genehmigung.**

Übersicht

I. Bedeutung

1 § 14 regelt die Entstehung der GrESt allein für die **Sonderfälle,** in denen Erwerbsvorgänge von einer Bedingung abhängig sind oder einer Genehmigung bedürfen. Im Übrigen belässt es das GrEStG – dazu → Rn. 2 f. – bei den allgemeinen Grundsätzen über die Steuerentstehung.

II. Allgemeines zur Entstehung des Steueranspruchs

2 Der Steueranspruch ist der Anspruch auf die kraft Gesetzes geschuldete Steuer. Er ist ein Anspruch aus dem Steuerschuldverhältnis (§ 37 I AO). Nach **§ 38 AO** entsteht der Steueranspruch, sobald der Tatbestand verwirklicht ist, an den das Gesetz die Steuerpflicht knüpft.

Der **Zeitpunkt** der Entstehung der Steuerpflicht ist, weil die GrESt eine Stichtagssteuer ist, von zentraler Bedeutung. So ist für die Steuertatbestände (§ 1 I–IIIa) auf die tatsächlichen Verhältnisse im Zeitpunkt der Steuerentstehung abzustellen (BFH II 70/63, BStBl. III 1966, 378; II 171/63, BStBl. III 1966, 400; II R 26/12, BStBl. II 2015, 402). Dieser Zeitpunkt bildet ferner den Anknüpfungspunkt für den Beginn der Festsetzungsfrist (§ 170 AO; → Vorb § 15 Rn. 10 ff.), den Übergang der Steuerschuld auf den Gesamtrechtsnachfolger (§ 45 AO) und die Aufrechnungsbefugnis des Steuerschuldners (§ 226 AO). Er bestimmt auch über die Anwendung von Steuervergünstigungsvorschriften (vgl. → § 3 Rn. 17) und bildet kraft ausdrücklicher gesetzlicher Regelung in § 16 I Nr. 1, II Nr. 1 und III Nr. 1 den Anknüpfungspunkt für die Berechnung der Zweijahresfrist.

3 Der Zeitpunkt der Entstehung der GrESt ist zu **unterscheiden von** dem der **Verwirklichung** des Erwerbsvorgangs (dazu § 23). Zwar entsteht die GrESt regelmäßig im Zeitpunkt der Verwirklichung des Erwerbsvorgangs. Bei den Erwerbsvorgängen, die von dem Eintritt einer Bedingung abhängig sind oder noch einer Genehmigung bedürfen, entsteht die GrESt gem. § 14 erst mit Eintritt der Bedingung bzw. Erteilung der Genehmigung. Die für § 23 maßgebende Verbindlichkeit des Rechtsgeschäfts tritt hingegen bereits in dem Zeitpunkt ein, in dem die Beteiligten im Verhältnis zueinander gebunden sind (zu Einzelheiten → § 23 Rn. 3 ff.). Der Zeitpunkt der Entstehung der GrESt ist nicht identisch mit dem für die Bewertung der Gegenleistung maßgebenden Stichtag (vgl. → § 8 Rn. 48 f.).

Ist die GrESt noch nicht entstanden und ergeht gleichwohl ein Steuerbescheid, so ist dieser **rechtswidrig.** In einem solchen Fall kann eine Steuerfestsetzung auch nicht vorläufig nach § 165 I AO erfolgen (BFH II R 103/93, BStBl. II 1994, 951). Allerdings ist ggf. zu berücksichtigen, dass die GrESt im Zeitraum bis zum Erlass der Einspruchsentscheidung entstanden ist (BFH II R 52/79, BStBl. II 1981, 737; II B 154/93, BFH/NV 1994, 737).

III. Entstehung der GrESt bei den verschiedenen Erwerbsvorgängen nach § 1 I–III

4 Der Steueranspruch entsteht gem. § 38 AO unmittelbar mit der vollständigen Verwirklichung des gesetzlichen Tatbestands. Für die Entstehung der GrESt ist

daher entscheidend, wann die Tatbestandsmerkmale der in § 1 I–IIIa aufgeführten Erwerbsvorgänge erfüllt sind.

Im Einzelnen entsteht die GrESt, vorbehaltlich der Regelung des § 14, bei Erwerbsvorgängen

– nach **§ 1 I Nr. 1** mit Abschluss des Kaufvertrags oder des anderen Rechtsgeschäfts, das den Anspruch auf Übereignung begründet. Maßgebend ist der Zeitpunkt der Beurkundung des Kaufvertrags über das Gr (§ 311b I 1 BGB), bei sukzessivem Vertragsabschluss der der Beurkundung der Annahmeerklärung. Nichts Abweichendes gilt auch dann, wenn Gegenstand des Erwerbsvorgangs ein noch zu vermessendes Gr ist (→ § 1 Rn. 156). Für die Steuerentstehung ist unerheblich, ob das Gr dem Veräußerer gehört (BFH II R 93/94, BStBl. II 1996, 27; → § 1 Rn. 160) oder ob der Grundbucheintragung des Erwerbers als Eigentümer rechtliche Hindernisse (zB Auflassungsvormerkung, Zwangsversteigerungsvermerk, vgl. FG Düsseldorf EFG 1990, 539) entgegenstehen;
– nach **§ 1 I Nr. 2** mit der Auflassungserklärung;
– nach **§ 1 I Nr. 3** mit dem Eigentumsübergang. Bei den Erwerbsvorgängen in der Flurbereinigung (evtl. in der Fassung des JStG 2020 und des **FoStoG,** vgl. → § 1 Rn. 198 ff.) entsteht die GrESt mit dem in der (vorzeitigen) Ausführungsanordnung nach §§ 61, 63 FlurbG bestimmten Zeitpunkt (BFH II R 41/05, BStBl. II 2006, 919; NdsFG III 228/91, EFG 1992, 760; vgl. auch Tz. 6 der in → § 1 Rn. 185 zit. Ländererlasse). Bei den Erwerbsvorgängen im Umlegungsverfahren (evtl. in der Fassung des JStG 2020 und des FoStoG, vgl. → § 1 Rn. 205 ff.) entsteht die GrESt im Zeitpunkt der Bekanntmachung der Unanfechtbarkeit des Umlegungsplans gem. § 72 BauGB (vgl. auch BFH II R 67/89, BStBl. II 1993, 308) bzw. – im Fall des § 76 BauGB – mit Unanfechtbarkeit der Vorwegentscheidung oder dem Übergang des Eigentums (BFH II R 7/20, BStBl. II 2023, 402). Zur Steuerentstehung bei GrÜbergängen bei Umwandlungen, Einbringungen und anderen Erwerbsvorgängen auf gesellschaftsvertraglicher Grundlage vgl. den bei → § 1 Rn. 185abgedruckten koord. Ländererlass sowie – bezüglich der Unanwendbarkeit der im UmwStG angeordneten Rückwirkung für die GrESt – → Rn. 5. Die einem Umwandlungsvorgang mit der Eintragung im Handelsregister eintretende Wirksamkeit des Umwandlungsbeschlusses gilt nicht für kraft Gesetzes eintretende Eigentumswechsel (BFH II R 7/20, BStBl. II 2023, 402 Rn. 27;
– nach **§ 1 I Nr. 4** mit der wirksamen Abgabe des Meistgebots (BFH II R 73/68, BStBl. II 1975, 219);
– nach **§ 1 I Nr. 5 und Nr. 7** (Abtretung eines Übereignungsanspruchs) in dem Zeitpunkt, in dem der Abtretungsempfänger einen wirksamen Anspruch auf Übereignung des Gr erlangt (→ § 1 Rn. 234). Bei der Abtretung der Rechte aus einem Meistgebot ist derjenige Zeitpunkt maßgebend, in dem die Überleitung des aus dem Meistgebot folgenden Anspruchs auf den Zuschlag (§ 81 II oder III ZVG) vorliegt und – im Fall des § 81 II ZVG – der Erwerber die Verbindlichkeiten aus dem Meistgebot übernommen hat (→ § 1 Rn. 231);
– nach **§ 1 I Nr. 6 und Nr. 7** mit der Ausübung der abgetretenen Rechte durch den Dritten (dh mit Annahme des Vertragsangebots durch den Dritten und Zustandekommen des Kaufs zwischen diesem und dem GrEigentümer (→ § 1 Rn. 243);
– nach **§ 1 II** im Zeitpunkt der wirksamen Verschaffung der Verwertungsmöglichkeit. Besteht zunächst nur die Chance einer Substanzbeteiligung (zB bei befristetem atypischem Maklervertrag), entsteht die Steuerschuld erst in dem Zeit-

punkt, in dem sich diese Chance durch tatsächliche Veräußerung realisiert (→ § 1 Rn. 277). Anderenfalls entsteht die GrESt mit wirksamer Verschaffung der Verwertungsmöglichkeit (BFH II 171/63, BStBl. III 1966, 400; II 11/65, BStBl. II 1971, 751);
- nach **§ 1 IIa** oder **§ 1 IIb** mit der aufgrund des Erwerbs des (letzten) Anteils herbeigeführten tatbestandserfüllenden (dinglichen) Änderung des Gesellschafterbestands der PersGes. Bei einer sukzessiven Tatbestandsverwirklichung in Teilakten entsteht die Steuer im Zeitpunkt des letzten tatbestandserfüllenden Teilakts (zu weiteren Einzelheiten vgl. → § 1 Rn. 317 f., Rn. 433);
- nach **§ 1 III** mit Verwirklichung der einzelnen gesetzlichen Tatbestandsmerkmale. Die Entstehung der GrESt setzt insb. voraus, dass der Gesellschaft ein Gr gehört (→ § 1 Rn. 526, 547 ff.). Das statutarische Zustimmungserfordernis zB einer GmbH zur Übertragung von Geschäftsanteilen steht der Steuerentstehung im Zeitpunkt der Begründung eines Anspruchs auf Anteilsübertragung nicht entgegen (BFH II B 52/04, BStBl. II 2005, 492). Die GrESt aus § 1 III Nr. 2 und Nr. 4 entsteht im Zeitpunkt des Eintritts der rechtlichen Vereinigung der Anteile (BFH II R 130/67, BStBl. II 1975, 456);
- nach **§ 1 IIIa** mit dem tatbestandserfüllenden Erwerb der wirtschaftlichen Beteiligung durch den Rechtsträger (→ § 1 Rn. 693).

5 Für die Entstehung der GrESt ist ohne Bedeutung, zu welchem Zeitpunkt der Steuertatbestand nach dem Willen der Steuerpflichtigen verwirklicht sein soll (Tipke/Kruse/Drüen AO § 38 Rn. 8). Damit ist die Entstehung der GrESt der Disposition der Steuerpflichtigen entzogen. Die **Rückdatierung** eines Vertrages (dh die Angabe eines falschen zurückliegenden Datums) oder die **Rückbeziehung** der Wirksamkeitsfolgen eines Vertrags (dh sein rückwirkendes Inkraftsetzen) haben für den Zeitpunkt der Entstehung der Steuerpflicht keine Bedeutung (BFH II R 30/69, BStBl. II 1975, 417; II R 131/76, BStBl. II 1978, 635). Die in §§ 2, 20 V und VI UmwStG angeordnete Rückwirkung gilt nicht für das GrEStG (BFH I R 22/96, BStBl. II 1998, 168; Schmitt/Hörtnagl/Hörtnagl UmwStG § 2 Rn. 35 mwN).

6 Zur Entstehung der GrESt bei bedingt geschuldeter Gegenleistung → § 8 Rn. 37, bei zusätzlichen (nachträglichen) Leistungen (§ 9 II Nr. 1) vgl. → § 9 Rn. 207 ff.

7 *einstweilen frei*

IV. Regelung des § 14

8 § 14 schiebt die Entstehung der GrESt bei Erwerbsvorgängen, deren Wirksamkeit von dem Eintritt einer **Bedingung** abhängig sind oder einer Genehmigung bedürfen, auf den Zeitpunkt des Eintritts der Bedingung bzw. der Erteilung der Genehmigung **hinaus.** Dem liegen praktische Erwägungen zugrunde (vgl. schon Begr. GrEStG 1940, 413; Klass DStR 2005, 1717). Entstünde die GrESt schon vor dem in § 14 festgelegten Zeitpunkt, müsste bei Nichteintritt der Bedingung oder Nichterteilung der Genehmigung nach § 16 (Nichtfestsetzung bzw. Aufhebung der Steuerfestsetzung) verfahren werden. Durch § 14 wird der damit verbundene zusätzliche Verwaltungsaufwand vermieden. § 14 betrifft ausschließlich die Entstehung der Steuerschuld; die Anzeigepflichten sind schon vor Wirksamkeit des Rechtsvorgangs zu erfüllen (§§ 18 III 1, 19 I 2).

9 **1. Entstehung der Steuer bei bedingten Erwerbsvorgängen (§ 14 Nr. 1).** Für bedingte Rechtsgeschäfte schiebt § 14 Nr. 1 die Entstehung der GrESt auf

den Zeitpunkt des Eintritts der Bedingung hinaus. Eine **Bedingung** ist die durch den Parteiwillen in ein Rechtsgeschäft eingefügte Bestimmung, die die Rechtswirkungen des Geschäfts von einem zukünftigen ungewissen Ereignis abhängig macht (Grüneberg/Ellenberger BGB Vor § 158 Rn. 1). Von welcher Bedingung die an einem Erwerbsvorgang Beteiligten die Rechtswirksamkeit eines Geschäfts abhängig machen, liegt in deren Belieben. Sind nur einzelne Teile eines Rechtsgeschäfts aufschiebend bedingt, ist davon die Steuerentstehung für den unbedingten Teil nicht berührt (Halaczinsky NWB F.8, 1581 (1587)). Zu beachten ist, dass einzelne Rechtsgeschäfte kraft ausdrücklicher gesetzlicher Anordnung bedingungsfeindlich sind; hierzu gehört zB die Auflassung (§ 925 II BGB). Wird bei Abschluss eines aufschiebend bedingten Kaufvertrags **gleichzeitig** die **Auflassung** erklärt, so ist idR bereits der Tatbestand des § 1 I Nr. 1 erfüllt, es kann nicht etwa schon vor Bedingungseintritt der Tatbestand des § 1 I Nr. 2 erfüllt sein (BFH II B 115/04, BFH/NV 2005, 1139; zu Einzelheiten vgl. → § 1 Rn. 176).

§ 14 Nr. 1 meint allein die **aufschiebende Bedingung** (§ 158 I BGB), bei **10**
der der Eintritt der Rechtswirkungen von dem zukünftigen Ereignis abhängt. Der Gegenstand der Bedingung ist für die Anwendung dieser Vorschrift ohne Bedeutung. Die **auflösende Bedingung** (§ 158 II BGB), bei der das Fortbestehen der Rechtswirkungen von einem zukünftigen Ereignis abhängt, unterfällt § 14 Nr. 1 nicht (Viskorf/Viskorf § 14 Rn. 47; FG Hamburg VI 62/01, EFG 2002, 934). Sie führt (lediglich) zur Beendigung der Wirkungen des Rechtsgeschäfts und beeinträchtigt nicht die Rechtswirkung des Erwerbsvorgangs. Da das GrEStG für diesen Fall keinen abweichenden Zeitpunkt der Entstehung der Steuer vorsieht, entsteht diese im Zeitpunkt der Verwirklichung des jeweiligen Steuertatbestandes (BFH II R 102/75, BStBl. II 1977, 436; II R 28/79, BStBl. II 1981, 332). Tritt die auflösende Bedingung ein, ist § 16 entspr. anzuwenden (vgl. → § 16 Rn. 9).

Die **Abgrenzung zwischen aufschiebender und auflösender Bedingung** erfordert eine **Auslegung** (§§ 133, 157 BGB) **des Vereinbarten** unter Berücksichtigung des jeweils verfolgten Zwecks (BFH II R 26/12, BStBl. II 2015, 402). Eine auflösende Bedingung ist anzunehmen, wenn die Rechtswirkungen des Vertrags nach dem Willen der Vertragsbeteiligten sofort eintreten sollen und weitgehend vollzogen werden (BFH III R 89/70, BStBl. II 1971, 670), so wenn zB dem GrErwerber eine sofortige Weiterveräußerung oder wirtschaftliche Verwertung (zB Belastung des Gr) möglich ist (zB Thür FG EFG 1998, 582). Ebenso ist ein Anspruch regelmäßig auflösend – und nicht aufschiebend – bedingt, wenn sich die Bedingung auf den Nichteintritt eines ungewissen zukünftigen Ereignisses bezieht (BFH III R 16/71, BStBl. II 1972, 664; II R 36/23, BFH/NV 2024, 1492). Einem aufschiebend bedingten Erwerbsvorgang steht nicht zwingend entgegen, wenn auch eine auflösende Bedingung vereinbart ist (FG München 4 K 1801/04, EFG 2006, 1358 mAnm Adamek). Zum GrErwerb gegen Rentenversprechen unter Überlebensbedingung vgl. BFH II R 26/92, BStBl. II 1996, 162.

Ist ein **Rücktrittsrecht** der Vertragsbeteiligten vorgesehen, entsteht die GrESt ebenfalls bereits im Zeitpunkt der Verwirklichung des jeweiligen Erwerbsvorgangs (Viskorf/Viskorf § 14 Rn. 47; FG Hmb VI 62/01, EFG 2002, 934). Das Rücktrittsrecht ermöglicht die Rückgängigmachung eines wirksam zustande gekommenen Vertrags durch einseitige Erklärung einer Partei aufgrund entspr. vertraglicher oder gesetzlicher Befugnis (Grüneberg/Grüneberg BGB Vor § 346 Rn. 5). Die Rückgängigmachung des jeweiligen Erwerbsvorgangs ist nach § 16 zu behandeln (zum Rücktrittsrecht beim einheitlichen Erwerbsgegenstand vgl. → § 9 Rn. 13).

11 Keine Bedingungen sind

- **Auflagen** (zB § 525 BGB); sie verpflichten den Empfänger einer Zuwendung zu einer Leistung; das Rechtsgeschäft ist jedoch grds. voll wirksam (zu Einzelheiten MüKoBGB/Westermann § 158 Rn. 58);
- sog. **Vertragsbedingungen** (dazu § 16 I Nr. 1), die die beiderseitigen Rechte und Pflichten festlegen (Grüneberg/Ellenberger BGB Vor § 158 Rn. 3). Sie machen das Rechtsgeschäft nicht von einem zukünftigen Ereignis abhängig, sondern legen nur die beiderseitigen Rechte und Pflichten fest;
- sog. **Rechtsbedingungen,** die die gesetzlichen Voraussetzungen für das Zustandekommen und die Wirksamkeit eines Rechtsgeschäfts bezeichnen (Grüneberg/Ellenberger BGB Vor § 158 Rn. 5). Wird in einem GrKaufvertrag zB eine Genehmigung als Wirksamkeitsvoraussetzung bezeichnet, spricht dies regelmäßig gegen das Vorliegen einer aufschiebenden Bedingung (BFH II R 73/75, BStBl. II 1981, 225). Wird die Rechtswirksamkeit des Vertrags hingegen ausdrücklich von der Genehmigungserteilung abhängig gemacht, liegt eine aufschiebende Bedingung iSd § 158 I BGB und damit auch des § 14 Nr. 1 vor.

Zur Auslegung einer Vertragsklausel, wonach die Durchführung eines Kaufvertrags über Wohneigentum der Verwaltergenehmigung gem. § 12 WEG bedarf, vgl. BFH II R 42/92, BFH/NV 1995, 924.

12 Soweit die aufschiebende Bedingung den Erwerbsvorgang **insgesamt** erfasst, entsteht gem. § 14 Nr. 1 auch die GrESt erst mit dem Eintritt der Bedingung. Ist nur ein Teil des Rechtsgeschäfts aufschiebend bedingt, ist § 14 Nr. 1 nur auf diesen Teil anwendbar. Zur Steuerentstehung aus § 1 IIa bei einem aufschiebend bedingten Gesellschafterbeitritt vgl. → § 1 Rn. 300. Dasselbe dürfte in Fällen des § 1 IIb gelten. Ist nur die **Gegenleistung** insgesamt oder zum Teil bedingt geschuldet, ist § 14 Nr. 1 im Umfang der Bedingung entsprechend anzuwenden (zu Einzelheiten → § 8 Rn. 31). Zur Steuerentstehung bei einer durch **Wertsicherungsklausel** gesicherten Forderung → § 8 Rn. 32.

13 **2. Entstehung der Steuer bei aufschiebend befristeten Erwerbsvorgängen.** § 14 Nr. 1 enthält **keine Regelung für Rechtsgeschäfte,** die **unter** einer **aufschiebenden Befristung** abgeschlossen werden. Die Befristung ist die durch den Parteiwillen in ein Rechtsgeschäft eingefügte Bestimmung, wonach ein zukünftiges gewisses Ereignis für die Rechtswirkungen maßgebend ist (Grüneberg/Ellenberger BGB Vor § 158 Rn. 2; zur Abgrenzung zwischen Bedingung und Befristung vgl. MüKoBGB/Westermann § 163 Rn. 2). § 163 BGB ordnet die entsprechende Anwendung des **§ 158 BGB** an, so dass die Befristung nach bürgerlichem Recht der Bedingung gleichsteht. Dies soll nach verbreiteter Meinung auch für § 14 Nr. 1 gelten, so dass die GrESt erst mit dem jeweils bezeichneten Anfangstermin einträte (BFH II 11/65, BStBl. II 1971, 751; vgl. auch FG Bln I 216/83, EFG 1985, 139, das dieses Ergebnis unter näheren Voraussetzungen nach § 42 AO korrigiert). Dem kann nicht gefolgt werden (ebenso FG RhPf 4 K 2246/99, EFG 2000, 755; FG Bremen 1 K 256/03, EFG 2005, 384 mwN; Viskorf/Viskorf § 14 Rn. 51; Hofmann/Märker § 14 Rn. 11; Bruschke UVR 2000, 10; FM Hessen 27.10.1992, DStR 1993, 19; vgl. auch BFH II R 15/01, BFH/NV 2003, 818). Denn bei einem aufschiebend befristeten Rechtsgeschäft ist – anders als bei einer aufschiebenden Bedingung – das „Ob“ des Eintritts des Ereignisses gewiss und nur das „Wann“ unsicher (MüKoBGB/Westermann § 163

Rn. 1). Einer Gleichstellung von Bedingung und Befristung steht auch der eindeutig auf die Bedingung beschränkte Wortlaut des § 14 Nr. 1 entgegen. Die gleichgerichtete Behandlung von Bedingung und Befristung hätte daher einer gesetzlichen Klarstellung – wie zB durch § 8 BewG erfolgt – bedurft. Auch der § 14 Nr. 1 zugrunde liegende Gesetzeszweck steht einer Ausdehnung auf die Befristung entgegen, weil hier der Erwerb – anders als bei einer Bedingung – bestimmt eintreten wird.

3. Entstehung der Steuer bei genehmigungsbedürftigen Erwerbsvorgängen (§ 14 Nr. 2). Für genehmigungsbedürftige Rechtsgeschäfte schiebt § 14 Nr. 2 die Entstehung der GrESt auf den Zeitpunkt der Genehmigungserteilung hinaus. Damit folgt der Gesetzgeber für die GrESt dem allgemeinen Grundsatz, dass die an einen Rechtsvorgang anknüpfende Verkehrsteuer nicht rückwirkend entstehen kann (BFH II R 16/98, BStBl. II 1999, 606; II R 51/98, BStBl. II 2000, 318). § 14 Nr. 1 weicht von § 184 I BGB ab, durch den das Rechtsgeschäft bei Genehmigungserteilung mit rückwirkender Kraft voll wirksam wird. 14

Genehmigung ist die nachträgliche Zustimmung zu einem Rechtsgeschäft (Grüneberg/Ellenberger BGB Vor § 182 Rn. 1). § 14 Nr. 2 meint jede Art der **behördlichen oder privatrechtlichen** Genehmigung. Dies stellt der Wortlaut des § 14 Nr. 2 durch seinen von der Vorgängernorm des Art. 97 § 4 EGAO 1977 abweichenden Wortlaut klar (BT-Drs. 9/251, 20). 15

Maßgebender Zeitpunkt für die **Entstehung** der GrESt ist der Tag der **Bekanntgabe** und nicht der der Erklärung der Genehmigung (BFH II 241/51 U, BStBl. III 1952, 157). Ist ein Notar zur Entgegennahme der Genehmigung bevollmächtigt, so ist der Zeitpunkt der Bekanntgabe an ihn maßgebend (BFH II R 21.4.1999, BStBl. II 1999, 493; Viskorf/Viskorf § 14 Rn. 62). Bei Genehmigungserteilung durch eine Behörde mittels Verwaltungsakt ist auf den Zeitpunkt ihres Wirksamwerdens mit Bekanntgabe (§ 43 I VwVfG) abzustellen; der Eintritt der Bestandskraft und eine aufgrund Widerspruch etwa herbeigeführte aufschiebende Wirkung (§ 80 I VwGO) sind ohne Bedeutung (BFH II R 44/97, BStBl. II 1999, 493). Wird eine erteilte öffentlich-rechtliche Genehmigung nach den einschlägigen verwaltungsverfahrensrechtlichen Bestimmungen widerrufen oder zurückgenommen, kommt eine Aufhebung der Steuerfestsetzung nach § 175 I 1 AO und ggf. nach § 16 I Nr. 2 in Betracht.

§ 14 Nr. 2 ist auf die Genehmigung des **jeweiligen Erwerbsvorgangs** ausgerichtet. Ist dieser Erwerbsvorgang ein Verpflichtungsgeschäft iSd § 1 I Nr. 1, muss die Wirksamkeit dieses Geschäfts – und nicht des dinglichen Erfüllungsgeschäfts – von der Genehmigung abhängig sein. Bei der Auflassung (§ 1 I Nr. 2) und Erwerben kraft Gesetzes (§ 1 I Nr. 3) muss sich das Genehmigungserfordernis auf diesen Erwerbsvorgang beziehen. Es ist daher im Hinblick auf den jeweiligen Erwerbsvorgang zu prüfen, ob das in Betracht stehende Genehmigungserfordernis das schuldrechtliche Verpflichtungsgeschäft, nur das dingliche Rechtsgeschäft oder beide betrifft. Wird eine erforderliche Genehmigung zur Vermeidung der Steuerentstehung gem. § 14 Nr. 2 bewusst nicht eingeholt, kommt ggf. eine Steuerpflicht aus § 1 II in Betracht (BFH II B 42/68, BFHE 94, 359). Einer solchen bewussten Nichteinholung der erforderlichen Genehmigung kann allerdings nicht der Fall gleichgestellt werden, dass die Wirksamkeit eines Rechtsgeschäfts von dem Eintritt einer Bedingung abhängig ist (BFH II R 82/87, BStBl. II 1991, 731; II R 138/87, BFH/NV 1991, 119). **Keine Genehmigung** iSd § 14 Nr. 2 ist die UB; sie ist lediglich Voraussetzung für die Eintragung des Erwerbers im Grundbuch (FG Düsseldorf XVI 43/77 A, EFG 1978, 400). 16

17 Nach **Zivilrecht** bestehen Genehmigungserfordernisse zB gem. §§ 108, 114 BGB (Genehmigung eines von einem Minderjährigen oder sonst beschränkt Geschäftsfähigen geschlossenen Vertrags durch den gesetzlichen Vertreter), § 177 BGB (Genehmigung eines von einem Vertreter ohne Vertretungsmacht geschlossenen Vertrags durch den Vertretenen), §§ 1365, 1366 BGB (Einwilligung des anderen Ehegatten bei einer Verfügung eines Ehegatten über sein Vermögen im Ganzen) oder § 1821 BGB (Genehmigung des Vormundschaftsgerichts für eine Verfügung des Vormunds über ein Gr des Mündels). Privatrechtliche Genehmigungserfordernisse ergeben sich ferner zB aus §§ 5, 15 und 26 ErbbauRG sowie § 12 WEG (dazu BFH II R 42/92, BFH/NV 1995, 924). Eine Genehmigungspflicht für Wertsicherungsklauseln ist mit dem Inkrafttreten des PrKlG entfallen (näher Grüneberg/Grüneberg BGB Anhang § 245); zur Behandlung von Wertsicherungsklauseln bei Ermittlung der Gegenleistung vgl. → § 8 Rn. 38. Zu den Verfügungsbeschränkungen im GrVerkehr vgl. die Übersicht bei Grüneberg/Herrler BGB Vor § 873 Rn. 18 ff.

18 Ferner beschränken nach **öffentlichem Recht** erforderliche behördliche Genehmigungen die Verkehrsfähigkeit von Gr. Das **BauGB** ordnet in § 51 I 1 Nr. 1 eine Genehmigungspflicht ua für GrTeilungen, Verfügungen und schuldrechtliche Geschäfte über Gr an, die sich in einem **Umlegungsgebiet** befinden. In diesem Fall kann die GrESt erst im Zeitpunkt der Erteilung der Genehmigung entstehen.

Die **Teilungsgenehmigung** ist nach der ab 1.1.1998 geltenden Fassung des BauGB nicht mehr bundesrechtlich zwingend vorgeschrieben. Die Gemeinden können allerdings gem. §§ 19, 22 BauGB in bestimmten Fällen durch Satzung eine Genehmigungspflicht für GrTeilungen anordnen. Bis zur Erteilung der ggf. erforderlichen Genehmigung bzw. der Erteilung des Negativattests (§ 22 V 5 BauGB) besteht eine gesetzliche Grundbuchsperre (§ 20 VI 2 BauGB). Die Rechtswirksamkeit eines schuldrechtlichen Geschäfts (zB Teilungsverkauf) wird durch eine ggf. erforderliche Teilungsgenehmigung nicht berührt. Die GrESt **entsteht** deshalb ungeachtet des Erfordernisses einer Teilungsgenehmigung bzw. eines Negativattests bereits mit dem Abschluss des **schuldrechtlichen** Geschäfts (BFH II R 195/72, BStBl. II 1975, 742; II R 73/75, BStBl. II 1981, 225). Die Versagung der Genehmigung ist nach § 16 I Nr. 2 zu berücksichtigen, weil ohne Teilungsgenehmigung eine Abschreibung des Gr nicht möglich ist und sich daher ggf. zivilrechtliche Folgen für die Vertragsparteien (zB Rücktritt, Gewährleistungsrechte) ergeben. Abweichend davon entsteht die GrESt erst mit Erteilung der Teilungsgenehmigung, sofern der Erwerbsvorgang die **Auflassung** selbst ist (§ 1 I Nr. 2).

19 Der Sicherung des **gemeindlichen Vorkaufsrechts** dient § 28 I 2 BauGB. Das Grundbuchamt darf bei Kaufverträgen den Käufer als Eigentümer in das Grundbuch nur eintragen, wenn ihm die Nichtausübung oder das Nichtbestehen des Vorkaufsrechts nachgewiesen ist. Bis zur Vorlage des durch die Gemeinde auszustellenden Negativattests (§ 28 I 3 BauGB) besteht eine Grundbuchsperre. Das Negativattest lässt die Rechtswirksamkeit des Kaufvertrags unberührt. Es ist deshalb keine Genehmigung iSd § 14 Nr. 2 (BFH II R 28/79, BStBl. II 1981, 332).

20 Im **Landwirtschaftsrecht** ist aufgrund des GrdstVG ua die rechtsgeschäftliche Veräußerung land- und forstwirtschaftlicher und weiterer Gr (vgl. § 1 I GrdstVG) genehmigungspflichtig (§ 2 GrdstVG). Die Länder können nach § 2 III GrdstVG ergänzende bzw. einschränkende Regelungen erlassen. Sie haben von dieser

Ermächtigung teilweise Gebrauch gemacht (vgl. die Nachweise der einzelnen Ländergesetze in Habersack, Deutsche Gesetze Nr. 40 Anm. zum Gesetzestitel). Genehmigungsfrei sind die in § 4 GrdstVG bezeichneten Geschäfte. § 5 GrdstVG schreibt die Erteilung eines Zeugnisses über die Genehmigungsfreiheit vor, so dass die Steuerentstehung auch nicht durch § 14 Nr. 2 hinausgeschoben ist. Nach § 17 III HöfeO unterliegt ein Hof Veräußerungsbeschränkungen wie nach dem GrdstVG. § 17 II FlurbG macht den Abschluss von Verträgen der Teilnehmergemeinschaft von einer Genehmigung der Flurgenehmigungsbehörde abhängig.

In den **neuen Bundesländern** bedürfen gem. § 2 Grundstücksverkehrsordnung **(GVO)** v. 3.8.1992 (BGBl. 1992 I 1477) idF v 21.11.2016 (BGBl. 2016 I 2591) die Auflassung eines Gr und der schuldrechtliche Vertrag hierüber der Genehmigung. Dasselbe gilt für die Bestellung und Übertragung eines Erbbaurechts. Den Gr stehen gem. § 3 GVO auch Gebäude oder Gebäudeteile gleich, die auf einem besonderen Grundbuchblatt gebucht sind (dazu Frenz DStZ 1994, 56). Die Genehmigungspflicht nach der GVO dient ausschließlich der Sicherung von Rückübertragungsansprüchen nach §§ 3, 30 VermG. Die GrESt entsteht nach § 14 Nr. 2 erst mit Genehmigungserteilung (zum maßgebenden Zeitpunkt vgl. → Rn. 15 und insb. BFH II R 44/97, BStBl. II 1999, 493). Zu § 11 I InVorG vgl. 3. Aufl. 2005, Rn. 22. **21**

Vorbemerkung zu § 15

Für das Besteuerungsverfahren beschränkt sich das GrEStG in §§ 15–20 auf wenige Spezialregelungen. Im Übrigen finden die Vorschriften der AO Anwendung. Nachfolgend werden für die GrESt typische Verfahrensfragen behandelt.

Übersicht

I. Geltendmachung des Steueranspruchs

1 **1. Form und Inhalt des Steuerbescheids.** Die Festsetzung der GrESt erfolgt durch schriftlichen (§ 157 I 1 AO) Steuerbescheid (§ 155 I 1 AO). Zum Steuerschuldner und zur Inanspruchnahme von Gesamtschuldnern durch Einzelsteuerbescheid oder zusammengefassten Steuerbescheid vgl. die Erlasse zu § 13. Für die **Bekanntgabe** des GrESt-Bescheids gilt § 122 AO; zur Bekanntgabe an grestrechtl. selbstständige Gesamthandsgemeinschaften vgl. → § 13 Rn. 31 ff.

Ein **Freistellungsbescheid** (§ 155 I 3 AO) enthält die Feststellung, dass keine (oder nur teilweise eine) Steuerschuld besteht. Die FVerw (FM Nds 26.2.1997, DB 1997, 706) erteilt einen Freistellungsbescheid nur bei berechtigtem Interesse oder auf ausdrücklichen Antrag. Zur Behandlung von Freistellungsbescheiden bei Rückgängigmachung eines Erwerbsvorgangs oder Rückerwerb vgl. → § 16 Rn. 140.

2 **a) Bestimmtheitsgrundsatz; Begründungspflicht.** Seinem Inhalt nach muss der Steuerbescheid **hinreichend bestimmt** sein (§ 119 I AO). Er muss die festgesetzte Steuer nach Art und Betrag bezeichnen und angeben, wer die Steuer schuldet (§ 157 I 2 AO; vgl. auch BFH II R 28/07, BStBl. II 2008, 487 mwN). Die inhaltliche Bestimmtheit des Steuerbescheids soll es dem Betroffenen ermöglichen, den konkret besteuerten Sachverhalt zu erkennen und gewährleistet, dass das Entstehen der Steuerschuld und ggf. eingreifende Steuerbefreiungen und -vergünstigungen sowie die Verjährung ohne Weiteres festgestellt werden können (BFH II R 62/84, BFH/NV 1987, 738; II B 19/92, BFH/NV 1993, 623; II R 44/05, BFH/NV 2007, 2379).

Die Bestimmtheit eines GrESt-Bescheids verlangt die nähere Bezeichnung des **Steuergegenstands.** Im Steuerbescheid ist der **Erwerbsvorgang** zu bezeichnen, fürden die GrESt festgesetzt wird (BFH II R 55/99, BFH/NV 2001, 1377 mwN; BFH II R 27/16, BStBl. II 2019, 559). Ferner muss sich aus dem Steuerbescheid auch das **erfasste Gr** klar ergeben (BFH II 77/64, BStBl. II 1972, 719). Der StBescheid ist zu begründen (vgl. § 121 AO), wobei der Umfang der Begründungspflicht jeweils einzelbezogen zu bestimmen ist (vgl. auch BFH II R 5/02, BFH/NV 2004, 1062). Ein GrESt-Bescheid verstößt grds. nicht gegen die Begründungspflicht, wenn – bei ordnungsgemäßer Angabe der Besteuerungsgrundlagen – auf nähere Angaben zu einer unterlassenen Berücksichtigung steuermindernder Umstände (zB unterlassene Abzinsung eines Kaufpreises) verzichtet wurde (BFH II R 5/02, BFH/NV 2004, 1062).

3 Der Steuerbescheid wird gegenständlich durch den **Lebenssachverhalt** begrenzt, dessen Besteuerung das FA erstrebt (BFH II R 97/77, BStBl. II 1978, 568; II R 79/05, BStBl. II 2007, 409; II R 62/99, BFH/NV 2001, 1448). Er muss im Steuerbescheid so genau bezeichnet sein, dass er von seinem Adressaten nachvollzogen werden kann (BFH II R 79/05, BStBl. II 1988, 550; II B 19/92, BFH/NV 1993, 623). Ist diesem Erfordernis genügt, ist der Austausch der auf denselben Lebenssachverhalt anwendbaren Norm unschädlich (BFH II R 39/06, BFH/NV 2008, 1529). Der erfasste Lebenssachverhalt begrenzt insb. die Befugnis des FA, etwa unzutreffend bezeichnete Umstände des Sachverhalts nachträglich klarzustellen (zur vergleichbaren Problematik des Nachschiebens von Gründen bei der Anfechtungsklage vgl. Gräber/Stapperfend FGO § 100 Rn. 9 ff.). Ein den Lebenssachverhalt zutr. erfassender Steuerbescheid ist auch dann rechtmäßig, wenn **andere** als die vom FA angenommenen **tatsächlichen Momente** die Steuerschuld begründen (BFH II R 97/77, BStBl. II 1978, 568). So ist es zB für

die Bezeichnung des jeweiligen Lebenssachverhalts im Regelfall unschädlich, wenn sich dieser an einem anderen als in dem im Steuerbescheid genannten Tag ereignet hat (BFH II B 157/05, BFH/NV 2006, 1341).

Die vom Lebenssachverhalt her gezogenen Grenzen sind jedoch überschritten, wenn das FA einen Steuerbescheid mit der Begründung aufrechterhalten will, dieser betreffe einen **anderen** als den im Steuerbescheid erfassten **Erwerbsvorgang** (BFH II R 46/12, BStBl. II 2014, 536; II 53/64, BStBl. II 1974, 697; vgl. auch BFH II R 55/99, BFH/NV 2001, 1377) oder einen erst nach Erlass des GrESt-Bescheids verwirklichten Sachverhalt (BFH II R 68/03, BFH/NV 2006, 360). Ebenso ist auch die Prüfungsbefugnis des FG auf den Lebenssachverhalt beschränkt, der durch den angefochtenen Steuerbescheid erfasst ist (BFH II R 47/99, BStBl. II 2000, 627 mwN).

Der GrESt-Bescheid ist **rechtswidrig,** wenn der von ihm erfasste Lebenssachverhalt zur Begründung des StAnspruchs nicht ausreicht. Dieser Mangel kann nicht dadurch geheilt werden, dass der Einspruchsentscheidung der den StAnspruch begründende zutr. Lebenssachverhalt zugrunde gelegt wird (BFH II R 32/90, BFH/NV 1994, 758; II R 76/01, BFH/NV 2003, 1137; II R 76/01, BFH/NV 2006, 360); zur Umdeutung (§ 128 AO) eines fehlerhaften Erstbescheids in einen Änderungsbescheid vgl. BFH II R 44/05, BFH/NV 2007, 2379.

Ist Gegenstand eines Erwerbsvorgangs ein **Gr in** einem **künftigen** (zB bebauten) **Zustand** (→ § 9 Rn. 3 ff.), bedarf es im Steuerbescheid keiner Bezeichnung aller an der Herstellung des künftigen Zustands Beteiligten (zB der mit der Errichtung eines Bauwerks beauftragten Bauunternehmen). Diese sind insb. auch nicht Steuerschuldner (vgl. → § 13 Rn. 6). Sofern nach Ergehen eines Erstbescheids durch nachträgliche Leistungen (§ 9 II Nr. 1) weitere GrESt entsteht, ist diese durch einen zusätzlichen Steuerbescheid zu erfassen (vgl. → § 9 Rn. 207 ff.). 4

b) Einheitliche Steuerfestsetzung gegen einen Steuerschuldner für mehrere Erwerbsvorgänge. Nach der Konzeption des GrEStG ist **jeder Erwerbsvorgang** (§ 1 I–IIIa), der ein Gr iSd § 2 betrifft, ein **selbstständiger Steuerfall** (vgl. → § 1 Rn. 14). Betrifft **ein** Erwerbsvorgang **mehrere** selbstständige **Gr** (soweit diese nicht eine wirtschaftliche Einheit iSd § 2 III bilden), ist **grundsätzlich** auch eine der Zahl der Gr entspr. Anzahl getrennter Steuerbescheide erforderlich (BFH II R 26/92, BStBl. II 1996, 162; II B 44/95, BFH/NV 1996, 173). Gleiches gilt dann, wenn ein Erwerber mehrere Miteigentumsanteile von zwei (oder mehreren) Personen erwirbt. Da Miteigentumsanteile bürgerlich-rechtlich und ebenso grestrechtlich (→ § 2 Rn. 7) selbstständige Gr sind, liegen jeweils selbstständige Erwerbsvorgänge vor. Es bedarf daher grds. auch einer entspr. Anzahl von Steuerbescheiden. 5

Es ist – sofern das Bestimmtheitsgebot gewahrt ist – zulässig, die mehreren Erwerbsvorgänge in **einem** (unaufgegliederten zusammengefassten) **Bescheid** zu erfassen (BFH II R 26/92, BStBl. II 1996, 162; II B 44/95, BFH/NV 1996, 173 mwN), wenn entweder im Steuerbescheid (durch ausdrückliche Bezugnahme auf die jeweils maßgebende Urkunde, zB Kaufvertrag) oder aufgrund der dem Steuerpflichtigen sonst bekannten Unterlagen (zB Prüfungsbericht oder anderen Anlagen zum Steuerbescheid) die auf die erfassten Erwerbsvorgänge entfallende GrESt zweifelsfrei ermittelt werden kann (BFH II R 26/92, BStBl. II 1996, 162; II R 28/07, BStBl. II 2008, 487; II R 23/10, BStBl. II 2011, 932; II R 62/84, BFH/NV 1987, 738; II B 19/92, BFH/NV 1993, 623). Diese Anforderungen müssen zwingend gewahrt sein, weil andernfalls die auf den jeweiligen Erwerbs- 5a vorgang entfallende Steuer – zB im Hinblick auf § 1 IIa 7, IIb 6 und VI, § 9 II oder § 16 – nicht sicher ermittelt werden könnte. Zur Inanspruchnahme mehrerer Beteiligter als Gesamtschuldner vgl. → § 13 Rn. 7 ff., 35 ff.

6 **c) Vorbehalt der Nachprüfung.** GrESt-Bescheide können unter dem Vorbehalt der Nachprüfung **(§ 164 AO)** ergehen, solange der Steuerfall nicht abschließend geprüft ist. Ein solcher Bescheid kann jederzeit aufgehoben oder geändert werden, solange der Vorbehalt wirksam ist (§ 164 II 1 AO). Wird der Vorbehalt nicht ausdrücklich aufgehoben, entfällt er mit Ablauf der Festsetzungsfrist (§ 164 IV AO). In der Praxis ergehen GrESt-Bescheide unter dem Vorbehalt der Nachprüfung zB bei Erwerbsvorgängen, die sich erkennbar auf noch zu bebauende Gr beziehen und bei denen der für die Bemessungsgrundlage maßgebende Gegenstand des Erwerbsvorgangs weiterer Ermittlungen bedarf (→ § 9 Rn. 44).

7 **d) Vorläufige Steuerfestsetzung.** GrESt-Bescheide können auch nach **§ 165 I 1 AO** vorläufig ergehen, soweit Ungewissheit über die Entstehung der GrESt (zB bei noch ausstehender Vermessung eines Gr) besteht. Umfang und Grund der Vorläufigkeit sind in dem Bescheid anzugeben (§ 165 I 3 AO). Ergibt sich bei einem in vollem Umfang vorläufigen Steuerbescheid im Klageverfahren die Fehlerhaftigkeit der Vorläufigkeitsanordnung, ist der Bescheid aufzuheben (BFH II R 103/93, BStBl. II 1994, 951 betr. eine gem. § 165 AO vorläufige Steuerfestsetzung bei noch nicht entstandener GrESt). Eine Bescheidkorrektur nach § 165 II 1 AO ist nur im Umfang der Vorläufigkeitserklärung möglich. Der vorläufige Bescheid ist aufzuheben oder zu ändern, sobald die Ungewissheit beseitigt ist (§ 165 II 2 AO).

8 **2. Aufhebung und Änderung der Steuerfestsetzung.** Für GrESt-Bescheide ergibt sich ein Anspruch auf Aufhebung oder Änderung aus § 16 (zum Verhältnis zu den Änderungsvorschriften der AO vgl. → § 16 Rn. 4); ferner gelten für GrESt-Bescheide die Korrekturvorschriften der AO (dazu eingehend Wohltmann UVR 2010, 108). Neben **§ 129 AO** (dazu zB FG München 4 K 835/94, EFG 1998, 1105 betr. Ansatz der Gegenleistung ohne USt; FG Hmb III 140/01, EFG 2002, 69 betr. Kaufpreisverwechslung) und **§§ 164, 165 AO** sind **§§ 172 ff. AO** praktisch bedeutsam.

9 Häufig kommt zu einer Änderung von GrESt-Bescheiden gem. **§ 173 I Nr. 1 AO** im Zusammenhang mit dem nachträglichen Bekanntwerden einer höheren Gegenleistung (vgl. → § 9 Rn. 45 ff.). Eine für § 175 I 1 Nr. 2 AO typische Fallgestaltung betrifft die **Unwirksamkeit** von Rechtsgeschäften. Hier ist ein GrESt-Bescheid aufzuheben, wenn ein Rechtsgeschäft kraft Anfechtung von Anfang an nichtig und das wirtschaftliche Ergebnis dieses Rechtsgeschäfts beseitigt ist (→ § 1 Rn. 160 ff., 164; Hofmann/Märker Vor § 15 Rn. 10). § 175 I 1 Nr. 2 AO ist ferner anzuwenden, wenn ein Steuerbescheid im Hinblick auf ein Meistgebot im Zwangsversteigerungsverfahren ergangen ist und sodann das Meistgebot erlischt (→ § 1 Rn. 225).

10 **3. Festsetzungsverjährung.** Die Bestimmungen der §§ 169 ff. AO über die Festsetzungsverjährung gelten für das GrEStG unmittelbar. Mit Eintritt der Festsetzungsverjährung erlöschen die Ansprüche aus dem Steuerschuldverhältnis und die von ihm abhängenden Zinsen (§ 47 AO). Nach Ablauf der Festsetzungsfrist ist eine Steuerfestsetzung unzulässig (§ 169 I 1 AO); dies gilt auch für die Berichtigung nach § 129 AO (§ 169 I 2 AO). Ein gleichwohl ergehender Steuer-, Aufhe-

bungs- oder Änderungsbescheid ist nicht nichtig, sondern nur anfechtbar (Tipke/Kruse/Drüen AO Vor § 169 Rn. 2 mwN).

Die **Festsetzungsfrist** für die GrESt beträgt vier Jahre (§ 169 II 1 Nr. 2 AO). **11**
Sie verlängert sich bei leichtfertiger Steuerverkürzung (§ 378 AO) auf fünf, bei Steuerhinterziehung (§ 370 AO) auf zehn Jahre, vgl. § 169 II 2 AO. Zur Wahrung der Festsetzungsfrist vgl. § 169 I 3 AO.

a) Beginn der Festsetzungsfrist; Anlaufhemmung. Die Festsetzungsfrist **12**
beginnt grds mit Ablauf des Kalenderjahres, in dem die GrESt nach § 38 AO bzw. § 14 GrEStG entstanden ist (§ 170 I AO). Bei aufschiebend bedingten oder genehmigungsbedürftigen Erwerbsvorgängen beginnt die Festsetzungsfrist erst in dem Zeitpunkt, in dem die Bedingung eingetreten oder die Genehmigung erteilt worden ist (vgl. dazu die Erläuterungen zu § 14). Für das GrEStG gilt jedoch aufgrund der Anzeigepflichten nach §§ 18, 19 (die nach § 19 zu erstattende **Anzeige** ist gem. § 19 V eine Steuererklärung iSd AO) die **Anlaufhemmung** des § 170 II 1 Nr. 1 AO. Damit soll Steuerpflichtigen die Möglichkeit genommen sein, die der Finanzbehörde zur Verfügung stehende Zeit zur Prüfung des Steuerfalls zu verkürzen (BFH II R 56/10, BFH/NV 2012, 1579 mwN). Gemäß § 170 II 1 Nr. 1 AO beginnt die Festsetzungsfrist mit Ablauf des Kalenderjahres, in dem die **Anzeige eingereicht** wird, spätestens jedoch mit Ablauf des dritten Kalenderjahres, das auf das Kalenderjahr folgt, in dem die Steuer entstanden ist.

Beispiel:

A erwirbt durch privatschriftlichen Vertrag vom 20.12.2024 ein Gebäude auf fremdem Boden. Die Anzeige nach § 19 I Nr. 3 geht im Januar 2025 beim FA ein. Die Festsetzungsfrist beginnt am 31.12.2025. Wird der Erwerbsvorgang nicht angezeigt, beginnt die Festsetzungsfrist mit Ablauf des Jahres 2028.

Entsprechende Auswirkungen – insb. hinsichtlich der Anwendung des § 170 II 1 Nr. 1 AO – ergeben sich für den Beginn der **Feststellungsfrist** (§ 181 I 1 AO) für **Feststellungsbescheide nach § 17** (BFH II R 41/15, BStBl. II 2018, 667). Zur Feststellungsfrist für die Feststellung von Grundbesitzwerten vgl. → § 8 Rn. 130 ff.

Die Festsetzungsfrist iSd § 170 II 1 Nr. 1 AO beginnt grds auch dann mit **13**
Abgabe der Anzeige, wenn diese **teilweise unvollständig oder unrichtig** ist (BFH II R 56/10, BFH/NV 2012, 1579 mwN). Das gilt allerdings nicht, wenn die Anzeige aufgrund ihrer Lückenhaftigkeit einer Nichtanzeige gleichkommt (so zB wenn einer Anzeige nach § 19 die nach § 20 I Nr. 2 erforderlichen GrAngaben vollständig fehlen, BFH II B 172/08, BFH/NV 2009, 1970; II B 98/11, BFH/NV 2012, 710). Ob eine lückenhafte Anzeige die Anlaufhemmung nach § 170 II 1 Nr. 1 AO beendet, ist danach zu beurteilen, ob der Finanzbehörde insoweit die ihr zur Verfügung stehenden Bearbeitungszeit verkürzt wurde (BFH II B 172/08, BFH/NV 2009, 1970; II R 56/10, BFH/NV 2012, 1579). Das ist zB zu verneinen, wenn einer Anzeige bei zweifelsfreier Bestimmbarkeit des Gr lediglich die nach § 20 I Nr. 3 erforderlichen Angaben fehlen (BFH II R 56/10, BFH/NV 2012, 1579) oder lediglich die ID bzw. Wirtschafts-ID (§ 20 I Nr. 1) nicht angegeben wird (vgl. auch Gottwald DNotZ 2011, 83). Die Anforderungen an eine ordnungsgemäße Anzeige iSd § 16 V gelten wegen des abweichenden Normzwecks nicht für § 170 II 1 Nr. 1 AO.

Zu den Adressaten der Anzeige → § 18 Rn. 17. Zur Anzeigeerstattung im Zusammenhang mit § 16 V → § 16 Rn. 105 ff., zu der nur für § 16 bedeutsamen Anlaufhemmung gem. § 170 III AO → § 16 Rn. 103.

14 **Verletzung der Anzeigepflicht.** Für die Anlaufhemmung ist von Bedeutung, welcher der nach §§ 18, 19 Anzeigeverpflichteten seine Anzeigepflicht erfüllt bzw. verletzt hat. Dabei ist zu berücksichtigen, dass § 170 II 1 Nr. 1 AO ausschließlich Anzeigen betrifft, zu denen der **Steuerpflichtige** (Steuerschuldner iSd § 13) aufgrund des § 19 I oder II verpflichtet ist.

Die **Verletzung der Anzeigepflicht der Gerichte, Behörden und Notare nach § 18** bewirkt **keine Anlaufhemmung** nach § 170 II 1 Nr. 1 AO zu Lasten der Steuerpflichtigen (BFH II R 30/13, BStBl. II 2013, 777; II R 125/90, BStBl. II 1994, 866; II R 9/04, BStBl. II 2005, 780; II R 63/97, BFH/NV 2000, 409; II R 50/06, BFH/NV 2007, 1535). Diese Einschränkung des § 170 II 1 Nr. 1 AO ist gerechtfertigt, weil der Steuerpflichtige aufgrund der für ihn gem. § 19 I 2 entfallenden Anzeigepflicht keinen Einfluss auf die nach § 18 von Amts wegen zu erfüllenden Anzeigepflichten hat (BFH II R 9/04, BStBl. II 2005, 780; Tipke/Kruse/Drüen AO § 170 Rn. 8). Die Anzeigepflichten nach § 18 sind nach der klaren Ausnahmeregelung des § 19 I 2 nicht auch (zusätzlich) Gegenstand einer von § 170 II 1 Nr. 1 AO vorausgesetzten eigenen Anzeigepflicht der Steuerpflichtigen. Auch eine Verlängerung der Steuerhinterziehungsfrist nach § 169 II 2 AO tritt nicht ein. Möglich ist jedoch uU eine Verlängerung der Festsetzungsfrist gem. § 169 II 2 AO zB bei leichtfertiger Steuerverkürzung durch einen Notar bei Nichtanzeige eines von ihm beurkundeten GrGeschäfts (vgl. → Rn. 11).

Diese Rechtsfolgen gelten aufgrund § 19 I 1 Nr. 8 nicht für die Anzeigepflicht nach § 18 I 1 Nr. 3, weil insoweit eine korrespondierende Anzeigepflicht der Beteiligten besteht.

15 **Verletzung der Anzeigepflicht durch Beteiligte (§ 19).** Die Anlaufhemmung des § 170 II 1 Nr. 1 AO gilt, soweit Steuerpflichtige die ihnen gem. § 19 obliegende Anzeigepflicht verletzen. Die Anzeigepflichten nach **§ 19 I 1 und II** bestehen ungeachtet einer etwaigen weiteren Anzeigepflicht der Gerichte, Behörden und Notare aus § 18 (vgl. → § 19 Rn. 4, 18).

Wird **überhaupt keine Anzeige** (weder nach § 18 noch nach § 19) erstattet, bleibt es aufgrund der eigenen Anzeigepflicht des Steuerpflichtigen bei der nach § 170 II 1 Nr. 1 AO eintretenden Anlaufhemmung (BFH II R 69/94, BStBl. II 1997, 85; II R 9/04, BStBl. II 2005, 780; vgl. auch Ländererlasse v. 20.7.2017, BStBl. II 2017, 1328 Tz. 8, → § 9 Rn. 3).

Erfüllung der Anzeigepflicht nach §§ 18, 19 durch nur einen Verpflichteten. Wird bei gegebener Anzeigepflicht **sowohl nach § 18 als auch nach § 19** lediglich von **einem Verpflichteten** Anzeige erstattet, beginnt die Festsetzungsfrist mit Anzeigeeingang. Der Beginn der Festsetzungsfrist wird nicht dadurch weiter hinausgeschoben, dass andere Anzeigeverpflichtete ihrer Anzeigepflicht nicht nachkommen (BFH II R 11/92, BStBl. II 1995, 802; II R 70/94, BStBl. II 1997, 11; II R 9/04, BStBl. II 2005, 780; II R 33/04, BFH/NV 2006, 609; II R 35/20, BStBl. II 2024, 28; Hofmann/Märker Vor § 15 Rn. 18). Diese Rspr. ist wegen des mit § 170 II Nr. 1 AO und §§ 18, 19 GrEStG verfolgten Sicherungszwecks gerechtfertigt, weil das FA bereits aufgrund nur einer ordnungsgemäßen Anzeige das Besteuerungsverfahren einleiten kann. Dabei kann es keinen Unterschied machen, ob die Anzeige durch die nach § 18 Anzeigepflichtigen oder aber durch die Beteiligten (§ 19) erstattet wird (BFH II R 9/04, BStBl. II 2005, 780).

16 **b) Ablaufhemmung.** Ein Ruhen der Festsetzungsfrist tritt insb. bei den in § 171 AO aufgeführten Fällen der **Ablaufhemmung** ein. Zum Umfang der Ablaufhemmung gem. § 171 IIIa vgl. BFH II R 33/08, BFH/NV 2010, 838; zu

der für die GrESt-Praxis bedeutsamen Ablaufhemmung durch eine begonnene Außenprüfung (§ 171 IV AO) vgl. BFH II R 34/90, BStBl. II 1994, 375. Bei der gesonderten Feststellung der Besteuerungsgrundlagen (§ 17 II, III) ist der Ablauf der Festsetzungsfrist für den Folgebescheid bis ein Jahr nach Bekanntgabe des Grundlagenbescheids gehemmt (§ 171 X AO). Zu der besonderen Feststellungsverjährung für den Grundlagenbescheid vgl. § 181 AO; hierfür gelten wegen § 181 I 1 AO sinngemäß die vorstehenden Ausführungen zur Festsetzungsverjährung. Die Grundsätze der §§ 169 ff. AO finden auch auf einen zusätzlich ergehenden Bescheid Anwendung, durch den zusätzliche (nachträgliche) Leistungen iSd § 9 II Nr. 1 erfasst werden (→ § 9 Rn. 221). Eine grestrechtl. eigenständige Ablaufhemmung im Zusammenhang mit Ansprüchen aus § 16 ergibt sich aus § 16 IV.

4. Zahlungsverjährung. Die Zahlungsverjährung (§§ 228 ff. AO) betrifft aus- 17
schließlich das Erhebungsverfahren. Sie beginnt mit Ablauf des Kalenderjahres, in dem der Anspruch aus dem Steuerschuldverhältnis erstmals fällig geworden ist (§ 229 I 1 AO). Die Verjährungsfrist beträgt fünf Jahre (§ 229 I 2 AO). Die bloße Zahlungsaufforderung an den Gesellschafter einer nicht mehr existierenden GbR unterbricht nicht die Zahlungsverjährung gegenüber der GbR als GrESt-Schuldnerin (FG Düsseldorf EFG 2001, 547). Durch die Verjährung erlöschen der Zahlungsanspruch und die von ihm abhängigen Zinsen (§ 232 AO). Unter den Voraussetzungen des § 230 f. AO tritt eine Hemmung bzw. Unterbrechung der Verjährung ein.

5. Rechtsbehelfe. Gegen den GrESt-Bescheid, den Feststellungsbescheid nach 18
§ 17 sowie gegen diese Bescheide ändernde Bescheide ist als außergerichtlicher Rechtsbehelf der **Einspruch** gegeben. Soweit der Einspruch erfolglos ist, kann hiergegen **Klage** zum FG erhoben werden. Einspruch und Klage setzen eine Rechtsbehelfsbefugnis des Einspruchsführers (§ 350 AO) bzw. Klägers (§ 40 II FGO) voraus. Zur Einschränkung der Einspruchsbefugnis bei Änderungs- und Folgebescheiden vgl. § 351 AO. Bei einem gegen eine **PersGes** als selbstständiger Rechtsträger gerichteten GrESt-Bescheid ist ausschließlich diese einspruchs- bzw. klagebefugt; eine Rechtsbehelfsbefugnis einzelner Gesellschafter besteht nicht (vgl. → § 13 Rn. 33).

Vorläufiger Rechtsschutz gegen GrESt-Bescheide wird durch Aussetzung der Vollziehung (§ 361 AO, § 69 FGO) gewährt.

II. Stundung der Grunderwerbsteuer

Würde die Einziehung der GrESt bei Fälligkeit eine erhebliche Härte für den 19
Schuldner bedeuten, können die Finanzbehörden die GrESt ganz oder teilweise stunden (§ 222 AO). „Erhebliche Härte" meint eine besondere momentane Härte; der Schuldner muss aus in seiner wirtschaftlichen Gesamtlage beruhenden Gründen zur Leistung zeitweilig nicht in der Lage sein (BFH X R 96/90, BFH/NV 1994, 517; Klein/Werth AO § 222 Rn. 17 f.). Für die GrESt ist zu beachten, dass sie ein **von vornherein kalkulierbarer Kostenfaktor** ist; der Steuerpflichtige muss sich daher grds. auf die fristgemäße Zahlung einrichten (BFH II 57/64, BStBl. II 1972, 649). Eine Stundung kommt daher nur bei Vorliegen besonderer Umstände in Betracht, so zB, wenn der Veräußerer vor Erfüllung des Vertrags in Insolvenz gerät oder sich die Auszahlung der zur Steuerentrichtung erforderlichen Mittel aus unvorhersehbaren Gründen verzögert oder eine unvorhersehbare Not-

lage – zB Unglücksfall – eintritt (OFD Hannover GrESt-Kartei ND 1983 Anhang A Karte 3; zu weiteren Einzelfällen Sosnitza DVR 1976, 50). Die FVerw gewährt auch bei der auflösend bedingten Sicherungsübereignung von Gebäuden auf fremdem Boden ohne Weiteres eine zinslose Stundung der GrESt (koord. Erlass FM Sachsen 25.1.1993, GrEStG 1983 § 2 Nr. 9). Wird die Steuer einem Gesamtschuldner gestundet, wirkt diese Tatsache nicht gegenüber dem anderen Gesamtschuldner (§ 44 II 3 AO; vgl. auch → § 13 Rn. 42). Die Stundung soll in der Regel nur auf Antrag und gegen Sicherheitsleistung erfolgen (§ 222 S. 2 AO).

Zum Verhältnis zwischen der Stundung und der durch § 15 S. 2 eröffneten Möglichkeit der Verlängerung der Zahlungsfrist vgl. → § 15 Rn. 4. Wird die Stundung gewährt, hat der Steuerpflichtige einen Anspruch auf Erteilung der UB (→ § 22 Rn. 14).

Zum Stundungsverfahren im Einzelnen wird auf die Kommentierungen des § 222 AO verwiesen. Zu Rechtsbehelfsfragen vgl. Klein/Werth AO § 222 Rn. 63 ff.

III. Erlass der Grunderwerbsteuer

20 Die GrESt kann unter den Voraussetzungen der §§ 163, 227 AO aus Billigkeitsgründen niedriger festgesetzt oder nach Festsetzung ganz oder teilweise erlassen werden, wenn ihre Festsetzung bzw. Einziehung nach Lage des Einzelfalls unbillig wäre. Die Unbilligkeit kann in der Sache selbst oder in den persönlichen Verhältnissen des Steuerpflichtigen begründet sein.

Der Billigkeitserlass ist grds. **nicht** dazu bestimmt, die **Folgen schuldhafter Versäumnis** eines Rechtsbehelfs auszugleichen (BFH VIII R 236/72, BStBl. II 1977, 125; VII R 121/84, BStBl. II 1988, 512). Dieser Grundsatz gilt jedoch nicht ausnahmslos. Die Unanfechtbarkeit eines unrichtigen Steuerbescheids steht dem Erlass insb. dann nicht entgegen, wenn die Steuerfestsetzung offensichtlich und eindeutig unrichtig ist und es dem Steuerpflichtigen nicht möglich und nicht zumutbar war, sich rechtzeitig gegen die Fehlerhaftigkeit zu wehren (BFH VII R 121/84, BStBl. II 1988, 512; Tipke/Kruse/Loose AO § 227 Rn. 47 ff.).

Wird die GrESt einem **Erwerber** erlassen, der sich im Innenverhältnis zum Veräußerer zur Tragung der gesamten GrESt verpflichtet hatte, so scheidet eine **Inanspruchnahme des Veräußerers** aus (→ § 13 Rn. 43). Zu Rechtsbehelfsfragen vgl. Koenig/Koenig AO § 227 Rn. 56 ff.

21 **1. Sachliche Billigkeitsgründe.** Ein Erlass aus **sachlichen Billigkeitsgründen** ist dazu bestimmt, ungewollten Überhängen des gesetzlichen Tatbestandes entgegenzuwirken (BFH II R 63/88, BStBl. II 1991, 541; II R 25/08, BStBl. II 2010, 663, stRspr). Daran fehlt es, wenn zB eine Rückgängigmachung (§ 16 I) erst nach Ablauf der Zweijahresfrist erfolgt und es trotz fehlendem Rechtsträgerwechsel bei der Belastung mit GrESt bleibt (BFH II R 11/08, BStBl. II 2010, 498; II R 42/11, BFH/NV 2012, 1486).

Gehen mit einem GrErwerb verknüpfte **wirtschaftliche Erwartungen** nicht in Erfüllung, rechtfertigt dies in keinem Fall einen Erlass wegen sachlicher Unbilligkeit (BFH II R 119/71, BStBl. II 1977, 807; II B 38/07, BFH/NV 2008, 927). Für die Steuerbarkeit gem. § 1 I–IIIa ist es unerheblich, ob der mit einem Erwerbsvorgang erhoffte wirtschaftliche Erfolg eintritt (→ § 1 Rn. 10). Nach den Maßstäben des GrEStG ist die Besteuerung deshalb zB dann nicht unbillig, wenn die Wert- und Ertragsverhältnisse eines Gr nicht den Erwartungen des Erwerbers entsprechen. In der BFH-Rspr. wurde ein Erlass aus sachlichen Billigkeitsgründen bei der Abgabe des **Meistgebots** für einen Dritten bejaht; dem kann nur in besonders gelagerten Ausnahmefällen zugestimmt werden (zu Einzelheiten → § 1 Rn. 223 f.). Aus inzwischen aufgehobenen Befreiungs- oder Vergünstigungsvorschriften des früheren GrEStG lässt sich eine sachliche Unbilligkeit der nach Maßgabe des jetzt geltenden GrEStG festgesetzten Steuer nicht herleiten (FG SchlH EFG 1994, 534; vgl. auch BFH II 57/64, BStBl. II 1972, 649; IV R 170/71, BStBl. II 1973, 466).

Ein Erlass der GrESt aus sachlichen Billigkeitsgründen kann sich aus dem Gebot des **Vertrauensschutzes** ergeben. Eine den Billigkeitserlass rechtfertigende Verletzung eines schutzwürdigen Vertrauens kann sowohl bei der Änderung des Gesetzes als auch bei einer Änderung der Rspr. vorliegen, sofern der Steuerpflichtige auf den Fortbestand der Rechtslage vertraut und entspr. Dispositionen getroffen hat. Ein schutzwürdiges nachhaltiges Interesse in den **Fortbestand einer Rspr.** ist jedoch nur dann und nur so lange gegeben, wie der Steuerpflichtige nicht mit einer Änderung rechnen musste oder ihm zumindest Zweifel hätten kommen müssen (BFH I R 3/86, BStBl. II 1991, 610; II R 41/15, BStBl. II 2018, 667 mwN). Unter diesem Gesichtspunkt war zB ein Vertrauen auf den Fortbestand der früheren BFH-Rspr. (II 69/63, BStBl. III 1967, 203 und II R 118/66, BStBl. III 1967, 427) zur Gegenleistung bei Übernahme zinsvergünstigter Darlehen mit Mietpreisbindung (zu Einzelheiten NdsFG III 507/89, EFG 1994, 634) und zur rückwirkenden Anwendung des § 1 III Nr. 1 und 2 (BFH II R 7/22, BFH/NV 2024, 1008) nicht schutzwürdig. 22

Bei Änderungen des Gesetzes oder der Rspr kann es geboten sein, unbilligen Auswirkungen unter dem Gesichtspunkt des Vertrauensschutzes durch **Übergangsregelungen** zu begegnen (BFH GrS 4/82, BStBl. II 1984, 751/757; I R 3/86, BStBl. II 1991, 610; vgl. auch Koenig/Koenig AO § 4 Rn. 68 f.). Von der FVerw geschaffene Übergangsregelungen stehen nicht in deren Belieben, sondern müssen in §§ 163, 227 AO eine hinreichende Rechtsgrundlage finden (BFH II R 141/83, BStBl. II 1986, 418; zur Problematik Tipke/Kruse/Loose AO § 227 Rn. 53 ff.). Einen Anspruch auf Gleichbehandlung im Unrecht und insb. einen Anspruch auf Fortführung einer gesetzwidrigen Verwaltungspraxis gibt es jedoch nicht (BFH II R 166/84, BFH/NV 1988, 613; II R IV R 35/15, BFH/NV 2017, 94, st. Rspr.). Eine vom Gesetz nicht gedeckte Verwaltungspraxis ist nicht schutzwürdig (BFH II R 141/83, BStBl. II 1986, 418; II R 166/84, BFH/NV 1988, 613). Aus diesem Grunde entbehrten zB die früheren Erlasse einzelner Bundesländer (zB FM Nds 23.11.1982, DB 1982, 2669), die bei einem Erwerb im Bauherrenmodell für bis zum 31.12.1982 verwirklichte Erwerbsvorgänge von der Annahme eines einheitlichen Vertragswerks absahen, einer hinreichenden Rechtsgrundlage (BFH II R 141/83, BStBl. II 1986, 418). Zum Billigkeitserlass der für die Umwandlung einer PGH in eine eG anfallenden GrESt vgl. BFH II R 3/02, BStBl. II 2004, 1006. Aus den Regelungen des § 1 III bei Beteiligung einer zwischengeschalteten Personengesellschaft lässt sich aus der Maßgeblichkeit der Beteiligung am Gesellschaftskapital für das Jahr 2012 kein Verstoß gegen das Vertrauensschutzprinzip begründen (BFH II 7/22, DStR 2024, 1499). 23

2. Persönliche Billigkeitsgründe. Einem Erlass der GrESt aus persönlichen Billigkeitsgründen sind enge Grenzen gesetzt. Auch insoweit gilt, dass ein Billigkeitserlass eine vom Gesetzgeber nicht gewollte Befreiungsvorschrift nicht ersetzen kann (Tipke/Kruse/Loose AO § 227 Rn. 88). Für die GrESt ist kennzeichnend, dass sie keinen „Gewinn" voraussetzt und bei jedem Erwerbsvorgang ein **vorher-** 24

sehbarer Kostenfaktor, der neben der vom Erwerber zu erbringenden Gegenleistung und der weiter entstehenden Aufwendungen (zB Notar-, Gerichts- und Maklerkosten) von vornherein berücksichtigt werden muss (BFH II 57/64, BStBl. II 1972, 649). Eine Vernachlässigung des in der GrESt liegenden Kostenfaktors durch den Erwerber kann daher einen Erlass aus persönlichen Billigkeitsgründen nicht rechtfertigen; dies muss auch dann gelten, wenn der Erwerber durch die Erhebung der GrESt in finanzielle Schwierigkeiten gerät (BFH II 57/64, BStBl. II 1972, 649). Anderes kann nur gelten, wenn mit dem Erwerb zusammenhängende **besondere Umstände** vorliegen (zB Insolvenz des Veräußerers vor vollständiger Erfüllung des GrVeräußerungsvertrags, Brandschaden am erworbenen Objekt) oder außergewöhnliche besondere Umstände (zB unvorhergesehener Ausfall fest zugesagter Kredite, Krankheits- oder Unglücksfälle) zu einem **unverschuldeten Vermögensverfall** des Erwerbers geführt haben (BFH II 57/64, BStBl. II 1972, 649; zu weiteren Einzelfällen Sosnitza DVR 1974, 82). Der Steuerpflichtige muss ferner erlassbedürftig und -würdig sein. Zu weiteren Einzelfragen vgl. die Kommentarliteratur zu § 227 AO.

IV. Grunderwerbsteuer und Insolvenz

25 Verlangt der Insolvenzverwalter gem. § 103 InsO die Erfüllung des **vor** Eröffnung des Insolvenzverfahrens abgeschlossenen GrKauf- oder GrVerkaufsvertrags, ist die hierauf entfallende GrESt eine **Insolvenzforderung** iSd § 38 InsO (BFH II R 93/70, BStBl. II 1976, 77; II R 16/76, BStBl. II 1979, 198; II R 78/80, BStBl. II 1981, 758) und als solche beim Insolvenzverwalter anzumelden (§ 174 I 1 InsO; zu Einzelheiten Koenig/Klüger AO § 251 Rn. 47 f.). Weil die GrESt vor Insolvenzeröffnung iSd § 38 InsO „begründet" worden ist, ist es unerheblich, ob die GrESt-Forderung auch entstanden (§ 38 AO bzw. § 14 GrEStG) oder fällig (§ 220 AO) war. Eine durch § 14 hinausgeschobene Entstehung der GrESt steht ihrer Behandlung als Insolvenzforderung demgemäß nicht entgegen, wenn und soweit der Rechtsgrund der Forderung bereits vor Eröffnung des Insolvenzverfahrens gesetzt war (Koenig/Klüger AO § 251 Rn. 64 mwN).

26 Ein auf § 16 beruhender **Steuererstattungsanspruch** wegen entrichteter GrESt gehört zur Insolvenzmasse, wenn der Insolvenzverwalter die Erfüllung eines vor Insolvenzeröffnung vom (Gemein-)Schuldner geschlossenen Vertrags gem. § 103 InsO ablehnt (BFH VIII R 58/77, BStBl. II 1979, 639). Der Erstattungsanspruch ist vom Insolvenzverwalter geltend zu machen. Allerdings hat der BFH (VII R 27/06, BStBl. II 2009, 589) die Aufrechnungsmöglichkeit für das FA gegen den Erstattungsanspruch für den Fall bejaht, dass der GrVerkäufer nach Eröffnung des Insolvenzverfahrens das ihm in dem vor Insolvenzeröffnung geschlossenen GrKaufvertrag vorbehaltene Rücktrittsrecht ausübt. Veräußert der Insolvenzverwalter **nach Eröffnung** des **Insolvenzverfahrens** im Rahmen der Verwertung (durch freihändige Veräußerung) ein massezugehöriges Gr, so ist die insoweit entstehenden GrESt (sofern diese nicht, wie regelmäßig, vom Erwerber zu tragen ist) Masseschuld (§ 55 I Nr. 1 InsO). Steuerforderungen, die zu den Masseschulden gehören, sind gegen den Insolvenzverwalter geltend zu machen (BFH II B 22/70, BStBl. II 1970, 830; Koenig/Klüger AO § 251 Rn. 64 mwN). Ein Fall des § 55 I Nr. 1 Fall 2 InsO (Verwaltung, Verwertung oder Verteilung der Masse) soll nicht vorliegen, wenn – im Fall des § 1 IIa – ein Rechtsträgerwechsel lediglich fingiert wird und sich die grestl Zurechnung nicht ändert (FG Münster 8 K 2770/21 F, EFG 2024, 231 mAnm Bahlau, Rev. BFH II R 37/23).

§ 15 Fälligkeit der Steuer

[1]Die Steuer wird einen Monat nach der Bekanntgabe des Steuerbescheids fällig. [2]Das Finanzamt darf eine längere Zahlungsfrist setzen.

Übersicht

I. Bedeutung

§ 15 (entspricht § 16 GrEStG 1940) bestimmt den Zeitpunkt der Fälligkeit der GrESt und trifft damit die von § 220 I AO vorausgesetzte einzelsteuergesetzliche Regelung (zu Einzelfragen vgl. auch Bruschke UVR 2000, 10). 1

II. Fälligkeit der Steuer

Die Fälligkeit betrifft den Zeitpunkt, von dem ab der Gläubiger die Steuer fordern darf und zu dem der Schuldner die Steuer zu entrichten hat. Davon strikt zu unterscheiden ist die Entstehung der GrESt (dazu § 14). 2

1. Fälligkeit im Regelfall (§ 15 S. 1). Nach § 15 S. 1 wird die GrESt einen Monat nach Bekanntgabe (§ 122 AO) des Steuerbescheids fällig. Die Berechnung der Monatsfrist des § 15 S. 1 erfolgt nach Maßgabe der §§ 108 AO, 187 ff. BGB. 3

Der Steuerbescheid (§ 155 I AO) ist demjenigen bekannt zu geben, für den er bestimmt ist oder der von ihm betroffen wird (§ 122 I 1 AO). Er wird mit der Bekanntgabe wirksam (§ 124 I AO); zu Einzelfragen der Bekanntgabe vgl. auch die Erläuterungen zu § 13. Nach Maßgabe des § 87a IV AO kann ein Steuerbescheid auch im Wege der elektronischen Kommunikation übermittelt werden; zur Zugangsfiktion für diesen Fall vgl. § 122 IIa AO. Zur Bekanntgabe von VA an Beteiligte ohne Wohnsitz oder gewöhnlichen Aufenthalt, Sitz oder Geschäftsleitung im Inland vgl. § 123 AO sowie § 9 VwZG.

2. Verlängerung der Zahlungsfrist (§ 15 S. 2). § 15 S. 2 stellt die Setzung einer längeren Zahlungsfrist in das pflichtgemäße **Ermessen** (§ 5 AO) des FA. Diese Verlängerung schiebt den Beginn der Zahlungsverjährung (§ 229 I AO) hinaus. Der Lauf der Festsetzungsfrist (§§ 169 ff. AO) und der Rechtsbehelfsfrist gegen den GrESt-Bescheid (§§ 355, 356 AO) bleibt durch § 15 S. 2 unberührt. 4

Die Verlängerung der Zahlungsfrist ist ein Hinausschieben der Fälligkeit, jedoch **keine Stundung,** und begründet **keinen Rechtsanspruch auf Erteilung der UB** aus § 22 II 1 (vgl. → § 22 Rn. 14). Es entstehen weder Stundungszinsen (§ 234 AO) noch Säumniszuschläge (§ 240 AO). Die Verlängerung der Zahlungsfrist soll sechs Wochen regelmäßig nicht überschreiten (FM Schleswig-Holstein 7.10.2016, DB 2016, 2575). 5

Die Ausübung des durch § 15 S. 2 eingeräumten **Ermessens** muss dem **Zweck** dieser Vorschrift entsprechen. Die Gewährung einer längerfristigen Zahlungsfrist kommt in Betracht, wenn der Steuerschuldner weder Wohnsitz, gewöhnlichen Aufenthalt, Geschäftsleitung noch Sitz (§§ 8–11 AO) in der Bundesrepublik hat 6

(Hofmann/Märker § 15 Rn. 2). In solchen Fällen wird regelmäßig eine Verzögerung im Zahlungsweg zu bedenken sein (sehr zurückhaltend FM Schleswig-Holstein 7.10.2016, DB 2016, 2575). Ebenso rechtfertigen unvorhergesehene Verzögerungen bei der Auszahlung eingeplanter Finanzierungsmittel sowie uU zum Scheitern des Vertrags (mit der Folge der Anwendung des § 16) führende Umstände, zB Zahlungsschwierigkeiten des Käufers, eine längere Zahlungsfrist (OFD Hannover 2.5.2007, DStR 2007, 1082). Für eine Ermessensentscheidung nach § 15 S. 2 sind im Übrigen nur Sachverhalte geeignet, die nach den Wertungen des GrEStG **Besonderheiten** aufweisen. Die Verlängerung der Zahlungsfrist wird im Regelfall auch dann geboten sein, wenn zB wegen bereits erfolgter Vertragsaufhebung die Anwendung des § 16 nicht zweifelhaft ist. Die Absicht oder bloße Möglichkeit eines Ereignisses iSd § 16 kann die Verlängerung der Zahlungsfrist im Regelfall nicht rechtfertigen (BFH II B 28/15, BFH/NV 2015, 1668). Keine die Anwendung des § 15 S. 2 rechtfertigende Besonderheit ist zB das dem Erwerber eingeräumte Rücktrittsrecht für den Fall, dass eine mit dem Verkäufer vereinbarte Schuldübernahme nicht genehmigt wird (BFH II R 102/75, BStBl. II 1977, 436). Hierbei ist zu berücksichtigen, dass der Gesetzgeber für das Rücktrittsrecht und Erwerbsvorgänge unter einer auflösenden Bedingung – anders als für die in § 14 normierten Tatbestände – weder einen abweichenden Zeitpunkt für das Entstehen der Steuer noch für die Fälligkeit der GrESt angeordnet hat. Auch die Höhe der zu übernehmenden Schulden rechtfertigt für sich keine Verlängerung der Zahlungsfrist (BFH II R 102/75, BStBl. II 1977, 436).

Wird ein Antrag auf Verlängerung der Zahlungsfrist erst **nach Fälligkeit** der GrESt gestellt, fallen Säumniszuschläge an (§ 240 I 4 AO). Diese kann unter besonderen Umständen entfallen, wenn das FA unter besonders gelagerten Ausnahmefällen nachträglich eine Verlängerung der Zahlungsfrist gewährt (AEAO § 240 Nr. 6; vgl. auch Viskorf/Viskorf § 15 Rn. 15, 20).

7 **Rechtsbehelfe** bei Versagung einer beantragten Verlängerung der Zahlungsfrist sind Einspruch (§ 347 AO) und ggf. Verpflichtungsklage (§ 40 I FGO; zur gerichtlichen Nachprüfung der Ermessensentscheidung vgl. § 102 FGO).

III. Rechtsfolgen der Fälligkeit

8 Wird die GrESt nicht bis zum Ablauf des Fälligkeitstages entrichtet, ist gem. § 240 AO für jeden angefangenen Monat der Säumnis ein **Säumniszuschlag** von 1 % des rückständigen – auf den nächsten durch 50 EUR teilbaren Betrag abgerundeten – Steuerbetrags zu entrichten. Bei einer Säumnis bis zu 3 Tagen wird nach Maßgabe des § 240 III AO kein Zuschlag erhoben. Zur **Vollstreckung** von Steuerbescheiden vgl. §§ 249 ff. AO. Die Fälligkeit des Steueranspruchs ist Anknüpfungspunkt für die **Zahlungsverjährung** (§ 229 I 1 AO; → Vorb § 15 Rn. 17).

Sechster Abschnitt. Nichtfestsetzung der Steuer, Aufhebung oder Änderung der Steuerfestsetzung

§ 16 Nichtfestsetzung der Steuer, Aufhebung oder Änderung der Steuerfestsetzung

(1) Wird ein Erwerbsvorgang rückgängig gemacht bevor das Eigentum am Grundstück auf den Erwerber übergegangen ist, so wird auf Antrag die Steuer nicht festgesetzt oder die Steuerfestsetzung aufgehoben,
1. wenn die Rückgängigmachung durch Vereinbarung, durch Ausübung eines vorbehaltenen Rücktrittsrechts oder eines Wiederkaufsrechts innerhalb von zwei Jahren seit der Entstehung der Steuer stattfindet;
2. wenn die Vertragsbedingungen nicht erfüllt werden und der Erwerbsvorgang deshalb auf Grund eines Rechtsanspruchs rückgängig gemacht wird.

(2) Erwirbt der Veräußerer das Eigentum an dem veräußerten Grundstück zurück, so wird auf Antrag sowohl für den Rückerwerb als auch für den vorausgegangenen Erwerbsvorgang die Steuer nicht festgesetzt oder die Steuerfestsetzung aufgehoben,
1. wenn der Rückerwerb innerhalb von zwei Jahren seit der Entstehung der Steuer für den vorausgegangenen Erwerbsvorgang stattfindet. [2]Ist für den Rückerwerb eine Eintragung in das Grundbuch erforderlich, so muß innerhalb der Frist die Auflassung erklärt und die Eintragung im Grundbuch beantragt werden;
2. wenn das dem Erwerbsvorgang zugrundeliegende Rechtsgeschäft nichtig oder infolge einer Anfechtung als von Anfang an nichtig anzusehen ist;
3. wenn die Vertragsbedingungen des Rechtsgeschäfts, das den Anspruch auf Übereignung begründet hat, nicht erfüllt werden und das Rechtsgeschäft deshalb auf Grund eines Rechtsanspruchs rückgängig gemacht wird.

(3) Wird die Gegenleistung für das Grundstück herabgesetzt, so wird auf Antrag die Steuer entsprechend niedriger festgesetzt oder die Steuerfestsetzung geändert,
1. wenn die Herabsetzung innerhalb von zwei Jahren seit der Entstehung der Steuer stattfindet;
2. wenn die Herabsetzung (Minderung) auf Grund des § 437 des Bürgerlichen Gesetzbuchs vollzogen wird.

(4) Tritt ein Ereignis ein, das nach den Absätzen 1 bis 3 die Aufhebung oder Änderung einer Steuerfestsetzung begründet, endet die Festsetzungsfrist (§§ 169 bis 171 der Abgabenordnung) insoweit nicht vor Ablauf eines Jahres nach dem Eintritt des Ereignisses.

(4a) [1]Wenn die Anteile in Erfüllung eines Rechtsgeschäfts im Sinne des § 1 Absatz 3 Nummer 1 oder Nummer 3 oder des § 1 Absatz 3a nach Abschluss dieses Rechtsgeschäfts übergehen und dadurch der Tatbestand des § 1 Absatz 2a oder Absatz 2b verwirklicht wird, so wird auf Antrag die Festsetzung nach § 1 Absatz 3 Nummer 1 oder Nummer 3 oder § 1

Absatz 3a aufgehoben oder geändert. [2]In den Fällen des Satzes 1 endet die Festsetzungsfrist für den aufgrund des Übergangs der Anteile erfüllten Tatbestand nach § 1 Absatz 2a oder Absatz 2b nicht vor Ablauf der Festsetzungsfrist der aufzuhebenden oder zu ändernden Festsetzung nach § 1 Absatz 3 Nummer 1 oder Nummer 3 oder nach § 1 Absatz 3a.

(5) **[1]Die Vorschriften der Absätze 1 bis 4 gelten nicht, wenn einer der in § 1 Absatz 2 bis 3a bezeichneten Erwerbsvorgänge rückgängig gemacht wird, der nicht fristgerecht und in allen Teilen vollständig angezeigt (§§ 18 bis 20) war. [2]Die Vorschrift des Absatzes 4a gilt nicht, wenn einer der in § 1 Absatz 3 Nummer 1 oder Nummer 3 oder in § 1 Absatz 3a oder in § 1 Absatz 2a oder Absatz 2b bezeichneten Erwerbsvorgänge nicht fristgerecht und in allen Teilen vollständig angezeigt (§§ 18 bis 20) war.**

Übersicht

A. Bedeutung

Rechtsentwicklung. § 16 entspricht im Wesentlichen § 17 GrEStG 1940; **1**
durch das JStG 1997 wurde § 16 V um die Geltung auch für den neu eingefügten § 1 IIa ergänzt. § 16 IV wurde durch das StEntlG 1999 ff. mit Wirkung ab 1.1.2000 (§ 23 VI 2) um die Anwendung auf den neu eingefügten § 5 III erweitert; diese Änderung ist aufgrund des StÄndG 2001 durch Streichung der Worte „oder in den Fällen des § 5 Abs. 3“ wiederum entfallen und war daher auf Erwerbsvorgänge anzuwenden, die nach dem 31.12.1999 bis zum 31.12.2001 verwirklicht wurden (§ 23 VI 2, VII 1). Durch das 5. StAG wurde in § 16 III Nr. 2 die frühere Angabe „der §§ 459 und 460“ durch die Angabe „des § 437“

ersetzt; diese Regelung ist am 27.7.2002 in Kraft getreten. Durch das WachstBeschlG wurde im Zusammenhang mit der Einfügung des § 6a dessen Nichtanwendung für in der Zeit vom 1.1.2008 bis 31.12.2009 gem. § 16 I oder II rückgängig gemachte Erwerbsvorgänge angeordnet (§ 23 VIII 2). Der Anwendungsbereich des § 16 V wurde durch das AmtshilfeRLUmsG auf den neuen Steuertatbestand des § 1 IIIa ausgedehnt (zur erstmaligen Anwendung vgl. § 23 XI). § 16 V wurde durch das KroatienAnpG dahingehend geändert, dass eine Anzeige „fristgerecht und in allen Teilen vollständig angezeigt (§§ 18–20) war" (→ Rn. 121 ff.); diese Regelung ist auf alle nach dem 6.6.2013 verwirklichten Erwerbsvorgänge anzuwenden (§ 23 XII). Einer Änderung im Hinblick auf den durch das GrEStG-Änderungsgesetz vom 12.5.2021 eingefügten § 1 IIb bedurfte es schon wegen der Erfassung durch § 16 V nicht. Durch das JStG 2022 (BStBl. I 2022, 2294) wurde **§ 16 IVa und § 16 V 2** eingefügt (→ Rn. 103 ff).

1a **Normzweck.** § 16 berücksichtigt unter näheren Voraussetzungen **zugunsten des Erwerbers** das Scheitern eines Erwerbsvorgangs bzw. die Herabsetzung der Gegenleistung. Rechtsfolge des § 16 ist die Nichtfestsetzung der Steuer oder die Aufhebung bzw. Änderung der Steuerfestsetzung.1b

§ 16 **I bis III** erfassen drei Sachverhaltsgruppen, die zur Nichtfestsetzung der GrESt oder zur Aufhebung bzw. Änderung eines GrESt-Bescheids führen:

- Rückgängigmachung eines Erwerbsvorgangs vor Übergang des Eigentums auf den Erwerber (§ 16 I), → Rn. 13 ff.,
- Rückerwerb des Eigentums am Gr durch den Veräußerer (§ 16 II), → Rn. 68 ff.,
- nachträgliche Herabsetzung der Gegenleistung (§ 16 III), → Rn. 94 ff.

§ 16 IV bestimmt hinsichtlich der Festsetzungsfrist für den Anspruch aus § 16 eine besondere Ablaufhemmung (→ Rn. 81 f.). **§ 16 V** schließt die Anwendung der § 16 I–IV aus, soweit ein Erwerbsvorgang iSd § 1 II, IIa, IIb, III oder IIIa nicht ordnungsgemäß nach §§ 18–20 angezeigt worden ist (→ Rn. 105 ff.).

B. Allgemeines zu § 16; Abgrenzungsfragen

I. Rechtsnatur des § 16

2 § 16 ist eine am Besteuerungszweck orientierte gegenläufige **Korrekturvorschrift zu § 1** (BFH II R 86/90, BStBl. II 1994, 413; II R 12/01, BStBl. II 2003, 770; II R 52/12, BStBl. 2013, 752). Die Steuertatbestände (§ 1) beruhen auf der Annahme, dass durch diese im Regelfall ein GrUmsatz verwirklicht wird (Begr. GrEStG 1940, 410). Das weitere Schicksal eines Erwerbsvorgangs ist jedoch nach der Konzeption des § 1 grds. ohne Bedeutung und lässt die einmal entstandene GrESt unberührt (BFH II R 69/89, BFH/NV 1993, 326; II R 52/00, BFH/NV 2002, 1053). Überdies löst die Rückabwicklung (Rückübereignung) des jeweiligen Rechtsvorgangs zu einem Zeitpunkt, in dem das Eigentum am Gr bereits auf den Erwerber übergegangen war, neben der entstandenen GrESt für das rückabzuwickelnde Geschäft ein zweites Mal (zB bei Rückauflassung des Gr) GrESt aus. Diese Aufrechterhaltung der Besteuerung sowie die Steuererhebung auch auf den Rückerwerb ist nach den § 16 zugrunde liegenden Wertungen eine **unbillige Härte** für die Betroffenen. Aus diesem Grund soll die Steuerpflicht unter näheren Voraussetzungen des § 16 entfallen, wenn das beabsichtigte und von § 1 erfasste wirtschaftliche Ergebnis eines GrUmsatzes tatsächlich nicht eintritt oder aus besonderen Gründen rückgängig gemacht wird (Begr. GrEStG 1940, 410; BT-Drs. 9/2114, 6; BFH II R 86/90, BStBl. II 1994, 413).

Seiner **Rechtsnatur** nach ist § 16, auch wenn letztlich durch Billigkeitserwägungen motiviert, daher **keine Billigkeitsregelung** (BFH II B 49/07, BFH/NV 2008, 1438) und auch **keine Steuerbefreiungsvorschrift.** § 16 begründet vielmehr einen weiteren selbstständigen **Anspruch aus dem Steuerschuldverhältnis** iSd § 37 I AO. Er lässt den (ursprünglichen) **Steueranspruch unberührt** (BFH II R 145/86, BStBl. II 1989, 981; II R 120/89, BStBl. II 1993, 58; II R 52/00, BFH/NV 2002, 1053; II B 120/00, BFH/NV 2002, 1170; II B 49/07, BFH/NV 2008, 1438; II B 28/15, BFH/NV 2015, 1668; Hofmann/Märker § 16 Rn. 3) und führt insb. nicht zum Erlöschen des ursprünglichen Steueranspruchs (BFH II R 52/00, BFH/NV 2002, 1053). Er kann auch nicht Charakter eines Folgebeseitigungsanspruchs haben (BFH II B 49/07, BFH/NV 2008, 1438). **Rechtsfolge** des § 16 ist – in bewusster Anpassung an die Terminologie der AO (BT-Drs. 9/2114, 6) – die Nichtfestsetzung bzw. Aufhebung oder Änderung der Steuerfestsetzung; hierbei lässt der Anspruch aus § 16 die Rechtmäßigkeit des ursprünglichen Steuerbescheids unberührt (BFH II R 52/00, BFH/NV 2002, 1053). **Verfahrensrechtlich** ist über den Anspruch aus § 16 nur dann gesondert zu entscheiden, wenn der Erwerbsvorgang erst nach Erlass der die ursprüngliche Steuerfestsetzung betr. Einspruchsentscheidung rückgängig gemacht wird (näher → Rn. 133 ff., → Rn. 141 ff.). Zur **zivilrechtlichen Rückabwicklung** gezahlter GrESt im Verhältnis der Vertragsparteien vgl. Podewils DStR 2012, 972. Zu den Möglichkeiten einer nachträglichen Anpassung der GrESt bei Immobilientransaktionen vgl. Vettermann DStR 2017, 1518. 3

II. Verhältnis zu den Korrekturvorschriften der AO

§ 16 ist eine spezialgesetzliche Korrekturvorschrift des GrEStG, die als sonstige gesetzlich zugelassene Aufhebungs- und Änderungsvorschrift iSd § 172 II 1 Nr. 2 Buchst. d AO (und damit als Vergünstigungsvorschrift eigener Art) **neben** die allgemeinen Korrekturvorschriften der **§§ 172 ff. AO** tritt (BFH II B 120/00, BFH/NV 2002, 1170). Dieses Nebeneinander von § 16 GrEStG und §§ 172 ff. AO ist deshalb praktisch bedeutsam, weil § 16 nicht auf alle fehlgeschlagenen Erwerbsvorgänge Anwendung finden kann. So fehlt es an dem von § 16 tatbestandlich vorausgesetzten „Erwerbsvorgang", wenn ein Rechtsgeschäft kraft wirksamer Anfechtung als **von Anfang an nichtig** anzusehen ist (**§ 142 I BGB;** zur Rechtswirksamkeit von Verpflichtungsgeschäften vgl. → § 1 Rn. 160 ff.). Dabei muss die Nichtigkeit objektiv vorliegen; die Anerkennung der Nichtigkeit im Vergleichswege genügt nicht (BFH II B 61/07, BFH/NV 2008, 1698). Im Fall der Nichtigkeit bestimmen sich die grestrechtlichen Folgen **nicht** nach **§ 16, sondern** ausschließlich nach **§ 175 I 1 Nr. 2 AO** (zB BFH II R 119/80, BStBl. II 1982, 425; III B 86/02, BFH/NV 2003, 1449; II R 38/05, BFH/NV 2007, 498; Hofmann/Märker vor § 15 Rn. 10; zur Abgrenzung zwischen § 16 II Nr. 2 und den Änderungsvorschriften der AO vgl. → Rn. 86 f.; zur Abgrenzung zwischen § 16 III und den Änderungsvorschriften → Rn. 96). Ein Aufhebungsanspruch gem. § 175 I 1 Nr. 2 AO besteht jedoch nur, wenn die Beteiligten auch die wirtschaftlichen Folgen (dh das wirtschaftliche Ergebnis des – nichtigen – Rechtsgeschäfts) iSd **§ 41 I 1 AO** wieder beseitigen (BFH III R 119/90, BFH/NV 1997, 61; II R 38/05, BFH/NV 2007, 498). Die insoweit zu stellenden Anforderungen decken sich mit denen einer vollständigen Rückgängigmachung iSd § 16; eine ggf. zugunsten des Erwerbers eingetragene Auflassungsvormerkung ist zu beseitigen (zu Einzelheiten vgl. → Rn. 33 ff.). Die Rechtsfolge des § 175 I 1 Nr. 2 AO 4 tritt demnach nur bei **tatsächlicher Rückgängigmachung** und nicht schon aufgrund des Willens (ggf. nur eines Partners) zur Rückgängigmachung ein (BFH II R 38/05, BFH/NV 2007, 498). Es ist grds. unerheblich, welche Gründe eine Rückabwicklung hindern. Eine Rückgängigmachung ist nicht anzuerkennen, wenn sie nicht eine Folge der etwaigen Nichtigkeit des Rechtsgeschäfts, sondern lediglich Teil einer von vornherein getroffenen Vereinbarung ist (BFH II R 83/88, BFH/NV 1992, 267). Die Aufhebung des GrESt-Bescheids gem. § 175 I 1 Nr. 2 AO ist – anders als bei § 16 – nicht antragsabhängig; auch § 16 IV gilt insoweit nicht.

Ein Aufhebungsanspruch nach § 175 I 1 Nr. 2 AO ist nicht einschlägig, wenn die Aufhebung oder Änderung einer Steuerfestsetzung gem. § 16 I–III im Raum steht. In diesem Falle würde – wegen des insoweit anzuwendenden § 169 II 1 Nr. 2 AO – die Vorschrift des § 16 IV ausnahmslos leerlaufen und insoweit der gesetzlichen Systematik widersprechen (BFH II R 15/18, BStBl. II 2021, 165; II R 32/18, BStBl. II 2021, 167; II B 48/19, BFH/NV 2020, 182).

III. Allgemeine Anwendungsvoraussetzungen des § 16

5 Bezugspunkt des § 16 sind **Erwerbsvorgänge** bzw. – im Hinblick auf § 16 II – zusätzlich „vorausgegangene Erwerbsvorgänge“. Bei einer **Aufeinanderfolge mehrerer Erwerbsvorgänge** muss bei der Anwendung des § 16 jeder Erwerbsvorgang – ebenso wie bei den Steuertatbeständen des § 1 (vgl. → § 1 Rn. 14) – **je für sich** betrachtet werden (BFH II R 6/81, BStBl. II 1983, 140; II R 1/97, BStBl. II 1999, 737; II B 37/09, BFH/NV 2010, 240). Für die Anwendung des § 16 ist ohne Bedeutung, ob und nach welcher Vorschrift ein der Rückgängigmachung nachfolgender Erwerbsvorgang der GrESt unterliegt (BFH II R 12/01, BStBl. II 2003, 770). Bei einer Kette von Erwerbsvorgängen scheidet die Anwendung von § 16 I oder II daher aus, wenn nicht sämtliche Erwerbsvorgänge rückgängig gemacht werden (Hofmann/Märker § 16 Rn. 1). Ist dem jedoch Rechnung getragen, steht es der Anwendung des § 16 I oder II nicht entgegen, wenn ein Gr im **abgekürzten Leistungsweg** vom Dritterwerber direkt auf den GrVeräußerer zurück übertragen wird.

Gegenstand der Rückgängigmachung kann **jeder Erwerbsvorgang iSd § 1 I–IIIa** sein. Dies gilt auch für den neuen § 1 IIb (→ Rn. 113). Anwendbar ist § 16 auch auf Zwischengeschäfte iSd **§ 1 I Nr. 6 und Nr. 7** (Viskorf/Loose § 16 Rn. 21; Heine UVR 2000, 57 (62 f.); zum Teil aA Hofmann/Märker § 16 Rn. 9), sofern sowohl das zwischen Abtretungsempfänger und veräußerndem Dritten geschlossene Rechtsgeschäft als auch das Abtretungsgeschäft tatsächlich vollständig rückgängig gemacht wird. Der Normzweck des § 16 rechtfertigt seine Anwendung ungeachtet des Umstands, dass das Vertragsangebot des Verkäufers mit dieser Rückabwicklung nicht wieder auflebt (s. § 146 BGB) und daher als solches nicht mehr „rückgängig“ gemacht werden kann. Im Hinblick auf das für § 1 I Nr. 6 und Nr. 7 vorausgesetzte ungeschriebene Tatbestandsmerkmal der Verfolgung eigener wirtschaftlicher Interessen (→ § 1 Rn. 244 ff.) ist jedoch der – im Einzelfall uU schwierige – Nachweis des Benennungsberechtigten erforderlich, dass sein mit der Benennung verfolgtes wirtschaftliches Ziel vollständig entfallen ist und keine wirtschaftlichen Vorteile eingetreten sind bzw. etwa erlangte Vorteile rückgängig gemacht worden.

6 Der in § 16 I–III verwendete Begriff des **Grundstücks** ist derjenige des § 2. Neben den Gr iSd § 2 I 1 gehören dazu auch die ihnen gleichstehenden Erbbau-

rechte, Gebäude auf fremdem Boden und dinglich gesicherten Sondernutzungsrechte (§ 2 II). Für von einem Dritten errichtete Gebäude auf fremdem Boden (§ 2 II Nr. 2) sind allerdings für den Fall der Rückgängigmachung des Erwerbsvorgangs oder des Rückerwerbs durch den GrEigentümer die tatbestandlichen Einschränkungen des § 16 zu beachten (vgl. → § 2 Rn. 116).

Eine **analoge Anwendung des § 16** ist nicht grds. ausgeschlossen (zu auflösend bedingten Erwerbsvorgängen → Rn. 7). Da jedoch § 16 ausschließlich auf Erwerbsvorgänge bzw. Erwerbe anzuwenden ist, sind die Voraussetzungen einer Analogie nicht erfüllt, soweit lediglich die Voraussetzungen für die Versagung einer Steuervergünstigung (zB §§ 5 III, 6 III 2) nachträglich rückgängig gemacht werden und der Erwerbstatbestand selbst unberührt bleibt (BFH II R 36/04, BStBl. II 2006, 43). Eine analoge Anwendung des § 16 II ist auch bei Erwerben im Flächenerwerbsprogramm nach § 3 AusglLeistG ausgeschlossen (BFH II R 49/05, BStBl. II 2007, 324; II R 80/05, BStBl. II 2007, 611).

IV. Aufschiebend und auflösend bedingte Erwerbsvorgänge

Spezielle Rechtsprobleme werfen aufschiebend und auflösend bedingte schuld- 7
rechtliche Rechtsgeschäfte über Gr (zur Bedingungsfeindlichkeit der Auflassung vgl. § 925 II BGB) auf (so bei der Sicherungsübereignung von Gebäuden auf fremden Boden, vgl. → § 2 Rn. 118 ff.). Bei einer **aufschiebenden Bedingung** hängt der Eintritt der Rechtswirkungen von einem zukünftigen Ereignis ab; die GrESt entsteht erst mit Eintritt der Bedingung (§ 14 Nr. 1). Bei einer **auflösenden Bedingung** tritt hingegen zunächst die gewollte Rechtsänderung ein. Die GrESt entsteht daher mit Abschluss des (auflösend bedingten) Rechtsgeschäfts, das auf den Erwerb eines inländischen Gr gerichtet ist (vgl. → § 14 Rn. 10). Mit Eintritt der auflösenden Bedingung **endigt** die **Wirkung des Rechtsgeschäfts** (§ 158 II BGB). Bei der Sicherungsübereignung von Gebäuden auf fremden Boden führt die vorzeitige Freigabe des Gebäudes wegen nachträglicher Übersicherung nur dann zum Bedingungseintritt, wenn der spätere Zugriff des Sicherungsnehmers auf das Gebäude zweifelsfrei ausgeschlossen ist (weitergehend wohl Siebert DStR 2007, 2198). Die auflösende Bedingung wirkt nicht zurück (vgl. auch § 159 BGB) und beeinträchtigt nicht die Rechtswirksamkeit des Erwerbsvorgangs (BFH II R 28/79, BStBl. II 1981, 332). Mit Eintritt der auflösenden Bedingung entsteht jedoch ein Anspruch auf Rückgewährung des GrEigentums (BVerfG IV ZR 192/5, BGHZ 10, 72; Grüneberg/Ellenberger BGB § 159 Rn. 1). Daraus ergeben sich grestrechtliche Folgerungen zum einen bezüglich der für den auflösend bedingten Erwerbsvorgang bereits festgesetzten GrESt und zum anderen bezüglich der für die Rückübertragung des GrEigentums entstehenden GrESt:

Da der Eintritt einer den **gesamten Erwerbsvorgang** erfassenden auflösenden 8
Bedingung keine steuerliche Wirkung für die Vergangenheit hat, kommt die Änderung eines GrESt-Bescheids gem. § 175 I 1 Nr. 2 AO nicht in Betracht (zutr. Hofmann/Märker vor § 15 Rn. 11). Auch die Anwendung des **§ 5 II BewG** ist – soweit sich nicht nur die Gegenleistung ermäßigt, vgl. → Rn. 10 – ausgeschlossen. Zwar ordnet die Vorschrift bei Eintritt der auflösenden Bedingung die Berichtigung der Steuerfestsetzung nach dem tatsächlichen Wert des Erwerbs an. Auch dürfte es der Wortlaut der Vorschrift zulassen, sie auf eine den ganzen Erwerbsvorgang erfassende auflösende Bedingung anzuwenden (Rössler/Troll/Halaczinsky BewG § 5 Rn. 3 f.). § 5 II BewG meint jedoch ersichtlich nur eine **Verringerung**

der Gegenleistung auf ihren „tatsächlichen Wert“ (Hofmann/Märker vor § 15 Rn. 12) und trägt nicht den sich aus dem GrEStG ergebenden Besonderheiten Rechnung. Denn § 5 II BewG wäre dem Wortlaut nach – und insoweit den Wertungen des § 16 widersprechend, vgl. → Rn. 30 ff. – auch anzuwenden, wenn zwischen den Beteiligten trotz Eintritts der auflösenden Bedingung grestrechtlich relevante Beziehungen bestehen blieben. Die FVerw lässt hingegen – im Zusammenhang mit einer auflösend bedingten Sicherungsübereignung von Gebäuden auf fremdem Boden (§ 2 II Nr. 2) – in Anwendung des § 5 II BewG iVm § 175 I 1 Nr. 2 AO die Aufhebung der Steuerfestsetzung zu, wenn bei einer auflösend bedingten Sicherungsübereignung von Gebäuden auf fremdem Boden das Eigentum am Gebäude auf den Sicherungsgeber zurückfällt (FM Bayern 14.6.1985, HEB 2024 GrEStG § 2 Rn. 33a ff.).

9 Auf **auflösend bedingte Erwerbsvorgänge** sind die **Grundsätze des § 16 I bzw. II sinngemäß** anzuwenden (ebenso Hofmann/Märker vor 15 Rn. 11; Viskorf/Loose § 16 Rn. 385 f.; Siebert DStR 2007, 2198; krit. Behrens UVR 2017, 152 (155 f.)). § 16 ist – als die im Verhältnis zu § 5 II BewG speziellere Norm (vgl. auch NdsFG III 186/82, EFG 1983, 366) – der allgemeine Rechtsgrundsatz zu entnehmen, dass bei einem durchsetzbaren Anspruch des Veräußerers auf Rückgängigmachung des Erwerbsvorgangs bzw. Rückübertragung des Gr die GrESt für den vorausgegangenen Erwerb und für den Rückerwerb nicht zu erheben ist (BFH II R 7/76, BStBl. II 1980, 363; ähnlich schon II R 173/71, BStBl. II 1975, 675; vgl. auch → Rn. 88 zur entspr. grestrechtlichen Behandlung der Anfechtung von Rechtshandlungen wegen Gläubigerbenachteiligung). Soweit es bei einem auflösend bedingten Erwerbsvorgang noch nicht zu einem Eigentumsübergang gekommen ist, kann demgemäß bei Bedingungseintritt binnen zwei Jahren seit Steuerentstehung § 16 I Nr. 1 unmittelbar angewendet werden; bei einem Bedingungseintritt erst nach Ablauf von zwei Jahren gilt § 16 I Nr. 2 entsprechend. Kommt es erst nach Eigentumsübergang zum Bedingungseintritt, sind der vorausgegangene Erwerb und der Rückerwerb innerhalb von zwei Jahren entsprechend § 16 II Nr. 1 bzw. – nach Ablauf der Zweijahresfrist – § 16 II Nr. 3 zu behandeln. In jedem Falle setzt die Anwendung des § 16 voraus, dass eine tatsächliche (wirtschaftliche) Rückgängigmachung bzw. ein tatsächlicher Rückerwerb vorliegt (→ Rn. 30 ff.).

10 Betrifft die auflösende Bedingung lediglich eine **Ermäßigung der Gegenleistung** und nicht den gesamten Erwerbsvorgang, ist hingegen – soweit nicht bereits die Voraussetzungen des § 16 III gegeben sind – **§ 5 II BewG** ohne Weiteres entsprechend anwendbar (Hofmann/Märker vor § 15 Rn. 12; vgl. auch BFH II R 32/18, BStBl. II 2021, 167). Hier erfolgt die Änderung des GrESt-Bescheids aufgrund eines Antrags, der bis zum Ablauf des Jahres, das auf den Eintritt der Bedingung folgt, zu stellen ist (§ 5 II 2 BewG). Zur Berichtigung eines GrESt-Bescheids gem. § 14 II BewG iVm § 172 I 1 Nr. 2 Buchst. d AO bei Änderung der Laufzeit einer lebenszeitabhängigen Nutzungs- oder Leistungsgewährung vgl. → § 8 Rn. 50.

V. Abgrenzung zwischen § 16 I und II

11 § 16 I betrifft die Rückgängigmachung eines Erwerbsvorgangs **vor** Übergang des Eigentums am Gr auf den Erwerber, während § 16 II an den Rückerwerb des Gr **nach** Übergang des Eigentums anknüpft. Für die Abgrenzung der beiden Vorschriften ist entscheidend, ob im Zeitpunkt der Aufhebung des GrGeschäfts

das Gr bereits auf den Erwerber übergegangen war oder nicht. War das GrEigentum noch nicht übergegangen, ist von der Rückgängigmachung nur **ein** der GrESt unterliegender Rechtsvorgang betroffen und § 16 I anzuwenden. Ist das Eigentum am Gr hingegen bereits auf den Erwerber übergegangen, bedarf es zum Vollzug der Rückgängigmachung eines **weiteren** Erwerbsvorgangs iSd § 1 I–IIIa. Für diesen Fall gilt § 16 II, dessen Begünstigung („sowohl für den Rückerwerb als auch für den vorausgegangenen Erwerbsvorgang") sich, um die steuerlichen Wirkungen in vollem Umfang zu beseitigen, auf beide Erwerbsvorgänge erstreckt.

Im Einzelnen ist § 16 I zB bei der Rückgängigmachung eines Verpflichtungsgeschäfts (§ 1 I Nr. 1) vor Eigentumsübergang anzuwenden. Hier ist nur ein der GrESt unterliegender Rechtsvorgang betroffen, weil die Aufhebung des Verpflichtungsgeschäfts selbst keine GrESt auslöst (vgl. auch BFH II R 24/09, BFH/NV 2010, 2300). Demgemäß kommt § 16 I bei der Rückabwicklung von Erwerbsvorgängen iSd § 1 I Nr. 3 und Nr. 7, § 1 II, IIa, IIb und III Nr. 4 nicht in Betracht. Hier stellt sich die Rückgängigmachung stets als ein weiterer Erwerbsvorgang dar, so dass allein § 16 II Anwendung findet. § 16 I können allerdings auch Erwerbsvorgänge iSd § 1 III Nr. 2 unterfallen, sofern nicht die Rückübertragung von erworbenen Anteilen ausnahmsweise beim Rückerwerber zu einer Anteilsvereinigung führt. § 16 II ist – über die Fallgestaltungen hinaus, in denen die Rückgängigmachung einen weiteren Erwerbsvorgang iSd § 1 I–IIIa auslöst – ferner auch anzuwenden, wenn allein die Rückabwicklung eines Erwerbsvorgangs zur GrESt-Pflicht führt.

VI. Folgen der Nichtanerkennung von Rückgängigmachung oder Rückerwerb

Ein Anspruch aus § 16 I und II besteht nicht, wenn eine Rückgängigmachung 12
bzw. ein Rückerwerb nicht den gesetzlichen Anforderungen genügt. Das hat zur Folge, dass zB bei der GrESt-Festsetzung auch für einen (später) nicht vollzogenen GrKaufvertrag und damit im Ergebnis zu einer **Steuerfestsetzung ohne Rechtsträgerwechsel** kommt; darin liegt kein Verstoß gegen Grundprinzipien des GrEStG oder das Folgerichtigkeitsgebot (BFH II R 11/08, BStBl. II 2010, 498; II R 42/11, BFH/NV 2012, 1486; abl. Behrens UVR 2012, 92). Auch Billigkeitsmaßnahmen scheiden insoweit aus (BFH II R 42/11, BFH/NV 2012, 1486; vgl. auch → Vorb § 15 Rn. 20 ff.).

Die „unechte" (missglückte) Rückgängigmachung kann ferner zu **mittelbaren Nachteilen** führen. **Steuerbefreiungen oder -vergünstigungen,** die im Verhältnis des Ersterwerbers zum Zweiterwerber begründet sind, können auf die GrÜbertragung zwischen dem Veräußerer und Zweiterwerber keine Anwendung finden (BFH II R 145/85, BStBl. II 1988, 547 = HFR 1988, 462; vgl. auch OFD Nürnberg 3.6.1993, UVR 1993, 287).

Beispiel:

A ist an einer KG mit einem 10/12-Anteil beteiligt. Er erwirbt ein Gr und veranlasst anschließend nach Aufhebung des Kaufvertrags den Veräußerer, das Gr an die KG zu übertragen. Hier fällt für den Erwerb des A und den Erwerb der KG jeweils GrESt in voller Höhe an, während die unmittelbare Übertragung von A an die KG aufgrund § 5 II (vorbehaltlich § 5 III) zu 10/12 steuerfrei gewesen wäre.

Diese für Erwerber ungünstige Rechtslage findet ihre Begründung in der formalen Anknüpfung des GrEStG an die tatsächlich gewählte bürgerlich-rechtliche

Gestaltung, wobei jeder Erwerbsvorgang als in sich abgeschlossener Steuerfall zu betrachten ist (→ § 1 Rn. 9). Die „unechte" Rückgängigmachung kann daher neben den vergeblichen Beurkundungs- und sonstigen Kosten zu einer erheblichen Steuermehrbelastung führen. Noch nachteiliger sind die steuerlichen Folgen eines nicht nach **§ 16 II** begünstigten Rückerwerbs. Hier fällt die dreifache volle GrESt (für Erst-, Zweit- und Rückerwerb) an.

Die FVerw (OFD Nürnberg 3.6.1993, UVR 1993, 287) lässt bei „unechter" Rückgängigmachung (bzw. Rückerwerb) zu Recht nur in besonders gelagerten Ausnahmefällen Billigkeitsmaßnahmen zu.

C. Rückgängigmachung eines Erwerbsvorgangs vor Übergang des Eigentums am Grundstück (§ 16 I)

I. Allgemeines; Begriff der Rückgängigmachung

13 Zentrales Merkmal des § 16 I ist die Rückgängigmachung des Erwerbsvorgangs; dieser Begriff hat einen spezifisch grestrechtlichen Inhalt. **„Rückgängig gemacht"** ist ein Erwerbsvorgang, wenn über die zivilrechtliche Aufhebung des den Steuertatbestand erfüllenden Rechtsgeschäfts hinaus die Vertragspartner sich derart aus ihren vertraglichen Bindungen entlassen haben, dass die Möglichkeit zur Verfügung über das Grundstück nicht beim Erwerber verbleibt, sondern der Veräußerer seine ursprüngliche Rechtsstellung wiedererlangt (zB BFH II R 86/90, BStBl. II 1994, 413; II R 12/01, BStBl. II 2003, 770; II R 35/08, BFH/NV 2010, 2301; II R 35/08, BFH/NV 2011, 306; II R 42/11, BFH/NV 2012, 1486; II R 10/16, BStBl. II 2019, 176, stRspr; zu Unrecht krit. List DStR 2000, 1161).

14 Eine Rückgängigmachung iSd § 16 I verlangt daher zum einen die zivilrechtliche vollständige Beseitigung des Rechtsvorgangs (→ Rn. 19 ff.) und ferner auch eine tatsächliche (wirtschaftliche) Rückgängigmachung (→ Rn. 30 ff.). Diese Erfordernisse verdeutlichen den **sachlichen Zusammenhang zwischen § 16 und** den Steuertatbeständen des **§ 1** (zB BFH II R 18/0, BStBl. II 2007, 726; II R 97/93, BFH/NV 1996, 260; II R 1/06, BFH/NV 2008, 403; II R 31/09, BFH/NV 2011, 306): Nach den Wertungen des § 1 kann die Besteuerung nur entfallen, wenn für den im konkreten Fall zu besteuernden Erwerbsvorgang alle grestrechtlich relevanten Beziehungen rechtlicher oder tatsächlicher Art zwischen den Beteiligten beseitigt sind. Bleiben solche Beziehungen – in Gestalt der dem Erwerber verbliebenen Verfügungsmöglichkeit über das Gr bzw. der vom Veräußerer nicht wiedererlangten ursprünglichen Rechtsstellung – bestehen, versagen schon die Wertungen des § 1 eine Anwendung des § 16. Insofern ist die erforderliche tatsächliche (wirtschaftliche) Rückgängigmachung des Erwerbsvorgangs bereits aus § 1 abzuleiten (BFH II R 86/90, BStBl. II 1994, 413). Demgemäß ist eine Rückgängigmachung in jedem Fall dann zu verneinen, wenn im Einverständnis beider Teile alles beim Alten bleibt (RFH RStBl. 1933, 1245; BFH II R 42/92, BFH/NV 1995, 924).

15 Im Einzelnen unterscheidet § 16 I (zur Abgrenzung von § 16 II → Rn. 11) danach, ob die Rückgängigmachung auf einer Vereinbarung, einem vorbehaltenen Rücktritts- oder Wiederkaufsrecht (§ 16 I Nr. 1) oder auf einem Rechtsanspruch wegen Nichterfüllung der Vertragsbedingungen beruht (§ 16 I Nr. 2). § 16 I Nr. 1 verlangt eine Rückgängigmachung innerhalb von zwei Jahren seit

Steuerentstehung, während § 16 I Nr. 2 keine zeitliche Begrenzung enthält. Die Abgrenzung der beiden Tatbestände ist daher von praktischer Bedeutung, wenn ein Erwerbsvorgang erst nach Ablauf von zwei Jahren rückgängig gemacht wird. Anders als § 16 II Nr. 2 enthält § 16 I keine Regelung für den Fall der **Nichtigkeit** des dem Erwerbsvorgang zugrunde liegenden Rechtsgeschäfts; insoweit wird auf → Rn. 4 verwiesen.

Der **sachliche Grund** für die unterschiedliche zeitliche Begrenzung der aus den Tatbeständen des § 16 I Nr. 1 bzw. Nr. 2 erwachsenden Ansprüche liegt darin, dass der Rückgängigmachung nach § 16 I Nr. 1 ein **gegenseitiges Einvernehmen** (dh ein freier Entschluss der Beteiligten oder ein vorbehaltenes Rücktritts- oder Wiederkaufsrecht) zugrunde liegt. Hier steht die Rückgängigmachung im freien Belieben der am GrGeschäft Beteiligten, so dass sie auch die zeitliche Begrenzung der aus § 16 folgenden Begünstigung von vornherein bei ihren Dispositionen berücksichtigen können (vgl. auch BFH II R 11/08, BStBl. II 2010, 498; für § 16 II Nr. 3 soll ebenfalls die Frist von zwei Jahren gelten, BFH II R 4/08, BFH/NV 2020, 1169 sowie → Rn. 89 ff.). § 16 I Nr. 2 verlangt hingegen einen **Rechtsanspruch** dahingehend, dass dieser ggf. auch **einseitig** (dh gegen den Willen des anderen an dem GrGeschäft Beteiligten) und idR erst aufgrund nachträglich eingetretener Umstände durchsetzbar ist (BFH II R 11/08, BStBl. II 2010, 498; II R 90/86, BFH/NV 1989, 728; vgl. auch Begr. GrEStG 1940, 411). Hier bedarf die Durchsetzung der Rückgängigmachung ggf. eines in seiner Dauer von den Beteiligten nicht beeinflussbaren Rechtsstreits, so dass § 16 I Nr. 2 folgerichtig auf eine zeitliche Begrenzung verzichtet. 16

Die **Ausübung eines vertraglich vorbehaltenen Rücktritts- oder Wiederkaufsrechts** ist zwar nur in § 16 I Nr. 1 angesprochen. Wird jedoch vertraglich ein vom nachträglichen Eintritt bestimmter Umstände (als solche kommen all jene in Betracht, die Vertragsbedingungen iSd § 16 I Nr. 2 sein können) abhängiges Rücktrittsrecht vereinbart, unterfällt dessen Ausübung **§ 16 I Nr. 2** (BFH II R 11/08, BStBl. II 2010, 498; vgl. auch BFH II R 6/81, BStBl. II 1983, 140; II R 1/97, BStBl. II 1999, 737; II R 90/86, BFH/NV 1989, 728). Dies gilt allerdings nur, sofern das entspr. Rücktrittsrecht **bereits bei Abschluss des GrGeschäfts** vorbehalten wurde; in diesem Fall bleibt ein zunächst vereinbartes befristetes Rücktrittsrecht dann bestehen, wenn unter dem Gesichtspunkt des Wegfalls der Geschäftsgrundlage ein Anspruch auf Fristverlängerung bestand (BFH II R 11/08, BStBl. II 2010, 498). Die nachträgliche Vereinbarung eines (ggf. neuen) Rücktrittsrechts unterfällt hingegen ausschließlich § 16 I Nr. 1; andernfalls ließe sich die in dieser Bestimmung normierte Zweijahresfrist unterlaufen (BFH X R 24/10, BStBl. II 2012, 498; krit. Behrens UVR 2011, 92). 17

§ 16 I macht die Rückgängigmachung – ebenso wenig wie § 16 II hinsichtlich eines Rückerwerbs – nicht von einer bestimmten formalen Gestaltung abhängig. Eine Rückgängigmachung bedarf daher keiner ausdrücklichen Aufhebung des vorausgegangenen Erwerbsvorgangs, sondern kann auch durch einen **schlichten Rückkauf** des Gr bewirkt werden (BFH II R 81/73, BStBl. II 1979, 249; Viskorf/Loose § 16 Rn. 34). Unverzichtbar ist jedoch die Erfüllung der – dazu nachfolgend – materiellen Anforderungen einer Rückgängigmachung. 18

Die FVerw fordert vor der Entscheidung über den Antrag aus § 16 I eine bereits erteilte **UB** zurück, um eine Eintragung des Erwerbers im Grundbuch bei nur vorgetäuschter Rückgängigmachung zu verhindern (vgl. zB OFD Hannover 23.3.1993 – Tz. 8 –, HEB 2024 GrEStG § 22 Rn. 8/10).

II. Rückgängigmachung im gegenseitigen Einvernehmen (§ 16 I Nr. 1)

19 **1. Zivilrechtliche Beseitigung des Rechtsvorgangs.** § 16 I Nr. 1 setzt eine Rückgängigmachung durch Vereinbarung oder aufgrund eines **vorbehaltenen Rücktritts- oder Wiederkaufsrechts** voraus. Erforderlich ist die **(zivil-)rechtlich wirksame Beseitigung des Rechtsvorgangs** (BFH II R 83/88, BFH/NV 1991, 267; II R 87/93, BFH/NV 1996, 577; II R 16/12, BStBl. II 2014, 42); es dürfen keine Bindungen von grestrechtlicher Bedeutung bestehen bleiben (zB BFH II R 171/84, BStBl. II 1986, 271; zu Einzelheiten → Rn. 28 ff.). Dabei macht § 16 I Nr. 1 die Rückgängigmachung weder von einer bestimmten formalen vertraglichen Gestaltung noch von bestimmten Gründen abhängig (zum schlichten Rückkauf vgl. → Rn. 18). Ein vorbehaltenes Rücktrittsrecht iSd § 16 I Nr. 1 ist ausschließlich ein solches, das jederzeit ohne Bindung an weitere Voraussetzungen ausgeübt werden kann (BFH II R 11/08, BStBl. II 2010, 498; zur Abgrenzung zum § 16 I Nr. 2 vgl. → Rn. 17). Bei einer **Vertragsübernahme oder** einem **Vertragsbeitritt** scheidet die Anwendung des § 16 I oder II auf den ursprünglichen Erwerbsvorgang von vornherein aus (FG Bremen 2 K 224/01, EFG 2003, 1403); dagegen kann bei einem Neuabschluss des Vertrags eine rechtlich beachtliche Rückgängigmachung vorliegen (vgl. auch → § 1 Rn. 107 f.).

20 Besondere praktische Bedeutung hat die Aufhebung eines GrKaufvertrags durch **Aufhebungsvertrag,** der bei einem für den Erwerber schon begründeten Anwartschaftsrecht uU nach § 311b I 1 BGB notarieller Beurkundung bedarf (zu Einzelheiten Grüneberg/Grüneberg BGB § 311b Rn. 40; BGH NJW 1993, 3323 und 1994, 3346; zur Heilung formnichtiger Aufhebungsverträge vgl. Grüneberg/Grüneberg BGB § 311b Rn. 52 mwN; zum Formerfordernis vgl. auch FM BW 7.8.2000, DB 2002, 2020 Tz. 1.1 = HEB 2024 GrEStG § 16 Rn. 21 ff.). Ob eine Vereinbarung auf die Aufhebung des Erwerbsvorgangs gerichtet ist, ist nach dem wahren übereinstimmenden Willen der Beteiligten (§§ 133, 157 BGB) zu ermitteln (BFH II R 92/67, BStBl. II 1972, 836). So kann sich zB eine als „Abänderung" eines GrÜbertragungsvertrags bezeichnete Vereinbarung bei sachgerechter Auslegung als Schuldumschaffung **(Novation),** dh als nach § 16 I Nr. 1 zu behandelnde Aufhebung des alten und Begründung eines neuen Schuldverhältnisses darstellen (BFH II R 92/67, BStBl. II 1972, 836; vgl. auch BFH II R 15/01, BFH/NV 2003, 818). Unbeachtlich ist eine **„Vertragsaufhebung",** die sich als Scheingeschäft (§ 117 I BGB; § 42 I 1 AO) darstellt (BFH II R 42/92, BFH/NV 1995, 924) oder die den GrÜbereignungsanspruch in der Person eines vom Käufer benannten Dritten begründet. Die zivilrechtliche Beseitigung eines Rechtsvorgangs tritt, sofern der Aufhebungsvertrag unter Beteiligung eines vollmachtlosen Vertreters erfolgt, erst mit Genehmigung nach § 177 I BGB ein (BFH II R 60/04, BFH/NV 2006, 1700).

21 Beim Erwerb im **Zwangsversteigerungsverfahren** liegt eine Rückgängigmachung iSd § 16 I Nr. 1 vor, wenn das Meistgebot im Zwangsversteigerungsverfahren vor Zuschlagerteilung an den bisherigen Eigentümer abgetreten wird (BFH II R 184/81, BStBl. II 1985, 261; HessFG II R 184/81, EFG 1963, 21). Ebenso ist § 16 I Nr. 1 auf die Erklärung des Meistbietenden anzuwenden, er habe das im eigenen Namen abgegebene Meistgebot für den bisherigen Eigentümer abgegeben (RFH RStBl. 1929, 207).

In entspr. Anwendung des § 16 I Nr. 1 ist – insoweit der Behandlung auflösend bedingter Erwerbsvorgänge nicht unähnlich (→ Rn. 7 ff.) – auch das Erlöschen eines grbezogenen Übereignungsanspruchs durch **Bewirkung einer anderen Leistung** (nämlich Abtretung der Rechte und Ansprüche aus anderen Kaufverträgen) der **Aufhebung** eines § 1 I Nr. 1 erfüllenden Rechtsgeschäfts **gleichzustellen** (BFH II R 48/06, BFH/NV 2008, 1524).

Der Vereinbarung der Rückgängigmachung steht nach § 16 I Nr. 1 die Aus- 22
übung eines **vorbehaltenen Rücktrittsrechts (§ 346 BGB) oder Wiederkaufsrechts (§ 497 BGB)** gleich. Die Einräumung derartiger Rechte hängt vom Ermessen der Beteiligten ab. Soweit ein vorbehaltenes Rücktritts- oder Wiederkaufsrecht für den Fall der Nichterfüllung von Vertragsbedingungen eingeräumt ist, kommt bei Rückgängigmachung des Erwerbsvorgangs ggf. auch die Anwendung von § 16 I Nr. 2 in Betracht (→ Rn. 17, 19).

einstweilen frei 23–27

2. Vollständige Rückgängigmachung. § 16 I verlangt darüber hinaus auch 28
eine **vollständige Rückgängigmachung (Vertragsaufhebung)** des Erwerbsvorgangs. Dieses Erfordernis verhindert Gestaltungen, die nicht auf eine umfassende Rückgängigmachung gerichtet und allein durch das Ziel bestimmt sind, grestrechtliche Vorteile zu erlangen. So kann § 16 I nicht auf – ggf. ausdrücklich als „Rückgängigmachung" bezeichnete – Vereinbarungen angewendet werden, die sich bürgerlich-rechtlich als bloße **Vertragsänderung** darstellen (vgl. BFH II R 148/87, BFH/NV 1991, 413 für den Fall der Aufhebung eines GrKaufvertrags und einen sich daran unmittelbar anschließenden Abschluss eines neuen Kaufvertrags zwischen denselben Beteiligten über dasselbe Gr; ähnlich FG Hamburg II 5/84, EFG 1987, 577).

An einer vollständigen Rückgängigmachung fehlt es auch, wenn die „Rück- 29
gängigmachung" eines Vertrags im Zusammenhang mit einem **„Neuabschluss"** eines weiteren Vertrags an Bedingungen geknüpft ist, durch die der Veräußerer im Ergebnis an den „aufgehobenen" Vertrag gebunden bleibt (FG München IV 31/81, EFG 1982, 364; FG Bln I 327/90, EFG 1993, 538). Ebenso zu beurteilen sind die in der Praxis häufigen Vertragsänderungen durch teilweisen **Wegfall, Austausch oder „Beitritt" von Erwerbspersonen** (vgl. auch → § 1 Rn. 99). Wird zB anstelle eines zunächst als Alleinerwerber aufgetretenen Ehegatten im Wege der Vertragsänderung ein Erwerb beider Ehegatten je zur ideellen Hälfte vereinbart, ist die Vertragsänderung keine Rückgängigmachung des ersten Erwerbsvorgangs (BFH II R 131/74, BStBl. II 1977, 253; vgl. auch Schuhmann UVR 1990, 209). Bei dem Erwerb durch eine **Bruchteilsgemeinschaft** kann die Auswechslung nur eines Mitgläubigers aufgrund der teilweise fortbestehenden Identität der Erwerberseite und der fortbestehenden Bindung des Veräußerers an den ersten Erwerbsvorgang dessen Rückgängigmachung nicht herbeiführen. Eine solche kann in derartigen Fällen überhaupt nur in Betracht kommen, soweit der Erwerbsvorgang mit der Bruchteilsgemeinschaft insgesamt rückgängig gemacht wird (eingehend Klose DStZ 1991, 525). Bei den vorgenannten „missglückten" Vertragsaufhebungen ergeben sich nicht selten steuerliche Mehrbelastungen, die bei einer direkten Weiterveräußerung eines Gr vom Erst- auf den Zweiterwerber entfielen (vgl. → Rn. 12).

3. Tatsächliche (wirtschaftliche) Rückgängigmachung. Den Anforde- 30
rungen des § 16 I ist unter Berücksichtigung des systematischen Verhältnisses zu den Steuertatbeständen des § 1 nur genügt, wenn über die zivilrechtliche **(formale)** Aufhebung des den jeweiligen Steuertatbestand erfüllenden Rechtsgeschäfts hinaus auch eine **tatsächliche** (wirtschaftliche) Rückgängigmachung

erfolgt. Die diese Anforderungen umschreibende Formel der BFH-Rspr. (→ Rn. 13) macht deutlich, dass die Beteiligten auch das wirtschaftliche Ergebnis des Erwerbsvorgangs wieder beseitigen und sich so stellen müssen, als sei dieser nicht zustande gekommen (zB BFH II R 53/03, BStBl. II 2005, 495; II R 36/07, BStBl. II 2008, 882; II B 67/05, BFH/NV 2006, 615; II B 123/11, BFH/NV 2013, 255; II R 9/12, BStBl. II 2014, 588; II R 10/16, BStBl. II 2019, 176).

Eine Versagung des Anspruchs aus § 16 wegen fehlender tatsächlicher Rückgängigmachung erfordert grds. **keinen Rückgriff auf § 42 AO.** Die gegenteilige frühere Rspr. (BFH II R 132/66, BStBl. II 1970, 22; zur Entwicklung der Rspr. Viskorf DStR 1988, 205) wurde aufgegeben (BFH II R 163/71, BStBl. II 1977, 87; II R 131/74, BStBl. II 1977, 253). Dieser Wandel der dogmatischen Grundlagen ist bei der Heranziehung früherer BFH-Rspr. zu berücksichtigen. Die Anwendung des § 42 AO kommt allerdings für Fallgestaltungen in Betracht, in denen **Dritte** an der Rückgängigmachung eines Erwerbsvorgangs beteiligt sind (→ Rn. 48 f.).

31 **a) Anforderungen an tatsächliche Rückgängigmachung.** Eine tatsächliche (wirtschaftliche) Rückgängigmachung liegt vor, wenn die ursprünglichen Vertragspartner nach den vorstehenden Grundsätzen **sämtliche Wirkungen** aus dem Erwerbsvorgang **aufheben** und sich so stellen, als ob dieser nicht zustande gekommen wäre (zur Beteiligung Dritter vgl. → Rn. 48 f.). Der Veräußerer muss mithin aus seiner Übereignungspflicht entlassen werden (BFH II R 33/68, BStBl. II 1974, 362). Nur wenn der Veräußerer seine ursprüngliche Rechtsstellung deshalb nicht wieder erlangt, weil trotz formeller Vertragsaufhebung dem Erwerber die Möglichkeit der Verfügung über das Gr verbleibt, steht dies der erforderlichen tatsächlichen Rückgängigmachung entgegen (BFH II R 12/01, BStBl. II 2003, 770 mwN); zur Weiterveräußerung des Gr im Zusammenhang mit der Rückgängigmachung vgl. → Rn. 34 ff.

Die tatsächliche (wirtschaftliche) Rückgängigmachung ist nach **objektiven Kriterien** zu beurteilen. Entscheidend ist nicht die bloße Absicht der Rückgängigmachung, sondern ihr **tatsächlicher Vollzug** (BFH II B 115/00, BFH/NV 2002, 69; II B 143/02, BFH/NV 2004, 368 jew. mwN). Fehlt es daran, scheidet die Anwendung des § 16 ohne Rücksicht auf die der Rückabwicklung entgegenstehenden (tatsächlichen oder rechtlichen) Gründe aus (BFH II R 119/80, BStBl. II 1982, 425; II B 139/95, BFH/NV 1997, 61).

Verfahrensrechtlich kommt dem Erwerber hinsichtlich der für die Anwendung des § 16 I maßgeblichen tatsächlichen Voraussetzungen eine **erhöhte Mitwirkungspflicht** zu (BFH II R 171/84, BStBl. II 1986, 271). Er trägt auch die **objektive Beweislast (Feststellungslast)** hinsichtlich der tatsächlichen Voraussetzungen des § 16 (BFH II R 171/84, BStBl. II 1986, 271 mwN). Dies betrifft insb. die für die Beurteilung der Interessenlage der Vertragspartner maßgebenden Tatsachen.

32 **Einzelfragen.** Der **Veräußerer** muss nicht nur aus seiner Übereignungspflicht schlechthin entlassen werden, sondern auch seine durch den Erwerbsvorgang begründeten Ansprüche (insb. seinen Kaufpreisanspruch aus § 433 II BGB) verlieren; ihm vom Erwerber ggf. bereits erbrachte Leistungen sind zurückzugewähren (BFH II R 33/68, BStBl. II 1974, 362; II B 139/95, BFH/NV 1997, 61). Dem ist nicht genügt, wenn zwar die GrKaufvertrag aufgehoben wird, doch der Kaufpreis in ein Darlehen des Käufers umgewandelt wird (FG München 4 K 124/20, DStRE 2022, 675). Das bedeutet im Einzelnen:

Der **Veräußerer** muss wieder die **uneingeschränkte Verfügungsmöglichkeit** über das Gr erlangen. Er muss das Gr insb. wieder in Besitz nehmen, die

GrKosten tragen, die Nutzungen hieraus ziehen und somit in seinem gesamten wirtschaftlichen Gehalt verwerten können (BFH II 141/64, BStBl. II 1969, 630; II R 86/90, BStBl. II 1994, 413; II B 139/95, BFH/NV 1997, 61). Einschränkungen der Verfügungsmacht des Veräußerers aufgrund bestehenbleibender **Grundpfandrechte,** die nach der im Kaufvertrag getroffenen Vereinbarung der Sicherung von **Darlehensforderungen Dritter** gegen Käufer dienen, schließen die Rückgängigmachung aus (BFH II R 55/97, BFH/NV 1999, 1376).

Auch unabhängig vom zivilrechtlich beseitigten Anspruch auf GrÜbereignung bestehenbleibende **Rechtspositionen des Erwerbers** sind **zu beseitigen** (zur Zweijahresfrist iSd § 16 I Nr. 1 vgl. → Rn. 55 f.). Dazu gehört insb. die Löschung einer zu seinen Gunsten eingetragenen **Auflassungsvormerkung;** BFH II 87/64, BStBl. II 1969, 556; II R 12/01, BStBl. II 2003, 770; II R 53/03, BStBl. II 2005, 495; II R 36/07, BStBl. II 2008, 882; II B 139/95, BFH/NV 1997, 61; II R 38/05, BFH/NV 2007, 498; II R 38/20, BStBl. II 2023, 1018), weil diese die Verkehrsfähigkeit des Gr unabhängig vom Fortbestand des zivilrechtlichen Übereignungsanspruchs beschränkt. Den Anforderungen des § 16 I ist allerdings schon genügt, wenn bei bereits bewilligter Löschungsbewilligung und dem Grundbuchamt **vorliegendem Eintragungsantrag** lediglich noch die Eintragung der Löschung aussteht. Statt der Löschung der Auflassungsvormerkung reicht es auch aus, wenn der vormerkungsberechtigte Erwerber dem GrEigentümer eine der GBO entspr. **Löschungsbewilligung** erteilt und der Veräußerer von dieser **frei und unbeeinflusst** durch den Vormerkungsberechtigten Gebrauch machen kann (BFH II R 36/07, BStBl. II 2008, 882; II R 38/05, BFH/NV 2007, 498; VII R 5/19, BStBl. II 2022, 484; II R 38/20, BStBl. II 2023, 1018). Diesen Anforderungen wird allerdings nicht genügt, wenn der Erwerber noch Einfluss auf die Stellung des Löschungsantrags nehmen kann. Die **Löschungsbewilligung** reicht nicht aus, wenn die Rückzahlung des Kaufpreises noch aussteht und der ursprüngliche Verkäufer noch – wie von § 16 I Nr. 1 gefordert – **nicht frei über das Gr verfügen kann** (BFH II R 38/20, BStBl. II 2023, 1018). Liegen die vorgenannten Voraussetzungen nicht vor und ist damit § 16 I nicht Genüge getan, sind die Gründe, aufgrund derer es bei der Eintragung der Auflassungsvormerkung bleibt, ohne Bedeutung (zutr. Hofmann/Märker § 16 Rn. 18; aA FG Bbg 3 K 2471/99, EFG 2002, 423). Entsprechende Anforderungen gelten auch, wenn der Erwerber selbst aufgrund des Erwerbsvorgangs eine Berechtigung aus zu seinen Gunsten eingetragenen Grundpfandrechten am KaufGr erlangt hat.

Der Veräußerer hat grds. einen vom Erwerber bereits gezahlten **Kaufpreis** **33**
(bzw. eine Kaufpreisanzahlung) zurückzuzahlen (BFH II B 139/95, BFH/NV 1997, 61). Die Rückzahlung kann auch im Wege einer **Aufrechnung** mit einer Gegenforderung des GrVerkäufers erfolgen (BFH II B 61/07, BFH/NV 2008, 1698). Für die Rückzahlungspflicht gelten allerdings gewisse Einschränkungen: Die Rückzahlung ist ausnahmsweise nicht erforderlich, wenn der **GrEigentümer dazu** (zB aufgrund **Insolvenz) nicht in der Lage ist** (BFH II R 38/05, BFH/NV 2007, 498). Einer Rückgängigmachung steht es auch nicht entgegen, wenn der Käufer dem Verkäufer einen Teil des Kaufpreises deshalb belässt, um aus dem Vertrag freizukommen (BFH II 194/57 U, BStBl. III 1961, 163; II R 171/84, BStBl. II 1986, 271; Hofmann/Märker § 16 Rn. 27). Die Feststellungslast für diese Ausnahmefälle trägt der Erwerber. Die Annahme, es bedürfe für eine Rückgängigmachung iSd § 16 generell keiner Rückgewähr des vom Käufer bereits gezahlten Kaufpreises (so offenbar Behrens/Schmitt UVR 2008, 370 (375 f.)), trifft nicht zu. Gewährt der Veräußerer dem Käufer nicht nur den gezahlten Kaufpreis zurück,

sondern zahlt er dem Käufer für dessen Einwilligung in die Rückgängigmachung auch noch eine **Entschädigung,** berührt dies den Anspruch aus § 16 I nicht (BFH II 194/57 U, BStBl. III 1961, 163; Hofmann/Märker § 16 Rn. 28). Den Erfordernissen tatsächlicher Rückgängigmachung ist auch genügt, wenn der Erstkäufer nach Zahlung des Kaufpreises von dem Kaufvertrag loskommen will und sodann von dem an seine Stelle eingetretenen Zweitkäufer den Kaufpreis erhält (NdsFG EFG III 542/87, 1993, 97).

Der Veräußerer muss ferner das Gr auch wieder in **Besitz** nehmen, die **GrLasten** tragen und auch selbst wieder die **Nutzungen** aus dem Gr ziehen (BFH II B 139/95, BFH/NV 1997, 61).

Dem **Erwerber** darf keine tatsächliche oder rechtliche Möglichkeit verbleiben, bei der Weiterveräußerung des Gr an einen Dritten seine (ihm als Ausfluss der **aufgrund des Erwerbsvorgangs** erlangten **Rechtsposition** verbliebenen, vgl. → Rn. 21 ff.) wirtschaftlichen Interessen an dem Gr zu verwirklichen bzw. abzusichern (BFH II R 123/85, BStBl. II 1988, 296; BStBl. II 1994, 413; II B 142/92, BFH/NV 1994, 56). Diese Rechtsposition muss **nicht** etwa eine solche sein, die dem GrErwerber eine **Verwertungsbefugnis (§ 1 II)** vermittelt (BFH II R 35/08, BFH/NV 2010, 2301; unzutr. Behrens/Schmitt UVR 2008, 370 (371)). Der Fortbestand einer dem Erwerber verbliebenen Rechtsposition kann sich zB darin zeigen, dass der Veräußerer das Gr im Interesse des (ersten) Erwerbers weiterveräußert (BFH II R 86/90, BStBl. II 1994, 413; zu Einzelfragen nachfolgend) oder dass sich der Erwerber verpflichtet, für alle Verpflichtungen aus dem neuen (zweiten) Kaufvertrag persönlich einzustehen (FG Münster 8 K 480/95 GrE, EFG 2002, 938).

34 **b) Weiterveräußerung des Grundstücks und Erwerberinteresse.** Schwierigkeiten bereitet die Feststellung einer tatsächlichen Rückgängigmachung, soweit in zeitlichem oder wirtschaftlichem Zusammenhang mit einer formal umfassenden Aufhebung eines Erwerbsvorgangs **erneut unter Beteiligung des Erwerbers** über das Gr **verfügt** wird (zur Problematik auch Behrens/Schmitt UVR 2008, 370). Die Weiterveräußerung des Gr im Zusammenhang mit der Rückgängigmachung des vorigen Erwerbsvorgangs führt für sich allein nicht zum Ausschluss des § 16 I. Die zur Weiterveräußerung eines Gr entwickelten Grundsätze gelten auch, wenn der mit einer **grverwaltenden PersGes** geschlossene Kaufvertrag in der Weise durch Aufhebung des GrKaufvertrags „rückgängig" gemacht wird, dass nunmehr der Ersterwerber bzw. eine von ihm beherrschte Gesellschaft sämtliche **Anteile** der grverwaltenden PersGes erwirbt (BFH II R 9/12, BStBl. II 2014, 588).

Im **Grundsatz** kommt es auch in Weiterveräußerungsfällen entscheidend darauf an, ob der Veräußerer – den allgemeinen Anforderungen an eine Rückgängigmachung entsprechend, vgl. → Rn. 13) – aus den gegenüber dem Ersterwerber eingegangenen Bindungen entlassen war (zB BFH II R 18/05, BStBl. II 2007, 726; II R 8/05, BFH/NV 2007, 273). Dabei sind allein die **Rechtsbeziehungen** zwischen den **ursprünglichen Vertragsbeteiligten** maßgebend. Da die Anwendung des § 16 nur den „rückgängig" gemachten Erwerbsvorgang betrifft, ist es unerheblich, unter welchem Gesichtspunkt die Weiterveräußerung des Gr zu besteuern ist (BFH II R 12/01, BStBl. II 2003, 770; II R 60/04, BFH/NV 2006, 1700). Es kommt insb. nicht darauf an, ob die Veräußerung des Gr an den Dritten nach § 1 I Nr. 5 und Nr. 7 steuerbar ist (Kilches DVR 1986, 75; Viskorf DStR 1988, 206; anders noch BFH II R 33/68 BStBl. II 1974, 362; II R 123/85,

BStBl. II 1988, 296). Eine Anwendung des § 16 I scheidet auch nicht erst dann aus, wenn der Ersterwerber eine Rechtsposition iSd § 1 II an dem weiterveräußerten Gr innehat (vgl. → Rn. 33, 38). Der Steuerschuldner hat die objektive Beweislast, dass die tatsächlichen Voraussetzungen für die Nichtfestsetzung der Steuer oder Aufhebung der Steuerfestsetzung nach § 16 Abs. 1 Nr. 1 erfüllt sind (BFH II R 16/12, BStBl. II 2014, 42 mwN). Meines Erachtens ist die Entscheidung des FG Köln (5 K 308/22, EFG 2023, 158, Rev. BFH II R 24/23) aufgrund der hier dargelegten Umstände gut vertretbar.

„Prüfungsschema“. Unter Berücksichtigung des sachlichen Zusammenhangs **35**
von § 16 mit § 1 (vgl. → Rn. 14) ist in Weiterveräußerungsfällen nach folgendem „Prüfungsschema“ eine tatsächliche **Rückgängigmachung ausgeschlossen** (vgl. BFH II R 12/01, BStBl. II 2003, 770; II R 18/05, BStBl. II 2007, 726; II R 60/04, BFH/NV 2006, 1700; II R 8/05, BFH/NV 2007, 273; III R 7/07, BFH/NV 2008, 403; II R 42/11, BFH/NV 2012, 1486), wenn
- dem **Ersterwerber** trotz der Vertragsaufhebung (in „Fortwirkung“ des ursprünglichen Erwerbsvorgangs) die Möglichkeit der Verwertung einer aus dem „rückgängig“ gemachten Erwerbsvorgang herzuleitenden **Rechtsposition verblieben** (und der Veräußerer dementsprechend nicht aus seinen Bindungen entlassen) war (→ Rn. 36 ff.),
- der Ersterwerber von der ihm verbliebenen **Rechtsposition** auch **tatsächlich** im Zusammenhang mit der Weiterveräußerung **Gebrauch gemacht** hat (→ Rn. 42) und
- diese Verwertung im **eigenen (wirtschaftlichen) Interesse** des Ersterwerbers erfolgt ist (→ Rn. 43 ff.).

Die vorstehenden Merkmale schließen die Anwendung des § 16 I aus, wenn sie **kumulativ** – und **nicht** lediglich **alternativ** – vorliegen. Fehlt es zB im Zusammenhang mit einer Weiterveräußerung an dem Fortbestand einer grestrechtlich relevanten Rechtsposition des Erwerbers aus dem Erstvertrag oder wird eine solche von ihm bei der Weiterveräußerung tatsächlich nicht ausgeübt, ist eine tatsächliche Rückgängigmachung zu bejahen (vgl. zB BFH II R 12/01, BStBl. II 2003, 770; II R 97/93, BFH/NV 1996, 260; II R 31/09, BFH/NV 2011, 306).

aa) Verwertungsmöglichkeit einer Rechtsposition. Eine dem Erwerber **36**
verbliebene **Rechtsposition** kann jede sein, die der Erwerber aus dem „rückgängig“ gemachten Erwerbsvorgang erworben hat. Eine solche ist selbstverständlich der aus dem Erwerbsvorgang verbliebene Übereignungsanspruch. In Betracht kommt aber auch jede sonstige Rechtsposition, sofern sie nur unmittelbar auf dem „rückgängig“ gemachten Erwerbsvorgang beruht. Eine solche kann sich zB daraus ergeben, dass der Erwerber einen vom Verkäufer nicht erfüllten Anspruch auf Kaufpreisrückzahlung hat oder der Erwerber das Gr weiterhin in Besitz hat sowie die Nutzungen daraus zieht (vgl. zB BFH II R 60/04, BFH/NV 2006, 1700). Ferner kann Grundlage einer Rechtsposition des (Erst-)Erwerbers eine zu seinen Gunsten eingetragene **Auflassungsvormerkung** (zu ihrer Beseitigungspflicht → Rn. 32) sein. Ist diese im Zeitpunkt der Weiterveräußerung nicht gelöscht und zuvor auch noch keine Löschungsbewilligung erteilt, verbleibt dem Erwerber eine für § 16 I beachtliche Rechtsposition (zB BFH II B 165/03, BFH/NV 2005, 2049; II B 152/04, BFH/NV 2006, 127). Dies gilt insb. dann, wenn die Löschungsbewilligung – erst – zeitgleich mit der Weiterveräußerung in derselben oder aufeinanderfolgenden Urkunden (dazu nachfolgend) erteilt wird (zB BFH II R 36/07, BStBl. II 2008, 882).

37 Eine dem ursprünglichen Erwerber verbliebene Verwertungsmöglichkeit kann sich auch aus der **Vertragsgestaltung** ergeben, durch die die Weiterveräußerung erfolgt. So behält der Erwerber eine grestrechtlich relevante Rechtsposition, wenn die **Aufhebung des tatbestandserfüllenden Rechtsgeschäfts und** das die **Weiterveräußerung betr. Rechtsgeschäft** in einer **einzigen Vertragsurkunde** zusammengefasst sind (BFH II R 16/12, BStBl. II 2014, 42; II R 8/05, BFH/NV 2007, 273; III R 7/07, BFH/NV 2008, 403; II R 35/08, BFH/NV 2010, 2301; II R 31/09, BFH/NV 2011, 306; II R 9/12, BStBl. II 2014, 588; II R 10/16, BStBl. II 2019, 176). In diesem Fall kann der Erwerber auf die Auswahl des (Zweit-)Erwerbers Einfluss nehmen und der Veräußerer seine ursprüngliche Rechtsstellung nicht zurückerlangen. In diesem Fall wird der Veräußerer aus seiner Übereignungsverpflichtung erst erlassen, indem er bereits wieder an den Zweiterwerber gebunden ist (BFH II R 9/12, BStBl. II 2014, 588; II R 10/16, BStBl. II 2019, 176).

Dem steht der Fall gleich, dass Aufhebungs- und Weiterveräußerungsvertrag **in aufeinanderfolgenden Urkunden** abgeschlossen werden (BFH II R 18/05, BStBl. II 2007, 726; III R 7/07, BFH/NV 2008, 403; II R 31/09, BFH/NV 2011, 306; II R 42/11, BFH/NV 2012, 1486; FG Hmb 3 K 171/19, DStRE 2019, 752). Der Erwerber behält eine aus dem (Erst-)Erwerb erwachsene Rechtsposition (zB Auflassungsvormerkung) auch, wenn die Verkäufer beim gleichzeitigen Abschluss von Aufhebungsvertrag und Weiterveräußerungsvertrag jeweils **vollmachtlos vertreten** wurden. Hier behält der Ersterwerber die aus dem ursprünglichen Kaufvertrag erworbene Rechtsposition jedenfalls bis zur Genehmigung des Aufhebungsvertrags (BFH II R 35/08, BFH/NV 2010, 2301); ebenso verbleibt dem Ersterwerber eine Verwertungsmöglichkeit seiner Rechtsposition beim Abschluss des neuen Kaufvertrags, wenn der neue Kaufvertrag mit dem Zweiterwerber zivilrechtlich erst nach dem Aufhebungsvertrag wirksam wird (BFH II R 35/08, BFH/NV 2010, 2301).

Dem Ersterwerber verbleibt eine Verwertungsmöglichkeit auch dann, wenn in **einer Urkunde** der GrKaufvertrag aufgehoben wird und er sodann die **Anteile der grveräußernden Gesellschaft** (PersGes oder KapGes) selbst **erwirbt** oder auf einen von ihm bestimmten Dritten überträgt (BFH II R 9/12, BStBl. II 2014, 588). Gleiches dürfte auch dann gelten, wenn die Klägerin zunächst ein Gr von der A-GmbH erwirbt, später den Erwerb des Gr rückgängig macht und stattdessen die Gesellschaftsanteile an der A-GmbH zu 94 % auf P-BV und zu 6 % auf die E-BV überträgt (BFH II R 10/16, BStBl. II 2019, 176; s. a. Joisten DStZ 2017, 202). Aufhebung und Neuabschluss des Vertrags sind zwar nicht nach § 1 IIa oder III steuerbar. Entscheidend ist aber, dass Aufhebung und Neuabschluss des Vertrags nur aufgrund der von der Klägerin mit dem Erstabschluss erreichten Beteiligung möglich wurden.

38 Erst recht hat der Erwerber eine solche Rechtsposition, wenn er die Möglichkeit der **Verwertung des Gr (§ 1 II)** – die ihrerseits aber nicht Voraussetzung für das Vorhandensein einer dem Erwerber verbliebenen Rechtsposition ist (→ Rn. 33) – erlangt hat. Das kann zB dann der Fall sein, wenn dem Erwerber ein Käuferbenennungsrecht eingeräumt ist oder ihm ein Anspruch auf den aus der Weiterveräußerung entstehenden etwaigen Mehrerlös zusteht (BFH II R 86/90, BStBl. II 1994, 413; II B 142/92, BFH/NV 1994, 56; XI B 41/00, BFH/NV 2001, 204).

39 Auch eine im Vergleich zur Verwertungsbefugnis **schwächere Rechtsposition des Erwerbers** kann dem Veräußerer die Möglichkeit nehmen, den wirt-

schaftlichen Gehalt seines Gr (erneut) zu verwerten (BFH II R 35/08, BFH/NV 2010, 2301; Viskorf DStR 1988, 206; vgl. → Rn. 33). Dafür genügt es, wenn der Veräußerer seine ursprüngliche Rechtsstellung zB deshalb nicht zurückerlangt, weil er – ohne dass eine Verwertungsbefugnis des Erwerbers gegeben ist – das Gr bereits vor dem Rücktritt des Erwerbers vom Vertrag auf dessen Veranlassung und in dessen Interesse an einen Dritten veräußert (BFH II R 86/90, BStBl. II 1994, 413). Dies gilt auch, wenn der durch notarielle Vollmacht ermächtigte Käufer zu notarieller Urkunde die Vertragsaufhebung erklärt und gleichzeitig namens des Verkäufers das Gr an einen von ihm ausgewählten Interessenten verkauft (BFH II R 95/68, BStBl. II 1974, 771). Ebenso verbleibt dem vormerkungsgesicherten Ersterwerber und gleichzeitigen Grundpfandrechtsgläubiger die Verwertungsmöglichkeit einer verbliebenen Rechtsposition, wenn er einen Weiterverkauf des Gr mit der Maßgabe der Kaufpreiszahlung an ihn hinnimmt und die Löschung der Vormerkung erst nach Prüfung der Verträge über den Zweiterwerb bewilligt (BFH XI B 41/00, BFH/NV 2001, 204).

Schließlich wird eine Rückgängigmachung auch dann regelmäßig nicht anzuerkennen sein, wenn sie im Zusammenhang mit der Weiterveräußerung des Gr einem schon **vorgefassten Plan** folgt. Dazu gehört zB der als solcher beabsichtigte „Vorratserwerb“, durch den ein Gr letztlich einem Dritten – der das Gr sodann gleichzeitig mit der Aufhebung des (ersten) Erwerbsvorgangs erwirbt – gesichert werden soll (FG BW IX 347/81, EFG 1985, 405; ähnlich schon BFH II 216/52 U, BStBl. III 1954, 21). Aus der Sicht des § 16 I kann bei solchen Gestaltungen eine Rückgängigmachung selbst dann nicht anerkannt werden, wenn auch der Veräußerer – neben dem Erwerber – an der Weiterveräußerung des Gr interessiert ist.

Auch bei **personeller oder wirtschaftlicher Verflechtung** zwischen der Erwerberseite (Erst- und Zweitkäufer) und/oder dem Veräußerer scheidet eine tatsächliche Rückgängigmachung nur aus, wenn der Ersterwerber die Möglichkeit der Verwertung einer aus dem ursprünglichen Erwerbsvorgang folgenden Rechtsposition verblieben war. Der Umstand, dass ein Gesellschafter mit der Rückgängigmachung eines von ihm mit der Gesellschaft geschlossenen Vertrags und der anschließenden Weiterveräußerung des Gr die Interessen der Gesellschaft wahrt, steht für sich allein einer tatsächlichen Rückgängigmachung nicht entgegen (insoweit zutr. FG RhPf 4 K 70/88, EFG 1990, 376). Erlangt der Veräußerer seine „freie“ Rechtsstellung zurück, steht eine gesellschaftsrechtliche Verbindung zwischen Veräußerer und Ersterwerber der tatsächlichen Rückgängigmachung nicht entgegen (BFH II R 97/93, BFH/NV 1996, 260; FG Hmb I 174/99, EFG 2000, 1088). Dies muss grds. auch in Fällen einer zB **gesellschaftsvertraglichen Verbindung zwischen Erst- und Zweitkäufer** gelten (insoweit unzutr. FG Hmb I 174/99, EFG 2000, 1088). In diesen Fällen bedarf es jedoch sorgfältiger Prüfung, ob nicht der Ersterwerber zur Absicherung seines auf Erwerb durch den Zweitkäufer gerichteten Interesses eine Verwertungsmöglichkeit am Gr verblieben ist (so zB FG Köln 5 K 4668/98, UVR 2000, 398 mAnm Herlinghaus). **40**

Ob für den Erwerber die Möglichkeit zur Verwertung einer ihm aus dem Erwerbsvorgang verbliebenen Rechtsposition bestand, ist aufgrund einer Gesamtwürdigung aller Umstände konkret festzustellen (BFH II R 12/01, BStBl. II 2003, 770; II R 8/05, BFH/NV 2007, 273); bloße Vermutungen über ein wirtschaftliches Interesse des Erwerbers am weiteren Schicksal des Gr reichen keinesfalls aus. Anhaltspunkte für eine dem Erwerber verbliebene Rechtsposition können sich etwa aus einer von der Käuferseite ausgehenden Initiative zur Rückgängigma- **41** chung und Weiterveräußerung, der sich der GrVeräußerer untergeordnet hat, dem erkennbaren wirtschaftlichen Eigeninteresse der Käuferseite sowie aus dem äußeren, insb. zeitlichen Geschehensablauf ergeben (BFH II B 85/00, BFH/NV 2001, 1605). Unerheblich ist dabei, ob ein Dritter (zB ein Grundpfandgläubiger) bei der Weiterveräußerung einen (mit-)entscheidenden Einfluss ausübt (BFH II B 120/00, BFH/NV 2002, 1170).

42 **bb) Tatsächliche Verwertung.** Der Erwerber muss von der ihm verbliebenen Rechtsposition im Zusammenhang mit der Weiterveräußerung **tatsächlich Gebrauch gemacht** haben (BFH II R 12/01, BStBl. II 2003, 770; II R 31/09, BFH/NV 2011, 306). Dieses Merkmal dient in erster Linie der Abgrenzung zu Fallgestaltungen, in denen – den Anforderungen des § 16 I genügend – die „Auswechselung" des Käufers allein aufgrund des Verlangens des Verkäufers nach Stellung eines Ersatzkäufers erfolgt (vgl. → Rn. 43 f.) oder der Erwerber ausschließlich im Interesse eines Dritten (→ Rn. 48 f.) handelt. Ob ein Erwerber eine ihm verbliebene Rechtsposition tatsächlich ausübt, ist unter Berücksichtigung der getroffenen Vereinbarungen über die Aufhebung des ursprünglichen Erwerbsvorgangs bzw. des Weiterveräußerungsvertrags konkret festzustellen. Ausreichend ist insoweit jede Art der Einflussnahme des (Erst-)Erwerbers auf Inhalt und Durchführung des Weiterveräußerungsvertrags (vgl. zB BFH II R 60/04, BFH/NV 2006, 1700; II R 35/08, BFH/NV 2010, 2301).

43 **cc) Eigenes (wirtschaftliches) Interesse.** Die tatsächliche Verwertung einer dem (Erst-)Erwerber verbliebenen Rechtsposition im eigenen (wirtschaftlichen) Interesse wirft die wohl schwierigsten Abgrenzungsfragen auf. Das eigene (wirtschaftliche) Interesse des (Erst-) Erwerbers ist **kein eigenständiges Merkmal** des § 16 I (BFH II R 12/01, BStBl. II 2003, 770). Es indiziert nicht etwa den Fortbestand einer dem Erwerber verbliebenen Rechtsposition, sondern setzt eine solche voraus (BFH II R 12/01, BStBl. II 2003, 770; II R 60/04, BFH/NV 2006, 1700). Insbesondere lässt die Interessenlage des Erwerbers keine Aussage darüber zu, ob dieser im Zusammenhang mit der Weiterveräußerung tatsächlich eine Rechtsposition aus dem Erstvertrag verwertet. Dabei wird das für § 16 I schädliche eigene Interesse des (Erst-)Erwerbers **zwar** idR ein **wirtschaftliches** sein. Ausreichend ist jedoch auch ein anderweitiges **ideelles** – zB nur in der Person des Zweiterwerbers begründetes – **Interesse.**

44 Ein für § 16 I schädliches **eigenes (wirtschaftliches) Interesse** liegt vor, wenn die Einflussnahme des Ersterwerbers auf die Weiterveräußerung **Ausfluss einer ihm verbliebenen Rechtsposition ist** (BFH II R 9/12, BStBl. II 2014, 588; II R 10/16, BStBl. II 2019, 176). Sie liegt zB vor, wenn er bei der Vertragsaufhebung darüber bestimmen kann, wer die Anteile an dieser Gesellschaft erwirbt (BFH II R 10/16, BStBl. II 2019, 176). Ausreichend ist, wenn bei der Aufhebung des Vertrags der Ersterwerber als **Zwischenhändler** auftritt – also zB gegen Entgelt die Beschaffung und Vermittlung von Gr und weiteren Geschäftsbesorgungen im Zusammenhang mit dem GrErwerb durch die Zweiterwerber übernommen hat – und wie ein Veräußerer das Gr an einen **Dritten weiterverkaufen lässt** (BFH II R 86/90, BStBl. II 1994, 413; II B 170/05, BFH/NV 2007, 97). Ausreichend ist auch die **Ausnutzung bzw. Verschaffung anderweitiger Vermögensvorteile** (zB Sicherung öffentlicher Fördermittel, vgl. BFH III R 7/07, BFH/NV 2008, 403).

Allerdings führt **nicht** schon **jede Einflussnahme** des (Erst-)Erwerbers auf die Weiterveräußerung zum Verlust eines Anspruchs aus § 16 I (BFH II R 60/

04, BFH/NV 2006, 1700). So steht der tatsächlichen Rückgängigmachung nicht entgegen, wenn der Erwerber (zB Makler) im Zusammenhang mit der Beschaffung eines Ersatzkäufers an der Erzielung einer **marktüblichen Provision** interessiert ist. In dieser Beurteilung liegt keine Einschränkung des § 16 I, sondern eine Konkretisierung des systematischen Bezugs des § 16 zu § 1 (→ Rn. 13; unklar hinsichtlich der Bedeutung eines „eigenwirtschaftlichen Interesses" des Erwerbers noch BFH II R 171/84, BStBl. II 1986, 271; II R 123/85, BStBl. II 1988, 296).

Das Erfordernis des eigenen (wirtschaftlichen) Interesses bildet die Trennlinie **45** zu Gestaltungen, in denen die Rückgängigmachung im alleinigen Interesse des Veräußerers erfolgt. Einer Rückgängigmachung iSd § 16 I steht die Weiterveräußerung des Gr seit jeher nicht entgegen, wenn der Erwerber von dem Vertrag freikommen will und der Veräußerer in einem solchen Fall die Präsentierung eines Ersatzkäufers verlangt. Das alleinige Interesse des (Erst-)Erwerbers, sich vom Vertrag unter den vom Veräußerer gesetzten Bedingungen zu lösen, ist für den Anspruch aus § 16 I unschädlich (BFH II R 171/84, BStBl. II 1986, 271; II R 12/01, BStBl. II 2003, 770; II R 35/08, BFH/NV 2010, 2301; II R 31/09, BFH/NV 2011, 306). Gleiches gilt für das Interesse des (Erst-)Erwerbers, durch Stellung eines Ersatzkäufers Schadenersatzforderungen der Verkäuferseite zu vermeiden (BFH II R 31/09, BFH/NV 2011, 306).

Bei der Feststellung des eigenen (wirtschaftlichen) Interesses des Ersterwerbers **46** kommt eine gewisse **Beweiserleichterung** zugunsten des FA zum Tragen, sofern der Ersterwerber bei der Beurkundung sowohl für sich als auch als Vertreter einer KapGes als Zweiterwerberin auftritt und er an dieser Gesellschaft maßgeblich beteiligt ist. In diesem Fall spricht ein – vom Ersterwerber widerlegbarer – **Anscheinsbeweis** dafür, dass der Ersterwerber im eigenen wirtschaftlichen Interesse gehandelt hat (BFH II R 18/05, BStBl. II 2007, 726; III R 7/07, BFH/NV 2008, 403; FG Bln-Bbg 12 K 4041/12, EFG 2016, 1463). Gleiches gilt, wenn der Ersterwerber an der zweiterwerbenden KapGes maßgeblich beteiligt ist und er den von dieser geschlossenen Kaufvertrag unterzeichnet; in diesem Fall spricht ebenfalls ein Anscheinsbeweis für ein Handeln des Ersterwerbers im eigenen wirtschaftlichen Interesse (BFH III R 7/07, BFH/NV 2008, 403).

Ist (Erst-)Erwerberin eine **KapGes,** sind auch die für sie handelnden Geschäfts- **47** führer und die von ihnen verfolgten Interessen zu berücksichtigen. Diese Personen sind nicht Dritte (→ Rn. 49). Vielmehr muss sich die KapGes die **Interessen** sowohl ihres **Alleingesellschafters** als auch derjenigen **Person** zurechnen lassen, die bei der Ausübung der Rechtsposition der KapGes aus dem ursprünglichen Kaufvertrag **gehandelt** hat (BFH II R 35/08, BFH/NV 2010, 2301; vgl. auch Joisten DStZ 2017, 202 (204 f.)). Demgemäß scheidet die Anwendung des § 16 I zB aus, wenn bei einer GmbH als Ersterwerberin deren alleinvertretungsberechtigter Geschäftsführer bei Abschluss des Aufhebungsvertrags die der GmbH verbliebene Rechtsposition im eigenen Interesse verwertet (BFH II R 60/04, BFH/NV 2006, 1700). Dieses eigene Interesse kann zB darin bestehen, die wirtschaftlichen Folgen eines für einen GmbH-Gesellschafter ungünstigen GrGeschäfts in den betrieblichen Bereich der GmbH zu verlagern (BFH II R 18/05, BStBl. II 2007, 726; III R 7/07, BFH/NV 2008, 403).

Der Eintritt oder Nichteintritt des etwa vom Ersterwerber beabsichtigten **wirt- 48 schaftlichen Erfolgs** der Weiterveräußerung ist für § 16 I ohne Bedeutung (zB BFH I B 170/05, BFH/NV 2007, 97). Maßstab für eine Rückgängigmachung iSd § 16 I ist ausschließlich der Fortbestand einer grestrechtlich relevanten Rechtsposition des Erwerbers. Erlangt der Veräußerer seine ursprüngliche Rechtsstellung nicht zurück, kommt es deshalb für die Anerkennung der Rückgängigmachung nicht darauf an, ob zB das Gr zu den gleichen Bedingungen wie im aufgehobenen Kaufvertrag weiterveräußert wurde (BFH II B 120/00, BFH/NV 2002, 1170) oder ob der Ersterwerber im Zusammenhang mit der Weiterveräußerung einen wirtschaftlichen Mehrerlös erzielt hat und/oder die Erwartungen des Erwerbers im Zusammenhang mit der Weiterveräußerung erfüllt wurden (BFH II R 86/90, BStBl. II 1994, 413). Insoweit kann für die Rückgängigmachung nach § 16 nichts anderes gelten als für die Tatbestände des § 1, die ebenfalls nicht auf einen wirtschaftlichen Erfolg für den Betroffenen abstellen (vgl. → § 1 Rn. 17).

49 **c) Rückgängigmachung bei Beteiligung Dritter.** Gewisse Besonderheiten gelten, sofern im Zusammenhang mit der Rückgängigmachung eine Beteiligung (Einflussnahme) Dritter vorliegt. Hier ist zu beachten, dass die Anforderungen an eine Rückgängigmachung – aufgrund ihres spezifischen Bezugs zu den Steuertatbeständen des § 1 – auf den jeweiligen Erwerbsvorgang und damit ausschließlich auf das ursprüngliche Rechtsverhältnis zwischen Veräußerer und Erwerber zugeschnitten sind (BFH II R 123/85, BStBl. II 1988, 296; II R 145/85, BStBl. II 1988, 547). Hat jedoch die Unvollständigkeit einer Rückgängigmachung ihre **ausschließliche** Ursache in tatsächlichen oder rechtlichen Bindungen zu einem Dritten (zB wenn der Veräußerer aufgrund bestehender Bindungen an Darlehensgeber oder Grundpfandgläubiger seine Verfügungsbefugnis über das Gr nicht wiedererlangt), steht dies einer Rückgängigmachung iSd § 16 I nicht entgegen (BFH II R 123/85, BStBl. II 1988, 296; II R 12/01, BStBl. II 2003, 770; II R 35/08, BFH/NV 2010, 2301; II R 31/09, BFH/NV 2011, 306). Nicht Dritter im vorstehenden Sinne sind jedoch die für eine KapGes handelnden Personen (vgl. → Rn. 47).

50 Die (für die Anwendung des § 16 I an sich unschädliche) Einflussnahme eines Dritten kann sich als **Gestaltungsmissbrauch** (§ 42 AO) darstellen. Eine Nichtanwendung des § 16 unter diesem Gesichtspunkt kommt jedoch nur in Betracht, wenn die Aufhebung eines Erwerbsvorgangs **ausschließlich** im Interesse eines Dritten liegt und dieser selbst entscheidenden Einfluss auf die Vertragsgestaltung nimmt (BFH II R 123/85, BStBl. II 1988, 296). Der Rückgriff auf § 42 AO in diesem Zusammenhang steht zu den gesetzessystematischen Grundlagen der Rückgängigmachung (→ Rn. 13) nicht in Widerspruch, weil die grestrechtliche Bewertung einer Drittbeteiligung außerhalb des für § 16 allein relevanten Erwerbsvorgangs steht (Viskorf DStR 1988, 206 (209)). Zu Vertragsübernahme und Vertragsbeitritt vgl. → Rn. 19.

51–54 *einstweilen frei*

55 **4. Zweijahresfrist.** § 16 I Nr. 1 macht die Nichtfestsetzung der Steuer bzw. die Aufhebung der Steuerfestsetzung davon abhängig, dass die Rückgängigmachung innerhalb von zwei Jahren seit Entstehung der Steuer stattfindet. Die Frist beginnt mit dem Zeitpunkt der Steuerentstehung (vgl. dazu die Erl zu § 14). Die Rückgängigmachung muss innerhalb der Zweijahresfrist **tatsächlich abschließend** vollzogen worden sein (Begr. GrEStG 1940, 411; BFH II 87/64, BStBl. II 1969, 556). Hinsichtlich der erforderlichen Löschung einer zugunsten des Erwerbers eingetragenen Auflassungsvormerkung (→ Rn. 32) ist die Stellung des Löschungsantrags beim Grundbuchamt innerhalb der Zweijahresfrist ausreichend (BFH IX R 83/98, BFH/NV 2006, 127). Wird ein Aufhebungsvertrag unter Beteiligung eines vollmachtlosen Vertreters abgeschlossen, ist für die Zweijahresfrist der Zeitpunkt der Genehmigung nach § 177 I BGB maßgebend.

Der nach § 16 I Nr. 1 erforderliche **Antrag** kann hingegen auch erst **nach Ablauf der Zweijahresfrist** gestellt werden (→ Rn. 134). Bei Versäumung der Zweijahresfrist ist keine Wiedereinsetzung in den vorigen Stand (§ 110 AO) möglich, weil sich aus § 16 I Nr. 1 keine von § 110 AO geforderte Handlungs- oder Erklärungspflicht des Steuerbürgers gegenüber der Verwaltung ergibt (FG Saarl I 159/85, EFG 1987, 188; vgl. auch Koenig/Koenig AO § 110 Rn. 9). Eine Fristhemmung kommt allenfalls in Fällen höherer Gewalt (dh aufgrund des Rechtsgedankens aus § 171 I AO und § 203 BGB) in Betracht (Viskorf/Loose § 16 Rn. 58; vgl. auch SchlHFG III 69/77, EFG 1981, 582). Ist die Frist des § 16 I Nr. 1 nicht gewahrt und scheidet eine Fristhemmung aus, bleibt es bei der Festsetzung der GrESt. 56

III. Rückgängigmachung aufgrund Rechtsanspruchs (§ 16 I Nr. 2)

§ 16 I Nr. 2 erfordert eine Rückgängigmachung des Erwerbsvorgangs, die einseitig und gegen den Willen des anderen an dem GrGeschäft Beteiligten erzwungen werden kann (zur Abgrenzung von § 16 I Nr. 1 → Rn. 15). Hierbei ist vorausgesetzt, dass ein gesetzlich oder vertraglich ausbedungenes Recht zur Rückgängigmachung tatsächlich besteht und als solches ausgeübt wird (Begr. GrEStG 1940, 411; BFH II R 90/86, BFH/NV 1989, 728; II R 4/18, BStBl. II 2020, 665). Die Begründung eines Rücktrittsrechts im Vergleichswege reicht nicht aus (BFH II B 61/07, BFH/NV 2008, 1698). 57

Der Ausdruck **„Vertragsbedingungen"** ist nicht entsprechend der zivilrechtlichen Terminologie als Bedingungen iSd § 158 BGB, sondern als **Vertragsbestimmungen** zu verstehen (BFH II 286/55 U, BStBl. III 1956, 131; II R 44/81, BStBl. II 1983, 683). Maßgebend ist allein die Zivilrechtslage (BFH II R 4/18, BStBl. II 2020, 665), Die Nichterfüllung von Vertragsbedingungen iSd § 16 I Nr. 2 weist damit eine gewisse Nähe zu dem im Leistungsstörungsrecht (§ 280 I BGB) zentralen Begriff der Pflichtverletzung auf (zutr. Viskorf/Loose § 16 Rn. 40). **Vertragsbedingungen** iSd § 16 I Nr. 2 betreffen die **vertraglichen Haupt- und Nebenpflichten des** den **Übereignungsanspruch** begründenden Rechtsgeschäfts (vgl. auch BFH II R 4/18, BStBl. II 2020, 665). Ob die Nichterfüllung dieser Vertragsbestimmungen auf einem Verhalten der Vertragspartei beruht oder ohne deren Zutun eintritt, ist für § 16 I Nr. 2 ohne Bedeutung. Zu etwaigen **Formerfordernissen** in Fällen des § 16 I Nr. 2 vgl. auch FM BaWü 7.8.2000 – Tz. 1.2. –, HEB 2024 GrEStG § 16 Rn. 21.

1. Rechtsanspruch. Ein auf Rückgängigmachung gerichteter Rechtsanspruch iSd § 16 I Nr. 2 kann sich aus kann sich aus gesetzlichen Vorschriften ergeben. Diese werden in § 16 I Nr. 2 nicht selbst benannt, sondern vorausgesetzt. Die entsprechenden zivilrechtlichen Voraussetzungen müssen tatsächlich erfüllt sein. 58

Ein **gesetzliches Rücktrittsrecht** ergibt sich unter den näheren Voraussetzungen des **§ 323 I und V BGB** im Fall der Nicht- oder Schlechtleistung und ferner gem. **§ 324 BGB,** sofern der Schuldner seine Rücksichtspflicht gem. § 241 II BGB verletzt hat. Diese zivilrechtlichen Voraussetzungen sind im Fall der **Nichtzahlung der GrESt durch den Käufer** nicht erfüllt (FG Nürnberg 4 K 915/2008, EFG 2010, 2027; aA Grziwotz NJW 2000, 2646). Die Regelung des § 324 BGB kann uU auch im Fall im Fall einer **culpa in contrahendo** (§ 311 II, III BGB) ergeben. Ferner hat der Gläubiger ein gesetzliches Rücktrittsrecht aus 59

§ 326 V BGB, sofern der Schuldner wegen Unmöglichkeit der Leistung gem. **§ 275 I bis III BGB** nicht zu leisten vermag. Im **Kaufrecht** ergibt sich aus § 437 Nr. 2 BGB (ggf. iVm § 440 BGB) ein gesetzliches Rücktrittsrecht des Käufers bei Mangelhaftigkeit des Kaufgegenstands. Ein gesetzliches Rücktrittsrecht ergibt sich ferner bei **Wegfall der Geschäftsgrundlage** aus **§ 313 III 1 BGB** (dazu Loyal NJW 2013, 417), soweit eine Vertragsanpassung nicht möglich oder einem Teil nicht zumutbar ist (vgl. etwa BFH II R 11/08, BStBl. II 2010, 498; zu § 16 II Nr. 3 vgl. BFH II 286/55 U, BStBl. III 1956, 131; II 41/65, BStBl. II 1969, 559; II R 4/04, BFH/NV 2005, 1629; II R 4/18, BStBl. II 2020, 665, der für § 16 II Nr. 3 ebenfalls einen unbestrittenen Anspruch innerhalb der Zweijahresfrist voraussetzt, dazu auch → Rn. 90). Ein erst nach Ablauf des Rücktrittsrechts entstehendes neues (gesetzliches) Rücktrittsrecht genügt nicht den Anforderungen des § 16 I Nr. 2 (BFH II B 111/12, BFH/NV 2014, 383). Nicht ausreichend ist auch ein auf Nichtbebaubarkeit eines Gr gestützter Rücktritt, wenn die Bebaubarkeit ein lediglich einseitiges Motiv des Erwerbers war (NdsFG III 469/87, EFG 1993, 96). Die Ausübung des Rücktrittsrechts ist ein **Gestaltungsrecht;** auf dieses sind **§§ 346 ff. BGB** unmittelbar anzuwenden.

60 Grundlage eines Rechtsanspruchs iSd § 16 I Nr. 2 kann auch ein **vertraglich vereinbartes,** vom nachträglichen Eintritt bestimmter Ereignisse abhängiges **Rücktrittsrecht** sein (vgl. → Rn. 17).

61 Ein Rechtsanspruch iSd § 16 I Nr. 2 folgt ferner aus einem **vertraglich** vorbehaltenen Rücktritts- oder Wiederkaufsrecht, soweit dieses für den Fall der Nichterfüllung von Vertragsbedingungen eingeräumt ist (vgl. → Rn. 17; vgl. auch BFH II R 149/74, BStBl. II 1976, 347 betr. einen nach § 16 II Nr. 3 zu beurteilenden Rückerwerb eines Gr aufgrund eines ausgeübten Wiederkaufsrechts). Auf einen vertraglichen Rücktrittsvorbehalt finden die §§ 346 ff. BGB unmittelbar Anwendung (zum Vollzug der Rückgängigmachung → Rn. 64). Zur entsprechenden Anwendung des § 16 I Nr. 2 bei Eintritt einer auflösenden Bedingung vgl. → Rn. 9.

62 *einstweilen frei*

63 **2. Rückgängigmachung aufgrund des Rechtsanspruchs.** Nach dem Wortlaut des § 16 I Nr. 2 muss es **aufgrund** des Rechtsanspruchs tatsächlich zur Rückgängigmachung kommen; die Rückgängigmachung muss daher kausal auf den jeweiligen Rechtsanspruch zurückzuführen sein. Die Eröffnung des **Insolvenzverfahrens** eines der Vertragsbeteiligten bewirkt noch kein Erlöschen (dh tatsächliche Rückgängigmachung) des Vertragsverhältnisses; die Umgestaltung des Vertrags tritt erst mit Geltendmachung der Forderung wegen Nichterfüllung durch Anmeldung zur Tabelle ein (BFH II R 38/05, BFH/NV 2007, 498).

64 Für den **Vollzug** der Rückgängigmachung kann § 16 I Nr. 2 nicht entnommen werden, dass ausschließlich eine Rückgängigmachung kraft einseitigen Rechtsgeschäfts begünstigt ist und es daher zwingend einer einseitigen empfangsbedürftigen Willenserklärung iSd §§ 349, 456 BGB (für den Rücktritt bzw. die Ausübung des Wiederkaufsrechts) bedarf. Vielmehr kann der Erwerbsvorgang auch im Einvernehmen der Beteiligten durch **Vereinbarung** (Aufhebungsvertrag oder aus den Umständen zu entnehmende Anerkennung des Rechts auf Rückgängigmachung) rückgängig gemacht werden (BFH II 194/57 U, BStBl. III 1961, 163; II 41/65, BStBl. II 1969, 559; II R 90/86, BFH/NV 1989, 728). Hier muss das Rücktrittsrecht bzw. das Recht zur Ausübung des Wiederkaufsrechts jedoch – um eine Umgehung des § 16 I Nr. 1 auszuschließen – bereits **vor** Abschluss dieser Aufhe-

bungsvereinbarung unbestritten feststehen, so dass es an sich von einem Vertragsbeteiligten auch ohne Vertragsschluss einseitig hätte durchgesetzt werden können (BFH II R 90/86, BFH/NV 1989, 728). Die Schaffung eines Rechtsanspruchs auf Rückgängigmachung erst durch den Aufhebungsvertrag selbst reicht daher für § 16 I Nr. 2 nicht aus (vgl. auch → Rn. 17). Unter diesen Voraussetzungen kann auch ein **Vergleich,** wenn ihm eine zumindest stillschweigende Anerkennung des Rechts zur (einseitigen) Rückgängigmachung nach den Umständen zu entnehmen ist, nach § 16 I Nr. 2 begünstigt sein (FG BW 5 K 182/97, EFG 1998, 1087; NdsFG III 311/89, EFG 1993, 246; zu undifferenziert daher BFH II 194/57 U, BStBl. III 1961, 163).

3. **Weitere Voraussetzungen.** § 16 I Nr. 2 verlangt die vollständige und tatsächliche Rückgängigmachung des Erwerbsvorgangs (→ Rn. 28 ff.). Die Entstehung des Anspruchs aus § 16 I Nr. 2 ist – anders als § 16 I Nr. 1 – an keine Frist gebunden; zur Festsetzungsverjährung bei bereits ergangenem GrESt-Bescheid vgl. § 16 IV. **65**

einstweilen frei **66, 67**

D. Rückerwerb des Eigentums (§ 16 II)

I. Anwendungsbereich des § 16 II

§ 16 II betrifft den Rückerwerb eines Gr nach Übergang des Eigentums sowie alle weiteren Fälle, in denen die Rückgängigmachung eines Erwerbsvorgangs einen weiteren Erwerbsvorgang darstellt. Als vorausgegangener Erwerbsvorgang iSd § 16 II kommt jeder Erwerbsvorgang nach § 1 I–III in Betracht (vgl. – auch zur Abgrenzung zu § 16 I – → Rn. 11). Ob entweder der ursprüngliche oder der die Rückübertragung betr. Erwerbsvorgang steuerbefreit ist, hat für § 16 II keine Bedeutung (BFH II 14/53 U, BStBl. III 1954, 99). Der zum Rückerwerb führende Erwerbsvorgang muss nicht auf dieselbe Art und Weise wie der vorhergehende Erwerbsvorgang vollzogen werden. Entscheidend ist allein, ob ein Rückerwerb vorliegt und dieser den besonderen Anforderungen des § 16 II genügt. **68**

Zu beachten ist, dass § 16 I Nr. 1 den Rückerwerb innerhalb einer Frist von zwei Jahren begünstigt. Eine solche zeitliche Begrenzung sehen § 16 II Nr. 2 u. 3 – letztere Vorschrift entspricht § 16 I Nr. 2 – nicht vor. Hier ist allerdings die Festsetzungsfrist (§§ 169 ff. AO) mit der Sonderregelung des § 16 IV zu beachten. Zu den Folgen eines den Anforderungen des § 16 II nicht genügenden „unechten" (missglückten) Rückerwerbs → Rn. 12.

Beim Erwerb im **Zwangsversteigerungsverfahren** findet § 16 II in Bezug auf den „vorausgegangenen Erwerbsvorgang" Anwendung, wenn der frühere Eigentümer das Gr von dem Ersteher im Zwangsversteigerungsverfahren zurück erwirbt (RFH RStBl. 1932, 445). Kommt es nach Abgabe des Meistgebots und Zuschlagerteilung mangels Berichtigung des Bargebots durch den Ersteher zu einer **Wiederversteigerung** des Gr (§§ 118, 132 II ZVG), greift § 16 II Nr. 3 ein (BFH II R 76/86, BStBl. II 1989, 150); zum Billigkeitserlass einer in diesem Fall bereits bestandskräftig festgesetzten GrESt vgl. FG Köln 6 K 4003/92, EFG 1997, 695. Zur Erteilung der UB bei Wiederversteigerung vgl. → § 22 Rn. 5. **69**

§ 16 II findet – soweit ein Rückerwerb nicht schon gem. § 3 Nr. 8 steuerbefreit ist – auch Anwendung, soweit im Rahmen eines **Treuhandgeschäfts** eine Rückübertragung eines Gr vom Treuhänder auf den Treugeber erfolgt (vgl. die bei **70**

→ § 1 Rn. 126 zit. Erlasse Treuhand/Auftragserwerb unter Tz. 1.3.2.). Zur Anwendung des § 16 I bzw. § 16 II im Zusammenhang mit der Auflösung bzw. Aufhebung einer Treuhandvereinbarung, aufgrund derer der Eigentümer eines Gr dem Treugeber die Verwertungsbefugnis bzw. einen Anspruch auf Übereignung eines Gr verschafft hatte, vgl. → § 1 Rn. 136. Ebenso findet § 16 II Anwendung, soweit es im Zusammenhang mit einer auflösend bedingten Sicherungsübereignung eines Gebäudes auf fremdem Boden zur Rückübertragung des Eigentums am Gebäude auf den Sicherungsgeber kommt (→ Rn. 8 f.).

Sind die Voraussetzungen des § 16 II erfüllt, hat das FA die zur Grundbucheintragung erforderliche UB wegen Steuerfreiheit des Rückerwerbs (§ 22 II 1) zu erteilen.

II. Allgemeine Anforderungen an einen Rückerwerb

71 Die tatbestandlichen Voraussetzungen des § 16 II entsprechen weitgehend denjenigen des § 16 I. Vor allem verlangt auch der Rückerwerb – als Rückgängigmachung des Eigentumsübergangs – eine **tatsächliche (wirtschaftliche)** Durchführung des Rückerwerbs (vgl. → Rn. 30 ff.). Die spezifischen Anforderungen des § 16 II ergeben sich im Wesentlichen aus dem Erfordernis der vorausgesetzten Rückübertragung des Eigentums am Gr.

72 **1. Tatsächlicher Rückerwerb.** Ein Rückerwerb nach § 16 II verlangt, dass der GrVeräußerer das GrEigentum am veräußerten Gr zurückerwirbt. Unterbleibt – gleich aus welchen Gründen – die Rückübertragung des Gr, scheidet die Anwendung des § 16 II aus (zB BFH II R 119/80, BStBl. II 1982, 425; II B 123/11, BFH/NV 2013, 255; vgl. → Rn. 30 ff.). Ein Rückerwerb liegt nicht vor, wenn der GrErwerber dem Veräußerer ein Erbbaurecht am erworbenen Gr bestellt; in diesem Fall liegen zwei selbstständige Erwerbsvorgänge vor (BFH II R 46/99, BFH/NV 2002, 71). An der Identität des betroffenen Gr fehlt es auch, wenn der Erwerber das Gr in Wohnungs- und Teileigentum aufteilt und der Veräußerer einen Teil der neu geschaffenen Eigentumseinheiten erhält (BFH II B 106/13, BFH/NV 2014, 901). Ebenso fehlt es an einem Rückerwerb, wenn nach Gründung einer dreigliedrigen GbR, in die ein von den Gesellschaftern gehörendes Gr eingebracht wurde, ein Gesellschafter zunächst aus der GbR ausscheidet und innerhalb von zwei Jahren wieder in die GbR eintritt; die für die Einbringung wegen § 5 III erfolgte GrESt-Festsetzung kann nicht wegen der entfallenen Gesamthandsberechtigung des Ausscheidenden in analoger Anwendung des § 16 aufgehoben werden (vgl. → Rn. 6).

Ebenso wie § 16 I verlangt auch § 16 II, dass der Rückerwerb auch tatsächlich (wirtschaftlich) durchgeführt wird. Dies folgt schon aus dem systematischen Verhältnis des § 16 zu den Steuertatbeständen der §§ 1 I–III (→ Rn. 2, 14). Dem Erwerber darf kein weiterer grestrechtlich relevanter Einfluss auf das Gr verbleiben; der Veräußerer muss seine ursprüngliche Rechtsstellung wiedererlangen (vgl. zB BFH II B 85/00, BFH/NV 2001, 1605). Der Rückerwerb ist erst eingetreten, wenn er **durch Eintragung im Grundbuch vollständig vollzogen** wird (BFH II 43/52 S, BStBl. III 1953, 16; II 33/59 U, BStBl. II 1961, 538; II R 67/68, BStBl. II 1975, 245). Wird zB nach GrÜbereignung nur die Verwertungsbefugnis (§ 1 II) am Gr zurückerworben, ist § 16 II nicht genügt.

Eine besondere **Form** des Rückerwerbs verlangt § 16 II grds. nicht. Insbesondere bedarf es keiner ausdrücklichen Aufhebung des vorausgegangenen Erwerbsvorgangs, so dass zB auch ein schlichter Rückkauf (der als solcher gem. § 311b I

BGB beurkundungsbedürftig ist) als Rückerwerb nach § 16 II anzusehen ist; zu einzelnen Formerfordernissen in Fällen des § 16 II vgl. auch FM BW 7.8.2000 – Tz. 2 –, HEB 2024 GrEStG § 16 Rn. 22 ff.

2. Identität der Beteiligten; Übereignung des Grundstücks an Dritte. 73
Ein Rückerwerb iSd § 16 II muss grds. zwischen **denselben** Personen stattfinden, die am vorausgegangenen Erwerbsvorgang beteiligt waren (BFH HFR 1964, 241; II R 184/81, BStBl. II 1985, 261). Dieser **Grundsatz der Identität** oder Nämlichkeit der Parteien schließt die Anwendung des § 16 II aus, wenn der Erwerber ein Gr weiterveräußert und erst sodann der erste Veräußerer das Gr vom letzten Erwerber zurückerwirbt. Demgemäß ist § 16 II zB unanwendbar, wenn ein Gesellschafter ein Gr auf eine Gesellschaft überträgt und anschließend 95 % der Anteile dieser Gesellschaft iSd § 1 III in seiner Hand vereinigt.

Personenidentität ist gegeben, soweit es vor dem Rückerwerb zu einem **Formwechsel** (§ 1 I Nr. 4, §§ 190 ff. UmwG) des Erwerbers bzw. Veräußerers kommt oder wenn das von einem Ehegatten erworbene Gr in das Gesamtgut der ehelichen Gütergemeinschaft fällt und sodann vom Veräußerer zurückerworben wird (BFH HFR 1964, 241).

Ausnahmen vom Grundsatz der Identität sind anzuerkennen, wenn vor dem 74
Rückerwerb eine **Gesamtrechtsnachfolge** zB kraft Erbfalls oder Umwandlung (vgl. auch BFH II R 81/73, BStBl. II 1979, 249) eingetreten ist. Verstirbt zB der Veräußerer oder Erwerber vor Rückübertragung des Gr, kann die Anwendung des § 16 II nach seinem Sinn und Zweck nicht versagt werden. In solchen Fällen verlangt das Erfordernis der Identität einen Rückerwerb im Verhältnis zwischen den Gesamtrechtsnachfolgern und den Beteiligten der anderen Vertragsseite. Ist daher eine Erbengemeinschaft Rechtsnachfolger, genügt ein Rückerwerb im Verhältnis zu einem einzelnen Miterben nicht (BFH II R 184/81, BStBl. II 1985, 261). Das Erfordernis der Personenidentität ist gewahrt, wenn es infolge der Übertragung einer Beteiligung an einer grundbesitzenden zweigliedrigen GbR zu deren Vollbeendigung kommt und anschließend nach Aufhebung der Übertragungsvereinbarung der Rückerwerb des Gr durch eine beteiligungsidentische „neue“ GbR erfolgt (FG Bln 1 K 1097/03, EFG 2004, 220 mAnm Claßen).

Das Erfordernis der Personenidentität verlangt nicht zwingend, dass der Erwer- 75
ber das Gr auch wieder dem Veräußerer übereignet. Es reicht aus, wenn das Eigentum am Gr im Wege eines **„vereinfachten Verfahrens“** mit Einverständnis des Veräußerers unmittelbar auf einen Dritten übertragen wird (BFH II B 30/71, BStBl. II 1972, 636; II B 85/00, BFH/NV 1991, 625).

Beispiel:

A verkauft ein Gr an B. Nach dem Eigentumsübergang heben A und B den Kaufvertrag auf. A verkauft das Gr nunmehr an C. Daraufhin lässt B das Gr unmittelbar an C auf. Hinsichtlich des Erwerbsvorgangs zwischen A und B sind die Voraussetzungen eines Rückerwerbs nach § 16 II erfüllt.

§ 16 II verlangt jedoch stets, dass der Veräußerer selbst mit dem Dritten (im Beispielsfall: C) ein schuldrechtliches Verpflichtungsgeschäft abgeschlossen hat und der schuldrechtlich zur Rückübertragung verpflichtete bisherige Erwerber (im Beispielsfall: B) die dingliche Erfüllung unmittelbar gegenüber dem Dritten vornimmt. Genügt der unmittelbare Weiterverkauf des früheren Erwerbers an einen Dritten diesen Anforderungen nicht, scheidet § 16 II aus. Denn eine solche Weiterveräußerung ist in der Sache kein Rückerwerb, sondern ein (nicht nach § 16 II begünstigter) Neuerwerb. Daran ändert auch ein etwaiges Einverständnis des Veräußerers mit dem Weiterverkauf nichts.

76 Zu einem „vereinfachten Verfahren" im vorstehenden Sinne kann es auch bei sog. **„Kettengeschäften"** kommen, wenn nach Weiterveräußerung eines Gr durch den (ersten) Erwerber an einen Dritten die Rückübertragung unmittelbar an den Dritten erfolgt.

Beispiel:

A überträgt ein Gr an B, das dieser seinerseits an C überträgt. Nach Rückgängigmachung der Vereinbarungen zwischen A und B sowie B und C lässt C das Gr unmittelbar an A auf. Für die Erwerbsvorgänge zwischen A und B sowie B und C sind die Voraussetzungen des § 16 II erfüllt.

Auch hier ist der Rückerwerb des ersten Veräußerers (im Beispielsfall: A) von dem nicht nach § 16 II begünstigten Neuerwerb (dh dem Weiterverkauf des Dritten an den ersten Erwerber) abzugrenzen. Ein Rückerwerb nach § 16 II kann nur angenommen werden, wenn sich die Rückübertragung des Dritten auf den ersten Veräußerer nur als vereinfachte dingliche Erfüllung des bzw. der Rückübertragungsansprüche darstellt (BFH II 33/59 U, BStBl. III 1961, 538). Die Wirkungen aller vorausgegangenen Eigentumsübergänge müssen deshalb restlos beseitigt sein. Dem steht im Ergebnis die Rückübereignung an den ersten Erwerber durch einen Dritterwerber (iS eines **abgekürzten Leistungswegs**) gleich; auch hier ist § 16 II anzuwenden (BFH II R 6/81, BStBl. II 1983, 140; II R 1/97, BStBl. II 1999, 937; II B 37/09, BFH/NV 2010, 240).

77 **3. Identität des Grundstücks.** § 16 II verlangt den Rückerwerb des Eigentums „an dem veräußerten Gr" und damit die Identität zwischen dem erworbenen und zurückerworbenen Gr. Der „Rückerwerb" eines ErsatzGr genügt den gesetzlichen Anforderungen nicht. Beschränkt sich der Rückerwerb auf eine **Teilfläche** des (erworbenen) Gr, ist § 16 II nur hinsichtlich der auf die Teilfläche entfallenden anteiligen GrESt anzuwenden (BFH II R 4/04, BFH/NV 2005, 1629).

78 Das Erfordernis der Identität des Gr verlangt nicht zusätzlich auch eine Identität im GrZustand (BFH II R 149/74, BStBl. II 1976, 347; II R 4/04, BFH/NV 2005, 1629). Kommt es daher nach Eigentumsübertragung und vor Rückerwerb zu **Wertänderungen** des Gr, steht dies der Anwendung des § 16 II nicht entgegen. Dies gilt auch, wenn der Veräußerer aufgrund wertverbessernder Maßnahmen (zB Bebauung) des Erwerbers an diesen eine **Zuzahlung** zu leisten hat. Dies gilt insb. auch für einen nach **§ 16 II Nr. 1** zu beurteilenden Rückerwerb (insoweit von BFH II R 149/74, BStBl. II 1976, 347 offen gelassen).

79 Die vorstehenden Grundsätze finden auch im umgekehrten Fall einer vor Rückerwerb eingetretenen **Wertminderung** des Gr (zB bei Gebäudeabbruch oder Abholzung eines Waldes durch den Erwerber). Hier ist die GrESt für den vorausgegangenen Erwerbsvorgang in voller Höhe auch dann nicht festzusetzen bzw. die Steuerfestsetzung aufzuheben, wenn die Gegenleistung für den Rückerwerb diejenige für den Erwerb unterschreitet.

III. Rückerwerb innerhalb von zwei Jahren (§ 16 II Nr. 1)

80 § 16 II Nr. 1 begünstigt alle Fälle, in denen ein Gr innerhalb der Zweijahresfrist von dem früheren Erwerber zurückerworben wird. Die Vorschrift entspricht sachlich – von dem vorausgesetzten Eigentumsübergang am Gr und der besonderen Fristenregelung des § 16 II Nr. 2 S. 2 abgesehen – dem § 16 I Nr. 1. Soweit beide

Vorschriften übereinstimmen, gelten die Ausführungen für § 16 I Nr. 1 (→ Rn. 19 ff.) entsprechend. Ebenso wenig wie § 16 I Nr. 1 verlangt § 16 II Nr. 1 bestimmte Gründe oder eine bestimmte Form für den Rückerwerb. Begünstigt ist deshalb zB auch der Rückerwerb durch **schlichten Rückkauf** (BFH II R 35/75, BStBl. II 1980, 129) oder der Eigentumsübergang als Folge einer übertragenden Umwandlung (BFH II R 81/73, BStBl. II 1979, 249; vgl. allerdings – im Zusammenhang mit § 6a – § 23 VIII 2). Zu einem begünstigten Rückerwerb kommt es auch, wenn der Veräußerer eines Gr dieses im Zwangsversteigerungsverfahren zurückerwirbt. Zur Rückübertragung eines Erbbaurechts vgl. → § 2 Rn. 82.

Die **Zweijahresfrist** des § 16 II Nr. 1 beginnt mit der Entstehung der Steuer 81
(§ 38 AO bzw. § 14 GrEStG, dazu im Einzelnen die Erläuterungen bei § 14). Steht der Rückerwerb unter einer aufschiebenden Bedingung oder bedarf er der Genehmigung, beginnt die Frist daher im Zeitpunkt des Eintritts der Bedingung bzw. der Erteilung der Genehmigung.

Ist für den Rückerwerb eine Eintragung in das Grundbuch erforderlich, muss 82
nach **§ 16 II Nr. 1 S. 2** innerhalb der Zweijahresfrist die Auflassung erklärt und die Eintragung im Grundbuch beantragt werden. Der Gesetzgeber hat damit die weitergehende frühere BFH-Rspr. (II R 67/68, BStBl. II 1975, 245) korrigiert (BT-Drs. 9/251, 21). Der Umschreibungsantrag muss innerhalb der Zweijahresfrist rechtswirksam gestellt werden und die Umschreibung ermöglichen (FG Saarland EFG 1997, 1472). Geringfügige Formmängel des Antrags dürften jedoch unschädlich sein. Unbeachtlich sind die Gründe (zB Streit über die Rechtswirksamkeit eines Rückerwerbs), die die rechtzeitige Antragstellung verhindert haben (NdsFG III 183/93, EFG 1995, 1038). Die Frist ist unabhängig davon einzuhalten, ob die UB (§ 22) vorliegt (BFH II B 105/05, BFH/NV 2006, 813). Da § 16 II Nr. 1 S. 2 den Rückerwerb des Eigentums meint, reicht die Eintragung einer Vormerkung (§ 883 BGB) zur Fristwahrung nicht aus. Zur Fristhemmung wegen höherer Gewalt → Rn. 56.

Auch wenn § 16 II Nr. 1 S. 2 auf den Zeitpunkt der Stellung des **Antrags** auf 83
Eintragung und nicht auf den der – von den Beteiligten nicht beeinflussbaren – Eintragung im Grundbuch abstellt, setzt die Vorschrift gleichwohl eine **vollendete** Rückübertragung des Eigentums voraus (BFH II R 67/68, BStBl. II 1975, 245; insoweit nicht durch § 16 II Nr. 1 S. 2 gegenstandslos). Ein nach Ablauf der Zweijahresfrist zurückgenommener oder zurückgewiesener Antrag schließt die Vergünstigung aus § 16 II Nr. 1 aus. § 16 II Nr. 1 S. 2 ist unanwendbar, wenn – wie bei dem Eigentumsübergang kraft Gesetzes – der Eintritt der Rechtsänderung keiner Eintragung in das Grundbuch bedarf.

IV. Rückerwerb wegen Nichtigkeit des vorausgegangenen Erwerbsvorgangs (§ 16 II Nr. 2)

1. Allgemeines. § 16 II Nr. 2 begünstigt sowohl die für den Rückerwerb eines 84
Gr als auch die für den vorausgegangenen Erwerbsvorgang anfallende GrESt, sofern das dem Letzteren zugrundeliegende Rechtsgeschäft nichtig oder kraft rückwirkender Anfechtung (zB wegen Irrtums oder arglistiger Täuschung, §§ 119, 123 BGB; zum Begriff der Anfechtung → Rn. 57) als von Anfang an nichtig (§ 142 I BGB) zu behandeln ist. Als Spezialregelung geht § 16 II Nr. 2 der Änderungsvorschrift des § 175 I 1 AO vor (Hofmann/Märker § 16 Rn. 45).

Der Anspruch aus § 16 II Nr. 2 unterliegt (anders als § 16 II Nr. 1) keiner zeitlichen Befristung. Die bloße Anfechtbarkeit des Rechtsgeschäfts oder die Aufrechterhaltung des wirtschaftlichen Ergebnisses dieses Rechtsgeschäfts (§ 41 I AO) löst noch keinen Anspruch aus § 16 II Nr. 2 aus (vgl. auch BFH II R II 14/12, BFH/NV 2017, 1).

85 **2. Tatbestandliche Voraussetzungen.** § 16 II Nr. 2 ist auf Fälle beschränkt, in denen es unbeschadet der Nichtigkeit des dem Erwerbsvorgang zugrundeliegenden Rechtsgeschäfts zu einer **wirksamen** Übereignung des Gr gekommen ist. Dieser Fall kann eintreten, weil das bürgerliche Recht aufgrund des Abstraktionsprinzips streng zwischen dem dinglichen Rechtsgeschäft und dem zugrunde liegenden schuldrechtlichen Rechtsgeschäft trennt. Ist das schuldrechtliche Geschäft nichtig oder entfällt es nachträglich, hat der Veräußerer des Gr nach §§ 812ff. BGB einen schuldrechtlichen Anspruch auf Rückübertragung des Eigentums. Die Realisierung dieses Anspruchs durch Rückauflassung unterfällt § 1 I Nr. 2. Diese Besteuerung soll – ebenso wie diejenige des vorausgegangenen nichtigen Erwerbsvorgangs – unter den näheren Voraussetzungen des § 16 II Nr. 2 entfallen (Begr. GrEStG 1940, 411 f.). § 16 II Nr. 2 setzt voraus, dass das betr. Rechtsgeschäft **objektiv nichtig** ist; nicht ausreichend ist, dass die Vertragsparteien das zugrunde liegende Geschäft lediglich für nichtig halten (BFH II R 78/96, BFH/NV 1999, 964; vgl. auch II R 4/04, BFH/NV 2005, 1629) oder sich vergleichsweise auf das Vorliegen der Nichtigkeit einigen (BFH II B 61/07, BFH/NV 2008, 1698). Persönliche Einschätzungen der Vertragsbeteiligten über die Nichtigkeit sind daher unbeachtlich. Bei dem Rückerwerb aufgrund **gerichtlichen Vergleichs** ist darauf abzustellen, ob bei objektiver Betrachtung hinreichende Anhaltspunkte für eine Nichtigkeit des Erwerbsvorgangs bestehen. Eine Nichtigkeit des GrGeschäfts kann sich auch aus einem **schuldrechtlichen Vertrag** (zB Pachtvertrag) ergeben, wenn dieser mit dem GrGeschäft ein **einheitliches Geschäft iSd § 139 BGB** bildete (BFH II R 4/04, BFH/NV 2005, 1629).

86 § 16 II Nr. 2 ist **unanwendbar,** wenn wegen der Nichtigkeit der Eigentumsübertragung keine wirksame GrÜbereignung erfolgte. In solchen Fällen bedarf es keines Rückerwerbs (Rückauflassung), sondern lediglich einer Berichtigung des Grundbuchs (§ 894 BGB). Ist trotz fehlender Steuerbarkeit ein GrESt-Bescheid ergangen, ist dieser zu ändern (§§ 172 I 1 Nr. 2, 173 I Nr. 2 AO) und eine entrichtete Steuer nach § 37 II 1 AO zu erstatten.

87 Bei etwaigen **Formmängeln** des Verpflichtungsgeschäfts (§ 311b BGB) gilt: Ist ein Verpflichtungsgeschäft aufgrund § 311b I iVm § 125 BGB formnichtig und wird dieser Formmangel nicht nach § 311b I 2 BGB geheilt und lassen die Beteiligten auch das wirtschaftliche Ergebnis dieses Rechtsgeschäfts nicht eintreten oder bestehen (§ 41 I 1 AO; vgl. auch → § 1 Rn. 165), fehlt es an dem von § 16 II Nr. 2 vorausgesetzten Erwerbsvorgang. Ein etwa ergangener GrESt-Bescheid ist nach §§ 172 I 1 Nr. 2, 173 I 1 Nr. 2 AO zu ändern. Ist das formnichtige Rechtsgeschäft hingegen durch Auflassung und Eintragung gem. § 311b I 2 BGB wirksam geworden, liegt kein iSd § 16 II Nr. 2 nichtiges Rechtsgeschäft vor. Bei einem Rückerwerb durch den Veräußerer kommen daher nur die Vergünstigungen des § 16 II Nr. 1 oder ggf. des § 16 II Nr. 3 in Betracht. Bei einer **unvollständigen** Beurkundung eines Verpflichtungsgeschäfts (zu § 41 I AO bei unvollständiger Beurkundung vgl. → § 1 Rn. 165) ist danach zu unterscheiden, ob das Rechtsgeschäft wegen des nicht beurkundeten Teils nichtig ist oder ob die nicht beurkundeten Abreden gem. § 311b I 2 BGB wirksam wurden (vgl. Grüneberg/Grüneberg

BGB § 311b Rn. 38). Ist das Rechtsgeschäft trotz unvollständiger Vereinbarung voll gültig, scheidet § 16 II Nr. 2 aus (BFH II 149/51 S, BStBl. III 1952, 151).

3. Anfechtung von Rechtshandlungen wegen Gläubigerbenachteiligung. Bei dem in § 16 II Nr. 2 verwendeten Begriffs „Anfechtung" hatte der Gesetzgeber ersichtlich nur Rechtsbehelfe im Auge, durch die ein Rechtsgeschäft gem. § 142 I BGB als von Anfang an nichtig anzusehen ist (Begr. GrEStG 1940, 411 f.). Die Insolvenzanfechtung (§§ 129 ff. InsO) und die Anfechtung nach dem AnfG haben mit der Anfechtung iSd § 142 BGB nur den Namen gemein und führen insb. nicht zur ursprünglichen Nichtigkeit des angefochtenen Rechtsgeschäfts. § 16 II Nr. 2 ist daher auf solche Anfechtungen zwar nicht unmittelbar anwendbar. Aus einer Zusammenschau mit § 16 II Nr. 3 kann aber der allgemeine Rechtsgrundsatz entnommen werden, dass auch ein infolge erfolgreicher Anfechtung nach der InsO durchsetzbarer Anspruch auf Rückgängigmachung des Erwerbsvorgangs bzw. Rückerwerb des Gr durch § 16 II begünstigt ist (BFH II R 7/76, BStBl. II 1980, 363; vgl. auch BFH II R 38/05, BFH/NV 2007, 498). Für den Rückgewähranspruch eines Gläubigers aufgrund § 11 AnfG kann nichts anderes gelten. **88**

V. Rückerwerb wegen Rückgängigmachung aufgrund Rechtsanspruchs (§ 16 II Nr. 3)

§ 16 II Nr. 3 enthält eine § 16 I Nr. 2 entsprechende Regelung für Fälle, in denen auch die bereits eingetretenen dinglichen Wirkungen eines Rechtsgeschäfts wegen Nichterfüllung von Vertragsbedingungen rückgängig gemacht werden. Die Vorschrift setzt – ebenso wie § 16 I Nr. 2 – die Nichterfüllung von Vertragsbedingungen und die darauf beruhende (und ausgeübte) **Rückgängigmachung** des GrGeschäfts voraus (→ Rn. 71 ff.). Aus § 16 II Nr. 3 folgt der allgemeine Rechtsgedanke, dass die Steuer bei einem durchsetzbaren Anspruch auf Rückgängigmachung oder Rückübertragung des Grundstücks (zB gem. § 2035 I 1 BGB) nicht festgesetzt oder die Steuerfestsetzung aufgehoben werden soll (BFH II R 7/76, BStBl. II 1980, 363; II R 50/12, BStBl. 2015, 399). Aufgrund der weitgehenden Übereinstimmung mit § 16 I Nr. 2 kann für § 16 II Nr. 3 grds auf → Rn. 57 ff. verwiesen werden. Auch bei § 16 II Nr. 3 müssen die allgemeinen Anwendungsvoraussetzungen des § 16 II (→ Rn. 71 ff.) erfüllt sein. § 16 II Nr. 3 kann auch auf die nachträgliche Ausübung eines dinglichen Vorkaufsrechts anwendbar sein (FG München 4 K 632/24, BeckRS 2025, 3659). **89**

Die Durchführung der Rückübertragung in **Vertragsform** (auch in Gestalt eines Vergleichsvertrags) genügt für sich allein nicht (BFH II R 4/18, BStBl. II 2020, 665). Erforderlich ist vielmehr, dass der in § 16 II Nr. 3 vorausgesetzte **Rechtsanspruch** bereits **vor Vertragsabschluss auch objektiv bestanden hat und unbestritten feststeht** (BFH II R 4/18, BStBl. II 2020, 665 mwN; so auch schon BFH II R 177/75, BStBl. II 1977, 379). Andernfalls könnten die Beteiligten durch Vergleichsvertrag jederzeit die Voraussetzungen des § 16 II Nr. 3 herbeiführen. Insoweit muss das Recht auf Rückgängigmachung jeweils im Einzelfall ermittelt werden (BFH II R 4/18, BStBl. II 2020, 665). Die Anforderungen des § 16 II Nr. 3 sind nicht erfüllt, wenn erst mehr als **zwei Jahre nach Vertragsschluss** erstmalig der **Anspruch auf Rückgängigmachung** begründet wird. Andernfalls liefe die in § 16 II Nr. 1 bestimmte Zweijahresfrist wegen der Zulässigkeit eines Vergleichsvertrags leer. Für eine Ausdehnung des § 16 II Nr. 3 auf zweifelhafte/ **90** ungeklärte zivilrechtliche Rechtslage besteht kein Anlass (BFH II R 4/18, BStBl. II 2020, 665 und hat im Streitfall die Klage abgewiesen).

91 Die Abstellung auf einen **„unbestrittenen" Vergleich** bedeutet nicht, dass sich die Beteiligten innerhalb von zwei Jahren auf einen Vergleich einigen müssen. Ausreichend ist, wenn sich ein Vertragspartner (in aller Regel der Käufer) auf den objektiv gegebenen Anspruch beruft und es für dessen Bestehen hinreichende Anhaltspunkte gibt. Die Frist von zwei Jahren nach Vertragsschluss wird im Regelfall für die Geltendmachung eines Rechtsanspruchs reichen. In besonders gelagerten Fällen dürfte jedoch auch ein längerer Zeitraum zur Geltendmachung in Betracht kommen.

92 Für § 16 II Nr. 3 ist zu beachten, dass als **„Vertragsbedingungen"** neben den in → Rn. 59 angeführten Rechtsgrundlagen (für einen Rechtsanspruch wegen Wegfalls der Geschäftsgrundlage zB BFH II R 4/04, BFH/NV 2005, 1629) auch **Herausgabeansprüche des Schenkers** (gem. §§ 527, 528, 531 II BGB) in Betracht kommen. § 16 II Nr. 3 ist auch anzuwenden, wenn bei einem investiven Vertrag (§ 8 III InVorG) ein Rückerwerb des Veräußerers erfolgt (Klähn UVR 1994, 15) oder ein GrKäufer sein Rücktrittsrecht aus § 3a IV AusglLeistG ausübt (vgl. FM Bbg 9.1.2001, BeckVerw 052413). Auch bei der Wiederversteigerung eines Gr ist § 16 II Nr. 3 anwendbar (→ Rn. 69). Zur entsprechende Anwendung des § 16 II Nr. 3 bei Eintritt einer auflösenden Bedingung vgl. → Rn. 9.

93 § 16 II Nr. 3 findet auch auf die **Rückgängigmachung des Erwerbs eines Erbbaurechts** (dieses steht gem. § 2 II Nr. 1 den Gr gleich) Anwendung, sofern zB der Inhaber eines Erbbaurechts dieses weiterveräußert und es anschließend zu einem Rückerwerb des Erbbaurechts wegen Nichterfüllung von Vertragsbedingungen kommt (BFH II R 44/81, BStBl. II 1983, 683). Das kann der Fall sein, wenn sich der Erwerber gegenüber dem Erbbaurechtsbesteller zur Bebauung des Erbbaurechts verpflichtet und bei Nichteinhaltung der Heimfall des Erbbaurechts vereinbart ist oder sich ein Anspruch aus § 242 BGB ergibt. Außerdem muss eine **unmittelbare Beziehung zwischen dem Erbbaurechtsbesteller und dem Erbbauberechtigten** vorliegen (BFH II B 41/19, BFH/NV 2020, 924). Besonderheiten gelten hingegen beim Heimfall eines Erbbaurechts an den GrEigentümer; vgl. auch → § 2 Rn. 87 f.

Zur Anwendung des § 16 II auf Erwerbsvorgänge iSd § 1 II, IIa, IIb, III und IIIa vgl. → Rn. 108 ff.

E. Herabsetzung der Gegenleistung (§ 16 III)

I. Allgemeines

94 Ebenso wie die Rückgängigmachung eines Erwerbsvorgangs lässt auch die Herabsetzung der Gegenleistung die einmal entstandene GrESt unberührt. Für solche Fälle sieht § 16 III vor, dass die GrESt auf Antrag entsprechend niedriger festgesetzt oder die Steuerfestsetzung geändert wird. Die Vorschrift entspricht der von § 9 II Nr. 1 angeordneten Erhöhung der Gegenleistung um zusätzliche (nachträgliche) Leistungen. § 16 III folgt in seiner systematischen Gliederung dem § 16 I und II und unterscheidet danach, ob die Herabsetzung der Gegenleistung im gegenseitigen Einvernehmen erfolgt (§ 16 III Nr. 1) oder auf einem Rechtsanspruch beruht (§ 16 III Nr. 2). § 16 III hat keine Bedeutung, soweit sich die Gegenleistung aus § 8 II ergibt (ebenso Hofmann/Märker § 16 Rn. 8; Viskorf/

Loose § 16 Rn. 222). Zu Formerfordernissen (§ 311b BGB) im Hinblick auf eine Herabsetzung der Gegenleistung nach § 16 III vgl. FM BW 7.8.2002 – Tz. 3 –, HEB 2024 GrEStG § 16 Rn. 21 ff.

Für die Geltendmachung gilt allein **§ 16 IV.** Nicht möglich ist die Anwendung des **§ 175 I 1 Nr. 2 AO** – mit der Folge des § 169 I 1 Nr. 2 AO –, weil dann entgegen der Systematik des GrEStG die Anwendung des § 16 IV überflüssig wäre (BFH II R 15/18, BStBl. II 2021, 165; II R 32/18, BStBl. II 2021, 167; II B 48/19, BFH/NV 2020, 182). Die Herabsetzung des Gegenleistung nach Kaufvertragsabschluss ist kein Ereignis nach § 175 I 1 Nr. 2 AO; bei Versäumung scheidet die Anwendung des § 16 III aus (so BFH II R 15/18, BStBl. II 2021, 165).

Die Vergünstigung des § 16 III betrifft ausschließlich die **nachträgliche** (also **95**
nach der Steuerentstehung vereinbarte) Herabsetzung einer Gegenleistung (BFH II R 1/12, BFH/NV 2013, 1188 mwN). Eine erst nach Ablauf von zwei Jahren getroffene Abrede, die auch nicht die Voraussetzungen des § 437 BGB erfüllt, ist unbeachtlich (BFH II R 39/14, BStBl. II 2017, 63).

Davon streng zu unterscheiden sind Fälle, in denen schon im Zeitpunkt der Verwirklichung eines Steuertatbestands tatsächliche oder rechtliche Zweifel über Art und Umfang der Gegenleistung bestehen. Derartigen Zweifeln sollte das FA verfahrensrechtlich je nach Sachlage durch Erlass eines unter dem Vorbehalt der Nachprüfung **(§ 164 II AO)** stehenden oder eines nach **§ 165 AO** vorläufigen Bescheids Rechnung zu tragen (BFH II R 119/88, BStBl. II 1991, 586; vgl. auch Kugelmüller-Pugh, Anm. zu BFH II R 32/18, DStR 2020, 2789). Gegebenenfalls besteht unter den Voraussetzungen des § 173 I Nr. 2 AO eine Anspruch auf Änderung eines schon bestandskräftigen GrESt-Bescheids (dazu BFH II R 1/12, BFH/NV 2013, 1188; BFH II R 32/18, BStBl. II 2021, 167).

Die Herabsetzung der Gegenleistung ist für § 16 III nur beachtlich, soweit **96**
sie die nach **§§ 8 I, 9 ermittelte Bemessungsgrundlage** betrifft. Entfällt die Herabsetzung nur zum Teil auf das Gr (zB bei einer Kaufpreisminderung für ein Gr, das mit Inventar erworben wurde), kann nur der anteilmäßig auf das Gr entfallende Herabsetzungsbetrag berücksichtigt werden (BFH II 155/64, BStBl. II 1968, 749; zur Berechnung → § 8 Rn. 40 ff.). Ebenso muss bei einem Erwerb im Zwangsversteigerungsverfahren (§ 1 I Nr. 4) das Meistgebot (§ 9 I Nr. 4) herabgesetzt worden sein. Vom Meistgebot abweichende private Vereinbarungen können den nach § 9 I Nr. 4 anzusetzenden vollen Nennwert des Meistgebots nicht beeinflussen (→ § 9 Rn. 117) und deshalb auch nicht nach § 16 III berücksichtigt werden (BFH II R 37/68, BStBl. II 1973, 709).

Kommt es bei einem **einheitlichen Erwerbsgegenstand** (zB Erwerb eines Gr mit noch zu errichtendem Gebäude) zu einer Aufhebung des Bauerrichtungsvertrags, ist § 16 III anwendbar, wenn die tatbestandlichen Voraussetzungen dieser Vorschrift erfüllt sind und der GrErwerber seine volle Entscheidungsfreiheit über die Vergabe des Bauauftrags zurückerlangt (vgl. → § 9 Rn. 14). Die Regelungen des § 634, 638 BGB sind insoweit entsprechend anwendbar. Eine Beschränkung auf die Regelungen des § 437 BGB (§ 16 III Nr. 2) führt zu unbefriedigenden Ergebnissen, zumal diese Leistungen auch zur Gegenleistung gehören (Viskorf/Loose § 16 Rn. 246; aA BFH II R 32/18, BStBl. II 2021, 167).

Ergibt sich wegen des Eintritts einer auflösenden Bedingung eine Ermäßigung des Werts der Gegenleistung, folgt auch aus **§ 5 II BewG** ein Anspruch auf Änderung der Steuerfestsetzung (→ Rn. 10). Zur Berichtigung eines GrESt-Bescheids gem. **§ 14 II BewG** bei Änderung der Laufzeit einer lebenszeitabhängigen Nutzungs- oder Leistungsgewährung → § 8 Rn. 56.

II. Herabsetzung im gegenseitigen Einvernehmen (§ 16 III Nr. 1)

97 § 16 III Nr. 1 setzt tatbestandlich die einvernehmliche **Herabsetzung** der Gegenleistung innerhalb von **zwei Jahren** seit der Entstehung der Steuer (§ 38 AO bzw. § 14 GrEStG) voraus. Die Vorschrift gilt für alle Erwerbsvorgänge des § 1 I–IIIa. Im Anwendungsbereich des § 311b I 1 BGB unterliegen auch vor der Auflassung vereinbarte Vertragsänderungen, insb. die Herabsetzung des Kaufpreises, der Beurkundungspflicht (Grüneberg/Grüneberg BGB § 311b Rn. 41 ff.).

98 Für die Herabsetzung iSd § 16 III Nr. 1 sind die dafür maßgebenden näheren **Gründe** ohne Bedeutung (zB Insolvenz des Bauunternehmers bei grestrechtlich einheitlichem Erwerbsgegenstand, vgl. FG München 14 K 1299/93, EFG 1996, 945); ausreichend ist eine ausdrückliche Kaufpreisminderung oder der Erlass eines Kaufpreisteils. Gleichfalls ausreichend kann – nach Maßgabe des durch Auslegung zu ermittelnden wirklichen Rechtsfolgewillens – die Übernahme von Aufwendungen durch den GrVerkäufer sein (dazu FG Münster 8 K 2154/94 GrE, EFG 1997, 819 mwN betr. Übernahme von Bodenverdichtungsmaßnahmen durch GrVerkäufer). Die nachträglich innerhalb der Zweijahresfrist vereinbarte zinslose (Weiter-)**Stundung** einer Kaufpreisschuld ist unter den Voraussetzungen des § 12 III BewG (→ § 9 Rn. 80 f.) nach § 16 III Nr. 1 zu berücksichtigen (Möllinger DStR 1980, 282). Bei Erwerb eines Gr in einem künftigen (zB noch zu bebauenden) Zustand kann sich eine Herabsetzung der Gegenleistung iSd § 16 III Nr. 1 aus nachträglich vereinbarten **Eigenleistungen** des Erwerbers (→ § 8 Rn. 18 und → § 9 Rn. 37) ergeben (BFH II R 58/81, BStBl. II 1983, 336). Gleiches gilt bei nur teilweiser Erfüllung eines Bauerrichtungsvertrags (vgl. → § 9 Rn. 14).

III. Herabsetzung aufgrund eines Rechtsanspruchs (§ 16 III Nr. 2)

99 **Allgemeines.** § 16 III Nr. 2 setzt eine Herabsetzung (Minderung) aufgrund **§ 437 BGB** voraus und knüpft damit tatbestandlich in vollem Umfang an die jeweilige zivilrechtliche Minderungsregelung an. Dem Wortlaut nach betrifft § 16 III Nr. 2 nur ein **gesetzliches Minderungsrecht auf Grund § 437 BGB.** Das Vorliegen einer Minderung ist im Einzelfall durch Auslegung zu ermitteln. Die Verwendung eines unzutreffenden Rechtsausdrucks (zB eine als „Vertragsstrafe" bezeichnete Minderung) steht der Anwendung des § 16 III Nr. 2 nicht entgegen (BFH II R 11/67, 12/67, BStBl. II 1969, 689; Viskorf/Loose § 16 Rn. 233). Die Minderung unterliegt nicht in jedem Fall dem Formzwang nach § 311b BGB (Grüneberg/Grüneberg BGB § 311b Rn. 43). Die Minderung nach § 441 BGB ist ein Gestaltungsrecht, das durch empfangsbedürftige Willenserklärung des Käufers gegenüber dem Verkäufer ausgeübt wird. Zu beachten ist, dass eine Minderung gem. **§ 437 Nr. 2 BGB iVm § 441 BGB** nunmehr sowohl bei Sach- als auch bei Rechtsmängeln zulässig ist; allein diese Zivilrechtslage ist auch der Anwendung des § 16 III Nr. 2 zugrunde zu legen. Für das einheitliche Vertragswerk sind auch die Regelungen der § 634, 648 anwendbar (→ Rn. 96). Für Erwerbe nach § 3 AusglLeistG ist die analoge Anwendung des § 16 III nicht möglich (BFH II R 32/18, BStBl. II 2021, 167 mwN).

100 Die **Minderung ist** iSd § 16 III Nr. 2 **vollzogen,** wenn sich der Verkäufer auf Verlangen des Käufers mit ihr einverstanden erklärt, entsprechend verurteilt ist

und die Herabsetzung des Kaufpreises auch **tatsächlich** (zB durch Rückzahlung) **erfolgt** ist. Daran fehlt es, wenn der Käufer die teilweise erloschene Kaufpreisforderung gleichwohl entrichtet oder der Verkäufer seiner Rückzahlungsverpflichtung nicht nachkommt (BFH II R 120/89, BStBl. II 1993, 58). Nach Auffassung des BFH (II R 120/89, BStBl. II 1993, 58, in Abweichung von BFH VIII R 102/80, BStBl. II 1982, 245) soll § 16 III Nr. 2 gleichwohl anwendbar sein, wenn die tatsächliche Rückzahlung wegen **Insolvenz des Veräußerers** unterbleibt. Die dafür gegebene Begründung, die Vermögensminderung des Käufers sei hier kausal durch den Vermögensverfall des Veräußerers und nicht durch den GrErwerb bedingt sei, überzeugt nicht (ebenso Hofmann/Märker § 16 Rn. 59; aA Viskorf/Loose § 16 Rn. 242). Die Vermögensminderung des Käufers ist kein Tatbestandsmerkmal des § 16 III Nr. 2. Die fehlende wirtschaftliche Realisierungsmöglichkeit des Rückzahlungsanspruchs des Käufers ändert nichts daran, dass die von § 16 III allein begünstigte tatsächliche Herabsetzung der Gegenleistung als solche nicht vollzogen worden ist. Im Übrigen lässt die vorgenannte Rspr. keine klare Abgrenzung zu Fallgestaltungen zu, in denen schon die Geltendmachung eines Minderungsanspruchs wegen eingetretenen Vermögensverfalls oder Insolvenz des Veräußerers unterbleibt. § 16 III Nr. 2 verlöre jegliche Konturen, wenn die Vorschrift auch in derartigen Fällen angewendet würde.

Die **Kaufpreisminderung** in Fällen des **einheitlichen Erwerbsgegenstands** wird häufig auf § 631 BGB beruhen, der von dem auf § 437 BGB abstellenden § 16 III Nr. 2 nicht mit erfasst ist. Insoweit ist aber § 638 BGB, soweit eine Herabsetzung der Gegenleistung tatsächlich vorliegt (→ § 9 Rn. 98), entsprechend anzuwenden (Viskorf/Loose § 16 Rn. 246).

F. Ablaufhemmung (§ 16 IV)

Der Anwendungsbereich des § 16 IV wurde durch das StEntlG 1999 ff. um die Fälle des § 5 III erweitert (zur zeitlichen Geltung § 23 VI 2); durch das StÄndG 2001 ist die Erstreckung auf die Fälle des § 5 III wiederum entfallen (zur zeitlichen Geltung § 23 VII 1). **101**

Der **Antrag** nach § 16 I–III ist **nicht fristgebunden.** Für ihn gelten allerdings die allgemeinen Vorschriften über die Festsetzungsverjährung (§§ 169 ff. AO). Da die Aufhebung oder Änderung einer Steuerfestsetzung nach Ablauf der Festsetzungsfrist nicht mehr zulässig ist (§ 169 I AO), muss der Antrag nach § 16 **innerhalb der Festsetzungsfrist** gestellt werden. Allerdings werden die Tatbestände des § 16 nicht selten erst nach Ablauf der normalen vierjährigen Verjährungsfrist (§ 169 II Nr. 2 AO) verwirklicht; häufig wird auch keine Ablaufhemmung nach § 171 AO vorliegen. Deshalb ordnet § 16 IV eine **besondere Ablaufhemmung** (krit. zur Qualifikation als Ablaufhemmung Wohltmann UVR 2008, 344 (347 f.)) an: Die Festsetzungsfrist endet hiernach nicht vor Ablauf eines Jahres nach dem Eintritt des die Aufhebung oder Änderung der Steuerfestsetzung nach § 16 I–III begründenden Ereignisses. Diese zusätzliche Frist von einem Jahr endet nicht mit dem Ablauf eines Kalenderjahres, sondern vorbehaltlich § 108 II und III AO mit dem Ablauf des letzten Tages der Jahresfrist (§ 108 I AO iVm §§ 187 I, 188 II BGB). Wird der Antrag nach § 16 I–III innerhalb dieser Jahresfrist gestellt, tritt eine weitere Ablaufhemmung gem. § 171 III AO ein.

Praktische Bedeutung für Anträge iSd § 16 I–III hat § 16 IV nur, soweit es um **102**
die Aufhebung der Steuerfestsetzung (§ 16 I und II) oder deren Änderung (§ 16

III) geht. Für § 16 I Nr. 1 und II Nr. 1 ist aufgrund der gesetzlichen Zweijahresfrist die besondere Ablaufhemmung nach § 16 IV ohne Interesse. Das **Ereignis iSd § 16 IV** ist ein solches, das die Aufhebung oder Änderung der Steuerfestsetzung begründet; das Ereignis ist (erst) mit der rechtlichen und tatsächlichen Rückgängigmachung eingetreten (BFH II R 1/97, BStBl. II 1999, 737; Wohltmann UVR 2008, 344 (348)). Hat das FA antragsgemäß einen GrESt-Bescheid aufgehoben oder geändert, kann der Aufhebungs- oder Änderungsbescheid seinerseits wiederum aufgehoben oder geändert werden. Für diesen Fall ordnet § 170 III AO eine besondere Ablaufhemmung an. Die Festsetzungsfrist beginnt hiernach erst mit Ablauf des Kalenderjahres, in dem der Antrag nach § 16 gestellt wurde.

G. § 16 IVa: Signing-Closing (Zurücktreten der Besteuerung nach § 1 III Nr. 1 oder Nr. 3 oder § 1 IIIa)

103 Der durch das JStG 2022 eingeführte § 16 IVa (dazu Beschlussempfehlung des FA, BT-Drs. 20/4729, 152) soll eine doppelte Besteuerung nach § 1 III Nr. 1 und Nr. 3, IIIa, IIa und IIb vermeiden. Die Vorschrift ist am 21.12.2022 in Kraft getreten; zur Anwendung dieser Regelung vgl. Zurechnung § 1 IIa–IIIa GLE 16.10.2023, BStBl. I 2023, 1872 Tz. 7, 11. Die Vorschrift gilt nur für **Gesellschaften** (§ 1 IIa–IIIa), eine Anwendung auf natürliche Personen, jPdöR, Stiftungen oder Vereine scheidet aus (Zurechnung § 1 IIa–IIIa GLE 16.10.2023, BStBl. I 2023, 1872 Tz. 4). Sie ist in der Sache eine besondere Korrekturvorschrift iSd § 172 I 1 Nr. 2d.

Bei Verwirklichung vor diesem Zeitpunkt ist – soweit die Voraussetzungen des analog anzuwendenden § 16 V 2 eingehalten sind – ein Billigkeitserlass zu gewähren (→ Vor § 15 Rn. 22 ff.).

103a Nach dem neu eingefügten § 1 IVa wird die bislang angenommene **Doppelbesteuerung** beseitigt. Das Grundstück ist bei Anwendung des § 1 IVa nur die Zurechnung zur Gesellschaft; sie ändert aber nicht die für die Zuordnung für die Ergänzungstatbestände geltenden **Grundsätze;** insoweit gelten ausschließlich die für § 16 IVa geltenden Grundsätze des § 1 III oder IIIa im Verhältnis zu § 1 IIa oder IIb. Außerdem besteht die Folgerung des § 16 IVa allein darin, die nur einmalige Besteuerung nach § 1 IIa oder IIb herbeizuführen.

103b **Keine Probleme** bestehen, soweit die Zeitpunkte der Steuerentstehung nach § 1 III/IIIa und § 1 IIa/IIb gleichzeitig verwirklicht werden (Zurechnung § 1 IIa–IIIa GLE 16.10.2023, BStBl. I 2023, 1872 Tz. 11 1. Spiegelstrich). In diesem Fall kommt nur eine Verwirklichung von § 1 IIa in Betracht. Die Vorschrift ist eine besondere Korrekturvorschrift iSd § 172 I 1 Nr. 2d AO.

Problematisch ist das Verhältnis für den Fall, dass die Zeitpunkte der Steuerentstehung nach § 1 III/IIIa und § 1 IIa/IIb **auseinanderfallen.** In diesem Fall wird die Nichtbesteuerung durch § 16 IVa iVm § 16 V 2 umgesetzt (→ § 16 Rn. 132). Dies bedeutet insb., dass beide Erwerbsvorgänge (sowohl der Vertrag über Verwirklichung des § 1 III/IIIa als auch der Vertrag über das Closing nach § 1 IIa/IIb gem. § 16 V S 2) anzuzeigen ist. Das Unterlassen einer Anzeige führt zur Nichtanwendung des § 16 IVa.

Beispiel:

A überträgt 100 % der Anteile an der X-GmbH mit Kaufvertrag vom 2.12.2025 an B. Der Anteilsübergang erfolgt am 2.3.2026. Nach der fristgerechten und rechtzeitigen Anzeigeerstattung durch A und B erlässt die FVerw am 20.1.2027 einen Bescheid nach § 1 III.

Nach dem von keinem angezeigten dinglichen Übergang der Anteile am 2.3.2026 erlässt die FVerw am 2.9.2026 einen Bescheid nach § 1 IIb, weil insoweit keine Anzeigeerstattung erfolgte.

Die Besteuerung nach § 1 III kommt nur in Betracht, wenn der Tatbestand des § 1 IIb noch nicht verwirklicht ist. Grundsätzlich soll § 1 III nur anwendbar sein, wenn bis zu einem Jahr nach Kenntnisnahme der FVerw eine Besteuerung nach § 1 IIb nicht zu erwarten ist und der Grundstücksbestand bei Closing und Signing identisch ist. Diese doppelte Steuererhebung ist wegen Nichterstattung nach § 16 V 2 rechtmäßig; die Regelung über die Aufhebung oder Änderung der Festsetzung nach § 1 III bei anschließender Besteuerung nach § 1 IIa/IIb ist insoweit hinfällig. Dazu auch → § 1 Rn. 331 ff.

Der durch § 1 III (Einleitungssatz) normierte gesetzliche Anwendungsvorrang des § 1 IIa und IIb führt dazu, dass bei der Erfüllung desselben Rechtsgeschäfts zu einem späteren Zeitpunkt sowohl zunächst die Steuer aus § 1 III Nr. 1 oder Nr. 3 und § 1 IIIa als auch später aus § 1 IIa oder IIb entsteht. Diese zweimalige Besteuerung soll durch § 16 IVa verhindert werden (dazu auch → § 23 Rn. 73). Der neue § 16 IVa ermöglicht auf Antrag eine Aufhebung oder Änderung der aufgrund des Rechtsgeschäfts nach § 1 III Nr. 1 oder Nr. 3 oder nach § 1 IIIa entstehenden Steuer. Es erfolgt – soweit eine Grundstücksidentität herrscht – nur **eine Steuerfestsetzung** nach § 1 IIa oder IIb. Zur Sicherstellung der Steuerfestsetzung nach § 1 IIa oder IIb wird deren Festsetzungsfrist gem. § 16 IVa 2 verlängert (Einführung einer Ablaufhemmung). Die Vorschrift gilt aber nur, wenn der Erwerbsvorgang nach § 1 III Nr. 1 und Nr. 3, nach § 1 IIIa und nach § 1 IIa oder IIb ordnungsgemäß und in allen Teilen vollständig angezeigt worden ist (§ 16 V 2). **104**

Die **Anwendbarkeit und Verfassungsmäßigkeit** ist umstritten (BFH II B 13/25 (AdV), DStR 2025, 1752 mAnm Kugelmüller-Pugh; Hofmann/Märker § 16 Rn. 73/1). Teilweise wird § 16 IVa jede Bedeutung abgesprochen (näher Gressner/Wollweber Ubg 2025, 23) oder angenommen, dass im Moment der Zurechnung des Grundstücks zu einem Dritten gem. § 1 III oder § 1 IIIa **(„eine Sekunde zuvor")** die Zurechnung zu der anderen Gesellschaft endet (so Behrens/Sparr DStR 2024, 2510 unter Hinweis auf BFH II R 40/20, BStBl. II 2023, 1012 Rn. 26; BFH II R 33/20, BFH/NV 2023, 555 Rn. 14). Eine Doppelbesteuerung wäre auch verfassungswidrig. Übersehen wird aber, dass die GrESt als **Stichtagssteuer** (vgl. nur Viskorf/Meßbacher-Hönsch § 1 Rn. 720, 956a, 1033) unter zumutbaren Bedingungen mit § 16 IVa eine Doppelbesteuerung verhindert (aA BFH II B 13/25 (AdV), DStR 2025, 1752 mAnm Kugelmüller-Pugh). Die **Nichterfüllung der Anzeigepflicht** (BFH II B 13/25 (AdV), DStR 2025, 1752 lässt diese Frage offen) rechtfertigt eine Doppelbesteuerung (vgl. auch → § 16 Rn. 132, → § 17 Rn. 26); auch §§ 164 II, 165 II 1 AO rechtfertigen keine nur einmalige Besteuerung. **104a**

§ 16 IVa ist **grundstücksbezogen** (Grundstücksidentität zu beiden Stichtagen) zu verstehen. Ist ein Gr zwischen den Stichtagen erworben worden, bezieht sich die Verwirklichung nur auf die Besteuerung nach § 1 III. Ist ein Gr zwischen der Tatbestandsverwirklichung nach § 1 III oder § 1 IIIa und der Besteuerung nach § 1 IIa oder IIb der Gesellschaft grunderwerbsteuerrechtlich nicht mehr zuzurechnen, bezieht sich die Vorschrift nur auf § 1 IIa und IIb. **104b**

§ 16 IVa setzt einen entsprechenden **Antrag** voraus; für diesen gelten die allgemeinen Voraussetzungen (→ Rn. 135 ff.). Die Anzeigepflichten müssen den Voraussetzungen des § 16 V 2 entsprechen. **104c**

Die **Festsetzungsfrist** endet gem. § 16 IVa 2 für den aufgrund des Übergangs der Anteile erfüllten Tatbestand nach § 1 IIa oder IIb nicht vor Ablauf der Festsetzungsfrist der aufzuhebenden oder zu ändernden Festsetzung nach § 1 III Nr. 1 **104d** bzw. Nr. 3 oder § 1 IIIa. Hier kann wohl auf § 175 I 2 AO zurückgegriffen werden. Schwierigkeiten kann die Bestimmung des zuständigen FA bereiten (→ Rn. 132).

H. Rückgängigmachung von Erwerbsvorgängen iSd § 1 II, IIa, IIb, III, IIIa; Rechtsfolgen der Nichtanzeige (§ 16 V)

105 § 16 ist, wie von § 16 V vorausgesetzt, auch auf die Steuertatbestände des § 1 II, IIa, IIb, III und IIIa anwendbar (zB BFH II R 64/08, BFH/NV 2011, 1009 mwN). Dies wird allerdings aus dem Wortlaut des § 16 I–IV deshalb nicht klar ersichtlich, weil es bei diesen Erwerbsvorgängen einen Übergang des Eigentums bzw. einen Rückerwerb des Eigentums nicht geben kann. Insoweit kommt nur eine **sinngemäße Anwendung** des § 16 I und II in Betracht.

Nach § 16 V gelten jedoch § 16 I–IV nicht, wenn keine ordnungsgemäße Anzeige der Erwerbsvorgänge iSd § 1 II, IIa, IIb, III und IIIa erfolgt war (→ Rn. 121 ff.). Für Erwerbsvorgänge iSd § 1 IIa, IIb ist für § 16 V der Regelungsbefehl des **§ 16 III** ohne Bedeutung, weil sich die Bemessungsgrundlage hier gem. § 8 II aus den Grundbesitzwerten und nicht aus der Gegenleistung ergibt (Hofmann/Märker § 16 Rn. 62).

Wird ein Rückübertragungsanspruch – nach seiner Verwerfung wegen Nichteinhaltung der Fristen des § 16 V 1 – ein weiteres Mal rückgängig gemacht, kommt die Anwendung der Regeln über die Nichtanwendung etwa des § 1 III nicht in Betracht. Eine zweimalige Anwendung dieser Regeln scheidet aus; eine zweimalige Anwendung – Rückgängigmachung der Rückgängigmachung – ist nicht möglich (FG 4 K 1269/22, EFG 2024, 64, Rev. BFH II R 26/23).

I. Rückgängigmachung von Erwerbsvorgängen iSd § 1 II

106 Die Rückgängigmachung eines Erwerbsvorgangs iSd § 1 II kann dadurch vollzogen werden, dass der Verwertungsbefugte die seine Verwertungsbefugnis begründenden Einwirkungsbefugnisse verliert. Einer Beseitigung der Gesamtheit der Vorgänge, die zur Annahme einer Verwertungsbefugnis geführt haben, bedarf es nicht (RFH RStBl. 1930, 319). Die Beseitigung der Einwirkungsbefugnisse kann auch durch entsprechenden **Verzicht** des Verwertungsbefugten, der im Einvernehmen mit dem GrEigentümer erfolgen muss, herbeigeführt werden. Nicht ausreichend ist es, wenn auf die Verwertungsbefugnis ohne oder gegen den Willen des Eigentümers verzichtet wird.

107 Möglich ist auch ein **Rückerwerb** der Verwertungsbefugnis bei **Auflösung bzw. Aufhebung einer Treuhandvereinbarung,** aufgrund derer der GrEigentümer dem Treugeber die Verwertungsbefugnis an einem Gr verschafft hatte. Bei einem **Auftragserwerb** ist § 16 II anzuwenden, sofern der Auftraggeber dem Beauftragten auch die Verwertungsmöglichkeit am Gr verschafft (vgl. im Einzelnen Tz. 3.2.2.1. und 2.2.1.2. der in → § 1 Rn. 126 zit. Erlasse Treuhand/Auftragserwerb). Bei **Gebäuden auf fremdem Boden** (§ 2 II Nr. 2) sind die tatbestandlichen Einschränkungen des § 16 zu beachten, soweit ein Dritter ein von ihm hergestelltes Gebäude auf den GrEigentümer überträgt (vgl. → § 2 Rn. 116).

Die Anwendung des § 16 I–IV scheidet aus, wenn der Erwerbsvorgang nicht iSd § 16 V ordnungsgemäß angezeigt wurde (→ Rn. 121 ff.). Im Zusammenhang mit der Befreiung nach § 6a ist § 23 VIII 2 zu beachten.

II. Rückabwicklung von Erwerbsvorgängen iSd § 1 IIa

§ 16 ist, wie schon der durch das JStG 1997 um den Hinweis auf § 1 IIa ergänzte Wortlaut des § 16 V zeigt, auch auf den Steuertatbestand des § 1 IIa anwendbar (BFH II R 64/08, BFH/NV 2011, 1009; II R 51/11, BStBl. II 2013, 830). Dabei ergeben sich gewisse konstruktive Besonderheiten, weil die durch § 1 IIa 1 angeordnete Fiktion einer GrÜbereignung keiner (realen) Rückgängigmachung zugänglich ist. Aufgrund dieser fingierten GrÜbereignung kann **allein § 16 II** angewendet werden. Dabei kann Bezugspunkt des § 16 II nur der Rückerwerb einer (oder mehrerer) Anteile sein, deren Übergang die Tatbestandserfüllung des § 1 IIa bewirkt (bzw. dazu beigetragen) hat. Die Anwendung des § 16 III ist hier nicht möglich. **108**

Ein Anspruch aus § 16 II entsteht, wenn Anteile am Gesellschaftsvermögen vom neuen Gesellschafter auf den alten Gesellschafter ganz oder teilweise zurück übertragen werden und – weil ein Übergang von mindestens 90 % (bis 30.6.2021 95 %) der Anteile am Gesellschaftsvermögen im Ergebnis nicht mehr vorliegt – **nachträglich die Anwendungsvoraussetzungen des § 1 IIa entfallen sind** (BFH II R 35/15, BStBl. II 2017, 966 für Beteiligungsaufstockungen; II R 51/11, BStBl. II 2013, 830; II B 157/05, BFH/NV 2006, 1341). Es ist also weder die Rückabwicklung sämtlicher Anteilsübertragungen auf Neugesellschafter noch auch nur die (vollständige) Rückgängigmachung eines der Gesellschafterwechsel, die zu einer Verwirklichung des § 1 IIa 1 GrEStG geführt haben (so jetzt auch GLE v. 10.5.2022, BGBl. 2022 I 801 Tz. 10 mit 2 Beispielsfällen), erforderlich. **109**

Vielmehr ist für die Anwendung des § 16 II allein entscheidend, dass aufgrund der Anteilsrückübertragung für den **vorausgegangenen Erwerbsvorgang** iSd § 1 IIa die Grenze von 90 % (95 %) nicht (mehr) erreicht wird (BFH II R 51/11, BStBl. II 2013, 830; vgl. auch Hofmann/Märker § 16 Rn. 63 f.; Behrens DStR 2009, 1611). Dabei ist unerheblich, ob der tatbestandserfüllende letzte Teilakt oder eine frühere Anteilsübertragung, die zur Tatbestandserfüllung beigetragen hat, im geforderten Umfang rückgängig gemacht wird (Viskorf/Loose § 16 Rn. 271 f.).

§ 16 II ist hingegen nicht erfüllt, wenn es auch nach der Rückübertragung eines Zwerganteils bei einem § 1 IIa erfüllenden Übergang von 90 % (95 %) der Anteile bleibt. Sofern die **Anteilsrückübertragung** ihrerseits den Tatbestand des § 1 IIa verwirklicht (so zB, wenn Anteilsübertragung und -rückübertragung jeweils 95 % der Anteile betreffen), ist **auch** insoweit (dh neben der ursprünglichen und später rückgängig gemachten Anteilsübertragung) **§ 16 II** anzuwenden (BFH II R 51/11, BStBl. II 2013, 830); dies entspricht dem auf Rückerwerb und vorausgegangenen Erwerbsvorgang gerichteten Regelungsbefehl des § 16 II. Im Übrigen kann – im Blick auf eine sukzessive Verwirklichung des § 1 IIa – der von der Anteilsübertragung oder -rückübertragung betroffene Anteil am Gesellschaftsvermögen nicht in die Berechnung der 95 %-Grenze einbezogen werden (vgl. auch Behrens BB 2012, 2098 (2100)). Dies gilt auch, wenn seit der Rückübertragung bzw. der vorausgegangen Übertragung eines Anteils der Tatbestand des § 1 IIa durch anderweitige Rechtsvorgänge verwirklicht worden war.

Der Anspruch aus § 16 II setzt selbstverständlich voraus, dass die allgemeinen Anwendungsvoraussetzungen dieser Vorschrift erfüllt sind. Es muss insb. eine **tatsächliche (wirtschaftliche) Rückabwicklung** erfolgen (→ Rn. 30 ff.; vgl. auch SächsFG 2 V 421/02, EFG 2002, 1402); die Verfügungsbefugnis über den von der Rückabwicklung betroffenen Anteil darf auch nicht teilweise beim zwi- **110** schenzeitlichen Gesellschafter verbleiben (BFH II R 51/11, BStBl. II 2013, 830 mwN). Nicht erforderlich ist jedoch, dass der frühere Gesellschafter auch seine ursprüngliche Gesellschafterstellung rückwirkend zurückerlangt (BFH II R 51/11, BStBl. II 2013, 830). Die Rückübertragung muss zwischen denselben Personen (Grundsatz der Identität der Beteiligten) stattfinden, die an der vorausgegangenen Anteilsübertragung beteiligt waren (→ Rn. 73). Eine § 16 II genügende Rückübertragung fehlt, wenn ein vormaliger Altgesellschafter iSd § 1 IIa nach seinem Austritt aus der Gesellschaft erneut Anteile am Gesellschaftsvermögen dieser PersGes erwirbt (FG BW 5 K 248/02, EFG 2004, 140, insoweit zustimmend BFH II R 61/03, BStBl. II 2005, 649).

Einer vollständigen wirtschaftlichen Rückgängigmachung stehen – insb. im Hinblick auf § 16 II Nr. 2 – uU die Grundsätze über die **fehlerhafte Gesellschaft** (→ § 1 Rn. 70) entgegen (ebenso Hofmann/Märker § 16 Rn. 66); diese Grundsätze gelten auch für den vollzogenen fehlerhaften Beitritt eines Gesellschafters zu einer schon bestehenden Gesellschaft sowie für die fehlerhafte Übertragung eines Gesellschaftsanteils mit Zustimmung der übrigen Gesellschafter und lassen idR nur eine Anfechtung ex nunc zu.

111 § 16 II ist ferner zumindest sinngemäß anwendbar, wenn der Steuertatbestand des § 1 IIa bezüglich eines der **PersGes** zunächst **gehörenden Gr** nachträglich aufgrund § 16 I oder II entfällt. Eine Beschränkung des Anwendungsbereichs des § 16 II auf die Rückabwicklung von Änderungen im Personenstand der PersGes ist nicht geboten.

Beispiel:

Die aus A und B bestehende GbR erwirbt 2022 ein Gr von D. Anschließend übertragen A und B ihre sämtlichen GbR-Anteile an E und F. Im Jahre 2023 kommt es wegen der Nichtigkeit des 2022 geschlossenen GrKaufvertrags zum GrRückerwerb durch D. Hier sind mit dem Rückerwerb des Gr durch D zunächst die Voraussetzungen des § 16 II bezüglich des Erwerbs der GbR von D erfüllt. Ferner muss § 16 II nach seinem Sinn und Zweck – mangels eines der PersGes nunmehr „gehörenden" Gr – auch hinsichtlich des (zunächst) verwirklichten Steuertatbestands des § 1 IIa angewendet werden. Zumindest ist insoweit ein Erlass bzw. eine Nichtfestsetzung der Steuer aus Billigkeitsgründen (§ 227 AO) geboten (ebenso Heine GmbHR 2001, 365 (370 f.)).

112 § 16 II ist bei nicht ordnungsgemäßer Anzeige des Erwerbsvorgangs nach §§ 18, 19 nicht anwendbar (§ 16 V, → Rn. 121 ff.). Da sich die Bemessungsgrundlage in Fällen des § 1 IIa aus den Grundbesitzwerten (§ 8 II Nr. 3) ergibt, ist **§ 16 III grds. ohne Bedeutung.** Der Anwendung des § 16 II steht es daher nicht entgegen, wenn eine im Zusammenhang mit dem Anteilserwerb erbrachte **Gegenleistung** im Zuge der Rückübertragung **zurückgezahlt oder ermäßigt** wird (BFH II R 51/11, BStBl. II 2013, 830); allerdings kann sich daraus bei Hinzutreten weiterer Umstände ein Indiz für den fehlenden tatsächlichen (wirtschaftlichen) Rückerwerb ergeben. Im Zusammenhang mit der Befreiung nach § 6a ist § 23 VIII 2 zu beachten.

III. Rückabwicklung von Erwerbsvorgängen iSd § 1 IIb

113 § 1 IIb ist im Zusammenhang mit § 16 II 2 anzuwenden, wenn einer oder mehrere der Gesellschafterwechsel, die zur Verwirklichung des § 1 IIb geführt haben, ganz oder teilweise rechtlich und iSd § 16 rückgängig gemacht wird oder werden und infolgedessen ein Übergang von mindestens 90 % der Anteile am Kapital der grundbesitzenden Kapitalgesellschaft im Ergebnis nicht mehr gegeben

ist (vgl. BFH II R 51/11, BStBl. 2013 II, 830; zu § 1 IIb GLE 10.5.2022, BStBl. I 2022, 821 Tz. 10). Werden bei sukzessiver Tatbestandserfüllung nicht alle Rechtsvorgänge, die zur Verwirklichung des § 1 IIb beigetragen haben, nach der Tatbestandsverwirklichung fristgemäß und in allen Teilen vollständig beim zuständigen FA angezeigt, scheidet die Anwendung des § 16 II nach § 16 V aus. Dies gilt auch für Beteiligungsaufstockungen (vgl. BFH II R 35/15, BStBl. II 2017, 966).

einstweilen frei **114, 115**

IV. Rückabwicklung von Erwerbsvorgängen nach § 1 III

§ 16 gilt auch für **Erwerbsvorgänge iSd § 1 III** (zB BFH II R 83/74, BStBl. II 1980, 359; II R 52/12, BStBl. II 2013, 752; II R 64/08, BFH/NV 2011, 1009; vgl. auch Heine GmbHR 2001, 365). Wegen des durch § 1 III lediglich fingierten GrErwerbs kommt auch hier – ebenso wie in Fällen des § 1 IIa – bei einer Anteilsrückübertragung nur die Anwendung des § 16 II in Betracht. Dabei liegt ein den Anforderungen des § 16 II Nr. 1 genügender **Anteilsrückerwerb bereits dann** vor, wenn das zunächst den Tatbestand des § 1 III erfüllende **Quantum** von 90 % (95 %) der Anteile **unterschritten** wird (BFH II R 52/12, BStBl. II 2013, 752; II R 27/16, BStBl. II 2019, 599; II R 24/16, BStBl. II 2020, 157). Dies entspricht den Grundsätzen, die für den Rückerwerb bei Erwerbsvorgängen nach § 1 IIa und IIb gelten. Die Rückabwicklung von Erwerbsvorgängen nach § 1 III setzt aber voraus, dass das Gr des Erwerbers vor Verkauf mindestens eine Sekunde dem damaligen Veräußerer grunderwerbsteuerrechtlich zuzuordnen war (BFH II R 27/16, BStBl. II 2019, 559 Rn. 35). Zur zweimaligen Rückgängigmachung → Rn. 105. **116**

Im Anwendungsbereich des § 1 III ist zu beachten, dass **kein Fall des § 16 II Nr. 1** vorliegt, wenn der Treugeber die zunächst vom Treugeber gehaltenen Anteile nach Auflösung der Treuhand zivilrechtlich zurück erwirbt (→ § 1 Rn. 139). Mit dem Erwerb der Anteile an der grbesitzenden Gesellschaft kann bei dem mittelbar beteiligten Gesellschafter eine **Anteilvereinigung iSd § 1 III eintreten** (BFH II B 98/17, BFH/NV 2019, 412 = BB 2019, 1639 (mAnm Behrens)).

Die Nichtfestsetzung bzw. Aufhebung der Steuerfestsetzung setzt voraus, dass der die Anteilsvereinigung begründende **Übertragungsakt vollständig beseitigt** wird. Dies gilt jedoch nur hinsichtlich des Anteils, der zum Unterschreiten der 95 %-Grenze – bzw. nach dem 30.6.2021 zum Unterschreiten der neuen Grenze von 90 % – führt. Auch insoweit ist jedoch erforderlich, dass die Voraussetzungen des § 16 II Nr. 1 eines rechtlich und tatsächlich vollständigen Rückerwerbs bei Weitergabe an einen Dritten erfüllt sind (BFH II R 10/16, BStBl. II 2019, 176). Ob eine für den Anteilserwerb erbrachte Gegenleistung im Zusammenhang mit dem Anteilsrückerwerb zurückerstattet wird, ist unerheblich (BFH II R 52/12, BStBl. I 2013, 752; vgl. auch → Rn. 112).

Offen ist bislang, ob § 16 II auch bei fehlender Steuerbarkeit des **ersten Erwerbs** und Steuerbarkeit des **Rückerwerbs** einschlägig ist (BFH II R 27/16, BStBl. II 2019, 559 Rn. 35).

Beispiel:

A war Alleininhaber einer grbesitzenden GmbH. Er übertrug seinem Sohn S 49% der Anteile an der X-GmbH mit Widerrufsrecht, falls S kinderlos vorversterben sollte. Nach dem kinderlosen Vorversterben des S übte A sein Widerrufsrecht aus, womit die 49% der Anteile an A zurückfielen.

Die Übertragung auf den Sohn war grestrechtlich irrelevant (→ § 3 Rn. 35). Der Widerruf hingegen führt zu einem grunderwerbsteuerbaren Vorgang, weil es zu einer Anteilsvereinigung nach § 1 III gekommen ist. Richtigerweise unterfällt dieser Vorgang aber § 16 II Nr. 3. Insoweit ist es unschädlich, dass der vorangegangene (der rückgängig gemachte) Erwerbsvorgang gar nicht der GrESt unterlag, sondern nur der Rückerwerb (so FG Münster 8 K 998/21, EFG 23, 1021, Rev. BFH II R 16/23; Hofmann/Märker § 16 Rn. 11; Loose juris-SteuerR 35/2019 Anm. 2). Anders zu beurteilen sind Fälle, in den ein Rückübertragungsanspruch zweimal geltend gemacht wird (→ Rn. 105).

Weitergehende Anforderungen an die vollständige Rückübertragung dürften allerdings in dem (wohl seltenen) Fall zu stellen sein, dass im Zusammenhang mit dem Rückerwerb der Anteile deren Weiterübertragung an Dritte unter Beteiligung des ursprünglichen Erwerbers erfolgt. Insoweit dürften sinngemäß die in → Rn. 34 ff. dargestellten Grundsätze gelten.

117 Ferner ist § 16 II auch in Fällen des § 1 III sinngemäß anzuwenden, wenn ein der Gesellschaft im Zeitpunkt der Steuerentstehung aus § 1 III gehörendes **Gr** nachträglich aufgrund eines der Tatbestände des § 16 I oder II wieder **aus** dem **Gesellschaftsvermögen ausscheidet** (zur entspr. Problematik des § 1 IIa → Rn. 111).

Bei einer **Anteilsvereinigung im Organkreis** (§ 1 III iVm IV) bewirkt die bloße Beendigung der Organschaft keine Rückgängigmachung des Erwerbsvorgangs (zutr. Heine GmbHR 2001, 365 (370)). Die Frage einer entsprechende Anwendung des § 16 II in Fällen, in denen auf eine unmittelbare Anteilsvereinigung eine mittelbare Anteilsvereinigung folgt und anschließend binnen zwei Jahren wiederum der ursprüngliche Zustand einer unmittelbarer Anteilsvereinigung hergestellt wird, dürfte sich aufgrund der neueren BFH-Rspr. nicht mehr stellen (→ § 1 Rn. 573). Zur Anwendung des § 16 im Zusammenhang mit der Anteilsvereinigung und -übertragung im Treuhand- und Auftragsverhältnis vgl. → § 1 Rn. 583 ff. § 16 I–IV sind bei nicht ordnungsgemäßer Anzeige des Erwerbsvorgangs nach §§ 18, 19 nicht anwendbar (§ 16 V, → Rn. 121 ff.). Zur Herabsetzung einer für den Anteilserwerb erbrachten Gegenleistung gelten die in → Rn. 112 dargestellten Grundsätze entsprechend.

Im Hinblick auf die Befreiung nach § 6a ist § 23 VIII 2, X, XI, XII und XVIII zu beachten.

V. Rückabwicklung von Erwerbsvorgängen iSd § 1 IIIa

118 Als Folgeänderung des durch das AmtshilfeRLUmsG neu eingefügten § 1 IIIa wurde auch der Anwendungsbereich des § 16 V auf diesen Steuertatbestand ausgedehnt. Die Regelung macht deutlich, dass auch ein zur Innehabung einer wirtschaftlichen Beteiligung führender Rechtsvorgang iSd § 1 IIIa im Fall seiner „Rückgängigmachung" einen Anspruch auf Nichtfestsetzung der GrESt bzw. Aufhebung der Steuerfestsetzung begründen kann. Die für § 1 III geltenden Grundsätze (→ Rn. 116 f.) sind entsprechend anzuwenden (zu § 1 IIIa GLE 19.9.2018, BStBl. I 2018, 1078 Tz. 9). Auch für Erwerbsvorgänge iSd § 1 IIIa reicht es für die Anwendung des § 16 II aus, wenn der den Erwerb einer wirtschaftlichen Beteiligung begründende Erwerb in einem zum Unterschreiten der Anteilsgröße von 95 % führenden Umfang rückgängig gemacht wird. § 16 II ist ferner dann entspr. anwendbar, wenn ein der Gesellschaft im Zeitpunkt der Steuerentstehung aus § 1 IIIa gehörendes **Gr** nachträglich aufgrund eines der Tatbestände des § 16 I oder II wieder **aus** dem **Gesellschaftsvermögen ausscheidet** (zur entspr. Problematik bei § 1 IIa, 1 IIb und III vgl. → Rn. 111, 117).

einstweilen frei **119, 120**

VI. Rechtsfolgen der Nichtanzeige von Erwerbsvorgängen iSd § 1 II, IIa, IIb, III und IIIa (§ 16 V)

Die Anwendung des § 16 auf Erwerbsvorgänge iSd § 1 II, IIa, IIb, III und IIIa **121** scheidet gem. **§ 16 V 1** aus, wenn der Erwerbsvorgang nicht fristgerecht und in allen Teilen vollständig angezeigt (§§ 18–20) war. Die auf die nicht ordnungsgemäße Anzeige nach § 18 und § 19 abzustellende frühere Fassung ist nur auf bis zum 6.6.2013 verwirklichte Erwerbsvorgänge anzuwenden (§ 23 XII). Die Gesetzesänderung soll sicherstellen, dass die Anzeige – entgegen des BFH-Urteils II R 51/11, BStBl. II 2013, 830 Rn. 27 – auch die nach § 20 erforderlichen grbezogenen Angaben enthalten muss.

Häufig werden Erwerbsvorgänge nach § 1 II–IIIa den Finanzämtern mangels **122** Anzeige verborgen bleiben. Deshalb könnten sich die Beteiligten ihrer Steuerpflicht nach Kenntniserlangung durch das FA durch eine Rückgängigmachung entziehen. **§ 16 V soll** derartigen **Umgehungen der Steuerpflicht entgegenwirken** (vgl. Begr. GrEStG 1940, 412) und dient damit der **Sicherung der Anzeigepflichten** (BFH II B 52/04, BStBl. II 2005, 492; II R 51/11, BStBl. II 2013, 830; II R 8/13, BStBl. II 2015, 553; II R 64/08, BFH/NV 2016, 420; II R 35/15, BStBl. II 2017, 966 für Beteiligungsaufstockungen; II R 24/16, BStBl. II 2020, 157). Der **Normzweck** des § 16 V mag zwar unter Berücksichtigung seiner empfindlichen Sanktionswirkung eine **restriktive Auslegung** rechtfertigen (so in der Tendenz BFH II R 51/11, BStBl. II 2013, 830). Wegen der aus Art. 20 III GG herzuleitenden Grenzen der Auslegung ist die **Unkenntnis des Beteiligten** über die Notwendigkeit einer Anzeigepflicht **unbeachtlich** (BFH II R 64/08, BFH/NV 2016, 420). Angesichts der beträchtlichen Sanktionswirkung des § 16 V kann deshalb die Auffassung des BGH (DNotZ 1979, 228) nicht überzeugen, die Anzeigepflicht des Notars diene auch im Anwendungsbereich des § 16 V nicht dem Schutz des Steuerschuldners und begründe daher im Fall der Nichtanzeige durch den Notar nicht dessen Schadensersatzpflicht.

Eine **ordnungsgemäße Anzeige** iSd § 16 V setzt voraus, dass ihr diejenigen **123** **Rechtsvorgänge eindeutig und vollständig** entnommen werden können, die den Tatbestand nach § 1 II–IIIa ausgelöst oder zur Tatbestandsverwirklichung beigetragen haben (BFH II R 51/11, BStBl. II 2013, 830; II R 30/13, BStBl. II 2015, 777; II R 24/16, BStBl. II 2020, 157). Dazu muss der Vorgang nach seinem **Anzeigeinhalt** dem zuständigen FA in einer Weise bekannt werden, dass es die Verwirklichung eines Tatbestands nach § 1 II, IIa, IIb, III und IIIa ohne Weiteres erkennen; eine weitere Sachprüfung zu Anlass der Anzeige und ihre grunderwerbsteuerrechte Relevanz muss sich erübrigen (BFH II R 30/13, BStBl. II 2015, 777; II R 24/16, BStBl. II 2020, 157). Deshalb muss die Anzeige die einwandfreie Identifizierung von Veräußerer, Erwerber und Urkundsperson (§ 20 I Nr. 1 und Nr. 6) und ggf. der Gesellschaft (§ 20 II) ermöglichen; der Anzeige müssen idR die in § 18 I 2 bzw. § 19 IV 2 genannten Abschriften beigefügt werden (BFH II B 52/04, BStBl. II 2005, 492; II B 157/05, BFH/NV 2006, 1341; II R 51/11, BStBl. II 2013, 830; II R 30/13, BStBl. II 2015, 777; II R 64/08, BFH/NV 2016, 420). Aufgrund der Neuregelung des § 16 V müssen sich aus der Anzeige auch die erforderlichen Angaben zum jeweiligen Gr entnehmen lassen. Ohnehin war die in BFH II R 51/11, BStBl. II 2013, 830 getroffene Aussage in dem entschiedenen Fall nicht tragend.

Aufgrund dieser Angaben kann das FA die Verwirklichung eines Erwerbsvorgangs iSd § 1 II, IIa, IIb, III oder IIIa erkennen und in eine nähere Prüfung eintreten; insoweit müssen die Anzeigen nach §§ 18, 19 hinreichend **klar und eindeutig** sein. Die Nichtangabe der **ID bzw. Wirtschafts-ID** (§ 20 I Nr. 1) wird idR unschädlich sein (Gottwald DNotZ 2011, 83). Erhebliche Bedeutung kommt der auf dem AmtshilfeRLUmsG beruhenden Erweiterung der Anzeigepflicht um eine Beteiligungsübersicht bei mehreren beteiligten Rechtsträgern zu (§ 20 II Nr. 3). Diese Vorschrift hat besondere Bedeutung im Zusammenhang mit mittelbaren Änderungen des Gesellschafterbestands einer Personengesellschaft (§ 1 IIa) oder einer Kapitalgesellschaft (§ 1 IIb), einer mittelbaren Anteilsvereinigungen iSd § 1 III oder IIIa sowie einer mittelbaren wirtschaftlichen Beteiligung iSd § 1 IIIa.

124 Ferner ist die Anzeige nur ordnungsgemäß, wenn sie innerhalb der **zwingend einzuhaltenden** (BFH II B 157/05, BFH/NV 2006, 1341; II R 64/08, BFH/NV 2016, 420) **Anzeigefrist** (§ 18 III und § 19 III) an die GrESt-Stelle des zuständigen FA (vgl. → § 18 Rn. 17) erfolgt. Bei **Versäumung der Anzeigefrist** muss idR eine **Wiedereinsetzung** in den vorigen Stand ausscheiden (zur Problematik → § 19 Rn. 28).

125 Von der Änderung des § 16 V unberührt (vgl. BR-Drs. 184/14, 97) bleibt die Möglichkeit, **innerhalb der Anzeigefrist** von zwei Wochen (§ 18 III bzw. § 19 III 1) bzw. von einem Monat bei ausländischen Steuerschuldnern (§ 19 III 2) für noch fehlende Angaben einer Fristverlängerung gem. § 109 AO zu beantragen. Für Steuerklärungen der Beteiligten ergibt sich die Fristverlängerung unmittelbar aus § 19 III, für die nach § 18 III aus der analogen Anwendung dieser Vorschrift (BFH II B 52/04, BStBl. II 2005, 492).

126 Bei einer Anzeigepflicht sowohl nach § 18 als auch nach § 19 reicht die ordnungsgemäße Anzeigeerstattung durch **einen** der Anzeigeverpflichteten aus (BFH II R 51/11, BStBl. II 2013, 830; II R 30/13, BStBl. II 2015, 777; II R 8/13, BStBl. II 2015, 553; II R 64/08, BFH/NV 2016, 420; II R 30/13, BStBl. II 2015, 777; II R 24/16, BStBl. II 2020, 157; vgl. auch → Vorb § 15 Rn. 15 sowie → § 19 Rn. 16). Kommt ein Beteiligter seiner Anzeigepflicht nach, wird der Beginn der Festsetzungs-/Feststellungsfrist nicht durch eine weitere Anzeigepflicht (zB nach § 19) hinausgeschoben (BFH II R 9/04, BStBl. II 2005, 780). Die zur Beendigung der Anlaufhemmung gem. § 170 II 1 Nr. 1 AO geltenden Anforderungen an eine ordnungsgemäße Anzeige (→ Vorb § 15 Rn. 12 f.) können nicht auf § 16 V übertragen werden.

127 Eine ordnungsgemäße Anzeige liegt auch dann nicht vor, wenn die Anzeige jedenfalls bis zum Ergehen des GrESt-Bescheids und vor Abschluss des Aufhebungsvertrags nachgeholt wird (FG Münster EFG 2008, 1996; aA BFH II B 157/05, BFH/NV 2006, 331; Viskorf/Loose § 16 Rn. 284). Vielmehr bedarf es in jedem Fall eines Fristverlängerungsantrags (→ Rn. 125).

128 Die etwaige **Unkenntnis** eines Beteiligten **über** seine **Anzeigepflicht** nach § 19 schließt die Anwendung des § 16 V nicht aus; die für die Nichtanzeige maßgeblichen Gründe sind unerheblich (BFH II B 52/04, BStBl. II 2005, 492; II R 64/08, BFH/NV 2011, 1009). § 16 V steht einer Aufhebung der GrSt nach § 16 II nicht entgegen, wenn der Notar den Erwerbsvorgang zwar nicht innerhalb der für ihn geltenden Frist des § 18 anzeigt, seine Anzeige bei dem zuständigen FA aber noch innerhalb der für den Steuerschuldner geltenden Frist des § 19 eingeht (BFH II R 2/21, BStBl. II 2023, 1057). Das kann insb. dann der Fall sein, wenn das Rechtsgeschäft von einer Bedingung abhängig ist. Die Anzeigefrist beginnt für den Notar nach § 18 III bereits mit Abschluss des Rechtsgeschäfts, die Anzeigefrist der Beteiligten jedoch erst ab Eintritt der Bedingung (BFH II R 2/21, BStBl. II 2023, 1057).

Für die Anzeigepflicht von **ausländischen Rechtsträgern** gewährt jedoch § 19 III 2 (anwendbar auf Erwerbsvorgänge nach dem 22.6.2016) für ausländische Steuerschuldner eine einmonatige Frist.

Bei Erwerbsvorgängen iSv **§ 1 II** sind die vorausgesetzten Ermittlungsmög- **129**
lichkeiten der Finanzämter schon deshalb eingeschränkt, weil sich die in der Anzeige fehlenden grbezogenen Angaben nicht aus dem Grundbuch ergeben und die Anzeige der die Verwertungsbefugnis begründenden Umstände nur schwerlich ohne Hinweis auf das betroffenen Gr erfolgen kann. Hier dürfte es daher naheliegen, entspr. der früheren BFH-Rspr. (BFH II B 52/04, BStBl. II 2005, 492; II R 64/08, BFH/NV 2011, 1009) an der Erforderlichkeit grbezogener Angaben (zB Grundbuchbezeichnung, § 20 I Nr. 2) festzuhalten und für diese Angaben an der Möglichkeit einer Fristverlängerung aufgrund eines innerhalb der Anzeigefrist gestellten Antrags festzuhalten. Dies muss auch gelten, wenn sich bei Erwerbsvorgängen nach § 1 IIa, IIb oder III die Zugehörigkeit eines Gr zum Vermögen der jeweiligen Gesellschaft aus einem Erwerbsvorgang iSd § 1 II herleitet.

Die Anzeigepflicht besteht unabhängig davon, ob die Vertragsbeteiligten von **130**
der Anzeigepflicht wussten. Für Erwerbsvorgänge nach § 1 II bis IIIa ist eine restriktive Auslegung des § 16 V ausgeschlossen, wenn es überhaupt an einer fristgerechten Anzeige fehlt oder diese nicht an die GrESt-Stelle des zuständige FA übermittelt wurde (BFH II R 8/13, BStBl. II 2015, 553).

Problematisch ist die Anwendung des § 16 V im Hinblick auf Erwerbsvorgänge, **131**
bei denen die GrESt aus dem Verpflichtungsgeschäft iSd § 1 I Nr. 1 mangels Einholung einer **behördlichen Genehmigung** nicht entstehen konnte. In derartigen Fällen kann uU zugunsten des Erwerbers eine Verwertungsbefugnis (§ 1 II) am Gr begründet worden sein (BFH II B 42/68, BFHE 94, 359; vgl. auch → § 1 Rn. 264). In diesem Fall ist § 16 V anzuwenden, wenn der Anzeige des Verpflichtungsgeschäfts gem. §§ 18, 19 nicht auch das betroffene Grundstück und die die Verwertungsbefugnis begründenden näheren Umstände entnommen werden können.

VII. § 16 V 2

Durch § 16 V 2 wurde eine Folgeänderung für § 16 IVa eingeführt. Die Vor- **132**
schrift gilt nur, wenn der Erwerbsvorgang sowohl nach § 1 III Nr. 1 und Nr. 3 oder § 1 IIIa als auch der spätere Vorgang nach § 1 IIa und IIb fristgerecht und in allen Teilen vollständig angezeigt wurde (§§ 18–20). Hier liegt in Fällen des Signing/Closing ein gewisses Problem, weil – besonders bei mehrstufiger Beteiligung – die Bestimmung des zuständigen Finanzamts Schwierigkeiten bereiten kann. Hier muss sehr genau gearbeitet und in Zweifelsfällen bei allen in Betracht kommenden FVerw gleichzeitig Anzeige erstattet werden (zu Einzelfragen der doppelten Anzeigepflicht sowie zur Gefahr einer Haftung durch Bußgeld oder Steuerstrafverfahren, Verspätungszuschlag und Nachzahlungszinsen Wollweber DB 2025, 1313).

I. Verfahrensrechtliche Fragen

133 § 16 ist ein öffentlich-rechtlicher Anspruch aus dem Steuerverhältnis (§ 37 I AO). Ein solcher Anspruch ist auch der **Erstattungsanspruch,** (§ 37 II AO; zu seiner Entstehung vgl. Koenig AO § 37 Rn. 60 mwN). Die Durchsetzung dieses Anspruchs erfordert die Aufhebung oder Änderung des GrESt-Bescheids; dieser wird auch bei Vorliegen der tatbestandlichen Voraussetzungen des § 16 nicht rechtswidrig (→ Rn. 3). Zur Erstattungsberechtigung in Fällen der Gesamtschuldnerschaft vgl. → § 13 Rn. 45.

Da der Anspruch aus § 16 ein weiterer (gegenläufiger) Anspruch aus dem Steuerschuldverhältnis iSd § 37 I AO ist, ist über ihn grds. **gesondert in einem besonderen Verfahren** zu entscheiden (BFH II R 71/82, BStBl. II 1984, 446; II R 145/86, BStBl. II 1989, 981; II R 52/00, BFH/NV 2002, 1053). Bei Rückgängigmachung eines Erwerbsvorgangs noch **vor** der die ursprüngliche Steuerfestsetzung betr. Einspruchsentscheidung hat das FA jedoch den Aufhebungsanspruch aus § 16 spätestens in der Einspruchsentscheidung zu berücksichtigen (→ Rn. 142). Die Durchsetzung eines Anspruchs nach § 16 I–III ist von einem Antrag (→ Rn. 135 ff.) abhängig. Neben der durch § 16 IV angeordneten Ablaufhemmung (→ Rn. 138 f.) sowie den Wirkungen der Antragsstattgabe (→ Rn. 140) ergeben sich bei einer den Antrag aus § 16 ablehnenden Entscheidung weitere Verfahrensfragen (→ Rn. 142 ff. sowie Bruschke UVR 1993, 302; Wohltmann UVR 2008, 344).

I. Entstehung des Anspruchs aus § 16

134 Als Anspruch aus dem Steuerverhältnis (§ 37 I AO) entsteht der Anspruch aus § 16 in jedenfalls sinngemäßer Anwendung des § 38 AO mit der Verwirklichung des Tatbestands, der die materiell-rechtlichen Anforderungen des § 16 erfüllt. Auf den Zeitpunkt der Antragstellung nach § 16 I bis III kommt es für den kraft Gesetzes entstehenden Anspruch aus § 16 nicht an. Zur Entstehung der Ansprüche aus § 16 im Einzelnen wird auf die Erläuterungen zu § 16 I–III verwiesen.

Da die Ansprüche aus § 16 keine steuerliche Wirkung für die Vergangenheit entfalten, bleiben auch bei entsprechender Aufhebung oder Änderung der Steuerfestsetzung bis dahin entstandene **Säumniszuschläge** (§ 240 I 2 AO) bestehen (BFH II B 28/15, BFH/NV 2015, 1668; II B 49/07, BFH/NV 2008, 1438; FG Bln-Bbg 11 K 4059/12, BeckRS 2015, 95777). Allein die Aufhebung oder Änderung der Steuerfestsetzung gem. § 16 vermag noch keinen rückwirkenden (teilweisen) Erlass der Säumniszuschläge aus Billigkeitsgründen (§§ 163, 227 AO) zu rechtfertigen (BFH II B 49/07, BFH/NV 2008, 1438). Nach der wirksamen Ausübung des Rücktrittsrechts scheidet die Festsetzung von Säumniszuschlägen aus (BFH II B 28/15, BFH/NV 2015, 1668). Der Erstattungsanspruch aus § 16 ist nicht zu verzinsen (BFH II B 55/05, BFH/NV 2006, 978).

II. Antragserfordernis

135 Eine Realisierung des Anspruchs § 16 I–III bedarf eines Antrags; dieser ist **Verfahrensvoraussetzung** (vgl. auch § 86 Nr. 2 AO; zur Heilung bei fehlendem Antrag vgl. § 126 I Nr. 1 AO) und nicht Teil des anspruchsbegründenden Tatbestands (vgl. auch BFH II B 28/15, BFH/NV 2015, 1668). Der Antrag bedarf keiner besonderen Form; er kann schriftlich, mündlich oder konkludent (zB durch

Einspruch gegen den Steuerbescheid, BFH II R 83/74, BStBl. II 1980, 359) gestellt werden.

Das FA hat bei Kenntnis der Rückgängigmachung ggf. auf die Antragstellung hinzuweisen (§ 89 S. 1 AO) und sollte jedenfalls – sofern GrESt für den vorausgegangenen Erwerbsvorgang festgesetzt wurde – eine **kommentarlos übersandte Aufhebungsvereinbarung** als konkludenten Antrag iSd § 16 behandeln (so OFD Magdeburg 21.9.1998, DB 1998, 2142; anders Wohltmann UVR 2008, 344), zumindest aber die Antragstellung anregen. Wird – ohne ausdrücklichen Antrag nach § 16 – im Rechtsbehelfsverfahren gegen den GrESt-Bescheid eine Rückgängigmachung des Erwerbsvorgangs bzw. Ermäßigung der Bemessungsgrundlage geltend gemacht, hat das FA dieses Vorbringen regelmäßig in einen Antrag nach § 16 umzudeuten oder den Einspruchsführer zumindest auf das Antragserfordernis hinzuweisen (unklar Bruschke UVR 1993, 302 (304)).

Zur Behandlung von Anträgen iSd § 16, wenn für den rückgängig gemachten Erwerbsvorgang ein **Freistellungsbescheid** ergangen war, vgl. OFD Magdeburg 21.9.1998, DB 1998, 2142.

Antragsberechtigt ist im Hinblick auf die Nichtfestsetzung der GrESt jeder der nach § 13 in Betracht kommenden Steuerschuldner. Nach Ergehen eines GrESt-Bescheids ist zur Antragstellung nach § 16 in jedem Fall derjenige berechtigt, der als Steuerschuldner herangezogen worden ist. Das gilt selbstverständlich auch dann, wenn die Steuer von einem anderen Gesamtschuldner gezahlt worden ist (vgl. auch BFH II R 44/81, BStBl. II 1983, 683). Stellt nach Ergehen des Steuerbescheids ein nicht als Steuerschuldner herangezogener Gesamtschuldner einen Antrag nach § 16, hat das FA den herangezogenen Steuerschuldner gem. § 89 S. 1 AO auf diesen Antrag hinzuweisen (Hofmann/Märker § 16 Rn. 72). Zur Antragsberechtigung des Insolvenzverwalters → Vorb § 15 Rn. 25. 136

Der Antrag ist bei dem nach § 17 I örtlich zuständigen FA zu stellen. Bei der gesonderten Feststellung der Besteuerungsgrundlagen (§ 17 II und III) sind die hierfür zuständigen FÄ nach den Rechtsgedanken der §§ 18 V, 19 IV 1 auch Adressaten des Antrags nach § 16 I bis III. Ein ggf. unzuständiges FA dürfte zur Weiterleitung des Antrags an das zuständige FA verpflichtet sein. Zu den verfahrensrechtlichen Konsequenzen des Antrags vgl. → § 17 Rn. 20. 137

einstweilen frei 138, 139

III. Antragstattgabe; Aufhebung oder Änderung des stattgebenden Bescheids

War ein **Steuerbescheid** noch **nicht ergangen** und sind die Voraussetzungen des § 16 I–III erfüllt, hat das FA dem entsprechenden Antrag in der Weise stattzugeben, dass es die GrESt nicht bzw. (im Fall des § 16 III) niedriger festsetzt. Insoweit wirken § 16 I–III als **Festsetzungshindernis** (BFH II R 53/03, BStBl. II 2005, 495). Soweit über die Nichtfestsetzung bzw. niedrigere Festsetzung ein Bescheid erteilt wird, ist dieser (in den Fällen des § 16 III: teilweise) ein Freistellungsbescheid iSd § 155 I 3 AO (vgl. auch Koenig/Gercke AO § 155 Rn. 30). Für seine Aufhebung oder Änderung gelten allein §§ 172 ff. AO; die Rücknahme- und Widerrufsregeln der §§ 130, 131 AO finden keine Anwendung (Hofmann/Märker § 16 Rn. 73). 140

War **bereits** ein **GrESt-Bescheid ergangen,** ist dem Antrag aus § 16 I bis III durch Aufhebungs- oder Änderungsbescheid nach §§ 172 ff. AO zu entsprechen (zur Korrektur im Fall eines bereits ergangenen Änderungsbescheids sowie eines zusammengefassten Bescheids vgl. Wohltmann UVR 2008, 344 (345 f.)). Diese Korrekturmöglichkeit folgt aus § 172 I 1 Buchst. d AO, weil § 16 eine sonstige gesetzliche Aufhebungs- und Änderungsvorschrift ist. Der Aufhebungs- oder Änderungsbescheid kann ggf. seinerseits gem. §§ 172 ff. AO geändert oder aufgehoben werden.

IV. Antragsablehnung; Rechtsbehelfsverfahren

141 **1. Allgemeines.** Über die **Ablehnung** eines Antrags aus § 16 I–III ist **gesondert** durch Ablehnungsbescheid zu entscheiden (vgl. → Rn. 133), und zwar unabhängig davon, ob im Zeitpunkt der Antragstellung aus § 16 ein GrESt-Bescheid ergangen war oder nicht. Im letzteren Fall kann der GrESt-Bescheid mit dem Ablehnungsbescheid in einem Schriftstück verbunden werden. Das Einspruchsverfahren betr. den GrESt-Bescheid ist, wenn die Rückgängigmachung des Erwerbsvorgangs (zB im Hinblick auf § 16 I Nr. 2 oder II Nr. 2 und 3) Gegenstand eines Zivilrechtsstreits ist, nach § 363 AO auszusetzen (HHS AO § 363 Rn. 76).

142 **2. Antrag nach § 16 im Einspruchsverfahren wegen Anfechtung des GrESt-Bescheids.** Erfolgt die Rückgängigmachung noch **vor der Entscheidung über den Einspruch** gegen die ursprüngliche GrESt-Festsetzung, hat das FA den Aufhebungsanspruch aus § 16 – weil **Festsetzungshindernis** – spätestens in der Einspruchsentscheidung zu berücksichtigen (BFH II R 53/03, BStBl. II 2005, 495). Diese verfahrensrechtliche Handhabung wegen der von § 16 unberührt bleibenden Rechtmäßigkeit der ursprünglichen Steuerfestsetzung (→ Rn. 3) nicht unproblematisch und letztlich nur durch Gründe der Verfahrensökonomie zu rechtfertigen. Demgemäß hat das **FG** im Rahmen der gegen die Einspruchsentscheidung erhobenen Anfechtungsklage über die **Anwendung des § 16** zu entscheiden. Wird der GrESt-Bescheid durch das FG aufgehoben, ist gleichzeitig auch eine das Begehren nach § 16 ablehnende Entscheidung aufzuheben (zB BFH II R 68/03, BFH/NV 2006, 360); eines weiteren Einspruchsverfahrens bedarf es nicht. Die vorstehenden Grundsätze sind ebenfalls anzuwenden, wenn die **Rückgängigmachung** des Erwerbsvorgangs bereits **vor Erlass des GrESt-Bescheids** erfolgt war (Viskorf/Loose § 16 Rn. 325).

143 **3. Antrag nach § 16 im Klageverfahren wegen Anfechtung des GrESt-Bescheids.** Kommt es zu einer Rückgängigmachung des Erwerbsvorgangs erst **nach Erlass der** die GrESt-Festsetzung betr. **Einspruchsentscheidung** und wird gegen die GrESt-Festsetzung (Anfechtungs-)Klage erhoben, kann der Anspruch aus § 16 unter den Voraussetzungen des § 67 FGO im Wege der **Klageänderung** in den Anfechtungsprozess durch Umstellung auf einen Verpflichtungsantrag eingeführt werden (BFH II R 145/86, BStBl. II 1989, 981; II R 53/03, 2005, 495; II R 83/88, BFH/NV 1992, 267 Hofmann/Märker § 16 Rn. 75; Gräber/Herbert FGO § 67 Rn. 7 f.). Ausnahmsweise kommt auch eine **Sprungverpflichtungsklage** (§ 45 I FGO) in Betracht (BFH II R 145/86, BStBl. II 1989, 981). Kann das Begehren aus § 16 nicht in den Anfechtungsprozess eingeführt werden, so kann dieser jedenfalls zum Ruhen (§ 155 FGO iVm § 251 ZPO) gebracht werden (Hofmann/Märker § 16 Rn. 76). Eine Aussetzung des Anfechtungsprozesses gem. § 74 FGO scheidet mangels Vorgreiflichkeit aus (Hofmann/Märker § 16 Rn. 76; aA Bruschke UVR 1993, 302 (304)). Diese Grundsätze gelten auch, wenn sich der

Anfechtungsprozess im Revisionsverfahren befindet; hier ist eine Klageänderung unzulässig (§ 123 FGO).

4. Vorläufiger Rechtsschutz. Vorläufiger Rechtsschutz durch **Aussetzung der Vollziehung** (§ 361 AO; § 69 FGO) des GrESt-Bescheids kommt in Betracht, soweit der aus § 16 geltend gemachte Anspruch ernstliche Zweifel an der Rechtmäßigkeit des Bescheids begründet (FG Bln-Bbg 11 V 1387/06, EFG 2007, 1102 (mAnm Fumi)). Die Aussetzung der Vollziehung scheidet aus, wenn ein Anspruch aus § 16 noch nicht entstanden ist und lediglich geltend gemacht wird, dass ein solcher Anspruch möglicherweise noch entstehen werde (BFH II B 51/69, BStBl. II 1970, 132). Ist der GrESt-Bescheid bestandskräftig oder kann der Antrag aus § 16 nicht mehr in ein Rechtsbehelfsverfahren eingeführt werden, kommt ggf. ein Antrag auf **einstweilige Anordnung** (§ 114 FGO) in Betracht. 144

Siebenter Abschnitt. Örtliche Zuständigkeit, Feststellung von Besteuerungsgrundlagen, Anzeigepflichten und Erteilung der Unbedenklichkeitsbescheinigung

§ 17 Örtliche Zuständigkeit, Feststellung von Besteuerungsgrundlagen

(1) [1]Für die Besteuerung ist vorbehaltlich des Satzes 2 das Finanzamt örtlich zuständig, in dessen Bezirk das Grundstück oder der wertvollste Teil des Grundstücks liegt. [2]Liegt das Grundstück in den Bezirken von Finanzämtern verschiedener Länder, so ist jedes dieser Finanzämter für die Besteuerung des Erwerbs insoweit zuständig, als der Grundstücksteil in seinem Bezirk liegt.

(2) In den Fällen des Absatzes 1 Satz 2 sowie in Fällen, in denen sich ein Rechtsvorgang auf mehrere Grundstücke bezieht, die in den Bezirken verschiedener Finanzämter liegen, stellt das Finanzamt, in dessen Bezirk der wertvollste Grundstücksteil oder das wertvollste Grundstück oder der wertvollste Bestand an Grundstücksteilen oder Grundstücken liegt, die Besteuerungsgrundlagen gesondert fest.

(3) [1]Die Besteuerungsgrundlagen werden

1. bei Grundstückserwerben durch Umwandlungen auf Grund eines Bundes- oder Landesgesetzes durch das Finanzamt, in dessen Bezirk sich die Geschäftsleitung des Erwerbers befindet, und
2. in den Fällen des § 1 Absatz 2a bis 3a durch das Finanzamt, in dessen Bezirk sich die Geschäftsleitung der Gesellschaft befindet,

gesondert festgestellt, wenn ein außerhalb des Bezirks dieser Finanzämter liegendes Grundstück oder ein auf das Gebiet eines anderen Landes sich erstreckender Teil eines im Bezirk dieser Finanzämter liegenden Grundstücks betroffen wird. [2]Befindet sich die Geschäftsleitung nicht im Geltungsbereich des Gesetzes und werden in verschiedenen Finanzamtsbezirken liegende Grundstücke oder in verschiedenen Ländern liegende Grundstücksteile betroffen, so stellt das nach Absatz 2 zuständige Finanzamt die Besteuerungsgrundlagen gesondert fest.

(3a) In die gesonderte Feststellung nach Absatz 2 und 3 sind nicht die Grundbesitzwerte im Sinne des § 151 Absatz 1 Satz 1 Nummer 1 in Verbindung mit § 157 Absatz 1 bis 3 des Bewertungsgesetzes aufzunehmen, wenn die Steuer nach § 8 Absatz 2 zu bemessen ist.

(4) [1]Von der gesonderten Feststellung kann abgesehen werden, wenn

1. der Erwerb steuerfrei ist oder
2. die anteilige Besteuerungsgrundlage für den Erwerb des in einem anderen Land liegenden Grundstücksteils 2500 Euro nicht übersteigt.

[2]Wird von der gesonderten Feststellung abgesehen, so ist in den Fällen der Nummer 2 die anteilige Besteuerungsgrundlage denen der anderen für die Besteuerung zuständigen Finanzämter nach dem Verhältnis ihrer Anteile hinzuzurechnen.

Übersicht

I. Bedeutung

§ 17 I regelt die sachliche und örtliche Zuständigkeit der Finanzämter für die 1
Besteuerung. Die in § 17 II–IV getroffenen Regelungen betreffen die gesonderte Feststellung der Besteuerungsgrundlagen und ihre Zerlegung. Eine gesonderte Feststellung ist ferner auch dann angeordnet, wenn ein Erwerbsvorgang Gr oder GrTeile im Bereich verschiedener Finanzämter betrifft. All diese Vorschriften tragen der Ertrags- und Verwaltungshoheit der Länder (Art. 107 I 1 GG) für den Fall Rechnung, dass ein Erwerbsvorgang Gr oder GrTeile betrifft, die in verschiedenen Bundesländern belegen sind.

§ 17 III 1 Nr. 1 und 2 wurde durch das JStG 1997 geändert und in Nr. 1 an 2
die ab 1.1.1995 nach dem UmwG möglichen Umwandlungen angepasst sowie in Nr. 2 auf den neu eingefügten Steuertatbestand des § 1 IIa ausgedehnt. Durch das StEntlG 1999 ff. wurde § 17 III 1 Nr. 1 wiederum geändert und damit an die Neufassung des § 8 II Nr. 2 angepasst (zur zeitlichen Geltung vgl. § 23 VI 1). Die in § 17 IV 1 Nr. 2 enthaltene Betragsangabe „2500 Euro" beruht auf der Änderung durch das StEuglG und ist am 1.1.2002 in Kraft getreten (§ 38 I 2 StEuglG). **§ 17 IIIa** wurde durch das StÄndG 2001 eingefügt und ist gem. Art. 39 V StÄndG 2001 am 31.12.2001 in Kraft getreten; diese Vorschrift ist – weil nicht durch § 23 VII 1 erfasst – ab Inkrafttreten auf alle noch nicht bestandskräftig veranlagten Steuerfälle anzuwenden (BT-Drs. 14/6877, 32). Durch das JStG 2009 (BGBl. 2008 I 2794) wurde der Verweis in § 17 IIIa im Hinblick auf die Neufassung des § 138 BewG redaktionell angepasst. Der Anwendungsbereich des § 17 III Nr. 2 wurde durch das AmtshilfeRLUmsG auf den neuen Steuertatbestand des § 1 IIIa ausgedehnt (zur erstmaligen Anwendung vgl. § 23 XI). Durch Art. 8 des StÄndG 2015 wurde die Neuregelung des § 17 IIIa („Werte im Sinne des § 138 Abs. 2 bis 4 BewG" durch die „Grundbesitzwerte nach § 151 Abs. 1 Satz 1 Nummer 1 iVm § 157 Abs. 1 bis 3" ersetzt) eingefügt. Diese Neuregelung ist gem. § 23 XIV 1 auf alle nach dem 31.12.2008 verwirklichten Erwerbsvorgänge anzuwenden. Durch das GrEStGÄndG (BGBl. 2021 I 986) wurde in § 17 III S. 1 Nr. 2 der Wortlaut um die Anwendung auch auf § 1 IIb und IIc erweitert.

Grundlegende Anwendungsfragen des § 17 behandeln die von den obersten 3
FinB der Länder im **GLE** v. 1.3.2016 (BStBl. I 2016, 282).

einstweilen frei 4

II. Verstöße gegen die sachliche oder örtliche Zuständigkeit

5 Bei der Regelung des § 17 – sie geht der Regelung in § 17 AO vor – ist zwischen der sachlichen und der örtlichen Zuständigkeit zu unterscheiden. Die **sachliche Zuständigkeit** (dh der einer Behörde zugewiesene Aufgabenkreis; vgl. § 16 AO) ist in § 125 II und III AO nicht erwähnt. Aus den in §§ 130 II Nr. 1, 172 I Nr. 2 Buchst. b AO getroffenen Regelungen für die von einer sachlich unzuständigen Behörde erlassenen Verwaltungsakte muss in Gegenschluss gefolgert werden, dass Verstöße gegen die sachliche Zuständigkeit grds. nicht zur Nichtigkeit führen (Tipke/Kruse/Seer AO § 125 Rn. 20; vgl. auch BFH VIII B 3/87, BStBl. II 1988, 183). Eine Nichtigkeit ist jedoch bei Fehlern in der **verbandsmäßigen Zuständigkeit** (dazu allg. Koenig/Pätz § 16 Rn. 11 f.) anzunehmen, sofern die Steuer „gebietsgebunden" (dh der Ort der Tatbestandsverwirklichung wesentlich) ist (Tipke/Kruse/Seer AO § 125 Rn. 21; BFH II R 13/83, BStBl. II 1985, 377). Eine solche Gebietsgebundenheit ist für die GrESt zu bejahen. Die verbandsmäßige Zuständigkeit kann insoweit nur dem Land zuerkannt werden, in dessen Gebiet sich der den grestrechtl. Steuertatbestand verwirklichende Lebenssachverhalt zugetragen hat. Erlässt das FA eines verbandsmäßig unzuständigen Landes einen GrESt-Bescheid, ist dieser mithin nichtig (ebenso Hofmann/Märker § 17 Rn. 4).

6 Eine Verletzung von Vorschriften über die **örtliche** Zuständigkeit führt gem. § 125 III Nr. 1 AO nicht zur Nichtigkeit des Bescheids. Vielmehr versagt § 127 AO dem Betroffenen den Anspruch auf Aufhebung des Verwaltungsakts, soweit keine andere Entscheidung in der Sache hätte getroffen werden können. Eine etwaige **verbandsmäßige Unzuständigkeit** ist im Rahmen des § 17 bei nicht betroffener Ertragshoheit der Länder zu vernachlässigen (BFH II R 33/04, BFH/NV 2006, 609). Eine andere Entscheidung ist insb. bei Ermessensentscheidungen (zB bei Auswahl eines Gesamtschuldners) möglich (BFH II R 77/98, BFH/NV 1999, 585; Hofmann/Märker § 17 Rn. 4). Bei **Schätzungsbescheiden** ist § 127 AO hingegen anwendbar (BFH V R 40/98, BStBl. II 1999, 382).

7 *einstweilen frei*

III. Örtliche Zuständigkeit (§ 17 I)

8 Die örtliche Zuständigkeit des FA wird von der Belegenheit des Gr bestimmt (§ 17 I). Danach ist das FA örtlich zuständig, in dessen Bezirk das Gr liegt. Liegt ein Gr in verschiedenen FA-Bezirken **desselben** Landes, ist das FA örtlich zuständig, in dessen Bezirk der wertvollste Teil des Gr liegt (§ 17 I 1). Ist ein Gr in FA-Bezirken **mehrerer** Bundesländer belegen, so ist jedes dieser FÄ insoweit für die Besteuerung zuständig, als der GrTeil in seinem Bezirk liegt (§ 17 I 2). § 17 I enthält **keine Regelung** über die **sachliche Zuständigkeit;** diese ergibt sich aus **§ 17 II 3 FVG** und den darauf beruhenden landesgesetzlichen Zuständigkeitsregelungen (BFH II R 56/10, BFH/NV 2012, 1579).

9 § 17 I betrifft ausschließlich die örtliche Zuständigkeit für den Erlass des **GrESt-Bescheids.** Davon zu trennen ist die örtliche Zuständigkeit für die nach § 17 I 2, II und III erforderliche **gesonderte Feststellung** der Besteuerungsgrundlagen, für die in den vorgenannten Bestimmungen ausdrücklich eigene Regelungen über die örtliche Zuständigkeit getroffen sind. Zur Bindungswirkung des nach Maßgabe des § 8 II erforderlichen Bescheids über die gesonderte Feststellung des Grundbesitzwerts vgl. → § 8 Rn. 130 ff.

Die Grundsätze über die örtliche Zuständigkeit nach § 17 I 1 finden grds. auch Anwendung, sofern mehrere Gr eine **wirtschaftliche Einheit** bilden und gem. § 2 III 1 grestrechtl. als ein Gr zu behandeln sind. Dies gilt allerdings nur, soweit sich die mehreren Grundstücke in einem Bundesland befinden; dies gilt auch, wenn sich die Gr in verschieden FA-Bezirken befinden. Befinden sich die mehreren Gr hingegen in verschiedenen Ländern, bedarf es mit Rücksicht auf die Verwaltungs- und Ertragshoheit der verschiedenen Länder einer Aufteilung des gem. § 2 III 1 grestrechtl. einheitlichen Gr. Diese Aufteilung erfolgt im Rahmen der gesonderten Feststellung (§ 17 II und III). Die in einem jeweiligen Bundesland befindlichen Gr derselben wirtschaftlichen Einheit sind im Rahmen der gesonderten Feststellung als ein Gr zu behandeln. **10**

einstweilen frei **11–14**

IV. Gesonderte Feststellung der Besteuerungsgrundlagen (§ 17 II–IV)

§ 17 II und III ordnen eine gesonderte Feststellung der Besteuerungsgrundlagen an, wenn **15**
- ein Rechtsvorgang ein Gr betrifft, das sich auf die Gebiete mehrerer Länder erstreckt (§ 17 I 2 und II Alt. 1) oder sich
- ein Rechtsvorgang auf mehrere Gr bezieht, die in Bezirken verschiedener FÄ liegen (§ 17 II Alt. 2) oder
- ein Fall des § 17 III in Fällen des
  - GrErwerbs durch Umwandlungen aufgrund eines Bundes- oder Landesgesetzes durch das FA, in dessen Bezirk sich die Geschäftsleitung befindet oder
  - in den Fällen des § 1 IIa–IIIa durch die Geschäftsleitung der Gesellschaft,

  wenn ein außerhalb des Bezirks liegendes Gr oder ein auf dem Gebiet eines anderes Landes liegender Teil des Gr betroffen ist.

Diese Vorschriften bestimmt zugleich dasjenige FA, das für die gesonderte Feststellung örtlich zuständig ist. Eine gesonderte Feststellung ist nicht durchzuführen, wenn nur **ein** Gr in den Bezirken verschiedener FÄ liegt. Hier ergibt sich die örtliche Zuständigkeit ausschließlich aus § 17 I 1. Von einer etwa erforderlichen gesonderten Feststellung kann unter den Voraussetzungen des § 17 IV abgesehen werden.

Die gesonderte Feststellung der Besteuerungsgrundlagen soll die Steuerfestsetzung vereinfachen und vereinheitlichen. § 17 II und III beabsichtigen ersichtlich eine Konzentration der zu erfassenden Erwerbsvorgänge bei **einem** FA in **einem** (Feststellungs-)Verfahren (vgl. auch BFH II R 120/91, BStBl. II 1994, 819). Dafür besteht ein praktisches Bedürfnis bei solchen Erwerbsvorgängen, die ein auf den Gebieten mehrerer Länder bzw. mehrerer FA-Bezirke desselben Landes liegendes Gr zum Gegenstand haben. In diesen Fällen muss die Bemessungsgrundlage für den GrErwerb im Verhältnis der in verschiedenen Ländern bzw. verschiedenen FA-Bezirken liegenden GrTeile aufgeteilt werden. Einer solchen Aufteilung bedarf es auch dann, wenn sich ein Erwerbsvorgang auf mehrere Gr bezieht und eine Gesamtgegenleistung vorliegt, die auf in verschiedenen Ländern bzw. verschiedenen FA-Bezirken belegene Gr entfällt (zu den Verfahrensfragen der gesonderten Feststellung vgl. → Rn. 14 ff.). **16**

An die für die gesonderte Feststellung zuständigen FÄ sind auch die Anzeigen (§§ 18 V, 19 IV) und ferner die Anträge iSd § 16 I–III zu richten. Zum Inhalt der gesonderten Feststellung vgl. → Rn. 33.

17 **1. Belegenheit von Grundstücken in verschiedenen Ländern oder verschiedenen Finanzamtsbezirken (§ 17 II).** Der **„Rechtsvorgang“** (§ 17 II) ist ausschließlich ein solcher, der der Besteuerung nach § 1 unterliegt. Diesem Rechtsvorgang nachfolgende Vereinbarungen, die nicht den der Besteuerung unterliegenden Rechtsvorgang betreffen (zB Vereinbarung betr. Bemessungsgrundlage), sind daher im Hinblick auf § 17 II bedeutungslos (BFH II R 32/05, BStBl. II 2007, 323).

18 § 17 II **Alt. 1** iVm § 17 I 2 ordnet eine gesonderte Feststellung an, sofern sich **ein** Rechtsvorgang auf Gr (dh entweder ein Gr iSd bürgerlichen Rechts oder eine nach § 2 III 1 grestrechtl. als ein Gr zu behandelnde wirtschaftliche Einheit mehrerer Gr) in FA-Bezirken **verschiedener Länder** bezieht. Die gesonderte Feststellung stellt verfahrensrechtlich die aufgrund der Ertragshoheit der Länder erforderliche Aufteilung der Bemessungsgrundlage (§ 8) im Verhältnis der Werte der in den verschiedenen Ländern belegenen GrTeile sicher. Eine entspr Aufteilung der Bemessungsgrundlage ist auch erforderlich, wenn sich ein Rechtsvorgang auf mehrere in verschiedenen Ländern belegene Gr (oder GrTeile) bezieht und nur eine Gesamtgegenleistung vereinbart ist (BT-Drs. 9/251, 21).

19 § 17 II **Alt. 2** ordnet – ebenfalls zum Zweck der Aufteilung der GrESt – die gesonderte Feststellung ferner an, wenn sich **ein** Rechtsvorgang auf **mehrere** in den Bezirken mehrerer FÄ belegene Gr (dh entweder mehrere EinzelGr iSd bürgerlichen Rechts oder mehrere wirtschaftliche Einheiten iSd § 2 III 1) bezieht (vgl. auch BFH II 20/21, BFH/NV 2024, 287). Diese Regelung ist unabhängig davon anzuwenden, ob sich die FA-Bezirke in einem Land oder in verschiedenen Ländern befinden. Ein Verstoß gegen § 17 II Alt. 2 durch sofortige Steuerfestsetzung durch ein FA ist unschädlich, wenn noch im Einspruchs- oder Klageverfahren die alleinige Zuständigkeit dieses FA begründet wurde.

20 **Örtlich zuständig** für die gesonderte Feststellung ist in beiden Alternativen des § 17 II grds. das FA, in dessen Bezirk sich das wertvollste Gr oder der wertvollste GrTeil oder der wertvollste Bestand an GrTeilen oder Gr befindet. Die FVerw (GLE 1.3.2015, BStBl. I 2016, 282 Tz. 2) lässt zur Bestimmung der örtlichen Zuständigkeit aus Vereinfachungsgründen den Rückgriff auf vorhandene Grundbesitzwerte oder Einheitswerte – ihre Vergleichbarkeit vorausgesetzt – zu; ggf. bedarf es der Zuständigkeitsbestimmung durch die Aufsichtsbehörde(n). Möglich ist auch eine Zuständigkeitsvereinbarung gem. § 27 AO (GLE 1.3.2015, BStBl. I 2016, 282 Tz. 8).

Die örtliche Zuständigkeit bestimmt sich auch bei **gesellschaftsrechtlichen Erwerbsvorgängen** nach § 17 II, soweit es sich um Anwachsungen, Einbringungen gegen Gewährung von Gesellschaftsrechten und Liquidationen handelt (GLE 1.3.2015, BStBl. I 2016, 282 Tz. 4; zust. Brühl/Joisten/Scheinbacher DStR 2016, 1503 (1506)). In den Fällen des § 17 II Alt. 2. ist jedoch bei Umwandlungen bzw. den Fällen des § 1 IIa–IIIa die (örtliche und sachliche) Zuständigkeit des Geschäftsleitungs-FA nach Maßgabe der speziellen Regelung des § 17 III 1 gegeben; diese geht – wie § 17 III 2 zeigt – der des § 17 II vor (BFH II R 21/19, BStBl. II 2020, 344; Hofmann/Märker § 17 Rn. 11).

21 Die **gesonderte Feststellung** gem. § 17 II bedarf es auch, wenn in einem Vertrag mehreren Grundstücken jeweils nachvollziehbare Kaufpreise zugeordnet sind (GLE 1.3.2015, GLE § 17, BStBl. 2016, 282 Nr. 2; die frühere Auffassung in GLE 18.7.2007, BStBl. I 2007, 549 Tz. 2 wurde zutr. aufgegeben; vgl. auch Brühl/Joisten/Scheinbacher DStR 2016, 1503 (1504 f.)). Bei einem **Tausch** von Gr ist zu beachten, dass dieser grestrechtl. in zwei Erwerbsvorgänge zerfällt (→ § 1

Rn. 171 ff., Rn. 736). Hier kommt § 17 II nur zur Anwendung, wenn sich mindestens einer der Erwerbsvorgänge auf ein oder mehrere in verschiedenen Ländern oder auch mehrere in den Bezirken verschiedener FÄ belegene Gr oder GrTeile bezieht (vgl. auch OFD Hannover 19.6.2016, Rn. 2.2, StEd 2016, 381). Betrifft der Tausch hingegen Gr, die jeweils in den Bezirken eines FA (die sich ggf. auch in verschiedenen Ländern befinden können) liegen, bestimmt sich die örtliche Zuständigkeit ausschließlich nach § 17 I 1. Bei Feststellungsbescheiden nach § 17 II und III wird der Anlauf der Feststellungsfrist nicht ausgelöst, wenn einzelne oder alle Gr nicht gem. § 20 Nr. 2 angegeben werden (BFH II R 20/21, BStBl. II 2023, 1020).

einstweilen frei **22**

2. Erwerbsvorgänge iSd § 17 III. Nach § 17 III 1 Nr. 1 und 2 sind die Besteuerungsgrundlagen gesondert festzustellen bei GrErwerben durch **Umwandlungen** auf Grund eines Bundes- oder Landesgesetzes sowie in Fällen des **§ 1 II–IIIa,** wenn **23**

- ein Gr betroffen ist, das außerhalb des FA-Bezirks belegen ist, in dem sich die Geschäftsleitung des Erwerbers bzw. der Gesellschaft iSd § 1 IIa bis IIIa befindet oder
- ein Gr betroffen ist, das sich zum Teil auf das Gebiet eines anderen Landes erstreckt und sich zum anderen Teil im Bezirk des Geschäftsleitungs-FA befindet oder
- sich die Geschäftsleitung des Erwerbers bzw. der Gesellschaft iSd § 1 IIa bis IIIa nicht im Geltungsbereich des GrEStG befindet und entweder in verschiedenen FA-Bezirken liegende Gr oder in verschiedenen Ländern liegende GrTeile betroffen sind.

Der Erwerb eines Gr nach § 1 I Nr. 3 ist nicht von § 17 III erfasst (BFH II R 29/14, BStBl. II 2016, 358). GrErwerbe nach § 1 I Nr. 5–7 unterliegen keiner Besteuerung nach § 1 III, so dass insoweit eine Erfassung nach § 17 III ausscheidet (BFH II R 26/14, BStBl. II 2016, 748).

Örtlich zuständig für die Durchführung der gesonderten Feststellung (davon zu trennen ist die örtliche und sachliche Zuständigkeit für die gesonderte Feststellung eines Grundbesitzwerts) ist gem. § 17 III 1 Nr. **1** das FA, in dessen Bezirk sich die Geschäftsleitung des Erwerbers befindet. Im Fall des § 17 III 1 Nr. **2** ist das FA zuständig, in dem sich die Geschäftsleitung der Gesellschaft befindet, deren Anteile vereinigt oder übertragen werden (BFH II R 33/04, BFH/NV 2006, 609; zu verschiedenen Fallkonstellationen vgl. § 17 GLE 1.3.2015, BStBl. I 2016, 282 Tz. 5; für Anwendung des § 17 III Nr. 1 hingegen Brühl/Joisten/Scheinbacher DStR 2016, 1503 (1506 ff.). Dies gilt auch dann, wenn die Gesellschaft, um deren Anteile es geht, nicht selbst GrEigentümer ist, sondern an der grbesitzenden Gesellschaft lediglich unmittelbar und/oder mittelbar zu 90 % (früher 95 %) beteiligt ist (BFH II R 33/04, BFH/NV 2006, 609). **24**

Besondere Grundsätze gelten, wenn im Rahmen einer Umwandlung auch die Steuertatbestände des § 1 IIa–IIIa verwirklicht werden. In diesem Fall bleibt es für die jeweiligen Rechtsvorgänge bei den **je unterschiedlichen Zuständigkeiten** aus § 17 III 1 Nr. 1 bzw. Nr. 2 (GLE 1.3.2015, BStBl. I 2016, 282 Tz. 4 Abs. 5). Für Erwerbsvorgänge nach § 1 IIa–IIIa ist die Geschäftsleitung der Gesellschaft gem. § 17 III 1 Nr. 2 zuständig; diese Vorschrift geht der Regelung nach § 17 II 1 Nr. 1 vor (BFH II 21/19, BStBl. II 2020, 344; II R 35/15, BStBl. II 2017, 966).

25 An das gem. § 17 III örtlich zuständige FA sind auch die Anzeigen (§§ 18 V, 19 IV 1) zu richten. Der **Ort der Geschäftsleitung** bestimmt sich nach dem Mittelpunkt der geschäftlichen Oberleitung (§ 10 AO); auf den Sitz der Gesellschaft (§ 11 AO) kommt es nicht an. Bei Verlegung der Geschäftsleitung ist § 26 AO anzuwenden (GLE 1.3.2015, BStBl. I 2016, 282 Tz. 7). Sofern sich die Geschäftsleitung nicht im Geltungsbereich des GrEStG befindet, bestimmt sich die örtliche Zuständigkeit für die Durchführung der gesonderten Feststellung gem. § 17 III 2 nach den Grundsätzen des § 17 II. Auch in den Fällen des § 17 III ist eine Zuständigkeitsvereinbarung gem. § 27 AO möglich (GLE 1.3.2015, BStBl. I 2016, 242 Tz. 8).

26 Vor allem in Zusammenhang mit sog. Signing/Closing-Fällen nach § 16 IVa und V 2 (→ § 16 Rn. 103 ff.) wird für eine Erleichterung und Anpassung der Anzeigepflichten nach § 17 III 1 Nr. 2 geworben (zB Hesse/Weber DStR 2025, 609). Diese Wehklagen erscheinen angesichts der auf dem Spiel stehenden erheblichen GrESt-Werte und der auskömmlichen Notarwerte etwas übertrieben. Die Steuerpflichtigen sind hier zur umfassenden Beweisvorsorge verpflichtet. Es muss aber auch eingeräumt werden, dass die Anzeigefrist (§§ 18 III, 19 III) sehr knapp bemessen ist und klare Vorgaben zur ordnungsgemäßen Erfüllung ihrer Anzeigefrist voraussetzen. Die Regeln des § 17 III 1 Nr. 2 und der §§ 18 III, 19 III sollten daher noch klarer gefasst werden, um eine stets angemessene Erfüllung der erforderlichen Anzeigen sicher zu stellen (Broemel/Mörwald DStR 2025, 545 (547 f.), Hesse/Weber DStR 2025, 609). Auf jeden Fall ist es ratsam, bei mehrstufigen Beteiligungen vorsorglich bei mehreren in Betracht kommenden FÄ die Anzeige innerhalb der Anzeigefrist einzureichen (Broemel/Mörwald DStR 2025, 545 (548)).

27 In den Fällen des § 17 III 1 ist eine **gesonderte Feststellung entbehrlich,** sofern sich die Geschäftsleitung der Gesellschaft und alle Gr bzw. ihre wertvollsten Teile (sofern in einem Land belegen) allein im Bereich des Geschäftsleitungs-FA befinden. In diesem Fall hat das nach § 17 I 1 örtlich zuständige FA die GrESt unmittelbar – dh ohne gesonderte Feststellung – festzusetzen (BFH II R 29/14, BStBl. II 2016, 358). Die Besteuerungsgrundlagen bilden hier nur einen mit Rechtsbehelfen nicht selbstständig anfechtbaren Teil des GrESt-Bescheids (§ 157 II AO).

Zum Anlauf der Festsetzungsfrist bei § 17 III vgl. schon → Rn. 21.

28, 29 *einstweilen frei*

30 **3. Feststellung der Grundbesitzwerte (§ 17 IIIa).** Der durch das StÄndG 2001 eingefügte und am 31.12.2001 in Kraft getretene § 17 **IIIa** bestimmt, dass in die gesonderte Feststellung nach § 17 II und II nicht die Grundbesitzwerte nach § 151 I 1 Nr. 1 iVm § 157 I–III BewG einzubeziehen sind.

Davon unberührt bleibt allerdings die nach wie vor bestehende Verpflichtung des FeststellungsFA, in den Feststellungsbescheid nach § 17 II und III **alle** von dem jeweiligen Erwerbsvorgang betroffenen **Gr** aufzuführen (Hofmann/Märker § 17 Rn. 16, zugleich mit Recht krit. zu dem mit § 17 IIIa intendierten Vereinfachungszweck).

31 **4. Entbehrlichkeit der gesonderten Feststellung (§ 17 IV).** Eine gesonderte Feststellung ist in den in § 17 IV genannten Fälle entbehrlich. Nach dem Wortlaut dieser Vorschrift handelt es sich um eine Ermessensentscheidung (§ 5 AO), die von dem für die gesonderte Feststellung zuständigen FA zu treffen ist.

Von einer gesonderten Feststellung kann gem. § 17 IV **Nr. 1** abgesehen werden, sofern der Erwerb steuerfrei ist. Bei nicht ohne Weiteres erkennbarer Steuerfreiheit des Erwerbs (vor allem in den Fällen des § 3 Nr. 2, Nr. 3 und Nr. 8 sowie der §§ 5–7) bedarf es einer gesonderten Feststellung (vgl. GLE 1.3.2015, BStBl. I 2016, 282 Tz. 10), die ggf. zum Erlass eines (negativen) Feststellungsbescheids führt (vgl. auch Hofmann/Märker § 17 Rn. 14).

§ 17 IV **1 Nr. 2** betrifft Fälle, in denen die Steuerbefreiung nach § 3 Nr. 1 nicht zum Tragen kommt, jedoch die anteilige Bemessungsgrundlage für den GrErwerb 2500 EUR nicht übersteigt. Diese Wertgrenze entspricht der durch § 3 Nr. 1 gewährten Steuerbefreiung. Wird nach § 17 IV 1 Nr. 2 von der gesonderten Feststellung abgesehen, ist nach § 17 IV **2** die anteilige (den Wert von 2500 EUR nicht übersteigende) Besteuerungsgrundlage denen der anderen für die Besteuerung zuständigen FÄ nach dem Verhältnis ihrer Anteile zuzurechnen. § 17 IV 1 Nr. 2 macht eine gesonderte Feststellung dann nicht entbehrlich, wenn diese auch ohne den geringwertigen GrTeil nach § 17 II oder III durchzuführen ist.

5. Aufteilungsmaßstab bei gesonderter Feststellung. § 17 enthält keinen 32
Maßstab für die im Rahmen der gesonderten Feststellung nach § 17 II und III erforderliche Aufteilung der Bemessungsgrundlage (zur Notwendigkeit der Aufteilung schon → Rn. 6). Allein sachgerecht ist eine Aufteilung nach dem gemeinen **Wert oder Teilwert (§§ 9, 10 BewG).** Eine Aufteilung zB nach Flächenanteilen ist nur möglich, wenn sich hierdurch keine gravierenden Wertverschiebungen ergeben. Liegen diese Voraussetzungen nicht vor, bedarf es zunächst einer Besteuerung unter dem Vorbehalt der Nachprüfung gem. § 164 AO (GLE 1.3.2015, BStBl. I 2016, 282 Tz. 4). Sofern Bemessungsgrundlage der GrESt die Gegenleistung (§ 8 I, § 9) ist, sind die Grundsätze zur Verwaltungsvereinfachung der Gegenleistung zu beachten; andernfalls ist die Gesamtgegenleistung nach der Boruttau'schen Formel unter Zugrundelegung der gemeinen Werte (Teilwerte) aufzuteilen (GLE 1.3.2015, BStBl. I 2016, 282 Tz. 3). Ergibt sich die Bemessungsgrundlage aus den Werten iSd § 151 I 1 Nr. 1 iVm § 157 I–III BewG (vgl. § 8 II), bedürfen diese im Regelfall keiner weiteren Aufteilung. Eine solche ist allerdings bei einer wirtschaftlichen Einheit erforderlich, die sich auf Gebiete mehrerer Länder bezieht (§ 2 III 1). Auch diese Aufteilung hat sich an der Wertverhältnissen der verschiedenen Teile auszurichten (GLE 1.3.2015, BStBl. I 2016, 282 Tz. 3).

6. Regelungsinhalt des Feststellungsbescheids; weitere Verfahrensfra- 33
gen. Die gesonderte Feststellung nach § 17 II und III erfolgt in einem förmlichen Verfahren durch **Feststellungsbescheid** (§ 179 AO). Sein **Regelungsinhalt** umfasst im Einzelnen:

- Die Entscheidung über die **Steuerpflicht dem Grunde nach** (die verbindliche Entscheidung über die Steuerpflicht dem Grunde nach, BFH II 35/15, BStBl. II 2017, 966; II R 18/17, BStBl. II 2021, 318).
- Entscheidung über eine **Steuerbefreiung dem Grunde und der Höhe** nach (zB gem. §§ 5–7); die Steuerbefreiung nach § 1 VI 2 gehört aber nicht zur gesonderten Feststellung, vgl. BFH II R 24/20, BFH/NV 2022, 1196.
- Festlegung der als Steuerschuldner (dazu § 13) in Betracht kommenden Personen (vgl. auch § 179 II AO); → Rn. 35.
- Entscheidung über die insgesamt nach § 8 I der Besteuerung zugrunde zu legende Bemessungsgrundlage über die Aufteilung im Verhältnis der einzelnen Gr sowie über die zur Steuerfestsetzung berufenen FÄ (BFH II R 39/15, BStBl. II 2018, 786).

- Gesonderter Feststellung bedarf auch der **Zeitpunkt der Bewertung** nach § 8 II 1 Nr. 3. Die Entscheidung über den zulässigen Zeitpunkt darf nicht den zur Bewertung zuständigen FÄ überlassen werden, sondern muss unter Berücksichtigung des § 17 III vom Feststellungs-FA erfolgen (BFH II R 18/17, BStBl. II 2021, 318). Ein Feststellungsbescheid ist rechtswidrig und aufzuheben, wenn das FA im Bescheid den **Zeitpunkt der Steuerentstehung unzutreffend** festgestellt hat (BFH II 39/15, BStBl. II 2018, 786; II R 18/17, BStBl. II 2021, 318).
- Bei einer **Zerlegung der Bemessungsgrundlage** (für die Frage, welches FA aus welchem Teil der Bemessungsgrundlage die Steuer festzusetzen darf) ist im Feststellungsbescheid eine die Beteiligung aussprechende **Feststellung** zu treffen. Die entsprechenden FÄ sind als Steuerberechtigte nach § 186 S. 1 Nr. 2 (oder in entsprechender Anwendung des § 186 S. 2) Beteiligte des Zerlegungsverfahrens. Diesen FÄ ist daher der Feststellungsbescheid ebenfalls bekannt zu geben, weil er gleichzeitig die Eigenschaft eines Zerlegungsbescheids iSd § 188 I AO hat (Hofmann/Märker § 17 Rn. 18; GLE 1.3.2015, BStBl. I 2016, 282 Tz. 9; → Rn. 18).
- Die Feststellung des Grundbesitzwerte nach § 8 II ist nicht Gegenstand der gesonderten Feststellung (vgl. → Rn. 30).

34 Der Feststellungsbescheid ist als (bindender) Grundlagenbescheid nach § 171 X AO für den Bescheid über die Feststellung des Grundbesitzwerts und ferner für den GrESt-Bescheid bindend (vgl. → Rn. 40). Liegt dem GrESt-Bescheid der vom Lage-FA gesondert festgestellte Grundbesitzwert zugrunde und wird dieser geändert, ist der GrESt-Bescheid als Folgebescheid gem. § 175 I 1 Nr. 1 AO anzupassen. Der Bescheid über die gesonderte Feststellung des Grundbesitzwerts kann nur durch Anfechtung dieses Bescheids und nicht durch Anfechtung des Feststellungsbescheids nach § 17 II oder III angegriffen werden (§ 351 II AO, § 42 FGO).

35 Eine **einheitliche** Feststellung (§ 179 II 2 AO) ist durch § 17 nicht gesetzlich angeordnet. Soweit jedoch **mehrere** Steuerschuldner vorhanden sind (so in den Fällen des § 13 Nr. 1, Nr. 2 und Nr. 5 Buchst. b), muss die gesonderte Feststellung ihnen gegenüber grds. einheitlich (§ 179 II 2 AO) erfolgen (GLE 1.3.2015, BStBl. I 2016, 282 Tz. 9; Hofmann/Märker § 17 Rn. 22; vgl. auch BFH II R 27/02, BStBl. II 2004, 179; II R 54/01, BStBl. II 2004, 658; II R 9/04, BStBl. II 2005, 780). Diese Steuerschuldner sind im Feststellungsbescheid als Inhaltsadressaten zu bezeichnen. Der Feststellungsbescheid muss – ebenso wie der Steuerbescheid – hinreichend deutlich erkennen lassen, für wen er inhaltlich bestimmt ist. Die gesonderte und einheitliche Feststellung des Grundbesitzwertes erfolgt gegenüber der **Erbengemeinschaft** in Vertretung für die Miterben. Inhaltsadressaten der Feststellung sind die Miterben, für deren Besteuerung der Grundbesitzwert von Bedeutung ist. Dem Bescheid über die gesonderte und einheitliche Feststellung des Grundbesitzwertes bei mehreren Miterben muss klar und eindeutig entnommen werden können, gegen welche Beteiligten der Erbengemeinschaft sich die Feststellungen richten. Bei Nichtbeachtung dieser Grundsätze ist der **Feststellungsbescheid** nichtig (BFH II R 31/13, BStBl. II 2016, 637).

36 Der Feststellungsbescheid wird **allen Feststellungsbeteiligten** gegenüber mit **Bekanntgabe** an diese **wirksam.** Das FA kann jedoch zunächst die Bekanntgabe auf den Steuerschuldner beschränken, den es als ersten zur GrESt heranzieht (zu den insoweit zu beachtenden Grundsätzen bei der Auswahl des heranzuziehenden Gesamtschuldners → § 13 Rn. 34 ff.). Damit wird der Feststellungsbescheid zwar

nur dem Bekanntgabeadressaten gegenüber wirksam; hinsichtlich der anderen Gesamtschuldner kann die Bekanntgabe jedoch nachgeholt werden (zu Einzelheiten Tipke/Kruse/Brandis AO § 179 Rn. 13). Bei einer späteren Inanspruchnahme eines anderen Gesamtschuldners dürfte es § 155 II AO zulassen, gegen diesen zunächst den Steuerbescheid zu erlassen und erst anschließend die Bekanntgabe des Grundlagenbescheids durch das FeststellungsFA vorzunehmen (OFD Hannover 19.5.2016, StEd 2016, 381; zweifelnd im Hinblick auf die Anwendbarkeit des § 155 II AO hingegen Hofmann/Märker Vor § 15 Rn. 4).

Die gesonderte Feststellung nach § 17 II und III hat für alle von einem Rechts- **37**
vorgang betroffenen Gr in **einem** Verwaltungsakt zu erfolgen (BFH II R 40/20, BStBl. II 2023, 1012; II R 28/21, BFH/NV 2025, 216 mwN). Bei einem Verstoß ist die Feststellungsbescheid rechtswidrig. Dem FG ist es nicht gestattet, den Gegenstand der Feststellung durch einen anderen Feststellungsakt gegenüber einer anderen Person zu ersetzen. Denn der Gegenstand der Feststellung beschränkt sich auf eine betragsmäßige Änderung. § 100 II FGO erlaubt dem FG nicht, eine Feststellung auch in anderer Hinsicht (zB in Bezug auf die Person des Steuerschuldners, die Steuerart, den Veranlagungszeitraum oder den Steuergegenstand) zu ändern (BFH II R 14/14, BStBl. II 2015, 405; II R 26/14, BStBl. II 2016, 748; II R 40/20, BStBl. II 2023, 1012).

Etwas anderes gilt nur, wenn der besteuerte Sachverhalt durch andere Elemente des besteuerten Lebenssachverhalts gedeckt ist (→ Vorb. § 15 Rn. 3). In diesem Fall kann der im bezeichneten Feststellungsbescheid erfasste Lebensvorgang im Einspruchsverfahren durch einen anderen Lebensvorgang ersetzt werden. Ist diese Voraussetzung nicht gegeben, ist der Feststellungsbescheid rechtswidrig (BFH II R 18/17, BStBl. II 2021, 318).

Ist eine notwendige Feststellung in einem Feststellungsbescheid **unterblieben** **38**
(wenn zB nicht alle von einer Umwandlung betroffenen Gr erfasst wurden), kann dessen Rechtswidrigkeit nicht in einem weiteren Feststellungsbescheid nachgeholt werden. Es kommt hier ausschließlich eine Änderung des Feststellungsbescheids nach Maßgabe der Änderungsvorschriften (§§ 164, 165, 172 ff. AO) in Betracht (BFH II R 120/91, BStBl. II 1994, 819). Sofern ein Feststellungsbescheid unter dem Vorbehalt der Nachprüfung ergeht, ist die Änderung gem. § 164 II AO während der Geltung des Vorbehalts jederzeit möglich.

Die Nachholung der Feststellung in einem **Ergänzungsbescheid** (§ 179 III AO) kommt nur zur Vervollständigung lückenhafter, nicht aber zur Korrektur inhaltlich unrichtiger Feststellungsbescheide in Betracht (BFH II R 120/91, BStBl. II 1994, 819 und IV R 120/73, BStBl. II 1978, 152).

Für den Erlass des Feststellungsbescheids gilt eine eigenständige **Feststellungs-** **39**
frist (§ 181 AO I 1 iVm §§ 169 ff. AO; zB BFH II R 9/04, BStBl. II 2005, 780). Aufgrund des anzuwendenden § 170 II 1 Nr. 1 AO ergibt sich auch insoweit eine Anlaufhemmung bis zur Erstattung der Anzeigen aus §§ 18 und 19 (vgl. → Vorb. § 15 Rn. 12). Die Feststellungsfrist wird jedoch nicht weiter hinausgeschoben, wenn eine ausschließlich nach § 18 bestehende Anzeigepflicht verletzt wird (vgl. → Vorb. § 15 Rn. 14 f.).

Der Feststellungsbescheid ist **Grundlagenbescheid** (§ 171 X AO). Er ist für **40**
die Festsetzung der GrESt durch die jeweils zuständigen FÄ bindend (§ 182 I AO; vgl. auch BFH II R 10/21, BStBl. II 2023, 1020). Feststellungsbescheide nach § 17 III 1 Nr. 2 sind sowohl für die Entscheidung über die Feststellung des Grundbesitzwerts als auch für den GrESt-Bescheid bindend und haben insoweit nach § 182 I 1 AO jeweils (bindende) Wirkung (BFH II R 35/15, BStBl. II 2017,

966). Diesen FÄ obliegt auch die Erteilung der UB. Die im Feststellungsbescheid getroffenen Feststellungen können gem. § 351 II AO (vgl. auch § 42 FGO) grds. nur durch Anfechtung dieses Bescheids, nicht jedoch durch Anfechtung des GrESt-Bescheids angegriffen werden; zu ausnahmsweise zulässigen Einwendungen gegen den GrESt-Bescheid (Folgebescheid) zB im Hinblick auf die Unwirksamkeit des Grundlagenbescheids oder die fehlerhafte Anpassung des GrESt-Bescheids an den Inhalt des Feststellungsbescheids vgl. Koenig/Cöster AO § 351 Rn. 39.

41 **Rechtsbehelfe.** Rechtsbehelfsbefugt (§ 350 AO) sind die als Steuerschuldner in Betracht kommenden Personen und ferner – im Hinblick auf die Zerlegung der Besteuerungsgrundlage – diejenigen nach §§ 186 S. 1 Nr. 1 und S. 2, 188 AO beteiligten FÄ, denen ein Anteil zugeteilt worden ist oder die einen Anteil beanspruchen (zutr Hofmann/Märker § 17 Rn. 21). Wird ein Feststellungsbescheid mehreren Gesamtschuldnern bekannt gegeben und nur durch einen von ihnen angefochten, sind die übrigen Gesamtschuldner und die von der Zerlegung betroffenen FÄ zum Verfahren gem. § 360 III AO notwendig hinzuzuziehen bzw. gem. § 60 III FGO notwendig beizuladen (Hofmann/Märker § 17 Rn. 22).

42 **Vorläufiger Rechtsschutz** kann durch Aussetzung der Vollziehung (§ 361 II AO, § 69 II 2 und 3 FGO) erfolgen; bei Gewährung der Aussetzung ist auch die Vollziehung des Folgebescheids (GrESt-Bescheids) auszusetzen (§ 361 III AO; § 69 II ff. FGO; vgl. zB FG Bln 1 B 1381/03, EFG 2004, 1148).

43 In den Fällen des **§ 16** ist über die Nichtfestsetzung bzw. Aufhebung oder Änderung der Steuerfestsetzung im Feststellungsverfahren (durch negative Feststellung bzw. – bei Herabsetzung der Gegenleistung gem. § 16 III – durch niedrigere Feststellung der Bemessungsgrundlage) zu befinden. Soweit ein Feststellungsbescheid bereits vorliegt, ist dieser bei Erfüllung der Voraussetzungen des § 16 aufzuheben oder zu ändern (Hofmann/Märker § 17 Rn. 27; OFD Hannover 19.5.2016, StEd 2016, 381 Tz. 2.3). Die Aufhebung oder Änderung der ergangenen Folgebescheide bestimmt sich nach § 175 I Nr. 1 AO.

§ 18 Anzeigepflicht der Gerichte, Behörden und Notare

(1) [1]**Gerichte, Behörden und Notare haben dem zuständigen Finanzamt schriftlich Anzeige nach amtlich vorgeschriebenem Vordruck zu erstatten über**

1. **Rechtsvorgänge, die sie beurkundet oder über die sie eine Urkunde entworfen und darauf eine Unterschrift beglaubigt haben, wenn die Rechtsvorgänge ein Grundstück im Geltungsbereich dieses Gesetzes betreffen;**
2. **Anträge auf Berichtigung des Grundbuchs, die sie beurkundet oder über die sie eine Urkunde entworfen und darauf eine Unterschrift beglaubigt haben, wenn der Antrag darauf gestützt wird, daß der Grundstückseigentümer gewechselt hat;**
3. **Zuschlagsbeschlüsse im Zwangsversteigerungsverfahren, Enteignungsbeschlüsse und andere Entscheidungen, durch die ein Wechsel im Grundstückseigentum bewirkt wird. [2]Die Anzeigepflicht der Gerichte besteht auch beim Wechsel im Grundstückseigentum auf Grund einer Eintragung im Handels-, Genossenschafts- oder Vereinsregister;**

4. nachträgliche Änderungen oder Berichtigungen eines der unter den Nummern 1 bis 3 aufgeführten Vorgänge.

[2]Notare können die Anzeige nach Satz 1 auch elektronisch nach amtlich vorgeschriebenem Datensatz über die amtlich bestimmte Schnittstelle nach Maßgabe des § 93c der Abgabenordnung erstatten. [3]Der Anzeige ist eine Abschrift der Urkunde über den Rechtsvorgang, den Antrag, den Beschluß oder die Entscheidung beizufügen.

(2) **[1]Die Anzeigepflicht bezieht sich auch auf Vorgänge, die ein Erbbaurecht oder ein Gebäude auf fremdem Boden betreffen. [2]Sie gilt außerdem für Vorgänge, die die Übertragung von Anteilen an einer Kapitalgesellschaft, einer Personenhandelsgesellschaft oder einer Gesellschaft des bürgerlichen Rechts betreffen, wenn zum Vermögen der Gesellschaft ein im Geltungsbereich dieses Gesetzes liegendes Grundstück gehört.**

(3) **[1]Die Anzeigen sind innerhalb von zwei Wochen nach der Beurkundung oder der Unterschriftsbeglaubigung oder der Bekanntgabe der Entscheidung zu erstatten, und zwar auch dann, wenn die Wirksamkeit des Rechtsvorgangs vom Eintritt einer Bedingung, vom Ablauf einer Frist oder von einer Genehmigung abhängig ist. [2]Sie sind auch dann zu erstatten, wenn der Rechtsvorgang von der Besteuerung ausgenommen ist.**

(4) **Die Absendung der Anzeige ist auf der Urschrift der Urkunde, in den Fällen, in denen eine Urkunde entworfen und darauf eine Unterschrift beglaubigt worden ist, auf der zurückbehaltenen beglaubigten Abschrift zu vermerken.**

(5) **Die Anzeigen sind an das für die Besteuerung, in den Fällen des § 17 Abs. 2 und 3 an das für die gesonderte Feststellung zuständige Finanzamt zu richten.**

Übersicht

I. Bedeutung der Anzeigepflichten nach §§ 18–20

Die §§ 18–22 dienen der Sicherung des Steueraufkommens. § 18 betrifft die Anzeigepflichten – zum Inhalt der Anzeigen vgl. § 20 – der Gerichte, Behörden und Notare. Diese dürfen die Urkunden erst nach Absenden der Anzeige aushändigen (§ 21). Die Beteiligten selbst sind nach § 19 zur Anzeige verpflichtet. **1**

Die Auslegung der §§ 18–20 hat zu berücksichtigen, dass diese Vorschriften einer möglichst lückenlosen Information der FÄ über grestrechtl. relevante Vorgänge und damit der von Art. 3 GG geforderten Gleichheit bei der Durchsetzung der Steuererhebung dienen (BVerfG 2 BvR 1493/89, BStBl. II 1991, 654 (658)). Zur Fertigung von Kontrollmitteilungen bzw. Weitergabe von Veräußerungsmit- **1a** teilungen an andere Dienststellen der FÄ vgl. zB OFD Hannover GrESt-Kartei Anh B Karten 4 und 5. Das Informationsbedürfnis der FÄ kann jedoch nur insoweit berücksichtigt werden, als dies im Gesetz auch selbst hinreichend Ausdruck findet und damit auch den Beteiligten als Handlungspflicht erkennbar wird (zu den Anforderungen an das rechtsstaatliche Bestimmtheitsgebot vgl. etwa BVerfG 2 BvL 4/80, BVerfGE 59, 104 (111); 2 BvR 579/84, BVerfGE 78, 205 (212)).

1b Diesem Gesichtspunkt trägt die Rspr. Rechnung, indem sie die Auslegung der Vorschriften über die Anzeigepflichten nach §§ 18, 19 im Interesse möglichst eindeutiger und klarer Pflichten an einer **formalen Betrachtungsweise** ausrichtet (zB BFH II R 69/94, BStBl. II 1997, 85; anders etwa noch BFH II R 46/89, BStBl. II 1992, 680). Der Aussage, die Anzeigepflichten nach §§ 18, 19 müssen „im Zweifel sehr weit ausgelegt werden“ (so Loose BB 2019, 1595 (1596)), kann daher in dieser Allgemeinheit nicht zugestimmt werden. Anzeigepflicht besteht nur, soweit sie auch **objektiv** nachprüfbar ist. Nur in diesem Fall ist sie **unabhängig von den subjektiven Kenntnissen und Fähigkeiten der Beteiligten** (BFH II R 46/89, BStBl. II 1992, 680; II R 46/89, BStBl. II 2005, 492; II R 58/07, BFH/NV 2010, 63; II R 41/15, BStBl. II 2018, 667). Sie bestehen unabhängig davon, **ob das Bewusstsein einer Anzeigepflicht besteht** (zu den allgemeinen Anforderungen an die Normenbestimmtheit bei der Begründung von Erklärungspflichten vgl. Kirchhof StuW 2002, 185 (195 f.)). Die Anzeigen müssen richtig und vollständig erteilt werden; ihre Angaben müssen deutlich und klar sein (BFH II R 79/97, BFH/NV 1999, 1301 mwN). Zu den Folgen unvollständiger bzw. fehlender Angaben für die Anlaufhemmung vgl. → Vorb § 15 Rn. 12 f. Subjektive Kriterien sind allerdings für das Vorliegen einer Steuerhinterziehung oder leichtfertigen Steuerverkürzung von Bedeutung.

II. Bedeutung des § 18; Anzeigeverpflichtete

2 Der Anzeigepflicht nach § 18 unterliegen Gerichte, Behörden und Notare (vgl. auch Heine UVR 2016, 44). § 18 I 1 Nr. 3 S. 2 wurde durch das JStG 1997 angefügt. Durch das 3. ÄndGVwVfV wurde § 18 I 1 durch Einfügung des Worts „schriftlich“ geändert und § 18 I 3 eingefügt. Diese Änderungen sind am 28.8.2002 in Kraft getreten (§ 74 I 3. ÄndGVwVfV). § 18 I 3, der bislang eine elektronische Übermittlung der Anzeige ausschloss, wurde durch das StVereinfG 2011 aufgehoben. An die Stelle dieser Regelung ist der neue § 22a getreten, mit dem eine Ermächtigungsgrundlage zur Regelung eines Verfahrens zur elektronischen Übermittlung der Anzeige und der Abschrift der Urkunde iSd § 18 geschaffen wurde. In § 18 II 2 wurden die Wörter „einer bergrechtlichen Gewerkschaft“ (aufzulösen oder in andere Gesellschaftsformen umzuwandeln gem. § 163 BBergG) durch Art. 14 des Gesetzes v. 11.12.2018 (BGBl. 2018 I 2338) mit Wirkung nach dem 14.12.2018 (§ 23 XVI 1) gestrichen. § 18 I 2 wurde **durch das JStG 2024** (BGBl. 2024 I Nr. 387 Art. 33 Nr. 3) **eingefügt.**

2a Die Anzeigepflicht der (inländischen) Notare (dazu eingehend Küperkoch RNotZ 2002, 297; vgl. auch Frenz/Miermeister/Bremkamp BNotO § 18 Rn. 101) schränkt deren Verschwiegenheitspflicht (§ 18 BNotO) ein. Die gesetzliche Regelung über das Auskunftsverweigerungsrecht der Notare (§ 102 I Nr. 3 Buchst. b AO) lässt deren gesetzliche Anzeigepflichten – und damit auch § 18 – unberührt (§ 102 IV 1 AO). Notare sind im Umfang ihrer Anzeigeverpflichtung auch zur Vorlage von Urkunden und zur Erteilung weiterer Auskünfte verpflichtet

(§ 102 IV 2 AO). Insoweit ist auch das Recht der Notare zur Verweigerung der Urkundenvorlage eingeschränkt (§ 104 I 2 AO). Die FÄ sind im Hinblick auf die gesetzliche Anzeigeverpflichtung der Notare allerdings nicht berechtigt, pauschal die Vorlage der Handakten des Notars zu einem Vertrag anzufordern; sie können nur die Vorlage einzelner Schriftstücke verlangen (BFH II B 58/81, BStBl. II 1982, 510). In einem Zwischenstreit über die Vorlage von Handakten des Notars ist Prozessgegner allein das FA und nicht die am Erwerbsvorgang beteiligte Partei (BFH II B 57/81, BStBl. II 1982, 406). Eine Außenprüfung (§§ 193 ff. AO) bei einem Notar zur Prüfung der Verkehrsteuern ist unzulässig (FG Saarl 368/75, EFG 1977, 297). Notarielle Veräußerungsanzeigen dürfen aufgrund § 30 IV AO für Zwecke aller anderen Steuern des jeweiligen Steuerpflichtigen und betroffener Dritter ausgewertet werden (zutr. OFD Karlsruhe 6.7.1989, StEK GrEStG § 18 Nr. 6; aA App DNotZ 1988, 339).

Für **ausländische Notare** (zur Zulässigkeit der Beurkundung von GrGeschäften durch diese vgl. § 2 Rn. 9) besteht **keine Anzeigepflicht nach § 18** (Küperkoch RNotZ 2002, 297 (299); Widmann/Mayer/Heckschen UmwG § 6 Rn. 56 ff., zugleich zu Einzelfragen der Beurkundung von Umwandlungsvorgängen durch ausländische Notare; aA Heine UVR 2002, 246 (250)). Bei entspr. Beurkundung sind daher gem. § 19 I 2 die Beteiligten anzeigepflichtig. Soweit allerdings der ausländische Notar eine Anzeige erstattet, kommt dies dem Beteiligten – sofern selbst anzeigepflichtig – zugute (BFH II R 33/04, BFH/NV 2006, 609). **2b**

Anzeigepflichtig sind auch **Gerichte.** Dies betrifft zB gerichtliche Vergleiche, die Rechtsvorgänge über ein inländisches Gr betreffen (zum Ersatz der notariellen Beurkundung durch Prozessvergleich vgl. § 127a BGB). Praktisch bedeutsam sind auch die Anzeigepflichten der Registergerichte. Der durch das JStG 1997 angefügte § 18 I 1 Nr. 3 S. 2 stellt klar, dass auch ein Wechsel im GrEigentum auf Grund einer Eintragung im Handels-, Genossenschafts- oder Vereinsregister anzeigepflichtig ist. Diese – an sich nicht gebotene (zur Herleitung dieser Anzeigepflichten bereits aus § 18 I 1 Nr. 3 S. 1 vgl. BFH II R 125/90, BStBl. II 1994, 866) – Gesetzesergänzung soll eine einheitliche Mitteilungspraxis im gesamten Bundesgebiet sicherstellen (BT-Drs. 13/4839, 74 f.). Einzelheiten der Anzeigepflichten der Gerichte ergeben sich aus der Anordnung über Mitteilungen in Zivilsachen (MiZi) mWv 1.6.1998 idF v. 9.8.2021; zu den Mitteilungen in Handels-, Partnerschafts-, Genossenschafts- und Vereinsregistersachen vgl. dort Abschn. XXI. **3**

Der Kreis anzeigepflichtiger **Behörden** ist im Gesetz nicht näher konkretisiert. Der Behördenbegriff ist in einem umfassenden Sinne zu verstehen und umfasst neben allen Bundes-, Landes- und Gemeindebehörden auch solche, die aufgrund spezialgesetzlicher Vorschriften eine besondere Beurkundungszuständigkeit haben, zB Konsularbeamte (§§ 10 ff. Konsulargesetz; zur Anzeigepflicht der Konsulate vgl. FM Nds 30.5.1996, DB 1996, 1260 = HEB 2024 § 18 Rn. 24) sowie die in § 61 IV BeurkG genannten Personen. **4**

III. Anzeigepflichtige Vorgänge

Anzeigepflichtig sind nach **§ 18 I 1 Nr. 1** in erster Linie alle ein inländisches Gr betr. Rechtsvorgänge, die sie beurkundet oder über die sie eine Urkunde entworfen und darauf eine Unterschrift beglaubigt haben. Hierzu gehören neben den Rechtsgeschäften nach § 1 I Nr. 1 (zum Gegenstand des Erwerbsvorgangs **5** vgl. auch Ländererlasse v. 20.9.2017, BStBl. I 2017, 1328 Tz. 6, → 9 Rn. 3) auch zB Kauf- und Verkaufsangebote (einschließlich deren Annahme), Vorverträge und Optionsrechte (Wagner NotBZ 2000, 69), Immobilien-Leasingverträge (Bruschke ErbStB 2020, 135 (138)), Erbteilsübertragungen sowie Umwandlungen (zu Einzelheiten vgl. das in → Rn. 22 abgedr. Merkblatt Notare unter Tz. 2.1.1). Für die notariell zu beurkundende Abtretung eines Anspruchs iSd § 3 I VermG auf GrRückübertragung und die Verpflichtung hierzu besteht mangels Steuerpflicht keine Anzeigepflicht der Notare aus § 18 I Nr. 1 oder II (FM Bbg 19.8.1998, DB 1998, 1795).

Nach **§ 18 I 1 Nr. 2** sind solche auf Berichtigung des Grundbuchs gerichteten Anträge anzeigepflichtig, die darauf gestützt werden, dass der GrEigentümer gewechselt hat.

6 **§ 18 I 1 Nr. 3** ordnet die Anzeige von **Zuschlagsbeschlüssen im Zwangsversteigerungsverfahren** und von Enteignungsbeschlüssen an. Nach dieser Vorschrift unterliegen der Anzeigepflicht auch „andere Entscheidungen", durch die ein Wechsel im GrEigentum bewirkt wird. Derartige andere Entscheidungen sind zB diejenigen der Flurbereinigungsbehörden (zu deren Anzeigepflichten eingehend Tz. 9 der in → § 1 Rn. 197 zit. Ländererlasse), der Umlegungsausschüsse (§ 46 BauGB; zur Anzeigepflicht freiwilliger Baulandumlegungen, Mehr- und Landzuteilungen vgl. OFD Koblenz 5.3.1993, StEK GrEStG § 18 Nr. 9) und – wie nunmehr § 18 I 1 Nr. 3 S. 2 klarstellt – ggf. diejenigen der Registergerichte. Anzeigepflichtig sind nach der letztgenannten Vorschrift insb. Umwandlungen (Verschmelzung, Spaltung, Vermögensübertragung), soweit ein Wechsel im GrEigentum herbeigeführt wird (vgl. auch BFH II R 125/90, BStBl. II 1994, 866). Die FVerw (Merkblatt Notare Tz. 2.1.1, vgl. → Rn. 22; ebenso Küperkoch RNotZ 2002, 297 (303 mwN)) bejaht eine Anzeigepflicht für Verträge bei Umwandlungen iSd UmwG nur, soweit Gr auf ein anderes Rechtssubjekt übergehen. Dies trifft zwar auf einen **Formwechsel** nicht zu (vgl. → § 1 Rn. 44 ff.). Gleichwohl dürfte eine Anzeigepflicht schon aufgrund § 18 II 2 und ferner deshalb bestehen, weil sie nicht von einer bestehenden GrESt-Pflicht abhängig ist (vgl. § 18 III 2). Nach § 18 I 1 Nr. 3 ist auch die Eintragung einer Verschmelzung von Genossenschaften in das **Genossenschaftsregister** der übertragenden Genossenschaft anzuzeigen, sofern die Gesamtrechtsnachfolge auch inländische Gr erfasst (vgl. BFH II R 125/90, BStBl. II 1994, 866). Ebenfalls anzeigepflichtig sind Entscheidungen der Ämter zur **Regelung offener Vermögensfragen,** durch die ein Wechsel im GrEigentum bewirkt wird (vgl. FM Bbg 19.8.1998, DB 1998, 1795). Eine § 18 I 1 Nr. 3 korrespondierende Anzeigepflicht der Beteiligten normiert der durch das StÄndG 2001 eingefügte § 19 I 1 Nr. 8.

7 Nach **§ 18 I 1 Nr. 4** unterliegen auch nachträgliche Änderungen oder Berichtigungen eines Vorgangs der Anzeigepflicht. Eine Anzeigepflicht besteht gem. **§ 18 I 1 Nr. 4** für nachträgliche Änderungen oder Berichtigungen der unter § 18 I 1 Nr. 1–3 aufgeführten Vorgänge. Anzeigen nach § 18 I 1 Nr. 4 kommt jedenfalls dann keine die **Ablaufhemmung** beendende Wirkung zu, wenn die nach § 20 I Nr. 2 erforderliche Grundstücksbezeichnung vollständig fehlt (BFH II R 20/21, BStBl. II 2023, 1020; vgl. auch → § 19 Rn. 13). Bei anderen Verstößen gegen Vorschriften des § 20 kann dies möglicherweise anders sein.

7a Neu ist der durch das JStG 2024 (Art. 33 Nr. 3, BGBl. 2024 I Nr. 387) eingefügte § 18 I **2.** Danach wird „zur Vorbereitung der Einführung der verpflichtenden elektronischen Übermittlung der sogenannten Veräußerungsanzeige durch die Notarinnen und Notare, die die überwiegende Anzahl der Veräußerungsanzeigen übermitteln, eine zeitlich befristete freiwillige Möglichkeit der elektronischen Übermittlung der sogenannten Veräußerungsanzeige für die Notarinnen und Notare geschaffen. Die Regelung soll der Vorbereitung der Einführung der verpflichtenden elektronischen Übermittlung der sogenannten Veräußerungsanzeige durch die Notarinnen und Notare dienen. Insofern ermöglicht die Regelung auch die Durchführung einer Pilotierung mit interessierten Notarinnen und Notaren sowie Softwareherstellern, wie z. B. der Bundesnotarkammer. Es steht den Anzeigeverpflichteten nach § 18 GrEStG vorerst **frei,** die Veräußerungsanzeige schriftlich in **Papierform** nach amtlich vorgeschriebenem Vordruck einzureichen oder nach **amtlich vorgeschriebenen Datensatz** über die amtlich bestimmte Schnittstelle zu übermitteln. Eine Übermittlung mit einer E-Mail ist nicht möglich. Kurz- bis mittelfristig sollen Notare und Gerichte und Behörden verpflichtend sogenannte Veräußerungsanzeigen nach § 18 GrEStG elektronisch an das Finanzamt übermitteln. Hierzu bedarf es einer weiteren gesetzlichen Änderung" (BR-Drs. 369/24).

Der bisherige Ausschluss der elektronischen Übermittlung wurde durch das JStG 2024 (BGBl. 2024 I Nr. 387 Art. 33 Nr. 4) aufgehoben.

Eine Anzeigepflicht der **Gerichte, Behörden und Notare** besteht nur, sofern **7b** sich ein Vorgang iSd § 18 I 1 auf ein **Gr** bezieht. Im Gegenschluss aus § 18 II 1 ist zu folgern, dass das Gesetz damit das Gr iSd bürgerlichen Rechts (§ 2 I 1) meint. Dazu gehören auch noch nicht vermessene Teile eines Gr, Miteigentumsanteile sowie das Wohnungs- und Teileigentum.

§ 18 II 1 ordnet eine Anzeigepflicht auch für Vorgänge an, die ein **Erbbau-** **8** **recht** (dh dessen Bestellung, Übertragung, Verlängerung oder Aufhebung) oder ein **Gebäude auf fremdem Boden** betreffen. Für **dinglich gesicherte Sondernutzungsrechte** (§ 2 II Nr. 3) besteht entgegen der Auffassung der FVerw (zB das in → Rn. 22 abgedr. Merkblatt Notare unter Tz. 2) keine Anzeigepflicht aus § 18. Insoweit hat der Gesetzgeber – offensichtlich aufgrund eines Redaktionsversehens – die Anpassung des § 18 II 1 an die durch § 2 II Nr. 3 eingetretene Änderung versäumt. Rechtsvorgänge, die dinglich gesicherte Sondernutzungsrechte betreffen, sind jedoch nach § 19 von den Beteiligten anzuzeigen. Nach **§ 18 II 2** sind ferner Vorgänge anzeigepflichtig, die die **Übertragung von Anteilen** der dort bezeichneten Gesellschaften – sofern zu deren Vermögen ein inländisches Gr gehört – betreffen. Dem Notar wird bei der Beurkundung von Anteilsübertragungen an den in dieser Vorschrift genannten Gesellschaften nicht ohne weiteres bekannt sein, ob der Gesellschaft inländische Gr gehören. Er hat jedoch insoweit eine **Erkundigungspflicht** (Hofmann/Dibbert § 18 Rn. 7; eine Nachforschungs- oder Ermittlungspflicht dürfte jedoch für den Notar nicht bestehen, Küperkoch RNotZ 2002, 297 (302)). Bei gegebener Vermögenszugehörigkeit eines Gr muss die Anzeige die nach § 20 II geforderten Angaben enthalten. Anzeigepflichtig sind schließlich gem. **§ 18 III 2** auch Rechtsvorgänge, die von der Besteuerung ausgenommen sind.

Nicht anzeigepflichtig ist die **Einräumung eines Vorkaufsrechts** und die **9** Vereinbarung einer sog. **Verhandlungsvorhand** (vgl. Wagner NotBZ 2000, 69 (77)). Auch sonstige dingliche Belastungen eines Gr bedürfen keiner Anzeige. In diesen Fällen fehlt es bereits an einem die GrESt auslösenden GrUmsatz. Umstände, die zur Versagung der Steuerpflicht gem. § 5 führen, unterliegen ebenfalls keiner Anzeigepflicht (BFH II R 16/92, BFH/NV 1996, 357; für die Beteiligten vgl. die Anzeigepflicht aus § 19 II Nr. 4).

10 Die Anzeigepflicht der Notare bei dem sog. **einheitlichen Erwerbsgegenstand** ist im Hinblick auf die notarielle Verschwiegenheitspflicht (§ 18 BNotO) problematisch. Der Notar unterliegt keiner Anzeigepflicht, wenn er die grestrechtl. Relevanz der mehreren Verträge „mit Gewissheit" auszuschließen vermag. Bei fehlender Einheit zwischen Grundstückskaufvertrag und nicht beurkundeten Verträgen sind die Beteiligten gem. § 19 I 2 zur Anzeige der Verträge verpflichtet (vgl. auch das in → § 9 Rn. 3 abgedr. Merkblatt Tz. 6 Abs. 2; für Notare gilt § 18, Tz. 2.1.12.). Zu den Anzeigepflichten der **Beteiligten** im Zusammenhang mit dem sog. einheitlichen Erwerbsgegenstand vgl. → § 19 Rn. 19.

11 Bei **schwebend unwirksamen** Erwerbsvorgängen umfasst die Anzeigepflicht aus § 18 nicht den Eintritt der Rechtswirksamkeit eines aufschiebend bedingten (§ 158 I BGB) oder genehmigungsbedürftigen (§§ 182 ff. BGB) Rechtsgeschäfts. Anzeigepflichtig ist allein das schwebend unwirksame Rechtsgeschäft, aus dem allerdings wegen der Regelung des § 14 GrESt noch nicht entsteht. In derartigen Fällen kann allerdings auch keine UB (§ 22) erteilt werden, so dass die Mitteilung des Eintritts der Rechtswirksamkeit die Umschreibung im Grundbuch regelmäßig beschleunigt.

IV. Erfüllung der Anzeigepflicht

12 § 18 I **1** ordnet die Anzeigeerstattung nach **„amtlich vorgeschriebenem Vordruck"** an. Die FÄ stellen die Vordrucksätze unentgeltlich zur Verfügung. Zum Anspruch des FA auf Vorlage weiterer Kopien der Anzeigen bei Verwendung veralteter Vordrucksätze vgl. FG Bremen II 256/88 K, EFG 1990, 377; II 210/90 Ko, EFG 1991, 753. Zu der den Notaren unter näheren Voraussetzungen möglichen Verwendung maschinell ausfüllbarer Veräußerungsanzeigen vgl. für Bayern das in → Rn. 22 abgedr. Merkblatt Notare unter Tz. 4.1.

Die Anzeige ist nach der am 28.8.2002 in Kraft getretenen Änderung des § 18 I 1 **schriftlich** zu erstatten.

13 Der Anzeige ist gem. § 18 I **3** eine Abschrift der Urkunde über den Rechtsvorgang, den Antrag, den Beschluss oder die Entscheidung beizufügen (diesem Erfordernis ist im Hinblick auf § 16 V innerhalb der Anzeigefrist nachzukommen, vgl. → § 16 Rn. 124 ff.). Eine Beglaubigung der Abschrift ist nicht erforderlich.

14 Unterliegt derselbe Rechtsvorgang neben der Anzeigepflicht nach § 18 einer weiteren Anzeigepflicht nach **anderen Steuergesetzen** (zB aufgrund § 34 ErbStG), ist der Rechtsvorgang **jedem** der für die Verwaltung der in Betracht kommenden Steuern **zuständigen FA gesondert** anzuzeigen.

15 Zur **Anzeigefrist** bestimmt **§ 18 III 1,** dass die Anzeigen innerhalb von **zwei Wochen** nach der Beurkundung, der Unterschriftsbeglaubigung oder der Bekanntgabe der Entscheidung zu erstatten sind. Bei Versäumung der – sehr knapp bemessenen – Anzeigefrist ist eine **Wiedereinsetzung in den vorigen Stand** ausgeschlossen (BFH II R 64/08, BFH/NV 2011, 1009). Die Anzeigepflicht besteht auch dann, wenn die Wirksamkeit des Erwerbsvorgangs vom Eintritt einer Bedingung, vom Ablauf einer Frist oder von einer Genehmigung abhängig ist. Die Anzeigepflicht ist hier mithin von der Entstehung der Steuerschuld unabhängig. Die „Bekanntgabe der Entscheidung" iSd § 18 III 1 betrifft den Verwaltungsakt, der den Eigentumsübergang herbeiführen soll. Dies ist zB bei Erwerbsvorgängen im Flurbereinigungsverfahren die (vorzeitige) Ausführungsanordnung (§§ 61, 63 FlurbG). Für die Anwendung des **§ 16 V** kommt es auf die Anzeigeerstattung nach § 18 oder § 19 an; die Anzeigeer-

stattung nach § 19 III reicht aus, wenn insoweit die entsprechenden Fristen nach § 19 III (vgl. → § 19 Rn. 23) eingehalten sind, BFH II R 2/21, BStBl. II 2023, 1057; vgl. → § 16 Rn. 123).

Offen ist die Frage, ob – soweit §§ 18, 19 nicht weiterhelfen – bei Fristversäumnis **§ 110 AO** anwendbar ist (dazu FG München 4 K 2345/21, EFG 2023, 285, Rev. BFH II R 20/23; FG München 4 K 2409/21, EFG 2023, 287, Rev. BFH II R 20/23; offen Viskorf/Loose § 19 Rn. 38). Die Argumentation, ein Notar oder eine Notarin sei nicht „jemand" iSd § 110 AO, verfängt nicht. Ein Notar ist insoweit in das steuerliche Verwaltungsverfahren einbezogen, als die rechtzeitige Anzeigeerstattung Teil einer gesetzlichen Pflichtregelung mit nachteiligen Wirkungen bei Nichteinhaltung ist. Das sollte – auch angesichts der sehr knappen Frist des § 18 III und des vom BFH (II B 52/04, BStBl. II 2005, 492) geltend gemachten Übermaßgebots nach Art. 2 I und 20 III GG – für die Anwendbarkeit des § 110 AO ausreichen (HHSp § 110 AO Rn. 12). **16**

Die **Absendung** der Anzeige ist auf der Urschrift der Urkunde bzw. der zurückbehaltenen beglaubigten Abschrift zu vermerken **(§ 18 IV).** Eine Empfangsbestätigung des FA ergeht nicht, so dass sich die Anzeigepflicht mit dem Absendevermerk erledigt. Erst nach Absendung der Anzeige darf die Urkundenaushändigung (§ 21) erfolgen. **16a**

Adressat der Anzeigen ist nach § 18 V das für die Besteuerung gem. § 17 I zuständige FA und im Falle der gesonderten Feststellung der Besteuerungsgrundlagen (§ 17 II, III) das dafür zuständige FA. Die Anzeige ist jeweils der **GrESt-Stelle** des zuständigen FA zu übermitteln; die Übersendung an eine **andere Organisationseinheit des FA** genügt nicht (BFH II R 11/92, BStBl. II 1995, 802; II R 10/02, BFH/NV 2005, 1365; II R 55/06, BFH/NV 2008, 1876; VII S 22/09, BFH/NV 2009, 1599; II R 9/08, BFH/NV 2009, 1832; II R 35/20, BStBl. II 2024, 28); dies gilt in gleicher Weise für die Anzeigeerstattung gem. **§ 19 IV 1** durch die Beteiligten. Zwar spricht der Wortlaut des § 18 V (ebenso § 19 IV1) lediglich von der Anzeigeerstattung an das „zuständige" FA. Die erforderliche Übermittlung an die Grunderwerbsteuerstelle des zuständigen FA folgt aber aus dem Anzeigezweck, der zuständigen Organisationseinheit des FA eine positive Kenntnis zu vermitteln (BFH II R 35/20, BStBl. II 2024, 28). **17**

Den Anforderungen ordnungsgemäßer Anzeige genügt auch eine **nicht ausdrücklich** an die Grunderwerbsteuerstelle des zuständigen FA **adressierte Anzeige,** wenn sie nach ihrem eindeutigen Inhalt an diese gerichtet ist. Die Anzeige muss dann aber eindeutig als eine solche nach dem GrEStG gekennzeichnet sein und ihrem Inhalt nach **ohne weitere Sachprüfung** an die Grunderwerbsteuerstelle weiterzuleiten sein (BFH II R 9/08, BFH/NV 2009, 1832; II R 56/10, BFH/NV 2012, 1579; II R 8/13, BStBl. II 2015, 553; BFH II R 35/20, BStBl. II 2024, 28). **17a**

Sofern mehrere Gr eine wirtschaftliche Einheit (§ 2 III 1) bilden, ist nur eine Anzeige an das nach § 17 I zuständige FA zu übersenden.

In den Fällen des **§ 17 II und III** sind die Anzeigen an das örtlich zuständige FA zu richten, **§ 18 V.** Hier können wegen uU unsicherer Bestimmung des wertvollsten Gr(Teils) iSd § 17 II und III Unklarheiten über das örtlich zuständige FA entstehen. Bei Übersendung der Anzeige an ein insoweit unzuständiges FA besteht für dieses eine Weiterleitungspflicht (zu § 17 GLE 1.3.2016, BStBl. I 2016, 282 Tz. 2). Die vorstehenden Unsicherheiten gebieten, bei der Frage einer etwaigen Verletzung der Anzeigepflicht einen großzügigen Maßstab zugunsten des Steuer- **17b** pflichtigen anzuwenden. Dies gilt ebenso für die entspr. Anzeigepflicht der Beteiligten gem. § 19 IV 1.

Der notwendige **Inhalt** der Anzeigen ergibt sich aus § 20.

V. Erzwingung der Anzeige; Rechtsfolgen unterlassener Anzeige

18 Ein gegen einen Notar ergangener Verwaltungsakt, durch den er zur Anzeigenabgabe aufgefordert wird, kann nicht mit Zwangsmitteln (§§ 328 ff. AO) durchgesetzt werden. Notare sind durch § 255 I AO geschützt, weil sie im Rahmen der Anzeigepflichten aus § 18 behördliche Aufgaben wahrnehmen und damit hoheitliche Tätigkeiten ausüben (zutr. Koch/Scholtz § 255 Rn. 2; Küperkoch RNotZ 2002, 297 (299) mwN; vgl. auch bereits RFHE 30, 20; aA Viskorf/Loose § 18 Rn. 35; Tipke/Kruse/Drüen AO § 328 Rn. 21). Auch gegenüber Gerichten und Behörden ist die Aufforderung zur Anzeigenabgabe nicht erzwingbar (Tipke/Kruse/Drüen AO § 328 Rn. 20). Die Notare sind keine Steuerpflichtigen iSd § 33 II AO (vgl. Tipke/Kruse/Drüen AO § 33 Rn. 20).

19 Wird eine nach **§ 18** erforderliche **Anzeige nicht erstattet und** besteht **keine Anzeigepflicht** der Beteiligten gem. **§ 19,** ist der Anlauf der **Festsetzungsfrist** nicht nach § 170 II 1 Nr. 1 gehemmt (vgl. → Vorb § 15 Rn. 14 f.). Entsprechende Rechtsfolgen ergeben sich für den Anlauf der Feststellungsfrist im Regelungsbereich des § 17 (→ § 17 Rn. 17 ff.) sowie des § 8 II iVm § 151 I 1 Nr. 1 iVm § 157 I–III BewG bei der Feststellung des GrBesitzwerts (vgl. → § 8 Rn. 129); zu den Rechtsfolgen einer Anzeigepflichtverletzung aus § 18 bei gleichzeitiger Anzeigepflicht der Beteiligten gem. § 19 vgl. → Vorb § 15 Rn. 15.

20 Ein **Notar** kann bei **Unterlassung** einer nach § 18 erforderlichen Anzeige keine **leichtfertige Steuerverkürzung** begehen (BFH II R 30/13, BStBl. II 2015, 77; anders FG Bremen II 163/90 K, EFG 1993, 540; FG BW 5 K 59/01, EFG 2004, 867; eine Verlängerung der Festsetzungsfrist tritt nicht ein; vgl. → Vorb § 15 Rn. 15). Die Nichtanzeige eines Erwerbsvorgangs iSd § 1 II, IIa, IIb, III und IIIa führt aufgrund § 16 V zum Ausschluss der Vergünstigungen aus § 16 I–IV (zu Einzelheiten vgl. → § 16 Rn. 121 ff.).

21 *einstweilen frei*

VI. Merkblätter der obersten Finanzbehörden über die Beistandspflichten der Notare

22 Die obersten FBeh mehrerer Länder haben Merkblätter über die Beistandspflichten der Notare auf dem Gebiet der GrESt und der ErbSt/SchSt herausgegeben. Diese Merkblätter stimmen – auch wegen ihres unterschiedlichen Bearbeitungsstands – inhaltlich nicht voll überein. Siehe hierzu beispielsweise das nachfolgend abgedruckte Merkblatt **LfSt Bayern 13.9.2022 S 4540.1.1-4/47 St35.**

B. Grunderwerbsteuer

1. Maßgebende Vorschriften

Die steuerlichen Anzeigepflichten und sonstigen Beistandspflichten der Notare ergeben sich aus folgenden Vorschriften in der jeweils gültigen Fassung:
- §§ 18, 20, 21 und 22a des Grunderwerbsteuergesetzes (GrEStG) und
- § 102 Abs. 4 der Abgabenordnung (AO)

2. Anzeigepflichtige Vorgänge

Die Anzeigepflicht betrifft alle Rechtsvorgänge, die unmittelbar oder mittelbar das Eigentum an einem inländischen Grundstück (Tz. 2.5) betreffen.

2.1.

Der Notar hat Anzeige über folgende Rechtsvorgänge zu erstatten, die er beurkundet oder über die er eine Urkunde entworfen und darauf eine Unterschrift beglaubigt hat (§ 18 Abs. 1 Satz 1 Nr. 1 und Abs. 2 GrEStG):

2.1.1.

Grundstückskaufverträge und andere Rechtsgeschäfte, die den Anspruch auf Übereignung eines Grundstücks begründen (z.B. Tauschverträge, Einbringungsverträge, Übergabeverträge, Auseinandersetzungsverträge, Annahme von Kauf- und Verkaufsangeboten, Ausübung von Optionen bzw. Vor- und Wiederkaufsrechten, Treuhandverträge, Verträge hinsichtlich gemischter Schenkungen). Bei wechselseitigem Tausch von Grundstücken liegen zwei Erwerbsvorgänge vor (vgl. hierzu auch Tz. 3.3 letzter Absatz);

2.1.2.

Auflassungen, wenn kein Rechtsgeschäft vorausgegangen ist, das den Anspruch auf Übereignung begründet;

2.1.3.

Umwandlungen nach dem Umwandlungsgesetz, sofern dadurch Grundstückseigentum auf einen anderen Rechtsträger übergeht (z.B. Verschmelzungen, Spaltungen und Vermögensübertragungen);

2.1.4.

Rechtsgeschäfte, die den Anspruch auf Abtretung eines Übereignungsanspruchs oder der Rechte aus einem Meistgebot begründen;

2.1.5.

Rechtsgeschäfte, die den Anspruch auf Abtretung der Rechte aus einem Kaufangebot begründen. Einem Kaufangebot steht ein Angebot zum Abschluss eines anderen Vertrags gleich, kraft dessen die Übereignung verlangt werden kann;

2.1.6.

Abtretungen der unter Tz. 2.1.4 und 2.1.5 bezeichneten Rechte, wenn kein Rechtsgeschäft vorausgegangen ist, das den Anspruch auf Abtretung der Rechte begründet;

2.1.7.

Rechtsvorgänge, die es ohne Begründung eines Anspruchs auf Übereignung einem anderen rechtlich oder wirtschaftlich ermöglichen, ein Grundstück auf eigene Rechnung zu verwerten (z.B. Begründung sowie Auflösung eines Treuhandverhältnisses, Wechsel des Treugebers, Auftrag bzw. Geschäftsbesorgungsvertrag zum Auftragserwerb, Erteilung einer Verkaufsvollmacht);

2.1.8.

Rechtsgeschäfte, die den Anspruch auf Übertragung eines, mehrerer oder aller Anteile an einer Kapitalgesellschaft, einer Personengesellschaft oder einer Gesellschaft bürgerlichen Rechts begründen, wenn zum Vermögen der Gesellschaft ein Grundstück gehört;

2.1.9.

Übergang von unter Tz. 2.1.8 bezeichneten Gesellschaftsanteilen, wenn kein schuldrechtliches Geschäft vorausgegangen ist, das den Anspruch auf Übertragung begründet;

2.1.10.

Übertragungen von Anteilen an einem Nachlass (Erbteilsübertragungen), zu dem ein Grundstück oder ein Anteil an einem anderen Nachlass gehört, der ein Grundstück enthält;

2.1.11.

Vorverträge, Optionsverträge sowie Kauf- und Verkaufsangebote. Die Einräumung eines Vorkaufsrechts ist nicht anzeigepflichtig;

2.1.12.

Bei einheitlichen Vertragswerken erfasst die Anzeigepflicht außer dem Grundstücksveräußerungsvertrag auch diejenigen in derselben Niederschrift oder einer anderen Niederschrift beurkundeten Verträge (z.B. Treuhandvertrag, Baubetreuungsvertrag, Generalunternehmervertrag, Bauvertrag), die mit dem Grundstücksveräußerungsvertrag eine rechtliche Einheit bilden. Anzeigepflichtig sind auch solche Verträge, die in sonstiger Hinsicht mit dem Grundstücksveräußerungsvertrag im Wege einer Verknüpfungsabrede rechtlich verbunden sind, es sei denn, die grunderwerbsteuerliche Relevanz des weiteren Vertrags kann mit Gewissheit ausgeschlossen werden.

2.2.

Der Notar hat auch Anzeige zu erstatten über:

2.2.1.

Anträge auf Berichtigung des Grundbuchs, die er beurkundet oder über die er eine Urkunde entworfen und darauf eine Unterschrift beglaubigt hat, wenn der Antrag darauf gestützt wird, dass der Grundstückseigentümer gewechselt hat (§ 18 Abs. 1 Satz 1 Nr. 2 GrEStG);

2.2.2.

Nachträgliche Änderungen oder Berichtigungen der in den Tz. 2.1.1 bis 2.2.1 aufgeführten Vorgänge (§ 18 Abs. 1 Satz 1 Nr. 4 GrEStG). Änderung in diesem Sinne ist auch die Vertragsaufhebung oder die Ausübung eines Rücktrittrechts durch eine Vertragspartei.

2.3.

Die Anzeigen sind auch dann zu erstatten, wenn der Rechtsvorgang von der Besteuerung ausgenommen ist (§ 18 Abs. 3 Satz 2 GrEStG) bzw. nach den bestehenden Verwaltungsanweisungen eine Unbedenklichkeitsbescheinigung i.S.v. § 22 GrEStG nicht zu erteilen ist. Die Anzeigepflicht besteht auch dann, wenn die Wirksamkeit des Rechtsvorgangs vom Eintritt einer Bedingung, vom Ablauf einer Frist oder von einer Genehmigung abhängt (§ 18 Abs. 3 Satz 1 GrEStG).

2.4.

In Fällen der Übertragung von Gesellschaftsanteilen (Tz. 2.1.8 und 2.1.9) ist die Urkundsperson zwar der Verpflichtung enthoben, im Einzelfall zu ermitteln, ob ein und ggf. welcher Steuertatbestand erfüllt ist, nicht jedoch von der Anzeigepflicht selber.

2.5.

Grundstücke im Sinne des GrEStG sind Grundstücke im Sinne des bürgerlichen Rechts einschließlich noch nicht vermessener Teilflächen, Miteigentumsanteile, Wohnungseigentum und Teileigentum (§ 2 Abs. 1 GrEStG). Zu den Grundstücken rechnen sowohl solche des Anlagevermögens als auch solche des Umlaufvermögens. Den Grundstücken stehen Erbbaurechte, Gebäude auf fremdem Boden sowie dinglich gesicherte Sondernutzungsrechte i.S.d. § 15 des Wohnungseigentumsgesetzes (WEG) und des § 1010 des Bürgerlichen Gesetzbuchs gleich (§ 2 Abs. 2 GrEStG). Die Anzeigepflicht bezieht sich deshalb auch auf Vorgänge, die ein Erbbaurecht, ein Gebäude auf fremdem Boden oder ein dinglich gesichertes Sondernutzungsrecht betreffen (§ 18 Abs. 2 Satz 1 GrEStG).

3. Zuständiges Finanzamt

3.1.

Die Anzeigen sind an das für die Besteuerung (Tz. 3.2) – in den Fällen des § 17 Abs. 2 und 3 GrEStG an das für die gesonderte Feststellung der Besteuerungsgrundlagen (Tz. 3.3 und 3.4) – zuständige Finanzamt zu richten (§ 18 Abs. 5 GrEStG).

3.2.

Die Anzeigen sind an das für die Besteuerung zuständige Finanzamt (Belegenheitsfinanzamt) zu richten, d.h. an das Finanzamt, in dessen Bezirk das Grundstück oder der wertvollste Teil des Grundstücks liegt (§ 17 Abs. 1 Satz 1 GrEStG),

- wenn sich ein Rechtsvorgang auf ein Grundstück oder mehrere Grundstücke bezieht, die im Bezirk nur eines Finanzamts liegen,
- wenn sich ein Rechtsvorgang auf ein Grundstück bzw. eine wirtschaftliche Einheit von Grundstücken (§ 2 Abs. 3 Satz 1 GrEStG) bezieht, das bzw. die in den Bezirken verschiedener Finanzämter eines Landes liegt,
- wenn bei Grundstückserwerben durch Umwandlung auf Grund eines Bundes- oder Landesgesetzes oder in den Fällen des § 1 Abs. 2a bis 3a GrEStG nicht die Voraussetzungen für eine gesonderte Feststellung der Besteuerungsgrundlagen (Tz. 3.4) erfüllt sind.

3.3.

Die Besteuerungsgrundlagen werden gesondert festgestellt (§ 17 Abs. 2 GrEStG)

- in Fällen, in denen ein Grundstück bzw. eine wirtschaftliche Einheit von Grundstücken (§ 2 Abs. 3 Satz 1 GrEStG) in den Bezirken von Finanzämtern verschiedener Länder liegt (§ 17 Abs. 2 1. Alt. i.V.m. § 17 Abs. 1 Satz 2 GrEStG), sowie
- in Fällen, in denen sich ein Rechtsvorgang auf mehrere Grundstücke bezieht, die in den Bezirken verschiedener Finanzämter liegen (§ 17 Abs. 2 2. Alt. GrEStG)

durch das Finanzamt (Feststellungsfinanzamt), in dessen Bezirk der wertvollste Grundstücksteil oder das wertvollste Grundstück oder der wertvollste Bestand an Grundstücksteilen oder Grundstücken liegt (§ 17 Abs. 2 GrEStG).

Sind in einem notariellen Vertrag mehreren in unterschiedlichen Finanzamtsbezirken belegenen Grundstücken jeweils selbständige nachvollziehbare Einzelkaufpreise zugeordnet, hat dennoch zwingend eine gesonderte Feststellung der Besteuerungsgrundlagen zu erfolgen.

Für einen Tauschvertrag, durch den ein Grundstück gegen ein im Bezirk eines anderen Finanzamts belegenes Grundstück getauscht wird, ist den beteiligten Finanzämtern jeweils eine Anzeige zu erstatten.

3.4.

Die Besteuerungsgrundlagen werden ferner gesondert festgestellt (§ 17 Abs. 3 GrEStG)
- bei Grundstückserwerben durch Umwandlungen auf Grund eines Bundes- oder Landesgesetzes durch das Finanzamt, in dessen Bezirk sich die Geschäftsleitung des Erwerbers befindet, sowie
- in den Fällen des § 1 Abs. 2a bis 3a GrEStG durch das Finanzamt, in dessen Bezirk sich die Geschäftsleitung der Gesellschaft – bei der sich der Gesellschafter-/Anteilseignerwechsel vollzieht bzw. deren Anteile vereinigt oder übertragen werden – befindet,

wenn ein außerhalb des Bezirks dieser Finanzämter liegendes Grundstück oder ein auf das Gebiet eines anderen Landes sich erstreckender Teil eines im Bezirk dieser Finanzämter liegenden Grundstücks betroffen wird (§ 17 Abs. 3 Satz 1 GrEStG). Befindet sich die Geschäftsleitung nicht im Geltungsbereich des GrEStG und werden in verschiedenen Finanzamtsbezirken liegende Grundstücke oder in verschiedenen Ländern liegende Grundstücksteile betroffen, so stellt das nach Tz. 3.3 zuständige Finanzamt die Besteuerungsgrundlagen gesondert fest (§ 17 Abs. 3 Satz 2 GrEStG).

3.5.

[hier nicht abgedruckt]

4. Form und Inhalt der Anzeigen

4.1.

Die Anzeigen sind nach amtlich vorgeschriebenen Vordruck des jeweiligen Zielbundeslandes schriftlich zu erstatten (§ 18 Abs. 1 Satz 1 GrEStG). Hierfür stehen auf den Internetseiten der Bayerischen Finanzverwaltung (z.B. www.lfst.bayern.de > Startseite > Formulare > Weitere Themen von A bis Z > Grunderwerbsteuer) folgende Vordrucke als ausfüllbare PDF-Dokumente zum Herunterladen zur Verfügung:
- BV GrESt 001 Veräußerungsanzeige
- BV GrESt 002 Anzeige Zwangsversteigerungsverfahren
- BV GrESt 003 Anzeige Anteilsübertragungen
- BV GrESt 004 Anlage weitere Grundstücke
- BV GrESt 005 Anlage weitere Veräußerer
- BV GrESt 006 Anlage weitere Erwerber

Die Formulare sind vollständig auszufüllen und beidseitig auszudrucken.

Für jede Ausfertigung des Vordrucks Veräußerungsanzeige BV GrESt 001 (insgesamt 6 Stück) hat jeweils ein Ausdruck etwaiger befüllter Anlagen weiterer Grundstücke/Veräußerer/Erwerber zu erfolgen.

Eine elektronische Übermittlung der Anzeige ist derzeit noch nicht zulässig (§ 22a Satz 3 GrEStG).

Die Anzeige über Anteilsübertragungen (BV GrESt 003) ist nur für Vorgänge geeignet, in denen die zivilrechtlichen Eigentumsverhältnisse an den Grundstücken unverändert bleiben, jedoch aufgrund von Anteilsübertragungen bei einer Gesellschaft eine Anzeigepflicht gem. § 18 bzw. § 19 GrEStG besteht. Im Falle eines Rechtsträgerwechsels am Grundstück (z.B. Umwandlungsvorgang, Anwachsung, etc.) hat die Anzeige weiterhin über die Veräußerungsanzeige (BV GrESt 001) zu erfolgen.

4.2.

Die Anzeigen müssen enthalten (§ 20 Abs. 1 GrEStG):

4.2.1.

Vorname, Zuname und Anschrift sowie die steuerliche Identifikationsnummer gemäß § 139b der Abgabenordnung (AO) oder die Wirtschafts-Identifikationsnummer gemäß § 139c AO des Veräußerers und des Erwerbers (siehe auch Tz. 7.2), ggf. auch, ob und um welche begünstigte Person i.S.d. § 3 Nrn. 3 bis 7 GrEStG es sich bei dem Erwerber handelt;

4.2.2.

die Bezeichnung des Grundstücks nach Grundbuch, Kataster, Straße und Hausnummer;

4.2.3.

die Größe des Grundstücks und bei bebauten Grundstücken die Art der Bebauung;

4.2.4.

die Bezeichnung des anzeigepflichtigen Vorgangs und den Tag der Beurkundung, bei einem Vorgang, der einer Genehmigung bedarf, auch die Bezeichnung desjenigen, dessen Genehmigung erforderlich ist;

4.2.5.

den Kaufpreis oder die sonstige Gegenleistung (§ 9 GrEStG);

4.2.6.

den Namen der Urkundsperson.

4.3.

Anzeigen, die sich auf Anteile an einer Gesellschaft beziehen, müssen außerdem enthalten (§ 20 Abs. 2 GrEStG):

4.3.1.

die Firma, den Ort der Geschäftsführung sowie die Wirtschafts-Identifikationsnummer der Gesellschaft gemäß § 139c AO (siehe auch Tz. 7.3);

4.3.2.

die Bezeichnung des Gesellschaftsanteils oder der Gesellschaftsanteile;

4.3.3.

bei mehreren beteiligten Rechtsträgern eine Beteiligungsübersicht. Eine solche Beteiligungsübersicht kann beispielsweise in Form eines ausformulierten Textes als auch in grafischer Darstellung (sog. Organigramm) eingereicht werden.

4.4.

Bei der Veräußerung von Gesellschaftsanteilen besteht für den Notar bezüglich des Vorhandenseins von Grundstücken, die der Gesellschaft grunderwerbsteuerlich unmittelbar oder mittelbar zuzurechnen sind, eine Erkundigungspflicht. Eine besondere Nachforschungspflicht besteht nicht, so dass er sich im Rahmen seiner Mitwirkungspflicht auf die Angaben der Beteiligten beschränken kann.

4.5.

Der Anzeige ist eine Abschrift der Urkunde über den Rechtsvorgang oder des Antrags beizufügen (§ 18 Abs. 1 Satz 2 GrEStG). Die Anzeige ist mit o.g. Inhalt zu erstatten. Ein bloßer Verweis auf die beiliegende Urkunde ist nicht ausreichend, da die Veräußerungsanzeige zur Weiterleitung an andere Finanzämter und zur Erteilung der Unbedenklichkeitsbescheinigung vorgesehen ist. Die Finanzämter sind angehalten, bei (wiederholten) unvollständigen Angaben die Anzeigen zur Ergänzung zurückzusenden.

5. Anzeigefrist

Die Anzeigen sind innerhalb von zwei Wochen nach der Beurkundung oder der Unterschriftsbeglaubigung zu erstatten, und zwar auch dann, wenn die Wirksamkeit des Rechtsvorgangs vom Eintritt einer Bedingung, vom Ablauf einer Frist oder von einer Genehmigung abhängig ist (§ 18 Abs. 3 Satz 1 GrEStG).

6. Absendevermerk des Notars

6.1.

Die Absendung der Anzeige ist auf der Urschrift der Urkunde, in den Fällen, in denen eine Urkunde entworfen und darauf eine Unterschrift beglaubigt worden ist, auf der zurückbehaltenen beglaubigten Abschrift zu vermerken (§ 18 Abs. 4 GrEStG).

6.2.

Eine Empfangsbestätigung des Finanzamts sieht das GrEStG nicht vor.

7. Bedeutung der Anzeigen

7.1.

Notare dürfen Urkunden, die einen anzeigepflichtigen Vorgang betreffen, den Beteiligten erst aushändigen und Ausfertigungen oder beglaubigte Abschriften den Beteiligten erst erteilen, wenn sie die Anzeigen in allen Teilen vollständig (§§ 18 und 20 GrEStG) an das Finanzamt abgesandt haben (§ 21 GrEStG).

7.2.

Die Anzeigepflicht nach § 18 GrEStG führt zu keiner Anlaufhemmung der Festsetzungsfrist nach § 170 Abs. 2 Satz 1 Nr. 1 AO (BFH-Urteil vom 16.2.1994 II R 125/90, BStBl. II S. 866). Bei Nichterfüllung der Anzeigepflicht durch den Notar kann der Steueranspruch verjähren.

7.3.

Die Vorschriften des § 16 Abs. 1 bis 4 GrEStG gelten nicht, wenn einer der in § 1 Abs. 2 bis 3a bezeichneten Erwerbsvorgänge rückgängig gemacht wird, der nicht fristgerecht und in allen Teilen vollständig angezeigt (§§ 18 und 20 GrEStG) war (§ 16 Abs. 5 GrEStG).

7.4.

Da ein Blatt des Vordrucksatzes „Veräußerungsanzeige" als Unbedenklichkeitsbescheinigung i.S.v. § 22 GrEStG Verwendung findet, ist ein sorgfältiges Ausfüllen des Vordrucksatzes durch den Anzeigepflichtigen unerlässlich. Bei mangelhaft ausgefüllten Anzeigen kann sich die Erteilung der Unbedenklichkeitsbescheinigung bzw. die Eintragung des Erwerbers in das Grundbuch verzögern.

8. Empfangsbevollmächtigter

Bei Erwerbsvorgängen mit Beteiligung von Personen, die nicht im Geltungsbereich der Abgabenordnung ansässig sind (z.B. Niederländische BV, Privatperson in der Schweiz), sollte im Rahmen der Beurkundung darauf hingewirkt werden, dass von den Vertragsbeteiligten ein inländischer Empfangsbevollmächtigter benannt wird.

C. Erbschaftsteuer

[hier nicht abgedruckt]

D. Ertragsteuern

[hier nicht abgedruckt]

VII. Notarhaftung und Grunderwerbsteuer

Die **notariellen Anzeigepflichten** aus § 18 dienen nach der BGH-Rspr. 23
(DNotZ 1979, 228; vgl. auch Küperkoch RNotZ 2002, 297 (300) mwN) lediglich steuerlichen Zwecken und nicht dem Schutz des Steuerschuldners. Eine Verletzung der notariellen Anzeigepflicht führt daher nicht zur Haftung des Notars gegenüber dem Steuerpflichtigen; auch ein Haftungsanspruch des Fiskus besteht nicht (Küperkoch RNotZ 2002, 297 (300) mwN). Zu den beurkundungsrechtlichen Folgen bei der Verknüpfung von Grundstücks- und Bauverträgen in der notariellen Praxis vgl. Schmitz RNotZ 2022, 125. Anderes gilt nur bei etwaiger Strafbarkeit des Notars wegen leichtfertiger Steuerverkürzung oder Steuerhinterziehung (→ Rn. 1b, 20).

Belehrungspflicht. Der Notar ist grds. weder aufgrund § 17 I 2 BeurkG 23a
(Pflicht zur Rechtsbelehrung) noch gem. § 14 I 2 BNotO (allg. Betreuungspflicht) gehalten, die Beteiligten auf steuerrechtliche Folgen des beurkundeten Geschäfts hinzuweisen bzw. steuerliche Belehrungen zu erteilen (BGH IX ZR 262/91, NJW-RR 1992, 1178; III ZR 33/07, DNotZ 2008, 370; OLG Hamm 11 U 5/21, UVR 2022, 70: Küperkoch RNotZ 2002, 297; Ganter DNotZ 2009, 173; Frenz/Miermeister/Frenz BeurkG § 17 Rn. 15 ff.; allg. zu Warnpflichten des Notars Reithmann NJW 1995, 3370). Dies gilt auch für die GrESt- bzw. USt-Pflicht eines beurkundeten Geschäfts. Die Hinweispflicht nach **§ 19 BeurkG,** dass nach dem GrESt-Recht eine Eintragung im Grundbuch erst vorgenommen werden darf, wenn die UB vorliegt, beschränkt sich auf diesen Hinweis (BGH DB 1992, 1819). Eine Belehrung über die Möglichkeit der GrESt-Pflicht, die Höhe der Steuer und den Steuerschuldner ist dieser Vorschrift nicht zu entnehmen.

Ausnahmsweise können sich die Amtspflichten des Notars auch auf steuer- 24
rechtliche Fragen erstrecken. Der Notar ist im Rahmen seiner **Rechtsbelehrungspflicht** gehalten, die Beteiligten über die rechtliche Tragweite ihrer Erklärungen und die Voraussetzungen für den Eintritt des beabsichtigten Rechtserfolgs aufzuklären (BGH NJW 1988, 1143). Diese Pflicht kann sich auch auf Steuerfol-

gen erstrecken, wenn sie das geplante Rechtsgeschäft unmittelbar berühren (BGH DB 1992, 1819). Der Notar muss ferner auf die Gefahr einer Steuerpflicht hinweisen, wenn dies ausnahmsweise seine **Betreuungspflicht** aus § 17 I 2 BeurkG gebietet. Derartige Hinweise sind erforderlich, wenn der Notar aufgrund besonderer Umstände des Falles Anlass zu der Vermutung haben muss, dass einem Beteiligten ein Schaden droht. Davon muss ausgegangen werden, wenn sich ein Beteiligter infolge mangelnder Kenntnis der Rechtslage oder von Sachumständen, welche die Bedeutung des zu beurkundenden Rechtsgeschäfts für seine Vermögensinteressen beeinflussen, einer Gefährdung nicht bewusst ist (BGH IX ZR 203/94, NJW 1995, 2794 mwN; vgl. auch BGH III ZR 34/11 (KG), NJW-RR 2012, 300). Hiernach kann der Notar ausnahmsweise zu Hinweisen auf die Voraussetzungen einer GrESt-Befreiung verpflichtet sein (BGH VI ZR 96/79, NJW 1980, 2472; VI ZR 227/77, DB 1979, 445).

Befragen die Beteiligten den **Notar** nach den steuerlichen Wirkungen eines Rechtsgeschäfts, so kann dieser die Parteien an einen **Steuerberater verweisen.** Eine Haftung des Notars kommt allerdings in Betracht, wenn er ohne dahingehende Verpflichtung im Zusammenhang mit dem beurkundeten Rechtsgeschäft tatsächlich über steuerliche Fragen berät und dabei eine unrichtige, unklare oder nicht erkennbar unvollständige Auskunft erteilt (BGH III ZR 33/07, DB 2007, 2423 mwN).

25 Der Notar verletzt seine Amtspflichten bei der Beurkundung einer Vertragsregelung, die die Fälligkeit einer Kaufpreisforderung und die Auszahlung des Kaufpreises vom **Vorliegen einer UB** abhängig macht (OLG Hamm NJW 1993, 1601; zu den Folgen der Nichtzahlung der GrESt vgl. auch → § 16 Rn. 59). Für den GrVerkäufer bietet eine solche Vertragsregelung die Gefahr, dass der Käufer durch Nichtzahlung der GrESt die Ausstellung der UB und damit den Eintritt der Kaufpreisfälligkeit vereitelt. Zur Vermeidung einer Schadensersatzpflicht des Notars wird daher empfohlen, das Vorliegen einer UB nicht in die Voraussetzungen aufzunehmen, von denen die Fälligkeit des Kaufpreises abhängig sein soll (OLG Hamm 11 U 168/91, NJW 1993, 1601 mwN).

§ 19 Anzeigepflicht der Beteiligten

(1) [1]**Steuerschuldner müssen Anzeige erstatten über**

1. **Rechtsvorgänge, die es ohne Begründung eines Anspruchs auf Übereignung einem anderen rechtlich oder wirtschaftlich ermöglichen, ein Grundstück auf eigene Rechnung zu verwerten;**
2. **formungültige Verträge über die Übereignung eines Grundstücks, die die Beteiligten unter sich gelten lassen und wirtschaftlich erfüllen;**
3. **den Erwerb von Gebäuden auf fremdem Boden;**

3a. **unmittelbare und mittelbare Änderungen des Gesellschafterbestandes einer Personengesellschaft, die innerhalb von zehn Jahren zum Übergang von 90 vom Hundert der Anteile am Gesellschaftsvermögen auf neue Gesellschafter geführt haben, wenn zum Vermögen der Personengesellschaft ein inländisches Grundstück gehört (§ 1 Abs. 2a);**

3b. **unmittelbare und mittelbare Änderungen des Gesellschafterbestandes einer Kapitalgesellschaft, die innerhalb von zehn Jahren zum Übergang von 90 vom Hundert der Anteile der Gesellschaft auf neue Gesellschafter geführt haben, wenn zum Vermögen der Kapitalgesellschaft ein inländisches Grundstück gehört (§ 1 Absatz 2b);**

4. schuldrechtliche Geschäfte, die auf die Vereinigung von mindestens 90 vom Hundert der Anteile einer Gesellschaft gerichtet sind, wenn zum Vermögen der Gesellschaft ein Grundstück gehört (§ 1 Abs. 3 Nr. 1);
5. die Vereinigung von mindestens 90 vom Hundert der Anteile einer Gesellschaft, zu deren Vermögen ein Grundstück gehört (§ 1 Abs. 3 Nr. 2);
6. Rechtsgeschäfte, die den Anspruch auf Übertragung von mindestens 90 vom Hundert der Anteile einer Gesellschaft begründen, wenn zum Vermögen der Gesellschaft ein Grundstück gehört (§ 1 Abs. 3 Nr. 3);
7. die Übertragung von mindestens 90 vom Hundert der Anteile einer Gesellschaft auf einen anderen, wenn zum Vermögen der Gesellschaft ein Grundstück gehört (§ 1 Abs. 3 Nr. 4);

7a. Rechtsvorgänge, aufgrund derer ein Rechtsträger unmittelbar oder mittelbar oder teils unmittelbar, teils mittelbar eine wirtschaftliche Beteiligung in Höhe von mindestens 90 vom Hundert an einer Gesellschaft, zu deren Vermögen ein inländisches Grundstück gehört, innehat (§ 1 Absatz 3a);

8. Entscheidungen im Sinne von § 18 Abs. 1 Satz 1 Nr. 3. [2]Die Anzeigepflicht besteht auch beim Wechsel im Grundstückseigentum auf Grund einer Eintragung im Handels-, Genossenschafts- oder Vereinsregister;
9. Umwandlungen, wenn innerhalb des Rückwirkungszeitraums im Sinne der §§ 2, 20 Absatz 6 oder § 24 Absatz 4 des Umwandlungssteuergesetzes ein Erwerbsvorgang nach § 1 Absatz 1 Nummer 1 verwirklicht wird und die Umwandlung ohne diesen Erwerbsvorgang eine Besteuerung nach § 1 Absatz 1 Nummer 3, Absatz 3 oder 3a ausgelöst hätte.

[2]Sie haben auch alle Erwerbsvorgänge anzuzeigen, über die ein Gericht, eine Behörde oder ein Notar eine Anzeige nach § 18 nicht zu erstatten hat.

(2) Die in Absatz 1 bezeichneten Personen haben außerdem in allen Fällen Anzeige zu erstatten über

1. jede Erhöhung der Gegenleistung des Erwerbers durch Gewährung von zusätzlichen Leistungen neben der beim Erwerbsvorgang vereinbarten Gegenleistung;
2. Leistungen, die der Erwerber des Grundstücks anderen Personen als dem Veräußerer als Gegenleistung dafür gewährt, daß sie auf den Erwerb des Grundstücks verzichten;
3. Leistungen, die ein anderer als der Erwerber des Grundstücks dem Veräußerer als Gegenleistung dafür gewährt, daß der Veräußerer dem Erwerber das Grundstück überläßt;
4. Änderungen im Gesellschafterbestand einer Gesamthand bei Gewährung der Steuervergünstigung nach § 5 Abs. 1 und 2 oder § 6 Abs. 3 in Verbindung mit § 6 Abs. 1;

4a. Änderungen von Beherrschungsverhältnissen im Sinne des § 6a Satz 4;

5. Änderungen in der Nutzung oder den Verzicht auf Rückübertragung, wenn der Grundstückserwerb nach § 4 Nummer 5 von der Besteuerung ausgenommen war.

(3) [1]**Die Anzeigepflichtigen haben innerhalb von zwei Wochen, nachdem sie von dem anzeigepflichtigen Vorgang Kenntnis erhalten haben, den Vorgang anzuzeigen, und zwar auch dann, wenn der Vorgang von der Besteuerung ausgenommen ist.** [2]**Die Frist nach Satz 1 verlängert sich auf einen Monat für den Steuerschuldner, der eine natürliche Person ohne Wohnsitz oder gewöhnlichen Aufenthalt im Inland, eine Kapitalgesellschaft ohne Geschäftsleitung oder Sitz im Inland oder eine Personengesellschaft ohne Ort der Geschäftsführung im Inland ist.**

(4) [1]**Die Anzeigen sind an das für die Besteuerung, in den Fällen des § 17 Abs. 2 und 3 an das für die gesonderte Feststellung zuständige Finanzamt zu richten.** [2]**Ist über den anzeigepflichtigen Vorgang eine privatschriftliche Urkunde aufgenommen worden, so ist der Anzeige eine Abschrift der Urkunde beizufügen.**

(5) [1]**Die Anzeigen sind Steuererklärungen im Sinne der Abgabenordnung.** [2]**Sie sind schriftlich abzugeben.** [3]**Sie können gemäß § 87a der Abgabenordnung in elektronischer Form übermittelt werden.**

(6) [1]**Die Höhe des Verspätungszuschlags bestimmt sich nach § 152 Absatz 5 Satz 2 der Abgabenordnung; § 152 Absatz 6 der Abgabenordnung ist nicht anzuwenden.** [2]**Die Begrenzung der Höhe des Verspätungszuschlags nach § 152 Absatz 10 der Abgabenordnung findet keine Anwendung.**

(7) **In den Fällen des Absatzes 2 Nummer 4 beginnt die Festsetzungsfrist mit Ablauf des Kalenderjahres, in dem das in Absatz 4 Satz 1 genannte Finanzamt von der anzeigepflichtigen Änderung Kenntnis erlangt hat, spätestens jedoch zehn Jahre nach Ablauf des Kalenderjahres, in dem die anzeigepflichtige Änderung eingetreten ist.**

Übersicht

I. Bedeutung

1 § 19 ergänzt die Anzeigepflichten der Gerichte, Behörden und Notare (§ 18) um eine Anzeigepflicht der Beteiligten und dient damit ebenfalls der Sicherung des Steueraufkommens. Durch das **JStG 1997** wurde der Eingangssatz des § 19 neu gefasst und ferner – im Hinblick auf den neuen Steuertatbestand des § 1 IIa – § 19 I Nr. 3a eingefügt. Durch das **StEntlG 1999 ff.** wurden – mit Geltung für nach dem 31.12.1999 verwirklichte Erwerbsvorgänge (§ 23 VI 2) – § 19 S. 1 Nr. 3a–7 geändert und § 19 II Nr. 4 angefügt. Weitere Änderungen sind aufgrund des **StÄndG 2001** erfolgt (diese sind gem. Art. 39 V StÄndG 2001 am 31.12.2001 in Kraft getreten): Es wurden § 19 I 1 Nr. 8 angefügt und ferner § 19 II Nr. 4 neu gefasst; zur erstmaligen Anwendung vgl. § 23 VII 1. Darüber hinaus wurde § 19 I 1 Nr. 3a wiederum geändert und in § 19 I 2 das Wort „übrigen" gestrichen. Aufgrund des **3. ÄndGVwVfV** wurde § 19 V neu gefasst (in Kraft getreten am 28.8.2002, § 74 I 3. ÄndGVwVfV). Durch das **ÖPPBeschlG** wurde **§ 19 II Nr. 5** eingefügt. Die Vorschrift ist am 8.9.2005 in Kraft getreten; sie ergänzt den ebenfalls durch das ÖPPBeschlG eingefügten § 4 Nr. 9 und soll den FBeh Kenntnis von den Umständen verschaffen, die für die Befreiung nach § 4 Nr. 9 von Bedeutung sind (BT-Drs. 15/5668, 17). **§ 19 II Nr. 4 a** wurde durch das **WachstBeschlG** eingefügt und ist am 1.1.2010 in Kraft getreten (zur erstmaligen Verwendung § 23 VIII 1). § 19 I 1 Nr. 7a ist eine durch das **AmtshilfeRLUmsG** eingefügte Folgeänderung zum neuen Steuertatbestand des § 1 IIIa (zur erstmaligen Anwendung vgl. § 23 XI). Ebenfalls durch das **AmtshilfeRLUmsG** wurde § 19 II Nr. 5 an die geänderte Nummerierung des früheren § 4 Nr. 9 in § 4 Nr. 5 angepasst. Durch das **JStG 2020** (BGBl. 2020 I 3096) wurde § 19 VI eingefügt, der hinsichtlich der Höhe des Verspätungszuschlags eine Sonderreglung trifft (zur erstmaligen Anwendung § 23 XVII). Durch das **GrEStGÄndG** vom 12.5.2021 (BGBl. 2021 I 986) wurde **§ 19 I 1 Nr. 3a** im Hinblick auf die Änderung des **§ 1 IIa** dahin geändert, dass die Anzeigefrist jetzt zehn Jahre beträgt und bei 90 % der Anteile am Gesellschaftsvermögen ansetzt. Zugleich wurde die Anteilsgrenze in **§ 19 I 1 Nr. 4–7** auf 90 % herabgesetzt. Neu eingefügt wurde **§ 19 I 1 Nr. 3b,** der eine Anzeigepflicht für den neu eingefügten **§ 1 IIb** vorsieht. Ebenfalls neu eingefügt wurde **§ 19 I 1 Nr. 9,** der für Umwandlungen nach § 1 I Nr. 1 im Hinblick auf § 8 II Nr. 4 eine Anzeigepflicht statuiert (vgl. § 23 XVIII, XX–XXII). Durch das JStG 2022 wurde § 19 VII eingefügt. Er sieht in Fällen des § 19 II Nr. 4 (in den Fällen der § 5 I und II und § 6 III iVm § 6 I) eine Fristverlängerung auf zehn Jahre vor.

Für das **Verhältnis des § 18 zu § 19** ist zu beachten, dass die Beteiligten nach **§ 19 I 1** auch dann anzeigepflichtig sind, wenn Gerichte, Behörden und Notare insoweit einer eigenen Anzeigepflicht aus § 18 unterliegen (BFH II R 69/94, BStBl. II 1997, 85; II R 10/02, BFH/NV 2005, 1365; II R 61/04, BFH/NV 2006, 1059). Zu den sich daraus ergebenden Folgerungen für die Anlaufhemmung gem. § 170 II 1 Nr. 1 AO → Vorb. § 15 Rn. 15.

II. Anzeigeverpflichtete

Nach dem Eingangssatz des § 19 sind **ausschließlich Steuerschuldner** (dazu die Erläuterungen zu § 13) **anzeigepflichtig.** Der in der Gesetzesüberschrift verwendete Begriff der „Beteiligten" erweitert die Anzeigepflicht nicht auf weitere Personen. Insbesondere besteht beim Erwerb eines Gr in einem künftigen Zustand (→ § 9 Rn. 3 ff.) keine Anzeigepflicht für Personen, die das Gr (zB als Bauhandwerker) in den künftigen Zustand versetzen oder die – zB als Initiatoren oder Projektanbieter im Bauherrenmodell – den Zugang zum Gr regulieren können und weder Veräußerer noch Erwerber des Gr sind (vgl. auch → § 13 Rn. 6). Auch lediglich potenziell Steuerpflichtige sind aufgrund der Anzeigepflicht für 2 von der Besteuerung ausgenommene Vorgänge (§ 19 III) zur Anzeige verpflichtet (zutr. Hofmann/Dibbert § 19 Rn. 14). Beteiligte iSd § 19 und damit auch Anzeigeverpflichtete sind auch **ausländische StSchuldner** (dazu krit. Fischer/Waßmer BB 2002, 969). Zu den Ermittlungsmöglichkeiten durch die Finanzbehörden in Fällen ausländischer Beteiligter vgl. Grotherr BB 1994, 1970 (1973); zu Vollzugsdefiziten → Einl. Rn. 18.

Die Anzeigepflicht hat **objektive Kriterien,** die unabhängig von subjektiven Kenntnissen und Fähigkeiten bestehen (→ § 18 Rn. 1). In **subjektiver Hinsicht** ist für die Frage einer leichtfertigen Steuerverkürzung (§ 378 I 1 AO) entscheidend, ob der Täter Sorgfaltspflichten, die sich aus einschlägigen gesetzlichen Regelungen ergeben und zu deren Einhaltung er nach den Gegebenheiten des Einzelfalls und seinen individuellen Fähigkeiten und Kenntnissen in der Lage ist, verletzt, obwohl sich ihm aufdrängen muss, dass er dadurch Steuern verkürzt (BeckOK AO/Jehke AO § 378 Rn. 45).

Wegen der **objektiven Kriterien** ist die Anzeige **unabhängig von subjektiven Merkmalen** der Festsetzungs- oder Feststellungsfrist (BFH II R 35/20, BStBl. I 2024, 28). Die objektive Anzeigepflicht kann auch bestehen, wenn durch die Rechtsprechung ein bereits erfolgter Erwerbsvorgang als steuerbar angesehen wird und der Steuerpflichtige im Zeitpunkt der Durchführung subjektiv davon ausging, dass er nicht steuerbar und deshalb auch keine Anzeige abzugeben sei. In einem solchen Fall führt die nicht ordnungsgemäße Erstattung der Anzeige aufgrund der Anlaufhemmung nach § 170 II 1 Nr. 1 AO dazu, dass die (reguläre) vierjährige Festsetzungsfrist maximal drei Jahre später zu laufen beginnt und – wie im Streitfall – erst nach sieben Jahren abläuft (BFH II R 35/20, BStBl. I 2024, 28; II R 7/22, BFH/NV 2024, 1008). Steuerpflichtige sind deshalb gut beraten, wenn sie den Bereich der GrESt betreffende Rechtsvorgänge dem FA auch dann rechtzeitig anzeigen, wenn bei Durchführung des Erwerbsvorgangs (noch) nicht zweifelsfrei feststeht, ob der Vorgang tatsächlich der Grunderwerbsteuer unterliegt (Füssenich NJW 2024, 2510 (2515)).

III. Anzeigepflichtig nach § 19 I 1

3 Aufgrund der objektiven Natur der Anzeigepflichten nach § 19 I–III treten diese im Regelfall auch bei einer etwaigen Unkenntnis der Anzeigepflicht ein, insb. bei der Hemmung des Anlaufs der Festsetzungsfrist gem. § 170 II Nr. 1 AO (→ Vorb. § 15 Rn. 12).

4 Nach **§ 19 I Eingangssatz** unterliegen der Anzeigepflicht die dort näher bezeichneten Vorgänge, die zumeist nur auf privatschriftlichen Vereinbarungen beruhen und deshalb idR nicht nach § 18 anzuzeigen sind. Die Beteiligten sind allerdings nach § 19 I 1 Nr. 1–9 auch dann anzeigepflichtig, wenn Gerichte, Behörden und Notare insoweit einer eigenen Anzeigepflicht aus § 18 unterliegen (BFH II R 69/94, BStBl. II 1997, 85; vgl. auch → Vorb. § 15 Rn. 15). Der nach § 19 I 1 Anzeigepflichtige hat also seiner Anzeigepflicht unabhängig davon zu genügen, ob der Anzeigepflicht nach § 18 genügt wird. Eine etwa mit einem Notar getroffene Abrede über die Erfüllung der Anzeigepflicht kann den nach § 19 Anzeigepflichtigen nicht entlasten (BFH II R 79/97, BFH/NV 1999, 1301).

5 **1. Anzeigepflichtig nach § 19 I 1 Nr. 1–3.** Nach § 19 I 1 **Nr. 1** sind Rechtsvorgänge iSd § 1 II in jedem Fall anzuzeigen; das gilt auch für Immobilien-Verträge nach § 1 II (Bruschke ErbStB 2020, 135 (138)). Dies gilt auch, wenn insoweit eine gerichtliche oder notarielle Beurkundungspflicht gem. § 18 besteht (BFH II

R 79/97, BFH/NV 1999, 1301). Hat aber das Gericht der Notar die Beurkundungspflicht nach § 18 erfüllt, wird der Lauf der Festsetzungsfrist nicht weiter hinausgeschoben (→ Vorb. § 15 Rn. 14 f.). § 19 I 1 **Nr. 2** erfasst Fälle, in denen ein formungültiger Vertrag über die GrÜbereignung, die die Beteiligten unter sich gelten lassen und wirtschaftlich erfüllen. Eine Urkunde nach § 18 liegt hier nicht vor. § 19 I 1 **Nr. 3** enthält eine Regelung für den Erwerb von Gebäuden auf fremden Boden (§ 2 II Nr. 2), für die idR keine Beurkundung stattfindet.

2. Anzeigepflicht nach § 19 I 1 Nr. 3a. Die Anzeigepflicht nach § 19 I Nr. 3a betrifft die **unmittelbaren oder mittelbaren** Änderungen des Gesellschafterbestands bei PersGes gem. § 1 IIa, wobei jetzt auf eine Frist von zehn Jahren und den Übergang von 90 % der Anteile abzustellen ist. Die Anzeigepflicht besteht bei Tatbestandsverwirklichung. Bei sukzessiver Tatbestandsverwirklichung des Gesellschafterbestands sind bei der Anzeige die vorausgegangen Gesellschafterbestands, die zur Tatbestandsverwirklichung beigetragen haben, anzugeben (zu § 1 IIa GLE 10.5.2022, BStBl. I 2022, 801 Tz. 13). Für die Anzeige gilt § 19 III. Der Inhalt der Anzeige ergibt sich aus § 20; es ist eine Beteiligungsübersicht (§ 20 II Nr. 3) beizufügen (zu § 1 IIa GLE 10.5.2022, BStBl. I 2022, 801 Tz. 13). Auch bei fehlerhaften Gesellschafterwechseln bei der PersGes besteht eine Anzeigepflicht (allg. → § 1 Rn. 68). 6

Die Berücksichtigung auch **mittelbarer** Änderungen des Gesellschafterbestands ist durch § 19 I 1 Nr. 3a vorgegeben; erfasst ist auch die Aufstockung der Beteiligungshöhe eines neuen Gesellschafters (BFH II R 35/15, BStBl. II 2017, 966). Für die Anwendung des § 1IIb kann nichts anderes gelten. Die Entscheidung ist zutreffend: Von diesen Rechtsvorgängen muss die Gesellschaft (§ 13 Nr. 6 und 7) in den Fällen des § 1 IIa, IIb überhaupt Kenntnis erlangen. Das ist – vor allem bei der Verwirklichung von Vorgängen auf höherer Ebene oder im Ausland – nicht unbedingt gewährleistet; insoweit ist aber Betroffenen eine entsprechende Beweisvorsorge ohne Weiteres zumutbar. Ein strafrechtlicher Vorwurf kann nicht ohne Weiteres unterstellt werden (Viskorf/Loose § 19 Rn. 10). 7

Nach wie vor erscheint die **Anzeigepflicht** der PersGes jedenfalls **für mittelbare Änderungen** ihres Gesellschafterbestands **bedenklich:** Ist zB an einer PersGes eine KapGes beteiligt, muss der PersGes nicht ohne Weiteres der Gesellschafterbestand der KapGes bekannt sein. Dies gilt insb. für gestufte mittelbare Beteiligungen und zumal dann, wenn die beteiligte KapGes eine Vielzahl von Gesellschaftern oder gar Aktionären (zB börsennotierte AG) hat. Für diese Fälle kann jedenfalls unter dem Aspekt der Beweisvorsorge eine Anzeigepflicht zu bejahen sein. 8

Für die Anwendung des BFH-Urteils II R 17/10 (BStBl. II 2013, 917) gelten die allgemeinen Grundsätze. Für sukzessive Gesellschafterwechsel, bei denen nur ein Teil der Anteilsübertragung vor dem 6.11.2015 stattgefunden hat, s. zu § 1 IIa GLE 10.5.2022, BStBl. I 2022, 801 Tz. 15. Hiernach gilt aufgrund des BFH-Urteils II R 17/10 (BStBl. II 2013, 917) eine mittelbare Änderung bei PersGes und KapGes nur als Anteilswechsel, wenn auf der obersten Ebene ein 100%iger Wechsel stattgefunden hat (näher: zu § 1 IIa GLE 10.5.2022, BStBl. I 2022, 801 Tz. 14). Ein vor dem 5.11.2015 begonnener Fünfjahreszeitraum läuft regulär weiter und wird nicht durch die gesetzliche Neuregelung beendet. Auf alle (unmittelbaren oder mittelbaren) Anteilsübertragungen nach dem 5.11.2015 ist die neue Rechtslage anzuwenden, nach der bei Gesellschaftsstrukturen durchzurechnen und auf der Ebene jeder KapGes die 95 %-Grenze zu beachten ist. Gesellschafter 9 einer PersGes, die an dieser mittelbar beteiligt sind, werden Altgesellschafter in Bezug auf diese grbesitzende PersGes. Gesellschafter einer KapGes werden durch die Neuregelung Altgesellschafter in Bezug auf die KapGes. In Bezug auf die PersGes werden die Gesellschafter weder mittelbare Altgesellschafter noch mittelbare Neugesellschafter.

10 Keine Anzeigepflicht besteht für Anteilsübergänge nach **§ 1 IIc,** weil die Ermittlung des Vomhundertsatzes nicht zu berücksichtigen ist (GLE 4.11.2022, BStBl. I 2022, 1451 Tz. 4). Führt die Nichtberücksichtigung von Anteilsübergängen nach § 1 IIc zum Unterschreiten des Quantums von 90 % der Anteile nach § 1 IIa bzw. IIb, besteht ebenfalls keine Anzeigepflicht.

11 *einstweilen frei*

12 **3. Anzeigepflicht nach § 19 I Nr. 3b.** Eine entsprechende Anforderung für die **KapGes trifft jetzt § 1 IIb;** die für die **unmittelbare oder mittelbare** Änderungen des Gesellschafterbestands auf eine Frist von zehn Jahren und den Übergang von 90 vom Hundert der Anteile abstellen. Durch diese Vorschrift soll sichergestellt werden, dass bei Verwirklichung des neuen Tatbestands nach § 1 IIb die **rechtlich neue KapGes** als Steuerschuldnerin den Erwerb beim zuständigen FA anzuzeigen hat (BT-Drs. 19/13437, 14; Erlass § 1 IIb, BStBl. I 2022, 821 Tz. 13). Die Anzeigeverpflichtung besteht erst bei **Tatbestandsverwirklichung;** bei **sukzessiver** Änderung der grbesitzenden KapGes sind bei der Anzeige die zur Tatbestandverwirklichung beigetragenen früheren Gesellschafterwechsel mit anzuzeigen (Erlass § 1 IIb, BStBl. I 2022, 821 Tz. 13). Für die Anzeige gilt § 19 III. Der Inhalt der Anzeige ergibt sich aus § 20; es ist eine Beteiligungsübersicht (§ 20 II Nr. 3) beizufügen (Erlass § 1 IIb, BStBl. I 2022, 821 Tz. 13). Auch bei fehlerhaften Gesellschafterwechsels bei der KapGes besteht eine Anzeigepflicht (allg. → § 1 Rn. 70).

13 **4. Anzeigepflicht nach § 19 I 1 Nr. 4–9.** In § 19 I 1 **Nr. 4–7a** wurden durch das GrEStGÄndG v. 12.5.2021 (BGBl. 2021 I 986) – entsprechend der Änderung des § 1 III Nr. 1–4 und IIIa – die Wörter „95 vom Hundert“ durch die Wörter „90 vom Hundert“ geändert.

Die in § 19 I 1 **Nr. 4–7** normierte Anzeigepflicht betrifft die Anteilsvereinigung oder -übertragung, „wenn zum Vermögen der Gesellschaft ein Grundstück gehört“. Das Merkmal „gehört“ ist ebenso auszulegen wie das entspr. Merkmal des § 1 III (→ § 1 Rn. 526 ff.). Anzeigepflicht besteht deshalb nicht nur für die **Anteilsvereinigung** (dazu zB BFH II R 35/14, BStBl. II 2016, 234) und -übertragung der **grbesitzenden Gesellschaft selbst,** sondern auch für die entspr. Rechtsvorgänge einer **Gesellschaft,** die ihrerseits zu mindestens 90 % (95 %) **an einer Gesellschaft beteiligt** ist (BFH II R 33/04, BFH/NV 2006, 609). Die Anzeigen müssen auch die nach § 20 geforderten Angaben enthalten.

Anzeigen nach § 19 I 1 Nr. 4 und 5 kommt jedenfalls dann keine die **Ablaufhemmung beendende Wirkung** zu, wenn die nach § 20 I Nr. 2 erforderliche Grundstücksbezeichnung vollständig fehlt (BFH II R 20/21, BStBl. II 2023, 1020). Bei anderen Verstößen gegen Vorschriften des § 20 kann dies möglicherweise anders sein.

Die Anzeigepflicht nach § 19 I 1 Nr. 6 umfasst nicht die Abtretung eines Anspruchs auf Übertragung von 90 % der Anteile an einer grbesitzenden Gesellschaft. Anzeigeverpflichtet sind die jeweiligen **Steuerschuldner** (vgl. die Erläuterungen zu § 13 Nr. 5 → § 13 Rn. 19) unabhängig davon, ob ihnen selbst ein Gr gehört. Nach dem durch das AmtshilfeRLUmsG als Folgeregelung des neuen

Steuertatbestands des § 1 IIIa eingefügten und durch das GrEStGÄndG v. 12.5.2021 (BGBl. 2021 I 986) geänderten § 19 I 1 **Nr. 7a** sind Steuerschuldner im Hinblick auf Rechtsvorgänge iSd § 1 IIIa anzeigepflichtig (zur erstmaligen Anwendung vgl. § 23 XVIII und XII). Steuerschuldner ist der Rechtsträger, der die wirtschaftliche Beteiligung innehat (§ 13 Nr. 7; zu Einzelheiten → § 13 Rn. 21).

Die Anzeigepflicht nach § 19 I 1 **Nr. 8** (zur erstmaligen Anwendung s. **14** § 23 VII 1) ergänzt für die hier aufgeführten Entscheidungen nach § 18 I 1 Nr. 3 die bereits gegebene Anzeigepflicht der Gerichte und Behörden. § 19 I 1 Nr. 8 soll nach der Gesetzesbegr. (BT-Drs. 14/6877, 32) Steuerausfälle vermeiden, die sich im Fall der Nichtanzeige dieser Vorgänge durch die nach § 18 I 1 Nr. 3 Anzeigeverpflichteten mangels einer nach § 170 II 1 Nr. 1 AO eintretenden Anlaufhemmung (→ Vorb. § 15 Rn. 12 ff.) ergeben. Dem wird durch nunmehr zusätzlich begründete eigene Anzeigepflicht der Beteiligten begegnet.

Der neue § 19 I 1 **Nr. 9** (anzuwenden auf Erwerbsvorgänge nach dem **15** 30.6.2021, § 23 XVIII) soll sicherstellen, dass die Steuerschuldner entspr. **§ 8 II Nr. 4** bei Veräußerung von Gesellschaftsgrundstücken nach § 1 I Nr. 1 innerhalb des ertragsteuerlichen Rückwirkungszeitraums den Vorgang anzuzeigen haben (BT-Drs. 19/13437, 15). In den hier bestimmten Fällen bestimmt sich die Gegenleistung nach § 151 I 1 Nr. 1, 157 I–III BewG und nicht nach dem Wert der Gegenleistung.

IV. Anzeigepflicht nach § 19 I 2

Die Beteiligten müssen ferner nach **§ 19 I 2** alle „übrigen" Erwerbsvorgänge **16** anzeigen, über die Gerichte, Behörden und Notare keine Anzeige nach § 18 zu erstatten haben (dazu auch Heine UVR 2016, 44). § 19 I 2 ist ein **Auffangtatbestand,** der das Nichtbestehen einer Anzeigepflicht nach § 18 bzw. § 19 I 1 Nr. 1–7 voraussetzt. So sind zB Rechtsvorgänge, die dinglich gesicherte Sondernutzungsrechte (§ 2 II Nr. 2) betreffen, mangels Anzeigepflicht aus § 18 (vgl. → § 18 Rn. 8) von den Steuerschuldnern gem. § 19 anzuzeigen. Eine aus § 18 folgende Anzeigepflicht der Gerichte, Behörden und Notare schließt die Anzeigepflicht der Beteiligten aus § 19 I 2 aus (BFH II R 125/90, BStBl. II 1994, 866; aA FG Münster 8 K 1923/93 GrE, EFG 1995, 451). Daher bewirkt eine Verletzung der aus § 18 begründeten Anzeigepflichten keine Anlaufhemmung nach § 170 II 1 Nr. 1 AO (→ Vorb. § 15 Rn. 15).

Gegenstand der Anzeigepflicht nach § 19 I 2 sind „alle übrigen Erwerbsvor- **17** gänge", dh alle nicht in § 19 I 1 aufgeführten Rechtsvorgänge. Dazu gehört zB die nach § 1 I Nr. 6 bzw. Nr. 7 steuerbare Abtretung der Rechte aus einem Kaufangebot, die durch Treuhänder vermittelte Anteilsvereinigung (→ § 1 Rn. 583 ff.), der GrÜbergang bei Anwachsungserwerb (→ § 1 Rn. 190 f.; BFH II R 9/08, BFH/NV 2009, 1832) sowie die Berücksichtigung sicherungsübereigneter Kommanditanteile bei der Besteuerung nach § 1 IIa (so FG Münster 8 K 306/11 GrE, EFG 2015, 1838; die Revisionsentscheidung des BFH II R 35/15, BStBl. II 2017, 966 hat die Anwendung des § 19 I 2 offen gelassen).

Fehlt es an einem **Erwerbsvorgang,** besteht auch **keine Anzeigepflicht aus § 19 I 2.** Dies gilt zB für die Begründung eines Rückübertragungsanspruchs bei uneigennützigem Treuhandverhältnis (→ § 1 Rn. 129 mwN). Auch bei Umständen, die zur Versagung der Vergünstigungen aus §§ 5 oder 6 führen, ist § 19 I 2 unanwendbar; insoweit ist aber § 19 II Nr. 4 zu beachten (BFH II R 50/06, BFH/NV 2007, 1535).

V. Anzeigepflicht nach § 19 II

18 Erhebliche praktische Bedeutung besitzen die Anzeigepflichten aus **§ 19 II** (§ 19 II Nr. 4 wurde durch das StEntlG 1999 ff. eingefügt). Die Anzeigegegenstände des § 19 II Nr. 1–3 orientieren sich an **§ 9 II Nr. 1, Nr. 3 und Nr. 4.** Der Regelungsgehalt der **§ 19 II** ist allerdings ganz **formeller Natur** und bedeutet nicht, dass auch die Voraussetzungen des § 9 II erfüllt sind.

Die Anzeigepflicht nach § 19 II (Eingangssatz) besteht **„in allen Fällen"**, dh für die Beteiligten in jedem Fall und **ungeachtet** einer **Anzeigepflicht der Gerichte, Behörden und Notare aus § 18** (BFH II R 69/94, BStBl. II 1997, 85; II R 61/04, BFH/NV 2006, 1059; II R 4/08, BFH/NV 2009, 1599). Das lässt sich im Gegenschluss auch aus § 19 I 2 entnehmen; die in dieser Vorschrift enthaltene Beschränkung auf die nicht nach § 18 anzeigepflichtigen Erwerbsvorgänge betrifft ausschließlich die Anzeigepflicht nach § 19 I 1. Zu den sich daraus für den Beginn der Festsetzungsfrist (§ 170 II 1 Nr. 1 AO) ergebenden Folgerungen → Vorb. § 15 Rn. 15.

19 Anzeigepflichtig ist nach **§ 19 II Nr. 1** die **Erhöhung der Gegenleistung** durch Gewährung zusätzlicher Leistungen, die formal außerhalb des tatbestandserfüllenden Rechtsgeschäfts stehen (vgl. auch Ländererlasse 20.9.2017, BStBl. I 2017, 1328 Tz. 6, → § 9 Rn. 3). Im Regelfall betrifft die Vorschrift nachträgliche Leistungen iSd § 9 II Nr. 1, durch die ein weiterer Steueranspruch entsteht (vgl. → § 9 Rn. 211). § 19 II Nr. 1 ist ferner bei (aufschiebend) bedingt geschuldeten Leistungen (zB Mehrerlösvereinbarungen, → § 8 Rn. 31; Pflegeleistungen im Bedarfsfall, → § 9 Rn. 107 „Pflegeleistungen") anzuwenden, soweit es nach Eintritt der Bedingung zu einer Erhöhung der Gegenleistung kommt. Der Zeitraum, innerhalb dessen die zusätzlichen Leistungen erbracht werden, ist für § 19 II Nr. 1 ohne Bedeutung. Bei einem grestrechtl. **einheitlichen Erwerbsgegenstand** besteht für die Beteiligten – unabhängig von einer Anzeigepflicht der Notare, → § 18 Rn. 10 – eine Anzeigepflicht hinsichtlich der neben dem GrVeräußerungsvertrag privatschriftlichen oder notariell beurkundeten (Bau-)Verträge aus § 19 II Nr. 1 (BFH II R 69/94, BStBl. II 1997, 85; II R 61/04, BFH/NV 2006, 1059; II R 4/08, BFH/NV 2009, 1599; II R 58/07, BFH/NV 2010, 63; II R 33/08, BFH/NV 2010, 838; FG Münster 8 K 1923/93 GrE, EFG 1995, 451; ThürFG I 630/99, EFG 2003, 562). Dies gilt aufgrund der gebotenen formalen Betrachtung (vgl. → § 18 Rn. 1) unbeschadet der materiellrechtlich bereits aus § 9 I folgenden Einbeziehung der den künftigen GrZustand betr. Erwerberaufwendungen in die Gegenleistung (BFH II R 69/94, BStBl. II 1997, 85 sowie → § 9 Rn. 7). Bei einem **GrTauschvertrag** unterfällt die in dem tatbestandserfüllenden und gem. § 18 anzeigepflichtigen Tauschvertrag vereinbarte Gegenleistung, dh die im Tausch hingegebene Gegenleistung, **keiner** gesonderten **Anzeigepflicht** (FG RhPf 4 K 1441/97, EFG 1998, 1429; vgl. auch → § 9 Rn. 109).

§ 19 II Nr. 2 und 3 haben ergänzenden Charakter, da nebenvertragliche Vereinbarungen mit Dritten zumeist nicht nach § 18 anzeigepflichtig sind.

20 **§ 19 II Nr. 4** (eingefügt durch das StEntlG 1999 ff. und geändert durch das StÄndG 2001) ist eine Folgeregelung zu **§ 5 III bzw. § 6 III.** Sie soll sicherstellen, dass den FÄ die gem. § 5 III oder § 6 III zur Versagung der Vergünstigungen aus § 5 oder § 6 führende Änderung des Gesellschafterbestands bekannt wird. Die

durch § 19 II Nr. 4 normierte Anzeigepflicht ist, gemessen an ihrem Normzweck, verunglückt (zutr. Hofmann/Dibbert § 19 Rn. 11; Viskorf/Loose § 19 Rn. 26). Denn anzeigepflichtige „Änderungen im Gesellschafterbestand einer Gesamthand" betreffen nur die Veränderungen der sachenrechtlichen Mitberechtigung zB durch Ausscheiden eines bisherigen Gesamthänders oder Aufnahme eines neuen Gesamthänders. Auch **bloße** (und als solche nicht gem. § 19 II Nr. 4 anzeigepflichtige) **Verschiebungen der Anteilsverhältnisse der beteiligten Gesamthänder** können aber die Voraussetzungen der §§ 5 III, 6 III erfüllen. Auch insoweit bejaht der BFH (II R 39/16, BStBl. II 2019, 627) nunmehr die **Anzeigeverpflichtung.** Überdies können die Voraussetzungen von §§ 5 III, 6 III auch schon vor „Gewährung" der Vergünstigungen nach § 5 I, II oder § 6 I iVm § 6 III eintreten.

Anzeigepflichtig sind auch fehlerhafte Gesellschafterwechsel (allg. → § 1 Rn. 70).

§ 19 II Nr. 4 a wurde durch das WachstBeschlG v. 22.12.2009 (BGBl. 2009 I 3950) eingefügt und ist erstmals auf Erwerbsvorgänge anzuwenden, die nach dem 31.12.2009 verwirklicht wurden (§ 23 VIII 1). Die Vorschrift soll sicherstellen, dass die FVerw Kenntnis von Änderungen von Beherrschungsverhältnissen iSd § 6a S. 4 erhält. Nur auf der Grundlage dieser Kenntnis kann beurteilt werden, ob die Voraussetzungen eines Konzernbeteiligungsverhältnisses iSd § 6a S. 4 erfüllt sind. Das „Beherrschungsverhältnis" umfasst alle insoweit maßgebenden Verhältnisse sowohl bei dem beherrschenden Unternehmen als auch bei der bzw. den abhängigen Gesellschaften, die die Höhe der Beteiligung des herrschenden Unternehmens an den abhängigen Gesellschaften sowie den Konzernbeteiligungszeitraum betreffen (enger Neitz/Lange Ubg 2010, 17 (28): Anzeigepflicht nur für Änderungen der Beteiligungsverhältnisse an der abhängigen Gesellschaft). Anzeigepflicht besteht daher zB auch für das Absinken der Beteiligung unter 95 % oder den Wegfall der Unternehmereigenschaft des herrschenden Unternehmens. Für eine Beschränkung auf die Nachbehaltensfrist (so zu § 6a GLE 22.9.2020, BStBl. I 2020, 960 Tz. 6.1; Behrens DStR 2012, 2149 (2204)) besteht kein Anlass. Von § 19 II Nr. 4a unberührt bleibt die Anzeigepflicht für gem. § 6a S. 1 befreite Rechtsvorgänge nach § 1 I Nr. 3, II, IIa, IIb, III und IIIa. Insoweit besteht neben der Anzeigepflicht der Notare (insb. gem. § 18 I Nr. 1) auch eine Anzeigepflicht der Beteiligten (insb. gem. § 19 I Nr. 1, 3, 3a, 4–7, II Nr. 4). Nicht anzeigepflichtig sind Änderungen der Beteiligungsverhältnisse, soweit eine Beteiligung am Kapital über 95 % hinaus aufgestockt wird (Neitz/Lange Ubg 2010, 17 (28)); auch ein Formwechsel ist anzeigepflichtig. 21

§ 19 II Nr. 5 (eingefügt durch das ÖPP-BeschlG, vgl. → Rn. 11) soll den FÄ Kenntnisse von den Umständen (Änderung in der Nutzung oder Verzicht auf Rückgängigmachung) verschaffen, die für die Steuerbefreiung nach § 4 Nr. 5 (bis zur Umnummerierung durch das AmtshilfeRLUmsG: § 4 Nr. 9) bedeutsam sind (BT-Drs. 15/5668, 17). 22

VI. Anzeigefrist (§ 19 III)

§ 19 III 1 (entspricht § 18 III 2) betrifft Vorgänge, die von der Besteuerung ausgenommen sind. In § 19 fehlt eine § 18 III 1 entsprechende Bestimmung; daraus wird man schließen können, dass Beteiligte Rechtsvorgänge erst mit Eintritt der **Bedingung, Fristeintritt oder Genehmigung** erstatten müssen (für Genehmigung ausdrücklich: BFH II R 2/21, BStBl. II 2023, 1057; Halaczinsky 23

NWB F. 8, 1581 (1594)). Nach **§ 19 III 2** (anwendbar auf Erwerbsvorgänge nach dem 22.7.2016, § 23 XV) beträgt die Frist für die hier aufgeführten Vorgänge **einen Monat.** Damit wird möglichen Bedenken im Hinblick auf eine zu kurze Zeitspanne bei **ausländischen Vorgängen** Rechnung getragen.

Die Anzeigefrist beträgt grds. **zwei Wochen** nach Kenntnis des anzeigepflichtigen Vorgangs (§ 19 III 1). Die Anzeigepflicht besteht – ebenso wie gem. § 18 III 2 – auch dann, wenn der Vorgang von der Besteuerung ausgenommen ist. § 357 II 2 AO ist sinngemäß anwendbar.

Die **Anzeigefrist** ist grds., da sie aufgrund § 19 V 1 eine Steuererklärungsfrist ist, gem. § 109 AO **verlängerbar.** Nicht völlig ausgeschlossen erscheint bei Versäumung der Anzeigefrist die Möglichkeit einer **Wiedereinsetzung in den vorigen Stand** (§ 110 AO) (offen gelassen von BFH II B 52/04, BStBl. II 2005, 492 und Viskorf/Loose § 19 Rn. 38), sofern man den Anwendungsbereich dieser Vorschrift auch auf Steuererklärungsfristen erstreckt (vgl. Koenig/Koenig AO § 110 Rn. 11 mwN). Doch wird eine unverschuldete Fristversäumnis aufgrund der für Beteiligte bestehenden Erkundigungspflicht über etwaige Anzeigepflichten nur in besonderen Ausnahmefällen vorliegen. Eine um sieben Tage verspätete Vorlage des Notars nach § 19 III ist rechtzeitig (BFH II R 2/21, BStBl. II 2023, 1057). § 18 III ist hier nicht erfüllt (→ § 18 Rn. 15).

VII. Adressat der Anzeige (§ 19 IV)

24 Die Anzeige ist an das gem. § 17 I für die Besteuerung zuständige FA und im Falle der gesonderten Feststellung der Besteuerungsgrundlagen (§ 17 II, III) an das dafür zuständige FA zu richten. Die Anzeige nach § 19 muss der **Grunderwerbsteuerstelle** des zuständigen FA übermittelt werden; die Ausführungen in → § 18 Rn. 17 ff. gelten auch hier.

Sofern über den anzeigepflichtigen Vorgang eine **privatschriftliche Urkunde** aufgenommen worden ist, ist diese der Anzeige **beizufügen** (§ 19 IV 2); diesem Erfordernis ist im Hinblick auf § 16 V innerhalb der Anzeigefrist nachzukommen, vgl. → § 16 Rn. 68 ff. Eine Beglaubigung der Urkunde ist nicht erforderlich. Die Vorlage der Urkunde macht die Abgabe der Anzeige nicht entbehrlich. Den Inhalt der von den Beteiligten abzugebenden Anzeige bestimmt **§ 20.**

VIII. Rechtsnatur der Anzeige (§ 19 V); Berichtigungspflicht

25 Nach **§ 19 V 1** sind die abzugebenden Anzeigen **Steuererklärungen** iSd AO und unterliegen somit den Regeln der §§ 149 ff. AO. Die Anzeige ist gem. § 19 V 2 **schriftlich** abzugeben. Möglich ist die Anzeigeerstattung zur Niederschrift bei der zuständigen FBeh (§ 151 AO). Der Verwendung eines amtlich vorgeschriebenen Vordrucks bedarf es – anders als nach § 18 – nicht. Die Anzeige kann gem. § 19 V 3 in **elektronischer Form** (§ 87a AO) übermittelt werden. § 19 V 3 ist eine Zulassungsnorm iSd § 150 I 2 AO; durch „einfache" E-Mail kann die Anzeigepflicht nach § 19 allerdings nicht erfüllt werden (vgl. auch BT-Drs. 14/9000, 43).

26 Unter den Voraussetzungen des **§ 153 AO** hat der Anzeigepflichtige seine Anzeige zu **berichtigen.** Anders als die Anzeigepflicht selbst, die objektiver Natur und damit von subjektiven Momenten unabhängig ist (→ Rn. 3), muss der Steuerpflichtige die Unrichtigkeit der Erklärung tatsächlich erkannt haben (§ 153 I AO); bloßes Erkennenmüssen oder Erkennenkönnen begründet keine Berichtigungspflicht (AEAO zu § 153 Nrn. 2.2; Koenig/Haselmann AO § 153 Rn. 11).

Unter diesen Voraussetzungen besteht eine Berichtigungspflicht ferner, wenn die Voraussetzungen für eine Steuerbefreiung oder -vergünstigung nachträglich ganz oder teilweise wegfallen sind (§ 153 II AO); zu Fragen der Ablaufhemmung im Zusammenhang mit § 152 AO vgl. BFH VI R 62/06, BStBl. II 2008, 595. Die Abgabe der Anzeige kann nach §§ 328 ff. AO erzwungen werden.

Eine Aufhebung einer bestandskräftigen GrESt-Festsetzung gem. **§ 173 I Nr. 2 AO** (bei nicht beachteter Stiefsohneigenschaft gem. § 3 Nr. 6) soll ausscheiden, wenn die Überprüfung des Steuerbescheides erst nach Ablauf der Einspruchsfrist erfolgt (FG Hessen 5 K 160/23, EFG 2024, 1542, Rev. BFH II R 17/24). Die Entscheidung des FG erscheint angesichts der fehlenden Verpflichtung zur Bestellung eines fachkundigen Bevollmächtigten überzogen.

IX. Verspätungszuschlag (§ 19 VI)

Hinsichtlich des Verspätungszuschlags enthält § 19 VI (anzuwenden auf alle 27 Erwerbsvorgänge nach dem 28.12.2020, § 23 XVII) jetzt eine Sonderregelung, die eine angemessene Festsetzung des Verspätungszuschlags sicherstellen sollen. Die Regelung gilt nur für Anzeigen der Beteiligten (§ 19). Für Steuererklärungen (§ 19 V) gilt grds. § 152 V 2 AO, die eine für jeden angefangenen Monat der Verspätung 0,25 % der festgesetzten Steuer vorsieht. Bei Feststellungsfällen (§ 17 II und II) ist gem. § 19 VI 2. Hs. die Geltung des § 152 VI AO untersagt, so dass auch in diesen Fällen § 152 V 2 AO gilt. Wegen der Nichtgeltung des § 152 X AO (vgl. § 19 VI 2, dh keine Beschränkung der Gesamthöhe des Verspätungszuschlags auf 25.000 EUR) kann der Verspätungszuschlag eine beträchtliche Höhe erlangen. Bei einer GrESt von 100.000 EUR beträgt der monatliche Verspätungszuschlag 250 EUR; eine Begrenzung nach oben gibt es nicht. Eine gewisse **Steuerung der Ermessensausübung** ergibt sich unter Berücksichtigung der Intensität des Gesetzesverstoßes und der Höhe des Immobilienwerts. Fälle mit **geringeren Immobilienwerten,** die auch zu einer geringeren festzusetzenden Steuer führen, sind von der Aufhebung der Höhe des Verspätungszuschlags auf Grund der Bemessung in Höhe von 0,25 % der festgesetzten Steuer je angefangenem Monat der Verspätung nicht betroffen (BT-Drs. 19/13437, 15). Das FG München (4 K 1671/20, EFG 2023, 708, Rev. BFH II R 8/23) hat einen Verspätungszuschlag von 25.000 EUR als zulässig angesehen.

Die Erhebung des Verspätungszuschlags kann unterbleiben, wenn die Verspätung entschuldbar ist (BFH II R 39/16, BStBl. II 2019, 627 wegen der früher abw. Beurteilung im Schrifttum).

Nach §§ 5 III und 6 III wurde durch das GrEStGÄndG v. 12.5.2021 (BGBl. 28 2021 I 986) die Nachbehaltensfrist auf zehn Jahre verlängert. Eine Verletzung der Nachbehaltensfrist ist gem. § 19 II Nr. 4 dem FA anzuzeigen. Auf Grund der Verlängerung der Anzeigefrist auf zehn Jahre ist eine Verlängerung der Festsetzungsfrist erforderlich.

X. Beginn der Feststellungsfrist (§ 19 VII)

Durch § 19 VII – eingefügt durch Art. 22 Nr. 3 des JStG 2022 (BGBl. 2022 I 29 2294) – wurde die Festsetzungsfrist in Fällen des § 19 II Nr. 4 verlängert. Die Festsetzungsfrist beginnt hier mit Ablauf des Kalenderjahres, in dem das in § 19 IVa 1 genannte FA von der anzeigepflichtigen Änderung Kenntnis erlangt hat, spätestens jedoch zehn Jahre nach Ablauf des Kalenderjahres, in dem die anzeigepflichtige Änderung eingetreten ist. Die Regelung lehnt sich an § 170 VI und VII AO an. Eine an § 6 IV Nr. 3 angelehnte Regelung für den Fall einer auf 15 Jahre verlängerten Regelungszeit fehlt.

XI. Rechtsfolgen unterlassener Anzeige

30 Die Nichterfüllung der Anzeigepflicht kann ggf. steuerstrafrechtliche Folgen gem. §§ 369 ff. AO auslösen (vgl. BFH II R 35/20, BStBl. II 2024, 28 mwN; vgl. zur Verletzung der Anzeigepflicht ausländischer Steuerschuldner Fischer/Waßmer BB 2002, 969). Im Fall der Nichtanzeige eines Vorgangs iSd § 1 II, IIa, IIb, III und IIIa versagt **§ 16 V** (zu Einzelheiten vgl. dort) die Vergünstigungen aus § 16 I–IV. Die Verletzung der Anzeigepflicht des § 19 kann das FA berechtigen, einen schon bestandskräftigen GrESt-Bescheid gem. § 173 I 1 Nr. 1 AO zu ändern (zur Problematik im Zusammenhang mit dem sog. einheitlichen Erwerbsgegenstand → § 9 Rn. 45 ff.). Schließlich kann eine Verletzung der Anzeigepflicht zur Hemmung des Anlaufs der Festsetzungsfrist führen (§ 170 II 1 Nr. 1 AO, → Vorb. § 15 Rn. 12 ff.).

§ 20 Inhalt der Anzeigen

(1) **Die Anzeigen müssen enthalten:**

1. **Name, Vorname, Anschrift, Geburtsdatum sowie die Identifikationsnummer gemäß § 139b der Abgabenordnung oder die Wirtschafts-Identifikationsnummer gemäß § 139c der Abgabenordnung des Veräußerers und des Erwerbers, den Namen desjenigen, der nach der vertraglichen Vereinbarung die Grunderwerbsteuer trägt, sowie Name und Anschrift dessen gesetzlichen Vertreters und gegebenenfalls die Angabe, ob und um welche begünstigte Person im Sinne des § 3 Nummer 3 bis 7 es sich bei dem Erwerber handelt; bei nicht natürlichen Personen sind bis zur Einführung der Wirtschafts-Identifikationsnummer gemäß § 139c der Abgabenordnung die Register- und die für die Besteuerung nach dem Einkommen vergebene Steuernummer des Veräußerers und des Erwerbers anzugeben;**
2. **die Bezeichnung des Grundstücks nach Grundbuch, Kataster, Straße und Hausnummer, den Anteil des Veräußerers und des Erwerbers am Grundstück und bei Wohnungs- und Teileigentum die genaue Bezeichnung des Wohnungs- und Teileigentums sowie den Miteigentumsanteil;**
3. **die Größe des Grundstücks und bei bebauten Grundstücken die Art der Bebauung;**
4. **die Bezeichnung des anzeigepflichtigen Vorgangs, den Tag der Beurkundung und die Urkundennummer, bei einem Vorgang, der einer Genehmigung bedarf, auch die Bezeichnung desjenigen, dessen Genehmigung erforderlich ist, bei einem Vorgang unter einer Bedingung auch die Bezeichnung der Bedingung;**
5. **den Kaufpreis oder die sonstige Gegenleistung (§ 9);**
6. **den Namen und die Anschrift der Urkundsperson.**

(2) **Die Anzeigen, die sich auf Anteile an einer Gesellschaft beziehen, müssen außerdem enthalten:**

1. **die Firma, den Ort der Geschäftsführung sowie die Wirtschafts-Identifikationsnummer der Gesellschaft gemäß § 139c der Abgabenordnung;**

bis zur Einführung der Wirtschafts-Identifikationsnummer gemäß § 139c der Abgabenordnung ist die Register- und die für die Besteuerung nach dem Einkommen vergebene Steuernummer der Gesellschaft anzugeben;
2. die Bezeichnung des oder der Gesellschaftsanteile;
3. bei mehreren beteiligten Rechtsträgern eine Beteiligungsübersicht.

Übersicht

A. Allgemeines

1 Durch Gesetz v. 11.12.2018 (BGBl. 2018 I 2338) wurde § 20 insgesamt neu gefasst. Durch die Neufassung sollen zusätzliche Daten übermittelt werden (dazu näher BR-Drs. 372/18, 69).

B. Anzeigen beim Grundstückserwerb (§ 20 I)

2 Nach **§ 20 I Nr. 1** muss die Anzeige Name, Vorname, Anschrift, Geburtsdatum sowie die Identifikationsnummer (§ 139b AO) oder die Wirtschafts-Identifikationsnummer (§ 139c AO) enthalten. Ferner ist anzugeben, ob und welche begünstigten Personen Ewerber iSd § 3 Nr. 3–7 sind.

3 Gemäß § 20 **I Nr. 2** das Gr nach **Grundbuch, Kataster, Straße und Hausnummer** und Anteils des Veräußerers und Erwerbers am Gr angegeben werden. Bei Wohnungs- und Teileigentum müssen die genaue Bezeichnung des Wohnungs- und Teileigentum sowie des Miteigentumsanteils enthalten sein. Anzeigen nach § 19 I 1 Nr. 4 und 5 kommt jedenfalls dann keine die Ablaufhemmung beendende Wirkung zu, wenn die nach **§ 20 I Nr. 2** erforderliche Grundstücksbezeichnung vollständig fehlt (BFH II R 20/21, BStBl. II 2023, 1020). Bei anderen Verstößen gegen Vorschriften des § 20 lässt sich die Anlaufhemmung möglicherweise verhindern.

4 Gemäß § 20 **I Nr. 4** ist neu, dass einem Vorgang unter einer Bedingung auch die Bezeichnung der Bedingung erforderlich ist. Anzugeben ist sowohl die aufschiebende als auch die auflösende Bedingung (→ § 14 Rn. 10). Befristungen oder Zeitbestimmungen sind nicht aufzunehmen.

C. Anzeigen beim Erwerb von Geschäftsanteilen (§ 20 II)

5 Gemäß § 20 **II Nr. 1** ist neben Firma und Ort der Geschäftsführung auch die Wirtschafts-Identitätsnummer (§ 139c AO) anzugeben. Bis zu deren Vergabe kann die Register- und die für die Besteuerung nach dem Einkommen vergebene Steuernummer der Gesellschaft angegeben werden.

6 Nach § 20 II Nr. 2 ist die Bezeichnung des oder der Gesellschaftsanteile erforderlich. Man kann davon ausgehen, dass ein Fehlen dieser Vorgaben auch zu einer Verlängerung der Ablaufhemmung führt (BFH II R 20/21, BStBl. II 2023, 1020).

7 Nach § 20 II Nr. 3 muss bei mehreren beteiligten Rechtsträgern eine **Beteiligungsübersicht** vorgelegt werden. Die Vorschrift soll den unübersichtlichen Beteiligungszusammensetzungen in Konzernen Rechnung tragen (Wims/Jochum/Heine § 20 Rn. 8). Es ist im Einzelfall zu entscheiden, ob diese Rechtsfolge mit den Grundsätzen von Treu und Glauben vereinbar ist (zweifelnd Viskorf/Loose § 20 Rn. 15; Behrens/Wachter § 20 Rn. 112).

§ 21 Urkundenaushändigung

Die Gerichte, Behörden und Notare dürfen Urkunden, die einen anzeigepflichtigen Vorgang betreffen, den Beteiligten erst aushändigen und Ausfertigungen oder beglaubigte Abschriften den Beteiligten erst erteilen, wenn sie die Anzeigen in allen Teilen vollständig (§§ 18 und 20) an das Finanzamt abgesandt haben.

1 Der Zusatz des § 21 „in allen Teilen vollständig" (§§ 18–20) geht auf das StÄndG 2015 (BGBl. 2015 I 1834) zurück und ist auf Erwerbe nach dem 5.11.2015 anzuwenden (§ 23 XV).

2 § 21 soll sicherstellen, dass die nach § 18 anzeigepflichtigen Gerichte, Behörden und Notare ihrer Anzeigepflicht gegenüber den FÄ tatsächlich nachkommen. Die Vorschrift betrifft ausschließlich das Verhältnis zwischen den nach § 18 Anzeigeverpflichteten und den Beteiligten. Im Verhältnis zu Dritten (insb. zum Grundbuchamt) dürfen die in § 21 genannten Urkunden bereits vor Absendung der Anzeige vorgelegt werden. Aufgrund der sich aus § 17 GBO ergebenden Reihenfolge der Eintragungen tritt daher durch § 21 keine Behinderung des Grundbuchverkehrs ein.

Einer Urkundenaushändigung soll es nicht entgegenstehen, wenn einer Anzeige nach § 18 die Angabe der ID bzw. Wirtschafts-ID (§ 20 I Nr. 1 bzw. II Nr. 1) fehlt (Gottwald DNotZ 2011, 83; DNotI-Report 2016, 49; so wohl auch Behrens/Wachter/Wachter § 20 Rn. 40; die Merkblätter der obersten Finanzbehörden sehen die Angabe der Wirtschafts-ID zwingend vor, vgl. → § 18 Rn. 22). Wegen möglicher Steuerhinterziehung (§ 370 I Nr. 2 AO) sollte auf die Angabe der Wirtschafts-ID in jedem Fall bestanden werden.

3 In allen Teilen vollständig (§§ 18–20) ist die Anzeige nur, wenn sämtliche Angaben enthalten sind. Bei gewährter Fristverlängerung zur Nachreichung von Daten (→ § 16 Rn. 125) dürfen Urkunden erst nach vollständiger Vorlage der noch fehlenden Unterlagen ausgehändigt werden.

§ 22 Unbedenklichkeitsbescheinigung

(1) [1]**Der Erwerber eines Grundstücks darf in das Grundbuch erst dann eingetragen werden, wenn eine Bescheinigung des für die Besteuerung zuständigen Finanzamts vorgelegt wird (§ 17 Abs. 1 Satz 1) oder Bescheinigungen der für die Besteuerung zuständigen Finanzämter (§ 17 Abs. 1 Satz 2) vorgelegt werden, daß der Eintragung steuerliche Bedenken nicht entgegenstehen.** [2]**Die obersten Finanzbehörden der Länder können im Einvernehmen mit den Landesjustizverwaltungen Ausnahmen hiervon vorsehen.**

(2) [1]**Das Finanzamt hat die Bescheinigung zu erteilen, wenn die Grunderwerbsteuer entrichtet, sichergestellt oder gestundet worden ist oder**

wenn Steuerfreiheit gegeben ist. [2]Es darf die Bescheinigung auch in anderen Fällen erteilen, wenn nach seinem Ermessen die Steuerforderung nicht gefährdet ist. [3]Das Finanzamt hat die Bescheinigung schriftlich zu erteilen. [4]Eine elektronische Übermittlung der Bescheinigung ist ausgeschlossen.

Übersicht

I. Bedeutung; Rechtsnatur der UB

Rechtsentwicklung. § 22 I 2 wurde durch das StEntlG 1999 ff. angefügt. Die Formvorschriften des § 22 II 3 und 4 sind durch das 3. ÄndGVwVfV eingefügt worden und am 28.8.2002 in Kraft getreten (Art. 74 I 3. ÄndGVwVfV). 1

Bedeutung und Rechtsnatur der UB. Die nach Maßgabe des § 22 II zu erteilende UB ist das wohl wirksamste Mittel zur Sicherung des Steuereingangs. Die Nichterteilung der UB hat die Wirkung einer **Grundbuchsperre,** weil der Erwerber eines Gr gem. § 22 I erst nach Vorlage der UB im Grundbuch eingetragen werden kann. Zur Frage der Vertragsgestaltung und Notarhaftung im Hinblick auf die Erforderlichkeit der UB → § 18 Rn. 23 ff. Die UB ist in Anbetracht der durch sie bewirkten Grundbuchsperre ein **(gebundener) Verwaltungsakt** (BFH II 169/60 U, BStBl. III 1963, 219; II B 83/95, BFH/NV 1995, 1089; aA offenbar OFD Frankfurt 3.8.1998, DB 1998, 2042); zu Rechtsschutzfragen → § 19 Rn. 19 ff.

II. UB als Eintragungsvoraussetzung (§ 22 I)

Die Eintragung des Erwerbers im Grundbuch ist regelmäßig von der Vorlage der vom zuständigen FA (§ 17 I) zu erteilenden UB abhängig. Durch die UB wird bescheinigt, dass der Eintragung in das Grundbuch keine steuerlichen Bedenken entgegenstehen (§ 22 I). Eine UB ist in den nachfolgend angeführten Sonderfällen entbehrlich (s. auch Böhringer Rpfl 2000, 99). 2

1. Erfasste Erwerbsvorgänge. Die **UB** ist in allen Fällen **erforderlich,** in denen eine vom GrEStG erfasste Rechtsänderung im Grundbuch vollzogen werden soll. Es ist hierbei gleichgültig, ob es sich um eine rechtsändernde oder nur berichtigende Eintragung handelt. Der UB bedarf es daher zB bei Erwerb des GrEigentums kraft Rechtsgeschäfts, Gesetzes, Ausspruchs einer Behörde (etwa beim Erwerb im Flurbereinigungsverfahren) bzw. eines Gerichts (etwa beim 3

Erwerb eines Gr im Zwangsversteigerungsverfahren). Da die UB ausschließlich der Sicherung des Steuereingangs dient, ist sie nicht von dem Vorliegen einer bürgerlich-rechtlich wirksamen Auflassung abhängig (BFH II R 40/73, BStBl. II 1976, 32). Bei einem steuerpflichtigen Erwerb nach § 1 ist es nicht Aufgabe des Grundbuchamtes, die Entbehrlichkeit einer Unbedenklichkeitsbescheinigung durch Klärung des Vorliegens einer Steuerbefreiung zu prüfen (OLG Saarbrücken 5 W 64/23, BeckRS 2023, 34319 mwN). Auch die durch einen Erben nach dem Erbauseinandersetzungs- und Erbteilsübertragungsvereinbarung erfolgende Übertragung auf einen Miterben bedarf der Vorlage der UB (OLG Köln 2 Wx 5/23, BWNotZ 2023, 33). Für das Erfordernis der UB ist es auch unerheblich, ob der Erwerbsvorgang ein Gr im grundbuchrechtlichen Sinn oder ein noch zu vermessendes Trennstück eines Gr betrifft. Im letzteren Fall können die Erteilungsvoraussetzungen der UB nicht an die vom Grundbuchamt zu beachtenden Eintragungsvoraussetzungen (dazu § 2 III GBO) geknüpft werden (BFH II R 40/73, BStBl. II 1976, 32). Eine (erneute) UB ist grds. erforderlich, wenn sich bei einem Messungskauf nach GrVermessung eine im Vergleich zum vereinbarten Kaufpreis höhere Gegenleistung ergibt (zutr. DNotI-Report 2012, 141).

3a Eine **Grundbuchberichtigung** beim **Gesellschafterwechsel** einer **grbesitzenden PersGes** darf schon mit Rücksicht auf § 1 IIa generell nur nach vorheriger Erteilung der UB erfolgen (Viskorf/Loose § 22 Rn. 16; Schöner/Stöber Rn. 148, 4297) Das gilt gem. § 899a BGB iVm § 47 II GBO aF und ebenso für das seit 1.1.2024 geltende neue Recht gem. § 47 II GBO nF und Art. 229 XXI nF, vgl. OLG Hamm 15 W 105/24, BeckRS 2024, 18483). Das gilt ferner, wenn die Anteilsänderung weniger als 95 % (jetzt 90%) der Anteile betrifft (OLG Frankfurt DNotI-Report 2005, 14) und auch stets bei Ausscheiden eines Gesellschafters (OLG Jena 9 W 181/11, DStR 2011, 1436). Der durch § 1 IIa fingierte GrÜbergang auf eine neue PersGes ändert nichts an der grestrechtl. Relevanz des einzelnen Gesellschafterwechsels. Entbehrlich ist die Anwendung des § 22, wenn bei einer Auflassung nach § 1 I Nr. 2 bereits zuvor für den Kaufvertrag nach § 1 I Nr. 1 eine UB vorgelegt worden war (OLG Hamm 15 W 237/18, WM 2019, 338). Stets erforderlich ist eine UB bei Anwachsung (§ 1 I Nr. 3) des Gesellschaftsvermögens auf einen einzigen Gesellschafter (BayObLG MittBayNot 1995, 288).

4 Die UB ist **entbehrlich,** soweit dies **gesetzlich angeordnet** ist (so § 21b V 2 InVorG, 12 I 7 PostUmwG, § 3 II 2 VZOG) oder ein seiner Art nach unter das GrEStG fallender Rechtsvorgang **eindeutig** nicht dem GrEStG unterfällt (→ Rn. 7). Das ist zB der Fall bei der Richtigstellung tatsächlicher Angaben im Grundbuch, etwa Namensberichtigung oder Firmenänderung einer KapGes (OLG Frankfurt a. M. 20 W 574/94, NJW-RR 1995, 1168), Buchersitzung bzw. Erwerb eines herrenlosen Gr (zur Nichtsteuerbarkeit vgl. → § 1 Rn. 22) oder Grundbuchberichtigung aufgrund Formwechsel (LG Dresden DB 1998, 1807; zum fehlenden Rechtsträgerwechsel vgl. → § 1 Rn. 44). Ferner kann eine UB verlangt werden, wenn eine GrESt-Pflicht unter Anwendung des § 42 AO möglich erscheint (LG Dresden DB 1998, 1807 mwN; Böhringer Rpfl 2000, 99 (100)).

Weitere Ausnahmen können die obersten FBeh der Länder vorsehen (§ 22 I 2). Mit dieser durch das StEntlG 1999 ff. eingefügten Vorschrift wird die schon bislang geübte Ausnahmepraxis auf eine gesetzliche Grundlage gestellt. **Ohne** Vorlage der UB kann die Eintragung eines Eigentumswechsels durch Erbfolge erfolgen (vgl. EinfErl GrEStG zu § 22). Darüber hinaus halten die obersten FBeh der Länder – in allerdings nicht einheitlichem Umfang – die Vorlage der

UB in den Fällen der nach § 3 Nr. 1, Nr. 4 und Nr. 6 steuerbefreiten Erwerbe für entbehrlich (zu Einzelheiten vgl. die einschlägigen Ländererlasse, zB **FM Hess** 11.7.2007, StED 2007, 540; **FM NRW** 2.5.2011, HEB 2024 GrEStG § 22 Rn. 12; **FM Thür** 19.4.2006, StEK GrEStG § 22 Nr. 31). Gleiches gilt – wiederum nicht ländereinheitlich– für Erwerbe der öffentlichen Hand, insb. bei GrErwerben durch Bund, Länder und Gemeinden (zu Einzelheiten vgl. die vorzitierten Ländererlasse). Ferner wird die Erteilung einer UB für bestimmte unter § 4 Nr. 1–3 fallende Erwerbsvorgänge sowie für Erwerbe im Zusammenhang mit dem ENeuOG und PTNeuOG als nicht erforderlich angesehen (vgl. auch Böhringer Rpfl 2000, 99 (105)). Im Hinblick auf die Durchführung des **VermG** sieht die FVerw (koord. Erlass FM Bbg 19.8.1998, DB 1998, 1795) die Erteilung der UB bei dem nach § 34 III VermG steuerbefreiten Übergang des Gr auf den Berechtigten als nicht erforderlich an. Hier bedarf es der UB allerdings dann, wenn das Gr im Wege der Abtretung, Verpfändung oder Pfändung übertragen wurde (vgl. auch Böhringer Rpfl 2000, 99 (105)).

Besonderheiten gelten für die **Wiederversteigerung** eines Gr. Diese erfolgt 5 in einem neuen selbstständigen Verfahren, das sich gegen den Ersteher als den nunmehrigen Eigentümer des Gr richtet. Die Anordnung der Wiederversteigerung ist zwar gem. § 133 ZVG ohne Voreintragung des Erstehers möglich. Die Bestimmung des neuen Versteigerungstermins erfolgt jedoch erst nach Grundbuchberichtigung (vgl. § 36 ZVG) und muss gem. § 19 II ZVG dem Vollstreckungsgericht mitgeteilt sein. Die Eintragung des Erstehers im Grundbuch scheitert jedoch häufig an der erforderlichen UB, an deren Beschaffung der Ersteher im Regelfall nicht interessiert ist. Durch Nichteinzahlung der GrESt könnte der Erwerber mithin die Zwangsversteigerung in das zugeschlagene Gr verhindern. Um dem Grundbuchamt die erforderliche Mitteilung nach § 19 II ZVG zu ermöglichen, ist diesem nach einem koord. Erlass der FVerw (FM Bay 30.8.1989, StEK GrEStG § 22 Nr. 7; vgl. auch FM Bbg 18.7.1995, DB 1995, 1689; OFD Koblenz 7.8.2006, StEK GrEStG § 22 Nr. 32) auf Antrag des Vollstreckungsgerichts die für die erforderliche Eintragung des Erstehers aus dem vorausgegangenen Versteigerungsverfahren erforderliche UB zu erteilen. Wird die Wiederversteigerung aus Forderungen gegen den Ersteher betrieben, die wegen Nichtzahlung des Bargebots aus der vorausgegangenen Versteigerung auf die Berechtigten übertragen worden sind (§§ 118, 132 II ZVG), hat das FA die bereits erfolgte Steuerfestsetzung nach § 16 II Nr. 3 von Amts wegen aufzuheben (FM Bayern 30.8.1989, StEK GrEStG § 22 Nr. 7; OFD Koblenz 7.8.2006, StEK GrEStG § 22 Nr. 32; vgl. auch → § 16 Rn. 69). In anderen Fällen der erneuten Versteigerung (zB aufgrund eines nach § 91 ZVG bei der vorangegangenen Versteigerung bestehen gebliebenen Rechts) ist § 16 nicht anwendbar. Die FÄ haben hier die Einziehung der Steuer zu beschleunigen. Sie beantragen ggf. die Eintragung einer Sicherungshypothek und beteiligen sich an dem neuen Versteigerungsverfahren (FM Bay 30.8.1989, StEK GrEStG § 22 Nr. 7).

§ 22 verlangt eine UB ausschließlich für den Erwerbsvorgang, für den die GrESt 6 zu entrichten ist bzw. für den Steuerfreiheit besteht. Bei **Kettengeschäften** kann die Erteilung der UB für die letzte zur Eintragung anstehende Eigentumsumschreibung deshalb nicht davon abhängig gemacht werden, dass auch die für Vorerwerbe etwa noch zu entrichtende GrESt gezahlt wird (BFH II 160/60 U, BStBl. III 1962, 314; Böhringer Rpfl 2000, 99 (101 f.); zum Umfang der notariellen Beratungspflicht in derartigen Fällen vgl. BGH IX ZR 262/91, DB 1992, 1819).

Soweit es keiner Erteilung der UB bedarf, bleiben die Anzeigepflichten (§§ 18, 19) unberührt.

7 **2. Pflichten des Grundbuchamts.** Die Grundbuchämter sind gem. § 22 I 1 an die Vorlage der UB gebunden (nach LG Berlin NotBZ 2002, 383 soll die Vorlage einer vom Notar beglaubigten Kopie der UB ausreichen). Das Verlangen des Grundbuchamts nach Vorlage der UB ist am Zweck des § 22 I zu messen, den Steuereingang zu sichern. Das Grundbuchamt darf daher die Vorlage einer UB nicht verlangen, soweit ein Rechtsvorgang seiner Art nach **eindeutig** nicht der GrESt unterliegt oder bei gegebener Steuerbarkeit eindeutig steuerbefreit ist (OLG Frankfurt a. M. 20 W 574/94, NJW-RR 1995, 1168; OLG Zweibrücken 3 W 80/00, NJW-RR 2000, 1686; OLG Celle 4 W 56/11, ZEV 2012, 368; Schuhmann UVR 1996, 76; Böhringer Rpfl 2000, 99). Ob für einen Rechtsvorgang im konkreten Fall GrESt festzusetzen ist und/oder Steuerfreiheit besteht, hat ausschließlich das FA zu prüfen. Verbleiben **Zweifel** hinsichtlich der GrESt-Pflicht (zB bei fraglicher Anwendbarkeit des § 16), ist die Entscheidung hierüber ausschließlich dem FA vorbehalten und vor Grundbucheintragung zu treffen (OLG Frankfurt a. M. 20 W 574/94, NJW-RR 1995, 1168 mwN; BayObLG BB 1983, 217 und 2076; OLG Zweibrücken 3 W 80/00, NJW-RR 2000, 1686 mwN). Das Grundbuchamt ist in GrESt-Fragen zu eigenen Ermittlungen weder berechtigt noch verpflichtet (Böhringer Rpfl 2000, 99). Die Anforderung der UB durch das Grundbuchamt ist entbehrlich, soweit schon die FVerw selbst auf die Erteilung einer UB verzichtet (→ Rn. 4).

8 Der Antrag auf Eigentumsumschreibung im Grundbuch ist trotz zunächst fehlender UB möglich; § 53 BeurkG steht dem nicht entgegen (BFH II B 105/05, BFH/NV 2006, 813). Bei fehlender UB hat das Grundbuchamt dem Antragsteller durch **Zwischenverfügung** (§ 18 GBO) deren Nachreichung zu ermöglichen (BFH II B 105/05, BFH/NV 2006, 813 mwN; Böhringer Rpfl 2000, 99 (100)). Möglich ist auch ein Antrag auf Verlängerung der vom Grundbuchamt gesetzten Frist; diesem Antrag ist stattzugeben, wenn dem FA die Erfüllung der Voraussetzungen des § 16 II Nr. 1 nachgewiesen und das FA daher zur Erteilung der UB gem. § 22 II 1 verpflichtet ist (BFH II B 105/05, BFH/NV 2006, 813).

Weist das Grundbuchamt den Eintragungsantrag wegen fehlender UB zurück, steht dem Steuerpflichtigen die Beschwerde offen (§ 71 I GBO) zu (BFH II B 105/05, BFH/NV 2006, 813). Soweit das Grundbuchamt eine UB nicht für erforderlich hält, hat auch der FBeh die Möglichkeit der Beschwerde (§ 71 I GBO). Hilft das Grundbuchamt ihr nicht ab (§ 75 GBO), entscheidet das Landgericht (Böhringer Rpfl 2000, 99 (106) mwN).

9 Wird eine UB vor Eintragung des Erwerbers **widerrufen** (§ 131 II Nr. 3 AO; zu der nur ausnahmsweise gegebenen Zulässigkeit von Nebenbestimmungen vgl. → Rn. 19), darf das Grundbuchamt die Eintragung nicht mehr vornehmen (BayObLG DNotZ 1976, 100). Ein Widerruf der UB nach Grundbucheintragung ist rechtlich wirkungslos.

10 Die für die Grundbucheintragung maßgebende Entscheidung, ob eine die GrVeräußerung betr. notarielle Urkunde bürgerlich-rechtlich nichtig ist, ist allein dem Grundbuchamt und den ordentlichen Gerichten vorbehalten (BFH II R 168/70, BFHE 106, 277; II S 9/95, BStBl. II 1995, 605; II B 83/95, BFH/NV 1995, 1089). Das FA darf also die UB nicht mit der Begründung versagen, es betrachte das GrGeschäft (zB bei Beteiligung einer ausländischen Briefkastengesellschaft) als unwirksam. Andererseits hat die UB-Erteilung nicht die Bedeutung

einer Entscheidung über das Bestehen oder Nichtbestehen eines GrESt-Anspruchs (BFH II B 83/95, BFH/NV 1995, 1089).

Erfolgt die Eintragung der Rechtsänderung trotz fehlender oder bereits widerrufener UB, führt dies nicht zur Unrichtigkeit des Grundbuchs (Schöner/Stöber GrundbuchR Rn. 151; Böhringer Rpfl 2000, 99 (106)).

3. Rechtswirkungen der UB. Die UB ist ihrer Rechtsnatur nach keine finanzbehördliche Genehmigung, sondern lediglich **förmliche Voraussetzung** für die Eintragung des Erwerbers im Grundbuch. § 22 macht die Erteilung der UB nicht davon abhängig, dass die GrESt entrichtet wurde oder der Erwerbsvorgang steuerfrei ist. Daher enthält die UB keine **materiell-rechtliche** Entscheidung über die Steuerpflicht oder -freiheit eines Erwerbsvorgangs und schafft auch keinen Vertrauenstatbestand, der einer späteren Erhebung der GrESt entgegensteht (BFH II R 97/78, BStBl. II 1979, 526; II R 53/81, BStBl. II 1983, 606; II R 142/81, BStBl. II 1984, 331; II S 9/95, BStBl. II 1995, 605). Diese Rechtslage ist dem Steuerpflichtigen nicht nur nachteilig. Sie macht vielmehr eine zeitaufwendige Prüfung der Sach- und Rechtslage durch die FÄ vor Erteilung der UB entbehrlich und beschleunigt damit die UB-Erteilung (BFH II R 142/81, BStBl. II 1984, 331). Eine **Verwirkung** des Steueranspruchs im Zusammenhang mit der Erteilung der UB ist allenfalls in besonderen Ausnahmefällen möglich (BFH II 169/60 U, BStBl. III 1963, 219; FG Köln 11 K 1577/87, EFG 1993, 168). 11

III. Voraussetzungen und Form der Erteilung der UB (§ 22 II)

Sind die Erteilungsvoraussetzungen der UB (§ 22 II) gegeben, besteht ein Rechtsanspruch auf unverzügliche Erteilung der UB (→ Rn. 19). Dies ist im Fall der Entrichtung der GrESt oder Steuerfreiheit eindeutig der Fall (zu den zivilrechtlichen Folgen bei Nichtentrichtung der GrESt vgl. → § 16 Rn. 59). Da sich § 22 II nur auf die „Grunderwerbsteuer" bezieht, kann die Erteilung der UB **nicht** von der Entrichtung **steuerlicher Nebenleistungen** (vgl. § 3 IV AO) – insb. nicht von der Entrichtung etwa angefallener Säumniszuschläge – abhängig gemacht werden (FM SachsAnh 14.5.1998, StEK GrEStG § 22 Nr. 20). 12

1. Sicherstellung oder Stundung der GrESt. Die **„Sicherstellung"** der GrESt ist eine freiwillige Maßnahme des Steuerpflichtigen, auf die §§ 241 ff. AO (Sicherheitsleistung) anzuwenden sind. Möglich ist zB die Sicherheitsleistung durch Bürgschaft (§§ 241 I Nr. 7, 244 I Nr. 2 AO) oder die Einzahlung des Steuerbetrags vor der Steuerfestsetzung, die das FA nach seinem Ermessen annehmen kann (§ 245 AO; § 22 II 2 GrEStG). 13

Die **Stundung** (§ 222 AO) der GrESt ist das Hinausschieben der Fälligkeit des Steueranspruchs durch einen rechtsgestaltenden Verwaltungsakt des FA (zu Einzelheiten → Vorb § 15 Rn. 19). Der mit Gewährung der Stundung begründete Anspruch auf Erteilung der UB entfällt nicht nachträglich dadurch, dass die Frist für die Stundung abgelaufen und eine weitere Frist für die Stundung nicht gewährt worden ist (BFH II B 102/86, BStBl. II 1987, 269). Die **Verlängerung der Zahlungsfrist** gem. § 15 S. 2 ist keine Stundung (→ § 15 Rn. 5) und verpflichtet das FA nicht zur Erteilung der UB (OFD Hannover v. 25.5.1999, GrESt-Kartei § 15 Karte 1; Viskorf/Loose § 22 Rn. 27); die Anwendung des § 22 II 2 ist allerdings nicht ausgeschlossen. 14

15 **2. Erteilung der UB bei Aussetzung der Vollziehung.** Wird nach Einlegung eines Rechtsbehelfs gegen den GrESt-Bescheid die Aussetzung seiner Vollziehung (§ 361 II AO; § 69 FGO) gegen Sicherheitsleistung angeordnet und diese erbracht, besteht schon nach § 22 I 1 ein Anspruch auf Erteilung der UB. Umstritten ist, ob dies auch gilt, wenn eine Aussetzung der Vollziehung **ohne Sicherheitsleistung** gewährt worden ist. In diesem Fall soll nach der BFH-Rspr. (BFH II R 76/83, BStBl. II 1985, 698; II B 102/86, BStBl. II 1987, 269) in gleicher Weise wie nach einer Stundung ein Anspruch auf UB-Erteilung bestehen. Demgegenüber verneint die FVerw (koord. Erlass FM Sachsen 9.3.1993, DStR 1993, 949) bei fehlender Sicherheitsleistung einen solchen Anspruch und erteilt die UB in Anwendung des § 22 II 2 nur, wenn nach dem Ermessen des FA die Steuerforderung nicht gefährdet ist.

16 Der vorzitierten Rspr. ist zwar entgegenzuhalten, dass die Aussetzung der Vollziehung nach wohl zutr. Auffassung (BFH VII R 50–51/86, BStBl. II 1988, 366; IV R 53/86, BFH/NV 1988, 752; aA zB HHS/Alber AO § 220 Rn. 82; vgl. auch Koenig/Klüger AO § 220 Rn. 13 mwN) die Fälligkeit des Steueranspruchs unberührt lässt. Gleichwohl trifft es im Ergebnis zu, dass bei einer Aussetzung der Vollziehung ohne Sicherheitsleistung ein Anspruch auf Erteilung der UB besteht. Dass eine UB ausschließlich bei einer Sicherheitsleistung in Höhe der festgesetzten Steuer erteilt werden kann, ist dem Sicherungszweck des § 22 nicht zu entnehmen (ähnlich Sosnitza DVR 1976, 162; aA Viskorf/Loose § 22 Rn. 28 f.; Schuhmann DStZ 1987, 140; ders. UVR 1996, 76). Anderenfalls liefe die Ermessensermächtigung (§ 5 AO) des § 22 II 2 leer: Diese gebietet mit Rücksicht auf das Merkmal der Gefährdung der „Steuerforderung" auch eine Beurteilung der **materiellen Rechtmäßigkeit** des GrESt-Bescheids (aA Viskorf/Loose § 22 Rn. 28 f.). Ist der Ermessensspielraum des FA derart verengt, dass sich allein die Erteilung der UB ohne Sicherheitsleistung als rechtmäßig erweist, besteht ein Anspruch auf Erteilung der UB. Demgemäß steht der Sicherungszweck der UB deren Erteilung nicht entgegen, wenn sich der GrESt-Bescheid nach den für die Aussetzung der Vollziehung gegen Sicherheitsleistung geltenden Grundsätzen (dazu zB Gräber/Stapperfend § 69 Rn. 161 ff.) als **mit Sicherheit oder großer Wahrscheinlichkeit rechtswidrig** erweist. In diesem Fall erscheint allein die Erteilung der UB ermessensgerecht.

17 **3. Erteilung der UB nach Ermessen (§ 22 II 2).** § 22 II 2 lässt die Erteilung der UB nach Ermessen zu, wenn die Steuerforderung nicht gefährdet ist. In Anwendung dieser Vorschrift erteilt die FVerw die UB von Amts wegen, wenn eine an einem Erwerbsvorgang beteiligte Körperschaft des öffentlichen Rechts die GrESt vertraglich übernommen hat. Im Übrigen bedarf es eines Antrags, über den nach den Grundsätzen des § 5 AO zu entscheiden ist. Eine Ermessensentscheidung ist auch zu treffen, wenn die Erteilung der **Zweitschrift** einer UB beantragt wird. Das FA darf deren Erteilung nicht aus außersteuerlichen Gründen versagen (dazu FG Bremen II 133/76, EFG 1978, 187).

18 **4. Form der Erteilung der UB (§ 22 II 3 u. 4).** Die durch das 3. ÄndGVwVfV eingefügten § 22 II 3 u. 4 verlangen eine schriftliche Erteilung der UB und schließen ausdrücklich deren elektronische Übermittlung aus. Diese Regelungen sind durch die Formerfordernisse des § 29 III GBO veranlasst, wonach auch eine UB zu unterschreiben und mit Siegel oder Stempel zu versehen ist (vgl. BT-Drs. 14/9000, 43).

IV. Rechtsanspruch auf Erteilung der UB

Unter den Voraussetzungen des § 22 II 1 besteht ein **Rechtsanspruch** auf Erteilung der UB (BFH II S 9/95, BStBl. II 1995, 605). Das gilt auch, wenn an dem Erwerbsvorgang eine Gesellschaft ausländischen Rechts beteiligt ist (BFH II S 9/95, BStBl. II 1995, 605; II B 83/95, BFH/NV 1995, 1089). Die UB darf bei gegebenem Rechtsanspruch nicht unter einer Nebenbestimmung (§ 120 I AO; zB Widerrufsvorbehalt) ergehen, weil dies dem Zweck (§ 120 III AO) der UB zuwiderlaufen würde (BFH II B 83/95, BFH/NV 1995, 1089). Soweit ein Widerruf der UB rechtlich zulässig ist, kann die FBeh diese zurückfordern (§ 133 AO). Die Erteilung der UB hat **unverzüglich** zu erfolgen (vgl. etwa OFD Cottbus 27.8.1991, StEK GrEStG § 22 Nr. 9). 19

Bei Ablehnung oder Untätigkeit des FA ist der Einspruch (§ 347 I AO) gegeben. Die UB kann ggf. durch Untätigkeits- oder Verpflichtungsklage vor dem FG erstritten werden (BFH II B 59/73, BStBl. II 1974, 221; Schuhmann UVR 1996, 76).

Im Wege der **einstweiligen Anordnung** (§ 114 FGO) kann das FA nur in Ausnahmefällen (zur Problematik bei GrGeschäften mit ausländischen Briefkastengesellschaften vgl. BFH II S 9/95, BStBl. II 1995, 605; II B 83/95, BFH/NV 1995, 1089 sowie → § 1 Rn. 15; zur UB-Erteilung in Fällen des § 16 II Nr. 1 vgl. BFH II B 105/05, BFH/NV 2006, 813) zur Erteilung der UB verpflichtet werden. Im Regelfall kommt die einstweilige Anordnung nur bei gleichzeitiger Anordnung einer Sicherheitsleistung in Betracht (BFH II S 9/95, BStBl. II 1995, 605; II B 102/86, BStBl. II 1987, 269; II B 59/73, BStBl. II 1974, 221). Dies gebieten sowohl der Sicherungszweck des § 22 als auch die mit dem vorläufigen Rechtsschutz aus § 114 FGO grds. nicht vereinbare Vorwegnahme der Hauptsache. **Ausnahmsweise** kommt jedoch die Erteilung der UB im Wege der einstweiligen Anordnung in Betracht, wenn der Antragsteller glaubhaft macht, dass auch die Beibringung einer Sicherheitsleistung ohne unerträgliche, nicht wiedergutzumachende Nachteile nicht möglich ist (BFH II B 102/86, BStBl. II 1987, 269; II S 9/95, BStBl. II 1995, 605). Der Erlass einer auf Erteilung der UB gerichteten einstweiligen Anordnung verlangt jedoch zusätzlich, dass die Versagung der UB mit Sicherheit oder großer Wahrscheinlichkeit rechtswidrig ist (→ Rn. 16). 20

V. Verfahrensfragen

Die **Zuständigkeit** für die Erteilung der UB ergibt sich aus § 17 I. Dies gilt auch dann, wenn die Besteuerungsgrundlagen nach § 17 II und III gesondert festgestellt werden. Für die außerhalb seines Bezirks liegenden Gr kann das FA daher keine UB ausstellen. Bezieht sich ein Rechtsvorgang auf ein in FÄ-Bezirken verschiedener Länder liegendes einheitliches Gr, ist nach § 17 I 2 jedes FA für die Erteilung der UB bezüglich des in seinem Bezirk liegenden GrTeils zuständig. 21

Empfangsberechtigter der UB ist zunächst der Steuerpflichtige und ferner jeder, für den die Eintragung des Erwerbers im Grundbuch rechtliche Bedeutung hat (Viskorf/Loose § 22 Rn. 50). Ist ein Notar mit der Abwicklung des Erwerbsvorgangs beauftragt, ist diesem die UB auszuhändigen (Böhringer Rpfl 2000, 99 (106)). Bei der Zwangsversteigerung eines Gr erfolgt die Übersendung der UB an das Amtsgericht (Zwangsversteigerungsabteilung). 22

Eine auf Nichtigkeitsfeststellung einer UB gerichtete Klage wird idR mangels Rechtsschutzbedürfnis unzulässig sein (BFH VII B 42/99, BFH/NV 2000, 1105).

Achter Abschnitt. Durchführung

§ 22a Ermächtigung

[1]Zur Vereinfachung des Besteuerungsverfahrens wird das Bundesministerium der Finanzen ermächtigt, im Benehmen mit dem Bundesministerium des Innern, für Bau und Heimat und mit Zustimmung des Bundesrates durch Rechtsverordnung ein Verfahren zur elektronischen Übermittlung der Anzeige und der Abschrift der Urkunde im Sinne des § 18 näher zu bestimmen. [2]Die Authentifizierung des Datenübermittlers sowie die Vertraulichkeit und Integrität des übermittelten elektronischen Dokuments sind sicherzustellen.

1 § 22a wurde durch das **StVereinfG 2011** v. 1.11.2011 (BGBl. 2011 I 213) im neuen Achten Abschnitt „Durchführung" eingefügt und soll zum Bürokratieabbau beitragen (BR-Drs. 54/11, 84). § 22a S. 3 wurde durch das JStG 2024 (Art. 33 Nr. 4, BGBl. 2024 I Nr. 387) aufgehoben.

2 Die Vorschrift ermächtigt das BMF zur Regelung eines Verfahrens zur elektronischen Übermittlung der Anzeige und der Abschrift der Urkunde iSd § 18. Eine auf § 22a gestützte Rechtsverordnung ist bislang nicht ergangen. Der jetzt aufgehobene § 22a S. 3 ermöglicht es nunmehr, dass Notare die Erklärung auch elektronisch übermitteln können (vgl. → § 18 Rn. 7a).

3 Durch die Aufhebung des § 22a S. 3 durch das JStG 2024 wurde ein möglicher Weg zur elektronischen Übermittlung geschaffen, der neben der weiterhin möglichen Übermittlung nach amtlich vorgeschriebenem Vordruck besteht. Für eine **ausschließlich elektronisch erfolgende Veräußerungsanzeige** muss weiterhinvon einer – noch ausstehenden – **Rechtsverordnungsermächtigung** Gebrauch gemacht und in dieser das Verfahren näher ausgestaltet werden.

Neunter Abschnitt. Übergangs- und Schlußvorschriften

§ 23 Anwendungsbereich

(1) [1]Dieses Gesetz ist auf Erwerbsvorgänge anzuwenden, die nach dem 31. Dezember 1982 verwirklicht werden. [2]Es ist auf Antrag auch auf Erwerbsvorgänge anzuwenden, die vor dem 1. Januar 1983, jedoch nach dem Tag der Verkündung des Gesetzes, 22. Dezember 1982, verwirklicht werden.

(2) [1]Auf vor dem 1. Januar 1983 verwirklichte Erwerbsvorgänge sind vorbehaltlich des Absatzes 1 Satz 2 die bis zum Inkrafttreten dieses Gesetzes geltenden Vorschriften anzuwenden. [2]Dies gilt insbesondere, wenn für einen vor dem 1. Januar 1983 verwirklichten Erwerbsvorgang Steuerbefreiung in Anspruch genommen und nach dem 31. Dezember 1982 ein Nacherhebungstatbestand verwirklicht wurde.

(3) § 1 Abs. 2a, § 9 Abs. 1 Nr. 8, § 13 Nr. 6, § 16 Abs. 5, § 17 Abs. 3 Nr. 2 und § 19 Abs. 1 Nr. 3a in der Fassung des Gesetzes vom 20. Dezember 1996 (BGBl. I S. 2049) sind erstmals auf Rechtsgeschäfte anzuwenden, die die Voraussetzungen des § 1 Abs. 2a in der Fassung des Gesetzes vom 20. Dezember 1996 (BGBl. I S. 2049) nach dem 31. Dezember 1996 erfüllen.

(4) [1]§ 8 Abs. 2 und § 11 Abs. 1 in der Fassung des Gesetzes vom 20. Dezember 1996 (BGBl. I S. 2049) sind erstmals auf Erwerbsvorgänge anzuwenden, die nach dem 31. Dezember 1996 verwirklicht werden. [2]§ 10 ist letztmals auf Erwerbsvorgänge anzuwenden, die vor dem 1. Januar 1997 verwirklicht werden.

(5) § 4 Nr. 1 in der Fassung des Gesetzes vom 24. März 1999 (BGBl. I S. 402) ist erstmals auf Erwerbsvorgänge anzuwenden, die nach dem 31. Dezember 1997 verwirklicht werden.

(6) [1]§ 1 Abs. 6, § 8 Abs. 2, § 9 Abs. 1 und § 17 Abs. 3 Satz 1 Nr. 1 in der Fassung des Gesetzes vom 24. März 1999 (BGBl. I S. 402) sind erstmals auf Erwerbsvorgänge anzuwenden, die nach dem Tage der Verkündung des Gesetzes verwirklicht werden. [2]§ 1 Abs. 2a und 3, § 5 Abs. 3, § 13 Nr. 5 und 6, § 16 Abs. 4 und § 19 Abs. 1 Satz 1 Nr. 3a bis 7 und Abs. 2 Nr. 4 in der Fassung des Gesetzes vom 24. März 1999 (BGBl. I S. 402) sind erstmals auf Erwerbsvorgänge anzuwenden, die nach dem 31. Dezember 1999 verwirklicht werden.

(7) [1]§ 1 Abs. 2a Satz 3, § 2 Abs. 1 Satz 2 Nr. 3, § 6 Abs. 3 Satz 2, § 16 Abs. 4, § 19 Abs. 1 Satz 1 Nr. 8 und § 19 Abs. 2 Nr. 4 in der Fassung des Gesetzes vom 20. Dezember 2001 (BGBl. I S. 3794) sind erstmals auf Erwerbsvorgänge anzuwenden, die nach dem 31. Dezember 2001 verwirklicht werden. [2]§ 1 Abs. 7 ist letztmals auf Erwerbsvorgänge anzuwenden, die bis zum 31. Dezember 2001 verwirklicht werden. [3]§ 5 Absatz 3 Satz 2 und § 6 Absatz 3 Satz 3 in der Fassung des Artikels 33 des Gesetzes vom 21. Dezember 2020 (BGBl. I S. 3096) sind erstmals auf Erwerbsvorgänge anzuwenden, die nach dem 31. Januar 2020 verwirklicht werden.

(8) [1]Die §§ 6a und 19 Absatz 2 Nummer 4a in der Fassung des Artikels 7 des Gesetzes vom 22. Dezember 2009 (BGBl. I S. 3950) sind erstmals auf

Erwerbsvorgänge anzuwenden, die nach dem 31. Dezember 2009 verwirklicht werden. [2]§ 6a ist nicht anzuwenden, wenn ein im Zeitraum vom 1. Januar 2008 bis 31. Dezember 2009 verwirklichter Erwerbsvorgang rückgängig gemacht wird und deshalb nach § 16 Absatz 1 oder 2 die Steuer nicht zu erheben oder eine Steuerfestsetzung aufzuheben oder zu ändern ist.

(9) Soweit Steuerbescheide für Erwerbsvorgänge von Lebenspartnern noch nicht bestandskräftig sind, ist § 3 Nummer 3 bis 7 in der Fassung des Artikels 29 des Gesetzes vom 8. Dezember 2010 (BGBl. I S. 1768) erstmals auf Erwerbsvorgänge anzuwenden, die nach dem 31. Juli 2001 verwirklicht werden.

(10) § 6a Satz 4 in der Fassung des Artikels 12 des Gesetzes vom 22. Juni 2011 (BGBl. I S. 1126) ist erstmals auf Erwerbsvorgänge anzuwenden, die nach dem 31. Dezember 2009 verwirklicht werden.

(11) § 1 Absatz 3a und 6 Satz 1, § 4 Nummer 4 und 5, § 6a Satz 1, § 8 Absatz 2 Satz 1 Nummer 3, § 13 Nummer 7, § 16 Absatz 5, § 17 Absatz 3 Satz 1 Nummer 2, § 19 Absatz 1 Satz 1 Nummer 7a und Absatz 2 Nummer 5, § 20 Absatz 2 Nummer 3 in der Fassung des Artikels 26 des Gesetzes vom 26. Juni 2013 (BGBl. I S. 1809) sind erstmals auf Erwerbsvorgänge anzuwenden, die nach dem 6. Juni 2013 verwirklicht werden.

(12) § 6a Satz 1 bis 3 sowie § 16 Absatz 5 in der am 31. Juli 2014 geltenden Fassung sind auf Erwerbsvorgänge anzuwenden, die nach dem 6. Juni 2013 verwirklicht werden.

(13) § 1 Absatz 2a und § 21 in der am 6. November 2015 geltenden Fassung sind auf Erwerbsvorgänge anzuwenden, die nach dem 5. November 2015 verwirklicht werden.

(14) [1]§ 8 Absatz 2 und § 17 Absatz 3a in der am 6. November 2015 geltenden Fassung sind auf Erwerbsvorgänge anzuwenden, die nach dem 31. Dezember 2008 verwirklicht werden. [2]Soweit Steuer- und Feststellungsbescheide, die vor dem 6. November 2015 für Erwerbsvorgänge nach dem 31. Dezember 2008 ergangen sind, wegen § 176 Absatz 1 Satz 1 Nummer 1 der Abgabenordnung nicht geändert werden können, ist die festgesetzte Steuer vollstreckbar.

(15) § 19 Absatz 3 Satz 2 in der am 23. Juli 2016 geltenden Fassung ist auf Erwerbsvorgänge anzuwenden, die nach dem 22. Juli 2016 verwirklicht werden.

(16) [1]§ 1 Absatz 4 und § 18 Absatz 2 Satz 2 in der am 15. Dezember 2018 geltenden Fassung sind auf Erwerbsvorgänge anzuwenden, die nach dem 14. Dezember 2018 verwirklicht werden. [2]Der Zeitpunkt der erstmaligen Anwendung des § 20 in der am 15. Dezember 2018 geltenden Fassung wird durch die Rechtsverordnung im Sinne des § 22a Satz 1 bestimmt.

(17) § 1 Absatz 1 Nummer 3 Satz 2 Buchstabe a und b und § 19 Absatz 6 in der Fassung des Artikels 32 des Gesetzes vom 21. Dezember 2020 (BGBl. I S. 3096) sind erstmals auf Erwerbsvorgänge anzuwenden, die nach dem 28. Dezember 2020 verwirklicht werden.

(18) § 1 Absatz 2a Satz 1 und 4, Absatz 2b, 3 und 3a Satz 1, § 5 Absatz 3 Satz 1, § 6 Absatz 3 Satz 2 und Absatz 4, § 6a Satz 1, § 7 Absatz 3, § 8 Ab-

satz 2 Satz 1 Nummer 3 und 4 und Satz 2, § 13 Nummer 5 bis 8, § 17 Absatz 3 Satz 1 Nummer 2 und § 19 Absatz 1 Satz 1 Nummer 3a bis 9 und Absatz 6 in der am 1. Juli 2021 geltenden Fassung sind erstmals auf Erwerbsvorgänge anzuwenden, die nach dem 30. Juni 2021 verwirklicht werden.

(19) [1]**Bei Anwendung des § 1 Absatz 2a in der am 1. Juli 2021 geltenden Fassung bleiben Übergänge von Anteilen am Gesellschaftsvermögen auf Gesellschafter unberücksichtigt, die mit Ablauf des 30. Juni 2021 keine neuen Gesellschafter im Sinne des § 1 Absatz 2a in der am 30. Juni 2021 geltenden Fassung mehr sind.** [2]**Bei der Anwendung des § 1 Absatz 2a in der am 1. Juli 2021 geltenden Fassung ist für die Ermittlung, inwieweit sich der Gesellschafterbestand geändert hat, § 1 Absatz 2a Satz 3 bis 5 in der am 1. Juli 2021 geltenden Fassung auch auf vor dem 1. Juli 2021 erfolgte Anteilsübergänge anzuwenden.**

(20) [1]**§ 1 Absatz 2a und § 19 Absatz 1 Satz 1 Nummer 3a in der am 30. Juni 2021 geltenden Fassung sind auf Änderungen des Gesellschafterbestandes bis zum 30. Juni 2026 weiter anzuwenden.** [2]**Dies gilt nicht, wenn der Rechtsvorgang nach § 1 Absatz 1, 2, 2a, 3 oder Absatz 3a in der am 1. Juli 2021 geltenden Fassung steuerbar ist oder ein vorausgegangener Rechtsvorgang nach § 1 Absatz 2a in der am 1. Juli 2021 geltenden Fassung steuerbar war.**

(21) [1]**§ 1 Absatz 3 Nummer 1 und 2 und § 19 Absatz 1 Satz 1 Nummer 4 und 5 in der am 30. Juni 2021 geltenden Fassung sind auf Erwerbsvorgänge, die nach dem 30. Juni 2021 verwirklicht werden, weiter anzuwenden, wenn am 30. Juni 2021 unmittelbar oder mittelbar weniger als 95 vom Hundert und mindestens 90 vom Hundert der Anteile der Gesellschaft in der Hand des Erwerbers oder in der Hand von herrschenden und abhängigen Unternehmen oder abhängigen Personen oder in der Hand von abhängigen Unternehmen oder abhängigen Personen allein vereinigt waren.** [2]**Bei der Ermittlung der allein in einer Hand vereinigten Anteile der Gesellschaft im Sinne des Satzes 1 sind auch solche Anteile zu berücksichtigen, über die der Erwerber oder die herrschenden und abhängigen Unternehmen oder abhängigen Personen oder die abhängigen Unternehmen oder abhängigen Personen vor dem 1. Juli 2021 ein Rechtsgeschäft abgeschlossen haben, das den Anspruch auf Übertragung eines oder mehrerer dieser Anteile begründet.** [3]**Die Sätze 1 und 2 gelten nicht, wenn der Rechtsvorgang nach § 1 Absatz 1, 2, 2a, 2b, 3 oder Absatz 3a in der am 1. Juli 2021 geltenden Fassung steuerbar ist.** [4]**Sinken die Anteile nach dem 30. Juni 2021 unter 90 vom Hundert, finden die Sätze 1 und 2 auf spätere Erwerbsvorgänge keine Anwendung.**

(22) [1]**§ 1 Absatz 3a und § 19 Absatz 1 Satz 1 Nummer 7a in der am 30. Juni 2021 geltenden Fassung sind auf Erwerbsvorgänge nach dem 30. Juni 2021 weiter anzuwenden, wenn der Rechtsträger am 30. Juni 2021 unmittelbar oder mittelbar oder teils unmittelbar, teils mittelbar eine wirtschaftliche Beteiligung von weniger als 95 vom Hundert und mindestens 90 vom Hundert an einer Gesellschaft, zu deren Vermögen ein inländisches Grundstück gehört, innehatte.** [2]**Dies gilt nicht, wenn der Rechtsvorgang nach § 1 Absatz 1, 2, 2a, 2b, 3 oder Absatz 3a in der am 1. Juli 2021 geltenden Fassung steuerbar ist.** [3]**Sinkt nach dem 30. Juni 2021 die**

wirtschaftliche Beteiligung im Sinne des § 1 Absatz 3a unter 90 vom Hundert, findet Satz 1 auf spätere Erwerbsvorgänge keine Anwendung.

(23) **Bei der Anwendung des § 1 Absatz 2b bleiben Übergänge von Anteilen der Gesellschaft, die vor dem 1. Juli 2021 erfolgen, unberücksichtigt.**

(24) **§ 5 Absatz 3 Satz 1, § 6 Absatz 3 Satz 2 und Absatz 4 und § 7 Absatz 3 in der am 1. Juli 2021 geltenden Fassung sind nicht anzuwenden, wenn die in § 5 Absatz 3 Satz 1, § 6 Absatz 3 Satz 2 oder Absatz 4 oder § 7 Absatz 3 in der am 30. Juni 2021 geltenden Fassung geregelte Frist vor dem 1. Juli 2021 abgelaufen war.**

(25) [1]**§ 1 Absatz 4a ist erstmals auf Erwerbsvorgänge nach § 1 Absatz 2a bis 3a anzuwenden, die nach dem 5. Dezember 2024 verwirklicht werden.** [2]**Bei der Anwendung des § 1 Absatz 4a sind auch Erwerbsvorgänge nach § 1 Absatz 1 und 2 zu berücksichtigen, die vor dem 6. Dezember 2024 verwirklicht wurden.**

(26) **§ 4 Nummer 7 in der Fassung des Artikels 33 des Gesetzes vom 2. Dezember 2024 (BGBl. 2024 I Nr. 387) ist auf Erwerbsvorgänge anzuwenden, die nach dem 30. Juni 2021 verwirklicht werden.**

(27) **§ 5 Absatz 3 Satz 1, § 6 Absatz 3 Satz 2 und § 19 Absatz 2 Nummer 4 in der bis zum 31. Dezember 2026 geltenden Fassung sind bis zum Ablauf der in § 5 Absatz 3 Satz 1 und § 6 Absatz 3 Satz 2 genannten Fristen für verwirklichte Übergänge nach § 5 Absatz 1 und 2 und § 6 Absatz 3 Satz 1 in der bis zum 31. Dezember 2026 geltenden Fassung mit der Maßgabe weiter anzuwenden, dass anstelle des Vermögens der Gesamthand das Gesellschaftsvermögen tritt.**

Übersicht

I. Bedeutung

1 Der mit „Anwendungsbereich“ überschriebene § 23 enthält nähere Regelungen über die zeitliche Geltung des GrEStG und seiner Änderungen. § 23 I und II grenzen den zeitlichen Geltungsbereich des alten GrESt-Rechts von dem des GrEStG 1983 ab. Nach der in § 23 I 1 enthaltenen Grundregel findet – mit Ausnahme des § 23 I 2 – das GrEStG auf die nach dem 31.12.1982 verwirklichten Erwerbsvorgänge Anwendung. Dieser Zeitpunkt stimmt mit dem des Inkrafttretens des GrEStG zum 1.1.1983 (§ 28) überein. § 23 II bestimmt, auf welche Erwerbsvorgänge – vorbehaltlich des § 23 I 2 – die bis zum Inkrafttreten des GrEStG geltenden Vorschriften Anwendung finden. Für die Weitergeltung des bisherigen Rechts führt § 23 II 2 beispielhaft dessen Nacherhebungstatbestände an.

2 § 23 III und IV wurden durch das JStG 1997 eingefügt und durch das StEntlG 1999 ff. geändert. § 23 III legt den zeitlichen Geltungsbereich des § 1 IIa idF des JStG 1997 (zu § 1 IIa idF des StEntlG 1999 ff. vgl. § 23 VI 2) und seiner Folgeregelungen fest. § 23 IV betrifft die erstmalige Anwendung des § 8 II idF des JStG 1997 (zur Neufassung des § 8 II durch das StEntlG 1999 ff. vgl. § 23 VI 1) und gleichzeitig die letztmalige Anwendung des aufgehobenen § 10. Ferner legt die Vorschrift den zeitlichen Anwendungsbereich des auf 3,5 % erhöhten Steuersatzes (§ 11 I) fest. § 23 V und VI wurden durch das StEntlG 1999 ff., § 23 VII wurde durch das StÄndG 2001, § 23 VIII durch das WachstBeschlG angefügt. Durch das AmtshilfeRLUmsG wurde § 23 IX neu gefasst sowie § 23 XI eingefügt. Durch das KroatienAnpG wurden §§ 6a, 16 V rückwirkend für alle Erwerbsvorgänge nach dem 6.6.2013 für anwendbar erklärt (§ 23 XII). Die Änderungen des § 23 XIII und XIV beruhen auf dem StÄndG 2015. Durch das StModG wurde § 23 XV geändert. § 23 XVI (Änderung des § 1 IV und des § 18 II 2 sowie Änderung des § 20) beruht auf dem Gesetz v. 11.12.2018 (BGBl. 2018 I 2338). Die Änderungen des § 1 I Nr. 3 S. 2 Buchst. a und b und des § 19 VI beruhen auf dem JStG 2020 v. 21.12.2020 (BGBl. 2020 I 3096). § 23 XVIII–XXIV beruht auf dem GrEStGÄndG v. 12.5.2021 (BGBl. 2021 I 986). Durch das JStG 2022 (BGBl. 20221 I 2294) wurde in § 23 XVIII und XXIV die Angabe „§ 5 Absatz 3“ durch die Wörter „§ 5 Absatz 3 Satz 1“ ersetzt.

II. Verwirklichung des Erwerbsvorgangs

3 **1. Allgemeines.** Der Zeitpunkt der Verwirklichung des Erwerbsvorgangs ist nach § 23 I der entscheidende gesetzliche Anknüpfungspunkt für die Anwendung alten GrESt-Rechts bzw. seiner gesetzlichen Änderungen. Mit dem Merkmal des **Erwerbsvorgangs** knüpft § 23 an die in **§ 1 I–IIIa** (vgl. Viskorf/Loose § 23 Rn. 22; BFH II R 23/04, BStBl. II 2006, 137) bezeichneten Erwerbsvorgänge – und nicht an den Erwerb als den durch diese herbeigeführten Erfolg – an (zur Unterscheidung zwischen Erwerbsvorgang und Erwerb → § 1 Rn. 6 ff.). Der Zeitpunkt der Verwirklichung ist nicht identisch mit dem der Steuerentstehung (vgl. auch → Rn. 6).

4 Im **Grundsatz** ist ein Erwerbsvorgang iSd § 23 grds. dann **verwirklicht,** wenn die den Erwerbsvorgang begründenden Merkmale eines Steuertatbestands iSd § 1 I–III erfüllt sind. Dies ist bei Erwerbsvorgängen nach **§ 1 I Nr. 1, 2, 5–7, II, IIa, IIb und III Nr. 1 u. 3** dann der Fall, wenn die Beteiligten das auf einen Erwerbsvorgang abzielende Wollen in **rechtsgeschäftliche Erklärungen** umgesetzt haben und daher im Verhältnis zueinander **gebunden** sind, und zwar unab-

hängig davon, ob dieser Rechtsvorgang bereits die Entstehung der Steuer ausgelöst hat oder nicht (zB BFH II R 136/84, BStBl. II 1987, 35; II R 31/88, BStBl. II 1990, 234; II R 71/92, BStBl. II 1993, 633; II R 51/98, BStBl. II 2000, 318; II R 23/04, BStBl. II 2006, 137; II R 57/05, BFH/NV 2007, 1537, stRspr; Schanko UVR 2011, 316; Halaczinsky UVR 2015, 300). Die Verwirklichung eines Erwerbsvorgangs setzt somit stets rechtsgeschäftlich wirksame Willenserklärungen voraus, durch die eine Bindung der Beteiligten an das vorgenommene Rechtsgeschäft eingetreten ist (BFH II R 16/98, BStBl. II 1999, 606; II R 51/98, BStBl. II 2000, 318; II R 51/99, BFH/NV 2001, 642; II R 45/02, BFH/NV 2005, 1137; V R 29/00, BFH/NV 2006, 137; dazu im Einzelnen → Rn. 6 ff.). Diese Bindung muss einen Erwerbsvorgang iSd § 1 I–III betreffen und dessen Steuerbarkeit begründen; die Verwirklichung zB der Merkmale eines nicht steuerbaren Vorvertrags (→ Rn. 12) reicht nicht aus (BFH II R 45/02, BFH/NV 2005, 1137). Die bloße Verminderung der Beteiligung an einer grundbesitzenden Gesellschaft nach § 23 XXIV erfüllt – soweit nicht § 1 IIa–IIIa erfüllt sind – diese Voraussetzungen nicht (Behrens/Seemaier UV 2021, 348).

Bei Erwerbsvorgängen nach **§ 1 I Nr. 3, III Nr. 2, 4 und IIIa** fehlt es an dem 5
zB für § 1 I Nr. 1 eigentümlichen Unterschied zwischen Erwerbsvorgang und Erwerb (→ § 1 Rn. 11). Hier fällt der Zeitpunkt der Steuerentstehung vielmehr notwendig mit dem seiner Verwirklichung zusammen (BFH II R 67/89, BStBl. II 1993, 308; II R 23/04, BStBl. II 2006, 137; II B 42/05, BFH/NV 2007, 77; FG Bln 1 K 1400/01, EFG 2002, 779; unklar ist die Rechtslage für § 1 IIIa → § 1 Rn. 683, 693). Daher tritt bei einem Erwerb kraft Gesetzes im **Umlegungsverfahren** die Verwirklichung iSd § 23 mit der Eintritt der Rechtswirkungen des Umlegungsplans ein (vgl. § 72 BauGB). Bei Eigentumsübergängen iSd § 1 I Nr. 3 aufgrund **Umwandlung ist** allein der Zeitpunkt der für die Rechtsänderung maßgeblichen **Eintragung im Handelsregister** und nicht etwa der Zeitpunkt des Abschlusses des Umwandlungsvertrags, des Gesellschafterbeschlusses oder des Eintritts der rechtsgeschäftlichen Bindung bzw. der Eintragungsreife für die Verwirklichung maßgebend (BFH II R 23/04, BStBl. II 2006, 137; II B 42/05, BFH/NV 2007, 77; Hofmann/Keßeler § 23 Rn. 2; aA Hörger/Mentel/Schulz DStR 1999, 565 (574); Gottwald BB 2000, 69 (77)). Die Verwirklichung des Erwerbsvorgangs tritt bei Erwerbsvorgängen iSd **§ 1 I Nr. 4** im Zeitpunkt der Abgabe des Meistgebots und in den Fällen des § 1 III Nr. 2 und 4 mit der Anteilsvereinigung bzw. dem Übergang der vereinigten Anteile ein. Zur Verwirklichung im Fall des § 1 IIa → Rn. 19.

2. Maßgeblichkeit rechtsgeschäftlicher Bindungswirkung; Einzelfälle. 6
Die Verwirklichung des Erwerbsvorgangs setzt **rechtsgeschäftlich wirksame Willenserklärungen** voraus. Dem ist auch genügt, wenn ein Vollmachtgeber bei der notariellen Beurkundung eines GrKaufvertrags von einem **mündlich Bevollmächtigten** vertreten wird (BFH II R 57/05, BFH/NV 2007, 1537; Schanko UVR 2011, 316). Grundsätzlich bedarf eine Vollmacht gem. § 167 II BGB nicht der Form des vom Vertreter abzuschließenden Geschäfts (zu gesetzlichen Ausnahmen Grüneberg/Ellenberger BGB § 167 Rn. 2). Nach der BGH-Rspr. bedarf die Vollmacht zur Übertragung oder zum Erwerb eines Gr nicht schon deshalb notarieller Beurkundung, weil der Vollmachtgeber entschlossen ist, die widerruflich erteilte Vollmacht nicht zu widerrufen oder weil er dem Bevollmächtigten keinen eigenen Entscheidungsspielraum lässt (BFH II R 57/05, BFH/NV 2007, 1537; zu Einzelfragen Grüneberg/Grüneberg BGB § 311b Rn. 19 ff.).

Bei der Vereinbarung **zusätzlicher Gegenleistungen (§ 9 II Nr. 1)** tritt die Verwirklichung des darin liegenden Erwerbsvorgangs (→ § 9 Rn. 208) in dem Zeitpunkt ein, in dem die Bindung der Vertragspartner hinsichtlich der zusätzlich gewährten Gegenleistung eingetreten ist (BFH II R 3/05, BStBl. II 2006, 604; II R 57/05, BFH/NV 2007, 1537).

Bei **aufschiebend bedingten** Erwerbsvorgängen ist für den Zeitpunkt der Verwirklichung grds. auf die bereits durch die rechtsgeschäftlichen Erklärungen eingetretene **Bindungswirkung** (und nicht auf den Zeitpunkt des Bedingungseintritts) abzustellen (vgl. auch Schanko UVR 2011, 316); der Zeitpunkt der Verwirklichung kann daher vor dem der Steuerentstehung (§ 14 Nr. 1) liegen (vgl. auch → § 14 Rn. 3 sowie OFD Rheinland v. 16.8.2011, GrESt-Kartei NW § 23 GrEStG Karte 1). Das bedingte Rechtsgeschäft ist tatbestandlich bereits mit seiner Vornahme vollendet und voll gültig; lediglich seine Rechtswirkungen – die mit dem Bedingungsfall ipso iure eintreten – sind hinausgeschoben (BGH NJW 1994, 3227). Die Vertragsparteien sind bereits durch den Vertragsabschluss gebunden und können die Vertragsbeziehung im Hinblick auf das durch den aufschiebend bedingten Rechtserwerb erworbene Anwartschaftsrecht sowie die gegenseitige Treuepflicht nicht mehr einseitig lösen (BFH II R 16/98, BStBl. II 1999, 606; II R 51/99, BFH/NV 2001, 642).

7 Abweichend von diesen Grundsätzen tritt jedoch bei einer sog. **Potestativbedingung** (bei dieser ist das freie Belieben einer Partei zur Bedingung des Rechtsgeschäfts gemacht, vgl. Grüneberg/Ellenberger BGB vor § 158 Rn. 10) eine Verwirklichung des Erwerbsvorgangs erst im Zeitpunkt des Bedingungseintritts ein (BFH II R 38/15, BStBl. II 2018, 786 Rn. 12; Hofmann/Keßeler § 23 Rn. 3; Schanko UVR 2011, 316). Dies gilt ebenso für **bedingungsfeindliche Rechtsgeschäfte;** dazu zählen insb. Rechtsvorgänge iSd § 1 I Nr. 2 und Nr. 4 sowie § 1 III Nr. 2 und Nr. 4 (zutr. Viskorf/Loose § 23 Rn. 30) sowie § 1 IIIa; zum aufschiebend bedingten Beitritt zu einer PersGes im Zusammenhang mit § 1 IIa → § 1 Rn. 313.

8 Auch bei **genehmigungsbedürftigen Rechtsgeschäften** kann eine Verwirklichung des Erwerbsvorgangs bereits mit Abschluss des Rechtsgeschäfts eintreten, wenn bereits zu diesem Zeitpunkt eine **Bindungswirkung** für die Beteiligten eintreten ist (zum Zeitpunkt der Steuerentstehung vgl. § 14 Nr. 2); eine solche Bindungswirkung ist unter Berücksichtigung der Rechtswirkungen des Genehmigungserfordernisses zu ermitteln (vgl. auch Schanko UVR 2011, 316). Es kommt darauf an, ob die Willenserklärungen der Beteiligten rechtsgeschäftlich wirksam sind oder ob sich die Vertragsbeteiligten während des Schwebezustands bis zur Genehmigungserteilung wieder vom Vertrag frei lösen können (vgl. → Rn. 6). Bei einer erforderlichen **behördlichen Genehmigung** tritt die Bindungswirkung bereits mit Vertragsabschluss ein (BGH NJW 1993, 648/651; Grüneberg/Grüneberg BGB § 275 Rn. 36). Gleiches gilt zB für zivilrechtliche Genehmigungen (zB § 12 WEG). An der für die Verwirklichung des Erwerbsvorgangs geforderten erforderlichen Bindung fehlt es, wenn die Erteilung der erforderlichen Genehmigung erst die **Wirksamkeit einer** abgegebenen **Willenserklärung** herbeiführt. In diesen Fällen tritt die Verwirklichung des Erwerbsvorgangs erst mit der Wirksamkeit der Genehmigung und der dadurch bewirkten Bindungswirkung der Willenserklärungen ein (vgl. näher Schanko UVR 2011, 316).

9 Bei Abschluss eines GrKaufvertrags mit einem **Nachlasspfleger** über ein zum Nachlass gehörendes Gr tritt keine Bindungswirkung ein, bis die vormundschaftsgerichtliche Genehmigung erteilt ist (§§ 1960 II, 1915 I BGB iVm §§ 1821 I

Nr. 4, 1829 I 1 BGB) und der Nachlasspfleger dem anderen Vertragsteil hiervon Mitteilung macht (BFH II R 16/98, BStBl. II 1999, 606). Ebenso ist der (bei Vertragsabschluss durch den gesetzlichen Vertreter eines Minderjährigen) einer **vormundschaftsgerichtlichen Genehmigung** bedürftige Vertrag erst mit Genehmigungserteilung verwirklicht (BFH II R 51/98, BStBl. II 2000, 318; vgl. auch Henninger DStZ 2000, 352). Auch bei dem von einem **Vertreter ohne Vertretungsmacht** geschlossenen Vertrag ist das Rechtsgeschäft zunächst schwebend unwirksam (§ 177 I BGB) und wird erst durch Genehmigungserteilung durch den Vertretenen verwirklicht (BFH II B 120/99, BFH/NV 2000, 1499; II R 51/99, BFH/NV 2001, 642). Die Rückwirkungsanordnung des § 184 I BGB gilt weder für § 14 (vgl. → § 14 Rn. 14) noch im Bereich des § 23 (BFH II R 16/98, BStBl. II 1999, 606; II B 23/07, UVR 2008, 41 mwN). Zu Fragen eines Billigkeitserlasses im Zusammenhang mit § 23 IV → Rn. 21.

Bei einem Erwerb im **Bauherrenmodell** war der Erwerbsvorgang bereits mit Abschluss des GrKaufvertrags verwirklicht, soweit in diesem Zeitpunkt eine Bindung hinsichtlich der den Gegenstand des Erwerbsvorgangs (zB Erwerb einer noch zu errichtenden Eigentumswohnung) begründenden Verträge eingetreten war (BFH II R 31/88, BStBl. II 1990, 234). **10**

Bei der **Verlängerung eines Erbbaurechts** (zur Steuerbarkeit → § 2 Rn. 80, 83) entsteht die GrESt in dem Zeitpunkt, in dem das Rechtsgeschäft über die Verlängerung des Erbbaurechts abgeschlossen worden ist. Die grestrechtlichen Auswirkungen der Verlängerung des Erbbaurechts bestimmen sich ausschließlich nach Maßgabe des Rechts, das im Zeitpunkt der Verlängerung des Erbbaurechts gilt (BFH II R 10/90, BStBl. II 1993, 766). Für die rechtliche Beurteilung der Verlängerung des Erbbaurechts ist daher unerheblich, ob auf die erstmalige Bestellung des Erbbaurechts die nach § 23 II fortgeltenden Vorschriften anzuwenden waren. **11**

Durch Abschluss eines **Vorvertrags** (→ § 1 Rn. 154; vgl. auch Stoschek/Peter DStR 2002, 2109 (2111 f.)) wird grds. noch kein Rechtsvorgang iSd § 1 I Nr. 1 verwirklicht (BFH II R 45/02, BFH/NV 2005, 1137). Eine andere Beurteilung ist nur ausnahmsweise möglich, wenn bereits aus dem Vorvertrag auf Auflassung des Gr geklagt werden kann (→ § 1 Rn. 154). Ggf. kann im tatsächlichen Vollzug des Vorvertrags der Erwerb einer Verwertungsbefugnis (§ 1 II) liegen, wenn etwa Nutzungen und Lasten bereits auf den künftigen Erwerber übergehen (so – in seiner allgemeinen Aussage im Übrigen zu weitgehend – EinfErl GrEStG Tz. 14.1); insoweit können anhaltsweise die in BFH VIII R 16/83, BStBl. II 1984, 311 entwickelten Rechtsgrundsätze herangezogen werden. Für die Anwendung des § 23 ist allerdings auf den jeweiligen Erwerbsvorgang – als je eigenen Steuerfall (→ § 1 Rn. 14) – abzustellen. Wird im Zusammenhang mit einem Vorvertrag zunächst ein Erwerbsvorgang nach § 1 II verwirklicht und folgt dem ein nach § 1 I Nr. 1 verwirklichter Erwerbsvorgang, liegen zwei im Hinblick auf § 23 jeweils selbstständig zu beurteilende Erwerbsvorgänge vor (BFH II R 45/02, BFH/NV 2005, 1137; anders Vorinstanz FG Bbg EFG 2003, 113). Ist ein **Vorkaufsrecht** eingeräumt, tritt die Verwirklichung des Erwerbsvorgangs mit der Ausübung des Vorkaufsrechts ein; der Zeitpunkt des Vertragsabschlusses zwischen dem Verpflichteten und dem Dritten ist dafür nicht maßgeblich (BFH II R 13/99, BFH/NV 2001, 937). **12**

III. Zeitlicher Anwendungsbereich des GrEStG (§ 23 I)

Das GrEStG ist auf alle Erwerbsvorgänge anzuwenden, die nach dem 31.12.1982 verwirklicht wurden (§ 23 I 1). Ein Wahlrecht bestand für die nach **13** dem 21.12.1982 und vor dem 1.1.1983 verwirklichten Erwerbsvorgänge (§ 23 I 2). Dieses Wahlrecht setzte einen Antrag voraus. Zu Einzelheiten dieser Bestimmung vgl. 4. Aufl. § 23 Rn. 14 ff.

14–16 *einstweilen frei*

IV. Weitergeltung alten Rechts (§ 23 II)

17 Auf die **vor** dem 1.1.1983 verwirklichten Erwerbsvorgänge sind vorbehaltlich des § 23 I 2 die bis zum Inkrafttreten des GrEStG geltenden Vorschriften anzuwenden (§ 23 II 1); dies gilt insb. für Nacherhebungstatbestände des alten Rechts (§ 23 II 2). Denn die endgültige Inanspruchnahme der nach altem Recht gewährten Steuervergünstigungen war häufig von Voraussetzungen abhängig, die innerhalb eines bestimmten Zeitraums zu erfüllen waren. § 23 II 1 ordnet insoweit unmittelbar die Weitergeltung des alten Rechts für die vor dem 1.1.1983 verwirklichten Erwerbsvorgänge an; der zwischenzeitliche Wegfall der §§ 24 bis 25 – und damit auch der Vorbehalte in §§ 24, 25 zugunsten des § 23 II – ist deshalb ohne sachliche Bedeutung. Das alte Recht ist nach Aufhebung des früheren § 160 II FGO nur noch im Falle entspr. landesgesetzlicher Anordnung revisibel, vgl. zB BFH II R 6/94, BStBl. II 1995, 738; II R 38/93, BStBl. II 1996, 377; II R 102/93, BStBl. II 1996, 396; eingehend Sack DStR 1995, 1615. Zur Revisibilität im Fall von § 11 I abweichender landesgesetzlicher Steuersatzbestimmung → § 11 Rn. 4.

18 Besonderheiten ergeben sich bei einem im Geltungsbereich des alten Rechts verwirklichten Erwerbsvorgangs, sofern erst im zeitlichen Geltungsbereich des GrEStG ein nach **§ 16** beachtliches Ereignis eintritt. Bei einer im zeitlichen Geltungsbereich des GrEStG erfolgten **Herabsetzung der Gegenleistung** ist § 16 III anzuwenden (BFH II R 120/89, BStBl. II 1993, 58). Dies folgt aus der Selbstständigkeit der durch § 16 begründeten Ansprüche, für deren Entstehung nach § 38 AO das im Zeitpunkt der Verwirklichung des jeweiligen Sachverhalts geltende Recht anzuwenden ist. Die durch § 16 III ausgelöste Rechtsfolge der Änderung bzw. niedrigeren Steuerfestsetzung betrifft jedoch allein das bei Verwirklichung des ursprünglichen Tatbestands maßgebende alte Recht. Insoweit bleibt es daher bei der Anwendung des nach altem GrESt-Recht anzuwendenden Steuersatzes (BFH II R 120/89, BStBl. II 1993, 58). Diese Grundsätze müssen ebenso für eine **Rückgängigmachung bzw.** einen **Rückerwerb** iSd § 16 I bzw. II gelten. Andererseits ist die GrESt für einen unter dem alten GrESt-Recht verwirklichten Erwerbsvorgang nach bisherigem Recht zu erheben, wenn nach dem 31.12.1982 zusätzliche Leistungen (§ 11 II Nr. 1 GrEStG 1940; § 9 II Nr. 1 GrEStG) erbracht wurden (Padberg § 23 Rn. 274). Zu den übrigen Rechtsfolgen des § 23 II eingehend Padberg § 23 Rn. 259 ff.

V. Zeitlicher Anwendungsbereich des § 1 IIa und seiner Folgeregelungen idF des JStG 1997 (§ 23 III)

19 Gemäß § 23 III ist § 1 IIa einschl. seiner Folgeänderungen in §§ 9 I Nr. 8, 13 Nr. 6, 17 III Nr. 2 und 19 I Nr. 3a – jeweils idF des JStG 1997 – erstmals auf Rechtsgeschäfte anzuwenden, die die Voraussetzungen des § 1 IIa aF nach dem 31.12.1996 erfüllen. Das muss selbstverständlich auch für die auf dem JStG 1997 beruhenden Änderungen des § 1 III und VI 1 gelten, obwohl diese – weil in § 23 III nicht erwähnt – bereits am 28.12.1996 in Kraft getreten und von diesem

Zeitpunkt an anzuwenden waren (vgl. Art. 32 I JStG 1997). Zur zeitlichen Anwendung des § 1 IIa idF des StEntlG 1999 ff. und seiner Folgeänderungen vgl. § 23 VI 2.

Zeitlicher Anknüpfungspunkt des § 23 III sind **„Rechtsgeschäfte"**, die die Voraussetzungen des § 1 IIa idF des JStG 1997 erfüllen. Der hier verwendete Begriff des Rechtsgeschäfts entspricht dem des § 1 IIa (BFH II R 64/98, BStBl. II 2001, 422). Mit Rücksicht auf die mögliche Erfüllung des Steuertatbestands des § 1 IIa durch mehrere Teilakte (→ § 1 Rn. 309) ist aus dem Wortlaut des § 23 III nicht zweifelsfrei erkennbar, ob auch der Beginn der Fünfjahresfrist des § 1 IIa 1 auf frühestens den 1.1.1997 festzulegen ist oder ob bereits nach dem 1.1.1992 verwirklichte Teilakte einer nach dem 31.12.1996 Änderung des Gesellschafterbestands hinzugerechnet werden können. Der BFH (II R 64/98, BStBl. II 2001, 422; Viskorf/Loose § 23 Rn. 56) hat vornehmlich aus dem verfassungsrechtlichen Gesichtspunkt der Normenklarheit und des Vertrauensschutzprinzips eine Einbeziehung von Änderungen des Gesellschafterbestands, die vor dem 1.1.1997 vorgenommen worden sind, abgelehnt. Dem folgt auch die FVerw (frühere Ländererlasse § 1 IIa v. 26.2.2003, BStBl. I 2003, 271 Tz. 5). Ein bereits vor dem 1.1.1997 bewirkter fehlerhafter Beitritt zu einer PersGes ist auch grestrechtlich zu beachten (BFH II R 54/02, BStBl. II 2005, 299; vgl. auch → § 1 Rn. 68).

VI. Zeitlicher Anwendungsbereich von § 8 II und § 11 I (idF des JStG 1997); letztmalige Anwendung des § 10 (§ 23 IV)

Die auf dem JStG 1997 beruhenden Änderungen des § 8 II (Gr- bzw. Grundbe- **20**
sitzwerte) sowie des § 11 I (Steuersatzerhöhung auf 3,5 %) sind gem. § 23 IV 1 erstmals auf nach dem 31.12.1996 verwirklichte Erwerbsvorgänge anzuwenden. Für das Merkmal der Verwirklichung des Erwerbsvorgangs gelten die Ausführungen in → Rn. 4 ff. (vgl. auch Schuck DStR 1996, 1965). Demgemäß unterliegt zB eine nach dem 31.12.1996 vereinbarte Verlängerung eines Erbbaurechts – unabhängig davon, nach welchem Rechtszustand die Erbbaurechtsbestellung zu beurteilen war – dem Steuersatz von 3,5 % (§ 11 I).

Problematisch ist die strikte Anwendung der in → Rn. 8 f. dargestellten **21**
Grundsätze in Bezug auf die Verwirklichung des Erwerbsvorgangs bei **genehmigungsbedürftigen Rechtsgeschäften.** Hier ist es in Einzelfällen möglich, dass die Vertragsbeteiligten von der Steuersatzerhöhung auf 3,5 % überrascht wurden (die erstmals eine Steuersatzerhöhung vorsehende Beschlussempfehlung des Vermittlungsausschusses stammt vom 12.12.1996, vgl. BT-Drs. 13/6530) und die Genehmigung nicht mehr rechtzeitig bis zum 31.12.1996 einholen konnten. Das legt es nahe, aufgrund der „bis zuletzt nicht abschätzbaren Unwägbarkeiten" im Zusammenhang mit der Verabschiedung des JStG 1997 aus diesem Grund eine Rückwirkung der Genehmigung gem. § 184 I BGB anzunehmen (so zutr FM BW 23.1.1997, StEK GrEStG § 23 Nr. 9). Zumindest sollte aus den vorstehenden Gründen und unter Vertrauensschutzgesichtspunkten ein Billigkeitserlass erwogen werden (ebenso Wachter ZEV 2000, 290). Insbesondere bei GrGeschäften unter Beteiligung eines vollmachtlosen Vertreters bedarf die Genehmigung des Vertretenen (§ 177 BGB) keiner besonderen Form, § 182 II BGB. Wurde eine noch vor dem 1.1.1997 erteilte Genehmigung des Vertretenen behauptet, muss das FA für die Anwendung des erhöhten Steuersatzes von 3,5 % das Gegenteil nachweisen (zutr. FM Nds v. 18.2.2011, GrESt-Kartei OFD Hannover § 23 Karte 1).

22 Für die grestrechtlichen Folgen, sofern erst nach dem 31.12.1996 ein nach § 16 beachtliches Ereignis (Rückgängigmachung, Rückerwerb oder Herabsetzung der Gegenleistung) bezüglich eines bereits vor diesem Zeitpunkt verwirklichten Erwerbsvorgangs eintritt, gelten die Hinweise in → Rn. 18 entsprechend Zur erstmaligen Anwendung der §§ 138 ff. BewG (idF des JStG 2007) iVm § 8 II vgl. Halaczinsky NWB F. 8, 1581 (1589 ff.).

VII. Erstmalige Anwendung des § 4 Nr. 1 (§ 23 V)

23 Für den durch das StEntlG 1999 ff. geänderten § 4 Nr. 1 ordnet § 23 V die rückwirkende Anwendung auf nach dem 31.12.1996 verwirklichte Erwerbsvorgänge (zum Rechtsbegriff der Verwirklichung → Rn. 4 ff.) an. Diese Rückwirkung ist, weil sie begünstigende Wirkung hat, verfassungsrechtlich unbedenklich.

VIII. Zeitlicher Anwendungsbereich der sonstigen Neuregelungen des StEntlG 1999 ff. (§ 23 VI)

24 § 23 VI betrifft die erstmalige Anwendbarkeit der sonstigen Neuregelungen des StEntlG 1999 ff.; insoweit sind in § 23 VI 1 und 2 jeweils unterschiedliche Zeitpunkte bestimmt.

25 **1. Erstmalige Anwendung von §§ 1 VI, 8 II, 9 I, 17 III 1 (§ 23 VI 1).** Die durch das StEntlG 1999 ff. geänderten Fassungen der §§ 1 VI, 8 II, 9 I und 17 III 1 sind gem. § 23 VI 1 erstmals auf Erwerbsvorgänge anzuwenden, die nach Verkündungstag des StEntlG 1999 ff. – dh nach dem 31.3.1999 – verwirklicht (zu diesem Rechtsbegriff → Rn. 4 ff.) werden.

26 **2. Erstmalige Anwendung von §§ 1 IIa und III, 5 III, 13 Nr. 5 und 6, 16 IV, 19 I Nr. 3a–7 und II Nr. 4 (§ 23 VI 2).** Die durch das StEntlG 1999 ff. eingefügten bzw. geänderten §§ 1 IIa, 5 III, 13 Nr. 5 und 6, 16 IV, 19 I Nr. 3a–7 und II Nr. 4 sind gem. § 23 VI 2 erstmals auf Erwerbsvorgänge anzuwenden, die **nach** dem **31.12.1999** verwirklicht (zu diesem Rechtsbegriff → Rn. 4 ff.) werden. „Erwerbsvorgänge" iSd § 23 VI 2 sind diejenigen, die der Steuerpflicht aus § 1 IIa bzw. III idF des StEntlG 1999 ff. unterliegen bzw. bei denen die zunächst gewährte Steuervergünstigung aus § 5 I oder II gem. § 5 III versagt wird.

27 Soweit sich aus **§ 1 IIa idF des StEntlG 1999 ff.** im Vergleich zu § 1 IIa aF eine Steuerverschärfung im Hinblick auf nunmehr steuerbare **mittelbare Änderungen** im Gesellschafterbestand ergibt (→ § 1 Rn. 323 ff.), ordnet § 23 VI 2 keine Rückwirkung auf bis zum 1.1.1997 verwirklichte Erwerbsvorgänge an. Folgt man der BFH-Rspr. zur Auslegung des § 23 III (vgl. → Rn. 19), so beginnt auch für mittelbare Änderungen der Lauf der Fünfjahresfrist des § 1 IIa idF des StEntlG 1999 ff **erstmals am 1.1.2000** (NdsFG 7 K 374/03, EFG 2007, 282; Hofmann/Keßeler § 23 Rn. 10 f.; Viskorf/Loose § 23 Rn. 64; Heine INF 2000, 389 (393)). Für **unmittelbare Änderungen** im Gesellschafterbestand ist es hingegen aufgrund der Neufassung des § 1 IIa idF des StEntlG 1999 ff. bei der ursprünglichen Rechtslage nach § 1 IIa aF verblieben, sodass insoweit – weiterhin – Änderungen im Gesellschafterbestand nach dem 31.12.1996 den Steuertatbestand erfüllen (Hofmann/Keßeler § 23 Rn. 11). §§ 13 Nr. 6 und 19 I Nr. 3a idF des StEntlG 1999 ff. sind erst anwendbar auf Erwerbsvorgänge iSd § 1 IIa, bei denen die Voraussetzungen dieses Steuertatbestands nach dem 31.12.1999 erfüllt waren.

28 Die gem. **§ 1 III idF des StEntlG 1999 ff.** maßgebende Anteilsgröße von (mindestens) 95 % der Anteile gilt erst für nach dem 31.12.1999 verwirklichte

Erwerbsvorgänge. Werden vor diesem Zeitpunkt (mindestens) 95 % – jedoch nicht alle, also höchstens 99,9 % – Anteile in einer Hand vereinigt oder übertragen, entfällt die Steuerbarkeit aus § 1 III aF (→ § 1 Rn. 328). Die Vereinigung auch der Restanteile in einer Hand bzw. deren Übertragung nach dem 31.12.1999 löst keine Steuer aus § 1 III idF des StEntlG 1999 ff. aus (→ § 1 Rn. 364 mwN; BFH II R 44/18, BStBl. II 2023, 1009; Stoschek ZfIR 1999, 487; Halaczinsky NWB F 8, 1425 (1428)). Dies muss auch dann gelten, wenn die Gesellschaft nach dem 31.12.1999 ein Gr hinzuerwirbt (BFH II R 44/18, BStBl. II 2023, 1009).

Soweit bei einer bis 31.12.1999 vorliegenden Anteilsvereinigung, bei der mehr 29 als 95 % und weniger als 100 % der Anteile in einer Hand vereinigt waren, nach diesem Zeitpunkt nunmehr 100 % der Anteile in einer Hand vereinigt werden, verneint die FVerw (Tz. 1 der Ländererlasse § 1 III v. 2.12.1999, BStBl. I 1999, 991) ebenfalls die Tatbestandsmäßigkeit einer Anteilsvereinigung iSd § 1 III idF des StEntlG 1999 ff. Diese Beurteilung ist angesichts der klaren tatbestandlichen Fassung des § 1 III und § 23 VI 2 zutreffend (so nunmehr auch Viskorf/Loose § 23 Rn. 68). Damit besteht die Möglichkeit, bislang von Dritten gehaltene Zwerganteile ohne GrESt-Belastung zugunsten vollständiger Anteilsvereinigungen in einer Hand zu vereinigen.

IX. Zeitlicher Anwendungsbereich der Neuregelungen durch das StÄndG 2001 (§ 23 VII)

§ 23 VII betrifft den zeitlichen Anwendungsbereich der aufgrund des StÄndG 30 2001 erfolgten Neuregelungen. Die in § 23 VII **1** aufgeführten Vorschriften sind erstmals auf Erwerbsvorgänge anzuwenden, die nach dem 31.12.2001 verwirklicht wurden. Dies gilt jedoch nicht für den ebenfalls durch das StÄndG 2001 eingefügten und am 31.12.2001 (Art. 39 V StÄndG 2001) in Kraft getretenen § 17 IIIa; diese Vorschrift ist – weil nicht durch § 23 VII 1 erfasst – ab Inkrafttreten auf alle noch nicht bestandskräftig veranlagten Steuerfälle anzuwenden (BT-Drs. 14/6877, 32). Gleiches gilt für die ebenfalls durch das StÄndG 2001 geänderten § 1 IIa 1 sowie § 19 I 1 Nr. 3a. § 23 VII **2** ordnet – korrespondierend mit der erstmaligen Anwendung des § 2 I 1 Nr. 3 auf nach dem 31.12.2001 verwirklichte Erwerbsvorgänge (§ 23 VII 1) – die letztmalige Anwendung des § 1 VII auf bis zum 31.12.2001 verwirklichte Erwerbsvorgänge an.

X. Zeitlicher Anwendungsbereich der Neuregelungen durch das WachstBeschlG (§ 23 VIII)

§ 23 VIII wurde durch das WachstBeschlG eingefügt und trifft die näheren 31 Regelungen zur zeitlichen Geltung der durch dieses Gesetz eingefügten §§ 6a, 19 II Nr. 4a.

Gemäß § 23 VIII **1** sind §§ 6a, 19 II Nr. 4 erstmals auf Erwerbsvorgänge anzu- 32 wenden, die nach dem 31.12.2009 verwirklicht werden. Insoweit ist allein auf den Zeitpunkt der Eintragung im Handelsregister abzustellen (→ Rn. 5). Ohne Bedeutung ist insoweit, zu welchem Zeitpunkt der Umwandlungsbeschluss gefasst wurde. § 23 VIII 1 regelt nicht ausdrücklich, von welchem Zeitpunkt an die **Vorbehaltensfrist des § 6a S. 4** zu berechnen ist. Da § 23 VIII 1 allein die der Anwendung des § 6a unterliegenden „Erwerbsvorgänge" betrifft, sind im Rahmen des § 6a S. 4 auch vor dem 1.1.2010 gehaltene Beteiligungen zu berücksichtigen.

Gemäß § 23 VIII **2** ist § 6a nicht anzuwenden, wenn ein im Zeitraum vom 33 1.1.2008 bis 31.12.2009 verwirklichter Erwerbsvorgang rückgängig gemacht wird und deshalb entweder die Steuer nach § 16 I oder II nicht zu erheben oder eine Steuerfestsetzung aufzuheben oder zu ändern ist. Die erst im Lauf des Gesetzgebungsverfahrens eingefügte Missbrauchsvermeidungsvorschrift soll Mitnahmeeffekte aufgrund des neu eingefügten § 6a verhindern (vgl. zu § 6a GLE 19.6.2012, BStBl. I 2012, 662 Tz. 8). Der Zeitraum des 1.1.2008 bis 31.12.2009 bezieht sich ersichtlich auf die zeitlichen Begrenzungen des § 16 I Nr. 1 und II Nr. 1. Insoweit hat jedoch § 23 VIII 2 jedenfalls für vor dem Bekanntwerden des Gesetzesentwurfs des § 6a bereits beim FA gestellte Anträge nach § 16 I und II eine **überschießende Tendenz** (zutr. Wischott/Schönweiß DStR 2009, 2638 (2645); aA Viskorf/Loose § 23 Rn. 75), weil hier ein Mitnahmeeffekt durch Rückgängigmachung eines noch nicht gem. § 6a befreiten Rechtsvorgangs von vornherein ausscheidet. Insoweit bedarf § 23 VIII 2 einer an seinem Normzweck ausgerichteten einschränkenden Auslegung, die ausgehend vom Wortlaut („wird") die bereits vor der Beschlussfassung des Regierungsentwurfs des WachstBeschlG am 9.11.2009 erfolgte Rückgängigmachung eines Erwerbsvorgangs nicht erfasst. Im Übrigen erfasst die Vorschrift nur solche Rückgängigmachungen, für die anschließend die Vergünstigung nach § 6a beansprucht wird. § 23 VIII 2 setzt insoweit die Identität des betroffenen Gr sowie der am Umwandlungsvorgang Beteiligten voraus (zutr Viskorf/Loose § 23 Rn. 74).

XI. Zeitlicher Anwendungsbereich der Neuregelungen durch das JStG 2010 (§ 23 IX)

34 Gemäß § 23 IX idF des JStG 2010 waren die auf dem JStG 2010 beruhenden Änderungen des § 3 Nr. 3–7, durch die die entspr. Befreiungsregelungen auf eingetragene Lebenspartner ausgedehnt wurden, auf Erwerbsvorgänge anzuwenden, die nach dem 13.12.2010 verwirklicht wurden. Das BVerfG (BVerfG 1 BvL 16/11, DStR 2012, 1649) hat hingegen § 3 Nr. S. 2 und 3, Nr. 4 und 5, Nr. 6 S. 3 und Nr. 7 S. 2 für verfassungswidrig erklärt, soweit vor dem in § 23 IX bestimmten erstmaligen Anwendungszeitpunkt keine Gleichstellung von eingetragenen Lebenspartnern und Ehegatten vorgesehen war. Zugleich hatte das BVerfG den Gesetzgeber verpflichtet, bis zum 31.12.2012 für den Zeitraum bis zum Inkrafttreten des JStG 2010 eine verfassungsgemäße Regelung herbeizuführen. Eine solche Regelung ist jedoch – verspätet – erst durch die jetzige, auf dem AmtshilfeRLUmsG beruhende Neufassung des § 23 IX erfolgt.

XII. Zeitlicher Anwendungsbereich der Neuregelungen durch das OGAW-IV-UmsG (§ 23 X)

35 Die auf dem OGAW-IV-UmsG beruhende Neufassung des § 6a S. 4 ist erstmals auf nach dem 31.12.2009 verwirklichte Erwerbsvorgänge anzuwenden.

XIII. Zeitlicher Anwendungsbereich der Neuregelungen durch das AmtshilfeRLUmsG (§ 23 XI)

36 **1. Allgemeines.** § 23 XI regelt den zeitlichen Anwendungsbereich der durch das AmtshilfeRLUmsG eingefügten Neuregelungen. Dies betrifft insb. den durch das AmtshilfeRLUmsG neu eingefügten Steuertatbestand des § 1 IIIa mit seinen Folgeregelungen, ferner die Neufassung des § 4 Nr. 4 sowie die geänderte Nummerierung des § 4 Nr. 5. Das Datum 6.6.2013 entspricht dem Zeitpunkt, in dem der Gesetzesvorschlag des Vermittlungsausschusses für das AmtshilfeRLUmsG

(BT-Drs. 17/13722) in das parlamentarische Verfahren eingebracht wurde. Zum Merkmal der Verwirklichung iSd § 23 XI vgl. die Erläuterungen in → Rn. 3 ff.

2. Erstmalige Anwendung des § 1 IIIa und seiner Folgeregelungen. Bei der **erstmaligen Anwendung des § 1 IIIa** und seiner Folgeregelungen (§ 1 VI 1, 8 II 1 Nr. 3, 13 Nr. 7, 16 V, 17 III 1 Nr. 2, 19 I 1 Nr. 7a, 20 II Nr. 3) ist zu beachten, dass die wirtschaftliche Beteiligung iSd § 1 IIIa nach diesseitiger Beurteilung bereits durch das Verfügungsgeschäft und nicht erst durch das **dingliche Rechtsgeschäft** begründet wird (vgl. → § 1 Rn. 693). Damit fällt der Zeitpunkt der Verwirklichung des Erwerbsvorgangs mit dem der Steuerentstehung zusammen (vgl. auch → Rn. 5). 37

a) Wirtschaftliche Beteiligung von mindestens 95 % am 6.6.2013. Nach dem klaren Wortlaut des § 23 XI ist eine bereits **bis** einschließlich zum **6.6.2013 verwirklichte** „durchgerechnete" **wirtschaftliche Beteiligung** von 95 % **nicht nach § 1 IIIa steuerbar** (ebenso Ländererlasse zu § 1 IIIa, GLE 9.10.2013, BStBl. I 2013, 1364 Tz. 2). Das gilt jedoch nicht, wenn vor dem 7.6.2013 lediglich ein schuldrechtlicher Anteilsübertragungsanspruch begründet wurde und das zur Entstehung der Steuer aus § 1 IIIa führende dingliche Rechtsgeschäft erst später nachfolgt (vgl. → § 1 Rn. 506). Ebenso ist § 1 IIIa erfüllt, wenn eine am 6.6.2013 bereits bestehende wirtschaftliche Beteiligung später auf einen anderen Rechtsträger übertragen wird (Ländererlasse zu § 1 IIIa, GLE 9.10.2013, BStBl. I 2013, 1364 Tz. 2 mit Beispiel 1). 38

Der Tatbestand des § 1 IIIa kann auch durch mehrere zum Erwerb der wirtschaftlichen Beteiligung führende **Teilakte** verwirklicht werden (→ § 1 Rn. 403). Bestand am 6.6.2013 bereits eine wirtschaftliche Beteiligung iHv 95 %, ist die **weitere Aufstockung** dieser Beteiligung auf bis zu 100 % **nicht** nach § 1 IIIa **steuerbar** (ebenso Ländererlasse zu § 1 IIIa, GLE 9.10.2013, BStBl. I 2013, 1364 Tz. 2 Abs. 2). Das gilt auch im Hinblick auf nach dem 6.6.2013 hinzuerworbene Gr (Ländererlasse zu § 1 IIIa, GLE 9.10.2013, BStBl. I 2013, 1364 Tz. 2).

b) Aufstockung einer wirtschaftlichen Beteiligung auf mindestens 95 % nach dem 6.6.2013. Fraglich ist die Anwendbarkeit des § 1 IIIa, wenn eine am 6.6.2013 bereits gegebene wirtschaftliche Beteiligung noch unter der tatbestandserfüllenden Beteiligungsquote von 95 % lag und erst **nach dem 6.6.2013** eine **Aufstockung** der wirtschaftlichen Beteiligung **auf mindestens 95 %** oder mehr erfolgt. Diese Auslegungsproblematik des § 23 XI ist – bezogen auf die Anwendbarkeit des § 1 IIa auf vor dem 1.1.2007 verwirklichte Teilakte – mit derjenigen des § 23 III vergleichbar (→ Rn. 19 und BFH II R 64/98, BStBl. II 2001, 422). 39

Eine gesetzliche Übergangsregelung, aus der sich die Berücksichtigungsfähigkeit von vor dem 7.6.2013 verwirklichten Teilakten einer wirtschaftlichen Beteiligung ergibt, fehlt. Allein maßgebend ist daher der auf „Erwerbsvorgänge" abstellende Wortlaut des § 23 XI. Erwerbsvorgang iSd § 23 XI ist die Summe aller Beteiligungen am Kapital oder am Vermögen der Gesellschaft, die durchgerechnet eine wirtschaftliche Beteiligung iHv 95 % erreichen. Umfasst der Erwerbsvorgang iSd § 1 IIIa mithin **sämtliche** zu einer wirtschaftlichen Vereinigung führenden **Teilakte,** müssen diese zur Begründung der Steuerbarkeit nach § 1 IIIa auch **insgesamt nach dem 6.6.2013** verwirklicht worden sein (aA unklar insoweit: Ländererlasse zu § 1 IIIa, GLE 9.10.2013, BStBl. I 2013, 1364 Tz. 2 Abs. 2). Diese Auslegung ist wegen der andernfalls eintretenden rückwirkenden Verschlechte- 40 rung der Rechtsposition der Steuerpflichtigen auch **verfassungsrechtlich geboten** (vgl. auch BFH II R 64/98, BStBl. II 2001, 422). Demgemäß können zum Erwerb einer wirtschaftlichen Beteiligung führende Teilakte, die bereits **vor** dem 7.6.2013 verwirklicht wurden, den Steuertatbestand des § 1 IIIa nicht erfüllen. Weitere nach dem 6.6.2013 verwirklichte Teilakte führen nur dann zur Besteuerung nach § 1 IIIa, wenn sie **für sich allein** das Quantum von 95 % erreichen.

41 **c) Nachfolgende Erwerbsvorgänge iSd § 1 IIa oder III.** Ausgehend von den vorstehenden Grundsätzen ist eine nach dem 6.6.2013 verwirklichte Änderung des Gesellschafterbestands **(§ 1 IIa)** oder eine Anteilsvereinigung **(§ 1 III)** auch dann steuerbar, wenn zwischen den Beteiligten am 6.6.2013 eine wirtschaftlichen Beteiligung iSd § 1 IIIa bestand (zutr Schaflitzl/Schrade BB 2013, 343 (348)). Entscheidend dafür ist, dass – was insb. der Intention sog. RETT-Blocker-Strukturen entsprach – eine am 6.6.2013 schon bestehende wirtschaftliche Beteiligung nicht (insb. nicht nach § 1 IIIa) steuerbar war. Daher ergibt sich weder aus § 1 IIIa noch aus § 23 XI eine Grundlage dafür, Gr einer Gesellschaft dem Rechtsträger zuzurechnen, der bereits am 6.6.2013 die Voraussetzungen einer (noch) nicht steuerbaren wirtschaftlichen Beteiligung iSd § 1 IIIa erfüllte (FG Baden-Württemberg 5 K 1440/21, EFG 2023, 1283; aA Behrens DStR 2013, 1405 (1409)).

XIV. Zeitlicher Geltungsbereich der Änderungen durch das KroatienAnpG (§ 23 XII)

42 Durch das KroatienAnpG (BGBl. 2014 I 1266) wurden § 6a S. 1–3 sowie § 16 V geändert. Diese Änderungen sind rückwirkend auf alle nach dem 6.6.2013 verwirklichten Erwerbsvorgänge anzuwenden. Die Rückwirkung bezüglich des § 6a ist, weil dem Steuerpflichtigen günstig, verfassungsrechtlich unproblematisch. Soweit für dieser Rückwirkung unterfallende Vorgänge die **Anwendung des § 1 I Nr. 1 ausgeschlossen** war, ist **dies** unter Berücksichtigung der Gesetzeshistorie, der Gesetzessystematik und des Gesetzeszwecks **gerechtfertigt** (BFH II B 8/18, BFH/NV 2019, 166; vgl. auch → 6a Rn. 44 f.).

43 Nicht ausreichend sind Anzeigen, die „nicht vollständig in allen Teilen vollständig angezeigt (§§ 18 bis 20)" sind. Auch die Neuregelung lässt es – wie bisher – zu, **innerhalb der Anzeigefrist** von zwei Wochen (§ 18 III bzw. § 19 III 1) bzw. von einem Monat bei ausländischen Steuerschuldnern (§ 19 III 2; anwendbar auf Erwerbsvorgänge nach dem 22.7.2016, § 23 XV) für noch fehlende Angaben eine Fristverlängerung gem. § 109 AO zu beantragen (→ § 16 Rn. 125). Das gilt auch für die Nachholung noch fehlender Angaben nach § 20.

XV. Zeitlicher Geltungsbereich der Neuregelung der §§ 1 IIa, 21 durch das StÄndG 2015 (§ 23 XIII)

44 Die Änderungen der §§ 1 IIa, 21 durch das StÄndG 2015 (BGBl. 2015 I 1834) sind auf Erwerbsvorgänge anzuwenden, die nach dem 5.11.2015 verwirklicht werden. Im Hinblick auf § 21 ergeben sich insoweit keine Probleme.

45 Bezüglich der Änderungen nach § 1 IIa 2–5 ergeben sich deshalb Schwierigkeiten, weil die FVerw ihre zum BFH-Urteil II R 17/10, BStBl. II 2013, 833 zunächst ergangenen Nichtanwendungserlasse (→ § 1 Rn. 327) wieder aufgehoben und dadurch erkennbar die Weitergeltung der sich daraus ergebenden Folgerungen angeordnet hat.

Soweit sich danach bei Erwerbsvorgängen bis zum 5.11.2015 nachträglich nach dem BFH-Urteil II R 17/10, BStBl. II 2013, 833 die Voraussetzungen des § 1 IIa erfüllt werden, ist der Vorgang steuerbar. Allein durch das Inkrafttreten des § 1 IIa 2–5 nach dem 5.11.2015 wird kein Steuertatbestand verwirklicht. Kommt es allerdings bei einer schon ins Werk gesetzten Anteilsübertragung nach dem 5.11.2015 zur Übertragung aller Anteile einer PersGes auf eine KapGes oder PersGes, tritt Steuerbarkeit nach § 1 IIa ein. **46**

XVI. Zeitlicher Geltungsbereich der Neuregelung der §§ 8 II, 17 IIIa durch das StÄndG 2015 (§ 23 XIV)

Durch des StÄndG 2015 (BGBl. 2015 I 1834) wurden die Geltung für alle nach dem 31.12.2008 liegenden Erwerbsvorgänge angeordnet. Diese Änderung war vom BVerfG-Beschluss (→ § 8 Rn. 95 ff.) vorgegeben. Für Zeiträume bis zum 31.12.2008 bleibt es bei hingegen bei der bisherigen Bewertung. Nach § 23 XIV 2 ist die festgesetzte Steuer für vor dem 6.11.2015 ergangene Steuer- und Feststellungsbescheide, die wegen § 176 I 1 Nr. 1 AO nicht mehr geändert werden können, vollstreckbar. **47**

Die Verfassungsmäßigkeit des § 23 XIV 1, 2 hat das FG Münster (3 K 2647/18 F, EFG 2021, 927, rkr.; Böing/Groll ErbStB 2021, 210; FG Sachsen-Anhalt 1 K 1022/20, DStRE 2023, 111) mit eingehender und zutreffender Begründung bejaht.

XVII. Zeitlicher Geltungsbereich der Neuregelung durch das StModG (§ 23 XV)

Durch das StModG v. 18.7.2016 (BGBl. 2016 I 1679) wurde § 19 III 2 eingefügt. Die Vorschrift ist auf alle nach dem 22.7.2016 verwirklichten Erwerbsvorgänge anzuwenden. **48**

XVIII. Zeitlicher Anwendungsbereich von §§ 1 IV, 18 II 2 u. 20 (§ 23 XVI)

§ 1 IV und § 18 II 2 in der am 15.12.2015 geltenden Fassung sind auf Erwerbsvorgänge anzuwenden, die nach dem 14.12.2018 verwirklicht werden (§ 23 XIV 1). Gemäß § 23 IV 2 wird der Zeitpunkt der erstmaligen Anwendung des § 20 in der am 15.12.2018 geltenden Fassung durch die Rechtsverordnung iSd § 22a S. 1 bestimmt. **49**

XIX. Zeitlicher Geltungsbereich des JStG 2020 (§ 23 XVII)

§ 1 I Nr. 3 S. 2 Buchst. a und b (Flurbereinigungsverfahren, → § 1 Rn. 197 ff.) und § 19 VI (Verspätungszuschlag, → § 19 Rn. 27) idF des Gesetzes vom 21.12.2020 (BGBl. 2020 I 3066) sind erstmals auf Erwerbsvorgänge anzuwenden, die nach dem 28.12.2020 verwirklicht werden. **50**

XX. Allgemeine Übergangsregelung (§ 23 XVIII)

Zu den § 23 XVIII–XXIV sind gleich lautende Erlasse (GLE 29.6.2021, BStBl. I 2021, 1006) ergangen, die die im Wesentlichen zu beachtenden Grundsätze darstellen. Zu diesem Erlassen vgl. Broemel/Mörwald DStR 2021, 2383. **51**

52 Durch **§ 23 XVIII** des GrEStGÄndG vom 12.5.2021, bei dem durch das JStG 2022 die Worte „§ 5 Absatz 3“ durch die Wörter „§ 5 Absatz 3 Satz 1“ ersetzt wurden, bestimmt, dass § 1 IIa 1 u. 4, IIb, III u. IIIa 1, § 5 III 1, § 6 III 2 und IV, § 6a S. 1, § 7 III, § 8 II 1 Nr. 3 u. 4 und S. 2, § 13 Nr. 5–8, § 17 III 1 Nr. 2 und § 19 I 1 Nr. 3a–9 und VI in der am 1.7.2021 geltenden Fassung erstmals auf Erwerbsvorgänge anzuwenden sind, die nach dem 30.6.2021 (dies gilt auch für die Änderungen des § 5 III 1 durch das JStG 2022, vgl. Art. 43 Abs. 4 JStG 2022) verwirklicht werden. Unter **„Verwirklichung des Erwerbsvorgangs“** iSd § 23 XVIII ist jeder Erwerb des letzten Anteils zu verstehen, der zur Überschreitung bzw. Überschreitung der 90 %-Grenze führt (GLE 29.6.2021, BGBl. I 2021, 986 unter 1). § 23 XVIII enthält die allgemeine Regelung der durch das GrEStGÄndG v. 12.5.2021 geregelten Vorschriften.

53 Das neue Recht ist ab 1.7.2021 anzuwenden. Eine echte Rückwirkung dieser Regelungen ist – auch aus Gründen des Vertrauensschutzes – nicht vorgesehen. Zur Verhinderung von missbräuchlicher Ausnutzung sollen nicht diejenigen Gesellschaften profitieren, bei denen der Anteilseigner bereitsmehr als 90 % (aber weniger als 95 %) der Anteile hält.

54 Für **§ 1 IIa 1 und 4** gilt, dass der Überwachungszeitraum von nunmehr 10 Jahren auch jene Erwerbsvorgänge erfasst, die nach dem 30.6.2021 verwirklicht werden. Ein solcher Erwerbsvorgang ist verwirklicht, wenn die Grenze von 90 % erreicht bzw. überschritten wird. Die Absenkung der Beteiligung und die Fristverlängerungen haben auch Bedeutung für die Rechtsvorgänge der Vergangenheit. Entsprechende Folgerungen ergeben sich auch für § 1 IIb, III und IIIa 1, § 5 III, § 6 III 2 und IV, § 6a S. 1, § 7 III, § 8 II Nr. 3 und 4 und S. 2, § 13 Nr. 5–8, § 17 III 1 Nr. 2 und § 19 I 1 Nr. 3a–9, VI.

55 § 1 IIc ist „auf alle offenen Fälle anzuwenden“ (zu § 1 IIc GLE 4.10.2022, BStBl. I 2022, 1451) und ist hiernach auch rückwirkend anwendbar. Eine rückwirkende Anwendung zuungunsten des Steuerpflichtigen kommt aber wegen des Vertrauensschutzgebots nicht in Betracht.

Fall:
Am 19.1.2018 brachte die grundbesitzende KG durch einen grunderwerbsteuerbaren Erwerb nach § 1 I Nr. 1 Grundstücke in die OHG ein. Dieser Erwerb war nach § 6 III 1 grunderwerbsteuerfrei. Im Juni 2023 wurde die OHG formwechselnd in eine GmbH umgewandelt. Nach Auffassung des FVerw hatte sich die Nachbehaltensfrist auf 10 Jahre verlängert, deshalb wurde GrESt festgesetzt.

56 Daneben hat § 1 IIc auch in Fällen des **§ 1 IIa** Bedeutung, soweit eine AG und KGaA unmittelbar oder mittelbar an einer grbesitzenden PersGes beteiligt ist. Auch insoweit ist § 1 IIc rückwirkend anwendbar, soweit noch keine Veranlagung erfolgt ist oder ein wirksamer Vorbehalt des Nachprüfung nach § 164 AO vorliegt. Dies gilt aber nicht bei einer Rückwirkung zugunsten der Steuerpflichtigen; insoweit gilt § 1 IIc erst seit 1.7.2021.

57 **Besondere Grundsätze** gelten – im Hinblick auf die Abgrenzung zwischen **§ 23 XVII und XXIV** – für § 5 III 1, § 6 III 2 und IV sowie § 7 III. Nach § 23 XVIII sind diese Vorschriften erstmals Erwerbsvorgänge anzuwenden, die nach dem 30.6.2021 verwirklicht werden. In Ausnahme davon sind diese Vorschriften gem. **§ 23 XXIV nicht** anzuwenden, wenn für diese Vorschriften (in der am 30.6.2021 geltenden Fassung) geltende Fünf-Jahresfrist vor dem 1.7.2021 bereits abgelaufen war. Nach Auffassung der FVerw beträgt die Behaltensfrist für Erwerbs-

vorgänge ab dem 1.7.2016 verwirklicht worden sind, zehn Jahre (zu §§ 5 und 6 GLE 5.3.2024, BStBl. I 2024, 410 Rn. 124).

In der Auslegung von § 23 XVIII und XXIV hat der **BFH** II B 54/24, BeckS 2025, 8419 die Beschwerde gegen das den Beschl. des **FG Düsseldorf** (11 V 1325/24 A, EFG 2024, 1938 mAnm Dickhöfer, BFH II B 54/24; vgl. auch Anm. Oskamp/Ohler DStR 2024, 2829; Broemel/Gescher DStR 2024, 2801; Graessner NWB 2025, 1566) als unbegründet **zurückgewiesen.** § 23 XVIII und § 23 XXIV seien im Verhältnis zueinander ungeklärt. Bei Abstellung aus § 23 XVII würde im Streitfall aufgrund des 2018 verwirklichten Erwerbsvorgangs die Steuerbefreiung nach § 6 I 1 rückwirkend entfallen.

Es ist davon auszugehen, dass die verlängerten Fristen erst für Erwerbsvorgänge **58**
ab dem 1.7.2021 gelten. Erwerbsvorgang ist ein Vorgang iSd § 1 (vgl. auch → Rn. 3); von diesem auf § 1 abstellenden Verständnis geht auch die Gesetzesbegründung zu § 23 XVIII aus (BT-Drs. 19/13437, 15), wobei ausdrücklich auch auf § 6 III 2 Bezug genommen wird. Die Minderung des Anteils des Gesamthänders an der erwerbenden Gesamthand erfüllt nicht die Anforderungen an einen Erwerbsvorgang iSd § 1. § 23 XXIV erfülle nach Wortlaut und Sinngehalt nicht die Anforderungen einer steuerverschärfende Sonderregelung (Viskorf/Loose § 23 Rn. 119). Nach dem klaren Willen des Gesetzgebers solle allein § 23 XVIII die Abgrenzung der Beteiligungsgrenzen und die Verlängerung von Fristen bestimmen. Ein Leerlaufen des § 23 XXIV sei in Bezug auf die verlängerte Nachbehaltensfrist hinzunehmen.

einstweilen frei **59**

XXI. Zeitlicher Geltungsbereich des § 1 IIa (§ 23 XIX)

1. § 23 XIX 1. Nach **§ 23 XIX 1** bleiben bei Anwendung des § 1 IIa in der **60**
am 1.7.2021 geltenden Fassung Übergänge von Anteilen am Gesellschaftsvermögen auf Gesellschafter unberücksichtigt, die mit Ablauf des 30.6.2021 keine neuen Gesellschafter iSd § 1 IIa in der am 30.6.2021 geltenden Fassung mehr sind. Aufgrund dieser Regelung bleiben in einer Art **„Besitzstandswahrung"** jene Anteilsübergänge unberücksichtigt, die zum 30.6.2021 auf der Grundlage des § 1 IIa aF die Altgesellschafterstellung erreicht hatten. Wird die Stellung als Altgesellschafter erst nach dem 30.6.2021 erreicht, liegt eine Neugesellschafterstellung vor. Die GLE 29.6.2021 BGBl. I 2021, 986 Tz. 2.1 erläutern die Anwendung in den Beispielen 1 und 2.

Der Erlass trifft keine Aussage zu der Frage, ob ein Gesellschafter bei Anwen- **61**
dung des § 1 IIa nF **rückwirkend die Altgesellschafterstellung erlangt** (→ § 1 Rn. 305).

2. § 23 XIX 2. Gemäß § 23 XIX 2 ist bei der Anwendung des § 1 IIa in der **62**
am 1.7.2021 geltenden Fassung für die Ermittlung, inwieweit sich der Gesellschafterbestand geändert hat, § 1 IIa 3–5 in der am 1.7.2021 geltenden Fassung auch auf vor dem 1.7.2021 erfolgte Anteilsübergänge anzuwenden.

§ 23 XIX 2 sieht vor, dass eine KapGes gem. § 1 IIa 4 nach bisherigem Recht **63**
als neue Gesellschafterin gilt, wenn an ihr mindestens 95 % der Anteile auf neue Gesellschafter übergehen. Nach § 23 XIX 2 sehen die Übergangsregelungen nun vor, dass schon **vor** dem 1.7.2021 die herabgesetzte 90 %-Schwelle auch auf **Anteilsübergänge anzuwenden** ist (zu dieser Frage vgl. → § 1 Rn. 306).

XXII. Zeitlicher Geltungsbereich der §§ 1 IIa, 19 I 1 Nr. 3a (§ 23 XX)

64 **1. § 23 XX 1.** § 1 IIa und § 19 I 1 Nr. 3a in der am 30.6.2021 geltenden Fassung sind auf Änderungen des Gesellschafterbestandes bis zum 30.6.2026 weiter anzuwenden (zu dieser Regelung → § 1 Rn. 307).

65 **2. § 23 XX 2.** Dies gilt gem. § 23 XX 2 dann nicht, wenn der Rechtsvorgang nach § 1 I, II, IIa, III oder IIIa in der am 1.7.2021 geltenden Fassung steuerbar ist oder ein vorausgegangener Rechtsvorgang nach § 1 IIa in der am 1.7.2021 geltenden Fassung steuerbar war. Für den Übergangszeitraum ab 1.7.2021 geniest damit das neue Recht ab 1.7.2021 Vorrang vor dem alten Recht (zeitliche Subsidiarität). Die Absenkung der Beteiligungsgrenze von 95 % auf 90 % löst ungewollt Ungleichheiten aus (näher → § 1 Rn. 308).

XXIII. Zeitlicher Geltungsbereich der §§ 1 III Nr. 1 u. 2, 19 I 1 Nr. 4 und 5 (§ 23 XXI)

66 **1. § 23 XXI 1.** Nach § 23 XXI **1** sind § 1 III Nr. 1 u. 2 sowie § 19 I 1 Nr. 4 u. 5 in der am 30.6.2021 geltenden Fassung auf Erwerbsvorgänge, die nach dem 30.6.2021 verwirklicht werden, weiter anzuwenden, wenn am 30.6.2021 unmittelbar oder mittelbar weniger als 95 % und mindestens 90 % der Anteile der Gesellschaft in der Hand des Erwerbers oder in der Hand von herrschenden und abhängigen Unternehmen oder abhängigen Personen oder in der Hand von abhängigen Unternehmen oder abhängigen Personen allein vereinigt waren (zu weiteren Einzelheiten → § 1 Rn. 509).

67 **2. § 23 XXI 2–4.** Gemäß § 23 XXI **2** sind bei der Ermittlung der allein in einer Hand vereinigten Anteile der Gesellschaft iSd § 23 XXI 1 auch solche Anteile zu berücksichtigen, über die der Erwerber oder die herrschenden und abhängigen Unternehmen oder abhängigen Personen oder die abhängigen Unternehmen oder abhängigen Personen vor dem 1.7.2021 ein Rechtsgeschäft abgeschlossen haben, das den Anspruch auf Übertragung eines oder mehrerer dieser Anteile begründet (→ § 1 Rn. 510).

68 S. 1 und 2 gelten gem. § 23 XXI **3** nicht, wenn der Rechtsvorgang nach § 1 I, II, IIa oder IIIa in der am 1.7.2021 geltenden Fassung steuerbar ist. Sinken die Anteile gem. § 23 XXI **4** nach dem 30.6.2021 unter 90 %, finden die Sätze 1 und 2 auf spätere Erwerbsvorgänge keine Anwendung (→ § 1 Rn. 511 f.).

XXIV. Geltung der §§ 1 IIIa, 19 I 1 Nr. 7a (§ 23 XXII)

69 **1. § 23 XXII 1.** § 1 IIIa und § 19 I 1 Nr. 7a in der am 30.6.2021 geltenden Fassung sind auf Erwerbsvorgänge nach dem 30.6.2021 weiter anzuwenden, wenn der Rechtsträger am 30.6.2021 unmittelbar oder mittelbar oder teils unmittelbar, teils mittelbar eine wirtschaftliche Beteiligung von weniger als 95 % und mindestens 90 % an einer Gesellschaft, zu deren Vermögen ein inländisches Grundstück gehört, innehatte (zu Einzelheiten → § 1 Rn. 652).

70 **2. § 23 XXII 2 u. 3.** § 22 XXII 1 gilt nicht, wenn der Rechtsvorgang nach § 1 I, II, IIa, III oder IIIa in der am 1.7.2021 geltenden Fassung steuerbar ist. Nach Satz 3 findet § 1 IIIa aF (§ 23 XXII 1) keine Anwendung, wenn die wirtschaftliche Beteiligung nach dem 30.6.2021 unter 90 % sinkt (→ § 1 Rn. 652).

XXV. Anwendung des § 1 IIb (§ 23 XXIII)

Gemäß § 23 XXIII bleiben bei der Anwendung des § 1 IIb Übergänge von Anteilen der Gesellschaft, die vor dem 1.7.2021 erfolgen, unberücksichtigt. Nach Ansicht der FVerw (GLE 29.6.2021, BGBl. 2021 I 1006 Tz. 3; zu § 1 IIb (GLE 10.5.2024, BStBl. 2022, 821 Tz. 5.2.1) sollen alle am 30.6.2021 Beteiligten als Altgesellschafter gelten (dagegen Viskorf/Meßbacher-Hönsch § 1 Rn. 976 ff.). Diese großzügige Auslegung zugunsten der Gesellschafter verkennt, dass als Altgesellschafter nur die nach dem 30.6.2021 beitretenden Gesellschafter gelten können (Viskorf/Meßbacher-Hönsch § 1 Rn. 977; BT-Drs. 19/28528, 32). Diese Eigenschaft kann sowohl die unmittelbaren als auch die mittelbaren Beteiligten einer grundbesitzenden KapGes als Altgesellschafter erfüllen (Broemel/Tierwald DStR 2021, 2383; Viskorf/Loose § 23 Rn. 116; Behrens/Wachter/Behrens § 23 Rn. 71 ff.; vgl. auch BT-Drs. 19/28528, 32). 71

Sukzessive Anteilsübertragungen sind zu berücksichtigen, wenn nach dem 30.6.2021 mindestens 90 % der Anteile auf Gesellschafter übergehen, die vorher weder unmittelbar noch mittelbar an der Gesellschaft beteiligt waren. 72

Beispiel:

Am Kapital der grbesitzenden GmbH ist X mit 85 % und Y zu 15 % beteiligt. Zum 6.6.2021 überträgt X 1 % der Anteile an der GmbH auf C. Zum 1.7.2021 überträgt Y seine Beteiligung auf D. Zum 21.10.2021 überträgt X seine restliche Beteiligung iHv 84 % auf C.

Der Tatbestand des § 1 IIb ist nicht erfüllt, weil nicht mindestens 90 % der Anteile am Kapital auf Neugesellschafter übergegangen sind. C war bereits am 6.6.2021 Altgesellschafter, sodass auch die Übertragung der restlichen Beteiligung von 84 % von X auf C nicht § 1 IIb erfüllt.

Besondere Probleme bestehen, wenn der Anspruch auf Anteilsübertragung vor dem 1.7.2021 begründet wurde **(Signing)** und der dingliche Vollzug **(Closing)** erst unter dem neuen Recht begründet wurde (dazu → § 1 Rn. 535 f.). 73

XXVI. Anwendung der §§ 5 III 1, 6 III 2 und IV, 7 III (§ 23 XXIV)

Gemäß § 23 XXIV sind die auf 10 bzw. 15 Jahre verlängerten Fristen in §§ 5 III, 6 III 2 u. IV und 7 III in der am 1.7.2021 geltenden Fassung nicht anzuwenden, wenn die in §§ 5 III, 6 III 2 oder IV oder § 7 III in der am 30.6.2021 geltenden Fassung geregelte Frist vor dem 1.7.2021 abgelaufen war (§ 23 XVIII idF des GrEStGÄndG vom 12.5.2021; die Änderung durch das JStG 2022, durch den § 5 III durch § 5 III 1 ersetzt wurde, ist ebenfalls am 1.7.2021 in Kraft getreten, vgl. JStG 2022 Art. 23 Nr. 2 und § 43 Abs. 4). Die Grundlage für eine Verlängerung der Fristen vor dem Hintergrund der in § 23 XVIII festgelegten Fristen ist fraglich (→ Rn. 57 f.). § 23 XXIV dürfte nicht die Anforderungen an eine steuerverschärfende Anwendungsvorschrift erfüllen. 74

Beispiel (GLE 28.6.2021, BStBl. I 2021, 1006 Beispiel zu Tz. 5):

Am Vermögen der grundbesitzenden KG ist A zu 100 % und eine GmbH zu 0 % beteiligt. Am Kapital der GmbH ist B zu 100 % beteiligt. Im Jahr 2019 überträgt A 94,9 % der Anteile am Vermögen der KG auf B. In 2025 überträgt A seine restliche Beteiligung in Höhe von 5,1 % auf B. Der Rechtsvorgang im Jahr 2019 verwirklicht keinen Tatbestand des § 1 GrEStG. Durch die Anteilsübertragung im Jahr 2025 wird der Tatbestand des **§ 1 IIa 1 nicht verwirklicht,** weil B zum 30.6.2021 94,9 % der Anteile am Vermögen der KG innehatte und dadurch das steuerauslösende Quantum in Höhe von 90 % bereits erreicht war. Auch der Tatbestand **des § 1 IIa 1 aF,** der nach § 23 XX grundsätzlich anwendbar ist, wird nicht verwirklicht, da der Übergang von mindestens 95 % der Anteile am Vermögen der KG auf Neugesellschafter nicht innerhalb von fünf Jahren erfolgt ist.

Der Tatbestand des **§ 1 III** ist erfüllt, weil B durch den Anteilserwerb im Jahr 2025 teils unmittelbar, teils mittelbar mindestens 90 % der Anteile an der KG (zwei von zwei Köpfen) in seiner Hand vereinigt (zur weiteren Anwendung an die bisherige Pro-Kopf-Betrachtung vgl. → § 1 Rn. 409 f.). Der von der GmbH gehaltene Anteil wird B zugerechnet, da er zu mindestens 90 % am Kapital der GmbH beteiligt ist. Ein Anwendungsfall des § 23 XXI 1 liegt nicht vor. B vereinigte mit Ablauf des 30.6.2021 weniger als 90 % der Anteile an der KG in seiner Hand (zwei von drei Köpfen).

Bei der Anteilsvereinigung fingiert das Gesetz den Übergang der Gesellschaftsgrundstücke von der Personengesellschaft auf den Gesellschafter, daher ist **§ 6** grundsätzlich anwendbar. Eine Steuerbegünstigung kommt im vorliegenden Fall jedoch nicht in Betracht. Nach **§ 6 II 1** wird die Steuer in Höhe des Anteils nicht erhoben, zu dem der Erwerber B am Vermögen der KG beteiligt ist (94,9 %). Allerdings wird die Begünstigung durch **§ 6 IV Nr. 3** ausgeschlossen. B erwarb den Anteil am Vermögen der KG in Höhe von 94,9 % bereits im Jahr 2019 und damit innerhalb von 15 Jahren vor dem Erwerbsvorgang im Jahr 2025. § 6 IV Nr. 3 ist anwendbar, weil mit Ablauf des 30.6.2021 der Fünfjahreszeitraum des § 6 IV 1 aF noch nicht abgelaufen war.

Folgt man stattdessen den Anweisungen des § 23 XVIII, kommt eine verlängerte Mindest-Haltefrist für den Vorgang nach § 6 IV Nr. 3 nicht in Betracht, weil hier noch § 6 IV idF des Jahres 2019 anzuwenden ist.

75 Auch im Falle des § 6 IV nF ist § 23 XXIV nicht von Relevanz. Der Vorschlag der Anwendung des § 6 IV aF über den 1.7.2021 hinaus (so Behrens/Wachter/Behrens § 23 Rn. 82) verkennt, dass die Anforderungen an die Verwirklichung des Erwerbsvorgangs (→ § 23 Rn. 3 ff.) eine erweiternde Anwendung auf geringere Anteilsübergange ausschließt.

XXVII. Anwendung des §§ 5 I 2 u. 3, II 2 u. 3 sowie § 6 III 4 u. 5

76 Die im KöMoG und StAbwG enthaltenen Änderungen der §§ 5, 6 traten gem. § 12 II KöMoG und Art. 13 StAbwG am 1.7.2021 in Kraft.

XXVIII. Anwendung des § 23 XXV

77 **1. Allgemeines.** Die Vorschrift wurde durch das JStG 2024 (BGBl. I 2024 Nr. 387) eingefügt und ist gem. § 25 XXV 1 erstmals auf nach dem **5.12.2024** verwirklichte Erwerbsvorgänge anzuwenden. Die Vorschrift gilt gem. § 25 XXV 2 auch für Erwerbsvorgänge nach § 1 I und II, die vor dem 6.12.2024 verwirklicht wurden.

78 In der Gesetzesbegründung (BT-Drs. 20/13419, 238) ist ausgeführt: „Eine Rechtsverkehrsteuer knüpft an Rechtsvorgänge an. Die Zurechnung von Grundstücken ist stets bei Verwirklichung von Rechtsvorgängen nach § 1 Absatz 2a bis 3a GrEStG zu prüfen. Allein das Inkrafttreten des JStG 2024 löst damit keine grunderwerbsteuerbaren Rechtsvorgänge aus.

Bei der Anwendung des § 1 Absatz 4a GrEStG-E sind auch Erwerbsvorgänge nach § 1 Absatz 1 und Absatz 2 GrEStG zu berücksichtigen, die vor dem Tag des Inkrafttretens des JStG 2024 verwirklicht wurden. Diese Rechtsfolge ist unbedenklich, da es stets einer Vermögensdisposition nach Ablauf des Tages vor Inkrafttreten des JStG 2024 bedarf, um den Tatbestand des § 1 Absatz 2a bis 3a GrEStG in Verbindung mit § 1 Absatz 4a GrEStG-E zu verwirklichen."

79 **2. Erwerbsvorgänge nach § 1 I und II.** Nach § 1 IVa **1** ist die Vorschrift erstmals auf Erwerbsvorgänge iSd § 1 IIa–IIIa nach dem 5.12.2024 anzuwenden. Die Vorschrift gilt sowohl für Erwerbsvorgänge nach § 1 I als auch für solche nach § 1 II (§ 1 IVa 4). Für § 1 IIa und IIb kommt es für die „Share Deals" lediglich auf das Signing an. Das Closing spielt keine Rolle. Eine Zurechnung aufgrund Verwirklichung des § 1 III bzw. IIIa scheidet aus.

80 Satz **2** enthält eine **unechte Rückwirkung** betr. den sachlichen Anwendungsbereich der Norm (also bereits vor Verkündung in Werk gesetzte Sachverhalte). Diese Rechtsfolge ist, soweit eine grundbesitzende Gesellschaft nicht mehr über Grundbesitz verfügt, verfassungsrechtlich unbedenklich.

Verfügt die Gesellschaft über Grundbesitz, ist wie folgt zu unterscheiden:

- Hat die Gesellschaft am 6.12.2024 oder später einer Vermögensposition in Bezug auf ein Gr getroffen, ist § 1 IIa–IIIa iVm § 1 IVa verwirklicht. Die Verwirklichung eines Erwerbsvorgangs nach § 1 III oder IIIa spielt keine Rolle mehr (Broemel/Mörwald DStR 2025, 545).
- Ist bis zum 5.12.2024 noch keine Vermögensposition getroffen, gilt § 1 IIa–IIIa iVm § 1 IVa nicht. In diesem Fall sind weiterhin die mögliche Doppelzurechnung gem. GLE 16.10.2023, BStBl. I 2023, 1872 Tz. 2.2) möglich. Für diese Fälle bleibt es bei der möglichen Doppelzurechnung mit allen damit verbundenen Folgefragen (vgl. → § 1 Rn. 329 ff.).

81 Im Fall der möglichen Doppelzurechnung nach § 1 IV 4 und 5 ist ein praktisches Bedürfnis für diese Regelung nicht erkennbar. Eine Beseitigung dieser Doppelzurechnung nach § 1 VI dürfte schon mangels Erwerberidentität ausscheiden. Ein Verstoß gegen das Rückwirkungsgebot erscheint angesichts der erstmaligen Anwendung auf alle Fälle nach dem 5.12.2024 ausgeschlossen. Ein Verstoß gegen Art. 3 I GG mag nahe liegen; er liegt aber im Ergebnis wegen der Zugehörigkeit zu zwei Gesellschaften im Ergebnis nicht vor.

82 **3. Erfasste Erwerbsvorgänge.** Fraglich ist die Zurechnung bei aufschiebend bedingten oder genehmigungspflichtigen Erwerbsvorgängen (§ 14). Die Rspr. stellt insoweit auf den Zeitpunkt der Entstehung der Steuer nach § 38 AO und schon auf dem Zeitpunkt der Verwirklichung nach § 23 ab (BFH II R 26/12, BStBl. II 2015, 402), während die GLE 16.10.2023, BStBl. I 2023, 1872 Tz. 2 zur Zurechnung auf die Verwirklichung iSd § 23 abstellt. Die Frage lässt sich ausgehend vom Wortlaut des § 1 IVa nicht abschließend lösen (für Maßgeblichkeit der tatsächlichen Steuerentstehung Broemel/Mörwald DStR 2025, 545 (546)). Bis zur abschließenden Klärung dieser Frage durch die FVerw ist es die beste Lösung, zunächst die Entstehung der Steuer nach § 38 AO abzuwarten.

XXIX. Anwendung des § 23 XXVI

83 Die Einfügung des § 4 Nr. 7 ist rückwirkend zum 1.7.2021 anzuwenden, da zu diesem Zeitpunkt gem. § 23 XVIII der Ergänzungstatbestand in § 1 IIb Anwendung findet (BT-Drs. 20/13419, 238). **Verfassungsrechtliche Bedenken gegen die Anwendung bereits auf alle in § 4 Nr. 7 genannten Erwerbsvorgänge auf Erwerbe nach dem 30.6.2021 bestehen nicht.**

XXX. Anwendung des § 23 XXVII

84 Durch § 23 XXVII wird **Rechtssicherheit** in Bezug auf die auf § 24 zu ziehenden Folgerungen geschaffen (vgl. BT-Drs. 20/13419, 238). Durch § 23 XXVII

wird bestimmt, dass das Inkrafttreten des KöMoG nicht zu einer Verletzung laufender **Nachbehaltensfristen** des § 5 III 1, § 6 III 2 und § 19 II Nr. 4 führt, die bis zum 31.12.2026 verwirklicht wurden. Durch diese Regelung wird klargestellt, dass das Außerkrafttreten des § 24 keinen Haltefristverstoß iSd §§ 5 III 1, 6 III 2 und 19 II Nr. 4 darstellt. Die Nachbehaltensfristen gelten weiter; sie werden verletzt, wenn sich der Anteil am Gesellschaftsvermögen innerhalb der Nachbehaltensfrist vermindert (Füssenich NJW 2025, 549 (554)).

85 Die Möglichkeiten der teleologischen Reduktion der §§ 5 III 2 und 6 III 2 bleiben durch die Vorschrift unberührt. Auch ausländische PersGes sind begünstigt, soweit deren Struktur inländischen PersGes entspricht (→ § 5 Rn. 5; → § 6 Rn. 7); es gilt auch hier die Möglichkeit einer teleologischen Reduktion. Zu der ab 1.1.2028 geltenden Rechtslage enthält § 23 XXVII keine Regelung; insoweit fehlt es an jeder Regelung (aA Behrens/Sparr UVR 2024, 370).

86 Da § 7 III 1 für Umwandlungen von gemeinschaftlichem Eigentum in Flächeneigentum nach § 7 II lediglich eine Vorbehaltensfrist enthält, bedarf es insoweit keiner Regelung.

87–89 *einstweilen frei*

XXXI. Erstmalige Anwendung der landesgesetzlich erhöhten Steuersätze

90 Die landesgesetzlichen Regelungen, die einen von § 11 abweichenden Steuersatz festgelegt haben, stellen für den jeweils gesetzlich bestimmten Zeitpunkt der erstmaligen Anwendung der Steuersatzregelungen idR auf den Zeitpunkt der Verwirklichung des Erwerbsvorgangs ab; für das Merkmal „verwirklicht" gelten die Ausführungen in → Rn. 3 ff.; vgl. auch die Überblicksdarstellung von Schanko UVR 2011, 316.

91 Für die Anwendung des **§ 1 IIa** gilt – entspr. der für § 23 III und VI entwickelten Grundsätze (→ Rn. 19 ff., 26 ff.), dass erst **nach dem 31.12.2006 eingetretene Änderungen** des Gesellschafterbestands zu berücksichtigen sind. Hinsichtlich der Anwendung der §§ 5 III und 6 IV ist zu berücksichtigen, dass die hier vorausgesetzten Änderungen im Gesellschafterbestand keine „Rechtsvorgänge" iSd jeweiligen landesgesetzlichen Steuersatzregelungen sind. Maßgebend für die Berechnung der Fünfjahresfrist ist daher grds. der Zeitpunkt der Verwirklichung des Erwerbsvorgangs, auf den die Vergünstigungen aus § 5 I, II bzw. § 6 I–III angewendet worden sind. Soweit der Zeitpunkt der Verwirklichung allerdings später liegt als der für §§ 5 III, 6 IV maßgebende Zeitpunkt der Steuerentstehung, ist der Letztere maßgebend. Die Annahme, in den vorgenannten Fällen könne eine Nachversteuerung erstmals am 2.2.2012 beginnen (so Halaczinsky NWB F. 8, 1582 (1593)), trifft nicht zu.

[Fassung vom 1.1.2024 bis 31.12.2026:]

§ 24 Rechtsfähige Personengesellschaften

Rechtsfähige Personengesellschaften (§ 14a Absatz 2 Nummer 2 der Abgabenordnung) gelten für Zwecke der Grunderwerbsteuer als Gesamthand und deren Vermögen als Gesamthandsvermögen.

1 Die Vorschrift wurde durch das **Kreditmarktförderungsgesetz** (BGBl. 2023 I Nr. 411) neu eingefügt und tritt gem. Art. 30 Kreditmarktförderungsgesetz mWz 1.1.2027 wieder außer Kraft.

2 Im Hinblick auf die „unterschiedliche Beurteilung" aller mit dem MoPeG zusammenhängenden Fragen des Anpassungsbedarfs für die GrEStG (BT-Drs. 20/9782, 207) ist es mE nicht richtig, die Vorschrift nur als **klarstellende Zielrichtung** zu verstehen (Viskorf/Viskorf § 24 Rn. 2; so etwa Mörwald Ubg 2023, 567; Behrens/Sparr BB 2023, 1687 (1692); aA zB Desens GmbHR 2023, 772). Es ist daher auch nicht ausgemacht, dass die zeitliche Befristung des § 24 nur einen pädagogischen Effekt hat und sich nicht aus dem materiellen Recht (zB im Hinblick auf eine Gleichstellung von PersGes und KapGes auch im Bereich der §§ 5, 6 und § 7 III) erschließt. Es liegt daher näher, der Vorschrift auch einen **materiellen (rechtsbegründenden) Charakter** beizulegen.

3 Die Vorschrift gilt nicht nur für die aufgeführten nach § 14a II Nr. 2 rechtsfähigen Personengesellschaften, sondern auch für die hier genannten Personenhandelsgesellschaften, Partnerschaftsgesellschaften, Partnerreedereien und die EWIV.

Für **Kapitalgesellschaften** gilt **§ 24 nicht** (zur Problematik etwa Desens GmbHR 2023, 772 (780 ff.); Arbeitskreis Grunderwerbsteuer DStR 2023, 729; Happel DStR 2021, 1272 unter 3.4.2.3).

4 Für die Anwendung des § 24 fehlt eine **Übergangsvorschrift,** so dass der Inhalt dieser Vorschrift zum 1.1.2027 wegfällt. Man wird – auch in Bezug auf die Anwendung der Befreiungsvorschriften – davon ausgehen müssen, dass diese Vorschriften bis zum 31.12.2026 ihre Gültigkeit behalten und nicht rückwirkend entfallen (vgl. auch Viskorf/Meßbacher-Hönsch § 3 Rn. 44). Für die § 5 III 1, § 6 III 2 und § 19 II Nr. 4 hat der Gesetzgeber mit **§ 23 XXVII** klargestellt, dass allein das MoPeG nicht zu einer Verletzung laufender Nachbehaltensfristen führt.

5 Es ist zu hoffen, dass die durch §§ 5, 6 und 7 II Begünstigten nicht durch Entfallen der Begünstigung am 1.1.2027 zusätzlich belastet werden. Die weitere Entwicklung muss abgewartet werden.

§§ 25, 26 (weggefallen)

§ 27 Geltung im Land Berlin *(gegenstandslos)*

§ 27 enthielt die übliche Berlin-Klausel. Die Vorschrift ist aufgrund des G v. 26.9.1990 (BGBl. 1990 I 2106) gegenstandslos geworden.

§ 28 (Inkrafttreten)

Die Vorschrift bestimmte den Zeitpunkt des erstmaligen Inkrafttretens des GrEStG auf den 1.1.1983; insoweit sind § 23 I und II zu beachten. In den neuen Bundesändern ist das GrEStG am 1.1.1991 in Kraft getreten (→ Einl. Rn. 2).

Sachverzeichnis

Die fetten Zahlen bezeichnen die Paragraphen des Grunderwerbsteuergesetzes, die mageren Zahlen die Randziffern.